上海市级专志

光明食品(集团)有限公司志

上海市地方志编纂委员会 编

上海社会科学院出版社

集团重组

光明食品(集团)有限公司
BRIGHT FOOD (GROUP) CO., LTD

2006年8月8日，集团在上海展览中心友谊会堂召开光明食品（集团）有限公司组建大会

上海益民食品一厂（集团）有限公司

集团总部（华山路263弄7号）

上海市糖业烟酒（集团）有限公司

企业发展

海丰总公司现代农业夏粮收割现场

上海星辉蔬菜公司建有 3 000 亩连片温室蔬菜种植大棚

上海种业集团鲜花种植走"产学研"发展道路

企业发展

上海瑞华总公司拥有3.79万亩林地，打造"千亩生态观光果园"

位于江苏省大丰市的海丰万头奶牛场是光明乳业公司重要的乳源基地之一

川东农场申川畜牧公司养猪场用现代设备和科学方法实现"猪—沼气—农田"三位一体循环

上海农场畜牧水产养殖公司拥有1.2万亩养殖水面

长江总公司大瀛食品有限公司是一家集家禽种、养、加、销于一体的专业型企业

光明乳业奉贤工厂是国内第一家通过AIB（国际食品安全标准）评审的乳制品企业

企业发展

东方先导糖酒有限公司从事信用糖的生产、加工、销售

金枫酒业的"上海黄酒传统酿造技艺"被列为上海市级非物质文化遗产

益民食品一厂生产冷饮、巧克力威化、速冻食品、罐头、休闲食品五类食品

上海梅林罐头食品厂始建于1930年，80年来生产的罐头食品享誉海内外

正广和品牌诞生于1864年，1995年在国内率先生产桶装饮用水

长江总公司所属万事发实业公司生产的"露珠"牌崇明农场大米深受消费者欢迎

企业发展

申光钢结构用高强度螺栓连接副产品广泛用于电站锅炉、风力发电、港口机械、冶金建设、工业厂房、高层建筑、高速列车等领域

上海德科公司生产的汽车电子仪表为国内外数十家汽车制造商配套

西郊国际农产品交易中心立足上海、辐射长三角、连接海内外,是具有公益性的特大型、综合性一级批发市场

2008年,星辉蔬菜公司产品"纯V"果蔬脆片进入北京市场,成为供应北京奥运的食品

思乐得不锈钢制品有限公司的保温杯出口四十多个国家和地区

2008年,上海浦东金环医疗用品有限公司获美国市场准入许可

上海东旺塑料制品厂主要生产食品包装袋，产品85%出口国外

上海新泰杰金属制品有限公司主要生产不粘锅和不锈钢器皿

上海宏盾防伪材料有限公司为身份证制作防伪膜

上海方信包装材料有限公司生产袋、瓶、箱、盒、杯等食品包装系列

新西兰新莱特乳制品公司成为光明乳业国外奶粉生产基地

2008年1月1日，农工商超市118店大卖场开张，集购物、就餐、休闲、娱乐于一体

好德便利店

可的便利店

伍缘折扣店

光明便利店

牛奶棚连锁店

都市菜园连锁店

城隍珠宝商店

捷强连锁店

上海市第一食品商店

爱森优选专卖店为消费者提供厨房肉类商品一站式采购便利

爱茜茜里把意大利冰淇淋引进中国市场，深受消费者欢迎

96858正广和网上购物公司以电话和网络委托为主要销售形式，为消费者带来便利

南浦食品（集团）有限公司代理20多个国内外知名品牌，分销系统涵盖6万余家零售店

企业发展

冠生园集团产品包括"大白兔"奶糖、"冠生园"蜂制品、"冠生园"面制品、"华佗"补酒、"佛手牌"调味品等五大类上千品种

"石库门"牌黄酒

"光明牌"冷饮

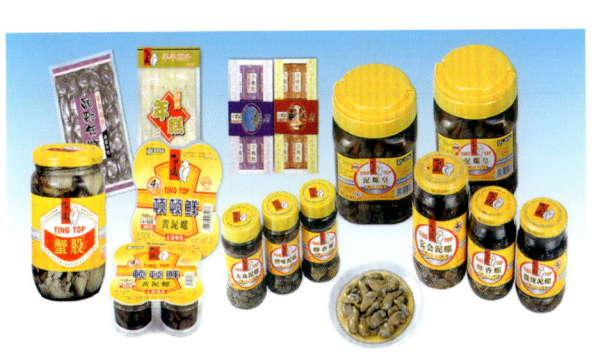

"一只鼎"牌糟醉食品

"大瀛"牌鸭制品

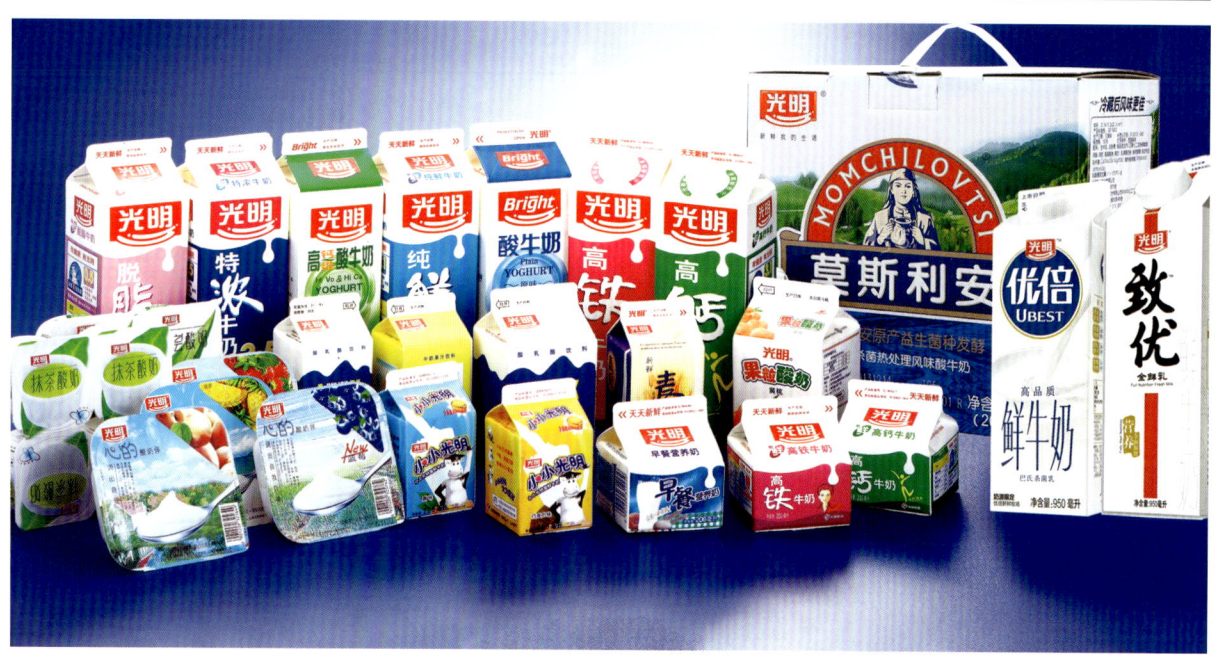

光明乳业公司产品有酸奶、鲜奶、常温奶、果汁四大类，57个品种

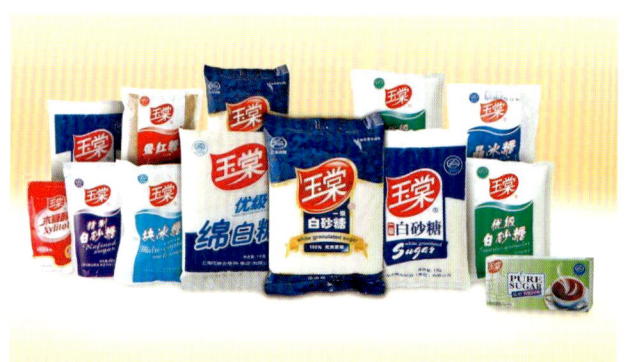

"玉棠"牌食用糖

"汪裕泰"牌茶叶

"爱森"牌肉制品

"心心"牌葡萄

光明乳业技术中心

2008年3月28日，光明食品集团生态奶牛养殖示范基地启动

2009年8月17日，光明糖业与英茂糖业签署战略合作协议

2009年9月28日，金枫10万吨技改项目奠基

2007年11月,农房集团开发的上海苏堤春晓名苑获"第七届中国土木工程詹天佑奖"

飘鹰世纪大厦是集智能办公、餐饮服务、购物休闲为一体的商用大楼

星火开发区是上海精细化工与生物医药产业发展的重要基地

"海博出租"是上海出租汽车行业五大骨干企业之一

上海闸北汽车运输场

上上糖业玉棠物流仓库

农工商超市好德物流中心

光明乳业下属领鲜物流有限公司

飘鹰大酒店

黄山茶林场心族之旅酒店

五四小木屋会议中心

上海瑞泰虹桥酒店

大连心族大酒店

上海鲜花港每年3月底举办郁金香花展

上海海湾国家森林公园是大型人工城市生态森林,以模拟自然、回归自然为基本理念

上海都市菜园是以蔬菜品种展示为主题的公园,集观光旅游、会务度假、科普教育、休闲保健为一体的现代农业观光景区

上海市东海老年护理医院可提供全方位的医疗、护理、康复服务

滨海古园是上海市一级公墓、中国十大典范公墓

2006年,集团建成上海大型景观陵园——汇龙园

2009年12月，上海益民食品一厂历史展示馆被上海市政府列为"上海市爱国主义教育基地"

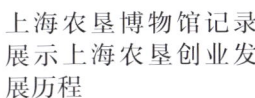

上海农垦博物馆记录展示上海农垦创业发展历程

2009年7月，金枫酒事馆被纳入"全国工业旅游示范点"

社会责任

集团捐款 2000 万元援建的都江堰光明团结小学如期交付使用

2010 年 1 月 3 日，集团捐款 200 万元援建的阔达藏族乡光明博爱小学竣工

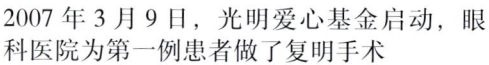

2007 年 3 月 9 日，光明爱心基金启动，眼科医院为第一例患者做了复明手术

社会责任

2009年10月22日，金枫酒业成为上海世博会黄酒行业项目赞助商

2010年1月17日，集团开展"绿色盛会一起来"主题活动，向上海世博会志愿者捐赠1000万元

2010年3月，上海鲜花港成为上海世博会中国国家馆用花专项赞助商

2006年9月29日至10月20日，集团举办第一届光明食品节

每年春节前夕集团参加由上海市农委主办的上海农副产品大联展

2010年6月2日，集团在第一食品南京东路店举办贵州食品节

2010年12月3日，集团举办新疆喀什食品节

文化建设

2010年2月8日，召开中国共产党光明食品（集团）有限公司第一次代表大会

2009年2月27日，召开光明食品集团一届三次职工代表大会

2009年8月27日，召开共青团光明食品（集团）有限公司第二次代表大会

2007年10月26日,集团举办"2007十月歌会"大赛

2008年7月26日,举办光明食品集团第一届职工运动会

2009年9月23日,集团举办"庆祝中华人民共和国成立六十周年,共创光明美好未来"职工摄影书画作品展

文化建设

2008年10月16日,集团举办上海崇明·光明丰收节

2009年5月16日,集团下属第一食品携手五芳斋向都江堰光明团结小学捐赠2000份粽子

2009年10月2日,集团举办"爱满中秋·幸福光明——海峡两岸少年儿童联谊活动"

光明食品集团品牌荟萃

中国驰名商标和中国名牌产品

国家级农业产业化经营重点龙头企业

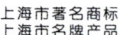     

上海市著名商标 上海市名牌产品 | 上海市著名商标 上海市名牌产品 | 上海市著名商标 上海市名牌产品 | 上海市名牌产品 | 上海市名牌产品 | 上海市著名商标

上海市名牌产品 | 中国名牌农产品 上海市著名商标 上海市名牌产品 | 上海市著名商标 上海市名牌产品 | 上海市著名商标 上海市名牌产品 | 上海市著名商标 | 上海市著名商标 上海市名牌产品

上海市著名商标 上海市名牌产品 | 上海市著名商标 上海市名牌产品 | 上海市著名商标 | 上海市著名商标 上海市名牌产品 上海市出口名牌产品 | 上海市名牌产品

上海市名牌产品 | 上海市著名商标 上海市名牌产品 | 上海市著名商标 | 上海市著名商标 上海市名牌产品 | 上海市出口名牌产品

上海市名牌服务企业 | 上海优秀服务商标 | 上海市名牌服务企业 | 上海市名牌服务企业 | 上海市名牌服务企业

上海市地方志编纂委员会

主 任 委 员	周慧琳
副主任委员	翁铁慧　李逸平　朱咏雷　宗　明
委　　　员	（以姓氏笔画为序）

于福林　上官剑　马正文　王　平　王　华　王　岚　王旭杰
方世忠　白廷辉　朱　民　朱勤皓　邬惊雷　刘　健　严爱云
李　谦　李　霞　李余涛　李国华　杨　莉　肖跃华　吴金城
吴海君　余旭峰　沈山州　沈立新　张　全　张小松　张国坤
陆方舟　陈　臻　陈宇剑　陈德荣　金鹏辉　周　强　周夕根
郑健麟　赵永峰　胡广杰　钟晓咏　姜冬冬　洪民荣　姚　凯
姚　海　秦昕强　袁　泉　袁　鹰　桂晓燕　顾　军　徐　枫
徐　建　徐　炯　徐　彬　徐未晚　高奕奕　高融昆　唐伟斌
黄德华　曹吉珍　曹扶生　盖博华　董建华　解　冬　缪　京
薛　侃

办公室主任	洪民荣
副 主 任	生键红　姜复生

上海市地方志编纂委员会

（2007年8月—2018年6月）

主 任 委 员	殷一璀（2007年8月—2014年11月）
	徐　麟（2014年11月—2015年9月）
	董云虎（2015年9月—2018年6月）
副主任委员	（2007年8月—2011年8月）
	王仲伟　杨定华　姜　樑　李逸平　林　克
副主任委员	（2011年8月—2014年11月）
	屠光绍　杨振武　洪　浩　姚海同　蒋卓庆　林　克
办公室主任	李　丽（2008年7月—2010年10月）
	刘　建（2010年10月—2014年2月）
副 主 任	沙似鹏（1997年12月—2007年9月）
	朱敏彦（2001年1月—2012年5月）
	沈锦生（2007年7月—2009年2月）
	莫建备（2009年9月—2013年11月）
	王依群（2016年8月—2020年3月）

《上海市级专志·光明食品(集团)有限公司志》编纂委员会

主　任：是明芳
副主任：刘　平　曹树民
主　编：李中宁　周海鸣
副主编：徐永炘　陈春山　朱　平
编　辑：周黎琼　姚天文　周　文　黄元达　谢锦芳　常凤珍　王定芳
　　　　钱止戈　戴　瑛　闪向阳
顾　问：王金才　浦祖康

《上海市级专志·光明食品(集团)有限公司志》资料采编人员

范为姝	张蓓华	朱玉华	邱中川	吕秀娟	朱杨梅	梁海涛	朱春梅
仲三江	何向丽	何英珺	陆稚男	涂祖明	吴雅慧	潘伟民	闵才弟
杨　健	张晓灵	李振民	张　林	顾贤杰	吕显杰	方　霞	王建民
苟　妙	周惠忠	王　瑛	王　季	黄建华	甘敬东	李建民	仲一熙
沈遑光	陆利斌	孟鹤强	金　军	陆　扬	徐美平	邬国强	戈锡鑫
史渊亮	曹禄珺	郝　慧	沈雨亮	王丽莎	赖兴梅	李林娅	赵光蓉
史春莲	朱　雯	杨　欢	陶渊敏	杨旭冬	王文安	王　超	于仁成
朱根良	姚银锋						

《上海市级专志·光明食品(集团)有限公司志》评议专家

组　　长　顾嘉禾
成　　员　（以姓氏笔画为序）
　　　　　卞关涛　王蓓怡　朱洁士　肖冠男　赵　达　顾　群　姚志贤
　　　　　俞建明　曹明是　韩国华

《上海市级专志·光明食品(集团)有限公司志》审定专家

组　　长　殷　欧
成　　员　（以姓氏笔画为序）
　　　　　陆文兴　陈宇先　罗国平　顾振华　施赣秋　钱国樑　殷洁伟
　　　　　徐夏临

《上海市级专志·光明食品(集团)有限公司志》验收单位和人员

验收单位　上海市地方志办公室
验收人员　洪民荣　姜复生　过文瀚　王继杰　黄晓明

业务编辑　赵明明　肖春燕

序

盛世修志，志载盛世。党和国家领导人对修志工作高度重视，习近平总书记强调"要高度重视修史修志"，李克强总理提出"修志问道，以启未来"。根据上海市人民政府《上海市第二轮新编地方志书编纂规划》明确的编纂任务，集团牵头编纂《上海市级专志·光明食品(集团)有限公司志》(简称《光明食品集团志》)。我们本着求真存实、反复考证、服务现实、启迪未来的精神。在各参编单位的大力支持下，经过集团党委工作部和各处室(单位)及各位老同志的辛勤耕耘、共同努力，历时数年，终于完成了《光明食品集团志》的编纂工作。

"民以食为天"，在中国这个农业生产和农产品消费大国，食品产业具有一头连着农业一头连着市场的产业特点，具有十分重要的战略地位。长期以来，上海的食品产业持续、稳定、高速增长，总体呈现出在前进中持续成长的良好态势。

上海食品产业涌现出以光明食品集团、光明乳业集团、良友集团、食品集团、水产集团等为代表的一批开发能力强、技术含量高、有市场竞争力的大型国有核心食品企业集团，与农业产业化龙头企业，一批"三资"企业和民营企业构成了有特色的食品产业群。

同时，上海形成体系完整，网络健全的食品安全监管系统。集聚了较强的食品科技和教学力量，为食品产业的发展提供了有力的科技支撑，培养出大批食品专业人才。

上海在全国食品产业中叱咤风云，上海食品产品在全国独领风骚。进入21世纪，昔日风光不再。全国食品企业100强，上海只占4个；全国食品名牌产品共124个，上海仅有4个。

2006年8月8日，中共上海市委作出一项重大决策：组建具有国际竞争能力的中国食品航母，成立光明食品(集团)有限公司，做大做响"光明"民族品牌。

上海集中食品国有资产，重组光明食品(集团)有限公司、上海农工商(集团)有限公司、上海市糖业烟酒(集团)有限公司、锦江国际(集团)有限公司等4家集团公司资产，组建成新的光明食品(集团)有限公司(简称"光明食品集团")。目标是形成一家以食品产业为核心业务,集一二三产业于一体,拥有全产业链的大型食品企业集团。

作为上海唯一的集一二三产业为一体的大型企业集团,光明食品集团的经营业务横跨农业、加工业和零售业,凭借着厚重的历史积累,集团迅速形成了以产业化、科技化、标准化、规模化为标志的都市型农业企业群,以品牌为引领的食品加工制造企业群,以连锁为特色的批发贸易零售企业群,并拥有一批提供现金流和良好投资回报的支撑业务群。集团的乳业、酒业、糖业、糖果业、连锁商业、品牌代理业等业务都在各自领域里形成了市场优势。处于我国加快经济发展方式转变和上海大力推进"四个中心"建设的重要机遇期,光明食品集团不断优化产业结构,大力推进商业模式转型,做强做大核心主业,稳步实施国际化战略,全面提高企业综合竞争力,在资产规模、业务规模上已成为全国领先的食品企业集团。2010年光明食品集团营业总收入632.22亿元,营业利润28.29亿元,利润总额32.43亿元,净利润24.76亿元。

90余万字的《光明食品集团志》详尽记载了2006—2010年,光明人为完成这一重大使命作出的努力与奋斗。

完成志书,重在其用。

《光明食品集团志》出版后,如何发挥它的效能,是一篇值得花力气做的大文章。

《光明食品集团志》就是一座内存巨大的"光明智库"。记得住历史才能看得清来路,忘记了历史一定没有未来。要让更多的光明人读志明史,守得住初心、担得起使命。

走进新时代,上海新宏图,光明食品集团如何做出新贡献,我们要以史为鉴,推进当下各项工作。让光明早日成为上海城市主副食品的底板,安全、优质、健康食品的标杆,世界有影响力的跨国食品产业集团。

以志为媒,传播光明。《光明食品集团志》要成为展示光明食品集团形象的一张大"名片"。可以向上海各界、兄弟省市、地方志馆、公共图书馆等赠阅《光明食品集团志》,让社会更多了解光明,让市民更多了解光明。知道"光明"是上海食品的标志,因为光明,所以温暖。

感谢全体修志人员的共同努力。感谢上海市地方志办公室的精心指导。感谢上海市有关单位领导、专家学者的关心支持。感谢光明食品集团的老领导、老前辈的热情帮助。

光明食品(集团)有限公司党委书记、董事长　是明芳
2021年3月

凡　　例

一、本志以马克思列宁主义、毛泽东思想、邓小平理论、"三个代表"重要思想、科学发展观、习近平新时代中国特色社会主义思想为指导，遵循辩证唯物主义和历史唯物主义原理，实事求是记述光明食品集团改革发展的历史进程。

二、本志是光明食品集团首部企业专志，列入上海市级专志系列。记事时间上起2006年6月，下至2010年年底，为记事完整，适有上溯和下延。记述内容为光明食品集团组建成立、深化改革、产业发展、经营管理、职工队伍、企业文化、科教卫生、党群组织等史实和活动，展现光明食品集团的发展历程。

三、本志采用篇、章、节结构。全志除序、凡例、总述、大事记、目录和专记、附录、索引、编后记外，共设集团溯源和集团组建、现代都市农业、制造业、商业、房地产开发和建筑业、服务业、经营管理、队伍建设、企业文化建设、科技教育卫生、党群组织和人物·荣誉等12篇、34章。

四、本志以述、记、志、图、表、录为主要表述形式，以志为主体。照片集中于卷首，图表随文设。

五、本志大事记以编年体为主。

六、本志对集团正、副职领导及董事会、监事会成员及获得各种荣誉称号的有关人员以列表形式予以记述。

七、本志记述的组织机构或企业名称，通常首用全称，后用简称。如首称光明食品（集团）有限公司，后简称光明食品集团。

八、本志采用中华人民共和国法定计量单位。因确需使用非法定计量单位的，在首次出现时给出与法定计量单位的换算关系。通常以万箱、万枝、万件、万千克、万平方米、万元、亿元等为数量统计单位，不足1万按实数记述，小数点后按"四舍五入"保留2

位。本志涉及的币种,未注明的均为人民币。

九、本志使用的资料、照片主要来自光明食品集团各子公司、各部门上报资料,集团历年档案资料;《光明食品报》及其他公开出版的相关书籍著作、报纸杂志、年鉴报告;集团、子公司网站及有关网站的公开报道。少数采自相关人员的口述资料。

目 录

序 1
凡例 1
总述 1
大事记 13

第一篇　集团溯源和集团组建 ……… 33
概述 34
第一章　集团溯源 36
第一节　上海农工商(集团)有限公司 …… 36
一、企业沿革 36
二、产业结构 37
三、企业文化 37
四、子公司和品牌 38
五、政府职能 38
第二节　上海益民食品一厂(集团)有限公司 ………………………………… 38
一、企业沿革 38
二、产业结构 39
三、企业文化 40
四、子公司和品牌 40
第三节　上海市糖业烟酒(集团)有限公司 ………………………………… 41
一、企业沿革 41
二、产业结构 41
三、企业文化 43
四、子公司和品牌 43
第二章　集团组建 44
第一节　光明食品集团重组 44
一、重组背景 44
二、方案制定 44
三、方案要点 45
四、方案实施 46
五、机构设立 48
六、成立大会 49
第二节　集团法人治理结构和总部机构 ………………………………… 49
一、股东会 49
二、董事会 50
三、监事会 52
四、集团总裁机构 53
五、集团总部机构 53
六、子公司董事会建设试点 56
第三节　集团产业 58
一、概况 58
二、产业分类 58
第四节　集团直属单位 60
一、上海益民食品一厂(集团)有限公司 ………………………………… 60
二、上海市糖业烟酒(集团)有限公司 ………………………………… 61
三、上海跃进有限公司 63
四、上海长江总公司 65
五、上海五四有限公司 67
六、上海东海总公司 69
七、上海海丰总公司 71

1

八、上海市上海农场 ……………… 73	二、林业建设与管理 …………… 135
九、上海市川东农场 ……………… 75	三、果树种植 …………………… 135
十、光明乳业股份有限公司 ……… 76	四、企业选介 …………………… 137
十一、农工商房地产(集团)股份有限公司 …………………… 77	第五节 青饲料 ……………………… 140
十二、农工商超市(集团)有限公司 …………………… 79	一、种植品种 …………………… 140
十三、上海海博股份有限公司 …… 81	二、种植技术 …………………… 141
十四、上海浦东星火开发区联合发展有限公司 ……………… 82	三、储藏 ………………………… 143
十五、上海农工商投资公司 ……… 85	四、企业选介 …………………… 144
十六、上海海湾国家森林公园有限公司 …………………… 87	第二章 养殖业产品生产经营 ……… 146
十七、上海西郊国际农产品交易有限公司 …………………… 88	第一节 奶牛 ………………………… 146
十八、中共光明食品(集团)有限公司委员会党校(电大) …… 90	一、养殖规模 …………………… 146
	二、养殖技术 …………………… 148
	三、生奶价格管理 ……………… 157
	四、企业选介 …………………… 157
第二篇 现代都市农业 ……………… 93	第二节 生猪 ………………………… 163
概述 ……………………………………… 94	一、养殖规模 …………………… 163
第一章 种植业产品生产经营 ……… 95	二、养殖技术 …………………… 164
第一节 粮食 ………………………… 95	三、企业选介 …………………… 170
一、主要产品 …………………… 95	第三节 水产品 ……………………… 173
二、种植技术 …………………… 98	一、产量和品种 ………………… 173
三、企业选介 …………………… 107	二、养殖技术 …………………… 175
第二节 蔬菜 ………………………… 112	三、企业选介 …………………… 177
一、规模、品种和技术 ………… 112	第三章 农业生产设施 ……………… 178
二、设施菜田项目建设和蔬菜销售 …………………… 119	第一节 农业机械 …………………… 178
三、企业选介 …………………… 120	一、农机主要种类 ……………… 178
第三节 花卉 ………………………… 122	二、农机管理 …………………… 185
一、产量和品种 ………………… 123	三、农机应用和推广 …………… 188
二、种植技术 …………………… 126	四、农机管理站(部、服务中心) …… 192
三、科技创新 …………………… 127	五、企业选介 …………………… 193
四、新品展示 …………………… 128	第二节 水利建设 …………………… 194
五、情系世博 …………………… 129	一、设施粮田水利配套建设 …… 194
六、企业选介 …………………… 129	二、设施菜田水利配套建设 …… 195
第四节 林业和果业 ………………… 132	三、海塘维修养护 ……………… 203
一、林地面积和分布区域 ……… 132	四、河道整治 …………………… 204
	五、建设成效 …………………… 204
	第三篇 制造业 ……………………… 207
	概述 …………………………………… 208
	第一章 农副产品加工 ……………… 210

第一节　大米	210	三、糖果产品	305
一、产品和品牌	210	四、饮料	312
二、工艺和设备	213	五、月饼和饼干	317
三、市场营销	215	六、糟醉类产品	320
四、企业选介	218	七、企业选介	325
第二节　蔬菜	220	第六节　罐头食品	326
一、产品和品牌	221	一、产品和品牌	326
二、工艺和设备	222	二、工艺和设备	330
三、产品销售	224	三、企业选介	332
第三节　猪肉	225	第七节　其他食品	338
一、产品和品牌	225	一、紫糯玉米	338
二、产品规格	226	二、茶叶	339
三、企业选介	230	三、企业选介	340
第四节　肉禽	231	第三章　其他制造业	342
一、产品和品牌	231	第一节　包装印刷材料和塑料制品	342
二、工艺和设备	232	一、包装材料	342
三、企业选介	233	二、防伪印刷材料	343
第二章　食品制造	235	三、塑料制品	347
第一节　乳业	235	四、企业选介	348
一、产品和品牌	235	第二节　医药化工和医疗用品	352
二、工艺和设备	237	一、医药化工	352
三、质量管理和环境保护	240	二、医疗用品	354
四、企业选介	246	三、企业选介	357
第二节　糖业	252	第三节　金属制品和专用部件	360
一、产品和品牌	252	一、紧固件	360
二、工艺和设备	257	二、船用部件	363
三、甘蔗种植和食糖销售	260	三、不锈钢制品	365
四、企业选介	264	四、筛网滤器	368
第三节　酒业	271	五、企业选介	368
一、产品和品牌	272	第四节　汽车仪器仪表和配件	374
二、工艺和设备	277	一、汽车电子仪表	374
三、企业选介	284	二、汽车水泵轴连轴承	383
第四节　冷饮冷冻食品	287		
一、产品和品牌	288	第四篇　商业	387
二、工艺和设备	289	概述	388
三、企业选介	291	第一章　零售业	389
第五节　休闲食品	293	第一节　业务类型和经营方式	389
一、调味品	293	一、业务类型	389
二、蜂制品	300	二、经营方式	401

第二节　企业选介 …………… 402
　一、上海好德便利有限公司 ……… 402
　二、上海可的便利店有限公司 …… 402
　三、上海伍缘现代杂货有限公司
　　　………………………………… 403
　四、上海第一食品连锁发展有限
　　　公司 …………………………… 404
　五、上海牛奶棚食品有限公司 …… 408
　六、上海城隍珠宝有限公司 ……… 408
　七、上海都市生活企业发展有限
　　　公司 …………………………… 410
　八、上海正广和网上购物有限公司
　　　………………………………… 411
　九、上海市农工商长征医药有限
　　　公司 …………………………… 412
第二章　批发业 ……………………… 413
　第一节　业务类型和经营方式 ……… 413
　　一、业务类型 ……………………… 414
　　二、经营方式 ……………………… 416
　第二节　企业选介 …………………… 418
　　一、上海南浦食品(集团)有限公司
　　　………………………………… 418
　　二、上海捷强烟草糖酒(集团)有限
　　　公司 …………………………… 419
　　三、上海新境界食品贸易有限公司
　　　………………………………… 421
　　四、上海中油农工商石油销售有限
　　　公司 …………………………… 422
　　五、上海农工商配送服务有限公司
　　　………………………………… 422

第五篇　房地产开发和建筑业 ……… 425
　概述 …………………………………… 426
　第一章　房地产开发 ………………… 427
　　第一节　业务类型和开发方式 …… 428
　　　一、业务类型 …………………… 428
　　　二、开发方式 …………………… 430
　　第二节　大型楼盘 ………………… 431
　　　一、上海苏堤春晓名苑 ………… 431

　　　二、星河世纪城 ………………… 432
　　　三、东方帕堤欧小城 …………… 432
　　　四、镇江风景城邦 ……………… 432
　　　五、飘鹰世纪大厦 ……………… 432
　　　六、飘鹰锦和花园 ……………… 433
　　第三节　企业选介 ………………… 433
　　　一、上海轻工置业有限公司 …… 433
　　　二、上海农工商华都实业有限公司
　　　　………………………………… 434
　　　三、上海飘鹰实业发展公司 …… 435
　　　四、上海星火房地产有限公司 … 436
　　　五、上海新腾飞房地产经营有限
　　　　公司 …………………………… 436
　　　六、上海虹阳投资有限公司 …… 437
　　　七、上海东旺房地产有限公司 … 437
　　　八、上海明旺房地产有限公司 … 438
　　　九、上海金牛房地产有限公司 … 438
　第二章　建筑业 ……………………… 439
　　第一节　业务类型和施工项目 …… 439
　　　一、业务类型 …………………… 439
　　　二、施工项目 …………………… 441
　　第二节　企业选介 ………………… 442
　　　一、上海城乡建筑设计院有限公司
　　　　………………………………… 442
　　　二、上海农工商绿化有限公司 … 443
　　　三、上海农工商建设发展有限公司
　　　　………………………………… 444
　　　四、上海农工商建筑材料有限公司
　　　　………………………………… 445
　　　五、上海中建水泥制品有限公司
　　　　………………………………… 445
　　　六、上海跃光建筑有限公司 …… 446
　第三章　物业管理 …………………… 447
　　第一节　业务类型和主要物业 …… 447
　　　一、业务类型 …………………… 447
　　　二、主要物业 …………………… 448
　　第二节　企业选介 ………………… 450
　　　一、上海轻工物业管理有限公司
　　　　………………………………… 450

二、上海华仕物业管理有限公司 ………… 450
三、上海飘鹰物业管理有限公司 ………… 451
四、上海农工商旺都物业管理有限公司 ………… 451

第六篇　服务业 ………… 453
概述 ………… 454
第一章　出租汽车客运市场和仓储物流业 ………… 456
第一节　出租汽车客运市场 ………… 456
一、业务类型和经营方式 ………… 456
二、企业简介 ………… 462
第二节　驾驶员培训服务 ………… 464
一、培训项目 ………… 464
二、驾驶员培训目标、内容、要求和学时 ………… 466
三、企业选介 ………… 469
第三节　仓储物流业 ………… 471
一、业务类型和经营方式 ………… 472
二、企业选介 ………… 474
第二章　旅游业 ………… 477
第一节　住宿和餐饮业 ………… 477
一、业务类型和经营方式 ………… 477
二、企业选介 ………… 478
第二节　农业观光业 ………… 484
一、业务类型 ………… 484
二、经营方式 ………… 487
三、企业选介 ………… 489
第三章　殡葬业 ………… 492
第一节　经营规模 ………… 492
一、上海滨海古园 ………… 492
二、上海汇龙园陵园有限公司 ………… 494
第二节　经营特色 ………… 494
一、新型殡葬方式 ………… 494
二、特色祭扫 ………… 495
三、特色墓区 ………… 496

第七篇　经营管理 ………… 497
概述 ………… 498
第一章　经营 ………… 501
第一节　上市公司 ………… 501
一、上海金枫酒业股份有限公司 ………… 501
二、上海梅林正广和股份有限公司 ………… 503
三、光明乳业股份有限公司 ………… 505
四、上海海博股份有限公司 ………… 508
五、上海市都市农商社股份有限公司 ………… 512
第二节　商业模式转型 ………… 514
一、战略定位 ………… 514
二、目标 ………… 515
三、做法 ………… 516
四、模式 ………… 519
第三节　产业和企业整合 ………… 520
一、整合目的意义与原则 ………… 520
二、整合计划与行动 ………… 521
三、整合措施与成效 ………… 524
第四节　项目投资和对外并购 ………… 527
一、项目投资 ………… 527
二、对外并购 ………… 536
第五节　对外经贸和国内合作 ………… 540
一、对外经贸 ………… 540
二、国内合作 ………… 548
第二章　管理 ………… 556
第一节　母子公司管理体制 ………… 556
一、战略管控 ………… 557
二、首席产权代表重大事项请示和报告 ………… 558
三、企业规章制度建设 ………… 560
第二节　战略管理 ………… 560
一、制定 ………… 560
二、宣传 ………… 564
三、评估 ………… 565
四、执行 ………… 566
五、管理制度 ………… 568

第三节　财务管理 …………… 568
　一、财务管理体制 …………… 569
　二、2006—2010年财务预算和
　　　决算 ………………………… 569
　三、资金管理 ………………… 577
　四、经济运行质量分析 ……… 578
　五、财务风险控制 …………… 578
　六、财务信息化管理 ………… 578
　七、财务队伍建设 …………… 579
第四节　审计管理 …………… 580
　一、机构、人员和职责 ……… 580
　二、财务报表审计 …………… 581
　三、经济责任审计 …………… 582
　四、专项审计 ………………… 583
　五、评估管理 ………………… 584
第五节　法务管理 …………… 584
　一、机构、人员和职责 ……… 584
　二、普法工作 ………………… 585
　三、规章制度建设 …………… 586
　四、合同管理 ………………… 587
　五、企业工商年检 …………… 587
　六、知识产权管理 …………… 588
　七、重大经济活动管理 ……… 589
　八、经济纠纷案件管理 ……… 589
第六节　食品安全和危机管理 … 590
　一、组织机构和制度建设 …… 591
　二、食品安全管理 …………… 592
　三、危机事件处置 …………… 593
第七节　品牌管理 …………… 595
　一、品牌战略定位 …………… 596
　二、品牌建设近期、中长期目标 … 596
　三、品牌架构 ………………… 597
　四、品牌建设任务 …………… 597
　五、品牌保障措施 …………… 597
　六、品牌制度建设 …………… 598
　七、品牌建设活动 …………… 599
　八、品牌建设成果 …………… 600
第八节　信访管理 …………… 601
　一、信访机构和工作职责 …… 601
　二、信访受理 ………………… 601
　三、信访处置 ………………… 603

第八篇　队伍建设 …………… 605
概述 ……………………………… 606
第一章　职工队伍 …………… 607
第一节　从业人员规模和教育培训 … 607
　一、从业人员行业分布 ……… 607
　二、经营管理队伍 …………… 616
　三、教育培训 ………………… 619
第二节　用工制度和职工工资 … 620
　一、工资制度改革和工资管理 … 620
　二、从业人员劳动报酬 ……… 623
第三节　离岗人员和退休职工管理 … 633
　一、离岗人员 ………………… 633
　二、退休职工 ………………… 637
第二章　干部管理 …………… 640
第一节　招聘、任免、交流 …… 640
　一、招聘 ……………………… 640
　二、任免 ……………………… 641
　三、岗位交流 ………………… 646
第二节　考核奖惩机制 ………… 646
　一、对集团总裁绩效考评 …… 647
　二、董事会对子公司责任人绩效
　　　考评 ………………………… 648
　三、对专职外部董事和监事考评
　　　……………………………… 653
　四、对集团总部员工考核 …… 656
　五、完善绩效管理体系 ……… 657
第三节　后备干部队伍建设 …… 657
　一、总体目标和遴选方式 …… 657
　二、培养教育 ………………… 658
　三、实战锻炼 ………………… 659
　四、考核和长效管理 ………… 660
第四节　专业职称评定 ………… 660
　一、专业技术人才 …………… 660
　二、技术职称评定 …………… 667
第五节　离退休干部管理与服务 … 669
　一、基本情况 ………………… 669

二、管理工作 ………………………… 670
三、党组织建设 ……………………… 673
四、老干部工作委员会 ……………… 674
五、老干部活动室 …………………… 675

第九篇　企业文化建设 …………………… 677
概述 …………………………………………… 678
第一章　企业文化理念 …………………… 680
第一节　企业精神 ……………………… 680
第二节　企业文化教育 ………………… 681
第二章　企业文化活动 …………………… 682
第一节　形势教育活动 ………………… 682
第二节　理论思想研究活动 …………… 683
一、理论学习 ………………………… 684
二、文化创新 ………………………… 684
三、思想调研 ………………………… 685
四、学习交流 ………………………… 685
第三节　文明单位创建工作 …………… 685
一、创建规划 ………………………… 685
二、申报程序 ………………………… 685
三、评选方法 ………………………… 686
四、评选考核 ………………………… 686
五、评比结果 ………………………… 686
第四节　普法教育 ……………………… 690
一、"五五"普法领导机构 …………… 690
二、"五五"普法工作 ………………… 691
第五节　纪念上海农垦围垦50周年
　　　　活动 …………………………… 692
第三章　企业文化载体 …………………… 693
第一节　上海益民食品一厂历史
　　　　展示馆 ………………………… 693
第二节　上海农垦博物馆 ……………… 694
第三节　金枫酒事馆 …………………… 695
第四节　《光明食品报》 ……………… 696
第五节　集团官方网站 ………………… 697
第四章　社会公益事业 …………………… 699
第一节　援建光明团结小学和博爱
　　　　小学 …………………………… 699

一、决策 ……………………………… 699
二、签约 ……………………………… 699
三、设计 ……………………………… 700
四、施工 ……………………………… 700
五、竣工 ……………………………… 701
六、开学典礼 ………………………… 701
第二节　集团系统抗震救灾系列活动
　　　　　………………………………… 702
第三节　迎接世博、服务世博 ………… 703
一、迎世博600天行动 ……………… 703
二、"绿色盛会一起来"主题活动
　　　　………………………………… 704
三、服务世博会 ……………………… 705
四、世博志愿者和世博接待工作
　　　　………………………………… 706
五、获世博会荣誉 …………………… 707
第四节　光明爱心专项基金会 ………… 708

第十篇　科技教育卫生 …………………… 709
概述 …………………………………………… 710
第一章　科技 ……………………………… 712
第一节　科技管理 ……………………… 712
一、机构 ……………………………… 712
二、活动 ……………………………… 713
第二节　科研机构与科研队伍 ………… 716
一、国家级科技创新机构 …………… 716
二、省市级科技创新机构 …………… 717
三、上海市高新技术企业 …………… 718
四、技术研发应用推广机构 ………… 718
五、公共服务平台 …………………… 719
六、科研队伍 ………………………… 722
第三节　科技合作 ……………………… 725
一、机制 ……………………………… 725
二、项目 ……………………………… 727
三、人才培养 ………………………… 728
第四节　科技成果 ……………………… 728
一、国家级科技成果 ………………… 728
二、部、市级科技成果 ……………… 729
三、行业科技成果 …………………… 732

第二章 教育、卫生 …… 734
第一节 教育 …… 734
一、基本情况 …… 734
二、所属教育单位属地化 …… 736
三、大中专学校选介 …… 737
第二节 卫生 …… 738
一、卫生管理工作 …… 738
二、农场医院 …… 739
三、卫生管理职能属地化 …… 739
四、医院选介 …… 740

第十一篇 党群组织 …… 743
概述 …… 744
第一章 中国共产党组织 …… 746
第一节 组织建制 …… 746
一、集团党委会 …… 746
二、集团党委职能部门 …… 746
三、集团所属企(事)业单位党组织 …… 747
第二节 党的会议 …… 748
一、中国共产党光明食品(集团)有限公司第一次代表大会 …… 748
二、其他重要会议 …… 750
第三节 党的工作 …… 751
一、组织工作 …… 751
二、宣传工作 …… 770
三、统战工作 …… 771
第四节 党内重要活动 …… 772
一、党员先进性教育活动 …… 772
二、学习实践科学发展观活动 …… 772
三、创先争优活动 …… 775
四、纪念建党活动 …… 775
第二章 纪检和监察 …… 777
第一节 纪律检查委员会 …… 777
一、纪委成员和职责 …… 777
二、党风廉政建设责任制 …… 777
三、纪检队伍建设 …… 779
四、廉洁从业教育 …… 779
五、集团党风监督团 …… 780
六、案件查处 …… 781
第二节 监察 …… 782
一、监察制度 …… 782
二、固定资产投资和产权交易监管 …… 783
三、专项监察检查 …… 784
四、企业效能监察 …… 784
第三章 工会组织 …… 786
第一节 组织建制和建设 …… 786
一、组织建制 …… 786
二、工会建设 …… 787
第二节 劳动竞赛和先进评选 …… 788
一、劳动竞赛 …… 788
二、先进评选 …… 791
第三节 民主管理和权益维护 …… 792
一、职工代表大会 …… 792
二、厂务公开 …… 794
三、集体合同 …… 795
四、帮困工作 …… 796
第四节 女职工工作 …… 797
一、女职工队伍 …… 797
二、女职工活动 …… 798
第五节 职工文体活动 …… 800
一、十月歌会大赛 …… 800
二、第一届职工运动会 …… 800
三、职工摄影、美术、书法作品展 …… 802
四、第二届职工运动会 …… 802
第四章 中国共产主义青年团组织 …… 803
第一节 组织建制和团员代表大会 …… 803
一、组织建制 …… 803
二、团员代表大会 …… 804
第二节 团员青年活动和评选先进 …… 806
一、团员青年活动 …… 806
二、评选先进 …… 809
第五章 学会 …… 811
第一节 集团思想政治工作研究会暨企业文化促进会 …… 811
一、组织沿革 …… 811
二、主要活动 …… 812

第二节　上海市会计学会光明食品
　　　　　　工作委员会 …………… 814
　　　一、学术研究活动 ………………… 815
　　　二、理论学习 ……………………… 816
　　　三、人员培训 ……………………… 816
　　　四、咨询服务 ……………………… 816
　　　五、学术研讨 ……………………… 817

第十二篇　人物·荣誉 ……………… 819
　概述 …………………………………… 820
　第一章　领导干部 …………………… 821
　第二章　先进个人 …………………… 826
　第三章　先进集体 …………………… 832

专记 …………………………………… 837
　上海市农场管理局沿革 ……………… 839

附录 …………………………………… 855
　光明食品(集团)有限公司章程 ……… 857
　光明食品(集团)有限公司2007—2009年
　　三年战略规划(摘要) ……………… 875
　光明食品(集团)有限公司2008—2010年
　　主业发展与非主业调整行动计划(摘要)
　　………………………………………… 879
　光明食品(集团)有限公司2010—2012年
　　发展规划(摘要) …………………… 882

索引 …………………………………… 887
　表格索引 ……………………………… 887

编后记 ………………………………… 901

CONTENTS

Foreword	1
Notes	1
Overview	1
Chronicle of Events	13

Part 1 Group Origin and Group Formation ········ 33
    Summary ········ 34
    Chapter 1 Group Origin ········ 36
        Section 1 NGS Group Co., Ltd. ········ 36
        Section 2 Shanghai Yimin Food No.1 Factory (Group) Co., Ltd. ········ 38
        Section 3 Shanghai Tangjiu Group Co., Ltd. ········ 41
    Chapter 2 Group Formation ········ 44
        Section 1 Reorganization of Bright Food Group ········ 44
        Section 2 Group Corporate Governance Structure and Headquarters ········ 49
        Section 3 Group Industry ········ 58
        Section 4 Subordinate Units ········ 60

Part 2 Modern Urban Agriculture ········ 93
    Summary ········ 94
    Chapter 1 Crop Production and Operation ········ 95
        Section 1 Cereals ········ 95
        Section 2 Vegetables ········ 112
        Section 3 Flowers ········ 122
        Section 4 Forestry and Fruits ········ 132
        Section 5 Green Fodder ········ 140
    Chapter 2 Animal Husbandry Production and Operation ········ 146
        Section 1 Cow ········ 146
        Section 2 Pig ········ 163
        Section 3 Aquatic Products ········ 173
    Chapter 3 Agricultural Production Facilities ········ 178

Section 1　Agricultural Machinery ········· 178
　　Section 2　Water Conservancy ········· 194

Part 3　Manufacturing ········· 207
　Summary ········· 208
　Chapter 1　Agricultural and Sideline Products Processing ········· 210
　　Section 1　Rice ········· 210
　　Section 2　Vegetables ········· 220
　　Section 3　Pork ········· 225
　　Section 4　Poultry ········· 231
　Chapter 2　Food Manufacturing ········· 235
　　Section 1　Dairy ········· 235
　　Section 2　Sugar ········· 252
　　Section 3　Alcohol ········· 271
　　Section 4　Cold Drinks and Icecream ········· 287
　　Section 5　Snack Food ········· 293
　　Section 6　Canned Food ········· 326
　　Section 7　Other Food ········· 338
　Chapter 3　Other Manufacturing Products ········· 342
　　Section 1　Packing, Printing Materials and Plastic Products ········· 342
　　Section 2　Pharmaceutical Chemicals and Medical Supplies ········· 352
　　Section 3　Metal Products and Special Equipments ········· 360
　　Section 4　Automobile Instrumentation and Accessories ········· 374

Part 4　Business ········· 387
　Summary ········· 388
　Chapter 1　Retail ········· 389
　　Section 1　Business Type and Operation Mode ········· 389
　　Section 2　Enterprise Guide ········· 402
　Chapter 2　Wholesaling ········· 413
　　Section 1　Business Type and Operation Mode ········· 413
　　Section 2　Enterprise Guide ········· 418

Part 5　Real Estate Development and Construction ········· 425
　Summary ········· 426
　Chapter 1　Real Estate Development ········· 427
　　Section 1　Business Type and Development Approach ········· 428
　　Section 2　Large Projects ········· 431

    Section 3   Enterprise Guide ·· 433

  Chapter 2 Construction Industry ·· 439

    Section 1   Business Type and Key Projects ·· 439

    Section 2   Enterprise Guide ·· 442

  Chapter 3 Property Management ·· 447

    Section 1   Business Type and Main Properties ·· 447

    Section 2   Enterprise Guide ·· 450

Part 6 Service ·· 453

  Summary ·· 454

  Chapter 1 Taxi Transport and Warehousing Logistics ·· 456

    Section 1   Taxi Passenger Market ·· 456

    Section 2   Driver Training Service ··· 464

    Section 3   Warehousing Logistics ·· 471

  Chapter 2 Tourism ·· 477

    Section 1   Accommodation and Catering ·· 477

    Section 2   Agrotourism ·· 484

  Chapter 3 Funeral Business ·· 492

    Section 1   Scale of Operation ·· 492

    Section 2   Operating Characteristics ·· 494

Part 7 Operation Management ·· 497

  Summary ·· 498

  Chapter 1 Operation ·· 501

    Section 1   Listed Company ·· 501

    Section 2   Business Model Transformation ··· 514

    Section 3   Industry and Enterprise Integration ··· 520

    Section 4   Project Investment and External Mergers and Acquisitions ··························· 527

    Section 5   Foreign Trade and Domestic Cooperation ··· 540

  Chapter 2 Management ·· 556

    Section 1   The Parent-Subsidiary Company Management System ······························· 556

    Section 2   Strategic Management ·· 560

    Section 3   Financial Management ··· 568

    Section 4   Auditing ·· 580

    Section 5   Legal Management Audit ·· 584

    Section 6   Food Safety and Crisis Management ·· 590

    Section 7   Brand Management ··· 595

    Section 8   Complaints and Proposals Management ··· 601

Part 8 Team Construction ········ 605
  Summary ········ 606
  ### Chapter 1 Workforce ········ 607
   Section 1 Employee Distribution and Education and Training ········ 607
   Section 2 Employment System and Wages ········ 620
   Section 3 Management of Resigned Staff and Retired Staff ········ 633
  ### Chapter 2 Cadre Management ········ 640
   Section 1 Recruitment, Appointment and Removal, Communication ········ 640
   Section 2 Assessment, Reward and Punishment Mechanism ········ 646
   Section 3 Building a Contingent of Reserve Cadres ········ 657
   Section 4 Professional Title Assessment ········ 660
   Section 5 Management of Retired Cadres ········ 669

Part 9 Corporate Culture Construction ········ 677
  Summary ········ 678
  ### Chapter 1 Corporate Culture and Concept ········ 680
   Section 1 Corporate Spirit ········ 680
   Section 2 Corporate Culture Education ········ 681
  ### Chapter 2 Corporate Culture Activities ········ 682
   Section 1 Situation Education Activities ········ 682
   Section 2 Ideological and Theoretical Study Activities ········ 683
   Section 3 Promoting Advanced Units ········ 685
   Section 4 Popularizing Law Education ········ 690
   Section 5 Commemorating Shanghai Agricultural Reclamation Activities ········ 692
  ### Chapter 3 Carrier of Corporate Culture ········ 693
   Section 1 Yimin Food Factory History Exhibition Hall ········ 693
   Section 2 Shanghai Agricultural Reclamation Museum ········ 694
   Section 3 Jinfeng Wine Business Hall ········ 695
   Section 4 Guangming Shipin Bao ········ 696
   Section 5 Official Website of the Group ········ 697
  ### Chapter 4 Social Welfare Undertakings ········ 699
   Section 1 Guangming Unity Primary School and Boai Primary School ········ 699
   Section 2 Group System Earthquake Relief Activities ········ 702
   Section 3 Welcoming and Serving the Expo ········ 703
   Section 4 Bright Love Special Foundation ········ 708

Part 10 Science, Technology, Education and Health ········ 709
  Summary ········ 710

Chapter 1 Science and Technology	712
Section 1 Science and Technology Management	712
Section 2 Research Institutions and Research Teams	716
Section 3 Science and Technology Cooperation	725
Section 4 Scientific and Technological Achievements	728
Chapter 2 Education and Health	734
Section 1 Education	734
Section 2 Health	738

Part 11 Party—Masses Organization 743

Summary	744
Chapter 1 Organization of the Communist Party of China	746
Section 1 Organization Establishment	746
Section 2 The Party's Conference	748
Section 3 The Party's Construction	751
Section 4 Major Party Activities	772
Chapter 2 Discipline Inspection and Supervision	777
Section 1 Discipline Inspection Committee of the Group	777
Section 2 The Supervision	782
Chapter 3 Trade Union	786
Section 1 Organizational Structure and Construction	786
Section 2 Labor Competition and Advanced Selection	788
Section 3 Democratic Management and Protection of Rights and Interests	792
Section 4 Work of Women Workers	797
Section 5 Recreational Activities for Workers	800
Chapter 4 Organization of the Communist Youth League of China	803
Section 1 Organize the Organization and the Congress of League Members	803
Section 2 League Member Activities and Advanced Selection	806
Chapter 5 Other Social Groups	811
Section 1 Group Ideological and Political Work Research Association and Enterprise Culture Promotion Association	811
Section 2 Bright Food Working Committee of Shanghai Accounting Society	814

Part 12 People and Honors 819

Summary	820
Chapter 1 Leading Cadres	821
Chapter 2 Advanced Individuals	826
Chapter 3 Advanced Collectives	832

Special Event 837

Appendixes 855

Index 887

Afterword 901

总 述

2006年6月初,为做强做大上海食品产业,增强上海食品企业的国际竞争能力,做大做响"光明"民族品牌,中共上海市委、市政府从国资国企改革和城市经济发展大局出发,决定集中上海轻工控股集团下属光明食品(集团)有限公司(简称"光明食品集团")、上海农工商(集团)有限公司(简称"农工商集团")、上海市糖业烟酒(集团)有限公司(简称"烟糖集团")以及锦江国际(集团)有限公司(简称"锦江集团")的食品资产,组建新的光明食品(集团)有限公司,隶属于上海市国有资产管理监督委员会(简称"市国资委")。

一

组建光明食品集团是市委、市政府站在弘扬民族品牌,优化国资布局结构,做强做大上海食品产业的战略高度所作出的重大决策。光明食品集团通过资源整合做大光明食品,实施品牌战略,培育壮大以益民食品一厂为旗舰的龙头企业群。以构筑新的产业链为基础、加快推进品牌整合为切入点,强化对企业结构的整合,包括产权资本的整合、企业功能的整合、组织结构的整合、管理机制的整合以及企业文化的整合。

新组建的光明食品集团股东为市国资委、上海大盛资产有限公司、上海国有资产经营有限公司、申能(集团)有限公司、上海国际集团有限公司、上海上实(集团)有限公司、上海久事公司。公司注册资本为人民币34.3亿元,住所为上海市华山路263弄7号。2006年8月8日,光明食品集团成立大会在上海展览中心隆重举行。

光明食品集团组建后,充分把握我国加快经济发展方式转变和上海大力推进"四个中心"建设的重要机遇期,以食品产业链为核心,重点发展以种源、生态、装备和标准农业为核心的现代都市农业,以食品和农产品深加工为核心的现代都市工业,以商业流通和物流配送为核心的现代服务业,以及都市房地产、出租汽车和物流业、品牌代理服务业等。光明食品集团不断优化产业结构,大力推进商业模式转型,做强做大核心主业,稳步实施国际化战略,全面提高企业综合竞争力,在资产规模、业务规模上已成为上海市乃至全国领先的食品企业集团之一。2006年光明食品集团组建初期营业总收入436亿元,2010年营业总收入632.22亿元,营业利润28.29亿元,利润总额32.43亿元,净利润24.76亿元。光明食品集团2010年列中国企业500强第79位。

光明食品集团直属企业有:上海益民食品一厂(集团)有限公司(简称"益民集团")、烟糖集团、上海跃进有限公司(简称"跃进有限公司")、上海长江总公司(简称"长江总公司")、上海五四有限公司(简称"五四公司")、上海东海总公司(简称"东海总公司")、上海海丰总公司(简称"海丰总公司")、上海市上海农场(简称"上海农场")、上海市川东农场(简称"川东农场")、光明乳业股份有限公司(简称"光明乳业")、农工商房地产(集团)股份有限公司(简称"农房集团")、农工商超市(集团)有限公司(简称"农工商超市集团")、上海海博股份有限公司(简称"海博股份")、上海浦东星火开发区联合发展有限公司(简称"星联公司")、上海农工商投资公司(简称"投资公司")、上海海湾国家森林公园有限公司(简称"海湾森林")、上海西郊国际农产品交易有限公司(简称"西郊国际")等。集团拥有上海梅林正广和股份有限公司(简称"上海梅林")、光明乳业、上海金枫酒业股份有限公司(简称"金枫酒业")、上海海博股份有限公司(简称"海博股份")、上海市都市农商社股份有限公司(简称"都市农商社",后吸收合并海通证券实现整体上市)等5家上市公司。集团下属有中共上海市农场管理局委员会党校(上海电视大学农场管理局分校)、上海市农场管理局农业技术中心、上海市东海老年护理医院等11个事业单位。光明食品集团受市国资委管理。光明食品集团成立后,仍保留"上海市农场管理局"牌子。2009年9月,上海农场、川江农场从上海市劳动教养管理局划转至光明食品集团。

光明食品集团组建后,确立了以食品产业链为核心业务,房地产业、出租汽车业等为支撑业务,以现代物流、儿童食品等领域为培育业务,力求在"发展、整合、转型、提升"上实现新的跨越,建设成国内一流、具有国际竞争力的大型综合食品产业集团。光明食品集团是上海唯一一个集一二三产业为一体的大型企业集团,其主要经营业务横跨农业、加工业和零售业,初步形成以产业化、科技化、标准化、规模化为标志的都市型农业企业群,以品牌为引领的食品加工制造企业群,以连锁为特色的批发贸易零售企业群,并拥有一批提供现金流和良好投资回报的支撑业务群。集团的乳业、糖业、酒业、休闲食品业、连锁商业、品牌代理业等业务具有相对比较优势。

二

光明食品集团农业在上海市郊乃至全国农垦系统中具有示范作用和较强影响力。第一产业主要企业有跃进有限公司、长江总公司、五四公司、东海总公司、海丰总公司、上海农场、川东农场等。拥有光明乳业、农工商超市集团、都市农商社、上海海丰米业有限公司(简称"海丰米业")、上海鲜花港企业发展有限公司(简称"上海鲜花港")等5家全国农业产业化龙头企业和一批市级重点农业产业化龙头企业。集团拥有土地面积近6.67万公顷,2010年农作物播种面积5.65万公顷,农业总产值为26.62亿元,其中种植业11.94亿元,林业2684万元,畜牧业11.62亿元,渔业2.76亿元。

种植业是光明食品集团现代农业主要产业,是集团"从田头到餐桌"全产业链的起点。2009年随着上海农场、川东农场归并集团后,其农作物种植面积进一步扩大。集团实施"民以食为天,食以安为先"的经营方针,坚持走规模化、专业化、品牌化、信息化和产业化的农业发展道路,把种源农业、品牌农业、科技农业、生态观光农业有机结合起来,使集团种植业的经济效益、社会效益和示范带头作用得到全面提升。2006年集团粮食种植面积25 167.47公顷,总产195 131吨;蔬菜种植面积2 081.33公顷,总产62 601吨;西瓜种植面积388.73公顷,总产18 880吨;鲜花种植面积35.47公顷,鲜切花644万枝,鲜切花种苗2 154万枝,盆栽花卉78万盆;新增植树造林132公顷,新育苗51公顷;草坪销售量440万平方米。2010年粮食种植面积38 946.4公顷,总产290 351吨;蔬菜种植面积4 546.33公顷,总产143 954吨;西瓜种植面积600.27公顷,总产30 539吨;鲜花种植面积32.27公顷,鲜切花565万枝,鲜切花种苗1 459万枝,盆栽花卉112万盆;草坪销售量265万平方米;新增植树造林264公顷。集团水稻、麦子创高产项目多次获得上海市创建一等奖。为保证农业大规模生产经营,提高农业综合生产能力,集团大力改善农业基础设施、生产加工能力和农业装备水平,先后完成了2.67万公顷高产设施粮田建设和设施菜田建设。农业机械化水平得到很大提高,2010年集团农机总动力119 306千瓦,大中型拖拉机1 068台,机动插秧机125台,水稻直播机238台,自走式联合收割机140台,农业种植业基本实现了全程机械化。"海丰""瀛丰五斗""自然之子"等成为上海市著名商标和上海市名牌产品,其销售量不断增长。集团所属企业在黑龙江、安徽等地建有优质粮食生产基地,全国化资源布局拓展了现代农业发展空间。集团种源农业得到很快发展,拥有一批自主知识产权的水稻和麦子品种。各农场型公司建有有机肥料厂,循环农业、有机农业得到较快发展。五四公司通过发挥农场区域生态优势,大力推进"星辉蔬菜"基地建设,建成200多公顷温室大棚蔬菜生产区和万亩露地设施蔬菜生产区,形成了生产与观光为一体的以蔬菜为主题的"都市菜园",积极探索"都市菜园"的蔬菜终端直销模式。上海鲜花港聚焦花卉种源,与荷兰、比利时等国际知名花卉种苗企业合作,通过引进、消化和吸收,实现了花卉种源资源的"原始创新"和"集成创新",获得了一批具有自主知识产权的花卉新品种和发明专利,其产品大量出口欧美等国。

光明食品集团依托奶牛养殖技术和管理优势,积极拓展牧场经营、奶牛专用饲料供应、培育繁殖技术服务以及畜牧粪循环利用环保产业等新业务。上海市牛奶(集团)有限公司(简称"上海牛奶集团")和光明乳业率先采用国内外先进的阳光牧场构造理念修建牛舍,最大限度地实现集约化养殖。上海牛奶集团所属海丰奶牛场配有最先进的机械化挤奶设备,其一期标准化牧场养殖奶牛125 000头,是集团单体规模最大、技术水平最高、效益最好的牧场。2010年始,牛奶集团对所属传统牧场进行标准化改造,在崇明岛建成上海牛奶集团(南方)生态养殖基地,在江苏省大丰市建成万头规模的现代化奶业循环经济生态养殖基地,在安徽黄山练江牧场建成有机奶生产基地,并已形成了奶牛繁殖育种、饲料生产经营、奶牛饲养和生奶生产、牧场工程建设、肉用牛养殖到牛粪处理的全产业链经营格局。2010年饲养奶牛4.59万头,其中成乳牛2.49万头,育成牛5 369头,发育牛7 666头,犊牛7 970头。牛奶总产16.54万吨,成乳牛年平均单产奶8 143公斤。集团奶牛养殖规模和生奶产量、成乳牛平均单产奶、生奶质量、良种繁育、奶牛场规范化管理、新技术研究与推广均处我国南方奶牛养殖领先水平。

光明食品集团的养猪业坚持走规模化发展道路,养殖水平和生产管理能力不断提高。集团所属企业按照国际标准打造自动化养猪场,集"自动供料、自动清粪、自动温控、种养结合"于一体,全面实施现代科学技术指导下科学养猪模式,代表国内生猪养殖的先进水平。对传统的养猪场进行标准化改造,实现内部产能的扩容,基本形成了饲料加工、种猪繁育、生猪饲养、肥猪销售的全程控制。2010年集团生猪饲养量为66.53万头,上市量40.91万头,年末圈存量为23.99万头,其中生产母猪2.28万头。川东农场和上海农场坚持"种养结合、生态循环"的现代生态农业发展模式,借鉴欧盟猪场废弃物处理技术,建立沼气发电系统和灌溉管网系统,形成生猪养殖和农作物种植的有机循环,有效促进了农业种植业的健康发展。

光明食品集团拥有淡水养殖面积3 410.27公顷,2010年陆续完成了标准化鱼塘的改造,有效改善了淡水鱼养殖环境,转变了传统的渔业经济增长方式,其中精养鱼塘1 425.13公顷。海丰农场水产养殖基地是上海域外最大的水产品生产基地,通过与科研单位的技术合作与对接,先后开展了多项高效生态水产养殖科学研究和名特优新品种的引进,向上海和全国市场提供安全、健康、优质水产品。鱼类养殖面积2 875.2公顷,产量23 725吨;虾类养殖面积498.13公顷,产量1 942吨。集团禽蛋生产企业主要为跃进有限公司、长江总公司和东海总公司。2010年集团肉禽年末圈存量3.3万羽,全年上市量4.39万羽;鸡蛋产量2 300吨。

三

光明食品集团第二产业主要为食品制造业,拥有农副产品加工业和包装印刷材料、医药化工等其他制造业。食品制造主要业务和产品包括乳业、糖业、酒业、罐头、休闲食品、农副产品加工业等。2010年工业企业主营业务收入355.49亿元,利润总额40.28亿元。

集团乳业板块具有良好的产业链基础和品牌基础,在上海建有国内一流的优质种源基地和奶源基地。在奶牛育种、饲养技术、新产品开发、产品质量体系和高盈利保鲜乳制品方面具有较强优势。光明乳业是集团乳制品主要生产企业,中国乳业综合排名位列前茅,发展主要区域在华东区域市场。公司拥有世界一流的乳品研发中心、乳品加工设备以及先进乳品加工工艺,形成消毒奶、保鲜奶、酸奶、超高温灭菌奶、奶粉、黄油干酪、果汁饮料等系列产品,是国内规模较大的乳制品生产企业之一。2007年,公司启动常温酸奶的研发工作,2008年开发成功常温酸奶新品类,并获国家专利。公司利用科技优势,积极参与酸奶产品国家标准的制订修订工作,把开发新产品作为公司快速发展的突破口。2008年下半年发生的三聚氰胺事件,对乳业的发展带来一定影响。通过采取有效措施积极应对,在较短时间内恢复市场销售。2010年集团乳制品生产81.54万吨,包括液体乳78.78万吨,其中酸奶25.01万吨。液体乳及乳制品制造业总产值82.6亿元,主营业务101.78亿元,利润总额6.7亿元。

糖业是光明食品集团食品制造业重要产业之一,主要企业为烟糖集团。烟糖集团通过创新发展,糖业板块确立了"资源+网络+物流+期现货+电子商务"的"五位一体"商业模式,贯彻"资本经营与产业经营联动、外延扩张与内涵增长并举"的战略,上控资源、下控网络、南北布点、沿海布线。通过并购、重组等多种形式,掌控制糖产业的上游资源。2009年以8.28亿元实现对中国十大食糖生产企业之一的云南英茂糖业集团60%的股权收购,成为当年中国糖业规模最大并购项目。企业通过整合内部食糖生产、贸易、物流资源,形成了糖业全产业链的经营格局。集团2010年成品糖生产64.43万吨,比2009年增长247.16%,成为全国制糖行业的龙头企业。

集团抓住现代酒业变革转型的发展契机,所属黄酒生产企业通过市场创新和营销创新,走区别于传统黄酒的差异化发展道路,形成了"营养型黄酒"和"海派黄酒"的发展方向,打造了"金枫""石库门""和酒""金色年华"等黄酒核心品牌,在中高端黄酒市场占据相当份额。金枫酒业是集团黄酒主要生产企业,率先在国内黄酒行业构建产品革新、技术突破、营销创新、资金融合"四位一体"的经营模式。公司组建了市级企业技术中心,承担了国家级和省市级科研项目,参与制订黄酒生产的国家标准和行业标准。自行研发发酵菌种,并通过项目建设,扩大生产规模,率先实现黄酒现代工业化生产,使黄酒生产基地成为国内单体规模最大、技术最先进、流程布局最合理的黄酒酿造基地,在黄酒菌种研制、工艺技术以及自动化程度等方面居国内领先地位。2010年集团酒产量为10.93万吨,总产值11.73亿元,其中黄酒产量为10.56万吨,总产值10.67亿元。

集团休闲食品业为软糖和奶糖业务,同时涉及饼干糕点、调味品、蜂制品等,拥有众多中国著名商标和名牌产品,产品历史悠久,在华东地区特别是上海地区消费者中具有较高的认知度和美誉度,已经形成较大的市场。休闲食品主要生产企业为上海冠生园(集团)有限公司(简称"冠生园集团"),是中国民族工业的名牌老字号企业,生产经营糖果、蜂制品、调味品、保健酒、饮料、冷冻食品等,产品涉及20多个系列的2 000多个品种,拥有"光明""冠生园""大白兔""佛手""天厨""华佗"等一批著名品牌。公司拳头产品大白兔糖果和冠生园蜂蜜的市场占有率长期位居全国第一位。上海一只鼎食品有限公司主要生产经营中式传统糟醉品、米面制品、淹渍蔬菜、休闲食品等系列产品。2010年集团生产蜂蜜1.05万吨，糖果1.5万吨，味精1.48万吨，冷冻饮品1.56万吨。

集团罐头食品生产企业为上海梅林，经营业务范围为罐头食品制造、资产经营、电子商务、国内贸易等。其中罐头业务涉及肉、禽、水产、水果、蔬菜、调味品等，部分产品市场占有率连续多年居全国第一。罐头食品产量的50%左右销往50多个国家和地区。公司通过国外引进、国内配套、自行制造，整体装备达到国际先进水平，已形成空罐、火腿、午餐肉、调料等机械化、连续化程度较高的生产线，各项经济指标在国内处于领先地位。上海梅林主打品牌"梅林""正广和"均为上海市著名商标、食品行业知名民族品牌。

集团农副产品加工业主要涵盖大米、蔬菜、猪肉和肉禽等。所属农场型公司的大米加工企业具有现代化的加工生产设备，形成了"瀛丰五斗""海丰""自然之子""露珠"等大米品牌，几十种常规大米、有机米、营养米的产品系列，在上海地区占有较大市场规模。2006年大米产量为2.74万吨，2010年为8.08万吨。蔬菜加工企业主要为五四公司所属上海星辉蔬菜有限公司，由于受成本因素等制约，其生产规模较小。猪肉主要加工企业为上海爱森肉食品有限公司（简称"爱森公司"）和上海梅林所属企业。爱森公司是上海市规模居前的种养加销一体化、专业化、标准化的猪肉生产加工企业，将工业化的全程质量管理理念和手段运用于生猪养殖、猪肉加工和销售全过程，确立了"爱森"品牌形象。公司拥有种猪场（包括原种场和种猪扩繁场）、万头生猪自营牧场、饲料加工厂、冷链系统配套的肉类加工厂，并设立以"爱森优选"为招牌的复合型连锁专卖店。肉禽加工企业主要为长江总公司所属上海大瀛鸭鸭食品有限公司。集团2010年农副产品加工企业为13个，总产值51.83亿元，主营业收入50.46亿元，利润总额为6.77亿元。2010年猪肉产量10.82万吨。

集团包装印刷材料生产企业为上海方信包装材料有限公司和上海宏盾防伪材料有限公司，主要生产纸塑复合袋、食品包装袋、塑料瓶、高低压彩印复合袋和防伪印刷材料等。塑料制品生产企业为上海东旺塑料制品厂，主要生产经营塑料软包装产品。医药化工和医疗用品生产企业为上海达华药业有限公司和上海浦东金环医疗用品有限公司，主要产品为二根型左炔诺孕酮硅胶棒和医用缝合线、医用缝合针、胸骨针、手术刀片等医疗器械用品。化工生产企业为上海五四助剂总厂，产品主要为建筑助剂和染料助剂。金属制品和专用设备制造企业为上海申光高强度螺栓有限公司、上海申特机械制造有限公司、上海思乐得不锈钢制品有限公司和上海新海腾电缆有限公司等，产品主要为紧固件、船用门窗、船用吊机和物料柜、真空类和非真空类全不锈钢保温容器、家庭日用不锈钢制品和电缆、光纤产品及铜线材等。汽车仪器仪表和汽车配件生产企业为上海德科电子仪表有限公司和上海向明轴承厂有限公司，主要产品为汽车电子仪表、汽车水泵轴连承轴等。

四

光明食品集团的第三产业主要为商贸流通业、仓储物流业、房地产业，并有旅游业、殡葬业等其他服务业，是集团重要支撑产业。

集团商贸流通相关业务主要包括大型综合超市、标准超市、便利店、专业连锁、网上购物、品牌食品代理和其他贸易业务。涉及企业为农工商超市集团（含好德便利店、伍缘折扣店、可的便利店），益民集团所属正广和网上购物有限公司，烟糖集团所属上海捷强烟草糖酒（集团）有限公司（简称"捷强公司")、上海第一食品连锁发展有限公司(简称"第一食品")、上海南浦食品(集团)有限公司(简称"南浦食品集团")、上海食品进出口公司、上海新境界有限公司,农工商投资公司所属上海牛奶棚食品有限公司,五四公司所属上海都市生活企业发展有限公司等。商贸流通板块主要业务为零售业务和品牌代理业务。2010年,集团旗下拥有批发和零售业网点4340个,总营业面积113.42万平方米,从业人员5.03万人,营业总收入543.75亿元,利润7.38亿元。集团零售业务形成了"大型超市+超市+便利店+折扣店"等多业态的组合。作为商贸流通中的新兴业务,电子商务得到较快发展。集团旗下拥有"农工商""好德""可的"多个零售品牌,零售网络已辐射华东地区主要城市。集团所属品牌代理企业主要有烟糖集团旗下的南浦食品集团和捷强公司,拥有众多世界知名食品品牌代理权,是中国最大的食品类代理商之一,在全国铺货通路、业务推进和渗透能力方面处于行业领先,具备相当的品牌塑造能力,打造了若干具有较强市场影响力的食品品牌。西郊国际依托上海区域优势和广阔市场,不断完善市场功能,创新交易模式,形成多维一体化的农业产业链,逐步成为全国食用农产品集散、价格形成、信息传递中心和全国名特优农产品销售平台。

光明食品集团仓储物流业拥有快捷便利的常温、冷藏、冷冻食品物流配送能力,初步形成了区域性、多层次、集散功能较强的物流配送体系。企业有海博股份所属上海海博物流(集团)有限公司和农工商投资公司所属上海东亚运输仓储有限公司以及农工商超市集团、益民集团、烟糖集团等所属物流企业。海博物流集团主要经营普通货物运输、仓储、货运代理、货物配送和国际海上运输代理、国际公路运输代理、国际水上运输代理等服务。公司下属企业有上海海博申宏冷藏储运有限公司、上海海博货迪有限公司、上海海博国际货物运输代理有限公司、上海华丰国际集装箱仓储公司、上海海博名威国际物流有限公司、上海海博全盛供应链管理有限公司、上海海义仓储有限公司等。2010年,光明食品集团仓储物流业从业单位46个,从业人员2.1万人,营业收入13.62亿元,利润总额3亿元,货运量1016万吨,货运周转量1.38亿吨公里。拥有载货汽车663辆(4370吨),仓储面积76.27万平方米。集团汽车客运企业为海博股份所属上海海博出租汽车有限公司,拥有上海市区7家分公司和南浦车队,上海市郊5家出租汽车公司,在广西、南京、青岛等地建有出租车公司。所属海博汽车租赁有限公司分设五个部,从事租赁客运服务,并延伸汽车销售,汽配经营,汽车内、外修理等产业链。设有提供高品质服务的96933呼叫中心、车辆检测中心和驾驶员教培中心。2010年集团载客汽车9374辆,客位6.06万座。

房地产业是光明食品集团重要利润支撑产业,主要企业为农房集团。该企业以房地产综合开发经营为主,集房产地产、设计、物业管理、装潢、建筑、珠宝、物业经营为一体,是国家一级资质房地产企业。住宅产品开发已经形成了"西班牙""英伦""摩尔"三大产品系列,房地产开发楼盘有上海苏堤春晓名苑、夏朵园、宜兴氿滨国际中心、徐汇新干线、聚贤煌都、福运马洛卡、上虞新上海花园、南汇丹桂佳苑、建湖新世纪、星河世纪城、东方帕堤欧小城、镇江风景城邦等。近年来,面临国家对房地产业进行调控的新形势,公司合理调整开发节奏,加快战略转型,其住宅开发由长三角向全国拓展。2010年,集团房地产企业(包括房地产项目公司)共有74个,从业人员2613人,营业收入58.08亿元,利润总额17.71亿元,商品房销售面积47.39万平方米。

光明食品集团的旅游业主要有住宿、餐饮、农业观光业,其中2010年住宿、餐饮业增加值为9938万元,比2009年增长33.84%,营业收入占第三产业营业总收入0.3%。集团的住宿餐饮业主要企业有上海瑞泰虹桥酒店、上海瑞泰静安酒店、成都心族酒店、上海市黄山茶林场酒店、大连心族大酒店、都江堰心族中旅饭店、上海健生教育活动中心、上海小木屋会务中心、上海飘鹰大酒店、上海飘鹰(新港)大酒店、上海金海岸度假村有限公司等。2010年住宿餐饮业营业面积为10.66万平方米,营业收入2.12亿元,利润总额2128万元。集团旅游业主要集中在上海南部杭州湾北岸的农场区域和崇明岛农场企业,上海域外主要为安徽省黄山市地区。都市农业休闲游"光明食品健康行——万名市民看光明"现代农业观光项目,2009年10月接待游客1.9万人次;上海都市菜园2008年接待游客157 780人次。集团从事旅游产业的主要企业有海湾家森林、上海都市新天地企业管理有限公司和黄山市东黄山旅游度假区有限公司、上海鲜花港等。光明食品集团拥有上海都市菜园、海湾森林、上海鲜花港、上海市东黄山旅游度假区、上海瑞华果园等旅游景区和上海益民食品一厂历史展示馆、上海农垦博物馆、金枫酒事馆等旅游景点,集团旅游业方兴未艾。集团殡葬业主要有上海滨海古园、上海汇龙园陵园等。

五

加强企业经营管理是企业发展的内在要求。光明食品集团根据企业发展的内在需求,分别制定国资战略规划和企业发展规划,还制定了聚焦现代农业、食品制造、食品分销三大主业发展的三年行动计划。在战略管理上,采取每年对战略实施情况进行评估的办法,不断完善战略规划。在战略实施上,针对集团组建初期行业跨度大、主业不够突出、资源配置不合理的情况,围绕乳业、糖业、酒业、批发分销业、连锁商贸业和现代农业"5+1"核心主业发展,积极实施国资战略布局,加大对核心业务的战略性投入,2006年核心业务在集团中的比重为68.28%,2010年上升为79.3%。以做优做强上市公司为重点,积极、稳妥推进重组整合,增强了国有资本的控制力。2008年,尽管全球金融危机和三聚氰胺事件对集团主业的发展产生了一定影响,但核心业务仍然保持较高增长速度。集团以光明食品节、上海新春农副产品大联展等多种形式,通过上下联动,加强市场整体营销,拓展产品市场占有率,促进企业整体发展。

为聚焦战略方向,集团重点进行内部整合。2006年以旗下上市公司为重点,围绕深化产业结构调整,归并同类资产,组织制订和实施"4+3"内部整合方案(即4家上市公司及3家专业公司的整合),基本形成了"5+1"和支撑产业框架,集团核心业务的集中度进一步得到提高。2007年6月由集团出资7.56亿元收购都市股份公司全部非证券类资产,后通过实施都市股份吸收合并海通证券实现整体上市,使国有资产得到大幅增值。光明乳业2007年出售"可的便利"股权,2008年和2009年收购法国达能和上实食品所持有光明乳业的股权。海博股份用两年时间分两次进行了重大资产重组的置换。集团所属上市公司通过资产、资源整合,主业基本清晰,盈利能力得到改善,金枫酒业、海博股份具备了再融资的条件。根据集团战略规划,制定了《有所不为企业有序退出行动计划》,坚持有进有退、有所为有所不为,切实解决层级过长、产业分布过宽的问题。至2009年底,集团共完成转改制、退出企业288户,基本将企业管理层级收缩到四级以内,涉及企业89户,退出行业12个,进一步实现资产、资源向主业板块集中。集团抓住金融危机带来的低利率机遇,2009年初成功发行了40亿元短期融资券、20亿元中期票据(一期),进一步优化集团融资结构,为集团核心业务发展和重大并购创造条件。

集团根据食品行业特点,推进以科技、品牌、网络、资源四大要素为重点的"四位一体"商业模式转型,在实践中探索形成了阶段性成功模式。以"科技+品牌+资源"的乳业转型模式,推进乳业的创新发展;以"创新+品牌+科技"为抓手的黄酒业转型模式,开创了营养型黄酒之先河,培育了"和酒""石库门"等黄酒民族品牌,使集团黄酒业一跃成为行业的领先者;以"资源+网络+物流+期货＋电子商务"为抓手的"五位一体"糖业转型模式,将集团糖业逐渐打造成一家全国性、产销一体化的糖业龙头企业。同时形成以农为本、低成本、多业态相结合的连锁零售发展模式,资本经营与产业经营联动、网络和品牌互动的品牌代理转型模式,构建辐射全国6万多家店铺网络体系和渠道通路,进一步确立食品品牌代理业全国第一的地位。集团农业板块改变传统农业生产模式,在品牌经营和外延资源基地控制方面取得积极成效。集团制定科技创新行动计划和实施细则,召开科技大会,完善和实施科技创新激励措施,初步建成一批行业领先、具有国家和省市级资质的科技创新平台,一大批新技术得到广泛应用,新产品研发获得突破。集团母子品牌建设取得成效,市场影响力进一步得到提升。商业模式转型已成为推进集团经济发展的强大动力。

集团实施国际并购和走出去战略,着力抓好一批对发展主业有长远影响的重大项目。农工商超市118店广场、海丰万头生态奶牛场基地、广西上上糖业有限公司1.5万吨基地扩建、西郊国际农副产品交易中心、好德物流中心、鲜花港太阳能温室、长江农场高效生态现代农业园区、海湾国家森林公园、冠生园工业园区、金枫酒业10万吨产能扩建等一大批具有重大战略意义的项目有序推进和建成使用,为集团发展奠定基础。集团相继完成对重庆今普食品公司、黄山汪满田茶业、海南白沙糖业、云南英茂糖业、巴士宏通汽车公司等的收购,进一步扩大集团经营规模。2010年11月光明乳业完成以8 200万新西兰元收购新西兰第二大乳品企业新莱特乳业公司(Synlait Milk Limited) 51％股权,实现当年投资当年见效,为集团打造国际化的本土跨国公司创造有利条件。集团利用资本、品牌、网络的平台作用,在粮食原料、奶牛、生猪、蔗糖等方面实施全国性布局,集团投资企业和销售中心已遍布全国。

集团立足于"战略控制+财务控制"的管控思想,采取"集权有道、分权有序、授权有章、用权有度"的管控原则。初步建立以管战略、管资源配置、管财务、管干部、管风险控制为重点的管控模式。把战略规划作为批准投资项目、财务运作等重要决策依据。建立全面预算管理体系,落实经济责任,对企业负责人进行以净利润、净资产收益率、主营业务收入为基本指标的KPI综合绩效考核。集团基本形成了由90多项制度构成的规章制度体系,并加强了制度执行的监督检查力度。建立以外部董事为主的董事会结构,对集团所属子公司委派董事、监事和财务总监,探索监督管控的长效机制,不断完善法人治理结构。通过加强制度建设,实施财务总监委派制,提高审计监察效能,强化法务管理,进一步防范投资风险、经营风险和财务风险,确保企业稳步健康发展。集团设有"上海市会计学会光明食品工作委员会",服务经济发展。集团把食品安全作为企业发展战略的重中之重。从战略规划、工作要求、领导体制、制度建设、工作预案等全方位推进食品安全管理。集团设置光明食品集团安全领导小组,制定食品安全管理行动计划。完善制度,加强全覆盖全过程食品质量安全的日常监管。同时根据生产经营中出现的突发情况及时处置,举一反三,把食品安全和危机管理常态化融入集体管理体系中。

六

光明食品集团2010年共有企业317个,从业人员8.12万人,全部职工5.36万人,其中在岗职工4.31万人(女性1.64万人),离岗职工1.05万人(女性2 241人),其他从业人员3.8万人。从业人员第一产业为9 341人,第二产业为2.13万人,第三产业5.05万人。

集团2007年签订了《光明食品(集团)有限公司集体劳动合同》,建立完善了职工利益与企业效益的联动机制。2010年全部职工年平均劳动报酬为3.78万元,其中在岗职工为4.7万元,离岗职工3 864元,其他从业人员为2.46万元。集团所属农场型公司建立"人员管理中心",加强对离岗人员的管理,并积极做好再就业工作。

根据市政府的总体部署,集团进行了市郊农场的政务移交。在完成东海农场试点,奉贤区域内农场政务移交的基础上,2007年1月东海总公司所属的朝阳农场社区和芦潮港农场社区移交给南汇县人民政府;2008年9月,崇明地区的东平社区和新海社区整体移交给崇明县人民政府,并相应建立崇明县东平镇和新海镇;2009年9月集团接收了大丰地区的上海农场和川东农场,其相关社区也划归集团管理。2009年11月集团所属上海应用科技学校整体移交给上海市卫生局,市卫生局将该校建为上海职工医学院,崇明地区从此有了首所高等院校。

集团推进农场旧房综合改造,改善了职工的居住环境。五四公司相继建成128套农场职工租赁房和310套商品房;海丰总公司和练江牧场通过实事工程建设改造和新建了一批职工住房。2010年市政府成立市郊国有农场职工危旧房改造工作联席会议制度和工作推进小组,计划在2010—2012年的三年时间内,完成8 902套农场危旧房的改造任务。2010年12月举行了市郊农场旧住房综合改造启动暨一期项目奠基仪式,农场危旧房改造项目正式启动。

集团的社区工作得到有效推进。集团所属各社区开展市一级卫生城镇、市健康社区和市平安小区、文明社区的创建。开展社会救助工作,建立低保救助、医疗救助、特殊人群帮困、困难人群个案帮困以及居委会临时小额帮困等多层次、全覆盖的帮困救助网络。加强居委会建设,涌现一批市级和谐示范居委会和市级示范居委会。加强社区体育和文化建设,新建体育场地和健身点,在域外农场建立医保服务点,为农场职工提供便利服务。

集团注重抓好稳定和安全工作,建立信访工作的责任体系,将稳定工作落实到基层。制订重信重访的三级终结制、初信初访的处置流程、企业重大决策社会稳定分析和评估办法等,解决一批突出的群访和个访矛盾。安保工作责任制,落实到每个企业。加强安保工作的制度建设,加强对集团安保重点单位的专项检查,并对集团所属单位开展安全生产的宣传教育、检查和整治。

七

2006年8月经中共上海市委决定,建立中共光明食品(集团)有限公司委员会,归口中共上海市国有资产监督管理委员会委员会。2010年2月分别召开中国共产党光明食品(集团)有限公司第一次代表大会和中共光明食品集团第一届委员会第一次全体会议,选举产生了党委委员、党委书记、副书记。党委职能部门主要为党委组织部、党委宣传部和纪律检查委员会。

光明食品集团党委2006年开展以"学习党章、遵守党章、贯彻党章、维护党章"为主题的党内活动,以保持党员先进性;2008年开展形势教育宣传月活动,同时集中开展以"抓学习,树形象,作表率"为主题的党员先进性教育活动;2010年开展"我是党员我带头,我是党员我奉献——奉献世博、深化党建"主题活动。2006至2010年集团党委开展"党支部建设示范点"和"坚持科学发展,推进'四个确保',争创党建标杆"实践活动;2008至2009年,集团党委在条件具备的基层党支部换届选举中开展"公推直选"试点工作,进一步推进党内民主建设;党内完善和健全先进性教育长效机制,通过专项检查和完善各项制度,进一步巩固先进性教育成果;开展"四好"领导班子创建活动,建立和完善对领导干部的考评机制。同时组织基层党支部书记参加上海市"万名书记进党校"培训活动,以提高基层党支部书记的综合素质。2006至2010年集团党委围绕党建工作重点和难点,每年进行党建创新课题申报、评比和总结,不断提升党建工作水平。

光明食品集团从2009年3月至8月集中进行深入学习实践科学发展观活动。学习实践活动以"坚持科学发展,增强集团发展、整合、转型、提升能力"为载体,以集团和子公司两级领导班子成员以及重点企业党员领导干部为重点,全体党员参加。整个活动分学习调研、分析检查、整改落实三个阶段。2010年集团党委在所属党组织和党员中深入开展以"对标一流,争当先锋,实现跨越发展"为主题的创先争优活动,培育一批工作特色明显、作用发挥明显、形象提升明显、辐射带动明显的党建示范群体;树立一批大局意识优、工作能力强、岗位业绩好的优秀党员标兵。

光明食品集团是经市委组织部、市国资委批准的开展董事会选聘经理班子人员的市管国有企业试点单位。集团董事会选聘的经理班子人员包括副总裁、财务总监、总法律顾问、总裁助理等高级管理人员。集团规定了高级管理人员的管理范围、管理办法,形成有效的管理机制和考核奖惩机制。光明食品集团实行企业领导人员后备人选目标管理,注重企业需要导向,以能力潜力为取向的企业领导人员后备人选选拔模式。根据工作岗位需要,对管理范围内的高级管理人员实施规范的岗位交流。集团纪委围绕完善反腐倡廉的领导体制和工作机制,进一步完善工作责任制,形成与经营管理责任体系相衔接的党风廉政建设责任落实体系。深入开展廉政教育活动,严肃查处违法违纪案件,加强监察与监督,为企业发展提供保障。

光明食品集团在2007年4月制定《光明食品集团企业文化建设行动计划》,通过多年企业文化建设,形成具有光明食品集团特色的企业文化理念和创建特色。集团拥有上海益民食品一厂历史展示馆、上海农垦博物馆和《光明食品报》、光明食品集团官方网站等企业文化载体。开展文明单位创建工作,涌现一大批上海市级和集团级文明单位。开展"五五"普法和纪念上海农垦围垦五十周年等活动,推进企业以法治企,进一步弘扬上海农垦精神。以光明食品学院和上海电视大学农工商分校为基地,广泛开展干部和职工教育培训。

集团在企业发展的同时,积极承担社会责任。2008年5月12日,汶川特大地震发生之后,光明食品集团及其下属企业和广大党员、干部和职工积极投入抗震救灾工作,总计捐款3 625万元,其中2 000万元和200万元捐款分别用于自行设计建造四川省都江堰市光明团结小学和绵阳市平武县阔达藏族乡光明博爱小学。热情投身"服务世博、奉献世博"的各项立功竞赛活动,光明食品集团开展"绿色盛会一起来"主题活动,全力以赴、齐心协力,积极服务上海世博会,涌现出一大批先进单位和个人,展示了光明食品集团的良好形象。

集团工会以劳动立功竞赛、群众性合理化建议活动为抓手,发挥职工在企业发展中的积极性和创造性。开展各类先进评选和劳模事迹巡回演讲活动。以职代会为重要载体,推进厂务公开,不断拓展企业民主管理。按照共建共享的原则,不断推行平等协商和集体合同制度,维护职工合法权益。坚持"重点放集团、覆盖到基层"的原则,积极做好特殊群体的帮困工作,切实做好女职工工作,组织召开职工运动会,开展各类健康文明的文体活动,努力提高职工综合素质。集团团委加强新形势下对团员青年的思想教育工作,深化青年创新创效活动,开展多项社会公益活动,引领青年立足岗位建功立业。按照党建带团建的工作要求,切实做好"推优入党"工作,为党组织提供新鲜血液。集团思想政治工作研究会(企业文化促进会)在服务经济、促进企业发展中发挥了作用。

大事记

2006 年

6月10日　中共上海市委、上海市政府召开重组光明食品集团动员会。市委副书记王安顺,市委常委、常务副市长冯国勤,副市长胡延照出席会议,王安顺讲话。参加会议的有光明食品集团、农工商集团、烟糖集团、锦江集团的党政主要负责人。

6月11日　市国资委召开重组光明食品集团筹备工作小组会议,研究筹备工作,《光明食品集团重组操作方案(送审稿)》形成。

7月6日　市委办公厅通知市国资委,市委常委会第172次会议同意市国资委关于重组光明食品集团的方案,决定重组光明食品集团。

7月31日　市国资委召开光明食品集团股东会首次会议,传达市政府《关于光明食品(集团)有限公司领导班子成员任职的文件》,明确光明食品集团董事长;王洪泉任光明食品集团监事会主席;曹树民任光明食品集团总裁。通过《光明食品(集团)有限公司章程》,选举产生光明食品集团第一届董事会和监事会。

8月1日　光明食品集团董事会召开一届一次会议,选举董事长,聘任曹树民为总裁等高级管理人员;监事会召开一届一次会议,选举王洪泉为监事会主席。

8月7日　农工商集团完成增资,并更名为光明食品集团,取得上海市工商行政管理局核发的营业执照。

8月8日　光明食品集团组建成立大会在上海展览中心举行,中共上海市委主要领导出席会议并讲话,市委副书记、市长韩正主持会议,市委常委、组织部部长姜斯宪宣读市委关于光明食品集团领导班子的任职决定。

8月18日　光明食品集团召开组建后的第一次所属各单位党政负责干部会议。

8月19日　国务院国资委副主任邵宁考察上海鲜花港。

8月22日　光明食品集团工会举行六届四次全委会议,选举周海鸣为光明食品集团工会委员、常委、工会主席、集团职工董事;选举顾勇为光明食品集团职工监事。

8月25日　光明食品集团党委召开"弘扬光明精神、做响光明品牌、做强光明集团、做大光明食品"大讨论动员会。

9月15日　烟糖集团金枫酒事馆开馆。

9月21日　市人大常委会副主任、市总工会主席陈豪到光明食品集团调研。

是日　副市长胡延照到上海跃进有限公司调研了解粮田建设和水稻生产情况。

9月25日　光明食品集团党委召开党员负责干部会议。

9月29日—10月20日　光明食品集团举办首届光明食品节,食品节实现销售393.5万元。食品节闭幕式上,光明食品集团向上海市慈善基金会捐赠100万元,设立"光明爱心基金"。

10月1日　副市长胡延照慰问第一食品商店员工,到光明食品节主会场了解光明食品集团产品销售情况。

10月14—16日　农业部农垦局局长杨绍品到光明食品集团调研。

10月18—20日　2006年华东地区农垦财经学会学术研讨会在光明食品集团举行。

10月20—23日　由光明乳业、上海奶业协会承办的"第二十七届世界乳业大会"在上海举行。

10月25日　经国家新闻出版总署批复同意,《上海农工商报》更名为《光明食品报》,国内统一刊号为CN31-0096,主管主办单位变更为光明食品集团。

是日　奥运冠军、著名田径运动员刘翔成为农工商房地产集团(农房集团)"上海苏堤春晓名苑"代言人。

10月27日　光明食品集团召开"弘扬光明精神、做响光明品牌、做强光明集团、做大光明食品"大讨论总结交流会。

10月29日　中共中央政治局常委、国务院总理温家宝视察海博股份与广西生物工程乳业有限公司的合资企业——广西皇氏海博畜牧发展有限公司。

11月7日　在北京人民大会堂举行的第十八届"国际科学与和平周"上,农房集团获第二届"中国房地产诚信企业"称号。

11月13日　光明食品集团举行2006年上海市"菜篮子工程"设施菜田项目暨"都市菜园"开工奠基仪式。

11月23日　中央电视台新闻制作中心到上海鲜花港拍摄专题纪录片。

11月24日　新疆生产建设兵团农六师党委书记、师长兼五家渠市市长孔星隆率团考察光明食品集团。

12月7—8日　光明食品集团董事会召开一届五次会议,确定2007年光明食品集团经济工作的主题为"发展、整合、转型、提升"。

2007年

1月3日　牛奶集团庆华、庆隆奶牛场被确定为上海市奶牛科学实验基地。

1月6日　农房集团所属城隍珠宝总汇主办的第六届"两岸三地"玉器精品展开幕,市人大常委会副主任任文燕出席开幕式。

1月8日　全国"城市经济名片"评选在中国品牌研究院揭晓,"光明"品牌被认定为"上海经济名片"。

是日　公安部举行捐赠仪式,跃进有限公司所属上海宏盾防伪材料有限公司向"中国公安民警英烈基金会"捐赠100万元。

1月15日　光明食品集团与高盛(亚洲)有限责任公司签署战略合作备忘录。

1月24日　光明食品集团行政部门与工会首次举行集体合同集体协商。

1月26日　光明食品集团与新加坡草本科技公司签署科技合作协议。

是日　光明食品集团所属16家食品企业的230种优质精美食品亮相上海市人大、政协"两会"会场商品展示区。

2月1日　市委代理书记、市长韩正,市委副书记刘云耕及副市长胡延照、杨定华考察全国农副产品大联展光明食品集团展区。

是日　市国资委召开第九次规划投资委员会会议,审核通过光明食品集团国资战略规划。

2月7日　光明食品集团举行一届一次职工代表大会。会上,集团行政部门和工会首席代表签署《光明食品(集团)有限公司集体合同》,合同3月14日生效。

2月8日　市政协主席蒋以任,副主席宋仪侨、黄关从考察光明食品集团五丰上食食品有限公司。

2月9日　光明食品集团与黄山市政府签署战略合作框架协议。

2月10日　光明食品集团、上海绿地集团与武警上海市总队签署文明共建协议。

2月14日　光明食品集团企业门户网站(www.brightfood.com)开通。

2月26日　冠生园集团向乒乓球世界冠军王励勤颁发"荣誉职工"证书。

3月8日　光明食品集团和上海银行签署银企合作协议,上海银行给予光明食品集团20亿元人民币授信额度。

3月16日　光明食品集团召开党风廉政建设大会,要求紧紧围绕集团"发展、整合、转型、提升"的主题,开展警示教育,完善制度体系,严肃党纪党规,加强作风建设,切实增强预防腐败能力,为集团经济又好又快发展和整合目标的顺利实现提供有力保证。

3月20日　副市长胡延照考察星火开发区。

是日　市委先进性教育活动专项督查组到光明食品集团督查先进性教育长效机制落实情况。

3月28日　市委副书记、市纪委书记罗世谦考察上海鲜花港。

3月30日　光明食品集团召开第一次科技大会,副市长胡延照到会讲话并为"光明学院"揭牌,光明食品集团科技发展委员会成立。制定创新三年行动计划,设立5 000万元科技专项基金,聘请专家组成"智囊团",与高校、科研机构签约对接。

4月3日　市委常委、浦东新区区委书记杜家毫考察上海鲜花港。

是日　光明食品集团董事会一届六次会议暨临时股东会审议通过《光明食品集团发展战略规划》。

4月9日　集团召开"《光明食品集团发展战略规划》宣传月"培训动员大会。

4月10日　副市长胡延照考察上海鲜花港、海湾国家森林公园和都市股份蔬菜基地,参观上海农垦博物馆。

4月12日　市委书记习近平,市委副书记、市长韩正,副市长胡延照等考察长江总公司粮食生产基地。

4月13日　光明食品集团组团参加中国西部国际投资贸易洽谈会,与黑龙江省农垦总局签订战略合作框架协议。

4月26日　中国共产党光明食品(集团)有限公司代表会议召开,选举产生光明食品集团出席中共上海市第九次党代表大会的代表。

5月1日　市委书记习近平率市委常委、常务副市长冯国勤,市委常委、组织部部长沈红光,市人大常委会副主任、市总工会主席陈豪等考察光明食品集团都市菜园蓝田店。

5月9日　光明食品集团14名党政领导成员分赴18家子公司、社区,向干部职工宣讲集团发展战略规划。

5月20日　中国台湾新党主席郁慕明一行30人考察长江总公司现代农业示范基地。

5月21日　光明食品集团和建设银行上海市分行签署银企合作协议,建设银行上海市分行给予光明食品集团20亿元授信额度。

5月24日　中共中央政治局常委、国务院副总理曾培炎出席第八届中国西部国际博览会时视察光明食品集团"博士蛙"儿童服饰有限公司展位。

5月30日　集团召开大会,传达市委书记习近平在市第九次党代会期间参加市国资委系统代表团讨论会上的讲话精神。

6月1日　全国政协常委、市政协副主席左焕琛考察上海金枫酿酒有限公司。

6月8日　光明食品集团召开首次思想政治工作研究会、企业文化促进会年会暨精神文明建设工作会议。

6月12日　市委书记习近平考察上海金枫酿酒有限公司。

6月14日　市委常委、常务副市长冯国勤到光明食品集团调研。

是日　市政协副主席宋仪侨率有关委办局领导看望哈尔滨经贸洽谈会上海展团,参观光明食品集团展区。

6月15日　"博士蛙"儿童服饰成为2008年北京奥运会唯一特许童装生产商。

6月22日　都市股份有限公司资产出售暨吸收合并海通证券交接仪式举行。

是日　上海金枫酿酒有限公司黄酒传统手工酿酒技艺被市政府认定为市级非物质文化遗产。

6月29日　光明食品集团举行纪念中国共产党成立86周年暨党建成果展示会。

7月19日　国家农业部常务副部长尹成杰考察光明食品集团及光明乳业。

7月20日　光明食品集团与上海市农业科学院联袂建立的"上海有机果树技术研发中心"在五四公司挂牌。

是日　国务院召开新闻发布会,国家质监总局确认冠生园大白兔奶糖未添加甲醛,恢复正常出口。

7月21日　市政协主席蒋以任率部分在沪全国政协委员一行,考察坐落于黑龙江省富裕县的光明松鹤乳品有限责任公司。

7月25日　益民集团与海军"南通"舰签署军民共建协议,向"南通"舰官兵赠送防暑用品。

7月27日　市委常委、市农委主任徐麟考察2007年上海盛夏农副产品大联展时参观光明食品集团展区。

7月30日　光明食品集团培训学院、中共光明食品(集团)有限公司委员会党校揭牌。

是日　光明食品集团召开与各省市驻沪机构合作发展恳谈会,七个合作项目签约。

8月9日　光明食品集团与中信资本投资有限公司签署投资合作协议。

8月23日　全国人大常委会原副委员长周光召视察上海鲜花港。

8月25日　光明食品集团与新疆生产建设兵团在乌鲁木齐市签署战略合作协议。

8月28日　光明食品集团主办"中秋圆梦——光明为特奥加油"大型中秋主题活动,集团向参加2007世界夏季特殊奥林匹克运动会的中国运动员赠送1000只月饼。

8月29日　市委书记习近平考察海湾国家森林公园和益民食品一厂有限公司奉贤厂区。

是日　光明食品工业园区一期工程项目——冠生园生产基地在星火开发区奠基。

9月5日　由中国企业联合会、中国企业家协会联合发布中国企业500强年度排行榜,光明食品集团名列第88位。

9月6日　国家工商行政管理总局局长周伯华考察正在建设中的农工商超市118广场。

9月11日　国家质量监督检验检疫总局在北京人民大会堂授予"石库门"黄酒"中国名牌产品"称号。

9月26日—10月10日　第二届光明食品节在第一食品杨浦店举行。

9月27日　市政协主席蒋以任考察古美菜市场都市菜园门店。

10月2日　中共中央组织部副部长李智勇考察上海金枫酿酒有限公司。

10月6日　市委书记习近平,市长韩正,市委副书记殷一璀,市委常委、市委秘书长丁薛祥,副市长胡延照等到农工商超市119店考察并慰问干部员工。

10月11日　市委常委、市农委主任徐麟考察都市菜园。

是日　参加2007年世界夏季特奥会奉贤板球赛区的各国运动员、教练员参观都市菜园。

10月21日　全国政协常委、农业部原部长陈耀邦考察五四公司、海湾国家森林公园和都市菜园,参观上海农垦博物馆。

10月23日　光明食品集团召开座谈会庆贺上海市农场管理局原局长李守咨90寿辰,当年参加围海造田的"老农垦"共同回顾创业历程。

10月24日　光明乳业股份有限公司在2007年的中国食品安全年会上获"2007年全国食品安全十强企业"。该年会由农业部、卫生部、科学技术部、国家工商行政管理总局、国家食品药品监督管理局、中国企业联合会联合支持,中国食品工业协会主办。

10月26日　光明食品集团举办"2007十月歌会"大赛。

11月1日　市委常委、市农委主任徐麟考察长江总公司现代农业生产示范基地。

11月2日　由日本各大媒体负责人组成的日本新闻代表团参观访问上海梅林食品有限公司。

11月3日　中共安徽省委书记、省人大常委会主任郭金龙考察上海市黄山茶林场。

11月14日　农业部副部长高鸿宾、农业部农垦局局长杨绍品等考察上海金枫酿酒有限公司、都市菜园、海湾国家森林公园、上海农垦博物馆、上海鲜花港。

11月21日　有48名团场级干部参加的为期两周的新疆生产建设兵团农六师、五家渠市第二期干部培训班在光明食品集团党校开学。

12月12日　由上海星辉蔬菜有限公司与上海市农科院园艺所合作建立的上海都市蔬菜技术中心挂牌成立。

12月24日　国务院产品质量和食品安全领导小组副组长兼办公室主任、国家质检总局局长李长江率国务院产品质量和食品安全专项整治督察组到益民集团上海申美饮料食品有限公司督查食品安全专项整治工作。副市长周太彤陪同督查。

12月26日　由中共上海市纪律检查委员会、上海市监察委员会主办,光明食品集团承办的"史海清风——中国历代廉洁勤政故事绘画作品精选展"在上海农垦博物馆展出。

12月28—29日　在中国浦东干部学院召开学习贯彻中共十七大和市委九届三次全会精神研讨班暨光明食品集团工作会议。

12月30日　中共中央政治局委员、市委书记俞正声,市政协主席蒋以任在视察上海轻工新品名品展销会时参观益民集团产品展示馆。

2008年

1月1日　农工商超市集团集购物、休闲、娱乐于一体的农工商118广场开业,既满足市民"一站式"购物需求,也标志着农工商超市集团进入商业地产领域。

1月9日　市委常委、市农委主任徐麟到上海鲜花港调研。

1月15日　跃进有限公司与上海农科院共同组建成立"上海跃进稻麦良种繁育中心"。

1月25日　市委副书记、市长韩正,市委常委、市农委主任徐麟,副市长胡延照等考察2008新春全国农副产品大联展光明食品集团展区。

2月4日　光明食品集团2008年度上市公司工作会议召开。

2月26日　上海梅林(捷克)有限公司项目工程竣工庆典在捷克乌斯季州比列纳市厂区内举行。

是日　集团召开2007年党建创新成果评审会,共评出贡献奖14篇、创新奖18篇、探索奖20篇,优秀组织奖3家。

3月6日　市委原副书记、市纪委原书记罗世谦参观"史海清风——中国历代廉洁勤政故事绘画作品精选展"和上海农垦博物馆。

3月11日　由光明食品集团、上海中华老字号协会、杨浦区人民政府、上海市经委联合主办的"上海市第三届中华老字号著名企业知名品牌展示周"开幕。

3月17日　光明食品集团举行一届二次职工代表大会。

3月19日　光明食品集团与上海警备区签署"主副食品动员保障责任书"。

3月28日　光明食品集团生态奶牛养殖示范基地项目在海丰农场启动。江苏省委常委、副省长黄莉新,上海市副市长胡延照,农业部原副部长、中国奶业协会理事长刘成果为启动仪式揭幕。

4月5—6日　副市长胡延照率部分委办局领导考察上海鲜花港、都市菜园、上海海湾国家森林公园并参观上海农垦博物馆。

4月9日　市委副书记、市长韩正,副市长胡延照考察都市菜园。

4月14日　光明食品集团与中国农业银行上海市分行签署银企合作协议。

是日　光明食品集团召开母子品牌背书专题现场会。

4月16日　农业部副部长高鸿宾考察都市菜园易初莲花天山店。

4月17日　中国农垦经济研究会理事长会议在光明食品集团召开。

4月17—18日　市人大常委会主任刘云耕、副主任杨定华,市政协副主席周太彤考察上海鲜花港。

4月24日　全国政协副主席厉无畏考察都市菜园。

4月27日　副市长胡延照考察武汉光明乳品有限公司。

5月6日　全国政协常委、上海市工业经济联合会(上海市经济团体联合会)会长蒋以任到光明食品集团调研。

5月7日　市农委主任孙雷考察长江现代农业生产基地。

5月12日　四川汶川发生特大地震,光明食品集团迅速了解在川企业情况,布置抗震救灾工作,动员组织集团系统企业以各种方式积极支援灾区。

5月15日　光明食品集团召开并购工作专题会议,提出加快并购国内外企业的新举措。

5月16日　上海市农业技术推广中心在跃进有限公司召开"上海市郊良种繁育推广工作会议",向上海郊区推广跃进有限公司麦子高产和良种繁育经验。

是日　上海市政府合作交流办副主任周贤行等在成都心族宾馆现场了解抗震救灾情况,代表市政府慰问成都光明乳业有限公司干部员工。

5月18日　市政协副主席周太彤考察牛奶集团所属练江有机奶天然牧场。

5月19日　14时28分,全国人民沉痛哀悼汶川地震遇难同胞,光明食品集团系统干部员工为四川地震灾区死难同胞肃立默哀3分钟,各单位下半旗致哀。

5月23日 东海总公司总经理、上海鲜花港有限公司董事长赵才标,海博汽车租赁公司驾驶员陶崇文作为2008北京奥运会上海火炬接力手,参加"传递圣火、奉献关爱"火炬接力活动。

5月25日 光明食品集团部分商场超市企业开展"商界齐贡献,抗灾渡难关"一日义卖活动,并将一日营业净利润16.25万元捐赠给汶川地震灾区。

5月26日 上海梅林(捷克)公司开工投产。上海市副市长胡延照、市农委主任孙雷和集团领导,捷克农业部、工贸部、马斯季州州长等领导参加庆典活动。

5月28日 四川省农业厅向光明食品集团发来感谢信,感谢光明食品集团对汶川地震灾区给予的无私援助。

5月29日 市委副书记、市长韩正,副市长胡延照考察光明食品集团在崇明地区现代农业生产基地。

5月30日 香港中信泰富有限公司主席荣智健在香港中信泰富大厦会见光明食品集团考察团一行。

6月3日 都市菜园开园。

6月8日 中共中央政治局委员、上海市委书记俞正声赴四川慰问灾区群众,在成都双流机场接见光明食品集团主要领导,入住光明食品集团所属成都心族宾馆。

6月11日 上海市企业联合会发布通知,光明食品集团名列2007上海企业100强第9位。

6月13日 中共中央政治局委员、市委书记俞正声,市委常委、市委秘书长丁薛祥等视察农工商超市集团。

6月24日 光明食品集团与上海银行签署银企合作协议。

6月25日 光明食品集团与崇明县政府联合召开崇明县域光明食品集团所属农场政务移交工作动员会。

6月26日 市委常委、市政法委书记吴志明考察上海鲜花港。

6月27日 光明食品集团举行纪念中国共产党成立87周年暨先进表彰大会。

7月2日 光明食品集团与四川省绵阳市平武县县政府签署协议,捐资200万元新建阔达藏族乡光明博爱小学。

7月3日 光明食品集团捐资2 000万元援建四川省都江堰市光明团结小学,签约仪式在都江堰市举行。

7月10日 市人大常委会副主任、市总工会主席陈豪赴光明食品集团调研。

7月11日 光明食品集团与农业部农垦局签署"农垦农产品质量追溯系统建设项目"协议书。

7月16日 国家工商行政管理总局副局长王东峰考察农工商超市119店。

7月23日 由光明食品集团冠名的"光明杯"第十四届全国大学生乒乓球锦标赛在心族公司东黄山旅游度假区举行。光明食品集团与中国大学生体协签署协议,共建"黄山训练基地"。

7月25日 光明食品集团、绿地集团与武警上海市总队举行警民文明共建签约仪式。

7月26日 光明食品集团举行第一届职工运动会。

7月28日 上海市政府在四川省都江堰市举行首批对口支援项目开工仪式,光明食品集团捐资2 000万元援建的光明团结小学项目正式开工。

7月29日 全国政协副主席李金华考察都市菜园和海湾国家森林公园。

7月31日 市农委在星火农场召开上海市畜牧标准化生态养殖基地建设项目现场会。

8月11日　光明食品集团与崇明县政府签署产业战略合作备忘录。

8月12日　跃进有限公司和长江总公司两个水稻超高产实验基地通过2008年上海市"水稻超高产高新技术集成创新示范工程"中期评估。

8月14日　安徽省副省长文海英等考察心族公司所属东黄山旅游度假区。

8月18日　中共黑龙江省委常委、常务副省长杜家毫会见光明食品集团赴黑龙江农垦学习考察团一行。

8月21日　市委常委、市委秘书长丁薛祥前往上海益民食品一厂历史展示馆现场慰问建设者。

8月26日　由光明食品集团与上海市糖制食品协会联合主办、第一食品连锁公司承办的"2008年上海市中秋月饼节"开幕。

是日　光明食品集团与江苏省大丰市人民政府签署共建大丰市经济技术开发区上海光明食品工业园协议。

8月27日　光明食品集团与黄山市人民政府签署共建国家级东黄山旅游度假区战略合作协议。

9月1日　光明乳业自主研发的"畅优"等4个酸奶品种在香港百佳连锁超市220家店铺上柜销售,"光明"由此成为第一个进入香港市场的内地酸奶品牌。

9月5日　全国政协常委、市政协副主席、2010年上海世博会执行委员会副主任周汉民为光明食品集团党政干部作2010年上海世博会专题报告。

9月10日　光明食品集团与百联集团签署全面战略合作框架协议。

9月11日　四川省成都市副市长王忠林等一行赴光明食品集团总部并赠送锦旗,感谢光明食品集团对汶川地震灾区人民和灾区重建工作的无私援助。

9月18日　国务院公布全国液态奶三聚氰胺专项监督检查结果,光明乳业被抽查93批次产品,其中6批次检出三聚氰胺。当晚光明乳业公开发表"郑重承诺",向消费者致歉并承担由此带来的所有责任。

9月23日　光明食品集团召开食品安全工作会议。

是日　冠生园集团向上海市档案馆捐赠一批与世博会有渊源的上海天厨味精厂1949年之前文书档案资料,共129卷。

9月24日　市委常委、市政法委书记吴志明考察在上海农展馆举办的2008金秋农副产品大联展、第三届光明食品节、都江堰市特色农产品展销专场。

9月25日　光明食品集团与崇明县人民政府签署崇明县域光明食品集团所属农场行政和社会管理职能移交协议。

9月26日　光明食品集团与都江堰市签署农产品合作项目协议。

是日　商务部副部长姜增伟考察光明乳业股份有限公司。

10月7日　上海空军预备役某部向光明食品集团赠送锦旗,感谢光明食品集团的大力支持。

10月8日　因奶粉原料被有关部门检测出含有三聚氰胺,冠生园集团决定对国内销售的大白兔奶糖全部实行下架。

是日　第一食品股份有限公司在实施重大资产重组、股权置换、剥离非黄酒资产、受让冠生园华光酿酒药业有限公司产权后,原上市公司(第一食品)更名为上海金枫酒业股份有限公司。

10月15日　全国政协副主席、中共中央统战部部长杜青林在北京农展馆视察第六届中国国际农产品交易会光明食品集团展区。

10月16日　冠生园集团经历三聚氰胺风波后,在上海第一食品商店召开新大白兔奶糖上市信息发布会。

10月17日　副市长胡延照考察长江现代农业基地和跃进有限公司"三秋"生产现场,并对筹建中的东平镇进行调研。

10月19—23日　光明食品集团系统内的长江总公司、跃进有限公司、都市农商社、冠生园集团、上海食品进出口公司、大瀛食品公司和捷克梅林公司组团参加2008年第二十三届法国巴黎国际食品及饮料博览会。

10月20日　光明食品集团作为在上海举行的"第十四届世界食品科技大会"唯一黄金赞助商,晚上举行盛大宴会,招待国际食品科技联盟主席戴维·兰拜克及世界各国食品专家、学者和企业家代表。

10月30日　上海国资系统纪念改革开放30周年成果图片展开幕,市委常委、组织部部长沈红光参观光明食品集团图片展。

11月6日　光明食品集团、上海市摄影家协会和上海鲜花港联合举行第四届"聚焦上海鲜花港"摄影大赛颁奖和摄影画册首发式。

11月8日　光明食品集团与安徽省宿州市人民政府签订战略合作框架协议。

11月17日　光明食品集团召开食品质量安全专题会议,认清形势,从严管理,开创食品质量安全工作新局面。

11月20日　由市商标协会和市著名商标认定委员会联合主办的"2008上海商标展"开幕,集团所属光明、冠生园、梅林、金枫、石库门、和酒、爱森、海丰、大瀛、正广和、新海腾等品牌参展。

11月22日　中共中央政治局常委、国务院总理温家宝在上海主持召开大型企业座谈会,光明食品集团负责人代表上海大型企业参加座谈会并发言。

12月1日　市人大常委会主任刘云耕,副主任周禹鹏、胡炜、王培生、杨定华等赴光明食品集团调研。

12月2—4日　黑龙江省富锦市党政代表团考察跃进有限公司,双方签署"大力发展优质高效粮食生产"合作意向书。

12月16日　全国政协常委、中国轻工联合会副会长潘蓓蕾在光明食品集团主持召开"构建中国食品安全体系"座谈会。

12月18日　在中国商业联合会三届五次理事会会议期间,烟糖集团获"中国商业服务业改革开放30周年功勋企业"称号。

12月28日　光明食品集团组团参加2008上海轻工新品名品展示展销会。

2009年

1月6日　首届"上海慈善大会"在市政府会议厅举行,光明食品集团获"上海慈善奖"。

是日　以原新海、长江农场社区为主的崇明县新海镇、东平镇成立揭牌。

1月7日　光明食品集团决定,都市农商社划转五四公司,实现现代农业与休闲、观光农业对接。

1月10—14日　市委常委、市委政法委书记吴志明,副市长胡延照先后考察2009新春农副产品大联展光明食品集团展区。

1月13日　市人大常委会原副主任周慕尧考察上海"两会"新产品展光明食品集团展台。

1月14日　市人大常委会主任刘云耕考察上海"两会"新产品展光明食品集团展台。

1月20日　中华见义勇为基金会副理事长李顺桃专程到上海海博股份有限公司慰问第四届全国见义勇为好司机刘国庆和第五届全国见义勇为好司机黄勇。

1月22日　市政协主席冯国勤,副主席周太彤、蔡威考察光明乳业乳品二厂和农工商超市118广场,并慰问节日加班的职工。

2月18日　经全国旅游景区质量等级评定委员会批准,光明食品集团所属东黄山旅游度假区为国家4A级旅游景区。

是日　海博汽车租赁公司驾驶员、奥运火炬手陶崇文被第二十九届北京奥运组委会授予"社会明星"称号。

2月19日　中共中央政治局委员、市委书记俞正声,市委常委、市政法委书记吴志明等考察长江总公司现代农业示范基地。

2月23日　光明食品集团召开党风建设和反腐倡廉工作会议。

2月27日　光明食品集团一届三次职工代表大会举行。

2月28日　光明食品集团所属15家企业参加上海市农业系统人才招聘会,向社会提供331个应聘岗位。

3月1日　由《新理财》杂志社主办的第五届"CFO十大年度人物颁奖典礼"暨"2008CFO高峰论坛"在京举行,光明食品(集团)有限公司董事、财务总监曹晓风被授予"2008中国CFO年度人物"。

是日　集团召开2008年党建创新成果评审会,共评出贡献奖10篇、创新奖15篇、探索奖15篇,优秀组织奖3家。

3月4日　上海商标发展工作推进大会公布第十三批、324件"上海市著名商标"名单,光明食品集团12件商标获该称号。光明食品集团有30件在保护期内的"上海市著名商标"。

3月6日　光明食品集团发行40亿元短期融资券。

3月7日　第九届全国人大代表、原副市长夏克强率在沪全国人大代表考察金枫酒业。

3月8日　副市长胡延照考察上海鲜花港。

3月17日　光明食品集团和崇明县政府举行光明食品集团地处崇明的农场政务移交签约文本交接仪式。

3月25日　市委常委、宣传部部长王仲伟考察上海鲜花港。

4月5—8日　光明食品集团组团参加第十三届中国东西部合作与投资贸易洽谈会,上海市副市长沈晓明考察光明食品集团展区。

4月6—7日　全国人大科教文卫委员会主任委员、中国作家协会党组书记金炳华,全国政协常委、外事委员会主任赵启正考察上海鲜花港。

4月10日　光明食品集团在上海市合作交流与对口支援工作会议上获"上海市合作交流与对口支援2007—2008年度先进集体"称号。

4月14日　中国国民党荣誉主席连战和夫人等一行考察上海鲜花港。

4月16日　中共中央政治局委员、市委书记俞正声,市委常委、市委政法委书记吴志明,市委常委、市委秘书长丁薛祥等考察海丰农场和海丰万头生态奶牛养殖示范基地。

4月22日　作为光明食品集团"民生工程"的五四公司农场职工旧房改造工程启动,东海、长江总公司和跃进有限公司启动建设首期882套职工经济适用房,实施3 000户居民老公房改造工程。

4月25日　国际生态安全合作组织主席蒋明君一行考察东黄山旅游度假区。

4月28日　光明食品集团党委召开"坚持科学发展,增强发展、整合、转型、提升能力——光明食品集团解放思想"讨论会。

4月30日　光明食品集团团委举行纪念"五四"运动90周年——光明青年歌会暨先进青年表彰会。

5月7日　光明食品集团召开加强董事会建设试点工作交流会,进一步规范董事会运作,完善法人治理结构。

5月15日　光明食品集团召开精神文明建设工作会议。

是日　市委常委、市委秘书长丁薛祥考察上海益民食品一厂历史展示馆。

5月25日　中国台湾烟酒股份有限公司董事长韦伯韬一行到光明食品集团访问考察。烟糖集团、金枫酒业与中国台湾烟酒公司举行战略合作签约仪式。

6月10日　上海牛奶集团投资3.5亿元建设的海丰万头生态奶牛养殖示范基地正式投产。

6月13日　光明食品集团与重庆市农垦控股(集团)有限公司签署"鲜花港项目合作框架协议"。

是日　中共中央政治局委员、市委书记俞正声视察农工商超市118广场。

6月18日　市政协主席冯国勤、副市长胡延照出席光明食品集团与上海市安信农业保险公司战略合作协议签约仪式。

6月26日　光明食品集团崇明地区"长江现代农业技术研发中心"和"长江现代农机展示服务中心"项目在长江总公司开工。

是日　冠生园集团与中信资本投资公司举行合资揭牌仪式,由国资企业改制为合资企业。

6月30日　光明食品集团职工顾问团、职工代表巡视团成立暨第一届职工顾问团、职工代表巡视团成员授聘仪式举行。

7月1日　光明食品集团举行纪念中国共产党成立88周年暨上海益民食品一厂历史展示馆开馆仪式。

7月5日　上海出租汽车行业迎世博"工人先锋号"发车仪式在海博股份广场举行,市委副书记殷一璀向上海市七大出租车品牌授予"工人先锋号"旗帜。

是日　光明食品集团在滨海古园举行黄山茶林场11位烈士牺牲40周年纪念活动。

7月8日　光明食品集团与上海铁路局签署战略合作暨项目合作协议。

7月15日　光明食品集团与上海市劳动教养工作管理局签署关于上海农场、川东农场移交光明食品集团管理协议。

7月16—17日　光明食品集团组团参加上海外贸企业产品内销订货会,副市长唐登杰考察光明食品集团展位。

7月18日　全国政协常委、市政协原主席蒋以任考察上海金枫酒业股份有限公司。

7月23日　光明乳业在市政协大厦举行向中国科学院、中国工程院院士捐赠"人才爱心奶"仪式。

7月24日　市委常委、浦东新区区委书记徐麟考察"2009上海盛夏农副产品大联展暨第一届浦东新区农产品博览会"光明食品集团展位。

7月27日　光明食品集团以15.5亿元对价受让五丰上食食品有限公司所持全部光明乳业股份。

8月17日　光明食品集团举行光明糖业与云南英茂糖业战略合作签约仪式,光明食品集团控股英茂糖业60%股权。

8月18日　上海世博会事务协调局与冠生园集团签署协议，冠生园集团成为上海世博会糖果行业指定赞助商。

8月19日　市委副书记殷一璀考察长江总公司现代农业生产示范基地。

8月22日　光明食品集团在海湾国家森林公园举行邓小平同志雕像揭幕仪式。

是日　光明食品集团召开安保反恐维稳工作会议。

8月27—28日　共青团光明食品（集团）有限公司委员会召开第二次代表大会。

9月1日　光明食品集团捐资2 000万元建设的都江堰市光明团结小学交付使用，上海市政协主席冯国勤、四川省政协副主席解洪共同揭牌并出席开学典礼。

9月3日　由光明食品集团、上海市糖制食品协会、黄浦区商务委联合主办，上海第一食品公司承办的"光明杯"2009上海月饼节开幕。

9月7—11日　光明食品集团组团参加在吉林省长春市举行的第七届中国国际农产品交易会，中共中央政治局委员、国务院副总理回良玉考察光明食品集团展位。

9月16日　市公安局农场分局揭牌成立，为上海域外农场保驾护航，下设上海农场、川东农场、海丰农场、黄山茶林场、练江牧场5个派出所。

9月18日　市劳动教养工作管理局和光明食品集团共同召开上海农场、川东农场交接工作大会，上海农场、川东农场正式移交光明食品集团。

9月23—25日　光明食品集团在长宁区工人文化宫举办"庆祝中华人民共和国成立60周年，共创光明美好未来——职工摄影、美术、书法作品展"。

9月26日　光明食品集团和云南省西双版纳州签署战略合作协议，五四公司和西双版纳州签署农产品合作协议，农工商房地产集团向西双版纳州捐赠300万元助学金。上海市人大常委会主任刘云耕、副主任胡炜出席签约仪式。

是日　第七届中国花卉博览会在北京开幕，市委常委、市政法委书记吴志明考察参展的上海鲜花港展区。

9月28日　金枫酒业在枫泾镇黄酒酿造基地举行建厂70周年及金枫10万吨新型高品质黄酒技术改造项目奠基庆典，光明食品集团与金山区政府在现场签署打造中国黄酒产业基地框架协议。

9月29日　在上海鲜花港指导花卉生产的荷兰专家布斯曼和比利时专家俞越，分别在北京和上海接受中共中央政治局委员、国务院副总理张德江，市委副书记、市长韩正授予的"国家友谊奖"和上海市"白玉兰荣誉奖"。

10月2日　由光明食品集团主办、第一食品公司承办、中国台湾台中广播公司协办的"爱满中秋·幸福光明"海峡两岸少年儿童联谊活动成功举行。

10月8日　全国人大常委、市人大常委会原主任龚学平考察上海金枫酒业股份有限公司。

10月8—11日　光明食品集团组团参加2009第四届中国长沙国际食品博览会，全国政协副主席阿不来提·阿不都热西提，湖南省副书记、省长周强等考察光明食品集团展区。

10月13日　由中国农林水利工会主办，光明食品集团工会承办的全国农垦系统集体合同制度建设经验交流会在沪召开。

是日　光明食品集团出席在天津市举行的津、京、沪、穗、渝五市农垦经济研讨会，曹树民作发言，益民集团、长江总公司工会作经验介绍。

是日　中共中央政治局常委、中纪委书记贺国强在市委副书记、市长韩正等陪同下，考察长江

10月14日　全国直辖市农机工作会议在光明食品集团海丰农场召开。

10月17日　跃进有限公司举办"'自然之子'跃进行——万名市民看光明"现代生态农业观光活动首发式。

10月19日　市委常委、市政法委书记吴志明考察长江现代农业基地。

10月22日　上海金枫酒业股份有限公司与上海世博会事务协调局签署协议，金枫酒业成为2010年上海世博会黄酒项目赞助商。

11月5日　上海鲜花港在第七届中国花卉博览会上获盆栽类植物、切花花材类和组合盆栽类金奖6项、银奖14项、铜奖5项和优秀奖7项。

11月6日　北京市副市长夏占义考察长江总公司现代农业基地和"三秋"生产现场。

是日　市人大常委会主任刘云耕考察农工商超市桃浦好德物流基地、连锁经营学院、食品质量检测中心及农工商118广场。

11月7—14日　全国农产品质量追溯展示周活动开幕式在第一食品杨浦店广场举行。

11月8日　全国人大常委会副委员长、民建中央主席陈昌智，上海市政协副主席、民建中央副主席、民建市委主委周汉民等视察上海金枫酒业股份有限公司。

11月12—13日　上海首届农业专家科技论坛在海丰农场举行。

11月19日　农业部副部长高鸿宾考察光明乳业荷斯坦金山种奶牛场。

11月25日　市委副书记、市长韩正等领导考察西郊国际农产品交易中心一期工程项目。

11月26日　由冠生园集团、中国青年创业国际计划（YBC）上海办公室、上海市青少年活动中心共同创建的"YBC·冠生园大学生创业研发中心"启动仪式正式举行。

12月4日　集团成功发行20亿元三年期中期票据。

12月6日　海博出租汽车公司员工陶崇文驾驶别克新君威1.6T精英运动版汽车，以"104公里/小时"的优异成绩创造"弯道加速之最"吉尼斯世界新纪录。

12月15日　副市长胡延照、云南省副省长孔垂柱出席光明食品集团英茂糖业景罕糖厂开榨仪式。

12月22日　上海鲜花港举行荷兰政府捐赠2010年上海世博会的"海宝"郁金香栽种仪式。

12月23日　光明食品集团水稻高产高新技术集成创新示范工程课题正式通过上海市专家组验收。

12月24日　光明食品集团与云南省西双版纳州签署经贸项目合作协议，东海总公司投资1 000万元在滇开发石斛系列保健食品。光明食品集团云南红土生源有限公司在西双版纳州勐海县正式成立。

12月27—29日　中央电视台新闻综合频道播出三集文献纪录片《第一犁》，全面展示新中国农垦事业60年发展成就。纪录片展示了光明食品集团的农工商超市、石库门酒业、梅林股份、都市菜园等企业。

2010年

1月13日　光明食品集团举行第九次股东会议，选举产生第二届董事会、监事会。随后召开董事会、监事会二届一次会议，选举产生董事长、监事会主席。

1月17日　光明食品集团举行"绿色盛会一起来"主题活动启动仪式,市政协副主席、2010年世博会执委会副主任周汉民出席仪式,集团向2010上海世博会志愿者捐赠1 000万元。

1月19日　光明食品集团所属上海市应用科技学校整建制划归上海市卫生局所属上海职工医学院管理。

1月20日　上海市迎世博窗口服务指挥部授予第一食品有限公司徐剑萍、农工商超市陆丽花"上海市微笑服务大使"称号。

1月25日　市人大常委会副主任、市总工会主席陈豪考察为上海市人大、政协"两会"服务的光明食品集团展位。

1月27日　海博股份所属上海思乐得不锈钢有限公司被授予2010上海世博会特许生产制造商。

1月29日　副市长胡延照考察2010新春农副产品大联展光明食品集团展区。

2月3日　光明食品集团召开庆功会,向参加都江堰市光明团结小学援建项目的立功单位、建设功臣、先进个人颁发奖杯和荣誉证书。

2月8日　光明食品集团第一次党代会召开,选举产生新一届党委和纪委组成人员。会上作题为《坚持科学发展加强党的建设为实现光明食品集团发展战略目标而奋斗》工作报告。

2月11日　副市长沈晓明考察农工商超市打浦路店并慰问职工。

2月24日　光明食品集团组织集团系统的干部员工收看中共中央政治局委员、市委书记俞正声在市委九届十一次全会第一次大会上的重要讲话实况转播,力求扎实做好世博会期间各项工作。

是日　光明食品集团1 000家门店成为2010上海世博会特许商品销售专柜或专卖店。

3月5日　上海市企业法律顾问协会一届八次理事会在光明食品集团召开。

是日　副市长胡延照到跃进有限公司和长江总公司考察职工保障性住房落实推进工作。

3月10日　光明食品集团与美国保健品零售龙头企业健安喜(GNC)公司签署谅解备忘录,建立战略合作关系。

3月11日　光明食品集团与锦江集团签署战略合作框架协议。

3月16日　上海鲜花港企业发展有限公司与上海世博局签署专项赞助协议,成为世博会中国馆指定花卉供应商。

3月19日　原国家主席江泽民视察上海益民食品一厂历史展示馆,市委副书记、市长韩正,市委常委、市委秘书长丁薛祥陪同视察。

3月25日　农业部副部长陈晓华率农产品质量安全监管局有关领导检查光明乳业乳品八厂、上海申美饮料食品有限公司食品安全工作。

3月31日　上海西郊国际农产品交易中心(一期)对外试营业。

是日　集团召开2009年党建创新成果评审会,共评出贡献奖12篇、创新奖16篇、探索奖18篇,优秀组织奖5家。

4月1日　上海农场、上海市第一劳教所联合举行建场60周年纪念大会,市委常委、市政法委书记吴志明发来贺信。

4月5日　由上海市市长韩正率领的经贸代表团赴中国台湾进行经贸洽谈、签约,作为代表团成员之一的光明食品集团与台湾多家农林食品企业签署合作协议。

4月12日　原国家主席江泽民在中共中央政治局委员、市委书记俞正声,市委常委、市政法委书记吴志明,市委常委、市委秘书长丁薛祥等陪同下视察上海鲜花港。

4月15日 由光明食品集团和上海市农科院主办、跃进有限公司承办的2010年种业工作研讨会在跃进有限公司举行。

是日 上海益民食品一厂历史展示馆举行"上海市虹口区爱国主义教育基地"揭牌仪式。

4月22日 国家工商行政管理总局副局长王东峰考察第一食品连锁发展有限公司。

4月26日 光明食品集团二届一次职工代表大会举行。

4月28日 上海海湾国家森林公园举行世博观光农园揭牌暨开园仪式。全国轻工总会会长步正发揭牌。

5月7日 安徽省政府与光明食品集团签署农业产业化交流与合作框架协议,中共安徽省委常委、副省长赵树丛,上海市副市长胡延照出席仪式。

5月10日 中共中央政治局委员、国务院副总理回良玉在市委副书记、市长韩正和副市长胡延照的陪同下,考察长江现代农业基地。

5月13日 市委常委、市政法委书记吴志明考察西郊国际农产品交易中心。

5月15日 市政协副主席、民建中央副主席、民建市委主委、2010年世博会执委会副主任周汉民出席烟糖集团与贵州省食品企业经贸合作协议签订仪式。

5月16日 由市文明办指导,市志愿者协会、青年志愿者协会与光明乳业共同主办"迎世博,讲文明,树新风——志愿者绿色接力送"活动启动仪式。

5月17日 光明食品集团召开以"调结构、促发展"为主题的上市公司工作年会。

5月21日 光明食品集团召开劳动模范座谈会,会议提出在全公司开展"学雷锋、争先进"活动。

是日 经科技部批准,光明乳业获得"乳业生物技术国家重点实验室"认证。

5月28日 由上海鲜花港布展的上海世博会中国馆荷花分馆对外亮相。

6月2日 贵州省副省长禄智明到第一食品杨浦店考察并出席贵州食品节开幕式。

6月4日 光明食品集团召开2010年思想政治工作和企业文化促进会年会。

6月17日 中共上海市委巡视组召开进驻光明食品集团巡视动员大会,市委第四巡视组组长吴明作动员讲话。

6月26—27日 农业部农垦局在光明食品集团召开全国农垦系统"集团化垦区改革发展"座谈会。

6月28日 光明食品集团召开纪念中国共产党成立89周年暨创先争优经验交流大会。

7月16日 光明食品集团召开实施新三年(2010—2012年)战略规划动员大会。

7月19日 光明乳业与新西兰信联乳业公司签订股东协议和认购协议,以3.82亿元展开对信联乳业公司51%股权的收购,建立海外原料供应基地。同年11月完成收购工作,开创中国乳业首次海外收购兼并的先河。

7月26日 上海梅林股份举行公司创建80周年庆典暨新品发布会,全国政协常委、中国轻工业联合会副会长潘蓓蕾、市人大常委会副主任胡炜等出席。

8月8日 光明食品集团在安徽省池州市举行捐赠仪式,农房集团向当地希望小学捐款50万元。

8月14日 上海援建都江堰项目竣工仪式在都江堰市举行,市委副书记、市长韩正对光明食品集团援建都江堰光明团结小学项目给予高度评价。

8月17日　市委常委、组织部部长沈红光考察光明乳业荷斯坦金山奶牛场、上海金枫酒业酿酒有限公司。

8月18日　光明瑞华果园正式开园,成为崇明岛第一家标准化、规模化特色农业展示园。

9月3日　由光明食品集团、上海市糖制食品协会主办,第一食品承办的"光明食品杯"2010上海月饼节开幕。

9月4日　中国企业家联合会、中国企业家协会发布中国500强企业名单,光明食品集团位居第79位。

9月8日　光明食品集团和日本三井物产株式会社签订战略合作协议。

是日　中共黑龙江省委常委、常务副省长杜家毫,省委常委、省国资委党委书记赵克非出席黑龙江龙申国际经济贸易有限公司揭牌暨光明食品集团与黑龙江省外贸集团战略合作签约仪式。

是日　2010上海旅游节"光明食品杯"花车巡游活动暨评比大奖赛新闻发布会举行。

9月12日　农业部部长韩长赋考察光明乳业乳品二厂和第一食品南京东路店。

9月19日　中共中央政治局委员、市委书记俞正声,市委副书记、市长韩正,市委副书记殷一璀,市委常委、市委秘书长丁薛祥,市委常委、浦东新区区委书记徐麟视察海湾国家森林公园。

9月22日　2010光明食品节开幕,2 000多种优质健康食品亮相申城。

是日　光明食品集团召开专题会议,全面推进"小金库"专项治理工作。

9月23—26日　光明食品集团组团参加2010中华老字号博览会。

9月30日　副市长沈晓明考察第一食品杨浦店。

10月5日　中共中央政治局委员、市委书记俞正声在崇明县凯农农副产品中心现场视察跃进有限公司"自然之子"系列农产品展位。

10月10日　全国政协副主席、中国致公党中央主席罗豪才到五四公司所属上海滨海古园,祭扫董寅初墓地。

10月15日　光明食品集团举行第二届职工运动会。

10月16日　副市长胡延照出席上海崇明·光明丰收节开幕式并考察光明瑞华果园。

10月22日　农业部副部长陈晓华、副市长胡延照考察在郑州举办的第八届中国国际农交会并参观光明食品集团展区。

11月6日　上海鲜花港世博荷花"感悟之泉"亮相2010台北国际花博会上海展园。

11月15日　烟糖集团食糖销量首次突破200万吨。

11月16日　光明食品集团举行纪念上海农垦围垦50周年座谈会,副市长胡延照出席并讲话。

11月17日　星辉蔬菜完成建设2 100公顷蔬菜生产基地的目标,每年可向市民供应蔬菜15万吨。

11月17—21日　由农业部、上海市人民政府主办的"2010绿色食品博览会"在上海农展馆举办,光明食品集团参展,"海丰牌"大米和"爱森牌"猪肉获畅销奖。

11月19日　光明食品集团举行服务世博、奉献世博总结表彰大会,一批立功单位和个人获表彰。

11月23日　市政协主席冯国勤率市政协主席会议成员考察西郊国际农产品交易中心。

11月24日　长江总公司上海盾牌筛网滤器合作公司生产的"盾牌"筛网成为国内唯一获得ISO14315国际认证并出口英国的筛网产品。

是日　光明食品集团与新疆喀什市政府签署对口支援合作协议,向喀什地区捐赠价值200万元的学习用品。

是日　穗、京、津、沪、渝五市农垦经济研讨会在广州市举行,农业部副部长高鸿宾、农业部农垦局局长李伟国等出席会议并讲话。

12月1日　光明乳业在首都钓鱼台国宾馆举行常温酸奶莫斯利安上市庆典仪式,《中国经营报》为该产品颁发"卓越创新产品奖"。

12月3日　由光明食品集团主办、农工商超市与第一食品连锁有限公司承办的"2010新疆·喀什食品节"开幕。

12月10日　海博出租汽车公司驾驶员夏永兴获2010年度"第七届全国见义勇为好司机"称号。

12月20日　冠生园集团在光明食品工业园区举行益民冠生园糖果生产基地奠基仪式。

12月27日　上海市郊农场旧住房改造启动暨长江总公司一期建设项目奠基,副市长胡延照出席奠基仪式。

12月30日　2010上海世博会特许经营总结表彰大会在上海国际会议中心召开,光明食品集团获"世博特许经营优秀组织奖"。

12月30—31日　光明食品集团召开传达贯彻中共上海市委九届十四次全会精神暨2011年度集团工作会议。

第一篇
集团溯源和集团组建

概　　述

2006年8月8日，光明食品集团组建成立。组建光明食品集团，是中共上海市委完善国资国企战略布局的重要决策，旨在发挥上海一二三产业整体优势，做大做响民族品牌，大力发展都市食品产业，从而进一步提升上海产业能级、增强城市国际竞争力。

2006年7月11日，上海市国资委向光明食品集团、上海农工商集团、烟糖集团、锦江集团等4家集团发出《关于实施光明食品集团重组方案的通知》。

各参与重组企业进行资产调整。

原上海农工商集团增资更名为光明食品集团，其股东为市国资委、上海大盛资产有限公司、上海国有资产经营有限公司、申能(集团)有限公司、上海国际集团有限公司、上海上实(集团)有限公司、上海久事公司。公司注册资本为人民币34.3亿元。

原光明食品(集团)有限公司增资更名为益民集团，是重组后的光明食品集团的控股子公司。股东为农工商集团，占公司注册资本的88.76%，上海文化广播影视集团占6.54%，锦江国际(集团)有限公司占4.70%。

市国资委对烟糖集团进行股权变更登记，变更后的烟糖集团出资人为光明食品集团，投资金额3.21亿元，股权比例100%。

新组建成立的光明食品集团是一家以食品产业为核心业务，集一二三产业为一体，拥有全产业链的大型食品企业集团。在2010年中国企业500强中位列第79位。

集团核心业务主要由现代农业、食品制造业和连锁商贸业组成。现代农业主要是粮食、奶牛、生猪、水产、蔬果、花卉、饲料等。食品制造业主要是乳制品、糖、酒、休闲食品和罐头食品。连锁商贸业拥有农工商超市、好德、可的便利和第一食品公司、光明便利店、捷强超市、爱森肉食品专卖店等各类连锁销售网点4 000多家，以及电子商务公司和品牌食品代理企业。集团的支撑业务是房地产业和出租汽车、物流业。

集团拥有光明、冠生园、大白兔、梅林、石库门、和酒等6个中国驰名商标和中国名牌产品；拥有玉棠、海丰、爱森、佛手、正广和等30多个上海市著名商标、上海市名牌。集团还拥有光明乳业、梅林股份、海博股份、金枫酒业和都市农商社(后转为海通证券)5家上市公司。

光明食品集团自2006年8月8日成立后，探索建立公司法人治理结构，是上海国资委系统6家董事会建设试点单位之一。

2006年7月31日，光明食品(集团)有限公司股东会举行首次会议；2006年8月1日，第一届董事会第一次会议、第一届监事会第一次会议举行。董事会第一次会议决定董事长和法定代表人，根据董事长提名，聘任公司总裁。选举产生董事长，王洪泉为监事会主席。

集团总部部室由9个调整为12个和2个群团机构，即办公室、战略研究室(董事办)、法务部、投资管理部、资产经营部、财务审计部(财务总监办公室)、产业发展部、人力资源部(组织部)、公共关系部(宣传部)、监察部(纪委)、社区管理办公室、信访办公室和工会、团委。

光明食品集团直属单位有：上海益民食品一厂(集团)有限公司、上海市糖业烟酒(集团)有限公司、上海跃进有限公司、上海长江总公司、上海五四有限公司、上海东海总公司、上海海丰总公司、上海市上海农场、上海市川东农场、光明乳业股份有限公司、农工商房地产(集团)股份有限公司、农工商超市(集团)有限公司、上海海博股份有限公司、上海浦东星火开发区联合发展有限公司、上海农工商投资公司、上海海湾国家森林公园有限公司、上海西郊国际农产品交易有限公司、中共光明食品(集团)有限公司委员会党校(电大)。

光明食品(集团)有限公司办公地址在上海市华山路263弄7号。

第一章 集团溯源

第一节 上海农工商(集团)有限公司

一、企业沿革

上海农工商集团是上海市国资委系统的以都市型农业为核心业务、多产业综合经营的大型企业集团。

上海农工商集团可以溯源至1960年9月建立的上海市围垦总指挥部,上海市副市长宋日昌任总指挥。1963年3月,上海市围垦总指挥部撤销,成立上海市农垦局。1966年"文化大革命"开始,上海市农垦局工作陷于瘫痪,上海国营农场的隶属关系也几经变化,先后由上海市上山下乡办公室、上海市革命委员会郊区组(农场组)、上海市农业局管辖。

1976年,上海市政府成立上海市农场管理局,统一管理上海市国营农场及有关公司、工厂。1994年9月,上海市农场管理局撤销,组建上海市农工商(集团)总公司。考虑到市农场管理局的特殊性,改制后仍保留农场管理局的牌子,但不任命局长。1995年5月,上海市农工商(集团)总公司完成工商登记,取得营业执照,6月举行成立大会。1995年12月,上海市国资委授权上海市农工商(集团)总公司经营上海农垦系统国有资产。

2004年5月,经上海市国有资产监督管理委员会批准,上海市农工商(集团)总公司改制重组为上海农工商(集团)有限公司,由国有独资公司转变为投资主体多元化的有限责任公司,注册资本25亿元,其中上海大盛资产有限公司占60%;上海国有资产经营公司、申能(集团)有限公司、上海国际集团有限公司、上海上实(集团)有限公司和上海久事公司分别占8%。

截至2005年年底,上海农工商集团总资产324亿元,净资产131亿元;拥有土地78万亩,其中耕地33万亩(1亩约合666.67平方米);职工总数4.5万人,其他从业人员5.7万人。

2006年7月,中共上海市委常委会会议决定,根据上海市国资国企改革的总体部署,集中原光明食品集团、上海农工商集团、烟糖集团、锦江集团的相关资产,组建新的光明食品集团。

根据市委常委会同意的重组方案,2006年7月,锦江集团以所持的上海五丰上食食品有限公司49%权益增资原光明食品集团,轻工控股集团将所持该集团的权益划转市国资委。以上工作完成后,原光明食品集团更名为"上海益民食品一厂(集团)有限公司"。

2006年7月,上海大盛资产有限公司将所持上海农工商集团32%权益划转国资委,市国资委以所持上海市糖业烟酒(集团)有限公司权益、拟设立的益民集团权益增资上海农工商集团。在完成上述工作后,上海农工商集团于2006年8月7日完成变更登记,取得新的工商营业执照,公司更名为"光明食品(集团)有限公司"。公司资产规模为458亿元,所有者权益108亿元。

2006年8月8日,在上海展览中心举行光明食品集团组建成立大会。

二、产业结构

上海农工商集团作为一个多元化经营的企业集团,主营业务格局为一业为主、多业支撑的"1+X"结构。"1"是指作为核心业务的都市型农业;"X"是指支撑核心业务的连锁商贸业、房地产业、都市服务业、都市工业等其他优势产业。

在都市型农业方面,集团根据上海作为特大型城市的特点和需求发展农业、做强企业、做大产业、做响品牌、做活机制,更好地带动农民、服务市民,融入全国、服务全国。集团拥有光明乳业、农工商超市、都市农商社、上海鲜花港、海丰米业等5家国家级农业产业化重点龙头企业,占2005年上海全市国家级农业龙头企业总量的近一半;拥有大瀛鸭鸭有限公司、一只鼎食品有限公司2家市级农业产业化龙头企业。集团下属上海海湾森林公园被国家林业部认定为国家级城市森林公园。

2005年,上海国营农场粮食作物和经济作物的产值比例为62∶38,种植业和养殖业的产值比例为48∶52。全年完成农业总产值10亿元,粮食总产量16万吨,夏粮麦子平均亩产412公斤,水稻亩产503公斤。蔬菜播种面积29 715亩,造林1 560亩。生猪饲养量22万头,上市12.3万头,肉鸭上市62万羽,奶牛存栏数2.3万头,生奶总产量10.55万吨,成乳牛平均单产8 148公斤,水产品总产11.81万吨。

上海农工商集团积极实施"走出去"战略,通过经贸合作、输出技术、建立基地等形式,用全国的资源服务全国"三农",服务全国市场。据不完全统计,2005年,上海农垦系统10家龙头企业带动全国各地共同参与产业化经营的农户20余万户,农户获得的产品收入25亿元。

在农产品加工和制造业方面,2005年完成总产值54.3亿元,销售产值54.9亿元。出口商品创汇7 872.4万美元,出口拨交额6.16亿元。全年企业生产的主要产品产量:大米3.19万吨,乳制品4 527吨,消毒牛奶23.44万吨,酸奶10.68万吨;软饮料10.5万吨;服装397万件;化学农药133吨;不锈钢真空保温容器333万只;手工工具602万把。

2005年,完成建筑业施工产值1.78亿元,施工面积5.95万平方米,竣工面积0.81万平方米。

第三产业主要是商贸连锁业、出租运输和房地产业。2005年增加值为27.22亿元,占总增加值的61.33%。商贸连锁业:批发零售贸易营业网点2 893个,营业面积135.99万平方米。其中农工商超市、好德便利店、五缘折扣店、可的便利店总数2 754家,全年销售收入156.1亿元。出租运输业:海博出租汽车车辆总数3 991辆,租赁汽车410辆,全年营业收入4.6亿元。房地产业:全年房地产开发施工面积282.5万平方米,销售面积47.3万平方米,销售额27.3亿元。

全年完成工农业出口商品拨交额6.56亿元,其中工业出口6.16亿元,农业出口3 988万元,完成进出口经营金额1.21亿美元。

2005年,上海农工商集团实现销售收入281亿元,实现利润总额15.1亿元,实现净利润2.51亿元。在岗职工人均年收入2.75万元。

在中国企业家联合会和中国企业家协会联合评选的2005年度"中国企业500强"中,上海农工商集团位列第101位。

三、企业文化

上海农工商集团坚持在弘扬上海农垦围垦优良传统的基础上建设企业文化,力求继承和创新相统一。2000年,召开上海农垦围垦40周年纪念大会,总结和发扬"艰苦奋斗、无私奉献,团结协作、顾全大局,不畏艰难、开拓创新"的围垦精神,激励干部职工开创上海农工商集团各项工作的新局面。同时制定企业文化实施纲要和行动计划,形成具有农工商特色的企业文化理念。集团的共同愿景是:"建成国家级的农业现代化的龙头企业集团";集团的企业使命是:"让市民生活更美好,让城市生态更美好";集团的价值观是:"企业增效、股本增值、职工增收、示范带动作用增强";集团的企业精神是:"艰苦奋斗、求真务实、勇于超越、争创一流";集团倡导的行为规范是:"爱岗敬业、诚信正直、厉行节约、注重效率、团结协作、乐于奉献"。2006年度"中国企业500强"中,上海农工商集团位列第104位。

四、子公司和品牌

截至2005年底上海农工商集团下属有18个单位,其中14家为经营性企业,分别是跃进有限公司、长江总公司、五四公司、东海总公司、海丰总公司、光明乳业、农房集团、农工商超市集团、海博股份、都市农商社、农工商投资公司、牛奶集团、上海世纪森林开发有限公司和星联公司;另有3家社区管理机构,即上海市新海地区社区管理委员会、上海市东平地区社区管理委员会、上海市东海地区社区管理委员会;还有1所事业编制的上海农工商集团党校(电大)。

农工商超市(集团)有限公司和光明乳业股份有限公司在2004年上海企业500强中分别排名第14位和第22位。

上海农工商集团拥有一批国家级和上海市级的品牌。中国名牌产品和中国驰名商标是:光明(乳业);上海市名牌产品是:SDE(德科)、光明、大瀛、思乐得、一只鼎、海丰、百路达、博士蛙;上海市著名商标是:SDE(德科)、光明、大瀛、一只鼎、海丰、百路达、上城(申光高强度螺栓)、城隍珠宝、博士蛙、恒字(跃进医疗器械厂)、爱森、思乐得。

五、政府职能

上海农工商集团成立之后,继续保留上海市农场管理局的牌子,行使四个方面的政府职能:规划和土地行政管理职能;教育、卫生行政管理职能;社区管理职能和公共服务职能。2005年上海农工商集团有3个社区,分别是新海社区、东平社区和东海社区。有中小学13所,在校学生5 581名,教师394名。医院17所,医院病床1 328张;医生261名。2006年3月,集团有事业单位11个,编制为593人。按照《企业国有资产监督管理暂行条例》的规定,2003年至2005年上海农工商集团先后完成东海农场政务移交试点以及奉贤区域内农场的政务移交。

第二节 上海益民食品一厂(集团)有限公司

一、企业沿革

益民集团前身为2004年成立的光明食品集团。其股东单位和上级主管单位是上海轻工控股(集团)公司(简称轻工集团)。

2004年9月24日,上海轻工实业有限公司向上海市工商行政管理局提出关于组建光明食品集团并变更企业名称的申请。

2004年10月26日,轻工集团召开董事会并作出决议,轻工集团同意上海文化广播影视集团投资上海轻工实业有限公司,投资金额为人民币1亿元;轻工集团占93.14%,上海文化广播影视集团占6.86%;增资完成后,上海轻工实业有限公司注册资本为128 055万元,净资产为145 748万元,同时更名为"光明食品(集团)有限公司"。

2004年11月4日,上海市国有资产监督管理委员会批复:一、同意轻工集团与上海文化广播影视集团(简称"文广集团")共同组建光明食品集团。二、同意轻工集团整合上海梅林、冠生园(集团)有限公司、上海轻工实业有限公司和上海轻工业对外经济技术合作有限公司于2004年6月30日审计后的净资产13.57亿元作为对光明食品集团的出资;文广集团以现金1亿元对光明食品集团出资。组建的光明食品集团的注册资本为128 055万元人民币。

2004年11月8日,在上海梅林和冠生园(集团)有限公司两大知名集团的基础上,突出光明品牌、强强联合组建的光明食品集团在上海国际展览中心举行揭牌仪式。

光明食品集团,以"光明"品牌为龙头,以梅林正广和和冠生园为基础,围绕"做大集团,做强产业,做响品牌",形成多元化的投资结构,为打造中国食品工业旗舰创造有利条件。

光明食品集团2005年主营收入约115亿元,其中食品制造业72亿元,出口创汇2.15亿美元。集团既有中国食品100强企业上海梅林和冠生园(集团)有限公司,又拥有"光明""梅林""正广和""冠生园""大白兔"等众多中国驰名商标和上海市著名商标,其中具有55年历史的"光明牌"长期在上海冷饮市场保持领先地位。另外,集团生产的饮料、糖果、巧克力、酒类、面制品、蜂制品、保健食品等产品不仅在国内市场占有率居前,还进入国际跨国集团全球采购系统和著名连锁商业采购通道。集团拥有国家级和省市级技术开发中心,获国家专利200多项,研发生产国家级和市级新产品50多个;在上海市内建立96858电子商务网络和300家85818便利连锁店网络,与全球上千家客户建立稳定的贸易关系;与可口可乐、达能、三得利、英联、皇冠、大正、协和、吉列、大金等跨国公司开展良好的合资合作。

2006年7月,锦江集团以6 316万元现金方式对光明食品集团进行增资,占总股本4.70%。

2006年8月,新的光明食品集团组建后,原光明食品集团更名为"上海益民食品一厂(集团)有限公司",成为其子公司。股东为上海农工商集团,占公司注册资本的88.76%,上海文化广播影视集团占6.54%,锦江集团占4.70%。

二、产业结构

益民食品集团2006年经营思路和发展目标主要体现在四个方面。

集中发展以冷饮/冷冻食品、罐头/菜肴零食、饮用水/饮料、糖果/巧克力、和酒/药酒、蜂制品、调味品/面制品等产品系列及以冷饮连锁、配餐服务等为主要内容的产品业务组合,实现以食品制造业为基础的集"食品加工、食品制造、食品服务"为一体的"大食品"产业经营格局。

年初,抓住元旦、春节市场机遇,以集团在全市20家大卖场、300家光明便利店为窗口,集中展示展销集团品牌产品,确保首季开门红。年中,组织开展"光明照耀55周年"主题活动,进一步提升消费者对益民食品集团品牌群的认知度。年末,全力投入第一届光明食品节,抓主打品牌企业主动出击,加大广告宣传和终端管理力度,积极拓展食品新市场。

集团重点推进爱茜茜里连锁店、冠生园华光酿酒改造、上海大金合作重组和上海梅林(捷克)有限公司、益民一厂冷饮线技改等项目。2006年1月至9月益民食品集团新产品销售收入累计3.6亿元,集团累计申请各项专利69项。

集团2006年年初对各子公司下达"重点任务书",以契约化形式进行预算目标管理。年中,采用统一模块加强经济运行效益分析和"重点任务书"中途检查,并把这项工作向三级次企业推进延伸。

2006—2010年,集团通过关停并转等举措,改制33家企业,注销和退出44家企业,对41家四级及以下企业进行注销和调整,大大压缩企业管理层级。

三、企业文化

2004年光明食品集团提出以"光明,我们共同的事业"为战略理念,以"民以食为天,我以民为天"为经营理念,以"诚信规范,开拓创新,凝聚众力,追求卓越"为文化理念,通过开展"光明新曙光行动",举办"光明照耀55周年"活动,内外联动推进"说事、造势、兴市"三大系列活动,达到展现老品牌、宣传新形象和扩大品牌市场效应的效果,增强员工对文化理念的认同及集团的凝聚力。

2006年光明食品集团组建之后,益民食品集团围绕融入光明、传承光明精神,开展"大讨论活动"。

四、子公司和品牌

上海益民食品一厂有限公司(简称"益民食品一厂")是由上海梅林正广和股份有限公司收购香港屈臣氏集团在上海屈臣氏益民食品有限公司中持有的全部股权,并将上海梅林正广和(集团)有限公司下属的冷饮企业进行资产重组而成。

上海梅林正广和(集团)有限公司(简称"梅林集团")是由上海梅林(集团)有限公司和正广和(集团)有限公司于1997年8月联合重组为大型食品企业集团。

上海冠生园(集团)有限公司(简称"冠生园集团")创建于1918年,是中国民族工业的名牌老字号企业。主要生产和经营糖果、蜂制品、面制品、味精、调味料、酒类、饮料、冷冻食品、保健食品、生物医药、休闲食品等近20个系列2 000多个品种。

上海梅林成立于1997年6月,股票代码"600073"。公司拥有分公司2家,全资子公司1家,控股子公司7家,参股公司11家。

上海轻工业对外经济技术合作有限公司于1998年11月由上海轻工业对外经济技术合作公司改制而成,是轻工集团投资的集生产、进出口贸易、海内外投资、承建海外工程项目等多种经营的有限责任公司。

上海梅林正广和网上购物有限公司由梅林集团控股,于1998年11月成立。成为在上海拥有80余万个客户、上百个配送站、全市无销售盲区的"网上销售"新型企业。

上海轻工置业有限公司于2004年11月由上海轻工大厦置业有限公司变更核准成立,由上海轻工控股(集团)公司和光明食品集团有限公司直接控股。

上海市食品进出口公司是1954年1月14日成立的上海最早经营食品进出口贸易的专业外贸公司之一,拥有8个分(子)公司,与世界上100多个国家和地区的1 000多个客户建立稳定的贸易关系。

上海一只鼎食品有限公司是1991年10月成立的国有控股中外合资企业。主要生产经营糟醉水产品、米面制品、腌渍蔬菜、休闲熟食品等系列产品,产品在上海4 000多家商业网点和全国20多个省市地区销售,并远销北美洲、欧洲、大洋洲等地区。

上海仟果企业管理有限公司以爱茜茜里商标品牌自2006年进入国内市场,以低糖、低脂、低卡路里冰淇淋专家的美誉吸引着众多消费者,2010年国内连锁门店达到40家。

益民集团以"光明"为企业主打品牌,并统领"光明牌""梅林""正广和""大白兔""冠生园""96858"六大产品品牌。其中,"光明牌"以发展冷饮/冷冻食品为主,"梅林"以发展罐头/菜肴零食、调味品为主,"正广和"以发展饮用水/饮料为主,"大白兔"以发展糖果/巧克力为主,"冠生园"以发展和酒/药酒、蜂制品为主,"96858"以发展电子商务/便利连锁店为主,同时,大力发展申丰、华佗、佛手等上海名牌。

益民集团及其下属企业拥有一批国家级和上海市级的品牌。冠生园、大白兔蝉联中国驰名商标;梅林牌肉类罐头、大白兔奶糖是中国名牌产品;大白兔奶糖、冠生园和酒、正广和饮用水、光明牌冷饮为国家免检产品;光明牌、梅林、冠生园、大白兔、和牌、正广和等主要品牌保持上海市著名商标称号,并有20多项产品蝉联上海名牌产品称号;梅林牌肉类罐头被认定为上海市出口名牌产品。

第三节　上海市糖业烟酒(集团)有限公司

一、企业沿革

烟糖集团是上海市商委下属大型国有食品流通企业,其前身是1951年9月成立的上海市专卖事业公司,受上海市税务局和华东区专卖事业公司领导,专管烟、酒两大类商品并开展酒类专卖管理工作。

1953年,改受上海市商业局领导,并更名为中国专卖事业公司上海市公司。1958年2月,为进一步理顺业务关系,中国糖业糕点公司上海市公司和中国专卖事业公司上海市公司合并组成上海市烟酒糖业公司,统一经营糖、烟、酒,同时承担各区糖、烟、酒、茶的行业管理。1980年2月,启用上海市糖业烟酒公司名称。

1992年6月,经上海市政府体制改革办公室和财贸办公室批准,由上海市糖业烟酒公司与上海市友谊食品供应公司联合组建成立上海市糖业烟酒(集团)公司。1994年9月,更名为上海市糖业烟酒(集团)有限责任公司,经上海市国有资产管理办公室、上海市人民政府财贸办公室授权统一管理、经营上海市糖业烟酒(集团)有限责任公司国有资产。1995年10月,公司更名为"上海市糖业烟酒(集团)有限公司"。

2006年7月,中共上海市委常委会会议决定,根据上海市国资国企改革的总体部署,集中原光明食品集团、上海农工商集团、烟糖集团、锦江集团的相关资产,组建新的光明食品(集团)有限公司。烟糖集团成为光明食品集团的子公司。

二、产业结构

烟糖集团经过长期的发展过程,不断探索经营发展模式和思路,于2003年确立"四商"战略,即:成为"国有食品工业最好的原料供应商、具有核心研发能力的食品生产商、国内外知名食品品牌最大的代理商、国内外知名食品品牌最优秀的零售商",围绕这一战略定位,集团明确走专业化、集约化、差异化的产业发展道路,形成鲜明的业务板块。

集团把打造"国有食品工业最好的原料供应商"作为糖业发展战略目标,2003年组建东方先导糖酒有限公司,形成全国性的糖业产业平台。集团提出"资源+网络+物流+期现货+电子商务"的"五位一体"商业模式,采取一系列重大举措。一是通过资本运作方式收购兼并广西上上糖厂,控制当地产区近16万亩甘蔗资源,年产食糖9.1万吨;二是在北京、天津、山东等近10个省市建立销售机构,形成覆盖华东、华北、华南、西南地区的市场网络,重点向大型食品生产企业供应食糖原料,2005年销售额为21.7亿元;三是与广西、云南产区,沿海、沿江销区的公路、铁路、水路运输企业进行业务合作,建立面向全国的食糖配送物流体系;四是发挥期货工具套期保值、联动现货等金融功能;五是搭建电子信息平台,全国各地下属公司实现统一采购、加强财务监管。这一系列举措使烟糖集团实现糖业发展的五大变化:经营体制从事业部变为专业化大公司;产业覆盖从下游销售转向全产业链经营;市场网络从上海扩展到全国;市场销售规模从2002年的24.5万吨增至2005年的69.18万吨;行业地位从"上海领先"发展为国内食糖贸易量最大的企业集团之一。

打造"具有核心研发能力的食品生产商",进一步明确酒业发展战略。集团以上市公司"第一食品"为产业平台,由金枫公司作为黄酒产业发展的承担者,形成现代化黄酒商业模式。2004年金枫公司完成四万吨酿造基地的建设,实现当年竣工、当年投产。2005年金枫公司完成市级黄酒技术中心的筹建工作,并改进优化黄酒生产工艺,成为国内唯一实现全年酿造黄酒的企业,年酿造量达到8.6万吨。金枫公司还成为国内唯一一家ISO9001:2000质量管理、HACCP食品安全管理、ISO14001环境管理和OHSMS职业安全健康管理四个体系全覆盖的黄酒制造企业。金枫公司在强化上海地区市场管理和品牌维护的同时,成立市外销售机构,构建以北京、重庆、深圳、苏南地区为重点的销售网络,发展经销商40多家。2005年金枫黄酒销量达到6.8万吨,"石库门"上海老酒销量1.06万吨,市外销售1045吨,占据上海中高档黄酒80%左右的市场份额,利润总额占全行业10大企业利润总额的50%。

打造"国内外知名食品品牌最大的代理商",进一步明确品牌食品代理业务的发展战略。烟糖集团围绕"品牌+网络+服务"的经营方式,集成上海食品品牌代理业务,成立专业代理分销企业,整合沪上食品分销资源,形成品牌代理现代化商业模式。一是实施国有、民营资本联合重组,吸纳社会资本,以第一食品为主体,出资9800万元重组并控股上海市南浦食品有限公司,实现双方在品牌、规模等方面的资源共享,优势互补,做强做活品牌代理;二是坚持"用品牌建网络,用网络聚品牌",主要代理国内外知名食品及食品原料品牌,着力构建立足上海、面向全国的销售网络。南浦食品公司代理世界著名洋酒品牌、雀巢系列产品、荷兰乳牛奶粉和国内生产的双桥味精、川湘调料等著名品牌产品。烟糖集团所属捷强公司积极探索批发转型,加大品牌代理和品牌合作的力度,扩大定牌商品的门类和品种开发,开发定牌商品20种;东方先导公司通过开发小包装食品定牌加工,进一步扩大玉棠品牌的市场覆盖面和全国知名度。

打造"国内外知名食品品牌最优秀的零售商",进一步明确食品零售业的发展战略。烟糖集团实现食品专业零售大店模式复制,一是按照"专业、特色"的发展定位,做强"第一食品"连锁品牌,形成食品零售现代商业模式。"第一食品"零售大店"走出南京路",相继在杨浦、普陀、长宁、浦东、徐汇等区城市商业中心开设分店,形成从单店到多店的发展格局;二是建立零售大店的标准体系,形成商业中心店、社区店等特色经营模式,现已成为国内"名特优"食品和国际知名食品品牌的集聚中心、展示中心,逐步形成"商场经营和商品经营相结合"的零售模式。"第一食品"被国内贸易部授予

"中华老字号企业",并获得全国首张食品零售及相关过程HACCP认证证书。三是建立农副产品采购基地,让消费者买到优质、安全、健康、绿色的农副产品。公司先后与国家级、市级农业产业化龙头企业光明米业、光明特种水产公司、瑞华果园、东大滩公司、新疆生产建设兵团果林公司签订合作协议,从产地产品、运输服务、质量追溯等方面明确责任,履行承诺,繁荣市场,造福于民。

截至2005年底,烟糖集团注册资本3.21亿元,总资产69.15亿元,国有净资产15.86亿元,销售收入79.95亿元,利润总额3.27亿元,净利润6 777.35万元,职工6 036人。

三、企业文化

烟糖集团从2002年9月至2005年4月,经过三年努力,在汇集全体干部、员工智慧的基础上,形成烟糖集团企业文化体系:明确企业精神是"和搏奋进、志在超越";发展思路是"理念领先、战略制胜";企业目标是"百年兴旺、永续经营";企业道德是"以诚为本、以信立业";企业文化理念体系包含党建篇、价值篇、发展篇、市场篇等九个方面内容。

1994年,在中国500家最大服务业企业及行业企业评选中,烟糖集团位列"中国最大服务业企业商业批发业第16位"。1995年,烟糖集团被授予中国副食品流通行业十佳企业;1998年,烟糖集团获"上海市优秀企业"称号。

四、子公司和品牌

烟糖集团下属企业有:东方先导糖酒有限公司、捷强公司、第一食品、金枫酒业、南浦食品集团、上海瑞泰投资发展有限公司、上海富尔网络销售有限公司、上海新境界食品贸易有限公司、上海香可食品有限公司、上海聚能食品有限公司、上海蒙牛乳业有限公司、黑龙江齐梅保健食品有限公司等。

烟糖集团及其下属企业拥有一批上海市和中国著名品牌。如枫泾酒厂的特加饭黄酒在20世纪90年代先后获得国家优质产品银质奖、上海市优质产品等称号,"金枫"商标被评为上海市著名商标;金枫牌特加饭系列黄酒连续五次蝉联上海市名牌;2003年,"金枫"系列黄酒、"石库门"上海老酒获得"上海市名牌产品100强"称号;2005年金枫酿酒公司的"金枫""石库门"系列黄酒被评为上海名牌产品;2006年,金枫酿酒公司的"金枫"商标被评为上海市著名商标。2003年,东方先导糖酒有限公司的玉棠牌食糖小包装系列被评为上海市名牌产品。2005年,上海第一食品连锁发展有限公司被评为上海名牌(服务类)。

第二章 集团组建

第一节 光明食品集团重组

一、重组背景

【深化改革】

光明食品集团是在上海国资国企改革不断深化的背景下进行重组的。

2003年8月1日,中共上海市委、市政府决定成立上海市国资委。此后,原来由上海市经济委员会、上海市商业委员会、上海市旅游委员会、上海市农业委员会等管理的诸多企业都由市国资委归口管理,从而为全市大范围的国企整合创造有利条件。

2004年5月20日,上海农工商(集团)有限公司挂牌,实现股权多元化的改革。

在上海国资系统推进规模化整合和股权多元化改革不断深化的大背景下,组建上海最大的食品产业集团——光明食品集团逐渐从幕后走向幕前。

【战略审视】

2006年6月初,中共上海市委、市政府作出重大决策,拟集中光明食品集团、农工商集团、烟糖集团以及锦江集团的食品资产,组建新的光明食品集团。其目的是:

做大做强上海食品产业。上海食品业发展起步早、历史悠久,但资源过于分散、企业难以做强、产业难以做大。因此,集中整合上海食品产业资源,做大做强食品产业,满足消费者与市场需求;

增强企业竞争能力。通过重组、集中资产、聚集资源,进一步增强上海食品产业和食品企业在国内外的竞争能力;

弘扬民族品牌。重组将食品资源向"光明"品牌集聚,不仅对统一"光明"品牌、做大做响"光明"品牌有利,对上海相关的食品企业也是一次发展机遇。

中共上海市委、市政府特别强调,重组光明食品集团的指导思想:一是突出"光明"品牌优势,集成"光明"品牌相关企业的市场、人才、文化等优势,把"光明"做成一流品牌。二是突出产业联动优势,打通从农产品种植(养殖)业到加工、冷冻、保鲜、包装、物流直至销售、服务等环节的食品产业链,为相关产业的联动发展创造条件。三是突出横向协同优势,变同业竞争为一致对外,变分散出击为集中优势,变重复建设为资源共享。

二、方案制定

2006年6月10日,中共上海市委、市政府召开重组光明食品集团动员会,市委副书记王安顺,市委常委、常务副市长冯国勤,副市长胡延照出席会议,王安顺讲话。参加会议的有光明食品集团、农工商集团、烟糖集团、锦江集团有限公司的党政主要负责人。百联集团总裁与农工商集团党委书记、董事长王伟担任重组筹备工作小组副组长。

6月11日,上海市国资委召开重组筹备工作小组会议,学习贯彻市委市政府领导的动员讲话精神,具体研究重组筹备工作。

6月12日,由市国资委副主任王晓元召集市国资委有关处室和四个集团有关人员组成的重组方案准备工作小组开始集中筹备。重组方案的准备工作由市国资委改革重组处牵头负责。

6月13—16日,工作小组形成《光明食品集团重组操作方案(送审稿)》。

7月6日,经中共上海市委同意,中共上海市委办公厅向上海市国资委通知市委常委会会议审议决定的有关事项:会议听取市国资委关于光明食品集团重组工作的汇报并同意汇报内容。会议指出,重组光明食品集团是做大做强上海食品产业、增强企业竞争力、弘扬民族品牌的必然选择,要精心组织实施重组方案,积极稳妥做好工作。这项工作由市委副书记王安顺负责,市委常委、常务副市长冯国勤,市委常委、市委组织部部长姜斯宪,副市长胡延照配合,市委组织部、市国资委及相关部门共同做好落实工作。

三、方案要点

2006年7月12日,上海市国资委根据市委常委会会议精神,形成《关于光明食品集团重组方案》(简称《方案》),明确提出,根据上海国资国企改革的总体部署,经市委常委会会议同意,决定集中光明食品集团、农工商集团、烟糖集团、锦江集团的相关资产,组建新的光明食品集团。

《方案》明确本次重组的框架:首先是光明食品集团增资并更名。锦江集团以所持的上海五丰上食食品有限公司49%权益增资光明食品集团。为便于操作,先以现金增资,再协议收购股份。轻工控股集团所持光明食品集团的权益划转市国资委。有关增资、权益划转完成后,原光明食品集团更名为"上海益民食品一厂(集团)有限公司"。其次是农工商集团增资并更名。大盛公司所持农工商集团32%权益划转市国资委;市国资委以所持烟糖集团权益、拟设立的上海益民食品一厂集团权益增资农工商集团。以上各项完成后,农工商集团更名为"光明食品(集团)有限公司"。

新的光明食品集团资产规模为458亿元,所有者权益为108亿元,销售规模406亿元,利润总额约20亿元,净利润4.7亿元。光明食品集团成立后,重点发展以食品产业链为核心的现代都市产业,包括以种源、生态和观光农业为核心的现代都市农业,以食品和农产品深加工为核心的现代都市工业,以商业流通和食品物流配送为核心的现代服务业。要做响一批有自主知识产权的著名品牌,成为能与跨国公司抗衡的大型食品产业集团。

《方案》明确按照上海市委、市政府的总体要求,新组建的光明食品集团将在2006年8月中旬挂牌。

首先相关企业完成以下内部程序:光明食品集团召开董事会、股东会,对增资、更名、股东变更及公司章程的修订形成书面决议。相关股东单位包括轻工控股集团、文广集团、锦江集团完成各自的内部程序。农工商集团召开董事会、股东会,对增资、更名、股东变更及公司章程的修订形成决议。大盛公司、国资经营公司、申能集团、上海国际、上实集团、久事公司等相关股东单位完成各自的内部程序。新光明食品集团召开股东会首次会议,通过章程,选举董事、监事,聘任企业高管人员。筹备光明食品集团挂牌仪式各项准备工作。

其次完成有关外部程序:履行相关资产划转以及资产、股权变动的审批手续;履行相关企业增资、更名等工商登记变更手续;相关上市公司发布公告。

《方案》明确请求市政府协调解决的若干问题：一、房地产权证税费减免问题。对农工商集团、轻工集团、烟糖集团的原空转注入土地，由新光明食品集团承继并继续享受空转政策；重组过程中涉及房地产权属变更的，按财政部、国家税务总局联合下发的《关于延长企业改制重组若干契税政策执行期限的通知》规定，享受相关税费优惠政策。二、财政政策扶持问题。在国有农场完成政务移交前，继续保留社区经费专项资金；继续享受国有农场所得税一头清缴的政策；对原农工商集团、锦江食品集团有关农业发展、副食品供应财政周转资金借款予以豁免。三、三农政策问题。新光明食品集团下属涉农企业和产业，按属地原则继续享受"三农政策"财政补贴，继续保留每年2 500万元的财政支农专项资金。同时，继续保留"上海市农场管理局"的牌子。加快完成市郊农场政企分开、政务移交的工作。在完成东海农场试点、奉贤区和南汇区区域内国营农场政务移交的基础上，建议当年完成崇明县剥离农场承担的政府和社会职能的工作，加快推进市郊农场政企分开步伐。四、梅林集团的债转股退出问题。由于历史原因，东方资产管理公司持有梅林集团17.22亿元债转股股权，梅林集团拟回购股权。五、资产重组过程中涉及相关企业的工商登记变更问题。

四、方案实施

2006年7月10日，市国资委召开光明食品集团重组专题会议，具体研究三项事宜：企业更名，章程修改，组建成立大会。市国资委产权处、改革重组处、法规处、办公室负责人出席，重组筹备工作小组的王伟、周海鸣等也参加会议。

是日下午，周海鸣主持专题会议，商量原光明食品集团更名为益民食品一厂集团，农工商集团更名为光明食品集团的具体事宜。市国资委产权处和市工商行政管理局企业注册处的负责人以及四个集团有关人员参加会议。

7月11日，市国资委向光明食品集团、农工商集团、烟糖集团、锦江集团发出《关于实施光明食品集团重组方案的通知》，指出：根据上海市国资国企改革的总体部署，经市委常委会会议同意，决定集中光明食品集团、农工商集团、烟糖集团、锦江集团的相关资产，组建新的光明食品集团。组建的具体方案是：光明食品集团增资并更名；农工商集团增资并更名。市国资委要求有关企业集团接此通知后认真实施重组方案，并按有关规定抓紧办理产权划转、工商登记等相关手续。

7月12日，副市长胡延照主持召开组建光明食品集团有关政策措施协调会议，市政府有关部门负责人参加会议，对重组方案中提出的有关政策性问题予以对口落实。

7月14日，上海市工商行政管理局向光明食品集团发出《企业名称变更预先核准通知书》，预先核准光明食品集团申请变更的企业名称为"上海益民食品一厂（集团）有限公司"，注册资本12.81亿元。原企业名称保留期至2007年1月13日，在保留期内，企业名称不得用于经营活动，不得转让。经企业登记机关颁发营业执照后新的企业名称生效。

是日，市国资委召开专题会议，研究四个集团内部程序性工作，宣布成立光明食品集团重组筹备工作推进小组。

7月18日，农工商集团董事会召集股东会临时会议暨光明食品集团新股东会第一次预备会议，董事长王伟主持会议，市国资委副主任王晓元通报有关情况。农工商集团股东会通过《关于公司增加注册资本等重大事项的决议》。新股东会的第一次预备会议印发《光明食品（集团）有限公司章程（草案）》，由各股东单位认真审核、提出意见。

7月20日，筹备工作推进小组召开会议，农工商集团王伟，原光明食品集团周海鸣，烟糖集团吴顺宝,锦江集团顾晓鸣等参加会议。会议决定成立若干工作小组筹备光明食品集团组建大会,由周海鸣牵头负责。

是日,原光明食品集团更名手续办妥,取得上海市工商行政管理局核发的上海益民食品一厂(集团)有限公司营业执照。

7月22日,市国资委经向常务副市长冯国勤请示同意,并经证监会同意,决定本次重组涉及的5家上市公司于7月24日统一发布公告,披露光明食品集团正在重组的信息。

7月24日,市国资委将上海大盛资产有限公司所持有的农工商集团32%国有股权、以经审计的2005年12月31日的净资产值为基准划转到市国资委持有,划转32%国有股权对应的权益为28.92亿元。资产划转后,相应调减上海大盛资产有限公司国家所有者权益28.92亿元。

7月25日,光明食品集团股东会第二次预备会议在农工商集团总部召开。市国资委政策法规处处长王杰主持会议。来自各股东单位的代表讨论《光明食品(集团)有限公司章程(草案)》的修改意见并予总体肯定,同时对一些具体条款和文字提出修改意见。

7月26日,市委组织部与新任光明食品集团领导人选的有关同志集体谈话。

7月27日,国家工商行政管理总局批复核准农工商集团企业名称变更为光明食品集团(行业代码:C3630—食品、饮料、烟草及饲料生产专用设备制造)。同时核准农工商集团名称变更为光明食品集团。

是日,上海市工商行政管理局发出《企业名称备案通知书》,同意备案企业名称:光明食品(集团)有限公司。

7月29日上午,市国资委召开会议,提出根据市有关领导的指示精神,做好提前召开光明食品集团组建成立大会的各项准备工作。

7月31日,市国资委对烟糖集团进行股权变更登记,变动后的烟糖集团出资人为光明食品集团,投资金额3.21亿元,股权比例为100%。

是日,市国资委签署《光明食品集团国有资产变动产权登记表》,农工商集团进行股权变更登记,企业名称由农工商集团变更为光明食品集团;实收资本由25亿元变更为34.3亿元;出资人情况为:市国资委占公司股权总数的50.43%,上海大盛资产有限公司占公司股权总数的20.41%,上海国有资产经营有限公司占公司股权总数的5.832%,申能(集团)有限公司占公司股权总数的5.832%,上海国际集团有限公司占公司股权总数的5.832%,上海上实(集团)有限公司占公司股权总数的5.832%,上海久事公司占公司股权总数的5.832%。

是日,光明食品(集团)有限公司举行首次股东会,市国资委、上海大盛资产有限公司、上海国有资产经营有限公司、申能(集团)有限公司、上海国际集团有限公司、上海上实(集团)有限公司、上海久事公司等7个单位派出股东代表出席会议,会议由出资最多的股东——市国资委召集和主持。会议通过以下决议:

通过《光明食品(集团)有限公司章程》。根据公司章程,公司注册资本为人民币34.3亿元,其中市国资委出资额为17.3亿元,占全部股权的50.43%,上海大盛资产有限公司出资额为7亿元,占全部股权的20.41%,上海国有资产经营有限公司、申能(集团)有限公司、上海国际集团有限公司、上海上实(集团)有限公司、上海久事公司等五家单位出资额各为2亿元,各占全部股权的5.832%。

股东会根据《光明食品(集团)有限公司章程》选举产生光明食品集团董事会成员13人,其中12人为股东会选举产生的非职工代表担任的董事,1人为职工董事。根据股东会选举结果,吴顺宝、汪正纲、沈懋松、郑浩坤、郭平、赵柏礼、钱福昌、曹树民、曹晓风、熊亦桦、邹晶等12人当选为非职工代表担任的董事(其中汪正纲、沈懋松、郑浩坤、郭平、熊亦桦是股东单位委派的代表;钱福昌是国资委委派的代表);1名职工董事待集团职工通过适当的方式民主选举产生后进入董事会。全体董事任期三年,自2006年7月31日至2009年7月30日。

根据《光明食品(集团)有限公司章程》,监事会成员为3人,其中2人为股东会选举产生的非职工代表担任的董事,1人为职工代表。根据股东会选举结果,王洪泉、严明德当选为光明食品(集团)有限公司第一届监事会监事(按姓氏笔画排序);1名职工代表监事待集团职工通过适当的方式民主选举产生后进入监事会。全体监事任期三年,自2006年7月31日至2009年7月30日。

7月31日,上海益民食品一厂(集团)有限公司进行第一次企业产权变更。实收资本合计13.44亿元,其中国家资本11.93亿元、法人资本1.51亿元。国家资本为上海市国有资产监督管理委员会投资金额11.93亿元,股权比例为88.76%;国有法人资本为上海文化广播影视集团投资金额0.88亿元,股权比例为6.54%;锦江国际(集团)有限公司0.63亿元,股权比例为4.70%。

是日,上海益民食品一厂(集团)有限公司进行第二次产权变更。出资人第二次变动情况为:新组建的光明食品集团投资金额11.93亿元,股权比例为88.76%;上海文化广播影视集团投资金额0.88亿元,股权比例为6.54%;锦江国际(集团)有限公司投资金额0.63亿元,股权比例为4.70%。

8月4日,原光明食品集团获得更名为上海益民食品一厂(集团)有限公司的营业执照。注册资本:人民币13.44亿元。

8月7日,农工商集团获得更名为光明食品集团的营业执照。其内容为:名称:光明食品(集团)有限公司;住所:上海市华山路263弄7号;公司类型:有限责任公司(国内合资);注册资本:人民币34.3亿元。

五、机构设立

2006年7月31日,光明食品集团董事会建立,上海市人民政府任命光明食品(集团)有限公司董事长人选,并要求按规定程序办理任职手续。

2006年7月31日,光明食品集团股东会举行首次会议,一致通过关于光明食品(集团)有限公司董事会成员人数、结构、任期和具体人员的决议。

2006年8月1日,光明食品集团董事会举行一届一次会议,决定光明食品(集团)有限公司董事长人选,公司法定代表人。

2006年8月23日,经集团工会提名、集团党委审核,并经光明食品集团工会第六届委员会第四次全体会议无记名投票,周海鸣当选为职工董事。

2006年7月31日,光明食品集团监事会建立,上海市人民政府任命王洪泉为光明食品(集团)有限公司监事会主席,并要求按规定程序办理任职手续。

2006年7月31日,光明食品集团股东会一致通过关于光明食品(集团)有限公司监事会成员人数、结构、任期和具体人员的决议。

2006年8月1日,光明食品集团监事会举行一届一次会议,经股东会选举产生的监事会成员王洪泉、严明德等2人出席。根据选举结果,王洪泉任光明食品(集团)有限公司监事会主席。

2006年8月23日,经集团工会提名,集团党委审核,并经光明食品集团工会第六届委员会第四次全体会议无记名投票,顾勇当选为职工监事。

2006年7月31日,光明食品集团总裁班子建立,上海市人民政府任命曹树民为光明食品(集团)有限公司总裁,并要求按规定程序办理任职手续。

2006年7月31日,上海市国资委党委根据市委组织部的意见,同意葛俊杰、庄国蔚、张永泉为光明食品(集团)有限公司副总裁人选;曹晓风为光明食品(集团)有限公司财务总监人选,并要求按有关规定程序办理任职手续,任职期限由董事会按规定确定。

2006年8月1日,光明食品集团董事会举行一届一次会议并作出决定:根据董事长提名,同意聘任曹树民为光明食品(集团)有限公司总裁。根据总裁提名,同意聘任葛俊杰、庄国蔚、张永泉为光明食品(集团)有限公司副总裁。根据董事长提名,同意聘任曹晓风为光明食品(集团)有限公司财务总监。

2006年7月26日,中共光明食品(集团)有限公司委员会建立,中共上海市委任命中共光明食品(集团)有限公司委员会书记;王洪泉任中共光明食品(集团)有限公司委员会党建督察员;曹树民任中共光明食品(集团)有限公司委员会副书记;顾勇任中共光明食品(集团)有限公司委员会副书记、纪律检查委员会书记;周海鸣任中共光明食品(集团)有限公司委员会副书记。

2006年7月31日,中共上海市国资委委员会决定徐永炘、张大鸣任中共光明食品(集团)有限公司委员会委员。

六、成立大会

2006年8月8日,光明食品集团发布《公告》:原上海农工商(集团)有限公司已增资更名为"光明食品(集团)有限公司",公司注册资本34.3亿元,住所为上海市华山路263弄7号。原上海农工商(集团)有限公司的债权债务以及其他权利义务均由重组后的光明食品(集团)有限公司承继。

通过重组,原光明食品(集团)有限公司已增资并更名为上海益民食品一厂(集团)有限公司,是重组后的光明食品(集团)有限公司的控股子公司。原光明食品(集团)有限公司的债权债务以及其他权利义务均由上海益民食品一厂(集团)有限公司承继。

2006年8月8日,光明食品集团组建成立大会在上海展览中心举行,市委副书记、市长韩正主持会议。市委副书记王安顺,市委常委、秘书长范德官,副市长胡延照出席组建大会。市委常委、组织部部长姜斯宪宣读市委、市政府及市委组织部、市国资委关于组建光明食品(集团)有限公司有关事宜的决定。

第二节 集团法人治理结构和总部机构

光明食品集团2006年8月8日成立后,被确定为上海国资委系统6家董事会建设试点单位之一,集团严格按照法人治理结构的法律法规及上海市委、市政府关于深化国资国企改革的总体思路和市国资委的具体要求,结合光明食品集团自身实际,积极探索、推进整个集团系统法人治理结构的完善和董事会试点工作。

一、股东会

光明食品集团是由上海市国资委、上海大盛资产有限公司、上海国有资产经营有限公司、申能

(集团)有限公司、上海国际集团有限公司、上海上实(集团)有限公司、上海久事公司等七方共同出资设立的有限责任公司。每家股东分别派出一位代表,组成光明食品集团股东会。股东会是光明食品集团的最高权力机构。

光明食品集团股东会首次会议于2006年7月31日举行。首次股东会通过《光明食品(集团)有限公司章程》。

集团股东会在2006年至2010年间,对《光明食品(集团)有限公司章程》进行三次修订,主要涉及董事会、董事会专门委员会调整和监事会人数的增加。

二、董事会

集团董事会成员为13人,其中12人为股东会选举产生的非职工代表担任的董事,1人为职工董事。非职工代表担任的董事职位候选人由各股东推荐,由股东会选举产生或更换。上海市国资委推荐7名董事人选,其中包括董事长人选1名,其他人选6名。

【第一届董事会】

2006年7月31日,首次股东会议选举产生第一届光明食品集团董事会,吴顺宝、汪正纲、沈懋松、郑浩坤、郭平、赵柏礼、钱福昌、曹树民、曹晓风、熊亦桦、邹晶等12人当选为非职工代表担任的董事。

集团第一届董事会第一次会议于2006年8月1日举行。会议经审议、选举和表决,产生光明食品集团董事长,为公司法定代表人。

2006年8月23日,经集团工会提名,集团党委审核,并经光明食品集团工会第六届委员会第四次全体会议无记名投票,周海鸣当选为职工董事。

在第一届董事会任期内,董事主要变动情况为:2008年5月,吴顺宝因退休离任,由光明食品集团副总裁兼烟糖集团董事长、总经理葛俊杰担任光明食品集团董事。

根据中共上海市委组织部和上海市国资委关于增加外部董事、监事的比例,完善董事会结构的有关文件精神,2009年6月,光明食品集团董事会举行临时会议并选举上海市联合律师事务所主任、高级合伙人朱洪超,上海财经大学会计学院院长陈信元担任董事。同时接受葛俊杰、邹晶辞去董事职务。

在第一届光明食品集团董事会任期内,董事会建立四个专门委员会。

2006年12月8日,光明食品集团一届三次董事会决定设立董事会专门委员会,并通过董事会各专门委员会的组成人员方案。一是设立董事会战略和投资委员会,由董事长任主任委员,赵柏礼董事任副主任委员,汪正纲董事及童锐志、唐沛毅、应国强任委员;二是设立董事会预算委员会,由曹树民董事任主任委员,曹晓风董事任副主任委员,沈懋松董事及顾鸿新、钟尚文、朱继根任委员;三是设立董事会人事和薪酬委员会,由郭平董事任主任委员,钱福昌董事任副主任委员,周海鸣董事及张大鸣、芮国庆、邵黎明任委员;四是设立董事会审计委员会,由熊亦桦董事任主任委员,吴顺宝董事任副主任委员,郑浩坤董事、邹晶董事及沈敏惠、陈彦、甘兰新任委员。

董事会设董事会秘书,设立董事会秘书办公室。董事会秘书由董事长提名,董事会聘任。第一届董事会聘任童锐志为董事会秘书。

【第二届董事会】

根据《中华人民共和国公司法》和《光明食品（集团）有限公司章程》的有关规定，集团董事会任期为三年一届。2009年光明食品集团第一届董事会任期届满，2010年1月13日，集团举行股东会第九次会议，选举产生集团第二届董事会、监事会，市国资委党委书记、主任杨国雄出席会议并讲话。会议选举产生第二届董事会成员：朱洪超、陈信元、汪正纲、沈懋松、郑浩坤、郭平、姜鸣、钱福昌、曹树民、曹晓风当选为光明食品集团第二届董事会董事，与职工民主选举产生的公司第二届董事会职工代表董事周海鸣共同组成公司第二届董事会。公司第二届董事会及其董事任期为三年，自2010年1月13日至2013年1月12日。

集团第二届董事会于2010年1月13日举行第一次会议，会议通过选举决定，产生光明食品集团第二届董事会董事长，为公司法定代表人。会议同时决定，按照公司章程的规定，设立董事会专门委员会，并通过董事会各专门委员会的组成人员方案。一是董事会战略和投资委员会，由董事长任主任委员，朱洪超董事任副主任委员，曹树民董事、汪正纲董事任委员；二是董事会提名委员会，由董事长任主任委员，郭平董事任副主任委员，姜鸣董事、钱福昌董事任委员；三是董事会薪酬考核委员会，由郭平董事任主任委员，钱福昌董事任副主任委员，周海鸣董事、陈信元董事、姜鸣董事任委员；四是董事会审计与风险控制委员会，由陈信元董事任主任委员，朱洪超董事任副主任委员，沈懋松董事、曹晓风董事、郑浩坤董事任委员。

在第二届光明食品集团董事会任期内，董事的人事变动情况为：汪正纲董事于2011年1月离任；曹良于2011年1月担任董事和董事会战略和投资委员会委员；钱福昌董事于2011年1月离任；郭平董事于2011年8月离任；裘和鸣于2011年8月担任董事。

鉴于集团董事人事有所变动，2011年8月11日，董事会第二届十八次会议对专门委员会的组成人员进行微调，调整后的董事会专门委员会组成人员情况如下：由董事长任董事会战略和投资委员会主任委员，朱洪超董事任副主任委员，曹树民董事、曹良董事、裘和鸣董事任委员；由董事长任董事会提名委员会主任委员，沈懋松董事任副主任委员，郑浩坤董事、曹良董事任委员；由姜鸣董事任董事会薪酬考核委员会主任委员，陈信元董事任副主任委员，周海鸣董事、沈懋松董事、裘和鸣董事任委员；由陈信元董事任董事会审计与风险控制委员会主任委员，朱洪超董事任副主任委员，姜鸣董事、曹晓风董事、郑浩坤董事任委员。第二届董事会聘任邵黎明为董事会秘书。

【工作制度】

光明食品集团董事会不断完善董事会工作制度。2006年12月召开的光明食品集团一届三次董事会会议，通过《董事会的会议制度及议事规则》和各专门委员会工作制度。董事会其他制度还有：《董事会向股东会和市国资委报告工作制度》《董事会向外部董事提供有关信息制度》《董事会对总裁机构的年度绩效考核管理办法》《董事会对总裁机构组织实施董事会决议进行监督检查的制度》《董事会秘书工作细则》《董事会战略和投资委员会工作制度》《董事会薪酬考核委员会工作制度》《董事会审计与风险控制委员会工作制度》《董事会提名委员会工作制度》《总裁班子薪酬管理办法》《集团子公司高级管理人员薪酬管理办法》《董事会选聘经理班子人员的试行办法》《贷款担保管理制度》《内部审计工作制度》。至2010年12月，公司基本形成由100余项制度构成的比较完整的集团董事会规章制度体系。

《公司章程》是董事会制度建设的纲领。《公司章程》依据《公司法》，对董事会的规范运作作出一系列原则性的规定。《董事会的会议制度及议事规则》是规范董事会运作的基本管理制度，对董事会开会、议事、决策的程序作出明确规定。董事会各专门委员会工作制度,是规范董事会各专门委员会运作的基本管理制度,对各专门委员会的职责、工作方式等作出明确规定。

董事会对董事长的授权决议,明确规定董事会闭会期间,董事长可以代表董事会行使的权力,包括:限额以下的子公司投资项目审定权,限额以下的存量资产处置审批权,限额以下的担保审批权,在公司党委审核把关和集体讨论基础上的子公司层面的人事任免权;公司内部管理机构设置的微调权。同时还规定,在授权范围之上的重大事项,一律提交董事会集体审议决定。

董事会对总裁的授权决议,包括:资金使用审批权,限额以下的子公司投资项目审定权,限额以下的第三层次企业改制和存量资产处置审批权,限额以下的为子公司借款提供担保的审批权,限额以下的合同签署权。

董事会与总裁签订年度绩效考核协议,按照协议进行考核、兑现薪酬和奖惩。

【会议议题】

2006年,董事会召开会议6次,形成书面决议15件(包括通讯表决),对40件重大事项做出决定。

2007年,董事会召开会议6次(一届五次到十次),形成书面决议34件。其中,在会议上形成决议23件,以通讯表决方式形成决议11件;对60件具体事项作出决定。

2008年,董事会召开会议5次(一届十一次到十五次),形成书面决议42件,其中,在会议上形成决议19件,以通讯表决方式形成决议23件;对62件具体事项作出决定。

2009年,董事会召开现场会议5次(一届十六次到一届二十次),形成书面决议53件,其中,以现场会议表决方式形成决议19件,以通讯表决方式形成决议34件;对72件具体事项作出决定。

2010年,董事会召开现场会议11次,形成书面决议66件,其中,以现场会议表决方式形成决议50件,以通讯表决方式形成决议16件;对102件具体事项作出决定。

三、监事会

监事会成员为3人,其中2人为股东会选举产生的由非职工代表担任的董事,1人为职工代表。2006年7月31日,光明食品集团首次股东会议选举产生第一届监事会,王洪泉、严明德当选为光明食品集团第一届监事会监事,1名职工代表监事待公司职工通过适当的方式选举产生后进入监事会。

2006年8月1日,举行第一届监事会,选举王洪泉任光明食品集团监事会主席。

2006年8月22日,经集团工会提名,集团党委审核,并经光明食品集团工会第六届委员会第四次全体会议无记名投票,顾勇当选为职工监事。

2010年7月28日,股东会第十一次会议决议修改《光明食品(集团)有限公司章程》,修改后的公司章程规定,公司监事会由5名成员组成。

光明食品集团第一届监事会的人事变动情况为:2007年9月,严明德监事退休离任。2008年6月,上海市人民政府同意免去王洪泉的光明食品集团监事会主席职务。2009年2月,顾勇监事因工作调动离任。2009年6月,股东会第十一次会议选举上海国有资产经营有限公司战略投资管理部副总经理蔡敬伟担任第一届监事会监事。

2010年1月,光明食品集团股东会选举崔志仁、蔡敬伟为第二届监事会监事。随后召开的监事会会议上,全体监事一致选举崔志仁为光明食品集团监事会主席。

光明食品集团工会于2010年8月11日召开光明食品集团二届一次职工代表大会联席会议,并以无记名投票方式选举集团纪委书记张大鸣以及张永泉为光明食品集团职工监事。

四、集团总裁机构

根据《中华人民共和国公司法》的规定,集团总裁班子由集团董事会聘任。2006年8月1日,光明食品集团举行第一届董事会第一次会议,根据董事长提名,同意聘任曹树民为光明食品集团总裁;根据总裁的提名,董事会同意聘任葛俊杰、庄国蔚、张永泉为光明食品集团副总裁;根据董事长的提名,董事会同意聘任曹晓风为光明食品集团财务总监。根据总裁的提名,董事会同意聘任童锐志为光明食品集团总法律顾问。

根据《公司法》的规定,其下属国资公司的董事会每届任期三年。2010年光明食品集团第一届董事会换届,第二届董事会于2010年7月举行第七次会议,会议通过决议:根据董事长提名、董事会提名委员会讨论,董事会同意曹树民连聘连任光明食品集团总裁。根据总裁提名、董事会提名委员会讨论,董事会同意聘任葛俊杰、庄国蔚为光明食品集团副总裁;根据总裁提名、董事会提名委员会讨论,董事会同意聘任余莉萍为光明食品集团副总裁,张汉强为光明食品集团总裁助理;根据董事长的提名、董事会提名委员会讨论,董事会同意曹晓风连聘连任光明食品集团财务总监。

五、集团总部机构

光明食品集团于2007年1月决定,总部的组织架构在原有9个部室的基础上调整为12个部室和2个群团机构,即办公室、战略研究室(董事办)、法务部、投资管理部、资产经营部、财务审计部(财务总监办公室)、产业发展部、人力资源部(组织部)、公共关系部(宣传部)、监察部(纪委)、社区管理办公室、信访办公室和工会、团委。2008年12月,撤销光明食品集团财务审计部,新建光明食品集团财务部(财务总监办公室)、审计部。2009年1月,撤销光明食品集团社区管理办公室,新建光明食品集团社区综合管理办公室和安全保卫办公室,两个办公室合署办公。8月,集团决定建立光明食品集团财务管理中心。2010年1月,设立光明食品集团董(监)事会办公室,取消原设在战略研究室的董事会秘书办公室。7月,设立光明食品集团董事会办公室和光明食品集团监事会办公室。9月,设立光明食品集团农业发展部。

在确定集团总部机构设置的同时,经过集团人力资源部和有关部门的反复商议,并报请集团总裁班子确定,总部各部室明确职责。

【办公室职责】

负责综合协调工作,督办重大决策的落实;承办、处理办公事务;公文处理、政务信息、档案管理和机要保密;起草有关文件、决议、年度工作计划与总结;对外联络及相关的接待工作;集团总部后勤服务和行政事务管理,总部党委的日常工作。

内设信息中心,研究、拟订集团信息化建设专项规划,协助集团推进该专项规划实施。为集团管理系统提供信息技术的支持,包括统筹对信息技术和信息资源的开发与应用。

【董事会办公室、监事会办公室(合署办公)职责】

负责集团委派的董事、特别是委派到子公司的专职董事、监事的日常管理,并就相关业务进行指导,牵头组织和建立外部(专职)董事、监事工作例会制度,代表集团公司听取外部(专职)董事、监事的报告,研究探讨董事会、监事会建设工作推进过程中的有关问题。与集团人力资源部一起对外部(专职)董事、监事的履职、勤勉和能力进行评价,实行年度考核。

【战略研究室职责】

根据董事会的部署,对全局性战略问题以及深层次、综合性、政策性的问题进行调查研究,为董事会决策提供建议和方案;拟订集团战略规划草案;指导并协调各子公司拟订战略规划;对子公司战略规划进行审核和检查,动态监督、评估子公司战略规划的实施情况;负责产权代表重大事项请示报告事务的管理工作。

内设董事会秘书办公室,协助董事长准备提交董事会和股东会的议案和文件,按照公司章程规定的程序筹备董事会会议和股东会会议;对执行中的问题向董事会报告并提出建议。

【法务部职责】

协助集团正确执行法律法规,对重大经营决策提出法律意见或建议;参与建立和完善集团的规章制度体系;归口管理经济合同,履行对合同风险进行事前法律审查、事中履行监督和事后控制的职责;审核子公司重大的经营合同,对子公司法律事务机构的管理和指导,提供法律咨询与法律服务;调解和处理诉讼、仲裁案件;动态统计诉讼案件并建立案例档案;管理与商标、专利、商业秘密等知识产权和工商登记方面相关的法律事务;办理保护集团知识产权的相关法律工作。

【投资管理部职责】

根据集团发展规划和年度工作计划,组织研究、编制、上报集团中长期投资规划、产业投资目录和年度投资计划,组织落实;负责投资预算和投资计划管理,对执行情况进行评估;调研并设计集团主业投资方案;负责投资管理,研究拟订集团投资管理制度及有关规范和基本流程和实施;加强对投资项目的可行性研究和论证工作的管理;建立和完善投资项目监管制度,全过程监管,组织项目后评价工作管理。

【资产经营部职责】

负责集团改革、改制和资产重组等相关工作;研究拟订集团资本运营和资产经营的规划和行动计划;指导上市公司投资者关系管理;拟订下属企业处置、盘活国有存量资产的管理办法,审核下属资产评估、交易、处置;操作集团非主业资产退出;代表集团对集团系统土地、房屋等不动产资产实行集中管理和运作;完成集团领导交办的其他工作。

【审计部职责】

组织集团所属企业合并、分立、整合、改制、产权转让或受让等项目的资产评估,负责评估机构的统一委托和结果审核;会计核算和统计信息管理;组织集团下属全资或控股子公司的年度审计;集团投资项目审计;下属全资或控股子公司高级管理人员的离任审计,审计年度经营成果,出具审计报告。

【财务部、财务管理中心(合署办公)职责】

财务部：负责集团财务管理和制度建设，监督执行情况；财务分析，指导、监督下属企业财务收支，成本、费用控制；依法计算、缴纳各项税费，编制合并的财务报告；组织编制年度预算，对执行情况跟踪、检查；实施定期决算报告制度，编制决算报告；参与集团重大投资、并购项目等的财务可行性分析，提出专业建议和意见；负责集团系统企业国有资产的基础管理工作，主要包括产权界定、产权登记、资产评估监管、清产核资、资产统计等。

财务管理中心：负责协助集团公司的融资和对成员企业的资金实行专业化管理；对外融资（包括银行授信）的管理工作；对成员企业资金实行相对集中管理，合理有效配置集团资金资源；建立完善的资金风险防范与分析体系，指导集团各成员企业做好本企业资金风险的分析和控制工作，为集团健康快速发展提供保障；对成员企业执行资金预算和担保的日常管理。

内设财务总监办公室：负责集团所委派、推荐的财务总监、总会计师的日常业务管理工作，检查、监督、考核下属公司财务总监；收集、汇总、分析子公司资产运作、财务会计活动的情况，定期向集团总裁和财务总监报告。

【产业发展部职责】

拟订集团产业发展规划和核心业务发展的行动计划并组织实施；收集产业发展信息，提出产业发展的建议与方案，对集团所属企业产业发展的指导、协调和监管；组织农业产业化经营的项目管理；组织以食品加工业为重点的企业跟踪管理；组织以食品流通为特色的市场网络建设与管理；组织集团支撑产业发展的管理；集团品牌建设与市场推广工作；集团科技创新发展规划和行动计划的实施；集团系统标准化体系建设与管理；集团食品安全监督、质量管理、大安全管理；对口政府主管部门的业务管理和政策衔接工作；对农场管理局农业技术服务中心的管理与指导。

【党委组织部、人力资源部(合署办公)职责】

党委组织部：对集团管理权限内干部选任的资格审查和考察；指导基层党组织建设和党员管理；对系统内的统战工作和出国人员政审；负责指导、协调系统内的老干部工作。

人力资源部：研究拟订集团人力资源战略规划和具体的行动计划，制订相关的制度、意见，并组织落实；集团和子公司高级管理人员管理；统筹集团系统人力资源的开发；集团总部的人事、劳动工资管理以及集团系统事业单位的管理工作；指导下属企业建立健全管理人员的选用机制和激励约束机制，建立和完善后备干部人才库；企业养老保险中的政策协调；对下属企业职工工资和计划外用工工资的管理，协调处理职工福利等有关事宜。

内设劳动服务所：本系统离岗人员的事务管理和再就业工作；管理协议保留劳动关系人员的养老、医疗、失业保险和"协保专户"；职业介绍；开展人才交流、择业培训、劳动保障咨询服务；本系统外地劳动力用工服务等。

【党委宣传部、公共关系部(合署办公)职责】

党委宣传部：宣传党的路线、方针、政策，集团发展战略、经济目标和阶段性任务；开展时事政策教育、普法教育，干部政治理论学习；集团精神文明系列创建活动的规划、实施和总结评比；《光明食品报》的编辑、出版、发行，企业门户网站管理；集团思研会和企业文化促进会工作；党报党刊征订。

公共关系部：负责企业文化建设，对集团的形象定位、设计等问题实施战略管理；提出企业文化建设方案，组织实施；集团良好形象传播计划的制订和实施；落实集团系统的新闻发言人制度；监测舆论环境，分析舆情信息；与集团运营有关的同社会公众进行沟通，协调和拓展公共关系；负责集团危机管理工作机制和工作体系的建设，组织开展危机预警（防范）方面的工作。

【纪委、监察部（合署办公）职责】

纪委：开展党的纪律检查工作，协助党委加强党风廉政建设；抓好党性、党风、党纪教育，设立预防体系；查处违纪案件，负责违纪案件的审理；接待、处理纪律检查和党风廉政建设方面的来信来访、举报，接待、处理有关党政组织和党员干部的控告、申诉工作。

监察部：对集团各项制度的遵循情况进行监察；对集团内部控制系统的有效性与执行结果，履行监督、评价职能；对违法、违纪情况实施监督检查，提出监察处理建议；对集团派往控股子公司和参股企业的首席产权代表，以及集团聘任、委派的全资子公司领导干部的遵纪守法情况进行监督、检查、处理。

【社区综合管理办公室、安全保卫办公室（合署办公）职责】

社区综合管理办公室：指导农场社区管理工作，负责与政府有关部门沟通联系，推进农场社区政务移交、属地化的进程；负责农场中小学、幼儿园管理和农场医院、职工医疗保险管理；负责农场社区的民政事务、司法调解等工作；指导、协调社区文化建设、公共卫生、计划生育、综合治理的工作；指导、协调社区公共服务类企业的工作；完成集团领导交办的其他工作。

安全保卫办公室：负责集团安全管理工作中的安全生产、交通安全、消防安全、防汛防台、交通、危险品等产业发展的大安全管理的工作职能和经济保卫的职能。全面负责集团大安全组织体系建设，组织实施安全管理工作以及安全保卫工作。

【信访办公室职责】

负责集团系统职工群众通过来信、来访、来电以及电子邮件等形式反映有关问题的接待、协调、处理；重大信访事项或群体性突发事件的协调处理工作；承办市委、市政府领导及市有关部门转办、交办的有关信访事项，及时上报处理结果；信访干部队伍建设，提高信访干部的理论水平和业务水平；调查研究、综合汇总职工群众来信来访中反映的"热点""难点"问题以及有关政策性问题，提出意见和化解矛盾的对策；负责牵头协调涉及与集团总部相关部（室）职能有关重要信访事项的处理工作。

六、子公司董事会建设试点

光明食品集团在加强母公司法人治理结构工作的同时，按照"战略管控＋财务管控"的原则，建立和完善子公司的法人治理结构，强化子公司内部制衡约束机制，增强子公司内在发展动力，释放子公司经营活力。

从2008年起，集团有3家子公司开展完善法人治理结构、重点加强董事会建设的试点；2009年再增加3家子公司试点。6家子公司为：益民集团、烟糖集团、跃进有限公司、五四公司、农房集团、投资公司。

具体做法是：一、设立完整的法人治理结构。决策层和执行层分开；总结和完善党政主要领导"双向进入、交叉任职"体制；子公司法定代表人的确定方法等。二、推行外部董事制度。集团从2008年开始对子公司委派专职外部董事、监事，到2010年底，已委派7名专职外部董事、4名专职外部监事。在子公司董事会、监事会中，外部董事、监事人数多于内部董事、监事。这些外部董事和监事都是刚刚从子公司党政正职领导岗位上退下来的老同志，既有丰富的实际工作经验，又能站在集团的高度建言献策，参与子公司的重大决策，加强各方面的监督。各子公司积极为外部董事、监事提供信息，邀请其参加重要会议和工作调研，保证外部董事、监事的知情权。

集团推进子公司专职外部董事、监事制度建设呈现五方面的成效：子公司内部人控制的局面有所改观；外部专职董事、监事能够代表出资人的意图，履行职责；董事会决策的科学性、规范性得到加强；帮助子公司有效防范经营风险，防止重大失误；外部董事、监事发挥自身优势，更好地为企业服务。

2008年，集团董事会秘书办公室新增负责集团委派外部（专职）董事日常管理的职能。2010年1月，集团建立合署办公的董事会办公室和监事会办公室，主要负责对集团委派的董事、监事特别是委派到子公司的专职董事、监事的日常管理，并就相关业务进行指导，牵头组织和建立外部（专职）董事、监事工作例会制度，代表集团听取外部（专职）董事、监事的报告，研究探讨董事会、监事会建设工作推进过程中的有关问题。与集团人力资源部共同对外部（专职）董事、监事的履职能力进行评价，实行年度考核。

2008年12月，集团发布《光明食品（集团）有限公司专职外部董事管理办法（试行）》。2009年12月集团发布《光明食品（集团）有限公司专职外部董事年度考核办法》。2010年12月，集团发布《光明食品（集团）有限公司专职外部监事管理办法》《光明食品（集团）有限公司专职外部监事年度考核办法》。这些管理制度和办法使集团外部董事、监事的任用管理工作更加有序规范。集团还要求试点单位设立董事会专门委员会，设董事会秘书。

逐步健全子公司董事会制度体系。主要内容包括：董事会议事规则（决策制度、会议制度）；董事会授权制度；董事会监督检查制度；董事会向股东披露信息以及向股东（大）会报告工作的制度等。

2010年底，在集团所属17家子公司中，已建立董事会、监事会的子公司有12家，每家公司都有集团委派或推荐的专职外部董事、外部监事，有4家还按照上市公司要求设立独立董事。6家试点子公司董事会建立若干专门委员会，设立董事会秘书，有的还设立董事会办公室。

实行产权代表制度。光明食品集团于2007年1月出台《实施首席产权代表请示报告管理办法》。《办法》规定集团派往各子公司的首席产权代表在所在子公司股东（大）会、董事会审议表决规定范围内的重大事项前，必须以个人名义向集团提交书面请示报告，集团提出答复意见，由首席产权代表遵照集团的书面指示，在所在子公司股东（大）会或董事会上发表意见，行使表决权。

2006年，集团受理各子公司首席产权代表重大事项请示和报告60项，2007年受理79项，2008年受理106项，2009年受理52项，2010年受理78项。

子公司首席产权代表重大事项请示、报告制度既保证集团董事会对子公司重大事项决策的有效管控，防止子公司在重大事项决策过程中出现放任自流、先斩后奏的现象，又体现首席产权代表参与决定子公司重大事项的规范性，防止集团包办代替子公司股东（大）会、董事会的决策。各试点子公司还对下属三级公司骨干企业委派产权代表，逐步实现首席产权代表请示、报告制度全覆盖。

2010年5月，光明食品集团发布《关于进一步推进产权代表事务管理工作的通知》。

第三节 集团产业

一、概况

光明食品集团是一家以食品产业为核心业务,集一二三产业为一体,拥有全产业链的大型食品企业集团。在2010年中国企业500强中位列第79位。

集团核心业务主要由现代农业、食品制造业和连锁商贸业组成;支撑业务是房地产业和出租汽车、物流业。

现代农业主要是粮食、奶牛、生猪、水产、蔬果、花卉、饲料等。

食品制造业主要是乳制品、糖、酒、休闲食品和罐头食品。

连锁商贸业拥有农工商超市、好德、可的便利和第一食品公司、光明便利店、捷强超市、爱森肉食品专卖店等各类连锁销售网点4000多家,以及电子商务公司和品牌食品代理企业。

品牌、商标有光明、冠生园、大白兔、梅林、石库门、和酒等6个中国驰名商标和中国名牌产品;玉棠、海丰、爱森、佛手、正广和等30多个上海市著名商标、上海市名牌。

拥有光明乳业、梅林股份、海博股份和金枫酒业4家上市公司。

经营理念是:"民以食为天,我以民为先。"企业愿景和战略目标是:发展成为国内一流的、拥有知名品牌和核心技术、综合集成能力较强、具有国际竞争能力、在全球有一定影响力的食品产业集团。

二、产业分类

现代农业是光明食品集团的核心产业。光明食品集团成立以后,以建设高效生态农业为重点,积极推进农业发展方式转变,建立"从田头到餐桌"的全产业链和质量安全追溯体系,保障食品质量安全,努力发挥大型国有企业集团保障上海市主副食品供应的主力军作用。

光明食品集团下属农场区域面积近100万亩,其中耕地面积45万亩,林地面积12万亩、水产养殖场区域10万多亩。农场主要分布在市郊崇明、奉贤、浦东和江苏大丰、安徽黄山等地。

粮食:2010年集团拥有夏粮面积25.63万亩,秋粮面积32.79万亩,全年粮食产量29.04万吨。全年创建麦子高产方3万亩,创建水稻高产方7.93万亩。经专家实割测产,小麦平均亩产量达到460.5公斤,水稻亩产量超过700公斤。光明大米在上海市小包装米市场份额超过25%。

奶牛:集团奶牛养殖集中在上海牛奶(集团)有限公司和上海光明荷斯坦牧业有限公司。2010年年末拥有奶牛场28家,奶牛存栏5万头,成乳牛平均单产8134公斤,全年鲜奶产量16.5443万吨。集团在上海、内蒙古设立奶牛育种中心,拥有400头荷斯坦种公牛,奶牛育种中心建立全国规模最大的DHI测试系统,奶牛冻精覆盖上海所有奶牛场,销售量占全国市场份额20%,连续5年居全国第一。

生猪:集团生猪养殖主要集中在上海农场、川东农场、爱森肉食品公司。2010年年末拥有生产母猪23万头,生猪存栏数44.5万头,全年饲养量66.5万头,出栏商品猪40.9万头,出售种猪7000头。

水产：集团拥有淡水养殖面积5.1万亩，主要饲养草鱼、鲫鱼、鳊鱼、鲢鱼等常规淡水鱼和河虾、螃蟹。2010年年末集团水产品总产量为2.57万吨。

蔬果：集团蔬菜生产销售主要由五四公司所属都市农商社有限公司承担，常年蔬菜播种面积3万亩。2010年世博会期间，公司日供世博园有机、精品蔬菜10吨以上。公司还实施"以外促内，内外并举"的营销策略，在完成日本、马来西亚、韩国等国蔬菜出口任务的同时，在西郊国际农产品批发中心拥有14个农产品销售摊位，每天提供近百种农产品。

花卉：集团花卉产业主要由东海总公司所属上海鲜花港企业发展有限公司承担。2010年年末，在鲜花港1 500亩核心区域内建成现代化温室540亩，花卉新品展示园和科普休闲区域720亩，花卉新品研发、种苗组培中心3 600平方米。公司通过产学研联盟团队攻关，加紧培育具有自主知识产权的花卉新品种，实现种苗产业化、信息化、标准化生产。形成年组培种苗、种球1亿株，切花1 000万枝，盆花120万盆的生产能力，并做到一年四季都有观赏花和商品花展览、供应，成为一家集花卉产业化生产、现代农业旅游、种苗生产及科研培训为一体的农业产业化国家重点龙头企业。

青饲料：主要品种为青玉米，是奶牛的当家饲料。2010年，集团青饲料种植面积为8.23万亩，比2006年增加5.13万亩；2010年，青饲料总产量为21万吨，比2006年增加11.03万吨。

乳业：依托国内唯一的乳业生物技术国家重点实验室，持续加大科技投入，不断推出拥有自主知识产权的新产品；聚焦重点产品，加强市场营销，2010年，畅优酸奶销售同比增长14.4%、莫斯利安酸奶同比增长250%、优倍鲜奶同比增长60%，光明乳业营业收入首次突破百亿元大关。

糖业：在积极发挥全产业链经营优势，进一步深化全国网络布局的同时，推进上游资源的并购，发挥广西上上糖业和云南英茂糖业等骨干企业的优势，拓展小包装食糖业务，保持糖业产业的持续稳定发展。

酒业：经过对黄酒产品结构的调整，石库门1号、大开福500 ml等中高档营养型黄酒市场销售比重接近60%；进一步优化渠道管理，加强市场网络建设，有序推进市外市场的拓展工作，市外市场销售已占营业收入近两成；实施多酒种发展战略，2009年12月投资控股四川全兴酒业，全兴新品系列白酒于2010年元旦上市。

连锁零售业：农工商超市集团加快拓展新门店的步伐，2010年新开门店300家，同时积极进行业态创新，开办上海市首家红利会员店，并积极开拓电子商务业务，做强做大多元化业态。2010年营业收入达130亿元。第一食品连锁公司加快由传统的食品零售专业店向现代食品零售专业连锁的转变，2010年新开门店3家，门店总数达到9家，并走出上海，在南京、泰州开设门店，让长三角的消费者在当地也能买到来自上海的品牌食品。

品牌代理业：上海南浦食品（集团）有限公司根据宏观环境和市场需求的变化，积极调整代理品牌结构；上海捷强烟草糖酒（集团）有限公司积极聚焦酒类代理，加强市场拓展和布局。

综合食品业：积极开展产品结构调整，开发新产品，提升产品附加值；拓展营销思路，推进网上商铺、电话购物、品牌专卖新渠道销售。

房地产业：房地产业以农工商房地产有限公司为骨干企业，面对宏观调控的经济形势，积极顺应市场变化，重点布局二、三线城市，推进商业地产转型，建立广泛的战略联盟。2010年营业收入58.08亿元，利润总额17.71亿元。

出租车业：海博股份出租车业加强出租车的并购扩容和企业内部管理。2010年海博股份利润总额2.92亿元。拥有载客汽车9 374辆，客位60 593个。

第四节　集团直属单位

一、上海益民食品一厂(集团)有限公司

上海益民食品一厂(集团)有限公司(简称"益民集团")是光明食品集团的子公司。其注册资本中光明食品集团占88.76%；上海文化广播影视集团占6.54%；锦江国际(集团)有限公司占4.70%。2008年7月、2010年10月，股东锦江国际(集团)有限公司和上海文化广播影视集团先后退出，益民集团成为光明食品集团的全资企业。2006年，集团从业人数1.82万人，其中在职职工1.08万人；2010年，从业人数1.088万人，其中在职职工7153人。2010年，集团实现合并主营业务收入64.1亿元，利润总额2.06亿元，归属母公司净利润1.37亿元，分别比2006年增长45.02%、92.52%、433.27%，效益增长大于规模增长。集团形成食品加工和制造、食品服务和贸易、非食品投资等三大板块；冷饮冷冻食品、罐头菜肴、饮用水饮料、糖果蜂蜜、黄酒药酒、肉类加工六大主业。

益民集团坚持"打造以中国市场为根基，以中西合璧为产品和经营特色，为顾客、员工和股东创造卓越价值，国内一流，国际知名，具有全球竞争力的综合性食品企业"的愿景目标，进一步推动主业有速度、有质量、有效益的和谐发展，进一步加快集团企业结构、资源结构的调整优化；进一步探索和完善规范的管控体系。

集团成立以后加快结构调整步伐。2007年，完成食品进出口公司17亿元债务清偿协议及烟草集团持有的冠生园集团55%股权，上海华光酿酒有限公司转让给糖酒集团，上海食品进出口有限公司下属申宏冷藏公司转让给海博股份有限公司。2007年，集团收购上海一只鼎食品有限公司。2008年，梅林股份收购重庆今普食品有限公司。

2006—2010年，集团通过关停并转等举措，改制33家企业，注销和退出44家企业，对41家四级及以下企业进行注销和调整，大大压缩企业管理层级。

集团于2010年提出《光明食品(集团)有限公司2010—2012年发展规划》，力求在资源联动、兼并收购、存量资产盘活和内部管控等四方面实现新的突破，用三年时间实现主营业务收入和净利润翻番的目标，力争成为光明食品集团的第六大核心产业。

集团重视新品研发和食品安全管理，2006—2010年期间，品牌食品年更新率保持在30%以上，申请专利256项，其中发明专利19项；投资36个项目，计12.2亿元。2006年7月，集团出台《关于加强技术创新的指导性意见》；2007年制定并实施《关于建立工程技术人员激励机制的若干意见》《产品质量安全管理办法》《食品质量应急预案》等制度，开展食品安全巡回演讲活动。

集团倡导科学规范管理，不断提升企业管理的科学化、规范化水平。先后建立并完善法人治理实施方案、董事会议事规则及专业委员会工作制度、投资管理制度、贷款担保管理暂行办法等一系列制度和办法。2008年修订《经营者绩效考核办法》。2009年建立产权代表联系人网络，进一步落实《集团产权代表请示和报告制度》。

集团建立初始，提出"诚信规范，开拓创新，凝聚众力，追求卓越"的企业文化理念，通过举办为期半年的集团首届职工文化艺术节和系列论坛，统一思想，凝聚人心，传播文化理念。集团围绕"光明"品牌诞生55周年，推出"说事、造势、兴市"三大系列活动。举办"光明照耀55周年"大型爱心慈善晚会，职工捐款18万元，员工捐书2.54万册，向云南贫困山区小学捐赠36个"光明书库"。

2006年4月20日，老厂长江泽民重回益民食品一厂，前往奉贤厂区视察。2007年8月29日，

市委书记习近平视察益民食品一厂奉贤厂区。2008年3月12日,组建由市委常委、市委秘书长丁薛祥为组长的上海益民食品一厂历史展示馆项目领导小组,2009年4月完成布展,2009年7月1日对外开放。2009年10月,益民食品一厂历史展示馆成为上海市爱国主义教育基地。

2010年3月19日,江泽民到上海益民食品一厂历史展示馆视察,勉励集团和企业领导"要再接再厉,把光明食品产业发扬光大!"

集团不断深化凝聚力工程,每两年举办一届职工文化(艺术、体育)节。与上海交警总队、东海舰队南通511舰建立军民共建关系。2008年集团有2.24万人次为四川汶川特大地震灾区捐款;1 334位党员上缴31.15万元的"特殊党费"。2010年,集团被评为"2010年度全国轻工业企业信息化先进单位"。

集团拥有"光明牌""梅林""正广和""冠生园""大白兔""96858"等品牌,其中冠生园、大白兔为中国驰名商标。大白兔奶糖、冠生园和酒、正广和饮用水、光明牌冷饮成功申报国家免检产品;光明牌、冠生园、大白兔、正广和、梅林、生、和酒、华佗、佛手等是上海市著名商标。2010年,冠生园集团成为"中国2010年上海世博会糖果项目赞助商"。

集团在国内拥有2 000余家销售网点,在国际市场上同160多个国家和地区建有稳定的贸易关系。与可口可乐、达能、英联、皇冠等跨国公司进行合资合作。

集团下属子公司:上海益民食品一厂有限公司、上海冠生园(集团)有限公司、上海梅林正广和股份有限公司、上海正广和网上购物有限公司、上海市食品进出口公司、上海轻工对外经济技术合作有限公司、上海轻工置业有限公司、上海梅林正广和(集团)有限公司、上海一只鼎食品有限公司、上海仟果企业管理有限公司。

集团投资参股公司:上海大金空调有限公司、申美饮料食品有限公司、上海协和氨基酸有限公司、上海达能饼干食品有限公司、上海双立人亨克斯有限公司、上海双立人亨克斯厨具有限公司。

二、上海市糖业烟酒(集团)有限公司

光明食品集团组建后,上海市糖业烟酒(集团)有限公司(简称"烟糖集团")确定"做光明食品集团发展的领先者、创新者、承担者、贡献者"的角色定位和产业定位,制定糖业、黄酒、品牌代理三大主业的发展计划,进一步明确产业目标与战略举措。

烟糖集团主要通过东方先导糖酒公司加强资源控制,推进糖业产业发展。2006年,收购组建海南东方糖业有限公司,按期完成日榨蔗3 500吨的改扩建工程,产糖超过2万吨;2009年,收购海南白沙糖厂,增加产能5万吨;2009年8月,出资8.28亿元,收购中国十大食糖生产企业之一的云南英茂糖业60%股权,新增食糖资源45万吨,这是烟糖集团规模最大的并购项目。2010年,英茂糖业、广西上上、海南白沙和海南东方种植甘蔗123万亩,榨蔗量480万吨,实现产糖64万吨。

烟糖集团加快网络布局,发挥网络市场调研、信息收集功能,加强终端客户和大型客户开发,探索以"集中订货、分散配送"为特点的销售、服务方式,不断增强终端销售渗透力。2006—2010年,在湖北、广东、河北、山西、吉林、甘肃等省设立销售公司,食糖销售网络覆盖全国16个省市。东方先导公司发挥产业链的整体优势,利用批发交易市场和期货交易市场,通过远期合约套期保值,2010年期货购入食糖20.3万吨,销售15.3万吨。

在实施黄酒产业发展战略上,烟糖集团2008年下半年整体收购上海冠生园华光酿酒药业有限公司,对"和酒"品牌与资产进行整合,上市公司更名为"金枫酒业"。按照"品牌+科技+创新"的黄

酒经营方式,实施"双品牌"战略,确立"石库门"与"和酒"差异化的品牌定位,"和酒"主攻市外市场。完成10万吨黄酒技术改造项目(一期)建设,在国内率先实现全年酿造、自动灌装、大罐存储、电脑监控,成为国家"863"项目的参与者之一。强化系统管理,建立生产制造与市场渠道管理体系,专门成立销售分公司,加强市场广告、宣传、策划,在全国16个省级城市建立经销网络。不断研发新酒种,开发核心品牌石库门的升级产品——石库门1号,发酵梅酒等产品开始进入美国等市场。建成国内单体最大、技术先进的黄酒基地,年生产能力超过12万吨,销售量、利润额、人均创利名列全国黄酒行业第一,占据上海黄酒市场60%以上份额。2010年,实现黄酒销量9.5万吨,其中"石库门""和酒"销量近2万吨。"石库门"被认定为中国驰名商标,"和酒"被评为中国名牌产品。金枫黄酒传统手工酿酒技艺被上海市政府认定为非物质文化遗产。金枫酒业作为2010年上海世博会黄酒行业项目唯一赞助商和特许产品供应商。

在品牌代理上,烟糖集团重点做好进口洋酒品牌代理,代理品牌数量达到50个,雀巢、马爹利、轩尼诗等代理品牌销售量排名全国第一。建立5.5万家终端网络和稳固高效的物流体系,进一步巩固国内食品品牌代理业的领头羊地位。围绕"进口食品、酒类以及国内中高档食品"的发展定位,OEM经营模式逐步成型,不断做大名牌白酒代理业务。烟糖集团所属南浦、捷强、聚能、新境界2010年品牌代理合并销售收入超过90亿元。

烟糖集团以第一食品连锁、捷强烟酒专卖店连锁为主体,重点构建以终端通路为核心的市内直销网络,做强特色食品专业零售。第一食品连锁按照专业、特色食品零售大店定位,构建城市中心店、商业副中心店、社区店的差异化连锁商业模式,2010年,开设17家连锁店。捷强超市按照烟酒专业连锁的发展定位,完成传统超市调整、改造、转型工作,树立捷强"joymax"烟酒专卖品牌形象。2010年,捷强"joymax"烟酒专业连锁直营店规模达到154家,分布在上海各大商业区和中高档社区。烟糖集团2008年7月11日在香港设立光明控股(香港)有限公司,为收购兼并海外食品企业、拓展海外食品市场创造条件。

烟糖集团从2006年起承办光明食品节,用最佳商铺地段、最佳消费时段、最佳商品柜台,整体宣传光明食品集团企业形象和自有品牌,向光明食品集团其他企业全面开放网络渠道。2010年世博会期间,烟糖集团抓住世博机遇,实现销售1.57亿元。金枫酒业出品的石库门世博珍藏(黄酒)获"世博特许产品创新奖",第一食品连锁和捷强连锁被评为"优秀特许零售商"。30多个集体,60多位个人获得市委市府、上海世博局、政府相关部门及光明食品集团的表彰奖励。

烟糖集团不断完善科技创新体系,加强四个研发中心建设:一是金枫技术中心自主研发国内首条坛装酒自动清洗灌装流水线,机械化水平大幅提高,节省劳动力50%。围绕酿造技术、工艺改良、产品开发、菌种选育、节能减排等科研项目进行开发研究,并参与黄酒国家标准的修订,金枫酒厂技术中心成为上海市级黄酒技术中心。二是糖业技术中心以提高出糖率与产品质量为目标,重点抓好农务与生产两大环节。广西上上糖厂引进甘蔗良种,甘蔗亩产达到4.8吨,高于广西平均水平23%,2008/2009榨季出糖率比上榨季提高0.8个百分点,一级白砂糖比重比上榨季提高18个百分点。三是产业与战略研究中心积极寻找产业投资项目,参与集团重大并购,并开展糖业、黄酒业产业对标工作,初步构建市场化的对标工作体系,为主业发展提供支撑。四是茶叶检测中心提高对茶叶质量、安全的管控能力,确保茶叶品牌质量。烟糖集团注重科技要素在商业模式转型中的重要作用,其创新成果被中国商业联合会认定为"中国商业服务业改革开放30年功勋企业"。2008年,烟糖集团科技投入资金约2 000万元,比上年增长44%。

2010年,烟糖集团销售收入215.28亿元,利润总额8.99亿元,净利润3.3亿元,总资产204.92

亿元,国有净资产 56.63 亿元。职工人数为 4 721 人。

2006 年,烟糖集团开展以"业绩、创新、包容、创业"为主要内容的光明文化大讨论,进一步提炼和拓展烟糖文化,完善和修订企业文化手册、员工手册,丰富完善以"和搏奋进、志在超越"企业精神为核心的"和·搏"文化体系。重视民生工作及社会公益事业,关爱职工、关注困难群体,体现烟糖的和谐文化,促进和谐企业的建设。

2008 年,四川汶川地震发生后,烟糖集团向四川赈灾捐款 400 万元,为筹建四川都江堰市光明团结小学募集善款 70.7 万元,书籍 3 964 册,衣被 1.5 万件,参加捐献达到 1.6 万人次,参加率达到 100%。2010 年青海玉树地震发生后,烟糖集团职工捐款 16.09 万元。云南盈江地震发生后,烟糖集团捐款 80 万元,工会捐款 20 万元,职工捐款 23.35 万元。

烟糖集团 2008 年被评为"中国副食品流通行业十佳企业",2009 年被评为"上海市优秀企业",2010 年被评为"上海市和谐商业企业"。

烟糖集团下属企业有:东方先导糖酒有限公司、云南英茂糖业有限公司、上海金枫酒业股份有限公司、四川全兴酒业有限公司、南浦食品(集团)有限公司、上海市新境界食品贸易有限公司、上海市聚能食品原料销售有限公司、上海市蒙牛乳业有限公司、上海第一食品连锁发展有限公司、上海捷强烟草糖酒(集团)有限公司、光明控股(香港)有限公司、澳大利亚 Manassen Foods、上海天阳食品有限公司、上海茶叶有限公司、上海富尔网络销售有限公司、上海第一食品投资管理有限公司。

三、上海跃进有限公司

上海跃进有限公司(简称"跃进有限公司")前身是上海市新安沙农场,组建成立于 1963 年。1966 年更名为上海市跃进农场,1996 年更名为上海农工商跃进总公司,1998 年更名为上海农工商集团跃进有限公司。2003—2004 年,上海农工商集团先后将原跃进有限公司、新海总公司、红星总公司和长征总公司合并组建成新的上海农工商集团跃进有限公司。2007 年 8 月,上海农工商集团跃进有限公司更名为光明食品集团上海跃进有限公司,2008 年被列为光明食品集团完善法人治理结构试点单位之一,公司设立董事会、监事会和总经理班子。

跃进有限公司地处崇明岛西北端,地域面积 107 平方公里,其中耕地面积 8 万亩,水域面积 1 万亩。2006 年底,职工在册人数为 4 934 人,其中在岗职工 977 人;2010 年底,职工在册人数为 3 140 人,其中在岗职工 976 人。

2006 年,公司营业收入 4.04 亿元,利润总额 1.7 亿元,净利润 9 679 万元;2010 年营业收入 4.82 亿元,利润总额 1.37 亿元,净利润 1.09 亿元。

跃进有限公司以高效生态新型农业为核心业务,优质、高产、高效的粮食生产为特色,粮食种源基地建设为重点,通过对产业结构的调整,构建以现代农业为核心,医药制造业、防伪材料业和都市服务业为支撑的发展模式。

公司的主营业务为现代农业,主要种植水稻、麦子,兼营果林、蔬菜、水产养殖等。做大粮食经营规模、做强粮食种源列为公司的重点发展目标,粮食种植水平在上海市郊长期保持领先,2010 年,大小麦总产为 1 698 万公斤,平均亩产 461 公斤。水稻总产为 3 657.3 万公斤,平均亩产 621 公斤。2009 年跃进现代农业有限公司被评为"上海市现代农业产业化龙头企业"。公司从 2008 年开始将原新海果园改造成为"瑞华果园",并对外开放。

作为公司支撑业务骨干企业的上海宏盾防伪材料有限公司,自主研发二代身份证防伪产品,其DOVF技术和OMID高分辨率技术具有独特性和不可模仿性,先后获得国家科技进步奖二等奖、上海市高新技术转化项目以及上海市科委火炬项目,并通过国家科技部中小企业技术创新基金项目验收。2006—2010年,宏盾防伪材料有限公司生产国家居民身份证防伪膜10.6亿枚。达华药业有限公司生产的左炔诺孕酮硅胶棒,是国家计生委定点生产的女用避孕药具并进入国际市场。2006—2010年,达华药业有限公司生产避孕埋植剂272万套。跃进有限公司2010年工业营收和净利润分别占公司营收、净利润总额的16.8%和20.08%。

跃进有限公司第三产业主要从事房地产开发、酒店服务、工程建筑和物业管理。2006—2010年,公司所属飘鹰实业发展公司在上海市区成功开发"飘鹰世纪大厦"和宝山"锦和花园"住宅项目,房产建筑面积为26.5万平方米。飘鹰实业发展公司在市区有自主经营的商务楼,两家三星级宾馆(飘鹰大酒店、新港大酒店)。公司所属长征农工商浦东分公司是专业从事物业出租和管理的企业,自有商业用房1.8万平方米。跃进有限公司2010年都市服务业营收和净利润分别占公司营收、净利润总额的24.23%和64%。

跃进有限公司于2010年3月注册"自然之子"品牌,当年被上海市名牌推荐委员会评为"上海市名牌产品";"自然之子"银香18大米在2009年、2010年两次获得上海市优质稻米评比银奖。

公司不断深化商业模式转型,推进资源整合,2007年对所属两个农业公司(上海市瑞华实业公司和上海跃进农业管理总站)进行整合归并,建立上海跃进现代农业有限公司和上海市瑞华实业公司,专业从事稻麦种植、良种繁育和果林、水产养殖生产。

公司大力推进农业科技研发生产,组织召开麦子高产研讨会和果林发展论证会,开展国家农业部和市农委组织的万亩水稻、麦子高产片创建活动,取得水稻和麦子大面积高产经验。与南京农业大学等高等院校和科研单位进行水稻香型、抗品性选育技术交流。与上海农科院联合建立"上海跃进稻麦良种繁育中心""上海跃进生态果树研发中心"。"水稻高产高新技术集成创新示范工程",获2010年上海市科技进步奖二等奖。引进一批农业机械装备和农业实验设备,对仓库、打场、机库等进行较大规模的改造,完成6.3万亩设施粮田改造和国家农业综合开发土地治理项目,建立粮食加工中心和有机肥料厂。

在网络和品牌建设方面,公司组建市场营销部,在上海市区和西郊国际农产品中心设立"自然之子"专卖店,扩大大米在大型超市、配送中心的销售。公司组建上海跃兴旺贸易有限公司,拓展国内粮食营销市场。组织"自然之子跃进行——万名市民看光明现代农业"旅游活动,2万名市民参观游览。公司在黑龙江富锦市等地建立优质水稻生产基地,探索"公司+基地"的发展模式。

公司注重企业文化建设,把"创造绿色,营造和谐,追求企业与员工共同发展"作为企业宗旨;"着力建设成为光明食品产业链中绿色、经济高效、环境和谐、具有生态型现代农业品牌效应的示范基地"作为企业愿景;"以人为本、诚实守信、和谐共赢、奉献社会"作为企业核心价值观;"跃而不止、进则思新"作为企业精神。公司制定统一的视觉识别系统,把"跃进"汉语拼音第一个字母"YJ"设计为企业标识,底色为绿色,寓意企业的核心板块为农业,作为有机产品的标志色彩。公司制订《员工手册》,对全体员工进行培训。

2008年,在四川发生汶川大地震后,公司为筹建四川省都江堰市光明团结小学捐款300万元。

2007年和2008年公司被市委、市政府、上海警备区评为"拥军优属先进单位";2008年被中国农林水利工会全国委员会授予"全国农林水利产(行)业劳动奖状",万亩高产创建示范片获"上海市2008年度水稻高产创建评比"一等奖;2009年公司被评为"上海市花园企业"。

公司下属企业：上海跃进现代农业有限公司、上海市瑞华实业公司、上海宏盾防伪材料有限公司、上海达华药业有限公司、上海农工商工业发展公司、上海飘鹰实业发展公司、上海长征总公司浦东分公司、上海雅苑物业管理有限公司、跃进有限公司人员管理中心、上海跃进有机肥料有限公司等。

四、上海长江总公司

上海长江总公司是光明食品集团的全资子公司，前身是上海市农垦局所属百万沙农场，成立于1963年。1972年1月更名为长江农场。1996年1月更名为上海农工商集团长江总公司。2003—2004年，上海农工商集团将前进总公司、东风总公司、东旺公司及向明总公司并入长江总公司，组建成新的长江总公司。2006年8月，光明食品集团组建成立，上海农工商集团长江总公司更名为光明食品集团上海长江总公司（简称"长江总公司"）。

长江总公司地处上海崇明，公司总部设在原前进农场场部。公司地域面积119.8平方公里，横贯崇明北片东部和中部，北拱前卫村与北湖，东抵崇明东滩，南邻崇明新城。其中耕地面积7.95万亩，林地面积1.8万亩，水域面积9 000亩。

2006年年底，长江总公司所属企业有42家，其中持续经营企业33家。在册职工7 234人，其中在岗职工2 244人，离岗职工4 990人。

2010年底，长江总公司所属企业有39家，总资产29.64亿元，主营收入21.07亿元，净利润6 383万元。在册职工4 655人，其中在岗职工1 954人，离岗职工2 701人。其他从业人员有1 654人。

长江总公司坚持"以高效生态现代农业建设为核心，以培育'小巨人'企业、科技兴企、品牌建设、提升员工素质和强化内部管理为抓手，促进企业又好又快发展"的总体发展思路，基本形成高效生态现代农业和以汽车仪表、家禽食品深加工、机械制造为主的都市工业产业格局，成为以高效生态现代农业为核心、都市工业为支撑的综合型企业。

长江总公司2010年稻麦总产达5.02万吨，其中水稻亩产620公斤；造林600亩，林地总面积1.8万亩；生猪上市量2.5万头，年末圈存1.58万头；生产水产品4 684吨，其中鱼4 301吨，虾365吨。

长江总公司在实践"公司+农户""公司+基地"产业化模式方面成效显著。下属上海万事发实业总公司以基地为核心，通过"订单收购"、结成"利益共享、风险共担"的利益共同体的方式，先后与崇明北湖基地、港沿惠军村、竖新仙桥村、新河民生村签订基地合作共建协议；在黑龙江农垦局建三江分局和江西省万载县茭湖乡建立两个"瀛丰五斗"有机米域外生产基地。2010年，万事发公司积极争取支农惠农政策，从农业发展资金、科技兴农资金、种粮直补资金、财政支农资金等多渠道争取到近4 000余万元，为农业经济的稳步增长提供强有力的支撑；米业公司通过强化"做响品牌、做大市场、做深通路、做强企业"的企业经营理念，联手崇明土特产真光店、"360宅"团购商城、淘宝商城等商家所举办的紫花仙子香粳米系列品牌促销活动，使大米销售突破2万吨，销售额近亿元，比上年增长72.57%；大瀛公司实现销售收入5 822万元，比上年增加1 738万元，增长42.56%，完成年预算的138.62%。

上海万事发实业总公司是长江总公司全资下属企业，2006年被农业部列为"农产品无公害示范基地农场"。公司总资产1.05亿元，拥有耕地7.95万亩，其中有机大米种植基地7 000亩。公司以种植水稻、大豆、麦子、绿肥为主，一年两熟，全年粮食总产5万吨左右，年销售额过亿元，经营利润2 500万元左右。

2006—2010年，全场累计投资3 135.8万元，购置一大批大中型、多功能复式联合作业种植机械，使长江总公司农机总动力增至24 500千瓦，农业生产综合机械化程度提高到93%以上。2009年率先全面推广水稻种植机直播；2010年，全面实现农作物全量秸秆还田。在市农委命名长江总公司为"上海农业委员会科技兴农基地"的两年时间里，长江总公司成功完成市农委下达的"精准农业技术在长江农场的集成与应用、水稻精量直播机及配套栽培技术的示范推广"等6个科技兴农项目，为上海地区粮食生产保持高产稳产发挥示范作用。

2008年，长江总公司累计完成设施粮田建设4.8万亩；2009年，再建1.68万亩；2010年，又建1.32万亩。2010年，完成4 400亩标准化鱼塘改造任务，实施3个标准化养猪场的改造任务。现代农业技术研究中心和农机综合服务中心项目于2010年9月底投入使用。2010年，公司成功举办丰收节，连续两年与华联超市合作举办"大瀛"玉米节，使休闲旅游农业得到快速发展。

长江总公司的工业主要涉及电子仪表、塑料制品、工业轴承、筛网滤器等。上海德科电子仪表有限公司是国家经贸委、原机械工业部确定的汽车仪表定点生产骨干企业、国家二级企业、上海市高新技术企业、上海市外商投资先进技术企业，也是全国汽车零部件行业首家通过QS9000、VDA6.1质量管理体系认证、ISO14001环境管理体系认证的汽车仪表生产企业。2009年公司已具备年产各种轿车仪表200万套及其他电子产品数百万套的生产能力和质量保障能力。2010年，德科电子仪表公司生产组合仪表销售80万套，空调控制器销售48.2万套，数字钟销售39.7万套。2006年以后，上海德科根据中国汽车制造业发展的新形势，借助区域经济的比较优势、成本优势、技术优势，深入国内广大的内陆腹地建立新的生产基地，注入先进的产品技术、严格的企业管理和领先的思想观念，形成企业新的增长点，已在重庆、吉林四平、山东烟台等地建立9家控股公司和生产基地。

长江总公司旗下的上海向明轴承有限公司是国内最大的汽车水泵轴承制造商。主要研发设计生产制造各类汽车水泵轴承、汽车风扇支架轴承和精密机床"NN"系列主轴轴承。2009年企业总产值过亿元，销售收入达到8 000万元。2010年，向明轴承厂生产轴承541.27万套，同比增幅31.9%，销售各种轴承520.25万套，同比增幅24.22%。2010年实现农业总产值3.03亿元，工业总产值1.05亿元。每年约有300多万套水泵轴承出口至美国、韩国、英国、西班牙等国家和地区。企业生产制造的汽车水泵轴连轴承被推荐为"上海市品牌产品"，一个型号的汽车水泵轴连轴承被认定为"国家专利产品"。

上海盾牌筛网滤器合作公司是长江总公司下属股份制企业。公司前身是上海前哨矿筛厂，已有30余年研发制造各类筛机和筛网历史。1997年注册的"盾牌"商标成为全国筛网首选品牌，公司生产的各类筛网畅销国内20多个省（自治区、市）广泛用于冶金、矿山、化工、石料、筑路等行业，大量替代进口产品，占全国筛网销售总量的75%。

长江总公司第三产业及现代服务业主要是经济开发、房地产、资产管理和养老院等。上海集林经济开发有限公司是一家集多种经济成分并存的综合性经济开发园区，截至2009年年底，已有781家企业落户经济园区，2007—2009年，三年间缴税增幅达50%。上海新腾飞房地产经营公司是集房产、建筑、物业管理为一体的企业，2010年主营业务收入9 217万元，实现净利润240万元。上海东风芷江养老院是上海市社会福利行业协会首批A级达标示范单位，也是全国老龄委颁发的"养老服务放心机构十佳单位"。

企业文化：历经几代人的艰苦创业，长江总公司形成"不择细流、浩荡千里"的企业精神；"企业诚信、员工忠诚"的企业道德；"诚心待客户、真心为员工、一心谋发展"的企业宗旨以及"诚信敬业、企业发展、员工进步、回报社会"的企业价值观。公司的愿景是：把长江总公司建设成为引领现代农业的融绿色、集约、和谐为一体的生态型企业。长江总公司的标志是由变型的"C"和"J"的结合，外延的方型结构代表着广袤的土地，内核是将"长江"这两个汉语拼音的第一个字母演化为一艘在蓝天碧海中乘风破浪、勇往直前的帆船，突出长江现代农业的天然、有机、循环和无公害，给人以健康、安全和卫生的遐想。

公益事业：公司在四川汶川、青海玉树地震后，累计向灾区捐款92万元。公司各企业广泛开展乡企共建、拥军优属、扶贫帮困、青年志愿者活动，积极履行社会责任。

主要品牌：长江总公司粮食生产拥有"瀛丰五斗""露珠""瀛丰""大瀛""果立方"等著名农产品品牌，其中"大瀛""瀛丰五斗"是上海市著名商标和名牌产品。"瀛丰五斗"牌有机米拥有国内首张有机食品"身份证"，并于2007年通过中国、日本、美国、OCIA的有机认证以及欧盟的等同认证；2008年12月被评为"上海名牌产品"，2009年1月被认定为上海市著名商标。

上海德科电子仪表有限公司"SDE"商标被认定为上海市著名商标，汽车组合仪表被评为上海市名牌产品。公司连续十多年被上海市政府评为花园单位和上海市文明单位。上海盾牌筛网滤器合作公司获得产品自营出口权，成为国内筛网行业首家通过ISO14315国际质量认证的企业，2010年"盾"牌防堵孔筛网获得国家专利权，被认定为上海市著名商标。

获得荣誉：2007年9月，总公司被市委、市政府、上海警备区评为"拥军优属先进单位"；2009年12月，总公司被上海市第二次经济普查领导小组评为"先进集体"。

公司下属单位：上海万事发实业总公司、上海德科电子仪表有限公司、上海大瀛食品有限公司、上海长江园艺有限公司、上海向明轴承有限公司、上海盾牌筛网滤器合作公司、上海东旺塑料制品厂、上海中建水泥制品有限公司、上海金轮锁业有限公司、上海中油农工商石油销售有限公司、上海新腾飞房地产经营有限公司、上海集林经济开发有限公司、上海东风芷江养老院、长江资产管理中心、长江人员管理中心。

五、上海五四有限公司

上海五四有限公司原为上海市五四农场，前身是奉贤农场，创建于1954年。曾更名为奉贤机械农场、海滨农场。1963年，上海农垦局将其定名为上海市五四农场。1996年，更名为上海农工商集团五四总公司。2001年7月至2003年5月间，上海农工商集团先后将地处奉贤区境内的星火总公司、燎原总公司和五四总公司归并整合，组建成立新的上海农工商集团五四总公司。2007年7月，更名为光明食品集团上海五四总公司。2008年12月，光明食品集团将其持有的上海都市农商社有限公司整体资产无偿划转给五四总公司。2009年4月，光明食品集团上海五四总公司改制为上海五四有限公司（简称"五四公司"）。

五四公司为国有独资企业，2008年被列为集团完善法人治理结构、加强董事会建设6家试点单位之一，公司设立董事会、监事会和总经理班子。2010年底拥有全资和控股企业50家，参股企业34家。2006年底，在册职工人数为5 567人，其中在岗职工1 951人；2010年底在册职工人数为3 518人，其中在岗职工1 614人。公司地域面积63.8平方公里，其中耕地面积40 020亩。

在整合归并的基础上，五四公司于2007年初提出"以区域资源为基础，以科技创新为支撑，坚持品牌、产业、资产经营的有效结合,通过优化资产结构和提升产业能级,做强现代农业,做好现代都市服务业,调整传统加工制造业,提升公司整体核心竞争力"的产业发展思路。通过调整产业结构,构建以现代农业为核心,现代服务业和加工制造业为支撑的发展模式,初步形成种植、加工、销售为一体的"从田头到餐桌"的现代农业产业链。2009年底,公司提出"打造百年五四,实现二次创业,将公司建设成为集展示生态高效都市农业形象、体现现代服务业功能为一体的具有一定影响力、辐射力、带动力的综合经营型企业"的企业愿景,明确公司产业发展方向及主要发展目标。

五四公司的主营业务为都市现代农业,主要从事蔬菜种植、加工及销售,兼营水稻种植、果林、绿化、水产养殖等。公司所属的上海都市农商社有限公司为国家级农业产业化重点龙头企业,蔬菜的种、加、销为公司的核心主业,拥有2.48万亩露地设施菜田、3 000多亩连片设施大棚、一座占地700亩的AAAA级"都市菜园"蔬菜主题公园和三个农产品加工中心,并在市郊及云南西双版纳、浙江缙云和临安等地拥有数万亩紧密合作型的蔬菜基地。主要产品有大葱、卷心菜、花椰菜等,蔬菜年均产销量达13.5万吨。公司还建有一家年产7 000吨真姬菇的工厂化食用菌生产企业。从2006年起,公司将蔬菜产业由种植加工向市场营销转型,在市区标准化菜场、大卖场及社区等开设数百家"都市菜园"连锁门店,形成宝贵的通道资源。公司拥有数百亩有机葡萄园,主要产品为"心心"牌有机葡萄,平均年产量100吨。公司拥有3 000亩精养虾塘,年产南美白对虾约1 300吨。2010年,五四公司现代农业主营收入11.38亿元,占公司主营收入总额54.12%;实现利润总额3 968万元,占公司利润总额35.72%。

公司的第二产业是以食品包装业为主要支撑产业的加工制造业。其中食品包装业主要经营包装装潢印刷,商标印刷,纸塑复合包装袋,塑料合成袋,纸袋生产、销售。2009年6月和2010年9月共投资820万元新增两条食品包装产品流水线,2010年实现营收1.2亿元。2006—2010年累计生产各类食品袋8 500万只。上海五四助剂总厂是主要生产萘系SN-Ⅱ型系列高效减水剂等混凝土外加剂的精细化工企业,该厂"火炬"牌商标于2010年1月被认定为上海市著名商标。医疗器械是公司加工制造业的又一主要业务,主要产品为医用缝合针(组合针)、无菌手术刀片、医用羊肠线等一次性医疗产品,产品畅销国内市场,同时出口海外市场。

五四公司2010年制造业实现主营收入2.14亿元,占公司主营收入总额10.17%;实现利润总额346万元,占公司利润总额3.12%。

第三产业主要有驾驶员培训服务、生态农业观光旅游业、酒店经营等现代服务业和殡葬服务。上海市机动车驾驶员培训中心是集现代化、科学化、基地化为一体的大型综合培训单位,是上海市驾培行业的标杆企业。2007年9月,试开园的上海都市菜园主题公园占地面积700亩,整个景区以蔬菜为主题,拥有农耕博览馆、博雅农园、馨香蔬苑、奇瓜异蔬园、四季果园等五个主体场馆,是集观光旅游、会务度假、科普教育、休闲保健于一体的现代农业观光旅游景区。公司下属心族实业公司在成都、大连等地建有三星级宾馆,在黄山茶林场建有度假村。公司2010年现代服务业实现主营收入4.2亿元,占公司主营收入总额19.96%;实现利润总额4 740万元,占公司利润总额42.66%,是公司又一重要支撑产业。上海滨海古园占地1 200余亩,先后被评为"中国十大典范公墓""上海市文明单位""上海市一级公墓"等。

五四公司经营管理以做大做强现代农业为宗旨,以打造种源、生产、加工、销售、环保、观光六大平台为抓手,努力打造以连锁销售终端为龙头,以蔬果产业基地为支撑,以农业休闲观光旅游为纽带的发展格局。以"都市菜园"连锁终端为突破口,通过构筑"资源+物流+网络+电子商务"通路渠道,实现从传统生产商的农业经营模式向现代批发商、代理商、零售商、物流商的经营农业模式转型。公司通过推进以蔬果产业为核心的现代农业资源、资本、资产的集中与统一协调管理,将农业板块的10家企业整合归并至国家级农业产业化重点龙头企业——上海都市农商社有限公司旗下,使生产基地、物流配送、终端网络、科技品牌等产生聚变效应,奠定现代农业的核心主业地位。

五四公司积极推进实施发展战略规划,努力培育具有五四特色的企业文化。2008年确定为"构建企业文化推进年",先后制定两个企业文化建设行动计划,推动企业文化建设不断向新的层次发展。公司在传承和弘扬"艰苦创业、开拓创新"五四精神和光荣传统的基础上,大力弘扬"嗅觉敏锐、坚韧勇猛、永不言败、体现团队战斗力"的狼性精神,培育和形成以"责任、激情、创新"为核心内涵、具有五四特色的企业文化。

五四公司拥有一批著名品牌。"星辉"牌蔬菜2007年被认定为上海市名牌产品,"星辉"2010年被认定为上海市著名商标;"心心"牌有机葡萄2008年、2010年,连续两届获上海市优质果品评比金奖,2010年,获全国早中熟葡萄优质品种评比银奖;"黄山"牌毛峰茶叶2006年12月被认定为安徽省著名商标;"都市菜园"景区和"都市菜园"连锁终端经上海市名牌推荐委员会推荐为2010年上海名牌;上海浦东金环医疗用品有限公司"金环"商标被认定为上海市著名商标;上海五四助剂总厂"火炬"商标2010年被评为上海著名商标。五四公司被评为2010年"全国绿化模范单位"。

五四公司在发展经济的同时,积极参与公益事业。2006年,向奉贤区海湾镇帮困基金委员会捐款10万元;2007年,向奉贤区红十字会捐款1万元;2010年,向奉贤区海湾镇人民政府"海湾之星"教育基金捐款200万元。滨海古园等企业广泛开展结对帮困、乡企共建、志愿者服务等活动,积极履行社会责任。

公司下属企业:上海都市农商社有限公司、上海都市生活企业发展有限公司、心族实业总公司、上海方信包装材料有限公司、上海星火房地产有限公司、上海农工商星火商业公司、上海市农工商长征医药有限公司、上海农工商绿化有限公司、上海农工商集团星火总公司、上海农工商集团燎原有限公司、上海星辉蔬菜有限公司、上海星辉种苗有限公司、上海市农工商现代农业园区开发有限公司、上海东艺广告有限公司、上海五四助剂总厂、上海都市新天地企业管理有限公司、上海都市生活环保技术有限公司、上海农垦绿化工程有限公司、上海小木屋会务中心、上海滨海古园、上海市机动车驾驶员培训中心、上海健生教育活动中心。

六、上海东海总公司

上海东海总公司(简称东海总公司)是光明食品集团的全资子公司,前身为南汇县机耕农场,创建于1960年3月。1963年12月,划归上海市农垦局管辖,改名为东海农场。1996年1月,更名为上海农工商集团东海总公司。2003年5月29日,由原上海农工商集团东海总公司、上海农工商集团朝阳总公司、上海农工商集团芦潮港有限公司合并组建为上海农工商集团东海总公司。2007年8月7日,更名为光明食品集团上海东海总公司。

东海总公司东临东海,西濒杭州湾,南与国际洋山深水港相邻,北与浦东国际航空港接壤。公司地域面积5.76平方公里,其中耕地面积5 186.1亩,水域面积190.6亩。2006年底,在册职工1 986人,2010年底,在册职工1 155人。

光明食品集团成立以后,东海总公司确立"以都市现代农业为核心业务、巩固先进制造业、发展都市服务业"的产业发展思路。2010年提出"建设成为国内花卉行业的领军企业、新能源及船舶产业配套细分领域的国内龙头企业、上海市老年医疗护理康复和殡葬服务方面可选的品牌企业,进军高端保健食品领域,成为具有良好综合效益的现代企业集团"的发展目标。

上海鲜花港是东海总公司现代农业的核心企业,其温室规模、技术装备和生产管理居全国同行业先进水平,花卉产业链向种业和旅游业延伸,已成为国家 AAAA 级景区,形成休闲旅游、花卉种源研发、新品展示、生产销售的产业链。在 1 500 亩花卉产业核心区域内,形成计算机控制的现代化温室群 540 亩,花卉新品展示园 600 亩,拥有花卉种苗组培研发中心 3 600 平方米,一年四季有观赏花和商品花展览、供应。上海鲜花港成为 2010 年上海世博会中国国家馆花卉指定供应单位。公司还主动接轨集团食品主业,形成以石斛产业为基础的保健食品行业,为企业发展提供新的空间。

公司大力发展以上海申光高强度螺栓有限公司、上海申特机械制造有限公司为代表的先进制造业,发挥临港产业区区域优势,成为风力发电、核电配套用等各类高强度紧固件、铆钉、焊钉,大型船舶防火门窗、水密门窗等细分市场的行业龙头。上海申光高强度螺栓有限公司是生产钢结构用高强度螺栓连接副、成套风力发电机组用高强度螺栓及国内外各种标准与非标准专用高强度紧固件产品的专业公司,年产高强度连接副 1 500 万套。公司拥有国内先进的风力发电紧固件产品专用生产和检测设备,为我国风电行业提供近 2 000 台风力发电机组标准件,占该行业较高的市场份额。上海申特机械制造有限公司专业生产国际油轮、液化气船、化学品船、海洋救助船和海上作业平台等大型船舶防火门窗、水密门窗、船用货吊、船用液压高压法兰等舾装件,产品已获得 CCS、DNV、GL、LR、ABS、BV、EC 等 10 多家国际船级社认证证书。A-60 级船用耐火窗产品被认定为上海市级新产品,其技术标准达到国际先进水平。

公司积极发展以东海老年护理医院、汇龙园陵园为主的现代都市服务业。上海市东海老年护理医院经上海市政府批准建立,按二级医院标准建设和运行,是一所以老年医疗、老年护理、老年康复、临终关怀为一体的综合性医院,是国有卫生事业单位、上海市医疗保险定点医院。医院在全市率先实行 24 小时无家属陪护,为住院老人提供全方位的医疗、护理、康复服务。医院面积 34 400 平方米,设有心内一科、心内二科、康复科、神经内科等 8 个临床科室和 18 个病区,核定床位 1 200 张。2010 年,住院病员 943 人,开放床位 1 007 张,病员入住率保持在 97% 左右。

上海汇龙园陵园是上海市民政局在上海浦东规划建设的一座大型景观文化陵园,总面积 800 亩,一期建设面积 300 亩,规划墓穴 80 000 穴。公司以打造百年生态陵园为抓手,提高资源利用效率为重点,突出海派陵园风格,整合优势资源,年销售墓穴 1 800 穴左右。

东海总公司准确把握资本市场快速发展和临港开发的良机,加大对外投资力度、管控力度和服务力度;积极盘活存量资产,抢占、并购低价优质商业用房;招商引资,参股持股效益较好的中、外资企业,拓展都市型房产,对外投资得到较好回报,使国有资产不断保值增值。

2006 年,营业收入 23 244 万元,利润总额 2 291 万元;2010 年营业收入 49 146 万元,利润总额 7 638 万元。

东海总公司以"善于捕捉商机、不懈进取、精诚团结、永不言败"的狼性文化引领、支撑和推动公司主要产业健康持续发展,把"以人为本,创造和谐"理念作为企业宗旨,把东海总公司打造成"以都市现代农业为特色,保健食品业、先进制造业、都市服务业多元协同发展的百年老店式企业"作为企业愿景。公司以"美化城市、服务全国、瞄准国际市场"和"把鲜花港建成我国最大的花卉出口基地、国家级花卉园艺培训基地、花卉组培科技发展中心、国家 AAAAA 级旅游景区"的战略目标,打造"中国花王",实现企业经济和企业文化同步发展;紧紧围绕大力发展先进制造业的国家战略,根据企业产品特点,塑造"小身材、大作为""小产品、大市场"的产业文化理念。

公司下属企业上海鲜花港拥有"上海鲜花港""花桥""一见媒"等注册商标。申光高强度螺栓厂的"上城牌"文字商标主要产品为螺栓、螺母、垫圈等,在2007年、2009年被上海市名牌推荐委员会推荐为"上海名牌"。

公司积极履行社会责任,于2010年捐资50万元在云南省保山地区建造10个村级卫生室;捐资155万元为云南省西双版纳州勐海县建造1所小学和11个卫生医疗点。

公司获得荣誉:东海总公司工会被评为2009年上海市模范职工之家;上海鲜花港获得上海世博工作先进集体,上海鲜花港董事长赵才标被授予上海世博工作优秀个人;上海鲜花港被中华全国总工会授予"全国工人先锋号";上海鲜花港企业发展有限公司被评为2010年全国优秀花木种植企业;上海鲜花港旅游接待部被团市委授予"上海市青年文明号"。

公司下属企业:上海鲜花港企业发展有限公司、上海申光高强度螺栓有限公司、上海申特机械制造有限公司、上海市东海老年护理医院、上海汇龙园陵园有限公司、光明食品集团石斛生物科技开发有限公司。

七、上海海丰总公司

上海海丰总公司(简称"海丰总公司")的前身是上海市海丰农场,创建于1973年3月,1996年,更名为上海农工商集团海丰总公司。2007年10月8日,经上海市工商行政管理局批准更名为光明食品集团上海海丰总公司。

海丰总公司位于江苏省大丰市(现盐城市大丰区)东北部,地处北纬33度、东经120度,东西宽13.9公里,南北长22.6公里,东濒黄海,西与大丰市新丰镇、裕华镇及上海农场为邻,南接大丰东坝头农场,北达大丰市三龙镇。海丰农场土地属黄海冲击平原,海丰总公司是光明食品集团土地面积最大的一个子公司,场域面积25万亩,其中农用土地21万亩,建筑用地1.8万亩,河道及其他用地2万亩。在农用土地中,耕地面积10.4万亩,水产养殖面积5.9万亩,林地面积2万亩。公司地处亚热带与温带过渡气候带,雨量充沛,日照时间长,昼夜温差大,适宜农作物生长。场域范围内水系基本完整,水资源较为丰沛,地下水质较好。2004年11月被国家农业部评为"无公害农产品示范基地农场"。2006年年底,海丰农场职工590人,以管理、技术人员为主。2010年底,员工861人,其中具有大专以上学历的员工300余人。

海丰总公司以粮食生产为主,是上海市"米袋子""菜篮子"的后方基地和上海最大的优质大米生产基地。公司的发展战略目标是:努力建设成为高效生态新型的农业现代化企业、上海现代农业的示范生产基地、全国一流的农业机械化示范农场。

海丰总公司主要产品为"海丰"系列大米,年加工销售量从2006年2万吨提高到2010年的6万吨。"海丰"品牌优质大米为国家A级绿色食品、全国首批"放心米"、国家名牌农产品和"上海市名牌产品"。米产品加工通过ISO9001:2000国际质量体系认证、ISO22000食品安全认证及HACCP体系认证。2006年海丰小包装大米占有率位居上海市场第一。

海丰总公司农业机械化水平较高,拥有各种高性能的现代化大型农机具700余台(套),农机固定资产总值超亿元,稻麦生产综合机械化率达到98%左右,率先在我国华东地区实现水稻、大小麦生产全程机械化。

海丰总公司在加快米业发展的同时,注重发展奶牛青饲料的种植,为牛奶集团在海丰地域规模达1万头的奶牛饲养场提供配套服务。2007年,种植青玉米770亩,2010年种植面积扩大到2.94万亩,总产量73 507吨。

水产和禽蛋生产是海丰总公司现代农业的重要组成部分。2010年,公司拥有水产养殖面积2.4万亩,以养殖鲫鱼、白鱼、花鲢鱼为主,年上市淡水鱼2.3万吨,主要供应上海市场和大丰地区。

海丰总公司积极整合农产品资源和农副产品生产营销渠道,大力发展林下经济,建立农副产品加工、分装标准化体系,于2008年成立上海东大滩食品有限公司,以集成"土生土长土特产,原汁原味原生态"的农产品为抓手,建设全自动标准化蛋鸡养殖场,并利用滩涂湿地原生态资源,开展野生蔬菜和林下散养草鸡蛋的收储、加工、销售,为市场和消费者提供优质、生态的农产品。2009年,海丰总公司建成8000亩市属沿海防护林、4000亩市属通道林,条田林网化初显成效。

米业是海丰总公司现代农业中的主导产业。2001年年底,组建海丰米业有限公司,在资产、资金、物资、人才等方面对米业公司给予政策优惠和倾斜,加快发展与米业关联度较大、产业链延伸的配套产业,形成以海丰米业为主导和核心,稻麦良种业、稻麦种植业、精米加工业、大米销售业等关联产业相配套的轴心式经营方式和产业形态。2002年11月,海丰米业有限公司被认定为上海市农业产业化重点龙头企业,2002年12月,被认定为农业产业化国家重点龙头企业。公司现有总资产1.57亿元,固定资产8000多万元;拥有核心生产基地10万亩,拓展外延基地5万亩;有4条优质稻米加工生产线,日处理稻谷350吨,拥有3万吨稻谷的仓储容量;拥有由32家超市、3218个门店、152个团购单位组成的销售网络,形成大米加工业、大米销售业、稻麦种植业三大核心业务板块。

为加快米业发展步伐,海丰总公司与上海农科院于2004年9月联合成立上海优质稻米工程研发中心。2006年,稻米工程研发中心对4952份水稻材料进行生产试验示范、新品种(系)鉴定、育种材料筛选等试验,为开发海丰有自主知识产权的水稻奠定基础。2006年,同扬州大学、江苏里下河农科所合作开展大米种源的科研。与上海农科院生物技术研究所共同组建的"上海市啤麦细胞工程研发中心"繁育的花98-11、花96-22得到市场认可。2006年,海丰总公司水稻制种面积扩大到1万亩,生产优质稻麦良种950万公斤,销售650万公斤。

海丰总公司的主要品牌是2001年12月在上海注册的"海丰大米",2006年,被农业部中国名牌农产品推进委员会认定为中国名牌农产品;2008年和2009年,海丰大米(图案)商标被认定为上海市著名商标。2009年,经中国农垦经济发展中心审核,海丰大米许可使用农垦农产品质量追溯标识。海丰品牌包装大米在2000—2009年连续十年市场占有率名列前茅,2010年,被上海市商业联合会、上海连锁经营协会等部门特别授予"2000—2009十年畅销金品大奖"称号。海丰优质大米被中国绿色食品发展中心认定为绿色食品A级产品。

海丰总公司主要工业企业是新海腾电缆有限公司,组建于1988年,是一家生产信息安防电缆和铜线材的专业公司,产品用于通信、广电、电力系统,并获得国家信息产业部入网许可证,通过国家信息产业部和国家质量认证中心产品认证。2006年获上海市名牌产品称号,2007年获上海市建设工程材料重点推荐品牌科技进步奖。新海腾下属上海海建通信技术有限公司和上海梅陇通信线缆厂,2006年创利税1500余万元。

2006年,海丰总公司营业收入2.67亿元,利润总额1698.8万元,净利润1718.7万元;2010年,公司营业收入5.56亿元,利润总额4236.6万元,净利润4166.6万元。

海丰总公司的企业精神是"创新图强、精益求精";经营理念是"米善人良、持续发展";企业主张为"专心缔造、品质生活";企业价值观是"科学,助长不拔苗;努力,四季如接力;责任,做米做到家;超越,打造金土地",形成具有海丰总公司自身特色的企业文化。

海丰总公司还承担社区管理的责任。1999年8月,成立海丰社区管理委员会,2002年社区合并成为大社区,设居委会、受理中心、活动中心、公共卫生科、治安保卫科、城市管理科、房屋管理所,农场有学校和职工医院各1所。

海丰总公司与大丰市政府签订协议书,携手开展"场乡共建"活动,与大丰市裕华镇海丰村结成共建单位,为海丰村道路、桥梁等基础设施建设和党群工作服务中心活动室提供资金帮助。

获得荣誉:海丰总公司2004年11月至2007年11月,被国家农业部列为无公害农产品示范基地农场;2008年6月,被中共上海市国资委委员会列为先进基层党组织和基层党建示范点;2009年11月,被中共光明食品集团有限公司委员会列为红旗党组织;2009年12月,被中共上海市国资委委员会列为红旗党组织。

下属企业:上海海丰米业有限公司、上海东大滩食品有限公司、大丰沿海水利工程有限公司、上海海丰农场建设服务公司、新海腾电缆有限公司、大丰营销有限公司、海丰社区管理委员会。

八、上海市上海农场

上海市上海农场(简称"上海农场")于1950年3月由上海市首任市长陈毅批准建立,1952年8月归上海市公安局领导。农场建立以后,先后安置游民、收容劳教和强制隔离戒毒人员、改造罪犯,同时垦荒种地,发展经济。1983年更名为"上海市第一劳动教养管理所",企业名称仍为"上海市上海农场"。2009年4月,根据上海市委市政府的指示,实施所场管理体制改革。2009年9月,担负发展经济职能的上海农场划归光明食品集团管理,担负劳教人员管教工作职能的上海市第一劳动教养管理所仍由上海市司法局、劳教局管理。

上海农场位于江苏省苏北滨海平原中部、大丰市境内。农场地势东南高西北低,南北长16.4公里,东西宽2～15公里不等。区域内河沟成网,田块成方,树木成林成带。农场区域气候温和湿润,雨水充沛,光照充足,四季分明,地势平坦,适宜多种动植物生长,拥有发展现代农业的良好环境,是上海市"米袋子""菜篮子"重要生产基地之一。

上海农场拥有土地14.89万亩,耕地7.24万亩,林地2.2万亩,水产养殖面积1万亩。辖区东部与海丰农场相邻,南部、西部、北部与大丰市的裕华镇、新丰镇和三龙镇接壤。辖区分为五大区域:四岔河中心区(包括农场行政办公区、居民居住区和加工企业区),南部为庆丰区,西部为时丰区,北部为下明区,东部为晚庄区。农场交通便捷,离大丰城区22公里、盐城市区57公里,距上海约300公里,处上海3小时经济圈内。

上海农场归属光明食品集团管理后,根据精干、高效、对接的原则,实行三级管理,农场本部下设"五部一室",即产业发展部、人力资源部(与组织部合署办公)、财务部、监察法务部、群团工作部和办公室(与宣传部合署办公);遵循突出主业的原则,农场下设四个子公司:种植业中心、畜牧水产公司、种子公司、粮棉加工厂;社区管理委员会承担农场的相关社会职能。驻场单位有:上海市第一劳动教养管理所、上海市检察院驻农场检察分院、上海市武警总队第八支队等。

上海农场充分发挥区位优势、土地资源集约优势和生态优势,坚持"科技兴场、人才强场、产业富场、生态美场"的发展思路,按产业化运作、标准化控制、科技化支撑,推进以农田林网、循环农业为特色的生态农场建设,畜牧业、种植业的循环利用技术日趋成熟,形成"种植业+畜牧业、种源农业、米业"的"1+3"的产业发展格局。拥有7.24万亩耕地的种植业是上海农场的基础产业,常年生产粮食5 000万公斤左右,是种源农业、米业加工业、畜牧水产业、林业发展的基础和重要支撑。大麦常年产量400公斤/亩,小麦475公斤/亩,水稻550公斤/亩,粮食生产水平处周边农场、地区的先进行列。二麦、水稻种植基本以种源生产为主,为农场和周边地区提供稻麦良种。

上海农场实行全场种子化生产管理，设有良种繁育中心、良种检测中心、种子加工中心和销售中心，拥有一次性烘干能力达450吨的低温烘干线、配套仓库以及国内先进的选种设备，拥有7个二麦、水稻类自主产权品种，年加工销售"申河"牌种子2万吨，其中白菜种子占上海市场70%以上的份额，成为江苏省33家放心种子企业之一。"申河"牌种子畅销江苏、上海、安徽、湖南、江西、广东、广西等地。

上海农场米业突出绿色、生态、健康主题，农场生产的"申河"牌系列米被认定为绿色食品A级产品。米业加工厂通过GB/T 19001—2000质量管理体系认证，获得国家级有机食品加工证书、有机食品基地证书和有机食品贸易证书，年加工销售大米达2万吨，其中优质大米1.8万吨。农场拥有有机水稻生产基地1 200亩，富硒大米生产基地3 000余亩，营养保健米开发取得初步成效，形成有机米、富硒米、特等米等产品为主的5大系列近20个品种。"申河"大米已进入上海农工商、华联等大型连锁超市。

上海农场以生猪养殖业为主的畜牧业是上海市生猪异地养殖梯度转移重点项目，农场始终坚持标准化、现代化养殖，各类生产参数排在全国同行业先进行列，为做强做大做深畜牧业奠定扎实的基础。农场拥有1个原种场、1个种猪场和5个养殖场，并有相配套的1个饲料厂和2个有机肥料厂，年出栏商品猪16.5万头。拥有水产养殖1万亩，年上市各种优质淡水鱼2 000吨。农场以为上海市民提供优质、安全、健康、美味的肉品为己任，坚持生态养殖，现代管理，畜牧水产养殖公司先后被评定为国家、上海两级生猪活体储备基地、中国长白猪联合育种基地、全国机械化养猪先进企业、上海市生猪生产质量安全信用企业、上海市标准化猪场、江苏省无公害畜禽产地、江苏省一级种猪场、江苏省畜牧生态健康养殖示范场，2008年通过HACCP、ISO9001和ISO22000质量体系认证。生产的"丰海"牌肉品进入农工商、世纪联华、家得利、吉买盛、麦德龙等上海各大超市、大卖场。"丰海"牌猪肝在上海大型超市进行销售，"丰海"牌冷却肉占农工商超市同类肉品55%以上的份额，上海五丰上食食品有限公司供港猪肉均由农场提供。

2009年，上海农场体制调整后，按照光明食品集团关于"将域外农场建设成为上海重要的优质粮食生产基地、畜牧产品供应基地、全国先进的农业种养循环生态示范基地"的功能定位和"现代农业要积极运用并购手段控制基地资源、开拓农产品深加工、延伸产业链"的路径设计，制定企业新的发展战略规划，确定以建设生态高效现代农业为中心，资源优势为基础，用现代理念引领农业，用现代科技改造农业，用现代装备武装农业，做大、做强、做优、做精现代农业，最终实现区域现代农业的经济效益、社会效益、生态效益全面提高。上海农场通过持续投资基础设施，使社区面貌和职工居住环境有了较大改善。通过建立市场化、社会化、专业化的管理体制和工作机制，提升了管理与服务水平，发挥了便民、利民、乐民的服务和保障功能，促进了农场的和谐稳定。

2006年，营业收入32 586.11万元，利润总额902.25万元，净利润902.24万元；2010年营业收入32 565.96万元，利润总额2 276.64万元，净利润2 272.11万元。2009年，上海农场场所分开后，依然承担着社会管理职能，成立上海农场社区管理委员会，下设6个居委会，总人口近1万人，其中，常住人口2 170户约5 000人，外来人口700多户约2 500人，其他人员约2 000人。常住人口中有1 873户、4 000余人居住在中心区域的上农新村、申河新村和加工厂小区，其余分散居住在近100平方公里范围内。

上海农场社区管委会坚持以便民、利民、亲民为宗旨，为广大社区居民提供救助保障、居民教育、普法维权、水电供应等方面的服务，积极探索社区居民"困有所助、难有所帮、需有所应"的民生服务型新模式，逐步建设管理优化、设施优等、环境优良、服务优质的"四优"社区。通过建立市场化、社会化、专业化的管理体制和工作机制,发挥便民、利民、亲民的服务保障功能,不断提升社区管理服务水平,促进农场和谐稳定。

上海农场融入光明食品集团后,聚焦文化建设,搭建多媒体宣传平台,把宣传工作与企业文化建设紧密结合,并以场庆60周年为契机,传播光明文化、弘扬上农精神,用集团"创业、创新、业绩、包容"的文化理念指导农场企业文化建设,开展形式多样的企业文化建设活动,培育和打造"激情、务实、创新、和谐"的上农企业文化理念和价值体系,凝聚和引领员工在建设精神文化、管理文化、制度文化、家园文化方面进行探索,使员工在思想观念上更新,在思维方式上转变,在价值取向上升华。

获得荣誉:2006年1月,畜牧水产养殖公司被列为江苏省一级种猪场。2006年10月,上海农场第一个自主培育品种"申河麦1号"通过江苏省新品种审定,农场种子公司被评为江苏省种子诚信企业。2007年1月,上海市商委将畜牧水产养殖公司列为上海市生猪活体储备基地。2007年5月,畜牧水产养殖公司被评为全国机械化养猪先进企业。2007年9月,上海农场被上海市市级机关工作委员会授予2005—2006年度上海市市级机关系统文明单位。2009年5月,上海农场被上海市人民政府授予"2007—2008年度上海市文明单位"。

下属企业:上海黄海农贸总公司种子粮油分公司,上海黄海农贸总公司畜牧水产养殖公司,上海丰海肉类食品有限公司(农场控股),上海农场种植业中心、上海农场粮棉加工厂、上海农场上海营销中心。

九、上海市川东农场

上海市川东农场(简称"川东农场")的前身是上海市上海农场川东支队,成立于1955年3月;1956年改为分场,1977年接受劳动教养任务。1982年12月,上海市公安局决定将川东分场从上海农场划出,组建上海市第二劳动教养管理所,对外企业名称为上海市川东农场。2009年1月,上海市人民政府决定实行"场所分开",上海市川东农场划归光明食品集团管理。2009年9月,上海市川东农场移交光明食品集团。

川东农场地处江苏省东台、大丰两市之间,东邻黄海,南接江苏省新曹农场,西与大桥镇接壤,北邻草庙镇,南北长18公里,东西宽12公里,土地面积5.92万亩(包括滩涂面积6.05万亩),其中耕地面积3.65万亩,林地1.05万亩。农场为国有独资企业,2010年年底,全场在册全部职工590人,其中农业科技人员187人,中高级职称以上科技人员24人。

川东农场按照"发展、融合、共享、双赢"的要求,着力打造经济快速发展、生态系统完备、社区繁荣和谐的上海域外现代农业基地。以生产能力建设、生产性设施建设、品牌建设、市场建设为重点,加快种养循环现代高效农业发展,促进农业商业模式转型,对标先进企业,不断提高企业经济效益和市场竞争力。

农场建有种植业、养殖业、种子和大米加工业及林业四大产业主导的农业产业体系,下设3个农业大队、8个作业区、4个畜牧养殖分场、林木园艺管理中心、种子粮油公司,农机站等生产和经营单位。实行独立核算,责任考核;产销分离,各负其责,农产品由川东农业发展有限公司及江苏申川种业有限公司统一销售。2010年,川东农场粮食总产2.6万吨,生猪出栏2.4万头,实现主营业务收入3.2亿元,实现净利润6 282万元。

为了进一步提高粮食产量,农场投资近1 500万元实施五期"旱改水"工程,对中低产田进行改造。新建泵站、渠道,进行土地平整,使3.2万亩中低产田达到水旱轮作的要求。2006—2008年,共建设设施粮田1.88万亩,通过田块整理,开发复垦,使耕地成方连片,路路相通。农场基本实现农田林网化,林业覆盖率达13.8%以上。针对农场土壤呈沙性轻盐土、水土易流出的特点投入1 000多万元新建2座泵站,改变引水方向,保证水质和水量;修建主防渗渠3.2万米,减少渗漏30%~40%,节约灌溉用水成本,增加有效土地面积,基本达到沟相连、渠相通,桥涵闸配套齐全和旱能浇、涝能排的要求。2006年对300多亩土地进行有机转换。2008年,农场投资2 000多万元添置铁牛654、纽荷兰、东方红等大型拖拉机57台,3518CTS大型联合收割机10台,插秧机17台及配套育秧硬盘与插秧流水线,农机总动力7 025千瓦,提高农机作业的效率与质量。

农场建立种粮公司,进行常规农作物、蔬菜种子繁育和销售。引进丹麦种子加工流水线一条、中国台湾三久种子专用低温砻糠烘干线三条,建造20多个先进的常温密闭仓储,日烘干能力达50万公斤,仓储能力近1 500万公斤。常年经营加工各类农作物种子1 000万公斤左右。农场与江苏省、上海市的农业科研单位合作,按照GB/T 19001质量管理体系标准,加强种子产前、产中、产后全过程管理,提高农场在种业市场的竞争力。

川东农场养殖业主要是生猪养殖,2009年,建成国家级标准化河川畜牧场;上海市标准化川东畜牧场、建川畜牧场;年产9万吨的大型饲料生产基地申川饲料厂;申川有机肥厂;年发电量达10万度沼气发电站。实行种植、养猪循环,作物秸秆回收粉碎后与猪粪搅拌混合,添加功能强大的微生物菌种,通过发酵生产出微生物有机肥,废弃物用于沼气发电,沼液经灌溉水渠稀释后直接用于水稻生产。农场的生态循环农业取得较快发展,建成循环农业核心示范区,集成生态种植、生态养殖、立体种养、秸秆粪污的综合循环利用和数字农业等系统,构建清洁化生产、资源化利用、减量化排放、无害化处理的生态循环农业模式,实现产品优、效益好、环境美的生态农业发展目标。

川东农场把"着力打造经济快速发展、生态系统完备、社区繁荣和谐、上海在域外的战略发展基地"作为企业愿景;把"提供绿色、优质的农副产品,在推动人类健康事业的发展中不断完善自己"作为企业宗旨;把"聚川东进,奔腾激越"作为企业精神;把"尊重劳动,激励创造,满足需求,携手共赢"作为企业核心价值观,进一步加强企业文化建设。

农场还承担社区管理职能。农场居住房总计83幢1 140套(间),其中平房20幢、楼房63幢,居住面积总计6.48万平方米。场内柏油路长6.5公里,水泥道路15公里,砂石路21公里。商业门面房600平方米,农贸市场1 200平方米。辖区内有小学和幼儿园各1所(已移交宝山区教育局),托儿所1所。拥有社区健身点5处,老年活动室2处,门球、足球场、图书馆各一处。

下属企业:川东农业发展有限公司、种植业中心、种子粮油公司、江苏申川畜牧有限公司等。

十、光明乳业股份有限公司

光明乳业股份有限公司(简称"光明乳业")是光明食品集团下属上市公司,股票代码:600597。公司于1996年9月由牛奶集团和上实资产公司共同投资成立,为沪港合资企业,主要从事乳和乳制品的开发、生产和销售,奶牛和公牛的饲养、培育,物流配送,营养保健食品的开发、生产和销售。公司拥有世界一流的乳品研发中心、乳品加工设备以及先进的乳品加工工艺,形成消毒奶、保鲜奶、酸奶、超高温灭菌奶、奶粉、黄油干酪、果汁饮料等系列产品,是国内形成较大规模的乳制品生产、销售企业之一。截至2010年年底,国有法人持股50.002%,其他内资持股0.696%,人民币普通股为49.302%。2010年光明乳业实现营业收入95.72亿元,利润总额2.41亿元,净利润1.94亿元。

光明乳业主要品牌为"光明"牌。光明乳业的经营思路：继续贯彻"聚焦乳业、领先新鲜、做强常温、突破奶粉"的战略思想。愿景目标：跻身于乳业十强。企业使命：创新生活，共享健康。核心价值观：超越自己，追求卓越；贡献社会，成就自我；诚信正直，热诚宽容。

作为国家级农业产业化重点龙头企业，光明乳业长期以来始终以领先变革的首创精神，锐意进取、不断创新，努力打造中国新鲜乳品第一品牌。2000年，"光明"系列产品成为第27届奥运会中国代表团唯一指定乳制品；2001年，入围"中国最受尊敬企业50强"；2002年，入选"上海100强企业"；进入由中国企业联合会、中国企业家协会组织评选的"中国500强企业"。2004年，在《财富中国》发布的《2004年中国证券市场领导力报告》中，光明乳业入选"2004年全国最具领导力的20家上市公司"；2005年，被商务部国际贸易经济合作研究院评定为全国诚信等级AAA企业；2006年，在中国社会科学院和《中国经营报》组织的竞争力年会上获得"卓越自主创新新产品"称号；2007年1月，被国家商务部评为2006年度中国最具市场竞争力品牌。同年9月，被卫生部、农业部、公安部、国家工商总局、国家食品药品监督管理局等联合授予"中国食品安全十强企业"。2007年10月，获"上海市质量金奖"。

十一、农工商房地产（集团）股份有限公司

农工商房地产（集团）股份有限公司（简称"农房集团"）是光明食品集团的控股子公司。

农房集团的前身为上海农口房产联合开发经营总公司，成立于1988年4月。公司成立的背景是，为了适应住房制度改革的需要，加快城郊住宅建设和住宅商品化的步伐，发挥农口系统的有利条件，更好地为上海城市建设服务，市农委决定成立上海市农口房地产联合开发经营总公司。公司注册资本为人民币300万元，其中上海市农场管理局占24股计240万元，市农委占6股计60万元。公司主要经营范围是：以自建、联建、参建、代建等形式建造职工住宅和业务用房并经营商品房和房屋出租业务；承包各自建筑设计、施工任务，接受技术咨询业务；承办各种建设基地的前期开发事务；经营与建筑相关的业务（包括建筑材料、建筑器材、装潢五金）；承包绿化业务。

1989年8月，市农委批复同意上海市农口房地产联合开发经营总公司缩改名称，1990年4月，更名为上海农口房产总公司。2001年8月，上海农口房产总公司改制重组为上海农口房地产（集团）有限公司；2003年10月，更名为上海农工商房地产（集团）有限公司；2008年3月，完成股份制改造，变更为农工商房地产（集团）股份有限公司，注册资本增加到11.2亿元，其中光明食品集团占61.83%；上海大都市资产经营管理有限公司占14.28%；上海农工商绿化有限公司占0.81%；上海久事公司和上海新工联（集团）有限公司各占1.79%；上海祥展有限公司和吴江明圆投资发展有限公司各占2.68%；上海虹阳天地投资有限公司占1.79%；其余为自然人股份占12.35%。

农房集团经过多年在房地产市场的实践和运营，形成"法制化经营，契约化管理，制度化运作，程序化办事"的企业运营理念和比较健全的现代企业制度与法人治理结构，2010年年底，集团总资产为131亿元，房产项目占地面积为503.51万平方米，从业人员2656人。

农房集团具有房地产开发企业国家一级资质，集房产、地产、设计、商业、施工、物业管理为一体，是中国房地产协会理事单位、上海市房地产协会副会长单位。2010年，农房集团拥有房地产项目公司29家，建筑设计公司1家，建筑施工公司1家，商业地产公司1家，黄金珠宝销售公司1家。

农房集团所属建设发展公司经过多年的发展，已成为一家具有房屋建筑工程、市政公用工程、水利水电工程施工总承包及建筑装饰、门窗制作工程专业承包，承揽各种类型、结构的工业与民用

建筑、道路、桥梁等综合性工程施工和室内外高中档装饰工程资质和能力的建筑公司。公司具备国家核定的建筑施工二级资质，2006—2010年，施工面积为177.67万平方米，竣工面积72.14万平方米。公司承接的项目多次获得上海市、区级优质结构和文明工地奖，其中援建四川省都江堰市光明团结小学项目被上海市评为2009年度"白玉兰"奖、四川省2010年度"天府杯"金奖。

上海城乡建筑设计院有限公司主要承担五个大类的建筑设计项目：一是建筑工程设计，已获近百个省部级以上设计奖项。二是城市规划设计，先后参与大型居住区、综合性城区众多规划项目的设计。三是人防工程设计。四是环境工程设计，公司下设环境能源工程所，从事大中型沼气工程设计，沼气、沼渣、沼液利用及畜牧业环境污染治理项目，还承担大型奶牛场、猪场、鸡场建筑设计。五是幕墙咨询及设计，公司下设幕墙设计所，为用户提供可预见和可控制最终结果的全程服务。

农房集团的经营业务以住宅房产开发为主。2008年农房集团为抵御国际金融危机造成的影响，在继续积极开发住宅房产的同时，还根据市场需求加大商业地产开发力度。房地产开发范围主要立足于上海，巩固长三角，面向全国。在上海、江苏、浙江、安徽、云南、广西等地开发房地产业务，在住宅产品上形成"西班牙""英伦""摩尔"三大系列，初步形成一整套具有特色、规范有效的产品开发管理体系。

农房集团在投资决策、资金统筹、产品定位、大宗采购、市场定价等方面实行集约化管理，同时积极推进四种模式的转型发展。一是业务模式转型，集团由单一经营管理型企业向经营管理型和投资管理型企业转变。以住宅开发为主，逐步增加商业地产比重，拓展资产经营业务，探索资本经营业务。建立以房地产开发为重点，以资产经营和资本经营为支撑的战略业务组合，形成三大关联的业务板块。二是盈利模式转型，由资源型获利转向经营型、投资型获利，着力提升单位土地面积产出效率和附加值；获得资产经营的增量现金流；探索资本经营的业务模式和获利方式。三是资源获取模式转型，力求全方位、多元化的资源获取。四是管控模式转型：实行分级管理，强化职能，分类指导，战略管控。

农房集团有效整合下属相关企业。合并建设公司和民众装饰公司，逐步履行建筑装饰总承包商职能；整合华都公司为主体的有关资产，搭建商业地产经营平台；材料公司调整为集团全资子公司，实施大宗材料集中采购；发挥城乡设计院的设计优势，强化产品创新的技术支撑；根据城隍珠宝在行业内的知名度，积极探索与主业的关联营销。

作为光明食品集团支撑业务的核心企业，农房集团经营业绩呈现健康快速增长态势。2006年营业收入33.21亿元，利润总额8.05亿元，净利润5.42亿元；2010年营业收入55.22亿元，利润总额13.54亿元，净利润10.18亿元。

农房集团用理念、制度塑造文化，用文化影响员工行为。以"构筑市场领先产品、创消费者首选品牌、做房地产领先企业"为愿景，以"精惠、亲和、信赖"为核心价值观，秉承"厚德载物，惟精惟勤；家园即道，信守一生"的品牌精神，形成开放、互信、合作的企业文化氛围，以"品牌价值—企业文化—竞争力"为标志的软实力得到提升。

农房集团把"以人为本、服务社会"作为企业肩负的责任，利用各地楼盘的开盘时机，积极履行社会责任，主动捐助当地慈善事业。2006—2010年五年间，农房集团向社会捐助善款1 000多万元，员工个人捐款百万元。特别是5·12汶川大地震发生后，农房集团把原用于庆典活动的300万元捐给灾区重建，并承接都江堰市光明团结小学的建设任务。

农房集团获多项荣誉称号：2006年获"中国房地产诚信企业""上海市重合同守信用AAA级企业""上海市优秀服务商标"等称号。2005—2008年连续四年获"中国房地产百强企业"称号，

2008年名列中国房地产开发企业百强企业第28位,并获2008中国房地产百强企业·明星企业荣誉称号,名列第3位。2009年获中国房地产百强企业——稳健性TOP10,第四届上海市房地产开发企业50强,上海市著名商标以及上海企业100强等。2010年获中国房地产百强企业——稳健性TOP10,上海市重点工程实事立功竞赛优秀公司称号。

农房集团注重项目开发质量和环境建设并获得多项荣誉。"上海苏堤春晓名苑"获中国土木工程詹天佑奖、中国优秀环境住宅设计金奖等。"爱都公寓"获中国建筑工程鲁班奖;"王子公寓""上海苏堤春晓名苑""明丰新纪苑""聚贤煌都"等项目获上海市建筑工程白玉兰奖;"星河世纪城"获全国人居经典建筑规划设计方案竞赛规划金奖。

下属企业:上海城乡建筑设计院有限公司、上海虹阳投资有限公司、上海福运实业有限公司、上海农工商华都实业有限公司、上海农工商建设发展有限公司、上海农工商建筑材料有限公司、上海城隍珠宝有限公司。

十二、农工商超市(集团)有限公司

农工商超市(集团)有限公司(简称"农工商超市集团")的前身是上海市农工商超市总公司,成立于1994年。2000年5月,转制为"上海农工商超市有限公司",注册资本由200万元增至1亿元。2004年5月公司更名为"农工商超市(集团)有限公司",注册资本3亿元,其中上海农工商集团持股43%,上海市都市农商社股份有限公司持股37%,自然人持股20%。

农工商超市集团是一家大型连锁零售企业,拥有农工商超市、好德便利、可的便利、伍缘杂货、好德物流、真德食品等下属企业。截至2010年年底,连锁店总数达3 204家,其中超市462家,便利店2 742家(好德便利1 069家,可的便利1 213家,伍缘折扣店460家),门店主要分布于上海、江苏、浙江、安徽及江西等地。好德物流基地面积超过13万平方米,配备冷链、常温和商品自动分拣流水线、信息化控制等先进设施,具有较强的远程配送能力。2010年,农工商超市集团营业面积为99.39万平方米,从业人员24 562人,营业收入165.16亿元,利润3.14亿元。

农工商超市集团总部和好德物流基地总占地360亩,是农工商超市集团的管理中心、信息中心和物流中心。农工商超市集团自行开发多业态、多用户共享的信息平台和客户服务中心,培育一支具有自行开发与维护能力的IT队伍,建立为客户提供服务的物流子公司。经市教委和市民政局批准,农工商超市集团成立"上海农工商连锁经营进修学院",专业培养各类连锁商业应用人才。

2007年3月,农工商超市集团118广场圣诺亚大厦进入建设阶段;2008年1月,集购物、就餐、休闲、娱乐为一体的农工商118广场开业,既满足市民"一站式"购物需求,也标志着农工商超市集团进入商业地产领域。

农工商超市集团从创业以来,通过实施"融资、价格、业态、组织、区域、人才"六大错位战略,在商品选择、目标客户定位、门店分布以及向上海郊区和外省市拓展、价格低廉的销售策略、超市大型化综合化经营和总部智能化管理等各方面都有创新举措,在行业内引起很大反响。农工商超市集团秉承"务实开拓练内功,发展腾飞众得益"的企业精神,坚持"产品以农为本,顾客以民为本,管理以人为本"的经营理念,努力建设以"务实开拓,学习创新,奖罚分明,正气浩然,积德行善,爱国爱家"为核心内容的企业文化,使农工商超市集团发展成为一家跨地区发展的全国性大型连锁企业。

农工商超市集团的商品结构以生鲜食品为主,同时建立农产品规模化生产与网络化流通的营销格局。门店布局从城市到乡镇、到社区;商品和服务立足于满足顾客日常生活和日趋多样化的消费需求，使每位顾客感受到"放心在农工商，满意在农工商"。

农工商超市集团十多年来在市场竞争中依靠勤奋与努力、创新与转型，实现一次又一次重大转折与飞跃。从标准超市到大卖场，从市区到郊县，从市内到市外，从大卖场到便利店、折扣店、购物中心，农工商超市根据自身的优势，积极探索具特色的超市业态。

农工商超市集团不但拥有118、119等大型"一站式"超市大卖场，还拥有上海好德便利有限公司、上海可的便利店有限公司、上海伍缘现代杂货有限公司等24小时全天候服务的便利店，这些便利店在上海城乡星罗棋布，为消费者提供全年无休服务。农工商超市集团还拥有华东地区规模领先的物流基地——上海好德物流有限公司桃浦物流基地。

上海好德便利有限公司成立于2001年2月，由农工商超市集团全额投资。好德便利以惊人的"好德速度"，在短短990天内开出1 000家门店，形成"以上海为中心，苏、浙两省为辅"的市场分布格局，成功实现规模扩张。

好德便利秉承"以人为本"的经营理念，凭借优秀的管理队伍和现代化的网络管理，建立从"门店管理体系""商品采购体系"到"信息监督体系"的一系列科学的管理方式。根据顾客群的定位，制定适应市场需求的经营策略，突出快捷和便利功能，经营、服务内容不断丰富和完善。好德便利于2003年底实施以门店为单位的合伙合作承包经营制，从2005年开始实现全面盈利，创造"好德奇迹"。

上海好德物流有限公司地处上海西北桃浦物流园区，建筑面积13万多平方米，拥有常温仓库、丙类仓库、生鲜蛋米仓库和办公楼，具备常温、冷链和第三方物流配送功能，涵盖超市、折扣店、便利店、网上购物等业态。拥有冷链仓储面积16 000平方米，现场作业面积4 000平方米，负责配送2 370家门店的冷藏商品，最远配送距离超过1 000公里，配送范围涵盖苏浙沪地区。

上海好德物流中心的建筑与功能设计体现先进性与实用性相结合的理念，在计算机管理信息系统、管理与控制软件开发方面瞄准国际先进水平，如中心的储位管理、批次管理和车辆运输管理采用INFOR公司的EXCEED 4000 WMS系统，运输车辆全部配备GPS追踪定位系统等。该中心在建筑上采用两层高架道路的设计方案，节省电梯等传输装置，大大提高配送效率。中心还建设五条一对一的电子标签拣货流水线，其中常温库的三条流水线是全国最长的一对一电子标签流水线。

上海可的便利店有限公司成立于1995年，是农工商超市集团的全资子公司。公司拥有集直营、合伙合作承包和加盟三种经营模式为一体的便利店近1 200余家，分布在上海、杭州、苏州、无锡等21个城市，形成"以上海为中心，苏浙为两翼"的辐射态势。

作为上海现有便利店公司中成立较早的企业之一，可的便利店坚持差异化经营战略，以香烟、饮料、即食品、乳制品、冰淇淋、报刊为主要商品，代售卡、代收公用事业费等服务性项目的服务量大幅增加，销售规模为行业最大。可的便利店还充分利用网络优势，优化物流系统，摸索新的经营模式，推行商品预购与到店取货、宅配到户的服务，为消费者搭建具有信息时代特点的新型服务平台。

上海伍缘现代杂货有限公司成立于2002年1月，是农工商超市集团的全资子公司。2004年9月，上海第一家伍缘折扣店开业，现已发展到460家。伍缘折扣店是对大卖场、生鲜超市、便利店、杂货店、均价店与折扣店的优化组合，并以"贴近社区、就近便利、商品优选、新鲜低价、简单购物、环境舒适"为特点，满足居民每日生活所需。便利、新鲜、廉价，使其成为"居民身边的大卖场"。伍缘折扣店是农工商超市集团在农工商超市与好德便利的发展进入良性循环后而开发的一种商业新业态。

伍缘折扣店依托农工商超市的红利会员制和红利商品，形成以红利商品主打，生鲜食品引客的新的经营模式。以低于零售价40%以上的红利商品吸引消费者,并扩大产地直采生鲜食品和副食品的比重,成为满足社区居民"最后一公里"购物的理想商业网点。

农工商超市集团在企业快速发展的同时,坚持实践"积德行善、回报社会"的企业文化,积极参与各种社会公益活动,履行企业应尽的社会义务和责任。

集团多年出资帮助上海市困难老劳模,各门店坚持每年至少为社会做两件以上实事、好事,与社区内特殊人群结对子服务形成制度化、规范化。每年重阳节前后,各门店都组织员工到当地的孤老及高龄老人家中进行慰问,送上新上市的农工商新大米和水果、牛奶等慰问品。每逢秋季学校开学前夕,各门店及时为家境困难的学生送上学习用品及帮困金。超市集团每年组织员工参加社会捐助活动,为社会弱势群体及地震灾区人民奉献爱心。

农工商超市集团把规范青年志愿者服务作为推进共青团工作的切入点,创建富有特色的服务项目。例如,"农工商116店助盲青年志愿者服务队"以周边商圈住宅小区中的盲人家庭为主要服务对象,安排班车接送、到店全程导购、上门帮助料理家务等,以盲人能够感知的独特方式向盲人提供志愿者姓名、移动电话号码等,便于盲人与志愿者保持联系。

农工商超市集团得到上海市委、市政府领导的关心。2007年10月6日下午,市委书记习近平,市长韩正以及市委副书记殷一璀、市委秘书长丁薛祥、副市长胡延照等领导视察位于上海卢湾区打浦路的农工商超市119店,向节日坚守岗位的农工商超市集团干部员工表示慰问。习近平、韩正等视察卖场内农工商新大米、蔬菜、烤鸡、好德点心等商品的供应情况,向超市员工询问、了解农工商超市改革、发展和销售等情况。

2008年6月13日,中共中央政治局委员、市委书记俞正声,市委常委、市委秘书长丁薛祥等领导视察农工商超市集团,对农工商超市的进一步发展提出具体要求。

自1997年,农工商超市集团连续七次被上海市人民政府评为"文明单位"。2002年农工商超市集团被农业部等九部委认定为"农业产业化国家重点龙头企业"。2006—2010年,"农工商牌"连续三届获"上海名牌"。2007年"农工商牌"被上海市工商行政管理局认定为"上海市著名商标"。农工商超市集团连续七年名列供应商综合满意度第一位,并先后被评为"上海市物价计量信得过金奖单位""全国百城万店无假货活动示范店""全国商务系统先进单位""上海市商业系统知识产权保护工作示范单位"。

十三、上海海博股份有限公司

上海海博股份有限公司(简称"海博股份")是光明食品集团旗下属上市公司,股票代码:600708。1992年12月,经上海市经济体制改革办公室及上海市农业委员会批准,同意由上海市东海联合企业公司以及下属16家企业的投资折股,并联合上海真空电子器件股份有限公司和上海金鸿实业总公司发起,以定向募集方式组建成立上海东海联合企业股份有限公司,公司隶属于上海市农场管理局。

1993年5月5日,经上海市工商行政管理局核准,上海东海联合企业股份有限公司更名为"上海东海股份有限公司",注册资本9 682万元。1996年5月23日,经中国证监会批准,向社会公众公开发行3 250万股A股,其中含540万股内部职工股占上市额度。1996年6月6日,在上海证券交易所挂牌上市,公司名称为上海东海股份有限公司(简称"东海股份"),股票代码600708,属于综合类型的股份制企业。注册资本14 879万元。主营业务:工业品加工、批发、零售有色金属加工、经销,农副产品加工、批发、零售,公司下属企业产品经销(除专项审批外)。2001年,公司以所持有的上海东海蔬菜示范基地100%股权、上海农垦园艺公司100%股权、上海大东海商贸旅游服务公司100%股权及上海中荷花卉有限公司75%股权与上海市农工商(集团)总公司所持有的上海农工商出租汽车有限公司90%股权进行置换。2003年2月24日,经上海市工商行政管理局核准,上海东海股份有限公司更名为上海海博股份有限公司。

海博股份司标意寓"海纳百川、博采众长"之精神,象征着"海博人"立足上海,服务全国,面向世界,打造现代都市服务卓越品牌的雄心壮志。公司以"超越自我,永不满足"的企业精神,大力推进以"品牌战略"为核心的发展战略,加快商业模式转型,不断优化企业的资产结构,形成海博出租和海博物流两大核心主业。2006年,公司制定"十一五"发展战略规划,提出并确定做强做大以出租车客运和现代物流并举的都市服务业,逐步发展成为一流的拥有知名品牌和核心竞争力的都市服务产业集团,为社会提供"海博服务,舒心放心"的高品质服务。到2012年形成品牌卓越、管理科学、两大主业同步发展,核心竞争能力明显提升的新局面。截至2010年年底,海博股份总股本5.1亿股,其中光明食品集团持有35.78%股权,长城资产公司持有4.99%股权,其他股东为59.23%股权。2010年,海博股份实现营业收入22.83亿元,利润总额2.25亿元,净利润1.86亿元,员工总人数为12 763人。

海博股份确立"尊重人,关心人,激励人"的以人为本管理方略,健全职工代表大会制度,以"把海博股份建设成为企业业绩稳定优良、企业管理规范有效、企业文化积极向上、企业员工直奔小康的绩优上市公司"作为企业愿景。将"超越自我,永不满足"的企业精神,"企业品牌是我们共同的利益"的价值观,"忠诚、敬业、勤奋"的企业员工行为准则等,作为企业文化核心内容。公司开办《海博之光》、《每日动态》、网站(www.hb600708.com)。每年在海博大楼广场举办不同形式的员工文艺汇演、广播操比赛等活动,形成具有海博特色的"广场文化",激发全体员工的士气、增强企业的凝聚力、推进企业的文化建设。

在发展经济的同时,海博股份积极履行社会责任,参与公益活动。自2003年以来,公司每年开展"一日捐"活动。下属出租汽车公司自2000年起将每年3月5日定为"学雷锋日",坚持在上海各大医院为出院病人提供免费服务,为困难家庭考生、残障考生免费提供中、高考用车服务。公司职工还与21位家庭困难学生结对帮困,与闵行区阳光敬老院、虹口区粤秀敬老院等7家福利院结对助老,为普陀区启星学校残障儿童、上海福利院儿童送去关爱。从2004年起,公司与长宁区江苏路街道、徐汇区虹梅路街道以及部队单位开展精神文明共建,先后组织陪同江苏路街道13个居委会1 500多位老人"上海一日游"。

2002年,公司获上海市职工素质工程上海市学习型企业创建奖,上海市模范职工之家。获2004—2005年度上海市职工最满意企业奖。2006年,获上海市国资委党委系统先进基层党组织,上海现代服务业2006年百强企业。2007年,上海市文明单位,上海市模范职工之家,"上海企业100强"第94名,上海市企业诚信建设奖。2008年,获上海市推进女职工权益保护专项集体合同工作先进单位。2009年,获上海市治安安全合格单位。2010年,获全国模范职工之家。2010年,获上海市企业文化建设示范基地。2009—2010年度,获上海市厂务公开民主管理工作先进单位。

十四、上海浦东星火开发区联合发展有限公司

1993年9月,上海浦东新区管理委员会与上海市农场管理局签署协议,组建上海浦东星火开发

区联合发展有限公司(简称"星联公司"),为上海市最早的市级工业开发区之一。上海市星火开发区(简称"星火开发区")是1984年由市人大、市政府批准筹建的以制造加工业为主的工业园区,时称上海市星火轻纺工业区。星火开发区位于杭州湾北岸、上海市南翼的奉贤区境内,距卢浦大桥39公里。开发区规划面积8.78平方公里。

星火开发区的企业定位是：国内产业园区发展模式创新的成功典范,上海市精细化工(化纤)与生物医药产业发展的重要基地,奉贤区经济竞争力的新增长点。把星联公司打造成为集园区招商、生产服务、对外投资、资产运作、管理输出等业务于一体,具有专业化服务能力和管理品牌效应的现代产业园区集成运营服务商。

星联公司作为星火开发区的开发经营主体,负责土地转让、招商引资、基础设施建设和市政配套服务;星火开发区管委会作为管理与服务平台,采用"两块牌子、人员兼职、职责分设、费用单列"的运作方式。2006年2月,市财政局明确星火开发区财税属地化;10月,市发改委批复星火开发区由浦东新区管理的区政职能全部移交奉贤区管理。

股权变化：注册资本5亿元,浦东国资公司与上海市农工商(集团)总公司各投资50％。1995年4月,上海久事公司贷款转为投资,作股18％;浦东国资公司、上海市农工商(集团)总公司投资股份各调整为41％。星联公司成为3家公司联合投资组建的联营公司。2004年,经股东会决议通过,星联公司注册资本由5亿元调整为4.11亿元。2010年公司注册资本为4.11亿元。

2007年4月2日,为适应星火开发区与奉贤区实行区政职能对接的需要,星火开发区管委会机构进行调整。至2010年年末,星联公司机构设置为：办公室、劳动人事部、项目招商部、投资发展部、房产开发部、法律事务部、计划财务部、工程规划部、社区管理部。

星火开发区成立初期主要是落实市政府调整城市工业布局决策,以发展纺织、造纸业等为主。1992年,与浦东开发开放相呼应,实施对外招商,逐步形成以化工、医药、纺织、造纸、建材、汽配等产业为导向的外向型综合工业开发区。2010年,星火开发区重点行业产值183.84亿元,其中生物医药产值20.58亿元、精细化工产值6.61亿元、纺织化纤产值118.75亿元、新型建材6.81亿元、通用设备5.48亿元、食品制造6.77亿元、其他18.84亿元。2006年,星火开发区工业产值131.04亿元;2010年年底,星火开发区工业产值增加至183.84亿元,比2005年增加0.96倍。

2006—2010年,星火开发区引进项目42个,转让土地69.8万平方米,引进项目总投资额55.17亿元,其中合同外资2.74亿美元。截至2010年年底,进区企业有79家,累计投资总额200.9亿元,其中合同外资12.99亿美元,累计固定资产投资143.11亿元。2006—2010年,星火开发区上缴国家税收24.28亿元。

星火开发区加快基础设施建设步伐,为招商引资提供良好环境。上海星火中法供水有限公司日供水10万吨,供水管网贯通全区各地块,水质达到中国生活饮用水水质标准。上海申能星火热电有限责任公司以供热为主、热电结合。公司一期项目安装蒸发量为75吨/时的次高压锅炉4台,1.2万千瓦发电机组2台,供气能力为200吨/时。220千伏区域性降压站拥有12万千伏安变压器4台,已投入运行的18万千伏安变压器2台。已建成35千伏变电所1座。降压站电源来自葛洲坝水电厂和淮南、淮北电厂。金汇港是星火开发区内河运输的主航道,内河码头设有300吨级泊位4个,100吨级泊位2个,年吞吐量为60万吨。总投资9168.56万元的星火开发区污水排放工程于1989年7月开工建设,1994年8月投入运行。2009年11月,奉贤东部污水厂二期工程建成投入使用,星联公司投资5000余万元建成星火开发区至奉贤东部污水处理厂7万吨/日污水管网配套项目。

星火开发区投资1 620万元建成上海星济工业废物处理有限公司,年处理工业废料7 200吨。按国家一级消防标准设计建造星火开发区消防站,最大登高能力36米,建制为一个消防中队。2006年6月8日,上海浦东铁路海湾站开建。2010年9月15日,浦东铁路星火开发区海湾客运站开通,上海南站与星火开发区海湾站运行里程为63公里。

1992年,开工建设明城新村907套职工住宅。1994年,开发建造玫瑰园一期商品房192套。1997年,远纺工业(上海)有限公司出资建造职工生活园区住房396套。2004年,开发建造玫瑰园二期商品房438套。2009年11月,由上海联波房地产开发有限公司投资开发的由高层和别墅组成的玫瑰园三期破土动工,总建筑面积7.85万平方米。

2006年,星火开发区设立《上海市星火开发区循环经济建设专项基金的操作办法》,以清洁生产和消除异味为抓手,全面实施循环经济建设。2007年,星火开发区管委会、上海浦东星火开发区联合发展有限公司获得ISO14001管理体系资格证书。开发区制定并实施清洁生产三年推进计划,至2010年年底,对9家企业进行清洁生产审核验收。截至2010年年底,区内公共绿地、道路林带绿化等累计总投资4 650万元,绿化总面积为190.13万平方米,绿化覆盖率22%。2008—2010年,星火开发区连续三年获奉贤区绿化"白玉兰"杯。

星火开发区在招商引资的同时还开展投资经营活动,2002年11月,开工建设一期标准厂房;2008年12月,第三期厂房建成,共交付使用厂房面积为73.06万平方米。2006年4月,星联公司回购申能股份有限公司所持热电公司15%国有股权,新的股本结构为:申能股份有限公司占股75%,星联公司占股25%。上海金海岸度假村于2006年开工建设,2008年投入使用,是集会务、餐饮、康体、休闲、娱乐为一体的多功能、全方位服务的现代化酒店。

星火开发区通过建立健全服务平台,强化开发区服务功能,提升开发区服务水平,营造更好的投资环境。具体举措是:制定领导定点走访企业和经济运营联席会议等制度,帮助企业协调解决发展中的困难和问题;设置开发区门户网站www.shspark.com;建立覆盖开发区内所有企业的OA协同办公系统,有效提升工作效率。

设有星火开发区工会联合会、星火开发区劳动协会和劳动中介服务机构、星火开发区企业协会等服务机构。截至2010年年底,有27家企业加入企业协会。

星联公司建立完整的企业文化架构,确定品牌标识和星火开发区区标及公司司标。明确星联公司愿景:和谐、共赢,使开发区的生产发展、生态优良、生活美好。星联公司价值观:繁荣地区、服务社会、回报股东、富足员工。星联公司企业精神:敬业、责任、和睦、戒躁。星联公司企业经营理念:攻主业、显特色、稳经营、求效益。星联公司员工操守规范:首问负责、热情周到;仪容整洁、处事明理;坦诚沟通、互助协作;恪守承诺、严于律己。

星火开发区是国家发改委核定的省级工业园区,2006年,被国家发改委确定为国家生物产业基地,被国家商务部、科技部列为国家科技兴贸创新基地(生物医药)。2007年,通过烟控达标区验收和ISO14001环境管理体系认证。2010年,获上海市品牌建设优秀园区称号。根据《2011年上海市开发区综合评价报告》,在上海市71家开发区和产业基地综合评价中,星火开发区位列前20名,评为"上海市发展质量十佳开发区"。

下属全资企业:上海浦东东星置业发展公司、上海市浦东星火开发区排水管理中心、上海金海岸度假村有限公司、上海浦东星火开发区物资供销有限公司。控股企业:上海星火开发区社会服务有限公司、上海星火中法供水有限公司。参股企业:上海申能星火热电有限公司、上海东风专用件有限公司、上海星火开发区建筑安装工程有限公司、上海星联人力资源服务有限公司、上海双联物流有限公司。

十五、上海农工商投资公司

上海农工商投资公司成立于1993年,原为上海市农垦农工商联合企业总公司的下属企业。2003年上海农工商集团决定,委托集团资产经营分公司管理上海农工商投资公司。2004年1月,上海农工商集团董事会决定上海农工商投资公司由集团第三层次企业转变为集团直属的全资子公司。2004年9月,上海农工商集团决定将上海农工商投资公司与上海农工商集团供销总公司归并,组建新的上海农工商投资公司(简称"投资公司")。2005年8月,上海农工商集团将其所持上海牛奶集团80%的股份委托投资公司管理;2006年1月,上海农工商集团董事会决定将上海农工商集团持有的牛奶集团80%的股权划转投资公司,并明确投资公司和牛奶集团的党政班子交叉兼职,实行"一套班子,两块牌子。"

上海农工商集团供销总公司的前身是成立于1964年3月的上海市农垦局物资供销站。1969年改名为"上海市国营农场物资供销站"。1976年又改名为"上海市农场管理局物资供应站"。1984年改建为"上海市农垦物资公司"。2000—2004年,上海农工商集团先后将集团所属的十余家子公司划归供销总公司和新组建的投资公司。

上海牛奶集团前身是上海市牛奶公司,成立于1956年1月。1996年,上海市牛奶公司将乳品业及奶牛业等优质资产与上实集团合资组建上海光明乳业有限公司。1997年4月,上海市牛奶公司改制为上海牛奶(集团)有限公司。2002年8月,光明乳业上市后,上海牛奶集团占30.78%的股份,是光明乳业的大股东。公司是国家重点支持的大中型国有骨干企业和农业产业化国家重点龙头企业,公司曾先后九次被评为上海市优秀企业,销售收入和利润连续5年列入上海市工业集团企业50强,2000年获全国五一劳动奖。

从2006年开始,投资公司确立以畜牧业为主业,食品连锁、食品机械为配套业,商业房产、商贸、对外投资为支撑业的集团型多元化的产业格局。2009年,确立"全国化战略,市场化经营,产业化发展"的经营战略,提出建立"全国一流、亚洲领先、世界有影响力的畜牧集团企业"战略愿景,公司经济快速发展。

投资公司的畜牧业主要是奶牛和生猪养殖。公司采取"投资主业促规模、投资支撑业促效益、投资优势企业促发展"的战略思路,通过收购、兼并、增资等多种形式,加速扩大畜牧业主业发展规模。在奶牛养殖方面,公司于2009年投资3.5亿元,建成万头规模的海丰现代化奶牛场。奶牛场采用先进畜牧养殖设备,使用信息化软件系统进行全面管理,成为优质新鲜安全奶源的大型基地。有机奶生产基地项目设在黄山地区练江牧场,通过"3+1"联动模式运作,在苏浙沪一带逐步形成高端有机牛奶品牌。截至2010年年底,投资公司有19家奶牛场,奶牛存栏数达到33 269头,生奶总产量11.63万吨,成乳牛年平均单产8 306公斤。

投资公司积极延伸产业链,发展奶牛饲料业等。所属的上海鼎牛饲料公司有6家饲料生产企业,拥有先进和专业的精料粉碎混合、制粒、膨化、玉米压片等设备。在保障内部供应的基础上,对外提供优质基础饲料、奶牛TMR饲料等商业化、品牌化服务,在江苏大丰、上海崇明等地都已取得很好的成效,2010年饲料销售产值达5.5亿元。投资公司的种植公司每年还种植青玉米3万余亩,拥有总动力达到3 550千瓦的成套现代农业机械和高级收割设备,年产青贮饲料能力20万吨以上。公司还在甘肃、宁夏、内蒙古、黑龙江等省(自治区)合作开发并掌控优质苜蓿草基地和其他干草基地,同美国各大苜蓿草供应商有良好的合作。

公司所属爱森肉食品公司是养销一体化的专业化猪肉食品生产企业,注册商标为"爱森"牌。公司拥有1个上海市种猪场(包括原种场和扩繁场)、5个瘦肉型商品猪场、1座全价饲料加工厂和1座花园式屠宰加工厂。2010年,屠宰加工生猪生产能力达70万头,并有配套的冷链系统。公司产值4.2亿元,营业收入4.2亿元,利润总额3547万元。公司在上海市郊、江苏、安徽、山东建立由上海市农产品认证中心认证的基地场,养殖规模达28万头。

爱森肉食品公司初创阶段主要依托社会零售网点销售,2006年,在众多连锁超市和食品专卖店里设置416个销售专柜。2009年,公司组建爱森肉食品销售有限公司,开始自有销售网点建设,推出"爱森优选"专卖店。公司从2009年5月3家店开张,至2010年底,已开设"爱森优选"肉类食品特色店46家,分布在上海市内的主要生活区域附近;员工157人,年营业额2035.5万元。2010年,爱森肉食品公司在各大超市等连锁店的销售专柜增加到640个。

爱森肉食品公司是全国首家对生产的猪肉制品实行保险的企业,是农业部全国百家农垦无公害农产品示范基地、全国农产品加工示范企业、中国食品工业协会全国食品工业优秀龙头企业、农业产业化上海市重点龙头企业、上海市农业标准化工作先进单位。

投资公司的奶牛研究所把公司发展畜牧业过程中遇到的具体问题作为科研攻关的重点,服务生产,服务牧场,为畜牧业发展发挥了重要作用。2010年,投资公司在奶牛研究所的基础上成立牛奶集团技术中心,内设营养与饲料研究中心、繁殖与育种研究中心、疾病控制研究中心、牧场技术服务与指导中心、牧场工艺与设备研究中心和检测中心,并管辖一个实验牧场。技术中心有70名专业技术人员。

在食品连锁业、食品机械配套业方面,投资公司主要依托以生产西点(含面包类和蛋糕类)的上海牛奶棚食品有限公司和生产"银光"品牌系列乳品机械的上海乳品机械厂。"牛奶棚"是上海老字号品牌,"牛朋"为上海市著名商标。公司坚持"西点+牛奶"商业特色,自产自销各类精美西、中点,经销各种新鲜乳制品。上海乳品机械厂主要为投资公司下属各乳品厂和牧场的机械修配、汽车修理和饲料加工提供服务,生产挤奶机、直冷式贮罐等,是生产乳品机械和畜牧机械以及液态食品贮罐和液态食品工程计划安装的专业公司。

投资公司的支撑业务主要是房地产、商贸和对外投资贸易。投资公司下属上海金牛房地产有限公司具有国家二级房地产开发资质,主营业务有房地产经营、自有房屋租赁、物业管理等。历年来开发房产项目总建筑面积达34万平方米。2010年经营收入达5840.1万元,净利润达3054.5万元。商业方面,上海光明商业总公司注册资本500万元,以生产真元有机鲜牛奶、自产牛奶和其他饮料产品为主,同时还经营其他社会商品以及提供品牌代理服务等。国际贸易方面,上海农工商集团国际贸易有限公司主营进出口贸易,该公司是上海进出口商会的常务理事单位,与100多家国外商业界、产业界的客户保持良好的合作关系和长期的贸易往来。2010年,公司进出口总额6915万美元,其中出口3954万美元,进口2961万美元。牛奶集团资产经营部成立于2000年10月,是一家专业管理存量资产、商铺和牧场的租赁单位。公司下设鼎旺、仓储等多家租赁经营点,实现统一管理和资源共享。随着资产规模的不断扩大,租金收入从2000年的800万元发展到2010年的2914万元,每年资产出租率和租金收缴率达到99%,为主业发展提供支撑服务作用。

2006年开始,投资公司的产业布局开始集"零"为"整",相继调整归并相关企业,同时调整母子公司管理体系,在总公司构建决策、投资、人力资源配置、国有资本收益四大中心,在子公司形成生产经营、利润两大中心;推行以全面预算管理为主导的绩效管理;对基层单位实施分层管理。建立产权代表决策管理机制、经营监督的内审机制、项目建设申报招标机制。为顺应主业发展的需要，2007年，公司将金牛牧业的部分职能分离，成立奶牛事业部；以鼎旺公司为平台，成立饲料采购事业部，对主业的饲料采购实行统一管理，在投资公司系统内实现饲料采购的合理配置。

投资公司的企业文化：百折不挠、开拓创新的"拓荒牛"精神；脚踏实地、自强不息的"老黄牛"精神；甘于吃苦、乐于奉献的"孺子牛"精神。主要品牌："爱森"牌获得中国名牌农产品、上海市著名商标、上海市名牌产品及上海市名优食品等称号。"牛朋"商标2009—2010年连续两年获上海"品牌食品博览会"银奖，2010年被评为第十四批上海市著名商标。主要荣誉：2004年，获全国农垦系统再就业先进集体荣誉称号；2005年，获上海市平等协商集体合同工作示范单位荣誉称号。

公司下属企业主要有：上海金牛牧业公司、上海鼎牛饲料有限公司、上海爱森肉食品有限公司、上海牛奶棚食品有限公司、上海金牛房地产有限公司、上海光明商业总公司、上海农工商国际贸易有限公司。

十六、上海海湾国家森林公园有限公司

上海海湾国家森林公园有限公司（简称"海湾森林公园"），前身为上海世纪森林开发有限公司，是根据上海市委、市政府领导的要求，于1999年由上海农工商集团与上海城投总公司共同出资组建成立。其中上海农工商集团以土地使用权作价方式增资投入，占注册资本73.82%；上海城投总公司以现金方式增资投入，占注册资本26.18%。海湾森林公园坐落于上海市奉贤区五四农场境内，规划总面积1.6万亩。

按照上海市城市规划管理局《关于对上海"世纪森林"总体规划的批复》要求，世纪森林公园是以森林为主体，融苗木生产、休闲观光、科学研究和科普教育为一体的大型人工生态森林。布局以森林区为核心，形成湖泊、河流、丘陵、坡地和洼地等起伏变化的自然生态格局。规划还确定世纪森林公园的森林类型和树种组成要注重地方性植被和生物多样性，采取乔、灌、草立体种植，常绿与落叶、阔叶与针叶配置，形成稳定的植物群落和丰富的森林景观。

2004年，国家林业总局命名上海世纪森林公园为上海海湾国家森林公园。2009年9月，上海市工商行政管理局准予上海世纪森林开发有限公司变更为上海海湾国家森林公园有限公司。2010年10月，公司获企业营业执照。

2005年11月30日，上海市人民政府《关于原则同意〈上海市海湾国家森林公园及周边地区结构规划〉的批复》强调，上海市海湾国家森林公园及周边地区要建成林、水相协调，以两片一湖五区为特征的布局结构，形成生态维护区、休闲旅游区、体育健身区、现代农业区和生态居住区五大功能区。

海湾森林公园项目根据市政府领导提出的"高起点、高质量、高水平建造一个有一定野趣的人工森林"的要求和"一次规划、分期实施、滚动开发"的原则，先后邀请南京林业大学、上海城市规划设计院等12所高校、科研院所的48位专家进行座谈、论证，举行公开、公平、公正的招标，最终确定上海城市规划设计院、上海市政工程研究院、南京林业大学联合设计方案中标，使世纪森林项目从一开始就纳入一个布局合理、规划科学、理念超前、自然和谐的建设轨道。

2000年1月16日，"世纪森林"首期工程项目开工，历时十余年建设，建成面积为1.4万余亩的森林园区，园内植树400多万株，品种约350种，还有人工挖掘面积达580亩的百鸟湖，初步形成林在水边、水在林中、地势起伏、林木混交的近自然人工森林风景。公园内林木苍绿如海；湖水河道蜿

蜒深邃、波光粼粼；林边路边草木繁茂、色彩缤纷，其中沉水樟、舟山新姜子、黄檗等18种为国家珍稀濒危植物。

海湾森林公园采用自培和外购引进相结合的形式，建成2 000亩林木苗圃，苗木总数达400万株，植物种类达160多种。其中有2.5万棵落羽杉和从福建省首次引进的银合欢，从澳大利亚首次引进上海的红千层、桉树苗等，这些引进苗木经过国家有关部门严格检验检测，为上海地区的绿化建设提供新的苗木品种。

海湾森林公园辟有古树园，这些从南方迁移过来的百余棵古树为海湾森林的勃发生机增添历史凝重感，成为海湾森林一道独特的风景线。

为了让上海市民尽快享受海湾森林的生态环境，经市政府批准，在光明食品集团，奉贤区委、区政府的关心、领导下，海湾森林公园从2007年起启动一期开园规划，范围占地4 500亩，分为5个板块，分别为游乐活动区、水上活动区、文化观赏区、湿地生态区，度假休闲区。2010年3月，成为上海世博会60家"世博观光农园"之一，2010年4月28日，上海海湾国家森林公园开园接待游客。2010年5月，被评为上海市"科普教育基地"。

上海海湾国家森林公园用3—5年时间建成以滨海森林为特色，生态维护、休闲旅游为主导，集体育娱乐、文化展示、现代农业等功能于一体的全新概念的国家森林公园，为上海市民提供一个春季观花、夏季观树、秋季观果、冬季观叶四季有景的绿色休闲旅游场所，真正成为上海市民心中的"天然大氧吧，绿色新'森'活"，成为上海和全国休闲观光、生态旅游的著名品牌。

十七、上海西郊国际农产品交易有限公司

上海西郊国际农产品交易有限公司成立于2006年3月30日，由上海蔬菜（集团）有限公司、上海曹安农产品市场经营管理有限公司、上海盛源（集团）有限公司、上海大江（集团）股份有限公司、上海绿地（集团）有限公司和上海西郊国际农产品发展有限公司等6家单位共同出资组建成立，注册资本为3亿元。其中上海蔬菜（集团）有限公司、上海曹安农产品市场经营管理有限公司和上海盛源（集团）有限公司分别出资7 500万元，各占注册资本的25%；上海大江集团出资4 500万元，占注册资本的15%；上海绿地（集团）有限公司和上海西郊国际农产品发展有限公司各出资1 500万元，各占注册资本的5%。

2007年8月，由市政府召集、市农委牵头组织，上海西郊国际农产品交易有限公司6家股东单位及光明食品集团、上海水产（集团）总公司和上海市供销合作总社负责人出席，召开公司股东结构调整和今后市场经营管理模式工作会议。会议决定引进光明食品集团、上海水产（集团）总公司、上海市供销合作总社等3家投资单位，把建设目标定位于具有社会公益性的基础设施项目，进一步明确政府主导、政策支持的项目特殊性，强调市场开发建设的公益性和长期性原则，更有效地聚集和发挥各股东业内优势和资源，形成合力管理好这一综合性现代化农产品批发大市场。2007年12月29日，9家投资单位签订《增资合同》，上海西郊国际农产品交易有限公司注册资本增加至5亿元，投资方的出资额和股本结构分别为：光明食品集团33%，上海蔬菜（集团）有限公司15%，上海曹安农产品市场经营管理有限公司15%，上海盛源（集团）有限公司15%，上海大江（集团）股份有限公司9%，上海市供销合作总社上海市果品有限公司6%，上海西郊国际农产品发展有限公司4%，上海绿地（集团）有限公司3%。

光明食品集团为公司第一大股东，上海西郊国际农产品发展有限公司也成为光明食品集团旗

下的子公司。

上海西郊国际农产品交易有限公司经营范围与职责是：为上海西郊国际农产品交易中心市场内的农产品经营者提供市场管理服务，农产品交易市场的开发建设，实业投资，资产管理，停车场管理服务，销售食用农产品、畜禽肉（包括生猪产品）、花卉，从事货物及技术的进出口业务。公司成立后的首要任务是全面负责上海西郊国际农产品交易中心（简称"西郊国际"）项目的投资建设，负责西郊国际项目建成后的经营管理。

西郊国际位于上海市青浦区华新镇华徐公路3831号，地处长三角繁荣经济圈的中心地带，距上海市中心人民广场20公里，距虹桥综合交通枢纽3公里，与大虹桥商务区一路之隔。周边5公里范围内有5条高速公路环绕畅达，距杭州、苏州、无锡、南通、嘉兴、湖州等在1—1.5小时车程内，是上海重要的交通集散中心。

西郊国际项目规划占地面积1568亩，总建筑面积约40万平方米，总投资约20亿元，实行一次规划四期实施。项目建成后将成为立足上海，辐射长三角，连接海内外，具有社会公益性质的特大型、综合性的一级批发市场。西郊国际以政府主导、企业主体、市场运作、社会参与为运作模式，交易品种覆盖所有食用农产品（活禽除外）。设蔬菜、果品、肉类、水产、冻品、南北货、花卉等专业市场及中国台湾和海外农产品交易厅，为确保上海地区农产品供应，保障食用农产品安全，稳定基础农产品价格发挥重要作用。

西郊国际一期项目于2007年10月29日开工，2010年3月31日竣工。2009—2010年连续两年被列入上海市重大工程项目。一期项目占地面积344亩，总投资4.99亿元。拥有交易大厅4座，标准摊位680个，含商品储藏、展示、交易、停车卸货、商务办公等功能；交易大棚1个，交易车位160个；停车场2.8万平方米，车位1120个；集中冷库容量8000立方，摊位小冷库170个，总库容约5000立方米；水果催熟库库容2500立方米，可容纳4.2万公斤；配送中心、员工餐厅、结算银行等配套设施。一期项目还专设中国台湾农产品交易区，海关、检验检疫作业区，集装箱堆场。

西郊国际一期市场具有三个特点：一是硬件设施国内领先，建筑精良、布局合理、环保节能，其中肉类挂钩冷链交易系统和水果催熟库具有国际先进水平。二是经营管理严谨，进场企业有资质，首选农业产业化龙头企业和品牌商家；交易商品有标准，优选有机、绿色、无公害、名特优新农产品；引进采购商与供应商对接，主要是超市、标准化菜场、餐饮企业、机关企事业单位食堂等。市场还专设中国台湾农产品交易区，海关和检验检疫一次开箱，现场服务。三是交易功能强大，采用自主研发的信息化运营管理系统，综合提供电子化交易结算、供求信息、价格发布、市场管理、安全追溯、电子商务、物流配送、仓储装卸、进出口代理等服务。

2006—2008年，公司有员工24人。至2010年年底，公司有员工215人。全年交易各类农产品约3.3万吨，交易金额约1.66亿元。

西郊国际二期项目于2010年8月开工。二期项目占地483亩，建筑面积约13万平方米，包括6座交易大厅、2座果蔬大棚和集中冷库、综合办公楼、配送中心、宿舍楼及相应的配套设施，投资预算为8.82亿元。至2010年年底，二期项目地下部分施工已基本完成。二期项目总体工程计划于2012年9月完工，届时，西郊国际建筑规模将增加1.5倍以上。

上海西郊国际于2009年1月与中国石油化工股份有限公司上海石油分公司共同投资成立上海西郊国际华徐加油站有限公司，占地面积4952平方米，建筑面积1507平方米，注册资本700万元，其中上海西郊国际农产品交易有限公司出资357万元，占注册资本的51%；中国石油化工股份有限公司上海石油分公司出资343万元，占注册资本的49%。华徐加油站于2010年1月15日对外营业,年销售汽油2 640吨,柴油1 568吨,实现销售收入3 154.73万元,利润总额120.81万元。华徐加油站位于上海市青浦区华新镇华徐公路3831号。

2009年1月,国务院台办和农业部在西郊国际增设"上海台湾农产品交易中心",作为海峡两岸农产品贸易的重要平台。2009年12月,西郊国际被国家商务部核准为2009年度双百市场工程建设项目;2010年3月,西郊国际被批准为"国家农业部定点市场"。

西郊国际于2010年9月获得国家工商行政管理总局商标局核发的核定使用商品第29类第7124033号、第7124034号两项图形商标注册证。2010年11月,公司获得国家工商行政管理总局商标局核发的核定服务项目第39类第7124026号、第7124027号、第7124028号三项图形商标注册证。

十八、中共光明食品(集团)有限公司委员会党校(电大)

中共光明食品(集团)有限公司委员会党校(电大)的前身为中共上海市农场管理局委员会党校,成立于1978年5月。上海电视大学农场管理局分校成立于1984年8月。1989年7月,上海市农场管理局决定两校撤二建一,成立上海市农场管理局党校(电大),实行"两块牌子、一套班子"统一领导、统一管理的办学体制。随着上海市农场管理局改制为上海市农工商(集团)总公司,学校也更名为中共上海市农工商集团总公司委员会党校(电大)。

2006年8月,光明食品集团组建成立,学校更名为中共光明食品(集团)有限公司委员会党校(电大),归光明食品集团党委领导;作为上海电视大学分校,在行政上接受光明食品集团领导,业务上接受上海电视大学的指导,并按照上海电视大学的规定,面向社会招收学生,进行学历教育。

党校首任校长为宋林枫(兼),历任校长:马振华(兼)、罗大明(兼)、何澄珊(校务委员会主任)(兼)、李天生、周梅君(兼)、顾勇(兼)、周鸿鸣(兼)。电大首任校长张国荣(兼),历任校长:何澄珊、李天生、周梅君(兼)、龚葆青。学校下设办公室、培训部、教务科、教研室。2010年有教职工19人,其中教师11人,95%以上的教师具有高、中级职称。

学校设有计算机专用教室、网上阅览室、多功能教室和双向视频教室等,还建立校园局域网和闭路电视广播系统。学校图书阅览室拥有各类图书资料近5万册,各类报刊近100种,这些信息化载体和图书资料为提高学员综合能力营造良好的学习环境。

学校作为光明食品集团党员干部的教育培训基地和现代远程开放教育的学习中心,其主要任务是围绕党的路线、方针、政策,对党员干部进行系统的政治理论教育培训,同时承担集团整体教育培训工作的计划、组织、协调和部分专项教育培训的实施工作;负责推进集团经营管理人员(高管人员)培训、专业技术培训、技能培训等的落实;建立与外部单位进行长期培训合作的平台;配合协调有关人员到外部企业参加实训;统筹利用各子公司的教育培训资源,对同类或通用的教育培训项目实施资源共享,提高培训效益;为社会和所属各级企业有关人员提供学历、专业技术等级、技能等级资格等各类培训服务。

2006—2010年,学校秉承"重点培养、塑造队伍、服从战略、促进发展,以人为本、按需施训"的理念,遵循"全面统筹、全员培训、重点提高"的原则,集聚社会优质培训资源,整合集团内部培训资源,优化培训内容,创新培训模式,着力提升集团的人才竞争力,全力打造具有时代特点、光明特色的培训品牌。5年间,党校举办各类培训班253期,参加培训达2.23万人次。其中与集团组织部合作举办中青年培训班5期,培训集团系统中青年后备干部203人;与集团组织部合作举办集团入党积极分子培训班6期,培训入党积极分子390人;与集团组织部合作举办集团基层党组织书记轮训班13期,培训549人次;与集团工会合作举办"千名班组长学管理(EBA)工程"培训班2期,培训1330人;与新疆生产建设兵团农六师五家渠市合作举办"农业产业化"团场级干部培训班5期,培训198人;举办集团财会人员继续教育培训班60期,培训1.09万人;举办各类职业和岗位培训班84期,培训3898人;与集团人力资源部、法务部等合作举办其他实务培训78期,培训4885人次。

作为上海电视大学分校,学校不断拓展社会化学历教育,开设中央电大3个本科专业(会计学、工商管理、行政管理),开设上海电大5个专科专业(会计、工商管理、物流管理、行政管理、商务管理)。2006—2010年,学校培养本科毕业生238名,培养专科毕业生1357名。

按照科研兴校的要求,学校鼓励教师积极开展教学科研活动,撰写科研论文。2006—2010年,有10余篇专业论文在《求实》《江西行政学院学报》等期刊上发表;完成上海市委党校和上海电视大学关于"创新思维研究"的两个科研课题并出版专著《创新思维的机制》;编撰《光明食品集团基层党建实务案例》两册。

在培训工作和学历教育不断取得新成果,学校管理及和谐校园建设稳步发展,教师和员工综合素质不断提高的同时,学校以校园文化建设为课题,对党校文化、电大文化、企业文化的结合进行探索实践,撰写了"在文化的结合上下功夫"等一批专题论文。

2007年,学校获上海电视大学系统"创新进取奖""综合奖"和"招生工作先进集体奖";2008年,获上海电视大学系统"招生工作先进集体奖""规模奖",被评为光明食品集团文明单位;2009年,获上海电大系统"招生工作先进集体奖""优秀教学团队奖""迎世博知识大赛"优秀组织奖和个人一等奖,蝉联集团文明单位;2010年,获上海电大系统"开拓创新奖""招生工作先进集体奖"、上海市总工会和上海电视大学"EBA培训优秀组织奖"和上海电大系统分校达标创优工程"优良单位"。

第二篇
现代都市农业

概　　述

现代都市农业是光明食品集团核心业务之一,由种植业、养殖业和农产品生产设施等构成。2010年光明食品集团拥有土地78万亩,其中耕地33万亩。

以稻麦两熟制为主的粮食生产是光明食品集团种植业的主要产业,2010年粮食种植面积58.42万亩。粮食产量长期居上海郊区领先水平。

蔬菜是光明食品集团都市农业板块的核心业务之一,主要生产企业为五四公司所属上海星辉蔬菜有限公司,拥有现代化蔬菜产业链,在上海蔬菜行业居龙头地位。2010年集团蔬菜种植面积6.82万亩,总产量14.4万吨,其中蔬菜出口3 979吨。

东海总公司下属上海鲜花港企业发展有限公司是国内拥有现代化温室总量最大、设施设备最先进的现代化花卉企业之一,已形成年组培种苗、种球1亿株、切花1 000万枝、盆花120万盆的生产能力。2010年上海鲜花港成为上海世博会中国馆用花专项赞助商。

光明食品集团林业主要为生态公益林、特种林和经济林。2010年集团林地总面积10.36万亩,其中苗圃面积1.01万亩,果树种植面积5.16万亩,桃、橘、梨、有机葡萄等水果主要供应上海市场。占地1.5万亩的上海海湾国家森林公园是上海规模最大的AAAA级人工生态公园。

光明食品集团承担奶牛养殖的是农工商投资公司、光明乳业和东海总公司。在成乳牛单产、生奶品质、良种培育、奶牛场规范管理、新技术研究与推广等方面均居全国领先水平。2010年集团饲养奶牛总数为4.4万头。

光明食品集团从事生猪养殖的是农工商投资公司、跃进有限公司、长江总公司、东海总公司、五四公司、上海农场和川东农场、上海梅林正广和股份有限公司。2010年,集团生猪饲养规模在20万~27万头,上海农场和川东农场于2009年9月进入光明食品集团,2010年集团生猪养猪规模达66万头。

承担水产养殖任务的是海丰总公司、上海农场以及地处崇明的跃进有限公司和长江总公司,主要养殖淡水品种。2010年淡水养殖面积5.16万亩,其中鱼塘面积4.31亩,虾塘面积7 472亩;淡水产品总产量2.57万吨,其中淡水鱼2.37吨,虾1 961吨。淡水养殖主要品种有银鲫、花鲢、白鲢、河蟹、南美白对虾和中华绒螯螃蟹等。

农业机械现代化是光明食品集团农业现代化的重要标志,集团农机装备水平在上海乃至全国处于领先水平。2010年集团拥有农机总动力11.9万千瓦,其中耕作机械动力5.90万千瓦,占49.57%;收获机械动力2.36万千瓦,占19.83%;排灌机械动力1.6万千瓦,占13.44%。其他还有园艺蔬菜机械、农副产品加工机械、畜牧机械、渔业机械、农田水利机械等。粮食生产机械化程度超过95%。

2010年,光明食品集团农田小型水利项目总投资763万元,其中跃进有限公司新建涵闸2座、涵洞6座;东海、海丰总公司疏浚河道12.18公里;黄山茶林场对蒙家河水系进行整治。这些农田小型水利项目对提升集团农产品生产经营水平、保障农业现代化建设可持续发展发挥了重要作用。

第一章 种植业产品生产经营

第一节 粮 食

粮食种植是光明食品集团现代农业的重要组成部分,粮食生产是集团农业种植业的主要产业。粮食种植以稻麦两熟制为主,夏熟作物主要是大麦和小麦;秋熟作物主要是水稻,少量种植大豆和玉米。光明食品集团充分发挥土地资源优势和规模化、组织化、科技化、产业化程度高的优势,粮食生产长期居上海郊区领先水平。

光明食品集团从事粮食生产的主要企业是:跃进有限公司、长江总公司、海丰总公司,以及2009年9月并入光明食品集团的上海农场和川东农场。五四公司和东海总公司、农工商投资公司所属练江牧场也有少量种植。2006年粮食种植总面积37.75万亩,2010年为58.42万亩。

一、主要产品

【粮食主要品种与产量】

水稻 2006—2010年间,光明食品集团常规水稻种植品种有30余个,其中武香粳14、武香粳19、武育粳3号、嘉花1号、银香18、宁粳1号、秀水123、秀水128、武运粳23等为主栽品种。2006年水稻种植面积21.47万亩,上海农场和川东农场归并光明食品集团后,2010年种植面积增至32.66万亩。

2006年,跃进有限公司和长江总公司种植有机水稻8 000亩,2010年为1.16万亩,品种为银香18、太湖糯等,常年亩产在450公斤左右。跃进有限公司种植的有机水稻分别通过国家环保总局有机食品发展中心(OFDC)和美国国际有机作物改良协会(OCIA)、美国有机工程(NOP)的论证。长江总公司有机大米先后获美国OCIA、日本JAS、美国NOP、欧盟EU等多个国际组织的有机认证。2008年海丰总公司开始种植有机水稻,种植面积4 802亩,2010年扩大到1.56万亩,品种为武育粳3号和泗稻10号,常年亩产350公斤以上。2009年通过国家环保总局有机论证中心的论证。

大麦 2006年后,集团大麦种植由饲料大麦为主转为种植啤酒大麦为主,2006年种植面积8.14万亩。上海农场和川东农场归并光明食品集团后,2010年种植面积增至11.82万亩。大麦种植以花11、花22、扬麦16等为主栽品种,常年亩产在420公斤左右。

小麦 小麦是夏熟主要作物。2006—2010年小麦种植品种有近20个,其中扬麦158、扬麦11、苏申麦1号、扬辐麦2号、扬辐麦3号等为主栽品种。2006年种植面积为8.12万亩,上海农场、川东农场归并光明食品集团后,2010年种植面积增至13.81万亩,常年亩产在450公斤左右。

其他作物(绿肥) 为提高耕地质量、增强土地肥力、优化茬口布局,集团有关农场在水稻前茬种植一定面积的绿肥,主要品种有紫云英、草木犀和少量蚕豆,常年种植面积保持在4万亩以上。2009年,市有关部门为减少农业污染,从源头上控制秸秆焚烧,配合办好2010年中国上海世博会,对绿肥种植补贴标准由原来每亩30元提高到150元,进一步调动了农场种植绿肥的积极性。上海农场和川东农场归并集团后,2010年绿肥种植面积增至8.91万亩。

表 2-1-1　2006—2010年光明食品集团主要粮食作物播种面积及产量情况表

年份	小麦			大麦			水稻		
	面积（亩）	单产（公斤）	总产（吨）	面积（亩）	单产（公斤）	总产（吨）	面积（亩）	单产（公斤）	总产（吨）
2006	81 235	451	36 637	81 440	429	34 938	214 737	576	123 689
2007	102 276	474	48 479	55 047	465	25 597	223 303	558	124 603
2008	104 151	486	50 617	51 240	477	24 441	232 041	591	137 136
2009	130 340	444	57 871	56 200	422	23 716	225 285	595	134 045
2010	138 093	436	60 209	118 158	396	46 791	326 637	561	183 243

表 2-1-2　2006—2010年光明食品集团各公司粮食产值情况表　　（单位：万元）

年份	跃进有限公司	长江总公司	东海公司	五四公司	练江牧场	海丰总公司	上海农场	川东农场
2006	8 879	10 431	583	46	50	11 544	—	—
2007	8 653	11 561	491	49	45	13 267	—	—
2008	10 347	13 841	628	181	107	17 253	—	—
2009	10 781	13 649	496	1 533	35	15 775	—	—
2010	13 150	16 067	585	1 788	235	19 859	13 358	5 790

表 2-1-3　2006—2010年光明食品集团有机水稻播种面积和产量情况表

年份	跃进有限公司			长江总公司			海丰总公司		
	面积（亩）	单产（公斤）	总产（吨）	面积（亩）	单产（公斤）	总产（吨）	面积（亩）	单产（公斤）	总产（吨）
2006	2 000	450	900	6 124	459	2 810	—	—	—
2007	2 000	475	950	6 124	459	2 810	—	—	—
2008	2 000	500	1 000	6 124	489.5	2 998	4 802	351	1 685
2009	2 000	495	990	9 464	436	4 126	4 802	363	1 743
2010	2 000	497.5	995	9 464	436	4 126	15 590	368	5 737

表 2-1-4　2006—2010年光明食品集团绿肥种植面积统计情况表　　（单位：亩）

年份	跃进有限公司	长江总公司	海丰总公司	上海农场	川东农场
2006	11 000	11 000	19 034	—	—
2007	13 500	13 500	28 270	—	—
2008	13 972	15 008	25 441	—	—
2009	8 461	11 202	41 422	—	—
2010	20 800	22 120	29 320	5 618	2 200

【良种引进和培育】

光明食品集团拥有良种繁育基地2万余亩,每年种子外销量占总产量的66%左右,种子品质在市场上享有较高声誉。集团组建成立以后进一步完善良种繁育体系,主要粮食作物实现新一轮品种更新。对长江、跃进、海丰三个良种繁育基地的仓库、场地、种子加工设备进行了更新改造,基本实现种子生产收割、加工、包装机械化。2008年上海农业部门出台麦子良种补贴政策,极大地调动了农民种麦的积极性。市场上一度出现大麦种子供不应求的状况,光明食品集团粮食种子企业想方设法对外提供了100多万公斤大麦种子,满足了广大农民生产用种的需求,种子质量得到了农户一致认可。

2009年,光明食品集团共生产稻、麦种子925万公斤,其中水稻自留种110万公斤,麦种子200万公斤。对外销售麦种子540万公斤,金额1 620万元;水稻种子75万公斤,金额225万元,成为华东地区重要的良种繁育、销售基地。

光明食品集团积极做好粮食新品种展示、试验工作,加速稻麦高产优质新品种推广。2007年经过三年小区试验,两年生产试验,水稻品种"99-15"通过上海市农作物品种审定委员会审定,定名为"武香粳14",并进行了大面积推广;水稻"9998-3"通过市农作物品种审定委员会专家鉴定。2010年由海丰总公司和扬州大学共同选育的海丰1号水稻品种通过上海市农作物品种审定委员会审定,开始在海丰总公司进行推广种植。

光明食品集团和上海市农科院联合成立了海丰农场稻米研发中心,在跃进有限公司建立了上海跃进稻麦良种繁育中心。长江总公司和跃进有限公司在良种繁育基地设立了上海市稻、麦新品种试验点,通过产学研合作平台,利用最新育种成果,每年引进30多种稻、麦新品系,经过试验、示范,保证了每年有2~3个新品种通过审定、推广。2006年海丰总公司引进由上海农科院生物技术研究所培育的啤酒大麦品种"海花1号"并进行多年试种,得到大面积推广。该品种具有高产稳产、耐肥抗倒、熟期适中、适应性广等特点。2007年引进由扬州大学农学院选育的苏申麦1号,通过小区试验和生产试种,获上海市农作物品种审定委员会审定。

引进和培育的水稻新品种 海丰1号,由江苏扬州大学与海丰总公司良种发展中心共同选育而成,该品种属迟熟中粳类型,2010年获上海市农作物品种审定委员会审定,当年在海丰农场推广种植6 000余亩。该品种主要特征特性:全生育期150天左右,叶片短挺,叶色淡绿,总叶龄17~18张,株高90厘米左右,分蘖力中等,成穗率较高,抗倒性较强,高抗条纹叶枯病,一般田块产量550公斤以上,高产田块产量达到600公斤。

武香粳14号,系复合杂交育成的早熟晚粳新品种,长江总公司2001年引进试种138亩,具有产量高、米质优、抗性好、易栽培的特点,已成为直播水稻的当家品种。特征特性:株高95厘米左右,苗叶细,叶色淡绿,株型紧凑,茎秆粗壮有弹性,穗型大,谷粒长,每穗总粒数130~140粒,结实率90%以上,千粒重24克~26克;分蘖性中等偏强。

宁粳1号(原名W001),属早熟晚粳稻,由南京农业大学水稻研究所以武运粳8号/W3668杂交,于2001年育成,2009年由上海市农场局农业技术中心引进,通过上海市农作物品种审定委员会审定。特征特性:株型集散适中,生长清秀,叶片挺举,叶色较淡,穗型中等,分蘖性较强,抗倒性较好,抗穗颈瘟、白叶枯病,感纹枯病,后期熟相好,较易落粒。据农业部食品质量检测中心2003年检测,该品种米质理化指标达到国标三级优质稻谷标准。

武香粳19号,由上海市农场管理局农业技术中心从江苏武进县农科所引进。特征特性:米质达到国标优质米二级标准。全生育期150—155天,生长整齐,株型适中,分蘖力中等偏强,成穗率高,抗倒性较强,田间病害轻。产量表现:2004—2005年示范种植面积2 955.6亩,平均亩产545.9公斤,比照武运粳7号增产2.9%。适宜上海郊区作单季晚稻或早茬口后季晚稻种植。

引进和培育的麦子新品种 海花1号啤酒大麦,由海丰总公司良种发展中心与上海市农科院以"花30"为母本,"99050"(育种中间材料)为父本杂交选育而成,2010年通过上海市农作物品种审定委员会认定。特征特性:属春性二棱大麦,全生育期206天,叶色深绿上举,株型紧凑,株高80厘米左右,根系发达,分蘖性强,成穗率高,芒长10厘米。后期抗倒性好,抗病抗寒性及耐盐性较强。该品种高产稳产性高,每穗实粒数28.2粒,千粒重50.3克,亩有效穗39.8万穗,亩产量475公斤左右。

苏申麦1号,系扬州大学农科院、上海农业技术推广中心和跃进有限公司用"0085"系统选育而成的白软筋麦,具有优质高产、繁茂性好、适应性广、抗逆性强等优点。2001年以来在上海、江苏部分县市和农场示范种植,适宜在长江中下游沙土地种植。特征特性:春性,中熟,主茎叶数11张左右,叶片宽,分蘖性较强,株高85厘米左右,基部节间短,茎干充实度好,抗倒伏性强。高抗锈病,纹枯病轻,中抗白粉病、赤霉病。籽粒品质优,品质比较稳定。2006年提取跃进有限公司和扬州大学作物栽培生理试验场种植的三个样品测定,对照弱筋小麦国家标准(GB 17893—1999),证明是生产优质饼干、糕点用的理想弱筋小麦。

二、种植技术

【水稻种植技术】

水稻是粮食种植业的主栽作物。集团各农场的水稻栽培方式经历了育秧移栽-大苗机插-大机直播-人工手直播-小苗机插-精量机条播等技术演变。2008年以前,以人工直播栽培为主,配以少量的小苗机插秧。人工直播虽然是一种省工、低本、高效的轻型栽培方式,但限制了水稻播种机械程度的提高,且播种均匀度较差,群体布局不尽合理,通风透光度差,影响了水稻的持续高产。长江总公司于2008年进行试种2 000亩水稻机直播的研究探索并取得成功,2009年全面推广精量机直播的栽培技术,2010年成为崇明地区各农场水稻主要播种方式。海丰总公司于2007年进行了水稻机械旱直播立苗、化除、播种试验及相关技术的研究,水稻机械旱直播技术逐年得到推广。

水稻栽培技术要点有高优品种、适期播栽、群体调控、肥料运筹。

调优品种:选择增产潜力大、抗逆性强、品质好的粳稻品种,以早熟晚粳为主,晚熟中粳为辅。

适期播栽:常规直播稻于5月25日至6月15日期间播种,小苗机插在6月上旬移栽。

群体调控:基本苗9万~11万株(直播)和6.5万~7.5万株(机插),高峰苗28万~36万株(直播)和25万~28万株(机插),成穗率达70%(直播)和80%(机插)。

肥料运筹:采用"稳氮、增磷、补钾"的原则。纯氮肥总用量控制在每亩18~21公斤,前氮与后氮的比例直播稻调整为5∶5左右,小苗机插调整为6∶4左右。

直播水稻 在播种前先对稻谷进行盐水选种、用"浸种灵"消毒、清水浸种催芽凉芽,以缩短播后的立苗期。以往的机械直播容易将芽谷轧断,长江总公司引进2BD-185GK带式精量条播机解决了这一难题。该机由江苏昆山市农机中心研制,每小时可播种6~8亩,且可以调节行距,落谷均匀。公司2008年引进99台,使精量直播水稻得到大面积推广。精量条播技术与其他直播方式相比,具有成本低,用种量少,基本苗可控,分蘖早,主茎与分蘖差异小,群体易控,水稻产量高等优点。

海丰总公司是上海最大的优质稻米生产基地,常年种植水稻面积在10万亩,机插面积达到100%。机插秧带来育秧费工、占用秧田、用工难、秧苗成活率低等问题,长期不能解决。海丰总公司从2007年开始进行水稻机械旱直播研究与实验。水稻旱直播是一种将水稻种植环节旱作化,实现水稻旱种水管的轻型栽培模式,具有省工、省钱、节能、增效等优势。公司利用现有农业机械,在代表性田块开展水稻旱直播立苗、化学除草、播种密度等试验以及相关技术的研究,初步形成了适合海丰地区水稻机械旱直播的高产栽培技术体系,为公司及周边农村发展水稻机械旱直播、实现水稻高产高效提供了科学依据。

直播水稻播种工艺流程:前茬收割→重耙→旋转犁干打→灌水泡田→平整→播前化除→保水待播。水稻种子处理操作流程:盐水选种→清水冲洗→"浸种灵"消毒浸种48小时→排水→音阶浸种1—2天(白天浸种、晚上脱水)→催芽→高温破胸→控温至芽长0.6厘米左右→用吡虫啉或锐劲特拌种→待播。海丰总公司在机械旱直播试验中,对农机作业程序进行了相应调整,采取前茬收割后的清茬、犁田、机播肥、交叉耙、旋耕、整平、复式播种机播种等操作流程,为水稻机械旱直播提供了宝贵经验。

崇明农场机直播稻5月23日左右开播,6月12日结束;人工直播在5月25日左右开播,6月15日结束。不同品种的播种顺序按照水稻特性来确定。用种量为:6月5日前播种用种量6公斤左右;6月6—10日用种量6~6.5公斤;6月11日以后用种量6.5公斤~7公斤。播种田块面积一般为3亩~4亩,需要耙旋深匀,田面平。每亩施艾美肥7.5公斤~10公斤,然后进行机器开沟。加强水浆管理和肥料运筹,根据土壤理化特点,化肥品种仍采用"稳氮、增磷、补钾"。氮肥前后比例各50%,中期严格控制氮肥。做好化学除草,防病治虫工作。

机插水稻 2005年跃进有限公司开始进行武香粳水稻品种小苗机插试验。小苗机插能有效控制除草剂过量使用,克服人工栽插基本苗不足,缓解了劳动力和季节的矛盾。2006—2008年,集团主持水稻高产高新技术集成创新示范工程,把机械化插秧列为8个子课题之一,机插秧技术迅速得到推广。跃进有限公司三年间机插面积达1.5万多亩;长江总公司2006—2010年机插面积近5万亩。

2010年,海丰总公司、上海农场、川东农场水稻机插推广面积15.9万亩,占总面积的82.81%;光明食品集团市郊农场推广面积达到3.3万亩,占总面积的17.19%。针对机插秧分蘖发生期偏迟、成穗率偏低和穗型偏小等特点,在田间管理上采取"前促、中控、后补"的肥水管理方法。做到大田耕耙精细,田面平整,上糊下实,隔夜插秧;抢抓季节适时移栽,插秧均匀,适当密植;精确定量施肥,合理调控水层;根据病虫草害测报及品种特性,及时有效地进行病虫草害防治。

表2-1-5 2006—2010年长江总公司水稻播种统计情况表 (单位:亩)

年　份	机插秧	机直播	人工直播
2006	6 000	55 735	61 735
2007	10 022	54 693	64 715
2008	15 018	25 862	23 835
2009	10 010	55 605	65 615
2010	8 000	58 019	400

表 2-1-6　2006—2010年海丰总公司水稻播种统计情况表　　　　　　　　　　　（单位：亩）

年　份	机插秧	机直播	合　计	备　注
2006	11 278	75 815	87 093	—
2007	7 070	82 304	89 374	—
2008	98 400	—	98 400	
2009	27 527	58 033	86 796	1 236（其他）
2010	3 500	82 107	85 957	350（其他）

随着水稻栽培模式的演变，育秧技术也经历了从水育秧到旱育秧的过程，形成了工厂化水稻育秧技术，其技术要点有：

营养土准备。选择土壤肥沃、盐分0.9‰以下经冬前培肥的冬闲水稻土作盘土，取底土前拌壮秧剂500克/亩，然后进行粉碎过筛作底土，做到土干、细碎，壮秧剂要拌匀。

秧池准备及要求。机插秧秧田与大田比为1：80，秧池选择地势平坦、进水方便、机耕道运输方便的地块。在秧池水耖、旋耕、游平后，排水沉淀，待土壤硬实后再做秧板。

种子处理。浸种前晒种杀菌1—2天，用1：1.12盐水选种，并用清水冲洗。浸种时根据种子量加水到浸种池，用柠檬酸将水酸化，再加入浸种药剂，搅拌均匀后加入种子，浸足60小时，并调节好浸种池内上下温度与水中氧的含量。

播种要求。依据发芽率与千粒重计算每盘播种量，确保每盘秧苗为3 700～3 900株。在播土、喷水、播种、覆土流通环节调试正常后进入待播状态，并对秧盘进行消毒。

秧盘暗化和摆盘盖膜。播好的秧盘堆放在平坦高地上，在封闭、遮盖油布的条件下保湿增温。水稻齐苗至1厘米搬盘，盖好薄膜，四周密封，以提高秧苗整齐度。

秧池管理。秧苗见绿之前重点抓好温度、湿度管理。依温度高低，在秧苗1叶1心到2.1叶之间揭膜并保持湿润。插秧前1—3天排水，促进秧苗盘根，以便起秧和机插。搬盘前一天或半天，每亩秧田撒施10公斤复合肥，带肥移栽。揭膜后做好灰飞虱、稻瘟病、叶瘟和水稻纹枯病的防治工作。

有机水稻　为确保有机农产品的生产加工质量，有机水稻生产企业制订了《有机水稻生产规程》，对有机水稻的生产环境、种子处理、秧田育苗、虫草防治、肥水管理、污染控制、收获储藏等明确了技术要求。

有机水稻的产地环境必须符合GB/T 19630和OFDC-D08-02.1的规定；种子选择符合GB/T 19630、OFDC-D08-02.1和GB 4404.1的规定；土壤培肥和病虫草害防治必须符合GB/T 19630和OFDC-D08-02.1规定，使用的肥料应通过有机认证或经认证机构许可。有机和常规粮田之间必须设置缓冲带或障碍物，保证有机地块不受污染。作物秸秆是有机肥源，应直接还田，禁止焚烧处理。禁止在有机生产中使用基因工程生物及其产物。实施严格的土壤培肥措施，有机水稻与豆科绿肥紫云英轮作。根据目标产量要求和水稻需肥规律，用足基肥，在拔节期稳施穗肥，施用适量的有机肥。有机水稻病虫草害防治以农艺措施为主，制定合理的轮作和多样化种植计划，重视生物和生物多样性的保护，通过释放天敌如寄生蜂来防治虫害，并采用稻田养鸭等方法防治病虫草害。搞好种子消毒，防止种子带菌。禁止使用化学合成的杀虫、杀菌、除草农药。加强栽培和肥水管理，进行人工除草灭虫。《有机水稻生产规程》还对育秧、大田整地灭草、大田水浆管理、污染控制、有机水稻收获、运输、储存等技术要求作出了明确规定。

有机水稻育秧技术：长江总公司采用区域内循环式有机耕作模式，运用水稻害虫天敌的保护、饲养、释放技术，建立有害生物的生态控制系统；运用系统内生态培肥技术，满足有机水稻生长的生理所需；引进日本生物活性水和冰温保鲜技术，保持有机米常年新鲜的品质。

【麦子种植技术】

集团夏熟作物主要是麦子，提高麦子单产水平的关键举措是贯彻叶龄模式的栽培路线，引入群体质量栽培理论及优化控制技术，主推大麦花22、沪麦16，小麦苏申麦1号、扬辐麦2号、扬麦11等优良品种，优化良种栽培技术和最佳播种季节。大小麦种植比例为3.5∶6.5，依据麦子品种的特性和不同播种期合理调整基本苗，确定用种量。

农机作业尽量满足对麦子生产的要求，杜绝烂耕、烂种和失墒播种现象的发生，真正做到农机高质量、标准化作业；农艺积极为农机优质作业创造条件，根据土壤肥力普查监测资料，不断完善麦子肥料运筹技术。一是在麦子生长期中氮、磷、钾投入总量及配比上，根据土壤供肥能力和气候特点、苗情动态进行科学调整；二是在麦子生长期中各阶段用肥分配上，依据叶龄模式和群体结构有针对性地进行优化，做到掌握苗情，适期适量用肥，充分挖掘穗肥的增产效果。重视健全麦田沟系配套和苗期调控措施，以降低地下水位，控制早茬麦的旺长。

依据杂草演变趋势和病虫发生新特点，建立高效安全的病虫草害控制体系，调整防控技术，吸收和引进先进的防治手段，提高病虫草害防控效果。根据山东大学的"精量匀播，控制群体发展"和江苏农学院的"小群体、壮个体、高积累"配套技术，通过合理组合播期和密度，提高播种质量，加强肥料运筹和群体促控，畅通沟系保叶养根，形成比较成熟的麦子基本苗及用种量、肥料运筹、植保措施、农机作业等方面的规范流程。

跃进有限公司2007年10月与上海市农业科学院、上海市农业技术推广中心联合召开"麦子高产技术研讨会"并作"依托科技创新强化管理，促进麦子持续高产高效"的经验介绍，专家们对跃进有限公司麦子高产技术予以高度评价。2009年光明食品集团所属市郊农场根据市农委的计划和要求，开展了麦子高产创建活动，合计面积为2.43万亩，麦子平均亩产量达到500公斤以上，居上海郊区前列。

麦子种植技术有调优品种、高产结构、适期播种、耕翻机播、沟系配套、群体调控、肥料运筹。

调优品种：主推花22、花11等大麦和"扬麦系统"小麦。

高产结构：亩均实粒总数达1 200万，主攻500公斤的高产。大麦穗数52万，每穗实粒23粒，千粒重46克。小麦穗数28万，每穗实粒≥45粒，千粒重43克。

适期播种：上海市郊10月25日—11月15日、域外10月20日—11月10日播种。小麦播两头，大麦播中间。

耕翻机播：采用机械化一条龙播种的作业方法。

沟系配套：三沟配套，一级深一级，地下水位控制距地表1.2米。

群体调控：每亩基本苗大麦15万～18万株；小麦9万～13万株。5叶1心至6叶1心进入越冬期。高峰苗数大麦为70万～90万株，小麦为50万～58万株。

肥料运筹：采用稳氮（每亩纯氮18公斤左右）、增磷钾的原则，氮肥前后期比例为6∶4。

【绿肥种植技术】

紫云英　紫云英又名红花草，是重要的绿肥、饲料，也是主要绿肥品种。上海郊区最佳播种期为每年9月下旬至10月上旬,通常在水稻收获前套种。对紫云英种植过程中出现的蚜虫、蓟马等虫害,可分别采用石硫合剂、苦参碱水剂等进行防治。在田间管理上,通过及时处理返青稻草,加强水分管理,抓好肥料运筹,适时翻耕埋青,可大幅度提高鲜草产量。

蚕豆 蚕豆为一年生或越年生豆科草本植物,是粮、菜、肥、饲料兼用型作物,由于种子成本较高,现作为绿肥种植的较少。蚕豆适合温暖而略湿润的气候,需水较多,但又不能受渍,耐寒性较差,也不耐高温和干旱。蚕豆适宜耕层有机质含量高、排水良好的黏质壤土或比较肥沃的砂质壤土栽培,对盐碱地的忍耐力好于紫云英差于金花菜。

草木犀 草木犀是一年或二年生豆科草本植物,不仅是重要的饲用作物,也是很好的绿肥作物,具有保持水土、防风固沙的作用,是海丰总公司的主栽绿肥。草木犀种子小,出土力弱,整地宜深耕细耙,地平土碎后播种。播前应将种子与沙混合揉搓或用石碾擦伤种皮,使其容易吸水且发芽快而整齐。条播、撒播、点播均可。播前应施足基肥,如遇蚜虫、盲蝽象、潜叶蝇等害虫,可用乐果、敌百虫等防治;如有白粉病和霜霉病,可用波尔多液、石灰硫黄合剂等进行防治。

【秸秆机械化还田后的作物栽培技术】

从2009年起,为迎接上海世博会召开,改善上海地区生态环境,光明食品集团种植业实行作物秸秆全额机械化还田技术。该技术可一次完成秸秆切碎、灭茬、混合和覆盖,还田的秸秆在一个生长季内全部腐烂,部分被当季作物生长所吸收,不仅大大减少化肥施用量,增加土壤有机质,而且可以解决田间焚烧秸秆带来的大气污染危害。

大量秸秆翻埋入土后,改变了原有土壤环境结构,土壤微生物活动又带来了土壤化学性状的一系列变化。因此,必须通过适当的农艺措施来协调秸秆分解和后茬作物生长的关系。海丰总公司在实践中探索运用富有成效的稻麦田配套农艺措施。

水稻秸秆机械化全额还田后麦田配套措施 稻茬秸秆还田比麦茬秸秆还田操作简单、埋草效果好,对后茬作物几乎没有影响,增产效果明显。

肥料运筹:施足基肥,以复合肥加尿素为佳,先施肥后翻埋秸秆,亩施复合肥25公斤,再补充10公斤尿素作氮肥。施好苗肥,于叶龄1.8叶期施尿素7.5公斤/亩,促进分蘖。增施拔节孕穗肥,一般在高峰苗过后,每亩施尿素10公斤,有利于形成壮秆大穗。

镇压:秸秆还田后,短期内会在表土层下形成一定厚度的草层,对土壤水分运动产生一定影响。因此,播种时用镇压磙进行镇压,保证麦子齐苗。

麦子秸秆机械化全额还田后稻田配套措施 水层管理:随着大量麦秸秆埋入土中腐烂,会产生硫化氢等气体。这些气体对水稻根系产生一定的毒害作用,需采取干湿交替的灌溉方法及时释放有害气体,促进水稻分蘖。水稻生育前期,直播稻田间以湿润管理为主,确保一次齐苗全苗;机插秧移植3天后,应及时露田增氧、排除毒害气体。水稻生育中期应及早搁田使土壤沉实。水稻生育后期以间隙灌溉为主,做到保水透气。

肥料运筹:麦草全量还田后,前期的秸秆分解会耗用土壤中大量的速效氮,后期会缓慢分解释放。针对这一特点,必须调配肥料运筹,采取"重两头控中间"的施肥策略。

病虫草害防治:麦草全量还田耕翻有利于清除田面杂草,但在水稻种植后仍需防除杂草危害,直播稻杂草防除要做到"一封、二杀、三挑";机插秧移植后4—5天撒除草剂,保持水层3—5天。及时防治病虫害。

【病虫害防治和化学除草技术】

光明食品集团粮食种植业由于地域跨度、气候变化较大,造成农作物病虫害种类较多,因此在实行常年稻麦轮作的同时,采用病虫害兼治和综合防治策略,做好田间病、虫、草害防治工作。

水稻病虫害防治和化学除草 水稻主要虫害有:灰飞虱、褐飞虱、稻纵卷叶螟、稻苞虫等;水稻主要病害有:条纹叶枯病、稻瘟病、稻纹枯病、白叶枯病、稻曲病等。

2007年是纵卷叶螟、灰飞虱等水稻虫害的特大发生年,严重威胁了水稻生产。上海市农场局农业技术中心提前建立病虫害预警系统,先后5次转发市农委紧急防治明电,及时发布《农场虫情预报信息》12期,上报市农委、市农技中心《光明食品集团农田虫情信息》25期,召开12次防治技术与新农药应用现场会,稻纵卷叶螟、灰飞虱防治面积达220万亩次,全面控制了稻纵卷叶螟与飞虱危害,为水稻丰产丰收奠定了基础。

针对灰飞虱、稻纵卷叶螟、褐飞虱等虫害对一些农药产生抗药性,防治难度越来越大的情况,上海市农场局农业技术中心提出了长效与速效相结合、杀虫与控卵兼顾的配药原则,设计了6套农药混配方案,使集团当年22万亩水稻的稻纵卷叶螟二代白叶率基本控制在5%以内,三、四代的白叶率基本控制在2%以内;条纹叶枯病发病率控制在1%以下。

水稻主要杂草为稗草、千金子、双穗雀稗、杂草稻、鳢肠、节节菜、水苋菜、鸭舌草、丁香蓼、异型莎草、水莎草、扁秆藨草等。集团各农场全面推广使用稻田除草剂"稻杰",为防治稻田难治杂草红根稗以及高龄稗草发挥了显著作用;通过使用氰氟草酯(千金)在苗期作茎叶处理,有效解决了农场双穗雀稗容易复发的难题;使用恶草灵替代丁草胺,解决早期水稻成苗率低的矛盾;通过中期封闭处理,有效控制了后期稻田杂草的发生量。

麦子病虫害防治和化学除草 防治麦子白粉病主要在三四月份合理运筹肥料、及时清理沟系,以降低田间湿度,减轻田间发病程度。使用20%粉锈宁或36%纹霉净等高效低毒农药进行防治。

4月份连续阴雨是造成麦子赤霉病流行的主要因素。因此,要做好因苗施肥,增强麦子抗病性,减轻赤霉病的发生。使用36%纹霉净75-100或40%多菌灵进行防治。

麦类黑穗病是种子传染的病害,防治方法是每500公斤种子用6%立克莠湿拌剂250克兑水,用喷雾机均匀喷拌,闷种6—8小时后播种。

麦子蚜虫会造成叶片枯黄、分蘖减少、后期引起麦粒不饱满。苗期与穗期防治主要采用药剂18%蚜虱宁80克或10%吡虫啉50克防治。

黏虫是迁飞性害虫,2月底至3月迁入市郊农场产卵,孵化后危害麦子叶片和穗头,防治药剂是48%乐斯本30~40毫升。

麦子杂草主要有看麦娘、日本看麦娘硬草、早熟禾、棒头草、菌草、大巢菜、猪殃殃、牛繁缕等。防治麦子杂草的方法主要是在麦子播种后及时进行土壤大机喷雾处理,药剂为43%拉索乳油100毫升+50%异丙隆粉剂150克/亩。麦田除草的主导农药有新药"麦喜""麦极"以及老药新用的"绿麦隆"等。光明食品集团所属农业企业一般采用土壤药剂封闭和苗期茎叶处理,具有控制麦田草害发生的显著效果。

病虫害测报 上海市农场管理局农业技术推广中心与光明食品集团所属农业企业建立两级病虫害预测预报体系和病虫害预警系统,积极开展新农药、新技术试验示范,积累大量第一手资料。基层农业企业设立农作物病虫测报小组,负责定点调查、监测和预报田间病虫害发生动态,主要测报水稻、二麦等农作物田间病虫害发生的时间、种类、动态、危害程度、防治效果等。基层农业公司建立农业有害生物检测实验室,通过杀虫灯诱蛾、性诱剂诱杀、糖醋钵监测、田间调查取样等多种方式及时测报病虫害。

【有机肥料生产技术】
　　有机肥料主要以稻麦秸秆、谷糠和畜禽粪便为原料,经生物发酵菌降解、发酵、腐熟加工而成。根据上海市人民政府《关于实施上海市2006—2008年环境保护和建设三年行动计划的决定》要求,进一步加强农业面源污染治理,大力推广使用有机肥,减少化肥农药使用量,有效降低农业面源污染负荷,改善农田生态环境。光明食品集团加快有机肥料生产步伐。2010年光明食品集团有机肥施用量为25.8万吨,施用面积17.26万亩;其中商品有机肥3.66万吨,施用面积6.44万亩。

　　2008年跃进有限公司投资800万元扩建年产1.5万吨的有机肥料加工厂,工厂占地面积2.53万平方米,建筑面积5 080平方米。肥料厂拥有大型电动搅拌机、装载机、高速粉碎机、有机质高速发酵处理设备等。生产工艺流程是:选料备料→搅拌接种→成堆发酵→翻堆充氧→干燥粉碎→制料加工→包装检测→成品入库→贮存→销售。

　　长江总公司有机肥料厂于2002年10月建成投产,年生产规模在1万吨左右。2009年有机肥料厂改扩建为"长江畜禽粪便处理中心",占地面积2.72万平方米,建筑面积为5 480平方米,总投资1 042万元。设计年处理畜禽粪便6万吨,生产商品有机肥2万吨,2010年5月建成试生产。该中心拥有5个发酵车间、4个成品仓库、2个原料露天晒场,1个搅拌车间以及移动式搅拌机、翻堆机、输送机、造粒机等设备。

　　上海农场有2个有机肥料厂,农场借鉴吸收欧盟猪场废弃物处理技术,建设沼气发电系统和灌溉管网系统,将猪场废弃物经厌氧发酵无害化处理后作为有机肥还田,增加土壤有机质含量。据初步统计,农场每万头生猪每年可满足1 800余亩土地对氮肥的需求。

　　川东农场所属申川有机肥厂具有年产万吨有机肥能力。农场实行种植业内部和种植、养猪循环,作物秸秆回收粉碎后与猪粪搅拌混合并添加功能性微生物菌种,通过发酵生产出微生物有机肥,废弃物用于沼气发电,沼液经灌溉水渠稀释后直接还田用于水稻生产。位于农场第四作业区和畜牧三分场的循环农业核心示范区已基本建成,该示范区集成了生态种植、生态养殖、立体种养、秸秆粪污的综合循环利用和数字农业等系统,构建了清洁化生产、资源化利用、减量化排放、无害化处理的低输入、少排放、再利用生态循环农业模式。

【粮食种植业科研和推广服务体系】
　　科研组织及科研平台　　主要有上海啤麦细胞工程研发中心、上海跃进稻麦良种繁育中心、长江现代农业技术研发中心、上海优质稻米工程研究中心。

　　上海啤麦细胞工程研发中心于2006年由海丰总公司和上海农科院合作组建。中心成立后发挥人才、技术优势,聘请南京农业大学、江苏农科院专家教授为技术顾问,以现代细胞工程育种为手段,着力开展优质啤酒大麦的选育、扩繁和推广,为海丰总公司拓展夏粮种源化提供技术支撑。

　　上海跃进稻麦良种繁育中心成立于2008年1月,由光明食品集团和上海市农业科学院合作组建。中心按照农业产业化要求,形成稻麦良种选育、种植、加工、销售"一条龙"体系,培育一批高素质的农业科技队伍。该中心以选育生产抗条、香型、丰产稳产水稻品种和大小麦种子为主,拥有60亩核心育种基地,在跃进、红星农场建立两个扩繁基地,总规模达3 000余亩,投资建设了良种繁育实验中心,引进了水稻新材料分子生物检测和稻米品质检测等科研设备,实验条件达到上海市先进水平。

长江现代农业技术研发中心于2009年6月开工建设,2010年9月建成,总投资1952万元,占地面积30亩。研发中心功能定位是:围绕崇明地区现代农业的发展,搞好配套的技术服务、技术引进、技术推广、技术创新、技术交流和技术培训工作,集实验、研究、办公、培训、服务、学术交流、展示为一体,并创造条件成为高等院校的教学研究协作基地和国内外有关单位合作研究开发的基地。中心设立农业技术开发部、土壤环境技术部、病虫生态控制技术部、作物育种研究部、现代农业信息情报部、农业综合服务部、专家工作站、生物防治中心,各部配置相应的实验室。

上海优质稻米工程研究中心于2010年12月经上海市农委批复同意,在上海跃进有限公司成立。该中心主要承担上海地区优质稻米的选育、生产和推广,提升优质稻米生产水平,提升粮食生产技术和人才储备,发挥国有农场在现代农业发展过程中的示范引领作用。

农业科研重点项目 主要有水稻高产高新技术集成创新示范工程、稻麦粮食万亩高产创建活动、崇明地区现代农业基地。

水稻高产高新技术集成创新示范工程是2006—2008年由光明食品集团主持,上海市农业技术推广服务中心、市农科院、市农机研究所、农场局农技中心和长江农场、跃进农场共同参与的市级科技兴农重点攻关项目。该课题研究宗旨是探索建立适合上海地区水稻高产、优质的集成创新技术体系。通过2006—2008年大面积的集成攻关和示范应用,课题在良种繁育与茬口配置、群体质量栽培、机插秧技术、病虫害防控、杂草综合治理、精准施肥技术等八个方面取得重大技术成果,全面提升了上海市粮食生产水平。该项目于2010年获上海市科技进步奖二等奖。

稻麦高产创建活动是光明食品集团推进粮食生产的一项重要举措。各农场把新品种筛选推广、病虫害预警和综合防治、低毒高效农药示范应用和测土配方施肥技术、群体质量栽培技术规程应用以及粮食生产全程机械化作业配套技术等大量应用到粮食生产上。2009年和2010年,跃进有限公司和长江总公司的麦子及水稻万亩高产示范方连续两年获上海市高产优秀示范方一等奖。2009年共创建2个麦子高产万亩方、10个百亩方,合计面积2.43万亩。创建4个水稻高产万亩方、10个千亩方、60个百亩方,合计面积6.92万亩。经上海市专家验收组现场验收,麦子高产方平均亩产量达到500公斤以上,水稻高产创建丰产方实现亩产700公斤目标。2010年根据上海市农委安排,创建2个麦子高产万亩方、6个千亩方、20个百亩方,合计面积3万亩;创建水稻5个万亩方、8个千亩方、51个百亩方,合计面积7.93万亩。经市农委组织专家进行现场实割测产,万亩示范片小麦平均亩产量达到460.5公斤。

崇明地区现代农业基地是在上海市政府及市农委的支持下,光明食品集团和崇明县人民政府共同建设。基地总面积约135.34平方公里,其中长江总公司面积为100.54平方公里,形成"以设施粮田为特色,以绿色、有机稻米生产为主体的崇明北部现代农业产业带"。

上海万事发实业总公司作为粮食生产龙头企业,建立了稻米技术研发中心,在水稻品种引进选育和推广、水稻有机栽培技术的研究和应用、优质大米的加工包装和市场开发等方面做精、做强和做大。2009年建设区域面积2.71万亩,完成了大屏展示系统、气象收集系统、田间视频采集系统、水稻生产管理信息系统开发,体现了光明食品集团在加快上海农业现代化建设方面的示范作用和服务"三农"的社会责任。

建立外省市粮食生产基地 主要有黑龙江富锦市优质水稻生产基地、江西省万载县茭湖有机水稻生产基地、黑龙江农垦总局建三江分局有机水稻生产基地。

黑龙江富锦市优质水稻生产基地于2009年由跃进有限公司与黑龙江省富锦市国有头兴农场

合作建立,有机稻米生产基地面积为3 000亩,探索"公司+基地"的粮食生产模式。该基地位于黑龙江三江平原腹地,属草甸黑土类,土壤有机质含量5%,适合种植有机水稻。基地按照跃进有限公司有机水稻生产技术操作规程,选用适宜当地种植的优质、高产、抗病和抗逆性强的龙粳20、龙粳8号、空育131为主要品种。第一年从科研单位和专业种子公司引进种子,第二年在基地自繁提纯。基地生产的稻谷由跃进有限公司根据议价。

江西省万载县茭湖有机水稻生产基地于2008—2009年由长江总公司所属上海万事发实业总公司与江西省万载县茭湖镇有机食品开发有限公司共同建立,有机稻米生产基地面积1 000亩。万载县自然环境优越,生态保护良好,适合种植有机水稻,被国家环保总局定为"全国四大有机食品生产基地"之一。以茭湖镇为龙头的有机食品基地生产的优质稻有机农产品已通过欧盟认证,基地种植由上海万事发实业总公司提供的"瀛丰一号"有机水稻品种,实施上海万事发实业总公司生产技术操作规程,基地所生产的稻谷由上海万事发实业总公司收购销售。

黑龙江农垦总局建三江分局有机水稻生产基地于2009年由上海万事发实业总公司与黑龙江农垦总局建三江分局合作建立,有机稻米生产基地面积3 000亩,基地位于富锦、同江、抚远、饶河两市两县交界处的三江平原腹地。建三江分局从2007年开始生产有机水稻,已取得OFDC有机认证证书,产品质量标准达到杂质≤0.2%,精度为特等。建三江分局基地有机水稻种植以空育131为主要品种,基地生产的稻谷由黑龙江农垦胜利粮油食品有限责任公司加工,上海万事发实业公司根据合同收购销售。

【农田基础设施建设】

上海市农业委员会、上海市财政局、上海市水务局于2005年4月提出《关于本市百万亩粮田基础设施建设的实施意见》,到2007年在上海市郊区建成基础设施配套的百万亩优质粮田和1.5万亩设施菜田,确保郊区粮食和蔬菜生产的稳定。

跃进有限公司1.5万亩粮田被列入2005年首期基础设施建设项目,总投资1 800万元,2006年4月竣工。整个工程共修建地上水泥干渠14.75公里,水泥支渠104.35公里,水泥机耕路15.68公里,砂石机耕路12.77公里,平整土地1 214亩。2006年跃进有限公司和长江总公司共进行了3万亩(各1.5万亩)设施粮田项目建设。2007年海丰总公司进行了3万亩设施粮田建设,项目内容为新建砂石路长37.35公里,面积19.0万平方米,新建混凝土道路长3.87公里,面积1.55万平方米,平整土地10 084亩,新建混凝土干渠29.76公里,混凝土支渠116.89公里等,总投资3 300万元。海丰总公司2009年设施粮田建设面积为1万亩,投资1 637.33万元。光明食品集团专门成立设施粮田建设工程项目领导小组,跃进有限公司、长江总公司、海丰总公司分别建立项目指挥部,全面负责设施粮田和农业综合开发土地治理项目建设的组织实施。

2007年后,上海市设施粮田建设项目统一纳入国家农业综合开发土地治理项目(简称"国家农业综开项目")。2007年跃进有限公司和长江总公司共实施3.6万亩(各1.8万亩)国家农业综开项目,投资3 600万元。

2008年,跃进有限公司和长江总公司共实施3.36万亩(各1.68万亩)国家农业综开项目建设,项目投资由原来3 696万元追加至5 396万元。

2009年,跃进有限公司分别进行了1.32万亩和1万亩两个国家农业综开项目,投资额分别为2 112万元和1 613.12万元。2009年长江总公司实施国家农业综开项目面积1.32万亩,投资2 112万元;2010年实施1万亩国家农业综开项目,投资1 600万元。

光明食品集团 2009 年完成国家农业综开项目 3.36 万亩,总投资 5 376 万元。2010 年组织、上报土地治理项目 3.64 万亩,总投资 5 837.12 万元。2006 年至 2010 年间,光明食品集团共完成设施粮田建设项目和国家农业综开项目面积 28.64 万亩。

三、企业选介

【上海跃进现代农业有限公司】

上海跃进现代农业有限公司(简称"跃进农业公司")隶属光明食品集团上海跃进有限公司,前身是 1960 年 9 月成立的上海跃进农业公司,后更名为上海兴欣农业管理总站,2003 年 7 月更名为上海跃进农业管理总站。2008 年 1 月上海跃进农业管理总站与原上海市瑞华实业公司合并,组建新的上海跃进农业管理总站;2008 年 8 月更名为上海跃进农业有限公司,2009 年更名为上海跃进现代农业有限公司。

跃进农业公司为独立法人的国有独资企业,实行董事会领导下的总经理负责制。2006 年年底,职工在册人数为 457 人,其中在岗职工 387 人;2010 年年底,职工在册人数为 517 人,其中在岗职工 507 人。公司地处崇明生态岛西北端,拥有设施粮田 6 万余亩,建有国内较先进的环保型米业加工中心,主要生产、加工和销售"自然之子"银香 18、"自然之子"晶润香、"自然之子"禾香大米及"自然之子"崇明土特产品等系列农副产品,常年加工量在 1 万吨以上。公司通过了 ISO9001 质量管理体系认证、有机食品认证和大米、杂粮 QS 认证。

跃进农业公司以区域化布局、产业化经营、集约化生产、标准化管理、市场化发展为经营理念,以"高效、生态、优质、安全"为目标,突出种源农业,突破米业规模,积极发展休闲观光农业,充分利用集约化生产的优势,发展高效低碳生态农业,加强设施良田建设和粮食生产技术研究,加大农业机械装备投入,拥有国内先进的农机设备;创新"产学研"结合的发展模式,探索秸秆资源循环应用、优质稻麦良种繁育和稻麦高产栽培模式,常年稻麦粮食亩产达到吨粮水平,2006—2010 年多次参加国家农业部稻麦粮食高产创建示范评比,成为上海市郊粮食生产的"领头羊"。

表 2-1-7　2006—2010 年跃进农业公司粮食产量统计情况表

年 份	麦 子		水 稻		合 计	
	单产(公斤)	总产(吨)	单产(公斤)	总产(吨)	单产(公斤)	总产(吨)
2006	459	21 802	609	31 636	1 068	53 438
2007	489	18 817	568	29 745	1 057	48 562
2008	499	18 929	608	31 581	1 107	50 510
2009	462	20 087	616	34 764	1 078	54 851
2010	461	16 972	621	36 574	1 082	53 546

跃进农业公司加强与科研院校的合作与交流,聘请扬州大学专家教授指导稻麦粮食生产,建立农业部作物栽培生理重点实验室、扬州大学功能基因组学重点实验室、上海师范大学植物分子遗传学实验室等实习基地,与上海市农委、上海市农科院合作成立了"上海优质稻米工程研究中心"和"上海稻麦良种繁育中心",与中国水稻研究所合作建立了"中国水稻研究所上海试验

站",重点研发适合上海及周边地区的抗条、优质、香型水稻品种,发展现代种源农业,提高稻米品质。

跃进农业公司加强商业模式转型,新建米业中心包装车间,在上海市区建立市场部,开设两家专卖店,进入世纪联华等大型超市卖场,在黑龙江富锦市等地建立优质稻米生产基地。2009年,开始举办"'自然之子'跃进行丰收节"活动,大力发展农业观光旅游。

跃进农业公司独特的区域环境和生态环境,使"自然之子"银香18有机米等粮食产品具有独特的清香和口感,在上海市米质评比中获银奖,并连续多次参加国际农副产品博览会,成为2010年世博会推荐供应的农副产品品牌和世博安保局专供大米。

2010年,公司新组建跃进食品有限公司,对崇明生态岛土特产品和"自然之子"系列产品进行集成生产和销售。

表2-1-8　2006—2010年跃进农业公司企业经营绩效情况表　　　　（单位:万元）

年　　份	2006	2007	2008	2009	2010
营业收入	5 007.2	9 014.2	9 886.6	11 024.4	20 573.0
主营业务收入	5 001.3	7 330.0	8 811.4	9 974.8	20 063.2
利润总额	604.0	5 456.6	4 350.3	4 210.7	5 197.8
净利润	604.0	5 456.6	4 350.3	4 209.3	5 195.1
产　　值	5 351.3	7 733.2	9 375.4	10 651.2	21 066.4

跃进农业公司努力建设以人为本的和谐企业文化,推进职工素质工程,制定《跃进现代农业公司员工手册》,与员工共享企业发展的成果。2008年四川汶川大地震,公司向灾区捐款50万元。

主要荣誉:2005—2006年度、2007—2008年度、2009—2010年度上海市文明单位;2004—2006年度上海市劳模集体;2008年上海市文明班组;上海市水稻高产创建评比一等奖(2009年5月);上海市农业产业化重点龙头企业(2010年1月);2010年"自然之子"大米被评为"上海名牌";"自然之子"大米获2009年度、2010年度上海市米质评比二等奖。

【上海万事发实业总公司】

上海万事发实业总公司(简称"万事发公司")原是上海市前进总公司下属农业企业,成立于1993年1月。2003年5月农工商集团决定将东风总公司、长江总公司和前进总公司三家公司合并,组建成立新的长江总公司,上海万事发实业总公司成为长江总公司下属企业。同年,原东风总公司下属东瀛绿色开发有限公司和长江总公司下属农业总公司归并至上海万事发实业总公司。2004年9月东旺总公司合并至长江总公司,长江总公司又将东旺总公司下属东瀛农业有限公司归并至上海万事发实业总公司。

万事发公司是独立法人的国有独资企业,公司主要从事水稻、麦子种植,兼营绿肥、林业、生猪和水产养殖等。公司地域面积近120平方公里,耕地面积近8万亩,其中有机基地6 000亩。公司总资产1.05亿元。2007年年底,万事发公司职工在册人数345人(在岗职工346人);2010年年底,职工在册人数342人（在岗职工333人），具有大专以上学历的技术人员127人，其中高级职称10人。

万事发公司以高效、生态、绿色、循环农业为发展目标。1997年公司被国家计委列入国家级崇明绿色食品园区。2007年6月崇明县和光明食品集团确定以长江农场万事发公司与毗邻的新河、竖新两镇9个行政村共建"崇明地区现代农业基地"。截至2010年年底，长江现代农业基地已完成10万亩基础设施粮田、8 000亩上海市标准化水产养殖场、2个上海市标准化养猪场建设改造任务，完成农机三年更新计划，新建了长江农机中心、现代农业科技研发中心和畜禽制品加工中心，完成了大米加工厂改扩建工程，基本实现了农业生产物质条件的现代化、专业化、区域化。习近平和俞正声在担任中共上海市委书记期间，先后考察了该公司的现代农业示范基地并给予充分肯定。

万事发公司以种植水稻、大豆、麦子、绿肥为主，一年二熟，全年粮食总产6.7万余吨，单产水平始终领先于长江中下游地区。万事发公司首创的"瀛丰五斗"有机珍珠米的品牌知名度和市场销售量位居上海有机米市场前列。公司生产的"露珠"牌大米畅销上海各大超市。

万事发公司2010年拥有农业机械动力1.42万千瓦，大中型拖拉机255台，大型联合收割机44台，配套大中型农机具300余台（套），大中型植保机械400台，稻麦生产全程机械化水平达85%左右。农田水利设施齐全，灌排方便，抗拒旱涝灾害能力在上海处于领先水平，为周边地区的农机现代化起到了示范作用。

公司还十分注重农业科研工作。2009年率先全面推广水稻种植机直播；2010年全面实现农作物全量秸秆还田。在市农委命名长江总公司为"上海市农业委员会科技兴农基地"的两年时间里，万事发公司共承担实施了市农委下达的"精准农业技术在长江农场的集成与应用""水稻有害生物生态控制的构建与实施""优质水稻良种繁育技术的推广应用""水稻生产管理信息系统开发与应用""水稻精量直播机及配套栽培技术的示范推广""精准农业应用示范相关设备的引进消化吸收"等6个科技兴农项目，得到市农委领导的高度评价。

万事发公司实行土地全部集中经营、三级管理模式，下辖4个机农合一的生产管区（前进、长江、东风和东旺）和40个生产单元单位，如上海万事发种子公司、上海前进粮油饲料公司、水利工程公司、林业站等子公司。公司实行集约管理、集约经营，统一制定生产操作规程，统一采购和供应农用物资和其他生产资料，统一规划作物品种，统一加工供应种子，统一安排农机作业，统一集中保管、加工和销售农产品。

公司生猪和水产养殖也取得了较好的经营绩效。生猪成活率和产出率逐年提高，年出栏生猪数超过2.8万余头；年上市商品鱼300吨，商品虾800吨，商品蟹100吨。

万事发公司注重产品质量和品牌运作，通过商业模式转型和品牌创新，形成了"瀛丰五斗""露珠""瀛丰"和"果立方"等著名农产品品牌。其中"瀛丰五斗"牌有机米拥有国内首张有机食品"身份证"，通过国家环保总局有机食品发展中心（OFDC）、美国NOP、欧盟EU、日本JAS等多国权威机构的有机认证，于2008年6月被评为"中国消费者满意名特优品牌"，同年12月被评为"上海名牌产品"。2009年1月"瀛丰五斗"被认定为上海市著名商标。

万事发公司还积极发展观光农业和旅游农业，2010年举办了丰收节，1.55万上海市民到农场旅游，现场参观了解稻米收割、加工的全过程。与联华超市合作，连续两年举办了"大瀛"玉米节。

万事发公司多年来取得了良好的经营绩效，详见表2-1-9。

表 2-1-9　2006—2010 年万事发公司经营绩效统计情况表　　　　　　（单位：万元）

年　份	2006	2007	2008	2009	2010
营业收入	9 177.8	10 597.7	9 818.9	12 818.1	13 041.7
主营业务收入	7 627.9	8 938.0	8 325.6	11 815.1	10 823.6
利润总额	2 280.1	3 275.1	3 209.1	4 194.9	4 813.3
净利润	2 280.1	3 275.1	3 209.1	4 194.9	4 813.3
产　值	9 177.8	10 597.7	9 818.9	12 818.1	13 041.7

主要荣誉：2009 年被评为 2007—2008 年度"上海市文明单位"；2011 年 1 月，被上海市农业委员会认定为上海市农业产业化重点龙头企业；2010 年 1 月，被中共上海市委组织部评为 2007—2009 年度城乡党组织结对帮扶先进单位。

【上海黄海农贸总公司种子粮油分公司】

上海黄海农贸总公司种子粮油分公司（简称"种子粮油分公司"）是上海市上海农场下属企业，前身是上海黄海农贸总公司所属农场种子经营部，建立于 1996 年 12 月，注册资本 15 万元；2001 年更名为上海黄海农贸总公司种子粮油分公司，经两次追加投资，2002 年 6 月注册资本增至 518 万元，企业住所为上海市上海农场。

2010 年 1 月上海农场进行企业机构改革，保留种子粮油分公司，下设营销中心、质检中心、加工中心、良种繁育中心和办公室，直属上海农场管理。2010 年公司营业收入 4 290.26 万元，利润总额 505.05 万元，职工 32 人。

种子粮油分公司是专业从事农作物种子育、繁、供的国有种子企业，拥有现代化种子专用仓库 7 000 平方米，标准化种子生产基地 7 万亩，基地种子仓库 1 万平方米，2 条丹麦进口 15 吨/小时种子加工生产线，4 条 660 吨种子专用低温干燥线和 300 平方米标准化种子检测中心。种子粮油分公司依托场内基地，利用品牌优势，在扬州高邮、泰州兴化、盐城射阳等地拥有近 5 000 亩种子生产基地，种子仓储设施和加工设备可实现就地加工包装，就地销售。

种子粮油分公司水稻麦子主要品种有杂交稻"中百优 1 号"、水稻"宁粳 1 号""宁粳 3 号"、小麦"申河麦 1 号"、大麦"扬饲啤 5 号""苏啤 4 号"等。水稻、麦子种子年销量为 2 万吨左右，主要销往江苏、上海、安徽、湖南、江西、广东、广西等地。种子粮油分公司与江苏省明天种业、金土地种业、天丰种业、丰源种业、盐城市种业有限公司和上海市长征蔬菜种子公司、浙江省国稻高科技种业有限公司等建立紧密的合作关系，为这些企业提供优质稻麦种子。种子粮油分公司所属的良种繁育中心承担着水稻麦子育种、提纯复壮、新品种引进试验及承担江苏里下河地区农科所、南京农业大学、扬州大学、江苏淮阴地区农科所的合作试验。自主育成的"申河麦 1 号"于 2006 年通过江苏省审定，具有抗赤霉病、抗倒、品质优的特点，获得当地农户的认可。

种子粮油分公司获"2006—2007 年度江苏省种子诚信企业"称号。

【江苏申川种业有限公司】

江苏申川种业有限公司是上海市川东农场下属企业，成立于 2005 年 7 月，注册资本 500 万元，公司住所：江苏省大丰市川东农场。2010 年公司主营业收入 1.09 亿元，利润 2 544 万元；公司员工

48人,其中大专以上学历25人。

江苏申川种业有限公司主要经营农作物种子生产、批发和零售,下设办公室、财务部、加工仓储部、市场部、米厂、良种繁育部和检测部。公司拥有1条丹麦进口的5吨/小时种子加工流水线,3条日烘干能力达510吨的低温谷物烘干线和23个常温密闭仓库,仓储能力近1 500万公斤。公司常年加工经营各类农作物种子1万吨左右,在确保上海市川东农场种植业需要外,2010年开始向周边市场提供种子。公司按照GB/T 19001质量管理体系标准,对种子进行产前、产中、产后全过程标准化管理。公司与扬州大学、上海农科院等高校及科研部门密切合作,提高公司在种业市场的竞争力。公司生产的大米品种有南方粳、武育粳、白鹭小町、糯米等。

【上海海丰米业有限公司基地分公司】

上海海丰米业有限公司基地分公司于2009年11月成立,前身是1990年初成立的海丰农场农业公司,农业公司又于2003年3月组建为海丰米业公司种植事业部。上海海丰米业有限公司基地分公司位于全国生态建设示范区——江苏省大丰市境内,拥有粮田11万余亩,每年向上海市供应稻麦粮食0.6亿公斤,是上海市域外绿色食品和"米袋子"工程生产基地。截至2010年年底,公司从业人员357人,其中在岗职工114人。

上海海丰米业有限公司基地分公司以创建上海域外现代农业示范区为目标,积极推进稻麦产业体系建设,与扬州大学、上海农科院、上海市农机研究所、上海市农技推广服务中心等多家科研院校建立长期产研结合关系,拥有多名种植、农机、工程等各类农业专业技术、技能人才,先后承担了"机插粳稻高产栽培关键技术研究""水稻机械旱直播高产栽培技术研究与推广""水稻高产优质栽培技术的集成与创新""青贮收获机械化设备引进消化吸收再创新"等多个上海市科技兴农项目。

上海海丰米业有限公司基地分公司在经营管理上主要采取四项举措。

实施基地管理机制改革,推进种植环节经营模式转型,进一步搞活机制,加强绩效考核,鼓励创业承包,进一步提高员工的积极性和管理效能。2010年水稻平均亩产476.3公斤,比上年增加10.3%。小麦单产430.9公斤,比上年增加3.72%。

开展科技攻关,增强自主创新能力。公司通过完善运行机制、强化科技服务、加强基础建设,实现1.2万余亩高产创建目标,区内连片千亩水稻单产达650公斤,比正常田块均产高12.1%。开展水稻轻型栽培模式探索等十余项科技兴农项目技术攻关,为提高海丰大米的品质奠定了良好的科技基础。

实现从生产型向市场型转型发展。公司有效利用品牌、网络优势,加大对东北产地粮食的采购拍卖力度,2010年共拍得6.3万吨稻谷。加大与农工商、正广和、捷强连锁、金枫酒业、一只鼎、佛手味精等集团内部通路企业的合作力度,不断扩大销量,提升品牌美誉度。

实行营销模式的转型。公司建立业务员、营业员与营业利润、毛利率挂钩的机制,全面推行单位、部门绩效考核机制,主动与超市、卖场进行沟通,降低销售费用。开辟粮食代收代储新业务,2010年在江苏宿迁国家粮食储备库、高邮国家粮食储备库开拓3万吨粮食代收代储业务,为扩充海丰米业版图提供了原粮保证。

上海海丰米业有限公司基地分公司充分利用规模化生产的优势,加强良田建设和高效稻麦生产技术研究,加大农业机械装备投入,创新"产学研"结合的发展模式,探索稻麦高产栽培模式及种植模式,粮食单产增长迅猛。

表 2-1-10　2006—2010 年上海海丰米业有限公司基地分公司粮食产量统计情况表　　（单位：吨）

年　份	大　麦	小　麦	稻　谷
2006	16 407	5 548	47 422
2007	9 509	16 363	47 815
2008	8 100	22 909	57 969
2009	10 503	19 749	44 432
2010	17 916	14 718	59 015

公司坚持以品牌拉动销售，在市场上产生了强大的品牌效应，在 2010 年上海品牌博览会上获得银奖，在河南郑州农交会上获得金奖，在上海举行的绿色食品博览会上获得畅销奖。海丰米业有限公司基地分公司的销售触角延伸到长三角 6 000 余家终端销售网点。

第二节　蔬　　菜

光明食品集团蔬菜主要生产企业为上海都市农商社有限公司（简称"都市农商社"），2008 年后该公司与五四公司合并，组建新的光明食品集团五四公司。公司所属上海星辉蔬菜有限公司（简称"星辉公司"）通过打造具有都市特色、具备先进科技含量、规模化生产经营、以市场为导向的现代蔬菜产业链，在上海蔬菜行业具有较强的品牌影响力、市场竞争能力和盈利能力。

一、规模、品种和技术

【蔬菜种植规模】

光明食品集团 2010 年蔬菜种植面积 68 195 亩，亩产 2 111 公斤，总产 14.4 万吨。其中市内企业种植 6.76 万亩，亩产 2 103 公斤，总产 14.2 万吨；域外企业（上海海丰总公司）种植 614 亩，亩产 3 020 公斤，总产 1 854 吨。当年蔬菜总产值 2.0 亿元。

表 2-1-11　2006—2010 年光明食品集团蔬菜种植统计情况表

年　份	种植面积（亩）	亩单产（公斤）	总产量（吨）	总产值（万元）
2006	31 220	2 005	62 601	6 023
2007	23 359	2 625	61 319	5 572
2008	38 041	2 966	115 790	10 619
2009	60 825	2 500	152 062	17 570
2010	68 195	2 111	143 954	20 359

为贯彻落实上海市政府关于促进蔬菜生产、保障市场供应和价格基本稳定的要求，光明食品集团 2010 年进一步扩大蔬菜种植面积，确保完成绿叶菜上市任务。

表 2-1-12　2010 年光明食品集团蔬菜种植面积及上市量情况表

单　　位	常年蔬菜种植面积(亩)	绿叶菜种植面积(亩)	绿叶菜上市量(吨)
市计划	30 000	10 000	65 000
五四公司	25 000	5 000	32 500
东海总公司	250	250	1 625
川东农场	1 500	1 500	9 750
上海农场	3 250	3 250	21 125

星辉公司是上海市规模居前的蔬菜生产、供应商之一，拥有 2.5 万亩蔬菜基地，建有华东地区最大的 3 000 亩连片温室大棚和 2 万多亩露地设施菜田。2010 年蔬菜总产量 13.89 万吨，总产值 1.98 亿元，其中出口销售蔬菜 3 979 吨，产值 539 万元。

表 2-1-13　2006—2010 年星辉公司蔬菜产量销售情况表

年　份	内　销		出　口		总产量(吨)	总产值(千元)
	产量(吨)	产值(千元)	产量(吨)	产值(千元)		
2006	36 036	35 610	1 864	3 100	37 900	38 710
2007	46 344	46 840	656	810	47 000	47 650
2008	89 394	94 104	1 292	1 370	90 686	95 474
2009	130 877	156 475	4 668	7 155	135 545	163 630
2010	134 873	191 765	3 979	5 391	138 852	197 156

2010 年星辉公司蔬菜种植的种类主要为叶菜类、瓜菜类、茄果菜类、葱蒜类等。

表 2-1-14　2006—2010 年星辉公司蔬菜分类情况表　　　　　　　　　　　　　　（单位：亩）

年　　份	2006	2007	2008	2009	2010
叶菜类	11 300	9 210	18 040	40 017	40 767
瓜菜类	500	350	930	3 051	4 278
块根、块茎类	—	—	350	563	2 110
茄果菜类	—	—	840	4 479	4 290
葱蒜类	2 400	1 060	6 870	3 730	7 517
菜用豆类	—	—	760	1 134	3 024
其他蔬菜	—	—	220	2 143	4 134
合　　计	14 200	10 602	28 010	55 117	66 120

【蔬菜种植品种】

星辉公司常年种植 6 大类、40 多个蔬菜品种。公司制定和实施了《星辉大葱》《星辉结球甘蓝》等

17个蔬菜产品标准及其操作规程,是上海市首批对种植业产品标准进行备案的企业。公司先后有11个蔬菜产品通过上海市安全卫生优质农产品认证,一个园艺场通过OFDC有机认证,上海市郊及外省市的3.5万亩蔬菜基地全部通过无公害农产品产地环境认定,8个产品通过无公害农产品认证。

甘蓝类蔬菜 主要品种有结球甘蓝、西兰花、花椰菜、紫甘蓝。

结球甘蓝(Brassica oleracea var. capitata),俗名卷心菜,又名洋白菜或圆白菜,属十字花科芸薹属。按球形可分为圆球形、扁圆球形、牛心形。甘蓝喜温和冷凉气候,不耐炎热与严寒,喜肥沃不耐瘠薄,喜湿润不耐干旱。甘蓝是西方重要的蔬菜品种之一,它和大白菜一样具有产量高、耐储藏的特点,属四季佳蔬。

星辉结球甘蓝品质要求:结球紧实、色泽清秀、新鲜清洁、整修良好。无腐烂、异味、黄叶、烧心、焦边、侧芽萌发、胀裂、抽薹、膨松、冻害、病虫害及外表损伤。

茎椰菜(Brassica capitata var. italica),又名青花菜、西蓝花、木立花椰菜,是食用部分带有花蕾群的肥嫩花茎的甘蓝变种。茎椰菜花球鲜嫩碧绿,烹调后绿色不变,其食用方法简便多样,风味清香,口感好,色、香、味俱佳,不仅适宜于煮、炒、烩、做汤或凉拌,还可制作泡菜、蔬菜罐头,也可腌渍、冷冻。

星辉茎椰菜品质要求:花球紧实、新鲜、清洁、修整良好。无枯黄花蕾、异味、冻害、机械伤、病虫害、中空、小叶。

花椰菜(Brassica oleracea var. botrytis)又名花菜,为十字花科芸薹属甘蓝中以花球为食用产品的一个变种,一、二年生蔬菜。花椰菜性喜冷凉温和的气候条件,属半耐寒蔬菜,是甘蓝类中重要的蔬菜种类之一,已成为十字花科蔬菜中的热门蔬菜品种。

星辉花椰菜品质要求:花球紧实、新鲜、清洁、修整良好。无绒毛花蕾、异味、冻害、机械伤、病虫害、中空、小叶。

紫甘蓝(Brassica oleracea var. capitata)是结球甘蓝的8个变种之一,又名红叶甘蓝、赤球甘蓝、紫叶卷心菜、紫洋白菜等,属十字花科。原产于地中海沿岸,为芸薹属二年生植物。其适应性强,耐寒性和耐热性均比普通甘蓝强,病虫害少,具有结球紧实、色泽艳丽、产量高、耐贮耐运、营养丰富、品质好、易栽培等特点,是稀特蔬菜种类之一,种植紫甘蓝的经济效益远远高于一般甘蓝品种。

星辉紫甘蓝的品质要求:花球紧实、新鲜、清洁、修整良好。无腐烂、异味、烧心、焦边、胀裂、膨松、冻害、病虫害及外表机械伤。

葱蒜类蔬菜 品种有大葱、韭菜。

大葱(Allium porrum),多年生草本植物,以叶鞘组成的肥大假茎和嫩叶为产品,属百合科。大葱耐寒抗热,适应性强,四季均可上市。大葱有较高的营养价值,食用部分为嫩叶和葱白。大葱含有刺激性挥发油和辣素,能去除腥膻和菜肴中的异味,产生特殊香气,可以刺激消化液的分泌,增进食欲。

星辉大葱的等级分为A、B两级。

表2-1-15 星辉公司大葱感官指标分级情况表　　　　　　　　　　　　　(单位:厘米)

项目	等级	
	A级品	B级品
色泽	茎呈白色,叶色清秀,色泽一致。	茎呈白色,叶色清秀,色泽基本一致。
品质	同一品种,新鲜脆嫩,无腐烂、异味、冻害、病虫害及机械伤。	同一品种,新鲜脆嫩,无腐烂、异味、冻害、病虫害及机械伤。

〔续表〕

项目	等级	
	A级品	B级品
外形	保留二叶一心,葱白条形直,白茎长短一致,粗细均匀,白茎长度为(35±0.5),茎叶长(57±0.5);其中2根/束茎粗2.3~2.8,3根/束茎粗1.8~2.3,4根/束茎粗1.5~1.8	保留二叶一心,葱白条形较直,白茎长短基本一致,粗细较均匀,白茎长度为30~35,茎叶长(57±0.5);其中2根/束茎粗2.3~2.8,3根/束茎粗1.8~2.3,4根/束茎粗1.5~1.8
杂质	泥土、沙石等杂质不得检出	泥土、沙石等杂质不得检出

白菜类蔬菜　主要品种有大白菜、小白菜。

大白菜品质要求:花球紧实、新鲜、清洁、修整良好。无枯黄花蕾、异味、冻害、机械伤、病虫害、中空、小叶。

小白菜品质要求:花球紧实、新鲜、清洁、修整良好。无腐烂、异味、烧心、焦边、胀裂、膨松、冻害、病虫害及外表机械伤。

瓜果类蔬菜　品种有南瓜、黄瓜、冬瓜、番茄、茄子等。

星辉南瓜按照质量规格分为一等、二等、三等南瓜三个等级。

表2-1-16　星辉公司南瓜等级和质量规格情况表　　　　　　　　(单位:公斤)

等级	质　量　规　格	限　度
一	1. 具有同一品种特征,果形、色泽良好,表面完好、新鲜、清洁、完全成熟,无异味。 2. 无烂果、畸形果、瘢痕、褪色斑、日灼伤斑、病虫害及机械伤。 3. 果重分级:A. 特大果:单果重2;B. 大果:单果重1.4~1.99;C. 中果:单果重1.0~1.39。	一等品不符合该等级要求的不合格品个数≤5%。 不允许有烂果。
二	1. 具有同一品种特征,果形、色泽良好,表面完好、新鲜、清洁、完全成熟,无异味。 2. 无烂果、畸形果、瘢痕、褪色斑、日灼伤斑、病虫害及机械伤。 3. 果重分级:B. 大果:单果重1.4~1.99;C. 中果:单果重1.0~1.39。	二、三等品不符合该等级要求的不合格品个数≤10%。 不允许有烂果。
三	1. 具有同一品种特征,果形、色泽良好,表面完好、新鲜、清洁、完全成熟,无异味。 2. 无烂果、畸形果、瘢痕、褪色斑、日灼伤斑、病虫害及机械伤。 3. 果重分级:B. 大果:单果重1.4~1.99;C. 中果:单果重1.0~1.39;D. 小果:单果重≤1.0。	

星辉冬瓜按照质量规格分为一等、二等冬瓜两个等级。

表2-1-17　星辉公司冬瓜等级和质量规格情况表　　　　　　　　(单位:公斤)

等级	质　量　规　格	限　度
一	1. 具有同一品种特征,果形、色泽良好,表面光滑完好、新鲜,成熟度适宜。 2. 无烂果、异味、过熟、日灼伤斑、褪色斑、瘢痕、病虫害及机械伤。 3. 果重分级:A. 特大果:单果重≥10;B. 大果:单果重7.5~9.9;C. 中果:单果重5~7.4;D. 小果:单果重<5。	第1、2项不合格个数总和不得超过5%,其中软果和烂果总数不得超过1%;第3项不合格个数不得超过10%。

〔续表〕

等级	质 量 规 格	限 度
二	1. 具有同一品种特征,果形、色泽良好,表面光滑完好、新鲜、清洁,成熟度适宜。 2. 无烂果、异味、过熟、日灼伤斑、褪色斑、瘢痕、病虫害及机械伤。 3. 果重分级：B. 大果：单果重 7.5～9.9；C. 中果：单果重 5～7.4；D. 小果：单果重＜5。	第1,2项不合格个数总和不得超过10%,其软果和烂果总数不得超过1%；第3项不合格个数不得超过10%。

绿叶类蔬菜 主要品种有青菜、生菜、芹菜、菠菜等。

生产标准：叶色纯正、新鲜、清洁、修整良好。无病虫害、叶柄折断、焦边、抽薹、异味和外表机械伤。

豆类蔬菜 主要品种有毛豆、刀豆、豇豆等。

按照感官指标和产品规格分为一等、二等、三等毛豆三个等级。

表 2-1-18 星辉公司毛豆感官指标和产品规格分级情况表

等 级	质 量 规 格
一	1. 具有同一品种特征,形状良好,色泽正常,新鲜、清洁,整齐度高。 2. 无烂荚、异味、杂质、锈斑、病虫害及机械伤。 3. 三粒荚占75%、二粒荚占5%、无一粒荚。
二	1. 具有同一品种特征,形状良好,色泽正常,新鲜、清洁,整齐度较高。 2. 无烂荚、异味、杂质、锈斑、病虫害及机械伤。 3. 三粒荚占50%、二粒荚占50%、无一粒荚。
三	1. 具有同一品种特征,形状良好,色泽正常,新鲜、清洁,整齐度较高。 2. 无烂荚、异味、杂质、病虫害。 3. 允许有轻微的锈斑及机械伤。 4. 允许有部分一粒荚。

【蔬菜种植技术】

蔬菜种子引进和培育 星辉公司主要从日本引进优质杂交蔬菜种子,主动与高校和科研单位合作进行蔬菜种子培育推广。

2006年,由星辉公司主持、上海市农业科学院园艺所和上海交通大学共同协作,进行了"设施观赏蔬菜新品种选育"的课题研究。公司收集100份国内外彩色扁豆、樱桃番茄、盆栽蛋茄、朝天椒、观赏南瓜、迷你黄瓜、野生特菜等观赏蔬菜品种资源,通过组培诱变技术、电子加速器辐射诱变技术、钴-60辐照诱变技术、番茄茄子的指纹图谱和分子标记技术,从中筛选出适合上海地区、观赏价值高的品种40～50份在"都市菜园"休闲观光园内进行示范,完成30种观赏蔬菜种子或种苗繁殖技术研究,建立观赏蔬菜种子种苗库。

2009年公司与上海交通大学农业与生物学院合作选育成翠绿扁(扁豆)品种、艳红扁(扁豆)品种,通过第五届上海市农作物品种审定委员会第六次会议审定。公司与上海市农科院园艺所合作,选育成红玉(番茄)、小金玉(番茄)品种,通过第五届上海市农作物品种审定委员会第七次会议审定。

都市农商社 2002 年与外商共同投资 300 万美元兴办上海都市维生种苗有限公司，公司占地面积 121 亩，拥有 45 亩现代化温室。公司引进国外先进种苗技术，每年通过现代生物、工程、信息等技术，培育 2 亿多株优质蔬菜种苗供应上海市郊农村，并销往苏、浙、辽、黑等地区。

蔬菜生产操作规程 星辉蔬菜产地选择：空气质量、农田灌溉水质、土壤环境质量应符合《绿色食品 产地环境质量》(NY/T391)的要求，农田设施配套完善。

蔬菜虫害主要有菜粉蝶、黄条跳甲、猿叶虫、菜螟、地老虎、蝼蛄、甜菜夜蛾、斜纹夜蛾、小菜蛾、蚜虫等；病害主要有霜霉、立枯病、黑腐病、菌核病、猝倒病、软腐病、病毒病等。以预防为主，综合防治，在生产期做好各阶段病虫的预测预报工作。农业防治措施：合理安排轮作，清洁田园，选用抗病品种，培育壮苗。物理防治：彩色黏虫板及黑光灯诱虫、杀虫；防虫网防虫。生物防治：采用人工合成的性引诱剂防治专门害虫。进行化学防治必须使用农药时，须符合《绿色食品 农药使用准则》(NY/T393)的规定。

星辉结球甘蓝：大田管理分为前期、中期、后期三个阶段，整个大田管理阶段水的管理要保持一定墒情，使土壤含水量 40%～70%。前期（团棵期管理）：定植后 1—2 天，兑水喷施 1%尿素，促苗活棵，活棵后球穴施尿素 10 公斤/亩，活棵后中耕除草一次。中期（莲座期管理）：肥料运筹要严格控制莲座叶开展度(40 厘米～60 厘米)，依据杂草生长情况进行中耕除草。后期（结球期管理）：叶球直径达 17 厘米～18 厘米停止浇水；在结球直径达 8 厘米时，依据长势追施复合肥 20 公斤/亩。当结球甘蓝 30%长到单株 1.2 公斤～1.5 公斤、直径 18 厘米～20 厘米时可按标准分批采收。加工程序为去叶、分拣、切根、除渍。按规格和标准进行包装。

星辉茎椰菜：大田准备，深耕、二次旋耕、机械开沟、化学除草处理。起苗前 2 天，混喷保护性广谱灭菌剂与针对性杀虫剂一次，起苗出棚前 1 天补足水分。定植用插刀挖坑，深度与营养土面相平，培实四周土壤，定植后浇定根水 1～2 次。大田前期管理（三叶一心—莲座初期），保持一定墒情，使土壤含水量 60%～70%。定植后 7—10 天穴施尿素 10 公斤/亩，中耕除草一次。中期管理（莲座期—现蕾），保持一定墒情，使土壤含水量 60%～70%，严格控制莲座叶展开度达到 40 厘米～60 厘米；依据杂草生长情况进行中耕除草。后期管理（结蕾期管理），保持一定墒情，使土壤含水量达到 70%～80%；至结蕾后期时应停止补充水分。在花球直径达 1 厘米～2 厘米时看苗施肥。当茎椰菜花蕾 30%长到单株重 0.2 公斤～0.3 公斤、直径 11 厘米～14 厘米时，可开始按标准分批采收。去叶、分拣、切根、除渍。按规格和标准进行包装。

星辉花椰菜：大田准备、起苗、定植。大田前期管理（三叶一心—莲座初期），保持一定墒情，使土壤含水量 60%～70%；定植后 7—10 天穴施尿素 10 公斤/亩，中耕除草一次。中期管理（莲座期—现蕾），保持一定墒情，使土壤含水量 60%～70%；严格控制莲座叶展开度达到 40 厘米～60 厘米；依据杂草生长情况进行中耕除草。后期管理（结蕾期管理），保持一定墒情，使土壤含水量 70%～80%；至结蕾后期应停止补充水分。在花球直径达 1 厘米～2 厘米时看苗施肥。当花椰菜花蕾 30%长到单株重 0.45 公斤～0.7 公斤、直径 11 厘米～14 厘米时，可开始按标准分批采收。去叶、分拣、切根、除渍。按规格和标准进行包装。

星辉紫甘蓝：大田管理分为前期、中期、后期三个阶段，整个管理期间保持一定墒情，使土壤含水量 70%～80%，不足时补水，雨时不积水。前期管理（团棵期管理），定植后 7—10 天穴施尿素 7.5 公斤～10 公斤/亩，中耕除草一次。中期管理（莲座期管理），肥料运筹要严格控制莲座叶展开度达到 40 厘米～45 厘米；根据杂草生长情况进行中耕除草。后期管理（结球期管理），在叶球直径达 2 厘米时看苗施肥，依据长势穴施复合肥 10 公斤～25 公斤/亩。当紫甘蓝 30%长到单球重 0.9 公斤~1.5公斤、直径13厘米~15厘米时,可开始采收。按规格和标准进行包装。

星辉大葱:大田管理分为四个阶段,管理期间保持一定墒情,使土壤含水量60%左右,不足时补水,雨时不积水。第一阶段(定植20—50天),定植后20天左右条施磷酸氢二铵;中等雨量后中耕除草一次,定植后45—50天左右,培土一次。第二阶段(定植后50—80天),定植后70天左右条施复合肥,中耕培土一次。第三阶段(定植后80—110天),定植后100天左条施复合肥,中耕培土一次。第四阶段(定植后100—150天),定植后120天左右条施尿素、硫酸钾;中耕培土到葱心(即叶片与叶鞘连接处),压紧所培土壤。星辉公司在大葱生产上推广应用"三六"牌氨基酸液肥,累计应用面积3 900亩,应用液肥数量1 650公斤。通过抽样调查分析,施用氨基酸液肥的大葱每亩增产130公斤。大葱最佳采收期为定植后150—180天左右;茎粗1.8厘米~2.3厘米,白茎长度35厘米左右。粗加工工序为切叶、切须、冲皮。精加工工序为分拣、修根、分级、切叶、称重。按规格和标准进行包装。

星辉大白菜:大田管理分前期、中期、后期三个阶段,整个管理阶段保持一定墒情,使土壤含水量60%~70%,不足时补水,雨时不积水。前期管理(三叶一心—莲座初期),定植后7—10天穴施尿素10公斤/亩,中耕除草一次。中期管理(莲座期—结球期),肥料运筹要严格控制,莲座叶展开度达到40厘米~60厘米时进行中耕除草。后期管理(结球期管理),莲座叶后期叶色偏淡,应施结球肥尿素15公斤/亩。采收与加工:当大白菜叶球30%长到单株重2.5公斤~3公斤(包括4~5片外叶)、直径12厘米~14厘米时,可按标准分批采收。加工程序为去叶、分拣、切根、除渍。按规格和标准进行包装。

星辉小白菜:大田准备,选择产地,机械翻耕,二次旋耕,机械开沟。起苗和定植,起苗前2—3天混喷保护性广谱灭菌剂与针对性杀虫剂,起苗前一天浇足水分。定植:用小刀挖坑,把秧苗根埋入坑中,深度与根基部相平,培实四周土壤,浇定根水1~2次。生长期管理,保持一定墒情,使土壤含水量60%~70%。定植成活后,浇活棵肥一次,每15天补充氮肥一次,收获前15天停止用肥。活棵后中耕除草一次。采收和加工,当小白菜植株单株重达到0.12公斤~0.16公斤时,可开始采收。加工程序为整修、除渍、分拣、切根。按规格和标准进行包装。

星辉南瓜:大田管理,整枝与理蔓(主蔓打顶、理蔓、整枝、摘果、子蔓打顶)。肥料运筹,在全地第一批幼瓜确认后追施复合肥15公斤~20公斤/亩;在全地第二批幼瓜确认后追施复合肥15公斤~20公斤/亩。人工授粉和压蔓,人工授粉一般在晴天上午7~8点进行。压蔓在茎节处复土,一般从7~9节起,每隔5节左右压一次,共压3~4次。采收与加工,当开花授粉后45—50天左右,第一批南瓜长到单株重≥1.0公斤,果柄部木栓化,果柄周围开始出现纵向龟裂时,可开始采收。加工工序分为:分拣、切留果柄、除渍。按规格和标准进行包装。

【蔬菜种植新技术推广应用】

优质蔬菜采后加工和配送质量控制 2006年12月至2009年12月,星辉公司围绕上海市千公顷设施蔬菜基地建设要求,结合本企业蔬菜生产、加工、销售实际情况,开展优质蔬菜采后加工和配送中质量控制体系的研究,确立蔬菜从产地采收到加工、贮藏、配送、销售全程冷链技术,建立蔬菜从产地到餐桌全过程质量监控和管理体系,在都市菜园茶陵店、田林店、平昌店进行现场示范。"蔬菜低温流通技术和安全体系的研发和应用"课题于2007年获上海市科学技术进步奖三等奖。

优质绿叶蔬菜周年设施栽培的技术 2006年1月1日至2009年1月,星辉公司与上海市农业技术推广服务中心合作开展上海市科技兴农重点攻关项目——"优质绿叶蔬菜周年设施栽培的技术体系研究"。在星辉蔬菜生产基地内实施新品种试验示范与推广、实用茬口模式研究与推广、绿色防控技术使用、蔬菜生产新型生产模式研究(包括蔬菜废弃物无害化处理技术、有机肥使用技术、农残检测技术、田间档案制度)等多项技术,选择美貌甘蓝、华王青菜、早熟五号杭白菜、竹叶青莴笋等四个优质绿叶菜品种进行,丝瓜、杭白菜、莴笋及以番茄、青菜、芹菜、莴笋,两个新型茬口安排和种植,推广面积分别为 300 亩和 220 亩,亩均产值分别达到 1.27 万元和 1.39 万元。公司 1 500 亩绿叶菜设施生产基地实现了设施蔬菜的周年供应目标。

建立蔬菜栽培履历检索系统(HP 系统) 2002 年日本开始实行农产品"身份证"制度,无产品信息追溯系统的产品受到约束。星辉公司随即开发了蔬菜栽培履历检索系统(HP 系统),每一块菜田都有一个固定的追溯编码。当消费者购买了该系统的蔬菜后,可根据产品包装上提供的检索号码,在上海星辉蔬菜网产品检索网页 www.kagayakutaiyo.com 中的栽培履历检索栏中填入该号码后进行检索,就能查阅所购买的蔬菜生长全过程,包括种植地点、基地负责人、品种、按照标准化要求施用的安全农药、肥料品种及使用次数、最后一次施药和施肥时间等,真正给消费者"一个满意、一份放心"。

蔬菜绿色防控技术示范与推广 星辉公司积极推广杀虫灯、性诱剂、防虫网、黄板等虫害绿色防治技术,减少化学农药的使用量,减少蔬菜食用安全事件发生的概率。2008 年公司在上海市有关科研机构的支持下,引进推广蔬菜害虫性诱剂,利用现代生物技术合成的蔬菜害虫雌性激素,吸引雄虫,再用太阳能小电网把雄虫杀死,不在蔬菜作物上喷洒任何东西,以达到防治目的。每茬蔬菜的农药使用量减少了 40%以上,每亩减少农药成本 70~100 元。

出口蔬菜标准化生产技术 光明食品集团和星辉公司相关人员共同编撰《出口蔬菜标准化生产技术》书稿,2010 年 3 月由上海科学技术出版社出版,全书共 25 万字,分上下两篇。该书分别介绍了结球甘蓝、紫甘蓝、花椰菜、西兰花、萝卜、芦笋、结球生菜、大葱、紫苏等 9 种出口蔬菜品种和达标生产技术,详细阐述每种蔬菜的国际市场前景、出口产品标准、生物学特性、适宜品种、育苗技术、栽培茬口与管理技术等,主要病虫害及出口加工与外贸包装等内容,为上海和全国出口蔬菜标准化生产提供了科学依据。

蔬菜废弃物环保处理技术 根据上海市政府《关于实施上海市 2006 年—2008 年环保三年行动计划的决定》,都市农商社成立了上海都市生物环保技术有限公司,专业从事蔬菜等农业废弃物的处理,生产优质生物有机肥、有机、无机复混肥产品。通过对农业废弃物的加工循环利用,带动周边 22 个畜禽场每年产生的 13.28 万吨鲜粪、16.49 万吨尿污水综合治理,既保护了环境,又为市郊其他农业企业提供 4.3 万吨优质有机肥。

二、设施菜田项目建设和蔬菜销售

光明食品集团根据上海市"十一五"规划提出的"建设 30 万亩设施蔬菜基地"的总体要求,2006 年投资 1.09 亿元(市财政补贴 5 250 万元)进行 300 亩设施菜田和 5 500 亩标准化菜田设施菜地项目建设,由都市农商社具体实施。

都市农商社 2007 年建设保护地设施菜田面积 300 亩,项目总投资 1 248.17 万元,其中基础设施 325.83 万元,管棚设施 841.69 万元,附属设施及其他 80.65 万元。同年在原星火农场 27 队、29 队、19 队建设露地设施菜田面积 7 000 亩,项目总投资 3 512.99 万元,其中基础设施 2 861.95 万元,附属设施及其他 651.04 万元。两个项目于 2008 年 8 月全部建成。

光明食品集团2008年成立菜田设施建设项目工作领导小组,加强菜田设施建设项目管理。2008年上海都市农商社有限公司与五四公司合并,原隶属于上海都市农商社有限公司的星辉公司的蔬菜基地全部归并到五四公司;原规划的450亩保护地菜田设施建设项目地全部调整至五四现代农业园区,2 922亩露地菜田设施也调整至星火农场36队和五四农场1队。2008年保护地菜田建设项目和露地菜田建设项目总投资为6 012.8万元。

2009年,光明食品集团菜田设施共进行了两个项目建设。一是700亩露地设施菜田,建设单位为五四公司,总投资358.54万元。其中基础设施283.12万元,附属设施及其他设施75.42万元,建设地址为星辉公司生产基地,2010年12月建成。二是150亩保护菜田项目建设,建设单位为上海跃进有限公司所属上海市瑞华实业公司,建设内容为水泥道路、水泥明沟、管棚、仓库、晒场等相关配套设施。

都市农商社生产的蔬菜主要实行自产自销。2006年前,星辉公司生产的蔬菜以外销为主,主要销往日本、马来西亚、韩国等国家。2006年后,随着国际市场和内外环境的变化,蔬菜主要市场转为国内。星辉公司在依靠专业公司进行销售的同时,大部分产品主要采取批发销售,对学校、企事业单位进行配送。都市农商社从2006年起积极运作新项目"都市菜园"(农副产品自有终端连锁专卖店)。2006年7月8日第一家"都市菜园"杨浦区图们店开业,至2007年10月底,共开设门店103家。公司围绕蔬菜产业,拓展流通渠道,组建了上海都市营销管理有限公司,对原蔬菜销售门店进行整合,重点进行蔬菜销售。2007年公司投资600多万元改扩建江桥蔬菜配送中心,提高蔬菜配送能力50%以上。2007年7月28日,浦东北蔡配送中心正式运行,有效缓解了配送矛盾。2008年公司积极探索新的商业模式,加强与上海大卖场和超市合作,减少投入成本。公司还与上海郊区农户合作,引进郊区特色农产品,真正体现"从田头到餐桌"的直供模式的优势。

公司积极培育B2C电子商务平台,以精品和有机为依托,切入高端消费市场。以"都市生活"为理念的网络蔬果直销平台,销售有机蔬菜10余种、精品水果近40种。星辉蔬菜大量进入流通领域,对保证市场供应、稳定蔬菜价格起到重要作用。2008年由于国内蔬菜价格持续上升,11月上旬国内主要蔬菜平均批发价格同比上涨62.4%,比年初上涨11.3%。都市农商社作为上海市最大的蔬菜生产基地之一,发挥上海市郊近4万亩蔬菜基地的储备和保障功能,利用公司江桥蔬菜配送中心的配送能力和"都市菜园"蔬菜连锁店的网络覆盖能力,为稳定上海蔬菜生产和价格、保障市场供应发挥了重要的主渠道作用。

三、企业选介

上海星辉蔬菜有限公司成立于2000年4月,出资人是农工商集团(占51%)和上海农工商集团星火总公司(占49%)。2001年5月农工商集团决定,由上海市农垦农工商综合商社股份有限公司通过资产置换方式吸收合并上海星辉蔬菜有限公司。2008年12月,光明食品集团决定将上海星辉蔬菜有限公司整体资产无偿划转给五四公司。

上海星辉蔬菜有限公司是光明食品集团旗下一家农业产业化龙头企业,蔬菜产业是公司的核心业务。公司在上海市郊拥有2.5万亩蔬菜基地,其中连片的温室、大棚基地3 000多亩;在黑龙江、山东、江苏、浙江、福建、云南等省建有候鸟式外延生产基地,公司年产各类优质蔬菜15万吨,是上海市规模居前的蔬菜产品供应商之一。

2006—2010年,公司主要产品涵盖甘蓝类(结球甘蓝、茎椰菜、花椰菜、紫甘蓝等)、葱蒜类(大葱、韭菜等)、白菜类(小白菜、大白菜等)、瓜果类(番茄、黄瓜、茄子、冬瓜等)、绿叶菜类(青菜、生菜、芹菜、菠菜等)、豆类(毛豆、刀豆、豇豆等)6大类。

公司致力于打造"从田头到餐桌"的现代蔬菜产业链，基本形成了一个拥有种源、生产、加工、销售、环保、观光"六大平台"的全产业链经营模式。

构筑种源平台。公司与中国农科院、上海市农科院、上海交通大学农学院等科研院校合作，建立蔬菜技术中心，开展优良蔬菜新品种的引进、培育和推广，公司育成翠绿扁豆、艳红扁豆、小金玉番茄、红玉番茄4个具有自主知识产权的蔬菜新品种，年产蔬果、花卉种苗2亿多株，为上海郊区及周边地区提供高效、安全的种源技术服务。

完善生产平台。公司加快2.5万亩蔬菜基地标准化体系建设，提高蔬菜产品科技含量，形成一批拥有自主知识产权的核心技术。在国内不同纬度地区建成总规模达到5万~6万亩"候鸟式"蔬菜生产基地，确保无公害、绿色、有机保鲜蔬菜的种植规模占全市10%以上。

做强加工平台。公司采用现代科技与传统工艺相结合的手段，逐步研发蔬果精深加工新产品，扩大生产能力。深加工产业涉及蔬果制品、酱腌菜、净菜等领域，蔬果脆片、泡菜产品成功进入国外市场。

拓展销售平台。公司依托光明食品集团拥有的基地优势、加工优势、众多农产品的综合品牌优势，健全从生产基地到终端销售的全程农产品安全监控体系，与五四公司下属的上海都市营销管理有限公司(后更名为上海都市生活企业发展有限公司)合作，建设"都市菜园"农副产品连锁销售终端，为市民提供"安全、健康、放心"的食用农产品。

搭建环保平台。公司利用现代生物技术，以蔬果食用菌废弃物、畜禽粪便为原料，开发、生产生物有机肥，年产有机肥6万吨。开发菌种，开发花卉、盐碱地专用有机肥，延伸有机肥业的社会效应和生态效应。

打造观光平台。以蔬菜为主题的上海都市菜园占地面积700亩，拥有农耕博览馆、博雅农园、馨香蔬苑、奇瓜异蔬园、四季果园五个主体场馆，是国家AAAA级旅游景区、全国农业旅游示范点、上海市科普教育基地。

公司坚持"以市场为导向、以质量为生命、以科技创新为动力、以企业效益为核心"的企业经营理念，以"致力于为社会提供健康的绿色产品、致力于为员工创造广阔的发展空间、致力于为社会营造良好的生态环境"为宗旨，在产品质量、科技研发、经营管理等各个方面落实了一系列管理措施，取得了明显的成效。

公司有大白菜、小白菜、结球甘蓝、菠菜、花椰菜、茎椰菜、紫甘蓝、大葱等8个蔬菜品种通过了农业部农产品质量安全中心的无公害农产品认证；卷心菜、紫甘蓝、青菜、杭白菜、莴笋等88个品种通过有机转换产品认证；卷心菜、青菜、芹菜、大白菜、西兰花、番茄等41个品种通过有机产品认证；企业也通过了ISO9001、HACCP认证。

公司还自主进行"蔬果脆片加工工艺研究""优质蔬菜采后加工和配送中质量控制体系的研究""设施观赏蔬菜新品种的选育"3项课题的研究；协助上海市农业技术推广服务中心进行"优质绿叶蔬菜周年设施栽培的技术体系研究"和"高效生物源肥在蔬菜生产中的推广应用"的研究；《出口蔬菜标准化生产技术》获得了知识产权。

2010年，公司农作物播种面积为9.1万多亩，总产量达到13.89万吨。公司实现营业收入1.7亿元，净利润2100万元。在岗职工125人。

主要荣誉：2007—2008年度、2009—2010年度上海市文明单位，2007年、2009年上海市名牌产品,2010年上海市著名商标,"2010年上海世博会"蔬菜生产供应先进单位和"迎世博、保安全"重点蔬菜生产基地先进单位,上海市建设健康城市2010年度先进单位,蔬菜质量诚信企业。在生产技术方面,2006年"星辉蔬菜安全监控管理系统"获计算机软件著作权,企业被授予国家农业标准化示范区;2007年"蔬菜低温流通技术和安全体系的研发和应用"获上海市科学技术进步奖三等奖,"辛香料资源新型加工技术与产业化研究"获中国商业联合会商业科技进步奖一等奖。

表 2-1-19　2006—2010年上海星辉蔬菜有限公司蔬菜生产情况表　　　　（单位：吨）

年　份	2006	2007	2008	2009	2010
叶菜类	29 200	35 620	60 262	105 544	97 504
瓜菜类	1 500	1 100	3 330	6 887	8 828
块根、块茎类	0	0	1 040	1 354	3 959
茄果菜类	0	0	2 410	7 760	5 521
葱蒜类	7 200	3 180	21 980	10 878	18 739
菜用豆类	0	0	1 060	1 150	3 051
其他蔬菜	0	1 100	220	1 972	1 250
合　计	37 900	41 000	90 302	135 545	138 852

表 2-1-20　2006—2010年上海星辉蔬菜有限公司蔬菜生产销售情况表

年　份	总产量（吨）	总产值（万元）	内销情况		出口情况	
			产量(吨)	产值(万元)	产量(吨)	产值(万元)
2006	37 900	3 032	—	—	—	—
2007	41 000	2 460	—	—	—	—
2008	90 302	5 478	—	—	—	—
2009	135 545	7 305	130 877	3 204	4 668	4 101
2010	138 852	12 496	134 873	8 286	3 979	4 210

表 2-1-21　2006—2010年上海星辉蔬菜有限公司经营情况表　　　　（单位：万元）

年　份	2006	2007	2008	2009	2010
营业总收入	3 958.6	2 643.1	5 739.0	8 672.0	17 551.9
利润总额	141.7	-1 082.6	1 110.1	1 548.4	2 129.2
净利润	141.7	-1 096.7	1 110.1	1 548.4	2 129.2

第三节　花　　卉

花卉产业是光明食品集团现代农业五个大类之一,主要生产企业是东海总公司下属上海鲜花港企业发展有限公司(简称"上海鲜花港"),上海种业(集团)有限公司、上海都市维生种苗有限公司也生产销售部分花卉产品。

上海鲜花港是一家集科技研发、种源生产、观光旅游、人才培训为一体的大型花卉企业。公司占地面积1500亩,拥有现代化温室群540亩,花卉新品展示和科普休闲园720亩,花卉研发中心4.8亩。利用太阳能为花卉生长和种苗培育提供绿色能源,是国内拥有现代化温室总量、设施设备先进水平名列前茅的大型花卉企业之一,已形成组培种苗、种球1亿株,切花1 000万枝,盆花120万盆的生产能力。

一、产量和品种

【产量】

光明食品集团生产的花卉主要分盆栽花和鲜切花两个大类。2006—2010年,两个大类的花卉产量基本保持稳定。

表2-1-22 2006—2010年光明食品集团盆栽花面积产量情况表

年 份	播种面积(亩)	平均单产(盆/亩)	总产(盆)
2006	109	7 187	783 383
2007	105	8 320	873 600
2008	105	5 674	595 770
2009	105	7 208	756 840
2010	105	10 646	1 117 830

表2-1-23 2006—2010年光明食品集团鲜切花面积产量情况表

年 份	鲜切花播种面积(亩)	平均单产(枝/亩)	总产(枝)	出口种植面积(亩)	平均单产(枝/亩)	总产(枝)
2006	532	52 585	27 975 220	—	—	—
2007	470	66 060	31 048 200	270	97 035	26 199 450
2008	475	50 186	23 838 350	270	61 111	16 799 970
2009	484	41 303	19 990 652	249	56 392	14 041 608
2010	484	41 832	20 246 688	249	58 607	14 593 143

【主要品种】

上海鲜花港主要花卉品种分为盆花和鲜切花两个大类。盆花主要有红掌、凤梨、蝴蝶兰、盆栽小玫瑰、杜鹃、竹芋、猪笼草等;鲜切花品种主要有百合、郁金香、风信子、洋水仙、朱顶红、香雪兰、菊花等。

红掌 学名花烛,又称安祖花、火鹤,属天南星科多年生植物。周年产花,其花由佛焰苞和肉穗花序组成,颜色多样。生长适温为18°~28℃,相对湿度在75%~85%,光照强度不高于25 000勒克斯。一般以花泥作为栽培介质,每平方米年产量约70~80枝。上海鲜花港现有切花红掌品种30余个,年产量150余万枝,主要销往东南亚及国内大中城市。

表2-1-24 2008年上海鲜花港红掌品种情况表

名 称	英文名称	颜 色	掌面规格
密多尼	Midori	绿色	大
火焰	Fire	红色	大
干杯	Cheers	粉色	大
天使	Angel	白色	大
辛巴	Simba	白色绿耳	大
时光	Moments	乳白色	大
希瑞	Sirion	深粉色	中
卡罗尔	Calore	红色	大
出席	Presence	白色	大
萨维尔	Xavia	紫色	中
典雅	MaximaElegancia	粉色	中
玛瑞希娅	Marysia	奶黄色	中
香水	Essencia	浅绿色	大
罗莎	Rose	深粉色	大
卡西诺	Casino	红色	大
情趣	Spice	红色绿耳	大
梦幻之爱	Fantasy Love	白色绿耳	小
红胜利	Red Victory	红色	小
白色阿里克斯	White Alexis	白	小
伊甸园	Paradise	深绿色	中
辛西雅	Cynthis	白色	大
热情	Tropical	红色	大
红国王	Red King	红色	小
黑皇后	Black Queen	黑紫色	中
红皇后	Red Queen	红色绿耳	大
参议员	Senator	粉色	中

凤梨 凤梨科植物是一种花、叶观赏植物,常见的观赏凤梨有:擎天属(Guzmania)、莺歌属(Vriesea)、蜻蜓属(Aechmea)、铁兰属(Tillandsia)、帧凤梨属(Neoregelia)。

表 2-1-25 2006—2010 年上海鲜花港盆栽凤梨品种情况表

中文名称	英文或拉丁文名称	颜　色	株高(厘米)	种植年份
丹尼斯	Denise	红色	50	2005
奥斯特拉	Ostara	红色	60	2005
芭芭拉	Barbara	红色	50	2006
黄金玉扇	Davine	红黄色	50	2006
王中王	Conifera	红色	90	2006
白雪公主	Elcope	红白色	45	2007
戴安娜	Diana	黄色	45	2008
黄星	Hilda	黄色	60	2008
金戈	Ginger	红色	50	2008
迷你宝贝	Theresa	红色	15	2008
星光	Starlight	红色	55	2009
喜炮	Gemma	红黄色	60	2009
红运	Patricia	红色	50	2009
紫皇后	Violet Queen	紫色	60	2009
中国红	Catherine	红色	55	2010
曼乐迪	Melody	红色	45	2010
克拉丝	Class	红色	45	2010
铁兰	Cyanea	粉红色	35	2010
紫精灵	Vogue	紫黄色	50	2010
新红星	Brimstone	红色	60	2010

蝴蝶兰　品种有婚宴、皇后、兄弟女孩、青苹果、巨宝红玫瑰、红龙、台林红天使、兰九等。

盆栽小玫瑰　有红色、橙色、黄色、粉色、淡粉色等。

杜鹃　柳浪闻莺、喜鹊蹬梅、贵妃醉酒、紫气东升、红富士、粉妆楼、小紫凤、秋霞等 50 多个品种。

百合　东方百合杂种系(OR)、麝香百合杂种系(LO)、亚洲百合杂种系(AS)、百合杂交系(LA)、百合杂交系(OT)。

郁金香　早花类——单瓣、重瓣早花群，株高 20 厘米～25 厘米；中花类——凯旋系，花大，单瓣，株高 45 厘米～55 厘米；达尔文杂种群——花大，杯状，花色鲜明，株高 50 厘米～70 厘米；晚花类——单瓣晚花群，株高 65 厘米～80 厘米，花杯状，品种、花色较多，如呈紫色的夜皇后等；百合花型——花瓣形似百合花；花边型——花瓣边缘有晶状流苏花边；格里吉群——原种叶有紫褐色条纹，与达尔文郁金香杂交，花朵肥大。其他品种、变种与杂种——如矮郁金香、克鲁西郁金香、尖瓣郁金香、迟花郁金香等近 400 种。

风信子　有蓝紫色系、黄白色系、红粉色系等 30 多种。

洋水仙　有大花、小花型；单瓣、复瓣型近百种。

朱顶红主要包括：Sidney、Calgary、Furore、Minerva、Red Lion、Gran Cru、Liberty 等品种。

【主要品牌】

"上海鲜花港"商标 注册时间：2006年3月13日。核定使用商品：自然花、花皮、新鲜的园艺草木植物；植物、花球茎；装饰用于植物；树木、籽苗；鲜水果、新鲜蔬菜。

"花桥"牌商标 注册时间：2004年7月21日。核定使用商品(第6类)：可移动金属温室；金属棚；可移动金属建筑物；温室用金属架；金属广告栏；建筑用金属盖板；金属建筑材料；金属门装置、金属门。

"花桥"商标 注册时间：2004年8月28日。核定使用商品(第14类)：贵重金属艺术品；铜制纪念品；胸针(珠宝)；人造珠宝(服装用珠宝)；贵重金属小雕像；领带别针、钥匙圈(小饰物或短链饰物)；玉雕；装饰别针；人造宝石(服装用珠宝)。

"一见媒"商标 注册时间：2010年11月7日。核定使用商品(第31类)：庭园设计；庭园风景布置；农场设备出租；植物养护；花卉摆放；草坪修整；树木修剪；除草；风景设计；灭害虫(为农业、园艺和林业目的)。

"一见媒"商标 注册时间：2010年11月28日。核定使用商品(第44类)：庭园设计，庭园风景布置，农场设备出租，植物养护，花卉摆放，草坪修整，树木修剪，除草，风景设计，灭害虫(为农业、园艺和林业目的)。

"一见媒"商标 注册时间：2010年12月14日。核定使用商品(第41类)：培训；实际培训(示范)；安排和组织大会；组织文化或教育展览；表演场地出租；电影布景出租；游乐园；娱乐；假日野营娱乐服务。

二、种植技术

上海鲜花港的花卉种植技术在全国居领先水平，有的达到国际先进水平。

【郁金香露地栽培技术】

郁金香露地栽培是指郁金香在温室外或无其他遮盖物的土地上进行种植。上海鲜花港每年举行郁金香新品展示活动，展示露天种植的郁金香，主要品种有4个大类、300多个品种，300多万支。郁金香新品展示的时间为每年三月底到四月底，每年吸引10余万名游客前来观赏。

郁金香露地栽培的步骤是：环境选择→种球订购→栽植前准备→栽植→栽植后管理。

上海鲜花港的郁金香种球都来自荷兰，种球订购由荷兰花卉专家布斯曼教授亲自决定。郁金香种球栽植前需要做好大量的准备工作，其中放样是一项技术和艺术有机结合的工作，必须根据公园的规划面积以及布斯曼教授设计的花卉图形、动物图形、文字图形等，按照相应的尺寸比例在平整好的地块中用石灰粉进行图纸放样，按照放样栽种郁金香种球，每年露地栽种郁金香种球的时间为11月下旬至12月上旬。

郁金香种球栽植后的管理分为三个阶段。第一阶段是叶芽出苗期，第二阶段是营养生长期，第三阶段是花蕾发育期，花卉管理人员要根据郁金香各个阶段的生长特性，有针对性地采取防寒防冻等管理措施。

对露地种植的郁金香，还要进行花谢后的管理，及时将凋谢的花瓣清除，把地里所有种球挖除干净，将能分清品种以及质量较好的二代子球进行整理，并送往公司在云南西双版纳的种球繁殖基地。对土壤进行平整，铺上地膜，抑制杂草生长并借助夏季的自然高温对表土进行杀菌消毒。

露地栽培周期比较长,会遇到各种病虫草害,主要是真菌病害、青霉病、软腐病、枯萎病、根腐病、立枯病、褐斑病、灰霉病、丝核菌侵害和木霉菌等,主要的防治方法是做好种植前种球和土壤的杀菌消毒工作,尽量减少种植较敏感、易染病的品种,必要时可严格按照标准和操作要求喷洒农药。积极探索生物防治,生产健康花卉。

【盆栽红掌生产技术】

红掌是上海鲜花港盆栽花卉中市场销量最大的花卉之一。在精心选择优良红掌品种的前提下,红掌生产的主要技术环节是:

创造适合红掌生长的环境条件。利用先进的生产温室和配套设施,创造适宜的温度、湿度和光照条件。

制作栽培基质。进口专用基质混合大粒径珍珠岩使用,对基质进行甲醛熏蒸消毒、线克熏蒸消毒和高温蒸汽消毒。

选择合适的花盆。红掌根对光线较为敏感,花盆的壁厚以手持花盆看不见手指为标准,其大小可根据红掌品种特性进行选择。

科学种植。对种苗作必要处理后上盆种植。盆栽红掌在温室里摆放时要根据植株大小确定其摆放密度。小苗可以盆靠盆摆放,中苗或大苗摆放以植株间叶片不相互交接为宜,摆放好后浇透定根水。上盆种植后1—2周为恢复期。这段时间要喷施杀菌剂,适当遮阴,调控温度和湿度,适当施浓度较低的液肥。恢复期过后转入日常管理。

日常管理主要是管理好水分、营养、温度、湿度控制等,还要注意及时清除杂草,消毒灭菌,防治病虫害。

盆栽花卉的包装材料应能保护产品不受低温危害、高温灼伤和机械损伤,且包装箱规格便于装车和运输,坚固而不易变形。宜使用薄膜袋和纸箱双层包装。

三、科技创新

2010年上海鲜花港已拥有540亩现代化温室群,各种花卉都在计算机全自动调控温室中生长,花卉所需要的温、光、水、肥可自动调节。

上海鲜花港加强与来自荷兰、比利时和我国台湾等地的知名花卉种苗企业的合作,通过种源创新发展种苗产业,实现种苗的规模化、国产化生产,建立现代化的花卉种苗生产基地。2010年花卉种苗生产能力达1亿株,其中60%出口到欧美和日本、韩国等10多个国家和地区。从2005年开始,上海鲜花港每年在花卉展示园举办花卉新品集中展示活动,为全国各地花农和花卉企业提供挑选花卉新品种、促进花卉产业新发展的平台,为市民打造一个休闲观光、学习花卉科普知识的国家4A级农业旅游景点。

上海鲜花港积极探索能源利用新途径,将太阳能技术应用到温室花卉生产全过程中,建成利用太阳能绿色能源提供电能的现代化温室,为全国花卉生产企业利用绿色能源提供可复制推广的成功先例。

为了改变百合种球长期依赖进口的局面,实现百合种球的国产化生产,上海鲜花港在云南省玉溪市建立了百合种球快速繁育基地和百合种球国产化繁育中心,成功繁育出百合种球,突破了国内百合种球产业发展瓶颈,大大加快了国内百合种球产业的发展步伐。

上海鲜花港应用先进的信息技术装备现代农业,从荷兰引进植物生长监测设备。这一远程监测设备可将花卉生长过程中的环境因子、生长因子等信息通过无线发射系统传送到远在荷兰的专家控制中心进行远程诊断,这对提高花卉的质量、产量起到有效的保障作用,大大缩短了中国与世界花卉管理水平的距离,提升了国内花卉产业能级。

上海鲜花港拥有3 600平方米的现代化科技研发中心,可满足花卉新品种的各项研究、开发与种苗产业化生产的需要,为实施花卉产业化生产奠定了技术基础。

上海鲜花港德鲁仕植物有限公司是上海鲜花港与比利时德鲁仕植物公司的合资公司。德鲁仕植物在国际园艺界享有盛誉,拥有世界50%的凤梨种源,是全球最大的凤梨种苗公司之一。上海鲜花港德鲁仕植物有限公司专注于培育、提供这些凤梨的种苗,每年的产值在2 800万元至3 000万元左右,产品销往比利时、美国、澳大利亚、新西兰、日本、韩国、泰国等国家,其中约400多万株的种苗提供给中国市场。公司不断从比利时引进新的种苗品种,品种有果子蔓凤梨、红苞凤梨、蔓凤梨、莺歌凤梨、铁兰和猪笼草,以满足迅速增长的国内花卉产业和花卉市场的需求。

2006年以来,上海鲜花港通过建立花卉产学研联盟、与国际知名花卉企业合作、引进先进的花卉栽培和管理技术,实现了花卉种质资源的"原始创新""二次创新"和"集成创新"。其中,作为科教兴市重大产业科技攻关项目的"花卉种质创新和产业化发展关键技术"、国家标准项目"安祖花、凤梨植物新品种DUS测试指南"及其他多项科研项目得到顺利实施,获得了具有自主知识产权的花卉新品种,填补了国内空白,提升了花卉产业发展能级,带动了全国花农的发展,增加了花农收入。

四、新品展示

从2005年开始,上海鲜花港每年举行郁金香新品展示主题活动。2006年荷兰奶牛展;2007年杜鹃造型花展、人体彩绘;2008年花之精灵——盛装秀、人体彩绘;2009年德国芭比娃娃展;2010年"海宝"郁金香展、中国西南边陲"原生态歌舞"表演、杜鹃花造型作品展、世博花艺作品展。

在郁金香新品展示活动期间,300多万株露地栽培的郁金香在展示园里争奇斗艳。

表2-1-26 2006—2010年上海鲜花港郁金香花展花卉品种、数量统计情况表

年　份	品种(个)	数量(万株)
2006	450	300
2007	450	300
2008	480	320
2009	480	320
2010	500	320

为了展示郁金香新品的绚烂多彩,满足摄影专业人员与业余爱好者的需求,从2005年开始,上海鲜花港企业发展有限公司和光明食品集团宣传部、上海市摄影家协会每年联合举办"聚焦上海鲜花港"摄影大赛,每届摄影大赛收到参赛作品约1 000幅。比赛由上海市摄影专家组成评选委员会,评选出一、二、三等奖及佳作奖、入围奖等,每年召开颁奖大会向获奖者颁发证书和奖金。在评选获奖摄影作品的基础上,每年精心编辑出版《上海鲜花港摄影画册》。2006年上海鲜花港成为上海市

摄影家协会的摄影基地。

五、情系世博

2010年上海世博会之前,上海鲜花港董事长赵才标带领公司团队与上海世博局多次接触和谈判,于2010年3月16日正式签约,上海鲜花港成为上海世博会中国国家馆唯一花卉指定供应单位,从中国馆贵宾室每天摆放的鲜切花,到馆内各个区域的装饰花卉都由上海鲜花港提供。特别是在中国馆低碳展区荷花池里,从世博会开幕到闭幕,上海鲜花港运用先进的科技成果服务世博,保持荷花天天盛开,为百年世博献出一份厚礼。

为了让原本7、8月份盛开的荷花提前到4月份在中国馆绽放,上海鲜花港党政班子带领全体技术人员放弃节假日休息,集中力量进行荷花催花实验,终于获得成功。通过精心护理,保证了世博会期间中国馆展示的荷花天天绽放。中国荷花协会在祝贺上海鲜花港的信函里写道:"让荷花在上海地区提前绽放,并将花期延长至六个月,你们做了开创性的探索。"世博会结束后,上海鲜花港的世博荷花又在中国台湾首届国际花博会上展示,受到了组委会和广大游客的广泛好评。

上海鲜花港的科技人员获悉世博会中国馆的主色调是红色时,设想培育一个以中国馆红色为基准颜色的凤梨新品种,向上海世博会献礼。他们对凤梨种源进行3年多时间的杂交试验,远赴比利时进行种源比对,终于培育成功色泽纯正、花型饱满,拥有自主知识产权的"中国红"凤梨。世博会中国国家馆部部长钱之广先生在实地考察鲜花港"中国红"凤梨培育现场时,给予了高度评价。

为了使中国馆内7 000盆花卉、绿色植物每天保持新鲜艳丽,公司采取定期更换的方式保证花卉布展效果,每天0点开始更换花卉,清晨6点以前结束。公司世博服务运行团队群策群力,连续作战,其中负责现场花卉养护的王生泉从世博会开幕到闭幕,没有休息过一天,始终坚持在第一线。上海鲜花港王生泉、郭红华、陈玉岚、顾俊杰等人被评为上海市"服务世博、奉献世博"先进个人,张栋梁获上海市五一劳动奖章;公司团队获上海市世博工作优秀集体称号。

六、企业选介

【上海鲜花港企业发展有限公司】

上海鲜花港企业发展有限公司是光明食品集团东海总公司的子公司,成立于2002年9月,由中荷农业部上海园艺培训示范中心、农工商集团、东海总公司三家共同出资组建。公司原名上海东海鲜花港发展有限公司,后更名为上海鲜花港企业发展有限公司。

上海鲜花港位于上海市东南隅,东临东海,西濒杭州湾,南与洋山深水港相邻,北与浦东国际航空港接壤。公司占地面积1 500亩,核心区域内建成现代化温室群、花卉新品展示、科普休闲园和花卉新品科技研发中心,并利用太阳能为花卉生长和种苗培育提供绿色能源,形成组培种苗、种球1亿株、切花1 000万枝、盆花120万盆的生产能力。2006年底,职工在册人数为26人;2010年底,职工在册人数为54人。

上海鲜花港的主营业务为花卉、种苗销售和现代农业观光旅游。主要花卉品种:盆花类有红掌、凤梨、蝴蝶兰、盆栽小玫瑰、杜鹃、竹芋、猪笼草等;切花类有百合、郁金香、风信子、洋水仙、朱顶红、香雪兰、菊花等。以集中展示、推广优质、新品花卉种源为主要功能的花卉新品展示园已成为国家AAAA级旅游景区、全国科普教育基地,是上海现代农业旅游的一张靓丽名片。

上海鲜花港的总体发展思路是：聚合"两港"（浦东国际航空港和洋山深水港）区域优势，以规模经营为基础，以服务都市为宗旨，把鲜花港建成国家级花卉园艺培训基地、花卉组培科技发展中心、观光旅游休闲景区、国家AAAA级旅游景区。公司把"以人为本，义利并重，和谐共赢"作为企业价值观，把"提供优质种源，惠及万家花农"作为企业使命，把"做花卉农业头雁，创行业知名品牌"作为企业愿景，把"以种源为主，生产旅游联产，多元扩张，持续发展"作为企业发展战略，把"以花卉育种、种苗生产、花卉产业化开发、带动全国花农发展、增加花农收入"作为企业核心目标。

上海鲜花港通过发展种源农业带动全国花农和花卉种植企业降低成本提高收益，通过花卉产业规模化发展吸收农民成为产业工人，通过产业链的成功延伸，提高花卉产品的附加值和农业产业收益。

表2-1-27　2006—2010年上海鲜花港经营情况表　　　　　　　　（单位：万元）

年　份	2006	2007	2008	2009	2010
营业收入	2 024.48	2 750.79	1 913.16	2 367.83	3 316.83
主营业务收入	1 304.20	2 004.32	1 091.19	2 146.34	3 227.06
利润总额	705.92	706.18	785.16	785.52	822.32
净利润	705.92	706.18	785.16	785.52	822.32
产　值	1 304.20	2 750.79	1 913.16	2 367.83	3 316.83

上海鲜花港2006年先后获上海市五一劳动奖状、支持社会主义新农村建设示范企业、全国农业旅游示范点证书；2007年被评为全国农垦现代农业示范区；2008年被评为全国优秀企业；2009年被评为国家AAAA级旅游景区；2010年被评为农业产业化国家重点龙头企业、世博园区服务先进集体、上海世博工作优秀集体、全国工人先锋号、全国优秀花木种植企业、上海市科普教育基地优秀集体等称号。

上海鲜花港员工也获得了众多荣誉称号。东海总公司总经理、上海鲜花港有限公司董事长赵才标获2008年全国五一劳动奖章，并成为2008年北京奥运会上海火炬接力手；2010年被评为全国劳动模范和上海世博工作优秀个人。上海鲜花港荷兰专家布斯曼于2007年获国际科技合作奖。上海鲜花港总经理魏家骏于2010年3月被评为上海市职工信赖的经营（管理）者。青年员工王生泉被评为2010年度全国优秀共青团员和第九届上海市岗位能手。

上海鲜花港合作公司有上海鲜花港德鲁仕植物有限公司，上海鲜花港三益农业生物技术有限公司，瑞恩上海花卉有限公司，上海名厨农业发展有限公司。

上海鲜花港下属企业：上海鲜花港花卉新品科普展示有限公司。

【上海种业（集团）有限公司】

上海种业（集团）有限公司（简称"种业集团"）于2010年划归光明食品集团。该公司原隶属于上海市农业委员会，成立于2001年12月，注册资本1亿元，注册地址为上海市徐汇区田林路195弄15号，出资人为上海市国有资产监督管理委员会，企业类型为一人有限责任公司（法人独资）。

2010年底，种业集团营业收入1.24亿元，其中主营业务收入1.24亿元，利润总额416.27万元，净利润232.30万元。职工人数338人，其中科技人员99人，高级专业技术职称8人、中级专业技术职称25人、初级专业技术职称22人。

2010年种业集团的主要产品有鲜切花、盆栽花、种苗种球等。鲜切花主要是百合、唐菖蒲和菊花，其中部分切花菊、百合、唐菖蒲出口日本、韩国等国家；盆栽花主要是花坛植物；种苗种球主要是菊花种苗、康乃馨、百合、草花等，其中部分菊花种苗和其他切花种苗出口。

种业集团以"种业先锋行业旗帜"为发展目标，坚持"科技装备种业、服务创造市场"的经营思路，弘扬"以信持誉、精诚合作、敢为人先、乐于奉献"的企业精神，不断推进企业可持续发展。

种业集团曾获得"全国种业50强""上海市高新技术企业""上海农业龙头企业"等称号。2007年12月，"出口型抗黑腐病青花菜新品种的选育及示范与推广"项目获上海市科学技术进步奖三等奖；2008年10月，"工厂化育苗关键技术创新集成及产业化示范与推广"项目获上海市科学技术进步奖一等奖；2009年11月，"植物新品种'培忠杉'（东方杉）的研究与开发应用"项目获得上海市科学技术进步奖一等奖。

2010年8月，种业集团党委与崇明县港沿镇园艺村党支部签订结对共建协议，投资10万元援建的1 000平方米连栋温室大棚年底竣工；出资1万元慰问园艺村部分困难党员和农民。

种业集团下属企业有上海市花卉良种试验场、上海种业集团产业发展有限公司、上海源怡种苗有限公司、上海虹华园艺有限公司、上海粒粒丰农业科技有限公司、上海源怡温室工程有限公司、上海振东园艺有限公司。

上海市花卉良种试验场　1987年3月成立，位于上海市松江区九亭镇，职工人数34人。公司主要产品是百合、唐菖蒲、菊花鲜切花以及盆栽植物和其他切花种苗。

上海种业集团产业发展有限公司　2004年9月成立，位于上海市嘉定区江桥园艺场，职工人数140人。公司主要产品是草花种苗及盆栽植物。

上海源怡种苗有限公司　2003年3月成立，位于浦东新区惠南镇，职工人数140人。公司主要产品是草花种苗及盆栽植物。

上海虹华园艺有限公司　1991年5月成立，位于上海市松江区泖港镇叶新支路1699号，职工人数19人。公司主要产品是菊花鲜切花及菊花种苗。

上海粒粒丰农业科技有限公司　2005年1月成立，位于上海市松江区五库示范区，职工人数13人。公司主要产品是玉米种子（申糯二号、金菲）。

上海源怡温室工程有限公司　2002年2月成立，位于上海市松江区叶榭镇，职工人数26人。公司主要产品是GP-C832Z型、GSW8430型温室，主要销往上海、浙江、山东、新疆等地。

上海振东园艺有限公司　2004年6月成立，位于上海市闵行区沪闵路2865号，职工人数12人。公司主要产品是百合、菊花鲜切花及百合、康乃馨种苗。

【上海都市维生种苗有限公司】

上海都市维生种苗有限公司（简称"都市种苗公司"）是上海市都市农商社有限公司（简称"都市农商社"）控股企业，成立于2002年1月，由农工商集团、都市农商社、美国维生股份有限公司、新加坡维生投资股份有限公司共同组建。

2007年5月，都市农商社吸收合并海通证券股份有限公司，光明食品集团出资收购都市农商社所占都市维生种苗公司35.67%的股权，持股股权变更为49%。2008年12月，光明食品集团将49%股权划转给上海都市农商社有限公司。

都市种苗公司注册资本300万美元，其中都市农商社出资147万美元，占股49%；美国维生股份有限公司出资93万美元，占股31%；新加坡维生有限公司出资60万美元，占股20%。2010年

10月更名为上海星辉种苗有限公司。公司住所为上海市奉贤区海湾镇海振路1729号。

都市种苗公司占地面积121亩。经营范围为花卉、蔬菜等植物品种资源的引进、开发、培育、生产,并销售自产产品;现代园艺技术培训、绿化工程、温室工程和农业技术推广。公司与美国GoldSmith、荷兰Kieft Seed、日本Sakata、德国Fischer等世界著名种子种苗公司保持长期合作,常年提供草花种苗。公司依托美国维生公司的先进技术,引进先进设备和独创的倒金字塔孔洞育苗板,通过现代生物技术、工程技术、信息技术对种苗生产、管理进行全程控制,种苗质量达到国际同类产品先进水平。2010年公司生产花卉苗1 896.48万枝,盆花47.12万盆,蔬菜苗1 394.50万枝,销售收入为909.07万元。

表 2-1-28　2007—2010年都市种苗公司销售情况表

年份	花卉苗		贸易	盆花		蔬菜苗	
	苗数(万枝)	金额(万元)	金额(万元)	盆数(万盆)	金额(万元)	苗数(万枝)	金额(万元)
2007	942.27	233.10	200.59	3.24	177.11	1 075.67	8.74
2008	813.47	207.28	18.17	8.45	105.35	179.76	18.35
2009	1 116.61	198.64	19.85	18.02	112.54	1 703.33	134.06
2010	1 896.48	377.61	22.12	47.12	286.89	1 394.50	105.85

第四节　林业和果业

光明食品集团林业分为生态公益林、特种林;果业为经济林。

生态公益林为农田防护林、沿海防护林、水源涵养林和通道防护林;特种林为公园林;经济林为果树。生态公益林分布在上海市郊的跃进有限公司、长江总公司、都市农商社、五四公司、东海总公司、海湾国家森林公园有限公司和上海市外的海丰总公司、上海农场、川东农场、五四公司所属黄山茶林场、农工商投资公司所属练江牧场等地。特种林分布在海湾国家森林公园和瑞华果园。经济林分布在瑞华果园、农工商现代农业园区。

一、林地面积和分布区域

随着国家大力支持林业发展,实行财政补贴政策,光明食品集团林业得到较快发展。2010年集团林地总面积为10.36万亩,其中上海区域为4.83万亩,外省市区域为5.53万亩。

表 2-1-29　2006—2010年光明食品集团林地面积情况表

年份	林地面积(亩)		林地分类面积(亩)					四旁植树(百株)	
	合计	当年造林	竹林	用材林	经济林	防护林	特种林	累计	当年种植
2006	81 460	1 982	1 969	14 992	8 322	48 372	9 774	4 707	0
2007	72 860	2 086	1 880	9 539	7 873	45 674	9 774	4 787	80

〔续表〕

年份	林地面积（亩）		林地分类面积（亩）					四旁植树（百株）	
	合计	当年造林	竹林	用材林	经济林	防护林	特种林	累计	当年种植
2008	76 263	3 414	1 869	9 539	9 780	47 030	9 914	4 787	0
2009	81 162	5 379	1 869	9 539	10 149	51 545	9 929	4 787	0
2010	103 574	4 786	1 899	7 279	6 010	80 371	9 914	4 787	0

表 2-1-30　2010 年光明食品集团林地面积分布情况表

单　位	林地面积（亩）		林地分类面积（亩）					四旁植树（百株）
	合计	当年造林	竹林	用材林	经济林	防护林	特种林	
跃进有限公司	11 411	0	0	4 061	1 120	6 230	0	1 234
长江总公司	15 817	600	80	2 418	2 783	10 616	0	2 603
东海总公司	200	0	0	0	0	200	0	0
五四公司	12 076	416	750	800	1 312	9 964	0	600
海丰总公司	21 913	12	0	0	750	21 163	0	0
上海农场	21 691	1 475	30	0	0	21 691	0	0
川东农场	9 000	1 158	0	0	0	9 000	0	0
投资公司	45	0	0	0	45	0	0	350
世纪森林	11 421	1 125	1 039	0	0	1 507	9 914	0
合　计	103 574	4 786	1 899	7 279	6 010	80 371	9 914	4 787

说明：投资公司主要为所属练江牧场；五四公司包括所属黄山茶林场。

光明食品集团林地面积以防护林为主，2010 年防护林面积为 8.04 万亩，占总林地面积 80％左右，其中上海市区域的农场防护林面积为 2.75 万亩，外省市区域为 5.29 万亩。沿海防护林是为防止海风长驱直入及保护城镇、农耕区安全，采用人工造林方式营造的防护林带。通道防护林是沿河流、公路干道、高压线走廊等地段营造的护路护岸林、生态观景林。农田防护林是为改善农田小气候和保证农作物丰产稳产而营造的防护林，由于呈带状，又称农田防护带。光明食品集团农田防护林带最早于 20 世纪 60 年代围垦滩涂初期建立国营农场时逐步营造起来，当时以种植刺槐、苦楝、榆树为主，后以欧美杨、白杨、水杉等高大乔木树种为主，柳杉、龙柏、珊瑚等矮乔木、灌木树种为辅。一般株行距为 2 米×2 米见方，每排 4～5 棵，形成宽 8 米～10 米，长 700 米～800 米，"纵向成带、横向成网"的防风林带，对美化农场环境、净化空气、水土涵养以及防风固沙起到明显作用。

光明食品集团所属上海海丰总公司、黄山茶林场和练江牧场是上海市域外企业，分别地处江苏省大丰市和安徽省黄山市。集团从 2008 年起用三年时间完成域外农场农田、海塘林网格化；通道、四旁林景观化；经济果林高效、品牌化；水源涵养林功能化的建设。森林覆盖率从 2008 年前的 3.6％提高到 2010 年的 20％。坐落于上海市奉贤区五四农场境内的上海海湾国家森林公园，1999 年由光明食品集团与上海城投总公司共同出资组建，历时十余年建成占地 1.5 万余亩的国家级森林公园，园内植树达 400 多万株，品种约 350 种。

表 2-1-31　2006—2010 年光明食品集团防护林面积分布情况表　　　（单位：亩）

年　　份	2006	2007	2008	2009	2010
跃进有限公司	6 030	6 030	6 230	6 230	6 230
长江总公司	11 378	9 516	9 516	10 616	10 616
东海总公司	1 317	300	300	200	200
五四公司	10 135	10 898	10 898	10 883	9 964
海丰总公司	19 512	18 930	20 086	23 234	21 163
上海农场	0	0	0	0	21 691
川东农场	0	0	0	0	9 000
世纪森林	0	0	0	382	1 507
合计面积	48 372	45 674	47 030	51 545	80 371

光明食品集团 2010 年苗圃总面积 1.01 万亩，其中上海市区域 9 141 亩，外省市区域 914 亩。苗圃基地拥有八角金盘、大叶黄杨、大叶樟、女贞、广玉兰、蜀桧高空球、蜀桧、蚊母、景叶白兰、雪松、棕榈等 100 多个品种、600 多个规格的种苗，除供应本单位植树造林外，还对外销售。

表 2-1-32　2006—2010 年光明食品集团苗圃面积分布情况表　　　（单位：亩）

年　　份	2006	2007	2008	2009	2010
跃进有限公司	3 924	3 924	3 924	3 924	3 924
长江总公司	2 317	2 317	2 317	2 317	2 317
东海总公司	1 030	1 383	1 383	900	900
五四公司	1 050	1 050	0	0	0
都市农商社	0	0	100	0	0
海丰总公司	0	0	147	162	227
上海农场	0	0	0	0	657
投资公司	30	30	30	30	30
世纪森林	2 000	2 000	2 000	2 000	2 000
合　　计	11 001	10 851	9 901	9 333	10 055

光明食品集团经济林主要为果园种植的果树，2010 年经济林总面积 6 010 亩（市内 4 440 亩；外省市 1 570 亩）。

表 2-1-33　2006—2010 年光明食品集团经济林面积分布情况表　　　（单位：亩）

年　　份	2006	2007	2008	2009	2010
跃进有限公司	5 094	5 094	5 682	6 039	1 120
长江总公司	1 160	914	2 233	2 183	2 783

〔续表〕

年　份	2006	2007	2008	2009	2010
五四公司	950	1 082	1 082	1 144	1 312
海丰总公司	1 048	738	738	738	750
投资公司	45	45	45	45	45
东海总公司	25	0	0	0	0
合　计	8 322	7 873	9 780	10 149	6 010

二、林业建设与管理

光明食品集团 2007 年建设通道防护林 1 350 亩，其中五四公司 1 000 亩，东海总公司 200 亩，上海都市农商社 150 亩。

2008 年集团林业项目总建设面积为 5 680 亩，其中通道防护林 600 亩，生态公益林 3 000 亩，经济果林 1 120 亩，经济果林基础设施项目建设面积 960 亩。

2009 年光明食品集团共完成造林面积 1.59 万亩，其中生态公益林 1.51 万亩，经济果林 800 亩。五四公司完成造林 1 740 亩，长江总公司完成造林 1 700 亩，跃进有限公司完成市属沿海防护林项目 500 亩，海丰总公司完成造林 1.2 万亩。

2010 年光明食品集团共建设林业面积 6 815 亩，其中海湾国家森林公园生态公益林 800 亩，五四公司生态公益林 353 亩，跃进有限公司生态公益林 3 362 亩，长江总公司生态公益林 2 300 亩。

为加强林业管理，光明食品集团于 2009 年 5 月成立林业建设项目工作领导小组，归属集团产业部；2010 年林业建设项目领导小组成员作调整，并归属集团农业发展部管理。2007 年集团建立了 6 个林业养护社，养护林地 7 789 亩，对 294 名养护员工进行培训，实现人人持有林业养护上岗证书。林业养护社在加强生态公益林养护、抢险救灾、防火防盗、保护森林资源等方面发挥了显著作用。长江农场养护社被评为 2007 年上海市优秀养护社。集团于 2009 年组织开展了国家第六次、上海市第七次森林资源调查。

三、果树种植

【果树种植面积和产量】

光明食品集团 2010 年果树种植面积 5 155 亩，其中上海市郊农场 4 360 亩，域外农场 795 亩（海丰总公司和练江牧场）。主要种植品种为桃、橘、葡萄、梨等，其中瑞华果园以桃、梨为主；农工商现代农业园区以葡萄为主，该园区也是我国南方地区首家经国家环保总局 OFDC 认证的有机葡萄栽培示范基地。

表 2-1-34　2010 年光明食品集团所属单位果树种植面积情况表　　　（单位：亩）

单　位	总面积	桃	橘	葡萄	梨	其他水果
跃进有限公司	1 120	792	0	101	169	58
长江总公司	2 703	1 093	468	0	917	225

〔续表〕

单 位	总面积	桃	橘	葡萄	梨	其他水果
五四公司	537	100	104	302	0	31
海丰总公司	750	350	0	0	0	400
练江牧场	45	0	0	0	0	45
合 计	5 155	2 335	572	403	1 086	759

光明食品集团2010年水果总产量3 058吨,其中上海市郊农场产量2 808吨,域外农场产量250吨。

表2－1－35　2006—2010年光明食品集团水果产量情况表　　（单位：吨）

年 份	总产量	桃	橘	葡萄	梨	其他水果
2006	2 099	748	1 121	16	88	0
2007	1 604	357	1 081	19	43	0
2008	1 673	539	938	78	28	0
2009	2 655	781	846	126	781	0
2010	3 058	1 249	749	178	769	113

光明食品集团果树种植主要集中在跃进公司、长江总公司、五四公司和海丰总公司。

表2－1－36　2010年光明食品集团所属单位水果产量统计情况表　　（单位：吨）

单 位	总产量	桃	橘	葡萄	梨	其他水果
跃进有限公司	103	75	0	28	0	0
长江总公司	2 550	924	749	0	769	108
五四公司	155	0	0	150	0	5
海丰总公司	250	250	0	0	0	0
合 计	3 058	1 249	749	178	769	113

【水果主要品种】

2010年初,光明食品集团所属跃进有限公司与上海市农科院联合成立上海跃进生态果树研发中心,已建成占地1 500亩的生态观光果园,主要种植桃、梨、葡萄、猕猴桃四大品系。五四公司所属上海市农工商现代农业园区选用优良葡萄品种巨峰和藤稔作为主栽品种,采用有机食品标准模式种植葡萄。2007年有机葡萄第一年上市,两个参评葡萄品种分别获上海市银奖和铜奖。2010年"心心"牌葡萄获上海市优质果品评比金奖。2010年五四公司承担"有机葡萄区域化特色产品生产基地"建设项目和"葡萄有机栽培技术示范与推广"科研项目,从国外引进34个优质葡萄品种。

光明食品集团种植的葡萄以巨峰、夏黑、醉金香、巨玫瑰、金手指、藤稔为主要品种；梨以翠冠梨为主要品种；猕猴桃以金魁、徐香等为主要品种；黄桃以锦绣、锦香、锦园等为主打产品。

夏黑葡萄 别名夏黑无核、东方黑珍珠，原产日本，属欧美杂交品种。果粒圆形，排列整齐，单粒重8克～11克。果皮厚，黑色至蓝黑色，果肉硬脆，味甘甜，草莓香味。夏黑葡萄含糖量高，糖度可达24%。

醉金香葡萄 属欧美杂交品种，四倍体鲜食葡萄品种。果实含糖度16%～18%，高的可达21%，果穗圆锥形，果粒呈倒卵圆形，粒重10克～12克，果皮绿黄色，外观漂亮。

巨玫瑰葡萄 属欧美杂交品种，综合性状和口味远超巨峰、玫瑰香品种。平均粒重9克，最大粒重11克，果粒大小均匀一致，糖度17%～23%。果皮紫色，外观美，成熟一致。软肉多，甜酸适口，具有浓郁纯正的玫瑰香风味。

金手指葡萄 属欧美杂交品种，以果实色泽和形状得名。果穗巨大，长圆锥形，呈弓状，黄白色，平均粒重8克～10克，果皮厚薄适中，可剥离，宜置藏和贮运。糖度20%～22%，甘甜爽口，有浓郁的冰糖味和牛奶味。

藤稔葡萄 俗称"乒乓葡萄"，果粒特大，一般单粒为22克～30克，最大35克左右。果实品质佳，外形美观，光泽度好，果肉肥厚。糖度为15%～16%。

徐香猕猴桃 果实圆柱形，平均单果重95克，最大单重137克，果肉呈绿色，浓香多汁，酸甜适口；每百克鲜果肉含维生素C99.4毫克～123毫克，糖度为13%～16%。

锦绣黄桃 由上海农科院园艺所培育而成。果顶圆微突，果皮呈金黄色，茸毛短密，皮可剥离，果肉细密，汁多味甜香浓，糖度10%～11%。单果重为125克～170克，每100克果肉含维生素C9.41毫克，是鲜食、加工兼用品种，深受广大消费者青睐。

翠冠梨 浙江省农科院园艺所经杂交育成的新品种，具有肉质细嫩松脆、汁多味甜、果形大果心小的特点。果实呈淡黄色，表面光洁，糖度在13%左右。

四、企业选介

【上海市瑞华实业公司】

上海市瑞华实业公司（简称"瑞华公司"）成立于1992年9月。跃进有限公司于2008年1月对跃进农业管理总站和瑞华公司进行整合，组建新的跃进农业管理总站，从事粮食种植和种源生产；瑞华公司仍保留独立法人地位，经营内容由粮食种植为主转向水产养殖业和果业林业为主。

2006—2008年1月，瑞华公司主要从事粮食生产。2006年公司拥有耕地3.6万亩，2007年实现利润1872万元。2008年1月始，瑞华公司利用原新海果园和原跃进、新海、红星、长征四个农场的鱼塘资源，大力发展果林业和水产养殖业。公司拥有林地面积3.79万亩，其中公益林5196亩，经济林2687亩。2008年4月上海市农科院和跃进有限公司共同组建"上海跃进生态果树研发中心"，组织召开生态果林景点设计论证会，分三期对占地1500亩的瑞华公司果园进行改造建设，打造"千亩生态观光果园"。果园分为产业区和展示区两大区域，种植葡萄、梨、猕猴桃、黄桃、油桃、迎庆桃等水果品种。2009年建成40亩连体大棚种植草莓以及150亩蔬菜设施大棚。在核心景观区分布12个景点，有雅致飘逸的趣果亭、思贤亭，有充满果香的瑞桃园、四宜园、紫藤园，还有摘月台、羡鱼台、水车、知青纪念馆、四季长廊和感恩桥等。先后举办了桃花节和丰收节等旅游活动。

瑞华公司拥有水产养殖区域面积9190亩，水域面积6155亩。2008年始，先后完成一期540

亩、二期4755亩、三期3895亩标准化鱼塘改造项目,初步建成鑫飞、新海白港、跃进新三河、跃进河蟹四个标准化养殖场。水产以养殖四大家鱼为主,研发新品种鱼类和长江回流鱼种。公司于2010年将鑫飞960亩标准化水产养殖场注册为"上海北部渔村"。

瑞华公司拥有一支林果、水产养殖生产和管理人才队伍,2010年职工总数为81人,大专以上学历34人,其中研究生2人;中级职称7人,技师1名,高级工6人。公司加强与上海海洋大学、上海农科院果林研究所的技术合作,引进林果栽培、水产养殖新技术、新工艺、新品种,努力建设具有上海区域特色的农产品生产基地。公司通过媒体加大对果品、水产品的宣传力度,提高市场知晓度。2009年果品(桃、梨、葡萄)获上海市农委无公害产地认证和水产品(草鱼、鲢鱼、鳙鱼等)无公害产地认证;2010年获国家农业部(桃、梨)无公害产品认证。2010年,公司完成主营业务收入2216万元,利润201万元。

【上海长江园艺有限公司】

上海长江园艺有限公司(简称"长江园艺公司")是光明食品集团上海长江总公司控股企业,前身是上海长江果林园艺场,成立于1994年9月,2000年6月改制为有限责任公司,其中长江总公司企业股占70%,自然人股占30%,注册资本118万元。公司位于崇明长江农场,占地面积1311.7亩。2010年公司营业收入205.2万元,利润总额20.5万元,净利润17.3万元;职工9名。

长江园艺公司是上海市园林绿化三级施工企业,主要经营园林绿化工程设计、施工养护、苗木生产、摆花装设、水果栽培与销售等业务,苗木品种达200余种,是崇明地区从事苗木栽培、生产的专业性企业。公司先后承接了上海吴中公寓、东安路老干部公寓、上海天然气处理厂、上海世纪森林公园、上海德科电子仪表有限公司、上海桂林小区等数百个绿化工程,其中80%的工程被评为上海市优良工程,上海桂林小区被评为上海市绿化先进小区,上海德科电子仪表有限公司被评为全国绿化400佳和上海市花园单位。

长江园艺公司2009年投资近400万元建设"果立方"水果采摘园,园内种植了150亩、20多个品种的锦绣黄桃、猕猴桃、翠冠梨和橘子、葡萄、草莓等优质水果,"果立方"水果采摘园地处上海崇明地区现代农业基地长江核心示范区内。在水果生长周期,公司通过大棚保护性栽培、有机生物肥、无公害生物农药、套袋等措施,为消费者提供安全、优质、健康的水果。

表2-1-37　2006—2010年长江园艺公司经营情况表　　　　　　　　　　　　(单位:万元)

年　份	主营业务	销售收入	利润总额	净利润
2006	246.1	246.1	21.7	21.7
2007	155.6	155.6	13.4	9.5
2008	363.1	363.1	33.2	28.7
2009	199.1	199.1	20.8	20.7
2010	205.2	205.2	20.5	17.3

【上海市农工商现代农业园区开发有限公司】

上海市农工商现代农业园区开发有限公司(简称"农工商现代农业园区")是五四公司下属企业,也是上海市政府批准的12个现代农业园区之一。园区建于2000年5月,注册资本600万元,由农工商集团与上海农工商集团五四公司共同投资组建,其中,农工商集团投资现金400万元,在注册资本中占66.67%,五四公司占33.33%。

农工商现代农业园区主要生产经营"心心"牌有机葡萄及梨等优质果品,已形成集果品科研、生产、示范、休闲、观光为一体的综合性示范基地。2010年在岗职工32人。

农工商现代农业园区地处上海东南沿海,东靠洋山深水港,西连上海海湾国家森林公园,南邻杭州湾,北依奉贤大亭、芦大公路等市域高速公路网。园区规划面积20平方公里,核心区开发面积3.17平方公里。园区用地布局合理有序,耕地平整连片,田块沟、渠、路、林带配套,有多条人工骨干河道,配以完善的灌排渠系和机电泵站,灌排十分便利,2007年被确定为"全国农垦示范园区"。

农工商现代农业园区以有机葡萄为特色产业,2002年通过国家环保总局OFDC有机认证。园区严格按照国家有机农业的生产要求,在葡萄种植过程中完全不用化学合成肥料、农药、生长调节素、畜禽饲料添加剂等物质,不使用基因工程生物及其产物。园区在种植有机葡萄的同时,还借助五四公司丰富的旅游资源,从2007年开始每年举办一届有机葡萄采摘节,大力发展休闲、观光产业,让更多市民在亲近自然的同时品尝品种多样的有机葡萄。

农工商现代农业园区先后与复旦大学、上海交通大学、上海理工大学、同济大学、上海农科院等科研院校建立技术合作关系,2007年与上海农科院合作成立了"有机果树研究中心"。园区拥有2名高级农艺师、2名农艺师组成的专业技术团队和8人组成的生产管理团队,技术与管理力量较为雄厚。园区主持的"设施农业数字化技术研究与应用""水蜜桃和葡萄有机栽培技术"课题项目分获2006年、2007年上海市科技进步奖二等奖。

农工商现代农业园区通过建立核心示范基地,集中进行葡萄有机标准化栽培技术的示范生产,形成完善的有机葡萄栽培技术服务体系。2009年,园区根据国家、行业和地方标准制定了《心心牌有机葡萄企业标准》和《心心牌有机葡萄生产技术规程》。

园区秉承"健康有信心,安全更放心"的理念,积极构建产品诚信体系,产品外包装除标注生产批号、有机防伪码外,还有企业专用溯源二维码,消费者通过手机客户端轻松扫描就可以查询企业情况、生产管理、田间档案等。

园区2006年销售收入231.76万元,净利润205.01万元;2010年销售收入862.26万元,净利润509.05万元。

园区于2008年获"上海市迎世博优质果品评比葡萄类金奖";2009年被评为"上海服务世博优质果品特供基地";2010年获"上海市优质葡萄评比金奖";2010年"心心"牌有机葡萄被评为"中国著名品牌"。

表2-1-38 2006—2010年农工商现代农业园区经营情况表 （单位：万元）

年　份	主营业务	销售收入	利润总额	净利润
2006	231.76	231.76	205.01	205.01
2007	405.93	405.93	180.02	180.02
2008	352.53	608.33	196.86	196.86
2009	525.77	809	222.55	222.55
2010	862.26	862.26	509.05	509.05

第五节 青饲料

青饲料主要是青玉米，是奶牛的当家饲料，青玉米又分为春玉米、麦茬玉米和秋玉米。光明食品集团种植青玉米的企业有投资公司、海丰总公司、光明乳业公司、东海总公司、五四公司、都市农商社等。

一、种植品种

青贮饲料是一种利用微生物厌氧发酵青绿饲料技术制成的奶牛专用饲料产品，是奶牛养殖的当家饲料之一，常规的青贮饲料是青贮玉米。玉米青贮饲料营养丰富、气味芳香、消化率较高，其中粗蛋白质含有量达3%以上，还含有丰富的糖类。用玉米青贮料饲喂奶牛，每头奶牛一年可增产鲜奶500公斤以上，而且可节省1/5的精饲料。青贮玉米制作所占空间小，可长期保存，一年四季可均衡供应。

光明食品集团为做大奶牛养殖产业，大力发展奶牛青饲料生产，2010年种植青饲料面积为8.23万亩，比2006年增加5.13万亩，种植面积增加了一倍多。

表2-1-39 2006—2010年光明食品集团青饲料亩产情况表 （单位：公斤）

年　份	2006	2007	2008	2009	2010
青饲料	3 210	3 072	2 598	2 433	2 551
其中青贮玉米	3 222	2 857	2 593	2 519	2 570

随着光明食品集团青饲料种植面积的增加，管理水平的提升，青饲料产量也有了迅速增长。2010年青饲料总产量为20余万吨，比2006年增加10余万吨。其中上海鼎牛饲料有限公司2010年在海丰地区和崇明地区收储制作青贮饲料5.3万吨，这些青贮饲料主要供应崇明地区东风牧场、瀛博牧场及海丰牧场。

光明食品集团青贮玉米种植以高产优质的雅玉8号、耀青3号、耀青5号为主要品种，这些玉米品种具有生育期长、果穗大、双穗多、株高（3米以上）特点，采收籽粒亩产均在500公斤以上。种植少量吉祥一号、郑单958、登海605、登海701等作为配套品种，有效提高了奶牛饲料品质。光明食品集团2010年种植青贮玉米7.95万亩，平均亩产2 570公斤。

上海海丰总公司为农工商投资公司在海丰地域建立的万头生态奶牛饲养场提供配套服务，从2007年开始种植青贮玉米，品种以雅玉8号、耀青3号为主，2010年种植2.94万亩，总产7.35万吨。

表2-1-40 2006—2010年光明食品集团所属单位青饲料种植面积情况表 （单位：亩）

年　份	2006	2007	2008	2009	2010
东海总公司	2 200	1 200	2 400	1 800	2 800
五四公司	2 155	4 500	2 000	7 066	3 150

〔续表〕

年　份	2006	2007	2008	2009	2010
都市农商社	500	4 000	0	0	0
海丰总公司	0	770	5 300	23 709	29 438
投资公司	26 200	27 633	24 640	40 191	37 978
光明乳业	0	0	0	0	8 975
合　计	31 055	38 103	34 340	72 766	82 341

表 2-1-41　2006—2010 年光明食品集团所属单位青饲料产量情况表　　　（单位：吨）

年　份	2006	2007	2008	2009	2010
东海总公司	8 800	9 600	8 400	6 416	5 600
五四公司	5 060	15 000	7 000	21 442	10 400
都市农商社	2 000	16 400	0	0	0
海丰总公司	0	1 700	15 900	51 579	73 507
投资公司	83 840	74 351	57 928	97 601	90 897
光明乳业	0	0	0	0	29 618
合　计	99 700	117 051	89 228	177 038	210 022

二、种植技术

随着奶牛饲料原料价格不断攀升，大面积种植青饲料越来越受到奶牛养殖企业的重视。农工商投资公司所属上海鼎牛饲料有限公司成立了农业事业部，专业种植用于青贮的青绿饲料，不断整合奶牛饲料的优质资源，大力推广以发酵技术为主的青贮饲料产品。2010 年上海鼎牛饲料有限公司在崇明地区的 4 000 亩青饲料地被列入崇明县农业综合开发长江农场项目区土地治理项目，建设区域为：东风农场东青 1 队青料地 565 亩，东风农场东青 2 队青料地 477 亩，长江农场长青队青料地 1 265 亩，长江农场 24 队青料地 1 693 亩；项目投资总额 693.09 万元。

【合理安排种植茬口】

为充分利用土地资源，青贮玉米一年种植两季，上海地区分为夏季青玉米和秋季青玉米，夏季青玉米的前茬种植小黑麦和大小麦、蚕豆等，作为奶牛的青饲料。对盐碱成分重、土壤贫瘠的土地，则种植绿肥，促进土壤改良。这种茬口布局有效提高了土地的复种指数，实现增产增效，便于调整收割时间，不误后续农时。

由于种植青贮玉米的大部分土地多年种植单一作物，使土壤缺乏轮作，造成杂草较多，平整不一，周围渠道无法起到灌溉和排水作用。为此，光明食品集团青饲料种植企业对部分冬闲田进行平整和小型水利建设，不断修复和改良土壤，提升青玉米饲料的产量，保证奶牛饲料供应。2010 年，青饲料种植企业在崇明地区平整土地和开挖沟渠 3 400 多亩，在海丰地区平整土地和开挖沟渠

2 500多亩。

【种植及管理】
上海鼎牛饲料有限公司是光明食品集团青饲料种植的主要企业之一。公司根据上海地区的土壤、气候及玉米品种的特点,探索总结出上海地区麦茬玉米种植计划及全程农艺要求。

播种前期土壤处理、坪床准备工作(5月20日—6月15日)的农艺要求为:

基肥:每亩施玉米全生育期需肥总量50%的化肥,氮肥为尿素25公斤/亩或使用玉米专用缓释肥(氮含量27%)40公斤/亩;磷肥为五氧化二磷12公斤/亩;钾肥为硫酸钾12公斤/亩;锌肥为硫酸锌2公斤/亩。

翻耕:利用圆盘耙翻耕茬地,深度在20厘米~25厘米,然后利用旋耕机破碎15厘米表层土壤,使土壤疏松、细绵;或在雨水较多时采用免耕播种技术,节省成本。

除虫除草:对一些虫害和草害严重的周边土地使用41%草甘膦150毫升/亩除草,并使用10%吡虫啉100毫升/亩加48%乐施本80毫升/亩兑水喷施,减少病虫害发生的潜在传播途径。

开沟:开挖排灌系统,保证雨季排水通畅,旱季灌水流利。

播种期(5月26日—6月15日)的农艺要求为:

种子前处理:在播种前测定玉米种子的千粒重、纯度、净度和种子发芽试验;3—5天前进行晒种和药剂拌种。

播种量:以雅玉8号为例,雅玉8号千粒重约236克,发芽率85%,纯度和净度是98%,定苗5 000株/亩,增加20%的损耗量,播种量应是1.9公斤,定苗前是5 500株/亩。播种主要以耀青系列和雅玉系列为主。

播种深度:土壤潮湿、黏重的细壤土播种深度为3厘米~5厘米,土壤干燥、疏松的沙壤土播种深度为5厘米~8厘米。

苗期(6月15日—7月10日)的农艺要求为:

三叶期间苗:玉米需要4—6天出苗,再经过10—15天幼苗进入三叶期,将多余的弱苗拔除,保留壮苗。

五叶期定苗:在间苗的基础上,按照株行距,保留大、壮、无病虫害的幼苗。

蹲苗促壮:当苗色深绿,长势旺,墒情好时进行蹲苗;幼苗生长不良的不宜蹲苗,应尽早追肥。

排水和灌溉:玉米苗期是对水需求最少的阶段,要防止田间积水;如土壤过于干旱,应采取灌溉措施,防止干旱死苗。

病虫害防治:该阶段主要防治黏虫、甜菜夜蛾和菜青虫的危害,采用30克甲K加60克漂效王加50克红江南兑水每亩30公斤普打;也可使用每亩20克安打或氯虫苯甲酰胺进行防治。

拔节期(7月11日—8月25日)的农艺要求为:

施攻秆肥:在玉米6~8叶拔节期,施10公斤尿素,保证玉米健壮生长。

灌溉:按照天气、土地墒情,合理增加灌溉,灌水量控制在下渗15厘米~20厘米。

抽穗期(8月26日—9月16日)的农艺要求为:

排水灌溉调控:按照天气和土壤墒情调控田间含水量,增大力度调整沟渠排水能力,为下一步收割做基础准备。

病虫害防治:重点防治玉米螟和黏虫的发生。

收割期(9月18日—9月28日)的农艺要求为:

测定玉米干物质的变化,当干物质达到25%~28%,占总种植面积40%时开始收割。

辨别玉米外观特征,当玉米雄穗变干,颜色变成紫褐色,无颗粒花粉撒落;雌穗变干,颜色变成干褐色,苞叶呈黄绿色;玉米籽粒乳线达到1/2以上时开始收割。

【牛粪还田,种养结合】

青饲种植企业利用"三夏"期间青饲料收种的时间差,进行牛粪还田,可以提高土地肥力。上海鼎牛饲料有限公司自制刮粪器,把牛粪运送到田间,有效推进种植与养地相结合的种植模式。奶牛场利用社会资源对牛粪进行处理,在保证牧场正常生产的同时,进一步改善牧场周边环境,推进青饲料种植业的循环生产。光明食品集团奶牛排泄物综合利用技术已日趋成熟,初步形成青饲料种植、奶牛养殖和奶牛排泄物综合利用的产业链。

【杂草和病虫害防治】

青玉米杂草防治主要采取"一封二杀三补"的措施,在播后3天内进行封闭,在玉米3~5叶期、杂草2~3叶期,根据田间草情进行化学防除,对后期少量的杂草补施除草剂以消除草害。

对春玉米种植期间经常出现的地老虎、飞虱、蚜虫等病虫害,按照田间调查结果制定相应的防治措施。在玉米苗期做好地下害虫、灰飞虱(主要传播玉米粗缩病)的防治工作;生长期间做好玉米螟、黏虫、蚜虫的防治。2010年6月,崇明地区30%春玉米感染粗缩病,感病面积约3 000亩;南片农场春玉米感病面积约2 000亩,合计发病面积5 000亩,由于及时采用粗缩病的克星农药进行防治,取得了理想的防治效果。

三、储藏

青贮饲料是农作物秸秆在密封无氧的条件下,由乳酸菌发酵而成的,以其气味芳香、柔软多汁、适口性好等特点,成为牛、羊等草食家畜优质粗饲料之一,具有提高采食量、增加产奶量、改善膘情的效果。

【青贮设施准备】

上海鼎牛饲料有限公司青贮设施主要采用青贮窖。青贮窖应建在地势高、土质坚硬、靠近畜舍、远离水源和粪坑的地方,要坚固牢实,不透气,不漏水。内部要光滑平坦,上宽下窄,底部必须高出地下水位0.5米以上,以防地下水渗入。

【收割时间选择】

玉米全株青贮营养价值最高,应在玉米生长至乳熟期和蜡熟期收贮,即在玉米收割前15—20天;玉米秸秆青贮要在玉米成熟后,及时收割秸秆,以保证较多的绿叶。收割时间过晚,露天堆放时间过长将造成含糖量下降、水分损失、秸秆腐烂,最终造成青贮料质量下降。

【玉米秸秆切碎】

为确保无氧环境的形成,玉米秸秆一定要切碎,长度以2厘米~3厘米为宜。上海鼎牛饲料有限公司最初由人工铡刀和切碎机完成玉米全株青贮,以后发展为采用大型青贮联合收割机直接到玉米地收割,实现边收割边完成切碎工作。

【玉米秸秆填装】

填装前,先将青贮窖打扫干净。在填装时必须集中人力和机具快速填装,尽量缩短原料在空气中暴露的时间。大型青贮窖以装至高出池口1米左右为宜,青贮饲料紧实度要适当,以发酵完成后饲料下沉不超过深度的8%~10%为宜。

【秸秆青贮封窖】

玉米秸秆装填至离池口30厘米时,在窖壁上铺塑料薄膜以备封池。如青贮玉米收获适时,大部分为绿叶,可不必加水;若黄叶占一半以上,即应加水,一般加水量为10%~15%,边加边装,确保水和原料混合均匀。青贮窖装满后,用专用塑料薄膜覆盖池顶,然后压上废弃轮胎,覆盖窖面。

【封窖之后管理】

距青贮窖1米挖排水沟,防止雨水渗入池内。

贮后5—6天进入乳酸发酵阶段,当封口出现塌裂、塌陷时,应及时进行培补,以防漏水漏气。

要防牲畜践踏,防鼠,保证青贮质量。

【青贮饲料取用】

玉米青贮一个月即发酵完毕,可以开窖利用。要从青贮窖的一端开始,按照一定厚度,自上而下分层取之,防止泥土的混入,切忌由一处挖洞掏取。每次取料数量以奶牛一天饲喂量为宜。青贮饲料取出后,必须立即封闭青贮窖窖口,防止青贮饲料与空气接触造成变质。

四、企业选介

上海鼎牛饲料有限公司(简称"鼎牛饲料公司")是农工商投资公司下属全资子公司,2008年5月成立,注册资本5 000万元,公司住所为上海万荣路377号101室。2010年公司营业总收入3.99亿元,利润总额576万元,净利润508万元,职工224人。

鼎牛饲料公司主营业务为奶牛饲料的生产销售,包括青贮饲料种植,精料、补充料和预混料生产,TMR饲料(全混合日粮,Totally Mixed Rations)研究、生产、加工、配送和贸易。该公司拥有6家饲料生产企业,为上海牛奶(集团)有限公司所属牧场约4万头奶牛做好各种饲料的采购、生产、供应以及青贮种植收储工作,提供饲料保障;拓展多种饲料对外销售渠道,为国内客户提供优质安全的饲料。2009年9月,上海市农工商投资公司将下属奶牛事业部营养中心划归鼎牛饲料公司。

鼎牛饲料公司拥有先进的精料粉碎混合、制粒、膨化、玉米压片等设备,是国内规模较大的专业奶牛饲料生产企业。在江苏大丰、上海崇明等地区开展奶牛TMR饲料的专业生产和商业化运作,在甘肃、宁夏、内蒙古、黑龙江等地区合作开发并掌控优质苜蓿草基地和其他干草基地,同美国各大苜蓿草供应商有良好的合作。公司所属种植公司每年种植青贮玉米3万余亩,拥有总动力达3 550千瓦的成套现代农业机耕和收割设备,年产青贮能力20万吨以上。公司主要产品有奶牛TMR饲料、裹包青贮饲料、奶牛粗饲料(苜蓿草、羊草、燕麦草等)、压片及膨化料、牛用及猪用预混料等。

鼎牛饲料公司注重奶牛饲料科技攻关,公司与上海市奶牛研究所共同研发新型高效的优质奶牛饲料,把奶牛粗饲料、TMR饲料、裹包青贮饲料、预混饲料和复配饲料的研究和生产作为发展重点。公司受上海牛奶(集团)有限公司委托,对上海鼎健饲料有限公司、山东单县金凯饲料有限公司、上海大冠饲料科技有限公司、上海荷斯坦奶牛科技有限公司、天津弘业饲料有限公司等进行专业管理,有效整合饲料资源,提升饲料科研水平。2009年4月,公司获得长城质量保证中心质量管理体系认证证书。

鼎牛饲料公司以"坚定的信心、坚强的意志、坚韧的毅力"作为企业精神,以"以客为尊,诚信互利,共同发展"作为企业使命,以"诚信、务实、创新、高效"作为经营理念,以"团结合作,共赢共享"作为企业价值观,努力实现公司"中国最具创新能力和产品特点的专业奶牛饲料供应商"的企业愿景。公司连续两届被评为光明食品集团文明单位。公司销售规模和经济效益快速提升,成为上海地区规模最大的奶牛饲料专业公司。

表2-1-42 2008—2010年鼎牛饲料公司经营情况表 （单位：万元）

年份	2008	2009	2010
营业收入	3 974	20 644	39 893
主营业务收入	3 974	20 644	39 893
利润总额	33	265	576
净利润	25	195	508

第二章 养殖业产品生产经营

第一节 奶 牛

奶牛养殖业是光明食品集团现代农业核心业务之一,奶牛养殖业的定位是:"奶牛饲养业要成为中国乳业养殖的领头羊。"农工商投资公司、光明乳业东海总公司是主要承担奶牛养殖的子公司。光明食品集团奶牛养殖业在成乳牛单产、生奶品质、良种培育、奶牛场规范管理、新技术研究与推广等方面均居全国领先水平。

一、养殖规模

随着国内乳制品消费量的不断增长,对乳制品原料牛奶的需求也迅速增长,光明食品集团有关子公司制定了奶牛养殖业发展战略。

农工商投资公司因包含上海历史最悠久的乳业专业企业上海市牛奶(集团)有限公司,成为光明食品集团最重要的奶牛养殖企业。2007—2009年,投资公司以内部整合、结构优化和投资发展为主,适当并购、外延扩张为辅,加快推进食品畜牧业核心业务的整合发展。2009年投资公司制定新三年发展战略规划,确定了新的发展愿景:实行"全国化战略,市场化经营,产业化发展"经营战略,把公司建设成为以现代牧业为基础、以食品加工流通为龙头、以饲料贸易为支撑的现代牧业集团企业。

由于投资公司核心业务定位明确,措施有力,奶牛养殖数量不断增长,2006年养殖奶牛约1.3万头,2010年超过3.3万头。在全国布局的步伐不断加快,2007年并购4个奶牛场,2008年在天津并购1个奶牛场,2010年在北京并购1个奶牛场,推动了光明食品集团奶牛养殖业的快速增长。光明乳业下属光明荷斯坦牧业公司2010年奶牛养殖规模为1万多头,东海总公司奶牛场养殖规模为1 000多头。

表 2-2-1 2006—2010年光明食品集团奶牛生产情况表

项目	年 份	合 计	市 内	外 省	东 海	投 资	其中:练江	光明乳业
年末总数 (头)	2006	26 762	26 214	548	1 943	24 819	548	—
	2007	29 502	28 580	922	1 173	28 329	922	—
	2008	30 720	29 629	1 091	1 221	29 499	1 091	—
	2009	34 991	33 974	1 017	1 230	33 761	1 017	—
	2010	45 946	38 359	7 587	1 418	33 269	1 104	11 259
成乳牛 (头)	2006	14 868	14 562	306	1 047	13 821	306	—
	2007	16 758	16 217	541	633	16 125	541	—
	2008	16 745	16 119	626	666	16 079	626	—

〔续表〕

项目	年份	合计	市内	外省	东海	投资	其中：练江	光明乳业
成乳牛（头）	2009	15 147	14 660	487	695	14 452	487	—
	2010	24 941	19 539	3 735	699	18 060	595	6 182
牛奶总产（吨）	2006	104 947	103 259	1 688	8 351	96 596	1 688	—
	2007	114 218	111 725	2 493	7 251	106 967	2 493	—
	2008	124 579	121 478	3 101	5 373	119 206	3 101	—
	2009	111 006	108 172	2 834	5 241	105 765	2 834	—
	2010	165 443	140 054	25 389	5 347	116 309	3 834	43 787
成乳牛年平均单产（公斤）	2006	7 663	7 670	7 286	8 414	7 605	7 286	—
	2007	7 089	7 119	5 940	8 836	6 995	5 940	—
	2008	7 413	7 480	5 503	8 440	7 373	5 503	—
	2009	6 922	6 981	5 227	7 854	6 882	5 227	—
	2010	8 134	8 207	7 754	8 140	8 306	6 687	7 710

表2-2-2　2010年光明食品集团奶牛场分布及奶牛情况表　　　（单位：头）

地域	单位	总头数	其中			
			成乳牛	育成牛	发育牛	犊牛
浦东	上海希迪乳业有限公司	1 418	699	219	234	266
	上海东海乳业有限公司一牧	1 063	823	72	61	107
	上海东海乳业有限公司二牧	400	0	50	250	100
	上海申星奶牛场（庆华生态奶牛场）	3 133	1 667	230	792	444
嘉定	上海光明荷斯坦朱桥奶牛场	449	259	44	75	71
金山	上海光明荷斯坦金山种奶牛场	4 359	2 250	365	1 024	720
	华德奶源分公司（4个牧场）	365	288	33	37	7
	华德南石	110	106	1	2	1
	华德亭林	—	—	—	—	—
	华德朱二	141	93	16	26	6
	华德星火	114	89	16	9	0
奉贤	上海光明荷斯坦星火奶牛一场	763	437	92	137	97
	上海光明荷斯坦星火奶牛二场	1 163	680	105	225	153
	上海光明荷斯坦申星奶牛场	1 635	895	161	344	235
	上海牛奶五四奶牛场有限公司	2 042	1 097	169	470	306
青浦	上海牛奶集团香花鲜奶有限公司	1 058	544	112	222	180

〔续表〕

地域	单位	总头数	其中			
			成乳牛	育成牛	发育牛	犊牛
崇明	跃进奶牛一场	1 505	778	221	348	158
	跃进奶牛二场	889	475	87	200	127
	新东奶牛场	1 681	922	221	318	220
	新港奶牛场	824	430	100	172	122
	上海牛奶集团鸿星鲜奶有限公司	878	448	197	111	122
	上海佳辰牧业有限公司	746	388	89	172	97
	东风奶牛场	763	763	0	0	0
	东风二牧	846	0	243	368	235
	上海牛奶集团至江鲜奶有限公司一牧场	948	948	0	0	0
	上海牛奶集团至江鲜奶有限公司二牧场	826	0	206	385	235
安徽	上海牛奶练江鲜奶有限公司	1 003	502	115	238	148
	上海牛奶练江鲜奶有限公司有机牧场	101	93	1	0	7
江苏	海丰一场	1 773	1 196	152	184	241
	海丰二场	7 728	4 624	399	35	2 670
	南京光明乳品公司牧场	616	339	61	108	108
	江阴祝塘牧场	961	539	115	171	136
	江阴健能牧业有限公司	948	495	100	221	132
	上海第七牧场昆山联营场	286	153	30	52	51
	泰兴	491	252	56	124	59
	上海申星奶牛场向阳分场	542	310	44	108	80
浙江	嘉兴市秀州区王店四佳奶牛场	544	315	35	117	77
北京	顺义	673	440	94	82	57
天津	天津润华	1 658	892	283	281	202
	今日	868	0	868	0	0

二、养殖技术

【种源建设】

　　光明食品集团养殖的奶牛品种绝大多数为中国荷斯坦牛,上海牛奶集团在练江牧场建立的华东地区唯一有机牧场饲养少量的娟姗牛。

　　中国荷斯坦牛原称中国黑白花牛,1992年由农业部批准更名为中国荷斯坦牛。中国荷斯坦牛泌乳期长,产奶量高。奶牛母牛性情温顺,易于管理,适应性强,耐冷不耐热。娟姗牛从澳大利亚引进,属小型乳牛品种,性情温顺,最大特点是耐热,产奶量、乳脂率和乳蛋白率较高,乳脂肪易于分离,口感好,适于制作黄油。

光明食品集团在充分发挥奶牛良种基础优势的同时,努力打造中国最大的奶牛遗传种质基地。由光明乳业和上海牛奶集团合资经营的上海奶牛育种中心有限公司(简称"上海奶牛育种中心")是我国著名的专业奶牛育种公司,其前身为1974年建成的上海市种公牛站,是上海地区唯一专门饲养荷斯坦公牛的种公牛站。1994年10月改制为有限责任公司。2010年上海奶牛育种中心存栏的优秀荷斯坦公牛有174头。该中心依托在上海、内蒙古、陕西拥有300多头荷斯坦种公牛的优良种群优势,所产奶牛冻精不仅满足上海地区奶牛场的需求,还推广至全国大部分省、自治区、直辖市。

光明食品集团成立之后,投资公司和光明乳业通过引进、自身培育、技术攻关和社会服务等多种渠道,进一步做大奶牛种源产业,巩固奶牛种源优势。

引进优质种源　从2007年开始,投资公司按照国际奶牛组织公布的种公牛排名标准,购买世界排名前100位种公牛的冻精,使用引进冻精的比例约占50%,2010年扩大到80%,对各牧场提高牛群素质起到重要作用。上海奶牛育种中心也积极引进优良奶牛种质,不断提升自身奶牛种源水平。

2005年从加拿大引进荷斯坦良种胚胎500枚、良种冻精27 000剂;2007年从美国、加拿大引进良种胚胎332枚,从美国、加拿大、德国引进良种冻精8 000剂;2008年从美国、加拿大引进良种胚胎242枚;2009年从美国引进良种胚胎280枚。

扩繁优良种质　光明食品集团所属奶牛养殖企业在积极引进奶牛优质种源的同时,注重扩繁优良种质。上海奶牛育种中心建立了一套成熟的体内胚胎生产技术路线与胚胎移植技术,2005年利用奶牛体内外胚胎生产技术,生产优质种牛胚胎8 364枚,其中销往国内13个省市1 601枚。育种中心不断筛选和培育优秀种公牛,积极提高冻精的生产技术,借助ISO9001管理体系和引进应用法国先进冻精制作设备,冻精制作成功率从80%提高到81.5%,冻精活力从0.40提高到0.416。

上海牛奶集团建立了全国规模最大的DHI(奶牛生产性能)测试系统,并依据DHI测定数据建立了核心母牛群,通过DHI数据报告网上系统,DHI牧场可以直接从互联网上及时看到自己牧场的测试结果。截至2008年6月,上海、浙江、江苏、山东、安徽、甘肃等地共165个牧场进入DHI数据测试系统,牛群规模共计8.36万头(其中上海101个牧场,浙江、江苏、山东、安徽、甘肃等地64个牧场)。2010年集团奶牛养殖良种率近100%。

光明荷斯坦牧业公司积极推进DHI测试工作,截至2008年年底,测试覆盖率达到全国209个规模牧场7.59万头成乳牛。该公司业务遍及华东、华北、华中、西北等13个省市,惠及奶农的奶牛头数近20万头,提高了奶农的奶牛养殖技术,增加了奶农的经济效益,保护了奶农的养牛积极性。

上海奶牛育种中心无偿为参加DHI测试的牧场进行选种选配方案指导,免费提供试配冻精,将这些牧场纳入公司后裔测定合作单位。2005—2006年度共免费发放试配冻精16万剂,2007年度免费发放试配冻精9.8万剂。

中国奶协、光明乳业对参加DHI测试工作的优秀牧场颁发"全国奶牛DHI测定工作先进单位"铜匾。光明荷斯坦举办各类培训班,邀请国内外知名专家对牧场进行"DHI报告解读""如何降低牧场体细胞数""牧场如何做好选种选配工作"等专题培训,使牧场增强参加DHI测试系统的意识和归属感;还开发了相应的管理系统,实现了DHI数据网络化共享,测试数据以最快速度到达测试牧场,使牧场汇总、分析工作十分便捷。

在深入进行DHI测试的基础上,光明荷斯坦牧业公司与上海交通大学合作,从2007年1月开始确定了MOET育种技术体系研究的技术方案。MOET是超数排卵（Multiple ovulation）与胚胎移植（Embryotransfer）的英文缩写，它对奶牛育种特别是对种公牛的选择，提出了新的有效途径。双方合作提取了104个牧场、2.78万头母牛的17.8万条测定日记录数据，记录时间从1998年4月到2006年12月。牛群系谱由899头公牛和3765头种母牛组成，从而对牛群生产性状的遗传作出了准确评估。双方还合作编写了遗传评估软件，在DHI测试牧场完成380枚胚胎移植，为深入开展MOET技术研究奠定基础。

奶牛育种中心开展公牛后裔相关遗传性状研究，提高公牛后裔测定准确性。公牛DHI后裔生产性能测定规模从2000年的1万头提高到2008年的4.95万头，2008年DHI合计测试30.22万头次，占全国18家DHI中心测试总量的35%，覆盖上海、江苏、浙江、安徽、山东、黑龙江、内蒙古、甘肃、宁夏、云南、贵州等省市。测试区域、规模位居全国DHI中心第一。

奶牛育种中心与上海交通大学遗传研究所合作，于2007年下半年开展了种公牛克隆技术的研究，至2008年4月已成功获得种公牛克隆公犊7头，这一技术及成果居全国领先水平。

性别控制技术　从2007年开始，牛奶集团所属金牛牧业公司从蒙牛乳业塞克星公司引进8000剂奶牛性控冻精，使母犊率达到90%，按照过去常规繁殖途径，只能达到70%左右。牛奶集团从2008年开始大规模使用性控冻精技术，不断提高头胎牛的母牛比例，2010年达到90%以上。上海奶牛育种中心积极推进着床前胚胎性别鉴定研究，根据Sry性别决定基因，基本建立了早期胚胎个别分裂球进行PCR扩增的条件。奶牛育种中心还初步建立了应用B超进行奶牛早期性别诊断的技术方法，为提高奶牛场产奶牛比例提供了新的途径。

服务全国奶农　光明食品集团建立我国奶牛遗传种质供应基地，一方面满足自身发展奶牛养殖业的需要，另一方面为各地奶农提供优质服务。

上海奶牛育种中心积极参与实施国家奶牛良种补贴项目，2006—2008年连续三次获得农业部奶牛良种补贴项目公牛数之冠，2006年光明食品集团被农业部评为"全国奶牛强县"。在2008年度国家入选的荷斯坦公牛中，上海奶牛育种中心入选105头，占入选荷斯坦种公牛总头数的12.89%。奶牛育种中心还在我国西藏自治区中标1.5万剂冻精，填补了该区域奶牛遗传种质供应的空白。2009年奶牛育种中心为全国奶农提供的优质奶牛冻精数占国家奶牛良种补贴项目24.45%的份额，位居全国第一。

在销售优质冻精的同时，奶牛育种中心每年召开奶牛育种会议，定期发布种公牛育种信息，使全国各地牧场及时了解上海奶牛育种中心每头公牛的信息，从而有的放矢地帮助全国各地奶牛养殖企业和奶农做好奶牛选种选配工作。

光明荷斯坦牧业公司通过奶牛技术服务帮助奶农提升奶牛养殖技术水平，2008年举办各类技术、产品推广培训会67场，培训各类人员4392人；为751个奶牛饲养场与养殖小区的44.5万头奶牛提供专业服务。三聚氰胺事件发生后，面对阶段性、区域性生奶过剩现象，光明乳业积极与相关部门做好奶源处理工作，坚持全部收购合格的奶源，包括将华北的合格奶源调运至上海加工生产，最大限度保护奶农的合法权益。

【疫病防治】

疫病防治是奶牛养殖最重要的环节。奶牛养殖企业主要防治的奶牛疾病是结核病和布氏杆菌病，业内称之为"两病"。光明食品集团对奶牛疫病防治坚持"以防为主"的方针，采取行之有效的管理举措，严防重大疫病发生。

完善制度，落实责任 光明食品集团每年通过召开会议、下发文件、信息传递、现场指导等多种形式将国务院、上海市政府以及有关管理部门关于动物防疫工作的精神传达到基层养殖企业,制定和完善各项防疫工作管控制度。

2006年光明食品集团重大动物疫病防治指挥部和产业发展部召开6次专题会议,下发8个文件、14份整改告知书。2007年下发和转发13个文件和通知,召开5次重大动物疫病防控会议。2008年下发和转发9个文件和通知,召开4次重大动物疫病防控会议。2009年和2010年及时传达上级有关文件精神,在总结经验的基础上,结合光明食品集团的实际,进一步落实防控措施。

2007年光明食品集团根据奶牛养殖的实际情况,下发《光明食品集团动物防疫管理办法》,对防疫责任、养殖场防疫的基本条件、从业人员健康卫生管理、畜禽免疫与检疫、养殖场消毒、兽药和兽用生物制品管理、病死畜禽无害化处理、驱虫方案和程序、屠宰管理、畜禽标识和养殖档案管理、疫情报告制度和应急预案等方面作出具体规定。从上到下完善防疫网络,建立防疫工作责任制。各子公司重新建立和健全集团三级动物防疫网络,层层签署责任书和承诺书,明确防疫责任制和责任追究制。

2009年光明食品集团根据养殖业防疫属地化后在体制机制上出现的新情况,及时调整和健全各子公司内部防疫网络体系,再次签订责任书和承诺书。对重大动物疫病防控工作,做到狠抓饲养场监管环节、散养户监管环节、适时免疫环节、疫情报告环节；落实防疫工作责任人到位、免疫消毒到位、各种档案记录到位,并制定了一系列的管理制度。

门卫管理制度。门卫是奶牛场自我封闭管理的第一道防线,是防疫工作最重要的关键点,防疫期间必须严禁外来人员和一切车辆进场,对进入养殖场生产区的一切活动实行报批制。养殖场施工人员发放出入证,规定其活动线路和范围,做到封闭有效而不留防疫隐患。

消毒卫生制度。牧场生活区和生产区实行分隔,对牧场和牛舍定期进行消毒。工作人员进入奶牛场、必须物资进入奶牛场都要执行严格的消毒。

疫情报告制度。每月逐级上报一次,由各牧场报送牧业总部,再由牧业总部汇总后上报光明食品集团相关职能部门,并及时将汇总材料下发各牧场,做到信息共享。

自繁自养制度。牧场确需奶牛扩群,主要在光明食品集团系统内调剂；引进种畜,一定要在购买地点进行检疫,并取得当地检疫机构的证明；奶牛运回后要经隔离饲养观察及必要的检疫程序,在认定无病后才能并群饲养。

工作人员体检制度。与奶牛直接接触的饲养人员和畜牧兽医技术人员每年进行一次体检,凡患有结核病和其他传染性疾病者应及时调离。牧场禁止饲养鸡、犬、羊、猪等,以防交叉感染。

档案记录制度。集团统一制订并下发包括免疫、消毒、检疫、兽药、饲料、病死畜禽处置、人员健康、兽医日志等23本记录本,并且进行专题培训,定期检查。

为了应对逐年加大的疫病防控压力,2010年,集团重新修订了《重大动物疫情应急预案》,规范了一整套操作制度,完善应对突发重大疫情的各项预案,保证集团在发生重大动物疫情时能迅速、高效、有序地进行应急处置。

强化免疫，以防为主 对奶牛危害最大的是各种流行疫病,主要防"两病"。同时要严防高致病性禽流感和口蹄疫等重大疫病。集团下属各养殖场严格按照上海市各项免疫程序规定,确保免疫密度达到100%。在各区(县)疾控中心的支持下,做好免疫抗体的监测,及时掌握畜禽群体抗感染水平,对抗体水平不合格和新补栏畜禽及时采取补充免疫措施。

2006年在禽流感暴发期,光明食品集团完成奶牛场65场次的检查和监控。

2007年为防止口蹄疫和"两病",对6.44万头次奶牛实施口蹄疫免疫;完成抗体监测1.76万头,合格率达到91.2%。全年对55头阳性牛作无害化处理。

2007年奶牛应疫率达到100%,其中奶牛口蹄疫免疫8.13万头次、奶牛炭疽免疫2.57万头。完成奶牛口蹄疫免疫抗体监测2 699头次,合格率达到89.51%。

2008年全面完成养殖场免疫工作,奶牛口蹄疫免疫6.04万头次、奶牛炭疽免疫1.65万头。完成奶牛口蹄疫免疫抗体监测1.25万头次,合格率达到87%。

2010年共免疫奶牛A型口蹄疫10.52万头次、O-亚Ⅰ型双价口蹄疫10.75万头次;奶牛炭疽免疫3.66万头。完成监测奶牛O型口蹄疫1 707头次,合格率达到98.02%;完成监测奶牛A型口蹄疫1 173头次,合格率达到95.4%。

2009年2月1日,上海牛奶集团五四奶牛场发生了A型口蹄疫,光明食品集团和投资公司立即启动应急预案,按照农业部和上海市重大动物疫病防治指挥部的要求,在市农委的统一指挥下、在奉贤区农委的帮助下,共扑杀奶牛400头,并采取相应的防治措施,使疫情得到有效控制。为了防止疫病蔓延和带病菌的生奶流入加工厂对消费者产生影响,投资公司决定,五四奶牛场在四个月内生产的生奶全部进行销毁;对所有奶牛场和养猪场采取"生产、生活全封闭管理",投资公司下属所有的养殖场1 500多名员工,在95天时间里没有离开养殖场。由于牧场措施果断到位、封闭管理消毒彻底,疫情得到有效控制,损失降到最低程度。

常见疾病,精心防治 繁殖障碍性疾病、肢蹄病、乳腺炎是奶牛最常见的三大疾病。奶牛的繁殖障碍性疾病主要是胎衣不下、子宫内膜炎等;奶牛乳腺炎是奶牛的常发病和多发病;肢蹄病是奶牛关节肿胀、蹄底溃疡等。此外,腹泻和肺炎是影响犊牛成活率的两大疾病。

光明食品集团下属奶牛养殖企业对这些常见疾病采取了有效的防治措施。2007年集团分别举办200多人次参加的4次专题培训班,对提高基层奶牛场技术人员防治奶牛常见病水平起到了明显效果。2008年举办2次专题培训班。

防治奶牛乳房炎的通常手段是以乳头灌注抗生素为主。为了减少奶牛抗生素使用,进一步提高牛奶品质口感,上海牛奶集团与浙江大学合作进行了"奶牛乳腺炎非抗生素治疗"科研项目研究,取得了一定的实际效果;牛奶集团和光明荷斯坦牧业公司联合进行了奶牛乳腺炎疫苗、降低体细胞和10多种激素等药物的试验。

投资公司2006—2010年采取多项有力措施,使奶牛结核病和布氏杆菌病的发生率处于零。从2008年开始,投资公司每年拨款1 500万元用于奶牛防疫工作。

【饲料与饲喂模式】

奶牛饲料是决定奶牛产奶量和生奶质量的重要因素。长期以来,我国奶牛饲养主要采用传统的精粗人工分饲模式。2005年6月前上海牛奶集团全部实行人工饲喂模式,之后由点到面逐步推行国际上先进的全混合日粮(TMR)饲料饲喂模式。

TMR为全混合日粮,是根据奶牛不同生理阶段和生产性能的营养需要,把适当长度的粗饲料与精饲料、各种添加剂按照一定比例进行充分混合而得到的一种营养相对平衡的日粮,它的最大特点是奶牛在任何时间所采食的每一口饲料其营养都是均衡的,该饲料被奶牛饲养员形象地称为"奶牛的盖浇饭"。

TMR工艺流程为:合理划分牛群、日粮配方设计、生产TMR、TMR制作效果测定、饲喂管理、饲喂效果分析等六个方面。

上海牛奶集团从2005年6月在启隆牧场开始采用牵引式发料机投喂TMR饲料,摆脱了传统的纯人工饲喂模式。2007年在庆华牧场使用,2008年在昆山向阳、嘉兴四佳、天津润华牧场使用;到2010年在下属牧场全部推广TMR饲喂模式。牛奶集团在崇明建成2个TMR饲料加工厂,2010年在海丰牧场所在地海丰总公司建成TMR饲料生产供应中心,实行统一配方、统一加工、统一配送,对提高牧场牛群泌乳期的产量及经济效益发挥了重要作用。以万头牧场为例,原来每天需要80名发料员,现在只需要3名发料员。奶牛产奶量发生了很大变化,牛奶集团2006年成乳牛平均产奶8 300公斤(按305天计算),2010年成乳牛平均产奶为8 700公斤(按305天计算),每头奶牛产奶量提高了400公斤。

投资公司采取了一系列措施实现饲料喂养模式的转型,一是改变饲料采购和加工格局。原来各牧场需要的饲料都是自行采购、自行搅拌、自己使用。2008年组建鼎牛饲料公司,对所有牧场的饲料实行统一采购、统一配方、统一加工、统一供应。二是改变奶牛青饲料的收割模式。原来奶牛青饲料大都是人工收割,效率低、浪费大,即使有采用机械收割的,也是落后的小型机械。2008年投资公司投资520万元从德国进口了3台克拉斯联合收割机,这在上海农垦青饲料收割历史上是第一次,在上海地区系第一家。三是改变饲料种植方式。2009年投资公司把原来分散承包种植经营的自有土地,全部改为公司全程自主经营和机械化种植。四是改变青饲料的结构。原来牧场的青饲料供应是"有什么吃什么"。投资公司从2009年开始推广从国外进口优质苜蓿草,明显改善奶牛的青饲料结构,为奶牛的高产优质打下良好的基础。

为了不断改善TMR饲料的配方,牛奶集团还积极探索应用美国康奈尔大学、宾夕法尼亚大学和William H. Miner农业科学研究所联合研发的一款对奶牛日粮进行评估和配制的专业软件。2009年首先在所属实验牧场应用CPM软件,并对配方进行多次调整,使日粮配方逐渐趋于合理。牛奶集团奶牛技术研究中心收集各牧场广泛应用TMR过程中检测得到的数据,在此基础上,开发银杏叶渣、农作物秸秆秕壳、食品加工业的副产物、糟渣、废液类饲料以及非常规植物饼粕类资源的利用项目,在提高奶牛采食量的同时,大大降低饲料成本。

2009年上海市财政局、市农委投入6 469万元资金,在崇明农场启动"上海奶业标准化养殖示范区和TMR饲料配送中心建设项目",2010年完成项目建设。

投资公司和光明乳业根据全国奶牛饲养存在传统的精粗分饲和TMR饲喂两种模式并存的状况,主动向各地奶牛养殖企业和奶农提供饲料产品。其中上海牛奶集团鼎牛饲料有限公司拥有6家饲料生产企业和专业的精料粉碎混合、制粒、膨化、玉米压片等设备,在江苏大丰、上海崇明等地区展开奶牛TMR饲料专业生产和商业化运作。光明荷斯坦公司在上海建成10万吨级核心饲料工厂,并在山东、天津、黑龙江、陕西等地兴建加工厂,实现了奶牛饲料生产加工销售一体化和区域化。荷斯坦公司研发推广的3 131犊牛前期颗粒料、3 132犊牛后期颗粒料、8111系列干奶牛预混料、8112系列奶牛抗热应激预混料等获国家专利权,销售势头良好。

【环境控制】

奶牛属耐寒怕热家畜。奶牛不适应高温、高湿,导致生理、健康上的反应和生产性能的下降被称为"热应激"。多年来,荷斯坦公司和牛奶集团对奶牛"热应激"进行了大量的科技攻关和实践探索。

2007—2009年,由光明乳业主持、上海牛奶集团等单位参加,承担了"十一五"国家科技支撑计划课题"南方大城市郊区牛场环境控制技术及奶牛应激综合防控技术研究与产业化示范"。该课题主要进行9项关键技术研究和4项示范基地试验与技术集成,建立南方大城市郊区优质、高效、生态奶牛养殖技术体系和标准;研究功能性强、类型多样的乳制品,提高南方奶牛养殖和乳制品加工的科技含量,提高南方大城市奶牛养殖企业的经济效益和市场竞争力。课题共取得了"南方大城市郊区优质、高效、生态奶牛养殖技术"等13项成果,形成益生菌乳制品和高产奶牛养殖技术等自主知识产权和重大核心技术。经省部级验收、评估、鉴定,课题创新性属国际领先和国内领先并已形成产业化。其中7项课题获国家和部、市级科技成果奖;17项获国内发明专利授权、2项获国外发明专利授权、33项申请国内发明专利。

牛奶集团通过建立科技研发体系、生产管理体系、后勤保障体系,为解决奶牛夏季"热应激"问题,进行多方尝试与探索。2009—2010年连续两年采用多种方法对奶牛饲养环境进行防暑降温,同时改善奶牛饲料结构和饲喂技术,尽量减少、抑制与产奶无关热量的产生,保证干净、充足的清凉饮水,这些措施收到了较好的成效。

【安全监管】
光明食品集团和有关子公司围绕畜禽产品"安全、优质、卫生"的要求,重点加强了畜禽产品产前、产中、产后全过程质量安全监控,从饲料饮水环境、疫病控制、兽药和添加剂使用、病死畜禽处置等方面入手,建立完整的安全保障体系,全面落实各项监管措施。这些监管理念和措施体现在奶牛养殖的全过程。

配合上级部门对畜禽养殖进行抽查、督查 2007年、2008年上海市畜牧办、重大办、畜牧兽医站、动物卫生监督所、上海市饲料兽药监督所等职能部门对集团系统各养殖场、饲料厂、屠宰场进行35场次的抽查、督查,内容涉及兽药使用、饲料采购、动物免疫、屠宰管理等方面,重点检查兽医生物制品规范使用、病死动物规范处置、禁用动物源性饲料等,检查结果全部达标。

加强畜禽养殖场防疫督查 集团对所属养殖场进行定期与不定期相结合的百分考核防疫检查,其中2007年完成奶牛场督查48场次,2008年完成奶牛场督查21场次。为了预防禽流感的发生,还对南北区域2块候鸟迁徙地区进行重点监督,对集团下属海湾国家森林公园进行了5次督查。

开展产品质量和食品安全专项整治行动 2008年国内爆发三聚氰胺事件,主要是作为乳制品原料的生牛奶中含有三聚氰胺。光明食品集团下属奶牛养殖企业全部实行规模化、集约化的经营模式和工艺流程,没有发现生奶中含有三聚氰胺。光明乳业少数乳制品被检出三聚氰胺,主要原因是在外地的乳品加工企业使用了分散饲养奶牛的奶农通过奶站提供的奶源。光明食品集团全面启动了应急预案,于2008年9月至10月在集团范围内开展了三聚氰胺食品安全专项整治行动,对20个奶牛场进行了现场督查,督查内容涵盖饲料、添加剂、兽药、生物制品等采购和使用;牛奶生产过程;牛奶存储;牛奶运输环节等。

规范投入品管理 集团系统建立健全兽药、饲料及饲料添加剂等投入品监管制度,完善标识制度。各专业养殖公司对投入品实行集中采购和供应,建立档案制度,普及安全使用知识,杜绝违禁药物及添加剂的使用。

2010年为了确保世博会期间畜产品生产过程"安全、优质、卫生",光明食品集团所属牛奶集团、光明荷斯坦、爱森肉食品等专业公司和各子公司健全兽药、饲料及添加剂等投入品管理制度。牛奶集团与光明荷斯坦投入巨资建立实验室,对全部饲料、添加剂、牛奶等逐一进行内在质量和三聚氰胺、解抗剂、黄曲霉素等安全检测,保证畜产品生产的源头安全性。

【标准化奶牛场建设】

2007—2010年光明食品集团共建设标准化畜禽养殖场53家,投入总资金1.84亿元,其中中央财政2 260万元、市财政7 845.68万元、企业自筹资金8 272.3万元。建设标准化奶牛场25家,投入资金1.13亿元。

表2-2-3 光明食品集团奶牛场标准化改造项目投资情况表　　　　　　（单位：万元）

养殖场名称	项目名称	项目总投资			
		总资金	中央	市财政	自筹
牛奶集团种奶牛场	2007部种母牛场	320	100	60	160
牛奶长江奶牛一场	2008部标准化	429	150	100	179
牛奶东海奶牛一场	2008部标准化	402	150	100	152
牛奶五四奶牛场	2008部标准化	389	150	100	139
牛奶跃进奶牛一场	2008部标准化	386	150	100	136
牛奶新东奶牛场	2008部标准化	467	150	100	217
牛奶东风奶牛一场	2008部标准化	437	150	100	187
星火奶牛一场	2008部标准化	350	100	100	150
牛奶东风奶牛二场	2009市标准化	273.6	0	136.8	136.8
牛奶海丰奶牛一场	2009市标准化	399.6	0	199.8	199.8
牛奶海丰奶牛二场	2009市标准化	399.6	0	199.8	199.8
牛奶海丰奶牛三场	2009市标准化	399.6	0	199.8	199.8
牛奶海丰奶牛四场	2009市标准化	399.6	0	199.8	199.8
牛奶练江牧场	2009市标准化	376.8	0	188.4	188.4
牛奶练江有机牧场	2009市标准化	255	0	127.5	127.5
牛奶佳辰牧业	2009市标准化	410	0	200	210
牛奶长江奶牛二场	2009部标准化	598	150	224	224
牛奶鸿星鲜奶	2009部标准化	456	150	153	153
牛奶新港奶牛场	2009部标准化	306	100	103	103
牛奶跃进奶牛二场	2009部标准化	450	150	150	150
牛奶东海奶牛二场	2009部标准化	322	100	111	111
光明荷斯坦金山种奶牛场	2009市标准化	540	0	270	270
光明荷斯坦星火奶牛二场	2009部标准化	450	150	150	150
东海总公司希迪乳业	2009市标准化	394.6	0	197.3	197.3
上海长江奶牛二场及TMR示范	2009年农业发展基金	6 468.6	2 500	1 003.3	2 965.3
上海奶牛育种中心	2010市标准化	438	0	219	219
上海奶牛示范区	2010年农业发展基金	4 856.5	1 353	1 076	2 427.5

为确保标准化养殖场建设工作有序有效开展,集团成立了标准化畜禽养殖场建设领导小组及工作小组,制定了标准化畜禽养殖场建设标准,对申报市级标准化养殖单位进行内部预验收和预审淘汰制。项目按行政领导专责制、法人制、招投标制和监理制要求实施。集团进行全程监控,重点检查自筹资金到位情况,做到专款专用。

光明食品集团成立了标准化建设验收小组,下发验收要求,对预验达到要求的准予提交项目验收申请;对达不到建设要求的单位发出限期整改书,提出具体整改方案,待整改到位后再到现场验收。

根据"种养结合、适度规模、规范养殖、生态平衡"的经营宗旨,上海牛奶集团2008—2010年对下属19个奶牛场实施20个项目标准化牧场改造,项目总投资7 876.8万元,其中中央和上海市两级财政补贴4 642.9万元。2007年牛奶集团在练江牧场开发建设有机奶生产基地项目,这是我国南方地区第一家生产有机奶的企业。2008年基地投入运行。2009年投资公司投资3.5亿元在江苏海丰农场建成一万头规模的现代化奶牛示范场,作为上海优质新鲜安全奶源基地,现代化奶牛技术示范基地,科技创新的实验基地,奶业循环经济生态基地。2010年投入运营。

光明食品集团在建设标准化奶牛场过程中,奶牛养殖技术和装备水平也同步实现新的突破。

推广现代化挤奶机械 从1995年起,光明食品集团奶牛养殖全部采用"机械化挤奶和直冷式奶罐"生产新工艺;2006—2010年,机械化挤奶又上新台阶,大型智能化挤奶台全部取代传统的小型挤奶机械。投资公司启隆奶牛场2006年从德国进口了48位转盘式挤奶台;海丰奶牛场使用大规模并列式挤奶台,使牧场人均养牛从3头增加到80头。

运用信息化管理 随着光明食品集团奶牛场建设水平不断提高,信息化管理在广度和深度上实现了突破。

全混合日粮加工投喂监控信息技术。由于TMR饲养技术离不开人工操作,存在管理上的不准确性。上海牛奶集团奶牛技术中心运用全混合日粮加工投喂监控系统,在操作现场和后台管理之间实时交换配方及执行数据,提供更为方便和准确的观测、提醒手段,帮助操作人员减少操作误差;帮助管理人员加强对TMR操作人员的管理,使管理人员依据全程监控数据进行合理奖惩,增强工作人员责任心;畜牧师可及时了解牲畜采食情况,从而有针对性地调整配方。该系统与牧场业务系统结合,用于库存、成本等方面的精确管理。

上海牛奶集团建立饲料检测信息系统管理平台。及时准确地提供饲料检测数据,分析出现的问题,便捷有效地为牧场、营养中心、饲料采购部等部门服务。该系统管理平台为牧场合理优化日粮配方、确保公司饲料安全,提供有力的数据支持。

加强污染治理 集团各子公司从2007年开始,运用先进科学技术、先进工业装备和先进管理理念,全面进行畜禽养殖场畜粪治理工作,加快种、养结合的循环农业建设,努力建成高效、生态的养殖场。2008年在全系统广泛开展宣传动员,同时对集团所属行政区域内14个农场的116个农业大队及果园、39个畜禽养殖场、3.81万亩水产面积逐一进行实地调查。2009—2010年,集团共投入6 500万元,治理养殖场22个,其中22.23万吨畜禽尿污水全部通过处理后还田,实现种养结合、资源利用。

各奶牛场积极探索其他治理牛粪污染的新途径。如上海牛奶集团所有的标准化牧场改造与新建海丰奶牛场都配备利用牛粪进行沼气发电设施。牛奶集团还联合浙江浦江公司于2009年底在崇明地区进行牛粪制碳的新探索,经过近一年多的产品研发,成功制造碳粉、燃料棒、碳棒以及牛床垫料等。

建设有机牧场 2008年农工商投资公司在练江牧场完成有机牧场项目建设并投入生产，这是华东地区第一家有机牧场。国家有关部门每年要对有机牧场进行复审，包括土地、水质、特供饲料等。2009年练江牧场有机牧场得到农业部的认证。练江牧场乳品七厂利用有机牧场的原料奶生产"真元牌"有机奶供应上海市场，得到消费者的好评。由于练江牧场土地面积和饲养规模有限，有机奶的产量和市场供应量存在一定的局限性。

三、生奶价格管理

上海市从1996年起实施优化奶源行动计划，生鲜牛奶收购按质论价。该计划经历四个阶段，其第四阶段为2004年5月—2010年，该阶段继续将乳脂肪和蛋白质含量作为牛奶收购的基础论价指标，将微生物、抗生素、冰点、亚硝酸、黄曲霉毒素M1和体细胞指标作为附加论价指标。

为了搞好生奶价格管理，上海率先推行原料奶第三方公正检验制度。2003年上海乳品检测中心从光明乳业有限公司剥离出来，成立第三方乳品检测机构，上海奶业方面相关企业入股共同管理。奶农（牧场）交给企业的原料奶由第三方乳品检测机构统一检验，检验费用由奶农（牧场）和企业各负担50%，当奶农（牧场）得到检验报告后，可对照上海市生奶收购计价标准，知道自己的原料奶是什么价格，原料奶还有哪些指标要改进提高，从而争取生奶价格再上一个等级。上海是全国唯一实现在全市范围内对生奶收购进行第三方计价检测和质量安全监测的地区。据统计，2010年上海生奶品质安全监测站共监测生奶3 720批次，监测三聚氰胺、硫氰酸钠、皮革水解蛋白和β-内酰胺酶等项目，检测结果全部合格。

由于市场和成本等各种因素的变化，生奶价格出现波动在所难免。为此，建立了由上海市发改委（市物价局）、上海市农委和上海市奶业行业协会、乳品加工企业、牧场和奶农代表参加的定期协商机制。光明乳业在生奶质量的测定、价格的合理定位和奶款的准时支付等方面得到牧场和奶农的肯定。

四、企业选介

【上海金牛牧业有限公司】

上海金牛牧业有限公司（简称"金牛牧业公司"）是上海牛奶集团的控股企业，其中上海牛奶集团占总股份99%，江苏启隆奶牛场占总股份1%，成立于2004年5月，注册资本8 000万元，职工1 460名。2010年公司经营上海市郊及江苏、安徽、天津、北京等地规模奶牛场23个，2010年圈存奶牛3.5万头，生产鲜奶1.16万吨，成乳牛年均单产超8吨，营业总收入6.06亿元，利润总额3 927.7万元。

金牛牧业公司是集奶牛饲养管理、奶牛饲料生产开发、奶牛科技研究应用、奶牛领域培训服务为一体的综合性企业。公司建立科技研发、生产管理、后勤保障三大体系，通过建立"EDTM"奶牛科学管理体系，全面建设标准化规模养殖场，延伸奶牛养殖产业链，提高公司奶牛业规模化、标准化、专业化经营水平，打造国家级奶牛养殖专业化龙头企业。

金牛牧业公司管理的牧场规模逐年扩大。2004年12月上海市农工商集团将练江总公司的1个奶牛场和1个乳制品加工厂协议转让给上海牛奶集团。2006年1月，上海牛奶集团将原委托光明乳业事业部管理的9个牧场转由金牛牧业公司管理。2009年上海牛奶集团在江苏省大丰地区投资3.5亿元建立了万头规模海丰现代化奶牛场,同时通过收购外省市牧场,使金牛牧业公司形成上海域外和域内两大管理区域。2010年金牛牧业公司对所属上海市郊20多个现有牧场进行了标准化改扩建工程,提高了牧场管理水平。

金牛牧业公司从2009年实行奶牛管理事业部制,由奶牛事业一部管理上海崇明地区牧场(约1万头奶牛);奶牛事业二部管理浦东、嘉定、青浦和浙江嘉兴等地牧场(约1万头奶牛);奶牛事业三部管理江苏、安徽地区牧场(约1万头奶牛);奶牛事业四部管理京津和济南地区牧场(约0.5万头奶牛)。2010年公司实行条线化管理模式,人事财务管理中心对人事财务实行统一管理。上海鼎牛饲料有限公司对牧业饲料统一采购和加工,并负责对外销售;设备工程事业部统一采购、维修、保养牧业基础设备。上海市政久伟建筑有限公司统一做好牧业土建和标准化牧场建设。上海牛奶集团金博奶牛科技发展有限公司统一进行小公牛留养和肉牛产业的发展。

金牛牧业公司发扬"拓荒牛""老黄牛""孺子牛"精神,把"传承光明奶源,创新乳业未来"作为企业使命,把"提供优质奶源、强壮中华民族"作为经营理念,把不断提高"健康、新鲜、安全、味美"的牛奶品质作为企业信念,促进企业可持续发展。

表2-2-4　2006—2010年金牛牧业公司经营情况表

年　　份	2006	2007	2008	2009	2010
营业收入(万元)	16 773	21 687	31 424	34 277	60 645
主营收入(万元)	16 755	21 662	31 387	29 587	59 869
利润总额(万元)	671	867	1 571	1 256	3 928
净利润(万元)	671	867	1 571	1 256	3 928
年产鲜奶量(吨)	6 882	7 653	8 755	8 811	11 630

表2-2-5　2006—2010年金牛牧业公司牧场分布情况表

牧　场　名　称	建立年份	地点	面积(亩)	棚舍数(个)	总数(头)	成乳牛(头)	5年平均单产(公斤)	总产(公斤)	备注
上海牛奶集团至江鲜奶有限公司	1979	崇明	100	14	1 774	948	8 080.22	7 915 915	—
上海东风奶牛一场	1979	崇明	144	11	1 609	763	9 046.75	7 106 161	—
上海佳辰牧业有限公司	1978	崇明	120	9	746	388	9 219.90	3 658 776	—
上海牛奶集团鸿星鲜奶有限公司	1984	崇明	150	8	878	448	8 110.30	3 769 302	—
上海新乳奶牛有限公司新东牧场	1983	崇明	100	18	1 681	922	8 318.00	7 627 533	—
上海新乳奶牛有限公司新港牧场	2002	崇明	160	8	824	430	8 424.45	3 854 892	—
上海牛奶集团跃进奶牛一场	1975	崇明	120	14	1 505	778	8 002.69	6 466 895	—
上海牛奶集团跃进奶牛二场	1984	崇明	130	10	889	475	8 720.30	4 279 229	—
上海牛奶五四奶牛场有限公司	1957	奉贤	213	26	2 042	1 097	8 015.00	8 541 040	—
上海牛奶集团东海奶牛场有限公司	1982	南汇	428	21	1 463	823	8 667.58	6 924 326	—

〔续表〕

牧场名称	建立年份	地点	面积（亩）	棚舍数（个）	总数（头）	成乳牛（头）	5年平均单产（公斤）	总产（公斤）	备注
上海庆华生态奶牛场	2004	南汇	330	14	3 133	1 667	7 743.87	12 627 620	—
上海牛奶集团香花鲜奶有限公司	1992	青浦	91	12	1 058	544	9 316.05	4 926 912	—
嘉兴市秀洲区王店四佳奶牛场	2008	嘉兴	85	7	544	315	8 000.64	2 464 460	收购
上海牛奶集团海丰奶牛场有限公司	2008	大丰	1 407	27	9 501	5 820	9 285.27	19 751 887	—
昆山向阳乳品有限公司安亭分场	2005	昆山	50	6	542	310	9 900.51	3 024 727	收购
上海第七牧场昆山联营场	1989	昆山	17	2	286	153	7 510.84	1 108 230	—
泰兴市昌泰奶牛养殖合作社	2008	泰兴	—	—	491	252	3 572.16	944 801	收购
北京雄特牧业有限公司	2009	北京			673	440	2 458.60	1 045 163	收购
天津市润华奶牛养殖有限公司	2003	天津	280	—	1 658	892	7 754.00	6 436 137	收购
天津市今日健康乳业有限公司	2010	天津	700	10	868	—	—	—	—
上海练江鲜奶有限公司	1966	安徽	91	10	1 003	502	6 966.09	3 414 606	—
上海牛奶练江鲜奶有限公司有机牧场	2007	安徽	62	2	101	93	5 042.34	419 730	—

【上海奶牛育种中心有限公司】

上海奶牛育种中心有限公司（简称"奶牛育种中心"）是国内专业奶牛育种公司，主要生产销售公牛、胚胎和荷斯坦牛冷冻精液。前身为上海种公牛站，1974年建成投产，是上海地区唯一专门饲养荷斯坦公牛的种公牛站。1994年10月改制为有限责任公司，注册资本2 857万元，其中光明乳业占总股份51％，上海市牛奶公司占49％。公司住所为上海市宝山区蕰川路。

奶牛育种中心总投资4 000万元，占地100亩，建筑面积1.1万平方米，奶牛存栏规模达200头，基础设施和生产工艺居全国44家种公牛站前列。公司下设冻精生产部、育种部、DHI发展部、胚胎移植部、冻精销售部、行政部等6个部门。2010年公司总资产为1.18亿元，营业收入3 974万元，净利润2 297万元，员工67人，其中专业技术人员40人。

奶牛育种中心培育的荷斯坦奶牛是纯种荷兰牛与本地母牛经长期选育而成的高代杂种，该品种奶牛产奶量为世界奶牛之冠。中心在品种登记、生产性能测定、后裔测定、遗传评估等常规育种方面有较好基础，先后培育出全国知名的325、18414、12510、31101005、31103406等优秀公牛。2006—2008年，奶牛育种中心的荷斯坦冻精产品连续三年位列全国市场份额第一，DHI后裔测定规模居全国第一。同时，奶牛育种中心在内蒙古、陕西合资育种企业的发展并取得良好效果。

2010年牛奶集团存栏血缘纯正的荷斯坦公牛174头，其中从国外进口活体公牛4头，进口胚胎培育的公牛136头，自主培育的公牛34头；有112头公牛入围国家农业部奶牛良种补贴项目，入围数量位列全国荷斯坦奶牛育种企业第一。2010年生产冻精405.9万剂，销售270多万剂，销售区域遍布全国28个省、自治区、直辖市。公司于2004年8月通过ISO9001：2000质量管理体系认证；2010年9月通过GB/T 19001—2008/ISO9001：2008体系认证。奶牛育种中心每年对公牛做两次结核病检测、口蹄疫检测、布病检测。

公司多年来获得一系列荣誉：在2002年第17次全国青年公牛联合后裔测定中,囊括产奶量育种值和乳脂率育种值前六名,公司率先成为国内首家进行牛奶尿素氮(MUN)测试的单位,被农业部授予"全国农垦百家良种企业"、中国—加拿大奶牛综合育种项目点之一。"优质奶(肉)牛育种"项目获得光明食品集团科技进步奖一等奖。冻精销售连续7年占全国奶牛良种补助项目市场份额全国第一,连续6年位居全国奶牛良种补助项目入围种公牛头数第一。

奶牛育种中心热心社会公益事业,2010年玉树地震发生后,公司干部员工捐款3.92万元。

表2-2-6　2006—2010年奶牛育种中心经营情况表　　　　　（单位：万元）

年　　份	2006	2007	2008	2009	2010
冻精(剂)	3 607 306	3 244 998	3 218 010	3 654 710	4 059 249
冻精年销售额	264.9	158	199.3	207.6	270.3
营业收入	512	765	1 431	2 910	3 974
利润总额	251	34	41	1 942	2 297

【上海牛奶集团有限公司练江总公司】

上海牛奶集团有限公司练江总公司(简称"练江总公司")是上海牛奶(集团)有限公司所属企业。前身为上海市练江牧场,创建于1966年,隶属上海市牛奶公司;1973年改由上海市农业局直接领导,1992年变更为上海市练江农工商总公司,隶属于上海农工商集团。2004年12月经上海农工商集团同意,该公司成为上海牛奶(集团)有限公司下属企业。2010年职工133名。

练江总公司地处皖南山区,位于安徽省歙县境内,因紧邻新安江上游支流——练江而得名。该公司以乳业为主业,是一家集奶牛饲料种植、奶牛养殖、乳制品生产和销售为一体的专业型企业。2010年拥有奶牛棚舍9个,饲养娟姗奶牛、荷斯坦奶牛1 003头,其中成乳牛490头,日产鲜奶9 352公斤,每头成乳牛年均产奶6 966公斤,总产3 414.6吨。

2007年公司建立了有机奶源生产基地,有机牧场占地1 200亩,其中有机饲料种植区780亩,轮牧区400亩;奶牛棚舍2个,占地面积5 300平方米。2010年存栏娟姗牛、荷斯坦奶牛101头,其中成乳牛83头,日产鲜奶1 147公斤,每头乳牛年均产奶5 042公斤,全年总产419.7吨。

练江总公司所属上海乳品七厂有限公司主要产品有奶粉、鲜奶、酸奶等,销往上海周边市县。2008年上半年,公司生产的高端产品"有机奶"开始供应上海市场。2010年练江总公司营业收入为3 053.23万元。

借助黄山风景区丰富的旅游资源,练江总公司于2007年建成一幢三层徽式风格招待所,建筑面积1 300平方米;建有集住宿、餐饮、会务、娱乐、旅游、度假为一体的徽式涉外练江山庄,建筑面积400平方米,绿化面积1万多平方米,有48间客房,2008年开始对外营业。

练江总公司还担负部分社会职能,设有居委会、一门式服务厅、水电管理站、派出所和职工医院等。社区有居民区生活设施和室内外健身场所、卡拉OK厅、棋牌室、乒乓室、阅览室、篮球场、网球场等文化娱乐设施。社区通过开展文明创建评比、"夕阳红"医疗随访服务、献爱心"一日捐"、帮困送温暖、重阳节敬老等活动,促进社区文明建设,增强社区居民凝聚力。2006年练江社区被评为安徽省"省级文明社区",2007年被歙县人民政府授予"园林式单位",2006—2008年被评为黄山市文明单位,2009年被评为"安徽省第三届文明社区"。

表2-2-7 2006—2010年练江总公司经营业绩统计情况表　　　　　　　　（单位：万元）

年　份	2006	2007	2008	2009	2010
营业收入	1 572	1 468	2 200	2 598.33	3 053.23
利润总额	−54.80	−136.40	19.50	41.68	210.99

【上海牛奶集团海丰奶牛场有限公司】

上海牛奶集团海丰奶牛场有限公司（简称"海丰奶牛场"）是上海牛奶（集团）有限公司控股企业，成立于2007年10月，总投资3.5亿元，上海牛奶集团以现金方式出资，占总投资80%；上海农工商海丰总公司以土地入股，占总投资20%。公司坐落于江苏省大丰市海丰农场东侧，占地面积1 435.4亩，注册资本1亿元。2010年公司营业收入1.61亿元，利润总额1 036.5万元，净利润1 036.5万元，职工186人。

海丰奶牛场项目于2008年3月启动，设计奶牛饲养规模为10 000头。2009年6—8月，从澳大利亚进口的5 900头优良品种奶牛陆续进场，2010年奶牛存栏总量达到9 143头。

上海牛奶集团在建设海丰奶牛场过程中，坚持走现代化、规模化、标准化的牧场发展道路，按照"设计理念新颖、布局安排合理、工艺流程科学、防疫条件规范、生产管理标准、畜粪生态还田"的发展思路，走资源循环利用的生态畜牧业发展道路。公司采用欧美智能自由散栏饲养、意大利TMR自动饲喂、德国赶牛器赶牛、美国博美特48位转盘挤奶器集中自动挤奶等先进设备和饲养方法，从荷兰进口JOZ机械刮粪板清粪，保持牛舍24小时清洁干净。牛粪经地下管渠输送到粪污处理中心，经美国US固液分离设备进行固液分离，实行粪液沼气发电，沼液经处理后直接还田，沼渣用来生产有机肥。

海丰奶牛场着重加强种源体系、生产体系、管理体系、防疫体系、循环经济体系等体系建设，基本实现生产管理集中化、饲料供应专业化、后勤保障区域化。公司先后通过ISO9001质量管理体系和GAP良好农业规范一级认证，获得2010年"江苏省畜牧生态健康养殖示范基地"等称号。

【上海牛奶集团五四奶牛场有限公司】

上海牛奶集团五四奶牛场有限公司（简称"五四奶牛场"）前身为奉贤县五四农场奶牛场，创建于1957年，2001年10月转制，更名为上海牛奶集团五四奶牛场有限公司，由上海牛奶（集团）有限公司出资420万元，占股权70%；五四公司出资120万元，占股权20%；光明乳业出资60万元，占股权10%。2010年职工人数108人。

五四奶牛场占地213亩，于2002年进行扩建，2010年存栏奶牛2 042头，曾多次获得行业先进称号。牧场实行"拴系式饲养、管道式挤奶"，并逐步过渡为"TMR饲喂"。经过50多年的科学探索饲养，奶牛单产稳步提高。牧场以"安全、高产、高效"为经营理念，发扬百折不挠、开拓创新的"拓荒牛"精神，脚踏实地、自强不息的"老黄牛"精神，甘于吃苦、乐于奉献的"孺子牛"精神，使牧场成为上海地区"优质奶源供应基地、规模牧场示范基地"。

五四奶牛场获2008—2009年度全国奶牛生产性能测定先进奶牛场，五四奶牛场技术科获2007年光明食品集团星级班组、光明食品集团新长征突击队等称号。

【上海光明荷斯坦牧业有限公司】

上海光明荷斯坦牧业有限公司（简称"荷斯坦公司"）是光明乳业的控股企业，成立于2003年5

月,注册资本2亿元。2010年,光明乳业占总股份80%,上海大都市资产经营管理有限公司占总股份20%。公司的核心业务为牧场管理和奶源组织供应,奶牛冻精和胚胎、奶牛专用饲料的生产销售,牧业设备和奶牛专用兽药及器械生产等。

荷斯坦公司在上海、江苏、浙江、天津等地管辖13个大中型奶牛场,2010年存栏奶牛11 259头,其中成乳牛6 182头,后备牛5 077头。奶牛品种为原产于荷兰北部地区的荷兰牛,又名荷斯坦牛,是世界优良奶牛品种之一。成乳牛年均产奶8.8吨,最高达9.8吨,年上市优质原料奶5.6万吨。荷斯坦公司下属金山种奶牛场是国家级标准化示范场,其饲养规模、技术水平、生产效率居亚洲领先水平。

奶牛冻精和胚胎生产销售是荷斯坦公司的重要业务。公司在上海建有存栏190头种公牛的上海奶牛育种中心,并与内蒙古自治区、陕西省奶牛育种中心合作,成立奶牛育种合资公司,全国市场占有率达23%以上。年产2万枚胚胎,成为我国最大的奶牛育种公司。公司参与了国家"万枚胚胎富民工程"及在天津、广西等地开展的"黄牛改良工程",为提高我国奶牛育种水平做出了贡献。

荷斯坦公司在上海建有10万吨级饲料工厂,并在山东、天津、黑龙江、陕西等地开办加工厂。销售网络覆盖全国主要奶牛养殖区域。2008年被上海市饲料办公室和行业协会确定为"饲料统计重点跟踪企业"。公司研发的3131犊牛前期颗粒料、3132犊牛后期颗粒料、8111系列干奶牛预混料、8112系列奶牛抗热应激预混料等先后获得国家专利。

荷斯坦公司把"为客户提供全面的解决方案、为员工创造健康成长的环境,倡导社会公德,致力于奶业的可持续发展""好种好牛,质量一流,顾客至上,永不停留"作为企业发展目标和企业使命。公司于2010年向青海省玉树县地震灾区捐款近4万元。

【上海光明荷斯坦金山种奶牛场】

上海光明荷斯坦金山种奶牛场,占地面积510亩,养殖规模达6 000头,人均饲养奶牛70头,成乳牛年单产达10吨,是亚洲生产效率最高、规模最大的种奶牛场之一。

【上海市奶牛研究所】

上海市奶牛研究所(简称"奶牛研究所")是上海牛奶(集团)有限公司所属单位之一,是由上海市科委批准、1980年3月成立的企业性质的科学研究单位,主要以奶牛养殖应用技术研究为主,将成熟的奶牛养殖实用技术向上海和南方地区推广。

2006年奶牛研究所有职工3人,1台显微镜和一些试管。到2010年,添置各类设备总价值达2 000万元。科研人员增加到22人,其中有博士、硕士。研究所原来只能做简单的奶牛"两病"检测,发展到能做生化检测、饲料检测、矿物质检测,先后组建成立奶牛营养研发中心、疾病检测中心、饲料检测中心、奶牛实验牧场等,对提高上海地区饲料质量、奶牛疾病诊断水平、营养配方能力等发挥了很大作用。

2009年前,上海牛奶集团技术进步工作主要由奶牛研究所实施。2010年起,上海牛奶集团在奶牛研究所的基础上组建成立"上海牛奶(集团)有限公司技术中心"。"技术中心"是牛奶公司技术创新的核心部门,形成了以营养与饲料研究中心、繁殖与育种研究中心、疾病控制研究中心、牧场技术服务与指导中心、牧场工艺与设备研究中心、检测中心和1个实验牧场为核心的"6+1"技术创新体系,构建了一个全产业链的技术创新组织架构。技术中心还与国内外10家高等院校、科研院所、企业开展合作,推广成熟的奶牛养殖技术和成果。

奶牛研究所通过基础技术研究总结、技术集成创新、产业化开发等系列科技创新活动,从五个方面有力地支持了上海牛奶集团核心主业的发展。

建立集团检测中心,服务于集团内部各相关企业,还向外单位相关企业提供社会化服务。

建立集团饲料检测信息系统管理平台,及时、准确地提供饲料检测数据,为牧场、营养中心、饲料采购部等提供更便捷的服务。

建立集团饲料质量控制体系,起草完成《上海牛奶集团饲料采购内部控制标准》,每年根据检测中心测定的各种饲料、原料检测结果并结合国家相关饲料、原料、添加剂标准和集团奶牛场的实际情况进行修订完善。

建立集团实验牧场平台,为提高奶牛单产、全面建设标准化、规模化奶牛养殖场开展各项技术创新和集成应用研究。

把集团实验牧场运用、总结的各项科技创新成果广泛复制、推广到公司相关牧场,在牛奶集团TMR产业化推广运作、生态型高效牧场建设、集团标准化牧场改造等方面都发挥了积极作用。

2007年以来,奶牛研究所主持承担和参与的科技创新项目有12项;与高等院校、科研院所及企业开展的科研合作项目有20多项;申请专利16项;向上海牛奶(集团)有限公司下属各牧场推广奶牛生产新技术10余项。

第二节 生 猪

光明食品集团从事生猪养殖的子公司主要有农工商投资公司、跃进有限公司、长江总公司、东海总公司、五四公司、上海农场和川东农场。上海梅林股份集团有限公司于2008年收购的重庆今普食品有限公司具有5 000头的生猪养殖规模。在这些公司中,规模大、集约化程度高且饲养技术比较先进的企业是农工商投资公司下属上海爱森肉食品有限公司(简称"爱森肉食品公司"),上海农场下属畜牧水产养殖公司和川东农场下属申川畜牧有限公司。

一、养殖规模

2006—2009年,光明食品集团生猪饲养规模在20万~27万头,上海农场和川东农场于2009年9月进入光明食品集团后,集团系统生猪养殖规模扩大到66万多头。

表2-2-8 2006—2010年光明食品集团生猪养殖统计情况表 （单位:头）

项目	年份	合计	市内	外省	跃进	长江	东海	五四	上农	川东	投资
饲养量	2006	204 398	204 398	0	66 807	42 709	1 726	14 572	0	0	78 584
	2007	224 299	224 299	0	60 812	41 497	1 223	16 405	0	0	104 362
	2008	253 450	253 450	0	58 309	42 055	2 154	21 011	0	0	129 921
	2009	273 782	273 782	0	67 127	43 795	2 289	17 799	0	0	142 772
	2010	665 277	270 135	395 142	76 914	40 747	0	12 142	264 378	130 764	140 332

〔续表〕

项目	年份	合计	市内	外省	跃进	长江	东海	五四	上农	川东	投资
上市量	2006	120 367	120 367	0	44 001	23 087	1 036	9 257	0	0	42 986
	2007	130 969	130 969	0	33 928	25 545	540	11 125	0	0	59 831
	2008	138 801	138 801	0	32 324	26 782	1 420	10 692	0	0	67 583
	2009	167 265	167 265	0	39 287	27 355	1 080	13 974	0	0	85 569
	2010	409 105	165 187	243 918	45 992	24 923	0	7 660	161 434	82 484	86 612
年末圈存量	2006	74 190	74 190	0	22 806	15 842	690	5 315	0	0	29 537
	2007	87 229	87 229	0	26 884	15 952	683	4 782	0	0	38 928
	2008	107 701	107 701	0	25 827	15 273	734	9 519	0	0	56 438
	2009	99 997	99 997	0	27 840	16 440	1 209	3 825	0	0	50 683
	2010	239 860	98 678	141 182	30 922	15 824	0	4 482	92 902	48 280	47 450
生产母猪	2006	8 208	8 208	0	2 414	1 945	124	582	0	0	3 143
	2007	10 087	10 087	0	2 798	2 208	130	777	0	0	4 174
	2008	11 850	11 850	0	2 850	2 231	160	1 041	0	0	5 568
	2009	10 764	10 764	0	3 099	2 219	140	460	0	0	4 846
	2010	22 800	10 395	12 405	3 061	1 965	0	492	8 316	4 089	4 877

二、养殖技术

光明食品集团生猪养殖技术在上海郊区同行业居领先地位,特别是一些生猪养殖骨干企业的饲养理念、方法、措施比较先进。

【养猪场的基本结构】

猪群分类 分为三个大类。

公猪群:包括后备公猪、种公猪;

母猪群:包括后备母猪、空怀母猪、妊娠母猪、哺乳母猪;

商品猪群:哺乳仔猪群、保育仔猪群、生长猪群、育肥猪群。

存栏猪群结构 存栏猪按一定比例合理安排。

以川东农场申川畜牧公司为例:

种公猪存栏头数=基础母猪头数×公母比例=300×0.033=10头。

哺乳母猪存栏头数=基础母猪头数×哺乳母猪饲养天数/母猪平均繁殖周期=300×35/163.45=64头。

哺乳仔猪存栏头数=母猪平均日产窝数×窝产活仔头数×哺乳期天数=1.84×10.0×28=515头。

保育仔猪存栏头数=母猪平均日产窝数×窝产活仔头数×哺乳期成活率×保育期天数=

$1.84×10.0×0.90×42=696$ 头。

生长猪存栏头数＝母猪平均日产窝数×窝产活仔头数×哺乳期成活率×保育期5成活率×生长猪群饲养天数＝$1.84×10.0×0.90×0.95×56=881$ 头。

育肥猪存栏头数＝母猪平均日产窝数×窝产活仔头数×哺乳期成活率×保育期成活率×生长期成活率×育肥猪饲养天数＝$1.84×10.0×0.90×0.95×0.98×49=775$ 头。

饲养过程基本参数 生猪饲养达到比价成熟的阶段,形成基本稳定的技术参数。

以申川畜牧公司为例,生猪饲养过程中的基本参数是：

后备公猪饲养天数为70天,初配体重为130千克~140千克,死亡与淘汰率为5%。公母比例在自然交配时为1:30,人工授精时为1:100。种公猪年更新率33%。

后备母猪饲养天数为70天,初配体重为120千克~130千克,死亡与淘汰率为5%。断奶至发情天数平均为14天,情期受胎率为85%。妊娠期为114天,确定妊娠所需天数为21天,妊娠母猪分娩率为90%,妊娠母猪提前进产房天数为7天。母猪窝产活仔猪数为10.0头,哺乳期为28天。基础母猪年更新率为33%。

哺乳仔猪群：哺乳期天数为28天；哺乳期成活率为90%。

保育仔猪群：保育仔猪成活率为95%。

生长猪群：生长猪群饲养天数56天；生长期成活率为98%。

育肥猪群：育肥猪饲养天数为49天；育肥期成活率为99%。

种猪选育场种猪产品合格率为60%。

祖代猪场二元母猪产品合格率为85%。

生猪生产流程 光明食品集团的生猪饲养实现了规模化、集约化和专业化,生猪生产形成了比较成熟的流程。

【品种改良】

种源技术是养殖业的根本。无论是上海农场、川东农场,还是爱森肉食品公司都十分重视生猪品种的选择和改良并作为整个生猪养殖的重点。

作为上海市标准化养殖场的爱森肉食品公司所属上海市种猪场,于1997年、2000年和2005年分别从丹麦、法国和美国直接引进长白、大约克和杜洛克等原种猪数百头,2005年2月又从美国引进长白、大约克、杜洛克原种猪200头。种猪场承担了上海市"猪高效育种技术及其在繁育体系中的应用"科研课题,是国内较早开展父、母系分系育种的种猪场。其父系以新美系长白为主,母系以法系大约克为主,终端父本以美系和台系杜洛克为主。种猪场生产的种猪品种主要包括大约克种猪(法系、美系为主)、长白种猪(新丹麦系为主)、杜洛克种猪(台系、美系)和杜长大父母代种猪,每年可向社会提供5 000头优质种猪,主要销售市场为上海市和华东地区。

长白猪：原产丹麦,是世界著名瘦肉型生猪品种,是优秀的生猪杂交父本猪。大约克：即约克夏猪,又叫大白猪(Large White 或 Yorkshire),在杂交配套生产体系中主要用作母系,也可用作父系。杜洛克：杜洛克原产于美国东部的新泽西州和纽约州等地,在生产商品猪的杂交体系中适合做终端父本。

爱森肉食品公司生产的肉猪主要品种是杜长大。该公司自主经营的第四牧场是公司的核心生猪养殖基地,每年可向市场提供杜长大优质肉猪9 000头。

上海农场从2001年开始通过引进和提纯复壮等方法,选育斯格、美系长白、法系大约克、美法系长大二元、新美系杜洛克等外来品种,统一对商品猪采用三元杂交技术。2010年以前生产的商品猪全部为杜长大品种,该品种生产性能优良、经济效益优异。

川东农场饲养的商品猪品种也以杜长大为主。

表 2-2-9 2006—2010年爱森肉食品公司种猪繁殖情况表　　　　　　　　　　（单位:头）

品　种	胎次	产仔总数	产活仔数	21日龄断奶头数	21日龄断奶窝重(公斤)
大约克	初产	13.6	12.7	11.9	76.5
大约克	经产	14.6	13.3	12.5	77.8
长　白	初产	13.2	12.4	11.8	75.6
长　白	经产	14.1	13.1	12.3	77.5
杜洛克	初产	9.0	8.5	8.2	53.2
杜洛克	经产	10.2	9.6	8.6	56.0

表 2-2-10 2006—2010年爱森肉食品公司种猪生长情况表

品　种	100公斤日龄(日)	日增重(克)	料肉比	背膘(厘米)
大约克	145	915	2.48∶1	1.21
长　白	151	858	2.46∶1	1.12
杜洛克(台系)	150	885	2.45∶1	1.08

【疫病防治】

疫病防治是生猪养殖过程中的重中之重。光明食品集团通过加强疫病防控措施、加大监督检查力度、完善防控责任制、严格疫情报告制度、完善应急反应机制、严格责任追究制,确保各项消毒措施落实到位,使集团系统生猪免疫密度和抗体水平达标、应免率达到100%。具体的防治举措与流程是:

上情下达,具体部署　光明食品集团每年通过召集会议、下发文件、现场指导等多种方式将国务院、上海市政府以及有关管理部门关于食品安全和动物防疫工作的文件及其精神传达到基层生猪养殖场,让全体养殖场人员认识生猪防疫工作的重要性和迫切性。

2006年集团根据农业部、上海市政府的统一布置,加大动物防疫力度,年内共召开专题会议6次,下发8个文件和14份整改告知书。2007年集团重大动物疫病防治指挥部和产业发展部先后下发和转发13个文件和通知,召开5次重大动物疫病防控会议。2008年集团下发和转发了9个文件和通知,召开4次重大动物疫病防控会议。2009年和2010年加大力度传达上级有关文件精神,结合光明食品集团的实际,部署、落实疫病防控措施。

制定办法,健全网络　2007年光明食品集团下发《光明食品集团动物防疫管理办法》,对防疫责任、养殖场防疫的基本条件、从业人员健康卫生管理、畜禽免疫与检疫、养殖场消毒、兽药和兽用生物制品管理、病死畜禽无害化处理、驱虫方案和程序、屠宰管理、畜禽标识和养殖档案管理、疫情报告制度和应急预案等方面作出具体规定。

集团从上到下构建防疫网络,建立防疫工作责任制。2007年集团对各子公司重新建立和健全集团三级动物防疫网络,明确各级防疫责任制,建立防疫责任追究制。集团重大动物疫病防治指挥部与各子公司动物防疫第一责任人签订责任书,各子公司重大动物疫病防治领导小组分别与养殖场签订承诺书,各子公司及时调整和健全了内部防疫网络体系。2009年集团根据养殖业防疫属地化后在体制机制上出现的新情况,及时调整和健全了各子公司内部的防疫网络体系。集团重大动物疫病防治指挥部年初再次与各子公司动物防疫第一责任人签订责任书,各子公司重大动物疫病防治领导小组分别与养殖场签订承诺书,使防疫工作得到组织保障。

强化免疫和抗体监测工作 2006年集团系统防预生猪口蹄疫264 811头次,应免疫率达到100%。2007年继续强化免疫和抗体监测工作,生猪应免疫率达到100%。其中预防生猪口蹄疫219 417头次、猪蓝耳病1 613头次。2008年的应免疫率达到100%,其中预防生猪口蹄疫226 735头次,猪蓝耳病1 782头次。2010年应免疫率达到100%,其中预防生猪口蹄疫635 228头次,猪蓝耳病63 178头次,猪瘟592 507头次。

抓好四个环节,强化人员培训 2007年光明食品集团对重大动物疫病防控工作狠抓饲养场监管、散养户监管、适时免疫、疫情报告;四个环节,做到防疫工作责任人到位、免疫消毒到位、各种档案记录到位,专门下发了畜禽调运报批制度。养殖场加强"自我封锁",重点加强门卫管理,工作人员必须进行严格消毒后才能进入牧场。同时对养殖场进行全面彻底的消毒。

为进一步健全养殖场的档案记录,集团统一制订下发包括免疫、消毒、检疫、兽药、饲料、病死畜禽处置、人员健康、兽医日志等内容的23本记录本,并且对相关人员进行了专题培训。

集团下属生猪养殖企业对生猪养殖中的常见病也注重预防和治疗。如猪链球菌病、猪附红细胞体病和猪弓形虫病等,及时采取措施予以治疗和预防。许多企业还结合自身实际,制定行之有效的免疫程序和措施。

定期驱虫:所有公母猪每4个月(即3、7、11月底)驱除体内外寄生虫一次;临产母猪进入产房前2周驱除体内外寄生虫一次;育肥猪转进后驱除体内外寄生虫一次。

定期抗体监测:每年按生产母猪数量的5%进行两次抗体监测工作,通过免疫接种结合其他措施控制传染病的发生。

上海农场遵循生猪疫病防控工作"早、快、严、小"四字方针,坚持以不发生重大疫情作为工作底线,强化以消毒、细化管理为内容的疫病防控核心理念,在疫病防治实践中总结出"一学、二检、五查、十化"的重大疫病防控技术操作规程。

【标准场建设】

农业标准化是农业现代化的显著标志之一,建设标准化养殖场也是其中的一项重要内容。为规范集团畜牧水产养殖场生产经营行为、提高畜牧水产业标准化程度、进一步搞好畜产品安全工作,根据农业部、上海市畜牧水产养殖场标准化建设要求,光明食品集团在市农委畜牧办、市财政局的关心支持下,从2007年开始全面推进畜禽养殖场标准化建设。2007—2010年共建设标准化畜禽养殖场53家,建设总资金18 377.98万元,其中中央财政2 260万元,市财政7 845.68万元,企业自筹8 272.3万元。

光明食品集团成立了标准化畜牧水产养殖场建设领导小组、工作小组和专家小组,按照项目行政领导专责制、法人制、招投标制和监理制的要求,在建设过程中做到齐抓共管。集团还对标准化畜牧水产养殖场建设过程进行监控,重点检查自筹资金到位情况,严格管理项目资金,做到专款专用。

根据市畜牧办关于养殖场标准化建设项目竣工验收要求,集团成立了标准化建设验收小组,下发了验收标准,对完成建设项目的畜禽养殖场严格验收,对未能达到建设要求的单位发出限期整改书,提出具体整改方案,待整改到位后再到现场验收。

在标准场建设过程中,光明食品集团对养殖场进行整合。2005—2010年,经过"提升一批、规范一批、整治一批、关闭一批"的整治原则,集团原所属250多家养殖场经关并减至67家,其中奶牛场27家、养猪场33家(含上海农场和川东农场11家)、禽场7家。尽管养殖场大幅度减少,但由于规模化、集约化程度提高,养殖数量不减反增,畜牧养殖技术水平和经济效益明显提高。

为了使先进养猪场发挥示范带头作用,光明食品集团坚持聚焦行业龙头企业。在生猪养殖方面,重点聚焦爱森肉食品公司和上海农场、川东农场的养猪场。爱森肉食品公司扩大追溯规模和追溯精度,形成从生猪生产、屠宰到销售终端全过程、全方位、全覆盖的食品安全监管信息网络,构建起一个具有追溯规模、信息可靠、运行高效、责任明确的信息化平台。为了把爱森肉食品做强做大,保证爱森肉"安全、优质、卫生",爱森肉食品公司对崇明地区的养猪场进行整合、改造、扩建,全部作为爱森肉食品公司的基地养殖场。

光明食品集团还积极推广畜牧兽医新技术,促进畜牧业的新发展。首先是大力推进畜牧业信息化工作,进行养殖场龙信软件管理技术培训,加强对猪场安全生产情况的监督和信息输入。其次是全面进行畜禽养殖场的畜粪治理工作,着手加快种养结合的循环农业建设,建成高效、生态的养殖场。2007年对22个养殖场畜粪治理和3个有机肥料厂进行了畜粪治理建设综合协调工作。2008年22个养殖场治理尿污水22.23万吨,并全部经过处理后还田,实现了种养结合、资源利用。

爱森肉食品公司等企业通过了HACCP食品安全管理体系认证和ISO9001：2000国际质量体系认证。

集团为有效降低畜禽养殖业快速发展过程中可能出现的风险,大力推动农业保险,在上海安信农业保险公司的支持下,统一组织开展畜禽养殖保险,至2010年年底,集团系统畜禽养殖保险率达到100%。

集团各生猪养殖企业积极探索提高和改进生猪养殖技术。以上海农场为例,该场2006—2009年,围绕"早期断奶"、高床保育、免疫程序和人工授精技术等重点内容开展试验和技术攻关,取得比较明显的效果。

早期断奶 能够缩短母猪带奶时间,提高母猪利用效率,切断疫病母仔传播渠道,通过研发乳猪开食料和药物疫苗的合理保健,顺利实现仔猪21日龄早期断奶。

高床保育技术 大大降低猪舍湿度,增加保温功能,切断疫病传播途径,解决断奶仔猪拉稀现象,减少发病率,提高日增重,成活率由95%提高到98.5%。

规范免疫程序 有效提高各类疫病的抗体水平,提高生猪的抗病能力,确保疫病防控科学、规范、高效,成功抵御"高热病"袭击。

人工授精技术 使配种从粗放到精细,从低级到高级,公母猪比例由1：20～1：25提高到1：80～1：100,大大减少公猪数量,扩大优质公猪的使用效率;母猪分娩率由72.5%提高到87.2%,窝均活仔数由9.8头提高到10.56头,母猪年产仔胎数由1.9胎提高到2.2胎。

【食品安全检测】

2006年光明食品集团重点加强畜禽产品产前、产中、产后全过程质量安全监控,具体从饲料饮水环境、疫病控制、兽药和添加剂使用、病死畜禽处置等方面入手,全面落实各项监管措施,建立完整的安全保障体系。集团各相关企业全力配合上海市畜牧办、市重大办、市畜牧兽医站、市动物卫生监督所、市饲料兽药监督所等职能部门,对养殖场、饲料厂、屠宰场在兽药使用、饲料采购、动物免疫、屠宰管理等方面的情况进行专题检查。2007年完成猪禽场检查57场次、屠宰场检查6次。2008年完成猪禽场检查13场次、屠宰场检查2次。同时对世纪森林公园进行了5次督查,重点督查候鸟迁徙地区的卫生防疫情况。

集团每年组织开展畜禽产品质量和食品安全专项整治行动,特别是2008年发生三聚氰胺事件后,集团对所有的畜禽养殖单位开展了严格的食品安全专项整治行动。

集团还加大对养殖企业规范投入品的管理力度,建立健全兽药、饲料及添加剂等投入品监管制度,完善标识制度。各专业养殖公司实行投入品的集中采购和供应,建立档案制度,普及安全使用知识,杜绝违禁药物及添加剂的使用。

【饲料生产】

科学合理制定饲料配方,加强生猪饲料生产,提高喂养技术,是保障光明食品集团生猪产业可持续健康发展的重要环节。

饲料种类 按照生猪生长不同阶段,饲料分为保育料、小猪料、中猪料、大猪料、妊娠料、哺乳料、后备母猪料、公猪料等。

以2010年爱森肉食品公司养殖分公司饲料配方为例:

小猪宝(断奶10天后～25公斤)主要成分有:玉米、豆粕、麸皮、豆油、乳清粉。

05#空胎料(05＝16)主要成分有:玉米、豆粕、麸皮、小麦粉、4325预混。

06#带奶母猪料(06＝17)主要成分有:玉米、豆粕、麸皮、豆油、膨化大豆、4326预混。

小猪料25～50公斤(02＝12)主要成分有:玉米、豆粕、小麦粉、进口鱼粉、油粉。

中猪料50～65公斤(03＝13)主要成分有:玉米、豆粕、小麦粉、油粉、4313预混。

大猪料(04＝14) 主要成分有:玉米、豆粕、小麦粉、4314预混。

08#后备母猪料(50公斤以上)(08)主要成分有:玉米、豆粕、麸皮、鱼粉、油粉、4324预混。

07#公猪料(07＝18)主要成分有:玉米、豆粕、小麦粉、豆油、鱼粉、精力旺。

09#大猪料(特种09)主要成分有:玉米、豆粕、小麦粉、4314预混。

生猪饲料生产技术 川东农场申川畜牧公司拥有年产饲料9万吨及大型饲料加工设备的申川饲料厂;爱森肉食品公司拥有一座全价饲料加工厂,为生猪养殖提供统一配方、统一标准的饲料保障。

申川畜牧公司饲料生产流程:

原料接受→原料清理→投料→粉碎→配粉计量→饲料混合→称量→包装

申川畜牧公司饲料生产设备:

叶轮喂料器型号:20×30,功率:0.75千瓦,产品标准:Q/321003XFA37-2001。

968粉碎机型号:968-11,转速:1 480转/分钟,标准:Q/321003XFA12-2003。

双轴桨叶式混合机型号:SLHSJ,电压:380伏,质量:5 180公斤,频率:50Hz,功率:18.5千瓦。

扁布袋脉冲降尘器型号:TBLMb12,电压:380伏,频率:50赫兹,过滤面积12平方米。

螺旋喂料机型号:TWLL,功率:0.75千瓦。

空压器型号:V-1-05/10,公称面积流量1.05平方米/分转,排气压力1.0兆帕,质量:300公斤,转速860转/分钟。

350颗粒机型号：Muzt350,功率：2×30千瓦,质量：2 010公斤,压辊数量2只。

膨化机型号：TPH200,产量：3吨～6吨/小时,功率：132千瓦,质量：3 955公斤。

VMT碎粒机型号：MUSL20×80,功率：7.5千瓦,质量：750公斤,产量：8吨/小时。以上设备均由扬州牧羊集团制造并提供。

上海农场饲料厂于2003年底开始筹建一期工程,2004年10月投入运行,形成年单班3万吨的生产能力。二期工程于2007年底建成投产,工厂饲料主体生产车间占地2 000平方米,配有相应的原料仓库和成品仓库,采用扬州牧羊集团和溧阳正昌公司制造的成套设备。车间采用脉冲除尘和大功率隔离降噪设备,生产线为电脑全屏控制,生产操作环境良好。2010年饲料年产量达6.5万吨,不仅能满足17万头存栏生猪和300万公斤存塘鲜鱼的饲料供应,同时也提高了生猪、水产饲料的生产工艺水平和生产能力。

三、企业选介

【上海爱森肉食品有限公司】

上海爱森肉食品有限公司(简称"爱森肉食品公司")是农工商投资公司下属全资子公司,前身是成立于2001年9月的上海农工商肉食品有限公司,由农工商集团和上海农工商星火总公司出资组建而成。2003年5月,农工商集团将农工商肉食品有限公司行政管理权限划归上海牛奶(集团)有限公司。2004年12月,农工商集团将持有的农工商肉食品有限公司66.49%股权转让给上海牛奶(集团)有限公司;2006年10月上海牛奶(集团)有限公司将其持有的上海农工商肉食品有限公司66.49%股份转让给农工商投资公司。2006年8月上海农工商肉食品有限公司更名为上海爱森肉食品有限公司。2008年9月上海农工商星火总公司将持有爱森肉食品公司33.11%股权划转给农工商投资公司。2009年11月,农工商投资公司对爱森肉食品公司增资6 830万元,注册资本变更为11 000.85万元。

爱森肉食品公司是国有全资、种养加销一体化的专业猪肉食品生产企业,注册商标为"爱森"牌。公司拥有1个上海市种猪场(包括原种场和扩繁场)、5个瘦肉型商品猪场、1座全价饲料加工厂和1座花园式屠宰加工厂。屠宰加工厂地处奉贤区海湾镇,占地5.1万平方米,2010年投资3 508万元进行了扩建改造,年屠宰加工生猪生产能力达70万头,并有配套的冷链系统。2010年公司产值41 632万元,营业收入41 838万元,利润总额3 547万元,净利润3 548万元。

爱森肉食品公司在生产经营上实施"四化二坚持",即产业化经营、标准化生产、国际化目标、科技化支撑;坚持种养加销一体化、坚持标准化生产、全过程控制。公司分别在上海市郊区、江苏、安徽、山东等地建立了由上海市农产品认证中心认证的16个生猪养殖基地,养殖规模达28万头。在生猪养殖上采用"实行六个统一、建立六个体系"的管理模式：统一供种,建立优良的种猪品种体系;统一供料,建立科学的饲料配方体系;统一饲养标准,建立标准化生猪饲养体系;统一防疫,建立严格的防疫检疫体系;统一屠宰加工,建立安全的产品加工体系;统一销售,建立广阔的市场营销体系。2010年公司养殖种猪1.04万头,商品肉猪12.77万头。

爱森肉食品公司在初创阶段主要依托社会零售网点销售爱森品牌肉,2006年在农工商、捷强、大润发、易初莲花、华联、易买得、联华、顶顶鲜、乐购、好又多、家乐福、沃尔玛、世纪联华、食品一店等超市、连锁商店和食品专卖店设置416个销售专柜。2009年5月,公司组建爱森肉食品销售有限公司,开始建设自有销售网点,推出"爱森优选"肉类食品特色专卖店。至2010年年底,共建成46家,主要分布在上海市内主要生活区域附近;年营业额2035.5万元。"爱森优选"专卖店瞄准顾客的消费需求,融入社区,围绕"优质生鲜肉+方便"(家庭厨房肉制品选购的便利性)经营定位,以"爱森"系列产品为主导,同时优选社会名优肉制品为特色,集合其他优质农产品,为消费者提供厨房肉类商品一站式采购的便利服务。店内经营优质爱森牌冷却肉、腌腊制品、休闲食品及精心挑选的品牌优质牛、羊、禽肉产品,半成品、粮油产品、调味品等。2010年爱森肉食品公司在各大超市、连锁商店和食品专卖店的销售专柜增加到640个。

爱森肉食品公司是全国首家对生产的猪肉制品实行保险的企业,是农业部全国百家农垦无公害农产品示范基地、全国农产品加工示范企业、中国食品工业协会全国食品工业优秀龙头企业、农业产业化上海市重点龙头企业、上海市农业标准化工作先进单位。2008年公司获中国肉类协会"肉类食品行业强势企业"称号,2009年获"中国肉类产业影响力品牌"称号。"爱森"牌猪肉通过农业部无公害农产品认证、家乐福全球质量体系认证、ISO9001和ISO22000体系认证;获中国名牌农产品、上海市著名商标、上海市名牌产品及上海市名优食品等称号。

公司积极投身社会公益事业,组织"爱森杯"慈善义演,组织全体员工向汶川地震灾区捐款,参加世博会志愿者活动,2010年向上海市奉贤区海湾镇捐赠帮困金10万元。

表2-2-11　2006—2010年爱森肉食品公司经营情况表　　　　（单位：万元）

年　　份	2006	2007	2008	2009	2010
营业收入	17 947	25 746	30 878	33 610	41 838
主营业务收入	17 897	25 695	30 829	33 476	41 632
利润总额	706	1 097	1 603	1 767	3 547
净利润	706	1 097	1 603	1 767	3 548
产　　值	17 897	25 695	30 829	33 476	41 632

表2-2-12　2006—2010年爱森肉食品公司生猪存栏数表　　　　（单位：头）

种　类	2006		2007		2008		2009		2010	
	年末存栏数	年出栏数	年末存栏数	年出栏数	年末存栏数	年出栏数	年末存栏数	年出栏数	年末存栏数	年出栏数
生产母猪	937	259	939	271	950	365	952	378	1 098	305
生产公猪	48	22	43	27	57	28	46	33	50	31
后备母猪	239	0	223	0	410	0	604	0	596	0
后备公猪	40		51	0	31		23	0	46	0
乳　猪	1 870	0	1 853	0	1 671	0	1 629		2 222	0
苗　猪	1 547	9	1 547	161	2 123	1	2 446	817	3 642	728
肉　猪	3 135	9 950	2 432	10 008	2 431	8 987	2 749	9 613	2 284	10 430
培育种猪	1 595	4 539	1 151	5 138	1 557	5 598	648	5 703	1 045	5 362

表2-2-13 2009—2010年"爱森优选"门店开设情况表

年份	年末门店数（个）	门店员工（人）	管理员工（人）	全年营业额（万元）
2009	16	81	17	328.8
2010	46	157	26	2 035.5

【上海黄海农贸总公司畜牧水产养殖公司】

上海黄海农贸总公司畜牧水产养殖公司（简称"畜牧水产养殖公司"）是上海市上海农场下属子公司。2003年2月由上海农场畜牧场与上海农场养殖场合并组建，隶属上海黄海农贸总公司，2010年1月经农场行政体制调整后由上海农场直接管理。畜牧水产养殖公司主要从事生猪和淡水鱼的饲养、加工和销售，下设饲料厂、动物保护中心、有机肥料厂、商品猪场、淡水养殖场和上海肉食品营销部。2010年公司总资产11 879.1万元。

畜牧水产养殖公司承担了上海市生猪异地养殖梯度转移重点项目，在生猪养殖中推广应用优质改良品种以及"全进全出"、"早期断奶"、人工授精、高床保育、饲喂预混料等科技和管理新成果，不断提高生猪养殖水平。2006年1月江苏省农林厅将该公司下属丰海种猪场列为江苏省一级种猪场。

畜牧水产养殖公司拥有庆丰、晚庄、海堤、下明、时丰、丰海等6个养猪场，2007年1月，被上海市商委列为"上海市生猪活体储备基地"；2007年5月被中国农机学会机械化养猪协会评为"全国机械化养猪先进企业"。2008年10月，通过上海市质量体系审核中心ISO9001：2000和ISO2000：2005质量体系认证；2009年3月，被江苏省农林厅列为江苏省畜牧生态健康养殖示范场。2010年上市生猪13万头，肉品经营3万头。公司拥有饲料加工厂1个，具有年单班3万吨的生产能力，2010年生产各类饲料6.5万吨，满足存栏17万头生猪和300万公斤鲜鱼的饲料供应。拥有2个有机肥料厂，2010年生产有机肥料8 800吨。

畜牧水产养殖公司2008年实施完善畜牧配套和猪舍扩建的二期工程；2009年进行了庆丰畜牧场标准化改造、晚庄畜牧场粪水还田工程；2010年完成时丰、海堤畜牧场两个标准生产养殖基地改造，提高了养殖业标准化生产水平。"丰海"牌优质肉在上海市农工商、家得利、优客、大润发等超市设有销售专柜。"丰海"肉获上海市2009年度"快速消费品金品奖"和上海市"2010年快速消费品绿色金品奖"。

畜牧水产养殖公司拥有饲养面积为1.2万亩的淡水养殖场，2006年先后实施"粗改精、大改小"鱼塘改造工程，淡水鱼养殖亩产量由2000年以前的400公斤提高到2008年的900公斤左右，亩效益由200～300元提高到1 000～1 500元。在原来养殖四大家鱼的基础上，公司为了充分利用水体资源，丰富水产品品种，满足市场需求，从2009年起陆续投放螃蟹、青虾等品种，2009年5月从甘肃引进8千尾白斑狗鱼进行分塘养殖实验，从江苏省兴化市引进8千只红膏大闸蟹进行单塘养殖实验。

【江苏申川畜牧有限公司】

江苏申川畜牧有限公司（简称"申川畜牧公司"）是上海市川东农场下属企业。

申川畜牧公司下设养猪场、饲料厂、有机肥厂、动物保护中心、沼气发电站等5个单位。生猪养殖是公司的主要业务，共有4个生猪养殖基地，其中河川畜牧场（二分场）、川东畜牧场（三分场）、建川畜牧场（四分场）均为上海市标准化猪场。川西分场（一分场）实行外租经营方式。公司生猪养殖业坚持"走生态养殖之路，开发绿色畜牧产品"经营宗旨，饲养的商品猪品种为杜长大，是公司以杜洛克公猪与杜长大母猪杂交自繁自养品种，具有生长快、饲料利用率高、瘦肉率高、经济效益明显等特点。公司年均上市生猪70 000头，2010年上市生猪64 022头，每头生猪均重88.74公斤，生猪销售收入6 786.99万元。

申川畜牧公司所属申川饲料厂是一家年产全价配合饲料9万吨的大型现代饲料加工厂，品种有妊娠母猪饲料、哺乳母猪饲料、公猪饲料、保育饲料、后备母猪饲料和小猪、中猪、大猪饲料。生产设备先进，管理规范。

申川畜牧公司所属申川有机肥厂是一家年产万吨级的现代化有机肥厂，产品为有机肥料和有机复合肥料，主要为川东农场粮食耕地提供肥料。有机肥厂具备粉状和颗粒状两条生产流水线，生产用建筑面积（包括主发酵车间、后发酵车间、造粒间）共5 469平方米，发酵槽8条共2 350立方米，强力搅拌机1台，还拥有2 500平方米的晒场，并设有质量控制实验室等。2010年销售有机肥料6 546吨。

申川畜牧公司下设沼气发电站，用现代设备和科学方法实现"猪—沼气—农田"三位一体循环，使废料成为再生能源。动物保护中心由血清室、细菌室等组成，通过血清学和细菌学方面的检测，为各生猪养殖分场修改和制订免疫程序，实施保健计划和治疗措施，确保猪场的生物安全。

第三节 水 产 品

水产品养殖是光明食品集团养殖业中重要的产业之一，主要养殖淡水品种，承担水产养殖任务的主要是集团下属海丰总公司和上海农场以及地处崇明的跃进有限公司和长江总公司。

一、产量和品种

【产量】

2010年集团淡水养殖总面积51 154亩，其中市郊农场淡水养殖面积18 243亩，精养塘15 932亩；域外农场淡水养殖面积32 911亩，精养塘5 445亩。在淡水养殖总面积中，鱼塘面积21 377亩，虾塘面积7 472亩。2010年淡水产品总产量为25 686吨，其中淡水鱼23 725吨，虾1 961吨。

表2-2-14 2006—2010年光明食品集团淡水养殖面积、产品、产量情况表

年份	全部养殖面积（亩）	其中精养塘（亩）	总产量（吨）	其中市内单位养殖面积（亩）	其中精养塘（亩）	总产量（吨）	其中外省市养殖面积（亩）	其中精养塘（亩）	总产量（吨）
2006	63 550	15 220	10 661	15 550	12 420	7 686	48 000	2 800	2 975
2007	64 250	15 865	11 938	16 139	13 065	7 922	48 111	2 800	4 016
2008	43 586	18 325	13 414	18 475	15 525	8 663	25 111	2 800	4 751
2009	44 928	19 585	14 755	19 817	16 785	9 054	25 111	2 800	5 701
2010	51 154	21 377	25 686	18 243	15 932	8 598	32 911	5 445	17 088

【品种】

光明食品集团水产养殖的主要品种有银鲫、花鲢、白鲢、河蟹、南美白对虾和中华绒螯蟹等。其中银鲫是最主要养殖品种,其养殖面积和总产量都占绝对优势,花鲢、白鲢作为银鲫塘口起调水作用的配养品种。河蟹是主养品种银鲫的套养品种,起到拾遗补缺、增加塘品副产品收入的作用。

以海丰总公司为例,2006—2008年以银鲫为主的水产品养殖面积达29 605亩,占养殖总面积的96.5%;以南美白对虾为主的养殖面积1 070亩,占养殖总面积的3.5%。南美白对虾是海丰总公司养殖的主要特色水产品种,过去由于苗种、水质、气候、技术等方面的原因,发展速度比较缓慢。随着养殖水平的不断提高,市场需求量的不断增加,2009—2010年海丰总公司南美白对虾养殖面积有所扩大,增加1 250亩,达到2 320亩,占海丰养殖总面积的7.5%。银鲫面积则缩减到28 355亩。

表2-2-15 2006—2010年海丰总公司淡水产品养殖情况表

种类	年份	2006	2007	2008	2009	2010
银鲫	面积(亩)	29 605	29 605	29 605	28 355	23 955
	单产(公斤)	620	650	700	750	800
	总产(吨)	18 355	19 243	20 723	21 266	19 164
白鲢	面积(亩)	29 605	29 605	29 605	28 355	23 955
	单产(公斤)	60	60	60	60	60
	总产(吨)	1 776	1 776	1 776	1 701	1 437
花鲢	面积(亩)	29 605	29 605	29 605	28 355	23 955
	单产(公斤)	100	100	100	100	100
	总产(吨)	2 960	2 960	2 960	2 835	2 395
河蟹	面积(亩)	29 605	29 605	29 605	28 355	23 955
	单产(公斤)	5	8	10	12	12
	总产(吨)	148	236	296	340	287
南美白对虾	面积(亩)	1 070	1 070	1 070	2 320	2 320
	单产(公斤)	150	180	225	200	210
	总产(吨)	160	192	240	464	487

光明食品集团水产养殖的苗种主要从市场上采购,主要养殖品种的苗种采购情况如下:

银鲫 全名异育银鲫,简称银鲫,是光明食品集团数量最多的水产养殖鱼种。光明食品集团各养殖单位(主要是海丰水产养殖公司)饲养的异育银鲫苗种的来源比较复杂,分别来自江苏常州、江都、洪泽、大丰等地,苗种品质也参差不齐,生长速度、抗病力各有差异。因此,不同产地的银鲫苗种对养殖产量和经济效益影响很大。

花鲢 学名鳙鱼,也称胖头鱼、包头鱼、大头鱼、黑鲢(还有的地方称麻鲢),属中国著名四大家鱼之一。海丰总公司和上海农场养殖的花鲢苗种都来自大丰本地,其亲本来自长江原种。长江总公司和跃进有限公司养殖的花鲢苗鱼也来自苏北地区。

白鲢 学名鲢鱼,属鲤形目鲤科鲢属鱼类。海丰总公司和上海农场养殖的白鲢苗种主要来自大丰本地,其亲本来自长江原种。长江总公司和跃进有限公司养殖的白鲢苗鱼也来自苏北地区。

河蟹 学名中华绒螯蟹,是在淡水中生长、海水中繁殖的蟹类。海丰水产养殖公司养殖的河蟹大多是中华绒螯蟹,受养殖方式及当地水质限制,河蟹个体一般不大,原先价格也不高。中华绒螯蟹是主养银鲫塘口最理想的套养品种,跃进有限公司积极开展中华绒螯蟹的养殖科技研究,取得了较好成果,产量和品种、价格都有明显提高。

南美白对虾 学名凡纳对虾,是当今世界上养殖产量最高的三大虾类之一。南美白对虾原产于南美洲太平洋沿岸海域。受气候、技术、水质等影响,海丰总公司引进养殖南美白对虾多年,发展速度比较缓慢。地处崇明岛的长江总公司开始大力发展南美白对虾,其投资力度、养殖规模和技术水平位居集团前列。

二、养殖技术

【银鲫等鱼类的养殖技术】

银鲫是光明食品集团水产养殖的主要品种,经过多年养殖实践,在银鲫苗种选择、养殖模式、疾病预防、水质调控等方面形成一整套技术相对成熟的经验和方法。

以银鲫为主的精养模式,塘口面积可大可小,首先要彻底清塘除淤。清塘用生石灰、漂白粉或者茶籽饼,或根据当时塘口的情况选择清塘药进行杀菌、消毒,防止野杂鱼与自产鲫。在鱼种进塘前3—5天进水,第一次进水可达鱼塘全年最高水位的三分之二,尽量不要在鱼病高发季节进水。鱼种规格要整齐统一,放养密度要根据塘口水质、水深条件而定,水深长年达两米以上的可每亩投放银鲫鱼苗2 200～2 500尾。

表2-2-16 海丰总公司冬春季水产养殖模式情况表

品种	放养规格	亩放养量	放养时间	起捕时间	预计起捕规格
银鲫	0.05公斤/尾	1 500～2 000尾	春节前后	年底	0.5公斤左右/尾,5月下旬捕热水鱼规格在0.25公斤以上
花鲢	0.15公斤～0.25公斤/尾	30尾	春节前后	年底	2公斤～2.5公斤/尾
白鲢	0.15公斤～0.25公斤/尾	50～80尾左右	春节前后	年底	2公斤～2.5公斤/尾
河蟹	—	100～200只	4月10日前	10月份	15公斤/亩

表2-2-17 海丰总公司夏秋季水产养殖模式情况表

品种	放养规格	亩放养量	放养时间	起捕时间	预计起捕规格
银鲫	0.25公斤/尾	1 500～2 000尾	国庆节前中秋节后	6月底开始捕热水鱼	0.5公斤左右/尾
花鲢	0.15公斤/尾	20尾	国庆节前中秋节后	6月底开始捕热水鱼	4公斤～5公斤/尾
白鲢	0.15公斤/尾	30尾左右	国庆节前中秋节后	6月底开始捕热水鱼	4公斤～5公斤/尾
河蟹	—	100～200只	4月10日前	10月份	15公斤/亩

操作要点 整池清塘,肥水放养。

放养鱼种 所放养的鱼种规格整齐;放养时间从11月开始,最迟在3月底前结束,同时要抓好苗种生产配套。

饲料选择与投放 根据不同水温、鱼体大小和不同的生长阶段来确定饲料,饲料要新鲜适口。每7天对鱼体进行一次抽样检测,根据水温、天气、水质、鱼的摄食情况及鱼的体态规格来确定投饵率。

水质调控 要及时掌握了解养殖水源情况,不进受污染的水源。3—4月鱼塘水位宜保持在0.7米~0.8米,5月份以后逐步加水,到6月底时加足,以后每5天左右加一次新鲜水,有条件的塘口还可以换水,每次水位不宜超过20厘米,以免水质环境变化太大造成"转水"。

病害防治 一是综合防治。鱼病是鱼体、病原体及养殖环境三个因素综合作用所致,应当执行"全面预防,积极治疗"的方针,实施综合防治。二是从规范养殖工艺入手,培养健康优良苗种,增强鱼体对病原体的抵抗力。同时加强饲养管理,保持饵料新鲜,营养全面,坚持"四定"投饵,防止鱼体受伤。三是采用药物预防,消灭病原体,从源头上制止疾病传播。四是注重生态防病。要保持水质良好,预防水质恶化和低溶氧综合征,改善鱼的生活环境,实施水质调控综合技术,预防和杜绝浮头泛池现象。预防有毒物质危害。五是做好几种鱼的常见病的治疗预案,如暴发性出血病、环虫病、孢子虫病、肝胆综合征等。

日常管理 建立健全生产技术责任制,实行专人驻塘管理,经常巡塘;观察鱼类活动和水色变化;检查投饵和鱼的摄食情况;监测水质和预报溶氧变化;及时注水增氧或开增氧机,预防浮头;适时检查鱼病,进行综合防治。确保投饵匀、好、足和水质肥、活、爽。建立健全塘口档案管理制度,自始至终做好清塘、放养、投饵、施肥,鱼类生长测定等工作,每天有专人记录天气、水温、水色、水质、溶氧、透明度、浮头及鱼病防治、起捕干塘情况等塘口日记,经常总结分析,不断改进措施,确保水产品丰产丰收。

捕捞收获 要根据鱼的生长情况、市场情况、天气情况等统一组织,适时捕捞。

【南美白对虾养殖技术】

虾池建造 包括场地选择、虾池构造。养殖设施有增氧机、水泵、饵料台、柴油发电机。

增氧机:一般2亩~3亩配备一台1千瓦~1.5千瓦的增氧机。

水泵:根据进出水及需水量等实际情况配备若干水泵及抽水管。

饵料台:每个饵料台面积约1平方米,每口池配备2~4个。

柴油发电机:电力不足和高密度养殖时尤其需要配备。

放苗前准备工作 清池、消毒、改良虾池地质、消毒及除害、进水。

药物清池后2~3天便可进水。应连续进排水几次,以稀释、排放药物残留余毒。

培养基础饵料生物、调节池水盐度。

虾苗选择 选择质量好且不带任何特异性病原体的亲虾培育的虾苗,其生长快,免疫力强。由于南美白对虾在0.7厘米以上才开始出现大小分化,应选择0.8厘米以上大小均匀、健康的虾苗。

【南美白对虾养成期的管理】

投饵管理 饵料选择,南美白对虾在人工高密度精养时,因其生长迅速,养殖周期短,对饵料营养要求较高。因此,应选择营养成分含量较高且颗粒均匀、耐水性好的饵料,保证虾快速生长并减少水质污染。

根据南美白对虾的养殖特点及其各阶段的不同营养要求投放南美白对虾配合饲料,选择科学配方、新鲜优质的原料,并经先进工艺加工和严格品质管理而成。饲料颗粒应大小均匀、表面光滑、耐水性强,诱食性好。注意控制投饵次数及投饵量。

水质管理 养虾先养水,虾对水质要求特别高,应根据管理要求和标准做好水质管理。

三、企业选介

上海市海丰水产养殖有限公司的前身为上海市海丰农场总场海丰胜利鱼场,成立于1978年,后更名为上海市海丰水产养殖有限公司(简称"海丰水产养殖公司")。

海丰水产养殖公司是光明食品集团上海海丰总公司下属,从事水产养殖、饲料、渔药供应、水产品销售的企业。

公司拥有4.2万亩水产品养殖基地,年产水产品4万余吨,员工31人。公司以"为市民提供安全、健康、优质水产品"为宗旨,以"弘扬海丰精神、做响水产品品牌、做强海丰水产、做大水产产业"为目标。公司生产的水产品于2005年通过了"无公害产品"认证。

公司的淡水养殖主要采取承包经营的管理模式,逐步将4.2万亩养殖鱼塘改造成标准化水产养殖场,到2010年,作为一期改造工程的6 460亩鱼塘已通过项目验收并投入使用。二期改造鱼塘5 604亩,三期改造鱼塘8 600亩,四期改造鱼塘9 260亩,到2013年年底,标准化养殖鱼塘面积将达到20 000亩。

公司以标准化养殖场改造为契机,全力打造水产养殖产业链,为此,公司正在筹建年产量达30 000吨的渔用、畜禽饲料厂。

由于公司不断加大投资力度改善养殖场基础设施,优化水产品养殖结构,加强管理,2009年以后不仅水产品产量大幅度提高,经济效益也得到大幅提升。

表2-2-18 2006—2010年海丰水产养殖公司经营情况表 (单位:万元)

年　份	2006	2007	2008	2009	2010
营业收入	681	1 067	1 873	3 322	9 116
主营业务收入	681	379	1 210	3 274	9 070
利润总额	331	−143	−71	389	6 260
净利润	331	−143	−71	389	6 260
产　值	681	379	1 171	2 550	7 887

第三章 农业生产设施

第一节 农业机械

光明食品集团农业机械经过连续实施两个三年更新计划,进入加快发展、结构改善、质量提升的重要阶段。农业机械基本淘汰了老旧机器和落后机型,农机作业效率和效益得到迅速提高,畜牧水产养殖机械化水平有了新的提升,在保证农时、保护粮食、促进农机与农艺结合、种植新技术推广、减少灾害损失、提高奶牛和生猪养殖自动化水平、促进农产品加工等方面发挥了重要作用。

作为光明食品集团农业机械现代化的重点,粮食生产机械经过更新换代,优化了装备结构,麦子实施一条龙作业。至2010年机械化程度超过95%,水稻机械化程度近90%,粮食种植业综合机械化程度达90%。种植机械、收割机械、耕作机械等农机数量和质量有了新的提高,稻麦生产基本实现了全程机械化,农机装备水平在上海乃至全国处于领先水平。2009年10月14日,全国直辖市农机工作会议在光明食品集团海丰总公司召开,来自北京、天津、重庆、上海四个直辖市农机部门的领导及相关人员出席会议,海丰总公司作交流发言。

光明食品集团农机发展也存在不平衡性,表现为粮食种植业机械化程度较高,但蔬菜和粮食后处理机械化水平相对较低;大马力拖拉机、畜牧养殖机械等需求量较大,精量播种、设施农业、精准农业等机械装备还显不足;随着大型农机具的增加,原有农机库、场地的面积和标准已不能满足现有农机的停放和维修保养需要。

一、农机主要种类

表 2-3-1　2006—2010年光明食品集团各类农机动力情况表　　　　　　　　（单位:千瓦）

年　份	2006	2007	2008	2009	2010
耕作机械	40 791	40 106	42 783	53 103	58 970
种植机械	1 092	1 402	1 326	2 324	2 876
肥料机械	354	354	354	801	763
植保机械	1 604	2 801	2 809	2 920	3 605
收割机械	14 654	12 889	14 003	22 599	23 589
园艺蔬菜机械	—	165	165	256	256
农副产品加工机械	1 178	1 073	1 073	1 846	2 221
林业机械	8	13	13	32	35
畜牧机械	4 261	4 928	8 270	8 622	9 290
渔业机械	883	883	676	1 437	850

〔续表〕

年　　份	2006	2007	2008	2009	2010
运输机械	545	747	747	747	779
农田水利机械	118	118	118	118	118
排灌机械	12 546	12 141	11 731	15 395	15 954
农机总动力	78 034	77 620	84 068	110 200	119 306

表 2-3-2　2006—2010 年光明食品集团主要农业机械情况表

年　　份	2006	2007	2008	2009	2010
大中型拖拉机(台)	805	768	813	1 003	1 068
小型拖拉机(台)	373	343	328	342	301
大中型拖配套农具(台)	1 509	1 341	1 304	1 629	1 812
机动插秧机(台)	73	98	98	119	125
水稻直播机(台)	40	36	36	146	238
工厂化育秧设备(台)	0	9	9	9	44
自走式联合收割机(套)	108	77	81	138	140
谷物烘干机(台)	29	26	26	60	74
种子精选机(台)	10	9	9	16	14
增氧机(台)	200	200	120	208	208
农用载重汽车(辆)	16	18	18	18	26
排灌电动机(台)	723	694	688	813	828

【耕作机械】

大中型拖拉机是主要的耕作机械装备。光明食品集团组建前农业系统国产机型主要有上海 50 型、东方红 60 型、东方红 75 型、上海 504 型、上海 654 型；进口机型主要有捷克 6211 型、德国 Zt-323A 等。随着农场机械化作业程度的不断提高，一些在 20 世纪七八十年代购买的拖拉机机型已不适应生产要求，同时还存在修理费高、配件难买的矛盾，因此逐步被淘汰。2010 年使用的国产拖拉机增加了上海 550 型、天津 654 型、东方红 802、东方红 1204 型等机型。

光明食品集团组建后为推进"大马力拖拉机与耕整地机械项目的引进""大马力环保型农业耕作机械"等项目的实施，适应"稻麦秸秆切碎全量覆盖还田"技术应用的需要，在对国内早期生产的耕作机械进行更换的同时，从国外引进了一批先进的大型拖拉机，主要型号为纽荷兰 110-90 型、约翰迪尔 JDT754 型、约翰迪尔 6603 型等。大马力拖拉机的引进和应用，实现了土地深耕，改善了土壤结构，突破了连续保持粮食高产稳产的瓶颈。光明食品集团机耕面积已达到 100%，机械化程度在上海郊区名列前茅。依靠机械措施解决稻麦秸秆还田问题，杜绝秸秆焚烧，保护资源与环境。

表2-3-3　2010年光明食品集团大中型拖拉机拥有量情况表　　　　　　　　　　　　　　　（单位：台）

单　位	上海50/504型	上海550型	上海/天津654型	东方红802型	东方红1204型	纽荷兰110-90型	约翰迪尔JDT754型	约翰迪尔6603型	小型拖拉机
跃进有限公司	145	43	55	5	41	0	56	0	169
长江总公司	126	0	50	0	30	0	59	0	56
东海总公司	3	0	0	0	0	0	0	0	2
五四公司	27	15	8	1	2	0	0	0	54
海丰总公司	22	0	93	2	0	22	18	20	0
川东农场	10	0	19	0	13	8	0	0	0
上海农场	25	3	0	0	0	15	0	0	13
投资公司	0	1	16	0	5	7	19	1	5
世纪森林	0	0	0	0	0	0	0	0	2
合　计	358	62	241	8	91	52	152	21	301

表2-3-4　2010年光明食品集团机引农具情况表　　　　　　　　　　　　　　　（单位：台）

单　位	铧犁	旋耕犁	开沟犁	耙	推拉土铲
跃进有限公司	77	184	125	76	74
长江总公司	61	66	67	65	14
东海总公司	0	6	3	3	0
五四公司	31	69	69	4	3
海丰总公司	89	73	50	76	3
川东农场	24	29	10	14	0
上海农场	20	2	0	9	0
投资公司	0	1	0	0	0
合　计	302	430	324	247	94

光明食品集团常年耕地种植为二熟，夏季为麦子，秋季为水稻，常年耕地播种面积为69.46万亩。

表2-3-5　2010年光明食品集团机械化耕地面积表　　　　　　　　　　　　　　　（单位：亩）

单　位	机耕地面积	机播种面积
跃进有限公司	58 895	95 748
长江总公司	66 020	115 820
东海总公司	4 265	8 183
五四公司	39 929	93 996
海丰总公司	107 865	201 870

〔续表〕

单 位	机耕地面积	机播种面积
川东农场	35 075	66 044
上海农场	72 000	106 043
投资公司	3 044	5 865
合　计	387 093	693 569

【种植机械】

2006年前，粮食播种机械主要为哈尔滨压轮式20行联合播种机，1987年引进德国A-201谷物条播机，主要用于三麦、大豆的播种。由于受资金和技术条件的限制，水稻插秧机和水稻直播机发展不快，机械种类和数量比较少。2006年后，光明食品集团积极推广新一代高速插秧机。2010年海丰、上农、川东农场水稻机插推广面积15.9万亩，占总面积的86%；市郊农场水稻机插推广面积达到3.3万亩，占总面积的23%。2008年开始引进的推广水稻机械条直播技术，到2010年已成为崇明地区农场主要的水稻种植方式。

表2-3-6　2010年光明食品集团种植机械动力情况表

单　位	机动插秧机（台）	水稻直播机（台）	施肥机械动力（千瓦）	种植机械总动力（千瓦）
跃进有限公司	10	94	30	546
长江总公司	10	131	286	782
东海总公司	0	0	0	0
五四公司	0	4	0	125
海丰总公司	62	9	0	765
川东农场	13	0	0	197
上海农场	30	0	363	461
投资公司	0	0	84	0
合　计	125	238	763	2 876

表2-3-7　2010年光明食品集团水稻机播机插面积表　　　　　　　　（单位：亩）

单　位	机直播面积	机插面积	合　计
跃进有限公司	72 714	18 200	90 914
长江总公司	107 820	8 000	115 820
东海总公司	0	2 615	2 615
五四公司	0	0	0
海丰总公司	115 913	85 958	201 871
川东农场	34 074	32 741	66 815

〔续表〕

单　位	机直播面积	机插面积	合　计
上海农场	57 261	48 782	106 043
投资公司	0	1 180	1 180
合　计	387 782	197 476	585 258

【收割机械】

光明食品集团收割机械主要为稻麦联合收割机、谷物烘干机、种子精选机等。

2006年前，大型联合收割机较少，收割机械以小型机械为主，主要有佳木斯联合收割机厂生产的"1065"自走式谷物联合收割机和同系列"1075"型、ZKB-5型、CA-12罗康、珠江、军农等联合收割机。从2007年开始，随着国家大力推进对农机发展的鼓励政策，光明食品集团的大型联合收割机有了较快发展。海丰总公司为适应收获多种作物的需要，先后引进了中机美诺9800玉米联合收割机、9265青贮玉米收割机及洋马2ZGQ-8(VP8D)等收获机械。

表2-3-8　2010年光明食品集团收获机械拥有量和机收面积情况表

单　位	联合收割机（台）	机动脱粒机（台）	谷物烘干机（台）	种子精选机（台）	机收面积（亩）
跃进有限公司	42	6	12	4	95 748
长江总公司	38	0	10	2	113 699
东海总公司	0	0	0	0	6 353
五四公司	2	0	2	1	12 894
海丰总公司	21	0	2	2	193 637
上海农场	15	3	31	2	127 799
川东农场	11	0	17	3	66 044
投资公司	14	0	0	0	11 181
合　计	143	9	74	14	627 535

【作物培管和排灌动力机械】

主要为植保动力机械（机动喷雾机）、排灌动力机械（电动机）等。

表2-3-9　2010年光明食品集团植保机械和排灌机械数量和动力情况表

单　位	机动喷雾机		电动机	
	数量（台）	动力（千瓦）	数量（台）	动力（千瓦）
跃进有限公司	684	1 646	227	2 744
长江总公司	779	1 551	250	3 277
东海总公司	10	20	26	390

〔续表〕

单 位	机动喷雾机		电动机	
	数量(台)	动力(千瓦)	数量(台)	动力(千瓦)
五四公司	39	186	56	1 189
海丰总公司	0	0	128	4 197
上海农场	39	196	106	3 393
川东农场	0	0	19	350
投资公司	0	0	5	182
世纪森林	5	6	11	225
合　计	1 556	3 605	828	15 947

【畜牧动力机械】

奶牛机械　机器挤奶是利用挤奶机形成真空,将奶牛乳房中的奶吸出。挤奶机械包括便携式挤奶机、固定管道式挤奶机、各种形式的挤奶台及移动式挤奶车等。上海牛奶集团所属奶牛场全部使用机器挤奶,其中拴系式舍饲奶牛场采用固定管道式挤奶机,散栏式舍饲奶牛场采用转盘式挤奶台。

光明乳业所属金山种奶牛场采用了两套大型挤奶台集中挤奶,一天三次,间隔8小时,每批96头奶牛同时挤奶。具体操作程序是:挤奶员首先用奶杯分别套入奶牛四个乳头,随着挤奶机有节奏地把牛奶吸入管道;当奶牛乳房内的牛奶挤完后,奶杯就会自动脱落。2009年上海牛奶集团投资3.5亿元在上海海丰农场建成了一万头规模的现代化奶牛场,作为优质新鲜安全奶源大型基地,奶牛场采用美国博美特48位转盘挤奶器,每台每小时可完成350头奶牛挤奶;从国外引进大型先进饲喂机械,全群奶牛实行先进饲喂;运用荷兰JOZ刮粪板、美国US固液分离系统等先进的畜牧养殖设备,还使用以色列阿菲金系统对奶牛进行全面管理。

2008年海丰总公司总投资919.6万元实施"上海市海丰生态奶业基地配套建设项目",其中引进设备694.6万元,主要引进多功能玉米播种机、自走式青贮饲料收割机、青贮种植用喷药机和撒肥机等。上海牛奶集团于2010年总投资2 925万元实施"上海奶牛TMR饲料配送中心建设项目",配套国产相关设备,其中引进设备3台(套),主要为青贮收割机、粉碎机、TMR饲料配制设备等饲料收、储、加工设备,合计150万美元,折人民币1 025万元;国内配套设备48台(套),合计投资485万元,主要为装载运输车辆、分析测试仪器设备和化验室各种配套仪器。上海牛奶集团所属上海鼎牛饲料有限公司种植青贮玉米30 000余亩,拥有总动力达到3 550千瓦的成套现代农业机械和收割设备,年产青贮饲料能力20万吨以上。2010年又加大了农业机械投资,引进了一批先进设备,有效提高了奶牛青饲料生产能力。

表2－3－10　2010年荷斯坦公司奶牛主要机械情况表

单 位	畜牧机械动力(千瓦)	饲料粉碎机		青饲料切割机	
		数量(台)	动力(千瓦)	数量(台)	动力(千瓦)
跃进有限公司	216	5	28	23	116
长江总公司	142	6	142	0	0

〔续表〕

单　位	畜牧机械动力（千瓦）	饲料粉碎机		青饲料切割机	
		数量(台)	动力(千瓦)	数量(台)	动力(千瓦)
东海总公司	76	7	60	0	0
五四公司	0	0	0	0	0
海丰总公司	0	0	0	0	0
上海农场	1 243	4	972	0	0
川东农场	127	2	127	0	0
投资公司	7 486	23	809	164	3 256
世纪森林	0	0	0	0	0
合　计	9 290	47	2 138	187	3 372

表2-3-11　2010年上海鼎牛饲料有限公司新增农机情况表

名　称	型号(品牌)	数量(台)	金额(万元)
青饲直切割台	KLAAS	1	177.90
捡拾器	KLAAS	2	—
904CA 拖拉机	APOLLO	1	—
1204D 拖拉机	APOLLO	2	—
1204 拖拉机	迪尔天拖	3	69.46
装载机	ZLM50E-5	1	29.50
叉车	CPC30	4	6.40
软包夹	RJ18ST-A1	1	2.50
软包夹	RJ20ST-B1	3	10.20
6米加高门架	M600(CPC30)	1	1.60
三节全自由进箱门架湾	ZSM450(CPC20)	1	16.00
三节全自由进箱门架湾	ZSM450(CPC30)	1	6.00
青饲收割机	北京丰美4QZ-2800	6	377.58
青饲收割机	中机美诺9080	1	—
拖拉机	迪尔天津1204	2	—
旋耕机	银华春翔1GQN230	5	—
青饲收割机	中机美诺9800	1	321.48
青饲料挂车	金驼伟业7CC8S	24	—
穴播机	布谷2BQ-6	3	—
青贮玉米收割机	丰美	6	131.37
叉车	合力	1	12.00

上海农场2007年5月被中国农机学会机械化养猪协会评为"全国机械化养猪先进企业"。

【其他农业机械】

其他农业机械主要为园艺蔬菜机械动力、农副产品加工机械动力(碾米机)、林业机械动力、渔业机械动力(增氧机)、运输机械动力(农用运输车)等。

表 2-3-12　2010年光明食品集团其他农业机械情况表

项目 单位	园艺蔬菜机械动力(千瓦)	农副产品加工(碾米机)		林业机械动力(千瓦)	渔业机械(增氧机)		农用运输车	
		数量(台)	动力(千瓦)		数量(台)	动力(千瓦)	数量(辆)	运力(吨)
跃进有限公司	38	7	148	0	0	0	0	0
长江总公司	0	4	869	0	184	537	0	0
东海总公司	53	0	0	0	0	0	0	0
五四公司	165	1	96	25	0	0	16	27
海丰总公司	0	0	0	0	0	0	2	3
上海农场	0	4	156	2	24	72	0	0
川东农场	0	0	0	0	0	0	0	0
投资公司	0	0	0	0	0	0	8	48
世纪森林	0	0	0	8	0	0	0	0
合　计	256	16	1 269	35	208	609	26	78

二、农机管理

【农机管理部门和工作职责】

光明食品集团对农机化管理实行分级管理原则。集团农机化工作由分管副总裁领导，集团产业发展部是集团农机化的主管部门，主要负责集团系统农机化管理的业务指导和监督检查，所属各农场型公司(含农业类子公司)负责农机化的组织实施。2010年9月，集团建立农业发展部后，农机化管理工作归属农业发展部，部门内由相应人员负责。

集团农机管理的主要职责是：贯彻执行国家农机化发展的方针、政策和法规，根据集团现代农业发展战略，负责编制农机化发展规划，制订年度实施计划并组织实施；负责农机化管理的业务指导，组织开展农机标准化管理活动，做好监督检查和协调服务工作；组织开展农机化技术创新活动，结合农、林、牧、渔业新技术的运用，组织开展农机新机具的试验、选型、推广以及农机化重大项目论证与实施等工作；抓好农机队伍建设，负责搞好农场农机管理人员的业务培训工作；负责集团农机化信息工作，协调、争取有关方面农机化发展政策。

光明食品集团所属农场型公司根据自身的农业经营体制，设立农机化管理机构(农机管理站或农机管理部)，在分管副总经理的领导下负责本单位农机化管理工作。农机化管理机构主要职责是：贯彻国家和上级有关农机化发展的方针、政策和法规，根据农场现代农业发展战略，编制本场农机化发展规划并组织实施；抓好农机作业生产，根据本场农业生产计划，组织制订农机作业计划、技术保养计划、机具维修计划、油料配件计划、设备更新计划和机务人员培训计划,编制、落实作业和成本定额,按照"适时、优质、高效、低耗、安全"的要求,全面组织农机作业计划的实施;组织实施农机标准化管理,按照《光明食品集团农机化管理实施规范》的要求,组织农机条线开展农机管理标准化活动,检查农机化管理各项规章制度、操作规程、人员培训、安全生产、档案统计和技术经济目标的执行情况,抓好全员绩效考核,提高农机化的科学管理水平;推进农机化技术创新工作,根据农业生产需要,组织开展新农机的引进、试验、论证、改进、推广工作,抓好机械化试点和项目,推广各种节能措施和农机化新技术,提高农机化技术水平。

【农机管理制度和管理要求】

光明食品集团于2009年8月制订了《光明食品集团农机化管理实施规范》(简称《实施规范》),对农机作业、农机具技术保养、油料物料管理、农机修理、农机技术改造和更新、机务人员管理和技术培训、农机安全生产与劳动保护等作了明确规定,对推进和加强农机管理起到很好作用。

《实施规范》要求农机作业必须严格执行相关的操作规程,达到机械化作业的规定标准,保证适时、优质、高效、低耗、安全完成作业任务。新的和修理后的动力机具,必须按规定进行试运转,作业机具必须经常保养,达到规定的技术性能要求。农机进行田间作业前,必须正确拟定机具作业路线,按规定要求配备好作业机手,做好各项物资准备。作业机具要合理配套和编组,采用正确的作业方法,认真按照相关的操作规程作业。建立作业质量检查验收制度,实现机组自查和专人检查相结合的检查验收办法,质量不合格的,要及时处理和返工。对排灌机械、运输机械以及粮食处理、饲料加工、牧、林、渔业等非田间作业机械的管理,要有专人负责,遵守使用保养规定,保持完好的技术状态。

农机具技术保养认真贯彻"防重于治、养重于修"的方针,严格执行农机具技术保养规程。拖拉机和各种动力机械要做到油、水、气、机器、工具"五净";油、水、气、电的"四不漏";柴油箱口、汽油箱口、机油检视口、汽化器、磁电机、机油箱口的"六封闭";农具要做到操作、转动、升降的"三灵活";不松旷、不钝刃、不变形、不锈蚀、不缺件的"五不";技术状态的"一完好"。

机务队伍做到定员定岗,相对稳定,农机培训实行分级管理制度。集团农机主管部门重点负责农场型公司机务管理干部和技术骨干的培训,农场型公司负责基层机务管理人员、技术人员、驾驶、维修、操作人员的培训。

加强对农机安全工作的领导,认真贯彻执行国家有关安全生产的法律、法规和规章。健全农机安全生产管理网络,落实安全管理制度、措施和职责,开展安全生产业务培训,加强安全生产检查与考核,确保农机安全生产。做好机务人员的劳动保护工作,保障农机安全生产。

【海丰总公司农机作业质量检验制度】

表2-3-13 2010年海丰总公司农机员工百分制考核项目情况表

作业项目	作业类型	作业量定额	作业分
收割	水稻	100亩(5.2米割台)	100
		90亩(4.8米割台)	100
	麦子、青菜	230亩(5.2米割台)	100
		210亩(4.8米割台)	100

〔续表〕

作业项目	作业类型	作业量定额	作业分
收 割	青贮大麦	200亩（克拉斯、纽荷兰）	100
		70亩（美诺）	100
	青贮玉米	230亩（克拉斯、纽荷兰）	100
		75亩（美诺）	100
拉 粮	麦子、水稻	同收割标准	100
	青贮大麦、玉米	每吨考核加分	3
	拉肥	每吨考核加分	3
重 耙	水稻茬	650亩（凯斯275重耙）	100
	麦茬	900亩（凯斯275重耙）	100
	—	200亩（小重耙）	100
抛 肥		800亩	100
打 药	—	1 200亩	100
犁 田	麦茬	160亩	100
	水稻茬	120亩	100
驱动耙	老水田	100亩	100
	新水田	60亩	100
水 平	老水田	140亩	100
	新水田	50亩	100
播 种	麦子	200亩	100
	青贮	300亩	100
开 沟	2.5垄	150亩	100
	横沟	400亩	100
	推土	每小时考核加分	10
旋 耕	—	100亩	100

建立农机作业质量检验制度，实现农机作业标准化，促进农业增产增收。

每季作业前，农场农机管理机构应与农业部门共同根据农艺要求，具体制定适合本场条件的农机作业质量标准，向各农机站及农业生产单位公布，组织开好农机作业标准现场演示"定标会"，示范、指导农机操作人员掌握作业标准和操作技能，搞好农机标准化作业。

农机作业质量实施"三级检验"制度。当班作业人员在作业开始阶段以及作业过程中，要随时下机，按照作业质量标准进行自查，保持作业质量达到要求；每一地块作业完成后，机车组长应与该农业大队质检人员共同对作业质量进行验收，凡质量不合格的地块要责令返工，验收结果填入《农机作业验收交工单》，并经双方签字认可；农场农机、农业管理部门组织各农业管区对各区农机作业质量进行抽查检验，避免出现大面积农机作业质量问题。

《农机作业验收交工单》一式三联,经作业机车组长与农业大队质检人员签字后,交农业大队一联,农机站两联,分作结算和留存所用。

各农机站以机车组为单位,汇总每季作业后的验收交工单,及时做好作业生产及质量情况统计,提交相关部门,作为经济核算及财务结算的依据。

每季作业后的机车作业量与油物料消耗,应及时记入该机车台账。

【长江总公司农机管理部工作职责】

贯彻国家和上级有关农机化发展的方针、政策和法规,根据农场现代化农业发展战略编制本场农机化发展规划并组织实施。

根据本场农业生产计划,组织制定农机作业计划、机具保养计划、油料配件计划、设备更新计划和机务人员培训计划,编制成本定额。按照"适时、优质、高效、低耗、安全"的要求,全面组织农机作业计划的实施,搞好农场机械化农业生产,全面实现年度计划目标。

按照《实施规范》的要求,组织开展农机管理标准化的活动,检查各项农机管理制度、机具保养、操作规程、标准化作业、人员培训、档案统计、成本核算指标等的执行情况,抓好全员绩效考核,提高农机化的科学管理水平。

根据农业生产需要,组织开展新农机的引进、试验、论证、改进、推广工作。抓好机械化试点和项目,推广各种节能措施和农机化新技术,提高农机化技术水平。

负责搞好本场农机安全生产工作,组织开展农机安全生产宣教活动,抓好农机安全生产负责制及各项安全措施的落实,查处农机安全隐患,按照"四不放过"的原则,做好农机安全事故处理相关工作。

落实劳动保护相关政策,改善机务人员生产工作条件。

三、农机应用和推广

【秸秆还田的作业方式】

长江总公司于2006年开始在原长江农场前进9队全面推广秸秆全量还田技术。为配合上海世博会的成功举办,减少农业"三夏""三秋"期间因焚烧稻麦茎秆产生的空气污染,提高上海世博会期间的空气质量,同时也为提高土地的有机质,增强粮食增产潜力,光明食品集团从2010年起全面推广秸秆全量还田技术,在上海地区率先结束了秸秆焚烧的历史,减少环境污染,改善土壤肥力。

秸秆还田分为秸秆全量还田和秸秆部分还田两种。

秸秆全量还田的作业方式 主要有机收作业和还田作业。

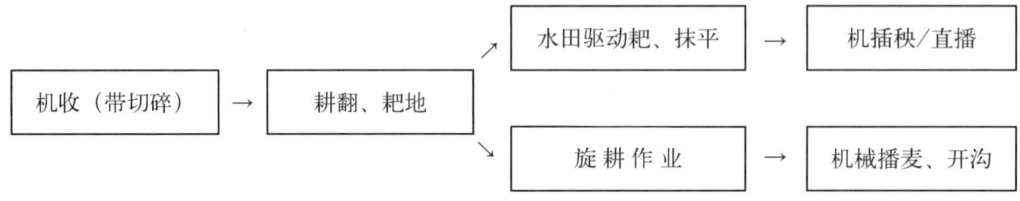

图 2-3-1 秸秆全量还田的作业方式程序图

机收作业:秸秆还田的前提条件是进行稻麦联合收割机收获作业,带有秸秆切碎装置的收割机在收割稻麦的同时将秸秆切碎。麦子收割全部用迪尔·佳联3518收割机;水稻收割一部分用迪尔·佳联 3518 收割机,一部分用久保田 588 收割机。所有收割机切碎秸秆后的喷幅不少于割幅的 80%,并做到喷撒均匀。作业时一般留茬高度为:3518 收割机控制在 20 厘米左右,久保田 588 收割机控制在 10 厘米左右。

还田作业:采用大型拖拉机配套重型五铧犁,中型拖拉机配套旋耕机、驱动耙,实现秸秆还田耕、整地机械化作业,完成耕翻、埋草、碎土、覆盖等程序。重型五铧犁能将秸秆覆盖到地下,旋耕机、驱动耙能将少量地表秸秆进一步埋入土中,且地表平整。

稻茬秸秆还田配套机具:带切碎装置的稻麦联合收割机、大中型拖拉机、重型五铧犁、重耙、旋耕机、麦条播机、开沟机。

麦茬秸秆还田配套机具:带切碎装置的稻麦联合收割机、大中型拖拉机、重型五铧犁、重耙、水田驱动耙、抹平板、插秧机/直播机。

该作业方式适用于稻麦联合收割机带切碎装置,一般留茬高度为 10 厘米~20 厘米、切碎长度为 10 厘米~20 厘米左右并均匀撒铺田间。

秸秆部分还田的作业方式 为达到秸秆综合利用的目的,采用稻麦联合收割机、久保田 588 收割机进行机收作业时不对秸秆进行切碎。

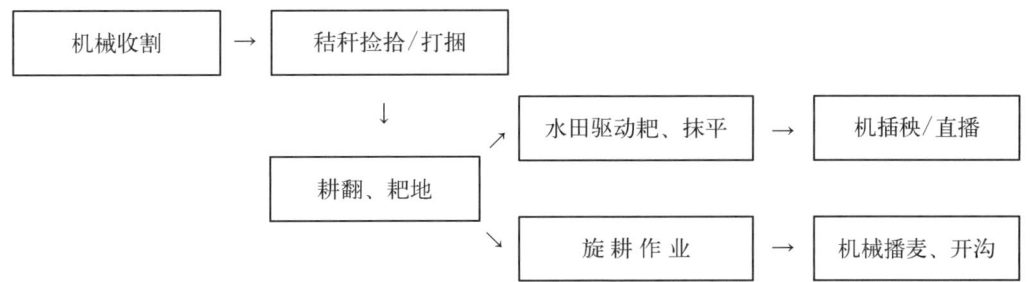

图 2-3-2 秸秆部分还田的作业方式程序图

稻茬秸秆还田作业配套机具:不带切碎装置的稻麦联合收割机、配捡拾割台的青贮收割机、大中型拖拉机、拖车、重型五铧犁、重耙、旋耕机、麦条播机、开沟机。不带切碎装置的稻麦联合收割机、大中型拖拉机、打捆机、叉车、拖车、重型五铧犁、重耙、旋耕机、麦条播机、开沟机。

麦茬秸秆还田作业配套机具:不带切碎装置的稻麦联合收割机、配捡拾割台的青贮收割机、大中型拖拉机、拖车、重型五铧犁、重耙、水田驱动耙、抹平板、插秧机/直播机。不带切碎装置的稻麦联合收割机、大中型拖拉机、打捆机、叉车、拖车、重型五铧犁、重耙、水田驱动耙、抹平板、插秧机/直播机。

该作业方式适用于稻麦联合收割机不带切碎装置,留茬高度尽可能低,秸秆用来喂牛或作为有机肥辅料,实现秸秆部分还田。

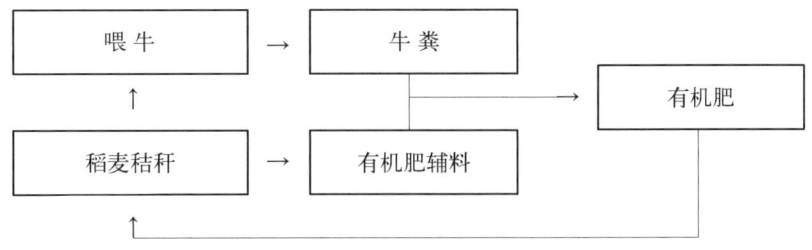

图 2-3-3 秸秆种养循环模式图

【深松免耕技术】

由于长期实行麦、稻轮作的田块,多年采用同一深度的耕翻作业,带来犁底层厚,土壤板结,田间渗透量小,土壤通气性差的后遗症,导致麦、稻单产徘徊不前。采用深松免耕的方法,可以改善土壤透水性,为农作物根系发育创造理想的土壤条件,促进农作物单产提高。集团各农业单位逐年普遍推广应用深松免耕技术,为粮食保持高产稳产发挥作用。

机具选择 选择约翰·迪尔512型联合整地机,配套动力205千瓦(275匹),它是由液压油缸控制耙深的前后两组耙串,可完全抬离地面,中间是间距762厘米的抛物线形深松齿,深松齿有5个,作业幅宽4.7米。灭茬、深松、整地一次完成,在处理土壤残茬的同时减少土壤的压实,为其他后续的苗床整地机械作准备。

作业规范 作业时间在10月中旬,麦子播种前进行深松免耕。因为深松铲走过的路线容易引起水稻机械插秧时陷车,使插秧质量受到影响,因此在"三秋"收割完水稻、播种麦子前进行深松免耕,这样就能很好地解决深松免耕与第二年水稻机械插秧时发生插秧机陷车的矛盾。

为避免引起拖堆现象,给后续的苗床整地机械作业造成困难,在作业前,应将成堆的秸秆均匀撒开,以此来保证作业质量。

适时作业:作业机车在进入地块前应了解土壤水分与地形。由于是水稻茬,不存在土壤水分过小的问题,所以主要问题是田间水分可能过大,容易引起作业机车打滑,既影响作业效率又不能达到理想的松土效果。所以,应准确掌握土壤水分和时机,适时进行作业。

作业方法:作业时应根据田块的情况合理采用作业方法,打好第一行程线、地头起落线,避免机车的空行程太多,影响作业效率。地头起落线的位置离地头一般在农具与拖拉机总长的2.5倍。转弯前,先将机器升离地面;应避免急转弯,急转弯可能使拖拉机轮胎碰到农具上。当该地块作业结束时,沿条田宽度方向将地头深松一遍,做到到头到边。

质量标准:512型联合整地机正常作业速度控制在8千米~9.7千米/小时,耙片的作业平均深度为18厘米,深松深度在40厘米以上,作业深度到位后,联合整地机的车轮必须支撑机器,使作业深度均匀一致。地表秸秆覆盖率不能低于70%。只有耙片的作业平均深度达到18厘米左右,才能切断、覆盖残茬,使地表残茬合理分布于土壤之中;深松达到40厘米以上的深度,即低于犁底层,土壤才能形成一定深度的松、实相间的物理结构。

制度化运作:深松后其效果可维持2—3年,3年为一个循环周期,每年深松免耕1/3的田块,并将作业记录写入条田档案。

深松免耕的成效 打破了犁底层,使土壤透水性增强。疏松的土壤部分使雨水快速渗透,洗盐淋碱,减轻盐碱对农作物根系生长的抑制作用,促进农作物分蘖的发生,减少形成地表径流的可能;较实的土壤部分又能够汲取地下水分,供作物生长所需。

深松后的耕层构造使麦、稻根系密集加厚,而且可以从深松部位向下生长,其根量比未深松前增加3倍,提高了麦、稻的抗倒伏能力。

海丰总公司通过推广深松免耕技术,使麦子亩增产8%,水稻亩增产10%,增产效果显著。

【水稻生产全程机械化技术】

从水稻选种、育苗到整地、插秧、田间管理、收获、干燥等全部实现实行机械化作业。

技术特点 使用大型拖拉机进行土地耕整;机械化育秧栽植;机械化田间管理;机械化收获干燥。水稻生产全程机械化的优点:为水稻生长提供具有理想平整度的土层,创造适宜的土壤环境;

提高秧苗的质量,为栽植提供有利条件;保证栽植质量;降低生产成本,减轻劳动强度;提高水稻产量,增加农业收入。

技术规范 主要有工厂化育秧、机械耕地耙地、机械水田整地封闭、机插秧、田间管理、收获、入库等技术要求。

工厂化育秧步骤:选种,用95%以上发芽率的种子盐水选种,将选出的种子清水冲洗,定量装入专用网袋;浸种,按水、种比3∶2的比例,把种袋浸入水中,60小时后换水一次;催芽,恒温催芽,催芽积温100℃,以种子90%左右露白为准;脱水,把种袋放入脱水机,脱水时间3分钟;播种,用洋马SR-331KH育秧播种机播种,底土2厘米,盖土0.5厘米,播种量140 g(不同品种,不同播种量),营养土要干、细、匀,秧盘的内口尺寸为58厘米×28厘米,每台盘车(专用)装120只秧盘;暗化,将盘车推出苗室,进入温室放齐,相互间保持10厘米间隙,出苗温度30℃,60小时后出芽至1厘米左右;绿化,将盘车推进绿化区整齐摆放,并及时喷透水一次,以后适时补水,秧龄期20—25天,控制叶龄3.7叶,高度达到13厘米～15厘米左右即可移苗栽插。

机械耕地耙地的步骤是:耕翻,用100马力～120马力(1马力约合735瓦特)拖拉机配带重型犁进行套翻,耕深控制在18厘米～22厘米,力求深浅一致;耕后地表平整,扣垡均匀严实,不重耕,不漏耕(或采用大马力拖拉机配带联合整地机进行深松免耕作业);抛肥,用100马力以上拖拉机配带抛肥机进行抛肥作业,抛肥量严格执行农业专项要求并抛洒均匀,重抛率≤1%,漏抛率≤1%;耙地,用200马力以上拖拉机配带宽幅耙进行作业,耙深10厘米～12厘米,深浅一致;地表平整,耙后土壤表层细碎,下层紧实,碎土均匀,土块大小符合农艺要求,地表无明显杂草、残茬、肥料;不重耙、不漏耙,耙到头、耙到边。

机械水田整地封闭的步骤是:大田上水浸泡48小时后,用65马力以上拖拉机配带水田埋茬起浆整地机进行作业,大田水层以1/3～1/2高头土露出为宜,耙深10厘米～12厘米,深浅一致,不重、不漏,到头到边。然后用同样功率的拖拉机配带幅宽4米液压回转大刮板进行刮平作业,整后水田高低落差不超过3厘米,田面无残茬;封闭,用100马力以上拖拉机换装水田铁轮,配带悬挂式宽幅喷杆喷雾机喷打封闭药水进行水田封闭,要求喷洒均匀,雾化效果好,保证药量、水量,到边到角,不重喷,漏喷率≤1%,封闭时间3—7天。

机插秧的步骤是:插秧作业前,机手须对插秧机(行距30厘米)进行全面检查调试,以保证插秧机的技术状态完好;将育好的秧运至待插地地头(待插地水层应在2厘米～4厘米间),装秧前须将空秧箱移动到导轨一端后再装秧,防止漏插;秧块要紧贴秧箱,不拱起,两片秧块接头处要对齐,不留间隙,必要时秧块与秧箱间要洒水润滑,使秧块下滑顺畅。选择合适的株距(12厘米左右)和每穴秧苗株数(5～6株)及适宜的栽插行走路线进行栽插,正确使用划印器和侧对行器,保证插秧的直线度和交接行距。保持插深(2厘米～3厘米)一致,均匀度一致,均匀度＞90%,一般每亩需插秧30盘左右,保证每亩地的基本苗达到数量标准。

田间管理的步骤是:施肥,用100马力以上拖拉机换装水田铁轮配带抛肥机进行抛肥作业,抛肥量严格按照农业专项要求,抛洒均匀,重抛率≤1%,漏抛率≤1%,苗期施肥时不伤或少伤苗;植保,用相同型号拖拉机换装水田铁轮配带悬挂式宽幅喷杆喷雾机喷打药水,对水田病、虫、草害进行化学防治,要求做到喷洒均匀,雾化效果好,保证药量、水量,到边到角,不重喷,漏喷率≤1%。

收获的操作是:用大型联合收割机及其配套自卸拖车适时收割,茎秆切碎平均长度≤15厘米,单根茎秆最长不超过20厘米,茎秆喷幅≥割台割幅的80%,且抛洒均匀,一般割茬高度≤30厘米,籽粒无污染,地块和茎秆无明显污染。

入库的操作是:稻谷运至场头,机械翻晒至标准水分,扬净入库或进行烘干入库。

四、农机管理站(部、服务中心)

【光明食品集团长江现代农机综合服务中心】

光明食品集团长江现代农机综合服务中心2009年立项施工,2010年8月建成。项目总投资2 051万元,占地50亩,总建筑面积1.185万平方米。该中心位于崇明县前进农场场部西北,共分为现代农机展示区、技术服务与维修区、农机配件供应服务区、员工教育培训及行政办公区等五大区域。拥有职工68人,其中农机本科生2人,助理工程师2人,高级技工4人,中专以上学历10人。以主服务区域2.3万亩耕地为中心,辐射服务长江总公司7万亩耕地。

长江现代农机综合服务中心拥有农机总动力6 035千瓦,其中耕作机械动力4 423千瓦,收获机械动力1 612千瓦等。中心还与周边农村合作,共建基地及提供配套农机作业与技术服务,为整个崇明地区农机提供配件,为广大农机户提供专业、便捷的服务。

【上海市川东农场种植业中心农机站】

上海市川东农场种植业中心农机站占地面积6万平方米,拥有标准化车库7 000平方米,员工140人,其中驾驶员86人。2009—2010年投资600多万元引进新型农机具,全站共有大中型拖拉机107台,有东方红1804型、东方红1304型、东方红1204型、东方红754型、约翰迪尔754型、天津654型、约翰迪尔3518型等。同时还拥有约翰迪尔JDL3518CTS等大型联合收割机11辆,并拥有库恩侧面抛肥机、洋马8行插秧机、北京京驼伟业7CC8S八吨自卸挂车等。在土地作业中,农机站积极使用新型复合农具,实行一机多能,大大提高农业生产效率,加快农业生产进度。

【上海跃进现代农业有限公司农机管理站】

上海跃进农机管理站由跃进农机站、新海农机站、长征农机站等三个农机站组成,隶属上海跃进现代农业有限公司,下设10个机耕队,机库面积12 969平方米,2010年全站农机人员231人。跃进农机管理站有上海50型、上海550型、捷克7711型、东方红802型、东方红1204型、约翰迪尔754型等大中型拖拉机346台,佳木斯1065型、约翰迪尔3518型等收割机42台,并有3套水稻育秧设备、10台洋马机动插秧机、94台水稻直播机等,各类农机配套农具齐全。2010年跃进农机管理站以打造"生态世博"为契机,积极探索应用引进大马力拖拉机及双向翻转犁、组合重型耙等先进农机组合,实现"稻麦秸秆切碎全量还田"的实践,取得了明显的实效,总结出一套行之有效的"联合收割机与秸秆切碎抛洒、双向犁深翻秸秆覆盖、组合重耙碎土平地"的秸秆机械化全量还田的农机作业工艺,成功实现农艺和农机化先进适用技术的集成创新。

【上海海丰现代农业有限公司农机管理总站】

上海海丰农机管理总站2009年以前实行机农合一的作业区制度,由作业区设一名副主任负责机务工作,在此期间先后建立了农机管理总站、农机服务中心,对各作业区农机队伍进行统一管理。2009年成立农机管理部,并将农机从作业区划分出来,形成4个农机站,由农机管理部统一管理。2010年12月设立农机管理总站,下设海华农机站、元华农机站、新华农机站和丰华农机站,每个农机站下设收割机组、后勤组和轮式车组。

海丰总公司拥有农机库房72间,建筑面积3 247平方米,农机人员167人。2010年有各类大中型拖拉机177台,其中引进大型拖拉机65台,拥有大型联合收割机15台,玉米联合收割机6台,各类农机配套农具齐全。海丰总公司在深松免耕技术、秸秆还田技术等方面进行了积极探索,取得了一定成效。海丰农机管理部先后引进了各种高性能的现代化农机具700余台(套),固定资产达8 000万元,农业综合机械化率达到了98%,率先在我国华东地区实现了水稻、大小麦生产全程机械化,农业机械化规模、农机装备和发展水平在全国农垦系统位居前列。2009年6月6日海丰总公司召开现代农机展示会,上海市农机化办公室及相关部门负责人、江苏农垦系统相关条线负责人、光明集团各农场、各农机生产厂家负责人计70余人参加展示会。这次现代农机展示会在上海郊区和江苏农垦系统产生了较大影响。

【上海万事发实业公司长江农机管理部】

长江总公司农业机械归属上海万事发实业公司管理,具体管理机构为农机管理部,设部长1名,科员2名,管辖10个机务队(东风分部4个,长江分部2个,前进分部3个,东旺分部1个)。2009年起,前进分部3个机务队合并成立上海长江农机综合服务中心,由农机管理部统一管理。2010年长江农机管理部有机库210间,建筑面积13 440平方米,大中型拖拉机326台,稻麦联合收割机38台,水稻育秧设备6套,洋马机动插秧机10台,水稻直播机131台,配套农具齐全。长江总公司率先对水稻直播技术进行积极探索,其成果在集团农业条线得到全面推广。

【上海农场种植业中心农机总站】

上海农场种植业中心农机总站于2010年年初成立,其前身是1991年成立的上海农场农机公司,现有职工8人,其中农艺师1人,助理农艺师1人。2010年拥有农机总动力13 651千瓦,各类大中型拖拉机56台,主要型号为上海50型、上海504型、纽荷兰110-90型等。还拥有机动插秧机30台,联合收割机15台,谷物烘干机31台。该站技术人员根据农场农业生产实际情况对纽荷兰拖拉机液压系统进行了技术改进,取得良好成效,在2010年召开的国际农业工程大会——现代农机新技术应用研讨会上获得中国农机学会优秀奖,该技术已在上海农场全面推广使用。同时,在对复式播种机液压系统进行技术改进的基础上,将原有播种机搅龙送土机构改为旋耕送土、碎土机构,较好解决了露种多、畦面不平、播种深浅不一致的问题,为上海农场两麦生产连续高产稳产打下了良好基础。耱盖机械设计项目获得中国农机学会三等奖,重点解决了水田平整作业在效率、成本及效果上长期存在的问题。

五、企业选介

上海乳品机械厂有限公司(简称"乳品机械厂")是上海牛奶(集团)有限公司下属企业,前身是上海市牛奶公司机械修配制造厂(曾用名:上海市牛奶公司机械厂),始建于1958年。20世纪70年代初更名为上海乳品机械厂,1993年搬迁至闵行区吴中路558号,工厂占地30亩,建筑面积12 000平方米。2000年3月由上海牛奶(集团)有限公司出资600万元、自然人出资150万元,上海乳品机械厂改制为上海乳品机械厂有限公司,注册资本750万元。2010年公司注册资本为1 000万元,营业总收入877.3万元。

乳品机械厂是生产乳品机械、畜牧机械及液态食品贮存器并承接液态食品工程设计安装的专业企业，主营产品为乳品的贮罐、前处理设备、包装线设备等。公司先后为瑞典雀巢、法国达能、法国柯莱亚、联合利华、美国强生（上海）有限公司、天津诺和诺德化工有限公司等提供了各种类型的产品。公司制造的贮罐能够满足不同行业的厂商对产品的不同要求，曾为利乐拉伐海耶公司、Tetra Pak（中国）公司和 GEA 尼鲁公司、APV 公司等加工各种式样的贮罐。液态物料运输车容量为 4 100 L、7 000 L、8 500 L、10 000 L 等各种规格，并获得"中国国家强制性产品认证证书"。全自动铝箔封口负压灌装机获得"中国食品工业重点产品""中国食品和包装机械行业名牌产品"证书。青饲料切碎机经国家渔业机械仪器质量监督检验中心检验合格，获《农业机械推广许可证》和《生产许可证》。直冷式贮罐已形成系列产品，可满足不同用户的需求。2006 年公司通过 ISO9000（2000 版）质量体系认证。公司是中国乳制品工业协会会员单位、中国食品和包装机械工业协会理事单位、上海轻工机械工业协会副会长单位、畜牧机械行业定点企业。

第二节 水利建设

水利是现代农业发展的基础条件，水利建设事关光明食品集团现代农业发展的全局，对保障农业生产、农产品安全供给、区域生态环境的持续改善具有基础性决定作用。

光明食品集团水利建设主要集中在上海市郊的跃进有限公司、长江总公司、五四公司、东海总公司和上海域外的海丰总公司、上海农场、川东农场和五四公司所属黄山茶林场、牛奶集团所属练江牧场等企业。

光明食品集团所属市郊农业企业地处亚热带季风地带的东海及长江口区域，降水充沛，夏秋台风灾害性天气影响频繁。农场土地均属 20 世纪 60、70 年代经多次围垦而成的滩涂，成陆时间较短，土类为滨海盐土，部分中低产田需要改良。位于江苏省大丰市的海丰总公司、上海农场、川东农场地处黄海之滨，海洋性、季风性气候特征明显，海风、暴雨灾害时有发生。该区域农田水利设施尚不配套，仍有 50% 左右农田土壤为轻盐土和中盐土。位于安徽省黄山市的黄山茶林场和练江牧场的土地由低丘、河谷平原构成，该区域夏季雨量充沛，时有暴雨发生，造成洪涝灾害，局部地区水土流失严重，危及农田和水利设施，急需加强小流域生态综合治理。

"十一五"期间，光明食品集团共完成粮田、菜田 24.9 万亩灌排及配套设施建设，新增干、支两级防渗渠道 2 000 余公里，改造中低产田 4.6 万亩，新建、翻建灌溉泵站 329 座，疏浚河道 174.5 公里，改造危桥 58 座，使农田水利设施条件和农田生态环境大为改观，但从长远来看，集团系统农田水利建设的任务还很重。

一、设施粮田水利配套建设

为进一步改善上海郊区农田基础设施，提高郊区粮食综合生产能力，为上海保留一片人工湿地，改善城市生态环境，市委、市政府明确上海郊区于 2005 年至 2007 年用三年时间建设 100 万亩高标准设施粮田（后为国家农业土地综合开发治理项目）。其中水利配套建设分为内部田间水利和外围水利配套两大类。内部田间水利主要是：农田建设、排水明沟、灌溉渠道等；外围水利配套主要是：外围的灌溉、排涝泵、与之相配套的引排水河道疏浚整治及必要的配套建筑物等。由于农田建设、田间排水系统和灌溉渠道等已分别在本志粮食、蔬菜种植业产品相关章节中有所表述，本节表述项目区外围的灌溉、排涝泵和与之相配套的引排水河道疏浚整治等内容。

2006年,跃进有限公司、都市农商社、长江总公司分别对3.9万亩设施粮田项目区外围水利进行了配套建设,项目总投资1 235.86万元。其中跃进有限公司共对3万亩设施粮田项目区进行了外围水利配套建设,翻建灌溉泵站33座/59套,河道整治15条,长度为38.83公里,计79.71万立方米;都市农商社对0.15万亩设施粮田项目区进行了外围水利配套建设,翻建灌溉泵4座/4套;长江总公司对0.75万亩设施粮田项目区进行了外围水利配套建设,翻建灌溉泵站13座/32套,整治河道1条,长度为7.32公里,计16.6万立方米。

2007年,光明食品集团对8.85万亩设施粮田项目区进行外围水利配套建设,总投资2 265.9万元。其中长江总公司对2.25万亩设施粮田项目区进行了外围水利配套建设,翻建灌溉泵站34座/43套,新建水闸2座,总投资472.5万元;对1.8万亩国家农业综合开发治理项目区进行外围水利配套建设,翻建灌溉泵站30座/43套,新建水闸2座,总投资410.6万元;跃进有限公司对1.8万亩国家农业综合开发治理项目区进行外围水利配套建设,新建灌溉泵站1座/1套,翻建灌溉泵站30座/32套,新建水闸2座,总投资437.8万元;海丰总公司对3万亩设施粮田项目区进行外围水利配套建设,翻建灌溉泵站8座/13套,新建水闸14座,开挖引水河道1条,长度为7.5公里,计27.95万立方米,总投资945万元。2007年,海丰总公司对7 360亩项目区进行了水利基础设施建设,总投资608万元。

2009年,跃进有限公司对1.68万亩设施粮田项目区进行水利配套建设,翻建灌溉泵站26座/31套,新建涵洞2座,总投资709万元。长江总公司同时对1.68万亩设施粮田项目区进行水利配套建设,翻建灌溉泵站20座/20套,总投资500万元。

2010年,跃进有限公司对2.328万亩设施粮田项目区进行外围水利配套建设,翻建灌溉泵站30座/38套,总投资774万元。长江总公司对1.32万亩设施粮田进行外围水利配套建设,翻建灌溉泵站21座/22套,翻建排涝泵站2座/4套,总投资710万元。

2006—2010年,上海农场高度重视农田基础设施建设,加大农田基础设施建设投入,不断加强以改造农田灌溉渠道、实行节水灌溉、完善农田水利设施、改善交通条件、提升粮食仓储加工能力等为主的农田基础设施建设。上海农场先后被纳入"上海市百万亩粮田基础设施建设工程""国家农业综合开发土地治理项目""上海市高水平粮田设施建设项目"等建设计划,其中2006年设施粮田建设面积7 600亩,2007年设施粮田建设面积18 300亩,2008年设施粮田建设面积9 000亩。设施粮田建设项目以新建防渗渠道、水泥道路、砂石道路、土地平整、渠系配套建筑等为主要内容,以提升农田水利基础设施为主要目的,达到田块平整、沟渠路配套、灌溉水引得进、灌得上、排得出的要求。

二、设施菜田水利配套建设

2007年,对1 500亩设施菜田进行外围水利配套项目建设,新建涵洞1座,投资20万元。

【小型农田水利和危桥改造】

2006年,海丰总公司进行了小型农田水利工程项目,建设内容为建立三支渠北扬水站、农沟开挖、土地平整、斗渠进水(节制)闸和涵洞、三支渠防渗、机耕路修筑等,总投资为765.61万元。

表 2-3-14　2006年海丰总公司水利工程项目情况表

工 程 项 目	单 位	单 价	复价(万元)
三支渠北扬水站	座	34.97万元/座	34.97
农沟开挖	万立方米	3元/立方米	131.79
原鱼塘平整(含土地平整)	万立方米	3元/立方米	54.00
斗渠进水闸	座	2.99万元/座	5.98
斗渠节制闸	座	1.02万元/座	3.06
农渠进水涵洞	座	0.47万元/座	37.13
农沟排水涵洞	座	1.27万元/座	104.14
斗沟排水涵洞	座	9.28万元/座	27.84
三支渠防渗	米	0.025万元/米	45.00
修筑一到三斗渠	万立方米	3.6元/立方米	48.60
机耕路修筑	万立方米	3元/立方米	13.65
斗沟开挖	万立方米	4.16元/立方米	114.03
大李河东段开挖	万立方米	5.5元/立方米	145.42
合　计	—	—	765.61

2007年,跃进有限公司、长江总公司、五四公司、东海总公司、世纪森林公司、星辉公司和黄山茶林场分别进行了小型农田水利建设,总投资848.76万元。其中疏浚河道20条,长度36.934公里,85.59万立方米。其中跃进有限公司疏浚河道5条,长度10.09公里,13.72万立方米;长江总公司疏浚河道3条,长度7.5公里,14.3万立方米;东海总公司疏浚河道4条,长度6.7公里,16.85万立方米;五四公司疏浚河道5条,长度6.144公里,11.32万立方米;星辉公司疏浚河道3条,长度6.5公里,29.4万立方米。机口改建19座(22套),其中跃进有限公司7座(9套),长江总公司8座(9套),五四公司2座(2套),星辉公司2座(2套)。新建涵洞3座,其中东海总公司1座,世纪森林公司2座。五四公司新建水泥渠道5条,长度3公里,排污管道0.43公里。东海总公司新建排涝泵站2座(3套)、生态护坡0.4公里。黄山茶林场进行了夏家坞水系整治工程(项目资金104.6万元)。

光明食品集团2007年度危桥加固工程计划总投资150万元,项目涉及跃进有限公司、长江总公司、东海总公司、五四公司、海丰总公司等。

表 2-3-15　2007年光明食品集团危桥加固工程情况表

单位	项　目	构成(米)	依　据	金额(万元)
跃进有限公司	跃进10队机耕桥	长21,宽5汽-6级,平板桥	设计标准低,钢筋露筋开裂,混凝土老化严重	15
	新海新淞大队青年河	长12,宽6汽-6级,桁架拱桥	原设计标准低,混凝土老化严重	15
长江总公司	前进湘见港公路桥	长35,宽7汽-8级,桁架拱桥	原设计标准低,混凝土老化严重	20
	东风北小横河老5队机耕桥	长20,宽5汽-8级,桁架拱桥	原设计标准低,混凝土老化严重	10

〔续表〕

单位	项　　目	构成(米)	依　　据	金额(万元)
东海总公司	鲜花港军民河公路桥	长36,宽5 汽-10级,平板桥	原设计标准低,混凝土老化严重	30
五四公司	星火18队机耕桥	长30,宽4.0 汽-6级,桁架拱桥	原设计标准低,混凝土老化严重	10
五四公司	五四25队(西排河)机耕桥	长20,宽5 汽-6级,桁架拱桥	原设计标准低,混凝土老化严重	10
五四公司	五四助剂厂公路桥	长30,宽5 汽-8级,桁架拱桥	原设计标准低,拱肋开裂,混凝土老化严重	10
海丰总公司	海丰春光公路桥	长36,宽5.5 汽-10级,桁架拱桥	拱肋开裂,钢筋锈蚀,混凝土老化严重,承载力下降	12
海丰总公司	海丰海梅公路桥	长35,宽5 汽-10级,桁架拱桥	钢筋外露,锈蚀严重,混凝土老化,整体刚度、稳定性下降	18
合　计				150

2008年光明食品集团农田小型水利计划总投资839.99万元,其中跃进有限公司疏浚河道6条,长11.95公里,17.83万立方米,机口改建6座(8套),新建涵闸21座,总投资149.83万元;长江总公司疏浚河道4条,长10.01公里,23.09万立方米,机口改建2座/2套,新建排涝泵1座/1套,总投资154.36万元;东海总公司疏浚河道4条,长10.5公里,18.44万立方米,机口改建1座/1套,新建排涝泵1座/1套,总投资154.26万元;五四公司疏浚河道2条,长5公里,10.34万立方米,机口改建1座/1套,新建混凝土渠道3公里,涵闸3座,总投资91.46万元;星辉公司疏浚河道2条,长3.47公里,6.43万立方米,机口改建2座(2套),新建涵闸2座,总投资72.72万元;练江牧场新建机耕路4 700米,渠道3 155米,排水沟衬砌390米,总投资95.93万元;黄山茶林场翻建溢水坝1座,护堤加固40米,引水拓宽574同,混凝土道路1 500米,总投资121.42万元。

表2-3-16　2008年光明食品集团疏浚河道情况表　　　　　　　　　　（单位：米）

单位	项　　目	长度	河道现状			疏浚标准			断面土方(立方米)	疏浚土方合计(万立方米)
			底高	底宽	面宽	底高	底宽	边坡		
跃进有限公司	南两港河	1 980	1.90	8	22	1.0	6.0	1∶2	14.80	2.93
跃进有限公司	新望河	3 100	2	8	20	1.0	6.0	1∶2	13.50	4.18
跃进有限公司	跃北转河	410	2.30	6	20	1.0	6.0	1∶2	18.80	0.77
跃进有限公司	跃港南转河(西段)	1 160	2.10	8	20	1.0	6.0	1∶2	18.00	2.09
跃进有限公司	大寨河	4 100	2.10	6	16	1.0	4.0	1∶2	14.22	5.83
跃进有限公司	三号横河西段	1 200	2.20	6	16	1.0	4.0	1∶2	16.91	2.03
跃进有限公司	合计	11 950	—							17.83

〔续表〕

单位	项目	长度	河道现状			疏浚标准			断面土方（立方米）	疏浚土方合计（万立方米）
			底高	底宽	面宽	底高	底宽	边坡		
长江总公司	东风弯港	2 993	1.80～2.40	12	20	0.5	6.0	1∶3	25.10	7.51
	东风南横河	2 403	1.80～2.30	12	20	0.5	6.0	1∶3	26.10	6.27
	万平河	2 422	2.20～2.40	10	18	0.5	6.0	1∶2	21.10	5.11
	江乐河	2 195	1.90～2.30	17	21	0.5	6.0	1∶2	19.10	4.20
	合计	10 013	—	—	—	—	—	—	—	23.09
东海总公司	八八塘随塘河	3 800	1.60	11	26	0	8.0	1∶2.5	20	7.60
	七九塘随塘河	3 200	1.80	11	26	0	8.0	1∶2.5	22	7.04
	鲜花港北小河	1 000	2.50	12	20	0.5	4.0	1∶2	18	1.80
	鲜花港温室大棚围河	2 500	2.50	6	8	1.5	4.0	1∶2	8	2.00
	合计	10 500	—	—	—	—	—	—	—	18.44
五四公司	15队南排水河	3 500				1.0	4.0	1∶2		7.20
	6队排水河	1 500				1.0	4.0	1∶2		3.14
	合计	5 000	—	—	—	—	—	—	—	10.34
星辉公司	中排河	2 436	2.25	2	20	1.0	4.0	1∶2	20.03	4.88
	北排河	1 040	2.50	1	12	1.5	2.0	1∶1.5	15.46	1.55
	合计	3 476	—	—	—	—	—	—	—	6.43
总计		40 939				—				76.13

2008年光明食品集团危桥加固总投资260万元，涉及跃进有限公司、长江总公司、东海总公司、五四公司、星辉公司和海丰总公司等。

表2－3－17　2008年光明食品集团危桥加固工程项目情况表

单位	项目	构成（米）	金额（万元）
跃进有限公司	宏伟15连机耕桥	长16，宽3.5，汽-10级，平板桥	10
	新海果园机耕桥	长27，宽3.5，汽-10级，平板桥	10
	淞南22队机耕桥	长16，宽3.5，汽-10级，平板桥	10
	红星24队机耕桥	长16，宽3.5，汽-10级，平板桥	10
	长征26队机耕桥	长16，宽3.5，汽-10级，平板桥	10

〔续表〕

单　位	项　　目	构成(米)	金额(万元)
长江总公司	东风中心横河9号桥	长26,宽5,汽-8级,平板桥	13
	前进23连直河桥	长20,宽4,汽-6级,平板桥	17
	前哨战斗连机耕桥	长19,宽4,汽-6级,平板桥	15
	东风洪林河机耕桥	长23,宽4.5,汽-6级,桁架拱桥	15
东海总公司	八八塘随塘河机耕桥(朝阳钓鱼台以东)	长42,宽6,汽-10级,平板桥	18
	七九塘随塘河机耕桥(朝阳钓鱼台以东)	长24,宽5,汽-10级,平板桥	12
	军民河名厨机耕桥	长30,宽8,汽-8级,桁架拱桥	8
	胜利塘河朝丰村机耕桥	长38,宽7,汽-10级,平板桥	12
五四公司	燎原二牧场机耕桥	长20,宽5,汽-8级,桁架拱桥	10
	燎原种猪场机耕桥	长20,宽5,汽-8级,桁架拱桥	10
	星火北排河机耕桥(人民塘随塘河南)	长25,宽4,汽-8级,桁架拱桥	20
星辉蔬菜	果林二队机耕桥	长32,宽5,汽-8级,桁架拱桥	10
海丰农场	米厂公路桥	长30,宽5,汽-10级,桁架拱桥	13
	元华一号桥(机耕桥)	长30,宽5,汽-10级,桁架拱桥	17
	元华老13队机耕桥	长36,宽8,汽-10级,平板桥	20
合　　计			260

海丰总公司2008年小型农田水利(东滩三期)建设项目总投资890.36万元,建设内容为建设扬水站等。

表2-3-18　海丰总公司2008年小型农田水利设施(东滩三期)建设项目情况表

项　　目	单　位	数　量	单　　价	投资金额(万元)
工程费	—	—	—	847.96
扬水站(四支渠)	座	1	36.13万元/座	36.13
斗渠进水闸	座	3	3.7万元/座	11.10
斗渠节制闸	座	4	1.29万元/座	5.16
斗沟箱涵	座	4	10.52万元/座	42.08
农渠进水涵洞	座	72	0.57万元/座	41.04
农沟排水涵洞	座	76	1.18万元/座	89.68
防渗渠道(四支渠)	米	3 100	316元/米	98
大李河箱涵	座	1	31.43万元/座	31.43
东排河箱涵	座	1	26.53万元/座	26.53
修箱8-11斗渠	万立方米	8.80	3.6元/立方米	31.68

〔续表〕

项 目	单 位	数 量	单 价	投资金额（万元）
开挖大李河东段	万立方米	26.44	5.506元/立方米	145.58
开挖斗沟	万立方米	25.02	4.406元/立方米	110.24
开挖农沟	万立方米	37.65	3.0元/立方米	112.95
平整鱼塘圩堤	万立方米	16.00	3.375元/立方米	54
修箱机耕路	万立方米	4.12	3.0元/立方米	12.36
二类费	—	—	—	42.40
合　　计				890.36

光明食品集团2009年小型农田水利项目总投资1548.52万元。其中跃进有限公司疏浚河道3条（6.53公里），11.7万立方米，机口改建3座/4套，新建混凝土护坡1200米、混凝土渠道1.5公里，总投资163.3万元；长江总公司疏浚河道1条（4.5公里），5.7万立方米，新建排涝泵4座/8套，总投资102.8万元；东海总公司新建排涝泵1座/1套，引排水管1000米，总投资60万元；五四公司疏浚河道1条（2.15公里），2.01万立方米，新建涵洞3座，新建混凝土渠道8.08公里，总投资85.27万元；星辉公司疏浚河道2条（6.24公里），5.66万立方米，机口改建2座/2套，新建涵洞1座/引排水管260米，总投资72.64万元；海丰总公司疏浚河道6条（22.3公里），69.73万立方米，总投资278.92万元。黄山茶林场新建混凝土护坡340米，总投资64.3万元。

表2-3-19　2009年光明食品集团河道疏浚情况表　　　　　　　　　　（单位：米）

单位（农场）	河道名称	长度	河道现状			疏浚标准			断面土方（立方米）	疏浚土方（万立方米）
			底高	底宽	面宽	底高	底宽	边坡		
跃进有限公司	新小洪河	2 580	2.3	6	19	1.0	6	1：2	19.7	5.09
	红星四号横河（东段）	2 350	2.2	7	18	1.0	6	1：2	19.9	4.69
	新海果园隔离河	1 600	2.5	3	12	1.5	3	1：2	12	1.92
	小计	6 530				—				11.7
长江总公司	二通港	1 400	2.3～4.2	12～30	10～65	0.5	6	1：3	40.7	5.7
	小计	1 400								5.7
五四公司	沿公路河	2 150	3	3	9	1.5	2	1：2	9.35	2.01
	小计	2 150				—				2.01
星辉公司	长征鸽龙港隔离河	5 136	2.5	2.5	8	1.5	4	1：2	7.3	3.75
	长征24队隔离河	1 108	2.25	8	12	1.5	6	1：1.5	17.2	1.91
	小计	6 244				—				5.66
海丰总公司	北垦区西排河北段开挖	2 300	实地开挖	0	3	1：2.5	31.5	7.25	—	

〔续表〕

单位（农场）	河道名称	长度	河道现状			疏浚标准			断面土方（立方米）	疏浚土方（万立方米）
			底高	底宽	面宽	底高	底宽	边坡		
海丰总公司	北垦区老中心河	3 600	0	15	35	−1.0	8	1∶3	22	7.92
	北垦区一排河	2 000	0	2	18	0	3	1∶2.5	10.9	2.18
	北垦区二排河	4 500	0	3	21.5	−1.0	4	1∶2.5	32	14.4
	北垦区三排河	8 100	0	3	23.5	−1.0	6	1∶2.5	25.6	20.7
	五卯西河东段延伸	1 800	实地开挖			−1.0	4	1∶2.5	96	17.28
	小计	22 300	—							

2009年光明食品集团危桥加固工程项目总投资为160万元。

表2-3-20　2009年光明食品集团危桥加固工程项目情况表　　　　（单位：万元）

单　位	项　　目	专 项 构 成	依　　据	金额
跃进有限公司	新海青年河1号桥	长12米,宽3.6米,汽-6级,平板桥	原设计标准低,混凝土老化,损坏严重	10
	红星养鸡场桥(1号横河西)	长11米,宽4.0米,汽-6级,平板桥	原设计标准低,混凝土老化,损坏严重	10
	长征5队机耕队(青年河)	长18米,宽3.5米,汽-6级,桁架拱桥	原设计标准低,混凝土老化,损坏严重	14
	长征南坝鱼塘桥	长24米,宽6.0米,汽-10级,平板桥	原设计标准低,混凝土老化,损坏严重	16
	小计			50
长江总公司	东风中心小横河3号桥	长18米,宽6米,汽-6级,桁架拱桥	原设计标准低,挡土墙开裂,桥面下沉	15
	万平河3号桥	长20米,宽6米,拖-5级,双曲拱桥	原设计标准低,混凝土老化,损坏严重	17
	前进中转河1号桥	长21米,宽6米,拖-5级,平板桥	原设计标准低,混凝土老化,损坏严重	18
	小计			50
海丰总公司	元华二号桥	长36米,宽5.5米,汽-10级,桁架拱桥	原设计标准低,混凝土老化,损坏严重	11
	米厂桥	长35米,宽5米,汽-10级,桁架拱桥	原设计标准低,混凝土老化,损坏严重	17
	胜利盐圩洞桥	长30米,宽4.5米,汽-10级,平板桥	原设计标准低,混凝土老化,损坏严重	22
	小计			50

〔续表〕

单 位	项 目	专项构成	依 据	金额
黄山茶林场	大树林桥	长17米,宽4米,汽-8级,双曲拱桥	原设计标准低,混凝土老化,拱肋开裂	10
合 计				160

海丰总公司2009年对枣园地区中低产田改造进行水利配套工程,总投资894.87万元。

表2-3-21 2009年海丰总公司枣园中低产田改造水利配套工程项目情况表

项 目	单 位	数 量	单价(元)	合计投资(万元)	备 注
扬水站	座	1	60.00	60.00	—
中心河穿堤涵洞	座	1	60.00	60.00	孔径5米,高3米
防渗干渠	米	2 000	320.00	64.00	—
渡槽	座	1	20.00	20.00	—
干渠分水闸	座	2	8.00	16.00	—
农渠进水涵洞	座	76	1.60	121.60	—
斗沟排河箱涵	座	4	20.00	80.00	孔径4米,高2米
斗渠	立方米	38 025	4.50	17.11	2条/长7 800米
排水斗沟	立方米	279 405	3.50	97.79	3条/长8 870米
农沟	立方米	319 200	2.50	79.80	长79 800米
农渠	立方米	108 680	2.50	27.17	—
平鱼塘	立方米	136 422	3.50	47.75	—
大胜河疏浚	立方米	268 400	6.00	161.04	长4 000米
一类费用	—	—	—	852.26	—
二类费用	—	—	—	42.61	—
合 计				894.87	—

2010年光明食品集团农田小型水利项目总投资763万元,其中跃进有限公司新建涵闸2座、涵洞6座,总投资65万元;东海总公司疏浚河道4.18公里、15.05万立方米,新建排涝泵站1座/1套,翻建排水渠道1 500米,总投资180万元;海丰总公司疏浚河道8公里、33.4万立方米,翻建机口若悬河座/6套,新建节制闸1座、涵闸2座,对海丰奶牛场三卯西河水系进行了整治,总投资295万元;五四公司翻建机口4座/4套,新建混凝土衬砌渠道1 500米和涵洞1座,总投资95万元;练江牧场对风池地区低产田进行改造,总投资58万元;黄山茶林场对蒙家河水系进行整治,总投资70万元。

表 2-3-22　2010 年光明食品集团河道疏浚情况表　　（单位：米）

单位（农场）	河道名称	长度	河道现状			疏浚标准			断面土方（立方米）	疏浚土方合计（万立方米）
			底高	底宽	面宽	底高	底宽	边坡		
东海总公司	军民河	4 180	1.8~2.0	18.0	26.0	0.0	8.0	1：2.5	36	15.05
海丰总公司	新垦区边界河	4 000	1.18	20	32.0	−1.5	8.0	1：3	47.25	18.90
	胜利支河	4 000	0.95	22	34.0	−1.5	10.0	1：3	36.25	14.50
	合计	12 180	—							48.45

光明食品集团 2010 年计划危桥加固项目总投入资金 120 万元。

表 2-3-23　2010 年光明食品集团危桥加固工程项目市补资金计划情况表　　（单位：万元）

单 位	项 目	市补资金
跃进有限公司	红星三号横河养殖场机耕桥	12.5
	红星四号横河养殖场机耕桥	12.5
	小计	25
长江总公司	前进中转河 7 号桥	18
	前哨 18 连转河号桥	22
	小计	40
海丰总公司	三卯酉河桥（老海堤复河）	17.8
	紫园桥（老海堤复河）	13.9
	安丰一号桥	13.3
	小 计	45
投资公司	黄山茶林场黄龙队石拱桥	10
合 计	—	120

2010 年海丰总公司对海强地区中低田改造进行水利配套工程建设，主要内容为新建扬水泵站 1 座、分水闸 3 座、节制闸 3 座、引排水涵洞 116 座、防渗渠道 8 004 米、农渠 41 895 米、农沟 66 110 米、排河 7 177 米（3 条）、排河出口箱涵 3 座，疏浚新海堤复河 2 600 米、土方 34.46 万立方米等，项目总投资 1 085.11 万元。长江总公司对前进农场中转河（直河港、新沙七号机口）河道进行整治，疏浚河道 1 000 米、土方 1.755 3 万立方米，新建护岸 1 966 米，种植绿化 16 549.1 平方米等，项目总投资 228.51 万元。

三、海塘维修养护

为确保海塘防汛工程的安全运行，光明食品集团所属企业按照"经常养护、及时修理、养修并重"的原则,加强海塘维修养护管理工作。上海农垦原有海塘江堤总长238.5公里,由于划地等调整,1990年第一线海塘江堤总长65.95公里。

2006年对跃进有限公司西部大堤外平台和长江总公司东旺沙水闸外大堤进行了加高加固,总投资246万元。

2007年对新河码头防汛墙加固110米,并对东旺垦区17、18号涵洞进行维修;五四公司新建中港西涵闸护坡300米,对海丰总公司海塘维修大堤进行了补洞,翻修沥青混凝土道路988米,项目总投资124.9万元。

四、河道整治

根据《上海市人民政府关于创建国家环境保护模范城市活动的通知》,为切实做好海湾地区相关河道的整治和保洁养护管理工作,2009年6月光明食品集团下发了《关于切实做好海湾地区河道整治和保洁养护管理工作的通知》,对五四公司、农工商投资公司、光明乳业及其所属的海湾地区企业提出了具体要求。五四公司作为本次海湾地区相关河道整治和保洁养护管理工作的牵头单位,于6月25日召集6个管理单位(部门)召开专题会议。会议围绕做好19条河道的污染源排查以及相关整治、监管等作了动员,要求与会单位务必高度重视,明确责任,认真开展调查,形成措施(方案),并会同相关各方积极整治。五四公司主要领导还同海湾镇人民政府有关领导就未尽河道管理交接手续等事项作了交流,与会单位对本单位管理范围内的河道开展调查。

2008年跃进有限公司和五四公司开展"万河整治行动",综合整治所属河道,该项目获市财政补助资金154.8万元,其中跃进有限公司124.3万元,五四公司30.5万元。

2007年川东农场投资119.8万元,完成15.9公里、24.96万立方米的河道疏浚任务。

五、建设成效

设施粮田建设项目实施之前农场田间道路均为土制机耕路、灌溉渠道为土制渠道、田间配套建筑物都为简易建筑,跑、漏、渗现象比较严重,通过改造基本实现路渠硬质化、条田林带网格化,粮食生产条件得到很大改善,抗灾保粮能力不断增强。

【改善农业生产基础条件】
一是项目区内建设了大量的防渗渠道与部分的地下低压灌溉管道,提高了农田灌溉速度,满足了农场推行直播稻、机插秧要求灌溉水快进快排的要求。二是项目区内的主干机耕道路全部实现硬质化,原有土质机耕路改建为砂石路,并配套相应的桥梁、涵洞,使项目区内交通条件得到明显的改善和提升,方便了农机作业和农业运输。

【土地资源利用进一步集约化】
通过土地平整、新建防渗渠道、铺设低压灌溉管道,将农场原有的灌溉土渠用防渗渠道、灌溉管道来代替。经过多年项目测算,2005—2010年设施粮田项目和国家农业综合开发土地治理项目新增土地面积2.5%。

【节水、节电效益明显】

通过建设大量的防渗渠道,渠系水利用系数由 0.45 提高到 0.7,节水达 25%,每亩节约电力成本 6.25 元。高水平粮田项目通过铺设低压灌溉管道、建设自动化泵站,将灌溉系统管网化、自动化,渠系水利用系数可由 0.45 提高到 0.95,节水达 50%,每亩节约电力成本 8.95 元。

【粮食生产能力稳步提高】

项目实施后方便了农田管理,大量防渗渠道以及地下管网为粪水还田提供了良好条件,农田土壤肥力大大改善,为稳产、高产创造了良好的基础。崇明农场水稻单产由 570 公斤提高到 620 公斤,麦子单产由 400 公斤提高到 450 公斤;海丰、上海、川东农场水稻单产由 400 多公斤提高到 550 公斤,麦子单产由 350 公斤提高到 400 公斤。

第三篇

制造业

概　　述

光明食品集团发挥自身优势，整合各种资源，大力发展以农产品和食品加工为主的制造业，其生产规模、技术水平、市场覆盖率、综合实力居国内同行业领先地位，同时兼顾发展其他制造业。

光明食品集团农副产品加工制造业主要产品有大米、蔬菜、猪肉、肉禽等。

2010年，集团在上海市郊和域外农场拥有规模化粮食加工基地，年产大米8万吨。上海跃进有限公司、长江总公司、海丰总公司、上海农场、川东农场等建有现代化大米加工流水线，"海丰""瀛丰五斗""自然之子"等优质大米品牌享有良好的市场声誉。主要承担蔬菜种植与加工的上海星辉蔬菜有限公司2007年开始生产加工果蔬脆片，产品出口日本、马来西亚、澳大利亚、韩国等国家。2008年初，果蔬脆片成为供应北京奥运会的奥运食品。

生猪加工的主要企业有上海农工商投资公司下属爱森肉食品公司和上海梅林正广和股份有限公司所属重庆梅林今普食品有限公司，重庆今普公司从德国进口生猪屠宰生产线，年屠宰生猪能力达200~300万头。"爱森"商标和"爱森"牌猪肉被评为上海市著名商标、上海市名牌产品，成为2008年奥运会上海赛区、2010年上海世博会指定猪肉食品供应商。上海长江总公司所属上海大瀛食品有限公司加工的盐水鸭和鸭的延伸休闲产品受到消费者的青睐。

光明食品集团食品制造业规模大、种类多、品牌响，许多食品占据上海和全国市场的主要份额。

作为规模、产值居中国乳制品行业第三的光明乳业股份有限公司，2010年，乳制品产量达到81万吨，各种酸奶、鲜奶、果汁和常温莫斯利安酸奶家喻户晓。农工商投资公司下属练江牧场乳品七厂也生产上市少量有机鲜奶和奶粉。

糖业是光明食品集团核心业务板块中的重要组成部分，主要由集团旗下的烟糖集团生产经营。烟糖集团在全国率先创建了"资源＋网络＋物流＋期现货＋电子商务"糖业经营商业模式，2010年，糖销售量220万吨，占全国市场的15％，销售收入108亿元。2006年，"玉棠"牌食用糖居上海同类产品市场占有率第一。

上海金枫酒业股份有限公司所属上海石库门酿酒有限公司生产的"石库门""和酒""金色年华"等营养型黄酒享誉上海和华东市场，上海冠生园集团华佗酿酒有限公司生产的"华佗牌"各类保健酒历史悠久。

上海益民食品一厂有限公司生产的已有60年历史的"光明牌"冰淇淋、雪糕、棒冰、雪泥和上海仟果企业管理有限公司从意大利引进生产的"爱茜茜里"冰淇淋，成为上海冷饮冷食市场的知名产品。由冠生园（集团）有限公司各下属企业生产的调味料、蜂制品、糖果、月饼、糟醉食品，大大丰富了上海休闲食品市场的品类和品质，其中大白兔奶糖成为中国糖果产业的骄傲。

"梅林"罐头食品是光明食品集团食品制造业中的重点业务之一，梅林商标于1951年4月经国家工商行政管理总局商标局核准注册使用。至2010年，上海梅林罐头已形成肉、禽、水产、水果、蔬菜等7大系列、100多个品种，年产量达到2万多吨，其中80％以上产品销往欧美、日本、东南亚、非洲及港澳地区，年均出口创汇2 300万美元。

上海长江总公司所属上海大瀛食品有限公司还加工上市紫糯玉米；上海茶叶有限公司经营龙井、祁红等品类茶叶产、供、销业务。

光明食品集团制造业还承担包装印刷、医药化工和医疗用品、金属制品和专用设备制造、汽车仪器仪表和汽车配件等其他制造业务，这些产品被应用于国家重点建设工程、医疗、交通、通信和人们日常生活中。

上海方信包装材料有限公司生产纸塑复合袋、食品包装袋、高低压彩印复合袋；上海宏盾防伪材料有限公司研发生产应用于一代、二代居民身份证，驾照，港澳通行证的印刷防伪材料，是公安部指定生产身份证可视防伪膜的唯一企业，多次获国家级、部级、市级科技进步奖。上海长江总公司所属上海东旺塑料制品厂生产的塑料软包装产品远销日本。

跃进有限公司所属上海达华药业有限公司经过比尔·盖茨创办的"比尔和梅琳达基金会"美国家庭健康国际组织认定和委托，专业生产二根型左炔诺孕酮硅胶棒（又称长效避孕埋植剂），并在肯尼亚、埃塞俄比亚、尼日利亚、莫桑比克等国家用于临床试验和推广注册。农工商投资公司所属上海信谊百路达药业有限公司生产的"百路达"银杏叶胶囊，上海五四有限公司所属上海浦东金环医疗用品公司生产的医用缝合线、针、手术刀片，上海五四助剂总厂生产的建筑助剂和染料助剂都占据全国市场主要份额。

光明食品集团金属制品和专用设备制造业主要产品有紧固件、船用门窗、船用吊机；物料柜、真空类和非真空类全不锈钢保温容器、家庭日用不锈钢制品；电缆、光纤产品及铜线材；筛网、过滤器、金属制品；不粘锅、不锈钢器皿以及相关不锈钢非标产品等，这些产品被应用于船舶制造、光纤通信和家庭生活。

汽车仪器仪表和滚动轴承由上海长江总公司所属德科电子仪表有限公司和上海向明轴承厂有限公司生产。上海德科电子仪表有限公司2010年生产各类汽车仪器仪表258万台，主要客户为上海通用、上海大众等数十家国内重要汽车厂商。向明轴承有限公司2010年生产滚动轴承541万套，其中水泵轴承出口国际市场8.63万套，销售收入2.16亿元。

第一章　农副产品加工

第一节　大　米

粮食产业是光明食品集团的核心基础产业,集团拥有做大粮食产业的独特优势。2010年,集团在上海市郊和域外苏北农场拥有规模化粮食生产基地33万亩,年产粮食30万吨,生产销售大米8万吨,稻麦单产达到"吨粮田"水平,产品均通过了无公害、绿色或有机认证。

大米的种植、加工是光明食品集团粮食生产中的重要环节。集团所属跃进有限公司、长江总公司、海丰总公司、上海农场、川东农场等都有大米加工生产企业和部门,有一支高素质的粮食营销队伍,超市、专卖店、网购、电话订购、团购等销售渠道形式多样,粮食贸易也得到快速发展。"海丰""瀛丰五斗""自然之子"等优质大米品牌在市民中享有良好声誉。

一、产品和品牌

【主要产品】

普通大米　"自然之子"银香18大米由跃进有限公司生产,原粮为银香18稻谷,在2009、2010年上海市米质评比中连续两次获得"银奖",规格有5公斤和10公斤两种。

"自然之子"晶润香大米由跃进有限公司生产,2009年精选优质水稻品种"8004"为原粮加工而成,规格为5公斤塑料袋装。

"自然之子"禾香大米由跃进有限公司生产,以优质粳稻武粳15、武香粳19和宁粳3号为原粮加工而成,规格为10公斤袋装。

"海丰牌"优质大米由海丰总公司生产,原粮为武育粳稻谷,规格有5公斤和10公斤袋装两种。

"海丰牌"东北大米由海丰总公司生产,精选东北优质水稻品种加工而成,规格为10公斤塑料袋装。

"海丰牌"杂粳大米由海丰总公司生产,原粮品种为淮稻5号,主要客户对象为机关和企业食堂等,规格为25公斤袋装。

"海丰牌"冰鲜大米由海丰总公司生产,其稻谷长年储藏在1.2万吨低温保鲜立筒粮库内,确保需加工的存粮处在15℃以下,达到保质、保鲜、保湿、防虫、防霉的目的,实现了稻米的恒水分加工,保证了大米的质量安全及米饭的色香味佳。规格为5公斤、2.5公斤塑料袋装、2.5公斤纸袋装。

"海丰牌"糯米产自水净、土净、空气清新的海丰农场,选用金陵香糯稻谷加工而成,分紫血糯和白糯米,规格为1.5公斤塑料袋装。

"露珠牌"紫花仙子香粳米由长江总公司生产,选用优质稻谷加工而成,规格为5公斤袋装。

"露珠牌"东北好米由长江总公司生产,选用在黑龙江省三江平原域外基地种植的优良水稻品种。规格为3公斤袋装。

"露珠牌"崇明好米由长江总公司生产,原粮产自上海崇明岛,常年作为东方CJ特供产品。规格为2.5公斤袋装。

"露珠牌"寿司米由长江总公司生产,选用优质大米,宜较长时间保存,且放凉后无损其风味,是适合一般家庭食用或做寿司的优良米种。规格为3公斤袋装。

"露珠牌"台湾好米选用来自台湾的优质水稻品种在长江总公司种植,带有自然淡雅的芋艿香味。规格为3公斤袋装。

"露珠牌"银香18大米由长江总公司生产,原粮为银香18稻谷。规格为10公斤袋装。

"露珠牌"崇明农场大米由长江总公司生产,原粮产自长江现代农业基地。规格有10公斤袋装和25公斤袋装。

南方粳大米由川东农场生产,规格有10公斤袋装。

"白鹭小町"大米由川东农场生产,原粮选用日本优质品种,米粒整齐、洁白透亮,蒸煮出的米饭米色油亮,滑糯可口,有韧性,不回生。规格有5公斤袋装。

武育粳大米由川东农场生产,规格有5公斤袋装。

"申河"上农大米由上海农场生产,原粮为宁粳/淮稻/9424,规格为10公斤袋装、25公斤袋装。

"申河"上农武育粳大米由上海农场生产,原粮为武育粳3号,规格为10公斤袋装。

"申河"农工商大米和农工商南方粳大米由上海农场生产,原粮为宁粳/淮稻/9424,规格为10公斤袋装、25公斤袋装。

"申河"上农柔小町大米由上海农场生产,原粮为柔小町,规格为5公斤袋装。

盐粳311大米由上海农场生产,原粮为盐粳品种,规格为5公斤袋装。

农工商特优米由上海农场生产,原粮为泗稻10号,规格为10公斤袋装。

有机大米和富硒大米 "自然之子"有机香米由跃进有限公司生产,以有机稻谷品种银香18为原粮,由国家权威机构跟踪检查认证。包装规格为5公斤红色塑料袋装、2.5公斤蓝色塑料袋装、0.04公斤×10真空礼盒装以及0.04公斤×5真空礼盒装四种。罐装有机香米包装规格为0.75公斤×2,分为罐装精品礼盒和罐装纸袋礼盒两种。2008年,跃进有限公司推出了"自然之子"五色礼盒(有机香米、有机糙米、有机营养米、有机黑米、有机血糯米),包装规格为0.04公斤×5纸质礼盒包装。

"鹤舞稻香"有机米是由海丰总公司2008年生产上市的新产品,以有机稻谷武育粳为主要原粮,由国家权威机构跟踪检查认证。规格为5公斤、2.5公斤塑料袋装,2.5公斤纸袋装。根据市场和消费者的需求,2009年推出1.5公斤×2罐装精品礼盒。

"瀛丰五斗"有机珍珠米是由长江总公司按有机水稻标准与规程生产、加工的大米,饭粒饱满有光泽,带一点透明,故称"珍珠米"。规格有2.5公斤盒装、5公斤盒装。

"瀛丰五斗"八年净、五年净有机米是长江总公司在连续八年或五年以上有机净土耕作生产的有机米,是有机大米中的精品。规格分别为3公斤盒装和5公斤盒装。

"瀛丰五斗"有机香粳米是长江总公司严选优质台湾米种,米粒结实饱满,成饭带有自然淡雅的芋艿香味。规格有2.5公斤盒装、5公斤袋装。按照其产地、营养成分、选用品种的不同,长江总公司生产的有机米还有:"瀛丰五斗"有机活力米、稻香有机米、硒锌米、东北有机米、精品越光有机米、精品稻花香有机米、有机血糯米、有机糯米等品种。

"申河"上农有机米、"晚庄"有机米和农工商有机米由上海农场生产,原粮品种为泗稻10号。"申河"牌上农有机米规格为2.5公斤瓶装,每箱6瓶;"晚庄"有机米规格为5公斤盒装(10包);农工商有机米规格为5公斤袋装。

"申河"上农富硒大米和农工商富硒大米由上海农场生产,选用优质粳稻纯品种种植,施用生物有机硒调节剂,经植物生长,参与蛋白质合成,果实富含有机硒蛋白质。产品原粮品种为泗稻10号,规格为2.5公斤袋装。

【大米品牌】

"自然之子"商标为 ▨ ,由跃进有限公司农业管理总站于2010年3月注册,注册地为上海市崇明县跃进农场,核定商品为第31类:新鲜蔬菜、鲜食用菌、植物种子、鲜水果、活鱼、活家禽、植物、谷(谷类)、未加工的稻、豆。2010年4月,核定商品第30类:米、面粉、谷类制品、人食用的去壳谷物、米粉(粉状)、以谷物为主的零食小吃、食用糖果、面包。2010年6月,上海跃进现代农业有限公司受让跃进农业管理总站注册商标。2010年,"自然之子"大米被评为"上海名牌";2010年5月,列入国家农业部品牌大米质量追溯系统建设项目;2010年6月,经中国绿色食品发展中心审核,被认定为绿色食品A级产品,许可使用绿色食品标志。2010年8月,有机生产基地获有机生产示范基地荣誉奖牌和有机认证;2010年大米生产和加工获得GB/T 19001—2008/ISO9001:2008质量管理体系证书。

"海丰牌"大米商标为 ▨ ,由上海农工商集团海丰总公司于1999年11月注册,注册地为上海市西康路1141弄1号,核定商品为第30类:米。海丰牌大米2006年被评为"中国名牌农产品"。2008年1月,被评为"上海市著名商标";2009年,被评为"上海名牌",同年11月,获得中国农垦经济发展中心"中国农垦农产品质量追溯许可使用证书";2010年6月,经中国绿色食品发展中心审核,被认定为绿色食品A级产品,许可使用绿色食品标志。2000—2009年连续十年同类市场销售额市场占有率名列前茅,获得"2000—2009十年畅销大奖"称号。2009年1月,海丰牌大米获北京新世纪认证有限公司食品安全管理体系认证证书。海丰牌特等优质大米2006年12月经复审,准予继续使用"放心米"称号。2009年1月,大米生产和加工通过GB/T 19001—2000 idt ISO9001-2000质量管理体系认证。

"瀛丰五斗"商标为 瀛丰五斗 ,由上海万事发实业总公司2005年12月21日注册,核定商品为第30类:米。2010年1月21日,核定商品为第30类:方便米饭、面粉、八宝饭、人食用的去壳谷物、去壳大麦、玉米片、米粉(粉状)、谷类粗粉、去壳燕麦。2008年6月,"瀛丰五斗"牌米、有机米被评定为"中国消费者满意名特优品牌(重点推广单位)";2008年12月,获得第四届(2008)上海食用农产品优质畅销品牌"综合奖"和十大优质畅销品牌(大米类)。2008年12月,被评为"上海名牌";2009年1月,"瀛丰五斗"商标被评为"上海市著名商标";2009年4月,经中国绿色食品发展中心审核,被认定为绿色食品A级产品,许可使用绿色食品标志;2009年9月,获第七届中国国际农产品交易会金奖;2009年12月,"瀛丰五斗"牌有机米系列产品被评为"中国著名品牌";"瀛丰五斗"牌"银香18"大米在2009年上海市优质稻米评比活动中获银奖,同年"瀛丰五斗"牌有机米获"品牌食品博览会"优秀奖。

"露珠牌"大米商标为 ▨ ,由上海市前进农场1998年4月注册,核定商品为第30类:谷类制品。2008年7月,上海万事发实业总公司受让前进农场注册的露珠牌商标。2009年4月,经中国绿色食品发展中心审核,被认定为绿色食品A级产品,许可使用绿色食品标志;2010年6月,"露珠牌"商标被评为"上海市著名商标"。

"申川"商标由上海市川东农场2006年10月注册,核定商品为第31类:新鲜蔬菜、谷类、植物种子、未加工谷种、蘑菇繁殖菌、新鲜的园艺草木植物、活动物、活家禽、鲜水果。

二、工艺和设备

随着现代农业的不断发展,光明食品集团所属米业企业在打造"种植—收储—加工—贸易—品牌—分销"一体化产业链的同时,加大力度提升大米加工工艺和设备水平,使大米生产加工业得到了长足发展。

跃进有限公司于2007年投资820万元建立跃进粮食加工中心,由稻谷烘干、冷藏储存、稻谷加工三个部分组成,其中厂房、仓库面积4 402平方米;粗糠型干燥机7台以及辊米机、色选机等稻谷加工设备。2010年8月,新建建筑面积860平方米的大米包装车间。稻谷烘干部分安装7台由台湾三久公司生产的粗糠型烘干机,每日可烘干稻谷100吨～200吨,稻谷加工后余下的粗糠用作烘房的燃料,并建有专门的除尘室,具有循环生产、无污染、无噪声的特点。稻谷冷藏仓库建筑面积为1 100平方米,可冷藏大米1 000吨,有机大米可在一定时间内进行冷藏保鲜处理,使消费者能够常年吃到绿色有机的新鲜大米。

上海海丰总公司在2001年12月组建了海丰米业有限公司,专业从事稻谷收购、加工生产和销售。2009年取得中国农垦经济发展中心许可使用农垦农产品质量追溯标识证书。海丰米业有限公司主要承担粮食存储、精选、加工和包装任务,公司拥有一批粮食精加工设备,2条生产流水线,1 000平方米的仓储恒温车间以及3个烘干车间,日加工能力达200吨以上。低温立筒仓可储存有机稻谷1.2万吨,常年温度控制在15℃～18℃。

长江总公司2009年投资2 010万元进行了3万吨稻谷加工设施改建项目,新建的加工车间面积为640平方米,包装车间200平方米,常温仓库15 600平方米,冰温仓库500平方米。还建有稻谷加工流水线一条,自动化包装设备一套,冰温稻谷专用风冷系统11套,冰温仓库除湿系统11套,输送机22台,年生产大米2万吨。公司建立稻米贮藏及加工中心,确保存贮的大米品质、口感、新鲜度等性状良好。建成贮藏规模为1.5万吨的低温库,同时建造面积为3 000平方米的大米加工车间、1.5万平方米的常温粮食仓库,新添先进的大米加工成套设备和真空包装设备等,显著提高了大米加工、包装质量和基地在上海米业市场中的竞争能力。公司可使用的粮库面积共1 442平方米,在东风片区、长江片区、前进片区、前哨片区4个片区基本形成粮食中转库和综合库。

上海农场拥有一条日产80吨优质大米的生产加工流水线和相应的现代化检测设备,形成有机米、富硒米、特等米等近20个品种的五大产品系列,生产的"申河"牌大米已走进上海农工商、华联、联华、85818等大型超市连锁店和网络销售通道。

川东农场拥有从丹麦进口的加工能力为5吨/小时的粮食选种设备,1条日产80吨的大米加工流水线,3条日烘干能力达510吨的低温谷物烘干线,23个常温密闭仓库,形成比较完善的粮食加工硬件设施。加工的大米主要品种有南方粳、武育粳、白鹭小町、白糯米等。

【生产标准】

光明食品集团大米生产加工企业的生产标准全部按照《大米》(GB 1354—2009)进行,该标准是GB 1354—1986的修订版,修订版以原大米加工标准为基础,参考了《大米—规格》(ISO7301:2002)和国际食品法典委员会的标准《大米标准》(CODEX STAN 198—1995)。新标准将大米分为优质大米和大米两类;增加了垩白粒率等术语和定义;修订了碎米和加工精度的定义;增加了推荐性指标和标识、标签要求等内容。

有机米加工标准按照GB/T 19630.2—2005、企业有机米加工质量管理规定、有机米加工操作规程等实施。

富硒米标准引用GB/T 22499—2008及现行企业标准。

特等米标准引用《稻谷》(GB 1350—2009)、《优质稻谷》(GB/T 17891—1999)、《大米》(GB 1354—2009)。

大米包装标准为新的国家标准《预包装食品标签通则》(GB 7718—2004),代替原《食品标签通用标准》(GB 7718—1994)。新标准的主要内容：预包装食品标签的基本要求；预包装食品标签的强制标示内容；预包装食品标签强制标示内容的免除；预包装食品标签的非强制标示内容等。

【加工工艺流程】

大米加工流程　水稻原粮→进货检验→入库→初清→比重去石→砻谷→谷糙分离→磁选→碾米→白米分级→抛光→色选→冷却→包装→检验→成品入库。

大米加工工艺　清理：用圆筒进行初清筛,根据所配筛网孔径(>10毫米)对稻谷进行筛选,清除原粮中的各类大型杂质,如砖块、木头、铁块、泥团、绳头、联结穗头等。然后用平面回转筛进行筛选,一般上层筛孔径为5毫米,下层筛孔径为2.8毫米,整粒原粮从筛孔中间通过,以清除稻谷中的小型杂质,如：泥沙尘土、稗子、草种、小碎米等,经筛选后的稻谷含杂量<1%。

比重去石：利用稻谷与石粒重力不同的原理,在风力的作用下,用吸式比重去石机去除原粮中的石粒,使原粮中并肩石<1粒/公斤。

砻谷：在风力作用下,用胶辊砻谷机进行砻下物的分离,将稻谷脱壳而得到糙米,使脱壳率>85%。

谷糙分离：利用稻谷与糙米比重和弹性的不同,用重力谷糙分离机进行谷糙分离,使分离后的稻谷净糙率>99%,分离出的稻谷返回砻谷机再脱壳,糙米通过绞龙到碾米机。

磁选：选用管道式永久磁铁多层排列,分别安装在砻谷机前和谷糙分离机后,当原粮中的含铁物质经过时被吸附在磁铁上,达到全部去除净谷中含铁物质的目的,确保稻谷加工与大米食用安全性。

碾米：用双辊喷风碾米机进行碾米,这是大米加工的关键工序,碾米的目的主要是碾除糙米的皮层,使之成为一定等级标准的成品大米。工艺流程是借助金刚砂辊筒表面无数密集尖锐的砂刃,对米粒表层进行不断碾削,使米皮切割分裂,达到糙米去皮碾白的效果。为达到理想的加工质量标准,一般采取二级轻碾的加工工艺。

白米分级：由平面回转筛通过调节筛网孔经大小进行分级,主要用于分离大米中的中、小型碎米,以达到标准所规定的含碎、含稗等指标。

大米抛光：采用清洁卫生的自来水将大米表面雾化加湿,经螺旋推进器的绞拌和推动,在风机作用下,擦除黏附在大米表面的糠粉,使大米表面更加晶莹光亮,提高大米的外观色泽度。

色选：以经过抛光后的大米成品正常米色为基准色,采用光电学原理,将有色杂质、并肩石与异色粮粒清除出来,得到高纯度、色泽一致的大米。经过色选处理的大米纯度>99%。

包装：经过抛光、色选的成品在检验合格后进入包装计量程序,包装工预先设定好计量额定数值和加量程序,采用专用包装袋灌装,并用缝包机缝口,将生产批量的标签放在袋内,要求做到标签与袋口平齐,日期向上,便于消费者选购。

成品贮存：包装好的产品应堆放在干燥通风、进出通道方便的区域内,成品在搬运时应轻拿轻放,堆放整齐。同时做好防火、防毒、防鼠、防虫、防盗措施。

【大米加工设备】

光明食品集团所属粮食加工企业不断加大资金投入，购置并拥有比较完备的生产设施和比较先进的生产设备，以海丰米业有限公司为例，主要设备见表3-1-1。

表3-1-1　2006—2010年海丰总公司大米加工流程和主要设备一览表

加工流程	主要生产设备	制造厂家	处理能力（吨/小时）	功耗（千瓦/小时）	辅助生产设备	功耗（千瓦/小时）
原粮清理工序	原粮输送机3台	正大粮机	6	1.50×3	—	—
	圆筒初清筛	姜堰粮机	20	1.10	清理风网	16.5
	振动清理筛	正大粮机	12	0.37×2	去石风网	16.5
	去石机	佐竹	7	1.35	—	—
砻谷工序	砻谷机	佐竹	4~5	7.50	大糠风网	9
	谷壳分离机	佐竹	5	3.70		
	谷糙分离机	佐竹	3.5~5	2.20		
	厚度分离机	佐竹	5	0.75		
碾米工序	砂辊碾米机	佐竹	4~5	38.50	清糠风网	23.5
	砂辊碾米机	佐竹	4~5	46.50		
	铁辊碾米机	佐竹	4~5	46.50		
白米整理工序	白米筛	佐竹	8	3	抛光风网	16.5
	大米抛光机	佐竹	5~6.5	59	白米风网	7
	1号色选机	佐竹	8	3	—	—
	2号色选机	合肥亚美	8	3	—	—
其他	外提什机	正大粮机	30	5.50		
	内提升机14台	佐竹	6	1.50×14		
	空压机			30	—	—
包装工序	定量包装秤	漳州宏敏	10公斤×540包	0.35	—	—
优质大米使用能耗小计				360.50		
免淘米	免淘米	佐竹	3	92.20	—	—
免淘米使用能耗小计				452.70	—	—

说明：优质大米加工流水线每小时能生产优质大米约4.5吨，配备1名碾米工和1名辅助工。免淘米加工流水线每小时能生产免淘米约3.0吨，配备2名碾米工和1名辅助工。

三、市场营销

光明食品集团米业产业主要分布在上海市郊，市区及郊区城镇是大米消费的核心区。2004年以来，上海市政府先后出台包括最低收购价制度、粮食直补、良种补贴等在内的一系列支持粮食生产的措施,为光明食品集团米业发展创造了良好条件。同时,集团和下属各粮食生产企业也在发挥粮食生产基地优势的基础上,通过各种渠道开展大米营销,拓展大米市场,不断扩大大米品牌影响力,提高粮食生产的经济效益。

表3-1-2　2010年海丰、长江、跃进三家公司米业生产效益指标情况表

单位	产品	种植面积（亩）	亩产稻谷（亩/吨）	单价（元/吨）	生产成本（元/亩）	亩产值（元/亩）	收益（元/亩）
海丰总公司	有机大米	2 942	0.29	4 000	1 039	1 172	133
	绿色大米	49 700	0.15	2 000	761	830	69
长江总公司	有机大米	6 124	0.49	6 000	1 335	2 946	1 611
	绿色大米	58 591	0.62	2 000	780	1 236	456
跃进有限公司	有机大米	2 000	0.45	4 000	980	1 800	820
	无公害大米	50 000	0.60	1 961	627.88	1 176	548.12

光明食品集团每年通过举办"光明食品节""盛夏农副产品大联展""新春大联展"等大型活动,加强大米品牌宣传和市场营销力度,促进大米产品的销售。在大米营销中,5公斤～15公斤规格包装米是市场销售主力,其中海丰总公司占其总销售的73%,长江总公司和跃进有限公司占60%。超市、团购和学校是大米销售的主要渠道,跃进有限公司在超市的销售达90%,海丰总公司和长江总公司为27%和46%;在团购、食堂和工业原料销售渠道中,海丰总公司为72.8%,长江总公司和跃进有限公司为36.6%和10%。上海地区是光明食品集团米业企业的核心消费市场,大米销售量占总销售量的95%以上。与此同时,各米业生产企业还积极拓展自产自销渠道,其中海丰总公司在采购、利用外部通道资源方面已取得相当份额,占大米总销售量的35%。

表3-1-3　2010年海丰、长江、跃进三家公司大米销售情况表

分　类	子分类	海丰(%)	长江(%)	跃进(%)
包装规格	1公斤～5公斤	2	7.5	30
	5公斤～15公斤	73	60	60
	其他	25	32.5	10
销售渠道	集贸杂货	0.1	9	0
	超市	27	46	90
	批发市场	0.1	0	0
	互联网	0	8.4	0
	团购、食堂	72.8	36.6	10
销售区域	上海	98	99.2	90
	外地	2	0.8	10

〔续表〕

分　类	子　分　类	海丰(%)	长江(%)	跃进(%)
销售渠道	自产	65	100	90
	采购	35	0	10

说明：本统计未包括上海农场和川东农场。

米业产业一方面受国家扶农、护农政策的支持，稻谷价格一直保持较高价位；另一方面，由于大米加工能力过剩和稻米供应相对充足，也使普通大米的价格受到抑制和影响。光明食品集团米业产业呈现出稻强米弱的趋势，影响了大米加工的毛利率。

大米产业是海丰总公司的主要产业，"海丰牌"是其常规大米品牌，"鹤舞稻香"是其有机大米品牌。"海丰牌"大米在上海市场占有率多年排名第1位，"海丰牌"大米进入了32家大型超市、3 000多个门店，152家团购单位，产品销售主要集中在上海地区；同时通过代理商在江苏等地的主要城市销售；通过农工商、华联、联华等超市在全国范围配送，建立稳定的连锁辐射、代理经销、销售网络。海丰总公司还开办了"吉时送"海丰粮油专卖店，进行入户销售、社区销售、网络销售、旅游销售等销售模式的探索。2008年10月，公司首次开展了"金秋相约海丰"农业旅游观光活动，组织上海市民到位于黄海之滨的海丰农场实地参观水稻收割、大米生产加工流程，展现海丰"精益求精、与和谐共生"的米文化。

海丰总公司拥有核心粮食生产基地10万亩，外延粮食生产基地16万亩。2009年，借集团品牌背书海丰大米的契机，实施品牌加法战略，利用海丰大米品牌整合苏北地区国营农场大米资源，拓展黑龙江农垦稻米资源的综合利用，用品牌来掌控资源。同时在粮食经营模式上进行创新，通过对米业产业链的重新整合，把原来依赖农场基地产出为主要赢利模式转型发展为以市场需求引领生产、以品牌效应凸显企业赢利的新模式。

长江总公司在大米生产经营过程中，坚持以打造上海有机米市场第一品牌"瀛丰五斗"作为企业发展定位，利用上海品牌展示展览等活动和其他多种途径进行宣传，"瀛丰五斗"有机珍珠米的品牌知名度和市场绝对销售量在上海有机米市场均居前列。公司通过优化服务体系，拓展销售渠道，实行定点销售与网络配送相结合、零售与团购相结合的销售方式，建立完善与"易购""正广和"等网购销售的合作体系。建立了以第一食品南京东路店"瀛丰米庄"为代表的定点销售的品牌展示窗口。通过与食品加工企业的合作对接，成为食品深加工企业的重要原料供应商。大米销售区域以上海地区为主，同时辐射苏浙地区部分城市。在上海的大润发、农工商、华联、易初莲花、乐购等大型超市、卖场的大米销售量已占公司销售总量的25%；正广和网上购物、富尔网络购物、东方CJ电视购物和淘宝商城等网络配送销售占公司销售总量的33%；企事业单位食堂等团购客户与各级代理占销售总量的23%；福建惠泽龙酒业、上海枫泾酒厂、川崎食品、浙江五芳斋等食品加工企业的原料供应和其他渠道占销售总量的16%。

跃进有限公司把大米销售作为粮食产业链中的重要环节。2009年，组建市场营销部，实行粮食种植与销售分离，形成农副产品由公司统一经营的管理模式。公司着力打造"自然之子"母品牌，在提高粮食产品内在品质的基础上，加大广告宣传和市场促销力度，提高市场知晓度。公司对"自然之子"有机米精心包装设计，以满足不同消费者的需求。公司不仅在上海市区设立"自然之子"专场店，还充分利用光明食品集团系统的销售网络，扩大与大型超市、配送中心的合作范围，使全市大米销售门店不断得到延伸。2010年,跃进有限公司组建成立上海跃兴旺贸易有限公司,进一步扩大了市场通路,粮食贸易取得新的发展。2009年10月,跃进有限公司举办了"'自然之子'跃进行——万名市民看光明现代农业"旅游观光活动,一个月内接待游客2万人次。2010年10月16日—11月5日,光明食品集团举办首届"上海崇明·光明丰收节",展示现代农业发展成果和地域文化,大大提高"自然之子"品牌的社会知晓度。

上海农场注重在发展粮食产业过程中形成自己的特色,陆续开发"申河"牌上农富硒大米和农工商富硒大米等品种,进一步丰富了大米品种多样性,提升了粮食生产的经济效益;川东农场在发展粮食生产的同时坚持走循环农业的发展道路,不仅强化了现代农业的发展理念,同时也提高了大米品质和市场影响力。

农工商超市集团是国家农业产业化龙头企业,也是国家商务部重点培育的全国20家大型流通企业集团之一。公司冲破传统的粮食产销体制,把粮食生产的规模化与超市销售的网络化有机结合起来,定牌经营"农工商大米",并形成"新、快、廉、便"的经营特色和"统一品牌、统一种植、统一管理、统一销售"的"米业产业链"。农工商超市每年在上海举办"农工商大米节",已形成以网络化大流通带动规模化大生产的新格局,为农副产品进入现代化大流通网络创立新的模式。公司在上海、江苏、浙江、江西、东北等地建立13个稻米生产加工基地,基地根据订单即时加工成各种包装规格的"农工商大米",由配送中心负责送货到连锁门店销售,及时将大米投放市场。公司还建立农副产品质量检测中心和信息服务中心,通过源头把关、过程控制、信息反馈等手段控制质量,确保食品安全。

四、企业选介

【上海海丰米业有限公司】

上海海丰米业有限公司(简称"海丰米业公司")由上海农工商集团海丰总公司、上海市农工商(集团)总公司、上海农工商集团东风总公司于2001年12月7日投资组建。2009年4月,光明食品集团将上海市农工商(集团)总公司、上海农工商集团东风总公司分别持有的海丰米业公司的全部股份无偿划转给海丰米业公司。2010年11月,光明食品集团上海海丰总公司对海丰米业公司进行增资。

国有独资企业的海丰米业公司具有独立法人地位。公司设立董事会、监事会和总经理班子,实行董事会领导下的总经理负责制。公司坐落于江苏省大丰市境内的上海市海丰农场,是上海域外绿色食品和"米袋子"工程生产基地。公司地域面积11.82万亩,2010年底,耕地面积11.8万亩,办公仓储面积200亩。海丰米业公司水稻生产基地被上海市无公害农产品产地认证办公室认定为无公害水稻产地。公司建有国内较先进的环保型米业加工中心,主要从事规模化、集约化优质稻麦生产加工和销售,常年加工量约3万吨。2006年底公司职工在册人数302人,2010年底职工在册人数357人。

海丰米业公司在粮食生产中坚持以科技为支撑,以产业化经营和龙头企业建设为重点,积极培育品牌,大力开拓市场,依托其丰富的米产品资源,实施从"种子—土地—餐桌"全程标准化生产管理,并在2008年建立国家农业部首批、上海市唯一的农产品质量追溯系统,实现大米生产、加工、销售全流程质量监控和责任追溯。公司以市场和销售为龙头,以多元化投资为手段,以收购、兼并等多种形式扩大米业产品在市场上的占有率,逐步形成贸工农一体化,产加销一条龙的产业格局。公司建立稻米研发中心,积极推进水稻新产品的开发;利用稻米副产品进行综合深加工,延长产业链,实现由传统农业向农产品深加工和现代物流业为支撑的现代农业转变。

海丰米业公司产品定位:一是向超市提供符合国家A级绿色食品标准的优质精制大米;二是向企业供应符合国家A级绿色食品标准的行业专用米、工业原粮专用米;三是向学校、医院、厂矿等供应膳食用米;四是向市场提供A级大米的深加工产品,主要为有机米、免淘米、方便米饭等产品。海丰米业公司现有"海丰牌"系列大米、免淘米、"鹤舞稻香"有机米等多个大米品种,2010年,加工大米2.7万吨。经过多年的市场培育,"海丰牌"优质大米形成了较好的品牌效应。

海丰米业公司坚持依靠机械化和农业科技发展粮食生产,2010年水稻作业机械化率达100%。公司与多家农业科研院校进行合作与交流,聘请扬州大学专家教授来农场指导稻麦粮食生产。公司拥有具有国际先进水平的NTWP50B免淘粳米加工流水线,建成1.2万吨低温保湿保鲜立筒库,让市民常年吃到具有新米口感的新鲜优质大米。公司以强化内控制度管理为目标,制定了严格的内控管理制度,促进精细化管理和全面预算管理。

海丰米业公司坚持建设以人为本的和谐企业文化,开展职工素质工程建设,对职工进行技能培训和教育。坚持开展"送温暖帮扶活动",开展职工喜闻乐见的企业文化活动,在精神与物质两个层面上让公司员工共享企业发展的成果。

表3-1-4 2006—2010年海丰米业公司经济指标统计情况表　　　　　（单位:万元）

年　　份	2006	2007	2008	2009	2010
营业收入	17 744	16 838	26 692	32 740	48 242
主营业务收入	17 744	16 838	26 511	32 494	47 988
利润总额	2 160	166	2 181	1 663	4 704
净利润	2 160	142	2 073	1 433	4 454
产　值	—	—	—	15 039	45 514

公司获得荣誉:上海市第十三届(2005—2006年度)、第十四届(2007—2008年度)、第十五届(2009—2010年度)文明单位;2007—2008年度、2009—2010年度农业产业化国家重点龙头企业;2006年被《上海商报》评为2006消费年诚信服务示范单位;2007年被中国粮食协会评为全国放心粮油进农村进社区先进单位。

【上海瀛丰五斗米业有限公司】

上海瀛丰五斗米业有限公司(简称"瀛丰五斗米业公司")是光明食品集团上海长江总公司所属的全资企业,前身是上海市前进农场粮油站,又称粮饲加工厂,隶属前进农场供销科。1973年粮油站从供销科划出,改为场属单位并设立党支部。1992年初注册为上海市前进农场粮油管理站,1992年9月份,更名为上海前进粮油饲料公司。2010年11月,由光明食品集团长江总公司和上海万事发实业总公司共同出资组建,公司注册资本为人民币1 000万元。2010年底公司在册员工117人。

公司本部面积14 000多平方米,建筑面积7 000平方米,拥有1条年生产能力达3万吨的优质大米新加工线,2条全自动真空包装流水线,另有可使用的中转和综合粮库面积14 429平方米,分成东风片区、长江片区、前进片区、前哨片区等4个片区。公司获得了中国质量认证中心ISO9001质量管理体系认证和国家环境保护总局有机食品发展中心有机加工认证。

瀛丰五斗米业公司的产品有"露珠牌"和"瀛丰五斗"两个主要品牌。"露珠牌"由前进农场于1998年4月28日注册,用于谷物制品,2008年7月14日转让给上海万事发实业总公司;"瀛丰五斗"由万事发公司于2005年12月21日注册,用于米类产品。根据公司对产品的定位规划,"露珠牌"用于普通中低端绿色产品,"瀛丰五斗"用于中高端的有机产品。

瀛丰五斗米业公司作为专业从事大米加工、销售与粮食贸易的国资企业,充分发挥"瀛丰五斗""露珠牌"的品牌效应,坚持以"做响品牌、做大市场、做深通路、做强企业"为经营理念,实施商业模式的转型,以生态高效现代农业示范基地为依托,积极整合外部资源,在做强做精高档大米,做大做深常规大米,占领长江三角洲市场的同时,努力提升粮食产品的附加值,延伸有机大米产业链。

【川东农场种子粮油公司】

川东农场种子粮油公司隶属于上海市川东农场,是一个主要进行粮食选种和加工的生产型企业,下设七个部门,分别为办公室、财务部、加工仓储部、市场部、米厂、良繁部和检测部。2009年公司有员工48人,其中大专以上学历25人,管理团队平均年龄为32岁,人才队伍具有年轻化、知识化的特点。

【上海农场粮棉加工厂】

上海农场粮棉加工厂是上海市上海农场的下属企业,于2003年2月由黄海粮油贸易公司和上海农场轧花厂合并组建而成。企业注册资本50万元,住所为上海市上海农场。上海农场粮棉加工厂是专业从事大米和棉花加工销售的生产企业,主要承担粮棉农产品的收贮、加工、销售和市场开发。

上海农场粮棉加工厂厂区面积13 800平方米,下设大米加工中心、棉花加工中心和储运中心等。大米加工中心有大米加工成套设施一套,并配有现代化检测设备,日产大米120吨,年生产能力达4万吨。企业依托上海农场粮食自产自销的优势,坚持以质量求发展的经营理念,积极推行标准化生产和产业化经营。企业引进先进加工设备和工艺,形成有机米、富硒米、特等米等产品为主体的5大系列近20个品种,其产品已走进上海农工商、华联、联华、85818等超市连锁店和网络销售通道,得到了市场和广大消费者的认可。棉花加工中心有棉花加工成套设施一条,日加工皮棉15吨,年加工棉花(按180个工作日的加工量计算)2 700吨。

上海农场粮棉加工厂生产的"申河"上农大米是1997年开发的国家A级绿色产品,其基地紧靠苏北丹顶鹤和麋鹿两个国家级大型自然生态保护区。水稻以武育粳3号优质品种为主体,种植实行全程质量控制。大米生产加工过程采用国际先进的设备和工艺,实现了从土地到餐桌全过程质量控制。"申河"牌绿色大米年产销4 000吨,连续获国家绿色食品发展中心颁发的A级绿色产品证书;获得"上海市安全卫生优质农产品"标志,并获得国家技监局核发的食品安全生产许可证(QS)。通过ISO9001:2008质量体系认证和国家环保有机产品认证中心质量认证。上海农场粮棉加工厂还承担了上海市级储备粮"藏粮于企"的任务,储有国家储备粮7 000余吨。

第二节 蔬 菜

光明食品集团蔬菜加工企业主要为上海市都市农工商股份有限公司所属上海星辉蔬菜有限公

司(简称"星辉蔬菜公司")。2005年,星辉蔬菜公司承接了上海市科技兴农重点攻关项目领导小组"蔬菜深加工项目",项目总投资4500万元,在星火农场蔬菜基地建设一座年产628吨果蔬休闲食品和2000吨净菜的生产企业,项目建设用地约17 508平方米;建筑竣工面积6 059平方米。星辉蔬菜公司从日本、美国等国家引进了农产品深加工设备,2005年4月,进行设备安装并进行试生产,同年产品开始进入市场;2007年11月,蔬菜脆片调味设备安装到位,果蔬脆片进入常规生产。蔬菜深加工产品的开发,延长了蔬菜货架期,实现多种蔬菜的全年供应,对蔬菜产业的可持续发展具有较强的拉动作用。

一、产品和品牌

星辉蔬菜公司蔬菜加工产品主要为果蔬脆片系列和日式浓香泡菜系列,2006年初获得出口企业卫生许可证,并通过ISO9001、HACCP质量管理认证。

【果蔬脆片产品系列】

星辉蔬菜公司生产的果蔬脆片精选优质原料,采用国际先进的"双真、双浴"技术,一改传统膨化食品高热量、高味精、低营养等缺点,将新鲜果蔬真空加工处理,保留天然果蔬原有的外形、色泽和95%以上的营养成分,在解馋、充饥的同时补充人体每天所需的维生素和纤维素,真正成为新一代低热量、高营养、香脆可口的健康绿色膨化食品,真正符合现代人健康需要的绿色休闲食品。星辉蔬菜公司生产的果蔬脆片本着百分百纯天然、好吃营养多一点的理念,引进日本制造的先进设备,首批推介上市天然苹果、天然菌菇、天然南瓜、天然芋头、天然胡萝卜、什锦果蔬六个新产品。2005年5月,发布并实施了"纯V"牌果蔬脆片产品标准,制定了苹果、南瓜、冬瓜、红薯、刀豆、胡萝卜等10个产品的工艺标准和生产操作规程,2005年8月,又成功开发出大葱、油桃等新产品。

星辉蔬菜公司蔬菜类脆片主要产品有:冬瓜脆片、南瓜脆片、红薯脆片/条、牛蒡脆片/条、刀豆脆条、胡萝卜脆片、土豆脆片/条、红萝卜脆片/条、黄瓜脆片及青豆、花生等。

水果类脆片主要产品有:苹果脆片、菠萝脆片、香蕉脆片、草莓脆片、黄桃脆片等。

果蔬脆片商标为"纯V"。

表3-1-5 星辉蔬菜公司果蔬深加工生产能力情况表

品 种	浸渍液、糖液浓度(%)	原料重量(公斤)	出料成品重量(公斤)	时间(分钟)				生产能力(公斤/小时)
				油炸	脱油	进出料及辅助	全过程	
刀 豆	50	71.75	17.60	30	5	12	47	22.5
胡萝卜	59	57.50	16.70	24	5	12	41	24.4
南 瓜	50	49.75	17.35	20	5	12	37	26.9
苹 果	50	51.90	15.60	22	5	12	39	24

【日式浓香泡菜系列】

2006年底,星辉蔬菜公司引进日本先进的技术和管理,开发了日式浓香泡菜系列,此产品一改传统泡菜的制作工艺,不添加任何防腐剂,色香味俱全,随着技术的不断完善,产品得到不断优化。

泡菜2007年销售收入22.77万元,2008年为55.91万元,2009年为73.27万元,2010年为137.77万元。

日式浓香泡菜系列商标为"酷么"。

二、工艺和设备

【生产规范标准】

星辉蔬菜公司果蔬脆片系列产品生产按照2009年修改的上海市企业标准Q/BKES 18－2009组织生产。《果蔬脆片系列产品标准》参照《膨化食品卫生标准》(GB 17401)和《绿色食品 水果、蔬菜脆片》(NY/T435),试验方法按照国家标准执行。标准规定"纯V"牌果蔬脆片系列的分类、要求、试验方法、检验规则和标志、包装、运输、贮藏存。标准适用于以水果或蔬菜为主要原料,以植物油、麦芽糖、白砂糖等为辅料,添加香精香料、抗氧化剂等食品添加剂,经选料、整形、真空油炸脱水、调味后包装而成的纯V牌果蔬脆片系列产品。

《果蔬脆片系列产品标准》起草单位:上海星辉蔬菜有限公司。首次发布日期:2004年12月28日。2006年9月第一次修改,2009年5月第二次修改。

星辉蔬菜公司泡菜系列产品按照中华人民共和国国内贸易行业标准《酱腌菜》(SB/T 10439－2007)组织生产。标准规定了酱渍菜的术语和定义、要求、试验方法、检验规则、标签、包装、运输和储存。标准适用于酱渍菜、盐渍菜、酱油渍菜、糖渍菜、醋渍菜、虾油渍菜、盐水渍菜和糟渍菜。

【生产工艺】

果蔬脆片系列产品生产工艺 果蔬脆片产品生产的主要工艺为切片、杀青、浸渍、真空油炸脱油等。各品种果蔬脆片生产的主要工艺流程基本相同。

表3－1－6 星辉蔬菜公司不同果蔬脆片工艺参数情况表

蔬果品种	油炸时间(分钟)	真空度(兆帕)	温度(℃)
苹果脆片	41	0.091	80
胡萝卜脆片	43	0.087	84
地瓜脆片	48	0.083	83
冬瓜脆片	45	0.100	83
青刀豆脆片	48	0.097	81

表3－1－7 星辉蔬菜公司果蔬脆片主要检测指标参数情况表

蔬果品种	水分(克/100克)	含油率(克/100克)	酸价(毫克/克)	过氧化值(克/100克)	羰基(毫摩尔/公斤)	维生素C(毫克/100克)
苹果脆片	3.34	14.63	0.571	0.019	8.31	13
蘑菇脆片	3.11	13.60	0.753	0.011	5.50	12

〔续表〕

蔬果品种	水分（克/100克）	含油率（克/100克）	酸价（毫克/克）	过氧化值（克/100克）	羰基（毫摩尔/公斤）	维生素C（毫克/100克）
南瓜脆片	3.09	11.78	0.455	0.015	7.53	25
冬瓜脆片	2.98	7.60	0.730	0.078	8.20	88
胡萝卜脆片	3.36	15.08	0.417	0.018	5.31	58

2004年至2007年11月进行的"果蔬脆片加工工艺研究"是上海市科技兴农重点攻关项目，由星辉蔬菜公司主持，联合南京野生植物综合利用研究院共同承担。经过项目组三年多的认真实施，完成了项目规定的设备选型，并改进优化多项生产工艺。

果蔬脆片原料的处理　分为切片工艺和浸渍工艺。

切片工艺：含油率随切片厚度的增加而减少，薄切片虽有利于脱油，但产品易碎。因此真空油浴果蔬脆片的切片厚度应根据不同的果蔬原料选取切片厚度2毫米～6毫米为宜。

浸渍工艺：浸渍工艺是果蔬脆片加工中的重要一环，用盐、小苏打、麦芽糖、糊精等对原料进行预处理，达到了产品减含油量，增松脆的目的。

产品含油量的控制　通过真空度、合理浸渍、切片厚度等条件对产品含油量影响的研究，调整了工艺，确保正常生产的同时降低了产品的含油量，产品含油量稳定在20%以下，大多在15%左右。

杀青、漂烫工艺的优化　有预熟化型、杀青型、高温漂烫型、防褐变型等工艺。

表3-1-8　果蔬杀青、漂烫工艺类型情况表

工　艺	适用种类	品　种
预熟化型	淀粉类蔬果	香芋、慈姑
杀青型	叶菜类	芹菜
高温漂烫型	带毒类（消除毒素）	四季豆
防褐变型	主要为食用菌类	蘑菇、苹果等

预熟化型：预熟时间越短，其糊化程度越低，因此，针对不同的加工方法和果蔬品种，必须进行不同时间、不同温度的糊化。

杀青型：果蔬漂烫过程中叶绿素含量损失随着漂烫时间的延长而增加。针对不同果蔬脆片产品，调整了杀青时间。

高温漂烫型：四季豆中含有皂苷和血球凝集素，误食会引起中毒症状，四季豆片经过高温漂烫后毒素降解。

防褐变型：果蔬片的褐变是由多酚氧化酶氧化酚类物质的结果。高温能使果蔬片内多酚氧化酶失活，通过高温漂烫达到了良好的防止褐变的效果。

另外，将切好片的果蔬片迅速冷冻，直接进行真空低温油炸也能起到防止褐变的目的。

真空低温油炸温度、时间及真空度的选择：根据不同真空度，不同时间及油炸温度对果蔬脆片品质的影响，总结出适合不同果蔬脆片的真空低温油炸时间、温度及真空度。

碎脆片的综合利用：进行了碎脆片生产萨其马的工艺研究，与传统的萨其马相比，碎脆片的脂肪及糖含量降低，质量大大提高，该工艺既对果蔬脆片下脚料进行了有效利用，又增加了新产品。

生产中生产原料的可持续利用：通过引进白土过滤机（NYB-2），增加油品使用次数；引进活性炭过滤机（NYB-4），提高糖液利用率。进行油回收、糖液回收设备与引进设备的系统融合，使废弃棕榈油再生，各项指标符合再加工要求，可以在生产中再使用，提高了原料的利用率，降低了生产成本。

生产中降低燃料成本设备的改造：将燃油锅炉改造为燃煤导热油加热式锅炉，每吨脆片产品的燃料成本下降80%以上。

泡菜系列产品生产工艺 生产工艺流程主要为白菜前处理、盐渍、调味盐渍、加调料搅拌、熟成、计量包装、装箱入库等。

【主要生产设备】

表3-1-9 2006—2010年星辉蔬菜公司蔬菜深加工引进国外主要设备一览表

设备名称	型号规格	台(套)	金额(万元)	到厂日期	产地
根类菜洗净去皮机	DUGSL-T150-8型	2	50.71	2005年2月15日	日本
果蔬清洗杀菌机	KWM-888	2	193.17	2005年2月15日	日本
真空低温油炸装置	VF-50T	4	1 142.23	2005年2月23日	日本
真空浓缩机	1300VC	1	90.22	2005年2月23日	日本
切片(丝)机	TRANSLICER2000	1	62.57	2005年2月23日	美国
切丁(条)机	GK-A	1	49.49	2005年2月23日	美国
真空充氮包装机	AGP-2410	1	47.93	2005年4月16日	日本
计量机	CCW-M-214-W-T/30-PB	1	72.83	2005年5月20日	日本
包装机	WF-5100SN/SO	1	223.64	2005年5月20日	日本
真空油炸实验机	VF-2T	1	111.16	2005年8月25日	日本
X射线异物检测机	SLDX-5000XAS	1	79.00	2005年9月7日	日本
制氮机	RK-11	1	55.30	2005年7月26日	日本
调味设备	FAO-300	1	185.16	2007年11月15日	日本

国产的主要配套设备有浙江三雄机械制造有限公司制造的蔬菜杀青加工流水线1套，速冻液态化设备1套（其中配套的冷冻机组由上海灵诚机电成套设备有限公司供货）；上海盈翔制冷设备有限公司制造的原料、在制品、成品冷藏库7间；江苏双良锅炉有限公司生产的卧式燃油锅炉（WNS4-1.25-YCQ）1套；金山联合环保工程公司设计及施工的污水处理装置（10T/H）1套；上海博达利弘电器有限公司提供的变配电设备（SC9-1000KVA10/0.4）1套。

三、产品销售

星辉蔬菜公司果蔬脆片2005年进行试生产并上市，2005—2006年，内销200万元；2007—2008

年,在进行内销的同时,分别实现外销80万元和70万元。"纯V"牌系列果蔬脆片出口至日本、马来西亚、澳大利亚、韩国和中俄边贸等,受到国外客户的好评,实现了出口零的突破。2005年9月参加澳大利亚国际食品展,澳大利亚、日本、美国等相关食品销售商对星辉蔬菜公司生产的果蔬脆片产品表现出浓厚的兴趣。2008年初,星辉蔬菜公司产品通过香格里拉酒店系统,成功进入北京市场,成为供应2008年北京奥运会的食品。

星辉蔬菜公司由于受国内新鲜果蔬原料的物价上涨,直接增加了蔬菜深加工的生产成本,同时受传统消费观念的影响,人们对绿色果蔬脆片产品的认知还需有一个过程,加上受国际金融危机的影响,造成果蔬脆片出口订单有所减少,因此果蔬脆片和泡菜产品的生产规模还比较小。

第三节 猪 肉

生猪加工是光明食品集团农副产品加工的重要组成部分。开展生猪加工的主要企业是上海市农工商投资公司下属的爱森肉食品公司和益民食品集团旗下的上海梅林正广和股份有限公司。

一、产品和品牌

【产品】

爱森肉食品公司生猪产品主要分为三大类,即:生鲜猪肉、腌腊猪肉、猪副产品。具体可细分为:一是冷鲜白条肉和冷鲜分割肉,二是咸猪肉和咸猪副产品,三是冷鲜猪副产品和食用猪血。

上海梅林正广和股份有限公司的猪肉产品主要分为三大类,即:热鲜白条猪肉、冷鲜猪肉和冷冻猪肉。具体可以细分为:热鲜带皮猪白条和热鲜去皮猪白条;冷鲜片猪肉;热鲜分割猪肉;冷鲜分割猪肉;冷冻分割猪肉。

热鲜猪肉是指在常温的条件下,在市场上销售的猪肉,它的保质期只有1至2天。冷鲜猪肉,是指生猪屠宰后,在0℃～4℃的条件下,使猪的胴体温度24小时内由38℃左右降为0℃～4℃,并在后续的加工、流通和分销过程中始终保持在0℃～4℃冷藏范围的冷却链中的生鲜猪肉。冷冻分割猪肉,是指生猪经过加工分割,在零下28℃以下迅速结冻后,在零下18℃以下保存的猪肉。

加工销售的主要猪肉产品 颈背肌肉。规格一般是25公斤/箱,自2005年投产以来,主要销往香港地区,年均产量达25吨,年销售量37吨。

前腿肌肉。规格一般是25公斤/箱。自2005年投产以来,主要销往全国市场,年均产量80吨,年销售量100吨。

大排肌肉。规格一般是25公斤/箱。自2005年投产以来,主要销往香港地区,年均产量97吨,年销售量52吨。

后腿肌肉。规格一般是25公斤/箱。自2005年投产以来,主要销往全国市场,年均产量158吨,年销售量200吨。

肋排:肋排分为精肋排、肉肋排、肥肋排和大肋排。规格一般是10公斤/箱。自2005年投产以来,主要销往全国市场,年均产量38吨,年销售量35吨。

【品牌】

爱森肉食品公司生产的猪肉品牌是"爱森"牌。

"爱森"品牌2003年8月14日注册。品牌标识为。

商标采用鲜红色的圆形,寓意爱森公司如朝阳似火的一轮红日,永远生机勃勃;把爱森首字母"A"字设计成顶天立地箭状,象征公司"立志环宇、勇往直前、奋发向上"的企业精神和企业文化。

品牌的使用范围:爱森冷却肉,爱森种猪,爱森系列休闲产品,爱森系列腌腊制品。

"爱森"商标和"爱森"牌猪肉被评为上海市著名商标、上海市名牌产品及上海市名优食品,2007年获得中国名牌农产品称号,是上海市唯一通过法国家乐福质量体系认证和由中国人民保险公司承保的猪肉产品,成为上海市每年"两会"、2008年奥运会上海赛区、2010年世博会等重大活动的猪肉食品供应商。公司2008年获得中国肉类协会"肉类食品行业强势企业"称号,2009年获"中国肉类产业影响力品牌"称号。

爱森品牌获得的省市级及以上荣誉称号有:2008年被中华人民共和国农业部评为"中国名牌农产品";2009年被上海市工商行政管理局评为"上海市著名商标";2009年被上海市名牌推荐委员会评为"上海名牌"。

二、产品规格

【产品规格标准】

上海梅林股份有限公司生产的鲜冷藏肉使用的标准是《鲜、冻片猪肉》(GB 9959.1)、《冷却猪肉加工技术要求》(GB/T 22289—2008)和《分割鲜、冻猪瘦肉》(GB/T 9959.2—2008)。其中,GB/T 9959.2—2008是在2001版国标的基础上进行修订的,主要对理化指标作了补充,增加了金属镉、铅、砷、净含量指标,以及农药、兽药残留指标,并增加了微生物指标。

爱森肉食品公司2006年和2009年分别修订了猪肉产品标准和规格,分别对猪肉前腿肉、去蹄夹心肉、带皮夹心肉、颈背肌肉、前腿肌肉、夹心肉糜、中段部分、整条大排(带皮)、整条大排(去皮)、大排肌肉、切片大排(带膘、无膘)、带皮方肉、三角硬肋、三角软肋、去肋排方肉、小里脊、后腿部分、去蹄后腿肉、带皮后腿肉、去皮后腿肌肉、纯精肉糜、肉丝、肉片、肉丁、后蹄髈、前蹄髈、去皮蹄髈、猪爪、猪尾、碎瘦肉、小排、脊骨、肋排、肉排、股骨、尾骨、脚圈、夹心膘、大排膘、板油等39个品种明确产品等级、质量要求、规格和包装的生产标准。

表3-1-10 猪肉前腿部分规格情况表

项 目	规 格 标 准	备 注
定 义	从第五、六肋骨中间斩下的前腿部位	—
质量要求	带皮、带膘,修去伤斑、淤血等,体表干净完整,无残毛	—
等 级	一级:1厘米≤D≤2厘米 二级:2厘米<D≤2.5厘米 三级:D>2.5厘米或D<1厘米	在第五、六肋骨中间斩下前腿部位的刀口处
规 格	重量为9公斤~10公斤/只	—
包 装	平口袋包装	—

表3-1-11 猪肉中段部分规格情况表

项 目	规 格 标 准	备 注
定 义	从第五、六肋骨中间斩下前腿部位,从第六、七节腰椎之间向后腹部垂直割下后腿部分后余下的部位	—
质量要求	带皮、带膘,修去伤斑、淤血等,体表干净完整,无残毛	—
等 级	一级:1厘米≤D≤2厘米 二级:2厘米<D≤2.5厘米 三级:D>2.5厘米或D<1厘米	在第五、六肋骨中间斩下前腿部位的刀口处
规 格	重量为11公斤~13公斤/只	—
包 装	平口袋包装	—

表3-1-12 猪肉后腿部分规格情况表

项 目	规 格 标 准	备 注
定 义	在第六和第七节腰椎之间向后腹部垂直割下的部分	—
质量要求	带皮、带膘,修去伤斑、淤血等,体表干净完整、无残毛	—
等 级	一级:1厘米≤D≤2厘米 二级:D>2厘米或D<1厘米	在第六和第七节腰椎之间向后腹部垂直割下后腿部分的刀口处
规 格	重量约10公斤~14公斤/只左右	—
包 装	平口袋包装	—

表3-1-13 猪爪规格情况表

项 目	规 格 标 准
定 义	前爪在腕关节、后爪在跗关节下割断,去蹄壳、毛
质量要求	无淤血、伤斑和残毛
规 格	重量为0.3公斤~0.4公斤/只
包 装	平口袋包装或托盘包装

表3-1-14 猪肉小排规格情况表

项 目	规 格 标 准
定 义	取自前胸肋骨部位处,从前腿肉肌膜处下刀,带肋骨5~6根,保持肋间肌肉完整
质量要求	无淤血、伤斑和脓包,无杂质,去淋巴
规 格	重量为1公斤~1.6公斤/片;或斩成4厘米~5厘米小块
包 装	平口袋包装

【猪肉制品安全管理】

对生猪基地场和准基地场的监管 由生猪供应公司负责对生猪合格供应方进行日常监控。对外省市生猪养殖基地派人长驻进行监督管理,并实行不定期飞行检测和抽样送检。驻场员对基地场和准基地场的情况进行全面了解和监督,建立跟踪、检查和定期汇报制度。对本地生猪合格供应方进行质量跟踪,及时掌握动物检疫等相关信息,做好有关记录。

生猪供应公司每月统计整理由加工厂提供的屠宰生猪质量情况,并填写《基地场生猪质量情况表》,跟踪评价各个牧场的生猪质量,并及时汇报主管副总经理。年底对供方进行一次再评价,结果记录于《供方综合再评估表》,并公布于公司相关部门,对下一年度的采购牧场采取相应的措施。对分数较低的牧场整改合格后方可恢复供应或取消其合格供应方资格。

生猪的采购验证　生猪供应公司负责派专人在卸载前对生猪进行验收。卸载前要检查相关证件,包括:动物检验检疫合格证明、车辆消毒证明和产地非疫区证明等。卸载时要在驻厂兽医和加工厂候宰管理员的配合下严格按照公司标准剔除不合格品。合格生猪入圈后由加工厂技质中心抽样做瘦肉精检测。

合格生猪入圈后由加工厂屠宰车间对生猪进行候宰巡棚。合格生猪的抽样检测、候宰巡棚、屠宰加工后的质量信息反馈给生猪供应公司,将相关信息统计做成《基地场生猪质量情况表》,作为生猪供应方的再评价依据。

生猪基地场抽检制度　基地场抽检制度适用于合格生猪供应方和新认证基地场。抽检制度结合《供方质量安全评估表》得分情况制订抽检计划安排。质量安全评估一月一次。

表3-1-15　爱森肉食品公司抽检计划情况表

检测项目	试运转供方(3个月内)	>6.5分	4～6.5分	2.8～4分	<2.8分
瘦肉精及替代品	每月一次	2年一次	1年一次	每季度一次	暂停整改
药物残留	每月一次	2年一次	半年一次	每季度一次	暂停整改
重金属	根据相关规定作相应抽检				
其他违禁物	根据相关规定作相应抽检				

药物残留根据实际情况和无公害等国家标准抽检方向主要暂定为3类:四环素类(土霉素等),氯霉素类(氟苯尼考等),磺胺类(磺胺系列)。重金属、其他国家规定违禁兽药等的抽检根据实际情况进行水、饲料或肉品等的抽样检测。

对于新建立的供应方应在评估期间(3个月内)作水质、肉、尿、饲料等样品的瘦肉精及其替代品和相关药残检测。其间查出使用国家禁止违禁药物或有疑似状况者,一律做暂停调运处理。

根据《供方质量安全评估表》和抽检计划安排开具《质量安全监督抽检单》。

表3-1-16　生猪供方质量安全抽检情况表

得分情况	风险度	措　施	备　　注
<2.8	极高	暂　停	每季度出现2次:立即暂停整改
2.8～4	高	重点监测	每季度出现2次以上:计划性禁药抽检与药残等抽检监督
4～6.5	中	小范围抽检	每季度出现2次以上:不定时抽检瘦肉精和药残抽检监督
>6.5	低	局部抽检	每季度出现2次以上:根据情况作适当抽检

生猪合格供应方标准要求 外省市生猪合格供应方标准：通过上海市动物检疫监督部门认可，取得上海市《外省市进沪生猪企业》资格并备案，并能出具进沪检疫证明的相关牧场。经生猪供应公司依据上海市农产品认证中心《上海市安全卫生优质猪肉养殖认证》标准进行现场认证审核通过，符合公司相关的准入条件，经试供3个月生猪产品并符合要求的相关牧场。地域分布在苏、皖、鲁、豫、浙等省市。牧场年出栏肉猪规模5 000头以上。品种是杜长大或符合"爱森"公司需求的其他瘦肉型品种组合、具有特色风味的地方品种。牧场具备相关的合法资质，各方面证照齐全，且经营管理情况良好。具有与"爱森"公司长期合作的兴趣与意向，且自身具有长期经营的目标和规划。

上海市生猪合格供应方标准：通过上海市动物检疫监督部门认可，取得上海市生猪养殖企业资格并备案，并能出具检疫证明的相关牧场。经生猪供应公司依据上海市农产品认证中心《上海市安全卫生优质猪肉养殖认证》标准进行现场认证审核通过，符合公司相关的准入条件，经试供1年生猪产品并符合要求的相关牧场。品种是杜长大或符合"爱森"公司需求的其他瘦肉型品种组合、具有特色风味的地方品种等。牧场具备相关的合法资质，各方面证照齐全，且经营管理情况良好。

生猪养殖基地准入程序 生猪供应公司对选定供方做实地评估。评估结合《农产品安全质量 无公害畜禽肉产地环境要求》(GB/T 18407.3—2001)、《无公害食品生猪饲养饲料使用准则》(NY 5032-2001)、《基地场防疫卫生工作规程》、《基地场饲养管理和操作规程》、《基地场档案管理要求》等规定进行。评价结果记录于《供方评价记录表》，符合者列为公司准基地场；如有需要整改者，由公司提出整改建议，整改后再评估，若仍然整改不到位，则不予选用。

准基地场可进行试运转，少量安排生猪供应。外省市准基地场经3个月生猪产品试供应，上海市准基地场经1年生猪产品试供应，从加工厂技质中心收集相关监控数据，生猪供应公司分析确认。试供应生猪质量合格的准基地场，经生猪供应公司依据上海市农产品认证中心《上海市安全卫生优质猪肉养殖认证》标准进行现场认证，审核通过者列为基地场，进入生猪计划内供应。

表3-1-17 2010年爱森肉食品公司所属养殖基地生猪出栏和供应量情况表

养 殖 基 地	年出栏量(万头)	2010年供应量(头)
沪畜牧二场	3	24 159
沪畜牧三场	1.5	11 246
沪三十五牧	1.5	12 772
沪南汇新农	1	9 609
沪青浦盈明	2	16 142
沪于庄猪场	1	7 260
苏申川农贸	3	11 493
豫前进养殖	5	36 824
皖春然肉食	3	13 191
皖信达养殖	1.5	7 667

【标准化生猪养殖场建设和技术改造项目】
上海市种猪场标准化生态基地建设项目 2007年9月，"畜牧标准化生态养殖基地建设项目"获得市

农委批准，2008年完成建设。主要建设内容为防疫消毒隔离设施（新建和清理隔离墙和防疫沟、改扩建兽医室、添置兽医诊疗和消毒设备、改造大门消毒池、修建卸料码头、改扩建育成猪隔离舍和保育猪隔离舍）；生态环境建设（铺设清粪道路、封闭粪沟、分隔净道和污道、场内外环境治理）；饲养新技术运用（新建种猪测定舍、改造育成舍和保育舍、新建门厅楼、安装全自动种猪性能测定系统、安装视频监控系统和信息处理系统、购置人工授精设备、更新饲料机组、安装热水循环保暖系统等），总投资68万元。

上海市种猪场改扩建项目 《上海市种猪场改扩建项目可行性研究报告》2008年6月获得市农委和市建设交通委员会批准并进行建设，进行了猪舍新建和扩建；完成了赶猪道、雨水沟、窨井等附属工程；添置仪器设备（人工授精设备、全自动种猪性能测定系统、清洗消毒设备、视频监控系统等）；更新了其他设施设备和软件建设等。总投资449万元。

畜牧四场标准化改造建设项目 2008年12月，《上海爱森肉食品有限公司畜牧四场标准化改造建设项目可行性研究报告》获市农委批准，主要建设内容为改扩建猪舍；进行附属工程（更衣消毒室、消毒池棚、隔离围墙、兽医室和配种室）改造；添置（人工授精设备、降温系统、保暖系统、饮水加药系统、视频监控系统、限位栏、产床和保育栏等）设施设备和软件建设等。总投资466万元。

上海爱森肉食品有限公司肉类加工厂屠宰车间技术改造项目 2010年，经光明食品集团批复同意开工建设，建设地为奉贤区海湾镇燎三路25～40号，总投资508.45万元人民币。项目主要内容扩建2 693.44平方米的屠宰车间1幢，新建210平方米血豆腐车间1幢，新增屠宰及配套设备等，建成后新增生猪屠宰加工能力30万头。

三、企业选介

【重庆梅林今普食品有限公司】

重庆今普食品有限公司成立于2003年7月，位于重庆市大渡口区建桥工业园建桥大道9号。公司占地面积12.22万平方米，建筑面积4万多平方米，资产总额近3亿元人民币。

2007年9月3日，上海梅林与重庆今普食品有限公司合资，组建重庆梅林今普食品有限公司，上海梅林股份占40%，重庆今普食品有限公司控股60%，推动重庆梅林今普食品有限公司实现生猪屠宰、加工、销售全产业链发展。公司主要生产熟食品低温肉制品，如午餐肉、火腿肠、脆皮肠、腌腊肉制品等精深加工产品。2008年9月22日，重庆梅林今普食品有限公司股权变更，上海梅林控股51%，重庆今普占股份49%。

重庆梅林今普食品有限公司是集生猪养殖、屠宰、分割、精深加工、营销配送及连锁专卖为一体的农业综合开发龙头企业，重庆市唯一的一级现代化生猪屠宰及精深加工企业；是一家按照欧盟标准和美国农业部标准进行设计、建设，以出口为主营业务的外向型企业。2007年梅林今普获重庆市民营经济五十强企业、农业产业化市级龙头企业、农产品加工示范企业；2008年，被评为中国肉类食品行业强势企业；2009年，被重庆市政府评为重庆工业企业进步奖，产业振新重点扶持骨干企业。

公司不仅拥有高素质人力资源管理团队，还拥有从德国进口的生猪屠宰生产线，年屠宰生猪能力达200万～300万头；拥有从韩国进口的生猪胴体分割流水线，每小时分割能力达260头；拥有从法国、美国、日本、英国引进的高低温肉制品生产线，休闲腌腊肉制品生产线，酱卤肉制品生产线，罐头肉制品生产线，非罐头类肉制品生产线。特别是具有重庆地方特色的腌腊制品生产线，改变传统的烟熏烤制模式，具备现代化和传统工艺相结合的先进制作工艺，满足消费者对熟食品多样化的需求。公司产品从单一的熟食品转为营养保健食品，根据不同年龄的营养需求生产"金童""金壮""金寿"营养食品。公司拥有国家一级标准污水处理厂,年处理污水能力达36 000吨。

公司建有食品研究、食品检测、冷链配送、营销专卖等完善的研发、营销机构。2010年公司拥有员工494人,具有研究生、本科、高级工程师、专业技师等大专以上学历的管理人员和技术人员近300人。公司拥有自主的知识产权,已全面通过ISO9001、ISO14001、ISO22000(HACCP)等国际管理体系认证。

公司生产的产品种类齐全,分为冷鲜肉、分割肉、欧式火腿肠、酱卤肉制品、腌腊肉制品、重组低温制品、微波食品等15类130多个品种。月生产能力2 500吨,年生产能力达3万吨。2010年公司总产值达13.2亿元,吸纳社会就业人员800~1 500人。

梅林今普以"科技提升肉食健康,产业促农脱贫致富"为企业使命,坚持"今为责,普为众,食为先,品为精"的宗旨,秉承"团结、实干、创新、发展"的企业精神。以建立国际一流的肉食品精深加工企业为目标,以"放心肉""绿色食品"工程为基础,以发展精深产品为重点,以科技创新为动力,以打造国际品牌为战略;全心服务消费者,全力回报社会,努力建成现代化、规模化、科技化、国际化的现代企业集团。

表3-1-18　2006—2010年重庆梅林今普食品有限公司产值情况表　　　　（单位：万元）

年　份	产　值	年　份	产　值
2006	33 009	2009	109 594
2007	71 292	2010	132 651
2008	97 379		

【爱森肉食品有限公司屠宰加工厂】

爱森肉食品公司所属屠宰加工厂,占地2.3万平方米,具有年屠宰加工25万头生猪的生产能力及配套冷链系统,拥有屠宰、分割、冷库、车队、食用猪血、腌制等6个生产加工车间。2006年,工厂引进了荷兰施托克公司MPS全自动三点式高频低压击晕机以及空心刀采血设备;2010年6月,新建的分割车间和冷库投入使用,并对肉制品腌制车间进行了改建。

第四节　肉　　禽

光明食品集团禽肉加工企业主要为上海长江总公司所属上海大瀛食品有限公司(简称大瀛食品公司),主要加工肉禽产品。

一、产品和品牌

大瀛食品公司禽肉加工产品主要为鸭掌和盐水鸭。

鸭掌2001年6月开发投产,主要配料:鸭掌、酱油、白砂糖、味精、香辛料、食用盐、料酒、食品添加剂(乳酸链球菌素、5'-呈味核苷酸二钠、猪肉香精、脱氢乙酸钠、双乙酸钠、山梨酸钾)。产品主要规格为22克/袋,日生产能力为10万袋。产品保质期12个月。

盐水鸭2001年4月开发投产,主要配料:全净膛鸭、食盐、黄酒、味精、香辛料、枸杞。日生产能力为5万袋。产品保质期:零下18摄氏度冻藏12个月。

大瀛食品公司商标大瀛®,商标注册证:第1193745号;注册人:上海大瀛鸭鸭公司;注册人地址:上海市崇明县前进农场;核定使用商品(第29类):非活家禽,生熟肉,腌腊肉,板鸭。2006年3月,商标注册人变更为上海大瀛食品有限公司,注册人地址变更为上海市崇明县东风农场。2008年4月,续展注册有效期自2008年7月21日至2018年7月20日。

大瀛食品公司商标图形,商标注册证,第577889号;注册人:上海大瀛鸭鸭实业公司;注册地址:上海市崇明县前进农场前江分场;核定使用商品(第29类):肉、家禽、肉汁;注册有效期限:自1992年1月10日至2002年1月9日。2001年8月,商标续展注册有限期自2002年1月10日至2012年1月9日;2006年3月,商标注册人变更为上海大瀛食品有限公司,注册地址变更为上海市崇明县东风农场。

"大瀛"商标2004—2006年、2007—2009年、2010—2012年被评为上海市著名商标。肉鸭及其制品2006、2007—2009年、2010—2011年被评为上海市名牌。

二、工艺和设备

大瀛食品公司鸭掌产品按 Q/BKPY 18 标准组织生产;盐水鸭产品按 Q/BKPY 3 标准组织生产。

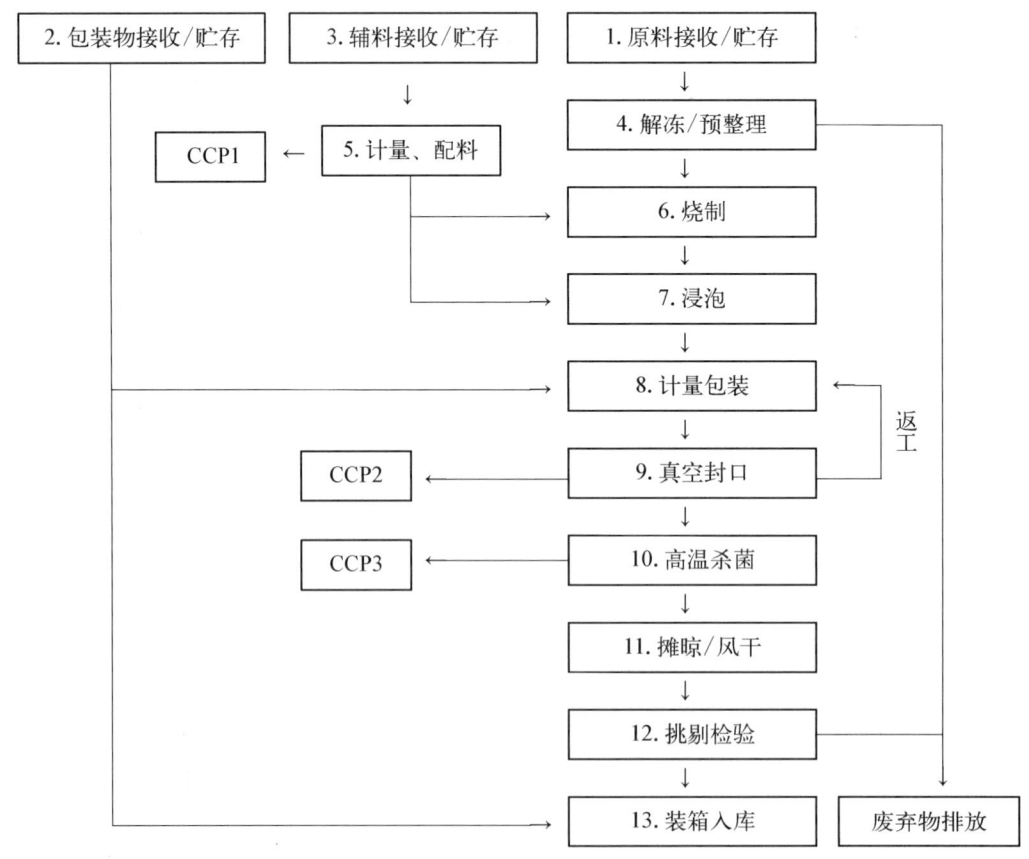

图 3-1-1　鸭掌生产工艺流程图

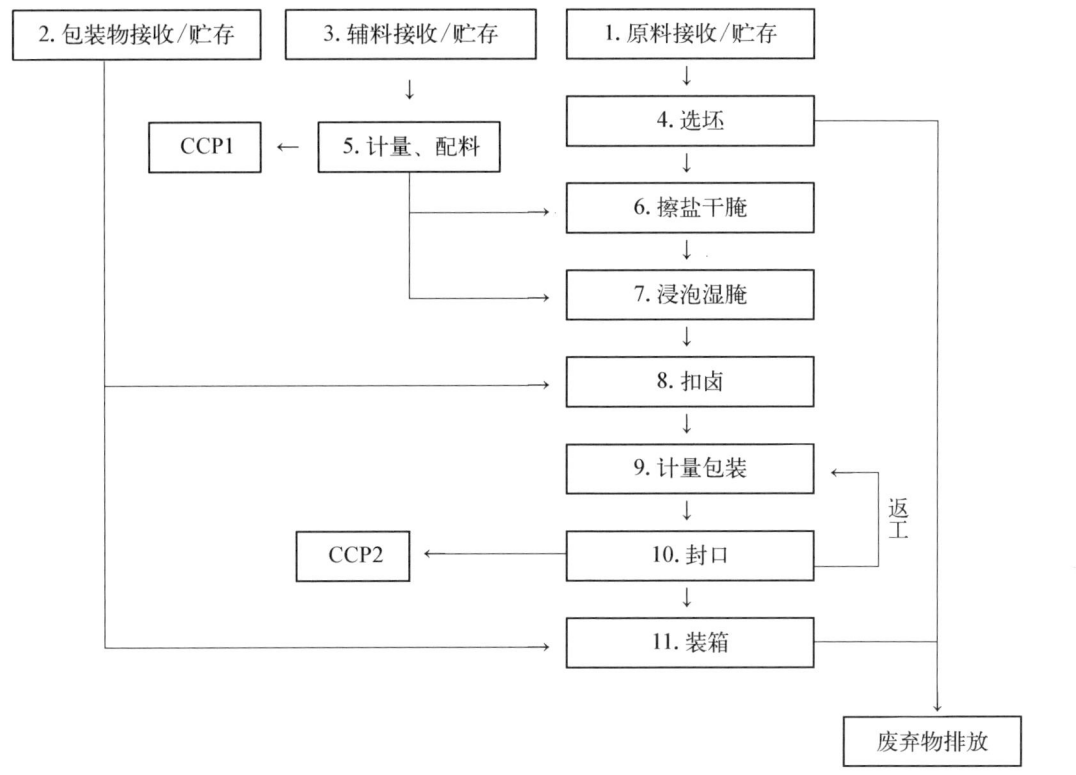

图 3-1-2 盐水鸭工艺流程图

三、企业选介

大瀛食品公司前身是上海大瀛鸭鸭公司,成立于1990年。2005年7月,改制组建为国有控股的上海大瀛食品有限公司,公司注册资本500万元,股权结构为:上海农工商集团前进总公司(后归并到长江总公司)占70%,自然人占30%,公司注册地东风农场。2006年,公司有各类从业人员142人,其中合同制职工68人。公司固定资产原值4 792万元。2010年,公司产值5 950万元,营业收入5 822万元,利润总额302万元,净利润287万元。

大瀛食品公司是上海市食用农产品安全加工示范基地和上海市农业产业化重点龙头企业,是一家集家禽种、养、加、销一体化专业型企业。核心主营业务是鸭制品,包括冷冻系列、生鲜系列、熟食系列、休闲系列,兼营紫糯玉米的生产销售和水产养殖。公司下设400万枚种蛋标准化种禽场、400万羽孵化厂、300万羽肉禽养殖场、相应配套饲料厂、年加工4 500吨禽类制品食品厂。产品经历了冷冻产品、冰鲜产品和休闲产品三个发展阶段。冷冻产品在对禽类进行屠宰、定量包装后进入连锁超市,产品有盐水鸭、冻鸭等,采用世界优质的"樱桃谷"瘦肉型鸭种,其产品曾获得国家农业部全国农产品展销会金奖。生鲜产品是公司根据市场变化,对冷冻产品进行结构调整,开发出的整鸭生鲜产品和分割产品、生鲜净菜产品等。近年重点开发了休闲食品,品种有五香型产品系列(五香肫、五香翅根、五香鸭掌、五香鸭翅等)、生鲜型(鲜汁肫、鲜汁鸭舌等)。

大瀛食品公司的产品紫糯玉米在市场上享有良好声誉,销量稳健增长。公司有玉米种植基地3 000亩,产品经真空包装后进入市场,和正广和网络公司开展合作,拓宽销售渠道。

公司拥有水产养殖面积8 104亩,水产养殖基地4 000亩,主要养殖品种为南美白对虾,日本锦鲤。水产养殖主要采取承包经营的方式。

公司建有与畜禽养殖相配套的饲料加工厂。

大瀛食品公司在上海农业网设有专门的网址、网页。公司产品销售网络遍布上海各大超市、大卖场、门店、厂矿、企业、医院、学校及邻近省市。2009年、2010年公司还连续两年联合吉买盛举办"大瀛"玉米节。

大瀛食品公司产品的品牌商标为"大瀛",主要用于非活家禽、生熟肉、腌腊肉、盐水鸭等。"大瀛"品牌被国家认定为"绿色品牌",获1992—2001年中国农业博览会五届金奖、名牌产品,2001年"大瀛鸭鸭"商标被评为上海市著名商标。公司在2000年通过ISO9002的国际质量体系认证,2003年通过HACCP的认证,并被国家质量监督检疫总局批准为出口产品加工企业。

表3-1-19 2006—2010年大瀛食品公司主要经济指标完成情况表　　　　（单位：万元）

年 份	2006	2007	2008	2009	2010
销售收入	2 778	3 703	3 882	4 084	5 822
产 值	2 850	3 810	3 900	4 210	5 950
利润总额	146	192	221	271	302
净 利 润	146	192	221	255	287

第二章 食品制造

第一节 乳 业

乳制品是光明食品集团核心业务板块的主要业务之一。光明乳业是集团内从事乳制品加工销售的主要企业,也是在中国乳制品行业中规模、产值位居第三的乳制品专业公司。集团旗下的农工商投资公司也有少量的乳制品加工,主要是下属练江牧场乳品七厂生产的有机鲜奶和奶粉。

一、产品和品牌

【产品】

光明食品集团乳制品产品主要在光明乳业公司生产,至2010年,产品有酸奶、鲜奶、常温奶和果汁等四大类、57种产品。

酸奶产品主要品种有红枣酸奶、E+益生菌酸奶、健能AB100草莓果粒优酪乳、健能AB100原味益生菌优酪乳、儿童健能酸奶、酸牛奶、1911、无糖低脂(木糖醇)酸奶、芦荟酸奶、畅优植物乳酸菌饮品、畅优酸奶、畅优减脂酸奶、健能AB100无蔗糖低脂优酪乳。

鲜奶产品主要品种有优倍高品质鲜奶、低脂牛奶、脱脂牛奶、纯鲜牛奶、高钙纯鲜牛奶、特浓纯鲜牛奶、三岛牌纯鲜牛奶。

常温产品主要品种有光明莫斯利安酸牛奶、光明优+牛奶、光明基础奶、光明风味牛奶、光明酸味奶、光明儿童牛奶。

果汁产品主要品种有100%苹果汁、100%橙汁、100%葡萄汁。

投资公司下属练江牧场乳品七厂的产品主要是"真元"有机鲜牛奶和奶粉。

畅优系列产品 光明乳业公司于2007年成功开发了畅优系列酸奶、致优鲜奶、减脂牛奶、舒平奶等多个新产品。畅优系列酸奶是公司自主研发的调节肠胃的功能性酸奶,畅优系列酸奶于2007年4月份上市至12月31日,共实现营业收入20 406万元,成为公司的明星产品。

致优全鲜奶 2007年开发的致优全鲜奶采用由法国引进的欧美全新低温陶瓷膜过滤工艺,让鲜乳在低温状态下通过微米孔径陶瓷膜过滤,在保证牛奶品质安全的同时,全面保留了鲜奶中珍贵的活性免疫球蛋白、乳铁蛋白和其他天然维生素、矿物质等营养成分。此款鲜牛奶品种的上市,完全颠覆了传统牛奶高温杀菌的加工方式,进一步巩固了光明乳业公司在全国鲜奶领域的领先地位。

莫斯利安酸奶 光明乳业公司于2008年成功开发了莫斯利安酸奶、小小光明、红枣牛奶等多个产品,其中莫斯利安酸奶是国内首款无须冷藏的高端常温酸奶,其原始菌种来自保加利亚。此款酸奶的开发进一步巩固了公司在全国酸奶领域的领先优势。

小小光明 该系列产品专为儿童设计,含优质蛋白质和钙质,补充儿童每日所必需的营养元素,为儿童成长提供充足能量。成长杯牛奶:无色素添加,含丰富的钙及蛋白质,有利于儿童骨骼成长,特别添加"成长因子"——钙、锌、铁、维生素A、维生素D。规格:92克(23克×4)。成长棒奶酪:更为方便的食用方式,给孩子带来好吃、好玩的体验。规格:100克(20克×5)。宝宝奶酪:不添加任何防腐剂和人工色素,特别添加美国 Life's DHA(马泰克)。规格:138 克(23 克×6)。新鲜奶酪:不添加食品添加剂,使用更放心,含有丰富的钙及蛋白质,AB 益生菌发酵。规格:200 克(50 克×4)。

【品牌】

光明　光明乳业主品牌名称为"光明"牌,核定使用商品(第 29 类):黄油,炼乳,奶茶(以奶为主),奶酪,奶油,牛奶,牛奶制品,乳清,酸牛奶。注册人:上海光明乳业股份有限公司。注册地址:上海市枫林路 251 号。

"光明"品牌主要用于酸奶、鲜奶、果汁及常温四大类 57 种产品。

光明乳制品品牌获有一系列荣誉。"光明"被评为中国驰名商标;"光明"牌乳制品被评为"中国名牌产品";"光明"(乳业)被评为中国最具市场竞争力品牌;被评为上海市著名商标和上海市名牌产品等。

2000 年,"光明"系列产品为第 27 届奥运会中国代表团唯一指定乳制品;2001 年,入围"中国最受尊敬企业 50 强";2002—2010 年,历年入选"上海 100 强企业",排名逐年上升;连续入围由中国企业联合会、中国企业家协会组织评选的"中国 500 强企业"。

2004 年,光明乳业入选"2004 年全国最具领导力的 20 家上市公司";从 2005 年起,连续多年被商务部国际贸易经济合作研究院评定为全国诚信等级 AAA 企业;2006 年,获得"卓越自主创新新产品"称号;2007 年 1 月,被国家商务部评为 2006 年度中国最具市场竞争力品牌。同年 9 月,被卫生部、农业部、公安部、国家工商总局、国家食品药品监督管理局等联合授予"中国食品安全十强企业"称号,是中国液态奶企业中唯一获得此称号的企业。

2007 年 10 月,通过上海市质量金奖评审组的复评,再次获"上海市质量金奖"。2008 年被评为上海市著名商标。2009 年,再次被商务部国际贸易经济合作研究院评定为全国诚信等级 AAA 企业;2009 年,获"信心 2009——快乐竞争力公司 TOP20",常温事业部获"信心 2009——公司快乐竞争力调查"——"信心团队"单项奖;2009 年 9 月,在"2009 中外科技百强高峰论坛暨科技杰出贡献奖颁奖典礼"获"辉煌 60 年——科技制造中国"杰出贡献奖;2009 年 10 月,被《中国妇女》杂志社评为"中国女性消费者喜爱/信任品牌"。

2009 年 11 月 21 日,在由国家发改委、农业部、国家质检总局、工商总局、食品药品监管局等七部委联合支持举办的"第七届中国食品安全年会"上,凭借对行业的科技贡献获得"建国 60 周年中国食品工业突出贡献单位"奖和"2009 年度食品安全十强企业"称号。

2009 年,在"中国品牌价值管理论坛暨第五届中国最佳品牌建设案例颁奖典礼"上,光明乳业公司获"第五届中国最佳品牌建设案例"。2009 年,携手新浪的营销合作案例在第十六届中国国际广告节上获"中国媒介创新营销奖",成为中国快速消费品与网络整合多元化营销的典范。

2010 年 4 月,获由商务部研究院信用评级认证中心颁发的"中国十大诚信品牌"称号。2010 年 6 月,获由新华网和中国保护消费者基金会打假工作委员会共同颁发的"2010 全国食品质量消费者放心品牌"称号。同时,光明莱特牛博客推广项目折桂"金投奖——数字营销奖"。2010 年 11 月,在第八届中国食品安全年会上光明乳业获"中国食品安全十强企业"及"中国食品安全最具社会责任感企业"荣誉称号。

三岛　光明乳业公司生产的乳制品辅助品牌,主要用在一部分液态奶产品中。

真元　投资公司下属练江牧场乳品七厂生产的有机奶和奶粉的品牌。

【产量】

2006—2009 年,光明食品集团每年乳制品产量在 35 万吨左右。2010 年,基本消除三聚氰胺事件的负面影响,光明乳业又开发了不少畅销的新产品,同时并购了一些乳品企业,乳制品产量上了一个台阶,达到 81 万吨。

表 3-2-1　2006—2010 年光明食品集团乳制品产量情况表　　　　　　　　(单位:吨)

年份	全部单位乳制品产量	液体奶	酸 奶	财务合并单位乳制品产量	液体奶	酸 奶
2006	349 200	343 972	137 974	345 874	343 972	137 974
2007	359 981	353 332	150 072	355 878	353 332	150 072
2008	341 062	334 583	129 914	337 383	334 583	129 914
2009	360 675	354 381	145 195	357 527	354 381	145 195
2010	815 446	787 808	250 123	815 446	787 808	250 123

二、工艺和设备

【巴氏牛奶的生产工艺】

液态乳的种类较多,不同类型液态乳制品的加工工艺也不尽相同,但这类产品的工艺流程大致相近。基本的工艺流程包括原料乳的收集、运输、收购、贮藏、净乳、标准化、均质、加热杀菌、冷却、灌装等过程。

巴氏杀菌是指杀死所有致病微生物及最大限度破坏腐败菌和乳中酶的一种加热方法,是一种较温和的热处理方式,对牛乳的营养成分和风味的破坏很小。巴氏杀菌采用的温度与时间组合见表 3-2-2。

表 3-2-2　巴氏杀菌采用的温度与时间组合情况表

项　目	组合一	组合二	组合三	组合四	组合五	组合六	组合七
温度(摄氏度)	63	72	89	90	94	96	100
时间(秒)	1 800	15	1	0.50	0.10	0.05	0.01

如果产品中脂肪含量超过 10%,或者产品中添加有甜味剂,杀菌采用的温度要提高 3 摄氏度。

巴氏杀菌乳的定义是:以新鲜牛乳(或羊乳)为原料,经过净乳(过滤和离心)、冷却、标准化、均质、巴氏杀菌、冷却和灌装而成的饮用乳。根据巴氏杀菌乳规定,可分为全脂、部分脱脂和脱脂巴氏杀菌乳三类。

巴氏杀菌的主要目的是杀死牛乳中的病原性微生物,确保产品在食用过程中的安全性,同时使牛乳营养成分受到破坏的程度减少到最小,保证牛乳的新鲜口感和营养价值。在巴氏杀菌乳生产过程中采用的热处理方式主要有:初次杀菌、低温长时间杀菌和高温短时间杀菌。

初次杀菌　由于各种原因,收集来的牛乳不能立即进行加工,为保证牛乳不变质,需要对牛乳进行初次杀菌。

为了防止热处理后需氧芽孢杆菌在牛乳中繁殖,牛乳必须迅速冷却到4摄氏度或4摄氏度以下,且不能与未处理的牛乳混合。预杀菌能使许多芽孢恢复到营养体状态,这些芽孢在后续的巴氏杀菌过程中将被破坏得更彻底。

预杀菌必须在还没有达到巴氏杀菌条件时就停止。预杀菌只是在特殊情况下采用,实际操作中,牛乳在到达乳品厂24小时内应全部进行巴氏杀菌。

低温长时巴氏杀菌(LTLT)　最初的热处理是间歇式生产,是在一个敞口容器中将牛乳升温到63摄氏度,并保持30分钟,这种方法称为保温法或低温长时巴氏杀菌法。这种方法的优点是设备简单,牛乳的加热、保温、冷却可以在一个夹层罐中完成。乳制品行业很少使用这种杀菌方法,牛乳几乎都是被连续加热,如预杀菌、高温短时巴氏杀菌等。

高温短时巴氏杀菌(HTST)　高温短时巴氏杀菌的温度—时间组合应根据原乳的质量、加工的产品类型以及要求保存特性的不同而变化。采用板式换热器对牛乳进行连续热处理,杀菌的方法采用高温短时法。这种方法的优点是效率高、成本低。

由于连续式巴氏杀菌乳生产线的设计取决于各国的法律和法规,造成国与国之间,甚至乳品厂与乳品厂之间都不尽相同。例如,脂肪标准化可以是预标准化、后标准化或直接标准化,均质可以是全部均质或部分均质等。

【超高温灭菌设备】

超高温(UHT)杀菌设备有直接和间接两种,UHT杀菌方法也有直接和间接两种。

直接UHT杀菌　以板式热交换器和蒸汽注射为基础的直接UHT设备,由平衡槽提供大约4摄氏度的产品,通过供料泵流至板式热交换器的预热段,在预热至80摄氏度时,产品经泵加压至约400千帕,并继续流动至环形喷嘴蒸汽注射器,蒸汽注入产品中,迅速将产品温度提升至140摄氏度。产品在UHT温度下保温数秒,随后闪蒸冷却。

闪蒸冷却在装有冷凝器的蒸发室中进行,由真空泵保持蒸发室部分真空状态。要控制好真空度,保证闪蒸出的蒸汽量等于蒸汽最早注入产品的量。一台离心泵将UHT处理后的产品送入二段无菌均质机中。

由板式热交换器将均质后的产品冷却至约20摄氏度,并直接连续送至无菌灌装机灌装或送至无菌罐中进行中间贮存以待包装。冷凝所需冷水循环由平衡槽提供,并在离开蒸汽室后经蒸汽加热器加热后预热介质。在预热中水温降至约11摄氏度,这样此水可用作冷却剂,冷却从均质机流回的产品。在生产中一旦出现温度降低,产品即过一个附加冷却段后流至夹套缸,系统自动被水充满,设备被水漂洗后,在再次开始生产之前系统进行完全清洗灭菌。设备一般具有2 000升～30 000升/小时的生产能力。

间接UHT杀菌　以板式热交换器为基础的间接加热类型的UHT设备,生产能力可高达30 000升/小时。约4摄氏度的产品由贮存缸泵送至UHT系统的平衡槽,由此经供料泵送至板式热交换器的热回收段。在此段中,产品被UHT处理过的乳加热至约75摄氏度,同时UHT乳被冷却。预热后的产品随即在18兆帕～25兆帕的压力下均质。间接UHT设备可在UHT处理前进行均质,即意味着可使用非无菌均质机;在下游最好再使用一台无菌均质机,因为其可以提高一些产品如稀奶油的组织和物理稳定性。

以管式热交换器为基础的间接UHT乳生产管式系统,被选用于含有或不含有颗粒或纤维的低或中等黏度的产品的UHT处理。中等黏度是一个广义概念,因为一个产品的黏度可随原材料、添加剂和机械处理而发生变化。汤类、西红柿产品、果汁和蔬菜产品、布丁和甜食是中等黏度产品的例子,也适用于管式处理。管式系统也经常用于一般牛乳产品的加工以延长加工运转时间。

以刮板式热交换器为基础的间接UHT乳生产刮板式系统,最适宜处理含有或不含有颗粒的高黏度食品。

【酸奶生产工艺】

在酸奶生产过程中,发酵菌种具有非常重要的作用,它是酸奶产品产酸和产香的基础和主要因素。

菌种的商业化生产或相应研发机构技术的改进等多方面因素促进了菌种的纯化,从而为产品品质稳定奠定了基础。菌种的可传代性促进了菌种的活性;同时,直投式菌种(DVI)也被广泛利用于工业生产中。

由于可以精确地控制发酵温度,所以产酸速率和整个发酵时间都可预知,为生产提供了便利,同时也有利于保持产品的品质稳定。由于酸奶发酵达到预定酸度后能迅速冷却,因而使得酸奶的质量更加稳定。pH计和酸度计的发明,使酸奶发酵过程和产品的酸度可以更加准确和简单地进行测量。

市场上销售的酸奶分为三类:自然发酵型(即原味型),水果型以及调配型。根据制作工艺分为凝固型和搅拌型。

作为低热量产品,果味型酸奶受到消费者的欢迎。低热量产品可以通过多种方法生产加工。例如,减少牛乳基料中的脂肪含量,用低热量合成甜味剂替代蔗糖,用脂肪替代物代替乳脂肪,通过添加膳食纤维或者减少非脂乳固体含量,增加增稠剂、稳定剂等。

为了满足不同地区消费者的需求,酸奶产品中往往会添加一些食品配料,这可以赋予产品不同的风味而不是单纯的水果型。例如:利用果肉和蔬菜干粉作配料,不仅可以提高产品品质,而且由于其含有果胶和维生素C,对胃肠道紊乱的消费者有一定的疗效作用;或者利用胡萝卜泥和自然提取物来赋予酸奶特殊的风味。与此同时,研究者也提出了消费者可以接受的其他几种风味的酸奶(如黄瓜、南瓜、绿豆、花椰菜、豆芽、花生、芹菜、椰子和香料风味)。

各种风味酸奶必须按包装说明,分别放在12摄氏度和5摄氏度下保藏,否则会在20天和40天后出现胀包情况,影响酸奶品质和口感。

【奶粉生产工艺】

奶粉生产主要包括收乳、标化、杀菌、干燥、调配等过程。

全脂乳粉 用全脂乳生产的乳粉,其脂肪含量为25%~28%,通过将全脂乳与脱脂乳简单混合实现标准化。在牛乳预处理时其蛋白、脂肪、乳固体等指标应达到要求,而且大部分乳粉在中等温度范围内生产,标准化后的全脂乳浓缩到固形物含量45%~50%后进行喷雾干燥。

全脂乳粉可分为速溶乳粉和非速溶乳粉,区别在于所用的喷雾干燥形式,是否喷涂了作为表面活性剂的卵磷脂。因为乳粉表面的游离脂肪影响复水,附聚的全脂乳粉只有在40℃以上才能速溶,而喷涂卵磷脂后的全脂乳粉在冷水中也能速溶。乳粉中卵磷脂含量一般为0.1%~0.3%,而卵磷脂的载体油含量为0.6%~1.5%,黄油是常用的油载体,但企业为了节省成本,有时也用植物油。速溶全脂乳粉通常应用于大众饮食业中,它可以替代大量液态乳的运输和贮存,特别是在缺乏液态乳的热带国家非常畅销。

生产牛乳巧克力等产品的企业在巧克力精炼配方中,一般使用非速溶或标准化的全脂乳粉代替滚筒干燥的乳粉。与滚筒干燥乳粉相比,喷雾干燥的全脂乳粉不能产生所需的黏度,因此需要另外加入可可脂。全脂乳粉中的乳脂肪会导致氧化和酸败问题,所以经常在喷雾干燥前的浓缩乳中加入抗氧化剂,通常使用丁基羟基茴香醚(BHA)、二丁基羟基甲苯(BHT)等,常用维生素 C、维生素 E 来代替。

全脂乳粉的生产工艺一般是鲜乳经过标化、消毒后进入真空浓缩,总固体含量达到 42%～46% 由泵打入保温缸暂存,然后进行喷雾。雾滴在干燥室内与热空气进行热交换后被干燥成乳粉。

脱脂乳粉 全脂乳粉脱去稀奶油所剩的部分为脱脂乳粉,乳液除去稀奶油后脂肪含量<0.1%。脱脂乳粉按照加工方式可分为低热脱脂乳粉、中热脱脂乳粉、高热脱脂乳粉。相对于其他乳制品,脱脂乳粉具有产量高,可为其他食品提供各种辅助调配功能的特性,主要作为食品工业原料。

低热脱脂乳粉主要用于生产干酪、酸奶用乳的标准化和制备干酪发酵剂。为使乳清蛋白变性程度尽量低,并保证不含乳清蛋白—酪蛋白复合物,在生产低热脱脂乳粉时,脱脂乳的热处理温度应尽量低并保证微生物数量在卫生指标以下。为避免发酵剂的抑制作用,不能使用含有抗菌素的牛乳。

大多数脱脂乳粉属于中热脱脂乳粉,中热脱脂乳粉的预热温度较高,其乳清蛋白氮指数(WPNI)范围较宽,特别是生产乳清蛋白变性程度不同的乳粉时,预热处理工序的选择也比较多。蛋白变性程度和变性方式以及确定牛乳中乳清蛋白、乳清蛋白复合物和酪蛋白、酪蛋白复合物的比例,主要取决于乳粉的最终应用。中热脱脂乳粉作为一种配料被广泛应用于巧克力糖果和含蔗糖糖果制造,也应用于冰淇淋、甜食、汤和调味料以及各种冷饮或热饮中,它具有多功能的性质,可提供乳化、持水、增稠等作用以及各种颜色和风味。在某些产品中,它的增白作用很明显,而在有特定颜色要求的产品中,它又可通过美拉德褐变反应来增色。中热脱脂乳粉的制造通常用再湿附聚速溶乳粉的生产方法。

中热脱脂乳粉除作为配料成分应用于配方食品的加工,还应用于再制炼乳的生产。

高热脱脂乳粉主要用于生产再制淡炼乳,尤其是高温下热稳定性好的脱脂乳粉。乳粉产品成分要求加入黄油后,复水制得液态乳,再经二次均质来保证乳浊液中脂肪的稳定性。加入卡拉胶可防止脂肪分离,加入卵磷脂做乳化剂可保持体系稳定。要提高牛乳蛋白的热稳定性就需要热稳定性好的稳定剂,如磷酸盐和柠檬酸盐。

光明乳业的乳制品部分加工设备从国外引进,如生产新鲜奶、生产自动化程度高的乳品二厂,其生产设备来自瑞典利乐公司、美国常青公司以及 APV 公司提供等国际知名的乳品设备供应商。

UHT(超高温产品)由瑞典利乐公司的灌装设备生产,产品有利乐砖、利乐枕等,规格有 190 毫升、200 毫升、243 毫升、250 毫升等。

巴氏奶由美国常青公司的灌装设备生产,规格有 160 毫升、200 毫升、500 毫升、950 毫升等。

三、质量管理和环境保护

【质量管理】

2008 年加强产品质量管理,给消费者提供优质产品 光明乳业公司一直把产品质量作为企业核心竞争力的重要内容,把"质量是企业的生命"作为企业发展的根本理念,依靠科技创新,不断加大质量战略的实施力度,使"质量就是市场、质量就是效益"的观念深入员工内心。

光明乳业公司从优质原料奶的源头抓起，牛奶无抗化、控制微生物以及不掺水掺杂是原料奶优质化最基本和最重要的标志。公司本着对消费者负责的态度，在2002年与国际接轨，率先在全国乳品行业打出"无抗奶"的旗号，在收购生奶中检测抗生素残留，全面推行"优质无抗原料奶"工程，把对消费者的安全承诺落到实处。公司投入了大量的人力、物力和财力，实施生奶源头控制、运输和生产全过程的质量管理。公司在原料奶"抗生素残留"标准上实现了与发达国家先进水平接轨，后又拓展到黄曲霉素工程、微生物工程。

光明乳业公司把建立和完善质量管理体系作为推行全面质量管理的系统保障。公司下属各工厂已全面建立了ISO9001和食品安全管理体系，制定了质量手册、程序文件和作业指导书，并通过了第三方认证机构的审核。从研发、设计到生产准备；从加工、包装到运输、销售，均拥有一整套规范化的流程，指导和控制产品形成的每一个过程。所有工厂大力推行国际先进的六西格玛管理方法及公司的工厂质量千分制管理标准，推动管理体系的持续改进和更有效的运行。

三聚氰胺事件发生后，公司迅速行动，果断改革奶源管理模式，加强对奶源的控制，拒收散奶。同时与奶源供应商签订质量承诺书，承诺交售的生奶不含三聚氰胺，并派管理人员对牧场实施24小时驻场监管，从饲料到挤奶全过程进行跟踪，重新确认牧场的牛头数，核准交售数量，对牧场的生鲜牛乳进行严格的三聚氰胺指标抽样普查。公司还大力推进"安心牧场"建设，建立奶牛身份证管理，从而控制原奶的质量。各工厂已配置符合国家要求的检测三聚氰胺指标的设备和快速检测仪，确保工厂在做好正常原料乳进厂验收的基础上，再进行三聚氰胺指标严格检验，合格方可投入生产。

2009年确保产品质量　为确保高质量的奶源，杜绝中间环节掺水掺假，公司不仅对收奶系统进行升级改造，同时启动新的采样计价方法，对工厂收奶系统中的设备进行改造，购入了"质量流量计"，对采样设备进行升级，装置了"自动取样阀"，有效杜绝各种掺杂制假的违法行为。

公司制定了工厂质量千分制审核标准，每年进行标准的修改完善，审核标准参考了AIB国际统一标准以及食品相关法律法规的要求。标准审核范围涉及工厂除财务外的所有部门，重点关注食品安全和品质管理体系的有效运行，内容覆盖ISO9001、ISO22000体系运行，工厂GMP和设备维护，QC控制，QA工艺控制，员工管理和培训五大模块，实行全方位控制和管理。标准颁布后，工厂审核条款分解落实并进行自查和改进，在工厂自我完善的基础上，由公司组成专家组对工厂进行系统的现场审核，根据审核结果对工厂管理的有效性进行排序，并纳入对厂长KPI指标的考核。2009年上海市有关部门抽查公司产品合格率为100%，2009年度公司顾客投诉率目标值为百万分之八，实际完成百万分之六点七，达到公司顾客投诉率历年最好水平。

2010年科技引领、精准管理，确保食品安全　注重食品安全，强化科技领先。公司技术中心依托"国家级企业技术中心"和上海的人才优势，成功通过了乳业生物技术国家重点实验室认证。此外，公司还获得了上海市高新技术企业认定，在乳业技术上继续保持全国领先，为消费者提供更多更好更新的健康乳制品。2010年4月29日，由国家商务部研究院诚信认证中心主办的2010"诚信中国北斗奖"在北京揭晓，公司获得2010中国十大诚信品牌称号。在《中华人民共和国食品安全法》颁布一周年之际，2010中国食品安全高层论坛暨全国食品质量消费者放心品牌颁奖盛典于2010年6月12日在北京隆重举行，公司获2010年全国食品质量消费者放心品牌称号。2010年6月19日，在中国商业联合会主办的"第二届全国顾客满意度测评活动"中，公司获"全国（行业）顾客满意十大品牌"称号。在2010年11月举办的第八届中国食品安全年会上，公司被评为"中国食品安全十强企业""中国食品安全最具社会责任感企业"。

强化精准管理,确保食品安全。"AIB1000分"是当前发达国家较为通行的食品安全与环境卫生的国际标准之一,公司选择以"AIB1000分"为参考基准,建立并逐步完善了"工厂千分"考核体系。"工厂千分"标准内容涵盖5个项目模块:乳品质量管理体系、硬件设施、检测工艺、过程控制与员工培训、管理及环境卫生等,这些项目模块每年修订,对考核中发现的薄弱环节进行强化。经AIB国际组织正式确认,光明乳业奉贤分厂成为国内第一家通过AIB食品安全标准评审的乳制品企业,同时也是全国唯一一家取得"excellent"评定成绩的乳制品企业。2010年,公司旗下所有工厂不仅在"工厂千分"标准审核中成绩优异,同时全部通过HACCP(危害分析与关键控制点)体系再审认证和国家GMP(乳制品良好生产规范)认证,建立了与国际接轨的ISO22000(食品安全管理)体系。

【新品开发】

2008年自主创新,开发满足消费者需求的产品 引领健康生活,为消费者提供更丰富、更健康、更营养的新产品,是公司自主创新的动力。

公司下属的技术中心是乳品行业第一家经国家认定的企业技术中心,2004年进入国家认定企业技术中心前50强。公司在乳制品研究开发方面积累了丰富的经验,在国内同行业中具有自己的核心技术优势。近年来,公司技术中心承担了科技部"十五"国家重大科技项目"奶业重大关键技术研究与产业化技术集成示范"等部市级以上科研项目20项,已完成15项,12项成果通过鉴定,均达到国际先进水平。

公司技术中心除利用激励措施发挥自己的人才优势外,还善于借助外部力量进行科技创新研究。在国内与上海交通大学、江南大学、上海水产大学、中国农业大学等进行产学研联合以及硕博研究生培养合作;在国外与日本鹿儿岛大学、丹麦丹尼斯克公司等开展人才交流培训。

经过持续的科技创新和不断积累,公司上市产品有114种,新品有芦荟酸奶、益菌奶、光明牌益生菌酸牛奶、健能牌益生菌酸奶、健能牌舒平牛奶和健能牌贝爱康牛奶等。在这些产品的研发过程中,制定了《产品研发管理程序》规范,采用先进的项目管理方式,形成一整套从市场分析到产品定位,从设计配方到试验检验,从技术文本撰写到产品大试等新品研发流程,大大提高设计的规范性,缩短新产品的开发周期并提高了成功率。

公司拥有多项专利及自主创新技术成果,2004—2008年共申请专利35项,其中发明专利19项,7项发明专利获得授权。2006—2008年企业新产品开发成绩显著,获全国农牧渔业丰收奖二等奖1项,上海市科技进步奖二等奖2项,上海市科技进步奖三等奖1项,还有3项科研成果获上海市高新技术转化项目。

2009年以市场为导向,不断改良和开发新产品 扩大消费者对产品品牌的知晓度、美誉度,加强与消费者的沟通。公司注重媒体的宣传,并积极参与各类展示会,促进品牌与消费者之间的互动。

公司坚持以市场为导向,通过日常调研或专项调研,及时了解消费者的需求,不断改良和开发新产品,满足消费者日益变化的需求。作为城市型乳品公司,公司的传统是以技术的前瞻性和应用性走在业界的前列。公司技术中心依托"国家级企业技术中心"和上海的人才优势,成功通过乳业生物技术国家重点实验室的初审,进一步确立了公司在行业中的技术领先优势。2009年自主研发的新品成功上市37种,新品销售额贡献率超过25%,受到消费者的普遍欢迎。

【售后服务】

2008年公司的服务理念 以客户为导向,主动倾听、了解客户需求;遵守承诺,提供解决方案;热情应对,及时反馈;追求零投诉,提高客户忠诚度。

公司拥有一套密切客户关系的管理程序和系统,能迅速、有效地处理客户意见和投诉。公司客户服务中心的热线电话实行24小时、全年无休,在监督投诉处理、化解消费者纠纷、完善消费维权等方面发挥了重要作用。

公司对消费者来电投诉的解决原则是:换位考虑、通情达理、掌握尺度、合理解决。公司客服中心对每一位顾客的来电都严格按照ISO9001服务流程执行,并将客户信息输入CRM及ZT系统。对已处理的投诉,由专职人员进行抽查回访。从2008年投诉处理回访统计数来看,投诉处理满意率达到98%以上。2008年获闵行区消保委和文明办授予的"315维权"先进单位荣誉称号。

在开展3·15国际消费者权益日和质量月活动期间,公司客服中心代表公司参加上海"两会"服务工作和由市国资委、市技监局、市消保委和新闻媒体等单位联合举办的大型现场咨询活动11次,利用与消费者零距离沟通的机会,现场进行《服务、产品客户满意度征询表》调研,为消费者释疑解惑。

在保护消费者权益和维护企业基本利益的过程中,公司做到了三个百分百。即:消费者投诉100%得到解决;投诉回访率达100%;客户建议等各类信息100%反馈到相关责任部门及生产企业。据统计,2008年,公司接待全国消费者来电60余万通,接收上海市消保委联网转办投诉共155起,全部结案。

2009年公司十分重视产品售后服务 通过设立售后服务热线电话、定期走访市场收集客户反馈意见等形式,不断提高质量异议处理的及时性、有效性。

经过多年售后服务工作经验的积累,用户满意度调查的持续展开,客户满意度评价体系的建立和不断完善,公司形成一套较为完善的售后服务管理体系,为消费者提供了快捷、可靠、周到的售后服务。

2009年,公司客服中心共接听客户来电518 919通,其中服务质量投诉9 296通,产品质量投诉4 428通,客户重复投诉128通,投诉解决率为99.1%。

2010年方便消费者购买,重视售后服务 公司的产品陈列在商店、超市、便利店等,方便消费者的购买,另外还通过社区通道的方式将消费者需要的乳制品送奶上门,同时还通过网上购物商城、www.net1717.com网络平台以及4008-117-117"随心订"订奶服务热线,全方位地满足消费者的需求。公司是全国同行业首家正式创立"随心订"送奶上门服务品牌的企业,开创性地建立了"随时订,随地付,随意选,随心换"的订奶服务系统。

2010年,公司客服中心共接听客户来电577 490通,其中服务投诉9 045通,产品质量投诉31 050通,重复投诉171通,投诉解决率为98.1%。

【环境保护】

2008年节能减排工作 公司充分意识到保护环境的重要性,承诺以国家的环境法律法规来指导、改进企业环境行为,在促进环境及生态可持续发展方面力争做到生活和生产污水排放达标率100%,大气排放达标率100%,噪声排放达标率100%,应急事故发生率为零,吨产品耗水、耗电、耗煤达到国家标准。

上海市有关部门对公司年度工业节能的核定目标是:综合能源消费量43 489吨标煤;单位工

业产值能耗0.1348吨标煤/万元,产值能耗同比下降5%。实际完成综合能源消费量41153吨标煤,产值能耗0.1265吨标煤/万元,同比下降10.85%。

公司分布在全国的21个工厂合计资源消耗总量为111050吨标煤,同比下降4.49%;产值能耗为0.2124吨标煤/万元,同比下降9.92%;产品综合能耗0.1353吨标煤/万元,同比下降2.38%。

公司加大环保投资和技术开发,下属工厂节能减排技改项目21项,总投资267.62万元,年节约费用536.91万元,年节能2839.95吨标煤。按每消耗1吨标准煤矿排放二氧化碳2.46吨算,则全年二氧化碳排放减少6986.28吨。

上海乳品二厂"替代燃煤锅炉、余热利用及冷凝水回收项目"获2008年度上海市第一批节能技改项目,享受节能技改扶持资金20.2万元。2008年4月上海乳品二厂燃煤锅炉改燃气锅炉,全年使用清洁能源的工厂占工厂总数52.38%。

根据国家标准,工厂排放污染物的监测项目为:化学需氧量(COD_{cr})、五日生化需氧量(BOD_5)、悬浮物(SS)、氨氮(NH_3-N)、动植物油、酸碱度(pH)。公司工厂所在地环保部门根据监测项目不定期监测。各工厂建有污水处理站,污水处理达标排放。

公司9个工厂的燃煤锅炉均配有除尘器,设备运行正常。根据环保要求,已有2个工厂安装锅炉烟尘脱硫设备,另有2个工厂在制订安装计划。

公司注重对生产过程中的噪声控制,杜绝扰民现象的发生。各厂工程部在选购设备时,注意在同类产品中进行比选,尽可能选用低噪声设备。对于罗茨风机房等强噪声源,采用隔音壁、隔音罩装置和密闭措施减小噪声强度。

对生产过程中的废物、废弃产品进行回收处理和综合利用。

包装材料废物:工厂对生产过程中的包装材料废物能利用的直接利用,不能利用的作100%降解处理,经过环保部门认可后,让具备废品回收资质的公司进行回收。少量废弃品必须经污水处理系统进行有机物分解处理达标后排放。

烟尘废气:锅炉是各乳品厂主要的动力源,锅炉运行时产生的烟尘废气是乳品厂的主要污染。为控制这一污染源,公司下属各乳品厂从建厂时就配置相应的多管式消烟除尘器。为了提高消烟除尘的效果和尽可能减少氧化硫的排放量,乳品二厂和乳品八厂将多管式除尘器改为水幕式除尘器。乳品八厂为进一步净化厂区和周边大气,投资350余万元将原有3台燃煤锅炉更新成燃气锅炉,使用作为清洁能源的天然气。

废水:公司下属各乳品厂建厂时,均设有与工艺用水相匹配的污水处理系统。随着生产的发展和企业规模的扩大,及时扩建、改造污水处理设施,提高污水处理排放能力,如乳品二厂、四厂和八厂都先后进行污水处理系统的扩建和改造,分别排入当地环保部门制定的排水体系。

牧场的牛粪、牛尿处理:公司严格按照环保要求精心规划牧场布局,不断强化管理。金山种奶牛场位于上海金山区廊下镇金山现代农业园区内,占地面积509亩,建设期环保投资2262万元。因周边区域内尚有部分居民未动迁,对奶牛场产生的异味意见较大。在上海市政府、金山区政府等相关部门的指导下,荷斯坦公司成立环保整改小组,对金山种奶牛场环保设施进一步改造和完善。2008年通过多方努力,金山种奶牛场周边建立50米绿化带,配套建设污水处理站、有机肥生产车间、次氯酸钠脱臭装置,污水处理后通过管道进入廊下镇污水站集中处理。完善牛粪、有机肥管理等环境管理制度。据上海市环境监测中心严格检验后出具的《项目竣工环境保护验收监测报告》,该项目的污水达到《上海市污水综合排放标准》(DB 31/199—1997)三级标准,脱臭装置出口以及奶牛场场界臭气浓度达到《恶臭污染物排放标准》(GB 144554—1993)标准,锅炉烟气达到《锅炉大气污染物排放标准》(GB 13271—2001)二类区燃油锅炉标准,厂界噪声达到《工业企业厂界噪声标准》(GB 12348—1990)Ⅱ类区标准。

公司获得"上海市2007年度节约能源先进单位"称号。黑龙江富裕工厂被评为当地"环保治理先进单位"。河南郑州工厂被郑州市政府评为"市级花园式单位"。

2009年节能减排工作 公司综合能源消费量42 489吨标煤,实际能源消费量38 997吨标煤;单位工业产值能耗目标为0.125 3吨标煤/万元,实际能耗0.107 7吨标煤/万元;产值能耗同比下降1%,实际同比下降14.87%。

年度资源消费总量、万元产值能耗及产品综合单耗:公司下属19个工厂的工业总产值同比增长12.27%,资源消耗总量102 385吨标煤,同比下降5.42%;产值能耗0.171 8吨标煤/万元,同比下降15.76%;产品综合能耗0.122 6吨标煤/万元,同比下降6.94%。

公司环保投资934.85万元,其中节能减排技改项目31项,投资531.84万元,比2008年增长98.73%;年节能4 303吨标煤,按1吨标准煤排放二氧化碳2.46吨计算,全年少排放二氧化碳10 585吨。在31项节能减排技改项目中,2009年申报"上海市节能技改项目"19项,总投资471.87万元,核准节能3 257吨标煤,获上海市节能减排技改项目专项奖励。

根据国家标准,工厂排放污染物的项目指标为:化学需氧量(COD_{cr})、五日生化需氧量(BOD_5)、悬浮物(SS)、氨氮(NH_3-N)、动植物油、酸碱度(pH)。工厂所在地环保部门均有监测指标,不定期进行监测。每个工厂建有污水处理站,处理污水能力与工厂设计产能配套,污水处理达标排放,分别排入当地环保部门制定的排水体系。

公司全部工厂污水处理站设备运行正常,污水处理全部达标排放。污水处理站都按照国家一级排放标准设计,环保设施加大投入,承担社会责任。

公司在19个工厂中已有6个工厂的锅炉使用天然气等清洁能源,3个工厂外购蒸汽供热,10个工厂的燃煤锅炉配有除尘器,其中2个工厂安装锅炉烟尘脱硫设备。

乳品二厂、乳品八厂被上海市清洁生产办公室推荐为2009年度上海市清洁生产审核示范企业;乳品二厂被列入闵行区循环经济试点单位并获得闵行区环保局颁发的"2009年度环境信息公开先进单位"证书。南京工厂获得南京市江宁区环保局授予的"2009年度节能减排先进单位"称号。山东德州工厂获得德州市环境保护局颁发的"2008—2009年度环境保护信用等级考核-A级企业"证书。

2010年节能减排工作 公司上海重点企业工业节能目标为:综合能源消费量42 000吨标煤,单位工业产值能耗0.106 6吨标煤/万元,产值综合能耗同比下降1%。年度综合能源消费量41 546吨标煤,工业产值能耗0.099 6吨标煤/万元,产值综合能耗同比下降7.52%。

公司下属20个工厂的资源消耗总量101 765吨标煤,同比下降0.61%;产值能耗0.165 8吨标煤/万元,同比下降3.47%;产品综合能耗0.109 5吨标煤/万元,同比下降10.69%。

2009年申报的"上海市节能技改项目"总投资471.87万元,申报节能量3 863吨标煤,2010年,由上海市政府委托第三方审核项目节能量为4 589吨标煤,通过项目节能量审核,获得政府全额奖励。公司对全国各下属工厂环保投资共计1 153.40万元,其中节能减排技改项目20项,项目投入资金355.58万元,年节约费用473.24万元,年节能量2 711.38吨标煤,按平均每消费1吨标煤排放二氧化碳2.46吨计算,减少二氧化碳排放约6 670吨。2010年上海工厂节能技改项目和广州工厂节能技改项目获得政府节能减排奖励资金。

根据国家标准,工厂排放污染物的监测项目为:化学需氧量(COD_{cr})、五日生化需氧量

(BOD5)、悬浮物(SS)、氨氮(NH_3-N)、动植物油、酸碱度(pH)。工厂所在地环保部门均实行不定期监测。每个工厂建有污水处理站,处理污水能力与工厂设计产能配套,污水处理达标排放,分别排入当地环保部门规定的排水体系。公司工厂污水处理站设计按照国家一级排放标准设计,污水处理站设备运行正常,污水处理全部达标排放。

工厂在生产过程中的包装材料废物,如有利用价值的就直接利用。不能直接利用的包装材料废物进行100%降解处理,经过环保部门认可后请具备该废品回收资质的公司回收。少量废弃产品统一经污水处理系统进行有机物分解处理,处理达标后排放。

2010年,获中国商业联合会颁发的"中国低碳杰出贡献企业"称号。公司综合技改"冷凝水烟气余热利用及供热系统节能改造项目"获上海市节能技改示范项目。上海工厂的3个综合项目入选《上海市重点节能技术改造项目案例汇编》,并由上海市政府有关部门拍摄成影像资料,供对外宣传和交流。

四、企业选介

【光明乳业股份有限公司所属乳品二厂】

光明乳业股份有限公司所属乳品二厂(简称"乳品二厂")是光明乳业旗下大型、专业生产加工液态乳和饮料的工厂,位于上海虹桥开发区吴中路578号,占地面积近6万平方米。日处理生奶400吨,总投资2.2亿元。2005年底,企业职工人数近300名,大专以上学历29人,中级技术职称10人,技术人员占20%。

2006年,乳品二厂总产量为166 002吨,2010年总产量为131 852吨。

乳品二厂主要生产加工液态乳(巴氏杀菌乳、调制乳及灭菌乳)、饮料(果汁和蔬菜汁类、蛋白类饮料、其他饮料)。UHT(超高温产品)由瑞典利乐公司的灌装设备生产,主要产品有小小光明酸奶、心爽优酸乳、利乐枕酸奶饮品等,产品规格有190毫升、200毫升、250毫升、243毫升、1升等。巴氏奶由引进美国常青公司的灌装设备生产,主要产品有保鲜奶、巧风奶等,规格有200毫升、250毫升、500毫升、950毫升、980毫升、1.5升、2.43升等。2010年UHT(超高温产品)产量为47 682吨,保鲜奶70 548吨,果汁4 238吨。

乳品二厂的"明星产品"有:致优、优倍新鲜牛乳。光明致优全鲜乳采用优质原料,通过降膜浓缩工艺,经离心除菌、膜过滤等程序提高鲜乳脂肪和蛋白,在保证产品安全的同时,全面保留了新鲜牛奶的营养和天然风味,2007年上市后受到消费者的青睐。

乳品二厂生产自动化程度高,生产设备有反渗透纯水装置、水处理设备、片式热交换器、在线单联过滤器、西伐利亚分离机、智式杀菌机、均质机、板式换热器、UHT灭菌机、利乐无菌罐装机等,其主要生产设备来自瑞典利乐公司、美国常青公司以及APV公司等国际知名的乳品设备供应商。

乳品二厂注重企业管理和食品卫生。2005年,通过GB/T 24001—1996、ISO14001:1996环境管理体系论证;2007年,保鲜灌装间通过GMP体系认证;2009年9月,获得上海市出口食品生产企业备案资格;2010年4月,建立并通过了《危害分析与关键控制点(HACCP)体系 乳制品生产企业要求》(GB/T 27342—2009)认证及《食品安全国家标准 乳制品良好生产规范》(GB 12693—2010)认证。

表 3-2-3　2006 年、2010 年乳品二厂乳品品种产量情况表　　　　　　　　　　（单位：吨）

年　份	2006	2010
UHT	65 402.07	47 682.75
保鲜奶	10 365.10	70 548.49
酸　奶	1 945.97	—
果　汁	4 634.32	4 238.98
合　计	166 002.31	131 852.75

表 3-2-4　乳品二厂主要产品品种和规格情况表

名　称	规　格	名　称	规　格
UHT 小小光明酸奶（朱古力）	200 毫升	利乐枕酸奶饮品（原味）	243 毫升
UHT 小小光明酸奶（原味）	200 毫升	保鲜奶	980 毫升
UHT 心爽优酸乳（原味）	250 毫升	保鲜奶	250 毫升
UHT 心爽优酸乳（冰凉）	250 毫升	保鲜奶	500 毫升
UHT 心爽优酸乳（草莓）	250 毫升	保鲜奶（三岛）	950 毫升
UHT 酸奶饮品（原味）	190 毫升	保鲜奶	1.5 升
UHT 酸奶饮品（草莓）	190 毫升	保鲜奶	200 毫升
UHT 酸奶饮品（葡萄）	190 毫升	保鲜奶（促销装）	200 毫升
UHT 酸奶饮品（甜橙）	190 毫升	巧凤奶	250 毫升
UHT 酸奶饮品（芦荟）	190 毫升	巧凤奶	200 毫升
UHT 酸奶饮品（原味）	1 升	鲜牛奶	2.43 升

【光明乳业股份有限公司乳品八厂】

光明乳业股份有限公司乳品八厂（简称"乳品八厂"）创建于 1984 年，1988 年 10 月竣工投产。工厂位于浦东新区成山路 777 号，占地面积 6.67 公顷，其中厂房面积 1.5 万平方米，物流冷库 2 万平方米，是上海光明乳业股份有限公司下属最大的生产各类酸奶的专业工厂。2010 年，从业人员 794 人，其中职工 312 人，劳务工 482 人。

乳品八厂拥有国际先进的乳品生产设备，全厂拥有 25 条各类酸奶灌装生产线，年产能达 20 万吨，成为 20 世纪 90 年代世界最大单一生产酸奶产品的加工企业。工厂重点设备有 8 台全进口灌装机，其中 2 台购自德国 HASSIA 公司，2 台购自美国常青公司，其余 4 台分别购自 SERAC 公司、瑞典利乐公司、法国 ARCIL 公司、法国 ERCA 公司。2006 年工厂扩建改造，日产能达到 610 吨；2006 年又对原酸奶生产车间技术改造，日产能提升到 650 吨。

酸奶产品品种丰富，覆盖纯白、风味、果粒、饮品酸奶等全系列产品，有屋形包、塑杯、纸杯、塑瓶罐等不同包装。2010 年生产的酸奶品种有基础酸奶、功能酸奶、奶酪、果粒类酸奶、长效酸奶等 5 个大类、14 个小类、62 个规格、141 个品种，其中常规产品 122 种，新品 19 种。"明星产品"主要有：莫斯利安、畅优、健能 AB100、小小光明、儿童健能等。莫斯利安是国内首创的常温酸奶，采用国际先进的ERCA无菌灌装线生产,富含L99活性益生菌种,可调节人体营养平衡,适合所有人群饮用,常温25℃可储存4个月。该产品于2008年上市后,销量呈几何级数上升,2010年单品销售额达到2亿元。

乳品八厂把"为消费者提供安全、新鲜、营养、健康的乳制品"作为责任和追求,严格把握生产质量和食品安全。生产现场的人流、物流严格区分,并划分为一般区域、准清洁区域和清洁区域。员工进入生产区域必须经过严格的消毒程序。采用先进的酸奶生产工艺和全封闭管道生产流程,通过自动化中央控制系统实现全自动灌装。自动化控制系统能完成生产计划与订单管理、生产优化、质量与配方管理、跟踪记录、生产信息与分析等先进管理、控制功能。整个罐装环境采用十万级空气净化系统,达到药品生产的要求,确保了产品的卫生和安全。工厂设有食品检验室,从原料奶的SNAP抗生素检测,到标准化配料、杀菌均质、再到菌种发酵,每一道生产工序都经过严格检验。

2005年10月,乳品八厂获ISO14001—2004环境管理体系认证证书;2007年通过ISO9001/HACCP/ISO14001/GMP体系的认证审核。2010年5月,乳品八厂正式开启世界级制造项目(TPM)建设,以灌装机三万杯B车作为试点线。

乳品八厂设有酸奶展示厅,参观者可通过翔实的文字、丰富的图片资料、生动的多媒体影像、有趣的互动游戏了解酸奶的起源、营养价值和各种保健功能,对光明全系列酸奶产品的品质、特点有直观、深入的了解。

2010年,乳品八厂生产各类牛奶产品137 127吨,总产量占光明乳业股份有限公司15%,其中酸奶产量占40%。产品销往华东地区,部分通过冷链远销北京、武汉、广州等地。乳品八厂成为酸奶出口港澳地区的内地唯一乳品企业。光明酸奶是上海市政府举办国际、国内会议和接待外宾的指定酸奶产品。乳品八厂是上海市接待国内外贵宾参观的指定企业之一。

【黑龙江光明优幼营养品有限公司】

黑龙江光明优幼营养品有限公司(简称"光明优幼公司")于2006年9月成立,光明乳业股份有限公司所属北京光明健能乳业有限公司投资兴建,持股75%,公司住所:齐齐哈尔市富裕县富裕镇五街,注册资本600万元。公司生产经营预包装食品、乳制品(含婴幼儿配方乳粉),是光明乳业旗下最大的乳粉生产销售企业。在册人员142名,非在册人员1 118名。

光明优幼公司的主要产品是婴幼儿配方奶粉系列及成人配方奶粉系列。婴幼儿配方奶粉主打产品为金体智系列、金装优幼系列、普装优幼系列等;成人配方奶粉主打产品为基础系列、高钙系列、营养系列等。2009年光明乳业股份有限公司将奶粉生产和销售定位为公司的乳制品三大支柱之一,为光明优幼公司的发展确定了方向,营业收入稳步增长。

光明优幼公司生产的光明牌体智佳婴儿配方奶粉、光明牌体智佳较大婴儿和幼儿配方奶粉、光明牌金体智婴儿配方奶粉、光明牌金体智较大婴儿和幼儿配方奶粉、光明牌金智佳婴儿配方奶粉、光明牌金智佳较大婴儿和幼儿配方奶粉、光明牌金装金智能婴儿配方奶粉等14个品种在市场上受到消费者的青睐,其中金装优幼系列是性价较高的产品系列,具有优配方、优功能、优奶源、优生产、优品控、优检测的特点。成人配方奶粉主要有光明牌脱脂奶粉、光明牌甜奶粉、光明牌香浓高钙甜奶粉、光明牌女士高钙高纤奶粉、光明优孕孕妇营养配方奶粉、光明牌中老年高钙维E奶粉等13个品种。这些产品都严格按照国家标准组织生产。

光明优幼公司奶粉生产的主要设备有脱气罐、过滤器、流量计、贮奶罐、均质机、高压泵、离心分离机、板式换热器、配料缸、平衡罐、外挂预热器、闪蒸器、杀菌器、真空浓缩器、刮板预热器、双联过滤器、喷雾干燥塔、流化床、干混机、包装机等。

光明优幼公司积极承担社会责任,热心社会公益事业,2007年向上海市儿童福利院捐赠100箱奶粉。

【上海领鲜物流有限公司】

光明乳业股份有限公司旗下上海领鲜物流有限公司(简称"领鲜物流公司")成立于2003年6月,公司住所:上海市普陀区祁连山路1035弄188号,注册资本100万元。

公司经营内容为冷藏保鲜货物专用运输、货运代理和销售预包装食品,公司业务由上海光明乳业股份有限公司物流事业部管理。2010年,上海光明邀请电子商务有限公司占总股份80%,上海乳品四厂有限公司占总股份20%。2010年,年货运量21.6万吨,营业收入11 126万元。

领鲜物流公司以打造"区域物流领袖、食品物流专家"为经营目标,贯彻"食品物流、新鲜品质、迅捷传递、准确安全、亲切便利"的经营理念,传承上海光明乳业股份有限公司20多年面向现代零售的冷藏、常温乳品物流运作和客户服务经验,在上海、杭州、宁波、嘉兴、湖州、南京、苏州、无锡、常州、合肥、芜湖、广州、天津、武汉、成都、西安、德州等地设立了现代化的冷藏和常温分拨中心,形成了覆盖全国的食品物流网络。在上海和华东地区拥有16 000多家"门到门"日配送服务的物流网络。同光明乳业、旭洋豆腐、南京雨润食品、美国泰森食品、上海可的便利店等多种业态客户建立了良好的合作关系,基本覆盖了上海和华东地区的卖场、超市、便利店等零售通路及部分餐饮通路。

领鲜物流公司与世界知名物流软件开发商合作,开发了仓储管理系统(WMS)、电子标签拣货系统(DPS)、智能调度系统(STTS)、车辆温控系统等,拥有车辆47辆、常温库面积8 613平方米、冻库面积10 038平方米等基础设施,为食品冷链物流运作提供有效支持。公司致力于提供上海、浙江、江苏、安徽等地现代零售终端每天的配送服务,配送温度带可控制零下18摄氏度、0摄氏度~4摄氏度、15摄氏度左右以及常温带四个温度范围,全面满足冷冻类、冷藏类、巧克力类以及常温产品的不同配送要求。

领鲜物流公司以"成为长三角、珠三角、环渤海湾区域的冷链领导品牌;形成冷链城际输送、冷链市内配送的区域规模服务优势;为上下游食品供应商打造一条安全、迅捷、智能化的多温度带供应链"为企业愿景,秉承"新鲜、迅捷、准确、亲切"的服务理念,用良好的物流基础设施、优秀的运营管理人员、高效的运作效率和丰富的食品物流经验,致力于为社会和广大客户提供多温度带的现代食品物流服务。

领鲜物流公司2006年获"上海食品安全冷链建设示范企业"称号;2007年获"中国物流最佳冷链企业""中国物流诚信品牌建设示范企业""长三角冷藏低温物流领军企业""长三角冷藏低温物流优质服务商"称号;2008年获"中国长三角冷藏物流金牌营运商""2006—2008中国长三角冷藏物流行业领军企业"称号;2009年获"全国食品冷链物流定点企业""长三角冷链物流行业领军企业""中国食品物流50强"称号;2010年获"中国冷链产业杰出贡献企业""全国食品冷链物流定点企业""2006—2010年长三角冷链物流行业领军企业""中国食品物流50强企业""中国冷链物流百佳企业"称号。

【上海光明邀请电子商务有限公司】

光明乳业股份有限公司旗下上海光明邀请电子商务有限公司(简称"邀请电子商务公司")成立于2000年4月,公司住所:上海吴中路578号305室,注册资本3 000万元。

公司主营低温保鲜奶送奶上门服务,主要承担上海光明乳业股份有限公司在上海及华东地区送奶上门业务和新鲜屋专卖店的经营。2010年员工总数为6 333人,其中职工532人,劳务工5 801人。

上海地区送奶经历了"饮户订奶、牧场送奶""饮户到站取奶付款""乳品企业划区供应"等阶段和形式,鲜奶的供应业务主要由各加工厂的营业所负责。邀请电子商务公司组建后,主要是统筹做好光明乳业股份有限公司的鲜奶上门服务,开创了"随心订"送奶上门服务的全新品牌,建立了"随时订,随地付,随意选,随心换"的四随订奶服务系统,致力于为消费者提供高品质乳品及轻松、便捷、人性化的全程服务。公司2010年拥有4 885名送奶工,建立了完善严密的送奶网络;拥有3 095辆奶车、419台冰柜、244个冷库(合计面积2 440平方米),确保为消费者提供高质安全的鲜奶及奶制品。每天早上7点前,送奶工准时将新鲜牛奶送到各家奶箱,做到365天不间断。2010年日均送奶达到106万瓶。

邀请电子商务公司贯彻"以诚为本、用信得众、质量第一、利益共享"的经营理念,把"大智大勇,大仁大义,拼搏奋进,开拓创新"作为企业愿景和工作目标,用最好的服务赢取市场,用最好的服务争取客户,使"随心订"成为上海及华东各省、市乳制品配送最具影响力的品牌。

表3-2-5 2006—2010年上海光明邀请电子商务有限公司经营绩效情况表

年　　份	营业收入(元)	日均送奶(瓶)
2006	362 160 149.91	918 240
2007	452 657 819.47	996 060
2008	477 452 855.68	831 718
2009	506 163 118.85	908 398
2010	568 332 315.79	1 061 239

【光明乳业技术中心】

光明乳业技术中心(简称"光明技术中心")是光明乳业股份有限公司所属技术研究和产品开发中心。1999年,由光明乳业股份有限公司原乳品培训研究中心和奶牛研究所改建重组而成。2000年2月,被认定为上海市级企业技术中心;2002年12月,被认定为国家级企业技术中心,经国家人事部批准设立博士后工作站;2004年10月,获国家发改委等四部委颁发的"国家认定企业技术中心成就奖"。

光明技术中心主要负责乳制品研发、工艺创新和技术推广,是集乳品专业研究、泛食品行业检测和全信息乳品活动三个中心为一体的研究中心。2006—2010年,光明乳业为技术中心购置各种科研设备费用为2亿元,拥有多种先进的科研和检测设备,形成了乳品技术创新、产品开发、标准制定、质量保障、信息服务、技术培训、项目示范、成果推广等方面的综合功能,为光明乳业股份有限公司和乳业行业科技进步提供服务。

光明技术中心2006—2010年取得丰硕的研究成果,"南方大城市郊区优质、高效、生态奶牛养殖技术"课题获2007年上海市科技进步奖二等奖;"功能性益生乳酸菌的高效筛选及在发酵乳制品中的应用"课题获得2008年教育部科技进步奖一等奖;"功能性益生乳酸菌的高效筛选及应用关键技术"获得2009年国家科学技术进步奖二等奖;"功能性益生乳酸菌选育及应用关键技术"获得

2009年上海市科学技术进步奖二等奖。2006—2010年申请发明专利78项,其中授权18项;发布科技论文154篇。光明技术中心承担国家及省部级重大项目29项,主持科技部"十一五"国家科技支撑计划课题"南方大城市郊区牛场环境控制技术及奶牛应激综合防控技术研究与产业化示范"和国家发改委课题"2007年国家认定企业技术中心创新能力建设项目"。参与了"十一五"国家科技支撑计划课题"新型乳制品研究与开发"、国家863计划课题"益生乳酸菌高效定向筛选与产业化应用关键技术研究"、科技部农业科技成果转化课题"新型益生菌发酵乳中试生产研究"和国家农业部"948"计划项目"生鲜牛乳质量安全控制技术引进与开发"。

光明技术中心研发的致优牛奶、优倍牛奶、优+牛奶、小小光明牛奶、畅优优酪乳酸牛奶、汉方草本优酪乳、红枣酸牛奶、金装体智能三段配方奶粉、小小光明成长奶酪等创新性产品,技术水平达到了国内领先、国际先进,为光明乳业股份有限公司实现销售百亿元战略目标的提供了科技保证。

2007年,光明乳业突破酸奶产品同质化竞争的传统思路,正式启动"常温保存酸奶"项目;2008年,全新的"巴氏杀菌热处理风味酸牛奶"莫斯利安上市,受到消费者的青睐;2009年7月,"巴氏杀菌热处理风味酸牛奶"正式成为国家认可的全新品类;2010年,引进利乐钻生产线,光明乳业成为中国首家将该包装运用在酸奶领域的企业。2010年,该产品销售达到2亿元。

表3-2-6 2006—2010年光明技术中心国家级课题研究项目情况表

项目名称及编号	项目来源	起止时间	专项经费(万元)	备注
南方大城市郊区牛场环境控制技术及奶牛应激综合防控技术研究与产业化示范(2006BAD04A14)	科技部"十一五"国家科技支撑计划课题	2006—2010	1 000	主持
新型乳制品研究与开发(2006BAD04A06)	科技部"十一五"国家科技支撑计划课题	2006—2010	1 000	协作
2007年国家认定企业技术中心创新能力建设项目	国家发改委	2007—2009	500	主持
益生乳酸菌高效定向筛选与产业化应用关键技术研究(2007AA10Z353)	科技部国家863计划课题	2007—2010	200	协作
新型益生菌发酵乳中试生产研究(05EF217100431)	科技部农业科技成果转化课题	2005—2007	70	协作
生鲜牛乳质量安全控制技术引进与开发	农业部"948"计划项目	2009—2011	100	协作

表3-2-7 2006—2010年光明技术中心申请发明专利和发表科技论文情况表

年 份	合计	2006	2007	2008	2009	2010
发明专利申请数(项)	78	18	16	13	20	11
发明专利授权数(项)	18	7	4	3	2	2
发布科技论文数(篇)	154	11	10	47	34	52

【中国乳业博物馆】

受中国乳制品工业协会和中国奶牛协会委托,由光明乳业出资兴建的中国乳业博物馆于2001

年11月21日落成启用,博物馆实用面积1 000平方米,分古代乳业、近代乳业、现代乳业三大展区,全面介绍了中国乳业各个历史阶段的发展情况。

2004年,中国乳业博物馆作为上海市科普实事工程之一,由上海市政府拨款和光明乳业增资共同扩建。在原馆的基础上增加300平方米的展示面积,并对原展示区域进行了新的布局,将原来单纯的文史类博物馆转变为科普、文史综合型博物馆;采用了影视、三维模拟、Flash动画等科技手段与形式,辅以知识竞猜、互动游戏等,使整个展示馆更具知识性和参与性。

中国乳业博物馆自建馆以来受到国内外同行业及相关行业的关注和好评,多次得到市、区科委和市科普教育基地联合会的嘉奖。来自日本、荷兰、美国、新西兰、德国等国的业内人士对乳业博物馆的展示内容表现浓厚兴趣和高度评价。据统计,2007年,参观人数达25 000人。乳业博物馆在传承中国民族乳品工业发展历史、普及乳品科普知识、提升乳品安全理念等方面发挥了很好的平台和传播作用。

2008年,在上海市科委的支持下,中国乳业博物馆启动了二期改造工作。因光明食品集团计划对中国乳业博物馆的进行整体改造而搁置,2009年乳业博物馆暂时闭馆。

第二节 糖 业

糖业是光明食品集团核心业务板块中的重要组成部分,主要由集团旗下的烟糖集团生产经营。烟糖集团在全国率先创建"资源+网络+物流+期现货+电子商务"糖业经营商业模式,2010年,糖销售量为220万吨,占全国糖销售市场的15%;糖销售收入为108亿元,利润总额为6.75亿元,烟糖集团提前两年完成光明食品集团确定的2010—2012年新三年糖业销售收入确保指标,为光明食品集团新增了一个百亿元级的核心产业。

烟糖集团原来单一经营食用糖贸易,规模很小。2001年和广西上思县合作,采用入股40%(为第一大股东)的方式,组建成立广西上上糖业有限公司(简称"上上糖业公司"),烟糖集团开始拥有自己的食用糖生产企业,收购整合后第一年实现盈利2 700万元。2003年烟糖集团组建成立东方先导糖酒有限公司(简称"东方先导公司"),主要从事食用糖贸易,包括现货、期货和电子商务,并把上上糖业有限公司归入东方先导公司管理。集团2006年收购海南东方糖业有限公司、2009年收购海南白沙合水糖业有限公司,在全国各地逐步建立了食糖销售公司。至2006年年末,烟糖集团与外省市合作、并购糖酒企业15家。2009年投资8.2亿元收购云南英茂糖业(集团)有限公司(简称"英茂糖业公司")60%的股权,这是烟糖集团成立60年来最大的并购投资项目,也是光明食品集团成立五年来最大的并购项目。2010年英茂糖业公司销售收入21.66亿元,糖产量42.9万吨,利润总额4.7亿元,成为烟糖集团下属最大的食用糖生产企业。

一、产品和品牌

【产量】

光明食品集团2006年食糖产量31 261吨,2010年644 320吨,食糖产量呈现大幅上升的势头。

烟糖集团2006/2007榨季食糖产量为13.6万吨,主要由东方先导公司生产,2008/2009榨季由于并购了英茂糖业公司,其食糖产量有了大幅提升。

表 3-2-8　2006/2007—2010/2011 榨季烟糖集团食糖产量统计情况表　（单位：万吨）

榨　季	东方先导公司	英茂糖业公司	总　计
2006/2007	13.60	—	13.60
2007/2008	23.12	—	23.12
2008/2009	19.61	44.86	64.47
2009/2010	21.08	42.94	64.02
2010/2011	21.25	47.02	68.27

表 3-2-9　2006/2007—2010/2011 榨季烟糖集团榨蔗量统计情况表　（单位：万吨）

榨　季	东方先导公司	英茂糖业公司	总　计
2006/2007	106.70	—	106.70
2007/2008	186	—	186
2008/2009	154.30	336.04	490.34
2009/2010	161.50	318.83	480.33
2010/2011	162	362.86	524.86

表 3-2-10　2006—2010 年东方先导公司食糖销售统计情况表

年　份	2006	2007	2008	2009	2010
食糖销售数量(万吨)	87.99	97.41	117.61	141.68	180.28
食糖销售收入(万元)	216 948.40	326 260.23	377 112.19	484 078.22	874 188.71

东方先导公司食糖主要生产企业为上上糖业公司、海南东方糖业有限公司（简称"东方糖业公司"）和海南白沙合水糖业有限公司（简称"白沙合水糖业公司"），其中上上糖业公司是东方先导公司所属制糖企业中生产时间最长、生产规模最大的企业。

表 3-2-11　2006/2007—2010/2011 榨季上上糖业公司生产情况表

榨　季	榨蔗量(吨)	榨蔗天数(天)	产量(吨)		
			合　计	白砂糖	赤砂糖
2006/2007	1 066 700.26	145	135 682.83	125 440.50	10 242.33
2007/2008	1 688 570.06	137	211 673.64	203 333.64	8 340
2008/2009	137 575.39	112	175 280	169 118.45	6 161.55
2009/2010	1 267 029.41	96	168 421.60	156 600.95	11 820.65
2010/2011	1 365 651.44	105	181 336.03	171 939.03	9 397

2009 年，东方先导公司对海南白沙合水糖业公司以增资形式进行控股，成为东方先导公司旗下又一制糖企业。

表 3-2-12 2009/2010—2010/2011 榨季白沙合水糖业公司生产情况表 （单位：万吨）

榨　季	榨蔗量	产　量
2009/2010	21.80	2.55
2010/2011	16	1.92

2006年，东方先导公司对海南东方糖业有限公司进行增资扩股，成为该公司第一大股东，2009/2010榨季产糖1.69万吨。

表 3-2-13 2007/2008—2009/2010 榨季东方糖业公司生产情况表 （单位：吨）

榨　季	榨蔗量	产　量
2007/2008	166 761	20 253.15
2008/2009	168 479	21 175
2009/2010	129 687	16 923.32

英茂糖业公司作为烟糖集团最大食糖生产企业，2010/2011榨季甘蔗收获面积84.97万亩，榨蔗量362.86万吨，产糖47万吨。

表 3-2-14 2008/2009—2010/2011 榨季英茂糖业公司生产情况表

榨　季	种植面积(万亩)	榨蔗量(万吨)	产量(万吨)	产糖率(%)
2008/2009	88.84	336.04	44.86	13.35
2009/2010	80.22	318.83	42.94	13.47
2010/2011	84.97	362.86	47.02	12.96

英茂糖业公司2009/2010榨季榨蔗量：德宏糖业公司2 332 129吨，西双版纳糖业公司734 519吨，元阳糖业公司121 664吨。

表 3-2-15 2009/2010 榨季德宏糖业公司榨蔗量情况表

榨　季	合计(吨)	榨蔗量
2009/2010	2 332 129	瑞丽糖厂330 738吨、景罕糖厂820 419吨、弄璋糖厂403 074吨、平原糖厂281 868吨、盏西糖厂131 876吨、龙江糖厂215 053吨、轩岗糖厂149 101吨

表 3-2-16 2009/2010 榨季西双版纳糖业公司榨蔗量情况表

榨　季	合计(吨)	榨蔗量
2009/2010	734 519	景真糖厂317 844吨、勐阿糖厂279 413吨、勐捧糖厂137 262吨

表 3-2-17　2009—2010 年英茂糖业公司白砂糖销售情况表

年　份	销售量(万吨)	平均销售含税价格(元/吨)
2009	43.84	3 571.78
2010	42.99	5 086

【产品】

东方先导公司　产品有白砂糖、绵白糖、赤砂糖、冰糖、瓶装糖、功能红糖、咖啡用糖等 8 个大类、35 个规格品种,同时开发以"木糖醇"为代表的具有绿色、保健概念的新产品。

白砂糖特点:色泽洁白发亮,糖质坚硬,松散干燥,无杂味、杂质、还原糖含量极少,是食糖中含蔗量最多、纯度最高的品种。白砂糖有精制、优级和一级三个级别。主要规格有 400 克、450 克、500 克、580 克、1 公斤、1.5 公斤、2.5 公斤、25 公斤、50 公斤等。

绵白糖特点:色泽雪白,颗粒细小,质地绵润,入口或入水融化快,不带杂质,食用方便,但在经营过程中不易保管。绵白糖仅有优级一个级别。主要规格有 400 克、450 克、500 克、1 公斤等。

赤砂糖由低纯度糖膏分蜜而成。其主要特点是:色泽深暗,深浅不一,有红褐、黄褐、青褐、赤红等,还原糖含量、非糖成分(如色素、胶质)含量高,晶粒大,食用时有糖蜜味、焦苦味,水分、杂质较多。旱季易结块,雨季易融化,流卤,不易保管。赤砂糖仅有一级一个级别。主要规格有 400 克、450 克、480 克等。

冰糖以白砂糖为原料,经加水溶解、除杂、清汁、蒸发浓缩后冷却结晶而成,色泽有白色、微黄、微红和深红;有透明、半透明之分。冰糖少杂质,味清甜,除供应食品、医药工业需要外,消费者在冬令期间还作为滋补性食品。主要有单晶体冰糖和多晶体冰糖两种。冰糖仅有一级一个级别。主要规格有 400 克单晶、480 克单晶、400 克多晶等。

2008 年 3 月,东方先导公司所属上上糖业公司生产的白砂糖、赤砂糖产品通过 ISO9001:2008、B/T 19001:2008 质量管理体系认证;2009 年 4 月,通过 ISO22000:2005、B/T 22000—2006 食品安全管理体系认证,同年 5 月通过 ISO14001:2004、B/T 24001:2004 环境管理体系和 B/T 28001:2001 职业健康安全管理体系认证。

英茂糖业公司　产品有食用白砂糖,主要品种有一级白砂糖,还有少量的优级白砂糖、精制白砂糖和二级白砂糖。

优级白砂糖主要成分:蔗糖分≥99.7%、还原糖分≤0.04%、电导灰分≤0.04%、干燥失重≤0.06%、色值≤60 IU、混浊度≤80 MAU、不溶于水杂质≤20 毫克/公斤、二氧化硫(以 SO_2 计)≤15 毫克/公斤。主要有 50 公斤包装规格。每榨季产优级白砂糖 0.1 万吨左右,约占英茂糖业公司食糖总产量的 0.2%左右。

一级白砂糖主要成分:蔗糖分≥99.6%、还原糖分≤0.10%、电导灰分≤0.10%、干燥失重≤0.07%、色值≤150 IU、混浊度≤160 MAU、不溶于水杂质≤40 毫克/公斤、二氧化硫(以 SO_2 计)≤30 毫克/公斤。主要有 50 公斤包装规格。每榨季产一级白砂糖 47 万吨左右,约占英茂糖业公司食糖总产量的 96%左右。

二级白砂糖主要成分:蔗糖分≥99.5%、还原糖分≤0.15%、电导灰分≤0.13%、干燥失重≤0.10%、色值≤240 IU、混浊度≤220 MAU、不溶于水杂质≤60 毫克/公斤、二氧化硫(以 SO_2 计)≤30 毫克/公斤。主要有 50 公斤包装规格。每榨季产二级白砂糖 1.8 万吨左右,约占英茂糖业公司食糖总产量的3.1%左右。

精制白砂糖主要成分：蔗糖分≥99.8%、还原糖分≤0.03%、电导灰分≤0.02%、干燥失重≤0.05%、色值≤25 IU、混浊度≤30 MAU、不溶于水杂质≤10毫克/公斤、二氧化硫（以SO_2计）≤6毫克/公斤。主要有2.5公斤、5公斤和50公斤三种包装规格。每榨季产精制白砂糖3 600吨～4 000吨左右，约占英茂糖业公司食糖总产量的0.7%左右。

制糖综合利用产品：食用酒精是制糖剩余产品糖蜜与辅料混合后进入高浓度混合桶混合，稀释后进行连续发酵，再进行蒸发、冷凝形成的酒精成品。

上上糖业公司酒精生产通过QS认证（全国工业产品生产许可证），2009年4月通过《HACCP体系及其应用准则》（CAC/RCP1-1969,Rev4-2003）认证。2007/2008榨季生产的普通级食用酒精经国家糖业质量监督检验中心评分，获产品质量优秀奖。

英茂糖业公司食用酒精商标为"英茂"，食用酒精生产执行国家标准GB 10343—2008。

表3-2-18　2007/2008—2010/2011榨季上上糖业公司酒精产量情况表　　　（单位：吨）

榨　季	2007/2008	2008/2009	2009/2010	2010/2011
产　量	3 437.70	3 111.80	3 706.15	4 114.90

英茂糖业公司2008/2009、2009/2010、2010/2011榨季生产酒精分别为2.55万吨、2.50万吨和2.82万吨。

甘蔗肥是用甘蔗榨压后的废料制成的肥料，主要品种有复合肥、有机肥、复混肥等，是甘蔗栽培的主要肥料。英茂糖业公司生产的甘蔗肥料商标为"云肥旺"，商标标识，注册于2004年8月，商标注册号为第3263114号，注册人为云南农化科技有限责任公司，注册地址为云南省昆明市滇池路31号省土肥站大楼。"云肥旺"牌复混肥肥料严格按照现行《复混肥料（复合肥料）》（GB 15063—2009执行），该标准于2009年11月30日发布，2010年6月1日起实施。

"云肥旺"牌复混肥是含有氮、磷、钾多种元素的复合型复混肥料。根据不同作物和不同土壤对肥料养分的要求，可生产不同配方N：P_2O_5：K_2O比例的专用肥料。主要特点：肥料外观为灰色均匀、粒度齐整、物性好、不易结块、撒施方便、肥效高，还能满足蔗田机械化施肥的要求。主要规格：40公斤塑料编织袋装。

表3-2-19　2006/2007—2010/2011榨季上上糖业公司复合肥产量情况表　　　（单位：吨）

榨　季	2006/2007	2007/2008	2008/2009	2009/2010	2010/2011
产　量	22 073.40	12 833.15	15 399.80	17 336.95	17 850.80

【品牌】

东方先导公司生产经营的糖的注册商标为"玉棠"，商标标识，注册于2004年3月，核定使用商品为白糖、冰糖、红糖、糖。注册人：上海市糖业烟酒（集团）有限公司；注册人地址：上海市汉口路460号。

2009年"玉棠"商标被认定为上海市著名商标。"玉棠"小包装食糖2007年度和2009年度被评为"上海名牌产品"。

上上糖业公司根据国际标准生产的一级白砂糖于 2009 年获准使用国际标准产品标志,执行《白砂糖》(GB 317—2006),国际标准或国外先进标准编号 CODEX STAN212—1999。上上糖业公司生产的一级白砂糖 2006 年和 2007 年获国家糖业质量监督检验中心"全国产品质量优良奖";2007/2008 榨季生产的"玉棠牌"一级白砂糖获国家糖业质量监督检验中心"全国产品质量优良奖"。

英茂糖业公司食用糖商标为"英茂",英茂 YINMORE 商标使用范围为糖、白糖、咖啡、茶、糖果、调味品、冰淇淋、红糖、冰糖、方糖。"英茂"牌精制白砂糖 2007 年获国家糖业监督检测中心颁发的"全国产品质量优良奖";"英茂"牌一级白砂糖 2007 年获国家糖业监督检测中心颁发的"全国产品质量优秀奖"。

海南东方糖业有限公司"南棠"商标注册证号:第 6994150 号,注册于 2010 年 5 月 28 日,核定使用商品(第 30 类):糖、咖啡、茶、调味品、糖果、蜂蜜、饼干、冰淇淋、食用淀粉、天然增甜剂。注册人:海南东方糖业有限公司;注册地址:海南省东方市北黎糖厂。2009/2010"南棠"牌一级白砂糖获国家糖业质量监督检验中心"全国产品质量优良奖"。

白沙合水糖业有限公司"蔗棠"商标注册证号:第 7642263 号,注册于 2010 年 11 月,核定使用商品(第 30 类):糖、糖果、调味品、咖啡、茶、糕点、面粉制品、茶饮料、冰淇淋、黄色糖浆。注册人:白沙合水糖业有限公司;注册地址:海南省白沙黎族自治县打安镇合水。

二、工艺和设备

【生产标准】

烟糖集团所属制糖企业在白砂糖生产过程中严格执行《白砂糖》(GB 317—2006),该标准于 2006 年 3 月 31 日发布,2006 年 10 月 1 日起实施。标准规定白砂糖生产的技术要求、试验方法、检验规则和标签包装、运输、贮存的要求,适用于以甘蔗或甜菜为直接原料或间接原料的白砂糖生产。白砂糖分为精制、优级、一级和二级共四个级别。

《食糖卫生标准》(GB 13104—2005)于 2005 年 1 月 25 日发布,2005 年 10 月 1 日实施。此项标准规定原糖、白砂糖、绵白糖和赤砂糖的卫生指标和检验方法及包装、标识、贮存、运输的卫生要求,适用于以甘蔗、甜菜为原料的原糖、白砂糖、绵白糖生产全过程。

《赤砂糖》(QB/T 2343.1—1997)规定了赤砂糖生产的技术要求、试验方法、检验规则及标签、包装、运输、贮存等要求。

【白砂糖生产工艺和主要设备】

食糖生产企业采用的制糖工艺以亚硫酸法为主。

英茂糖业公司制糖生产工艺是,先将甘蔗连续均匀卸入输送机,在输送中经 2 台或 3 台切蔗机复切破碎,所得丝、条状蔗料进入 4~6 座榨压机复压提汁,得到的混合汁加入石灰浮、磷酸,称为预灰汁。然后由预灰汁泵送到下一工序,经一次加热、硫熏、中和变为中和汁。中和汁经两次加热后进入沉降器,经沉降、过滤得到清汁;清汁经三次加热进入五效(压力真空)蒸发系统连续蒸发浓缩得到粗糖浆;由粗糖浆泵送到糖浆上浮器进行浮清处理得到精糖浆;最后由精糖浆泵送到煮糖工段,经三系真空煮糖煮制、助晶、离心分蜜、振动干燥、筛选、称量、包装和入库等工序生产出合格的白砂糖。

上上糖业公司制糖生产采用两级破碎、压榨法提汁、亚硫酸法澄清、五效蒸发、三系煮糖、振动干燥、电子定量包装生产工艺,制糖生产过程包括甘蔗进厂、压榨、澄清、过滤、蒸发、结晶、包装等工序。

英茂糖业公司共有13条亚硫酸法白砂糖生产线,由于每条生产线的产能规模不同,配置的加工设备规格、型号、数量也不同。

上上糖业公司2005年进行了制糖技术改造项目,总投资7 562.6万元,原料蔗日处理能力由6 000吨提高到8 000吨。2006年立项实施的"15 000吨/日技改工程项目"投资总额17 187.7万元;管控一体化项目投资总额2 000万元。2007年7月,实施废水综合治理工程项目,总投资1 450万元;2010年分别实施废水末端处理工程达标排放项目,总投资450万元,还投资800万元购置四台BW1750S间歇式全自动分蜜机。技术改造项目大大提高了全公司原料蔗日处理能力,同时也使企业制糖设备水平更上一层楼。

表3-2-20 上上糖业公司主要生产设备情况表

名　　称	规格型号	数　量	购　置　日　期
12MW汽轮机	B12-3.42/0.294	1台	2006年10月30日
130T/H蔗渣锅	XJ-130/3.82-G	1台	2006年11月25日
KCD12快速沉淀池	KCD12	1台	2006年10月18日
发电机	QF-12-2A	1台	2006年10月30日
锅炉	Shs50-2.45/400-G	1台	1978年11月1日
锅炉	Shs25-25/400-GAI	2台	1978年11月1日
锅炉	Shs35-25/400-GAI	1台	1988年11月1日
锅炉	Shs65-2.45/400-GM	1台	1991年12月1日
间歇式离心分蜜机	BMA1300	2台	2003年10月1日
间歇式离心分蜜机	BW1300S	1台	2005年10月1日
间歇式离心分蜜机	BW1500S	4台	2006年12月20日
结晶罐	TPJ30	3台	1988年12月1日
结晶罐	TXG30	7台	1988年12月1日
结晶罐	TPJ55	1台	2003年10月1日
结晶罐	TPJ55	1台	2004年10月1日
结晶罐	TPJ55	1台	2005年10月1日
结晶罐	120M2	3台	2007年1月14日
快速沉淀池	KCD12	1台	2005年10月18日
连续分蜜机	LIT2300C	5台	2006年9月10日
汽轮发电机组	B1.5-24/3,TQT1.5-4	1套	1988年11月1日
汽轮发电机组	B1.5-24/3,TQT1.5-4	1套	1989年12月1日

〔续表〕

名　　称	规 格 型 号	数　量	购 置 日 期
汽轮发电机组	B1.5-24/3,TQT1.5-4	1套	1990年12月1日
汽轮发电机组	B3-24/3,QF-JB-2	1套	1993年12月1日
汽轮发电机组	B6-2.354/0.29,QF-J7-26.3KV	1套	2005年10月1日
斜调式压榨机(900千瓦)	φ1 000*2000	6台	2006年10月26日
压榨机(355千瓦)	φ760*1 370	5台	1988年12月1日
压榨机(500千瓦)	φ760*1 400	5台	1994年12月1日
压榨机(500千瓦)	φ850*1 700	2台	2005年10月1日
蒸发罐	TWX1600	2台	1991年12月1日
蒸发罐	TWX2000	2台	1994年12月1日
蒸发罐	TWX3000	1台	2004年10月1日
蒸发罐	TWX3000	1台	2005年10月25日
蒸发罐	TWX2500	3台	2006年12月20日
蒸发罐	TWX1600	2台	2006年12月20日
蒸发罐	TWX1000	1台	2006年12月20日

【精制白砂糖生产工艺和设备】

将白砂糖原料放入溶解箱溶解,所得溶解液经过滤、离子交换脱色、蒸发浓缩得到浓缩糖浆,由浓缩糖浆泵送到煮糖工段,经多系真空煮糖煮制、助晶、离心分蜜、振送干燥、筛选、称量、包装和入库等工序生产出精制白砂糖。

英茂糖业公司所属景罕糖厂有精制糖生产线一条,其加工设备规格、型号、数量为:回溶糖机(φ1 000×3 500)2台;离交糖浆过滤系统(PHF-10)1套;结晶罐(TCG5)2台;助晶机(TZL5)3台;离心分蜜机[XZ-1200(B)]2台。

【糖质原料生产食用酒精工艺和主要设备】

生产食用酒精工艺　制糖生产线产出的糖蜜被泵送到酒精生产线作为原料,糖蜜经稀释(加入工艺水)、酸化处理(加入硫酸和营养盐)得到酸化液;酸化液泵送到装有固定化酵母的发酵系统进行发酵得到成熟醪;成熟醪被连续泵送到三塔蒸馏系统进行蒸馏、排除杂醇油、冷却等得到食用酒精。

生产工业酒精工艺　制糖生产线产出的糖蜜被泵送到酒精生产线作为原料,糖蜜经稀释(加入工艺水)、酸化处理(加入硫酸和营养盐)得到酸化液;酸化液泵送到装有固定化酵母的发酵系统进行连续发酵得到成熟醪;成熟醪被连续泵送到醪塔、精塔蒸馏系统进行蒸馏、冷却等,最终生产出工业酒精。

主要生产设备　英茂糖业公司下属七家企业有食用酒精生产线,即:瑞丽糖厂、景罕糖厂、弄璋糖厂、龙江糖厂、景真糖厂、勐阿糖厂、文山克林糖厂。

各企业加工设备、型号规格为:

瑞丽糖厂:发酵罐规格(m^3×台)96×1、94×3、67×3、43×1;醪塔规格φ1400SD型;醛塔规格

φ800 浮阀式;精塔规格 φ1300 浮阀式。

景罕糖厂:发酵罐规格(m³×台)150×2、140×3、85×2、45×5;醪塔规格 φ1600-21SD 型;醛塔规格 φ1200-31 型;精塔规格 φ1800-68 型。

弄璋糖厂:发酵罐规格(m³×台)200×1、150×6、110×2;醪塔规格 φ1600SD 型;醛塔规格 φ1200SD 型;精塔规格 φ1600SD 型。

龙江糖厂:发酵罐规格(m³×台)150×8;醪塔规格 φ1600SD 型;醛塔规格 φ1700 泡帽式;精塔规格 φ1800 泡帽式。

景真糖厂:发酵罐规格(m³×台)160×2、110×2、90×3、80×7;醪塔规格 φ1600 浮阀;醛塔规格 φ1000PB 浮阀型;精塔规格 φ1400 浮阀式。

勐阿糖厂:发酵罐规格(m³×台)60×1、50×8、34×2、55×1;醪塔规格 φ1000SD 型;醛塔规格 φ800SD 浮阀;精塔规格 D700SD 齿型。

文山克林糖厂:发酵罐规格(m³×台)55×2、50×8;醪塔规格 φ1200SD 型;醛塔规格 φ800SD 型;精塔规格 φ1000 浮阀式。

【复混肥生产工艺和流程】

复混肥生产工艺和流程是:原料破碎、尿素熔融、主生产系统和掺混系统。主生产系统由原料配料、造粒、干燥、筛分、冷却、尾气处理、燃烧炉、防结块处理及计量包装等组成。

三、甘蔗种植和食糖销售

【支持蔗农发展甘蔗生产】

英茂糖业公司以合同契约为基础,农业订单为保障,确立与蔗农的紧密合作关系,作为稳定发展制糖原料和组织安排甘蔗生产的主要方式。

为体现诚信经营和利益均衡的理念,调动广大蔗农的积极性,促进蔗糖产业持续健康发展,英茂糖业公司实施白糖销售价与甘蔗收购价格提前联动,针对甘蔗种植与其他农作物种植比较效益下降的实际情况,统一所属企业甘蔗收购价格,调整价格联动基价。对按技术要求新种(含翻种)水田和旱地甘蔗,公司从甘蔗专用底肥、使用农机、秋植甘蔗种苗、良种调运运费等方面给予一定补助。对甘蔗种苗、农用物资和旱地机耕费、预购定金、入榨甘蔗运费进行一定补助和扶持,对蔗区道路基础设施建设、甘蔗中耕管理农用物资供应等进行资金帮助。

英茂糖业公司还采取配套措施促进糖业原料发展:一是不断完善沟通机制,营造糖业发展环境。实现沟通机制制度化,加强与当地各级党委、政府和相关部门及蔗农的协调沟通,形成思想共识,支持蔗糖产业的发展。二是加大宣传力度,充分调动农户种植甘蔗的积极性,扩大甘蔗种植面积。三是普及科学种蔗技术,加大技术培训力度。如建立甘蔗技术规范化栽培样板,以点带面,推广甘蔗规范化技术措施;改变植期,提早节令,延长甘蔗生长期,增大秋植蔗种植比重;调整品种结构,优化品种布局;抓好甘蔗种植质量,逐步推广"吨糖田""高优蔗园"种植技术;推广有机肥和测土配方施肥,逐步推进"快锄低砍""平铲松蔸"宿根管理技术,努力扩大技术覆盖面。四是推广普及技术成熟的机械,做好示范,以点带面。鼓励蔗农购置农业机械,鼓励公司员工发明创造甘蔗砍收、搬运、上车等实用机械。英茂糖业公司为推广订单农业方式、蔗区基础设施建设等提供支持帮助。

上上糖业公司制订了《2010—2012 原料蔗三年规划》,明确提出 2011 年度全蔗区计划甘蔗种植面积32.15万亩，总产蔗量175万吨，目标185万吨。为确保实现这一目标，采取超常规措施，举全公司之力经营蔗区。提高土地资源利用率，切实增强和巩固甘蔗作物的优势地位，实现蔗农增收、企业增效、政府增税的目的。公司从水旱田改种、特早熟品种及新品种种苗、种植基肥及催苗肥、壮尾肥及甘蔗专用地膜、道路修建等方面对甘蔗种植进行扶持。

表3-2-21 2006/2007—2010/2011榨季上上糖业公司种甘蔗植户数及蔗量统计情况表

榨 季	蔗农户数（户）	蔗量（吨）
2006/2007	18 760	1 072 023.04
2007/2008	21 138	1 698 130.34
2008/2009	20 065	1 375 175.40
2009/2010	19 209	1 267 029.41
2010/2011	19 299	1 365 651.44

在资源基地的建设上，东方先导公司和英茂糖业公司非常注意保护蔗农的利益和积极性。在生产种植上，公司引导蔗农做到"三化一基地"：水利化、规模化、标准化和种苗基地。一般蔗农种植甘蔗的良种率在70%～80%，英茂糖业公司提供的蔗苗良种率达到96%，由于产量高质量好，深受蔗农的欢迎。上上糖业公司主动贷款给蔗农买运输卡车，为公司服务3年后，运输车就归蔗农所有。2010年，烟糖集团在广西、海南、云南投资并购糖厂，带动甘蔗种植面积约135万亩，受益农户82万户，农民收入超过16亿元。

【甘蔗种植面积】

英茂糖业公司所属元阳糖业公司、德宏糖业公司、西双版纳糖业公司2010/2011榨季甘蔗种植面积总计849 671亩。

表3-2-22 2009/2010—2010/2011榨季元阳糖业公司甘蔗种植面积统计情况表　（单位：亩）

榨 季	水田面积	旱地面积	总面积
2009/2010	4 102.6	38 390	42 492.6
2010/2011	2 585	29 404	31 989

表3-2-23 2009/2010—2010/2011榨季德宏糖业公司甘蔗种植面积统计情况表　（单位：亩）

榨 季	水田面积	旱地面积	总面积	各厂种植面积
2009/2010	305 871	246 108	551 979	瑞丽糖厂70 807、景罕糖厂182 969、弄璋糖厂92 720、平原糖厂60 905、盏西糖厂32 687、龙江糖厂68 299、轩岗糖厂43 592
2010/2011	358 541	251 070	609 611	瑞丽糖厂72 000、景罕糖厂199 832、弄璋糖厂108 060、平原糖厂66 420、盏西糖厂37 912、龙江糖厂78 484、轩岗糖厂46 903

表 3-2-24　2009/2010—2010/2011 榨季西双版纳糖业公司甘蔗种植面积统计情况表　（单位：亩）

榨　季	水田面积	旱地面积	总面积	各厂种植面积
2009/2010	74 100	133 674	207 774	景真糖厂 93 662、勐阿糖厂 78 382、勐捧糖厂 35 730
2010/2011	84 420	123 651	208 071	景真糖厂 89 964、勐阿糖厂 80 187、勐捧糖厂 37 920

东方先导糖业公司所属上上糖业公司积极扶持蔗农种植甘蔗，2010/2011 榨季种植甘蔗 31.8 万亩。

表 3-2-25　2005/2006—2010/2011 榨季上上糖业公司甘蔗种植面积统计情况表　（单位：万亩）

榨　季	面　积	榨　季	面　积	榨　季	面　积
2005/2006	22	2007/2008	30.57	2009/2010	31.10
2006/2007	26	2008/2009	33.32	2010/2011	31.80

【甘蔗种植品种】

英茂糖业公司所属元阳糖业公司 2009/2010 榨季甘蔗主要种植品种有 6 个，2010/2011 榨季主要种植品种有 8 个。

表 3-2-26　2009/2010—2010/2011 榨季元阳糖业公司甘蔗种植品种统计情况表

榨　季	主要种植品种
2009/2010	粤糖 93/159、新台糖 10 号、新台糖 22 号、桂糖 11 号、新台糖 25 号、其他品种
2010/2011	粤糖 93/159、粤糖 86/368、新台糖 10 号、新台糖 22 号、新台糖 25 号、桂糖 11 号、桂糖 21 号、其他品种

英茂糖业公司所属德宏糖业公司 2009/2010 和 2010/2011 榨季甘蔗主要种植品种相同。

表 3-2-27　2009/2010—2010/2011 榨季德宏糖业公司甘蔗种植品种统计情况表

榨　季	主要种植品种
2009/2010 2010/2011	粤糖 93/159、ROC20、粤糖 86/368、盈育 91/59、新台糖 10 号、新台糖 16 号、新台糖 22 号、新台糖 25 号、桂糖 11 号、德蔗 95/7、川糖 79/15、闽糖 90/1022、德蔗 93/94、其他品种

英茂糖业公司所属西双版纳糖业公司 2009/2010 和 2010/2011 榨季甘蔗主要种植品种相同。

表 3-2-28　2009/2010—2010/2011 榨季西双版纳糖业公司甘蔗种植品种统计情况表

榨　季	主要种植品种
2009/2010 2010/2011	粤糖 93/159、ROC20、粤糖 86/368、新台糖 10 号、新台糖 16 号、新台糖 22 号、新台糖 25 号、桂糖 11 号、勐海 92/299、桂糖 21 号、其他品种

东方先导公司所属上上糖业公司2009年新植蔗区种植新台糖22号、桂糖28号、粤糖00-236、粤糖93/159等高产稳产高糖的良种蔗,按照特早熟品种、早熟品种、中熟品种2∶4∶4的品种搭配。水旱田及低畦地水肥条件充足地区,发展种植桂糖28号、粤糖00-236、粤糖93/159等丰产高糖特早熟良种蔗;新开发蔗区及大部分旱坡地则种植新台糖22号(或园林6号)等品种;对引进推广的台糖7802/668、台糖92/2668、台糖7901/008及桂糖02/901、桂糖02/467等新品种则有针对性的扩大试种范围。

【食糖销售】
烟糖集团从事糖的销售有几十年的历史,长期以来都是"搬砖头式"的单一贸易,而且规模很小,2000年,糖的销售量只有14万吨。进入21世纪后,烟糖集团开始探索商业模式的转型,把糖"从一个产品做成一个产业"。烟糖集团与可口可乐、百事可乐、蒙牛、伊利、娃哈哈等国际国内著名企业进行合作,糖业产业不断壮大。

糖是一个产业链特别长、牵涉面特别广的产业。光明食品集团成立后,烟糖集团在原来"资源+网络+物流+期现货+电子商务"的商业模式的基础上,根据"网络、资源、科技、品牌"四位一体的转型思路,进一步加快全国布局的速度,以产业价值链的方式,把资源、网络、物流、期现货、电子商务、科技、品牌等七大要素连接起来,使糖业发展进入更加宽阔的道路。

烟糖集团和东方先导公司在糖的销售上采取了以下主要做法。

确定糖销售的目标客户 在糖业产业中,原料糖的市场最大,大市场、大客户、大生意才能做成大产业。集团把糖业发展定位为"生产商的供应商",把生产经营原料糖作为自己的发展方向,在2010年集团销售的220万吨糖中,小包装糖只有5吨,占销售总量2.27%,97.73%的糖供应给食品生产企业。

在全国布局糖的销售企业和配送体系 东方先导公司按照"内有平台,外有网络,南北布点,沿海布线"的构想,不断加强网络建设。至2010年,公司在北京、天津、山东、江苏、浙江、云南、广西、吉林等16个省(自治区、市)设立了19家销售公司,形成了辐射全国的市场网络。在物流建设方面,主要是与广西、云南产区和沿海沿江销区的公路、铁路、水路运输企业进行业务合作,建立面向全国的食糖配送物流体系。

为了提高分布在全国各地的销售公司的经营管理水平,烟糖集团和东方先导公司确立了"头脑在上海,基地在外省,市场在全国"的"总部经济"管理模式,进一步加强了管控体系建设,在合作方式上采用控股方式建立健全法人治理结构;对资金实行统一集中管理;实行"科技+制度"的管理体系,建立了"业务进销存电子系统""财务管理报表数据系统",随时管控和指导所有下属公司的经济运营情况;对华北、西南等地条件不具备的公司,暂时上收销售定价权和采购决策权,由总部集中决策,同时实行区域联动的经营模式。如云南东方糖业公司和四川、重庆等地的公司加强合作,云南东方糖业公司做后援,四川和重庆公司在当地做市场,双方扬长避短。四川和重庆公司2005—2006年亏损,2007年开始实现产区公司和销区公司联动后实现了盈利,其中重庆公司的年销量从2万吨上升到6万吨。

糖的期货经营与现货经营相结合 东方先导公司糖的采购70%是期货、30%是现货,期货成为糖采购的主渠道,收到了很好的经济效益。

不断提升为客户服务的水平 东方先导公司坚持"诚信为本,客户第一"的经营原则,从售前、售中和售后对客户进行全方位的服务。如东方先导公司所属云南公司针对不同客户对糖的质量特点的不同要求,提供相对应的最好产品。如娃哈哈对糖中不含二氧化硫的要求特别高,可口可乐和百事可乐要求糖中不含有絮凝物,糕点生产企业对糖的颗粒和色泽特别讲究,公司给各大客户供应质量要求最合适的优质产品。为了保证质量,公司每年把糖送到英国检测质量。在与伊利公司初次合作时,云南东方公司专门用飞机运送了一吨品种糖供对方检测和选择。公司还加强售中服务,为大客户建立档案,对每个客户的糖库存量了如指掌。英茂糖业公司定期请客户代表到工厂现场察看生产情况,及时听取客户的建议和意见进行整改。糖厂在进行设备技术改造时也主动听取客户的意见并建立客户回访等制度。

四、企业选介

【东方先导公司】

东方先导公司是烟糖集团下属企业,2003年5月在北京注册成立,由烟糖集团与上海瑞泰资产管理有限公司共同组建,注册资本5 000万元,其中,烟糖集团出资4 500万元,占总股本90%;瑞泰资产管理有限公司出资500万元,占总股本10%。2006年7月和2008年5月,注册资本分别增至25 000万元和45 000万元,其股权结构不变。注册地址为上海市汉口路460号。

东方先导公司是集资源控制、现期货经营、网络拓展、现代物流和电子商务于一体的糖业全产业链经营和国内外乳制品原料销售代理的全国性企业,拥有19家销售公司、3家生产企业、2家加工企业和1家物流企业,拥有年产量约21万吨的食糖生产基地,在广西、海南等食糖主产区可控食糖资源近26万吨、甘蔗产量近180万吨、甘蔗种植面积40万亩。公司构建了覆盖华东、华北、华中、华南、西南、西北、东北等区域多层次的食糖资源、市场营销、物流运输和信息网络体系。2010年公司总资产439 116万元,食糖的销售量180万吨,销售额874 188.71万元,利润总额20 082.52万元。

东方先导公司在资源控制上,通过扩大种植面积、加大技术改造和糖业新基地建设(2006年投资组建海南糖业有限公司),并开展对淀粉糖生产的调研与论证,为糖业后续发展积极做好资源准备。在市场营销上,加快网络布局,扩大其覆盖面,注重网络功能建设和价值提升,强化各地市场调研和信息收集功能,加强终端客户和光明食品集团大客户的开发,探索完善以"集中订货、分散配送"为特点的销售、服务模式,使终端渗透力得到一定增强。

东方先导公司拥有的"玉棠"品牌历经多年培育,以其规格全、质量好而满足了工业、民用、批发等不同的消费层次和不同的市场需求;以"玉棠"商标品牌为代表的系列食糖产品在全国食糖行业有着较高知名度,已发展形成了白砂糖、绵白糖、赤砂糖、冰糖、功能红糖等大类,35个规格品种,并开发出适合特殊人群的"木糖醇"产品。产品生产通过了ISO9001:2000质量管理体系和HACCP食品安全管理体系认证,"玉棠"系列产品秉承质好、量准、卫生、携带方便的特色,在上海及周边地区市场占有率连续多年保持第一。

2009年,东方先导公司被上海市商业管理协会等评定为"三优企业";2010年获上海市农业产业化龙头企业和"2010年上海市场诚信经营先进单位"称号。

表3-2-29 2006—2010年东方先导公司主要经营业绩情况表

年 份	2006	2007	2008	2009	2010
食糖销售量(万吨)	87.99	97.41	117.61	141.68	180.28
食糖销售额(万元)	216 948.40	326 260.23	377 112.19	484 078.22	874 188.71

〔续表〕

年份	2006	2007	2008	2009	2010
利润总额(万元)	4 683.74	10 525.42	2010.07	8 278.47	20 082.52
总资产(万元)	100 947.91	190 029.9	189 767.9	312 739.42	439 116.12
净资产(万元)	19 448.25	60 785.76	69 386.14	66 986.48	80 147.42

东方先导公司下属销售企业 东方先导(上海)糖酒有限公司、上海东方先导食品原料有限公司、上海东方江浦糖酒有限公司、易统食品贸易有限公司、江苏省东方糖酒有限公司、浙江省东方糖酒有限公司、山东省东方糖业有限公司、东方先导(北京)糖酒有限公司、天津市东方糖酒有限公司、河北省东方先导糖业有限公司、东方先导(山西)糖酒有限公司、云南省东方糖酒有限公司、东方先导(四川)糖酒有限公司、东方先导重庆市糖酒有限公司、东方先导湖北糖酒有限公司、东方先导河南糖酒有限公司、东方先导(湛江)糖酒有限公司、东方先导(广西)糖酒有限公司、甘肃省东方糖酒有限公司、东方先导(吉林)糖酒有限公司、上海聚能食品原料销售有限公司(主营乳制品)。

东方先导下属食糖生产加工和物流企业 广西上上糖业有限公司、海南东方糖业有限公司、海南白沙合水糖业有限公司、上海上棠食品有限公司、山东高密华圆糖业有限公司、上海东方通海物流有限公司。

【英茂糖业公司】

英茂糖业公司是烟糖集团的控股企业,前身是中国英茂糖业(集团)有限公司的子公司,成立于2003年。2009年10月,烟糖集团收购英茂糖业公司60%股权。公司主营业务为食糖生产和销售,经营实体主要位于云南省,注册资本4.1亿元,公司住所:云南省昆明市滇池路739号B座。

公司2009/2010榨季甘蔗收获面积80.22万亩,甘蔗压榨量318.8万吨,糖产量42.94万吨,生产酒精2.5万吨;2010年销售收入216 484.8万元,上缴税金24 660.1万元,利润47 397万元。

制糖业是英茂糖业公司的核心业务。2009年公司获全国制糖十强企业称号,位列第八位,2010年跃升全国制糖十强企业第六位。公司下辖云南德宏英茂糖业有限公司、云南西双版纳英茂糖业有限公司和云南元阳英茂糖业有限公司等专业蔗糖生产子公司以及专业生产复合肥的云南英茂农化科技有限公司。公司主业为白砂糖、精制白砂糖、酒精、复合肥、有机肥等产品的生产和销售。在德宏州、西双版纳州、红河州、大理州、文山州拥有12个制糖厂、13条制糖生产线。2010年,甘蔗日处理能力4.05万吨,年产白砂糖42.94万吨,酒精2.5万吨。公司在云南省15个县市以及毗邻老挝、缅甸等国家地区拥有甘蔗种植面积90余万亩,惠及蔗农9.8万户、38万人。

甘蔗生产是制糖产业发展的重要基础。英茂糖业公司把提高甘蔗生产组织化程度,探索规模化生产和集约化经营作为原料生产的追求目标。公司与农民建立以合同契约为基础,以农业订单为保障的合作关系。2009年8月,公司作出《关于增加扶持投入和加快原料发展的决定》,从争取政府资源和社会资源、加强政策宣传、推进科技创新等方面制订了相关措施,有效促进糖业原料的发展。2009/2010榨季对甘蔗收购价格实行提前联动,推出了甘蔗种植的扶持政策和奖励办法,进一步调动了蔗农的积极性,促进了糖业生产的持续稳定发展。

肥料生产是英茂糖业公司制糖产业链中的重要一环。公司所属云南英茂农化科技有限公司(简称"农化公司")成立于2002年6月,是生产、供应农业生产物资的专业化公司,也是云南省最大的BB肥生产供应商。"云肥旺"牌BB肥、复混肥已成为区域性名牌产品。农化公司所属景罕复合肥厂拥有年产3万吨复合肥和2万吨BB肥生产能力的生产线;勐阿有机肥车间拥有年产5千吨生物有机肥生产线。农化公司以英茂糖业蔗区作为主要目标市场,以英茂糖业公司制糖二级公司为合作伙伴,以"云肥旺"商标为品牌,以测土配方BB肥和复混肥为产品,形成了集"测土、配方、生产、销售、服务"五个环节为一体的农化服务流程。

农化公司和云南农业大学合作,全面开展英茂蔗区测土配方和建立土壤数据库工作,为"云肥旺"牌BB肥的配方设计和专用肥料生产提供科学依据,获得了云南省2009年科学技术进步奖三等奖。公司通过"淡储旺销降低原料成本—优化运输仓储减少费用—科学配方保证产品效果—垂直生产管理保证产品质量"的价值链组合,创造企业利润空间,建立了农化公司四位一体的赢利模式。2010年农化公司营业总收入9530.83万元,利润总额763.22万元,净利润669.07万元。

英茂糖业公司不断推进企业文化建设,以增强企业忧患意识、追求英声茂实为目标,把"正直做人、正派行事"作为根本行为准则,把"给客户以价值,给员工以希望,给股东以回报,给社会以贡献"作为企业核心价值观,把"利益均衡、共同发展"作为处理经济关系的根本原则。

英茂糖业公司于2008年和2009年连续被评为云南省外商投资优秀企业,2010年被评为云南省10大高营业额、高利税、高就业、优秀外商投资企业和"十一五"云南省糖业发展先进单位。

表3-2-30 2008/2009—2010/2011榨季英茂糖业公司经济指标情况表

榨 季	收获面积（万亩）	榨蔗量（万吨）	糖产量（万吨）	酒精产量（万吨）	销售收入（万元）	上缴税金（万元）	利润（万元）
2008/2009	88.84	336.04	44.86	2.55	155 897.75	12 654.37	4 863.24
2009/2010	80.22	318.83	42.94	2.50	216 484.80	24 660.14	47 397.00
2010/2011	84.97	362.86	47	2.82	332 820.50	34 590.09	83 097.53

【上上糖业公司】

上上糖业公司是烟糖集团所属东方先导公司的控股企业,创立于2001年11月,由烟糖集团、广西上思县财政局、上思糖业有限公司和上思糖业有限公司工会共同出资组建。公司住所:广西上思县城西郊,注册资本3 000万元。

2002年10月,烟糖集团将持有的上上糖业公司31%股权置换给上海第一食品股份有限公司(后为金枫酒业股份有限公司)。2003年6月—2008年12月,东方先导公司先后受让烟糖集团所持有上上糖业公司10%股权、上思糖业有限公司工会所持有上上糖业公司29%股权(870万股权)中的19.166 6%(575万股)股权、金枫酒业股份有限公司所持有上上糖业公司31%股权。2006年6月,上上糖业公司将2005年未分配利润中的7 000万元转为资本金进行增资扩股,其股权比例不变,注册资本变更为10 000万元。2009年5月,上思糖业有限公司工会受让其上调、退休、去世职工所持有上上糖业公司2.267%股权。2010年,上上糖业公司的股权结构为东方先导公司占总股份60.17%,上思糖业有限公司占总股份20%,广西上思财政局占总股份10%,自然人(个人)占总股份9.83%。

上上糖业公司占地面积239 025平方米,距广西壮族自治区首府南宁市100公里、距南宁国际机场75公里、距广西最大的海港防城港116公里。公司下设九个管理部室、四个生产分厂,分别为公司办公室、人力资源部、信息管理部、行政保卫部、财务部、生产部、农务部、品控部、供销部;动力分厂、提汁分厂、制炼分厂和酒肥分厂。公司2010年从业人员1083人,其中高级职称3人,中级职称31人,初级职称80人。

上上糖业公司坚持合作、发展、多赢的经营理念,积极探索商业资本与工业资本合作、产区企业与销区企业合作、西部资源优势与东部销售网络优势合作的发展新路子,2006年,实现净利润1.3亿元,实现了企业增效、政府增税、职工增收、蔗农增益、股份增值。

上上糖业公司坚持用新设备、新工艺、新技术装备企业,先后引进世界先进的德国自动分蜜机、英国立式连续助晶机和国内先进的快速沉降机及广泛应用于航空航天、冶金、建材等领域的功能双分流齿轮减速机,使糖的结晶处理能力比原来提高了2~3倍,每个榨季可增收节支1300万元。公司投资2.8亿元进行技术改造,使日榨蔗能力由原来5000吨提高到15000吨,并先后实施了废水综合治理工程和年产3万吨复合肥车间技改等项目。公司在甘蔗良种、地膜、化肥供应、蔗区道路和水利设施建设、蔗款兑现、超利分成等方面采取各种惠农、富农、支农措施,建立和完善龙头企业与原料基地利益共享机制。同时加强种植技术指导和服务,推广优良品种和先进栽培技术,提高原料蔗的产量和品质,受到当地政府和广大农户的普遍好评。

上上糖业公司以"构建和谐社会,走跨越式发展之路"作为发展主题,把"和谐、积极、求实、创新"作为经营理念,实现企业可持续发展。公司2010年分别为上思县2010年森林旅游节和上思县2010年运动会捐资15万元和2万元;2007年被广西扶贫开发领导小组办公室评为"广西扶贫龙头企业";2008年被广西企业与企业家协会评为"广西百强企业"和"广西优秀企业",并成为"广西制造业信息化科技工程甩账表试点企业"。

【东方糖业公司】

东方糖业公司是烟糖集团所属东方先导公司的控股企业,成立于2004年3月,由张映明等三位自然人共同出资组建,注册资本1000万元。注册地址:海南省东方市北黎糖厂。2006年6月,东方先导公司出资500万元对东方糖业进行增资扩股,注册资本增至1500万元,东方先导公司成为公司第一大股东。2009年7月,股东张映明受让王羽持有东方糖业公司16.67%股权,张映明占总股份46.67%。2010年7月,东方先导公司收购股东张映明所持有东方糖业公司46.67%股权,公司占东方糖业公司总股份80%。

东方糖业公司位于海南省东方市八所镇北黎管理区。东方市地处海南岛西部偏南,东西横跨53.6公里,南北纵长65.4公里。境内海岸线长84.4公里,西线高速公路、海榆西线公路、西环铁路以及拟兴建的西环高速铁路均贯通境内。市政府所在地八所镇与海口市相距225公里,离三亚市177公里,交通十分便捷。2006年7月,公司通过竞买取得东方市八所镇原东方糖厂199207.77平方米土地和34568.62平方米的厂房,并按期完成了日榨3500吨的改扩建工程,年产糖超过2万吨。2008年公司将直径610毫米×1200毫米压榨机组更换为直径710毫米×1370毫米压榨机组,日榨甘蔗能力提升到3000吨~4000吨,年产糖4万吨~5万吨。

蔗糖生产和销售是东方糖业公司的主要业务。甘蔗种植主要分布在东方市海拔10米至350米的燥红土、褐色砖红壤亚类及砖红壤亚类地区,该地区年平均气温25℃,年降水量平均值709.9毫米,年日照时数平均值2557.27小时,非常适合甘蔗等热带作物的种植,为蔗糖生产提供了良好条件。甘蔗主要品种有粤糖93/159、新台糖22号,其中粤糖93/159产量占甘蔗总量的90%以上。甘蔗常年种植面积保持在3万亩~4.2万亩,种源主要靠本蔗区自种自供,种植方式为人工种植。公司主要生产一级白砂糖,产品质量执行《白砂糖》GB 317—2006,规格为50公斤/袋,注册商标为

"南棠"。2009/2010榨季榨蔗量129 687吨,产糖16 923.315吨。

公司的核心理念是"以人为本、诚信创新、服务领先、追求无限",坚持"效益为先、服务第一、协调发展"的经营思想,把"诚信、专业、敬业、勤业"作为公司经营准则,推进企业不断发展。

表3-2-31　2007/2008—2009/2010榨季海南东方糖业公司产糖情况表　　　　　（单位：吨）

榨　季	榨蔗量	产糖量
2007/2008	166 761	20 532
2008/2009	168 479	21 175
2009/2010	129 687	16 923

【白沙合水糖业公司】

白沙合水糖业公司是烟糖集团所属东方先导公司的控股企业,创立于2003年7月,注册资本1 000万元,公司住所：海南省白沙黎族自治县打安镇合水,经营范围：白砂糖、赤砂糖、桔水、蔗渣板生产、销售、汽车运输、汽车修理、甘蔗种植与收购。2009年6月,东方先导糖酒有限公司出资7 500万元对白沙合水糖业公司进行增资(其中增加注册资本2 333.33万元),占白沙合水糖业公司70%股份,注册资本增至3 333.33万元;2010年8月以2 486.22万元现金方式受让两名自然人所持有白沙合水糖业公司21%股份,东方先导糖酒有限公司持有白沙合水糖业公司股份增至91%。

白沙合水糖业公司位于海南省白沙县打安镇,黎母山脉中段西北麓,南渡江上游。东邻琼中,南交乐东,西接昌江,北抵儋县,属热带季风性气候。地形主要由山地、丘陵和少部分平原构成,高温多雨,光热充足,全年日照2 056小时以上,年平均气温21.9摄氏度～23.4摄氏度,年平均降雨量1 725毫米,雨量主要集中在5—10月,占全年降雨量的85%,适宜甘蔗生长。公司总占地面积208.743 4亩,其中建筑面积20 271.6万平方米。

公司的生产榨机为直径810毫米×1 670毫米三辊式压榨机,设计榨量为3 500吨/日,年处理甘蔗量可达30万吨,产糖36 000吨。主要产品为一级白砂糖,产品标准为GB 317—2006,产品规格为50公斤/袋,注册商标为"蔗棠"。

白沙合水糖业公司坚持以技术为先导,市场为导向,质量为标准,客户满意为宗旨,加强产品的品质检验,不断完善各项管理制度,促进企业稳定发展。2009/2010榨季榨蔗量21.8万吨,产糖2.55万吨。

【上上糖业公司技术中心】

上上糖业公司技术中心是广西上上糖业公司所属科研机构,创建于2003年,2010年10月被认定为自治区级企业技术中心。技术中心分设糖业技术研究室和甘蔗技术研究室,人员配置10名。中心的研究课题涉及制糖、机械、食品、化工、计算机、经济作物、有机化学等专业领域。技术中心主要负责上上糖业公司及本行业核心技术的研究和开发、研究课题的小试和中试、相关技术在公司内部的推广应用等。

自2006年以来,上上糖业公司技术中心先后开展了"无磷酸无石灰糖浆上浮技术"区级课题、"糖蜜酒精废液COD处理技术和研究示范"市级课题、"糖业物流管理GPS平台研发与应用"、"降低废蜜重力纯度技术难点攻关"、"自动冲罐设备研发项目"、"节能降耗关键点控制与方案实施"等课题研究和实验,推进了企业科技创新,实现了节能降耗,为企业创造了良好的经济效益。中心自主研发的"提高乙糖晶种质量"项目被列入自治区扶持项目;与广西大学联合研发的"抑制甘蔗从破碎开始到压榨混合汁输送到制炼车间细菌活动"项目取得成果;"'甩图纸''甩账表'应用示范项目节能降耗关键点控制与方案实施""农务掌中办公系统方案"等课题的研究与实施,有效推进了企业信息化建设。

表 3-2-32　2009—2010 年上上糖业公司技术中心科研课题情况表

课题名称	类型	实施时间	作用与价值
"甩图纸""甩账表"应用示范项目节能降耗关键点控制与方案实施	自治区级课题	2009年6月—2010年12月	通过"甩图纸""甩账表"应用示范,逐渐向办公无纸化过渡,降低消耗,节省资源
无磷酸无石灰糖浆上浮技术	自治区级课题	2010年6月—2011年4月	采用空压气压缩制泡技术,使细小泡沫带动杂质上浮,进而达到清净糖浆的目的
糖蜜酒精废液COD处理技术和研究示范	市级课题	2010年2月—2012年4月	采用中和沉淀和脱硫池进行预处理,后续处理工艺采用UASB厌氧生物反应器,大部分高分子难降解有机污染物在UASB反应器中被降解,有机污染物浓度得到大幅度的降低,处理后COD减排量为72吨/天,处理后每天COD排放量比处理前减少了85%
糖业物流管理GPS平台研发与应用	企业课题	2010年12月—2012年11月	通过本项目的实施应用,有效优化原料蔗车辆及食糖成品车辆、农务系统、库存系统等各个环节,优化物流调度指挥,提高调度指挥效率,降低执行周期,提升企业的运营能力,增强企业竞争力
农务掌中办公系统方案	企业课题	2010年11月—2012年4月	应用本方案的农务掌中办公系统后,优化农务调度流程,专干员就可以腾出榨季三分之一的时间抓甘蔗地头质量,刹住无通知(票证)而提前砍蔗尾、甘蔗现象,提高甘蔗质量、甘蔗新鲜度,从而提高压榨抽出率、煮炼收回率,提高公司的经济效益
降低废蜜重力纯度技术难点攻关	企业课题	2009年11月—2013年4月	依托设备投入,以化验分析为手段,通过生产过程控制,力争废蜜重力纯度降到区内企业先进水平,提高出糖率
节能降耗关键点控制与方案实施	企业课题	2010年11月—2013年4月	通过全厂水、电气、物料平衡计算与能耗关键点的控制,使企业能耗控制在合理的范围内,通过引进新设备、新技术,努力降低生产能耗,降低生产成本,提升企业竞争力

表 3-2-33　2009—2010 年上上糖业公司技术中心科技项目实施情况表

项目名称	投入资金(万元)	实施时间	项目实施成效
能量系统优化节能示范项目	1 350.56	2009年6月—2010年12月	蔗渣贮存回送系统节能技改项目,改善锅炉燃烧,降低能耗。引进两台BW1750S全自动分蜜机用于乙糖分蜜,淘汰陈旧设备,降低能耗且能提高产品质量
当家品种改良示范工程项目	800	2009年6月—2012年12月	提高单产,保障原料蔗恢复性增长

〔续表〕

项目名称	投入资金（万元）	实施时间	项目实施成效
高效自动燃硫炉项目	108	2010年6月—2011年4月	提高燃硫效果，保证硫熏强度，对蔗汁清净有利，同时淘汰部分老式设备，降低劳动强度，降低原辅材料消耗量
废水末端稳定达标排放技改项目	450	2010年6—12月	结合企业实际，通过环保处理技术的整合，使企业污水达标排放，达到减排效果，提升企业形象
糖产品微生物实验项目	14.15	2010年11月—2011年4月	通过糖产品的微生物检测与比对，了解生产过程的可控点，进而提升产品质量
东列技术改造项目	400	2010年4月—2011年10月	优化东列生产线安全率，降低生产运转成本
丙糖系统技术改造项目	985	2010年4月—2011年10月	提高制炼后工段处理能力，平衡物料，以提高出糖率、提升产品质量
电网无功补偿应用示范项目	65	2010年4月—2011年10月	实施电网无功补偿，减少无功损耗，提高生产降低运行费用，节能效果显著
提高晶种品质技改工程项目	800	2010年4月—2011年10月	通过引进全自动分蜜机，避免人为操作造成晶种颗粒偏小或晶种颜色深黑，影响白砂糖的质量和糖分收回
DCS蒸发自动控制系统项目	450	2010年4月—2011年10月	通过蒸发自动控制，合理调度蒸发水、汽、物料，减少生产波动，稳定糖浆锤度，发挥热力中心二次分配的最大作用

【云南西双版纳英茂糖业有限公司】

云南西双版纳英茂糖业有限公司（简称"版纳英茂糖业"）是烟糖集团所属云南英茂糖业公司，2003年10月注册成立，注册资本6 632万元，公司住所：云南省西双版纳州勐海镇南海路40号，主要生产经营白糖、酒精、蔗糖碎粒板和复合肥。

版纳英茂糖业位于云南西双版纳州勐海县城。该县地处西双版纳西部，东临洪市，西北部与澜沧江拉祜族自治州相连，西南部毗邻缅甸，东北部与思茅区接壤，属滇西南山原地貌区，为亚热带气候，温暖湿润，夏季多雨，静风少寒，史无雪迹，雨量充沛。公司下设勐阿糖厂、景真糖厂和勐捧糖厂，有3条制糖生产线，制糖生产规模为8 500吨/日，其中景真糖厂为3 500吨/日，勐阿糖厂2 500吨/日，勐捧糖厂2 500吨/日。年入榨甘蔗达100万吨，年产白砂糖达12.5万吨。酒精日生产规模为67 000公升，其中景真糖厂为35 000公升，勐阿糖厂20 000公升，勐捧糖厂12 000公升。年产酒精达900万公升。

为稳定甘蔗种植面积，公司加大种植扶持力度，提高收购价格，调整蔗价与糖价挂钩联动基价，并实行甘蔗收购价格与食糖联动、二次结算的办法，对机耕、入榨甘蔗运费及运蔗油料进行补贴，提高了蔗农的积极性。2009/2010榨季种植甘蔗面积207 774亩，榨蔗量734 518吨。

【云南德宏英茂糖业有限公司】

云南德宏英茂糖业有限公司（简称"德宏英茂糖业公司"）是烟糖集团所属英茂糖业公司下属企业。2003年8月，英茂糖业公司以出资收购股权方式，对瑞丽糖厂、景罕糖厂、弄璋糖厂、平原糖厂四家制糖企业进行重组整合并租赁经营盏西糖厂后，于2003年8月组建成立德宏糖业公司。公司于2007年2月引进境外合作伙伴,改组为外商投资企业,进一步增强了公司的经营实力。公司注册资本2.96亿元,资产总额10亿多元,2010年员工2 539人,其中涉农人员343人。公司主要产品是白砂糖、酒精。

德宏糖业公司位于德宏州傣族景颇族自治州,该州东部和东北部毗邻保山市,西南部与西北部与缅甸接壤,地处横断山脉以西,山河平行,河谷盆地较多,气候属低纬度山地中亚热带季风气候。2003年公司成立时租赁了盏西糖厂;2006年9月,公司以2.1亿元取得原云南省德宏州裕安龙江糖业股份有限公司包括土地使用权、机器设备、厂区和蔗区建筑物及存货的所有权,设立德宏英茂糖业公司龙江糖厂。公司辖瑞丽市瑞丽糖厂,陇川县景罕糖厂,芒市龙江糖厂、轩岗糖厂,盈江县弄璋糖厂和盏西糖厂共6个生产经营单元,7条制糖生产线,日处理2.8万吨;是德宏州规模最大、综合效益最好的地方农业产业化龙头企业。

公司以规模化生产、集约化经营为方向,以契约合同为基础、农业订单为保障,稳定和发展甘蔗生产。2009年签订《境外甘蔗种植管理协议》,开发了缅甸木姐、九谷(棒赛)区域的甘蔗种植面积。根据国际金融危机和食糖市场疲软等不利因素,公司及时调整收购价格,提高奖励标准,并在2009/2010榨季收购价格实行提前联动,提高了蔗农的积极性。2009/2010榨季甘蔗种植面积551 979亩。

德宏糖业公司秉承"给客户以价值、给员工以希望、给社会贡献"的英茂企业文化,以建设农业产业化龙头企业、促进农业增效和农民增收、服务地方经济发展为目标,坚持诚信经营,做强做优德宏蔗糖产业。

【云南元阳英茂糖业有限公司】

云南元阳英茂糖业有限公司(简称"元阳英茂糖业公司")是烟糖集团所属英茂糖业公司的全资子公司,成立于2008年8月,由云南英茂糖业(集团)有限公司在收购原元阳县红泰糖业有限责任公司的基础上注册成立的全资子公司,注册资本5 000万元,生产规模为日处理甘蔗2 000吨。

元阳糖业公司位于云南红河州元阳县,该县地处红河州中南部,东部与东南部与金平苗族瑶族傣族自治县毗邻,西南与绿春县相连,西邻红河县,北接建水县、个旧县、石屏县,地处哀牢山南段,境内山高谷深,沟壑纵横,属深切割中山地貌类型。属低纬度高原亚热带季风气候,雨热同季,干湿分明,冬无严寒,夏无酷暑,四季如春,有"一山分四季,十里不同天"的气候环境。公司总占地面积8.38万平方米,主要生产和销售白砂糖。公司成立后第一个榨季(2008/2009榨季)白砂糖的优一级品率为97.57%,产品合格率为100%。为了保护生态环境,公司于2010年10月安装了废水在线监测系统,并与第三方签订了废水在线监测设备运营维护合同,保证了废水在线监测设备正常运行。

为加快蔗糖发展,元阳糖业公司取消甘蔗种植"暗补"扶持政策,实行明价收购,进一步提高了收购价格,调整蔗价与糖价联动基价,有效调动了蔗农的生产积极性。

元阳糖业公司秉承英茂糖业的企业文化,在公司糖业发展的同时为广大蔗农增收致富、政府增加财政收入、促进边疆社会的稳定和进步做出贡献。

第三节 酒 业

酒制造业是光明食品集团核心业务之一。光明食品集团生产的酒主要有两个大类,一是黄酒,二是保健酒。生产黄酒的企业为烟糖集团旗下的上海金枫酒业股份有限公司所属上海石库门酿酒有限公司和上海冠生园华光酿酒药业有限公司(2010年石库门酿酒有限公司吸收合并华光酿酒公司);生产保健酒的企业为上海益民食品一厂(集团)有限公司旗下冠生园(集团)有限公司所属上海冠生园华佗酿酒有限公司。

一、产品和品牌

【产量】

光明食品集团2010年酒制造业总资产131 794万元,固定资产净值52 392万元,主营业务收入88 190万元,利润总额12 777万元。

表3-2-34 2006—2010年光明食品集团酒制造业生产经营情况表　　　　　　　　(单位:万元)

年份	2006	2007	2008	2009	2010
资产总计	158 688	110 018	111 589	106 543	131 794
固定资产原值	133 030	61 084	62 340	64 104	83 013
固定资产净值	85 819	38 787	36 316	33 989	52 392
主营业务收入	154 885	95 893	100 202	85 758	88 190
主营业务成本	73 421	45 369	51 533	49 753	49 463
利润总额	17 706	21 500	15 182	12 445	12 777

光明食品集团2010年酒制造企业3家,年末从业人员875人。

表3-2-35 2006—2010年光明食品集团酒制造业综合情况表

年份	单位数(个)	工业总产值(万元)	工业销售产值(万元)	出口交货值(万元)	年末从业人数(人)	年平均从业人数(人)
2006	5	165 524	167 241	1 975	1 813	1 843
2007	4	115 269	112 585	1 038	1 175	1 187
2008	4	124 666	122 010	1 191	1 102	1 092
2009	4	109 063	104 123	680	980	990
2010	3	117 256	108 932	521	875	930

表3-2-36 2006—2010年石库门酿酒公司生产经营情况表　　　　　　　　(单位:万元)

年份	2006	2007	2008	2009	2010
资产总计	89 863	103 903	102 920	99 610	124 262
固定资产原值	56 370	58 250	59 341	61 029	79 940
固定资产净值	40 013	38 058	35 577	33 320	51 847
主营业务收入	92 393	86 965	90 239	78 372	78 723

〔续表〕

年　　份	2006	2007	2008	2009	2010
主营业务成本	44 795	40 694	46 401	46 020	44 614
利润总额	17 629	20 850	14 129	11 969	12 116

上海石库门酿酒有限公司（前身为上海金枫酿酒有限公司）是光明食品集团黄酒主要生产企业，2010年生产黄酒93 070吨，销售86 395吨，销售额为77 622.7万元。

表3-2-37　2006—2010年光明食品集团黄酒生产经营情况表

年　　份	生产量(吨)	销售量(吨)	出口量(吨)	销售额(万元)
2006	80 527	79 045	—	54 551.5
2007	74 599	74 091	—	54 129.4
2008	83 057	81 320	35	54 287.7
2009	85 482	86 107	68	57 548.6
2010	93 070	86 395	91	77 622.7

【产品】

黄酒　光明食品集团所属黄酒生产企业通过产品创新、营销创新，探索区别于传统绍兴黄酒的差异化发展道路，主推营养型黄酒，在国内中高端黄酒市场占据了较大份额。

黄酒按产品风格可分为：传统型黄酒、清爽型黄酒、特型黄酒。

传统型黄酒是以稻米、黍米、玉米、小米、小麦等为主要原料，经蒸煮、加酒曲、糖化、发酵、压榨、过滤、煎酒（除菌）、贮存、勾兑而成的黄酒。

清爽型黄酒是以稻米、黍米、玉米、小米、小麦等为主要原料，加入酒曲（或部分酶制剂和酵母）为糖化发酵剂，经蒸煮、糖化、发酵、压榨、过滤、煎酒（除菌）、贮存、勾兑而成的口味清爽的黄酒。

特型黄酒由于原辅料和工艺有所改变，具有特殊风味且不改变黄酒风格的酒。

上海金枫酒业股份有限公司生产的黄酒主要产品有"石库门上海老酒"系列、"和酒"系列、"金色年华"系列、"侬好"陈年酒系列等。

表3-2-38　2006—2010年金枫酒业股份公司黄酒主要产品销售情况表　　　　（单位：吨）

年　　份	2006	2007	2008	2009	2010
500 ml 枫泾黄酒	9 981.72	9 984.16	9 292.24	8 607.43	7 050.93
500 ml 甲级黄酒	12 522.97	11 011.08	10 456.82	8 879.48	8 081.64
500 ml 特加饭	12 186.99	10 362.42	9 587.48	8 375.62	7 493.31
600 ml 特加饭	5 360.85	4 009.66	3 404.25	2 941.73	2 466.74
500 ml 红标石库门	13 405.02	12 557.16	11 321.19	8 992.34	8 271.78

〔续表〕

年 份	2006	2007	2008	2009	2010
500 ml 黑标石库门	1 543.87	1 533.09	1 586.67	1 420.69	1 657.09
500 ml 双礼盒石库门	25.37	25.14	17.13	17.96	109.21
500 ml 锦绣 12 石库门	23.41	26.03	21.03	26.62	38.58
500 ml 锦绣 15 石库门	1.20	1.66	0.50	—	—
500 ml 经典 18 石库门	1.16	1.33	0.41	—	—
500 ml 经典 20 石库门	6.62	7.28	6.15	5.96	4.60
500 ml 荣樽 30 年	0.52	0.56	0.43	1.11	1.40
500 ml 三年陈加饭	1 421.78	1 283.97	1 261.74	1 161.70	1 115.72
500 ml 五年陈加饭	222.14	180.89	201.47	191.72	181.53
金色年华五年陈	—	—	—	136.62	5 650.07
三年陈和酒	—	—	—	9 576.77	11 715.53

金枫特加饭黄酒属传统型黄酒，是金枫酒业的传统产品，口味醇厚、柔和，回味悠长，颇受消费者的喜爱。主要成分：糖分、有机酸、氨基酸、醇类、酯类、醛类、烃类、微量元素与维生素及酚类物质；主要原料：水、糯米、小麦；酒精度：17%VOL；类型：黄酒。主要规格：500 ml 和 600 ml。

金枫上海黄酒属清爽型黄酒，口味醇和，具有黄酒特有的醇香，富含氨基酸等，不仅适用于饮用，更被消费者广泛应用于烹调，不仅可以去腥，还可以起到增香、疏松的作用，让菜肴更加鲜美。主要成分：糖分、有机酸、氨基酸、醇类、酯类、醛类、烃类、微量元素与维生素及酚类物质；主要原料：水、糯米、小麦。酒精度：14%VOL；类型：干黄酒。主要规格：500 ml。

石库门上海老酒于2001年上市，当年销售45吨，2006年迅速增加到18 000多吨。2010年已形成石库门红标、石库门黑标两个特型黄酒系列产品。2010年生产石库门上海老酒（红标、黑标）10 424吨，销售9 928吨；双礼盒包装石库门老酒年销售109.21吨；锦绣12石库门老酒年销售38.58吨；经典20石库门老酒年销售4.6吨；荣樽30年石库门老酒年销售1.4吨。

石库门上海老酒已成为金枫酒业股份有限公司的主导产品和黄酒行业中的主导品牌，推动了中国黄酒行业由低档、传统向高档、时尚的转型发展。

表3-2-39　2006、2010年石库门酿酒公司石库门上海老酒产销情况表　　　　　　　（单位：吨）

名 称	产 量		销 量	
	2006	2010	2006	2010
石库门上海老酒红标	13 670	8 727	13 405	8 271
石库门上海老酒黑标	1 580	1 697	1 544	1 657

石库门上海老酒（红标），源自五年陈酿优质酒基，含蜂蜜、枸杞、话梅等食品的多种天然营养元素，晶莹清亮，口味独到。酒精度：12%VOL；类型：特型半干黄酒；原料：水、糯米、小麦、枸杞、蜂

蜜、话梅;食品添加剂:焦糖色;基酒酒龄:5年;规格:500 ml。

石库门上海老酒(黑标),源自八年陈酿优质酒基,含蜂蜜、枸杞、生姜等食品的多种天然营养元素,色泽清亮,口感醇香,谓之为黄酒珍品。酒精度:14%VOL;类型:特型半干黄酒;原料:水、糯米、小麦、枸杞、蜂蜜、生姜;食品添加剂:焦糖色;基酒酒龄:8年;规格:500 ml。

和酒金色年华系列属特型半干黄酒,主要成分:糖分、有机酸、氨基酸、醇类、酯类、醛类、烃类、微量元素与维生素及酚类物质;主要原料:水、糯米、小麦、蜂蜜、枸杞;酒精度:13.5%VOL;基酒酒龄:5年;主要规格:500 ml。

"金色年华五年陈"黄酒采用五年陈黄酒为酒基,口味清醇,色泽透亮,特色扁瓶包装,极富品位,传递金色情意,寓意共度美好年华。

保健酒 光明食品集团保健酒生产企业主要为上海益民食品一厂(集团)有限公司所属上海冠生园华佗酿酒有限公司,主营业务为生产配制酒,主要产品为"华佗牌十全酒""华佗牌得力劲酒"和楠药酒等。

表3-2-40 2006—2010年华佗酿酒公司产量和销售统计情况表　　　　　　　　　（单位:吨）

年　　份	2006	2007	2008	2009	2010
产　　量	3 793	3 198	3 493	2 268	3 009
销售量	4 032	3 564	3 453	2 305	2 801

"华佗牌十全酒"在传承千年古方的基础上,又添加了麦芽、玉竹、金樱子等中草药,并经现代工艺改良,取纯粮酿造的陈年滴珠糯米酒为酒基,配以13味地道的纯中草药(如党参、白术、当归、黄芪等)精制而成。

表3-2-41 华佗酿酒有限公司"华佗牌十全酒"产品规格情况表

名　　称	酒精度	糖　度	规　　格
华佗十全酒	24.5	16	445毫升
华佗十全酒	35	8	125毫升、700毫升
华佗十全酒	42	12.5	700毫升
华佗十全酒(礼盒)	42	12.5	500毫升×2
华佗十全酒(红标)	24.5	8	500毫升、700毫升
华佗十全酒(红标礼盒)	24.5	8	500毫升×2
华佗十全酒(金标)	22	8	700毫升
华佗十全酒(金标礼盒)	22	8	700毫升×2

华佗牌得力劲酒是上海冠生园华佗酿酒有限公司继"华佗牌十全酒"后推出的新一代保健型白酒。主要原料有:山药、枸杞、黄芪、当归、淫羊藿等。酒液呈金黄色,口味略甜,口感醇和,气味清香,经国家食品药品监督管理局审定,华佗牌得力劲酒是具有营养功能和保健效果的保健型白酒。

华佗牌得力劲酒2005年投产上市,2008年又开发了清爽型得力劲酒。

表3-2-42　华佗牌得力劲酒产品规格情况表

名　称	酒精度	糖度	规格(毫升)	投产年份
得力劲酒	35	7	125、250	2005
得力劲酒(清爽型)	35	5.5	150	2008

楠药酒原名楠药补酒,是一款具有四十多年历史的经典老产品,该酒以玉竹、茯苓、山药、肉桂和薄荷等为原料,以优质白酒为酒基,采用现代生物技术提取药材中的有效成分后精心酿制而成,该酒香气浓郁、口感醇厚、回味甘美,是酒中佳品,长期以来深受消费者的喜爱。

表3-2-43　楠药酒产品规格及投产时间情况表

名　称	酒精度	糖　度	规格(毫升)	投产年份
楠药酒	42	31	700、750	2004

【品牌】

金枫　金枫牌商标(注册号第167956号)由上海枫泾酒厂于1982年12月注册,注册人地址:上海市金山区枫泾镇,使用商品范围(第36类):各种酒(核准转为商品国际分类第33类)。2003年3月,金枫牌商标注册人变更为上海金枫酿酒有限公司;2009年4月,上海金枫酒业股份有限公司受让金枫牌商标,地址:上海市浦东新区张杨路579号(三鑫大厦内)。

金枫牌商标用于黄酒、加饭酒系列等黄酒商品,产品有金枫牌特加饭、特佳酿,双喜彩坛上海花雕酒及上海甲级黄酒。1980年首次进入国际市场,外销欧美、日本、东南亚等国家和地区及中国香港、澳门地区。金枫牌黄酒2006年产量39 037吨,销量40 053吨,2010年产量为25 469吨,销量25 093吨。

表3-2-44　2006年和2010年金枫牌黄酒主要产品生产销售情况表

名　称	产量(吨)		销量(吨)	
	2006	2010	2006	2010
金枫特加饭黄酒	17 139	10 113	17 548	9 960
金枫上海黄酒	21 898	15 356	22 505	15 133
合　计	39 037	25 469	40 053	25 093

"金枫"商标2006年和2009年被认定为上海市著名商标。"金枫"黄酒于2008年和2010年分别被评为上海名优食品;2009年被评为"上海名牌"。

石库门　石库门及图商标(注册号第1789022号)由上海金枫酿酒有限公司于2002年6月注册,注册人地址:上海市金山区枫泾镇白牛路70号,使用商品范围(第33类):薄荷酒,蜂蜜酒,果酒(含酒精)、黄酒、米酒、汽酒、清酒、烧酒。2009年上海金枫酒业股份有限公司受让石库门商标,地址：上海市浦东新区张杨路579号(三鑫大厦内)。

2007年9月,石库门牌黄酒被国家质量监督检验检疫总局评为"中国名牌产品",石库门商标被评为"上海市著名商标"。2008年3月,"石库门及图"注册商标被国家工商行政管理总局商标局评定为全国驰名商标。2009年石库门上海老酒被评为上海市名牌产品;2008年和2010年分别被评为上海名优食品。

和酒　"和酒"牌商标(注册号第1498496号)由上海冠生园华光酿酒药业有限公司于2000年12月28日注册,地址：上海市杨浦区河间路260号,使用商品范围(第33类)：酒精饮料(啤酒除外)。2004年9月,冠生园(集团)有限公司受让"和酒"牌商标,地址：上海市新闸路1418号。2008年2月,上海冠生园华光酿酒药业有限公司受让"和酒"牌商标,地址：上海市宝山区江杨南路880号。2009年2月,"和酒"牌商标注册人变更为上海华光酿酒药业有限公司,地址：上海市宝山区江杨南路880号。

2007年9月,和牌黄酒被国家质量监督检验检疫总局评为"中国名牌产品"。2008年1月,黄酒商品上使用的注册商标"和酒"被认定为上海市著名商标。2009年4月,上海营养型黄酒(和酒牌)经国家质量监督检验检疫总局认定,符合原产地标记。2010年10月,国家工商行政管理总局商标局评定第33类黄酒商品"和酒"注册商标为驰名商标,同年"和酒"牌黄酒被评为上海市名优食品。

华佗　"华佗"商标(注册号第100312号)由上海华光啤酒厂注册,地址：上海市杨浦区定海路350号,使用商品范围(第36类)：补酒。注册日期为1979年10月31日。1999年4月,上海冠生园华光酿酒药业有限公司受让"华佗"商标,地址：上海市杨浦区河间路260号。2003年10月,地址变更为上海市宝山区江杨南路880号。2004年9月,冠生园(集团)有限公司受让华光酿酒药业有限公司"华佗"商标,地址：上海市新闸路1418号。

2006年8月,华佗牌得力劲酒被评为上海名优食品,同年10月,华佗牌十全酒和得力劲酒被评为2006年度上海市保健行业名优产品。2007年12月,华佗牌十全酒被评为上海名牌。2008年1月,华佗牌保健酒获2005—2007年上海市场领军金品奖,同年,华佗牌得力劲酒和十全酒分别被评为2008年度上海名优食品和上海市保健行业名优产品(有效期两年)。2009年1月,华佗牌商标被评为上海市著名商标,华佗保健酒被评为2008年快速消费品金品。2010年7月,华佗牌十全酒和得力劲酒被评为上海市名优食品,华佗十全酒继续被评为上海保健行业名优产品。

二、工艺和设备

【黄酒生产工艺和设备】

黄酒的生产标准是按照国家质量监督检验检疫总局、中国国家标准化管理委员会2008年6月25日发布、2009年6月1日实施的中华人民共和国国家标准《黄酒》(GB/T 13662—2008)。内容包括：范围、规范性引用文件、术语和定义、产品分类、要求、分析方法、检验规则和标志、包装、运输和贮存。

国家标准分别对传统型干黄酒、传统型半干黄酒、清爽型干黄酒提出了理化要求。特型黄酒按照相应的产品标准执行,产品标准中各项指标的设定,不应低于国家标准相应产品类型最低级别要求。

企业标准：按国家标准的要求,企业制定了上海市食品安全企业标准。

表 3-2-45 特型黄酒卫生标准情况表

项　目	指　标
菌落总数（cfu/ml）	≤50
大肠菌群（MPN/100 ml）	≤3
肠道致病菌（沙门氏菌、志贺氏菌、金黄色葡萄球菌）	不得检出
黄曲霉毒素 B1（ug/kg）	≤0.5
铅（mg/L）	≤0.5

和酒（营养型黄酒）采用 Q/BABL0001S-2010 由上海金枫酒业于 2010 年 3 月 15 日发布，2010年 5 月 24 日实施。

表 3-2-46 十年陈以下（不含十年陈）和酒理化要求情况表

项　目	指　标		
	特型干黄酒	特型半干黄酒	特型半甜黄酒
酒精度	8.0	8.0	8.0
总酸（以乳酸计 g/L）	2.5～7.0	2.5～7.0	3.8～8.0
总糖（以葡萄糖计 g/L）	≤15.0	15.1～40.0	40.1～100.0
非糖固形物（g/L）	≥7.0	≥12.0	≥8.0
pH 值	3.5～4.6	3.5～4.6	3.5～4.6
氨基酸态氮（g/L）	≥0.20	≥0.30	≥0.30
氧化钙（g/L）	≤1.0	≤1.0	≤1.0
β-苯乙醇（mg/L）	≥35.0	≥35.0	≥30.0
枸杞子定性鉴别	薄层色谱应具枸杞子对照药材的特征斑点		

注1：酒精度低于 14 时，非糖固形物、氨基酸态氮、β-苯乙醇的值，按 14 折算。
注2：酒精度标签标示值与实测值之差为±1.0。

表 3-2-47 十年陈以上（包含十年陈）和酒理化要求情况表

项　目	指　标		
	特型干黄酒	特型半干黄酒	特型半甜黄酒
酒精度	8.0	8.0	8.0
总酸（以乳酸计 g/L）	3.0～7.0	3.5～6.5	4.0～7.5
总糖（以葡萄糖计 g/L）	≤15.0	15.1～40.0	40.1～100.0
非糖固形物（g/L）	≥20.0	≥27.5	≥27.5
pH 值	3.5～4.6	3.5～4.6	3.5～4.6
氨基酸态氮（g/L）	≥0.50	≥0.60	≥0.50

〔续表〕

项　目	指　标		
	特型干黄酒	特型半干黄酒	特型半甜黄酒
氧化钙(g/L)	≤1.0	≤1.0	≤1.0
β-苯乙醇(mg/L)	≥60.0	≥80.0	≥60.0
枸杞子定性鉴别	薄层色谱应具枸杞子对照药材的特征斑点		

注1：酒精度低于14时，非糖固形物、氨基酸态氮、β-苯乙醇的值，按14折算。
注2：酒精度标签标示值与实测值之差为±1.0。

黄酒(传统型和清爽型)实施《黄酒》(GB/T 13662—2008)标准。

表 3-2-48　传统型黄酒理化要求情况表

项　目	指　标			
	干黄酒	半干黄酒	半甜黄酒	甜黄酒
酒精度	8.0	8.0	8.0	8.0
总酸(以乳酸计 g/L)	3.0～6.0	3.0～7.0	4.0～7.5	4.0～8.0
总糖(以葡萄糖计 g/L)	≤15.0	15.1～40.0	40.1～100.0	>100.0
非糖固形物(g/L)	≥13.5	≥18.5	≥18.5	≥16.5
pH 值	3.5～4.6	3.5～4.6	3.5～4.6	3.5～4.6
氨基酸态氮(g/L)	≥0.30	≥0.40	≥0.30	≥0.30
氧化钙(g/L)	≤1.0	≤1.0	≤1.0	≤1.0
β-苯乙醇(mg/L)	≥60.0	≥80.0	≥60.0	≥40.0

注1：酒精度低于14时，非糖固形物、氨基酸态氮、β-苯乙醇的值，按14折算。
注2：酒精度标签标示值与实测值之差为±1.0。

表 3-2-49　清爽型黄酒理化要求情况表

项　目	指　标		
	干黄酒	半干黄酒	半甜黄酒
酒精度	8.0～15.0	8.0～16.0	8.0～16.0
总酸(以乳酸计 g/L)	2.5～5.5	2.5～6.5	3.8～7.0
总糖(以葡萄糖计 g/L)	≤15.0	15.1～40.0	40.1～100.0
非糖固形物(g/L)	≥7.0	≥12.0	≥8.0
pH 值	3.5～4.6	3.5～4.6	3.5～4.6
氨基酸态氮(g/L)	≥0.20	≥0.30	≥0.30
氧化钙(g/L)	≤0.5	≤0.5	≤0.5
β-苯乙醇(mg/L)	≥35.0	≥35.0	≥30.0

注1：酒精度低于14时，非糖固形物、氨基酸态氮、β-苯乙醇的值，按14折算。
注2：酒精度标签标示值与实测值之差为±1.0。

表 3-2-50　特型黄酒理化要求情况表

项　　目	指　　标		
	特型干黄酒	特型半干黄酒	特型半甜黄酒
酒精度	8.0	8.0	8.0
总酸(以乳酸计 g/L)	2.5~5.5	2.5~6.0	3.8~8.0
总糖(以葡萄糖计 g/L)	≤15.0	15.1~40.0	40.1~100.0
非糖固形物(g/L)	≥7.0	≥12.0	≥8.0
pH 值	3.5~4.6	3.5~4.6	3.5~4.6
氨基酸态氮(g/L)	≥0.20	≥0.40	≥0.30
氧化钙(g/L)	≤0.5	≤0.5	≤0.5
β-苯乙醇(mg/L)	≥40.0	≥40.0	≥40.0

注1：酒精度低于14时，非糖固形物、氨基酸态氮、β-苯乙醇的值，按14折算。
注2：酒精度标签标示值与实测值之差为±1.0。

生产工艺　黄酒生产传统工艺为：浸米、蒸煮、发酵、压榨、煎酒、装坛、贮存。

上海金枫酒业股份有限公司"上海黄酒传统手工酿造技艺"于2007年6月，被列为上海市级非物质文化遗产。

金枫酒业股份有限公司黄酒酿造与其他黄酒生产企业有所不同，其核心技术是标准化、机械化和工业化。2007年，试制了坛装酒自动灌装流水线，由金枫酒业公司提出工艺方案，设备制造单位负责设计制作，该项目2008年10月获得中国食品科学技术学会科技创新奖。该流水线是国内黄酒行业首条坛装酒自动清洗灌装流水线，生产能力达400~600坛/小时，大幅度降低劳动强度，改善了生产环境。公司在保持黄酒传统特色工艺的基础上，大胆创新，采用新工艺、新技术和新设备，改变传统的物料输送、麦曲制造、净水处理等工艺方法，在生产规模、大容量发酵罐、冷冻法全年生产、自动化终端控制技术、清洁化环保生产等方面均走在行业前列。

上海枫泾酒厂在20世纪70年代从老法黄酒醅中分离出2-1392黄酒酵母应用在黄酒新工艺生产中，具有发酵力强、抗杂菌污染能力强及生产性能稳定等特点。黄酒发酵需要特定的环境，传统黄酒发酵依靠手工操作并只能在冬天进行，因天冷季节细菌不会滋生，酒的菌种比较好，发酵时间一般在三个月左右。由于冬天气温也会出现变化，致使黄酒菌种发酵质量不够稳定。金枫酒业股份公司2003—2004年建造了封闭式电脑控制生产流水线，使黄酒酿造实现了管道式全封闭和电脑控制的自动化生产，黄酒发酵的温度和湿度可自动控制，发酵时间只需两个星期左右，实现了发酵质量的稳定和可控。自动化生产流水线突破了冬酿的束缚，菌种比人工发酵更纯，生产质量更安全，由于对米浆水等污染物进行了有效处理，使黄酒生产实现了节能减排，保护了环境。国内黄酒生产厂家基本上按照金枫酒业股份公司的生产方式和标准进行。

黄酒的酿造过程就是淀粉变糖、糖变酒精的过程。"金枫"黄酒与传统黄酒酿造所使用的酒母不同，传统黄酒发酵的是天然酒母，叫淋饭酒母，金枫酒业公司用的是高温糖化酒母，是一种纯种的酒母。高温糖化酒母具有稳定性特别好的特点，发酵合格率可以达到95%左右，而用淋饭酒母发酵合格率低，有的只有50%左右。

"金枫"黄酒和传统黄酒酿造技术的区别在于：一是浸米的时间长短不同。传统黄酒酿造时浸米时间需要一周以上,最长要18天;"金枫"黄酒浸米时间只要2天。二是发酵的时间长短不同。传统黄酒发酵需要三个月;"金枫"黄酒发酵只要20天,这样使黄酒产能有了很大提高。三是传统黄酒用的麦曲多,"金枫"黄酒用的麦曲少。通过采用大罐、机械化、电脑控制温度和湿度来进行发酵酿造,发酵的程度比较好,醇香比较浓,曲香和酯香比较淡,酒香比较优雅。

"石库门"与"和酒"加工工艺也有所不同。"和酒"使用冷冻技术和升温技术,先冷冻再升温,酒的口味好,沉淀物少,清澈度比较好,于2003年获得发明专利。"石库门"只用升温技术。"石库门"与"和酒"的配方也有不同。"和酒"的配方中添加枸杞、蜂蜜;"石库门"上海老酒红标最早加话梅、枸杞、蜂蜜,八年陈老酒中还添加姜汁等。在包装形式上两者也有区别。"和酒"在行业内第一家用白瓶装灌,低端酒用玻璃瓶,高端酒采用陶瓷瓶。"石库门"全部用玻璃瓶,礼品酒用的白瓶看上去像瓷器,实际是玻璃上覆盖了一层特殊材料,"石库门"酒用扁方瓶装灌在行业内尚属首创。

表3-2-51　2007—2010年金枫酒业公司专利情况表

专利号(申请号)	申请日	授权日	专利名称	专利类型
ZL 200710070247.0	2007年7月27日	2010年4月21日	酒坛清洗灌装机组	发明
ZL 200910197364.2	2009年10月19日	2012年9月5日	高非糖固形物含量黄酒的生产方法	发明
ZL 200910197365.7	2009年10月19日	2012年12月26日	一种果味黄酒及其生产方法	发明
ZL 200910197366.1	2009年10月19日	2012年12月26日	改进原料米处理的黄酒生产方法	发明
ZL 201010545260.9	2010年11月15日	2012年9月5日	半甜或甜型黄酒的生产方法	发明
ZL 201010545248.8	2010年11月15日	2013年6月19日	黄酒的薄板升降温熟化工艺	发明
ZL 200820155373.6	2008年11月3日	2009年8月19日	黄酒业用米水混合管道输送装置	实用新型
ZL 200920210961.X	2009年10月19日	2010年8月25日	酒坛封口捆扎带	实用新型

金枫酒业公司的"改进原料米处理的黄酒生产方法",可以排除浸米和洗米过程。原料米处理包括烘焙以及吸水,得到吸水米以用于蒸饭工序。蒸饭工序前还包括预蒸以及二次吸水。采用烘焙的方式处理原料大米可省去浸米和洗米工序,不产生米浆水,实现米浆水零排放,减少米浆水处理费用。采用两个蒸饭机进行串联蒸煮,使米饭吸水充分,尽量减少生米的出现,保持发酵的稳定性。

金枫酒业公司的"高非糖固形物含量黄酒的生产方法"专利技术,在落罐时加入淀粉复合水解酶和蛋白酶,并加米重量10%～30%的酒母和100%～150%的加饭酒,其中淀粉复合水解酶和蛋白酶的加入量分别为5 000 U～150 000 U/kg米和20 000 U～150 000 U/kg米,并在前酵后加酒固定,加入米重量100%～300%的加饭酒以及后酵。该发明可以提高非糖固形物含量,无需加入麦曲,还可以提高产品的氨基酸态氮含量。

生产设备和产能　金枫酒业公司所属枫泾酒厂和石库门酒厂的主要生产设备为前酵罐、后酵罐、空压机、冷冻机、锅炉、灌装流水线。

枫泾酒厂有16只35立方米不锈钢前酵罐,60只35立方米不锈钢后酵罐,20台压榨机,3套空压机组,6套冷冻机组,2台4吨锅炉,年酿造能力2万吨,5条灌装流水线。

灌装流水线产能

流水线一:(石库门)6 000瓶/小时(3吨/小时)

流水线二:(三年陈和酒)10 000瓶/小时(5吨/小时)

流水线三:(三年陈加饭)10 000瓶/小时(5吨/小时)

流水线四:(桶装酒)1 000桶/小时(2.5吨/小时)

流水线五:(花色酒)3 000瓶/小时(1.5吨/小时)

石库门酒厂有24只60立方米不锈钢前酵罐,40只120立方米不锈钢后酵罐,75台压榨机,8套空压机组,7套冷冻机组,2台5吨锅炉和4台6吨锅炉,年酿造能力7.5万吨,9条灌装流水线。

灌装流水线产能

流水线一:(三年陈和酒)24 000瓶/小时(12吨/小时)

流水线二:(金色年华)10 000瓶/小时(5吨/小时)

流水线三:(大开福)8 000瓶/小时(8吨/小时)

流水线四:(和酒金银标)16 000瓶/小时(8吨/小时)

流水线五:(利乐包)9 000包/小时(4.5吨/小时)

流水线六:(甲级黄酒)20 000瓶/小时(10吨/小时)

流水线七:(石库门)10 000瓶/小时(5吨/小时)

流水线八:(袋包装酒)13 500包/小时(5.4吨/小时)

流水线九:(500毫升瓶装)10 000瓶/小时(5吨/小时)

淀山湖酒厂有16只35立方米碳钢前酵罐,26只58立方米碳钢后酵罐,20台压榨机,3套空压机组,2套冷冻机组,2台4吨锅炉,年酿造能力1.8万吨。

【保健酒工艺和设备】

华佗牌十全酒 生产标准是1982年6月1日,国家标准总局发布的《蒸馏酒及配制酒卫生标准》(GB 2757—1981),并于1986年10月14日、2006年12月8日分别作了两次修改。

企业于2007年7月30日发布、2007年8月10日实施《企业标准》(Q/YQSI 105—2007)。该标准适用于以党参、白术、当归、黄芪、玉竹、黄酒、金樱子、熟地黄、白芍、茯苓、肉桂、川芎、甘草、麦芽等为主要原料,同时添加食用酒精、白砂糖、柠檬酸,经浸渍、加温、调配、陈酿、过滤而制成的具有抗疲劳作用的保健食品——华佗十全酒。该标准规定华佗牌十全酒产品的试验方法、检验规则、标签、标志、包装、运输、贮存要求。企业于2010年6月23日发布、2010年8月1日实施《企业标准》(Q/AAFK0002S—2010)。此标准与Q/YQSI 105—2007相比,删除卫生指标中的杂醇油指标。

华佗牌十全酒在生产过程中先将全部药材投入浸药缸,用食用酒精浸泡,放出头浸液后再用黄酒通过蒸汽盘向管进行加温浸泡。头、二浸液经混合后加入食用酒精在储酒缸中进行澄清处理,在去除沉淀物后的澄清液中加入柠檬酸、白砂糖,补加食用酒精、水至配酒缸、烊糖缸搅拌均匀,使酒精度、糖度符合应配规格。以上半成品经板式换热器加热后再薄板降温,至带冷冻装置储酒缸进行低温保存。用硅藻土通过烛式过滤机低温过滤,使酒的色泽透明,经化验合格后通过灌装机、旋盖机、贴标机进行灌装和包装。瓶装酒经化验合格后即为华佗牌十全酒成品。

表 3-2-52　华佗十全酒主要生产设备情况表

设备名称	规格型号	数量（台）	产地/品牌	制造年份	额定功率（千瓦）	生产能力（瓶/小时）	用于生产部位
翻转式冲瓶机	QCP-48	1	青州齐鲁	2006年5月	4.1	9 000	包装
液体灌装机	GFP-30	1	山东安丘	2006年5月	1.1	6 000	包装
封口旋盖机	FG6	1	山东安丘	2002年9月	1.5	6 000	包装
风刀吹干机	ZRP20	1	青州齐鲁	2002年6月	16.5	6 000	包装
贴标机	TBH-12	1	宁波天峰	2002年8月	4.6	6 000～18 000	包装
喷码机	AK47-100	1	上海麦格	2008年10月	0.015	—	包装
码垛机	MD2	1	宁波天盛	2002年7月	12.93	20 000	包装

华佗牌得力劲酒　生产标准是1982年6月1日国家标准总局发布的《GB 2757—1981 蒸馏酒及配制酒卫生标准》，并于1986年10月14日、2006年12月8日分别作了两次修改。

2007年7月30日发布、2007年8月10日实施《企业标准》（Q/YQSI 106—2007）。该标准适用于以山药、枸杞、淫羊藿、黄芪、当归、白酒为主要原料，同时添加白砂糖、蜂蜜、精氨酸，经浸渍、加温、调配、陈酿、过滤而制成的保健食品华佗牌得力劲酒。标准规定华佗牌得力劲酒产品的技术要求、试验方法、检测规则、标志、标签、包装、运输、贮存要求。企业于2010年5月7日发布、2010年7月1日实施《上海市食品安全企业标准》（Q/AAFK0001S—2010）。此标准与Q/YQSI 106—2007相比，删除了卫生指标中的杂醇油指标。

华佗牌得力劲酒在生产过程中先将全部药材投入浸药缸，用白酒浸泡，放出头浸液后再用白酒通过蒸汽盘向管进行加温浸泡。头、二浸液经混合后加入白酒在储酒缸中进行澄清处理，去除沉淀物，澄清液在配酒缸、烊糖缸中加入蜂蜜、白砂糖，补加白酒、水，搅拌均匀，调配至应配规格。以上半成品经板式换热器加热后再经薄板降温，至带冷冻装置储酒缸低温保存并用硅藻土通过烛式过滤机进行低温过滤，使滤清后的酒色泽透明，经化验合格后通过灌装机、旋盖机、贴标机进行灌装合并包装。瓶装酒经化验合格后即成为华佗牌得力劲酒成品。

表 3-2-53　得力劲酒主要生产设备情况表

设备名称	规格型号	数量（台）	产地/品牌	制造年份	额定功率（千瓦）	生产能力（瓶/小时）	用于生产部位
翻转式冲瓶机	QCP-48	1	青州齐鲁	2006年5月	4.10	9 000	包装
液体灌装机	GFP-30	1	山东安丘	2006年5月	1.10	6 000	包装
封口旋盖机	FG6型	1	山东安丘	2006年5月	1.50	6 000	包装
风刀吹干机	ZRP20	1	山东安丘	2002年6月	16.50	6 000	包装
贴标机	SHL-3510	1	上海理贝	2008年8月	2.50	8 000	包装
喷码机	A-100	1	英国多米诺	2000年7月	0.015	—	包装
封箱机	TP-8553	1	上海台源	2008年9月	0.025		包装

楠药酒　生产标准是1982年6月1日国家标准总局发布的《GB 2757—1981 蒸馏酒及配制酒卫生标准》，并于1986年10月14日、2006年12月8日分别作了修改。

企业于2010年9月10日发布、2010年10月19日实施《企业标准》(Q/AAFK0003S—2010)。该标准适用以白酒、茯苓、山药、肉桂、白砂糖等为原料，经浸渍、澄清、调配、陈酿、过滤而制成的华佗牌楠药酒。标准规定华佗牌楠药酒产品试验方法、检验规则、标签、标志、包装、运输、贮存要求。

楠药酒的生产工艺是在生产过程中将全部药材投入浸药缸，用白酒浸泡，放出头浸液后再用白酒进行加温浸泡。头、二浸液混合后加入白酒进行澄清处理。去除沉淀物，澄清液加入白砂糖，补加白酒、水，搅拌均匀，调配至应配规格。以上半成品进行陈酿，滤酒前低温保存。用硅藻土过滤，滤清酒色泽透明，经化验合格后灌装，瓶装酒化验合格后即为华佗牌楠药酒成品。

表3-2-54　楠药酒主要生产设备情况表

设备名称	规格型号	数量（台）	产地/品牌	制造年份	额定功率（千瓦）	生产能力（瓶/小时）	用于生产部位
翻转式冲瓶机	QCP-48	1	青州齐鲁	2006年5月	4.10	9 000	包装
液体灌装机	GFP-30	1	山东安丘	2006年5月	1.10	6 000	包装
封口旋盖机	FG6型	1	山东安丘	2002年9月	1.50	6 000	包装
风刀吹干机	ZRP20	1	山东安丘	2002年6月	16.50	6 000	包装
贴标机	SHL-3510	1	上海理贝	2008年8月	2.50	8 000	包装
喷码机	AK47-B60	1	上海麦格	2008年	0.015	—	包装
封箱机	TP-8553	1	上海台源	2008年9月	0.025	—	包装
码垛机	MD2	1	宁波天盛	2002年7月	12.93	20 000	包装

三、企业选介

【上海石库门酿酒有限公司】

上海石库门酿酒有限公司(简称"石库门酿酒公司")是烟糖集团所属上海金枫酒业股份有限公司下属企业，前身是上海金枫酿酒公司。金枫酿酒公司源自1939年创建的萃康福酒坊。该酒坊1956年实行公私合营，更名为公私合营萃康福酒厂；1962年转为市属工厂，隶属上海市烟糖公司[后更名为上海糖业烟酒(集团)公司]；1979年更名为上海枫泾酒厂。1994年6月上海糖业烟酒(集团)公司决定组建上海金枫酿酒公司，保留上海枫泾酒厂厂名，淀山湖酒厂划归上海金枫酿酒公司领导。1997年上海金枫酿酒公司托管金山酒厂。1998年上海金枫酿酒公司并购枫泾酒厂一分厂，同年金山酒厂搬迁至枫泾酒厂一分厂。2000年上海金枫酿酒公司以国家股实物资产成建制地配置入第一食品股份有限公司(该公司为上市公司，简称第一食品)，第一食品以全额投资成立上海金枫酿酒有限责任公司，成为第一食品具有独立法人资格的全资子公司。公司注册资本4 630万元，注册地：上海市金山区枫泾镇白牛路70号，经营范围：酒、糟卤、香糟等。2010年公司注册资本为17 700万元。

2007年10月，光明食品集团决定，上海益民一厂(集团)有限公司将上海冠生园华光酿酒药业有限公司整体产权协议转让给烟糖集团。2008年7月，根据市国资委《关于上海市第一食品股份有限公司实施资产置换有关问题的批复》及中国证监会《关于核准上海市第一食品股份有限公司重大资产重组方案的批复》,第一食品实行重大资产重组,以公司持有的商业资产与烟糖集团持有的上海冠生园华光酿酒药业有限公司100%的股权进行置换,置换完成后,第一食品成为以黄酒生产经营为主营业务的专业公司,公司更名为金枫酒业股份有限公司。同年11月,上海金枫酿酒有限公司更名为石库门酿酒公司。2010年7月,石库门酿酒公司吸收合并上海华光酿酒药业有限公司,同时注销上海华光酿酒药业有限公司。

石库门酿酒公司为中国酿酒工业协会副理事长单位,拥有黄酒国家级评委4名。公司有枫泾酒厂、淀山湖酒厂以及石库门酒厂三大生产基地,总占地面积444 972平方米,其中枫泾酒厂坐落于枫泾镇白牛路70号,占地面积59 847平方米;枫泾酒厂二工段坐落于枫泾镇钱明村7组,占地面积77 972平方米;淀山湖酒厂坐落于青浦区朱家角镇北大街1号,占地面积34 569平方米;淀山湖酒厂白鹤仓库坐落于青浦区白鹤镇,占地面积3 990平方米;石库门酒厂坐落于枫泾镇环西二路18号,占地面积268 594平方米。2010年10月公司新增10万吨新型高品质黄酒技术改造配套项目,A块用地面积31 707.3平方米;B块用地面积66 667平方米。公司三大生产基地的年酿造生产能力11.3万吨,其中枫泾酒厂年酿造生产能力2万吨,石库门酒厂年酿造生产能力7.5万吨,淀山湖酒厂年酿造生产能力1.8万吨。拥有瓶装生产灌装流水线14条,其中枫泾酒厂5条灌装流水线,石库门酒厂9条灌装流水线。

石库门酿酒公司根据市场变化和需求,以创新理念开发了高档、时尚、营养并具有海派韵味的石库门上海老酒,使之成为海派黄酒的代表,实现企业历史性发展。2010年生产黄酒93 070吨,销售量86 395吨,出口量91吨,销售额77 622.7万元。

2009年9月,公司投资建设10万吨新型高品质黄酒技术改造项目,该项目在生产规模、工艺技术和科研水平等方面都达到国内先进水平。

公司相继建立并通过了质量管理体系、环境管理体系、职业健康安全管理体系和HACCP食品安全管理体系的审核认证。公司建立的标准体系符合GB/T 15496—2003、GB/T 15497—2003、GB/T 15498—2003等国家标准要求,2008年和2009年通过论证,达到AAAA级。

公司生产"石库门上海老酒"系列、"和酒"系列、"金色年华"系列、"侬好"陈年酒系列、"花雕黄酒"系列、"特加饭黄酒"系列、"甲级黄酒"等系列产品,拥有"石库门""和酒"两个中国驰名商标。公司2006年被认定为黄酒行业排头兵企业,2005—2010年度连续三届被评为上海市文明单位称号。

表3-2-55 2006—2010年石库门酿酒公司经营情况表

年　份	产量(吨)	销量(吨)	销售额(万元)	利润总额(万元)
2006	80 527	79 045	54 552	15 426
2007	74 599	74 901	54 129	17 755
2008	83 057	81 320	54 288	11 111
2009	85 842	86 107	57 549	6 860
2010	93 070	86 395	77 623	9 420

【上海华光酿酒药业有限公司】

上海华光酿酒药业有限公司(简称"华光酿酒公司")原系冠生园(集团)有限公司所属的全资子

公司,其前身是上海华光啤酒厂。1996年公司进行改制,更名为上海华光酿酒药业有限公司;1998年11月,更名为上海冠生园酿酒药业有限公司。2007年11月,烟糖集团收购冠生园(集团)有限公司持有的华光酿酒公司90%股权和上海冠生园食品有限公司持有华光酿酒公司10%股权,从而成为糖业烟酒(集团)全资子公司。2008年7月,根据上海市国资委《关于上海市第一食品股份有限公司实施资产置换有关问题的批复》及中国证监会《关于核准上海市第一食品股份有限公司重大资产重组方案的批复》,上海市第一食品股份有限公司以持有的商业资产与烟糖集团持有的上海冠华光酿酒药业有限公司100%的股权进行置换,华光酿酒公司成为第一食品股份有限公司全资企业。2010年7月,上海石库门酿酒有限公司吸收合并上海华光酿酒药业有限公司,同时注销华光酿酒公司。华光酿酒公司2009年注册资本为5 900万元,公司住所:宝山区江杨南路880号。

华光酿酒公司1997年成功研发上市营养型黄酒"和酒","一种营养型黄酒'和酒'及其制造方法"于2003年被授予发明专利,2006年销售收入达到37 761万元,产品结构由最初的单一品种发展为金标、银标系列、金色年华系列、大开福系列及中、高档礼品等,从而不断占领黄酒市场的制高点。

华光酿酒公司进入烟糖集团后,为尽快体现优势互补,资源共享,加快对"和酒"三年陈酒基的研究,2008年,三年陈"和酒"使用金枫酒厂酒基的比重从年初的20%提高到年末的60%。为减少运行成本,提高经效益,公司将"和酒"产能转移到金枫酒厂,2008年10月,完成了设备改造、工艺技术和作业指导书的制定,原料和包装按时到位并正式投入生产,有效提高了"和酒"的产能。2009年9月,华光酿酒公司和上海石库门酿酒有限公司联手推出"和酒"高端产品——"金色年华"五年陈好礼装酒,提升了企业核心竞争力。2009年10月,公司建立的标准体系符合GB/T 15496—2003、GB/T 15497—2003、GB/T 15498—2003等国家标准要求,达到AAAA级。

表3-2-56　2006—2009年华光酿酒公司经营情况表

年　　份	2006	2007	2008	2009
销售收入(万元)	37 761	32 641	38 790	28 961
利润总额(万元)	2 145	2 421	2 012	5 471
产量(吨)	28 263	30 255	29 320	24 108
销量(吨)	33 639	28 033	28 933	24 211

【上海冠生园华佗酿酒有限公司】

上海冠生园华佗酿酒有限公司(简称"华佗酿酒公司")是冠生园(集团)有限公司下属企业,注册资本1 000万元,公司住所:上海市静安区新闸路1418号,生产经营范围:保健食品(华佗牌十全酒、华佗牌得力劲酒)、其他食品及食品销售管理。股权结构为冠生园(集团)有限公司出资510万元,占华佗酿酒公司总股份51%;上海冠生园华光酿酒药业有限公司出资490万元,占华佗酿酒公司总股份49%。2004年6月,5位自然人受让上海冠生园华光酿酒药业有限公司持有华佗酿酒公司49%股权中的35%股权;2007年6月,上海冠生园华光酿酒药业有限公司又回购了5位自然人35%的股权。2007年10月,上海冠生园华光酿酒药业有限公司将持有的华佗酿酒公司49%股权无偿划转给冠生园(集团)有限公司,华佗酿酒公司成为冠生园(集团)有限公司全资子公司。2010年公司销售收入7 531万元,利润总额362万元,净利润313万元,职工87人。

华佗酿酒公司坐落于上海陈邵路 228 号,使用总面积 13 779.30 平方米。公司主营业务为配制酒的生产,其中保健酒为华佗牌十全酒、华佗牌得力劲酒以及楠药酒。华佗十全酒产品有华佗十全酒(红标)、华佗十全酒(金标)等。华佗得力劲酒是继"华佗十全酒"后推出的新一代保健型白酒,具有营养功能和抗疲劳效果,品种有得力劲酒(35%VOL)、得力劲酒(清爽型)。楠药补酒是一款具有四十多年历史的经典老产品,长期受到消费者的喜爱。2010 年公司生产各类保健酒 3 009 吨,销售 2 801 吨。

华佗酿酒公司 2007—2008 年度、2009—2010 年度连续两届被评为"上海市文明单位"。

表 3-2-57 2006—2010 年华佗酿酒公司经营情况表

年 份	2006	2007	2008	2009	2010
销售收入(万元)	5 511	7 254	8 031	6 006	7 531
利润总额(万元)	300	551	691	327	362
净利润(万元)	200	468	587	342	313
产量(吨)	3 793	3 198	3 493	2 268	3 009
销售(吨)	4 023	3 564	3 453	2 305	2 801

【上海金枫酿酒有限公司技术中心】

上海金枫酿酒有限公司技术中心(简称"金枫技术中心")是上海金枫酿酒有限公司所属科研机构,成立于 2003 年 9 月,2006 年 12 月被确认为上海市第十二批市级企业技术中心。

2010 年,金枫技术中心下设微生物研究室,主要负责与黄酒酿造微生物相关课题的联合研究,承担生产所需菌种的选育、改良、诱变及保存工作;理化分析室:主要负责各个试验样品、成果的分析工作;风味研究室:主要负责酒类风味物质研究、黄酒风味的品评以及与食品安全相关的微量物质检测;工艺新品研究室:主要负责发酵、加工工艺研究及新产品开发,负责对中试试验的管理;标准及知识产权管理室:主要负责技术标准的制定、修改,企业知识产权的有效保护。

金枫技术中心 2010 年共有科研人员 40 人,其中 18 人在公司所属基层生产基地负责研究课题的中试和大试的统筹管理及技术合作,22 人在技术中心从事日常研究工作。技术中心有研究生 6 人,大专以上学历 27 人;高级职称 10 人(高级工程师、高级食品安全师、高级酿酒师、高级品酒师和高级技师),中级职称 16 人。

金枫酒业股份有限公司是国内黄酒业率先实现传统黄酒工业化生产的企业,实现了四合一管理体系全覆盖,研发能力、盈利能力、酿造工艺、技术装备等均位于行业领先水平。金枫技术中心在国家科技支撑课题项目中,与江南大学、中国食品发酵工业研究院等高等院校和科研单位合作,成功申报了"黄酒中试技术孵化与示范基地""黄酒保真与原产地技术研究""黄酒节能减排新技术研究"等多项国家科技支撑计划子课题项目;承担了"黄酒工程技术研究中心建设""黄酒质量安全关键技术标准的研究制定"等上海市科委研究项目。2008 年 10 月"机械化自动清洗灌装流水线"课题项目获得中国食品科学技术学会科技创新奖。

第四节 冷饮冷冻食品

冷饮冷冻食品是光明食品集团食品制造业中的主要品类。生产冷饮冷食等饮料产品的主要企业有上海益民食品一厂有限公司、上海仟果企业管理有限公司等。

一、产品和品牌

【产品】

上海益民食品一厂有限公司(简称"益民一厂")是冷饮类产品专业生产企业,主要产品为冰淇淋、雪糕、棒冰、雪泥四大类。"光明牌"冰淇淋有白雪中冰砖、三色杯、火炬、白熊中冰砖、绝美玲珑装冰淇淋、紫雪糕等品种。其中三色冰淇淋规格:105克/盒。"光明牌"雪糕主要产品有精品雪宝、奇形娃娃、简砖(香草味、巧克力味)、红豆爽、大块头雪糕、牛奶雪糕、香芋杯、牛奶杯、雪橙等。其中精品雪宝规格:70克/支;奇形娃娃规格:68克/支。"光明牌"棒冰主要产品有盐水棒冰、赤豆棒冰、绿豆棒冰、重赤豆棒冰、重绿豆棒冰等。其中盐水棒冰规格:68克/支;赤豆棒冰规格:92克/支。益民一厂生产的"光明牌"雪泥主要产品有椰奶西米露,芒果沙冰精品雪宝。其中椰奶西米露规格:115克。

上海仟果企业管理有限公司为前店后工场,开设的门店已遍布上海陆家嘴正大广场等各大高档商圈,还在杭州、南京等地高端商圈开设门店,把意大利冰淇淋引进中国市场。公司主要产品为冰淇淋及其制品等,有冰淇淋、酸奶杯、鲜榨果汁、果昔、精典咖啡等14个系列,150余个品种。冰淇淋系列主要品种有水果冰淇淋、含酒精类冰淇淋、酸奶冰淇淋、巧克力类冰淇淋、果仁类冰淇淋、牛奶类冰淇淋。酸奶杯系列主要品种有酸奶芒果杯、黑樱桃酸奶杯、猕猴桃酸奶杯、小野果酸奶杯。鲜榨果汁系列主要品种有苹果汁、橙汁、香芒玛蒂斯、恋恋红提、橙浮新奇士、猕情新西兰、木瓜物语。果昔系列主要品种有仟果果昔、香橙果昔、酸奶草莓果昔、酸奶苹果果昔、木瓜牛奶果昔、芒果牛奶果昔。咖啡系列主要品种有意式浓缩咖啡、香草拿铁咖啡、摩卡咖啡、卡布奇诺、玛奇雅朵咖啡、爱尔兰咖啡。

【品牌】

光明牌 光明牌商标于1951年向中央私营企业局注册。1979年10月31日,经国家工商行政管理总局商标局核准使用在冷冻饮品商品上,光明牌商标注册号为第100273号。

光明牌商标主要用于益民一厂棒冰、雪糕、冰淇淋等冷冻饮品,外销产品使用幸福和光明牌商标。企业于1950年开始生产巧克力,1962年逐步扩大生产规模,1966年外销巧克力已占总销售量的90%。光明牌冷饮年产量达14 709吨,比1950年增长16倍。20世纪80年代,益民一厂从美国、丹麦、奥地利等国家引进冷饮生产机械设备和全套生产线,生产巧克力涂层冰淇淋、花色冰淇淋等新品种。1993年益民一厂与香港屈臣氏公司合资成立上海屈臣氏益民食品有限公司,主要生产"蔓登琳"冰淇淋、罐头、速冻八宝饭等。1997年由遗留的母体公司成立了光明食品有限公司,恢复使用"光明牌"商标,主要生产光明牌冷饮、威化巧克力和速冻食品。2010年,年产量已达到10 178吨,主营收入达到12 197万元。

1984年和1986年分别获上海市优质出口商品奖。1992年9月光明牌商标被上海市工商行政管理局授予上海市著名商标。1994年7月光明牌白雪冰砖获得中国保护消费者基金会"94消费者信得过名优产品"的称号。1995年光明牌中冰砖、光明牌速冻八宝饭被'95上海市放心产品推荐活动组委会评选推荐为'95上海市场放心产品。1999—2007年光明牌冷饮被推荐为上海名牌产品。2006年起光明牌冷饮和速冻食品获上海名优食品称号。2007年光明牌冷冻饮品被推荐为上海名牌产品。2008年光明牌商标被认定为上海市著名商标。2010年12月光明牌被国家商务部认定为"中华老字号"。

表3-2-58　2006—2010年益民一厂冷饮总产量情况表　　　　　　　　　　　　　　　　（单位：吨）

年　份	2006	2007	2008	2009	2010
冷饮总产量	9 581	5 985	8 288	11 113	10 178

表3-2-59　2008—2010年益民一厂冷饮主要品种产量和销售情况表

项　目	2008		2009		2010	
	产量（吨）	销售额（万元）	产量（吨）	销售额（万元）	产量（吨）	销售额（万元）
白雪冰砖	2 641	1 836	3 621	2 436	3 892	3 224
三色冰淇淋	1 920	1 730	2 394	2 089	1 497	1 665
雪糕	120	86	125	125	129	134
奇形娃娃	77	77	103	90	98	84
盐水冰棍	1 455	556	1 916	636	1 716	785
赤豆棒冰	1 010	542	1 138	598	1 159	685
雪泥产品（椰奶西米露）	52	73	47	63	37	43

爱茜茜里　2008年10月，上海仟果企业管理有限公司经国家工商行政管理总局商标局核准，分别在商品29、30、33、35、43类注册了"爱茜茜里""仟果季""Speedy"等商标。2009年11月，在服务项目方面作了注册，共取得24个注册证，涉及29、30、32、33、34、35、43类。

2010年5月，经国家工商行政管理总局商标局核准爱茜茜里商标iceason（注册号第6891049号），使用于巧克力果仁奶油、奶油（奶制品）、牛奶、牛奶饮料（以牛奶为主的）、牛奶制品、掼奶油、搅打过的奶油、奶茶（以奶为主）、可可牛奶（以奶为主）、酸奶。后又增加加奶咖啡饮料、咖啡、茶饮料、蛋糕、甜食、糕点、冰淇淋、冰淇淋凝结剂、冰淇淋粉、可可制品等产品。

表3-2-60　2006—2010年上海仟果企业管理有限公司冰淇淋总产量情况表　　　　　　（单位：吨）

年　份	2006	2007	2008	2009	2010
冰淇淋总产量	13.60	73.55	191.34	225.46	304

二、工艺和设备

【工艺标准】

光明牌冰淇淋生产工艺标准　益民一厂生产的冰淇淋产品，根据中华人民共和国商务部2008

年发布的《冷冻饮品 冰淇淋》(SB/T 10013—2008),该标准代替原《冰淇淋》(SB/T 10013—1999)。新标准加增术语和定义,修改产品分类;调整了脂肪、蛋白质和膨胀率指标值,增加了非脂乳固体指标;增加了生产过程控制和销售要求。

光明牌雪糕生产工艺标准 益民一厂生产的雪糕产品,根据中华人民共和国商务部2008年发布的《冷冻饮品 雪糕》(SB/T 10015—2008),该标准代替原《雪糕》(SB/T 10015—1999)。新标准增加了术语和定义,修改了产品分类;调整了总固形物、总糖和脂肪指标,增加了蛋白质指标;增加了生产过程控制和销售要求。

光明牌棒冰生产工艺标准 益民一厂生产的棒冰产品,根据中华人民共和国商务部2008年发布的《冷冻饮品 冰棍》(SB/T 10016—2008),该标准代替原《冰棍》(SB/T 10016—1999)。新标准增加了术语和定义,修改了产品分类;调整了总固形物、总糖指标;增加了生产过程控制和销售要求。

光明牌雪泥生产工艺标准 益民一厂生产的雪泥产品,根据中华人民共和国商务部2008年发布的《冷冻饮品 雪泥》(SB/T 10014—2008),该标准代替原《雪泥》(SB/T 10014—1999)。新标准增加了术语和定义,修改了产品分类;调整了总固形物、总糖指标;增加了生产过程控制和销售要求。

【生产设备】

白雪冰砖加工设备 利乐海耶连续式凝冻机、利乐海耶SL800C直线型挤压线(美国APV挤压切片线)、金派克自动包装机、无锡梅园自动装盒机。

三色冰淇淋加工设备 利乐海耶连续式凝冻机、台湾傅大IFM自动灌装机。

精品雪宝加工设备 利乐海耶连续式凝冻机、海耶花色雪糕生产线、金派克自动包装机。

奇形娃娃加工设备 利乐海耶连续式凝冻机、美国APV挤压切片线、金派克自动包装机。

盐水棒冰加工设备 星火花色雪糕生产线。

赤豆棒冰加工设备 星火花色雪糕生产线。

椰奶西米露加工设备 利乐海耶连续式凝冻机、冰人5M-150FSR型片冰机、日本JFM自动灌装机。

表3-2-61 上海仟果企业管理有限公司主要设备情况表

设备名称	规格型号	数量(台)	产地	制造年份	额定功率(千瓦)	生产能力	用于生产部位	现状	利用率(%)
奶浆机	60RTL	3	—	不详	6.5	60升/2小时	打奶浆	旧	100
冰淇淋机	45XTL	2	意大利	二手	3.5	45升/小时	生产冰淇淋	旧	100
速冻机	1.2M3	1	美国	二手	3	—	速冻	旧	100

【工艺流程】

白雪冰砖、三色冰淇淋工艺流程 将奶粉、白砂糖、棕榈油、葡萄糖浆等原料经处理后泵入混合缸内,在一定的温度下将原料混合均匀,原料经处理后,送入均质机中进行均质;均质后的浆料先进入热交换器进行预热,然后进入热交换器杀菌组进行杀菌,再进入冷却组进行冷却,最后进入老化缸进行老化;老化后的浆料进入凝冻机进行凝冻,凝冻后的浆料就可以进行灌装切割,形成成品,进入速冻隧道冻结,最后进行成品包装,装箱后进入冷库。

雪糕生产工艺流程 雪糕是以砂糖、奶粉、油脂为主要原料通过特殊工艺制成的一种冰冻类奶类甜品。精品雪宝是棒式巧克力口味的雪糕,产品色泽均匀,形态完整,细腻润滑,香气纯正,具有该品种应有的巧克力味。奇形娃娃有两种口味。香草味雪糕为乳白色,巧克力味雪糕为咖啡色,形态完整,细腻滑润,滋味协调,香气纯正。精品雪宝、奇形娃娃工艺是将奶粉、白砂糖、棕榈油、葡萄糖浆等原料经处理后泵入混合缸内,在一定的温度下将原料混合均匀;原料经处理后,送入均质机中进行均质,均质后的浆料先进入热交换器进行预热,然后进入热交换器杀菌组进行杀菌,再进入冷却组进行冷却,最后进入老化缸进行老化;老化后的浆料进入凝冻机进行凝冻,凝冻后的浆料经挤压成型、插扦、切割、硬化、脱模,形成成品,进入速冻隧道冻结,最后进行成品包装,装箱后进入冷库。

棒冰生产工艺流程 棒冰是以水、白砂糖、葡萄糖浆、麦芽糊精等为主要原料通过特殊工艺制成的一种冰冻类甜味冰品。盐水棒冰由水、白砂糖、少量的柠檬酸组成的棒式冰棍,是企业的明星产品之一。产品色泽均匀,形态完整,口感略有咸味,香气呈柠檬香味。赤豆棒冰是以水、白砂糖、红豆、糖桂花为主要原料制成的棒式冰棍。产品色泽均匀,形态完整,赤豆集中于产品顶端,滋味协调,香气纯正,具有该品种应有的赤豆及桂花滋味和气味。盐水棒冰、赤豆棒冰工艺流程:将白砂糖、葡萄糖浆等原料经处理后泵入混合缸内,在一定的温度下将原料混合均匀;原料经处理后,先进入热交换器进行预热,然后进入热交换器杀菌组进行杀菌,再进入冷却组进行冷却;冷却后的浆料经浇模、插扦、冻结、脱模,形成成品,最后进行成品包装,装箱后进入冷库。

雪泥生产工艺流程 雪泥是由白砂糖、奶粉、奶油制成的冰淇淋并混入菠萝、椰奶等什锦纤维Q果和适量的冰沙经冷冻而成的一款产品。什锦Q果有多色,产品色泽均匀,菠萝粒呈黄色,形态完整,香气纯正,具有该品种应有的椰奶味及水果味。

椰奶西米露工艺流程 将奶粉、白砂糖、棕榈油、葡萄糖浆等原料经处理后泵入混合缸内,在一定的温度下,原料混合均匀,原料经处理后,送入到均质机中进行均质,均质后的浆料先进入热交换器进行预热,然后进入热交换器杀菌组进行杀菌,再进入冷却组进行冷却,最后进入老化缸进行老化;老化后的浆料进入凝冻机进行凝冻,凝冻后的浆料就可以进行灌装,形成成品,进入速冻隧道冻结,最后进行成品包装,装箱后进入冷库。

三、企业选介

【益民一厂】

益民一厂是益民食品集团的全资子公司,前身是创建于1913年的美商海宁洋行。1950年2月更名为华东工业部益民工业公司食品第一厂。1953年6月又更名为国营上海益民食品一厂,隶属于中央轻工业部工业管理处。

2002年12月,上海梅林正广和(集团)有限公司将上海益民食品一厂迁移至奉贤农业园区并与光明乳业股份有限公司合作,公司改建为光明食品有限公司。

2004年11月,光明食品集团组建成立[2006年更名为上海益民食品一厂(集团)有限公司],收购光明乳业在光明食品有限公司中50%的股权,并把该公司的名称恢复为上海益民食品一厂有限公司。

2005年6月,光明食品集团设立了光明食品(集团)有限公司冷食事业部,益民一厂和上海光明食品销售有限公司隶属于该事业部。2008年1月,上海益民食品一厂(集团)有限公司撤销了冷食事业部编制,上海益民食品一厂有限公司直属集团公司。

公司注册资本14 867万元,注册地址:上海市奉贤区汇丰北路988号。2010年公司总产值10 109万元,销售额12 197万元,利润额2.66万元;职工在册人数237人。

益民一厂占地面积40 000多平方米,建筑面积17 600平方米。公司主要生产冷饮、巧克力威化、速冻食品、罐头、休闲食品五类产品,是国内最大的冰淇淋生产企业之一。公司通过了ISO9001质量体系认证、HACCP食品安全管理体系认证和QS认证。

2006年4月20日,作为当年工厂领导的江泽民重回益民一厂视察,他说:"来到了新厂,我看到了流线型的、漂亮的、现代化的花园工厂,我看到了企业发展的希望。"

益民一厂重视企业文化建设,2006年5月27日,"光明八宝饭创大世界吉尼斯纪录"揭幕仪式在上海南京路步行街世纪广场举行,"光明牌八宝饭"总重量为1 951公斤、直径为5.5米,创上海大世界吉尼斯之最,象征着诞生于1951年的"光明品牌"已走过了55个年头。

2010年10月9日,上海益民食品一厂历史展示馆举行"转型、转折"光明品牌主题论坛会,社会各界人士纷纷建言献策,进一步强化光明品牌产品创新意识和品牌运作意识,提升光明品牌的新形象。

表3-2-62 2006—2010年益民一厂主要经营指标完成情况表 （单位：万元）

年 份	2006	2007	2008	2009	2010
销售收入	10 253	10 496	11 147	11 823	12 197
利润总额	2.78	37.87	45.49	21.03	2.66
净利润	2.78	37.87	45.49	21.03	2.66
冷饮产量(吨)	9 581	5 985	8 288	11 113	10 178
产 值	7 120	4 598	8 067	10 809	10 109

【仟果公司】

仟果公司是上海益民食品一厂(集团)有限公司的控股企业,成立于2006年1月。注册资本1 200万元,其中:上海益民食品一厂(集团)有限公司出资600万元,占总股本50%;自然人出资480万元,占总股本40%;上海轻工业对外经济技术合作有限公司出资120万元,占总股本10%。公司住所:上海市杨浦区通北路400号23号楼4楼。2010年,公司总产值5 828.89万元,营业总收入5 828.89万元,主营业务收入5 603.07万元,利润61.61万元,职工353人。

仟果公司的主要产品为冰淇淋及其制品、冰霜及其制品、雪糕及其制品。公司的产品品牌和门店名称为Iceason爱茜茜里,2006年开设门店4家,2010年达到40家,其中上海市内26家,已遍布上海徐家汇美罗城、港汇广场、南方商城、五角场万达广场、陆家嘴正大广场、百联八佰伴、金桥碧云体育休闲中心等商圈。同时Iceason爱茜茜里在杭州、南京、重庆、济南等地商圈开设门店14家,合计建筑面积3 129.88平方米,营业面积2 918.86平方米,工厂面积470平方米。

公司的产品主要品种有:冰淇淋、酸奶杯、冰淇淋匹萨、冰淇淋面、鲜榨果汁、鲜果汁、果昔、冰淇淋奶昔、软饮料、咖啡、咖啡圣代(热)、咖啡圣代(冷)、茶和冰淇淋蛋糕等14个系列、150多个品种。2006年公司把意大利冰淇淋引进中国市场,受到消费者的欢迎。冰淇淋产量2006年为13.6吨,2010年达到304吨。

2007年,爱茜茜里被上海市餐饮行业协会、《漫步创媒》《酷棒》《上海热线》评为"海派食神推荐店"和上海百货理事会永久副理事长单位;2008年,被上海市经贸委、上海连锁经营协会、中国·长三角知名品牌建设推进委员会评选为2008年中国·长三角知名品牌企业;2009年,被中国商业地产联盟授予2009长三角最具成长性连锁品牌。

表3－2－63　2006—2010年仟果公司经营情况表　　　　　　　　　　（单位:万元）

项　　目	2006	2007	2008	2009	2010
营业收入	260.84	1 410.14	3 668.06	4 322.10	5 828.89
主营业务收入	260.84	1 402.71	2 959.40	4 311.54	5 603.07
利润总额	－498.99	－481.01	－670.38	－556.81	61.61
净利润	－498.99	－481.01	－670.38	－556.81	61.61
产　值	260.84	1 410.14	3 668.06	4 322.10	5 828.89

第五节　休　闲　食　品

休闲食品是光明食品集团食品制造业中的重要构成。休闲食品中的调味品、蜂制品、糖果、月饼等产品主要由益民食品集团所属冠生园(集团)有限公司(简称"冠生园集团")以及下属上海冠生园天厨调味品有限公司、上海冠生园蜂制品有限公司、上海冠生园食品有限公司(简称"冠生园食品公司")等企业生产。饮料、糟醉产品是光明食品集团休闲食品中的主要品类之一,主要由上海益民食品一厂(集团)有限公司所属上海正广和饮用水有限公司、上海正广和汽水有限公司、上海一只鼎食品有限公司等企业生产。

一、调味品

光明食品集团生产调味品产品的企业为上海冠生园天厨调味品有限公司。

【产品和品牌】

上海冠生园天厨调味品有限公司生产味精、鸡精调味品、素易鲜、宴会鲜味汁、调味鲜露、酱油、米醋、胡椒粉等多种调味品,主要有三大拳头产品。

佛手牌味精　作为天厨公司创始人之一的吴蕴初先生首先在中国发明并生产上市味精。天厨公司的"佛手"品牌是中国第一个味精品牌。味精的主要成分为谷氨酸钠,它以淀粉质、糖质为原料,经微生物(谷氨酸棒状杆菌等)发酵,提取、中和、结晶精制而成。按加入成分分为:谷氨酸钠含量≥99%、具有特殊鲜味的白色结晶或粉末为味精;在谷氨酸钠中定量添加了精制盐的均匀混合物为加盐味精。

佛手味精共有4个系列、20多种规格,拥有一大批并日益扩大的消费群体,99%味精不含盐尤其受欢迎。2006年以来,佛手味精年销量保持在15 000吨左右,其中出口量在500吨左右。

佛手味精连续多年被评为上海市名牌产品、上海市著名商标,"佛手"商标被国家商务部认定为中华老字号。

佛手牌鸡精调味品 鸡精是以味精、食用盐、鸡肉/鸡骨的粉末或其浓缩提取物、呈味核苷酸二钠及其他辅料,添加香辛料和食用香料等,经过混合、干燥加工而成的具有鸡的鲜味和香味的复合调味品。

佛手牌鸡精共有4种常规包装规格,天厨牌鸡精有2种常规包装规格,还有数种其他特殊包装形式以适应不同的消费需求,销量逐年提高。公司以食品质量安全体系要求实行生产全过程规范控制,保证每批产品符合产品质量和食品安全标准。佛手牌鸡精的品质和品牌得到越来越多的消费者的青睐。

佛手牌鸡精连续多年被评为上海市名牌产品。

素易鲜(素鲜调味品) 20世纪90年代后期,公司成功研制了复合型调味品——素易鲜(素鲜调味品),富含氨基酸、呈味核苷酸和8种蔬菜鲜味之精华,不仅大大增强食物的鲜美程度,同时口味的厚实度也得到显著提升。

由于该产品兼具味精和鸡精的长处,不添加任何人工色素,产品受众面更大,适应面更广,更加广泛地进入家庭和社会餐饮业,成为厨房新宠。

公司生产的素易鲜系列共有2个产品3种规格,从2007年起,年产量稳步提高,至2010年达到22吨。

表3-2-64 2006—2010年上海冠生园天厨调味品有限公司产品产量和销售情况表

年 份	2006	2007	2008	2009	2010
产值(万元)	14 985	15 414	15 822	16 267	16 580
产量(吨)	15 612	13 978	18 423	17 941	19 350
销售额(万元)	14 338	15 221	15 388	16 561	15 597

表3-2-65 2010年公司主要产品品种规格情况表

类 别		产 品 品 种	规格(克)
味 精	加盐味精	80%粉状味精	100
		80%粉状味精	250
		80%粉状味精	500
		80%细晶味精	100
		80%细晶味精	250
		80%细晶味精	500
		80%细晶味精促销装	500+50
		80%细晶味精	1 000

〔续表〕

类　　别		产品品种	规格（克）
味　精	加盐味精	80％味精（细、粉）	2 500
		99％细晶味精	200
		99％细晶味精	400
		99％细晶味精	500
		99％细晶味精	1 000
		99％细晶味精促销装	1 000＋50
		99％细晶（天厨牌）	1 000
		99％细晶（天厨牌）	2 000
		99％细晶味精	2 000
		99％细晶味精	2 250
		99％细晶味精	500
		99％细晶味精	1 000
		99％结晶味精	2 500
		99％结晶味精	5 000
	外销味精	罐装味精（80％、99％）	94.5
		罐装味精（80％、99％）	378
		罐装味精（80％、99％）	1 134
		罐装味精（80％、99％）	2 268
		99％袋装味精	100
		99％袋装味精	454
		99％袋装味精	2 268
		99％袋装味精	4 540
		99％袋装味精	25 000
鸡　精	鸡精调味料	袋装鸡精（佛手牌）	200
		袋装鸡精（天厨牌）	250
		袋装鸡精（佛手牌）	454
		袋装鸡精促销装（佛手牌）	454＋50
		罐装鸡精（特供）	454
		袋装鸡精（天厨牌）	900
		袋装鸡精（佛手牌）	908
		袋装鸡精（佛手牌）	1 000
		袋装鸡精促销装（佛手牌）	1 000＋100
		袋装鸡精（天厨牌）	2 000

〔续表〕

类　　别		产品品种	规格（克）
素易鲜	素鲜调味料	袋装素鲜调味料	120
		袋装素鲜调味料	150
		袋装素鲜调味料促销装	150+50
	蔬鲜调味料	袋装蔬鲜调味料	400

上海冠生园天厨调味品有限公司的主要商标为"佛手"商标（注册号第100298号），商标使用许可人为冠生园（集团）有限公司。

"佛手"商标于1928—1943年先后在味精、酱油精液和调味粉等商品上注册。1949年后，"佛手"商标于1951年向中央私营企业局注册，1981年向国家工商行政管理总局商标局注册。2001年经国家工商行政管理总局商标局核准，"佛手"商标注册人由上海天厨味精厂转让给冠生园（集团）有限公司。同时，冠生园（集团）有限公司于2001年许可上海冠生园调味品有限公司使用"佛手"商标。

"佛手"商标主要用于味精、鸡精、素易鲜、复合调味料、酱油、米醋等，产品销往全国，出口十多个国家和地区。2010年佛手牌系列产品产量达到14 768吨，销售收入达到18 079万元。

1926年6月美国费城举行万国商品博览会，参展的天厨味精获得大奖。1930年和1933年天厨公司又分别参加比利时列日和美国芝加哥世博会，均获大奖。1992年9月，"佛手"商标被上海市工商管理局认定为上海市著名商标。1995—1999年，"佛手"牌味精获上海市名牌产品五连冠。1999年"佛手"牌立袋包装调味酱获上海市优秀新产品三等奖。2000年"佛手"牌味精被推荐为上海市名牌产品。2001年"佛手"商标被上海市工商管理局认定为上海市著名商标。2010年"佛手"商标再被上海市工商管理局认定为上海市著名商标。

【工艺和设备】

上海冠生园天厨调味品有限公司整个生产过程严格按照相关规定进行。

味精产品生产工艺标准　上海冠生园天厨调味品有限公司味精产品生产按照2007年2月2日发布、2007年12月1日实施的《谷氨酸钠（味精）》（GB/T 8967—2007）代替原GB/T 8967—2000。

该标准规定谷氨酸钠（味精）的术语和定义、技术要求、产品分类、分析方法、检验规则和标志、包装、运输、贮存。

鸡精调味料生产工艺标准　上海冠生园天厨调味品有限公司鸡精调味料产品生产按照2003年1月9日发布、2004年7月1日实施的《鸡精调味料》（SB/T 10371—2003）。

该标准规定了鸡精调味料的术语和定义、要求、试验方法、检验规则、标签、包装、运输和贮存。

素易鲜调味料生产工艺标准　上海冠生园天厨调味品有限公司素鲜调味料产品生产按照2009年3月10日发布、2009年3月20日实施的Q/YQSQ 209—2009代替原标准Q/YQSQ 209—2006。

该标准规定了素鲜调味料的技术要求、试验方法、检验规则、标志、包装、运输和贮存。适用于以谷氨酸钠（或不含谷氨酸钠）、呈味核苷酸二钠、氯化钠、白砂糖、蔬菜提取物、食用淀粉、大米、麦芽糊精、水解植物蛋白等精制而成的素鲜调味料。同时也适用于以谷氨酸钠（味精）、食用盐、白砂糖、淀粉、螺旋藻粉、胡萝卜、甜椒、黄瓜、芹菜、西红柿、菠菜、南瓜、菌菇、添加了呈味核苷酸二钠、食用香料等复合精制而成的复合调味料。

生产设备 上海冠生园天厨调味品有限公司的生产设备主要有味精生产设备、鸡精调味料生产设备、素易鲜调味料生产设备等。

表3-2-66 上海冠生园天厨调味品有限公司味精生产设备情况表

设备名称	规格型号	数量(台)	产地	制造年份	额定功率(千瓦)	生产工序
中和桶	10立方米	6	中国	1989	5.5	精制
板框压滤机	40平方米	8	中国	1988	—	精制
炭柱	1 200×4 000	6	中国	1990	—	精制
蒸发结晶罐	6立方米	8	中国	1986	13.5	精制
离心机	DAC67	2	日本	—	11	精制
螺杆进料器	—	1	中国	—	2.2	精制
流化床	APV	1	丹麦	—	—	精制
振动流化床	—	1	中国	—	4.4	精制
分层振动筛	50平方米	2	中国	1995	5.5	精制

表3-2-67 上海冠生园天厨调味品有限公司鸡精调味料生产设备情况表

设备名称	规格型号	数量(台)	产地	制造年份	额定功率(千瓦)	生产能力
胶体磨	JMS-130	1	中国	2006	5.50	0.5吨~2吨/小时
粉碎机	30B1	2	中国	2006	7.50	0.5吨/小时
混合机	CH300	3	中国	2006	7.50	0.2吨/小时
摇摆颗粒机	YK160K	1	中国	2006	5.50	1吨/小时
连续式热风干燥机	DW1.2—25.5A	1	中国	2006	22	1吨/小时
不锈钢分层震动筛	FS1.0×2.0	1	中国	2006	2.20	1吨/小时
盛料仓	3立方米	1	中国	2009	—	—
定量包装秤	NE-2000	2	中国	2010	0.75	30袋/分钟
自动包装机	YL6S	2	中国	2009	3	30袋/分钟

表3-2-68 上海冠生园天厨调味品有限公司素易鲜调味料生产设备情况表

设备名称	规格型号	数量(台)	产地	制造年份	额定功率(千瓦)	生产能力
胶体磨	JMS-130	1	中国	2006	5.50	0.5吨~2吨/小时
粉碎机	30B1	2	中国	2006	7.50	0.5吨/小时
混合机	CH300	3	中国	2006	7.50	0.2吨/小时
摇摆颗粒机	YK160K	1	中国	2006	5.50	1吨/小时

〔续表〕

设备名称	规格型号	数量(台)	产地	制造年份	额定功率(千瓦)	生产能力
连续式热风干燥机	DW1.2—25.5A	1	中国	2006	22	1吨/小时
不锈钢分层震动筛	FS1.0×2.0	1	中国	2006	2.20	1吨/小时
盛料仓	3立方米	1	中国	2009	—	—
定量包装秤	NE—2000	2	中国	2010	0.75	30袋/分钟

味精生产工艺流程　分为糖化、谷氨酸发酵、中和提取及精制等4个主要工序及味精、加盐味精系列产品包装生产工艺流程。

液化和糖化工序：淀粉、水→调浆→喷射液化→保温灭菌→过滤→贮罐→冷却→糖化→灭酶→离心过滤→得葡萄糖液→冷却。

淀粉先要经过液化阶段，然后再与淀粉酶发生作用后进入糖化阶段。液化过程中除了加淀粉酶还要加氯化钙，整个液化时间约30分钟。在一定温度下液化的糊精及低聚糖在糖化罐内进一步水解为葡萄糖。淀粉浆液化后通过冷却器降温至60摄氏度进入糖化罐，加入糖化酶进行糖化，糖化温度控制在60摄氏度左右，pH值4.5，糖化时间18小时～32小时。糖化结束后，将糖化罐加热至80摄氏度～85摄氏度，灭酶30分钟。过滤后得到的葡萄糖液经压滤机进行油水分离（一冷分离，二冷分离），再经过滤并连续消毒后进入发酵罐。

谷氨酸发酵工序：葡萄糖等培养液→发酵罐发酵→发酵完成料液→冷却。

消毒后的培养液在流量监控下进入谷氨酸发酵罐，经过罐内冷却蛇管将温度冷却至32摄氏度，置入菌种、氯化钾、硫酸锰、消泡剂及维生素等，通入消毒空气，经一段时间适应后，发酵过程开始缓慢进行。谷氨酸发酵是一个复杂的微生物生长过程，谷氨酸菌摄取原料的营养并通过体内特定的酶进行复杂的生化反应。培养液中的反应物透过细胞壁和细胞膜进入细胞体内，将反应物转化为谷氨酸产物。整个发酵过程一般要经历3个时期，即适应期、对数增长期和衰亡期。每个时期对培养液浓度、温度、pH值及供风量都有不同的要求。因此，在发酵过程中，必须为菌体的生长代谢提供适宜的生长环境。经过大约34小时的培养，当产酸、残糖、光密度等指标均达到一定要求时即完成谷氨酸发酵，发酵完的料液进行离心分离后进入谷氨酸提取工序。

谷氨酸提取与谷氨酸钠生产工序：发酵液等→等电点中和→谷氨酸晶体→谷氨酸晶体加水溶解→二次中和→谷氨酸钠。

该工艺过程在提取罐中进行。利用氨基酸两性离子的性质，当谷氨酸的等电点为pH 3.2时，它的酸碱溶解度最低，经较长时间的沉淀保证晶体增长从而得到谷氨酸。再将物料送到离心机进行分离，得到谷氨酸晶体。然后进入二次中和罐加水、纯碱，中和成谷氨酸钠，加水溶解温度为40摄氏度～60摄氏度，碳酸钠调pH 5.6，中和温度控制在70摄氏度以内。得到谷氨酸钠的溶液后再进入精制工序。

谷氨酸钠的精制工序：谷氨酸钠溶液→活性炭脱色→过滤→离子交换脱金属离子→浓缩→蒸发结晶→分离湿味精→干燥→晶体味精→筛选→分装。

谷氨酸钠溶液经过活性炭脱色及离子交换柱除去钙、镁、铁离子，即可得到高纯度的谷氨酸钠溶液。将纯净的谷氨酸钠溶液导入结晶罐进行减压蒸发，当波美度达到30.0～30.5（70摄氏度）时放入晶种，进入育晶阶段，根据结晶罐内溶液的饱和度和结晶情况实时控制谷氨酸钠溶液输入量及进水量。经过十几小时的蒸发结晶，当结晶形体达到一定要求、物料积累到80％高度时，将料液放至助晶槽，结晶长成后分离出味精晶体进行干燥和筛选。湿晶体经过流化床干燥，细小粉尘经旋风分离回收。最后将得到的大小不一的干燥晶体进行筛分分级，细小颗粒作为晶种用，其他颗粒按不同细度进行分装成味精成品。

加盐味精系列产品包装生产工序：辅料过筛→称量（混合）→封口（同时打印批号）→金探→装箱→检验→成品入库。

鸡精调味料生产工艺流程　按鸡精调味料行业标准要求，它是以鸡肉粉、鸡油、鸡蛋、鸡味香精、鸡热反应粉等为主要原料，配以盐、糖、味精、香辛料、呈味核苷酸二钠等辅料，经混合、造粒、干燥而成。

素易鲜调味料生产工艺流程　从蔬菜制取蔬菜提取物→与其他辅料混合→制粒→灭菌干燥→分筛→称量包装→检验→成品入库。

以蔬菜、菌菇提取物为主要原料，配以味精、呈味核苷酸二钠、盐、糖等辅料，经混合、造粒、干燥而成。原辅料采购验收合格后，按一定细度要求将谷氨酸钠、食用盐、白砂糖、大米等用粉碎机进行粉碎，粉碎后的产品分别储存于清洁卫生的容器内备用。按产品配方要求逐一称量后，将蔬菜、菌菇提取物、增味剂、增稠剂等用均质机和混合机充分搅拌，搅拌后造粒成型，再进入干燥机进行干燥灭菌。灭菌后的产品用振动筛进行分筛，筛网下得到的产品即为素鲜调味料半成品。半成品经过强力磁选器对产品中可能混入的金属碎粒进行吸附排除，以确保产品无金属异物。最后，用全自动包装机按不同规格要求称量、装袋、封口（同步在封口处打印批号或生产日期），然后再经过重量选别机自动剔除净含量不符合要求的产品。装箱封箱后的产品，经检验合格后办理入库手续。

素易鲜调味料的生产设备和工艺技术要求基本与鸡精调味料相同。

【企业选介】

上海冠生园天厨调味品有限公司　简称"天厨调味品公司"，是冠生园（集团）有限公司所属上海冠生园食品有限公司下属企业，成立于2004年3月，注册资本500万元。

天厨调味品公司的前身是上海天厨味精厂，创立于1923年。其生产的味精在20世纪20、30年代曾在国际博览会上获奖。1956年实行公私合营。1988年江泽民亲笔题词"老树盛开新花，花香飘遍四海"；原全国人大常委会副委员长胡厥文题字"天字第一号"。

1995年之前上海天厨味精厂是上海发酵食品公司的下属企业，1995年冠生园（集团）总公司与上海发酵食品公司合并，成立新的冠生园（集团）总公司，上海天厨味精厂变更为其下属企业。1996年冠生园（集团）总公司改制为冠生园（集团）有限公司。2003年7月，上海天厨味精厂改制为上海佛手调味品有限公司，注册资本500万元，由上海冠生园华光酿酒药业有限公司和上海冠生园食品有限公司各出资250万元。2004年3月，上海佛手调味品有限公司迁址青浦工业园区。2005年7月，上海佛手调味品有限公司更名为上海冠生园天厨调味品有限公司。2007年11月，上海冠生园天厨调味品有限公司变更为一人有限责任公司，股东变更为冠生园（集团）有限公司，注册资本500万元。2010年12月，天厨调味品公司投资方变更为上海冠生园食品有限公司，注册资本不变。天厨调味品公司住所：上海青浦区青浦工业园区新团路18、88号，总面积20 000平方米。2006年底职工人数169人，2010年底职工人数143人。

天厨调味品公司的主营业务为生产销售味精、鸡精、业态和固态调味料，主要产品有味精、鸡精调味料、素易鲜、宴会鲜味汁、调味鲜露、酱油、米醋、胡椒粉等多种调味品，有4个系列、20多种规格，主要品牌为"佛手"和"天厨"。

天厨调味品公司生产的味精在中国食品发展史上具有开创性的地位,中国最早的味精1923年由天厨公司创始人之一的吴蕴初先生发明,1924年"佛手"牌味精经北洋政府农商部商标司注册,成为中国第一个味精品牌。

2007年"佛手"商标被评为上海市著名商标,"佛手"牌味精2007年和2009年被评为上海名牌。天厨调味品公司的产品消费群体不断扩大,特别是不含盐99%味精,便于消费者烹调食物时掌握咸淡程度,受到消费者的青睐。

鸡精是天厨调味品公司又一个主要产品,有"佛手"牌和"天厨"牌。"佛手"牌鸡精具有口味纯正、鲜度高、价格合适等特点,得到了广大消费者的认可,2007年和2009年被评为上海名牌。2010年鸡精销售量超过1 400吨,外销近500吨。

素易鲜(素鲜调味料)是天厨调味品公司20世纪90年代后期研制成功的复合型调味品,富含氨基酸、呈味核苷酸和8种蔬菜鲜味,既保留了味精净素的特性,又吸收了鸡精调味料口感丰满的优点,多种调味元素的复合使口味更加鲜美自然,已广泛进入家庭和社会餐饮业。

天厨调味品公司注重加强质量和食品安全体系规范过程控制,2008年取得质量管理体系GB/T 19001—2008/ISO9001:2008认证;2010年取得GB/T 22000—2006/ISO22000:2005、CNCA/CTS 0016—2008食品安全管理体系认证。

二、蜂制品

光明食品集团蜂制品的主要生产企业为上海冠生园蜂制品有限公司。

【产品和品牌】

产品 上海冠生园蜂制品有限公司主要有以蜂蜜为代表的营养食品系列、以蜂皇浆和蜂胶为代表的保健食品系列、以蜂蜜果蔬茶为代表的休闲食品系列共60多个品种规格的产品生产线。蜂蜜、蜂皇浆、蜂胶和蜂蜜果蔬茶是公司蜂制品四大拳头产品。

蜂蜜主要品种有纯净蜂蜜、品种蜂蜜两种。

纯净蜂蜜以油菜蜂蜜、洋槐蜂蜜、荆条蜂蜜为主要原料加工而成。蜂蜜自2002年投产,产品涵盖了10克至30千克共计13个规格。包装形式有玻璃容器、塑料容器、塑料桶装等。

品种蜂蜜主要有洋槐蜂蜜、紫云英蜂蜜、椴树蜂蜜。

三种蜂蜜的主要特点:依蜜源不同,有水白色(几乎无色)、白色、特浅琥珀色、浅琥珀色、琥珀色至深色(暗褐色)。有蜜源植物的花的气味,单一花种蜂蜜有该种蜜源植物的花的气味,没有酸或酒的挥发性气味和其他异味。依蜜源品种不同,甜、甜润或甜腻,某些品种有微苦、涩等刺激味道。常温下呈黏稠流体状,或部分及全部结晶;不含蜜蜂肢体、幼虫、蜡屑及肉眼可见杂物;没有发酵征状。

表3-2-69 上海冠生园蜂制品有限公司蜂蜜产品规格情况表

类 别	产品名称	规 格	成 分
纯净蜂蜜	袋装蜂蜜	10克×32袋/盒	油菜蜂蜜 洋槐蜂蜜 荆条蜂蜜
	喜蜜	28克×60瓶/箱	
	蜂蜜	420克×16瓶/箱	

〔续表〕

类　别	产品名称	规　　格	成　分
纯净蜂蜜	纯净蜂蜜	480 克×16 瓶/箱	油菜蜂蜜 洋槐蜂蜜 荆条蜂蜜
	蜂蜜礼盒	480 克×2 瓶×6 盒/箱	
	纯净蜂蜜	500 克×20 瓶/箱	
	纯净蜂蜜	580 克×16 瓶/箱	
	纯净蜂蜜	900 克×12 瓶/箱	
	纯净蜂蜜	950 克×12 瓶/箱	
	桶蜜	4 000 克/桶	
	桶蜜	6 000 克/壶	
	百花蜂蜜	7 500 克/壶	
	桶装蜂蜜	30 千克/桶	
品种蜂蜜	洋槐蜂蜜	280 克×20 瓶/箱	洋槐蜂蜜
	洋槐蜂蜜	580 克×16 瓶/箱	
	洋槐蜂蜜	2 000 克×6 瓶/箱	
	洋槐蜂蜜	7 500 克/壶	
	洋槐蜂蜜	30 千克/桶	
	紫云英蜂蜜	280 克×20 瓶/箱	紫云英蜂蜜
	紫云英蜂蜜	580 克×16 瓶/箱	
	紫云英蜂蜜	2 000 克×6 瓶/箱	
	紫云英蜂蜜	7 500 克/壶	
	椴树蜂蜜	280 克×20 瓶/箱	椴树蜂蜜
	椴树蜂蜜	580 克×16 瓶/箱	
	椴树蜂蜜	2 000 克×6 瓶/箱	
	椴树蜂蜜	7 500 克/壶	
	枇杷蜂蜜	280 克×20 瓶/箱	枇杷蜂蜜
	柑桔蜂蜜	280 克×20 瓶/箱	柑桔蜂蜜
	荔枝蜂蜜	7 500 克/壶	荔枝蜂蜜
	龙眼蜂蜜	7 500 克/壶	龙眼蜂蜜
	龙眼蜂蜜	30 千克/桶	

蜂皇浆是由工蜂咽下腺和上颚腺分泌，主要用于饲养蜂王和蜂幼虫的乳白色、淡黄色或浅橙色浆状物质。以鲜蜂皇浆为主要原料制成的保健食品，经功能试验证明，是一种具有免疫调节功能和抗疲劳保健功能的原浆产品。

上海冠生园蜂制品有限公司 2002 年投产蜂皇浆，产品有 100 克至 1 千克共计 11 个规格。

表 3-2-70 蜂皇浆产品分类情况表

类别与投产时间	产品名称	规　　格	成分	主　要　特　点
蜂皇浆 2002 年	鲜蜂皇浆	100 克×60 瓶/箱	鲜蜂皇浆	色泽呈乳白色、淡黄色或浅橙色，有光泽，冷冻状态时有冰晶光泽。常温下或解冻后呈黏浆状，具有流动性，不应有气泡和杂质（如蜡屑等）。黏浆状态时，应有类似花蜜或花粉的香味和辛辣，气味纯正，不得有发酵、酸败气味。黏浆状态时，有明显的酸、涩、辛辣和甜味感，上腭和咽喉有刺激感，咽下或吐出后，咽喉刺激感仍会存留一些时间；冰冻状态时，初品尝有颗粒感，逐渐消失，并出现与黏浆状态同样的口感
	鲜蜂皇浆	250 克×24 瓶/箱		
	简装鲜蜂皇浆	500 克/瓶		
	鲜蜂皇浆	500 克×12 瓶/箱		
	简装鲜蜂皇浆	1 000 克/瓶		
	鲜蜂皇浆	1 000 克×6 瓶/箱		
	皇浆粉胶囊	90 粒×12 瓶/箱		
	冻干粉胶囊	120 粒×12 瓶/箱		
	冻干粉胶囊	180 粒×12 瓶/箱		
	皇浆粉胶囊	200 粒×12 瓶/箱		
	皇浆粉胶囊	300 粒×12 瓶/箱		

蜂胶由工蜂采集植物树脂等分泌物与其上颚腺、蜡腺等分泌物混合形成的胶黏性物质。蜂胶软胶囊是由蜂胶、蜂蜡、菜籽油、明胶、甘油、水为主要原料，经配料、化胶、制丸、定型、干燥等工艺制成的保健食品，经动物功能试验证明，蜂胶软胶囊具有增强免疫力的保健功能。

产品规格为 500 毫克/粒，共有 60 粒、90 粒、120 粒等 5 个包装规格。2006 年瓶装产品投产。为进一步满足消费者需求，2010 年开发了金盒蜂胶产品，同时开发了高端礼盒产品。

表 3-2-71 蜂胶软胶囊产品分类情况表

类别与投产时间	产品名称	规　　格	成分	主　要　特　点
蜂胶 2006 年	蜂胶软胶囊	60 粒×12 瓶/箱	蜂胶	内容物呈黑色，味苦，略带辛辣味，具有蜂胶特有的芳香气味。软胶囊内容物为油膏状物。无肉眼可见的外来杂质
	蜂胶软胶囊	90 粒×12 瓶/箱		
	蜂胶软胶囊	120 粒×12 瓶/箱		
	金装蜂胶软胶囊	60 粒×12 盒/箱		
	蜂胶软胶囊礼盒	60 粒×6 盒/箱		

蜂蜜果蔬茶以果蔬、白糖和蜂蜜为主要原料，经挑拣、预煮、糖渍等工艺加工而成。

蜂蜜果蔬茶产品分为蜂蜜柚子茶、蜂蜜柠檬茶、蜂蜜芦荟茶、蜂蜜山楂茶和蜂蜜枸杞茶等 5 个品类。分别以新鲜、成熟适度的胡柚、柠檬、芦荟、山楂、枸杞和蜂蜜为原料制成蜂蜜果蔬罐头产品（其中蜂蜜含量大于 10%）。

蜂蜜果蔬茶产品规格有 600 克共 7 个包装规格，普通包装于 2009 年投产。为满足细分市场需求，2010 年开发了礼盒包装。

表 3-2-72 蜂蜜果蔬茶产品分类情况表

产品名称	规格	成分	主要特点
蜂蜜柚子茶	600 克×12 瓶/箱	果蔬、白砂糖、果葡糖浆、蜂蜜	黏稠状糖浆呈黄色或金黄色,较透明。内悬浮有呈淡黄色或黄色的半透明果肉微粒。具有原果及蜂蜜特有的香味,5 倍稀释液甜酸可口。可略带有原果独特的清凉苦味,但不影响口感。原果皮丝形状完整,厚薄均匀,允许少量碎籽粒等悬浮物存在
蜂蜜柠檬茶	600 克×12 瓶/箱		
蜂蜜芦荟茶	600 克×12 瓶/箱		
蜂蜜山楂茶	600 克×12 瓶/箱		
蜂蜜枸杞茶	600 克×12 瓶/箱		
蜂蜜柚子茶礼盒	600 克×2 瓶×6 盒/箱		
蜂蜜果蔬茶礼盒	600 克×3 瓶×5 盒/箱		

表 3-2-73 2006—2010 年上海冠生园蜂制品有限公司产量和销售情况表

年份	大类	纯净蜂蜜	品种蜂蜜	蜂皇浆	蜂胶	蜂蜜果蔬茶	其他	合计
2006	产量(吨)	7 923.5	1 232.2	11.3	0.4	0	0.6	9 168.0
	销售额(万元)	10 278.8	2 009.2	252.9	60.9	0	8.1	12 609.9
2007	产量(吨)	8 413.1	1 262.0	12.0	0.9	24.3	0.9	9 713.2
	销售额(万元)	12 588.5	2 493.5	216.3	132.8	66.3	8.8	15 506.2
2008	产量(吨)	8 878.6	1 531.3	11.3	0.9	89.4	0.9	10 512.4
	销售额(万元)	14 217.4	3 214.0	212.4	188.2	265.8	2.2	18 100.0
2009	产量(吨)	9 036.9	1 378.8	9.5	1.4	29.2	0.5	10 456.3
	销售额(万元)	14 615.9	3 045.9	182.7	233.9	136.6	7.1	18 222.1
2010	产量(吨)	8 925.1	1 552.3	8.9	1.5	68.5	0.5	10 556.8
	销售额(万元)	14 948.2	3 841.8	176.5	257.2	198.3	9.4	19 431.4

品牌 冠生园商标图案由"冠生园"商标和"生"字商标组合而成。其中"冠生园"商标最早使用时间为 1918 年 5 月,"冠生园"商标最早注册时间为 1986 年 3 月。"生"字商标最早注册时间为 1924 年。

"冠生园"商标原由上海冠生园食品总厂于 1986 年 12 月申请注册,1998 年 6 月,经国家工商行政管理总局商标局核准转让给冠生园(集团)有限公司,同时冠生园(集团)有限公司已许可给上海冠生园食品有限公司(原上海冠生园食品总厂)使用。1918—1949 年,"冠生园"商标主要用于糖果、蜂蜜、鲜蜂王浆、蜂王浆粉和固体饮料等五大类产品;进入 20 世纪 90 年代,主要用于糖果、蜂制品、面制品、调味品、速冻微波食品、啤酒、黄酒等系列。

1999 年 12 月"冠生园"商标被上海市工商行政管理局认定为上海市著名商标。2000 年 9 月"冠生园"商标被国家工商行政管理总局商标局认定为中国驰名商标。1981—2001 年"冠生园"商标获中国食品行业二十大著名品牌。2001 年 5 月"冠生园"商标在国家工商行政管理总局组织的中国商标大赛中被消费者评定为"十大公众喜爱商标"之一。2005 年"冠生园"商标在上海老商标重塑辉煌推展活动中被认定为"上海最具价值的老商标"。2006年,商务部认定"冠生园"商标为中华老字号。

【工艺和设备】

冠生园牌蜂蜜生产工艺标准 蜂蜜生产以蜂蜜为主要原料,经过滤、浓缩、杀菌等工艺加工而成,公司严格按照2005年颁布的《蜂蜜》(GB 18796—2005)和《蜂蜜卫生标准》(GB 14963—2003)组织生产。

冠生园牌蜂皇浆生产工艺标准 蜂皇浆生产的工艺流程有解冻、称量、投料混合、过滤、灌装等。《蜂王浆》(GB 9697—2008)于2008年颁布实施,规定了蜂王浆的定义、等级、品质、试验方法、包装、标志、贮存、运输要求。公司根据该标准对保健食品通用要求予以整合,制定了企业标准。

冠生园牌蜂胶软胶囊生产工艺标准 鉴于产品的特殊性,蜂胶产品没有相关法定标准。蜂胶软胶囊作为新批准的保健食品,有关部门在产品批文中明确规定了主要质量指标。据此,公司制定企业标准。

蜂胶软胶囊生产工艺是经乙醇提取、研磨、过滤的蜂胶与蜂蜡、菜籽油配料,作为软胶囊内容物;明胶、甘油、水经溶胶浓缩后,制成胶皮,经压丸、定型、洗丸、干燥、拣丸、包装等工序制成蜂胶软胶囊。

冠生园牌蜂蜜果蔬茶生产工艺标准 蜂蜜果蔬茶是以果蔬、白糖和蜂蜜为主要原料,经挑拣、预煮、糖渍等工艺加工而成。蜂蜜果蔬茶罐头产品没有相关法定标准,公司根据企业标准,作为组织生产的依据。

表3-2-74 冠生园牌蜂蜜主要生产设备情况表

设备名称	规格型号	数量(台)	制造商	制造年份	额定功率(千瓦)	生产能力	用途
冲瓶机	QSD-200	3	宁波中兴	2008年3月	4.87	70~100瓶/分钟	蜂蜜生产线
灌装机	1000ML8头	3	厦门鼎真	2008年3月	—	70~100瓶/分钟	蜂蜜生产线
锁盖机	—	3	厦门鼎真	2008年1月	2.00	70~100瓶/分钟	蜂蜜生产线
贴标机	A-921	3	广州达尔嘉	2008年1月	1.10	70~100瓶/分钟	蜂蜜生产线

表3-2-75 冠生园牌蜂皇浆主要生产设备情况表

设备名称	规格型号	数量(台)	制造商	制造年份	额定功率(千瓦)	生产能力	用途
灌装机	ZH-1000-4	1	上海展合	2010年5月	0.3	10~50瓶/分钟	鲜蜂皇浆加工
泡罩机	—	1	上海江南	2010年7月	3.2	10~22粒/分钟	蜂皇浆冻干粉胶囊加工

表3-2-76 冠生园牌蜂胶软胶囊主要生产设备情况表

设备名称	规格型号	数量(台)	制造商	制造年份	额定功率(千瓦)	生产能力	用途
软胶囊机	RGY6-155	1	上海台源	2008年8月	3.70	10~20粒/分钟	蜂胶软胶囊加工

蜂蜜果蔬茶主要生产设备为贴标机。

【企业选介】

上海冠生园蜂制品有限公司　简称"冠生园蜂制品公司",是冠生园集团所属上海冠生园食品有限公司全资子公司。公司成立于2002年1月,由冠生园集团和上海冠生园食品有限公司各出资500万元(注册资本为1 000万元)组建而成,专业生产经营蜂制品。公司住所:上海市徐汇区漕宝路220号。公司租赁上海冠生园食品有限公司4 326平方米厂房作为生产和办公场地。

2008年2月,上海冠生园食品有限公司将其持有的50%股权转让给冠生园集团,冠生园蜂制品公司成为冠生园集团全资子公司。2008年6月,公司迁建至奉贤区星火开发区惠阳路11号,占地面积4.6万余平方米,建筑面积1.7万余平方米。2010年3月,冠生园集团追加投资3 000万元,注册资本增至4 000万元。2010年12月,冠生园集团将其持有冠生园蜂制品公司100%股份全部转让给上海冠生园食品有限公司。2010年,公司生产蜂制品10 557吨,销售收入19 431万元,利润总额2 290万元,净利润1 939万元,职工201人。

冠生园蜂制品公司有瓶装蜂蜜生产流水线3条,年蜂蜜生产能力1.6万吨,形成了蜂蜜营养食品系列、蜂皇浆和蜂胶保健食品系列、蜂蜜果蔬茶休闲食品系列等三大系列产品,品种有纯净蜂蜜(喜蜜、蜂乳、纯净蜂蜜、百花蜂蜜等)、品种蜂蜜(槐蜂蜜、紫云英蜂蜜、椴树蜂蜜、枇杷蜂蜜、柑桔蜂蜜、荔枝蜂蜜、龙眼蜂蜜等)、蜂皇浆和蜂胶(鲜皇浆、皇浆粉胶囊、冻干粉胶囊、蜂胶软胶囊等)、蜂蜜果蔬茶(蜂蜜柚子茶、蜂蜜柠檬茶、蜂蜜芦荟茶、蜂蜜山楂茶、蜂蜜枸杞茶等)等60多个品种。

冠生园牌蜂蜜2007年被评为上海名牌产品,2006年和2010年被评为上海名优食品;冠生园牌鲜皇浆、冠生园牌鲜皇浆冻干粉胶囊分别在2006年和2010年被评为上海名优食品。公司按照保健食品GMP要求,对保健食品车间进行了全新设计,增加了软胶囊剂型,通过了保健食品GMP生产体系认证,形成了软胶囊、硬胶囊、液体制剂等生产能力。通过厂房迁建,公司基本实现了工艺流畅、宽口径、大容量,有着充分生产弹性的、现代化的生产作业体系。

上海冠生园蜂制品公司2006年和2008年被评为上海市高新技术企业;2007年和2010年被评为"全国蜂产品行业产业化经营龙头企业""全国蜂产品行业龙头企业";2010年被评定为全国蜂产品行业企业信用等级AAA级;2010年被评为"上海市职工最满意企(事)业单位"和上海市文明单位。

三、糖果产品

糖果产品是光明食品集团休闲食品中的主要品类,生产糖果产品主要企业为上海冠生园食品有限公司。

【产品和品牌】

上海冠生园食品有限公司是专业生产糖果食品的企业,主要生产三大系列产品:大白兔糖果系列(大白兔奶糖、大白兔巧克力味奶糖、大白兔酸奶味奶糖、大白兔红豆味奶糖、金兔奶糖等);牛轧糖系列(花生牛轧糖、芝麻牛轧糖等);硬糖系列(奶油话梅糖、优浓咖啡糖、优浓奶茶糖、优浓白脱糖、优浓椰子糖、十全草糖等)。

被誉为"中国第一奶糖"的大白兔奶糖是公司的拳头产品。

大白兔奶糖是全国知名的糖果,自1959年问世以来深受广大消费者的青睐。1960年开始出口,已销往美国、加拿大、澳大利亚、丹麦、德国、新加坡、马来西亚、泰国、印度、日本和中国香港、澳门等40多个国家和地区。1959年中华人民共和国成立十周年,大白兔奶糖作为上海市献礼产品;20世纪70年代初美国总统尼克松访华期间,大白兔奶糖作为国礼赠送美国访华代表团全体成员,为中国民族食品工业赢得骄傲。经过40多年的扩展,到2010年大白兔产品已形成了奶糖、硬糖、牛轧糖、充气糖等糖果系列,2010年产量达到15 058吨。年产量最高达到2万吨,年出口创汇700万美元,成为中国奶糖糖果的龙头老大。

大白兔奶糖系列 大白兔奶糖主要配料为淀粉糖浆、白砂糖、全脂加糖炼乳、全脂乳粉、奶油、明胶、香兰素、食用糯米纸(食用玉米淀粉)等。

经过长期精心研制,大白兔奶糖奶香浓郁、口感细腻、配方合理、工艺独特,是上海冠生园食品有限公司的首创产品。该产品选用优质白砂糖、淀粉糖浆、明胶、纯净奶油、优质奶粉精制而成,以甜度低、奶味浓、弹性足、营养丰富而驰名,有着"七粒大白兔奶糖等于一杯牛奶"的美誉。

常规包装分454克、227克、114克三种,有盒装、听装、礼品包等多种包装形式。

大白兔巧克力味奶糖2005年研制上市,在传统大白兔奶糖的基础上进行创新,延伸了人们对"奶香、弹性、细腻"的味觉追求。选用优质原料,其中的可可酱料经过精细研磨而成,香气天然浓厚,从而实现了原有单一奶糖体系的扩大化、系列化,丰富奶糖品种。主要成分:淀粉糖浆、白砂糖、全脂加糖炼乳、全脂乳粉、奶油、明胶、可可液块、食用香料、焦糖色、食用糯米纸(食用玉米淀粉)。

大白兔酸奶味奶糖使用纯化技术制成的乳酸菌发酵原液,并合理配比乳制品,奶香纯正,留香时间长。主要成分:淀粉糖浆、白砂糖、全脂加糖炼乳、全脂乳粉、奶油、明胶、食用香料、食用糯米纸(食用玉米淀粉)。在制作工艺上采用微晶化处理模式,通过添加适当的原料使糖体内的分子晶体重新排列,促使糖体表面更加细腻、润滑。

大白兔红豆味奶糖的主要成分:淀粉糖浆、白砂糖、全脂加糖炼乳、全脂乳粉、奶油、明胶、红豆粉、食用香料、着色剂(诱惑红、柠檬黄、亮蓝)、食用糯米纸(食用玉米淀粉)。产品使用纯天然原料红豆粉,口味纯正,采用的低温超细微粉碎技术使红豆粉粒度小于25微米以下,最大程度保留了奶糖细腻、润滑的口感。

大白兔清凉味奶糖的主要成分:淀粉糖浆、白砂糖、全脂加糖炼乳、全脂乳粉、奶油、明胶、食用香料、焦糖色、食用糯米纸(食用玉米淀粉)。公司根据市场消费需求,将薄荷味与奶味做了完美的结合,不仅保留奶糖原有的浓郁奶味,更增添了一股清凉怡神感。

大白兔玉米味奶糖是公司于2006年研制的产品,选用优质、纯天然玉米粉,增加了产品的厚实感。玉米粉采用膨化超细微粉碎技术,最大程度的保留了糖体细腻、润滑的口感,香味醇厚。主要成分是淀粉糖浆、白砂糖、全脂加糖炼乳、全脂乳粉、奶油、明胶、玉米粉、食用香料、柠檬黄、食用糯米纸(食用玉米淀粉)。

大白兔金兔奶糖是2008年利用新原料、新工艺开发的新口味产品,选用香味纯正的奶糖专用油脂,添加天然牛奶增味素,从新鲜奶油中通过酶法提取而成。产品从口味的设计、新工艺的实施、包装材料的选用进行了全面改进,有效提升了大白兔品牌的品位。

牛轧糖系列 主要品种有花生牛轧糖、芝麻牛轧糖、花生芝麻糖。

花生牛轧糖是公司明星传统产品,采用优质白砂糖、淀粉糖浆、熟花生仁、纯净奶油、鸡蛋白等原料精制而成。特别精选优质山东脱皮花生仁,壳薄衣薄、粒粒饱满、清香爽脆、回甜回甘。花生牛轧糖色体洁白、奶味浓郁、甜度适中,回味无穷。牛轧糖商标选用传统兰白小方格为基调,品名用明快黄色衬底,突出红色花生牛轧的老字体,加装饰钵体的框架,烘托出秘练配方的正宗老字号产品的魅力。

芝麻牛轧糖的主要成分:白砂糖、淀粉糖浆、芝麻、奶油、鸡蛋白、食用糯米纸(食用玉米淀粉)。2006年推出的花生牛轧糖的延伸系列产品选用纯天然原料,芝麻精挑细选,去壳烘烤而成,香气浓郁。芝麻含有丰富维生素A、B、C以及钙、铁、锌等丰富矿物质,具有很高的营养价值。将芝麻加入奶糖中制成大白兔芝麻牛轧糖,不仅增加了糖果本身营养价值,还降低了糖的甜度,使糖入口以后越嚼越香。

花生芝麻糖的主要成分:白砂糖、淀粉糖浆、花生仁、芝麻、奶油、食用盐、食用香料。将花生、芝麻两种果仁相结合,以其香、松、脆的特点丰富产品的口味。花生、芝麻同样选自优质产地,去壳烘烤而成,含丰富的维生素A、B、C以及钙、铁、锌等矿物质。

硬糖系列 主要品种有奶油话梅糖、优浓咖啡糖、优浓奶茶糖、优浓白脱糖、优浓椰子糖、十全草糖。

奶油话梅糖的主要成分:白砂糖、淀粉糖浆、梅汁、奶油、食用盐、柠檬酸、着色剂(胭脂红、焦糖色)。工艺配方独特、品味出众、话梅味浓、甜酸可口、生津止渴、开胃怡神、增进食欲、老少皆宜,为居家旅行佳品。

优浓咖啡糖的主要成分:白砂糖、淀粉糖浆、全脂加糖炼乳、奶油、食用植物油(氢化)、咖啡粉、乳化剂、食用香精、焦糖色。这是公司2007年研制的大白兔优浓系列硬糖,选用优质天然优质原料,其中咖啡粉及奶油都从国外进口,产品口味天然纯正,口感爽滑,香气浓郁。

优浓奶茶糖的主要成分:白砂糖、淀粉糖浆、全脂加糖炼乳、奶油、食用植物油(氢化)、红茶浸膏(水、食用酒精、红茶)、乳化剂、食用香精。优浓奶茶糖是大白兔优浓系列产品之一,特选天然红茶油,内含对人体有益的茶多酚和有益微量元素,当优纯的鲜奶与温和的红茶奇妙融合后,香味醇厚,营养和美味兼备。

优浓白脱糖的主要成分:白砂糖、淀粉糖浆、全脂加糖炼乳、奶油、食用植物油(氢化)、食用盐、乳化剂、食用香精。优浓白脱糖是大白兔优浓系列中的明星口味,将天然健康的理念放在首位,选料精益求精,采用优质进口奶油,奶香天然纯正,香浓醇厚。

优浓椰子糖的主要成分:白砂糖、淀粉糖浆、全脂加糖炼乳、奶油、食用植物油(氢化)、椰子油、乳化剂、食用盐、食用香精。优浓椰子糖选用纯正、无添加的天然进口椰子浆,采用世界先进技术加工椰子浆料,使其香味、天然特性与营养价值不受破坏,味道香浓纯正,不含任何添加剂与防腐剂。

十全草糖于2004年由冠生园食品公司同上海中医药大学联手研制而成,主要选用甘草、菊花和野菊花、罗汉果、胖大海、金银花、蒲公英、紫苏叶等药食同源的中草药原料,制成浸膏添加到糖果中,使十全草糖天然健康,具有护口、养喉功能。

表3-2-77 2006—2010年冠生园食品公司糖果产量和销售情况表

年 份	2006	2007	2008	2009	2010
产值(万元)	36 940.60	39 514.60	26 115.10	26 678.90	24 949.70
产量(吨)	25 574.85	27 510.81	17 327.38	16 531.81	15 058.39
销售额(万元)	35 863.48	40 152.80	24 801.48	26 329.07	26 030.89

表 3-2-78 冠生园食品公司主要产品规格情况表

名　称		规　格	标　准	品　种	
大白兔糖果系列	大白兔奶糖	114克、227克、400克、454克、2.5千克	中华人民共和国国内贸易行业标准 SB/T 10022—2008	糖果	奶糖糖果
	大白兔巧克力奶糖	114克、227克、2.5千克	中华人民共和国国内贸易行业标准 SB/T 10022—2008	糖果	奶糖糖果
	大白兔酸奶奶糖	114克、227克、2.5千克	中华人民共和国国内贸易行业标准 SB/T 10022—2008	糖果	奶糖糖果
	大白兔红豆味奶糖	114克、227克、400克、2.5千克	中华人民共和国国内贸易行业标准 SB/T 10022—2008	糖果	奶糖糖果
	大白兔清凉味奶糖	114克、227克、2.5千克	中华人民共和国国内贸易行业标准 SB/T 10022—2008	糖果	奶糖糖果
	大白兔玉米味奶糖	114克、227克、400克、454克、2.5千克	中华人民共和国国内贸易行业标准 SB/T 10022—2008	糖果	奶糖糖果
	大白兔黑糖牛奶糖	120克	中华人民共和国国内贸易行业标准 SB/T 10022—2008	糖果	奶糖糖果
	大白兔金兔奶糖	108克、180克、500克	中华人民共和国国内贸易行业标准 SB/T 10022—2008	糖果	奶糖糖果
牛轧糖系列	花生牛轧糖	227克、454克、1千克、3千克	中华人民共和国国内贸易行业标准 SB/T 10104—2008	糖果	充气糖果
	芝麻牛轧糖	227克、454克、688克、3千克	中华人民共和国国内贸易行业标准 SB/T 10104—2008	糖果	充气糖果
	花生芝麻糖	454克、518克、1.5千克	上海市企业标准 Q/YQSR 15—2009	糖果	
硬糖系列	奶油话梅糖	28克、158克、168克、2千克、2.5千克	中华人民共和国国内贸易行业标准 SB/T 10018—2008	糖果	硬质糖果
	优浓咖啡糖	80克、120克、2千克	中华人民共和国国内贸易行业标准 SB/T 10018—2008	糖果	硬质糖果
	优浓奶茶糖	80克、120克、2千克	中华人民共和国国内贸易行业标准 SB/T 10018—2008	糖果	硬质糖果
	优浓白脱糖	80克、120克、2千克	中华人民共和国国内贸易行业标准 SB/T 10018—2008	糖果	硬质糖果
	优浓椰子糖	80克、120克、2千克	中华人民共和国国内贸易行业标准 SB/T 10018—2008	糖果	硬质糖果
	十全草糖	32克	中华人民共和国国内贸易行业标准 SB/T 10018—2008	糖果	硬质糖果

主要荣誉　大白兔（WHITE RABBIT）商标（注册号第202241号）是上海冠生园食品总厂于1983年12月15日经国家工商行政管理总局商标局核准使用在糖果商品上的注册商标。

自1979年以来,大白兔奶糖连续三次获国家质量银质奖,是中国名牌、中国驰名商标,连续十年被推荐为上海市名牌产品。1993年7月,大白兔商被国家工商行政管理总局商标局认定为中国驰名商标。1997年11月,经国家工商行政管理总局商标局核准大白兔商标转让至冠生园(集团)有限公司。2001年,大白兔商标被中国商标大赛组织委员会评选为2001中国十大公众认知商标。2003年,大白兔牌奶糖获得上海地区首批原产地标记注册认证。2006年,大白兔品牌被上海市人民政府对外经济贸易委员会评为上海市重点培育出口品牌(2005—2006)。2007年,大白兔糖果被国家质量监督检验检疫总局评为中国名牌产品。

【工艺、设备和流程】

奶糖生产规程与标准 2006年,大白兔奶糖归类到中华人民共和国国内贸易行业标准《充气糖果》(SB/T 10104—2001),2008年归类到行业标准《糖果 奶糖糖果》(SB/T 10022—2008),并且增加了蛋白质含量指标。

中华人民共和国国内贸易行业标准SB/T 10022—2008规定了奶糖糖果的产品分类、技术要求、试验方法、检验规则和标志、标签、包装、运输、贮存要求。

牛轧糖生产规程和标准 《花生芝麻糖果标准》Q/YQSR 15—2009规定了花生芝麻糖果产品的分类、技术要求、试验方法、检验规则和标志、标签、包装、运输、贮存要求。

该标准适用于采用传统工艺生产的花生芝麻糖果。花生牛轧糖归类在中华人民共和国国内贸易行业标准SB/T 10104—2008,规定了充气糖果的产品分类、技术要求、试验方法、检验规则和标志、标签、包装、运输、贮存要求。该标准适用于SB/T 10346—2008中3.7条所指糖果的生产、检验和销售。

硬糖生产规程和标准 硬糖归类在中华人民共和国国内贸易行业标准SB/T 10018—2008,规定了硬糖的产品分类、技术要求、试验方法、检验规则和标志、标签、包装、运输、贮存要求。

该标准适用于SB/T 10346—2008中3.1条所指糖果的生产、检验和销售。

奶糖生产设备和工艺流程 主要设备有搅拌机、熬煮设备、拉匀条机、成型设备、奶糖包装机。奶糖生产工艺流程:溶糖、熬糖、搅打、冷却成型、金属探测。

溶糖:用适量的水在最短时间内使砂糖的晶体全部溶化后与高麦芽糖浆混合,组成一个均匀的状态。

熬糖:熬糖是糖果生产过程中的关键环节,如果掌握不好,就会出现次品和废品,并影响生产过程的顺利进行。采用真空熬糖,利用真空以缩短熬糖时间,降低糖液的沸点防止糖膏变色。

搅打:搅打的作用是使物料充分混合、起泡,除掉部分水分并充入适量的空气。

冷却成型:待搅打完毕后的糖膏冷却,翻叠均匀后进行成型。

金属探测:金属探测机检测到金属物质会自动发出警告声并将糖翻出运输带,以保证产品质量。

牛轧糖生产设备和工艺流程 主要设备有牛轧糖包装机、真空连续熬糖机。牛轧糖生产工艺流程:溶糖、熬糖、冲浆、混合、冷却拉条、金属探测。

溶糖:用适量的水在最短时间内使砂糖的晶体全部溶化后与高麦芽糖浆混合,组成一个均匀的状态。

熬糖:熬糖是糖果生产过程中的关键环节,采用真空熬糖,利用真空以缩短熬糖时间,降低糖液的沸点以防止糖膏变色。

冲浆：蛋白液需前一天按比例复水浸泡，然后经蛋白锅搅打成泡沫体蛋白基备用。冲浆共分三次，每次到达指定的糖液温度后，将蛋白基分批充入糖液。

混合：将经拣选后的果仁同糖膏混合均匀。

冷却拉条：待卸料后的糖膏冷却，翻叠均匀后放入保温辊床进行压片、冷却、分条。

金属探测：金属探测机检测到金属物质会自动发出警告声并将糖翻出运输带，以保证产品质量。

硬糖生产设备和工艺流程　主要设备有硬糖浇注成型机、熬糖机、枕式糖果包装机、保温辊床。硬糖生产工艺流程：溶糖、熬糖、金属探测。

溶糖：用适量的水在最短时间内使砂糖的晶体全部溶化后与高麦芽糖浆混合，组成一个均匀的状态。

熬糖：糖果生产过程中的关键环节，将糖液中多余的水分除掉，使糖液浓缩。控制糖液的pH值、熬煮温度和熬煮时间。

金属探测：金属探测机检测到金属物质会自动发出警告声并将糖翻出运输带，以保证产品质量。

表3-2-79　2006—2010年冠生园集团主要经济指标情况表　　　　　　　　（单位：万元）

年　　份	2006	2007	2008	2009	2010
营业总收入	145 956	141 429	66 570	92 581	112 218
主营收入	145 956	127 737	66 505	92 038	111 980
利润总额	4 377	26 861	-32 738	6 112	7 377
净利润	991	23 696	-34 725	5 140	6 000
产　　值	433 481	378 305	344 042	320 282	317 403

表3-2-80　冠生园集团合作合资企业情况表

企业名称	企业成立时间	企业所在省地市	注册资本	股权结构	主营业务
卡夫食品（上海）有限公司	1992	上海	1 937.06万美元	冠生园集团10%，卡夫90%	饼干
上海冠生园协和氨基酸有限公司	1998	上海	1 890万美元	冠生园集团30%，日本协和生化70%	氨基酸
上海申美饮料食品有限公司主剂部	1987	上海	426万元	食品开发26%，可口可乐40%，其他股东34%	饮料
上海申美饮料食品有限公司装瓶部	1987	上海	77 760万元	食品开发65%，上投实业35%	饮料
上海食品开发有限公司	1991	上海	6 787万元	冠生园集团75.4%，上海工商银行工会10.6%，其他股东14%	资本投资
冠生园集团宝鸡蜂产品有限公司	2007	陕西宝鸡	1 700万元	冠生园蜂制品51%，宝鸡冠友49%	蜂产品

表 3-2-81 2006—2010 年天厨调味品公司利润情况表　　　　　　　　　　　　　　（单位：元）

年　　份	2006	2007	2008	2009	2010
税前利润	113 474.91	301 657.86	639 959.26	862 243.95	608 819.64
税后利润	76 028.19	199 548.87	639 091.86	862 243.95	608 819.64

表 3-2-82 2006—2010 年冠生园蜂制品公司主要经济指标情况表

年　　份	2006	2007	2008	2009	2010
产量（吨）	9 168	9 713	10 512	10 456	10 557
销售收入（万元）	12 610	15 506	18 100	18 222	19 431
利润总额（万元）	827	1 066	894	1 310	2 290
净利润（万元）	703	906	761	1 108	1 939
从业人数（人）	166	177	229	220	201

【上海冠生园食品有限公司】

简称"冠生园食品公司"，成立于 1997 年 6 月，2006 年注册资本 23 994 万元，冠生园集团和冠生园集团上海有限公司各出资 50％。

2008 年 1 月，冠生园集团上海有限公司将其持有的冠生园食品公司 50％股权无偿划转给冠生园集团，冠生园食品公司成为冠生园集团下属全资企业。公司住所：上海市徐汇区漕宝路 220 号。

2010 年，公司产值 24 949.7 万元，营业收入 26 857 万元，主营业务收入 26 031 万元，净利润 130 万元。2006 年底职工人数 1 216 人，2010 年底职工人数 891 人。

2003 年、2006 年 10 月，冠生园食品公司两次被上海市政府授予"上海市质量金奖"单位。

2003 年 10 月，"大白兔"奶糖获国家质量监督检验检疫总局原产地标记注册认证。

2006 年 8 月，"大白兔"奶糖再次获国家质量监督检验检疫总局原产地标记注册认证。

2006 年 12 月，"大白兔"商标获（2005—2006）上海市重点培育出口品牌称号。

2007 年 9 月，"大白兔"糖果获得中国名牌产品称号。

2009 年 12 月，冠生园食品公司被上海市评为高新技术企业。

2010 年 1 月，"大白兔"糖果被评为上海市名牌产品。

2011 年 3 月，被评为 2009—2010 年度上海市文明单位。

2010 年，冠生园食品公司是上海世博会唯一糖果行业项目赞助商，在包装上植入了中国文化元素，颜色基调从蓝色为主变为白色，有世博会标志的大白兔奶糖受到广大消费者的青睐。

表 3-2-83 2006—2010 年冠生园食品公司经营业绩情况表　　　　　　　　　　（单位：万元）

年　　份	2006	2007	2008	2009	2010
营业收入	42 675	48 725	26 402	29 492	26 857
主营业务收入	37 360	42 305	25 674	26 329	26 031
净利润	2 480	3 718	－9 293	317	130

四、饮料

【产品和品牌】

产品 上海正广和饮用水有限公司由正广和汽水厂演变而来。正广和汽水厂前身为英商在1864年创办的广和洋行,是国内最早、最大的专业饮料厂。

上海正广和饮用水有限公司专业生产饮用水,主要产品为饮用纯净水、饮用天然矿泉水、饮用天然水三大类。

2009年3月,在企业调整发展中,上海正广和汽水有限公司与上海咖啡厂合并整合,组建新的上海正广和汽水有限公司。

上海正广和汽水有限公司是专业生产碳酸饮料和固体饮料的企业。碳酸饮料主要产品为盐汽水、乌梅汁;固体饮料主要产品为菊花晶、咖啡。

产量 上海正广和饮用水有限公司生产的饮用纯净水和饮用天然矿泉水有多种规格,其中19升饮用纯净水、19升饮用天然矿泉水是公司的拳头产品。

表3-2-84 2006—2010年上海正广和饮用水有限公司产量、销售情况表

年 份	产量(桶)		销售(吨)		经济效益(万元)	
	19升纯	19升矿	网 络	商 店	19升纯	19升矿
2006	10 281 431	1 492 435	218 781	15 949	1 503.6	—
2007	10 159 015	2 149 516	170 417	60 062	1 253.1	1 281.5
2008	10 337 917	2 789 188	192 941	53 384	1 539.0	1 338.5
2009	10 118 017	2 956 728	182 803	61 653	1 602.8	1 453.1
2010	9 957 265	2 975 576	166 805	74 579	1 499.8	1 564.9

表3-2-85 2006—2010年上海正广和汽水有限公司产品销售情况表

产品名称	2006	2007	2008	2009	2010
碳酸饮料(万箱)	35	32	31	33	60
固体饮料(万箱)	—	—	—	9.6	12.7
销售收入(万元)	837	817.3	803.7	2 091	4 667

品牌 上海正广和饮用水有限公司拥有的"正广和"品牌,沿用1864年成立的广和洋行所注册的商标Aquarius。

1864年,英商乔治·史密司在英租界四马路(现福州路)创办了广和洋行。1892年,在茂海路(现海门路)购地筹建汽水厂,翌年建成投产,英文名称为Aquarius Company,即正广和汽水厂,从事汽水制造,注册商标为Aquarius。

1966年10月18日,改名为国营上海汽水厂。1995年成立上海正广和饮用水有限公司,在国

内率先生产桶装水,并一直沿用正广和商标。

"正广和"商标(注册证第503375),商标由原上海汽水厂于1989年11月经国家工商行政管理总局商标局核准,使用在矿泉水、汽水、果汁、无酒精饮料、柠檬水、苏打水、可乐、酸梅汤、果子露、果子原液、橙汁、菊花酸梅茶、柠檬茶、橘味粉、制饮料用糖浆、汽水制作配料、制饮料香精、水(商品国际分类32类)上的注册商标。

该商标历经多次转让,所有权为上海正广和饮用水有限公司,现许可上海正广和汽水有限公司使用。

Aquarius商标注册证(第617068号)注册人是上海汽水厂,核定使用商品(第32类):无酒精饮料、啤酒、矿泉水、汽水、果汁、果汁饮料、固体饮料、制饮料用糖浆、苏打水、茶饮料、酸梅汤、麦精露、蔬菜汤。

Aquarius商标注册证(第617074号)核定使用商品:无酒精饮料、啤酒、矿泉水、汽水、果汁、果汁饮料、固体饮料、制饮料用糖浆、苏打水、茶饮料、酸梅汤、麦精露、蔬菜汤。

正广和山泉商标注册证(第5507570号)核定使用商品:无酒精饮料、果汁、水(饮料)、啤酒、汽水、果茶(不含酒精)、可乐、乳酸饮料(果制品、牛奶)、植物饮料、饮料制品。

正广和深岩泉语商标注册证(第6280734号)核定使用商品:无酒精饮料、果汁、水(饮料)、啤酒、汽水、果茶(不含酒精)、可乐、乳酸饮料(果制品、牛奶)、植物饮料、饮料制品。

上海正广和饮用水有限公司"正广和"牌饮用天然矿泉水、"正广和"牌饮用纯净水获2005年度上海名优食品;"正广和"牌山泉水、饮用纯净水获2006年度上海名优食品,"正广和"牌蒸馏水、"正广和"牌山泉水获2007年度上海名优食品。

2011年1月,上海正广和饮用水有限公司注册并使用在饮用水商品上的"正广和"商标被认定为上海市著名商标,2011年被商务部认定为中华老字号。

2010年6月,上海正广和饮用水有限公司正广和饮用水获由中国(上海)饮品冷饮嘉年华组委会、上海商情信息中心颁发的"2006—2010经典饮用水品牌大奖"。

至2010年年底,正广和品牌价值约2亿元。

上海正广和汽水有限公司用于固体类产品的主要品牌为"上咖"牌、"生"字牌商标,被许可使用于饮料类产品上的品牌为"正广和"商标。

"正广和"牌汽水获2009年度和2010年度上海市名优食品称号。正广和乌梅汁获2009年度上海市名优食品称号。

"上咖"牌商标注册证(第628938号)。该商标由上海咖啡厂注册并使用在咖啡产品上。

"生"字牌商标注册证(第276414号)。该商标由上海咖啡厂注册并使用在菊花晶商品上,2010年1月被认定为上海市著名商标。

【工艺、设备和流程】

上海正广和饮用水有限公司的产品严格按照相关工艺标准生产。

饮用天然矿泉水采用中华人民共和国国家标准GB 8537—2008并替代原GB 8537—1995标准。从地下深处自然涌出的或经钻井采集含有一定量的矿物质、微量元素或其他成分,在一定区域未受污染并采取预防措施避免污染的水;在通常情况下,其化学成分、流量、水温等动态指标在天然周期波动范围内相对稳定。

瓶装饮用天然水采用浙江省地方标准DB33/383—2005。以地表水或地下水[主要包括井水、泉水、山涧水、深层水库(湖)水]为原水,仅经过必要的过滤、臭氧处理或其他相当的消毒过程处理,不含任何化学添加物、密封于容器中可直接饮用的水,其水源水质符合该标准相应条款的要求。

桶装饮用纯净水采用中华人民共和国国家标准 GB 17324—2003 替代原 GB 17324—1998 标准。

表3-2-86 上海正广和饮用水有限公司饮用水产品规格情况表

名　　称	规　　格
饮用纯净水	19升、11.3升、4升、550毫升、350毫升
蒸馏水	19升
饮用天然矿泉水(深岩泉语)	19升、11.3升、5升、4升、550毫升、350毫升
饮用天然水(山泉水)	19升

上海正广和汽水有限公司的产品严格按照相关工艺标准生产。

盐汽水采用中华人民共和国国家标准 GB/T 10792—2008 并替代原 GB/T 10792—1995 标准。主要成分:水、白砂糖、精盐、柠檬酸、苯甲酸纳、香精、二氧化碳。

乌梅汁采用中华人民共和国国家标准 GB/T 10792—2008 并替代原 GB/T 10792—1995 标准。主要成分:水、果葡糖浆、乌梅汁、苹果汁、二氧化碳、柠檬酸、焦糖色、甜蜜素、苯甲酸纳、食用香精、阿斯巴甜。

菊花晶采用上海正广和汽水有限公司上海咖啡厂 2010 年 1 月 4 日发布、2010 年 1 月 18 日实施的《企业标准》(Q/HAAC00002S—2010),固体饮料(植物提取型、果味型、蛋白型)。主要成分:白砂糖、杭白菊。

咖啡采用《焙炒咖啡产品标准》;上海正广和汽水有限公司上海咖啡厂 2010 年 1 月 4 日发布的《企业标准》(Q/HAAC0001S—2010)。主要成分:咖啡豆。

上海正广和饮用水有限公司主要生产设备见表3-2-87。

表3-2-87 上海正广和饮用水有限公司桶(瓶)装水主要生产设备情况表

设备名称	规格型号	数量(台)	产地	制造年份	额定功率(千瓦)	生产能力	用于生产部位	利用率(%)
桶装水900桶生产线设备	900桶主机	1	中国广州	2009	20	900桶/小时	洗瓶灌装	88.24
大桶装水500桶生产线设备	PORTAPLANT 400	1	美国	1997	15	500桶/小时	洗瓶灌装	30.71
家庭装2 000桶生产线设备	TV2000	1	意大利	1999	8	2 000桶/小时	洗瓶灌装	35.75
瓶装水5 000瓶生产线设备	小瓶灌装线0.6-11	1	美国	1997	5	5 000瓶/小时	灌装	47.92

上海正广和汽水有限公司主要生产设备见表3-2-88。

表3-2-88 上海正广和汽水有限公司碳酸饮料产品主要生产设备情况表

设备名称	数量（台）	产地	额定功率（千瓦）	生产能力	用途
吹瓶机	1	中国广州	11	2 500只/小时	吹瓶
套标机	1	中国广州	0.7	20 000瓶/小时	套标
膜包机	1	中国北京	65	20 000瓶/小时	瓶子塑封
混全机	1	中国广州	8	10吨/小时	水汽混合
灌装机	1	韩国	5.5	16 000瓶/小时	灌装
回温机	1	中国广州	22	20 000瓶/小时	产品回温

表3-2-89 上海正广和汽水有限公司菊花晶产品主要生产设备情况表

设备名称	规格型号	数量（台）	产地	额定功率（千瓦）	生产能力	用途
高速粉碎机	SF-500	2	中国上海	11	1 000公斤/小时	粉碎白砂糖
渗汁机	D2600X1600	1	中国上海	8.8	30公斤/小时	菊花渗汁
干燥机	X7-250	1	中国常州	5.5	900公斤/小时	造粒
包装机	JW500	2	中国上海	2.2	2 100包/小时	产品包装

表3-2-90 上海正广和汽水有限公司咖啡产品主要生产设备情况表

设备名称	规格型号	数量（台）	产地	额定功率（千瓦）	生产能力	用途
炒豆机	自制	2	中国上海	3.3	60公斤/小时	咖啡豆焙炒

上海正广和饮用水有限公司产品工艺流程 饮用纯净水（蒸馏水）生产：以符合生活饮用水卫生标准的水为水源，采用离子法或离子交换法、反渗透法及其他适当的加工方法制得，密封于容器中，不含任何添加物，可直接饮用。

饮用天然水（山泉水）生产：该产品为水源地灌装，水源为来自浙江长兴山体上形成的天然水，其水源地为当地的水源自然保护区。源水经砂过滤、碳过滤、精过滤后再经钠滤装置进行过滤，采用无危害的国家通行的臭氧法消毒，臭氧在产品中会完全分解为氧，安全可靠。在包装物的清洗消毒方面，采用加热清洗机，有效进行桶的清洗，在彻底清洗干净后进入全自动的消毒机消毒，用产品水过洗后再进入灌装机灌装，灌装间为专用，其空气洁净度达到了千级。经过灯检、打印和包装入库以及成品的检验。

上海正广和汽水有限公司产品工艺流程 盐汽水和乌梅汁使用相同的生产工艺流程：吹瓶→清洗→配料→主剂混合→灌装→压盖→灯检→打印日期→套标包装。

咖啡豆焙炒工艺流程：生咖啡豆拣选→焙炒→冷却→混合拼配→研磨→待检→包装。

【企业选介】

上海正广和饮用水有限公司 是上海梅林正广和股份有限公司所属企业,成立于1995年6月。2001年6月,公司改制为中外合资企业,由上海梅林正广和股份有限公司和法国达能亚洲有限公司各出资3 249.4万元(分别占股份50%)组建而成。公司注册地:上海市浦东新区建平路540号。公司2010年产值20 000万元,营业收入20 192万元,利润总额2 332万元,净利润1 734万元;从业人员756人,其中其他从业人员345人。

上海正广和饮用水公司注重产品质量控制和产品安全,2007年和2010年,分别通过ISO14001环境体系认证,HACCP-EC-01食品安全管理体系认证,GB/T 22000—2006/ISO22000:2005;CNCA/CTS 0026—2008食品安全管理体系认证。

表3-2-91 2006—2010年上海正广和饮用水有限公司经营情况表 （单位:万元）

年 份	2006	2007	2008	2009	2010
营业收入	17 919	18 872	19 618	19 871	20 192
主营业务收入	17 542	18 430	19 241	19 610	19 918
利润总额	2 108	2 399	2 374	2 491	2 332
净利润	1 823	1 741	1 770	1 859	1 734
产 值	17 576	18 592	19 472	19 669	20 000

上海正广和饮用水有限公司2005—2010年连续三届被评为上海市文明单位。公司党委2006年被评为上海市国资委党委系统先进党组织,2007年被评为上海市新经济组织、新社会组织"五好党组织"。

表3-2-92 2006—2010年上海正广和饮用水有限公司所获荣誉情况表

时 间	内 容	发 证 单 位
2006年8月	2006年度上海名优食品:正广和山泉水、饮用纯净水、饮用天然矿泉水、蒸馏水	上海市食品协会
2007年1月	上海市著名商标	上海市工商行政管理局
2007年2月	2003—2006上海快速消费品市场领军金品奖、2006上海畅销金品、上海服务金品企业、上海快速消费品综合实力金品	上海市商业联合会、上海连锁经营协会、上海市商标协会、上海商情信息中心
2007年3月	环境管理体系ISO14001证书、食品安全管理体系ISO22000证书、质量管理体系ISO9001证书	上海质量体系审核中心
2007年6月	2007上海10大精品饮用水品牌	上海市饮料行业协会(筹)、上海商情信息中心
2007年9月	2007年度上海名优食品:正广和山泉水 上海名优食品:正广和饮用天然矿泉水 上海名优食品:正广和蒸馏水	上海市食品协会

〔续表〕

时 间	内 容	发证单位
2008年1月	2007上海快速消费品市场领军金品奖、快速消费品畅销金品、快速消费品服务金品企业、快速消费品消费金品、快速消费品综合实力金品	上海市商业联合会、上海连锁经营协会、上海市商标协会、上海商情信息中心
2008年8月	2008年度上海名优食品：正广和饮用水、正广和蒸馏水	上海市食品协会
2009年1月	2008上海快速消费品市场领军金品奖、快速消费品畅销金品、快速消费品服务金品企业、快速消费品消费金品、快速消费品综合实力金品	上海市商业联合会、上海连锁经营协会、上海市商标协会、上海商情信息中心
2010年1月	上海市著名商标	上海市工商行政管理局
2010年2月	2000—2009十年畅销金品、2009快速消费品畅销金品	上海市商业联合会、上海连锁经营协会、上海市商标协会、上海商情信息中心
2010年6月	2006—2010经典饮用水品牌、2010上海精品饮用水品牌	中国(上海)饮品冷饮嘉年华组委会、上海商情信息中心

上海正广和汽水有限公司　前身是2003年4月15日上海和泽食品有限公司。2009年3月经上海梅林正广和(集团)有限公司批复同意,上海正广和汽水有限公司与上海咖啡厂组建成立新的上海正广和汽水有限公司。注册资本：人民币2 500万元,注册地址：上海市通北路400号6号楼。公司类型：一人有限责任公司(法人独资),公司法定代表人：张斌。

公司经营范围：预包装食品(不含熟食卤味、冷冻冷藏)批发；食品生产加工领域内的技术开发、技术转让、技术咨询、技术服务；机械设备的销售；国内贸易。以下限分支机构经营生产：其他食品(固体饮料类)、焙炒咖啡、乌龙茶饮料、调味茶饮料、果汁饮料、运动饮料。企业经营涉及行政许可的,凭许可证经营。

表3-2-93　2006—2010年上海正广和汽水有限公司经营情况表　　　　　　　　（单位：万元）

年 份	2006	2007	2008	2009	2010
销售收入	837	817.3	803.7	2 091	4 667
产 值	—	—	754	853.8	3 923
利润总额	—	—	−31.8	0.1	10.8

五、月饼和饼干

上海冠生园益民食品有限公司(简称"冠生园益民公司")是上海冠生园食品有限公司下属专业生产月饼、压缩饼干的面制品企业。

【产品、产量和品牌】

月饼　月饼是使用面粉等谷物粉、油、糖或不加糖调制成饼皮,包裹各种馅料,经加工而成的传统节日食品。

冠生园月饼多次被中国焙烤食品糖制品工业协会评为"全国放心月饼金牌企业";中国月饼节名牌月饼、中国名饼、上海市名特新优食品和上海市名优食品。

表3-2-94 冠生园益民公司月饼产品品种规格情况表

产品名称	产品规格	产品名称	产品规格
玫瑰豆沙	360 g/袋×12袋/箱	海纳百川	600 g/盒×8盒/箱
椰 蓉	360 g/袋×12袋/箱	情意莲连	600 g/盒×8盒/箱
百 果	360 g/袋×16袋/箱	无双绝配	560 g/盒×8盒/箱
迷你什锦	360 g/袋×16袋/箱	七星伴月	990 g/盒×8盒/箱
香辣牛肉	120 g/粒×36粒/箱	富贵花开	800 g/盒×8盒/箱
蛋黄莲蓉	120 g/粒×36粒/箱	花锦月	720 g/盒×8盒/箱
生牌五仁	120 g/粒×36粒/箱	团团圆圆	720 g/盒×8盒/箱
中秋月	720 g/盒×8盒/箱	和和美美	720 g/盒×8盒/箱
福 饼	930 g/盒×6盒/箱	流金岁月	720 g/盒×6盒/箱
提 篮	750 g/盒×6盒/箱	百年经典	600 g/盒×8盒/箱
传世之味	600 g/盒×8盒/箱	上海经典	900 g/盒×6盒/箱
花好月圆	750 g/盒×8盒/箱	花样年华	950 g/盒×6盒/箱

压缩饼干 主要配料是:小麦粉、植物油、白砂糖等。冠生园压缩饼干分为军用和民用两种。

几十年来,冠生园压缩饼干始终保持良好的品质和声誉,且以百分百的安全性为军队后勤保障提供服务。2001年国家与企业共投资829.3万元进行设备和技术改造,2003年被指定为国家野战食品(压缩饼干)动员中心,担负保障突发事件或局部战争状态下的军队后勤供给任务。

表3-2-95 2006—2010年冠生园益民公司压缩饼干品种规格情况表

类 别	产品名称	产品规格
民 用	聚能压缩	454 g/袋×20袋/箱
	葱油压缩	118 g/袋×48袋/箱
	芝麻压缩	118 g/袋×48袋/箱
	肉蓉压缩	118 g/袋×48袋/箱
	椰丝压缩	118 g/袋×48袋/箱
	清凉压缩	118 g/袋×48袋/箱
军 用	香橙压缩	118 g/袋×48袋/箱
	90压缩	250 g/袋×20袋/箱×2箱
	09压缩	250 g/袋×40袋/箱

表3-2-96 2007—2010年冠生园益民公司广式月饼产销情况表

年　份	2007	2008	2009	2010
产量(吨)	601.1	793	832	910
销售额(万元)	3 005.5	4 000.6	4 200	4 700

表3-2-97 2007—2010年冠生园益民公司压缩饼干产销情况表

年　份	2007	2008	2009	2010
产量(吨)	1 166.09	1 643.80	1 393.10	1 556.90
销售额(万元)	1 251.90	1 886.60	1 642.50	1 780.60

上海冠生园益民食品有限公司使用"生""冠生园"商标,其图案由"冠生园"和"生"图案组合而成。

1999年12月,"冠生园"商标被上海市工商行政管理局认定为上海市著名商标。2000年9月,"冠生园"商标被国家工商行政管理总局商标局认定为中国驰名商标。1981—2001年,"冠生园"商标被评为中国食品行业二十大著名品牌。2001年5月,"冠生园"商标在国家工商行政管理总局组织的中国商标大赛中被消费者评定为"十大公众喜爱商标之一"。2005年,"冠生园"商标在上海老商标重塑辉煌推展活动中被认定为"上海最具价值的老商标"。2006年,中华人民共和国商务部认定"冠生园"商标为中华老字号。

【工艺、设备和流程】

上海冠生园益民食品有限公司严格采用相关产品工艺标准和要求进行生产。

月饼　生产工艺标准使用的是国家标准《月饼》(GB 19855—2005)。月饼主要分为:单粒装、袋装和盒装月饼。

2010年月饼单粒装分为:100克金桂豆沙月饼、100克至尊椰蓉月饼、120克上等豆沙月饼、120克香浓椰蓉月饼、120克香辣牛肉月饼、120克蛋黄莲蓉月饼、120克生牌五仁月饼。袋装月饼为360克袋装月饼,规格有:45克红豆沙×8粒/袋;45克椰蓉×8粒/袋;45克百果×8粒/袋;45克迷你什锦(红豆沙×3粒、椰蓉×3粒、百果×2粒)。盒装月饼为"和和美美""中秋月""提篮""流金岁月""百年经典""上海经典""福饼""花好月圆""团团圆圆""传世之味""海纳百川""情意连连""无双绝配"等。

表3-2-98 冠生园益民食品有限公司月饼生产主要设备情况表

设备名称	型号规格	制造厂名	年　份	外形尺寸(米)	功率(千瓦)	设备金额(元)		折旧年限(年)
						原值	净值	
食品包馅机	BX系列	上海聚精食品机械厂	2008年1月	1.4×0.6×1.1	2.15	102 000	56 780	10
月饼成型机	CX	上海聚精食品机械厂	2009年8月	1.5×0.6×1.1	0.38	23 077	32 635	10
远红外隧道炉	—	上海聚精食品机械厂	2007年6月	30×1.4×1.5	263	246 500	102 092	10

压缩饼干 生产工艺标准原使用的是企业标准《压缩饼干》(Q/YQST1);从2010年起使用国家标准《饼干》(GB/T 20980—2007)。

主要产品规格:454克聚能压缩饼干、118克葱油压缩饼干、118克芝麻压缩饼干、118克肉蓉压缩饼干、118克椰丝压缩饼干、118克压缩饼干(清凉味)、118克压缩饼干(香橙味)。

表3-2-99 冠生园益民食品有限公司压缩饼干生产主要设备情况表

设备名称	型号规格	制造厂名	年份	外形尺寸(米)	功率(千瓦)	设备金额(元) 原值	设备金额(元) 净值	折旧年限(年)
双泵槽型混合机	WSH-400	江阴宏达粉体设备有限公司	2010年8月	2.6×0.88×1.1	75	66 667	50 174	8
饼干烘炉	620	上海申漕食品机械有限公司	2007年12月	40×1.5×1.5	410	220 000	95 906	8
压缩饼干机	改制(6805)	奥林五金电器有限公司	2001年10月	1.1×1.1×2	8	77 424	3 871	10
全自动真空封口机	YB35-70	日本吉川工业株式会社	2008年1月	1.7×1.7×1.2	5.5	315 132	175 423	10

冠生园月饼生产工艺流程 原料验收→原料贮存→配料(粮熬制、拌馅料)→搅拌粉团(碱水泡制)→静置→分摘→包馅→成型→置盘→喷水→烘烤→刷蛋液→烘烤→冷却→塑封包装→金属探测→装箱→成品贮存→运输。

冠生园压缩饼干生产工艺流程 原料验收→原料贮存→配料→成型→焙烤→冷却→粉碎→外加拌料混和→压块→金属探测→装袋→抽真空封口→装箱→检漏→封箱→入库储存→运输。

上海冠生园益民食品有限公司的前身是1996年9月成立的上海沙利文食品有限公司。1997年11月国企资产重组将上海益民食品四厂(母体资产)、上海益民食品七厂、上海酵母厂大华利面包房、冠生园集团实业公司进行合并,成立上海冠生园益民食品有限公司,成为冠生园集团旗下专门生产经营面制品的品牌公司。

上海冠生园益民食品有限公司系隶属于冠生园(集团)有限公司的全民国有企业,坐落在上海市松江区洞泾镇同乐路88号,占地面积15 078平方米,建筑面积9 516平方米,注册资本1 200万元,2006年职工178人,2010年职工104人。主要生产经营月饼、军(民)用压缩饼干、手工拉面、饼干、方便面等产品。2003年在国家计委、中国人民解放军总后勤部、上海市经委等各级领导关心和支持下,建设成为全国第一家食品国家动员中心单位——国家野战食品(压缩饼干)动员中心,企业通过ISO22000:2005食品安全管理体系认证、ISO9001:2008质量管理体系认证。

冠生园月饼多次获中国名饼、中国月饼节品牌月饼、上海市名优月饼、光明杯—上海市名特优新月饼称号。

六、糟醉类产品

光明食品集团糟醉类产品主要生产企业为上海一只鼎食品有限公司(简称"一只鼎食品

公司")。

一只鼎食品公司除生产糟醉类产品外,还生产米面制品、腌渍蔬菜产品和休闲食品等。

【产品、产量和品牌】

糟醉类产品 "一只鼎"黄泥螺于1994年11月正式投放市场。自2000年以来黄泥螺销量在同行中一直位居第一,2010年产量达到632.8吨。

一只鼎食品公司生产的糟醉类产品主要有黄泥螺、醉蟹、蟹股、蟹糊四个大类,其中醉制黄泥螺是公司的拳头产品。

根据口味及包装不同,黄泥螺产品分为醉泥螺、微辣泥螺、糟味泥螺、宴会泥螺、顿顿鲜泥螺、金牌泥螺等多个品种;按包装大小及形态分,有300克/瓶、720克/瓶、830克/瓶、380克/盒等规格。

米面制品 "一只鼎"米面制品主要为年糕系列产品。

"一只鼎"年糕产品于1996年11月进入市场,属于传统宁式年糕,以江苏射阳优质大米为原料。2010年产量达到3 048.4吨。

年糕系列主要产品有水晶年糕、火锅年糕、切片年糕、冷冻年糕及汤年糕。按包装大小分为450克、800克、1 000克等规格;汤年糕分碗装和袋装两种规格。

腌渍蔬菜产品 主要为雪菜系列和榨菜系列。"一只鼎"雪菜于1999年7月进入市场。

雪菜系列主要产品有黄金雪菜、即食型家乡雪菜、笋丝雪菜等。按包装大小分为80克、160克、200克等规格。

休闲食品 "一只鼎"休闲食品又称即食熟食品,以鸭肫、鸭舌、鸭颈为主要原料。"一只鼎"休闲食品为OEM定牌产品,于2005年9月上市。主要产品为鸭肫、鸭舌、鸭颈三种。真空包装,160克规格。

表3-2-100　一只鼎食品公司主要产品情况表

类　别	产品名称	包装规格	产品名称	包装规格
糟醉类	冷盘泥螺	1×24×220 克	蟹股	1×6×420 克
	大众泥螺	1×24×220 克	蟹糊	1×24×200 克
	微辣泥螺	1×24×220 克	特大醉蟹	1×6×1 800 克
	四星级泥螺	1×24×300 克	大醉蟹	1×6×800 克
	泥螺皇泥螺	1×6×1 800 克	中醉蟹	1×6×800 克
	顿顿鲜泥螺	1×18×380 克	小醉蟹	1×12×420 克
	宴会泥螺	1×12×720 克	金牌醉蟹	1×6×850 克
	金牌泥螺	1×6×830 克	金牌蟹股	1×6×880 克
米面制品	水晶年糕	1×20×450 克	冷冻年糕	1×18×1 000 克
	切片年糕	1×24×450 克	汤年糕	1×18×380 克
	火锅年糕	1×20×454 克	—	—

〔续表〕

类别	产品名称	包装规格	产品名称	包装规格
腌渍蔬菜	黄金雪菜	1×50×200 克	笋丝雪菜	1×80×100 克
	家乡雪菜	1×50×168 克	—	—
休闲食品	鸭肫	1×24×160 克	鸭舌	1×24×160 克

表 3-2-101　2006—2010 年一只鼎食品公司产品销售情况表　　　　　　　　　（单位：吨）

年份	类别	糟醉类	米面类	腌渍蔬菜	休闲食品
2006	内销	866.9	1 732.5	441.1	640.3
	外销	3.1	458	60	18.9
2007	内销	828.9	1 840.9	418.5	713.9
	外销	5.8	489	88.1	12.4
2008	内销	820.1	1 678.6	501.6	1 079.9
	外销	8.18	584.7	91	12.7
2009	内销	628.4	2 065.7	586.7	1 319.8
	外销	8	480	70.5	14.8
2010	内销	714.5	1 917.8	406.7	1 457.8
	外销	9.1	590.6	82.6	31

一只鼎食品公司商标为"一只鼎"（注册号第 1408556 号），于 2000 年 5 月经国家工商行政管理总局商标局核准，使用在加工过的瓜子、熟制豆、咸肉、贝壳类动物（非活）、水产罐头、水果蜜饯、腌制蔬菜、蛋、牛奶制品、食用油脂、食物蛋白、精制坚果仁（第 29 类）和糖果、巧克力饮料、茶、蛋糕、年糕、面米制品、谷类制品、豆粉、冰淇淋（第 30 类）。

2005 年 8 月，经国家工商行政管理总局商标局核准变更注册人和注册地址。

2010 年，"一只鼎"品牌糟醉食品被上海市商业联合会、上海连锁经营协会、上海市商标协会和上海商情信息中心授予"2000—2009 年上海糟醉食品十年畅销金品大奖"，2010 年为上海同类市场销售额排名第一，被授予"2010 年畅销金品"。至 2010 年年底，一只鼎产品年产值 6 904 万元，主营收入 7 985 万元。

【工艺、设备和流程】

黄泥螺产品的企业标准　公司于 2008 年对原企业标准进行了修改，制定并有效备案了企业标准《腌醉制黄泥螺》（Q/BKOX—2008），按照《腌制生食动物性水产品卫生标准》（GB 10136—2005）的要求，增加对原辅料、理化指标、微生物指标的卫生要求以及对产品规格、包装运输和储存要求，黄泥螺含沙率检验及对产品质量有异议时的仲裁办法。此标准作为组织生产黄泥螺产品的依据。

年糕产品的企业标准　公司于2009年依据《粮食卫生标准》(GB 2715—2005)和《方便米粉》(GB/T 2652—2004)对原标准进行了结构修改,制定并备案了企业标准《水磨年糕》(Q/BKOX 8—2009)。该标准增加了对原辅料、微生物指标、粮食酸度测定及食品包装袋与容器具的卫生要求。按此企业标准组织生产。

腌渍菜产品的企业标准　公司于2009年根据2007年颁布的《酱腌菜》(SB/T 10439—2007),对原企业标准进行了修改,制定并备案了企业标准《腌渍菜》(Q/BKOX 12—2009),此标准作为组织生产的依据。

生产设备　黄泥螺产品的主要生产设备有金色探测仪、纯净水处理系统、原料清洗槽、半自动旋盖机、不锈钢腌制容器、洗瓶机、塑料薄膜连续封口机、自动捆包机等。

表3-2-102　一只鼎食品公司糟醉类产品主要生产设备情况表

设备名称	规格型号	数量(台)	产地	制造年份	额定功率(千瓦)	生产能力	用于生产部位
封口机	FRT-10W/L	1	浙江	2006	1.8	150瓶/小时	末道封盖
水处理器	单级反渗	1	浙江	2006	4.5	0.2吨/小时	纯净水
自动捆扎机	SK-1	1	浙江	2006	0.5	35箱/小时	末道包装

年糕产品的主要生产设备有淘米机、磨浆机、粉碎机、浓浆机、厢式压滤机、蒸灶、年糕成型流水机、多功能真空包装机等。

表3-2-103　一只鼎食品公司米面制品主要生产设备情况表

设备名称	规格型号	数量(台)	产地	制造年份	额定功率(千瓦)	生产能力(公斤/小时)	用于生产部位
淘米机	自制	2	上海	2006	0.5	700	流水线首位
磨浆机	MS-60D	1	浙江	2006	15	700	流水线前部
厢式压滤机	XMY501	1	浙江	2006	7.5	750	流水线中部
年糕成型机	自制	2	自制	2006	15	650	流水线后部
真空封口机	CZ500	2	浙江	2006	3.5	250	流水线末部

雪菜主要生产设备有原料清洗槽、纯净水处理系统、金属探测仪、食品级塑料桶、切菜机、真空包装机等。

表3-2-104　一只鼎食品公司腌渍产品主要生产设备情况表

设备名称	规格型号	数量(台)	产地	制造年份	额定功率(千瓦)	生产能力(公斤/小时)	用于生产部位
金属探测仪	GJ-II4020	1	浙江	2006	0.7	200	前道检测
水处理器	单级反渗	1	浙江	2006	4.5	200	纯净水

〔续表〕

设备名称	规格型号	数量（台）	产地	制造年份	额定功率（千瓦）	生产能力（公斤/小时）	用于生产部位
复式切菜机	JY－Q500	1	江苏	2006	2.2	2 000	前道加工
离心甩水机	SS－1000	1	江苏	2006	5.5	500	前道加工

黄泥螺产品工艺流程　根据黄泥螺原料验收标准及检验要求，对黄泥螺的规格、净重、含沙量、咸度、碎壳率、新鲜度及外形验收合格后，进行清洗沥干。然后加入白酒、白砂糖、食用盐醉制，装桶醉制一个月以上，再按泥螺规格大小分拣，同时剔除杂质并第二次加入黄酒、白砂糖、食用盐装桶醉制，贮存一周以上方可包装。罐装时，半成品泥螺先用原有卤料加黄酒清洗，除去泥螺残余碎壳和外表面黏膜后计量称重装入瓶内，再加入另外特制的黄泥螺卤料并拧紧瓶盖无渗漏，然后贴商标规范装箱。

一只鼎食品公司是上海益民食品一厂（集团）有限公司控股的中外合资企业，前身是上海新星天然食品有限公司，创建于1991年10月。

2004年8月更名为上海一只鼎食品有限公司，由上海海博投资有限公司出资234.15万元，占总股本55.75%，加拿大泽伟洋行出资105万元，上海一只鼎食品有限公司以塔贸易有限公司出资80.85万元共同组建，注册资本420万元，公司住所：上海奉贤区星火公路2588号2201室。

2008年2月，益民食品集团受让上海海博投资有限公司持有一只鼎食品公司55.75%的股权，从而成为其控股企业。2010年公司产值6 904万元，销售收入7 985万元，利润总额148万元，职工197人。

一只鼎食品公司主要生产经营各种以天然植物蛋白为原料的营养食品、腌制类食品、粮食加工食品、糖果类食品及土特产深加工食品。产品主要有"一只鼎"糟醉产品、米面制品、腌渍蔬菜、休闲食品等系列，其中以醉制黄泥螺为代表的糟醉产品和以真空水晶年糕为主的米面制品是公司的主力产品。2010年，糟醉类产品销售724吨，其中出口9.1吨，销售收入2 524万元；年糕销售2 460吨，其中出口317吨，销售收入1 688万元。"一只鼎"商标于2006年和2009年被评为上海著名商标；"一只鼎"年糕被推荐为2009年度上海名牌；糟醉食品获上海市工商业联合会等部门颁发的"2000—2009年十年畅销金品"奖。2010年，公司生产的年糕和腌制雪菜通过上海市食品安全管理体系认证。

一只鼎食品公司立足于"弘扬中式传统特色食品"为主导的战略发展定位，坚持"市场占有率最高化、营销多元化、产品系列化"的经营理念，实行"传统食品＋现代工艺技术＋现代营销理念"的策略，以"有华人的地方就有'一只鼎'"作为企业目标和动力，让中华传统特色食品从上海走向全国，走向海外华人市场。

一只鼎食品公司以"巩固发展上海市场、重点拓展二外市场（外地、外贸）"为战略方针，形成市内、市外、外贸三足鼎立的市场格局。据上海商情信息中心对全市代表性卖场、超市、便利店的零售监测，2004—2010年一只鼎糟醉产品在上海食品市场的占有率及市场排位位居同行业第一位。公司于1998年10月在香港设立上海一只鼎（香港）食品有限公司，主营食品贸易，其生产的产品已进入香港主流商业渠道——百佳、惠康、华润、裕记、佳宝等大型连锁超市，并出口美国、加拿大、澳大利亚、新西兰、新加坡、英国等国的商业及餐饮市场。

一只鼎食品公司坚持"以人为本、和谐企业"的管理原则,倡导"实在、实干、实力、实惠"的企业精神,致力于"为华人创造美味、为社会创造财富、为企业提升价值、为员工带来福利"的企业宗旨,努力把一只鼎食品公司打造成为一个永续发展的优秀食品企业。

一只鼎食品公司2010年被评为上海市农业产业化重点龙头企业。

表3-2-105　2006—2010年一只鼎食品公司经营情况表　　　（单位:万元）

年　份	2006	2007	2008	2009	2010
销售收入	6 228	6 594	7 428	7 297	7 985
利润总额	247	163	177	153	148
净利润	205	128	137	128	132
产　值	6 130	6 311	6 563	6 032	6 904

七、企业选介

冠生园(集团)有限公司(简称"冠生园集团")是益民食品集团控股企业。

公司创建于1915年,是中国民族工业的名牌老字号企业。1956年,冠生园食品股份有限公司实行公私合营,更名为冠生园食品厂,由上海市轻工业局食品工业公司管辖。1988年4月,经上海市轻工业局批准,成立上海冠生园食品联合总公司,注册资本为4 083.4万元。1993年3月,上海冠生园食品联合总公司与上海冠生园食品总厂、上海天山回民食品厂和上海华山食品厂合并,组建冠生园(集团)总公司;1995年4月,冠生园(集团)总公司与上海发酵食品公司进行合并,成立新的冠生园(集团)总公司;1996年7月,冠生园(集团)总公司改制为冠生园(集团)有限公司。1998年7月,上海烟草(集团)公司受让上海轻工控股(集团)公司持有冠生园集团2.18亿元的股权,上海轻工控股(集团)公司占总股份45%,上海烟草(集团)公司等8家企业占总股份55%,从而成为多元投资的有限公司。2005年10月,上海轻工控股(集团)公司将持有冠生园集团45%股权转给光明食品(集团)有限公司(小光明)。

2006年原股东光明食品(集团)有限公司更名为上海益民食品一厂(集团)有限公司。2007年10月,上海益民食品一厂(集团)有限公司受让上海烟草(集团)公司及所控股的7家区县烟草糖酒公司持有的冠生园集团55%股权后,拥有100%股权,注册资本从116 000万元减至100 000万元。2007年11月,冠生园集团将持有的上海华光酿酒药业公司90%股权转让给烟糖集团。2008年,融智投资(香港)有限公司和中信资本普好投资有限公司各自出资22 500万元对冠生园集团进行投资,上海益民食品一厂(集团)有限公司出资额为55 000万元,冠生园集团成为合资企业。

冠生园集团总部位于上海市静安区新闸路1418号,占地面积4 192平方米,建筑面积1 200平方米。生产基地主要集中于上海星火开发区和青浦工业园区内,占地面积136 142平方米。2010年,公司产值317 403万元,营业总收入112 218万元,主营业务收入111 980万元,利润总额7 377万元,净利润6 000万元,职工总人数3 311人,其中在岗人数3151人。

冠生园集团以做强做大冠生园为目标,坚持在发展中转型,打造一个具有良好公众形象和社会责任感的全国老字号标杆企业。公司拥有"冠生园"和"大白兔"两个中国驰名商标和"冠生园""大白兔""佛手""华佗"四个上海市著名商标,并有"得力劲酒""十全草糖""百花""素易鲜""优浓"等知名商标。公司主要生产经营各类食品及进出口业务等,提供相关技术咨询和技术服务。

主要产品为大白兔糖果(奶糖、硬糖、牛轧糖等系列产品)、冠生园蜂制品(蜂蜜、蜂皇浆、蜂胶、蜂蜜果蔬茶等系列产品)、冠生园面制品(拉面、压缩饼干、月饼等系列产品)、华佗保健酒类(华佗十全酒、得力劲酒、楠药酒等系列产品)、佛手牌调味品(味精、鸡精、素易鲜等产品)、饮料、冷冻食品、保健食品、生物医药、休闲食品等近20个系列2000多个品种。

公司重视新产品开发,技术中心被认定为上海市级科研机构,并通过国家实验室认证,拥有多项技术发明专利和其他专利技术。

冠生园集团以"提升国人的生活质量"为宗旨,以"绿色、无边界、永续经营"为经营理念,秉承"品争冠、业求生、人兴园"的企业精神,打造"新亮点、新气象、新秩序"的企业文化与公众形象。公司以优秀文化激扬团队,通过举办文化艺术节、体育节等活动营造了良好的企业文化氛围。2010年上海世博会期间,冠生园与沪上8家知名企业集团联合向社会发出倡议,组建"企业平安志愿者队伍"。2010年7月,向上海市慈善基金会捐赠压缩饼干,价值人民币24万元。

2006年,"冠生园"商标被国家商务部认定为首批中华老字号企业;获得中国轻工业联合会"全国轻工业企业信息化先进单位"称号。2007年被中国轻工业联合会评为"轻工业卓越绩效先进企业"。2009年,被评为"中国焙烤食品糖制品行业百强企业"。2009—2010年获上海市食品协会"优秀企业"称号。

冠生园集团下属国有企业有:上海冠生园食品有限公司、上海冠生园蜂制品有限公司、上海冠生园益民食品有限公司、上海冠生园天厨调味品有限公司、上海冠生园华佗酿酒有限公司、冠生园集团技术中心。合作合资企业有:上海申美饮料食品有限公司、上海冠生园协和氨基酸有限公司、卡夫食品(上海)有限公司、冠生园集团宝鸡蜂产品有限公司。

第六节 罐头食品

罐头食品是光明食品集团食品制造业中的重点业务之一。

一、产品和品牌

【产品品种和规格】

罐头食品是指原料经调制、装罐、排气、封罐、杀菌等工序加工而成,在常温下能较长时间保存的罐藏食品。

上海梅林正广和股份有限公司下属有关企业生产罐头食品已有近80年的历史,产品在国内外享有盛誉。生产的罐头品类有肉类罐头、水产品类罐头、调味类罐头、蔬菜类罐头、水果类罐头和其他类罐头,并形成午餐肉罐头、火腿罐头、八宝饭罐头、番茄沙司罐头等四大拳头产品。

午餐肉罐头 是公司的主打产品,1957年公司聘请捷克专家按照西式菜肴的定位和风味进行研制开发,主要以品质上乘的猪肉为主料,配以优质调味料,经特殊工艺精制而成。

梅林牌午餐肉组织紧密细嫩,切面光洁,夹花均匀,形态美观;色泽红润、香味浓郁、滋味鲜美、肉质细嫩、富有弹性。主要规格有：198 克、258 克、340 克、397 克、1 588 克等。

火腿罐头 是梅林肉类罐头中的重要产品之一，1959 年生产上市。以优质猪腿肉为原料，经预处理、注射盐水（嫩化）、滚揉腌制、装罐、密封、杀菌制成的罐头产品。主要规格有：340 克、454 克。

八宝饭罐头 经前处理、调味、装罐（塑料杯）、加小配料、密封、杀菌、冷却制成。主要原料：优质糯米、江南的大红袍赤豆、湖南的莲子、新疆的葡萄干、河南的红枣等。具有香甜可口的特有风味。在加热状态下，组织柔软，色、香、味俱全，入口糯而不烂，油而不腻。该产品主要供应国内市场。主要规格有：350 克、1 000 克。

番茄沙司罐头 是公司的创牌产品，20 世纪 30 年代初由公司自主试制并投产。以浓缩番茄酱为主要原料，添加白砂糖、食用盐、食用冰醋酸、香辛料和增稠剂等辅料，经调配、浓缩、灌装、杀菌制成。番茄沙司罐头呈一致的红色或橙红色，酱体均匀细腻，稠度适度。

番茄沙司主要用于蘸料和烹制西式汤料，80 多年来，梅林番茄沙司以其口味独特、口感醇厚的特点深受消费者喜爱。主要规格为 397 克。

表 3-2-106 上海梅林正广和股份有限公司各类产品情况表

类别	产品名称	包装规格	类别	产品名称	包装规格
肉类	午餐肉	198 克×48 盒/箱	肉类	红烧扣肉	397 克×24 盒/箱
	午餐肉	340 克×24 盒/箱		红焖牛肉	400 克×24 盒/箱
	火锅午餐肉	340 克×24 盒/箱		红烧排骨	340 克×24 盒/箱
	精制午餐肉	258 克×12 盒/箱		红烧排骨	397 克×24 盒/箱
	香辣午餐肉	340 克×24 盒/箱		红烧肘子	397 克×24 盒/箱
	蒜香午餐肉	340 克×24 盒/箱		东坡肘子	1 400 克×6 盒/箱
	烟熏午餐肉	340 克×24 盒/箱		优质红烧瘦肉	340 克×24 盒/箱
	精制火腿午餐肉	340 克×24 盒/箱		香菇肉酱	175 克×24 盒/箱
	午餐肉	397 克×24 盒/箱	水产类	凤尾鱼	184 克×48 盒/箱
	午餐肉	1 588 克×12 盒/箱		五香凤尾鱼	227 克×24 盒/箱
	火腿（方）	340 克×24 盒/箱		香辣凤尾鱼	227 克×24 盒/箱
	火腿（异）	340 克×24 盒/箱		五香黄花鱼	227 克×24 盒/箱
	火腿（异）	454 克×24 盒/箱		香辣黄花鱼	227 克×24 盒/箱
	回锅肉	198 克×36 盒/箱		五香熏鱼	227 克×27 盒/箱
	五香肉丁	142 克×48 盒/箱	蔬菜类	四鲜烤麸	354 克×24 盒/箱
	清蒸猪肉	550 克×12 盒/箱		草菇（精选级）	425 克×24 盒/箱
	清蒸猪肉	397 克×12 盒/箱		油焖笋	397 克×24 盒/箱
	红烧猪肉	340 克×24 盒/箱		茄汁黄豆	425 克×24 盒/箱
	红烧猪肉	397 克×24 盒/箱	水果类	糖水菠萝	400 克×12 盒/箱
	红烧扣肉	340 克×24 盒/箱		糖水菠萝	650 克×12 盒/箱

〔续表〕

类别	产品名称	包装规格	类别	产品名称	包装规格
水果类	热带杂果	400克×12盒/箱	调味类	黄牌辣酱油	200克×24盒/箱
	热带杂果	650克×12盒/箱		黄牌辣酱油	630克×12盒/箱
	冰糖椰果	400克×12盒/箱		什锦果酱	340克×24盒/箱
	冰糖椰果	650克×12盒/箱		什锦果酱	350克×12盒/箱
	糖水荔枝	650克×12盒/箱	其他类	八宝饭	350克×24盒/箱
	糖水黄桃	650克×12盒/箱		八宝饭	1 000克×12盒/箱
	糖水枇杷	650克×12盒/箱		八宝饭	284克×12盒/箱
调味类	番茄酱	70克×100盒/箱		金盾礼盒	2 882克×6盒/箱
	番茄酱	198克×48盒/箱		梅林花生酱	340克×24盒/箱
	番茄酱	850克×12盒/箱		猪肉蛋卷	397克×24盒/箱
	番茄沙司	230克×24盒/箱		佛跳墙	250克×4盒/箱
	番茄沙司	397克×24盒/箱		鹅肝酱	180克×2盒/箱
	黄牌辣酱油（特）	200克×24盒/箱			

表3-2-107　上海梅林正广和股份有限公司内外销产品情况表

外销罐头产品名称	内销罐头产品名称	一般对资罐头产品名称
340澳洲低钠午餐肉	198内销午餐肉	198对资午餐肉
340澳洲优质火腿午餐肉	258内销火腿	198对资优质火腿午餐肉
340澳洲香辣午餐肉	258内销精制午餐肉	340对资午餐肉
397澳洲午餐肉	340内销方火腿	340对资蒜香午餐肉
198新加坡午餐肉	340异型内销火腿	340对资香辣午餐肉
340新加坡午餐肉	340内销精制火腿午餐肉	340对资烟熏午餐肉
340新加坡优质火腿午餐肉	340内销午餐肉	340异型对资火腿
340新加坡精选火腿猪肉	340内销美肴午餐肉	340对资方听火腿
397新加坡午餐肉	340内销蒜香午餐肉	340对资火腿猪肉
397新加坡优质火腿午餐肉	340内销香辣午餐肉	340对资低盐午餐肉
397新加坡美丽牌午餐肉	340内销烟熏午餐肉	340对资低钠午餐肉
1588新加坡午餐肉	454内销火腿	397对资午餐肉
1588日本午餐肉	350内销八宝饭	397对资优质火腿午餐肉
198阿联酋午餐肉	1000内销八宝饭	397对资香辣午餐肉
340阿联酋火腿	330内销番茄沙司	397对资蒜香午餐肉
340阿联酋午餐肉	397内销番茄沙司	454对资火腿
340阿联酋蒜香午餐肉	397市销午餐肉	1588对资午餐肉

〔续表〕

外销罐头产品名称	内销罐头产品名称	一般对资罐头产品名称
340 阿联酋香辣午餐肉	1588 市销午餐肉	
340 异型阿联酋火腿	397 军工火腿	
397 加拿大午餐肉		
397 印尼午餐肉		
397 印尼优质火腿午餐肉		
340 菲律宾烟熏午餐肉		
397 菲律宾午餐肉		

【产量】

2006—2010年公司罐头食品销售情况如表3-2-108～表3-2-111所示。

表3-2-108　2006—2010年梅林牌午餐肉罐头销售情况表　（单位：吨）

年　份	内销量	外销量
2006	8 458.74	21 809.80
2007	9 104.99	14 540.08
2008	8 635.07	5 352.09
2009	8 676.68	10 334.23
2010	10 194.92	12 203.44

表3-2-109　2006—2010年梅林牌火腿罐头销售情况表　（单位：吨）

年　份	内销量	外销量
2006	608.80	72.00
2007	892.55	32.00
2008	715.18	0
2009	649.13	0.73
2010	720.30	27.00

表3-2-110　2006—2010年梅林牌八宝饭罐头销售情况表　（单位：吨）

年　份	内销量	外销量
2006	1 569.32	25.00
2007	1 833.75	21.00
2008	2 381.61	0
2009	2 667.90	0
2010	2 993.30	0

表3-2-111　2006—2010年梅林牌番茄沙司罐头销售情况表　（单位：吨）

年　份	内销量
2006	2 704.65
2007	2 561.00
2008	2 714.29
2009	2 491.34
2010	2 609.69

【品牌】

梅林正广和股份公司罐头产品主打品牌为"梅林"。

梅林商标　注册号第3087号。该商标是上海梅林罐头食品厂（后更名为上海梅林罐头食品有限公司）于1951年4月经国家工商行政管理总局商标局核准使用的注册商标，使用范围为罐头食品；1982年7月，增加软罐头商品。

1983年3月,经国家工商行政管理总局商标局核准续展注册第29类,续展核定使用商品为:猪、牛、羊肉罐头,家禽罐头,蔬菜罐头,蘑菇罐头,豌豆及其他豆类罐头,番茄罐头,菌类罐头。

梅林 B2 商标　注册号第1997755号。该商标是上海梅林罐头食品厂于2003年1月经国家工商行政管理总局商标局核准的注册商标。核定使用商品为:肉、肉罐头、肉汤溶缩汁、蔬菜罐头、水果罐头、听装(罐装)鱼。

梅林 B2 商标　注册号第4107517号。该商标是上海梅林罐头食品厂于2006年8月经国家工商行政管理总局商标局核准的注册商标。核定使用商品为:水果罐头,豌豆罐头,蘑菇罐头,听装(罐装)鱼,罐装水果,肉罐头,蔬菜罐头,水产罐头,鹌鹑蛋罐头。

2005年9月,梅林牌肉类罐头被评为中国名牌产品。2006年12月—2008年1月,"梅林B2"品牌分别被评为"2005—2006年上海市出口名牌""2007年度全国罐头十大优秀品牌""2008—2010年度上海市著名商标"。2010年1月,"梅林B2"牌午餐肉、火腿、八宝饭、番茄沙司罐头被推荐为2009年度上海名牌。

二、工艺和设备

【产品标准】

上海梅林罐头产品严格按照产品标准,采用专业加工技术,最大限度地保留食品的原汁原味和营养;加快产品设计和生产准备过程,保证并不断提高产品质量。

午餐肉罐头生产的标准原为行业标准,国家标准《猪肉糜类罐头》(GB/T 13213—2006)出台后,公司按照国家标准组织生产。

火腿罐头使用的标准是国家标准《火腿罐头》(GB/T 13515—2008),该标准对1992版国家标准进行了修改,将原质量等级中的三级(即优级品、一级品、合格品)改为两个等级(即优级品和一级品)。另外,增加了蛋白质和脂肪的要求。

优级品火腿罐头具有腌制火腿罐头应有的滋味气味。优级品火腿表面呈玫瑰红色或淡粉红色,质地紧密柔嫩,形态完整;胶冻凝结良好,呈半透明状,可以切成5毫米左右的完整薄片,切面允许有微量脂肪层,表面亦允许有微量脂肪析出;一级品火腿表面呈玫瑰红色或淡粉红色,局部略黄,具有腌制火腿罐头应有的滋味气味,质地紧密柔嫩,形态基本完整,表面允许有收缩和缺角现象;解冻凝结较好,呈半透明状,可切成7毫米左右的薄片,切面允许有少量脂肪层,表面有少量脂肪析出。

八宝饭罐头的标准是《八宝饭罐头》(Q/BABK0001S—2010),对2007年颁布的标准进行了修订,其中主要变化是增加了生产过程中的卫生要求、标志、标签和保质期的要求。

表3-2-112　八宝饭罐头感官要求情况表

项　目	要　求
色　泽	呈八宝饭罐头的正常色泽
滋味及气味	具有八宝饭罐头香甜可口的特有风味
组织形态	在加热状态下,组织柔软,糯米饭及豆沙分层明显,豆沙在罐头中央,蜜枣、红枣、核桃、葡萄干和瓜子仁等小配料放在罐盖一端的表面

番茄沙司罐头的标准《番茄沙司》(Q/BABK0002S—2010)是在2007年颁布的企业标准基础上进行修订后的新标准,主要变化是增加了总固形物和番茄红素项目,重金属中锡由原来的≤250毫克调整为≤200毫克,增加了生产加工过程的卫生要求、标志、标签和保质期,并增加了食品添加剂品种及使用量的要求。

表3-2-113 番茄沙司罐头感官要求情况表

项　　目	要　　求
色　泽	酱体呈一致的红色或橙红色,酱体表面允许有褐色
滋味及气味	具有番茄沙司应有的滋味气味,无异味
组织形态	酱体均匀细腻,稠度适度

【生产设备】

上海梅林罐头公司通过自行设计、制造,引进国外先进设备,摸索出一条"国外引进、国内配套、自行制造三管齐下"的路子,把罐头生产整体装备提升到国际先进水平,拥有多条机械化、连续化程度较高的空罐、火腿、午餐肉、调味料等生产流水线。

番茄沙司生产设备　冲洗瓶机、烘瓶机、胶体磨、二重釜、打浆机、冷却器、储酱桶、灌装机、全自动真空封口机、连续式杀菌机、冷却机、热收缩包装机、贴标机、打包机等。

肉类和八宝饭罐头生产设备　肉类罐头和八宝饭罐头的生产设备可互为择时按需使用。

表3-2-114　上海梅林食品有限公司主要生产设备情况表

设备名称	规格型号	数量(台)	产地	制造年份	额定功率(千瓦)	生产能力	功　能
真空搅拌机	ME400	3	法国	2003年3月	—	600公斤/分钟	肉糜搅拌
切板机	110MK211CAR	1	意大利	2003年3月	4	500片/分钟	空罐铁皮裁剪
方听电阻焊机	AFB220	1	瑞士	2003年3月	5	150罐/分钟	方听空罐罐身焊接
胀方机	—	1	法国	2003年3月	3	150罐/分钟	空罐方听成形
立式扩颈机	GT3B30N	2	中国	2009年4月	4	150罐/分钟	方听空罐罐身扩口
方听电阻焊封口机	RK01	1	法国	2003年3月	7.5	150罐/分钟	空罐方听封底盖
斩拌机	GTM6D3	3	法国	2002年4月	68	80公斤/分钟	肉糜斩拌
装罐机	GTM7A1	5	法国	2002年4月	4	110罐/分钟	肉糜装罐
方听封口机	GTM4B4	5	法国	2000年3月	5.5	110罐/分钟	罐头封口
圆听封口机	M603	1	中国	2004年11月	2.2	30罐/分钟	罐头封口
杀菌缸	DN1200	20	中国	2003年	—	5吨/小时	罐头杀菌

表 3-2-115　上海梅林正广和(绵阳)有限公司主要生产设备情况表

设备名称	规格型号	数量	产地	制造年份	额定功率（千瓦）	生产能力	用于生产部位
空罐全自动生产线	110MK211CAR	1条	意大利	2003年3月	4	500罐/分钟	空罐车间
自动装卸笼生产线	HBMD-6500 HBXL-3000	2条 2条	中国	2003年3月	4	—	实灌车间
冷库	—	1座	中国	2009年9月	—	1 500吨	原料冷藏
污水处理站	—	1个	中国	2009年10月	85.5	1 800吨/天	污水处理

表 3-2-116　上海梅林(荣成)食品有限公司主要生产设备情况表

设备名称	规格型号	数量（台）	产地	制造年份	额定功率（千瓦）	生产能力	功能
异形罐封罐机	M444	1	西班牙	2002年1月	3	120罐/分钟	牡蛎罐头封口
异形罐自动封罐机	M446	2	中国台湾	2007年8月	3	100罐/分钟	牡蛎罐头封口
自动真空封罐机	GT4B2	5	中国汕头	2004年4月	1.50	40罐/分钟	罐头封口
鱿鱼开片机	CR190	1	中国大连	2010年	1.10	400公斤/小时	鱿鱼开片
水果切丁机	JKA	2	美国	2008年6月	2.20	1 000公斤/小时	水果切丁
沾粉机	—	1	日本	2007年5月	3	500公斤/小时	鱼类表面粘粉
金属检测机	KD8124AW	1	日本	2009年	0.75	300公斤/小时	水产品金属检测

【生产流程】

上海梅林食品有限公司拥有一套完整的技术质量控制系统，严格按照生产流程对产品实施全程质量控制，运用产地环境质量标准、生产技术标准、产品质量和卫生标准、包装标准、储藏和运输标准等一套完整的质量控制标准体系组织生产，确保食品质量和安全。

午餐肉罐头产品工序　分割肉→解冻→拣选、检查→绞块→拌盐→入库腌制→配料→斩拌→真空搅拌→定量装罐→真空封口→洗罐→杀菌、冷却→擦罐→保温→检验→包装入库。

火腿罐头产品工序　分割肉→解冻→修整→绞碎→按摩→装罐→真空封口→杀菌、冷却→擦罐→包装入库。

八宝饭罐头产品工序　原料处理→装罐→真空密封→杀菌、冷却→擦罐→包装入库。

番茄沙司罐头产品工序　番茄酱罐头→外部清洗→开听→加料→浓缩→打酱→煮沸→装罐→密封→杀菌、冷却→贴标打码→包装入库。

三、企业选介

上海梅林正广和股份有限公司是1997年6月成立的上市公司，注册资本356.40万元人民币，公司股票简称"上海梅林",股票代码600073。主营业务为生产各类罐头食品。

上海梅林正广和股份有限公司所属主要企业有上海梅林食品有限公司、上海梅林正广和(绵阳)有限公司、上海梅林(捷克)有限公司、上海梅林(荣成)食品有限公司、上海梅林正广和股份有限公司技术中心等企业。

梅林正广和公司技术中心成立于2000年6月,同年获上海市级技术中心和国家级检测中心认定。有技术人员125人,总建筑面积3 600平方米。主要实验设备实现了数字化和自动化;拥有适应公司核心技术研究开发的小试及中试实验室,设施齐全的物理、化学、微生物、液相、气相、色谱等分析检测室和万级净化无菌室;先后完成多个国家级、市级科研项目,获实用新型专利1项,发明专利3项。技术中心科技投入率达到3.15%;自主开发各类新产品350只,产品更新率≥30%;累计申请自主知识产权534项,其中外观设计529项、实用新型1项、发明专利4项。除完成企业自主项目外,还完成重大科技项目10项,其中有:微波营养快餐食品(常温保藏),植物蛋白酸奶,果蔬真空保鲜技术,抗菌饮用水桶和饮水机龙头的研制。完成申请罐头内壁涂料发明专利一项。近年,还成功改造397克午餐肉空罐电阻焊生产线;在消化吸收法国HEMA封口机基础上,自行研制方听真空异型罐封罐机;继续研制开发斩拌机、定量装罐机等。在关键工艺参数上完善了进口设备的不足,不仅能满足生产需要,还把公司整体装备提升到国际先进水平。投资捷克项目的午餐肉生产线主要设备均为自主研发制造,并通过欧盟CE标准。

【上海梅林食品有限公司】

上海梅林食品有限公司由上海梅林罐头食品厂(创建于1930年)、上海市食品进出口公司、香港贸基发展有限公司三方共同投资创办,成立于1991年12月17日,总投资额为1 550万美元,注册资本为800万美元。公司集进口、生产、出口、国内销售为一体,保持上海梅林罐头食品厂60年产品之信誉,发挥上海市食品进出口公司销售经营之优势,依托香港贸基发展有限公司海外开拓之实力,公司成立以后充分发挥集约化优势,在生产经营方面迈出了里程碑式的一步。至2010年,该公司产品已形成肉、禽、水产、水果、蔬菜等7大类罐头系列,100多个品种,各类罐头年产量达到2万多吨,产值12 512万元,出口创汇2 300万美元,其中80%以上产品销往欧美、日本、东南亚、非洲及中国港澳地区,在国内外享有盛誉。

公司于2000年通过了ISO9001:2008质量管理体系认证,2001年1月,公司又通过了HACCP认证。2002年6月,获"中国进出口食品检验检疫分类管理一类企业"称号。

梅林牌午餐肉罐头于1983年、1988年,获国家质量银奖。2002年,罐头工业协会授予上海梅林食品有限公司"中国罐头行业十强企业"称号。2004—2006年,"梅林"牌午餐肉、火腿、八宝饭、番茄沙司获上海名优食品;2005年"梅林"牌肉类罐头获中国名牌产品;"梅林"牌午餐肉、火腿、八宝饭、番茄沙司多年来获上海名牌产品。2010年,梅林商标获中华老字号。

表3-2-117　2006—2010年上海梅林食品有限公司经营情况表　　　　　　　(单位:万元)

年　　份	2006	2007	2008	2009	2010
营业收入	43 461	32 792	18 636	24 217	26 074
主营业务收入	42 830	32 066	17 922	23 578	24 646

〔续表〕

年　　份	2006	2007	2008	2009	2010
利润总额	523	596	−1 862	493	2 033
净利润	386	420	−1 862	493	1 800
产　　值	32 802	26 388	19 486	24 398	26 187
职工人数（人）	783	777	445	410	409

【上海梅林正广和（绵阳）有限公司】

上海梅林正广和（绵阳）有限公司是上海梅林正广和股份有限公司的全资子公司，前身是上海梅林股份（绵阳）有限公司，成立于1997年10月，注册资本2 670万元，公司住所：四川省绵阳市绵州路南段328号。2006年11月，更名为上海梅林正广和（绵阳）有限公司，注册资本5 500万元，公司住所：四川省绵阳市三台县农业产业化试验示范区花园干道。2008年"5·12"汶川大地震发生时，公司的原厂房遭到破坏和影响，当年年底搬迁至绵阳市三台县新厂房，新厂区占地面积76 100平方米。

上海梅林正广和（绵阳）有限公司主要经营业务为罐头食品、金属容器及配套产品制造、销售。公司具有年产肉类罐头2万吨的生产能力，拥有从意大利进口的110MK211CAR型空罐全自动生产线；有两条HBMD-6500型和两条HBXL-3000型午餐肉、红烧类产品自动装卸笼生产线，用于原料冷藏的1 500吨冷库一座。

公司有空罐车间、实罐车间、包装车间等三个生产车间。公司的特色产品为肉类罐头，主要有午餐肉、清蒸猪肉、红烧猪肉、红烧扣肉、红烧排骨、红烧肘子、东坡肘子、猪肉蛋卷等。低盐午餐肉、蒜香午餐肉、香辣午餐肉、火锅午餐肉主要为外销产品。军品红烧猪肉等罐头在成都军区后勤部组织的军需罐头食品质量评比中多次获优质奖。

"梅林"牌罐头食品畅销国内外，产品销往澳大利亚、菲律宾、马来西亚、阿联酋等几十个国家和中国香港地区，国内销售网点遍及各省、自治区、直辖市。

公司在2009年和2010年先后通过了ISO9001：2008质量管理体系和ISO22000：2005食品安全管理体系、HACCP认证，按照质量管理体系标准要求组织生产，公司的产品从原辅材料采购、生产加工到包装发运全过程均严格受控。梅林绵阳公司在2010年11月被中国出入境检验检疫协会评为"中国质量诚信企业"。

表3-2-118　2006—2010年上海梅林正广和（绵阳）有限公司经营情况表　　（单位：万元）

年　　份	2006	2007	2008	2009	2010
营业收入	10 110	11 509	12 727	11 723	18 437
主营业务收入	10 023	11 188	12 597	11 663	18 255
利润总额	228	758	24	787	565
净利润	200	514	9	586	428
产　　值	10 972	10 517	13 612	12 407	19 445

表 3-2-119　2006—2010年上海梅林正广和(绵阳)有限公司罐头产品生产情况表　　　　(单位：吨)

年　份	2006	2007	2008	2009	2010
合　计	10 131	8 861	8 469	7 887	13 048
午餐肉	6 818	6 010	5 720	6 372	10 425
红烧肉类	2 981	2 851	2 749	1 515	2 623
蔬菜类	332	—	—	—	—

表 3-2-120　2006—2010年上海梅林正广和(绵阳)有限公司内外销罐头产品情况表

品　名	规格(克)	内、外销	品　名	规格(克)	内、外销
午餐肉	170、340、397	外	红烧肘子	397	内
低盐午餐肉	340(方罐)	外	东坡肘子	1 400	内
蒜香午餐肉	340(方罐)	外	清蒸猪肉	397、550	内
香辣午餐肉	340(方罐)	外	五香肉丁	142	内、外
火锅午餐肉	340(方罐)	内	香菇肉酱	175	内、外
红烧猪肉	340、397	内	糖醋排骨	227	内
红烧排骨	340、397	内、外	猪肉蛋卷	397	内、外
红烧扣肉	340、397	内、外	宫保肉丁	170	内
优质红烧瘦肉	340	内	回锅肉	198	内、外

【上海梅林(捷克)有限公司】

上海梅林(捷克)有限公司成立于2006年1月,注册资本1亿捷克克朗,上海梅林正广和股份有限公司出资4 000万捷克克朗,持股比例占40%。

2007年1月,上海梅林(捷克)有限公司注册资本由1亿捷克克朗增资为1.4亿捷克克朗。按照约定,上海梅林正广和股份有限公司追加货币资金3 200万捷克克朗,累计出资7 200万捷克克朗,持股比例增加到51.40%。同年4月,上海梅林正广和股份有限公司通过第四届董事会第八次决议,出资2 000万捷克克朗受让香港贸基发展有限公司持有上海梅林(捷克)有限公司的14.30%股权。同年11月,外方股东捷克Gastro Sunwick股份有限公司追加出资2 000万捷克克朗,上海梅林(捷克)有限公司注册资本由1.4亿捷克克朗增至1.6亿捷克克朗。2008年,上海梅林正广和股份有限公司继续追加投资,货币资金累计出资1.12亿捷克克朗,持股比例达到70%。2008年5月,上海梅林(捷克)有限公司在位于比利纳市的生产基地正式投产。

上海梅林坚持发展外向型经济,走出国门在捷克建立梅林罐头食品生产基地,标志梅林产品突破向欧盟及北美地区出口受限的贸易壁垒,首次进入欧盟市场。

上海梅林(捷克)有限公司生产原材料全部来源于当地经过严格质量认证的肉品,按BRC和IFS欧盟最高食品行业标准组织生产,主要产品有午餐肉和火腿。

【上海梅林(荣成)食品有限公司】

上海梅林(荣成)食品有限公司成立于2004年6月16日,注册资本8 500万元,其中上海梅林正广和股份有限公司占65%,山东泓达集团有限公司占35%。公司占地面积200亩。

公司设罐头和水产两个事业部,配套部门有技术质量部、安全设备部,办公室下辖行政科。公司有3个罐头车间、4个冷冻调理食品车间、1个罐头包装车间、1个电工车间。主要装备有封罐机、封口机、全自动真空封罐机、鱿鱼开剖片机、切丁机、沾粉机,水产金属检测机等。

公司生产的主要产品有鲭鱼、白桃、黄桃等内销罐头产品,外销产品主要有各类鱼排等。2005年以来,公司通过了FDA、HACCP、BRC、ISO9001等一系列国际国内权威认证,产品质量得到国际市场的认可,年销售额超过1亿元,产品远销美国、日本、加拿大等20个国家与地区。

主要荣誉:2006—2010年,被评为山东省威海市文明单位;2010年,被评为山东省农业产业化重点龙头企业。

表3-2-121　2006—2010年上海梅林(荣成)食品有限公司经营情况表　　　(单位:万元)

年　份	2006	2007	2008	2009	2010
营业收入	9 846	13 810	14 353	15 361	17 192
主营业务收入	9 846	12 960	13 503	15 024	16 270
利润总额	185	59	34	120	1 363
净利润	123	6	25	51	1 177
产　值	11 202	14 212	12 988	12 222	13 021

表3-2-122　2006—2010年上海梅林(荣成)食品有限公司职工人数情况表　　(单位:人)

年　份	2006	2007	2008	2009	2010
固定员工	263	260	253	224	237
外来务工	600	689	573	763	613
总人数	863	949	826	987	850

【上海梅林正广和股份有限公司技术中心】

上海梅林正广和股份有限公司技术中心成立于2000年6月,当年即被评定为上海市企业技术中心。2010年,职工126人,其中中高级技术人员70人。

技术中心的主要实验设备实现了数字化和自动化,拥有适应公司核心技术研究开发的小试及中试实验室;设施齐全的物理、化学、微生物、液相、气相、色谱等分析检测室和万级净化无菌室;先后完成多个国家级、市级科研项目。

2006年3月,技术中心完成了"环保型特种食品制罐技术开发"项目的研究,每年可提供肉罐头新型涂料150吨,同时为其他罐头厂委托加工50吨,使企业每年减少支出400万元,同年获得上海市科学技术进步奖三等奖。

2009年6月,完成"年产2万吨肉类罐头生产线"项目,年产午餐肉罐头达到10 000吨、红烧类罐头10 000吨。

2009年10月,完成"罐头食品生产过程杀菌冷却水循环利用研究"课题项目,年节约用水约50万吨,同时减少排污50万吨,年降低生产成本100万元,项目获得中国罐头行业科学技术奖。

2009年12月,完成"罐头杀菌冷却过程节水减排新技术研究与开发"项目。

2010年8月,技术中心先后完成全自动一体化罐装食品生产线及控制系统研制和异型空罐生产线再制造关键技术研究及产业化课题,这些项目的研发与实施,进一步降低了企业的生产成本,提高了经济效益,为企业发展提供了技术支撑。

上海梅林正广和股份有限公司技术中心2006—2010年共登记注册各类专利70项,其中外观设计专利45项,实用新型专利13项,发明专利12项。

表3-2-123　2006—2010年梅林正广和股份有限公司技术中心专利情况表

年份	类型	数量（项）	专 利 名 称
2006	外观设计	8	标贴(糖水白桃)、标贴(什锦)、标贴(糖水草莓)、标贴(苹果酱)、包装袋(烟熏贻贝)、标贴(烟熏扇贝)、标贴(油浸金枪鱼)、标贴(五香金枪鱼)
2007	实用新型	11	罐头容器、真空检测装置、方听午餐肉罐头封口检测自动侧身装置集实罐自动烫罐喷码翻身一体设备、空罐喷油装置 液压系统的自动冷却装置、定量支承装置、封罐机 螺杆提升机升降装置、真空异型封罐机的便捷调试装置用于压料均匀的料斗装置
2007	发明	10	真空检测装置、方听午餐肉罐头封口检测自动侧身装置、集实罐自动烫罐喷码翻身一体的设备、空罐喷油装置、液压系统的自动冷却装置、定量支承装置、封罐机、螺杆提升机升降装置、真空异型封罐机的便捷调试装置、用于压料均匀的料斗装置
2008	外观设计	14	标贴(八宝饭罐头)、包装盒(鲲鱼)、包装盒(紫糯雪蛤膏)、包装盒(红莲雪蛤膏)、标贴(佛跳墙)、包装盒(梅林饭庄八宝饭)、包装盒(梅林饭庄1)、包装盒(梅林饭庄2)、包装袋(鳕鱼排)、包装袋(鱿鱼圈)、包装袋(鳕鱼黄金卷)、包装袋(海鲜杂拌)、包装袋(昆布卷)、包装袋(鱿鱼丸)
2009	实用新型	2	罐头食品生产过程中杀菌排气设备 罐头食品生产过程中杀菌冷却设备
2009	发明	2	罐头食品生产过程中杀菌冷却设备及其工艺 罐头食品生产过程中杀菌排气设备及其工艺
2009	外观设计	10	标贴(香辣鲐鱼罐头)、标贴(五香熏鱼罐头)、礼盒(鹅肝酱1)、礼盒(佛跳墙1)、礼盒(鹅肝酱2)、罐头(180克鹅肝酱罐头)、罐头(1320克较低盐午餐肉罐头)、罐头(250克佛跳墙罐头)、礼盒(佛跳墙2)、罐头(340克火锅午餐肉罐头)
2010	外观设计	13	包装袋(鸭翅)、标贴(1380克午餐肉罐头)、包装袋(鸭舌)、包装盒(梅林腌腊制品)、标贴(258克午餐肉罐头)、标贴(火腿罐头)、包装袋(鸭肫肝)、包装袋(鸭掌)、标贴(腌腊系列产品)、装袋(梅林猪蹄王)、包装盒(梅林猪蹄王)、包装袋(火腿肠)、包装袋(鸡肉火腿肠)

【上海梅林泰康食品有限公司】

上海梅林泰康食品有限公司(原名上海泰康罐头食品厂)创建于1982年12月,系上海梅林正广和股份有限公司的控股子公司。

公司是生产各种内外销罐头食品、调味品等产品的综合性企业,地处上海奉贤区金汇镇齐贤社区,占地面积32 573平方米,建筑面积18 821.2平方米,固定资产2 238万元,现有职工180人,其中大学本科学历7人,大专学历12人,中专12人。年生产能力为1万吨,其中各类罐头产品8 000吨,调味类产品2 000吨。

产品品种主要有番茄酱、八宝饭、番茄沙司、上海辣酱油风味调味料等。

【重庆梅林今普食品有限公司】

重庆今普食品有限公司是上海梅林正广和股份有限公司的控股子公司,原为重庆市从事生猪屠宰加工的民营企业,成立于2003年7月24日。

2008年9月22日,上海梅林正广和股份有限公司出资8650万元收购重庆今普食品有限公司51%股权,成为该公司第一大股东。该公司注册资本1818万元,公司地址:重庆市大渡口区键桥工业园A区键桥大道9号。公司占地面积近14万平方米,建筑面积5万多平方米。2008年,公司职工332人,2010年,职工494人。

重庆梅林今普食品有限公司主要从事生猪养殖和屠宰,公司拥有全套从德国引进的年屠宰生猪200万~300万头的屠宰线和从韩国引进的每小时分割生猪胴体260头的分割线各一条;拥有日处理3000立方米污水处理设施。公司是重庆市一级现代化生猪屠宰企业,是按照欧盟标准和美国农业部标准进行设计的以出口为主营业务的外向型企业。公司的主要产品为生鲜猪肉,分为热鲜白条猪肉、冷鲜猪肉和冷冻猪肉。

2007年6月获重庆市农产品加工示范企业,同年被评为重庆市农业产业化龙头企业;2008年1月,被评为2007年度重庆市民营企业五十强;2008年5月,获中国肉类食品行业强势企业;2009年8月,获重庆市工业企业进步奖;2009年9月,获重庆市产业振兴重点扶持骨干企业。

表3-2-124 2008—2010年重庆梅林今普食品有限公司经营情况表 (单位:万元)

年 份	2008	2009	2010
营业收入	129 662.92	110 411.82	135 509.63
主营业务收入	129 602.86	110 411.82	135 453.31
利润总额	2 380.24	-12 089.68	-267.83
净利润	1 841.68	-12 243.76	-274.99
产 值	132 584.15	108 524.52	132 651

第七节 其他食品

光明食品集团食品制造业中的其他食品类主要有紫糯玉米和茶叶。上海长江总公司所属上海大瀛食品有限公司(简称"大瀛食品公司")是紫糯玉米主要加工企业。上海茶叶有限公司(简称"上茶公司")是从事茶叶产、供、销的专业性公司。

一、紫糯玉米

【产品和品牌】

紫糯玉米产品是大瀛食品公司的拳头产品,2004年6月开发投产,产品生产许可证编号QS313009012430。主要配料为紫糯玉米,主要规格为单穗装紫糯玉米,保质期180天。生产能力为日产 20 万袋。

紫糯玉米注册商标图形为 ![商标], 商标注册证为第 1229290 号。注册于 1998 年 12 月；注册人：大瀛食品公司；地址：上海市崇明前进农场；核定使用商品（第 30 类）：谷类制品，米，面粉，豆类粗粉，面片或麦片（谷制品），玉米（磨过的），玉米（烘过的）去壳大麦，人食用的去壳谷粒，麦片。2004 年 4 月商标注册人变更为上海大瀛鸭鸭公司。2006 年 3 月，注册人变更为大瀛食品公司，地址变更为上海崇明县东风农场。

【工艺流程和设备】

产品生产规范标准 大瀛食品公司紫糯玉米产品按《中华人民共和国食品安全法》和 Q/BKPY 23 组织生产。

生产工艺 原料接收/贮存→包装物接收/贮存→挑剔修整→漂洗装车→蒸煮、冷却→灌装→真空封口→高温杀菌→摊晾/风干→挑剔检验→装箱入库。

表 3-2-125 大瀛食品公司主要生产设备情况表

设 备 名 称	规 格 型 号	数量（台）
不锈钢夹层锅	400 升	6
烘箱	自制	2
油炸机	自制	1
打码机	MY-380F	3
金属探测仪	0312505	1
热水杀菌锅	900 升	3
包装机	DZ500-2S	6
电热恒温水浴锅	H.H.S11-4-s	1
电热鼓风干燥箱	101-1	1
立式消毒器	LDZX-40	1
电热恒温培养箱	HH.B11.500	1
电子天平	KDF-500	1
生物显微镜	L1000A	1
机械双盘天平	TG328A(s)	1

二、茶叶

上茶公司是从事茶叶产、供、销的专业性公司，拥有"汪裕泰""上茶"等注册商标，2010 年，取得"上海世博会特许零售商""上海世博会特许生产商"资格。"花开富贵茶叶礼盒"于 2010 年 11 月，获中国 2010 年上海世博会特许产品质量奖。

【主要产品】

上茶公司生产的龙井茶主要分为龙井茶、西湖龙井茶两大类。主要产品有汪裕泰牌精品手工狮峰龙井、汪裕泰牌西湖龙井茶、汪裕泰牌龙井茶、上茶牌西湖龙井茶、上茶牌龙井茶等。

汪裕泰精品手工狮峰龙井茶的原料源自西湖龙井茶一级保护区狮峰山、翁家山。其地理与独特气候孕育出汪裕泰精品手工龙井茶的纯正与珍贵。

汪裕泰牌精品手工狮峰龙井 品名：西湖（狮峰）龙井茶；配料：茶树鲜叶（绿茶）；质量等级：特级（精品）；规格：100克（50克×2罐）；原料产地：杭州西湖产区。

汪裕泰牌西湖龙井茶 品名：西湖龙井茶；配料：茶树鲜叶（绿茶）；质量等级：特级；规格：100克、108克、200克；原料产地：杭州西湖产区。

汪裕泰牌龙井茶 品名：龙井茶；配料：茶树鲜叶（绿茶）；质量等级：特级；规格：100克、200克；原料产地：浙江越州产区。

上茶牌西湖龙井茶 品名：西湖龙井茶；配料：绿茶；质量等级：特级；规格：50克、100克、250克；原料产地：杭州西湖产区。

上茶牌龙井茶 品名：龙井茶；配料：绿茶；质量等级：特级；规格：50克；原料产地：浙江越州产区。

【茶叶生产标准】

国家标准 中华人民共和国国家质量监督检验检疫总局、中国国家标准化管理委员会2008年7月15日发布、2008年10月1日实施的中华人民共和国国家标准《地理标志产品 龙井茶》（GB/T 18650—2008），代替原GB/T 18650—2002标准，内容包括：范围、规范性引用文件、术语和定义、地理标志产品保护范围、自然环境与生产、要求、试验方法、检验规则、标志、标签、包装、运输、贮存。

企业标准 根据国家标准的要求，企业制定了上海市食品安全企业标准。

《绿茶》(Q/BABE 0003S—2010)《红茶》(Q/BABE 0004S—2010)《乌龙茶》(Q/BABE 0002S—2010)《调味茶》(Q/BABE 0005S—2010)《代用茶》(Q/BABE 0001S—2010)，上茶公司2010年2月25日发布，2010年7月26日实施。

内容包括：范围、规范性引用文件、术语和定义、要求、生产加工过程的卫生要求、试验方法、检验规则、标志、标签、包装、运输和贮存。

【茶叶生产工艺】

西湖龙井茶的采制技术相当考究。主要分为采摘、炒制、摊放、青锅、辉锅、精致加工等工艺流程。

三、企业选介

【大瀛食品公司】

详见第三篇第一章第四节。

【上海茶叶有限公司】

上茶公司是烟糖集团旗下的国有独资企业。1971年，上海茶叶分公司内销批发站划给中国糖业烟酒公司上海市公司(上海糖业烟酒公司前身)。2001年4月27日,重组成立上海茶叶有限公司,成为沪上一家从事茶叶产、供、销的专业性公司。注册资本:2 000万元,注册地址:上海市浦东新区张扬路579号704室。2010年,公司营业收入2 159万,在职员工84人。

上茶公司根据烟糖集团确立的发展战略,承担着做大做强茶叶产业的重任。公司逐步形成了"网络、品牌、资源、科研、资本"五位一体的茶产业经营模式,并根据市场的变化不断优化,逐步建立专业、诚信的产品品牌和销售服务品牌。公司于2006年3月与杭州新龙茶叶有限公司联合组建了杭州汪裕泰茶叶有限公司,占股51%,主要经营茶叶加工和批发。注册地址:杭州市转塘街道葛衙庄20号。为了掌握具有悠久历史的品牌商标,挖掘企业文化和历史沉淀,充分发挥品牌化效应,2009年5月公司收购"汪裕泰"注册商标,同时拥有"上茶"注册商标。公司经营的"汪裕泰""上茶""汪庄""人间草木"等茶叶产品,主要有龙井、碧螺春,并总经销代理了"八马"铁观音、"七彩云南"普洱、"慈心园"大红袍、"吴裕泰"花茶等20多种茶叶。

2008年5月,公司通过了ISO9001质量管理体系和ISO22000食品安全体系的认证。2010年结合ISO国际认证的管理标准,公司严格按照GB/T 18650—2008进行龙井茶的各项管理,根据QS许可的要求,制订绿茶、红茶、乌龙茶、调味茶、代用茶等五种茶的企业标准并及时更新,确保生产的规范化。

表3-2-126 2006—2010年上茶公司经营情况表　　　　　　　　　　　(单位:万元)

年　　份	2006	2007	2008	2009	2010
营业收入	1 134	1 550	3 472	3 705	2 159
主营收入	1 129	1 540	3 362	3 557	1 820

第三章 其他制造业

第一节 包装印刷材料和塑料制品

光明食品集团包装印刷业的主要生产企业为五四公司所属上海方信包装材料有限公司(简称"方信包装材料公司")和跃进有限公司所属上海宏盾防伪材料有限公司(简称"宏盾防伪材料公司"),主要生产纸塑复合袋、食品包装袋、塑料瓶、高低压彩印复合袋和印刷防伪材料等;塑料制品生产企业主要为长江总公司所属上海东旺塑料制品厂(简称"东旺塑料制品厂"),主要生产经营塑料软包装产品。

一、包装材料

【主要产品和品牌】

方信包装材料公司生产的包装材料产品主要有包装袋、包装瓶、瓦楞纸箱、彩盒包装和塑料杯等五类。

包装袋 用于包装各种用品的袋子,广泛用于日常生活和工业生产中。产品主要成分为聚丙烯、聚乙烯。按制作工艺分为塑料包装袋,复合包装袋。

塑料包装袋包括塑料编织袋和塑料薄膜袋。塑料编织袋按主要材料构成分为聚丙烯袋、聚乙烯袋,该产品具有质量轻、强度高、耐腐蚀等特点,加入塑料薄膜内衬后可防潮防湿,广泛应用于肥料、化工产品等物品的包装。塑料薄膜袋按生产原料分为高压聚乙烯塑料袋、低压聚乙烯塑料袋、聚丙烯塑料袋、聚氯乙烯塑料袋等,生产原料为聚丙烯、聚乙烯。

复合包装袋是把各种不同特性的材料复合在一起,以改进包装材料的透气性、透湿性、耐油性、耐水性、耐药品性,具有防虫、防尘、防微生物和隔绝光、香、臭等气味的特点,以及耐热、耐寒、耐冲击,具有更好的机械强度和加工适用性能,并有良好的印刷及装饰效果。

包装瓶 包装行业中包装容器的一种类型,一般指口部比腹部窄小、颈长的容器,容量由100毫升至数公升不等。方信包装材料公司所生产的包装瓶多数由塑料制造,主要用于菌菇培养。生产原料为聚丙烯、聚乙烯。

瓦楞纸箱 用瓦楞纸板制成的刚性纸质容器。半个多世纪以来以其优越的使用性能和良好的加工性能逐渐取代木箱等运输包装容器,成为运输包装的主力军。它除了保护商品、便于仓储、运输之外,还起到美化商品,宣传商品的作用,属于绿色环保产品。

彩盒包装 由塑料卡纸和细瓦楞纸板两种材料制成的折叠纸盒和彩色细瓦楞箱,具有质轻、便携,原料来源广泛,环保,印刷精美的特点。在国际上,特别是发达国家对"彩盒包装"的定义十分明确,包括食品、酒类、医药、日用/化妆品、烟草、电子产品等纸类盒型包装都属于该范畴。而在各种形式的纸包装中,又以彩盒包装的发展最为迅速,它广泛应用于烟草、食品、医药、日化等和消费者日常生活密切相关的领域。

塑料杯 用来装饮料的一次性容器,原料是聚苯乙烯,使用温度约0℃～70℃。常见规格为上口径68毫米,高74毫米,底48毫米,壁厚100丝,11克/个。

方信包装材料公司商标为"方信",2010年8月7日注册,注册号6701218,注册地址:上海市奉贤区海湾镇星火公司2009号。商标使用范围为运输和贮存散装物用口袋(麻袋),包装用纺织品袋(信封、小袋),邮袋,尼龙编织袋(仿麻袋),面袋,编织袋,包装用纺织品袋(包),集装袋。

商标的标识为 ![方信]。

【工艺和设备】

塑料编织袋生产标准 方信包装材料公司按照1998年国家颁布《塑料编织袋》(GB/T 8946—1998)组织生产,该标准规定了塑料编织袋的产品分类、技术要求、试验方法、检验规则及标志包装、运输、贮存要求。标准适用于以聚丙烯、聚乙烯树脂为主要原料,经挤出、拉伸成扁丝,再经织造、制袋而成的用于包装粉状或粒状固体物料及柔性物品的塑料编织袋。

复合塑料编织袋生产标准 方信包装材料公司按照国家1999年5月1日颁布《复合塑料编织袋》(GB/T 8947—1998)组织生产,该标准是GB 8947—1988的修订版,对原标准中的适用范围、技术要求、试验方法等进行了修订,使产品按型号、单位面积质量进行考核,使其更具系列化。在技术要求中,增加了卫生性能及包装温度的指标及试验方法,与原标准相比,标准的适用范围更合理,技术指标值更高,试验方法更科学。

瓦楞纸箱主要生产工序 瓦楞纸板自动生产线、印刷工序(后加工及成型工序)。已基本实现印刷、开槽、模切、粘箱、包装一次成型自动化作业。

瓦楞纸板生产工艺 瓦楞原纸通过上下瓦楞辊对压成型,经上糊辊上浆糊,面纸与成型的瓦楞纸在压力辊与上瓦楞辊切线处贴合成二层瓦楞纸板,再经牵引皮带上天桥到双面机部位与其他单瓦楞纸板、面纸复合成型。

塑料编织袋主要生产工艺 塑料为原料经挤出薄膜、切割、单向拉成扁丝,再经过经纬编织成为产品。

生产主要设备 方信包装材料公司2009年上半年投资350万元购置双马头淋膜机1台、印刷机1台、制袋切缝机2台、工业缝纫机10台等,重点提升淋膜、印刷、裁切、缝纫后道工序的加工能力以及利用原康乐食品厂厂房进行改造,为满足年产5 000万条各种新规格复合袋作好准备。2010年下半年投资250万元购置拉丝机5台、圆织机50台及双马头淋膜机、印刷机、制袋切缝机、工业缝纫机等,增强生产拉丝、圆织前道工序生产能力,与前期购置的设备相匹配,形成完整的生产工序,有效提升生产能力。

二、防伪印刷材料

【主要产品和品牌】

防伪印刷材料生产企业主要为宏盾防伪材料公司。该公司是国家公安部指定的生产身份证可视防伪膜的唯一企业,主要承担第一代居民身份证、第二代居民身份证、驾照、港澳通行证等物理防伪膜的生产,曾多次获国家级、部级、市级科技奖进步奖。公司可在民用防伪材料方面批量生产全息防伪标签、定位镂空防伪标签、定位转移印刷防伪膜及各种花型镭射包装膜等激光全息产品。公司具备年产法定证件膜4亿张、防伪标签1 000万平方米的能力。

宏盾防伪材料公司生产的防伪膜产品主要分为三大系列。

法定证件防伪膜系列　为公司主要产品,分卡式和本式两类。卡式证件物理防伪膜主要产品包括:汽车驾驶证、第二代居民身份证、道路运输证、上海市从业人员健康证等。本式证件物理防伪膜主要产品包括:世博护照、港澳通行证、外交护照等。法定证件物理防伪膜2010年12月被评为2010年度上海名牌。

防伪包装系列　主要产品包括"黄金叶"烟包、猫眼膜、Viettle膜等。

防伪标签系列　主要产品包括"惠丰真空"防撕揭标签等。

表3-3-1　2006—2010年宏盾防伪材料公司防伪膜主要产品产量情况表

年份	主要产品产量
2006	第二代居民身份证防伪膜33 000万张,第一代驾驶证防伪膜943万张
2007	第二代居民身份证防伪膜28 000万张,第一代驾驶证防伪膜1 619万张
2008	第二代居民身份证防伪膜23 000万张,港澳通行证防伪膜35.8万张,交通行驶证和从业人员资格证防伪膜131.78万张,上海市停车证防伪膜2.5万张,各类防伪标签10.2万张,镭射包装膜17.9吨
2009	第二代居民身份证防伪膜9 171万张,交通行驶证防伪膜91.36万张,港澳通行证防伪膜27.2万张,外交护照防伪膜2.3万张,其他各类证件防伪膜7.08万张
2010	第二代居民身份证防伪膜9 830万张,港澳通行证防伪膜6.78万张,交通行驶证24万张,司法证17.57万张,健康证250万张,三盾护卡膜5.28万张,介质膜83万米,惠丰标贴18.33万张,世博护照个性化打印1.6万本,黄金叶珍珠膜加工326万米等

宏盾防伪材料公司通过技术革新和严格质量管理,产品出厂合格率保持在99%以上,客户满意率保持98%,产品安全率达到100%,为国家顺利完成第二代身份证的换发作出了贡献。

表3-3-2　2006—2010年宏盾防伪材料公司第二代身份证防伪膜主要生产指标情况表

年份	原材料利用率%	出厂合格率%	客户满意率%	产品安全合格率%
2006	72.83	99.94	—	—
2007	73.11	99.95	98	—
2008	71.50	99.97	98	100
2009	76.96	99.97	98	100
2010	73.80	99.98	—	—

宏盾防伪材料公司注册商标为"宏盾",2010年10月7日注册,商标注册证号为7418007号,注册地址:上海市浦东新区张江蔡伦路150号。

商标图形:　。

核定使用商品:纸,发光纸,不透光纸,有光纸,蚀刻(版)画,包装纸,包装用纸袋或塑料袋(信封、小袋),包装用塑料膜,文具用胶带,文具或家用胶带。

【生产工艺流程】

生产规程和标准　宏盾防伪材料公司主要产品在生产之前并无其他同类产品,因此没有相应的国家标准、行业标准和地方标准,公司所使用的产品标准、工艺规程都是自行制定的企业标准。

《证件防伪膜标准》对证件防伪膜表观质量(缺陷、光泽、颜色、尺寸、形变等),性能(结合力、耐压强度、热拉伸、热收缩、耐老化、耐候性、耐磨擦等),防伪性能(防伪等级、防伪方式等)作了明确的规定。

《防伪包装产品标准》主要内容包括:定位精度、成品尺寸、色泽、耐老化、瑕疵等。

《标签标准》的主要内容与证件相似,由于功能的不同,对性能的要求不如证件严格。

表3-3-3　2006—2010年宏盾防伪材料公司制定的各类产品标准情况表

编　号	产品标准名称	制　定　日　期
GY-022	《PETG-6763护卡膜标准》	2007年7月
GY-024	《物理防伪膜出厂标准》	2006年6月5日
GY-027	《第二代防伪膜单耗标准》	2006年6月5日
GY-062	《交通运输从业资格证防伪膜出厂标准》	2009年2月
GY-070	《港澳通行证出厂标准》	2010年9月10日
GY-073	《BOPP介质膜单耗标准》	2010年9月20日
GY-075	《BOPP介质膜出厂标准》	2010年9月29日

产品生产工序　法定证件工艺流程:印一→物理沉淀→印二→化学腐蚀→印三→断张→倒角→烫边→检验包装。

防伪包装工艺流程:涂布→模压或UV固化→电晕→物理沉淀→凹印→分切→检验包装。

防伪标签工艺流程:涂布→彩色印刷→模压物理沉淀→涂布复合→打码→模切→断张→补码→检验包装。

表3-3-4　2005—2010年宏盾防伪材料公司制定的主要产品工艺规程情况表

编　号	名　　称	日　　期
GY-009	《防伪膜编码规程》	2005年6月28日
GY-013	《工艺规程使用说明书》	2005年6月
GY-023	《法定证件工艺规程》	2007年9月
GY-026	《现场巡检员作业指导书》	2007年10月
GY-060	《PETG标准卷膜印前处理工艺规程》	2008年1月
GY-068	《PETG-6763挤出工艺规程》	2009年3月
GY-069	《TDP130挤出机操作规程》	2009年3月
GY-071	《港澳通行证工艺规程》	2010年9月7日

〔续表〕

编　号	名　　称	日　期
GY-074	《BOPP介质膜工艺规程(以VIETTEL产品为例)》	2010年9月20日
GY-076	《司法证防伪膜工艺规程》	2010年12月27日
GY-077	《电子护照塑封膜工艺规程》	2010年12月27日
GY-078	《道路运输证防伪膜工艺规程》	2010年12月27日
GY-079	《世博护照防伪膜工艺规程》	2010年12月27日

印刷防伪材料新技术　有定向光变色膜(DOVF)技术、光变光存储技术(OMID)和高分辨率OVD组合技术、"高速曝光大面积点阵光刻制版系统"技术。

定向光变色膜(DOVF)技术：该变色膜具有各向异性的变色效果。在证件背面左侧用该技术制作长城图形，垂直图形观察时透明无色，不影响阅读个人信息。将证件放在桌面上，窗外的光线照在图形上，在反射光的方向观察图形呈红色；当证件平面转30度～40度时，图形呈绿色；当证件平面转40度～60度时，图形呈紫色。该变色效果在弱光下同样明显。图形平面转动时的颜色产生的长波(红)—中波(绿)—短波(紫)的变色效果是其他技术所无法仿制的，例如：多层镀膜和光变油墨也有变色效果，如红变绿，但不管在任何方向观察，均是红变绿，不可能有各向异性的变色效果。

光变光存储技术(OMID)和高分辨率OVD组合技术：在照片下面用该技术制作"中国CHINA"字高约2.5毫米，肉眼能看清楚。在大字"中国"笔画边缘镶嵌"CHINA"，在大字"CHINA"笔画边缘镶嵌"中国"。小字的大小均约0.1毫米，平面转90度后用10倍放大镜可以看见大字边缘的小字。

"高速曝光大面积点阵光刻制版系统"技术：2010年11月被上海市科学技术委员会确认为上海市科学技术成果。

PETG膜是生产法定证件防伪材料的专用膜，需要从全国唯一一家专业厂家引进，其生产工艺十分复杂，进口的专用生产设备需2000万元。公司根据企业发展长远需要，走自主研发之路。在大量收集国内相关设备生产企业的产品信息并反复比较、筛选之后，最终确定了生产PETG膜设备上四大系统的生产单位，并进行了最优化的组合。2009年4月整机设备一次调试成功，PETG膜实现自主生产，产品质量完全达到预定要求，整个设备系统只花了200万元，不仅延长了第二代身份证防伪生产的产业链，同时PETG膜具有一定的通用性，也为其他卡证和民用产品的防伪技术应用提供了广阔的空间。

主要生产设备　有特种丝印机、特种三色防伪印刷机、洗片机、镀膜机、涂布机、模压机、分切机、光刻制版系统、电铸设备等20多台(套)。

表3-3-5　宏盾防伪材料公司主要生产设备情况表

设备名称	规格型号	数量(台、套)	购置年份
双色防伪印刷机	定制1050	1	2004年6月
真空绕镀膜机	ZZLD-2000	1	2004年7月
丝网印刷机	HS600-B	4	2005年7月

〔续表〕

设备名称	规格型号	数量(台、套)	购置年份
洗片机	XP1050	1	2005年8月
真空绕镀膜机	ZZL-2000	1	2006年1月
分切机	FQ1350	1	2006年7月
光刻机	GK400	1	2007年1月
高速复卷分切机	FJ1300	1	2008年1月
电铸槽	1000L	6	2008年5月
模压机	MY-900	4	2008年9月
制膜机	1000	1	2009年1月
涂布机	T-1100	2	2010年12月

主要检测设备 宏盾防伪材料公司检测设备和检测手段较为完备,能针对证件及其他产品的外观、性能等多项指标进行检测。

表3-3-6 宏盾防伪材料公司主要检测设备情况表

名称	规格型号	精度等级(%)	数量(台、套)	生产日期
衍射效率测试仪	JY-1	0.01	1	1999年3月
分析天平	FA2004N	0.001	2	1999年7月
热变形/维卡软化点测试仪	XWB-300F	—	1	2005年1月
耐摩擦试验机	A20-339	—	1	2005年11月
氙灯耐气候试验箱	—	—	1	2005年9月
光栅分光光度计	722	—	1	2006年3月
电子式万能试验机(拉力机)	GP-OS20001	—	1	2006年7月
紫外加速老化试验箱	LUV-2	—	1	2006年9月
显微镜	100×	0.01	1	2007年6月
电热鼓风干燥机	101A-2B	—	2	2007年6月
透光率/雾都测试仪	WGT-S	—	2	2007年8月
气相色谱仪	GC112A	—	1	2008年7月
标准光源	T60(4)	—	1	2009年7月
邵氏硬度计	LX-A(0-100)	0.1	1	2010年1月

三、塑料制品

东旺塑料制品厂主要从事塑料制品的生产加工。在2008年度上海市印刷企业综合竞争力排行榜上,在770家企业排位中名列第177位。

【主要产品】
东旺塑料制品厂生产的塑料包装袋产品分为三大系列:一是食品包装系列,主要生产速冻食品袋、真空包装食品袋、南北干货、炒货食品袋、面包、西点、月饼袋、熟食、冷饮袋、饼干糖果袋等;二是日用生活品包装系列,主要生产针棉内衣等服装袋,毛巾、手套、袜子等用品袋及礼品袋、广告袋、文具袋、家居清洁用品袋、纸塑托杯和各种用途的吊卡袋、枕式袋和自粘袋等;三是家庭用贮物真空压缩袋系列。产品有2000多个品种。东旺塑料制品厂生产的产品于2010年8月通过质量管理体系认证。

东旺塑料制品厂与众多国内外知名企业建立了长期、稳定的合作关系,并不断通过技术创新提升企业的核心竞争力,可运用各种新工艺、新技术满足客户对产品的特殊要求。

【工艺设备】
生产规程和标准 东旺塑料制品厂生产技术指标参照执行《双向拉伸聚丙烯(BOPP)/低密度聚乙烯(LDPE)复合膜、袋》(GB/T 10005—1998)和《塑料复合膜、袋和单膜、袋》(Q/SNMX 1—2007)组织生产。Q/SNMX 1—2007于2007年1月5日发布并实施。该标准规定了塑料复合膜(包括纸塑复合和塑料与铝箔复合)、袋和单膜、袋的产品分类、要求、试验方法、检验规则、标志、包装、运输、贮存,适用于食品、医药、日用品以及其他包装的膜和袋。

表3-3-7 东旺塑料制品厂主要生产设备情况表

设备名称	数量(台)	所在部门	设备名称	数量(台)	所在部门
印刷机	3	印刷车间	热封热切制袋机	1	制袋车间
复合机	3	印刷车间	纸张定长剪切机	1	制袋车间
压力容器	2	印刷车间	冲床	7	制袋车间
检品机	1	印刷车间	塑料袋压机	1	制袋车间
吹膜机	2	包装车间	自动拎襻机	1	制袋车间
打包机	1	包装车间	插边成型机	1	制袋车间
收卷机	1	制袋车间	热收缩机	1	制袋车间
热切边封制袋机	1	制袋车间	中封制袋机	7	制袋车间
折边机	3	制袋车间	分切机	6	印刷车间制袋车间分切车间

四、企业选介

【方信包装材料公司】
方信包装材料公司是五四公司全资子公司,成立于1992年11月,前身为方星包装材料有限公司,注册资本160万美元。2006年股权结构为五四公司占总股份70%,香港东方公司占总股份

30%。2007年12月,该公司合资经营期届满,由五四公司全额控股,公司更名为上海方信包装材料有限公司,主要经营包装材料及食品包装,注册资本500万元,注册地址:奉贤区星火公路2009号。2010年,公司销售收入12 041.29万元,产值14 099.92万元,利润总额226.52万元,净利润166.07万元。

方信包装材料公司地处上海奉贤区星火开发区内,占地面积13 000多平方米,年产各种包装袋1 500万多条。公司围绕发展"光明食品包装产业链"为主攻方向,逐步将"方信包装"打造成集袋子、瓶子、箱子、盒子、杯子为一体的食品包装系列产品的生产基地。2009年6月,公司年产1 200万条食品包装生产线项目工程竣工投产,为光明食品集团食品企业的包装提供专业化服务。2009年,与烟糖集团所属东方先导糖酒有限公司协同对接,生产糖袋250万条,实现销售460万元;生产"光明乳业奶粉袋"40万条,实现销售100万元,并与上海海丰米业有限公司等单位建立了业务关系。2010年9月,公司食品包装生产线二期项目工程竣工投产,生产食用菌培养基瓶,为五四公司"循环农业工厂化食用菌生产"重点项目做好配套服务。2009年12月,获ISO9001:2008质量管理体系认证,2010年获出口危险货物包装容器质量许可证。公司生产的产品广泛应用在国内化工、食品、饲料、建筑等行业。

方信包装材料公司2010年被评为上海市奉贤区质量管理先进单位。

表3-3-8 2006—2010年方信包装材料公司经营情况表 （单位:万元）

年 份	2006	2007	2008	2009	2010
销售收入	3 519.00	3 703.00	3 759.68	7 035.49	12 041.29
产 值	3 648.16	3 773.60	4 494.30	7 299.48	14 099.92
利润总额	40.20	50.00	67.42	151.01	226.52
净利润	30.70	38.00	41.40	119.96	166.07

【宏盾防伪材料公司】

宏盾防伪材料公司是跃进有限公司下属企业,成立于1997年4月,是由上海农工商长征总公司和北京中盾安全技术有限公司共同投资组建的股份制企业,注册资本4 000万元;上海农工商长征总公司出资3 200万元,占总股本80%;北京中盾安全技术有限公司出资800万元,占总股本20%。2006年注册资本2 500万元,其股权比例不变。

宏盾防伪材料公司是第一代、第二代居民身份证防伪材料唯一定点生产企业。公司先后在第一代、第二代居民身份证防伪材料研发和生产技术上取得重大突破,填补国内法定证件物理防伪部件技术上的空白,其"全息激光透视防伪膜"生产技术获2004年国家科技进步奖二等奖和国家公安部科技进步奖一等奖。科技创新增强了企业核心竞争力,推进企业经济快速发展。2010年,公司资产总额81 957万元,实现销售收入5 759万元,利润总额3 782万元,净利润2 643万元。2010年,公司职工数为97人,外来务工人员18人。厂房面积5 600平方米。

2006年,第二代居民身份证进入换发高峰期,宏盾防伪材料公司当年生产第二代居民身份证防伪膜3.3亿张,2006—2010年五年间共完成10.3亿张防伪膜的生产任务,为国家按时完成第二代居民身份证的换发工作作出贡献。公司充分运用其防伪材料生产中的先进技术和成熟经验,2006—2010年共生产第一代驾驶证防伪膜及港澳通行证防伪膜2 922万张,并开发和生产各类防伪标签、外交护照防伪膜、健康证防伪膜、司法证防伪膜、镭射包装膜、交通运输证防伪膜等产品,为企业发展拓展新的空间。在2010年上海世博会期间,公司充分利用技术优势,攻克技术难关,承接世博护照个性化服务任务,取得良好社会效果。

宏盾防伪材料公司在推进企业发展的实践中,坚持"科技+服务"发展模式。在科技上,公司根据新的生产工艺需要,自主研制身份证用DETG薄膜挤出机,延伸产业链,降低生产成本,提高证件防伪等级。2006年,投资300多万元建立科技研发中心,下设光学实验室和物理实验室,引进一批科技人员,以身份证防伪技术为基础,不断向民用产品拓展。公司研发成功的PVC层压制卡防伪膜工艺、UV大面积拼版技术、双重固化油墨等生产技术和生产工艺取得积极成果,为拓展民用产品开发打下坚实基础。在服务上,公司建立ISO9001质量管理体系,采取有效措施确保产品质量,注重与产品上下游企业的联系,建立互利共赢的关系,使产品赢得客户信赖,获得市场更大发展空间。

宏盾防伪材料公司努力培育以"创新文化"和"人本文化"为特色的企业文化,追求关爱员工、服务社会、回报股东的和谐统一,实现各方利益共赢的格局。公司制定《企业文化建设三年(2006—2008)行动计划》,把"大力营造员工发展空间,积极实现企业创新理念,努力追求公司每个目标"作为企业宗旨;"把公司建成防伪材料行业创新型'小巨人'企业"作为企业愿景;以"企业的发展壮大是我们的共同利益"作为核心价值观;以"务实诚信,和谐共赢,开拓创新,卓越求精"作为企业精神。公司确立"注重能力与业绩、注重潜质与发展"用人理念,不断营造有利于人才成长的体制与机制,一批年轻的科技人员承担了项目和课题研究的重任。公司制订《员工手册》,创作《宏盾之歌》,开展系列企业文化建设活动。

公司在企业不断发展的同时不忘回报社会。2006年,公司向中国公安民警英烈基金会捐赠100万元;2008年,为援建都江堰市光明团结小学捐款100万元。

主要荣誉:2005—2010年被评为上海市文明单位;2007年生产部获上海市共青团号,被评为2006—2007年度上海市职工最满意企(事)业单位。

表3-3-9 2006—2010年宏盾防伪材料公司经营情况表 (单位:万元)

年 份	2006	2007	2008	2009	2010
销售收入	7 662	7 083	6 743	7 524	5 759
产 值	7 662	7 083	6 743	7 524	5 759
利润总额	3 501	3 355	3 288	4 545	3 782
净利润	2 632	2 495	2 426	3 272	2 643

【东旺塑料制品厂】

东旺塑料制品厂是光明食品集团长江总公司所属的股份合作制企业,前身是上海前哨农场食用菌种厂,创建于1984年,隶属上海市前哨农场(后归并长江总公司)。1991年企业转产塑料软包装制品,更名为上海东旺塑料制品厂,主要产品为针棉织品、文教用品、食品等产品的塑料外包装袋。1993年5月搬迁至上海市普陀区长征工业园区,企业住所:上海市普陀区同普路1273弄1号、5号。

东旺塑料制品厂1994年进行股份合作制试点,1998年7月,改制为股份合作(法人)企业,注资本15万元,总投资129.6万元,其中上海农工商东旺总公司法人股占总股份30%,企业职工个人股占总股份70%。2010年,产值1 378.8万元,净收入4 255.7万元,利润总额702.5万元,净利润621.3万元;在岗职工30人,其他从业人员75人。

东旺塑料制品厂主要从事塑料制品的生产加工、货物及技术的进出口业务。厂房面积5 166平方米,拥有六套色、七套色、十一套色高速电脑凹版印刷机、干式复合机、微机控制高速封切制袋机、电脑分切机、检品机等现代印刷、制袋设备等50多台。主要产品有食品包装系列、日用生活品包装系列、家庭用贮藏物真空压缩袋系列等,2010年,产品总产量1.82亿只。企业本着"诚信经营到永远"的经营理念,与众多的国内外知名企业和品牌产品建立了长期、稳定的合作关系,并不断通过技术创新提升企业的核心竞争力,具备各种新工艺、新技术以满足客户对产品的特殊要求。企业产品85%出口国外,主要有日本WAKO株式会社、铃兰卫生用品有限公司、山田利株式会社,韩国农心食品有限公司,美国太平洋绿洲公司,莱梦·格迪思公司等10多家国外客商,并拥有香港华丰公司、上海益家电器有限公司、中英合作红宝石食品有限公司、百易特家居用品公司等香港和内地数十家客户。

东旺塑料制品厂坚持聚焦主业的经营方针,积极拓展相关产品和市场,紧紧围绕市场、质量两个关键,先后推出以人造环境、环境育人的"5S"管理法和变管理结果为管理过程的"OEC"管理法,不断推进企业发展。2007年3月编制了《质量管理体系》,提出"生产优质产品,满足客户需求;提供优质服务,超越客户期望"的质量方针,2007年9月,获GB/T 9001:2000 idt ISO9001:2000质量管理标准体系认证;2010年8月,获ISO9001:2008质量管理标准体系认证。2008年,由上海市新闻出版局开展的"上海市印刷企业综合竞争力"评估与排名活动中,在上榜770个企业排位中名列第177位。

东旺塑料制品厂2010年编制《东塑企业文化建设手册》,将"东塑建成既有经济实力,又有精神魅力,其成果由全体员工共享的美好家园"作为企业愿景,把"自强不息,不断超越,与时俱进,争创一流"作为企业精神,以"国资增值,企业增效,员工增收,为国争光"为企业使命,恪守"诚信服务,守信经营"做人做事原则,以实现把东旺塑料制品厂建成光明食品集团级"小巨人"企业的战略目标而努力。

东旺塑料制品厂获2007—2008年度、2009—2010年度上海市文明单位称号;2007年,厂党支部被上海市国资委党委评为党支部建设示范点。

东旺塑料制品厂在2008年5月四川汶川地震和2010年4月青海玉树地震中,积极组织员工在第一时间向灾区捐款。每年第一个月组织全厂员工开展"爱心一日捐"活动,向困难职工献爱心;企业多年向光明食品集团长江总公司爱心帮困基金会捐款。

表3-3-10 2006—2010年东旺塑料制品厂经营情况表 (单位:万元)

年 份	2006	2007	2008	2009	2010
销售收入	2 502.0	3 676.6	4 502.4	3 514.8	4 255.7
产 值	1 495.2	1 651.5	1 580.4	1 304.7	1 378.8
利润总额	440.8	613.3	586.4	637.6	702.5
净利润	376.3	488.3	513.9	562.9	621.3
产品总产量(万只)	13 326.6	15 556.4	16 871.7	15 544.9	18 236.9

第二节　医药化工和医疗用品

光明食品集团医药化工主要产品为二根型左炔诺孕酮硅胶棒（又称长效避孕埋植剂）、"百路达"银杏叶胶囊、医用缝合线、针与手术刀片等医疗器械用品，建筑助剂和染料助剂。生产企业分别为跃进有限公司所属上海达华药业有限公司（简称"达华药业公司"）；农工商投资公司所属上海信谊百路达药业有限公司（简称"百路达药业公司"）；五四公司所属上海浦东金环医疗用品公司（简称"金环医疗用品公司"）、上海五四助剂总厂。

一、医药化工

【主要产品和品牌】

二根型左炔诺孕酮硅胶棒　简称"二根型皮埋"，是一种缓释型避孕药，也是达华药业公司拳头产品，主要原料成分为左炔诺孕酮。该产品由药芯、外包医用硅橡胶管、两端用医用黏合剂封口三部分组成。药芯主要由左炔诺孕酮和药物载体医用硅橡胶 1∶1 混合经硫化而成，埋植于 45 岁以下的育龄妇女上臂皮下，药物经药芯一重释放后，再经过外包医用硅橡胶管二重释放，以恒定的释放速度进入人体。其药理作用是使宫颈黏液变稠，精子不易穿透，抑制排卵及子宫内膜生长而达到避孕作用。由于药物是经二重释放，药物每天释放的量基本恒定，剂量比同类药的其他剂型低，因此，药物的副作用相对较低，具有安全、可靠、长效、方便、避孕率高、可逆、副作用小等优点。一次埋植后可避孕四年，有效率可达 99.6％以上。

2008 年 12 月，美国家庭健康国际组织的著名生物医药专家、哲学博士马库斯·施泰纳领衔完成的"中国左炔诺孕酮皮下植入避孕剂 2008 质量保证评估"，对二根型皮埋作了质量保证评估，以验证该剂是否符合国际质量标准。美国家庭健康国际组织验证了 10 批二根型皮埋的发放试验，所有批次验证结果均符合二根型皮埋发放的技术要求。此外，还用美国药典（USP）、国际标准组织（ISO）、美国材料与试验学会（ASTM）等的标准和试验方法对二根型皮埋作了更广泛的质量评估。试验的二根型皮埋试样均符合全部试验的质量要求。最后的结论是：达华药业公司有能力生产符合国际质量标准的植入剂。二根型皮埋 1991 年 12 月开发投产，产品主要规格为 75 毫克，年设计生产能力 100 万套，2010 年销售 66.9 万套。

1997 年 7 月，由原上海达华制药厂注册了"达华牌"商标，商标注册证号：第 1062647 号。核定使用商品（第 5 类）：化学避孕剂，注射液。2006 年 7 月，达华药业公司受让该商标。

品牌标识为：ⓗ 。

2005 年 7 月，二根型皮埋产品通过 ISO9001：2008 质量管理体系审核，同年 9 月，通过 ISO13485：2003 审核；2009 年 7 月，获中华人民共和国药品 GMP 认证。

"百路达"银杏叶胶囊　是百路达药业公司的拳头产品，也是国内唯一获得青光眼治疗专利的银杏产品。国家颁布的银杏叶胶囊标准即是以百路达公司银杏叶胶囊标准为蓝本制定的。百路达产品上市销售近 20 年，累计超过 20 亿粒（片），无一例不良反应报告。

为了保证原材料供应的稳定和高质量，百路达药业公司经过 15 年的全力打造，构建完成了企业完全自控的银杏叶全产业链质量管理体系，专利技术涵盖了银杏种植、银杏叶提取、制剂生产到市场销售和深度研发全产业链，并通过国家 GAP、GMP、GSP 三大质量管理认证，确保银杏叶制剂优质、安全、高效。

"百路达"银杏叶胶囊产品先后获国家重点新产品、国家十五火炬计划优秀项目奖,上海市重点新产品、上海市专利新产品、上海市自主创新产品、上海市名牌产品等奖。百路达银杏叶胶囊成为上海市首批通过"国家绿色中药"认证的中药品种之一,被国家发改委认定为"优质优价产品"。2007年和2010年,"百路达"PROMOD商标获上海市著名商标称号。

表3-3-11 百路达药业公司主要产品情况表

产 品 名 称	规格型号	单 位	医 保	有效期	备 注
百路达银杏叶胶囊	9.6 mg×20片	盒	乙类	3年	自产
	9.6 mg×12片	盒	乙类	3年	自产
百路达银杏叶片	9.6 mg×20片	盒	乙类	2年	自产
	19.2 mg×12片	盒	乙类	2年	自产
	9.6 mg×36片	盒	乙类	2年	自产
斯力帮复方磷酸可待因片	24片	瓶	乙类	2年半	自产
恺诺酚麻美敏胶囊	20粒	盒	乙类	2年	自产
宝益苏布地奈德气雾剂	20 mg(100揿)	盒	乙类	1年半	委托
来斯头孢羟氨苄分散片	0.125 g×24片	瓶	乙类	1年半	自产
	0.125 g×36片	瓶	乙类	1年半	自产
头孢羟氨苄胶囊	250 mg×20片	瓶	乙类	2年	自产
食母生片	0.2 g×80片	瓶	乙类	3年	自产
阿司匹林肠溶片	25 mg×60片	盒	甲类	2年	自产
阿昔洛韦片	0.2 g×25片	瓶	甲类	3年	自产
酒石酸美托洛尔片	25 mg×20片	盒	甲类	3年	自产
	25 mg×30片	瓶	甲类	3年	自产
	25 mg×20片	瓶	甲类	3年	自产

建筑助剂和染料助剂 光明食品集团建筑助剂和染料助剂的生产企业为上海五四助剂总厂。主要产品有萘系SN-Ⅱ型系列高效减水剂、氨基、脂肪酸、聚羧酸等高效减水剂及分散剂系列的N、NNO等。

减水剂系列产品适用于现浇、预制的钢筋混凝土及外掺粉煤灰混凝土,适用于配制早强、高强、高抗渗、自密实泵送混凝土及自流灌浆材料,更适用配制各种系列的混凝土外加剂。分散剂系列产品主要用于还原染料悬浮体轧染、隐色酸法染色、分散染料与可溶性还原染料的染色等,也可用于丝或毛交织物。在染料工业上主要用作拼混填料和分散染料及色淀时的分散助剂。此外还可用作橡胶的稳定剂和制革的助鞣剂,亦可用于造纸工业及电镀工业。该厂的混凝土外加剂产品已形成系列化,产品广泛应用于上海市各项重大工程,如上海南浦大桥、杨浦大桥、徐浦大桥等重点工程。产品还大量销往全国各地,被广泛应用在公路、铁路、港口、机场、高楼及各项基础建设工程中。

【二根型皮埋生产工艺和设备】

生产规程和标准 二根型皮埋生产按《中华人民共和国药品生产管理规范》和经核准的标准组织生产。

生产和检验设备 主要为平板硫化机、橡胶炼胶机、环氧乙烷灭菌器、高效液相色谱仪、紫外分光光度计、气相色谱仪等。

表3-3-12 达华药业公司二根型皮埋主要生产设备情况表

设备名称	型号	数量(台、套)
平板硫化机	QLB-D350×350×2	7
橡胶炼胶机	X(S)K-160A	5
环氧乙烷灭菌器	HDX-1	1
纯化水制水系统	RO-4500GPD	1
注射用水制水系统	LDZ100/4	1

表3-3-13 达华药业公司二根型皮埋主要检验设备情况表

设备名称	型号	数量(台)
高效液相色谱仪	UP-2080	1
紫外分光光度计	V-530	1
万分之一天平	TG3288	1
十万之一天平	TG332A	1
霉菌培养箱	SM010A	1
恒定湿热箱	SHD25	1
气相色谱仪	GC-9890A	1

二、医疗用品

【主要产品和品牌】

光明食品集团医疗用品生产企业为金环医疗用品公司,主要产品由针、线、刀三大类组成。其中,针、线类主要有带线缝合针、医用缝合针、非吸收性外科缝线等产品;刀类主要有无菌手术刀片、手术刀片等。

金环医疗用品公司2006年,新增综合组织剪、眼球摘出剪、虹膜剪、角膜剪、纱布绷带剪、普通手术剪、脐带剪、拆线剪、眼用手术剪、心脏手术剪等11个品种,注册产品39个。

2008年,新增医用手术巾、自粘式伤口护垫、手术刀柄、持针钳、普通组织钳、肺科组织钳、妇科组织钳、胸腔组织钳、前列腺组织钳、普通组织钳、扁桃体止血钳、微血管止血钳、胸腔止血钳、小儿止血钳、蚊式止血钳、帕巾钳、海绵钳等17个品种,注册产品56个。

2010年,新增医用透气胶黏带、医用胶贴2个品种,共有58个注册产品,其中一类产品29个、二类产品20个、三类产品9个。

表3-3-14 金环医疗用品公司主要生产产品情况表

产 品 名 称	种　　类
带线缝合针(商品名:PGA金杰)	单针、双针、圆角双针、圆直双针、反三角双针、圆针双针
带线缝合针(非吸收性外科缝线)	带线缝合针(医用丝线) 带线缝合针(医用涤纶编织线) 带线缝合针(医用锦纶单丝线) 带线缝合针(医用聚丙烯单丝线)
医用缝合针(组合针)	普外、胸骨、妇产、脑外、体循、腹部、泌尿、小儿
医用真丝编织线	大线团、灭菌小线团、灭菌线束
手术刀片	无菌手术刀片

2006年,生产非吸收性外科缝合线7 800万米,占全国同类产品市场65%,占上海同类产品市场69%。生产带线缝合针831万包,占全国同类产品市场42%,占上海同类产品市场51%。

2007年,生产非吸收性外科缝合线6 875万米,占全国同类产品市场69%,占上海同类产品市场68%。生产带线缝合针945万包,占全国同类产品市场80%,占上海同类产品市场74%。

2008年,生产非吸收性外科缝合线8 358万米,占全国同类产品市场72%,占上海同类产品市场71%;生产带线缝合针1 390万包,占全国同类产品市场84%,占上海同类产品市场86%。

2009年,生产医用缝合针3 790万包,带线缝合针、线占全国同类产品市场84%,占上海同类产品市场76%。

2010年,生产带线缝合针PGA(金杰)1 438.77万包,带线缝合针(非吸收性外科缝合线)485.47万包,非吸收性外科缝合线1 433.47万束(团、包),医用缝合针550.48万包,手术刀片5 447.95万片(把)。

2006年,出口业务收入为20.6万元,2010年为114.45万元。

2006—2010年,产品主要出口美国、俄罗斯、澳大利亚、德国、法国、英国、印度、土耳其、泰国、苏丹、新加坡、白俄罗斯、以色列、阿根廷、斯里兰卡、波兰、威尔士、吉尔吉斯斯坦、委内瑞拉、古巴、菲律宾、蒙古、柬埔寨、丹麦、乌克兰、西班牙、巴基斯坦、拉脱维亚、马来西亚、印度尼西亚、厄立特里亚、阿尔及利亚、叙利亚、越南、波黑和中国香港、中国澳门等40多个国家和地区。

公司产品商标为"金环"牌。2007年1月和2010年1月"金环"牌被评为上海市著名商标。2007年12月、2009年12月和2010年1月金环牌带线缝合针、非吸收性外科缝合线被评为上海医疗器械名优产品;医用缝合针针体组合包装盒获国家实用新型专利证书;医用缝合针2支装、6支装、12支装三种包装盒分别获国家外观设计专利证书。

【生产规程、标准和设备】

2007年9月可吸收外科医用羊肠线产品经上海市技术监督局审核,符合采用国际标准和国际先进标准,有效期为三年。

表 3-3-15　2006—2010年金环医疗用品公司各类产品标准情况表

产品名称	2006	2007	2008	2009	2010
带线缝合针（医用丝线）	Q/IKWI06—2004	Q/IKWI06—2004	Q/IKWI06—2004	Q/IKWI06—2009	Q/IKWI06—2009
带线缝合针	YY 0166—2002	YY 0166—2002	YY 0166—2002	Q/IKWI35—2009	Q/IKWI35—2009
医用真丝编织线	Q/IKWI01—2004	Q/IKWI01—2004	Q/IKWI01—2004	Q/IKWI01—2009	Q/IKWI01—2009
带线缝合针［商品名：PGA(金杰)］	YY 0166—2002	YY 0166—2002	YY 0166—2002	YY 0166—2002	YY 0166—2002
医用缝合针（组合针）	Q/IKWI19—2006	Q/IKWI19—2006	Q/IKWI19—2008	Q/IKWI19—2008	Q/IKWI19—2008
无菌手术刀片/手术刀片	YY 0174—2005	YY 0174—2005	YY 0174—2005	YY 0174—2005	YY 0174—2005
非吸收性外科缝合线	YY 0167—2005	YY 0167—2005	YY 0167—2005	Q/IKWI35—2009	Q/IKWI35—2009

表 3-3-16　金环医疗用品公司主要生产设备情况表

设备名称	单价(元)	数量(台)	总价(元)
真空干燥箱	2 740	24	65 760
真空干燥箱	3 775	4	15 100
氮气管道工程	52 750	1	52 750
真空抽气系统	115 000	6	690 000
透明膜包装机	128 000	1	128 000
封口机	2 400	10	24 000
超声波清洗机	14 957	2	29 914
超声波清洗机	20 000	2	40 000
台式压力机	2 820	4	11 280
C8锭编织机	4 540	100	454 000
C12锭编织机	3 856	140	539 840
C16锭编织机	6 509	60	390 540
成绞机	16 000	1	16 000
CE标准环氧乙烷灭菌器	180 751	1	180 751
玻璃钢冷却塔	6 500	1	6 500
高压气淬真空炉	250 569	1	250 569
无油空压机	5 300	1	5 300
喷码机及流水线	34 200	1	34 200

〔续表〕

设 备 名 称	单价(元)	数量(台)	总价(元)
半导体激光打标机	139 220	1	139 220
喷码设备	44 297	1	44 297
泡罩包装机	57 766	3	173 298
平板式泡罩包装机	264 957	1	264 957
电热恒温鼓风干燥箱	3 800	1	3 800
封切、收缩二合一包装机	8 300	2	16 600
环氧乙烷灭菌器	224 034	1	224 034
合　计	—	370	3 800 710

三、企业选介

【达华药业公司】

达华药业公司是跃进有限公司旗下企业,前身是达华制药厂,成立于1991年12月。2004年2月改制,更名为上海达华药业有限公司,股权结构为上海市都市农商社股份有限公司占51％股权,上海农工商集团长征总公司占39％股权,自然人占10％股权。2008年12月,光明食品集团将都市农商社51％股权和长征总公司39％股权无偿划转给跃进有限公司,跃进有限公司占90％股权,自然人占10％股权。

公司地处上海崇明长征农场,占地2.5公顷,其中绿化面积60％左右。生产用房3 000平方米,全部按GMP标准设计制造,其中一万级净化厂房800平方米,质检室面积960平方米,培训中心150平方米。2010年,公司总资产为3 767万元,销售收入2 136.8万元,利润总额850.7万元,净利润617.6万元。从业人员95人,其中职工54人,其他从业人员41人。

公司是国家人口计生委和国家药监局定点生产计划生育产品的企业,主要产品为二根型皮埋,该产品"七五"期间列入国家重大科技攻关项目,1995年列入上海市火炬计划。1987年我国从国外引进"皮埋"进行临床试验,1994年公司被国家卫生部批准为国内唯一生产二根型皮埋的生产企业,并列入国家定点生产单位。该药具有安全、可靠、长效、方便、避孕率高、可逆、副作用小等优点,是国际上最先进的避孕药具之一。

随着国家计划生育基本国策的推进,给公司带来很好的发展机遇,特别是企业在发展中注重投入,为公司后续发展奠定了较好基础。2009年,公司投资200万元建造了960平方米的实验培训综合楼,并顺利通过国家食品药品监督管理局GMP复审。公司先后通过ISO9001和ISO13485国际质量体系认证。在抓好二根型皮埋生产,巩固国内市场,稳定和发展客户,确保该类产品在国内市场的龙头地位的同时,公司大力拓展国际市场,企业经济在激烈的市场竞争中保持较快增长。自2007年起,由比尔·盖茨创办的"比尔和梅琳达基金会"委托美国家庭健康国际组织(FHI)对达华公司产品进行了长期跟踪及全面抽样检验,认定"达华药业公司有能力生产符合国际质量标准的植入剂",为该药品在肯尼亚、埃塞俄比亚、尼日利亚、莫桑比克等国家用于临床试验和推广注册提供帮助。公司与世界著名的公益组织家庭健康组织(FHI)、玛丽斯托普国际(MSI)等保持良好的合作关系,产品远销19个国家和地区,外贸销售取得重大突破。2008年国际市场销售量首次超过国内销售量。2010年,国内销售避孕埋植剂27.2万套,外销为39.6万套。2006年以来,公司经营业绩逐年增长。

表3-3-17 2006—2010年达华药业公司经营情况表

年份	销售收入（万元）	销售数量（套）		工业产值（万元）	利润总额（万元）	净利润总额（万元）
		内销	外销			
2006	1 371.5	285 037	129 000	1 359	477.1	290.3
2007	1 569.4	282 875	210 300	1 852	551.8	360.2
2008	1 661.8	243 233	258 480	1 691	651.8	442.2
2009	2 013.0	285 435	326 048	2 526	802.3	573.6
2010	2 136.8	272 807	396 862	2 483	850.7	617.6

【百路达药业公司】

百路达药业公司是农工商投资公司下属多元投资企业。公司前身是上海信谊药厂长征分厂,1997年7月,改制为上海信谊百路达药业有限公司(简称百路达药业公司)。公司是集科研、生产、经营、投资为一体的现代化高科技股份制制药企业,生产基地位于崇明,占地总面积10万平方米,其中建筑面积1.7万平方米,绿化及林带面积4万多平方米,厂区绿化率达到50%。公司拥有6 000亩银杏种植基地。

百路达药业公司根据市场需求和公司发展规划,在成立之际确定了心脑血管用药、植物药及中药现代化和原料药及消炎抗菌类药三大药品体系,共有17个品种、30多种规格的药品上市销售。公司主导产品"百路达"银杏叶胶囊是国内唯一获青光眼治疗专利产品,也是"国家重点新产品",2004年,成为上海市首批通过"国家绿色中药"认证的中药品种之一。获2007年上海市专利新产品、2007—2009年上海市著名商标、2009年"上海市自主创新产品"、2009年度上海名牌、2010年度上海市著名商标等称号。

公司技术中心被认定为"上海市企业技术中心",2010年4月,建立了由侯惠民院士领衔的院士专家企业工作站,是上海市首批挂牌的院士专家工作站之一。公司与多家院校进行产学研合作,优势互补,强化企业科研实力。

百路达药业公司每年组织专业医生、药师在上海各大社区特别是崇明县部分社区进行心脑血管疾病、银杏叶科普常识教育,并对社区居民开展义诊活动。公司坚持对一些困难老人免费送医送药,体现和履行百路达药业公司的爱心和社会责任。

2008年,百路达药业公司与上海市卫生局、上海市慈善基金会等单位合作,向"唯爱天使基金"捐赠40万元,进行全科医生培训活动。在汶川、玉树地震后,公司第一时间为灾区捐款、捐物,向灾区伸出援手。

百路达药业公司2007年先后被评定为上海市科技小巨人企业,上海市高新技术企业,上海医药行业科技创新优胜单位;2008年被评为上海市高新技术企业(三年),被推荐为上海市2008年装备制造业与高新技术产业自主创新品牌,被评为第二届上海最具活力科技企业(成长型)、上海市专利工作培育企业(培育期2009年度);2008—2009年度被评定为纳税信用A类等级;2010年获上海市"诚信企业"称号、上海市工业旅游景点服务质量达标单位;同时被列为上海市专利工作试点企业。

表 3-3-18 2006—2010 年百路达药业公司经营情况表　　　　　　　　　　（单位:万元）

年　份	2006	2007	2008	2009	2010
营业收入	9 558	9 864	11 222	11 983	12 435
利润总额	1 010	1 103	1 153	1 194	1 203
净利润	735	721	688	767	813

【金环医疗用品公司】

金环医疗用品公司是五四公司所属心族实业总公司控股企业。公司前身是上海市黄山茶林场（又称上海黄山农工商总公司）所属上海医用缝合线厂,创建于1973年,厂址:安徽黄山市上海黄山茶林场。1996年1月,由上海黄山农工商总公司投资602万元(占总股份70%)、上海六里企业发展总公司投资258万元(占总股份30%)改制为上海浦东金环医疗用品公司,公司搬迁至上海浦东新区六里工业小区。2003年5月,上海黄山农工商总公司划归心族实业总公司统一管理。2003年,心族实业总公司将持有金环医疗用品公司70%股权中的20%转让给自然人,从而成为多元投资企业。2004年9月,心族实业总公司划归五四公司统一管理。2010年,公司工业总产值13 111万元,销售收入13 465.93万元,利润总额2 206万元,净利润1 675.4万元。

金环医疗用品公司主要生产和销售医用缝合线、医用缝合针、胸骨针、手术刀片等医疗器械。产品有非吸收性外科缝合线、带线缝合针(非吸收性、可吸收性缝合线)、医用缝合针、无菌手术刀片、医用羊肠线、金属骨针、一次性使用麻醉包、导尿包、留置针等58个品种,4 000多种型号规格的产品。厂房面积8 000多平方米,十万级净化厂房面积2 800平方米。公司通过各种方式开发新产品,不断开拓医用刀、针、线市场,做响"金环"品牌。"金环"牌带线缝合针2007年、2009年被评为上海医疗名优产品;"金环"牌2007年、2009年被评为上海市著名商标,2008年医用缝合线被评为上海名牌产品。

金环医疗用品公司注重产品质量标准,重视抓好质量管理体系建设。2006年、2008年通过北京国医械华光认证有限公司(简称"CMD")对医疗器械质量管理体系的复审;2006年、2007年、2009年通过德国莱茵技术(上海)有限公司(简称"TUV")的CE质量体系复审;2009年通过ITC公司对产品的质量认证。2008年金环医疗用品公司产品PGA(金杰)品牌取得进入美国市场的准入号。2006—2009年公司生产的医用缝合针、线销量连续全国第一,2010年出口业务收入114.5万元。

金环医疗用品公司2006年3月收购了江苏盐城市华志医疗用品有限公司40%的股权,使之成为控股子公司,并更名为盐城市金环华志医疗用品有限公司;2007年,投资参股上海顺良印刷包装有限公司20%股权;2008年7月,出资90万元(占总股份45%)投资建立盐城市金环医用包装材料有限公司;2009年9月,投资100万元独资成立盐城市明环医疗用品有限公司,为企业发展储备产品和项目;2010年2月,投资109万元(占总股份51%)成立浦东金环科技有限公司。公司通过收购和投资不断扩展经营规模,满足国内外市场的需求。2010年7月,通过产权交易,运用市场挂牌形式引进战略投资者,企业增资扩股,增强了企业实力。

金环医疗用品公司积极发展经济,不断加强企业精神文明建设和企业文化建设。公司把"让金环在中外医疗行业中熠熠生辉"作为企业愿景；把"回报股东、造福员工、奉献社会"作为企业使命；把"开拓创新，诚信双赢，永不止步"作为企业核心价值观，积极开展各项企业文化建设活动。2005—2006年、2007—2008年、2009—2010年连续三届被评为上海市文明单位；2006—2010年先后被评为上海医疗器械诚信企业、上海一星级诚信企业、上海守合同重信用企业（合同信用等级AAA级）。公司在发展的同时，努力提高职工收入，在岗职工收入从2006年人均2.22万元增加到2010年的4.04万元，年均保持10％增长率。2006—2010年向国家缴纳税金4400多万元。

【上海五四助剂总厂】

上海五四助剂总厂隶属于上海五四有限公司，前身是创建于1975年的五四农场助剂厂，1997年与上海五四日用化学品厂合并，更名为上海五四助剂总厂。该厂位于上海市奉贤区海湾镇五四农场场中路88号，毗邻杭州湾畔，占地面积7.7万平方米，厂房和办公楼建筑面积1.6万平方米。

该厂是一家国有独资的主要生产精细化工产品的企业。注册资本559.2万元人民币。2010年末拥有固定资产原值1863万元，总资产4224万元，有3个生产车间。2010年产值8354万元，销售收入8339万元，利润总额165万元，净利润116万元。职工总人数110人，其中各类技术人员12人。

该厂坚持"品质求精、笃守诚信、规范管理、与时俱进"的质量方针。2003年通过ISO9001—2000的质量管理体系认证。获2005—2007年度中国混凝土行业优秀企业、2008—2009年度合同信用等级AAA级、2009年度上海市混凝土外加剂企业质量诚信考核十佳企业。同时，在上海市混凝土行业产品质量评估中，多次被授予"质量诚信杯"荣誉称号，2005—2008年，被上海市混凝土行业评为"优秀企业"称号。为提高产品知名度和市场竞争能力，企业于1988年10月注册"火炬"牌商标。2010年1月，该商标被评为上海市著名商标。

第三节　金属制品和专用部件

光明食品集团金属制品和专用设备制造企业主要有上海东海总公司所属上海申光高强度螺栓有限公司（简称"申光公司"）、上海申特机械制造有限公司（简称"申特公司"）和上海海博股份有限公司所属上海思乐得不锈钢制品有限公司（简称"思乐得公司"）、长江总公司下属的盾牌筛网滤器合作公司（简称"盾牌筛网公司"）、上海海丰总公司所属上海新海腾电缆有限公司（简称"新海腾电缆公司"）、农工商投资公司下属上海新泰杰金属制品有限公司（简称"新泰杰公司"）。金属制品和专用设备主要产品有紧固件、船用门窗、船用吊机；物料柜、真空类和非真空类全不锈钢保温容器、家庭日用不锈钢制品；电缆、光纤产品及铜线材；筛网、过滤器、金属制品；不粘锅、不锈钢器皿以及相关不锈钢非标产品等。

一、紧固件

【主要产品和品牌】

紧固件生产企业为申光公司，主要产品有高强度螺栓、螺柱、螺母、垫圈、组合件、焊钉及非标准紧固件等。产品分为风力发电用高强度螺栓系列、钢结构用高强度螺栓连接副系列、电弧螺柱焊用圆柱头焊钉系列和非标准专用紧固件系列产品等。公司拳头产品为大六角头高强度螺栓连接副（M36×220）、扭剪型高强度螺栓连接副（M22×60）、双头螺栓（M22×60）、锚固螺栓（M56×3400）。

表 3-3-19　2010 年申光公司部分产品产量情况表

产 品 名 称	重量(吨)	数量(万套、件)
风电高强度螺栓小计	15 517.52	2 165.03
整机	8 292.08	1 485
塔筒	5 318.87	525.77
叶片	1 906.57	154.26
常规小计	3 425.89	755.06
螺栓连接副	3 244.26	569.54
焊钉	153.09	172.20
其他	28.54	13.32
非标小计	155.50	14.45
上锅非标	147.77	14.24
其他非标	7.73	0.21
外贸产品	95.58	130.05
合　计	19 194.49	3 064.59

风力发电用高强度螺栓产品分为风电叶片螺栓、风电主机螺栓、风电塔架螺栓、风电塔架基础螺栓等。2010 年年底,申光公司风力发电用高强度螺栓已成功应用于 750 千瓦~6 兆瓦风电发电机组主机、塔架、叶片等部件的紧固连接,是国内风电龙头企业新疆金风、华锐科技、广东明阳、国电联合、湖南湘电等单位的主要供应商。主要风力发电项目包括:上海东海大桥海上风电场、江苏如东海上风电场及沿海潮间带风电场、甘肃酒泉风电场、新疆达坂城风电场、内蒙古辉腾锡勒风电场、内蒙古蒙东和蒙西风电场、吉林洮南风电场、河北张北风电场、广东惠来石碑山风电场、海南东方感城风电场等。

钢结构用高强度螺栓连接副产品分为大六角头高强度螺栓连接副、扭剪型高强度螺栓连接副、六角法兰面高强度螺栓连接副等。高强度大六角螺栓连接副的型号为 GB/T 1228~GB/T 1231—2006,规格为 M12~M30,性能等级分为 8.8 级和 10.9 级。扭剪型高强度螺栓连接副的型号为 GB/T 3632—2008,规格为 M16~M24,性能等级为 10.9 级。

钢结构用高强度螺栓连接副主要用于公路铁路的大跨度桥梁、大型工业厂房、电站锅炉钢结构、高层建筑、机场机库、展览馆、体育馆、大跨度民用建筑、塔桅钢结构、大型港口集装箱起重机、轮胎式集装箱起重机和浮吊等各种钢结构摩擦型连接。其使用单位有:大亚湾核电站、岭澳核电站、上海外高桥电厂、浙江玉环电厂、山东邹县电厂、谏壁电厂、常熟电厂、浙江宁海电厂、上海环球金融中心、武汉证券大厦、中央电视台新台址工程、厦门会展中心、深圳地王大厦、洋山深水港东海大桥、南京二桥、三桥、京沪高铁大胜关大桥、广州新白云国际机场机库、浦东机场、首都机场、国家体育场(鸟巢)、宝钢三期工程、土耳其电厂、印度电厂等。

电弧螺柱焊用圆柱头焊钉属于一种高强度刚度连接的紧固件,主要用于桥梁、高层建筑及工业厂房的钢混凝土结构,大吨位船舶各种孔盖的固定,锅炉管道的螺柱连接、锅炉管道的散热及储罐、槽车等各种容器特殊衬里的固定。

非标准专用紧固件系列产品包含不锈钢销钉、铆钉、汽车轮套标准件、来图定制高强度紧固件等。

表3-3-20 2006—2010年申光公司销售情况表

产品名称	单位	2006	2007	2008	2009	2010
风力发电用高强度螺栓	数量（万套件）	—	—	639.41	1 535.35	2 165.03
	重量（吨）	—	—	4 069.47	9 484.65	15 517.52
钢结构用高强度螺栓连接副	数量（万套件）	1 060.51	998.02	846.18	532.86	569.54
	重量（吨）	6 117.65	6 326.39	5 049.80	3 175.59	3 244.26
电弧螺柱焊用圆柱头焊钉	数量（万件）	571.60	550.31	390.00	107.05	172.20
	重量（吨）	1 318.31	1 661.62	1 075.25	271.90	153.09
非标准专用紧固件系列产品	数量（万套件）	654.79	1 080.72	638.47	309.23	157.82
	重量（吨）	652.43	2 074.61	1 368.27	681.06	279.62

申光公司"上城"图案商标为：，注册时间：1991年2月10日；注册人：上海申光机械厂；注册地址：上海市南汇区芦潮港农场；核定使用商品（第6类）：螺栓、螺母、垫圈。1994年1月，上海申光高强度螺栓厂受让"上城"商标。2001年2月，注册"上城"文字商标，注册人：上海申光高强度螺栓有限公司；注册地址：上海市南汇区芦潮港镇渔港路。2004年11月，商标注册人变更为上海申光高强度螺栓有限公司，注册地址变更为上海市南汇区芦潮港镇渔港路。2007年11月，注册图案商标，核定使用商品（第6类）：建筑用金属柱，建筑用金属板，金属螺丝，螺栓，金属螺母，金属垫圈，车轮等的栓销，车辆紧固用螺丝，圆柱头焊钉（商品截止）；注册人：上海申光高强度螺栓有限公司；注册地址：上海市南汇区芦潮港镇渔港路。2008年9月21日，注册品牌**申光**标识。使用范围为建筑用金属柱，建筑用金属板，金属螺丝，螺栓，金属螺母，金属垫圈，车轮等的栓销，车辆紧固用螺丝，圆柱头焊钉（第6类）。2007年12月，"上城"牌高强度螺栓连接副被评为2007年度上海名牌。2005年1月和2008年1月，使用在螺栓、螺母、垫圈商品上的"上城（文字和图案）"商标被认定为上海市著名商标。2010年1月，上城牌高强度螺栓连接副被评为2009年度上海名牌。

【工艺和设备】

产品生产规范标准 申光公司按照GB/T 1228～GB/T 1231等国家标准和德国标准化学会DIN 6941-6916、美国材料实验协会ASTM A325等国外标准组织生产各类产品。

表3-3-21 申光公司主要产品生产标准情况表

产品	标准
钢结构用高强度大六角头螺栓	GB/T 1228
钢结构用高强度大六角螺母	GB/T 1230
钢结构用高强度垫圈	GB/T 1230
钢结构用高强度大六角头螺栓、大六角螺母、垫圈技术条件	GB/T 1231

〔续表〕

产　　　品	标　　　准
钢结构用扭剪型高强度螺栓连接副	GB/T 3632
电弧螺柱焊用圆柱头焊钉	GB/T 10433
六角头螺栓	GB/T 5782
六角头螺栓全螺纹	GB/T 5783
德国标准钢结构用高强度螺栓	DIN 6914－6916
美国标准重型六角结构螺栓	ASTM A325 A490 A325M A490M

主要工艺　有锻造、热处理、表面处理。

锻造：紧固件产品的锻造一般采用冷锻或温锻工艺。冷锻主要用于制造螺栓、螺母、铁钉、铆钉和钢球等零件。温锻是在冷锻基础上发展起来的一种少无切屑、塑性成形工艺，适用于变形力高、加工困难的材料。

热处理：采用适当的方式对金属材料或工件进行加热、保温和冷却以获得预期的组织结构和性能的工艺，是保证高强度螺栓机械性能最关键的工序之一。

表面处理：为保证螺栓连接副紧固轴力和防锈性能，对螺栓、螺母、垫圈进行表面处理。申光公司紧固件的表面处理主要有磷化、发蓝、达克罗、电镀锌、热浸锌等。

按照高强度螺栓产品头部成型特点，主要工艺流程分为温镦高强度螺栓产品工艺和冷镦高强度螺栓产品工艺。

温镦高强度螺栓产品工艺流程：备料→断料→车加工→温镦→倒角→热处理→校直→滚丝→硬度分选→表面处理。

冷镦高强度螺栓产品工艺流程：备料→冷镦→热处理→校直→滚丝→硬度分选→校直→表面处理。

主要生产设备　申光公司2010年主要加工设备为冷镦机、压力机、数控切削机床、大吨位滚丝机、攻丝机、自动网带式热处理生产线、达克罗表面处理生产线、磷皂化表面处理流水线等。

二、船用部件

【产品】

船用专用设备的生产企业为申特公司，产品分为船用窗系列、船用门系列、船用吊机系列、船用物料柜系列等。

船用窗系列产品有耐火窗（A－60/A－0级耐火矩形窗、A－60/A－0级耐火舷窗）和普通窗（普通矩形窗、隔声窗、驾驶室固定矩形窗）。

船用门系列产品有船用风雨密单扇钢质门、普通钢质门、快开式风雨密钢质门、单把手风雨密钢质门、单把手水密钢质门、A－60级单扇钢质水密防火门、A－60级双扇钢质水密防火门、A－60级气密风雨密防火门、驾驶室移门、气密驾驶室移门、船用液压滑动式水密门、气密门、平面耐压水密门、液压铰链式水密门等。

船用吊机系列产品有电动吊机、手动吊机、气动吊等。

船用物料柜系列产品有组合式物料贮藏柜、滑动抽屉柜、钢质搁架等。

A－60/A－0级耐火矩形窗是公司的拳头产品,有矩形窗和舷窗两种,1998年开发生产,主要材料为耐火玻璃、钢质窗框结构、耐火密封条等。产品经过冲水试验、水压试验、机械强度试验等,具有良好的水密性和足够的抗冲击强度。耐火性满足IMO决议有关的耐火度试验要求,能防止烟与火焰通过,船用钢化安全玻璃的外观质量符合相关规定要求。产品被国际著名的丹麦A.P.穆勒-马士基集团、瑞典STERNA公司、挪威DSD航运公司以及中国远洋公司、中国石油总公司等单位采用,广泛用于建造LNG天然气船、LPG化学品船、成品油轮、沥青船、海洋钻井平台、散货船、集装箱船等的配套设施。主要规格有:A－0级开启式矩形窗最大尺寸1 100毫米×800毫米;A－0级固定式矩形窗最大尺寸2 200毫米×2 000毫米;A－0级固定式隔声矩形窗最大尺寸2 370毫米×1 680毫米;A－60级固定式矩形窗最大尺寸1 600毫米×1 100毫米;A－0级开启式舷窗最大尺寸Φ400毫米;A－60级固定式舷窗最大尺寸Φ450毫米。

申特公司所生产的产品被国内多家船厂使用,部分通过外贸公司出口至印度、越南等国家。国内主要客户有:上海外高桥造船有限公司、大连新船重工有限责任公司、沪东中华造船集团有限公司、金海湾船业有限公司、江南造船(集团)有限责任公司、大连船舶海洋工程有限公司、江苏熔盛重工集团有限公司、辽宁宏冠船业有限公司、上海船厂船舶有限公司、荣成海达造船有限公司、大连船舶重工集团有限公司、浙江神洲船业有限公司、广船国际股份有限公司、浙江合兴船厂、广州中船龙穴造船有限公司、青岛北海船舶重工有限责任公司、中船澄西船舶修造有限公司、浙江金港船业股份有限公司、渤海船舶重工有限责任公司、鼎衡(江苏)造船有限公司等。

表3－3－22　2006—2010年申特公司产品产量情况表　　　　　　　　　　　　　　（单位:套）

产　品	2006	2007	2008	2009	2010
窗	5 149	7 133	12 165	14 090	15 946
门	—	—	—	—	117
吊机	34	83	61	117	286
物料柜	864	1 154	1 593	1 994	1 588

表3－3－23　2006—2010年申特公司产品销量情况表

产　品	单　位	2006	2007	2008	2009	2010
A－60防火窗	扇	2 649	3 095	5 241	3 796	2 297
驾驶室窗	扇	781	1 321	2 353	2 763	3 191
普通窗	扇	1 719	2 717	4 571	7 531	10 458
组合式物料柜	套	864	1 154	1 593	1 994	1 588
吊机	台	34	83	61	117	286
窗盒	套	2 472	3 281	3 564	3 910	4 928
搁架	套	434	633	318	361	645
钢质门	套	—	—	—	—	117

【工艺和设备】

规范标准 申特公司矩形窗和舷窗窗格玻璃的外形尺寸、平行度、直线度按 GB 11946 的标准要求组织生产。

主玻璃板抗冲击强度按 GB 3385 进行检测；窗玻璃的耐火性能和其他物理性能按 GB 15763 进行检测；窗扇框和主窗框的结构根据国际海事组织（IMO）对耐火结构的要求，按海安会议 MSC.61 (67) 和 IMO 决议 A.754(18) 进行试验，能保持安装窗扇框和主窗框的舱壁的完整性。

对矩形窗和舷窗的材料及结构分别按 GB/T 5746 或 GB/T 14413 中的规定，IMO 决议 A754(18) "A"级分隔耐火度试验，《船用钢化安全玻璃》(GB 11946—2001)。透光尺寸为 Φ400 的舷窗和 1 200 毫米×800 毫米的矩形窗试样按照 IMO《国际耐火试验程序应用规则》附件 1(FTPC) 第 3 部分的要求组织生产，符合经修正的《1974 年国际海上人命安全公约》(SOLAS) 船舶结构防火的有关要求。

申特公司产品获 CCS 中国船级社、DNV 挪威船级社、GL 德国劳氏船级社、LR 英国劳氏船级社、ABS 美国船级社、BV 法国船级社、KR 韩国船级社、RINA 意大利船级社、EC 欧共体等船级社规范认可。

工艺流程 有四种产品生产工艺。

A－60 耐火矩形窗生产工艺流程：钢材切割→气割开角→弯角成形→拼装→焊接→玻璃接触面铣削→钳工钻孔→油漆涂装→装配→产品检验→装箱入库。

吊机工艺流程：钢材切割→坡口→整形→拼接→施焊→打磨→冲砂处理→涂装→装配→试验→检验→包装入库。

钢质门工艺流程：钢材切割→气割开角→折边→相角焊→校正→焊接→打磨→油漆→装配→试验→检验→包装入库。

物料柜工艺流程：薄板下料→冲角→折弯→气焊→外协喷塑→装配→包装入库。

主要生产设备 加工设备主要有车床、铣床、冲床、刨床等。

表 3－3－24 申特公司生产设备情况表

设备名称	单 位	数 量	设备名称	单 位	数 量
车 床	台	6	喷砂设备	套	1
铣 床	台	4	喷漆设备	套	1
液压机	台	2	剪板机	台	3
冲 床	台	3	起重机	台	19
牛头刨床	台	1	试验检测设备	套	6

申特公司试验、检测设备可承接各类船用门、窗及 5 吨以下船用吊机等舾装件和甲板机械等船用设备的生产和试验。

三、不锈钢制品

【产品和品牌】

光明食品集团不锈钢制品生产企业为思乐得公司，产品有真空类和非真空类两大类。

真空类产品 指通过抽真空方式获得保温性能的容器。主要分为保温壶、气压壶、保温瓶、保温杯和食品罐。

保温壶是家用或者商用的盛放液体饮用品的容器，一般配有手把、盖子和保温体。保温壶是思乐得公司的主打产品，容量为0.3升～19升，根据不同客户和区域需求，有中东壶、茶壶、咖啡机出水器等系列产品，品种近200个。公司加工和制造大容量保温壶的技术属于国际领先水平，产品的质量和性能与国际领先的日本产品同等，在国际市场上具有较强的竞争优势。

气压壶是通过气压方式出水的保温器皿，通常配有出水系统、进水系统、压力系统和保温体。气压壶有18种规格、123个品种，在出水量、保温性能、产品稳定性、抗疲劳强度等方面领先同行业，是公司的支柱产品之一。

保温瓶主要设计成方便随身携带的保温容器。特点携带方便，保温性能好。通常配有背带、盖子等。保温瓶有43种规格、107个品种。主要为针对未成年人的特点设计的儿童系列产品和便于随身携带的旅游系列产品。

保温杯主要是为办公人士设计的保温容器。特点是口部大，饮用和放置方便，保温性能好，有26个规格、38种品种。

非真空产品　指产品成型以后无需进行真空处理的单层或者双层产品。

单层口杯主要为OEM产品，分为漏斗系列和滤网系列。漏斗系列主要是为客户的咖啡机配备漏斗或者咖啡机配备单层内胆。滤网系列主要针对欧洲客户过滤蔬菜的用途。

双层口杯是双层不真空杯子，包含玻璃杯、紫砂杯、汽车杯等产品，有18个规格、44个产品。主要为针对国内消费者饮茶用的器具。

其他类产品　主要是为咖啡机配套的零件和部件，包括茶桶系列、咖啡机配件系列。其中茶桶系列主要为针对美国市场的需求而开发的单层茶桶，其特点是容量大，使用方便，适合咖啡店使用，是公司的主打产品之一。

表3-3-25　2006—2010年思乐得公司主要产品产量情况表　　　　　　　（单位：万只）

年　　份	2006	2007	2008	2009	2010
真空类保温容器	428.68	463.96	418.84	397.13	367.56
非真空类保温容器	158.34	155.16	137	202.77	172.25

公司旗下有"思乐得""LUOTUO"两大品牌。"思乐得"及"思乐得图案"作为国内销售产品注册商标，于1997年在中国注册。从2000年起连续十年获由上海市名牌产品推荐委员会颁发的上海名牌产品；2005年获由中国五金制品协会颁发的"中国不锈钢保温杯（壶）十大知名品牌"；从2008年起连续获得由上海市工商行政管理局颁发的上海市著名商标。

"LUOTUO"及"LUOTUO图案"商标作为国外销售产品注册商标，于2002年在中国注册。2004年2月，在俄罗斯注册。2005年12月，在美国、沙特和阿联酋注册。"LUOTUO"品牌2005年以来连年获上海市人民政府对外经济贸易委员会颁发的上海市出口名牌。

【工艺和设备】

产品生产规范标准　思乐得公司生产外销产品执行EN 12546，内销产品主要执行《不锈钢真空保温容器》（QB/T 2332—1997）。

生产工艺 主要有两种工艺加工路线,一种是以拉伸为主的工艺,另一种是以水涨为主的工艺。

拉伸工艺流程:落料→拉伸→清洗→切边→修边→焊接→测漏→真空→电解→抛光→装配。

水涨工艺流程:拉管→压焊道→水涨→旋压→分杯→修边→焊接→测漏→真空→电解→抛光→装配。

等离子焊接技术:采用等离子焊接技术对0.3毫米厚的薄板进行焊接,焊接强度好,焊道均匀,产品美观,易于后续处理。

氦气测漏工艺:抽真空之前,产品必须要进行测漏,以确保内胆焊接处无泄漏。通过负压的方法,先对产品进行预抽真空,再将氦气侦测仪接到真空腔体,在真空腔体附近喷洒氦气。在喷洒过程中若氦气侦测仪测到氦气,那就表明氦气经由漏气口进入腔体。

氦气测量的优点:氦气测量反应快,提高了测量效率;氦气是惰性气体,没有任何污染;氦气测量精度高,能够测量出直径在0.1毫米以下的小孔。

真空工艺:真空度是衡量保温容器保温性能的重要指标之一,思乐得公司注重改进和提高产品的真空性能,真空技术领先于国内同行,产品的真空度达到1.0×10^{-3}帕。

电解工艺:产品的内胆要接触饮品,这就要求产品的内胆清洁卫生,利于清洗和保养,并且在加工时利于操作。电解技术是决定产品内胆品质的重要条件之一。

为了提高产品质量,思乐得公司与国内多家电解液制造商合作研发电解液,研制出国内先进的不锈钢电解液配方,是国内最先从事不锈钢保温产品电解的企业。通过采用磷酸、硫酸、铬酸、明胶的最优化配置,使电解后的保温容器内胆表面美观光洁卫生、明亮顺滑、易于清洗。特别是在焊道的处理上非常透彻,大大提高了产品的质量和卫生标准,有利于消费者的健康。

落料:思乐得公司落料利用率为75%。主要采用自动圆片落料、自动扇形落料、手动扇形落料等三种落料形式。自动扇形落料工艺比一般手动落料材料利用率提高5%。圆片采用套料落料方式,比普通的单只圆片落料利用率高5%以上。

板材拉伸:思乐得公司大部分产品采用拉伸工艺,拉伸工艺的优点是能够使产品成型各种规则的形状,保持产品的质量、尺寸稳定,易于后道处理。

水涨:通过压力水成型,能够有效提高材料利用率,节约成本和资源,是较先进的成型工艺。

旋压:通过从动轮的压力成型,能显著提高产品的生产效率。

修边:通过修边机的修边,工件毛刺少,易于焊接,可提高产品的焊接质量。

抛光:思乐得公司率先在国内实现自动抛光技术,经过抛光的产品外表均匀细透。

主要生产设备 思乐得公司主要生产设备见表3-3-26。

表3-3-26 思乐得公司主要设备情况表

设 备 名 称	单 位	数 量	类 型
冲床	台	73	通用
油压机	台	37	通用
车床	台	15	通用
拉伸机	台	4	通用
空压机	台	7	通用

〔续表〕

设备名称	单位	数量	类型
配电设施	台	2	通用
抽真空设备	台	13	专用
修边机	台	68	专用
焊接设备(直焊圆焊)	台	79	专用
抛光研磨设备	台	51	专用
大型自动抛光机	台	2	专用
点焊机	台	15	专用
测试设备	台	32	专用
落料生产线设备	条	3	专用

四、筛网滤器

【产品】

筛网滤器类型一般分为波浪型、锁紧型和振动型三种。

【标准】

盾牌筛网公司按照《工业用金属丝筛网技术要求和检验》(GB/T 18850—2002)（等效于ISO14315国际标准)和《特制金属筛网》(Q/BKQK1—2011)企业标准生产和检验筛网。

【工艺】

拉丝：将金属块放入模具，在外力作用下，使金属横截面被压缩，并获得所要求的横截面积形状和尺寸。材料经过拉丝后达到设计所要求的尺寸、硬度和抗拉强度等理化指标。

备料：拉丝处理后的金属丝原材料，经过金相分析、硬度、抗拉强度及冲击试验的检测，达到企业标准后入库，完成原材料的准备工作。

轧丝：将专用轧丝模具安装到轧丝机上并调整到位，按要求将所需直径金属丝轧制成经向和纬向深度、节距合适的筛条。

织网：将轧制好的经向筛条载入专用织机，将纬向筛条穿过固定好的经向筛条，每相邻两根经向筛条上、下交错编入纬向筛条内，如此循环交错编织，最后编织成所需要的筛网成品。

裁网：将编织好的筛网按所需长度和宽度尺寸，放入剪板机内裁剪。

折边：将裁剪好的筛网按要求折边，通常折边角度为50度，折边高度为28毫米。

五、企业选介

【申光公司】

申光公司是上海东海总公司所属企业，前身是上海申光高强度螺栓厂，成立于1991年12月，隶属于上海申光机械厂,注册资本为200万元,注册地址:上海市南汇县芦潮港镇渔港路。1997年12月,更名为上海申光高强度螺栓有限公司。1998年6月,企业改制,公司注册资本增至350万元,上海龙超企业有限公司出资250万元,占总股份71.43%;上海申光机械厂出资80万元,占总股份22.86%;上海式肯士汽车材料有限公司出资20万元,占总股份5.71%。1999年8月,公司设立职工持股会,注册资本增至800万元,其中职工持股会出资300万元,占总股份37.5%,上海龙超企业有限公司、上海申光机械厂、上海式肯士汽车材料有限公司,分别占总股份31.25%、28.75%和2.5%。

2002年8月,申光公司增加注册资本40万元并进行股权变更,上海龙超企业有限公司出资500万元,占比例59.52%;申光公司职工持股会出资340万元,占比例40.48%。2004年8月和2007年8月,公司注册资本分别变更为1 600万元和2 800万元,上海龙超企业有限公司和公司职工持股会持股比例不变。2008年10月,申光公司职工持股会将持有申光公司的股权进行了转让,转让后上海龙超企业有限公司占总股份82.14%,上海西京投资有限公司占总股份17.86%(500万元)。2009年5月,上海龙超企业有限公司将持有申光公司82.14%股权(2 300万元)转让给上海东海总公司;上海西京投资股份有限公司将所占17.86%股权分别转让给37位自然人。2010年,公司营业收入32 171.2万元,利润总额2 326.5万元,净利润1 725.59万元,资产总额24 946.3万元;职工193人。

2010年,公司迁至浦东新区临港重装备产业区江山路2866号,占地面积101亩,建筑面积32 423平方米。公司是生产钢结构用高强度螺栓连接副、成套风力发电机组用高强度螺栓、电弧螺柱焊用圆柱头焊钉、锁紧环槽铆钉、高强度牙棒、汽车轮胎螺栓及国内外各种标准与非标准专用高强度紧固件产品的专业公司。公司年产钢结构用高强度螺栓连接副1 500万套(件),焊钉系列产品1 000万件,汽车专用紧固件1 000万套(件),为中国风电行业配套提供了近2 000台风力发电机组标准件产品。产品被广泛应用于电站锅炉钢结构、风力发电、机电装备、港口机械、冶金建设、机场机库、公路、铁路的大跨度桥梁、大型工业厂房、高层建筑、展览馆和大型体育场馆、高速客运列车、铁路道岔等工程项目和领域中,在国内高强度紧固件行业享有盛誉,公司综合实力和产销规模名列行业前茅。

申光公司坚持"小产品、大市场"的经营理念,以"做精、做强、做大"为企业发展目标,以发展风力发电配套用高强度紧固件为公司主导产品,积极开拓核电和船舶领域用新产品,不断提升产品档次和产品附加值,打造先进制造企业,做精做强"上城"品牌。产品选择优质合金结构钢,采用先进的冷镦、温镦工艺,网带式淬火回火生产线热处理。认真实施ISO9001:2000质量保证体系,使"上城"产品质量让用户能满意和放心。2009年5月和2010年2月,公司研发的"高强度不锈钢环槽铆钉连接副"和"一种气液阻尼缸"获得国家实用新型专利。

申光公司重点拓展国家新能源风力发电和核电领域相关业务,与金风科技、华锐科技、国电联合技术、湘电风能、广东明阳等国内前十位风电制造商进行了配套。大规格直径的螺栓机械性能完全达到欧盟、美国等国家标准,已完成海上风力发电用大规格螺栓的防腐和施工技术的攻关。公司与中核华兴公司、广核进行合作,是高强度紧固件行业中最早进入国内核电领域的合格供就方,其高强度紧固件在岭澳核电站、秦山核电站、红沿河核电站、广东阳江核电站得到应用。

申光公司2008年向四川灾区和困难职工捐款70 545元,捐赠书籍300余册;2010年捐款69 058元,其中向青海玉树捐款32 240元,向社区"慈善联合捐"捐款30 000元,获芦潮港镇镇政府颁发的特殊贡献奖。

申光公司被评为2005—2006年、2007—2008年、2009—2010年上海市文明单位；被上海市合同信用促进会评定为2006—2007、2008—2009年度合同信用等级AAA级单位；被中国机械通用零部件工业协会紧固件专业协会评为2005—2006年度紧固件行业优秀企业；被国家税务总局上海市税务局评为2008—2009年度纳税信用等级A类。

表3-3-27　2006—2010年申光公司主要经济指标完成情况表　　　　　　　　（单位：万元）

年　份	2006	2007	2008	2009	2010
主营收入	10 926.89	12 539.99	17 433.97	24 214.11	32 171.21
利润总额	975.79	1 005.80	688.29	1 547.75	2 326.51
净利润	133.65	913.56	514.92	1 149.91	1 725.59

【上海申特机械制造有限公司】

申特公司是东海总公司所属多元投资控股企业，前身为上海南芦五金厂，创建于1985年，由芦潮港农场农业公司投资组建。1993年2月，更名为上海申特机械制造厂。1998年1月该厂隶属关系变更，成为上海龙超企业有限公司的分支机构。2003年5月，上海申特机械厂改制重组，变更为上海申特机械有限公司，注册资本100万元，2005年5月增至300万元，2009年11月为550万元。其中，上海龙超企业有限公司投资330万元，占注册资本的60%；上海东海总公司投资16.5万元，占注册资本的3%；自然人投资203.5万元，占注册资本的37%。企业地址：上海市南汇区芦潮港农场潮兴路10号。经营范围：船舶附件制造加工销售，冷作钣金、船用门窗舾装件、管系附件、机械五金件、金属材料加工销售，建筑装潢材料销售。2010年，公司资产总值3 899.07万元，营业收入5 540.9万元，利润总额951.62万元，净利润881.85万元；在册员工99人。

2010年7月，申特公司因临港市政发展需要，搬入临港重装备产业区飞渡路801号，占地面积16 769.6平方米，新厂房建筑面积15 657.14平方米。公司邻近东海大桥旁的上海临港物流区，交通便捷，直通沪芦高速公路、两港大道和浦东铁路，距浦东国际机场30公里。

申特公司以生产船用舾装和轮机设备为主，产品有：船用门、船用窗、船用吊机、快开阀控制箱、蒸汽加热器、油柜、组合柜、投油装置、管路附件等，产品先后获CCS、DNV、GL、LR、ABS、BV、KR、RINA、EC等国际船级社认证证书。其中A-60级船用耐火窗产品获国家重点新产品认证并达到国际先进水平。2008年公司的船用窗系列产品占销售总额75.45%，2010年占销售总额59.62%。2010年年初，公司设计多品种的船用系列钢质门，完成钢质门生产工艺的编制审核和设备工装的配套，实现当年设计、当年生产、当年销售。2010年，完成高附加值产品——液压滑动式水密门的设计工作，A-60钢质防火门、气密门已向船级社递交了型式认可资料。公司借鉴国外公司的先进生产经验，从生产单一的甲板机械1吨以下吊机，到能够生产5吨以下各种电动、气动系列吊机，备弹箱和多功能设备清洗车。2010年10月，销售28套备弹箱，5吨以下吊机与多功能设备清洗车投入市场。申特公司重技术重质量，于1988年率先通过ISO9001质量体系认证。公司与船厂和船舶设计院紧密联系，不断提高产品质量，满足不同用户的要求，在船舶同行业中获得较好的口碑。

申特公司向四川汶川、青海玉树等受灾地区捐款14 000元，开展捐物、捐书活动；为上海海事大学"情牵艾滋孤儿慈善基金会"捐款,帮助河南省蔡县"中华红丝带家园"艾滋孤儿慈善事业;2010年1月,参与上海市慈善基金会组织的浦东"慈善公益联合捐"等活动。

申特公司被评为2008—2009年度上海市守合同重信用企业。

表3-3-28　2006—2010年申特公司经营情况表　　　（单位：万元）

年　份	2006	2007	2008	2009	2010
营业收入	2 211.88	3 041.67	4 713.12	4 947.02	5 540.90
主营业务收入	2 211.88	3 039.61	4 707.95	4 942.88	5 522.42
利润总额	231.86	356.24	751.58	871.30	951.62
净利润	213.11	291.29	692.42	807.32	881.85
产　值	2 211.88	3 039.61	4 707.95	4 942.88	5 522.42

【思乐得公司】

思乐得公司英文名称：Shanghai Solid Stainless Steel Products Co., Ltd是上海海博股份有限公司下属企业,成立于1991年,投资总额440万美元,注册资本300万美元,其中上海东海股份有限公司（后更名为上海海博股份有限公司）出资210万美元（占总股份70%）,台商（自然人）出资90万美元（占总股份30%）。2003年1月,思乐得公司吸收合并上海宾士不锈钢制品有限公司,总投资550万美元,注册资本变更为380万美元,股东及投资比例均未变。2004年6月,香港上海华都投资有限公司受让台商（自然人）持有思乐得公司30%股权（计114万美元）中的25%股权（计95万美元）,上海思可得贸易有限公司受让台商自然人持有思乐得公司30%股权中的5%股权（计19万美元）,成为沪港合资企业。公司地址：上海市浦东新区外三灶路2171号。2010年,公司总产值25 797万元,营业收入31 406.9万元,主营业务收入28 478.4万元,利润总额2 048万元,净利润1 457万元;职工504人。

思乐得公司是国内最早生产不锈钢保温杯系列制品的企业之一,于1998年投产国内第一款不锈钢气压式保温瓶,并于同年申请国家专利。

公司的经营范围为生产真空类、非真空类全不锈钢保温容器、汽车用电加热保温杯及家庭日用不锈钢制品,销售自产产品;从事非配额许可证管理和非专营商品的收购出口业务。公司占地面积8万多平方米,拥有各类专业生产设备400多台,具有年产650万只不锈钢保温器皿及相关零部件的生产能力,生产居家、旅游、办公、酒店等四大系列产品300多个品种。公司享有自营出口权,产品远销欧洲、北美洲、大洋洲和日本等40多个国家和地区,其"骆驼"牌已成为国际名牌,生产规模、产品质量、出口创汇均在行业前列。国内市场覆盖各省、市和自治区,同时与美国秦氏公司、德国EMS公司及麦德龙集团、宜家家居等国际知名企业开展合作。2008年5月,成立销售公司,同年9月,在浦东金桥成立上海思乐得实业有限公司,推进产品销售和研发。2010年3月,上海思乐得实业有限公司的注册资本由原来100万元增至1 200万元。

公司实施"品牌加营销渠道"的经营模式,投资设立上海思乐得生活馆连锁发展有限公司,是辖下零售销售中心,为消费者提供"高品质、够品味、价格适中、购物环境舒适"的购物场所。该公司注册资本200万元,其中思乐得公司占总股份60%,自然人经营者群体占总股份40%。2010年4月,首家"思乐得生活馆"浦东长岛店开定,到年底拥有15家"思乐得生活馆"。公司通过ISO9001：

2000、ISO9001：2008 国际质量体系认证，ISO14001：2004 环境管理体系认证，形成了一套完备而严谨的质量控制体系和环境管理体系，并先后通过麦德龙的欧盟 BSCI 标准审核及宜家家居的 IWY 标准审核。公司被上海出入境检验检疫局评为 2006—2008 年检验检疫一类管理企业；被上海市外国投资工作委员会、上海市对外经济贸易委员会评为 2007—2009 年上海市外商投资产品出口企业；2010 年获中国 2010 年上海世博会特许零售商和中国 2010 年上海世博会特许生产商，"思乐得生活馆"被上海世博会定为上海世博会特许产品专卖店；2010 年 12 月，被上海市商务委员会确定为"上海新浦江轻工产品创新出口基地"。

思乐得公司把"立志成为世界的高品位供应商"作为企业使命；把"纪律、责任、创新"作为企业管理理念；把"以激情面对挑战、用行动实现梦想"作为企业行动纲领；把"满足要求、质量第一；诚信高效、顾客至上；持续改进、科学管理"作为企业质量方针，不断提升企业软实力。公司建立技术中心，下设研发部、技术部、试制车间等部门，主要负责制定中长期科技发展规划并组织实施，负责公司产品制造核心技术和新产品的研发、中试工作，并对技术人员进行培训考核。

思乐得公司产品获第五届亚太博览会金奖，连续五年获上海市名牌产品、上海市著名商标、首届中国不锈钢保温杯（壶）十大知名品牌。2007 年获中华人民共和国国家统计局颁发的"全国投入产出调查先进集体"；2009 年，获中国轻工工艺品进出口商会颁发的"企业信用评价 AAA 级信用企业"，"2008—2009 年度上海市职工最满意企（事）业单位"；2010 年，获商务部中国贸易黄页编委会、北京国商国际资信评估有限公司"AAA 级商务信用等级"。

表 3－3－29　2006—2010 年思乐得公司经营情况表　　　　　　　　（单位：万元）

年　　份	2006	2007	2008	2009	2010
营业收入	24 196.4	30 307.0	27 851.5	28 246.3	31 406.9
主营业务收入	21 901.7	27 289.2	25 962.4	24 777.9	28 478.4
利润总额	126.5	317.9	770.0	1 622.8	2 048.2
净利润	96.7	114.7	558.8	1 170.0	1 457.3
产　　值	22 138.7	26 134.0	26 571.0	22 987.0	25 797.0

【盾牌筛网公司】

盾牌筛网公司是长江总公司下属合作制企业，前身为上海前哨矿筛厂，建立于 1973 年。1998 年 9 月，改制为股份合作制，企业注册资本 158 万元，公司地址：上海市宝山区泰和路 717 弄 65 号，占地面积 51 744 平方米，厂房面积 13 360 平方米。2010 年产值 6 067.56 万元，销售收入 5 613.68 万元，利润总额 1 206.68 万元，净利润 1 107.76 万元；职工 131 人。

公司经营业务为筛网、过滤器、金属制品的生产和销售，产品用于冶金、矿山、筑路等行业。随着企业规模化发展和拓展全国市场的需要，2002 年 11 月和 2004 年 3 月，分别注册成立上海盾牌矿筛有限公司、上海上盾筛分设备有限公司，设计生产各类筛网，振动筛机橡胶弹簧，橡胶垫条，不锈钢条缝筛板、筛篮、过滤器，旋振筛等产品。

公司严格按照 ISO9000 质量体系要求，制定《企业产品质量标准》，先后通过 ISO9002 质量体系认证和 ISO9001：2000 转版认证。2010 年 11 月盾牌筛网公司生产的"盾牌"筛网成为国内唯一获得 ISO14315 国际认证并出口英国的筛网产品。公司大部分产品达到国内先进水平并替代进口产品。盾牌筛网被评为2010年度名牌产品。

公司生产的各类筛网出口到欧洲、非洲、东南亚等地区,畅销国内20多个省、自治区、直辖市,广泛应用于冶金、矿山、化工、石料、筑路等行业的物料分级和过滤。公司长期为宝山钢铁股份有限公司提供各类筛网,全面替代从日本、德国引进设备的配套筛网,满足现代化生产要求。为马鞍山钢铁股份有限公司、上海第一钢铁集团有限公司、沙钢集团股份有限公司、水城钢厂等企业原料分厂(车间)、高炉分厂(车间)、烧结分厂(车间)的振动筛机提供各种编织筛网、橡胶筛网、聚氨酯筛网、锯齿筛、陶瓷筛、格条筛、过滤网、硫化板、钢板网、钢条筛等各类筛网。其产品也广泛使用在山西神州煤电、河北峰峰矿务局、淮北矿务局等煤炭行业。公司制造的各种筛网全面替代从英、美、德、日、意、韩等国引进的沥青拌和专用筛网,满足各种高等级公路的级配要求,在国内享有盛誉,市场占有率较高。筑路行业的主要企业有上海建设路桥机械有限公司、上海远通路桥工程机械有限公司、西安筑路机械有限公司、徐州工程机械有限公司、阿曼上海公司、南阳亚龙筑路机械股份有限公司等,在广深珠高速公路、沪宁高速公路、沪杭甬高速公路、京珠高速公路、广佛高速公路、京津塘高速公路、沈大高速公路、京石高速公路、成渝高速公路的工程中广泛应用。公司生产的各类振动筛机,在马钢港务码头、上海第一钢铁集团有限公司、大连达泰豪化工公司得到运用。

表3-3-30　2006—2010年盾牌筛网公司经营情况表　　　　　　　　　　（单位：万元）

年　　份	销售收入	产　　值	利润总额	净利润
2006	2 394.76	2 514.49	309.73	196.60
2007	3 596.36	3 776.18	663.71	505.64
2008	3 785.30	3 974.56	769.95	675.13
2009	3 984.80	4 184.04	813.92	744.37
2010	5 613.68	6 067.56	1 206.68	1 107.76

【新海腾电缆公司】

新海腾电缆公司是上海海丰总公司下属企业,成立于1988年,公司累积总投资8 000万元,住所为上海市闵行区春申路2328弄1号。2006年公司拥有员工500余人,其中专业技术人员128人,中高级工程师、技师26人;线缆生产员工187人,89%的员工具有中专以上文化水平。

公司占地面积45 000平方米,是专业研发、生产、销售电线电缆、光纤产品及铜线材的高新技术企业,产品覆盖通信电缆,数据、安防、控制电缆、光纤无源器件等系列,拥有自主知识产权电缆生产技术32项。"海腾"电线、电缆、光无源器件广泛应用于国内电信、网通、移动通信、广播电视、网络系统集成、弱电工程、建筑房地产业、装饰装修等行业。公司先后为洋山深水港工程、国家奥运会馆工程、欧亚大陆通信干线传输网工程和上海地铁、浦东国际机场、F1赛场等重点工程提供产品配套服务。公司曾为韩国电信研发提供高频数据通信电缆;为日本松下电器公司配套开发定制高端数字监控电缆;自2007年起,数据线缆进入法国市场,产品符合欧盟ROHS。公司与中国电信、中国网通、中国铁通、熊猫电线等企业建立战略合作伙伴关系。

公司从原铜进厂到线缆产品出厂,实行全过程配套和控制,形成完整的供应链生产线。2006年6月,HSYV-5e 4×2×0.5数字通信电缆获YD/T1019-2001认证;2006年11月,HT牌电线电缆系列产品被评定为中国驰名品牌;图案(HT)信息安防线缆被推荐为2006年度上海名牌产品;

2008年1月,信息安防线缆商品上的"海腾"商标被认定为上海市著名商标。

公司重视企业文化建设和精神文明建设,先后与当地村镇和光明食品集团宣传部党支部结成党建共建单位,开展共建交流活动;组织干部员工开展读书活动。公司热情支持社会公益事业,党总支组织党员为当地村镇残疾人做好事,组织干部员工为汶川地震灾区人民捐款。

公司旗下拥有上海梅陇通信电缆厂、上海海陇铜业有限公司、上海海建通信技术有限公司等企业。公司坚持"以人为本、科技兴业、顾客满意"的宗旨,凭借雄厚的技术力量,先进的生产、检测设备,完善的服务体系,使一流的电缆系列产品销往全国20多个省、自治区、直辖市,并进入国际市场。

【新泰杰公司】
新泰杰公司是农工商投资公司控股企业,前身是上海跃进有限公司所属上海跃进不锈钢制品厂,成立于1979年12月。2005年7月,公司改制,成立上海新泰杰金属制品有限公司。公司是集不粘锅、不锈钢器皿以及相关不锈钢非标产品生产、研发、销售、进出口为一体的专业公司。公司占地4万平方米,厂房1.3万平方米。2010年销售收入1.1亿元,利润120万元。

新泰杰公司根据市场需求和发展规划,确定了以生产中高档产品为主的经营方针,不断开发生产无油烟锅、5毫米复底铝锅、三层钢锅等,产品远销欧洲、中东、日本、美国等国家和地区,主要客户为斯塔姆公司、SOLA公司等。公司的生产销售量稳步增长,2005年为4 000余万元,2008年为6 000余万元,2010年达到1.1亿元。公司自主品牌为"新泰杰""泰杰厨具"。

新泰杰公司坚持"用数据讲话、用数据分析、用数据要求、用数据检验""做人要宽容、做事要严谨,宽容源于良知、严谨来自数据"的经营和管理理念,不断弘扬"创新、团结、进取、务实"的企业精神,公司党支部于2006年被光明食品集团党委评为"先进基层党组织";2007年和2009年被集团党委评为"党支部建设示范点"。

第四节 汽车仪器仪表和配件

光明食品集团汽车仪器仪表和配件生产单位为上海长江总公司所属上海德科电子仪表有限公司(简称"上海德科公司")、上海向明轴承厂有限公司(简称"向明轴承公司")。上海德科主要生产汽车电子仪表等产品;向明轴承公司主要生产汽车水泵轴、连承轴等产品。

一、汽车电子仪表

【产品产量、品种和型号规格】
上海德科公司是汽车电子仪表生产企业,产品为各类汽车、摩托车、道路车辆仪表及相关电子产品,汽车空调控制,各类汽车传感器、多功能显示器、通信接收器和车联网相关的信息电子产品等。公司2006年生产各型汽车电子仪表138万台,2007年生产251万台,2008年生产348万台,2009年生产378万台,2010年生产258万台。主要客户为上海通用、上海大众、华晨汽车、上海汽车、海南马自达、长城汽车、长安汽车、北京汽车、江淮汽车、吉利汽车、东安发动机、通用中国、比亚迪汽车等数十家国内汽车厂商。

表 3-3-31　2006—2010 年上海德科公司汽车组合仪表产品型号和规格情况表　　（单位：升）

产 品 名 称	型　　号	规　　格
别克轿车组合仪表	801-BUICK	2.5、3.0
别克君威组合仪表	801-SGM12	3.0、2.4
别克君越组合仪表	801-SGM18	3.0、2.4
别克凯越组合仪表	801-L-CAR	1.8、1.6
别克商务车组合仪表	801-W-WAGON	3.0
海马组合仪表	801-HM M1	1.6
海马组合仪表	801-HM M2	1.6
海马组合仪表	801-HM-H13	1.6
海马组合仪表	801-HM S3	1.6
海马组合仪表	801-HM-HC00	1.6
朗逸组合仪表	801-modely	1.6、2.0
马自达组合仪表	801-MZD-FD03	1.6
马自达组合仪表	801-MZD-FE12	1.6
马自达组合仪表	801-MZD-MD	1.6
名爵组合仪表	801-MG3	1.6
普通型蓝背光桑塔纳	801-NS	2.0、1.6
普通型桑塔纳	801-ST	1.8
桑塔纳 2000 型组合仪表	801-B2	1.8
桑塔纳 3000 型组合仪表	801-GP4	3.0、2.0
圣达菲组合仪表	801-圣达菲(汽)	1.6
圣达菲组合仪表	801-圣达菲(柴)	1.6
雪佛兰乐骋组合仪表	801-T-CAR	1.4、1.6
雪佛兰赛欧组合仪表	801-S-CAR	1.6
中华组合仪表	801-ZH	1.6
中华组合仪表	801-ZH ZC	1.6
中华组合仪表	801-ZH 手动	1.6
中华组合仪表	801-ZH A1	1.6

上海德科公司商标图形为 SDE，商标注册证：第 1253005 号；注册人：上海德科电子仪表有限公司；注册人地址：上海市长江农场；核定使用商品：（第 9 类）车辆专用仪表。2006 年，SDE 商标被认定为上海市著名商标。

2006 年，上海德科公司生产的通用别克 GM18 轿车组合仪表获上海市重点新产品奖；通用别克 GM12 轿车组合仪表、GM18 轿车组合仪表获国家重点新产品奖；汽车电子仪表获 2008—2009

上海市名牌产品奖。

2007年，BUICK组合仪表获上海市高新技术成果转化项目奖；SVW组合仪表获上海市高新技术成果转化项目。

2009年4月，华晨中华M2轿车组合仪表被上海市科学技术委员会评为上海市重点新产品；同年11月，SVW轿车组合仪表被授予高新技术成果转化百佳奖。

2010年1月，上海德科公司生产的汽车仪表续评为上海市名牌产品，3月上海大众朗逸轿车组合仪表被评为上海市重点新产品。

【汽车组合仪表生产工艺流程】

上海德科公司801-ZP11型汽车组合仪表总成初始装配工艺流程为：指示机构装配—压装指针—老化测试—校验—功能测试—GP12。

指示机构装配步骤 设备、工装台、准备、检验、统计。

使用设备：离子气枪。

使用工装：装配垫具J-ZP-0106（验证周期为六个月）。

作业准备：操作工戴好防静电手套并测试好静电放电保护装置，检查标度盘状态是否符合要求。每班生产前必须进行操作区域的清洁工作。

装配过程：检查线路板组合上的标签号是否与所装配的仪表对应，符合装配，反之退回线路板小组；将线路板后盖组合用电离子气枪除尘后放在装配垫具中；把左右导光板按对应位置平放在灯箱架上，垂直压下使导光板的卡扣扣住灯箱架；剥去显示屏上的保护膜；将标度盘置于灯箱架上的相应位置，轻压，使标度盘卡住灯箱架卡扣；流入下道工序。

检验内容：导光板的颜色、透明度以及黑点等外观是否合格；标度盘无明显的划伤、污迹、漏光等外观缺陷；零件是否漏装、变形；检查线路板组件的标签号是否准确；显示屏保护膜是否剥离；各卡扣装配是否到位；标度盘是否平整；导光板装配是否到位、平整。

统计方法：操作工用《不合格品评审处置记录卡》（F-W-913.01A3）作记录，检验员用《不合格品评审处置统计卡》（F-W-913.01A4）作统计。将不合格品置于待处理容器内。

压装指针步骤 设备、准备、装配、检验、统计。

使用设备：压针机、离子气枪。检测器具：LZ-95。工艺参数：气压：0.4兆帕～0.6兆帕。

作业准备：操作工戴好防静电手套并测试好静电放电保护装置，检查气压是否在范围内。

装配过程：将上道流下的合格组合件放入压针机夹具内；盖上盖板，按上电按钮，待仪表点亮并发出"咚——咚"声后，将2个指针组合分别装入夹具盖板相应槽中；速度表的指针压装位置是，仪表通电且输入频率0赫兹时在0刻度线中心位置压入指针，允许误差为-2度。转速表的指针压装位置：仪表通电且输入频率0赫兹，在0刻度线中心位置压入指针，允许误差为-2度；手工将夹具推入到压针位置后设备自动压针，这时目测检查指针的压力指示，当压力超过规定范围并报警时，它所对应的仪表压力不合格，返修，反之进入下一步操作；检查指针零位位置及高度是否符合要求；用离子气枪对前框架进行防静电及除尘处理后装在后盖组合上，使各个卡扣扣住后盖组合；用离子气枪对玻璃进行防静电及除尘处理后装在前框架组合上，使各个卡扣扣住前框架后盖组合；将装配好的合格组件流入下道工序。

检验内容：（检验手段是目测，检验频次是连续）标度盘无明显的划伤、漏光等外观缺陷；检查标度盘是否平整，是否卡在灯箱架的卡口内；指针无漏装、错装，无明显划伤、漏光、黑点等缺陷;指针压紧力:30牛顿～80牛顿,压力显示仪;首件检验(5只/次)/设备连续;针帽最低点到标度盘正面的垂直距离;检查气压是否在范围内;玻璃是否有划伤、黑点、缩影等外观缺陷;各个卡口装配是否到位、卡扣是否断裂;检查指针位置是否准确;仪表内是否有灰尘、垃圾等外观缺陷。

统计方法:操作工用《不合格品评审处置记录卡》(F－W－913.01A3)作记录,检验员用《不合格品评审处置统计卡》(F－W－913.01A4)作统计。首件记录于《装配首件检验单》(F－W－910.01A1),指针压紧力每半年进行一次X-R控制图的统计。

老化测试步骤 作业准备、工艺参数、老化过程、检验、统计。

使用设备:老化试验台。

作业准备:操作工戴好防静电手套并测试合格静电放电保护装置;开启设备总电源至"ON"位置,接通计算机主机、显示屏电源开关、稳压电源开关,打开ZP11老化程序,进入测试界面。

工艺参数:老化时间20分钟,稳压电源设置为12.5伏特±1伏特。

老化过程:将上道流下的合格组合件分别放入老化台夹具内;设置仪表的震动老化时间为20分钟;点击对应的图标开始震动老化;震动老化20分钟结束;将老化好的合格组件后盖上并贴上绿色圆标签后流入下道工序。仪表老化流程,测试车速表和转速表循环40秒;测试燃油指示循环40秒;测试冷却液温度指示循环40秒;一个循环时间为120秒,指示灯每间隔5秒点亮一次。显示界面上的模块显示黄色,说明该模块在运行中;显示界面上的模块显示绿色,说明该模块已运行结束;显示界面模块下的数字为老化的倒计时。

检验内容:指示灯是否亮,颜色、亮度是否正常;仪表外观是否有明显缺陷;仪表运行是否平稳,指针是否有卡滞现象。

统计方法:操作工用《不合格品评审处置记录卡》(F－W－913.01A3)作记录,检验员用《不合格品评审处置统计卡》(F－W－913.01A4)统计。

装配校验工序步骤 设备、准备、校验、检验、统计。

使用设备:校验台。

作业准备:操作工戴好防静电手套并测试合格静电放电保护装置;开启设备总电源至"ON"位置,接通计算机主机、显示屏电源开关,打开ZP11程序,选择相应的型号按确认进入测试界面。每班生产前必须对封样件进行检测以验证设备,记录《样品点检记录表》(F－W－904.02E1);每班生产必须将首件保存至本班结束,并在本班结束前用该表验证设备;每班首件的条码和末件条码必须验证正确并记录《标签确认记录表》(F－W－910.01A8)。

校验过程:将仪表置于校验台定位装置上,按双按钮开始测试。设备自动测试防盗系统,目测防盗指示灯是否熄灭(熄灭后继续下一步);测试静态电流,通信,检测仪表的软硬件版本、PN、VCF、VIN码;测试内照明及所有指示灯亮;全部熄灭;测试倒车雷达;检测燃油表满刻度(F)档(8格);检测燃油表1/2档(4格);检测燃油箱低油量报警点(红色发光二极管闪烁);检测红灯亮(红色发光二极管亮);检测白灯亮(白色发光二极管亮);检测燃油解报(红色发光二极管亮);检测燃油空档E(红色发光二极管闪烁);按双按钮将仪表转入摄像头位置;检测转速表0转/分钟档;校验转速表3 000转/分钟档;校验转速表6 000转/分钟档;校验转速表8 000转/分钟档;检测车速表0公里/小时档;校验车速表80公里/小时档;校验车速表160公里/小时档;校验车速表210公里/小时档;检测温度表蓝灯亮;检测温度表红灯亮;检测温度表红灯闪烁;按双按钮转出仪表并逐个检查指示灯:左转向→右转向→位置侧灯→前雾灯→后雾灯→防盗灯→门开报警→TCU故障→远光灯→ABS→驻车制动(EBD、制动液位低)→蓄电池充电→机油压力→安全气囊→安全带→DBW→发动机故障→巡航(黄色)→巡航(绿色)→档位检测→LCD检测→综合测试→左右转向灯(无点火)→BCM报警(无点火)→位置侧灯(无点火)→远光灯(无点火)→手刹未拉(无点火);测试结束,打印条形码;取下仪表,外观、性能合格的贴上条形码标签;将合格组合件流入下道工序。

档位显示为:D—N—R—P—1—2—3—4—5(包括显示:S—W—A—E)。

LCD显示:0—1—2—3—4—5—6—7—8—9(包括显示:Service Logo—Fuel—平均符号—L/100 km—km—km/h—A—B)。

整个校验过程中,仪表指示误差用 up/down 键修正;每校验步骤间用 OK 键切换;出错按 fall 键。

检验内容:外观无明显漏光、划伤、污迹等缺陷,无缺件,仪表的2个指针是否在规定位置,仪表各项性能是否符合要求。报警指示灯、照明灯应亮,颜色是否正确。显示屏显示是否缺或多笔画。条码是否正确,漏贴。

检验频次:连续。

统计方法:操作工用《不合格品评审处置记录卡》(F－W－913.01A3)作记录,检验员每月统计一次,并记录于《不合格品评审处置统计卡》(F－W－913.01A4)。

各校验点数据 生产流程所涉及的各校验点数据见表3－3－32～表3－3－35。

表3－3－32 上海德科公司801－ZP11型汽车组合仪表总成车速表校验情况表

指示车速(公里/小时)	指示误差(公里/小时)	输入数据符号
80	±2	1E10
160	±2	3C20
210	±2	4EFA

表3－3－33 上海德科公司801－ZP11型汽车组合仪表总成转速表校验情况表

指示车速(转/分钟)	指示误差(转/分钟)	输入数据符号
3 000	±100	4B00
6 000	±200	9 600
8 000	±350	C800

表3－3－34 上海德科公司801－ZP11型汽车组合仪表总成冷却液校验情况表

显 示 信 息	输入数据符号
蓝灯亮	80
红灯亮	E0
红灯闪烁	E6

表 3-3-35　上海德科公司 801-ZP11 型汽车组合仪表总成燃油表校验情况表

显 示 信 息	输入电阻（欧姆）
E（红灯闪烁）	200.0
燃油报警（红灯闪烁）	192.0
燃油红灯亮	175.1
燃油白灯亮	160.6
燃油解报（红灯亮）	178.1
燃油 1/2（4 段）	120.0
F（8 段）	40.0

功能测试步骤　设备、准备、校验、检验、统计。

使用设备：功能测试台、条码扫描枪。

作业准备：操作工戴好防静电手套并测试合格静电放电保护装置；开启设备总电源至"ON"位置，接通计算机主机、显示屏电源开关，打开 ZP11 程序，选择相应的型号按确认进入测试界面。

每班生产前必须对封样件进行检测以验证设备，记录于《样品点检记录表》(F-W-904.02E1)；

每班生产必须将首件样品保存至本班结束，并在本班结束前用该表验证设备；

每班首件的条码和末件条码必须验证正确并记录于《标签确认记录表》(F-W-910.01A8)。

校验过程：检查前道组件的外观，扫描条码是否符合要求，将合格的仪表置于校验台定位装置上。设备自动测试通信、软硬件版本、PN、VCF；测试内照明；测试指示灯；红色指示灯全亮；蓝色、绿色指示灯全亮；黄色指示灯全亮；检测燃油指示；检测转速表；检测车速表；检测温度指示。

检验内容：检查各指针运行是否平稳，扫描时应无呆、轧现象。各报警指示灯、内照明灯是否亮，颜色是否正确，检验仪表玻璃、标度盘、指针等外观是否有划伤、漏光、污迹缩影等明显缺陷。零件装配是否到位，卡扣是否卡住，是否装配完整。检查 2 个指针位置是否在刻度 0 与－2 区域之间，仪表摇动是否有异响，检查条码是否正确。测试完毕，在 2 玻璃凸台处贴上带胶垫片，接缝处贴上防拆标签，将合格仪表套入塑料袋装上专用推车。

检验频次：连续。

统计方法：操作工用《不合格品评审处置记录卡》(F-W-913.01A3)作记录，检验员用《不合格品评审处置统计卡》(F-W-913.01A4)统计。

总装配线步骤　设备、准备、校验、检验、统计。

使用设备：功能测试台。

作业准备：操作工戴好防静电手套及已测试合格的静电放电保护装置；开启设备总电源至"ON"位置，接通计算机主机、显示屏电源开关，打开 ZP11 程序，选择相应的型号按确认，进入测试界面。

每班生产前必须对封样件进行检测以验证设备，并记录于《样品点检记录表》(F-W-904.02E1)；每班生产必须将首件样品保存至本班结束，并在本班结束前用该表验证设备；每班首件的条码和末件条码必须扫描验证正确并记录于《标签确认记录表》(F-W-910.01A8)。

检查前道组件的外观、条码等是否符合要求。将合格的仪表置于校验台定位装置上。

校验过程：设备自动测试通信、软硬件版本、PN、VCF；测试内照明；测试指示灯；红色指示灯全亮；蓝色、绿色指示灯全亮；黄色指示灯全亮；检测燃油指示；检测转速表；检测车速表；检测温度指示。

检验内容：检验各指针运行是否平稳，扫描时应无呆、轧现象。各报警指示灯、内照明灯是否亮，颜色是否正确，检验仪表玻璃、标度盘、指针等外观是否有划伤、漏光、污迹、缩影等明显缺陷。零件装配是否到位，卡扣是否卡住，是否装配完整。检查2个指针位置是否在刻度0与−2区域之间，条码是否正确，垫片是否贴牢靠。防拆标签是否贴好。摇动仪表是否有异响。测试完毕，合格仪表总成后盖绿色标签写上GP12，装入塑料袋流入包装车间。

检验频次：连续。

统计方法：每班生产用GP12专用记录表统计。

返工步骤 器具、修正、检验、统计。

使用器具：斜口钳、恒温电烙铁。

将装配过程中出现的不合格品，根据标明的原因在对应工序上进行返修。

发现如指针、标度盘、玻璃等外观有划伤、漏光、黑白、缩影点等不可修复的零件问题时，可根据相应缺陷情况，对相应零件进行调换，然后按作业指导书重新装配。

如报警指示灯、照明灯不亮或仪表性能问题，将灯箱架、标度盘、前框架拆下，取出线路板，将写有缺陷的标签贴在线路板上，退回线路板事业部返修。换上相应零部件，按工艺流程重新装配。

指针的拆除按仪表返工指针拆除作业指导书执行。

按作业指导书重新校验。

仪表断电前2个指针位置必须与图片比较是否在刻度0与−2区域之间。

统计方法：返工件用ZP11专用返工记录表统计。

注：任何拆开过仪表的返工件必须重新按工艺流程校验—功能检测—GP12；凡返工件必须在仪表反面用白色记号笔画小圆点标记。

【主要设备】

上海德科公司801-2P11型汽车组合仪表所用到的主要设备见表3-3-36。

表3-3-36 上海德科公司801-ZP11型汽车组合电子仪表零部件工艺设备情况表

名　　称	编　　号
装配垫具	J-ZP-0106
压针机	471-973
离子气枪×2	—
校验台	471-974
条形码打印机	Zebra S4M
条形码扫描仪	—
终测台	471-975
GP12测试台	471-994
老化测试台	471-1022

【企业选介】

上海德科公司 是上海长江总公司所属企业，前身是上海市国营长江仪表厂。1980年9月，更名为上海市长江仪表厂，12月更名为上海长江仪表厂。1995年12月，由上海长江仪表厂和美国休斯电子国际公司合资组建上海德科电子仪表有限公司，注册资本12 242.5万元，双方各占股份50%。2000年10月，美国休斯电子国际公司更名为德科电子国际公司，上海长江仪表厂将其在上海德科电子仪表有限公司50%股权转让给上海农工商集团长江总公司。2006年上海德科公司回购德科国际电子公司拥有的上海德科50%的股份，企业由中美合资公司转中美合作公司。公司地址：上海市崇明县长江大街。主要经营业务为专业研发、生产各类汽车组合仪表、空调控制器及相关汽车电子产品。2010年，在册职工1 025人，高级职称3人，中级职称88人，高级技师1名，技师29人，高级工89人，中级工56人。

公司占地75 756平方米，建筑面积32 169平方米，具有年产各种轿车仪表200万套、空调控制器160万套、数字钟显示器100万套、传感器260万套和其他电子产品数百万套的生产及质量保证能力。20世纪80年代初，公司向德国大众引进了桑塔纳轿车组合仪表的设计与制造技术，并进行国产化研究和试制，直至全部实现国产化。90年代初，公司开始自行开发研制桑塔纳2000仪表，1995年，被评为上海市优秀新产品二等奖。2005年起，公司凭借自身技术研发能力，不断拓展国际市场，部分产品远销欧美、泰国、俄罗斯等国家和地区。在国内拓展了一汽大众、海南马自达、华晨汽车、长城汽车、中兴汽车、东南汽车、长安汽车等数十家国内汽车企业制造商，产品品种也从汽车仪表发展到汽车空调控制器、传感器、汽车数字钟、网关等多种电子产品。公司经过多年发展和技术进步，已拥有相当数量的自主专利，2008年被评为上海市技术专利示范型企业，多款产品获国家及上海市重点新产品的各种奖项。按照中国汽车工业发展的总体布局，公司深入国内广大内陆腹地，借助区域经济的比较优势、成本上升优势，集合其他经济实体力量，以先进产品技术、严格的企业管理和领先的思想观念，建立吉林四平德科电子仪表有限公司、重庆德科电子仪表有限公司、森太克电子公司、望其汽车电子公司、敏越汽车零部件公司、雷州汽车零部件公司及埃斯蒂伊汽车销售公司等控股公司。

公司加强技术中心的建设，有选择地引进德尔福的先进技术，继续指派工程师到北美接受技术培训。同时追加技术中心的投资，购买国际上先进的电子汽车范畴的专有技术，以提升公司技术能力，维系和巩固企业在行业的领军地位。公司广泛寻求国内外技术合作，与上海通用、上海大众、沈阳华晨、海南马自达、长安汽车等主机厂合作开发拥有高技术含量的LAN、CAN、LIN等多项通信技术的电子产品，既提升企业自主技术开发能力，又与国际先进技术同步发展。2005年10月，德科公司实验室通过国家级实验室认可。公司成立品牌建设委员会，从技术、质量、服务、销售、物流等多方面入手，打出中国电子部件自主品牌概念，即高质量的自主开发、高质量的产品服务。巩固使用ERP管理系统，提升公司总体软件水平；实施精益管理，推行6西格马管理和9S管理模式，持续在全公司范围内开展降本增效活动，以此寻求最佳运作流程。2006年以来，公司每年平均新增3家客户，15个新产品项目。组合仪表、传感器、汽车电子钟、电子控制模块等产品不断推陈出新，促进企业可持续发展。

公司开展管理创新，倡导"准时的产品、准时的行动"理念，严格执行TS6949、《职业教育健康安全管理体系》(OHSA18001)和ISO14001，有计划地组织员工进行广泛的、长期的、多层次、多角度的知识和技术培训，将企业转变为学习型组织，在国内外市场保持较强的竞争力。

2007年公司通过上海市高新技术企业认定；2008年，获汽车及其他计数仪表制造行业排头兵企业称号，并被评为中国汽车2008—2009年度最具价值品牌汽车配件企业；2009年11月获中国汽车零部件仪表行业龙头企业称号，12月获中国仪器仪表20强证书；2010年1月，获2009年最具活力上海科技企业最佳产学研合作奖，12月获2010年中国工业行业排头兵企业称号。

表 3-3-37　2006—2010 年上海德科公司经营情况表　　　　　　　　　　（单位：万元）

年　份	2006	2007	2008	2009	2010
销售收入	30 340	41 947	42 834	32 594	55 138
利润总额	1 302	2 210	2 475	1 179	1 219
净利润	732	2 265	2 285	1 044	1 043

上海德科公司下属控股企业有上海埃斯缔伊汽车服务有限公司、烟台东岳电子仪表有限公司、上海敏越汽车零部件有限公司、四平德科电子有限公司、上海森太克汽车电子有限公司、重庆德科电子仪表有限公司。

上海埃斯缔伊汽车服务有限公司　是上海德科公司与上海恒伦汽车零部件有限公司共同出资创建的合资公司,股份比例为 51∶49。公司成立于 2006 年 6 月,主要业务为汽车配件销售、汽车配件制造、汽车美容、汽车维修等营销、服务业务。

公司营销的主导产品是上海德科公司所生产的各类汽车仪表、电子器件、冷暖空调控制面板和其他汽车电子产品,同时经营全国 32 家主机配件厂家的相关产品。公司实行经销商代理制,全国经销单位共 292 家。公司地址：上海市杨浦区江浦路 2100 号。

烟台东岳电子仪表有限公司　是上海德科公司在山东烟台投资的汽车仪表生产企业,成立于 2004 年 8 月,注册资本 500 万元人民币,总投资 2 000 万元。公司占地 18 400 平方米,一期建筑面积 5 082 平方米。

公司有 5 条生产装配线,主要生产汽车组合仪表、空调控制器、数字钟等,年生产能力达 20 万余套。产品主要为烟台通用东岳汽车、华泰汽车、沈阳华晨金杯汽车等企业产品配套。公司本着让顾客持续满意的理念,在积极开展技术创新的同时,开展零缺陷管理,优化技术,降低成本,提高产品质量。"团结、敬业、创业、务实"是公司的企业精神。公司地址：山东省烟台市(芝罘)APEC 科技工业园区东岳路 1 号。

上海敏越汽车零部件有限公司　由上海德科公司与上海敏博塑料模具厂共同组建而成,厂区占地面积 1 200 平方米,建筑用地面积 400 平方米,仓库面积 400 平方米。公司主要经营各类车用仪表指针、接插件及各类中小型塑料制品及设计与制造精密塑料模具。

公司主要产品为车用仪表指针总成,年产量达 500 万套,主要为上海德科公司、上海华控成套厂、江苏新通达电器有限公司、上海耀通电子汽车仪表有限公司、重庆矢崎仪表有限公司等企业产品配套。地址：上海市崇明县长江经济园区长江大街 188 号。

四平德科电子有限公司　是由上海德科公司和四平慧宇仪表电气有限公司共同出资组建的股份制企业。公司注册资本 1 000 万元人民币。占地面积 3.2 万平方米,建筑面积 1.2 万平方米,总资产 5 139 万元人民币,职工人数 228 人。

公司先后从日本 DENSO、德国 VDO 引进先进生产工艺、技术装备和检测设备,与上海交通大学、吉林大学等高等院校和科研机构建立了长期技术合作关系,被吉林省政府列为省级高新技术企业。公司生产经营电子组合仪表、电动燃油泵、各类传感器、开关、接插件、电动后视镜等 140 多种产品,年生产各种汽车组合仪表 60 万套,其他各类产品 500 多万只。产品主要为一汽、解放卡车、青岛解放汽车、天津一汽、吉林轻型汽车、哈尔滨轻型汽车、哈飞汽车、昌河汽车、沈阳华晨汽车、沈阳中顺、北京轻型汽车等 20 余家企业产品配套。地址：吉林省四平市铁东区平东大街 1276 号。

上海森太克汽车电子有限公司 是由上海德科公司与美国 DL 国际集团各出资 60％和 40％，为汽车发动机和汽车空调生产配套传感器等产品的合资公司。公司具有独立的专业技术开发能力，拥有与 SDE 互动的技术研发机制，产品质量达到国际同类产品水平。

公司主要研发、生产各种车用发动机、空调等使用的传感器、新型车用电热杯、数字信息多媒体系统及零部件、组合仪表、HVAC 控制面板，年产各种传感器 250 万套。同时销售上海德科公司自产产品，提供优质售后服务。公司为上海大众、上海通用、上汽公司、东安动力、重庆青山、江西齿轮、哈飞汽车、华晨汽车、长城汽车、中兴汽车、海马汽车等企业提供产品配套服务。地址：上海市崇明县长江经济园区长江大街 210 号。

重庆德科电子仪表有限公司 是上海德科公司的控股子公司，于 2006 年 12 月成立，注册资本 100 万元。公司占地面积 1 500 平方米，在册员工 40 人。公司经营范围为生产销售汽车组合仪表、空调控制器以及各类传感器等汽车电子产品。

公司第一期 3 条组装线生产组合仪表 50 万套、空调控制器 30 万套，公司柔性化、扁平化的生产线能满足客户即时需要。公司为长安汽车、长安福特、长安铃木、重庆力帆、江铃集团等提供产品配套服务。

公司以创新理念运用先进的科学管理和技术，将重庆德科打造成具有国际竞争力的企业，倡导强势企业、强势人格的企业文化，不断增强企业核心竞争力。地址：重庆市九龙坡二郎科城路科技创业园。

二、汽车水泵轴连轴承

【产量、品种和型号规格】

向明轴承公司是汽车水泵轴连轴承生产企业，主要产品有汽车水泵轴连轴承、发动机风扇托架轴连轴承、汽车风扇支架轴承、精密机床主轴轴承、电机轴承等。

2006 年，生产滚动轴承 291 万套；2007 年，生产 363 万套；2008 年，生产 353 万套；2009 年，生产 443 万套；2010 年，生产 541 万套，产量呈逐年增长趋势。其中 2010 年，水泵轴承出口国际市场 8.63 万套，销售收入 2.16 亿元人民币。

表 3-3-38 向明轴承公司主要产品品种和型号情况表

产品系列	类　别	说　明
WIB1630	汽车水泵轴连轴承	两列钢球
WIB1938	汽车水泵轴连轴承	—
WIR1630	汽车水泵轴连轴承	一列滚柱一列钢球
WIR1938	汽车水泵轴连轴承	
WIR5180	发动机风扇托架轴连轴承	双列滚柱单列钢球
A3910739	汽车风扇支架轴承	两列钢球
NN2 类	精密机床主轴轴承	
NAV 四类	电机轴承	—

表 3-3-39 2010 年向明轴承公司水泵轴承销售情况表

客户名称	全年累计销售（套）	销售收入（万元）
大　众	13 200	46.33
二　汽	377 975	979.74
向　化	165 267	514.73
银　河	39 396	62.65
西　峡	11 500	26.91
水泵浙江	725 195	1 016.14
雅士佳	2 799 865	4 005.53

向明轴承公司的产品注册商标为 [M]。

注册人：上海向明轴承厂有限公司。注册地址：上海市崇明工业园区秀山路 72 号，核定使用商标（第 7 类）：轴承（机器零件），滚珠轴承，传动轴轴承，滚珠用轴承，机器轴承托架，轴承用滚珠，轴瓦，车辆轴承，滚珠，轴承用滚珠圈。

【生产标准和生产工艺】

向明轴承公司滚动轴承水泵轴连轴承的生产标准：以《滚动轴承　水泵轴连轴承》(JB/T 8563—2010)代替原 JB/T 8563—1997，2010 年 2 月 11 日发布，2010 年 7 月 1 日开始实施。

【向明轴承公司】

向明轴承公司是上海长江总公司控股企业，前身为上海向明机械厂。占地面积 108 亩，建筑面积 4 万平方米。公司有 4 个生产车间、1 个辅助车间、1 个经营服务公司。厂址在崇明县南门港城桥镇东门路 42 号。

1988 年，由上海农工商集团向明总公司下属三个车间热处理、锻工和轴承车间合并组建向明轴承分厂，实施内部核算；1989 年开始，公司由前哨农场承包经营，以制造农业机械和轴承为主，同时制造部分工业机械，当年水泵轴承进入美国、泰国、巴基斯坦以及中国香港、中国台湾等国家和地区的市场。2003 年 10 月，向明总公司划归上海城隍投资有限公司管理；2004 年 9 月，以国有出资划转形式将向明总公司国有资产出资部分划转给长江总公司。2005 年 4 月，上海向明机械厂改制，长江总公司控股 70%、经营者群体持股 30%，组建上海向明机械有限公司和上海向明轴承有限公司。

新组建的上海向明轴承有限公司主要从事汽车水泵轴承和机床轴承的生产销售，公司注册资本 500 万元人民币，其中长江总公司投资 350 万元，占总股份 70%；经营者群体投资 150 万元，占总股份 30%。2010 年在册职工 138 人，其他从业人员 262 人。

公司是集研发、制造、销售为一体的汽车水泵轴连轴承专业生产企业，占地面积 15 000 平方米，建筑面积 9 000 平方米。公司自 2005 年转制后，汽车水泵轴承年生产规模达到 700 万套，产值达到 1 亿元，产品型号从原来 100 多种发展到 1 800 多种，从为桑塔纳轿车配套延伸到为大型商务用车、大型工程车辆配套。企业研发能力、生产规模、产品质量均处于行业细分市场的龙头地位。企业产品55%为出口产品,主要出口美国ASC、西班牙道氏、韩国斗山等著名企业。

公司推行6S管理模式,建立TS16969产品工序全过程质量保障体系,确保产品质量。企业于2010年2月获国家工商行政管理总局商标局核准颁发的以"XM"为图形的商标注册证,企业生产制造的汽车水泵轴连轴承被推荐为上海市名牌产品,一个型号的汽车水泵轴连轴承被认定为具有国内领先水平的国家专利产品。

表3-3-40　2006—2010年向明轴承公司经营情况表　　　　　　　　（单位：万元）

年　份	2006	2007	2008	2009	2010
销售收入	4 421.48	5 464.53	5 297.78	6 270.29	7 590.41
利润总额	703.36	1 004.50	733.91	878.19	1 560.29
净利润	570.44	743.26	656.38	791.99	1 473.15
生产总量(套)	2 588 700	3 324 100	3 386 000	4 103 500	5 408 000

第四篇

商 业

概　　述

商业是光明食品集团"5+1"核心业务之一,是集团食品产业的先导性板块和自主品牌食品的销售、展示窗口,也是集团现金流的主要贡献者和重要的利润来源。光明食品集团商业具有相对竞争优势,其销售规模、市场覆盖率、品牌影响力在国内保持行业前列地位。

光明食品集团商贸流通相关业务主要包括大型综合超市、连锁超市、便利店、专业店、网上购物、品牌食品代理、集成服务和其他贸易业务。光明食品集团形成了以农为本、低成本、多业态相结合的连锁零售发展模式,至2010年年底,拥有4 000多家连锁销售网点及96858、上海富尔等电子商务网络。集团下属南浦、捷强分销业务覆盖全国5.5万家终端网络,并与可口可乐、百事可乐、雀巢、达能、三得利、麒麟、统一等国际著名公司开展广泛的合资合作。光明食品集团还拥有业态组合比较完整的连锁商业业态,初步形成以上海为中心、覆盖华东地区的零售市场网络体系和辐射全国的食品分销网络体系。

光明食品集团所属商业企业主要有农工商超市集团及其所属的上海可的便利店有限公司、上海好德便利有限公司、上海伍缘杂货有限公司;上海梅林正广和股份有限公司所属上海梅林正广和便利连锁有限公司和上海正广和网上购物有限公司;烟糖集团所属上海第一食品连锁发展有限公司、上海捷强烟草糖酒(集团)有限公司、上海农工商配送有限公司、上海南浦食品(集团)有限公司、上海新境界食品贸易有限公司;上海五四有限公司所属上海都市生活企业发展有限公司、上海市农工商长征医药有限公司;上海农工商投资公司所属上海爱森肉食品有限公司、上海牛奶棚食品有限公司;上海农工商房地产(集团)股份有限公司所属上海城隍珠宝有限公司、上海长江总公司所属上海中油农工商石油销售有限公司(简称"农工商石油销售公司")等。

在光明食品集团营业收入中,商业是主要收入来源之一。在商业销售分类中,2010年食品、饮料、烟酒类商品销售收入为491.67亿元。

批发零售业营业收入是光明食品集团第三产业营业收入主要来源,2006年批发零售业营业收入占第三产业总营业收入的88.8%,2010年占85.7%。

光明食品集团2006年批发零售企业80个,网点3 591个,营业面积158.45万平方米,营业收入377.58亿元,利润8.29亿元;2010年批发零售企业68个,网点4 340个,营业面积113.42万平方米,营业收入543.75亿元,利润7.38亿元。

光明食品集团2006—2010年批发零售业从业人员相对稳定,2006年为30 766人,2010年为31 170人。

光明食品集团2006年批发零售业固定资产投资42 693万元;2010年为24 361万元。

第一章 零 售 业

零售业在光明食品集团商贸经营中占重要地位,形成了"大型超市+超市+便利店+折扣店"等多业态的组合,集团的便利店经过整合店铺数量达全国第一。集团旗下拥有包括"农工商""好德""可的""第一食品""捷强"等多个零售品牌,零售网络已辐射华东地区主要城市。2006年集团零售业零售额199.99亿元,2007年226.03亿元,2008年245.13亿元,2009年207.57亿元,2010年185.4亿元。

光明食品集团零售业中,主要为食品、饮料、烟酒类和日用品类,其中食品饮料烟酒类2009年销售额1 593 160万元,2010年1 384 757万元。

表4-1-1 2009—2010年光明食品集团商品零售额分类情况表 （单位：万元）

年份	食品饮料烟酒	服装鞋帽	金银珠宝	日用品	家电音像	汽车	石油制品	其他类	其他<1%商品
2009	1 593 160	41 425	56 792	196 398	46 604	49 507	3 879	62 519	25 395
2010	1 384 757	41 965	74 275	188 354	48 142	86 877	3 450	9 641	16 565

光明食品集团从事零售业的从业人员主要分布在农工商超市集团及其所属上海可的便利店有限公司、上海好德便利有限公司、上海伍缘杂货有限公司,烟糖集团所属上海第一食品连锁发展有限公司、上海捷强烟草糖酒（集团）有限公司。2010年光明食品集团零售业从业人员平均人工成本32 806元,人工成本占总成本5.5%。

表4-1-2 2010年光明食品集团零售业人工成本及投入产出效益情况表

从业人员平均人工成本(元)	人工成本占总成本(%)	百元人工成本创造价值(元)			劳动分配率(%)
		增加值	销售收入	利润	
32 806	5.5	215	1 920	65	46.5

第一节 业务类型和经营方式

一、业务类型

光明食品集团零售业的主要业务类型为连锁超市、便利店、专业店和电子商务。

【连锁超市】

连锁超市是光明食品集团商业领域最具活力的业态。农工商超市集团前身是以经营连锁超市为主要业务的大型综合零售集团,以经营大卖场、便利店以及生鲜超市为主要业态,以华东地区为主要发展区域。在光明食品集团零售板块收入和利润构成中,农工商超市集团占了很大比例。农工商超市集团拥有农工商超市、好德便利、可的便利、便利通电子商务、好德企业、好德物流、真德食品、伍缘杂货、好德置业等9家下属公司和连锁经营进修学院,拥有数千家连锁店,是多业态发展的全国性大型连锁企业集团。农工商超市集团成立以来坚持"以农为本"的经营特色,2002年被国家农业部等九部委认定为"农业产业化国家重点龙头企业",2004年被商务部认定为全国流通领域重点培育的大型企业集团。在2006年首次举办的"上海市服务名牌"评选中,"农工商牌"获"上海名牌",集团连年获"普陀区纳税第一大户"称号。

2010年农工商超市集团拥有营业网点3 206个,营业面积993 913平方米。

表4-1-3 2006—2010年农工商超市集团网点、营业面积情况表

年　　份	网点(个)	营业面积(平方米)
2006	1 872	1 364 005
2007	3 218	1 670 429
2008	3 330	1 026 301
2009	3 338	1 026 139
2010	3 206	993 913

在1996年全国最大的连锁超市排名中,农工商超市集团以年度销售额24 860万元名列第五位;1998年上半年销售额进入全国商业"八强"行列,销售额增长率为全国第一;2001年上半年完成销售额38.95亿元,名列全国连锁企业第二。2005年上海商情信息中心公布的《2005年度供应商眼中的连锁商业》专题报告披露,农工商超市集团的信用指数、管理指数和总体满意度指数均列上海连锁零售企业第一,被评为"2006供应商综合满意领先企业"。在上海商情信息中心供应商满意度测评办公室发布的《2008年度供应商满意度调查报告》中,农工商超市的综合满意指数、费用指数、信用指数、流程管理指数、营销指数等多项指数在超市行业中继续排名榜首。

农工商超市不断向现代商业迈进,从当初的200平方米第一代小超市开始起步,发展到以百货为主的1 000至3 000平方米的第二代超市,1998年先后在浙江、江苏、江西、安徽等二线城市新店开业。1999年作为第三代超市象征的"118大卖场"在公司总部基地正式开张,标志着农工商超市形成"大、全、廉"的经营格局。农工商超市集团以后又大力推进以社区商业服务中心、具有综合服务功能的第四代超市,引进了餐饮服务、便利服务、旅游服务、社区服务以及品牌专卖店,多种业态的商业模式组合既提高了消费者的选择性、便利性,又增强了消费的互补性。

2003年9月,作为光明食品集团连锁超市旗舰、建筑总面积达9万平方米的农工商超市118店大卖场扩建项目开工建设,2008年1月开张营业。118店大卖场和综合商业大楼结构为地下二层(停车库和设备用房),地面七层,局部八层。地上一层为品牌专卖区,第二、三层为118大卖场,第四层为农工商家电大卖场,第五层为仓库及118店办公区,第六至第八层为农工商超市集团总部、好德便利、可的便利公司的办公场所。118店大卖场与综合商业大楼第一至第四层的楼面相互通达,在118店大卖场购物的消费者可以方便地进入综合商业大楼各个楼面购物、就餐、休闲、娱乐,琳琅满目的商品满足了市民"一站式"购物需求。

【便利店】

作为光明食品集团商贸业生力军的便利店发展迅速,主要有好德便利、可的便利、伍缘杂货(伍缘折扣店)和"光明"便利店等,主要企业有农工商超市集团所属上海可的便利店有限公司、上海好德便利有限公司、上海伍缘杂货有限公司和上海益民食品一厂(集团)有限公司所属上海梅林正广和便利连锁有限公司等,这些便利店主要经营食品、副食品和日用百货等商品。

上海好德便利有限公司 2001年4月15日第一家好德便利门店在欧阳路375号正式开张;6月28日,好德便利50家门店同时开张;当年年底,好德便利共开业150家,创下了平均每三天开2家门店的奇迹。2002年年底,好德便利门店达到503家,日均销售额比上年同期增长30%。2003年11月,好德便利门店数突破1 000家,在第五届中国连锁业大会暨展览会上,好德便利获中国连锁业"最佳店铺奖"。

上海可的便利有限公司 光明乳业于1996年投资成立,是中国便利店行业中成立最早的企业之一,其门店遍及上海及长江三角洲21个大中城市。2007年12月通过市场化运作,"可的"便利和后起之秀"好德"便利进行合并,农工商超市集团实行便利店"双品牌"战略,使"好德"和"可的"便利店在企业规模、管理、技术和服务等方面跃居全国同行业领先地位。2006年好德便利综合指数位列第六,2007年排名第二,2008年名列第一,信用指数、营销指数名列榜首。可的便利2008年名列全国16家便利店企业第五名。

上海伍缘杂货有限公司 2002年10月"伍缘杂货"在农工商超市门店开出首个形象专柜,当年开出形象专柜40多个。2003年7月"伍缘杂货"首家专卖店在农工商超市马鞍山大卖场开张,加快了"伍缘杂货"进入市场化运作的步伐。2004年9月农工商超市集团所属3家伍缘折扣店同时开张,填补了沪上折扣店形式的连锁商业业态空白。2005年新开"伍缘折扣店"180余家,门店总数达200家,并获上海市商业创新奖和中国零售创新奖。伍缘折扣以相对便利店甚至大卖场更低廉的商品价格、品质和更贴近市民需求的"开门七件事"的商品结构,逐步赢得了市场,经营规模稳步扩展。

上海梅林正广和便利连锁有限公司 以"便民、利民,一切为顾客着想"为宗旨,以店铺零售新业态——便利店,经营食品、副食品和日用杂货,实行统一标识,统一经营,统一管理,实行全年无休24小时昼夜服务。正广和便利公司前身为"小豆苗"连锁超市,2009年统一更名为"光明"。光明便利门店作为一种便捷型连锁业态,遍布全市商业街区和街道社区,适应了市场和消费者需求,已形成规模化经营。

公司经营范围为食品、副食品、饮料、糖果、烟、酒、粮油及制品、文化用品、日用百货、服装鞋帽、针棉织品等2 500多种商品,同时还拓展服务内容,代售IP卡、公用电话、复印、传真、洗涤等社区型服务,为广大消费者提供了一个融购物与服务于一体的便民、利民的消费平台。

公司2010年销售烟酒饮料2 572万件,日配生鲜(奶制品、冷饮)424万件,销售食品(糖果、休闲食品)312万件,销售收入37 722万元。

表4-1-4 2010年上海梅林正广和便利连锁有限公司主要销售商品情况表 (单位:万件)

商品	烟酒饮料			日配生鲜		食品	
	香烟	酒	饮料	奶制品	冷饮	糖果	休闲食品
销量	1 444	137	991	230	194	180	132

公司有风幕冷柜 197 台、箱式和小型送货车 11 辆;公司建筑面积为 16 480 平方米,营业面积为 13 184 平方米,仓库面积为 4 152 平方米。公司对供货商提供的产品加强管理,精选商品,供货商由 2006 年 310 家逐年减少至 2010 年的 212 家。

表 4-1-5　2006—2010 年上海梅林正广和便利连锁有限公司经营情况表　　　　（单位:万元）

年　　份	2006	2007	2008	2009	2010
销售收入	30 520	33 622	34 604	34 659	37 722
利润总额	129	93	102	17	25
净利润	104	76	102	17	25
供货商数(家)	310	269	226	216	212
门店数(家)	230	227	214	198	193

【专业店】

光明食品集团商贸业的专业门店主要经营食品、蔬菜、肉制品和珠宝玉器类等商品。主要企业有上海第一食品连锁发展有限公司、上海牛奶棚食品有限公司、上海爱森肉食品有限公司、上海都市生活企业发展有限公司、上海城隍珠宝有限公司等。

食品专业店　光明食品集团食品专业经营公司主要有上海第一食品连锁发展有限公司和上海牛奶棚食品有限公司。

上海第一食品连锁发展有限公司(简称"第一食品公司")是全国最大的老字号专业食品零售企业之一,也是上海烟糖行业规模最大、销售额和盈利水平最高、最具影响力的零售标杆企业。公司不断优化商业布局,着力加快发展步伐,构建并扩大全市零售网络。公司有第一食品南东店、梅陇店、杨浦店、中环店、南桥店、三林店等连锁门店商业网点,实现了第一食品连锁网络从市区向郊区布局,从市级商业中心向区域核心商圈延伸,扩大了第一食品专业零售网络的覆盖面。

表 4-1-6　第一食品公司连锁门店情况表　　　　（单位:平方米）

开业时间	门店名称	地　　　　址	合同面积
1954 年 4 月 1 日	南东店	黄浦区南京东路 720 号	16 886
2005 年 1 月 22 日	梅陇店	徐汇区梅陇路 255 号	735
2007 年 2 月 8 日	杨浦店	杨浦区邯郸路 600 号	19 498
2009 年 7 月 11 日	中环店	普陀区真光路 1288 号 B-1F-10	4 526
2010 年 9 月 30 日	南桥店	奉贤区南桥新城百齐路 588 号百联南桥购物中心一层	2 825
2010 年 12 月 8 日	三林店	浦东新区永泰路 1058 弄 18 号;东明路 2736 号、2752 号;泰环路 93 号 101 室、102 室	2 334

第一食品公司主要经营食品类商品,2010 年经营商品达 43 个大类、18 964 个品种。销售的进口食品涉及 50 个国家和地区,其中阿根廷食品 16 个,奥地利食品 292 个,比利时食品

289个,英国食品138个,智利食品42个。这些进口食品大大丰富了食品种类,满足了消费者的需求。

南东店是第一食品公司的旗舰店,坐落在"中华第一街"南京东路步行街上。该店定位于"现代食品零售专业店",销售近万种中高档品牌食品。

梅陇店主要销售各类食品和烟酒等。

表 4-1-7　2005—2010年第一食品梅陇店主要商品销售情况表　　（单位：万元）

品　种	2005	2006	2007	2008	2009	2010
饼干	29.54	33.79	31.55	42.06	31.18	40.33
补品	32.97	29.9	65.24	91.43	69.77	69.08
糖果	39.67	40.84	46.70	77.06	84.84	93.65
巧克力	28.59	36.25	41.86	50.53	77.19	96.77
粉质饮料	39.12	40.87	52.09	72.05	81.49	82.60
海味	14.99	15.23	9.49	0.77	1.84	0.75
香烟	308.86	404.71	401.10	529.20	644.34	726.29
冷饮	6.20	7.70	4.51	3.59	1.50	2.18
茶叶	10.27	9.03	10.10	12.38	13.02	16.23
南北货	55.14	58.18	60.72	60.52	88.85	123.26
炒货	162.08	176.39	209.15	272.72	325.63	454.12
蜜饯	28.52	31.5	41.05	61.47	64.33	68.7
粮油	5.27	5.02	7.46	13.99	16.22	20.74
酱菜	29.37	26.2	27.93	37.99	38.19	55.01
调味品	5.65	5.21	3.87	5.96	7.20	6.77
罐头	0.02	3.53	0.76	1.24	0.98	0.99
卤味	208.71	155.7	191.69	256.12	274.94	327.20
无糖食品	19.85	23.67	29.48	36.67	42.47	56.62
腊味	33.65	45.32	63.94	77.40	76.39	88.35
速冻	44.10	81.53	55.02	0.29	7.76	7.75
糕点	115.81	150.99	169.97	234.96	234.97	287.72
面包	15.70	17.38	16.73	—	—	—
日用杂货	3.08	0.08	0.01	0.99	1.02	7.44
引厂进店	223.65	247.7	242.70	110.32	43.08	42.05
月饼节	59.07	97.94	122.76	144.82	43.33	45.03
洋酒	7.11	7.57	7.29	4.90	6.69	5.69

〔续表〕

品　　种	2005	2006	2007	2008	2009	2010
国酒	30.61	39.06	39.41	54.64	60.31	126.70
水质饮料	36.58	33.65	28.49	30.51	19.70	22.31
原料	0.80	1.20	0.86	0.23	—	—
礼盒赠品	0.15	—	0.01	—	—	0.15
水产类	—	—	—	1.41	1.81	2.70
美食部	—	—	13.65	17.36	39.67	78.57
冷藏类	—	—	5.96	25.17	29.92	27.59
纸、塑料	—	—	0.05	0.16	—	—
鲜肉类	—	—	8.86	54.24	109.36	1 548.04
面包及中西式糕点	—	—	22.86	125.35	131.51	111.56
水果	—	—	—	1.71	11.04	6.71
常温计划	—	—	0.18	5.29	21.81	34.36
小吃	—	—	21.54	66.83	118.29	133.77
日配部	—	—	0.14	—	—	—
蔬菜	—	—	—	—	2.68	3.21

第一食品杨浦店主要经营销售各类食品、零售烟酒、开办各类小吃店以及提供会务服务等。

表4-1-8　2007—2010年第一食品杨浦店主要商品销售情况表　　　　　　（单位：万元）

品　　种	2007	2008	2009	2010
饼干	90.23	120.35	137.63	171.59
补品	869.48	1 554.96	2 170.55	2 831.57
糖果	276.32	362	400.30	468.32
巧克力	243.89	396.98	451.46	535.28
粉质饮料	200.56	334.27	416.22	480.21
海味	120.99	193.35	250.45	325.36
香烟	415.09	932.20	1 080.74	1 355.60
冷饮	36.63	9.76	8.61	5.49
茶叶	196.75	289.10	335.87	381.23
南北货	255.38	436.24	655.20	796.97
炒货	1 414.08	2 644.54	2 944.60	3 536.27

〔续表〕

品　种	2007	2008	2009	2010
蜜饯	356.58	589.83	702.79	844.10
粮油	62.95	97.14	108.40	80.69
酱菜	62.95	97.87	127.33	134.09
调味品	34.98	39	47.34	35.77
罐头	12.52	15.03	5.11	17.95
卤味	631.27	1 071.64	1 268.08	1 568.24
无糖食品	87.21	129.39	132.17	155.15
腊味	171.26	297.38	316.54	328.75
速冻	203.01	43.58	17.14	34.59
糕点	861.53	1 301.02	1 675.62	2 298.55
面包	40.18	—	—	—
果蔬	37.99	51.23	40.61	44.26
鲜肉	186.67	516.01	378.41	663.69
美食	246.98	296.91	349.03	485.58
水产	87.66	87.22	75.35	88.92
日配	21.36	16.64	0.77	—
冷藏	91.31	127.76	120.43	93.60
中西式糕点	973.17	1 489.53	1 882.54	2 477.27
水果	184.80	226.15	279.88	296.97
常温计划	16.33	55.71	77.85	90.25
厨房用品	—	0.03	—	—
日用杂货	1.03	8.31	11.72	33.09
引厂进店	0.01	0.09	—	—
月饼节	202.70	286.85	272.09	236.08
洋酒	7.29	272.62	379.99	469.06
国酒	337.39	665.87	1 242.52	2 077.12
水质饮料	177.22	170.22	165.57	216.59
赠品	0.46	0.06	0.01	0.34
礼盒	2.02	−0.01	—	2.64
小吃	948.69	1 416.79	1 787.51	2 515.71

第一食品南桥店经营范围为预包装食品、散装食品、乳制品批发兼零售、小吃店、酒类商品等。

表4-1-9 2010年第一食品南桥店主要商品销售情况表　　　　　　　　　　（单位：万元）

品　种	销售收入	品　种	销售收入	品　种	销售收入
饼干	5.46	酱菜	6.12	冷藏类	1.95
补品	66.36	调味品	1.38	面包及中西式糕点	51.69
糖果	27.97	罐头	0.46	水果	46.72
巧克力	20.90	卤味	40.96	常温计划	1.98
粉质饮料	8.92	无糖	9.62	日用杂货	1.16
海味	2.67	腊味	7.20	洋酒	15.47
香烟	42.23	速冻	2.09	国酒	77.24
茶叶	4.95	糕点	108.00	水质饮料	7.10
南北货	23.28	面包	—	赠品	1.51
炒货	131.17	蔬菜部	0.15	礼盒	0.23
蜜饯	41.64	鲜肉类	3.79	小吃	296.74
粮油	3.21	美食部	14.55	—	—

第一食品三林店经营范围为日用百货、家用电器、花卉、食用农产品、预包装食品、散装食品、乳制品销售等。

表4-1-10 2010年第一食品三林店主要商品销售情况表　　　　　　　　　　（单位：万元）

品　种	销售收入	品　种	销售收入	品　种	销售收入
饼干	1.30	酱菜	3.00	冷藏类	3.70
补品	8.05	调味品	0.14	面包及中西式糕点	5.26
糖果	12.09	罐头	0.07	水果	7.66
巧克力	6.87	卤味	27.61	常温计划	1.18
粉质饮料	2.99	无糖	3.33	日用杂货	0.08
海味	0.87	腊味	5.93	洋酒	0.88
香烟	18.21	速冻	1.66	国酒	11.11
茶叶	1.26	糕点	31.23	水质饮料	0.43
南北货	10.20	面包	—	赠品	0.05
炒货	27.68	蔬菜部	0.16	礼盒	0.02
蜜饯	11.80	鲜肉类	8.20	小吃	75.58
粮油	0.37	美食部	5.52	—	—

上海牛奶棚食品有限公司是以食品加工为主的自产自销连锁食品经营企业，生产销售西点和蛋糕等食品。公司实行统一生产、统一配送、统一价格、统一销售、统一管理、统一视觉（包括门店装

饰、标式、服饰等)的连锁销售模式。产品定位为优质、中价,主要吸纳中层消费群体。公司在上海拥有150多家连锁专卖门店,分布在全市13个区。公司坚持"西点+牛奶"的商业特色,选用优质、新鲜牛奶为原料,不断创新推出糕点新品,满足了市场中高档的消费需求。

肉制品专卖店 上海爱森肉食品有限公司,该公司是集种养加销一体化的专业化猪肉食品生产企业,注册商标为"爱森"牌。公司在初创阶段主要依托社会零售网点销售爱森品牌肉,2010年全市有640多个"爱森"牌肉制品销售网点。

表4-1-11 2010年上海爱森肉食品公司销售网点分布情况表 （单位:个）

店 名	数 量			合 计
	超 市	大卖场	外 地	
农工商	91	0	3	94
大润发	0	13	13	26
家得利	59	0	0	59
华联	115	0	0	115
伍缘	32	0	0	32
吉买盛	0	19	0	19
易买得	0	12	9	21
联华	7	0	0	7
物美	0	1	0	1
乐购	0	19	18	37
家家乐	1	0	0	1
好又多	0	9	4	13
菜场	49	0	0	49
都市菜园	4	0	0	4
专卖店	2	0	0	2
家乐福	0	19	18	37
时代广场	0	1	0	1
每家玛	0	1	1	2
沃尔玛	0	6	4	10
世纪联华	0	31	2	33
食品一店	0	4	0	4
汇金	5	0	0	5
大江上选	3	0	0	3
第一八佰伴	0	1	0	1
爱森优选	46	0	0	46

〔续表〕

店　名	数　量 超　市	数　量 大卖场	数　量 外　地	合　计
大统华	0	0	6	6
咥素道	1	0	0	1
华润万家	0	0	2	2
华润OLE	0	1	2	3
创果	2	0	0	2
乐得买	1	0	0	1
杭州大厦	0	0	1	1
天虹百货	0	0	2	2
迪亚天天	1	0	0	1
正育	0	0	3	3

上海爱森肉食品有限公司于2009年4月在位于奉贤区的燎原农场投资成立上海爱森食品销售有限公司，注册资本500万元，经营范围为销售"爱森"高档优质肉、肉制品、休闲食品。

为了搭建优质生鲜肉制品连锁专卖平台，公司于2009年5月开业3家"爱森优选"肉食品专卖店，至2010年年末共开设"爱森优选"肉类食品专卖店46家，门店员工157名，营业收入2 035.5万元。专卖店分布在上海市内的主要生活区域附近，根据顾客的消费需求，围绕"优质生鲜肉＋方便"的定位，主要经营商品为优质"爱森牌"冷却肉、腌腊制品、休闲食品及精心挑选的品牌优质牛、羊、禽肉产品，粮油产品、调味品等。

表4-1-12　2009—2010年爱森优选肉食品专卖店基本情况表

年　份	年末门店数(家)	门店员工(人)	管理员工(人)	全年营业额(万元)
2009	16	81	17	328.8
2010	46	157	26	2 035.5

蔬菜专卖店　光明食品集团以"三产联动发展，上控资源、中控物流、下控网络，整合资源，打通食品产业链"为目标，积极运作"都市菜园"农副产品自有终端连锁店，以连锁化的"都市菜园"强势终端品牌为核心，整合上游种植、养殖和食品加工基地，逐步形成了"从田头到餐桌"的跨越生产、加工、运输和销售的完整的现代农业产业链，从生产基地到终端销售全程农产品安全监控体系，汇集光明食品集团内与"菜篮子"密切相关的优质品牌食用农产品，使之成为"安全、放心、健康"的食用农副产品和渠道品牌，打造新时代的"菜篮子工程"。

上海都市生活企业发展有限公司(简称都市生活公司)。于2006年开始聚焦光明食品集团的食品主业，并涉足现代农业中的蔬菜产品营销，开始在标准化菜场里开办"都市菜园"专柜，销售蔬菜等农副产品。2008年在超市里开设"都市菜园"专柜；2010年尝试将"都市菜园"和上海社区对接,建立社区直供点或社区专卖店。都市生活公司借助上海市推广标准化菜场的机遇,大力拓展"都市菜园"项目,齐集集团内外18个品牌(其中集团内部13个)的农副产品、食品,逐步形成专业店、复合店、社区店三种销售模式。2009年10月获二项图形商标注册证,核定服务项目(第29类),使用范围包括:肉,家禽,鱼,肉制食品,果酱,腌制蔬菜,速冻方便菜肴,蛋,食用油,蔬菜色拉,干食用菌,豆腐制品。

珠宝玉器专卖店　上海城隍珠宝有限公司(简称"城隍珠宝公司")坐落于著名的豫园商圈,是经营珠宝首饰的专业企业。主要经营素金类(包括普通工艺黄金饰品、高工艺黄金饰品及铂金饰品)、钻石类(包括钻石裸石及钻石镶嵌饰品)、镶嵌类(包括红宝石、蓝宝石、祖母绿、猫眼等名贵宝石镶嵌饰品;石榴石、水晶、坦桑石等有色宝石镶嵌饰品及玉石镶嵌饰品);玉石类(包括和田玉饰品、和田玉摆件、翡翠饰品、翡翠摆件)等四大类产品,同时销售沉香、黄花梨、菩提、古玩等其他与珠宝相关的商品。

表4-1-13　2007—2010年城隍珠宝公司主要商品销售比例情况表

年　份	素金类(%)	钻石类(%)	镶嵌类(%)	玉石类(%)
2007	57	28	5	10
2008	60	25	4	11
2009	63	24	3	10
2010	60	18	4	18

城隍珠宝公司以销售上等和田玉与翡翠为特色,主要饰品种类有白玉饰品和翡翠饰品。

白玉饰品:有对牌、原石挂件、摆件等多个品种。公司选取优质和田白玉籽料由能工巧匠精心雕琢而成,集个性、内涵、典雅于一身。不可再生的上等白玉传承着华夏民族的传统文化,更是永恒的信物。

翡翠饰品:有挂件、手镯、摆件等多个品种。城隍珠宝旗下"翠玉皇"子品牌的天然高品质翡翠,色、种、水俱佳,是难得一见的稀世珍宝。另有中、低品质天然翡翠以满足各层次消费者的需求。

城隍珠宝公司主品牌为"城隍珠宝";子品牌"至爱"婚戒,主要是婚庆对戒;"翠玉皇"是玉器收藏的高端品牌。

【电子商务】

上海正广和网上购物有限公司系电子商务雏形,于1998年成立,由上海梅林正广和(集团)有限公司控股。正广和网上购物公司以电话和网络委托为主要销售形式,热线服务电话96858;网站域名96858.com.cn和96858.cn。公司有自建的信息技术平台、配送网络体系、96858订购电话和一米生活网站,为上海市民提供"电话一拨、鼠标一点,百货送到家"的近邻式社区服务。

96858商标是上海正广和网上购物有限公司的品牌,其前身为8588商标,于2002年4月经国家工商行政管理总局商标局核准。2003年根据信息产业部、上海市通信管理局的批复,更改为"96858"商标。核定服务项目(第32和35类):水(饮料),矿泉水,汽水,无酒精饮料,啤酒,可乐,纯净水(饮料),乳酸饮料(果制品,非奶),锂盐矿水,饮料制剂。96858已成为在上海拥有80余万家庭客户、上百个配送站、全市无销售盲区的"网上销售"品牌,2007年度和2009年度获上海服务名牌称号。

2010年7月经国家工商行政管理总局商标局核准,在第39、41类服务项目上注册了一米生活(www.1mlife.com)商标。

"96858网上超市"以供家庭消费的食品和日用品为主,由公司所属上海数字物流有限公司配送。

一米生活www.1mlife.com是公司全新品牌,汇集优质供应商的丰富商品,为客户打造健康、时尚、快乐的生活方式。公司的服务承诺是:商品上午订,下午送;下午订,晚上送;晚上订,次日送;特殊商品隔天送达。公司占地面积800平方米,订购台面积200平方米,拥有电脑200台,电话100门。

2010年电话委托5 916 275通,网络委托45 661次。配送服务覆盖上海市区和郊区部分地区。

表4-1-14　2006—2010年上海正广和网上购物有限公司电子商务情况表

年　　份	2006	2007	2008	2009	2010
电话委托数(通)	7 433 753	7 470 258	6 882 357	6 407 214	5 916 275
网络委托数(件)	—	—	22 320	28 167	45 661
拥有客户数(户)	1 523 265	1 738 959	2 089 269	2 284 691	2 605 792
供货商数(家)	167	154	147	131	119

2010年公司共销售饮料、烟酒、食品等各类商品1 086万件。

表4-1-15　2010年上海正广和网上购物有限公司销售商品情况表　　　　(单位:件)

大类	饮料	烟酒	食品	小家电	其他	通信	日用品
销量	8 714 512	121 074	571 123	6 704	1 266 074	97 167	86 090

上海正广和网上购物有限公司的物流配送由其全资子公司——上海数字物流有限公司承担。供货物流主要有两大类,一类是正广和饮用水公司车队运送桶装水、箱式水等,送至水站及直送团购大客户,而水站配送至千家万户;另一类是各供货商为网上购物公司提供网络销售商品。

公司旗下企业有上海数字物流有限公司、上海解放数字配送投递有限公司、上海正广和现代生活服务有限公司、上海源本食品质量检验有限公司、上海梅林正广和便利连锁有限公司。

上海数字物流有限公司　以仓储、服务、配送为主的物流公司,月配送服务约100万户,年配送能力40万吨。

上海源本食品质量检验有限公司　具有第三方公正地位的检验机构。该公司是为全食品行业服务的具有独立法人资格的社会中介机构,自建立以来已完成轻工业部、上海市下达的科研公关项目20余项,分别获国家级、轻工业部及上海市科技进步奖。

上海解放数字配送投递有限公司　与解放日报报业集团共同投资组建,拥有3 000家便利店零售终端,30多个发行站,除了发行解放日报报业集团的报刊外,还为30多种社会热销报刊提供配送服务。

上海正广和现代生活服务有限公司　具备第三方呼叫中心公共平台,专业从事直复营销现代服务业,具有邮购、呼叫中心、智能卡服务体系、物流配送经营资质。以服务正广和 VIP 客户为追求,倾情打造现代购物广告印刷品《广和生活手册》。

表 4-1-16　正广和网上购物公司合作合资企业情况表

企业名称	成立时间	所在地	注册资本（万元）	股权结构（%）	业务范围
上海梅林正广和便利连锁有限公司	1994 年 7 月 15 日	上海	2 500	网络 100	食品及日用品的零售
上海源本食品质量检验有限公司	2000 年 11 月 13 日	上海	800	网络 56,股份 44	食品质量检验
上海数字物流有限公司	2003 年 8 月 10 日	上海	300	便利 33,网络 67	物流配送
上海解放数字配送投递有限公司	2003 年 12 月 8 日	上海	267	网络 50,解放传媒有限公司 30,高阿洪 20	报刊配送

物流配送车队有 15 辆车,下属水站有 0.6 吨车 26 辆(含加盟站)。拥有 2 个货物储存仓库,其中通北路仓库 744 平方米、吴中路仓库 1 403 平方米。

二、经营方式

光明食品集团零售业经营方式主要有直营连锁经营和合伙合作承包,以及加盟店等。

直营连锁经营是光明食品集团商贸零售业的主要经营形式,由光明食品集团所属商贸企业总部直接经营、投资和管理。采取纵向管理模式,由总部直接掌管所有的零售网点,在总部统一领导下开展经营活动。光明食品集团所属的农工商超市(集团)有限公司、上海牛奶棚食品有限公司、上海都市生活企业发展有限公司、上海爱森肉食品有限公司、上海第一食品连锁发展有限公司、上海城隍珠宝有限公司、上海梅林正广和便利连锁有限公司等企业都采用直营连锁方式开展经营活动。

合作合伙承包经营方式始于农工商超市(集团)所属"好德"便利门店。2003 年,为解决"好德"便利快速扩张所带来的门店管理、经营以及成本上的问题,首次尝试推行合伙合作经营制的经营模式。2004 年,80%的"好德"门店签订了合伙合作经营合同,9 月好德便利首次实现盈利。2005 年,超市集团进一步加大推进力度,有 86 家门店进入了"合伙合作"的行列,至此全公司 90%以上的门店实行合伙合作机制的改革。为调动合伙合作门店店长和员工的积极性和责任心,农工商超市集团进一步调整提成档次,细化分配方案,修正合同有关条款,首次推出了"样板店"公开招标的方式,调动了店长的竞争意识和积极性。为提升合伙合作门店的整体营运质量,对 18 家有违规违纪或经营能力较差的合伙合作者给予清退或劝退。

在光明乳业所属"可的"便利连锁店归并农工商超市集团后,2008 年,在上海"可的"门店中选出 60 家门店进行第一批"合伙合作承包"试点,当年承包门店的销售额均有不同程度增长,经营费用明显下降,店长和员工收入提高。2009 年,合伙合作承包经营机制在"可的"门店全面推广。

2006 年,"好德""可的"门店总数为 2 256 家,其中加盟店 303 家,占 13%;2010 年门店总数为 2 322 家,其中加盟店 51 家,占 2%。

第二节 企业选介

一、上海好德便利有限公司

上海好德便利有限公司是农工商超市(集团)有限公司全资子公司,成立于2001年2月,公司住所:上海市黄浦区打浦路603号四楼C座,注册资本200万元,员工近8 000人。2008年6月,公司总部搬迁至上海市金沙江路农工商超市集团办公大楼。2010年,销售额56亿元。

公司作为从事便利店连锁业态的企业,2003年,采取了迅速扩张规模的策略,开业后创造了990天开设1 000家门店的"好德速度"。2006年,门店数达到1 100家,遍布上海市区和郊县,辐射到江苏和浙江等地。在经营过程中,公司根据市场需求,引进新颖、时尚、适销对路的商品,如迪斯尼系列、Hello Kitty(凯蒂猫)糖果、杰士派男士用品,取得成功。为了扩大鲜食品的销售,先后引进了匹萨、黄天源糕团、麻辣煮锅、烧烤以及18度鲜食品的好德盒饭、三明治、汉堡等,累计引进新品达1 268种。公司加快商品品种调整周期,适时淘汰滞销品,商品更新率达到30%,还抓住春节、国庆、公司周年庆等机遇,推出主题营销活动。

公司在商品差异化经营中围绕"大、小、精、便"做文章。"大"即引进大众百姓消费的大宗商品——农工商大米、农工商鸡蛋等,同质同价,提升了门店的客流量和销售额;"小"即做老百姓需要的针线、温度计、卷尺、剪刀等小商品;"精"即引进"四州""明治"等进口商品和时尚潮流的新品;"便"即开设了18度鲜食品,方便白领一族对就餐新鲜、卫生、营养、简易的追求。1 000多家门店每天营业24小时代收水电煤、通信等公用事业费,受到广大市民的欢迎。

2007年12月,农工商超市集团收购了光明乳业所属的上海可的便利有限公司后,好德便利和可的便利门店数超过2 500家,分布在上海、杭州、张家港、常熟、常州、太仓、扬州等20余个城市。在上海地区的"好德"和"可的"便利店约占上海市内便利店总数的45%,其中直营便利店约占上海市内直营便利店总数的61%。销售总额近百亿元,占上海便利店市场份额的65%;平均每天接待顾客超过一百万人次。

公司秉承"以人为本"的经营理念,坚持时尚性、便利性、即时性的经营方针,依托农工商超市集团的综合优势,采用多种形式扩大销售。2010年10月农工商超市集团各类门店开始招募红利卡会员,好德、可的便利用四个月时间办卡40万张,比该公司前三年办理的会员卡总量增加了8.5倍,红利商品深受红利卡会员欢迎,销售额大幅增长。2000年销售额5 500万元,2010年销售额56亿元,十年增长100倍。

公司大力塑造品牌知名度与美誉度,提升品牌价值。2006年公司旗下欧阳店等19个门店获上海市民最信任连锁店;2009年公司获上海市诚信经营示范企业称号,"好德便利"商标被评为上海市著名商标;2009年"alldays好德"被评为商业零售服务类上海名牌,2010年被评为上海名牌。

二、上海可的便利店有限公司

上海可的便利店有限公司原是光明乳业控股企业,成立于1995年12月,注册资本6 321万元,公司住所:上海市黄浦区西藏中路632号。光明乳业占总股份81%,上海金牛经济发展有限公司占总股份9%,可的便利公司经营层占总股份10%。2007年11月光明乳业将其持有的81%可的便利股份出售给农工商超市(集团)有限公司,农工商超市集团还收购了可的便利的其他股份,可的便利成为农工商超市集团的全资子公司。2008年6月可的便利公司总部搬迁至上海市金沙江路农工商超市集团办公大楼。

公司以连锁店经营为主要业务,拥有以直营、委托、特许加盟三种经营为一体的专业便利店1200余家,分布在上海、浙江、江苏地区21个城市,形成了"以上海为中心,江浙为两翼"的辐射态势。可的便利和好德便利联手在商品经营模式上进行突破,以"预购+到店取货"的方式,实现了一些单价高而又无法在便利店出样的商品销售,引领了全新的购物模式,颇受青年白领的欢迎。2006年营业总额26.28亿元,主营业务收入15.9亿元,净利润1 121.7万元,是国内便利店行业中少数盈利企业之一。

公司坚持以"便利"为核心的经营方针,实现差异化经营战略,以香烟、饮料、即食品、乳制品、冰淇淋、报纸杂志为主力商品,销售规模居行业前列。代售卡、代收公用事业费等服务性项目的经营规模在行业中占领先地位。公司坚持运用现代化信息化技术,创建了独一无二的"可的模式",即对商品自动补货、自动配货、自动核算、自动付款的"四自动"运行体系;建立了涵盖商品销售与核算、供应链、企业内部综合管理、企业人事管理、店铺支持、资产管理和仓库物流管理的信息化系统,做到可的便利店全覆盖。公司的物流中心依托一流的技术和现代化的管理,实现了全流程无纸化的现代化仓库管理。2006年该物流中心凭借其"高效能"和"集约化"两大优势成为上海市"临港杯"首届物流与供应链十佳案例之一。

公司连续数年被评为全国连锁百强企业,2006年名列第56位,2006年获快速消费品连锁百强第45位。2006年任上海便利店专业委员会主任单位。2003—2005年连续三年入选上海企业TOP100强。2006年获上海市名牌。

农工商超市集团收购上海可的便利店有限公司后成为国内最大的便利店企业。上海可的便利店有限公司与上海好德便利有限公司实施差异化经营,以商务楼、交通枢纽地区为核心,加大外地门店扩张,发挥自身优势和特点,不断提升公司品牌价值。

上海世博会期间,上海可的便利店有限公司与上海好德便利有限公司在近500家门店销售世博门票近百万张,销售收入1.2亿元,净利润近千万元,并获中国2010年上海世博会境内门票销售"重大贡献奖"和"服务奖"。

三、上海伍缘现代杂货有限公司

上海伍缘现代杂货有限公司是农工商超市(集团)有限公司下属全资企业,成立于2002年1月,公司住所:上海市普陀区武威路1717号,注册资本500万元。2008年6月,公司搬迁至上海市金沙江路1685号。

公司于2002年11月在农工商118店以"店中店"的形式开出第一家"伍缘杂货馆";2004年7月在安徽马鞍山农工商大卖场招商区域内开出第一家独立的"伍缘杂货馆";2006年,公司新增"伍缘杂货馆"门店106家,达到了300家;2008年1月,门店总数达500家,年销售收入达20亿元。

2004年9月,公司在上海市虹口区、浦东新区开出3家独立的"伍缘折扣"门店,2008年1月为351家。"伍缘折扣"形成了折扣自选区加5元均价区这一全新的商业零售模式。从"伍缘杂货馆"到"伍缘折扣店",公司经营上实现了两个转变:一是经营品种从非食品扩展到了食品,以生鲜食品为折扣销售的亮点,使伍缘折扣店更贴近居民的日常生活;二是商品价格突破了5元的界限,为丰富和优化经营品种创造了有利条件。2006年,公司首次被列入上海市普陀区创税500万元以上企业行列。

为了顺应市民消费需求的不断变化,公司不断转变经营理念和经营模式,从原先的以折扣为主,逐步转向"价格比对大卖场、商品比对标准超市、服务比对便利店"的经营新理念,把大卖场的价格优势、连锁超市的商品优势和便利店的服务优势集于一身。公司依靠其自身的经营规模和农工商超市集团的强大实力,坚持让利于民。伍缘折扣店销售的生鲜副食品来自农工商超市的各大生产基地,原料、生产、储存、运输全过程监控,质量得到保证。伍缘折扣店商品总数近3 000种,每年淘汰和引进商品的比例达10%以上,在品种和品质上体现了"精而优"。2008年,公司在杭嘉湖地区新开门店11家,门店开始向外省市扩展。

为了帮助社区居民解决"缴费难"问题,伍缘公司不断延伸服务内容,开设了水电煤、电信代收代付和手机充值等业务,受到市民好评。公司印制"惠民服务卡"发放到门店所在社区的居民家中,向居民承诺送货上门等便民利民服务措施,塑造了"伍缘折扣"良好形象。

公司对总部、门店和物流平台进行了技术改造,公司总部和500家门店建立了计算机网络,设立了商品自动补货系统,健全了销售数据库分析系统,并借助农工商超市会员卡平台,对顾客的消费需求、商品的销售动态进行分析和研究,及时调整经营和销售策略。伍缘折扣店物流中心建立了WMS全仓储位管理系统,其中电子标签拣货流水线采用了独创的双面拣货法,提高了配货的速度和正确率。

2006年,公司所属NO.52永泰店、NO.76天山1店、NO.91齐齐哈尔店、NO.100天山2店获上海连锁经营协会颁发"上海市民最信任的连锁店"称号。

四、上海第一食品连锁发展有限公司

上海第一食品连锁发展有限公司(简称第一食品)前身为第一食品贸易公司,成立于2003年7月22日,注册资本:600万元,是上海市第一食品商店股份有限公司控股子公司,主要管理以"第一食品"为品牌的食品零售连锁店的经营业务。2006年4月,上海第一食品贸易有限公司更名为上海第一食品连锁发展有限公司,注册资本增至5 000万元。2008年7月31日,上海第一食品连锁发展有限公司从上海市第一食品商店股份有限公司分离,成为烟糖集团全资子公司。2009年3月26日,上海第一食品连锁发展有限公司增资至1亿元。

2006年年末第一食品职工人数497人;2010年年末增至1 261人。第一食品采用总经理负责下的动态直线职能管理架构,总经理班子直接管理公司的各大门店和投资控股企业。

第一食品致力于打造全国领先的现代大型食品专业零售连锁企业,以专业食品零售旗舰店、标准店、社区店、特色连锁店四种模式并存发展,以打造光明食品集团第二条零售通路为发展目标。

第一食品总部位于"中华第一街"上海市南京东路步行街,也是该公司专业食品零售旗舰店第一食品南东店所在地。第一食品总部所在大楼于20世纪20年代建造,是一幢典型的欧式折中主义风格老建筑。中华人民共和国成立之前,此处是上海南京路上著名四大公司之一的新新公司。1952年8月,中国土产公司上海市公司第一门市部在新新公司旧址开门营业。1954年4月,该门市部更名为中国食品公司上海市公司,标志着第一食品公司正式创建。1992年,上海市第一食品商店改制为上海市第一食品商店股份有限公司,同年9月在上海证券交易所挂牌上市。2001年,进行"店司分离"改革,第一食品商店成为上海市第一食品商店股份有限公司分公司。2003年,第一食品商店归第一食品贸易公司统一管理。

第一食品以食品零售为主营业务,重点发展现代专业食品连锁零售店。2007年2月,在杨浦区江湾五角场万达商业广场开设杨浦店,标志第一食品正式走出南京路,迈出连锁发展的步伐。到2010年,公司已开设南东店、梅陇店、杨浦店、中环店、南桥店、三林店等连锁店。

第一食品专业经营销售各类国产和进口的品牌食品、特色食品和名优食品。坚持"错位经营"的策略,策划"造节",举办各类特色食品节以及异国食品展。2006年9月29日—10月20日,第一食品承办了由光明食品集团主办的首届"光明食品节",在社会上产生了较大影响,从此形成每年举办"光明食品节"的惯例。

第一食品注重企业文化和品牌建设,坚持以"倡导健康食文化,是我们的第一使命"为企业使命,以"满意,是我们的第一成就"为企业理念,以"品牌,是我们的第一生命"为企业精神。公司以"第一食品"为商店品牌。1996年5月,上海市第一食品商店股份有限公司成功注册""35类商标;店司分离后,第一食品经上市公司同意,一直使用""商标。从2002年起第一食品启用新的""店标,并于2009年11月成功注册""图形商标,使用范围是29、30、31、35四个大类。

第一食品全面加强食品安全和服务质量的管理。2003年12月、2004年5月,第一食品商店分别通过ISO认证和HACCP认证,是上海市零售行业首家通过认证的企业。2004年6月,与上海市黄浦区质量管理协会、国家食品质量监督检验中心(上海)建立了质量共建关系,确保食品安全。2006年8月1日,创建以电脑为信息传递管理平台的8008209777客户服务热线,建立与顾客快速沟通反馈的渠道。2010年4月,公司自主研发的非集中式收银管理软件系统成功在各门店实施,实现了"一站式"结算和刷卡无障碍,消费购物结算更方便快捷;第一食品百通积点卡于当年12月正式发行。

第一食品积极承担社会责任,每年组织员工开展一日捐,参与各类公益活动。2007年为特奥会捐款5万元;2008年为四川地震捐款5.6万元;2009年向光明食品集团援建的四川都江堰光明团结小学全体师生捐赠2 000份粽子。2009年起,连续4年每年向普陀区5名家庭困难的大学生各捐赠1万元。2010年组织参加黄浦区道路协管志愿活动。南东店、杨浦店、三林店等门店与所在社区孤老结对,定期慰问孤老。第一食品作为黄浦区拥军优属模范单位,每年定期慰问部队官兵。

第一食品获有诸多荣誉。1992年被贸易部认定为中华老字号企业;2005—2010年蝉联三届上海名牌(服务类)荣誉。2006年以来先后获中国商业服务业"改革开放三十周年卓越企业"、企业信用等级评价AAA级、2010年上海世博会优秀特许零售商、上海市文明单位、上海市标准化工作先进单位、上海市诚信企业、上海市诚信经营示范企业、上海市三优企业;还拥有全国、上海等多个先进集体和个人。

表4-1-17 2008—2010年第一食品经营情况表 (单位:万元)

年 份	营业收入(合并)	利润总额	净利润
2008(8—12月)	58 650.63	1 927.30	1 799.58
2009	88 108.22	7 016.63	5 441.78
2010	116 615.67	8 040.64	6 631.56

表4-1-18 2004—2010年第一食品投资企业情况表

企 业 名 称	成 立 时 间	投入资金（万元）	所占股权（%）
上海徐家汇第一食品商店有限公司	2004年7月9日	50	100
上海利给尔食品有限公司	2005年6月23日	225	45
上海帝姆松食品有限公司	2005年11月2日	73.2	40
上海鑫嵘实业有限公司	2006年1月18日	255	51
上海第一食品杨浦销售有限公司	2006年12月13日	500	100
上海普陀第一食品商店销售有限公司	2009年6月17日	800	100
上海易和通物流有限公司	2010年5月18日	1 680	100
上海奉贤南桥第一食品商店有限公司	2010年8月9日	1 000	100
上海浦东三林第一食品商店有限公司	2010年11月18日	800	100

【上海第一食品连锁发展有限公司南京东路店】

上海第一食品连锁发展有限公司南京东路店（简称"第一食品南东店"）成立于1997年7月，是第一食品股份有限公司的发祥地，也是第一食品连锁发展有限公司的旗舰店和公司总部所在地。店址为上海市黄浦区南京东路720号。

第一食品南东店经营面积11 000平方米，仓库面积1 585平方米，经营商品1.5万余种，经营范围为预包装食品、散装食品、现制现售食品等，是上海最大的专业销售食品的商店之一。2010年营业收入59 037.55万元，利润总额8 250.78万元；职工598人。

2008年、2009年，第一食品南东店被评为上海名牌服务；2010年1月，获2009年度上海名牌。2009年，第一食品南京东路店无蔗糖柜被中华全国总工会授予"工人先锋号"称号，2010年4月，被评为上海市模范集体。2009年11月，承办了"2009全国农产品质量安全整治暨农垦农产品质量追溯展示周"，被农业部列为上海首家"农垦产品质量追溯系统建设项目示范店"。

第一食品南东店还多次承办了光明食品集团主办的"光明食品节"，成为展示和销售光明食品集团生产的各类食品的重要窗口和渠道。该店先后与新疆生产建设兵团、贵州省、四川省都江堰市等地合作，共同举办具有地方特色的食品展示展销周。

【上海徐家汇第一食品商店有限公司】

上海徐家汇第一食品商店有限公司（又称上海第一食品连锁发展有限公司梅陇店），成立于2004年7月，注册资本50万元，其中：上海市第一食品股份有限公司出资人民币24.5万元，占49%；上海第一食品连锁发展有限公司出资25.5万元，占51%。2008年7月，上海市第一食品股份有限公司将其所持有的公司49%股份以资产置换方式转让给烟糖集团。公司地址：上海市徐汇区梅陇路255号，建筑面积700多平方米。主要销售各类食品和烟酒等。2009年，公司利润总额为291.85万元，职工12人。

上海第一食品连锁发展有限公司梅陇店2009年12月，被评为"市民最信任连锁店"；2010年12月，被评为五星级"市民最信任连锁店"。

【上海第一食品杨浦销售有限公司】

上海第一食品杨浦销售有限公司（又称上海第一食品连锁发展有限公司杨浦店）是上海第一食品连锁发展有限公司的全资子公司，成立于2006年12月，注册资本500万元，地址为上海市杨浦区邯郸路600号一、二、四楼；总面积为19 498.42平方米，其中仓库面积158平方米。2007年期末从业人数176人，2010年从业人员116人。2010年，公司利润总额为1 435.33万元。

该店是上海第一食品连锁发展有限公司的连锁旗舰店之一，集食品零售、各地小吃、休闲美食、休闲娱乐、大型餐饮于一体。商场共有五个楼层，一至二楼销售商品数量1.5万余种，包含精品区、滋补区、甜点区、零食吧、美食区、生鲜区、居家商品区和山崎面包、星巴克、港丽甜点、味千拉面、美珍香、宜芝多等特色店铺；三至五楼拥有萨丽亚匹萨、洋葱餐厅等休闲餐饮，徐家私房菜、豆捞坊等商务餐饮及大型餐饮蜀菜行家。

第一食品杨浦店和南东店于2007年9月成为第二届光明食品节主会场。2009年11月，农垦农产品质量追溯上海展示周活动在第一食品杨浦店拉开序幕。作为上海国资委系统贯彻落实上海对口支援新疆喀什地区的重要举措，"2010新疆喀什食品节"于12月3日在第一食品杨浦店开幕，喀什地区的100多种优质农副产品现场展销。

杨浦店2009年和2010年被上海市连锁经营协会评为"市民最信任连锁店"。

【上海普陀第一食品商店销售有限公司】

上海普陀第一食品商店销售有限公司（又称上海第一食品连锁发展有限公司中环店）成立于2009年6月，公司地址：上海市普陀区真光路1288号B-1F-10。

中环店位于百联中环购物广场，面积约4 500平方米。商店以中高档特色食品销售为主，突出特色、特产及附加值高的商品，注重满足消费者特定需要，充分体现第一食品的经营优势，形成与周边超市卖场错位经营的模式。中环店整合美食经营、现场加工制作等多种食品消费业态，充分发挥第一食品的整体效应，体现第一食品的特点和品牌价值。商店以"让顾客感到舒适和放心，满足更高的消费需求"为服务宗旨，采用展示式陈列，秉承面对面服务特色，成为一家充满美感、具有现代文化气息的专业食品零售商。

【上海奉贤南桥第一食品商店有限公司】

上海奉贤南桥第一食品商店有限公司（又称上海第一食品连锁发展有限公司南桥店）是上海第一食品连锁有限公司全资企业，成立于2010年8月，注册资本1 000万元，公司地址：上海市奉贤区南桥镇百齐路588号一层。商店面积2 825.4平方米，仓库面积675.9平方米。经营范围为预包装食品、散装食品、乳制品批发兼零售、小吃店、酒类商品等。2010年，销售收入1 088.45万元，利润总额亏损225.18万元；职工81人。

【上海浦东三林第一食品商店有限公司】

上海浦东三林第一食品商店有限公司（又称上海第一食品连锁发展有限公司三林店），是上海第一食品连锁发展有限公司全资企业，成立于2010年11月，注册资本800万元，公司地址：上海市浦东新区永泰路1058弄18号，东明路2736号、2752号，泰环路93号101室、102室，是浦东三林城市广场所在地。商店面积2 334平方米，仓库360平方米。经营范围为日用百货、家用电器、花卉、食用农产品、预包装食品、散装食品、乳制品销售等。2010年，利润总额亏损108.6万元，职工

76人。

五、上海牛奶棚食品有限公司

上海牛奶棚食品有限公司是上海农工商投资公司控股企业,成立于2001年7月,注册资本200万元,其中上海农工商投资公司出资170万元,占总股份85%、自然人出资30万元,占总股份15%。公司地址:上海市场中路2967号。经营范围为销售食品、日用百货。2003年2月,注册资本增至300万元,经营范围变更为加工糕点、裱花蛋糕(现裱)、销售食品(不含熟食)、批发、饮食、饮料、湿点、日用百货。2006年9月,注册资本增至750万元。2010年9月,上海牛奶棚食品有限公司股权变更,农工商投资公司出资额为497万元,占总股份66.27%,自然人出资253万元,占总股份33.73%。2010年10月,光明食品集团同意农工商投资公司以现金方式单方向上海牛奶棚食品有限公司增资3000万元,注册资本增至3750万元。2010年,公司营业总收入20883万元,主营业务收入20529万元,利润总额803万元,净利润677万元,职工748人。

公司采取前台POS机操作、后台信息掌控的统一连锁经营模式。公司于2003年1月注册"牛朋"商标,2010年获上海市著名商标。公司生产的燕麦片、咸淇淋、青仁维奶酥和白脱起酥吐司面包被评为上海名特优食品,2008年,生产的月饼进入上海"2008品牌月饼20强",获"最佳口味奖",牛奶棚"奶酪月饼"被评为上海名特优食品。依托农工商投资公司的资源优势,公司以产自黄山脚下、练江之滨的天然生态牧场的牛奶为原料,定牌生产"牛朋"牌鲜牛奶、酸奶,为广大市民提供安全健康的乳制品。公司是上海食品协会烘焙专业委员会会员单位,获HACCP认证,是上海市烘焙行业首批获QS认证的企业,也是上海市食品行业协会认定的27家骨干企业和诚信单位之一。

公司企业宗旨是"奉献新鲜食品、倾心服务顾客";企业精神是"诚信务实、不断进取";企业经营理念是"做精产品,做强通路,做优服务";企业核心价值观是"赢得顾客、赢得市场、创造发展";企业愿景是"打造国内烘焙业一流品牌企业"。

公司荣誉:2008—2009年,被评为上海市职工最满意企(事)业单位;2009年,被评为上海市商业系统诚信经营示范店(企业);2009—2010年,被评为上海市文明单位;2009年和2010年获上海品牌食品博览会银奖。

表4-1-19　2006—2010年牛奶棚食品公司经营情况表　　　　　　(单位:万元)

年　份	2006	2007	2008	2009	2010
营业收入	6 751	8 073	10 718	15 760	20 883
主营业务收入	6 611	7 837	10 496	15 480	20 529
利润总额	220	413	654	719	803
净利润	171	372	510	607	677

六、上海城隍珠宝有限公司

上海城隍珠宝有限公司(简称"城隍珠宝公司")是农工商房地产(集团)股份有限公司下属企

业。前身是上海城隍庙第一购物中心有限公司,成立于1995年1月,2009年6月更名为上海城隍珠宝有限公司。公司坐落于上海著名的豫园商圈丽水路58号,注册资本4 500万元,经营面积9 810平方米。2006年员工258人,2010年221人。

公司原为国有独资企业,2003年股权改革,国有股占70%、核心管理层自然人占股30%。2008年公司引入广州亿恒珠宝有限公司参股,成为国有控股的多元投资企业。2010年农工商房地产集团有限公司占股56%,广州亿恒珠宝有限公司占股20%,自然人占股24%。

公司把"股本增值、企业增效、员工增收,合作共赢,感恩社会"作为核心价值观;把"引领珠宝时尚,弘扬珠宝文化"和"以弘扬中华民族优秀珠宝文化为己任"作为企业愿景和使命。公司在经营中坚持"三真"原则:"标真价、讲真话、卖真品;只卖A货不卖B货",并以"质量管理体系"和"卓越绩效模式"作为主要的管理制度。公司通过了GB/T 19001—2008/ISO9001:2008认证,销售的商品严格按照国家有关规定和标准,如《钻石分级标准》(GB/T 16554—2003(2010));《首饰和贵金属纯度的规定及命名方法》(GB/T 11887—2008);《珠宝玉石名称》(GB/T 16552—2003);《珠宝玉石鉴定标准》(GB/T 16553—2003)。

公司以销售上等和田玉与翡翠为特色,主要有:白玉饰品,有对牌、原石挂件、摆件等多个品种;翡翠饰品,有挂件、手镯、摆件等多个品种,以及高、中、低品质的天然翡翠。公司还投资成立了上海古玩有限公司、上海城隍铂金饰品有限公司等两家全资子公司。公司经营绩效良好,同时注重回报社会,并获多项荣誉。

表4-1-20　2006—2010年城隍珠宝公司经营情况表　　　　　　　　　　　(单位:万元)

年　份	营业收入	主营业务收入	利润总额	净利润
2006	36 147	35 813	1 995	1 368
2007	40 805	40 488	3 214	2 160
2008	46 972	46 611	2 855	2 141
2009	43 615	42 978	1 727	1 268
2010	57 300	56 077	3 053	2 322

表4-1-21　2006—2010年城隍珠宝公司投身公益事业情况表

年　份	公　益　活　动
2006	参加"闪电星感动"公益节目的录制,现场向上海市慈善基金会捐赠25 000元
	举办"城隍珠宝杯"《盛世说玉》社会征文大赛,将特约知名作家文章与获奖作品编辑出版《盛世说玉》
2008	参加上海艺术家赈灾爱心慈善拍卖,公司提供的玉器套件拍得105 000元善款
2009	由城隍珠宝与文学报社共同发起在四川灾区北川中学建造图书馆,公司投入20万元
	捐款300万元在都江堰市援建珠宝职业技术学校并设立珠宝加工专业,帮助灾区残疾学生掌握专业知识、技能,增加就业机会
2010	先后两次向中国红十字基金会捐款31.8万元

表 4-1-22　2006—2010 年城隍珠宝公司荣誉情况表

获奖时间	荣誉名称	授奖单位
2007 年 1 月	上海市著名商标	上海市工商行政管理局
2007 年 4 月	2005—2006 年度市文明单位	上海市人民政府
2007 年 5 月	图案(城隍珠宝)上海名牌产品	上海市名牌产品推荐委员会
2008 年 1 月	全国商业质量奖	中国商业联合会
2009 年 3 月	2007—2008 年度上海市文明单位	上海市人民政府
2010 年 1 月	上海市著名商标	上海市工商行政管理局
2010 年 1 月	图案(城隍珠宝)上海名牌产品	上海市名牌产品推荐委员会
2010 年 10 月	ECPO 荣誉纪念	中国 2010 年上海世界博览会组织委员会

七、上海都市生活企业发展有限公司

上海都市生活企业发展有限公司(简称都"都市生活公司")是五四公司控股企业,前身是上海都市营销管理有限公司,成立于 2005 年 1 月,注册资本 1 000 万元,由上海都市农商社股份有限公司出资 800 万元(占总股份 80%)、自然人出资 200 万元(占总股份 20%)共同组建。公司地址:上海市长宁区广顺路 33 号 3 幢二层南间 205 室。2009 年 10 月注册资本增至 2 000 万元,上海都市农商社股份有限公司增资 800 万元,总投资 1 600 万元,占总股份 80%;上海攀峰企业管理有限公司(原自然人股东进行了股权变更)出资 400 万元,占总股份 20%。2010 年 10 月更名为上海都市生活企业发展有限公司。

2010 年公司销售收入 75 420 万元,产值 1 072 万元,利润总额 819 万元,净利润 740 万元。

2005 年公司初创时,主营业务是快速消费品的贸易代理;2006 年实行转型,开始聚焦光明食品集团食品主业,主要营销蔬菜产品;2007 年全面展开农产品销售,采用与标准化菜场接轨,在标准化菜场里开设"都市菜园"专柜,销售蔬菜等农副产品;2008 年在超市里开设"都市菜园"专柜;2010 年尝试将"都市菜园"和社区对接,建立社区直供点或社区专卖店。

都市生活公司的主营业务是农副产品终端连锁店销售。公司依托上海星辉蔬菜有限公司的蔬菜生产基地,以连锁化的"都市菜园"终端品牌为核心,整合上游种植、养殖和食品加工基地,逐步形成了"从田头到餐桌"的跨越生产、加工、运输和销售的完整的现代农业产业链,从生产基地到终端销售的全程农产品安全监控体系,汇集光明食品集团内与"菜篮子"密切相关的优质品牌食用农产品,全力打造新时代的"菜篮子工程"。

2006 年 7 月 8 日"都市菜园"第一家杨浦区图们店开业,至 2007 年 1 月已在上海市标准化菜场内设立 50 余家专柜,并在徐汇区开设 5 家聚集光明食品集团优质品牌食用农产品的复合店,探索出一套优质食用农产品安全连锁直供的商业新模式。2007 年五一期间,市委书记习近平等市委、市政府领导视察了"都市菜园"蓝田店,对"都市菜园"的做法给予肯定。国家农业部领导对"都市菜园"坚持为市民提供新鲜、健康、安全蔬菜的经营宗旨和经营模式也给予充分肯定。

都市生活公司全力打造"都市菜园"品牌,2006 年公司蔬菜类产品获第二届"上海食用农产品优质畅销品牌";2007 年综合类产品获"第三届上海食用农产品消费者满意产品"和"第三届上海食用农产品金篮子——连续三年行业领军";2008年综合类产品获"第四届上海食用农产品优质畅销品牌优秀奖",并被授予"第四届(2008)上海食用农产品行业领军金篮子品牌奖"。

都市生活公司参与公益事业,为五四公司的帮困基金和汶川地震捐款等。

表4-1-23　2006—2010年都市生活公司经营情况表　　　　　　　　　（单位:万元）

年　　份	2006	2007	2008	2009	2010
销售收入	12 143.42	15 304.55	18 732.99	35 497.62	75 420.86
产　　值	269.71	224.58	314.95	787.59	1 072.40
利润总额	75.17	76.04	142.12	132.67	819.26
净利润	31.05	51.39	106.59	121.73	740.44

八、上海正广和网上购物有限公司

上海正广和网上购物有限公司是上海益民食品一厂(集团)有限公司控股企业,前身为上海正广和销售服务有限公司,成立于1998年6月,注册资本2 000万元。其中上海梅林股份有限公司出资1 020万元,占总股份51%,上海正广和饮用水有限公司出资400万元,占总股份20%,上海罗顿通讯工程有限公司出资140万元,占总股份7%,上海正林投资咨询有限公司出资140万元,占总股份7%,上海阿康廷技术投资开发公司出资100万元,占总股份5%,自然人出资200万元,占总股份10%。1998年12月公司变更为上海正广和网上购物销售有限公司;2000年3月变更为上海正广和网上购物有限公司。公司地址:上海市宝山区沪太路8885号。2006年5月公司类型变更为有限责任公司(国内合资),注册资本为4 230万元,公司地址变更为浦东新区张江路625号603—D室。2006年公司从业人员497人,2010年为406人。

公司以"市场是企业的生命,客户是网络的核心"为企业宗旨,2008年3月通过了GB/T 19001—2008/ISO9001:2008认证,制定了《服务标准》和《质量管理条例》,与供货商签订质量承诺书,建立规范有效的服务质量管理制度、投诉快速反应机制和应急预案等制度。

2007年"96858"网上商品订购被评为上海名牌;2009年被评为上海名牌服务。2007年,上海正广和网上购物有限公司被上海科学技术委员会认定为高新技术企业;被上海妇女联合会评为上海市三八红旗集体;被评为2005—2006年度上海市文明单位。2008年被中国质量评价中心评为全国售后服务先进单位。公司所属光明便利店列上海市质量协会"超市行业第六次顾客满意度调查"榜首。

表4-1-24　2006—2010年上海正广和网上购物有限公司经营情况表　　　（单位:万元）

年　　份	2006	2007	2008	2009	2010
营业收入	46 919	49 764	50 603	53 014	62 391
利润总额	608	221	−351	−22	450
净利润	409	205	−387	−30	342

上海梅林正广和便利连锁有限公司是上海正广和网上购物有限公司下属企业。公司前身是上海市农工商展销总公司投资成立的上海农工商小豆苗超市公司,公司成立于1994年7月,1998年5月更名为上海梅林小豆苗超市有限公司。公司注册资本为200万元。2010年职工206人。

1998年公司被上海梅林股份公司收购,1999年更名为上海梅林正广和便利连锁有限公司。2005年由上海正广和网上购物有限公司出资2 250万元,占总股本90%,上海梅林正广和股份有限公司出资250万元,占总股本10%,共同投资组建新的正广和便利公司,注册资本2 500万元。

2008年9月正广和网上购物公司受让上海梅林正广和股份有限公司持有正广和便利连锁公司10%股权,正广和便利公司成为上海正广和网上购物有限公司全资企业。2010年年底门店总数达340家。

正广和便利公司地址:上海市闵行区莘朱路1258号戊第10幢626室,经营内容为预包装食品批发、散装食品、乳制品、粮油及制品、化学用品、日用百货、服装鞋帽、针棉织品、五金交电、橡胶及皮革制品、通信设备及附件等的销售。

2006年上海市质量协会对上海超市行业便利店进行了市民满意度调查,正广和便利连锁公司名列前三位。

九、上海市农工商长征医药有限公司

上海市农工商长征医药有限公司是五四公司下属全资子公司,成立于1989年9月,注册资本600万元。公司地址:上海市奉贤区金汇镇鼎金路168号。经营业务为药品、医疗器械等。2010年实现主营业务收入13 393万元,净利润50.01万元;公司从业人员71人,其中本公司职工47人。

为推进企业发展,公司在继续稳定和巩固原有药品营销渠道的同时,大力拓展市内各医院的业务开发,以增加药品销量来降低药品销售成本。2006年公司改变常规经营方式,开辟了英国品牌"新安怡"的销售和代理,推进企业多元化经营战略,"新安怡"产品营销收入为5 080万元,赢利600多万元。2008年公司积极开发新婴童产品,引进了美国"BOON"儿童洗浴用品,先后在东方商厦、第一八佰伴等上柜销售。2010年公司积极拓展新市场,开发崇明地区二级医院的招投标,并重点引进了新客户,拓展了医用辅料和大输液袋配送等业务,使企业保持了良好发展势头。2010年公司药店门店数为6个,经营面积为540.6平方米。

长征医药公司注重加强内部管理,健全和完善药品监管体系,强化关键工作流程保证营销工作。质量部门加大对下属药店营销工作的管理和指导,并加强对药品采购、进货、保管、养护、验收、运输等销售环节的检查,进一步规范了药品管理和服务。2008年公司本部和药店门店通过了GSP的重新认证和专项检查。在北京奥运会和残奥会期间,公司加大对兴奋剂药物的管理力度,加强对员工培训,强化各项管理措施,为净化奥运会环境作出了贡献。

表4-1-25 2006—2010年上海市农工商长征医药有限公司经营情况表 (单位:万元)

年 份	2006	2007	2008	2009	2010
主营业务收入	14 436	11 400	11 200	13 516	13 393
净利润	257.47	196.99	120.23	70.01	50.01

第二章 批发业

批发代理业经营在光明食品集团的商贸业中具有举足轻重的地位。光明食品集团的批发代理业具有相对比较优势，一是初步形成了以品牌代理为主、以上海为中心、覆盖华东地区、辐射全国的食品分销网络体系，形成了区域性、多层次、集散功能较强的物流配送体系；二是品牌食品业务自身拥有的在全国范围内布点广泛的营销网络，这些网络、物流资源是光明食品集团参与新一轮市场竞争的最大资源优势。

集团下属的品牌代理企业拥有众多世界知名食品品牌的代理权，是中国最大的食品类代理商之一，在铺货通路、业务推进和市场渗透能力、品牌塑造能力方面处于全国行业领先，打造了若干具有较强市场影响力的食品品牌。2006年批发代理业经营额为249.29万元，2010年达到408.71亿元，显示了较快的增长势头。

表4-2-1　2006—2010年光明食品集团批发代理业经营情况表　　　　（单位：亿元）

年份	2006	2007	2008	2009	2010
经营额	249.29	249.14	272.87	255.73	408.71

2010年光明食品集团批发业从业人员平均人工成本为72 119元，每百元人工成本创造销售收入为5 250元，利润为66元。

表4-2-2　2010年光明食品集团批发业人工成本及投入产出效益情况表

从业人员平均人工成本(元)	人工成本占总成本(%)	百元人工成本创造价值(元)			劳动分配率(%)
		增加值	销售收入	利润	
72 119	2.4	86	5 250	66	116.6

光明食品集团从事批发业务的主要企业有烟糖集团所属上海南浦食品(集团)有限公司、上海捷强烟草糖酒(集团)有限公司、上海新境界食品贸易有限公司、上海瑞泰投资发展有限公司所属上海农工商配送服务有限公司，长江总公司所属上海中油农工商石油销售有限公司，五四公司所属上海都市生活企业发展有限公司，益民集团所属上海市食品进出口公司等。

2006年3月成立的西郊国际农产品交易中心承担农产品、副食品、水果等批发业务。2010年，交易各类农产品约3.3万吨，交易金额约1.66亿元。

第一节　业务类型和经营方式

光明食品集团批发业务类型主要为品牌代理、分销配送和专业交易中心等。

一、业务类型

【品牌代理】

光明食品集团品牌代理企业主要为烟糖集团所属上海南浦食品(集团)有限公司(简称"南浦食品集团")和上海捷强烟草糖酒(集团)有限公司(简称"捷强公司")。

光明食品集团2010年核心业务主营收入496亿元,利润19.9亿元,其中品牌代理业主营收入为72亿元,利润总额为1.4亿元,分别比2009年增长20%和16.7%。

表4-2-3 2009—2010年光明食品集团品牌代理业经营情况表　　　　（单位：亿元）

项　目	主营收入			利润总额		
	2009	2010	增减(%)	2009	2010	增减(%)
核心业务	391	496	26.9	10.5	19.9	89.5
其中连锁商贸	151	159	5.3	4.5	4.5	0
品牌代理业	60	72	20.0	1.2	1.4	16.7

光明食品集团在发展品牌代理业过程中,形成了"品牌+网络+服务"的商业模式,进一步扩大了代理经销网络,加大品牌引进力度,集团所属品牌代理企业承担了"雀巢""马爹利""雅可""恒天然"等百余个国际知名食品品牌的代理业务,构建了辐射全国的6万家店铺网络体系和渠道通路,进一步确立了食品品牌代理业全国第一的行业地位。光明食品集团2010年继续深化"用市场控资源、用品牌建网络、用网络聚品牌"的发展战略,不断完善全国市场网络,不断增强品牌集成功能,以专业服务构建企业核心竞争力,努力培育以国内外知名食品品牌代理为核心、以国内外保健品代理经营为延伸的食品专业代理平台,成为国际品牌进入中国市场的首选代理商、全国最大的商超渠道白酒代理商之一。

烟糖集团原先的食品批发业务依托于垄断性的卷烟批发,经营模式"大而全",但糖酒商品的批发毛利率低、物流成本高,还受到生产厂家和零售企业的双重挤压,造成企业利润率低、市场竞争力不强。针对卷烟批发业务萎缩直至停止的现状,集团对传统批发业务进行变革,变"求多求全"为"做精做深",变"业态分散"为"集约集中",变"买进卖出"为"代理分销",变"赚取进销差价"为"实现产品增值",形成了做品牌、做市场、做策划、做物流,从下游销售向上游OEM生产延伸的品牌代理业新模式。

烟糖集团根据品牌代理业的特点和现有企业的实际,形成了南浦食品、捷强公司、聚能公司、新境界公司、上海蒙牛分公司等多个品牌代理平台,实现多平台发展。2010年代理了百余个国内外知名食品品牌,成功构建以华北、华东、西南为中心、辐射全国的网络体系和渠道通路,走出了一条"用品牌建网络、用网络聚品牌、用物流来支撑"的发展道路。这些品牌代理公司实施国有、民营资本联合重组,吸纳社会资本做强做活品牌代理业务,主要代理国内外知名食品及食品原料品牌,着力构建立足上海、面向全国的销售网络;构建现代物流体系,形成常温食品物流、低温冷链物流等系统;借助网络渠道,做强做大自有品牌与OEM产品。

南浦食品集团聚焦全国市场网络,完善各类分销渠道,形成了"20～30个工作日"全国铺市能力、50 000家终端网络、稳固高效的物流保障体系,成功代理可口可乐、百事可乐、雀巢、人头马、马爹利、轩尼诗、达能、三得利等国际著名品牌商品。其中雀巢、马爹利、轩尼诗等品牌商品的总销售量居全国第一。

捷强公司定位于"酒类、进口食品、国内中高档食品",坚持"用品牌建网络、用网络聚品牌",形成了以茅台、五粮液等高端名白酒为代表的酒类分销代理网络。公司加大拓展上海域外市场网络平台建设力度,已成为上海食品批发代理领军企业。

【分销配送】

分销配送是光明食品集团商贸经营的类型之一。农工商超市集团所属好德物流公司,烟糖集团所属东方先导公司、新境界公司和捷强公司及农工商配送服务公司等;光明乳业股份所属领鲜物流公司、五四公司所属都市生活公司、牛奶集团所属爱森肉食品公司、长江总公司所属农工商石油销售公司等都属于分销配送业务类型企业。

好德物流公司位于普陀区西北综合物流园区,项目总投资24 600万元,占地183 015.8平方米,总建筑面积117 163平方米,其中物流配送中心仓库94 145平方米,加工车间和冷库15 552平方米,辅助用房7 466平方米。为1 600家门店配送。好德物流于2005年12月开工建设,2007年3月2.3万平方米一期项目竣工,以配送农工商大米和农工商鸡蛋等大宗农副产品为主。2009年8月二期9万平方米项目竣工,首创在物流中心内设置高架道路,比用电梯搬运商品更加环保节能,效率更高。基地内配备了多条电子标签拣货流水线,改善物流配送条件。

新境界公司创立全新的经营服务品牌,为生产商的品牌代理、零售商客户的经营提供以冷链技术为核心的物流服务和生鲜食品贸易。公司拥有4 000吨级冷冻冷藏库和3 000平方米的常温库,有效支撑冷链的物流和经营,为连锁超市、宾馆饭店、特色配餐业、食品加工业等客户提供丰富优质的冷链生鲜食品。

农工商配送服务公司成立于2003年6月,主要向上海市政府机关、宾馆、银行、学校、企业等提供农副食品专业配送服务。公司以农工商优质绿色食品为源头,以"海丰"牌优质大米、"爱森"牌精品冷却肉、"星辉"牌优质蔬菜、"名厨"牌特色水产品、"黄山"茶叶、"华兴"牌食用油等品牌产品为支撑。在2010年上海世博会期间,公司承担了园区内6个大型职工餐厅和世博中央厨房部分食品配送任务,配送餐厅占世博园区职工餐厅总数的70%,累计配送销售额约300万元。配送到世博园区的食品和副食品全部实行"点到点"物流运输方式,由市、区食监部门监督装车,现场封箱封车,由GPS卫星定位系统全程监控运输过程。

2000年6月,捷强公司成立物流中心,在北翟路772—780号范围内建设大型配送中心。项目一期工程占地38 000平方米,建筑面积2.4万平方米,具备储存、中转、包装、分拣、拆零、配送等功能。2002年3月由上海烟草(集团)公司、烟糖集团和各烟草糖酒有限公司22个股东共同投资成立上海海烟物流发展有限责任公司,捷强公司在海烟物流公司中的总投资金额16 000万元,增资后占总股本80 000万元的20%。

【交易中心】

光明食品集团批发代理业中的交易中心为上海西郊国际农产品交易有限公司。(详见第一篇第二章第四节)

二、经营方式

光明食品集团批发代理业主要为专业化批发、批零兼营和产销一体化的经营方式。

【专业化批发经营】

光明食品集团专业化批发经营主要企业为上海西郊国际农产品交易有限公司和烟糖集团辖下东方先导公司。

东方先导公司于2003年7月从烟糖集团原食糖经营部的基础上分离出来,承担了全面推进糖业产业战略实施的重任。公司是一家集资源控制、网络拓展、现代物流、期现货经营、国际贸易为一体的全国性糖业产业公司,致力于以传统食糖流通贸易为基础的糖业产业链经营。公司拥有19家销售公司,形成了覆盖16个省市的多层次市场网络体系;拥有年产26万吨的食糖生产基地、生产能力达21万吨的食糖加工基地和拥有万吨级码头、铁路专用线的专业物流中心,经营着以著名食糖品牌"玉棠"牌为代表的系列食糖产品。分销物流服务网络与客户资源也为公司拓展其他食品工业原料贸易业务打下了良好的基础。

【批零兼营】

批零兼营是光明食品集团批发代理行业所属企业的主要经营方式。捷强公司、正广和饮用水公司和网上购物公司、都市生活公司、爱森肉食品公司、中油农工商石油销售公司等均采用批零兼营的方式。

捷强公司是由烟糖集团和上海烟草(集团)有限公司共同投资的商贸流通企业,成立于1996年1月,公司核心业务为品牌代理业和零售连锁业。下属企业有上海捷强烟草糖酒(集团)连锁有限公司、上海捷强烟草糖酒集团配销中心、上海捷强食品销售有限公司。在批发业上,为应对烟草、糖酒批发业务的调整,公司2006年始对传统批发业实施转型,定位于酒类、进口食品、国内中高档食品三大系列,专注于发展品牌代理业务,在上海市内构建了多层次、多渠道,覆盖市内商超、卖场等现代零售连锁通路及以长三角区域性重点城市为主、辐射全国的二级分销体系。2010年分销代理酒类品牌主要有茅台、五粮液、剑南春、泸州老窖、金枫系列黄酒(石库门、和酒、侬好)、德国迈嘉乐葡萄酒、法国圣柯庄园葡萄酒等;代理进口食品主要品牌有瑞士莲、利口乐等;代理国内食品主要品牌有康辉、美心月饼、荣诚月饼等。在零售业上,1996年4月组建成立了上海捷强烟草糖酒(集团)连锁有限公司,开设了第一家"捷强超市"门店,正式跻身发展零售连锁业。2007年公司确立烟酒专业连锁的发展定位,上海市内直接开单客户累计达144家,网点数超过5 000家,基本覆盖市内所有现代零售通路。在成都、西安、青岛、北京、郑州、南京、哈尔滨等国内主要一二线中心城市发展27家经销商。公司对传统超市经营进行了转型调整,2007年4月第一家以"捷强Joymax"全新品牌命名的烟酒专业连锁门店(上海市黄浦区广东路426号)开张。截至2010年年底门店222家,其中直营门店166家(烟酒专业店154家、特渠门店12家),加盟店56家。门店营业面积10 200平方米,经营范围覆盖卷烟、雪茄、白酒、葡萄酒、烈酒及烟酒衍生品等2 000余种。为进一步深化统一标识烟酒专业店的形象内涵,捷强Joymax门店按照"种类齐全,品牌分类,价格顺序,促销特殊"的商品陈列原则,完成了对店内各类货柜的调整,门店购物环境焕然一新,有效促进了捷强Joymax品牌形象和经营能力的提升。

上海都市生活企业发展有限公司在蔬菜经营活动中,从最初标准菜场内的专柜,发展到商超连锁为重点,成为都市菜园的主打板块,其营业收入占据都市菜园的半壁江山,经营模式也从最初的单一销售发展到与商家签约成为合作伙伴,全面进入大型零售卖场进行终端销售。公司还通过都市菜园平台,把蔬菜销售发展到餐饮、食堂配送体系、B2C会员制配送体系、大客户团购体系和批发流通体系所构成的终端平台。

【产销一体化经营】

生产与销售一体化是光明食品集团商贸经营活动的重要经营方式。主要企业有烟糖集团、光明乳业、上海爱森肉食品有限公司和上海五四总公司所属星辉蔬菜有限公司、上海益民食品一厂(集团)所属上海正广和饮用水有限公司等,企业在生产产品的同时,建有较完善的产品销售体系和网络,形成产销一体化的经营模式。

上海糖酒集团聚焦"国内食品工业最好的原料供应商、具有核心研发能力的食品生产商、国内外知名食品品牌最大的代理商、国内外知名食品品牌最优秀的零售商"的"四商"战略定位,包含食品产业的生产、配送、分销、零售等各环节,形成糖业、酒业、品牌代理、零售连锁等四大核心主业。公司确定把一个食糖产品做成一个糖业产业,提出"资源+网络+物流+期现货+电子商务"的"五位一体"商业模式。在食糖行业低谷期,以资本运作方式,低成本收购兼并广西、海南、云南糖厂,控制产区近135万亩甘蔗资源,年产食糖75万吨。在北京、天津、山东、江苏、浙江、云南、广西、吉林等16个省市设立了19家销售公司,形成了辐射全国的市场网络,把糖销给各地用糖"大户",年销售收入110多亿元。与广西、云南产区、沿海沿江销区的公路、铁路、水路运输企业进行业务合作,建立面向全国的食糖配送物流体系。发挥期货工具套期保值、联动现货等金融功能,努力在多头与空头市场行情中赢得商机。搭建电子信息平台,实现全国各地公司统一采购、财务监管。2010年烟糖集团糖的销售量达到180万吨,比2000年的24万吨增长近七倍,占全国糖的销售市场的13%;糖的销售收入超过100亿元,利润达8亿元,成为光明食品集团百亿元级的核心产业。

光明乳业是国内四大乳品企业之一,在乳制品生产的同时,公司辖下上海领鲜物流有限公司拥有车辆47辆、常温库面积8 613平方米、冻库面积10 038平方米等基础设施,为上海和华东地区16 000多家卖场、超市、便利店等零售通路及部分餐饮通路提供"门到门"日配送物流服务。光明乳业所属上海光明邀请电子商务有限公司主要负责上海及华东地区送奶上门业务和新鲜屋专卖店,公司拥有3 095辆奶车、419台冰柜、244个冷库,合计面积2 440平方米,确保为消费者提供高品质安全的鲜奶及奶制品,2010年日均送奶达到106万瓶。

上海爱森肉食品有限公司是生猪养殖、肉食品加工和销售一体化企业,在上海市区及长三角地区开设各类超市门店和专卖店650多家,经销"爱森"牌冷却猪肉。

益民集团所属上海正广和饮用水有限公司主要经营业务为生产包装饮用水与配套冷热饮水机的生产、销售和服务,与上海正广和网上购物有限公司协作,形成了饮用水的生产和销售完善产业链。

上海星辉蔬菜有限公司着重进行蔬菜批发的同时,发挥上海都市生活企业发展有限公司"都市菜园"连锁店的销售网络,形成了"从田头到餐桌"的跨越生产、加工、运输和销售的完整的蔬菜产业链,探索出一套优质食用农产品安全连锁直供的新的商业模式。

第二节 企业选介

一、上海南浦食品(集团)有限公司

南浦食品集团是烟糖集团控股企业。公司前身是上海南浦食品公司,由福建省莆田市华南副食品公司与上海黄浦粮油食品发展有限公司于1991年共同组建。2002年9月以溢价增资的形式,由烟糖集团旗下的上市公司上海第一食品商店股份有限公司对上海南浦食品公司增资9 800万元,占总股份49%,成为第一大股东;自然人股东占总股份35.835%;原上海南浦食品公司股东占总股份为15.165%。溢价增资后,公司注册资本为13 000万元。2008年8月上海第一食品股份有限公司实行资产重组,将其持有的上海南浦食品公司49%股权置换给烟糖集团,使烟糖集团成为上海南浦食品公司的控股股东,当月组建上海南浦食品(集团)有限公司。

公司是一家集"营销代理、物流管理、品牌服务"为一体的集团公司,总部设在上海,在北京、武汉、成都、广州等地设有分公司或办事处,销售网络遍及全国。代理雀巢、人头马、惠氏、王老吉、加州乐事、皇轩、轩尼诗、马爹利、可采等20多个国内外知名品牌,公司自营天喔品牌食品。1992年公司开始经营世界著名洋酒品牌及雀巢系列品牌、荷兰乳牛奶粉等;2005年代理全球销量领先的葡萄酒品牌——加州乐事;2006年代理双桥味精及具有60年历史的中华老字号品牌"川湘"调料。2008年代理品牌数量达50个,代理和自营的雀巢、马爹利、天喔等知名品牌商品年销售额超过10亿元,成为中国规模最大、最具活力的快速消费品代理商与品牌代理商。公司在全国主要城市拥有优势的零售通路,批发经分销系统可直接接触到全国所有的重点客户并进入65 000多家的零售店,同时还拥有强大的餐饮渠道、流通渠道,使产品渗透到城乡。

公司的物流系统是集仓储、物流、管理于一体的全方位物流运作体系。拥有占地约10万平方米的常温库、冷库和低温库物流中心,采用信息化管理方式,仓库货物运转能力达100亿元,可供100辆运输车同时配货和装卸,24小时以内可以送抵长三角地区客户。

2006年公司总资产11.53亿元,营业收入29.3亿元,利润总额2 775.9万元,净利润1 817.4万元;2010年总资产达25.83亿元,营业收入56.5亿元,利润总额4 902.2万元,净利润3 452万元。

表4-2-4 2006—2010年南浦食品集团经营情况表　　　　　　　　　　(单位:万元)

年份	营业总收入	利润总额	净利润	资产总额
2006	293 552.5	2 775.9	1 817.4	115 344.5
2007	359 034.0	3 432.9	2 381.8	136 852.9
2008	448 047.8	4 926.1	3 750.6	181 182.2
2009	485 443.8	4 751.6	3 559.2	214 785.8
2010	565 314.7	4 902.2	3 452.0	258 351.3

公司倡导"以和为贵"的理念,汇集"南北东西"的精品,寓意商品丰富、渠道广泛;融聚"方正和合"的精神,寓意经营正派、内外顺和。公司的发展经历了从"爱拼才会赢"到"会拼才会赢"的转变,

并把"会拼才会赢"作为企业精神。企业确立了"复杂的事务简单化、简单的事情数据化、数据的问题流程化、流程的工作制度化"的理念。公司把"让您的产品安全、迅速、方便地到达消费者手中"作为企业承诺;把"信誉第一,客户至上"作为企业宗旨,把"以服务取胜,控制价格,决战终端"作为企业工作方针,不断推进企业向前发展。

公司2003—2004年、2005—2006年被中国经销商大会评为第二届、第三届全国酒类优秀金销商;2004年被评为上海市百强企业63位;2006—2010年评为综合实力金销商,并获雀巢25年精诚合作奖和保乐力加精诚合作奖等。

二、上海捷强烟草糖酒(集团)有限公司

上海捷强烟草糖酒(集团)有限公司成立于1996年2月,注册资本3亿元,是由烟糖集团和上海烟草(集团)有限公司各出资1.5亿元共同投资的商贸流通企业,注册地址:上海市浦东新区张杨路579号。2010年6月,上海烟草集团将持有的上海捷强公司30%股权无偿划转给所属全资子公司上海海烟投资管理有限公司,烟糖集团占总股份50%,上海烟草(集团)公司占总股份20%,上海海烟投资管理有限公司占总股份30%。办公地址:上海市长宁路626号,建筑面积3 241平方米。2006年底职工1 015人,2010年底职工556人。2010年,营业收入16.09亿元,利润总额8 729万元,净利润7 949万元,其中主营业务收入15.42亿元。

公司的主营业务是批发业(品牌代理业)和零售连锁业。在批发业上,2006年,公司面对烟草批发调整,将传统批发转型作为工作重点,积极探索发展中高档食品品牌代理,主动与国内外知名食品企业开展品牌代理业务合作,重新构建市场网络体系,取得了康辉、雅可、吉利莲等品牌的代理权,在发展品牌代理上走出第一步,开始进入中高档食品品牌代理市场。公司批发业务定位于酒类、进口食品、国内中高档食品三大系列,专注于发展品牌代理业务。2010年,品牌代理业务扩展到茅台、五粮液、剑南春、金枫系列黄酒、泸州老窖、德国迈嘉乐葡萄酒、法国圣柯庄园葡萄酒、美心月饼、荣诚月饼等知名品牌。

为做强做大食品品牌代理,公司将"上海捷强烟草糖酒(集团)有限公司第三配销中心"更名为"上海捷强烟草糖酒集团配销中心";2007年3月成立"上海捷强食品有限公司",主营食品品牌代理和批发业务。

公司以品牌建网络、网络控品牌,拓展网络渠道,上海网点数超过5 000家,基本覆盖市内现代零售通路;在成都、西安、青岛、北京、郑州、南京、哈尔滨等国内一二线中心城市发展27家经销商。

在零售连锁业上,公司于1996年3月组建成立上海捷强烟草糖酒(集团)连锁有限公司,开设"捷强超市"门店。2006年有门店120家,其中超市72家、烟酒专卖店48家。2007年,确立烟酒专业连锁的发展定位,对传统超市进行转型调整。2007年4月首家以"捷强Joymax"全新品牌命名的烟酒连锁门店正式开张,当年即开设捷强Joymax烟酒专卖店52家。

2006—2008年,公司将传统超市全部转型为烟酒专业门店,2010年烟酒专卖门店发展到222家,其中直营门店166家("捷强Joymax"烟酒专业店154家、特渠门店12家),加盟店56家。2009年公司承接了光明食品集团浦东国际机场承包经营项目,10家全新机场商铺在2010年年初全面开业;2010年承担并完成了48家中国上海世博特许零售专柜的开设。

公司品牌标志为Joymax,注册35大类,主要运用于捷强在上海市内开设的烟酒专业连锁零售

店店招。

公司2005—2010年连续三届被评为上海市文明单位;2010年度被中国副食流通协会、中国酿酒工业协会、《新食品》杂志社评为中国酒业渠道冠军变革领袖奖。世博会期间,捷强连锁公司获评"中国2010年上海世博会优秀特许零售商"。

表4-2-5　2006—2010年上海捷强烟草糖酒(集团)有限公司经营情况表　（单位:万元）

年　份	2006	2007	2008	2009	2010
营业收入	111 871	113 373	112 355	121 626	160 934
利润总额	10 610	7 229	9 217	7 293	8 729
净利润	9 606	6 872	8 791	6 629	7 949

上海捷强烟草糖酒(集团)有限公司下属企业有上海捷强烟草糖酒(集团)连锁有限公司和上海捷强烟草糖酒集团配销中心。

【上海捷强烟草糖酒(集团)连锁有限公司】

上海捷强烟草糖酒(集团)连锁有限公司成立于1996年3月,企业性质：有限责任公司(国内合资);地址：上海市徐汇区枫林路333号;注册资本5 000万元,股权结构：捷强公司占股97%,上海捷强烟草糖酒集团配销中心占股3%。主营业务：烟酒专业零售连锁。办公地址：上海市天水路76号。建筑面积3 897平方米。2006年年底职工数为760人,2010年年底职工数为405人。2010年年底门店营业面积10 200平方米。门店经营范围覆盖卷烟、雪茄、白酒、葡萄酒、烈酒及烟酒衍生品等2 000余种。

公司主要品牌名称："捷强Joymax";注册时间：2005年;品牌标志："捷强Joymax";用途和范围：注册35大类,主要运用于捷强在上海市内开设的烟酒专业连锁零售店店招。

2007—2010年,公司重新定位,对原有门店实施全面改造,转型为烟酒专业门店。2010年年末捷强Joymax烟酒专业连锁店覆盖上海市内各主要商业中心、中高档社区。

表4-2-6　2006—2010年上海捷强烟草糖酒(集团)连锁有限公司经营情况表　（单位:万元）

年　份	2006	2007	2008	2009	2010
营业收入	84 489	74 943	54 590	55 929	66 052
利润总额	65	47	504	751	1 416
净利润	43	-38	370	559	1 056

【上海捷强烟草糖酒集团配销中心】

上海捷强烟草糖酒集团配销中心(简称"捷强配销中心")系上海捷强烟草糖酒(集团)有限公司全资子公司,成立于2000年5月,企业性质：全民所有制,地址：上海市浦东大道2123号3135室,注册资本人民币5 000万元。公司主营业务：分销代理业。公司地址：上海市长宁路626号。2006年年末职工88人,2010年年末职工77人。

捷强配销中心因卷烟、糖酒批发业务政策性调整,于2006年起启动转型工作。2006—2010年,捷强配销中心以"酒类、进口食品、国内高中档食品"三大系列为定位,逐步完成品牌战略调整,构建了多层次,多渠道,覆盖市内商超、卖场等现代零售连锁通路以及长三角区域性重点城市为主、辐射全国的二级分销体系。

2010年分销代理品牌主要有:酒类:茅台、五粮液、剑南春、泸州老窖、金枫系列黄酒(石库门、和酒、侬好)、德国迈嘉乐葡萄酒,法国圣柯庄园葡萄酒等。进口食品:瑞士莲、利口乐等。国内食品:康辉、美心月饼、荣诚月饼等。

表4-2-7 2006—2010年捷强配销中心经营情况表 （单位：万元）

年 份	2006	2007	2008	2009	2010
营业收入	50 964	45 532	50 916	57 137	78 140
利润总额	592	116	2 213	643	1 002
净利润	389	48	2 163	472	739

三、上海新境界食品贸易有限公司

上海新境界食品贸易有限公司成立于2004年7月,注册资本4 000万元,其中:烟糖集团出资3 400万元,占总股份85%;上海顺和通创业投资有限公司出资600万元,占总股份15%。公司地址:上海市虹口区物华路58号2楼264室。2009年4月烟糖集团收购了上海顺和通创业投资有限公司所持15%股份,新境界公司成为烟糖集团全资子公司。2010年9月烟糖集团对新境界公司增资4 000万元,注册资本变更为8 000万元。

公司占地总面积为12 050平方米,建筑总面积为15 875平方米。下设综合办公室、财务部、百胜配送部、营销业务部、业务管理部、物流部、动力设备部等,员工97人。下属企业有上海友谊食品特供有限公司、上海申鲜物流有限公司、上海铭天实业有限公司等三家控股子公司。

公司经营批发预包装食品(含冷冻冷藏,不含熟食卤味),乳制品(含婴幼儿配方乳粉),酒,代理销售众多国内和国际著名品牌商品。

公司拥有"四温带"库房5 000吨和3 000平方米的常温库、冷冻冷藏制冷车和专用保温箱等,有效地支撑食品集成供应和低温物流配送服务。公司从事和发展以冷链技术为核心的物流服务和生鲜食品贸易,把冷链技术服务于生产商的品牌代理、零售商的客户经营,把服务与经营融为一体,利用烟糖集团整体资源与网络优势,推进企业不断发展。

公司于2004年11月与上海友谊食品特供有限公司分别收购了上海通海汽车运输队90%、10%股份;2005年1月与上海申鲜物流有限公司分别收购了上海友谊食品特供有限公司90%、10%股份;2006年12月收购上海市农工商投资公司所持上海农工商配送服务有限公司80%国有股份和4个自然人股东所持的20%股份,使农工商配送服务公司成为其全资子公司。公司于2010年9月增资控股上海铭天实业有限公司,占总股份55.046%;2010年12月公司所属上海农工商配送服务有限公司100%股权无偿划转至上海瑞泰投资发展有限公司。

2010年公司总资产27 084万元,销售收入35 244万元,利润总额291万元。

表4-2-8　2006—2010年新境界公司经营情况表　　　　　　　　　　（单位：万元）

年　份	2006	2007	2008	2009	2010
资产总额	4 904	5 398.97	8 856.90	7 286.39	27 084
净资产	4 245	4 322.88	4 468.39	4 499.34	11 834
国有净资产	4 245	4 322.88	4 468.39	4 499.34	8 168
销售收入	17 557	19 717.51	26 839.37	26 907.14	35 244
利润总额	201	194.76	176.51	349.01	291
净利润	120	128.80	145.52	230.95	57.23
净资产收益率（%）	2.83	3.01	3.31	5.15	0.48

四、上海中油农工商石油销售有限公司

上海中油农工商石油销售有限公司是光明食品集团上海长江总公司与中国石油销售有限责任公司共同投资的有限责任公司，成立于2000年5月，投资总额506万元，双方各投资50%。公司地址：上海市崇明县长江农场。2010年公司销售收入92 977万元，利润总额575万元，净利润417万元；职工57人。

公司主要经营成品油（汽油、柴油）、润滑油销售业务。公司现有油库1座、加油站5座，其中自有加油站1座、合资加油站1座、租赁加油站3座。公司油库坐落于崇明县新河镇，库容1 300立方米，年周转量3万吨。

公司总部设在上海市闸北区共和新路3388号永鼎大厦10楼，负责全公司的经营管理。崇明新河油库重点做好崇明岛成品油销售业务和崇明岛加油站的油品配送，同时为大众公交、客运轮船公司、越江隧桥项目等客户做好成品油的供给服务。

表4-2-9　2006—2010年上海中油农工商石油销售有限公司经营情况表　　　（单位：万元）

年　份	2006	2007	2008	2009	2010
销售收入	46 614	44 879	29 945	44 611	92 977
利润总额	109	79	280	209	575
净利润	75	53	198	144	417

五、上海农工商配送服务有限公司

上海农工商配送服务有限公司是烟糖集团所属上海瑞泰投资有限公司子公司。公司成立于2003年，注册资本人民币100万元，其中上海农垦供销总公司占总股份80%，自然人占总股份20%。2008年自然人股东退股，农工商配送公司成为国有全资企业，国有股东由上海农垦供销总公司变更为上海新境界食品贸易有限公司。2010年因世博配送业务需要，公司注册资本增至人民币500万元。同年，国有股东由上海新境界食品贸易有限公司变更为上海瑞泰投资发展有限公司。

公司 2010 年从业人员为 27 人。

公司主营业务是以汇集配送服务的方式向机关及企事业单位餐厅和社会餐厅销售食品、农副产品等食材原料,同时为企事业单位和机关学校提供文化办公用品和各式礼品礼包及市民周末配餐礼包的配送服务。公司配送的食品、农副产品等主要食材原料部分来自光明食品集团的企业,产品为光明乳业股份公司的乳制品、农场型公司的大米、爱森肉食品公司的爱森猪肉和星辉蔬菜公司的蔬菜等。部分产品来自和公司建立基地合作关系的市郊和江浙两省著名农产品企业,主要有艺杏豆制品公司、以冷冻海产品为主的浙江舟山金星水产公司、散养鸡规模化养殖的皖南养殖专业合作社等。公司和上海振宏餐饮服务公司、上海鑫光辉副食品有限公司、上海三友天然食品有限公司、上海胜培贸易有限公司等多家本地采购供应商建立长期的副食品、家禽冻品、调味品和南北干货供货关系。

公司主要配送服务单位有:上海市委办公厅机关餐厅、市政府机关餐厅、市人大培训中心、市政协机关服务中心、市民主党派大厦服务中心、市总工会、市房地局、市劳动和社会保障局、市民政局、市司法局、上海一中院、国家安全局和上汽集团、申能集团等。公司以光明食品集团绿色食品为源头,以国内名特优农产品为支撑,搭建向上海市其他机关、企业和社会餐饮单位提供优质配送的服务平台,为东方明珠、东方绿舟、展览中心和王宝和大酒店、奥林匹克宾馆餐厅等十多家餐饮单位提供食材配送服务。

公司服务品牌为"佩德隆",取意上海话谐音"配得拢"。该品牌于 2006 年申请国家注册商标,并于 2008 年获批。商标文字图案为:佩德隆。该品牌商标主要用于公司对外广告宣传和配送业务的推介,也用于公司自行采购并包装的食品和农副产品的礼包组合。根据客户在节假日生活的不同需求,量身定制各色食品和农副产品礼包,是公司食品配送经营的特色之一。公司不仅自行设计和包装高档进口食品礼盒和富有传统特色的海鲜礼包、南北干货礼包,还代理享誉沪上的其他品牌食品礼包。

公司充分依托集团的整体经营资源和通路优势,成为 2010 年世博会的指定供应商,获上海世博会和市食药监部门的好评。

公司 2010 年获中国 2010 年上海世界博览会组织委员会和中国 2010 年上海世界博览会执行委员会颁发的"荣誉纪念证书";被上海市总工会、上海世博会事务协调局、共青团、市妇联评为"上海世博会世博园区服务保障先进集体",被上海市委农业办公室和上海市农业委员会评为"上海世博工作先进集体",被上海市商业联合会评为"2010 上海商业优质服务先进集体"。

表 4-2-10　2006—2010 年农工商配送公司经营情况表　　　　　　　　　　(单位:万元)

年　份	2006	2007	2008	2009	2010
营业收入	3 081.2	2 585.5	2 999.6	3 486.2	4 730.6
利润总额	62.2	35.2	62.2	80.0	102.5
净利润	62.2	24.5	46.7	61.4	74.5

第五篇
房地产开发和建筑业

概　　述

　　房地产开发和建筑业是光明食品集团重点培育的支撑业务，2010年，集团房地产业营业收入58.08亿元，利润17.71亿元。

　　集团组成了建筑设计、房地产开发（包括住宅开发、商业地产开发、工业地产开发和农场危旧房改造）、建筑施工、建筑装潢、物业管理等完善的产业链，为光明食品集团核心业务发展提供利润与现金流。上海农工商房地产（集团）有限公司于2008年3月进行股份制改造，更名为上海农工商房地产（集团）股份有限公司，是光明食品集团具有代表性的骨干企业，持续保持光明食品集团中创利大户的贡献地位。益民食品集团所属的上海轻工置业有限公司，主要业务是房地产开发和物业管理，其他房地产企业有星火开发区联合发展有限公司（上海市星火工业园区）、农房集团所属上海农工商华都实业有限公司、上海跃进有限公司所属上海飘鹰实业发展公司和上海跃进房地产公司（2007年划转至农房集团）、上海市农工商投资公司所属的上海金牛房地产有限公司、长江总公司所属的上海新腾飞房地产经营有限公司和上海集林经济开发有限公司等。2010年，光明食品集团所属房地产企业（包括房地产项目公司）有74家。

　　集团房地产业务类型主要为住宅地产、商业地产、工业地产和农场危旧房改造等。开发方式主要为独自开发和合作开发等。以农工商房地产有限公司为骨干企业，面对宏观调控的经济形势，积极顺应市场变化，重点布局二、三线城市，推进商业地产转型，建立广泛的战略联盟。开发了一批大型楼盘，培育了自己的产业品牌。上海苏堤春晓名苑获"2006年度上海市'四高'优秀小区"称号、"第七届中国土木工程詹天佑奖"、上海市建筑工程最高奖项白玉兰奖、中国优秀环境住宅设计金奖。东方帕堤欧小城被上海市住房保障和房屋管理局列入"2009年度创建上海市节能省地型'四高'优秀小区"。集团所属上海城乡建筑设计院有限公司持有国家颁发的建筑工程设计甲级资质证书，具有城市规划设计、人防设计、环境工程、幕墙设计、室内装饰设计资质。

第一章 房地产开发

光明食品集团2006年房地产业增加值10.61亿元,2010年达19.37亿元;利润总额2006年为12.87亿元,2010年达17.71亿元;营业收入2006年为31.8亿元,2010年为58.08亿元,房地产业持续保持增长势头。

表5-1-1 2006—2010年光明食品集团房地产业经营情况表 （单位：万元）

年 份	2006	2007	2008	2009	2010
增加值	106 124	122 254	106 927	138 767	193 702
利润总额	128 718	128 526	144 054	159 606	177 108
营业收入	317 990	375 474	387 285	450 278	580 825

表5-1-2 2006—2010年光明食品集团固定资产总值和商品房销售面积情况表

年 份	2006	2007	2008	2009	2010
固定资产总值(万元)	77 171	89 780	75 395	101 607	73 029
商品房销售(平方米)	568 158	654 526	350 413	945 296	473 854

表5-1-3 2006—2010年光明食品集团房地产企业及从业人员情况表

年 份	2006	2007	2008	2009	2010
房地产企业(个)	77	77	81	73	74
从业人员(人)	2 770	2 949	2 945	2 857	2 613

表5-1-4 2006—2010年光明食品集团房地产业人工成本及投入产出情况表

年份	从业人员平均人工成本(元)	人工成本占总成本(%)	每百元人工成本创造价值(元)			劳动分配率(%)	人事费用率(%)
			增加值	销售收入	利润		
2006	46 169	6.4	—	2 173	549	—	4.6
2007	48 493	6.5	—	2 071	650	—	4.8
2008	53 985	6.6	—	1 916	797	—	5.2
2009	64 974	5.4	—	2 564	972	—	3.9
2010	81 452	6.1	1 232	2 432	893	8.1	4.1

表 5-1-5 2006—2010 年农房集团房地产竣工及销售面积情况表　　（单位：万平方米）

年　　份	2006	2007	2008	2009	2010
竣工面积	83.3	36.7	54.4	56.1	68.0
销售面积	37.7	44.2	55.2	57.3	55.3

农房集团品牌名称为农工商房产，品牌图案为农工商房产 NGS Real Estate，品牌商标为 ，注册于 2008 年 8 月。国际分类 37 大类，品牌使用范围为：建筑施工监督，建筑结构监督，建筑信息，工程进度查核，建筑，室内装潢，室内外油漆，供暖设备的安装和修理，电气设备的安装与修理，厨房设备的安装和修理。国际分类 42 大类，品牌使用范围为：法律服务，工程，包装设计，建筑学，建筑制图，室内装饰设计，建设项目的开发，建筑咨询，计算机编程，地质勘测。

2009 年，品牌商标被评为上海市著名商标。

第一节　业务类型和开发方式

光明食品集团房地产业务类型主要为住宅地产、商业地产、工业地产和农场职工危旧房改造等。开发方式主要为独自开发和合作开发等。

一、业务类型

【住宅地产】

住宅地产开发是光明食品集团房地产企业的主要开发类型。农房集团前身上海农口房产总公司在 20 世纪 80 年代曾从事上海天山、日晖新村等自有住宅建设，后又参加了上海程桥新村住宅小区的开发建设。农房集团住宅产品开发形成了"西班牙""英伦""摩尔"三大产品系列，产品风格初步成型，项目运作经验得到积累和沉淀，产品品质不断提升，初步形成了一整套具有农房特色，规范有效的产品开发管理体系，产品打造能力显著增强。农房集团成立以来，累计开发各类住宅面积近 1 000 万平方米。住宅地产楼盘有上海苏堤春晓名苑、夏朵园、宜兴氿滨国际中心、徐汇新干线、聚贤煌都、福运马洛卡、上虞新上海花园、南汇丹桂佳苑、建湖新世纪、星河世纪城、东方帕堤欧小城、镇江风景城邦等。面临国家对房地产业进行调控的形势，光明食品集团房地产业合理调整开发节奏，加快战略转型，其住宅开发由长三角向全国进行拓展。农房集团通过收购，拥有土地企业的股权，储备了近千亩土地，为企业发展奠定基础。房地产业基本形成内涵有机增长和外延扩张发展并重的发展方式。

轻工置业公司主要业务为房地产开发经营和物业管理，物业管理面积 200 多万平方米。公司主要承担上海益民食品一厂（集团）有限公司的不动产管理及物业管理，盘活不动产存量，提高租金收益。

【商业地产】

光明食品集团房地产业近年从单一的住宅开发向商业、写字楼多元开发转型，进一步打造产业链，提升产品能级，有效防范风险，提高整体运行质量。跃进有限公司所属的上海飘鹰实业发展公司在房地产开发中,加快商业用房建设,2010年公司自有商业用房2.6万平方米,租金收入954万元,从而确保企业每年稳定收入。农工商超市集团建设的大型购物中心属经营性房地产开发。

农房集团所属上海农工商华都实业有限公司是光明食品集团商业地产最大的企业,拥有原农工商集团建造在浦东新区的智能型写字楼华都大厦。华都大厦位于上海浦东陆家嘴金融贸易区繁华的商业街张杨路上,1995年6月落成开业,占地9570平方米,楼高124米,30层。一至三层为商场,主要为餐厅和银行,四层裙房为娱乐中心。主楼四至三十层为写字楼,楼体方正,外立面选用钢化中空镀膜玻璃幕墙,配以褐色大理石,显示简洁现代风格。入驻企业有中国银行、巴伐利亚银行、英国利百得实业有限公司、瑞典菲力尔系统股份有限公司、挪威比奥船舶自动化公司。

农房集团定位为集住宅开发、商业房产开发、土地储备、建筑设计、物业管理、物业经营为一体的大型房产企业,成为集团发展核心业务的重要支撑。公司围绕人才、资金、品牌等核心资源,以业务模式、盈利模式、资源获取模式、管控模式等方面为战略转型的主要任务,扭转松散型、机会式发展状况,形成房产主业突出、新拓业务快速成长、产业支撑资本、资本带动产业的战略发展格局,构建集团稳定增长的利润产出结构。业务模式以住宅开发为主,逐步增加商业地产比重,拓展资产经营业务,探索资本经营业务。逐步建立以房地产开发为重点,以资产经营和资本经营为支撑的战略业务组合,形成三大关联的业务板块。农房集团由单一经营管理型企业向经营管理型和投资管理型企业转变。着力提升单位土地面积的产出效率和附加值,获得资产经营的增量现金流,探索资本经营的业务模式和获利方式。

【工业地产】

工业地产开发的企业为星火开发区,长江总公司所属上海集林经济开发有限公司以工业地产招商引资为主要业务。

星火开发区主要产业为精细化工、化纤、建材,2006年被国家发展和改革委员会评定为上海国家生物产业基地,同年被国家商务部、科学技术部授予国家科技兴贸创新基地(生物医药)。园区位于上海市南翼、杭州湾北岸,距卢浦大桥39公里。星火开发区东起白塔路(亦称农工商大道)、西至金汇桥,南起国防公路、北到灵山路。全区面积8.78平方公里,是光明食品集团招商引资的服务窗口。开发区内重点企业2007年建成投产的有上海中器环保科技有限公司(投资总额4000万元)、上海西恩迪蓄电池有限公司(投资总额19600万元),2008年建成投产的上海中西药业股份有限公司(投资总额2301万元)、上海乳胶厂(投资总额20028万元)、光明食品园区冠生园蜂制品项目(投资总额12660万元),2009年建成投产的上海康达化工有限公司(投资总额8622万元)及帝斯曼聚酯树脂、光纤涂料和茶多酚等生产项目(一期投资总额7693万元)。

园区内污水通过1、2、3号泵站,将各地块的污水集中通过4号泵站送入奉贤东部污水厂进行深度处理。上海星济工业废物处理有限公司总投资1620万元,焚烧站采用两室炉焚烧技术和窑炉结构形式,分别对固体和液体工业废料进行高温燃烧,年处理工业废料7200吨,各项指标均达到国家规定要求。

星火工业园区消防站按国家一级消防标准设计和建造,最大登高能力36米,建制为一个消防中队。上海浦东铁路海湾站2006年6月8日正式开站,2010年9月15日,浦东铁路星火开发区海湾客运站正式开通,车型为新型双层快速空调客车,上海南站与星火工业园区海湾站间运行里程63公里,时间为55分钟。总投资800余万元的星火工业园区天然气道路管配套工程2008年破土动工,2010年8月天然气正式开通。

星火工业园区加强政策引导和资金扶持力度,逐渐形成以企业为主体,全方位、多层次的资金投入格局,推进开发区全面协调可持续发展,先后设立和制订了《上海市星火开发区循环经济建设专项基金操作办法》《上海市星火开发区产业发展基金奖励办法(包括产业结构调整基金和科技专项奖励基金)》《社会稳定应急保障基金操作办法》《星火开发区标准厂房园区企业发展扶植和奖励办法》《星火开发区注册型公司奖励办法》,覆盖开发区环境建设、产业发展与社会稳定,为开发区企业发展营造良好环境。

星火工业园区以清洁生产和消除异味为抓手,全面实施循环经济建设,促进开发区可持续发展。2006年起,开发区开展ISO14001环境管理体系认证工作。2007年与2010年上海市星火开发区管委会、上海浦东星火开发区联合发展有限公司均获得ISO14001管理体系资格证书。园区制定了清洁生产三年推进计划并全面展开,至2010年年底共完成清洁生产审核验收9家。

星火工业园区2010年绿化总面积190.13万平方米,绿化覆盖率22%,其中公用绿地62.36万平方米,道路林带绿化31.18万平方米,园区内企业单位的绿化52.53万平方米,其他绿化44.06万平方米。

【农场职工危旧房改造】

光明食品集团所属农场职工危旧房面积近63万平方米,共涉及8902户、2.67万人,其中农场建造于20世纪60、70年代的连队散户点292个,分布在崇明县长江、跃进农场,奉贤区五四农场,浦东新区东海农场境内,涉及职工户数5870户,约1.76万人;80年代中期建造的非成套住房主要分布在崇明县长江、跃进农场,共涉及3032户,约0.9万人。市政府成立市郊国有农场职工危旧房改造工作联席会议和工作推进小组,明确光明食品集团是农场职工危旧房改造工作的实施主体,相关农场是职工危旧房改造工作的操作主体。光明食品集团计划在2010—2012年的三年时间内,完成8902套农场危旧房的改造任务。2010年,重点进行了一期建设项目的启动准备,明确了危旧住房综合改造对象和范围;对职工群众进行了二次征询,并签订了意向书和协议书;完成了长江总公司、跃进有限公司第一期建设项目的相关批文和报建手续。2010年,以跃进农场新海种子队生活区、长江农场风伟三、四村和长江农场十五连生活区三个规划点作为试点,拆除后,拟集中重建1930套房,建筑面积115800平方米。同年12月27日,在长江十五连生活区建设地块举行市郊农场旧住房综合改造启动暨一期项目奠基仪式,副市长胡延照、市政府副秘书长王伟、相关委办局领导及区县领导出席了奠基仪式。

二、开发方式

【独自开发】

企业独自开发房地产项目是光明食品集团所属房地产企业采取的主要方式。光明食品集团在房地产业有着较完整的产业链,为企业独立开发房地产项目奠定了基础,实现了经济效益的最大化。一个房地产项目建立一个项目公司,以具法人资格的经济实体进行房地产项目的开发,该房地产项目结束,公司也随即注销。2010年,光明食品集团共有74个房地产企业,其中农房集团拥有51个房地产企业,大多是房地产项目公司。通过多年房地产开发的原始积累,房地产企业拥有比较雄厚的经济实力。

【合作开发】

光明食品集团房地产合作开发采取收购股权、增资扩股和联合开发三种形式。一是通过收购取得房地产开发权。农房集团2010年先后收购江苏东恒海鑫置业有限公司20%股权、张家港福运置业有限公司自然人10%股权、昆山明丰房地产51%股权、上海扬业房地产开发有限公司60%股权等,扩大了房地产开发业务。二是通过增资扩股,吸收战略合作者,做大房地产项目。上海飘鹰实业发展公司在实施宝山锦和花园房地产项目时,吸收上海锦和置业有限公司为股东(上海飘鹰实业发展公司占总股份51%,上海锦和置业有限公司占总股份49%),注册资本从原来的300万元增至4 900万元,增加资金投入,确保项目顺利推进。三是通过联合开发,做强商业地产。上海星火开发区前身是上海市星火轻纺工业区,是1984年由上海市人大、市政府批准筹建的市级工业开发区之一。1993年9月,上海浦东新区管理委员会与上海市农场管理局签署协议,组建上海浦东星火开发区联合发展公司(简称星联公司),注册资本为5亿元,浦东国资公司与上海市农工商(集团)总公司各投资50%。1995年4月,上海久事公司以自来水工程项目贷款转为投资,作股18%,浦东国资公司、上海市农工商(集团)总公司投资股份均调整为41%。至此,星联公司成为3家公司投资组建的联营公司,全面负责开发区的开发建设、招商引资和经营管理,实行风险共担、利益共享。

【综合改造】

光明食品集团所属房地产企业从提高社会效益出发,积极做好农场危旧房改造。农场危旧房改造走旧住房综合改造政策通道,采取拆除重建、非成套改造和建造单位租赁房三种方式。供地采取国有划拨方式,参照城乡建设用地增减挂钩政策,节余建设用地指标允许进入土地市场交易流转,以平衡旧住房综合改造资金。未享受过上海市房改政策的农场职工可按公有住房出售方式购买售后公房。采取多策并举,充分运用政府住房保障政策,通过职工回购、企业资助、政府政策扶持、节余建设用地指标上市流转等措施,改善职工居住条件。

第二节 大型楼盘

光明食品集团在房地产开发中,开发了一批大型楼盘,培育了自己的产业品牌,2006—2010年开发的主要楼盘有:

一、上海苏堤春晓名苑

上海苏堤春晓名苑由农房集团开发,系上海市旧区改造项目,2003年10月全面开工建设,2005年9月一期竣工入住,2005年12月二期竣工入住,2006年5月全面竣工。

该项目位于上海市中心城区西侧,普陀区南部,处于高架内环线以内,与静安、长宁区相邻。该地块北靠苏州河,南邻长寿路,东邻叶家宅路,西近武宁路,占地面积为55 380平方米,沿苏州河岸线长270米,长寿路段有90米。总建筑面积186 047平方米,容积率3.2,绿化率40%,总户数1 263户。

该项目为高标准高层住宅区,由7栋8—32层住宅围合而成,结构形式为现浇混凝土底部大空间剪力墙结构,采用PHC预应力管桩。

2006年12月,上海苏堤春晓名苑被上海市房屋土地资源管理局授予"2006年度上海市'四高'优秀小区"称号。2007年11月,该项目被中国土木工程学会詹天佑土木工程科技发展基金会授予

"第七届中国土木工程詹天佑奖"。该项目获上海市建筑工程最高奖项白玉兰奖,中国优秀环境住宅设计金奖。

二、星河世纪城

星河世纪城楼盘由农房集团开发,该项目位于上海真如副中心,在普陀区大渡河路、真北路之间的桃浦路两侧,毗邻上海西站,占地22万平方米,建筑面积约40万平方米。项目分多期开发,最早开发的A块一期于2002年12月开发,2005年6月竣工,截至2009年11月,除C块公建外,均已竣工。

项目以"宁静而可靠的港湾"为开发理念,建筑沿湖而建,湖水隔开了建筑组团之间的干扰,让每个建筑组团保持各自的独立性,彼此之间又有融合。社区规模宏伟,共有高层、小高层60余幢,另有集休闲、娱乐、办公、酒店于一体的约8万平方米商业广场,一举成为周边区域内旗舰地标,为上海西区奉献一座标志性的国际生活社区,创造一种便利、品位和时尚的居住模式。

2005年12月,星河世纪城获上海市房地产行业协会颁发的"上海市优秀住宅·规划建筑奖",获全国人居经典建筑设计方案竞赛规划、环境设计双金奖。

三、东方帕堤欧小城

东方帕堤欧小城由农房集团建造,项目位于宝山区的顾村镇,于2009年2月开工,2011年6月竣工。规划用地面积10.612 5万平方米,总建筑面积为14.809 1万平方米,地上面积为12.632 5万平方米,地下建筑面积2.176 6万平方米。容积率1.2,建筑密度24.91%。住宅用户1 116户。绿化率38.12%,集中绿化率22.68%。项目将西班牙异域风情运用于建筑风格,阳光、绿荫、草坪、水景、雕塑、人行步道、红陶筒瓦、手工抹灰墙、铁艺、庭院、高雅华贵的建筑群落,相互交融,令人仿佛置身于自然的西班牙花园之中。

2009年7月,东方帕堤欧小城被上海市住房保障和房屋管理局列入"2009年度创建上海市节能省地型'四高'优秀小区"。

四、镇江风景城邦

镇江风景城邦楼盘由农房集团开发,项目地处镇江市规划的丹徒高尚生态生活片区中心,低密度100万平方米情景式社区,绿化率47.7%,囊括西班牙、英伦等众多风格。丘陵起伏的社区有2条河道及1个湖泊。近3万平方米的商业配套,汇聚西班牙风情会所、商业街区、健身中心、游泳馆等,引进众多品牌商店,保证了镇江风景城邦自成一体的主题大型社区生活美景。

2009年12月,镇江风景城邦明旺小区A地块二期被江苏省建设厅评为"2009年全省住宅工程质量分户验收示范小区"。

五、飘鹰世纪大厦

飘鹰世纪大厦是飘鹰世纪城一期项目,由上海飘鹰实业发展公司开发,公司位于虹口区天宝路578号。飘鹰世纪大厦于2006年起销售,除自用商用房外,2009年全部售罄。该大厦是一座集智能办公、餐饮服务、购物休闲为一体的高品位商用办公大楼。飘鹰世纪大厦位于四平路新港路交叉口,紧邻和平公园,环境静谧。交通便利,邻近10号线邮电新村站,还有多条公交车经过。大厦公共部位装修讲究,办公环境整洁优雅。大厦房型面积较小,为酒店式办公房型,卫生间均在套内。大厦共22层,总建筑面积约6.5万平方米。地下两层为设有300个车位的停车库,地上1—3层为大卖场,4层为产业会所,5—22层为商用办公房,其中20—22层为飘鹰新港大酒店。底层商业裙房引入卜蜂莲花、中国农业银行和各式快餐等,方便入驻客户购物和就餐。

六、飘鹰锦和花园

飘鹰锦和花园由上海飘鹰实业发展公司和上海锦和置业有限公司联合开发,占地约13万平方米,建筑总面积20万平方米,2008年动工建设,2010年基本建成。锦和花园由17幢14—18层现代经典风格小高层公寓以及32幢地中海风格联排、叠加别墅组成,总户数1 477户。高品质的社区以及浓郁的西班牙风情是该楼盘的重要特色。锦和花园地处上海市宝山区西城核心位置,位于蕰川路西侧、沙浦河南侧、天馨花园北侧,周边百联北上海购物中心、易初莲花等生活设施配套齐全。东邻地铁1号线宝安路站仅100米,南北高架出入口近在咫尺,交通便捷,是北上海轨道线旁具有代表性的高品质社区。该楼盘2009年对外销售,至2010年销售率达到91.86%。

第三节 企 业 选 介

一、上海轻工置业有限公司

上海轻工置业有限公司(简称"轻工置业公司")是上海益民食品一厂(集团)有限公司下属企业,其前身是上海轻工大厦置业有限公司,成立于1998年3月,注册资本2 000万元,其中:上海轻工控股(集团)公司出资60%;上海轻工实业总公司出资40%,是建设上海轻工大厦的项目公司。2000年3月,注册资本变更为1 000万元,2004年10月,公司注册资本变更为3 389.55万元,其中上海轻工控股(集团)公司出资占比23.60%,另一家股东上海轻工实业有限公司变更为光明食品(集团)有限公司(小光明),出资占比76.40%,公司名称变更为上海轻工置业有限公司。公司地址:上海市肇嘉浜路376号。2010年,营业收入3 724万元,利润总额304万元,净利润183万元,职工124人。

轻工置业公司主要业务为房地产开发经营和物业管理,物业管理面积200多万平方米。公司主要承担上海益民食品一厂(集团)有限公司的不动产管理及物业管理,盘活不动产存量,提高租金收益。

轻工置业公司坚持"以服务求生存、以管理求效益、以创新求发展"的经营理念,以"建满意物业、创和谐置业"为工作目标,把"以诚信获取高效率,以管理获取高效益,以创新获取高速度"作为企业核心价值观,以"我爱我'家'温馨,我为我'家'出力"为服务宗旨,强化优质服务意识,努力提升管理和服务水平,促进企业发展。

轻工置业公司下属企业有：上海轻工物业管理有限公司（详见第五篇第三章第二节）、上海华东房产物业有限公司和上海轻工劳务有限公司。上海华东房产物业有限公司地址为上海市黄浦区河南中路505号，注册资本1065万元，经营范围为物业管理、房产信息咨询、自有房屋出租、停车库服务等，2010年通过质量管理体系认证，具物业管理二级资质。上海轻工劳务有限公司成立于1999年8月，地址为上海市七浦路611号304—306室，注册资本50万元，经营范围为劳务服务、劳务输出和吸纳劳务。

轻工置业公司2008年11月捐款20万元参与光明食品集团援建四川省都江堰市光明团结小学。

表5-1-6　2006—2010年轻工置业公司经营情况表　　　　　　　　（单位：万元）

年　　份	2006	2007	2008	2009	2010
营业收入	2 570	2 974	3 293	3 491	3 724
主营业务收入	2 491	2 830	3 202	3 397	3 641
利润总额	69	127	136	196	304
净利润	43	102	110	175	183

二、上海农工商华都实业有限公司

上海农工商华都实业有限公司是农房集团下属企业，前身是上海市农工商华都实业总公司，建于1993年4月，出资人为上海农工商集团。2006年7月，改制为上海农工商华都实业有限公司，农房集团出资占比95%，上海农工商（集团）有限公司占比5%。2007年12月，改制为农房集团所属全资子公司。

上海农工商华都实业有限公司坐落于上海市浦东新区张杨路828—838号华都大厦4F座。公司注册资本2.6亿元。截至2010年年底，公司资产总额11.26亿元；拥有94 147平方米不动产，市场估值约23亿元。

上海农工商华都实业有限公司主要经营四个方面的业务：一是公司及所属控股公司拥有高层甲级写字楼以及配套商场、大卖场、专业商场和社区零售商铺、工厂仓储等商业物业。二是为公司及集团其他商业物业提供租赁、招商、物业管理等服务，有商业房产面积14.5万多平方米。三是为浦东新区部分镇政府大楼、商业楼宇、学校、仓储码头提供专业物业管理服务。物业管理项目11个，服务面积87万多平方米。四是为农工商房地产集团开发的部分住宅及配套商业提供专业的营销代理。

公司设执行董事、监事、总经理室。下设市场部、不动产经营部、物业部、法务部、财务部和综合办公室六个部门。

公司遵循内部择优及市场招聘相结合的用人原则，初步形成结构轻盈，高效精干的经营管理团队。

公司以农房集团"厚德载物，惟精惟勤；家园即道，信守一生"的企业精神为导向，大力倡导"讲和谐、讲专业、讲发展"的企业文化。

表 5-1-7　2006—2010 年华都实业公司经营情况表　　　　　　　　　　　　　（单位：万元）

年　　份	2006	2007	2008	2009	2010
营业收入	6 399	6 936	9 426	13 287	12 533
主营业务收入	5 826	6 706	4 670	5 508	4 528
利润总额	192	−464	2 029	4 807	1 542
净利润	48	−591	1 820	3 849	1 007

三、上海飘鹰实业发展公司

上海飘鹰实业发展公司是跃进有限公司下属企业，前身为上海新安皮革服装厂，成立于1986年，1993年更名为上海飘鹰制衣公司，2008年更名为上海飘鹰实业发展公司。公司地址为上海市乍浦路71号512室，注册资本202万元，经营范围为实业投资及咨询、销售服装、皮革制品、金属材料、木材、建筑装潢材料、五金交电。2010年，公司总资产6.54亿元，营业总收入1.05亿元，利润总额2 361万元，净利润1 841万元。

上海飘鹰实业发展公司是一家集房地产开发、物业管理、工程建筑、餐饮娱乐为一体的都市服务类综合型企业。公司拥有上海飘鹰大酒店、上海飘鹰（新港）大酒店、上海飘鹰房地产开发中心（飘鹰公司与飘鹰房地产开发中心在2009年3月进行合并，保留飘鹰公司）、上海飘鹰物业管理有限公司、上海跃光建筑工程公司等企业。

房地产开发是公司的主要业务，也是企业快速发展的重要原因。公司充分利用上海旧房改造的契机，及时从制衣行业转向房地产开发，并先后成功开发了飘鹰花苑、飘鹰公寓、东方花园等楼盘，其中飘鹰花苑获首届上海市优秀住宅奖和最佳品位楼奖。2006—2010年重点开发飘鹰世纪大厦和飘鹰锦和花园，企业经济稳定持续增长。

在房地产开发中，公司先后建立上海跃光建筑工程公司和上海飘鹰物业管理有限公司，形成较完善的以房地产业为核心的房地产开发、工程建筑、物业管理产业链。跃光建筑工程公司2006—2010年实现产值2.1亿元、利润总额1 865.9万元。飘鹰物业管理有限公司管理飘鹰花苑、飘鹰东方花园、飘鹰世纪大厦等楼盘，物业管理总面积达23万平方米。

公司拥有两家大酒店。一家为上海飘鹰大酒店，位于虹口区乍浦路71号，紧邻外白渡桥，地理位置优越，是涉外三星级宾馆。另一家为飘鹰（新港）大酒店，位于天宝路578号飘鹰世纪大厦内，邻近和平公园、五角场商业区和四川北路商业圈，附近有轨道交通4号线、8号线和10号线，交通便利。

表 5-1-8　2006—2010 年上海飘鹰实业发展经营情况表　　　　　　　　　　　（单位：万元）

年　　份	2006	2007	2008	2009	2010
营业收入	19 769	11 594	39 537	8 310	10 553
利润总额	779	3 173	8 132	5 829	2 361
净利润	328	2 338	5 701	5 454	1 841

四、上海星火房地产有限公司

上海星火房地产有限公司是五四公司下属企业，成立于2005年7月，公司地址上海市奉贤区星火农场，注册资本1000万元。2005年6月和12月，上海海城建筑装饰公司、上海农工商星火物资经销中心先后并入星火房地产公司。公司经营范围为房地产经营开发、物业管理、建筑装饰、市政工程施工、建材、五金交电、钢材批发、零售等。2010年，公司总资产1.61亿元，销售收入2.14亿元，利润总额298万元，净利润209万元。

上海星火房地产有限公司主要业务为房产建筑市场的开拓、物资经营销售和市场经营管理，先后开发聚祥苑住宅小区、燎原农贸市场等项目，完成了五四大酒店、五四总部档案楼、农垦博物馆、星火办公楼、兴华塑料厂、五四中港农贸市场、五四农场场部宿舍等改扩建和装修工程。

公司所属海城建筑装饰公司2010年注册资本增至1200万元，进一步提高了经济实力，为开拓建筑市场，扩大建筑业规模奠定了基础。在物资流通方面，主要依靠上海农工商星火物资经销中心加大煤碳、建材、农资、工业原料等方面的销售，公司加强对星火、五四、燎原三个贸易市场的管理，为海湾镇居民做好服务工作。

上海星火房地产有限公司以"把房地产业培育成光明食品集团上海五四有限公司的支柱产业""建设成为五四有限公司优秀企业"为企业愿景，把"发展经济，贡献国家，壮大企业，造福员工"作为企业核心价值观，坚持以人为本理念，加强企业文化建设，为企业发展提供精神动力。

表5-1-9 2006—2010年星火房地产公司经营情况表 （单位：万元）

年　份	2006	2007	2008	2009	2010
销售收入	3 779.84	4 572.24	8 639.24	9 550.19	21 423.76
利润总额	－7.17	112.70	83.88	737.61	298.82
净利润	－7.17	102.31	59.37	543.77	209.69

五、上海新腾飞房地产经营有限公司

上海新腾飞房地产经营有限公司是长江总公司所属企业，成立于1995年9月，前身由前进商业公司和大发贸易商行组建而成。公司地址为上海市洛川路99号6楼C1—C4室，注册资本1000万元。主营业务为房地产开发经营，建筑装潢材料，室内装潢，物业管理。2008年8月，上海长江总公司将上海天园房地产开发经营中心和上海天时实业总公司整合归并至新腾飞公司。上海天园房地产开发经营中心成立于1995年4月，注册资本500万元，地址为上海市广中路549号。公司所属上海时兴置业有限公司开发了位于广粤路以东、广灵四路以南"中虹花园翡翠苑"项目，工程质量获上海市建筑工程"浦江杯"奖，并获上海市"四高"小区荣誉。上海天时实业总公司成立于1992年

4月,注册资本800万元,开发了奉贤海湾别墅区别墅102套,建筑面积3.078万平方米。

新腾飞公司直接开发和投资开发房产达10万平方米,主要房产开发项目有中虹花园、海湾别墅、镇江山水半岛等。

六、上海虹阳投资有限公司

上海虹阳投资有限公司是农房集团下属企业,前身是上海虹阳置业有限公司,2001年3月27日,注册资金1 000万元,股权比例:上海明旺房地产有限公司占80%,上海虹阳天地投资有限公司占20%。2006年8月15日注册资金增至2 000万元,2009年8月随着农房集团管控模式的调整,公司变更为农房集团子公司,拥有了对外投资权,同年9月公司注册资金增至10 000万元。2010年3月,上海明旺房地产有限公司80%股权无偿划转至农工商房地产(集团)股份有限公司,同年5月,公司更名为农工商房地产集团上海虹阳投资有限公司。公司具有房地产开发二级资质,经营范围为:实业投资,投资管理,房地产开发及销售,物业管理,室内装潢,建材,木材,金属材料,五金交电,汽配,日用百货,文化用品,建筑机械批发、零售。

虹阳公司坐落于上海市浦东新区杨高北路3380号。公司注册资本1亿元。截至2010年12月31日,公司总资产6.81亿元,净资产1.06亿元。2006年,公司从业人员25人,2010年底从业人员21人。

房地产开发是虹阳公司的主要业务,主要开发了幸福小镇项目(曾用名:明丰绿都),项目位于上海市浦东新区俱进路,占地面积360 220平方米,总建筑面积494 782平方米,拥有多层、小高层、别墅三种物业类型,是具有摩尔风格的住宅小区,项目于2005年7月6日开工,2007年3月31日竣工,是浦东高行板块较早开发的项目之一。2006年度获得"上海市浦东新区房地产开发企业诚信建设先进单位",第三届中国数字地产节授予"2006年最受网民欢迎楼盘",2006年度评为上海市"四高"优秀小区。

虹阳公司以"项目出精品、队伍出精英、企业出精神"为目标,紧紧依托集团公司和大光明集团的优势资源,高举"农工商房产"大旗,集聚公司智慧,焕发团队活力;化挑战为机遇,化压力为动力;优化管控模式,练好企业内功;通过规模经营,实现快速发展;明晰管理流程,强化运营质量;加强法人治理,提升竞争能力。公司在持续发展的同时,让员工共享企业发展成果。

表5-1-10　2006—2010年上海虹阳投资有限公司经营绩效情况表　　　（单位:万元）

年　　份	营业收入	利润总额	净利润
2006	69 613	21 949	18 656
2007	75 543	16 357	13 851
2008	14 228	−145	−251
2009	6 925	2 398	2 156
2010	619	−1 088	−1 088

七、上海东旺房地产有限公司

上海东旺房地产有限公司是农房集团核心成员企业,成立于1995年2月,注册资本2 100万元。公司具有国家二级资质的房地产开发企业,是上海市房地产协会理事单位,A 类纳税信用、A 类重合同守信用单位,是上海市房地产集团销售面积和销售额百强企业。公司先后开发"东旺公寓""东旺雍景苑""东旺家苑""飞旺家苑""好旺苑""星河世纪城"等住宅,竣工商品住宅达 42 万平方米。其中"东旺家苑""东旺雍景苑"被上海市住宅发展局评为 2002 年度"四高"小区;"星河世纪城"获 2004 年"全国人居经典建筑设计方案竞赛规划、环境设计双金奖""上海首届园林城市特色住宅大赛综合金奖"。

八、上海明旺房地产有限公司

上海明旺房地产有限公司是农房集团核心成员企业,具有国家二级房地产开发资质,1992 年成立,累计开发房产总面积近 200 万平方米,开发了"明丰公寓""明丰花园""明丰世纪苑""明丰阳光苑""明丰文化苑""明丰绿都""明丰新纪苑"等"明丰"系列精品楼盘。项目曾获"全国人居经典规划金奖、环境金奖""上海市优秀住宅银奖、规划设计奖、全装修奖""上海市新建住宅绿化奖""上海市建筑质量白玉兰奖"、上海市"四高"小区等荣誉。公司 1998—2001 年连续被评为上海房地产销售百强企业。

九、上海金牛房地产有限公司

上海金牛房地产有限公司是上海农工商投资公司下属企业,成立于 1993 年 9 月,注册资本 5 000 万元,具有国家二级房地产开发资质,主营业务有房地产经营、自有房屋租赁、物业管理等。开发房产项目总建筑面积达 34 万平方米;2010 年,经营收入达 5 840.1 万元,净利润 3 054.5 万元。

第二章 建 筑 业

建筑设计、施工和装潢是光明食品集团建筑业链中重要组成部分。建筑设计主要企业为农房集团所属上海城乡建筑设计院有限公司,施工和装潢企业主要有农房集团所属上海农工商建设发展有限公司和上海农工商建筑材料有限公司、五四公司所属上海农工商绿化有限公司、跃进有限公司所属上海飘鹰实业发展公司下属上海跃光建筑有限公司、长江总公司所属上海中建建筑材料有限公司等。

第一节 业务类型和施工项目

一、业务类型

【建筑设计】

上海城乡建筑设计院有限公司持有国家颁发的建筑工程设计甲级资质证书,具有城市规划设计、人防设计、环境工程、幕墙设计、室内装饰设计资质。公司拥有雄厚的设计实力、丰富的人才资源和先进的设计理念,尤其擅长大型居住项目的规划和建筑设计,并在幕墙专项设计、环境保护、沼气工程领域拥有相当丰富的设计经验。

【建筑施工】

光明食品集团所属房地产企业大都拥有建筑施工队伍,有着较丰富的建筑施工经验,形成了一定产业规模。2010年,建筑业施工产值6.33亿元,竣工产值3.91亿元,增加值9 569万元,利润总额2 956万元。由于房地产业在工程结算时点上的特殊性,2006—2010年的经济数值有一定波动,但整体呈上升趋势。

表5-2-1 2006—2010年光明食品集团建筑业主要经济情况表　　　　　　　　(单位:万元)

年 份	施工产值	竣工产值	增加值	利润总额
2006	16 177	13 425	2 764	748
2007	21 944	11 601	3 238	1 741
2008	33 931	11 412	6 549	2 934
2009	64 821	48 287	12 467	9 322
2010	63 290	39 147	9 569	2 956

表5-2-2 2006—2010年光明食品集团建筑业施工情况表

年 份	施工面积(万平方米)	竣工面积(万平方米)	商品混凝土(万立方米)
2006	7.88	5.14	44
2007	17.80	1.98	44

〔续表〕

年份	施工面积(万平方米)	竣工面积(万平方米)	商品混凝土(万立方米)
2008	26.89	2.21	45
2009	53.21	18.42	50
2010	98.69	15.18	73

表5-2-3 2006—2010年光明食品集团建筑机械情况表　　(单位：台)

年份	设备总数	其中		
		起重机	搅拌机	载重汽车
2006	136	3	21	5
2007	74	4	21	4
2008	71	4	23	3
2009	55	—	15	1
2010	56	1	14	1

表5-2-4 2006—2010年光明食品集团建筑企业及从业人员情况表　　(单位：人)

年份	单位数(个)	从业人员	全部职工	在岗职工	离岗职工	其他从业人员
2006	6	728	200	168	32	560
2007	4	825	181	153	28	672
2008	4	1 535	175	148	27	1 387
2009	5	1 682	184	158	26	1 524
2010	5	1 440	186	159	27	1 281

【绿化工程】

上海农工商绿化有限公司是从事绿化工程施工、设计、养护；草坪、草种、苗木生产和销售；水利、水电工程施工总承包为一体的专业公司，具有城市园林绿化施工企业二级资质、风景园林工程设计专项乙级资质、园林绿化工程设计丙级资质和水利水电工程施工总承包三级资质。2006—2010年重点进行房地产开发项目景观绿化配套工程项目，成为光明食品集团房地产产业链的重要环节。

【建筑机械和材料】

上海中建水泥制品有限公司是专业生产商品混凝土的企业，下设第二分公司和上海中乐汽车运输有限公司。公司拥有1座3立方和3座2立方混凝土搅拌机，29辆搅拌车、3辆汽车泵(其中50米、46米、37米各1辆)、2辆固定泵、6辆生产生活用车，同时配有与生产规模相适应的试验设备与检测仪器以及配套设施。公司混凝土年生产能力近百万立方米，是预拌商品混凝土二级资质企业(行业最高级)，拥有上海市建筑业甲级试验室。

二、施工项目

【建筑设计】

新华路1号住宅发展1#、2#楼项目设计获2010年度上海市优秀住宅工程单体设计一等奖。

天山怡景苑项目设计获2010年度上海市优秀住宅工程小区设计一等奖。

上海长江经济园区项目设计2009年12月获杰出贡献奖。

光明团结小学项目设计获四川省住房和城乡建设厅颁发"2010年度工程勘察设计三等奖"。项目在都江堰原李冰中学校址修建,占地25 648平方米,建筑总面积12 482平方米,建筑规模为36个班级的小学,是上海对口援建都江堰的第一批学校建筑,建筑设计周期非常短。上海农工商建筑设计院有限公司以传统与创新相结合、科学理性与人文精神相结合、建筑与城市相结合、生态的原则、整体和全天候的设计理念进行项目设计。

校园在总体上分为三大区,即行政区(含设有图书馆的综合楼、食堂)、教学区(含教学楼3幢)、运动区。

【建筑施工】

绿洲庭苑 上海农工商建设发展有限公司下属的上海建裕房地产开发有限公司自行开发的住宅小区,位于徐汇区龙临路。欧式剪力墙结构,施工面积21 147平方米,工程造价3 498万元。2005年12月开工,2007年6月竣工。

东方帕堤欧小城 上海农工商建设发展有限公司建造,项目位于宝山顾村,欧式风格,剪力墙混合结构,施工面积148 091平方米,工程造价26 256万元。2009年2月开工,2011年6月竣工。

三湘四季苑小区 上海农工商建设发展有限公司建造,项目位于松江区嘉松南路,剪力墙结构,施工面积142 859平方米,工程造价20 962万元。2007年5月开工,2009年4月竣工。

镇江丹徒实验学校 上海农工商建设发展有限公司建造,项目位于江苏镇江丹徒新区,框架结构,施工面积25 000平方米,工程造价7 400万元。2007年4月开工,2008年4月竣工。

海博海义、闸运仓储用房 上海农工商建设发展有限公司建造,项目位于闸北区(现静安区)共和新路,施工面积18 272平方米,框架结构。工程造价4 948万元。2007年4月开工,2008年9月竣工。工程获市文明工地称号。

都江堰光明团结小学 光明食品集团捐赠2 000万元,由上海农工商建设发展有限公司于2008年8月重建,2009年8月竣工。校园占地约40亩,建筑面积近13 000平方米,由5幢风格简约明快、外观亮丽的3层教学楼、4层综合实验楼和椭圆形的2层室内体育馆组成,还建有1个足球场。建筑结构抗震等级8度加1,框架结构牢固坚实;上海统一配置教育设备。工程获市白玉兰杯、市优质工程、市文明工地称号。

四川省乡镇社区卫生院 由农房集团建造,2009年5月共参与10所乡镇社区卫生院的建设,建筑面积约22 000平方米,总造价7 400万元,其中6所卫生院获上海市优质工程"白玉兰"奖,7所卫生院获四川省优质工程"天府杯"奖。2所卫生院的机电安装分部工程获上海优质工程"申安杯"奖。

【绿化工程项目】

2006年有松江佘山源林发展项目的桥梁、水闸及水晶驳岸工程、东方云顶广场一期别墅园艺绿化工程、昆山淀山湖镇三家村居住小区景观绿化工程等项目。

2007年，先后参与松江佘山源林发展项目的桥梁、水闸及水景护岸工程，上海海博斯班赛国际物流有限公司洋山保税港区物流仓库景观绿化工程，上海春申丽园景观绿化工程等15个工程项目的投标工作，中标7个。

2008年，先后参与镇江风景城邦A地块一期景观绿化、江苏建湖新世纪花园一期景观绿化、康城四期B区景观绿化、崇明大道东滩段公路绿化、佘山源林河道硬景改造及绿化景观等10多个工程项目的投标工作；2008年，绿洲庭苑绿化景观、冠生园蜂制品有限公司景观绿化、健生教育活动中心改扩建、聚贤煌都二期样板段绿化等10个项目开工。

2009年，公司先后参与上海西郊国际农产品交易中心、中国2010年上海世博会主题馆及垂直生态绿化墙、浦东图书馆新馆、东方帕堤欧小城和聚贤煌都二期景观绿化工程等近20个项目的投标工作；完成安徽庆发集团农业生态旅游园、跃进花果园休闲度假区景观绿化、池州新时代花园等30多个工程项目的方案设计；跃进长江防护林、绿地逸湾苑景观绿化等15个工程项目开工。

2010年，公司先后参与池州英伦城邦、明城玫瑰园、瑞华果园、星辉蔬菜园改造等52个园林景观绿化项目的设计工作。

【建筑材料（混凝土制品）】

上海中建水泥制品有限公司生产的水泥混凝土主要提供给龙元建设集团有限公司、上海建工（集团）总公司、上海建工四建集团有限公司、南通四建有限公司、上海绿地建设（集团）有限公司、舜元建设（集团）有限公司、上海堡华建筑工程有限公司、江西恒伟建设有限公司、通州建总有限公司等企业。

第二节　企　业　选　介

一、上海城乡建筑设计院有限公司

上海城乡建筑设计院有限公司的前身是上海市农场管理局建筑设计室，创立于1980年4月，属事业单位编制。1993年10月，更名为上海市城乡设计院。2003年7月，转制成为多元成分的股份制企业，注册资本200万元。其中上海农口房地产（集团）有限公司出资40万元收购农工商集团20%股权，占注册资本的20%；原上海市城乡建筑设计院经营者群体出资160万元收购农工商集团80%股权，占注册资本的80%。公司地址：上海市崇明县长江农场长江大街268号108座。

上海城乡建筑设计院有限公司具有建筑工程设计甲级资质证书，可从事相应工程总承包业务以及项目管理和相关技术管理服务。经营范围为建筑工程设计，城市规划设计，建筑装饰工程设计，建筑幕墙工程设计，建筑智能化工程设计，建筑行业人防工程设计，风景园林工程设计，环境工程设计，农业工程及沼气工程设计，工程总承包（乙级资格），地基基础工程，工程管理咨询，工程造价咨询，建筑咨询评估，建筑职工培训等。

公司经营思路是坚持"五大原则"：以走稳健发展的路线为原则，以科学技术领先为原则，以企业利益和员工利益共发展为原则，以企业可持续发展为原则，以为社会作贡献尽责任为原则。

公司发展目标是:"以科学技术领先,人才云集,综合院力强盛的著名设计院"的长期办院方针为指导,坚持走稳健的发展道路,树严谨的工作作风,创优质的企业品牌。公司愿景是:在建筑设计及相关领域成为技术和产品的行业领先者,成为提供设计咨询、设计管理的创意型企业,为人们生活、工作或休憩等活动创意适用、安全、经济的场所和空间。

公司主要承担五类建筑设计项目:一是建筑工程设计,获近百个省部级以上设计奖项。二是城市规划设计,擅长大型居住区、综合性城区的设计。三是人防工程设计,有一套先进理念,在项目成本控制和项目使用效率上拥有丰富的设计经验。四是环境工程设计,公司下设环境能源工程所,从事大中型沼气工程设计,沼气、沼渣、沼液利用及畜牧业环境污染治理项目,承担大型奶牛场、猪场、鸡场建筑设计。五是幕墙咨询及设计,公司下设幕墙设计所,为用户提供可预见和可控制最终结果的全程服务,确保用户在工程推进中保持对幕墙工程的可控性。

公司秉承"科技求新、质量求精、管理求信、服务求诚"的理念,拥有成熟严谨的技术管理体系,在工程成本控制领域,拥有独到的技术优化措施,擅长大型居住项目的规划和建筑设计,并在幕墙专项设计、环境保护、沼气工程领域拥有相当丰富的设计经验。公司坚持"产品出精品,队伍出精英"的理念,曾获多个奖项。自1999年起,在市建委组织的上海市勘察设计质量检查中始终成绩优良。2006—2010年,公司共有29个项目在市级评优中获奖。

公司坚持"团队协作,勇于奉献,做人诚信,做事踏实"的企业精神,坚持"培养企业人,尊重社会人;看学历职称,重能力贡献"的人才理念,坚持"员工第一,公司第二,股东第三;培养新人,兼顾老人,重在贡献"的分配理念,较好地调动了员工的积极性,保持了企业的良性发展。

公司在努力发展经济的同时,积极参加公益事业。2008年汶川地震发生后,公司全体员工为四川灾区人民捐款,主动为梅林正广和(绵阳)公司义务设计受损厂房加固方案,并承担光明食品集团捐资援建的四川省都江堰市光明团结小学的设计任务,设计方案获得了光明食品集团、上海市援建都江堰市总指挥部、都江堰市光明团结小学、四川省都江堰市政府等各方面的高度评价,获评"光明食品集团援建都江堰市光明团结小学立功企业"。

公司被评为2007—2008年度、2009—2010年度上海市文明单位。

二、上海农工商绿化有限公司

上海农工商绿化有限公司是五四公司下属企业,前身为上海市农工商绿化总公司,成立于1993年5月,是农工商集团的子公司。1999年12月,改制为有限责任公司,注册资本1000万元,其中农工商集团占总股份90%,上海中垦进出口公司占总股份10%。1999年11月,五四公司将持有上海博露草坪有限公司51%股权转让给绿化公司。2002年12月,农工商集团将持有上海农工商绿化有限公司90%股权中的15%股权转让给4位自然人,2004年11月,将持有上海农工商绿化有限公司75%股权全部划转给五四公司,从而使上海农工商绿化有限公司成为五四公司控股企业。2010年4月,五四公司对上海农工商绿化有限公司追加注册资本1010万元,注册资本变更为2010万元。2010年公司营业总收入8745万元,利润总额672万元,净利润536万元。

公司有园林、绿化、林业、农艺、水利、经济等各类技术人员近百人。公司有草坪和苗木生产基地500公顷。2006—2010年先后完成多个工程项目,销售草坪1713.7万平方米。"博露"牌草坪遍布上海、杭州、南京、合肥、宁波、南通等城市的公共绿地、道路、广场、足球场和高尔夫球场。

绿化公司2010年1月向五四公司帮困基金会捐款50 000元。

表 5-2-5　2006—2010 年上海农工商绿化有限公司经营情况表

年　份	2006	2007	2008	2009	2010
营业收入(万元)	6 216.7	5 800.5	4 310	6 305	8 745
利润总额(万元)	1 549.8	1 360.7	1 002.3	645	672
净利润(万元)	1 338.9	1 059.4	963	563	536
草坪销售面积(万平方米)	409.99	428.36	289	326.36	260

三、上海农工商建设发展有限公司

上海农工商建设发展有限公司是农房集团下属企业,前身是上海市国营农场建筑服务公司,创建于1980年7月。1985年1月更名为上海市农场局建筑工程公司。1993年2月更名为上海市农工商建设发展总公司,1996年更名为上海市农工商集团建设发展总公司,是农工商集团全资子公司。2005年,农工商集团将所持上海农工商集团建设发展总公司70%的国有股权协议转让给农房集团,并将上海农工商集团建设发展总公司改制为有限公司,农工商集团持股30%;农房集团持股70%。公司地址:上海市崇明县陈桥镇西门路588号,实收资本6 000万元。

上海农工商建设发展有限公司秉承科学发展、稳健求实、积极进取的经营理念,不断塑造自身品牌。公司经过发展,具有国家核定的建筑施工二级资质,具有房屋建筑工程、市政公用工程、水利水电工程施工总承包及建筑装饰、门窗制作工程专业承包的能力,承揽各种类型、结构的工业与民用建筑、道路、桥梁等综合性工程施工和室内外中高档装饰工程。

上海农工商建设发展有限公司的下属子公司有:上海农工商建设发展有限公司机施分公司、上海建安房产经营公司、上海程卫建筑劳务有限公司、上海富程塑料制品有限公司、上海民众装饰设计工程有限公司等,其中机施分公司2010年销售收入818万元,净利润500万元。

公司始终坚持不懈地奉行"重质量、保工期、守合同、讲信誉"的宗旨。2006—2010年施工面积合计177.67万平方米,竣工面积合计72.14万平方米。公司承接的项目多次获市、区级的优质结构和文明工地奖,其中援建四川省都江堰市光明团结小学项目被评为上海市2009年度"白玉兰"奖、2010年度四川省"天府杯"金奖。公司被上海市总工会授予工人先锋号,被评为光明食品集团文明单位、崇明工业园区纳税大户等。

表 5-2-6　2006—2010 年农工商建设发展公司经营情况表　　　　　　　　　(单位:万元)

年　份	2006	2007	2008	2009	2010
营业收入	8 068.07	11 149.63	39 094.03	44 763.12	45 629.68
主营收入	8 063.15	10 721.10	38 940.71	44 699.94	45 599.67
利润总额	824.07	650.87	7 599.43	4 873.87	1 378.61
净利润	654.90	475.18	5 654.87	3 580.90	955.51
产　值	7 655.46	15 062.78	41 469.72	46 261.77	40 588.24

四、上海农工商建筑材料有限公司

上海农工商建筑材料有限公司是农房集团全资企业,成立于2009年,注册资本1 000万元,公司主营业务为建筑材料、五金交电的销售,楼宇智能化设备系统的安装、调试及维修保养,建筑工程,装饰工程及以上项目的咨询服务。

公司作为从事建筑材料采购的专业服务性公司,主要为农房集团开发的房地产项目提供建筑材料集中采购的咨询服务。在农房集团继续探索和完善有效的管理模式、集约化管理道路的指引下,始终坚持服务至上,质量至上的宗旨,坚持为项目公司提供优质服务、提供质优价廉产品的经营管理理念。公司对内夯实基础,不断锤炼内功;对外深入建材生产一线掌握材料性能,及时把握市场动态,逐步建立了一支具有丰富经验的专业化建材采购队伍。

2010年,销售收入819万元,利润总额207万元,净利润168万元。

五、上海中建水泥制品有限公司

上海中建水泥制品有限公司(简称"中建水泥制品公司")是长江总公司控股企业,成立于1995年1月。2003年1月,由上海农工商集团前进总公司出资70%(后归并长江总公司)、上海农工商建设发展有限公司出资15%、自然人出资15%改制为股份制企业,注册资本2 100万元。2010年,公司产值9 505.30万元,销售收入13 310.67万元,利润总额480.37万元,净利润360.17万元。

公司是专业生产商品混凝土的企业,下设第二分公司和上海中乐汽车运输有限公司,总部位于上海市龙华西路1号(龙华机场内),占地10 916平方米;分公司位于上海市联谊路432号(宝山区外环线边缘的蕴藻浜),占地25 146平方米。公司通过ISO9001:2000(2010年升级为ISO9001:2008)国际质量管理体系认证。

公司本着"全力开拓、持续进取、以质取胜、服务诚信"的经营宗旨,坚持开拓创新,在市场竞争中不断发展壮大。公司拥有一批客户,在市场中有较好信誉。公司不断弘扬"艰苦创业,务实创新"企业精神,把"以人为本,诚信至上,与时俱进,务实创新"作为企业宗旨,把"高效、科学、民主"作为企业管理理念,用"德才兼备、创新进取、重义轻利、团结自律"的文化理念统一职工行为,促进企业发展。公司每年为龙华街道和长江总公司帮困基金会募捐善款;每年组织职工参加"一日捐"活动,及时为公司困难职工伸出援助之手。

表 5-2-7 2006—2010年中建水泥制品公司经营情况表 (单位:万元)

项 目	2006	2007	2008	2009	2010
销售收入	10 209.43	9 248.20	10 138.40	16 013.17	13 310.67
产 值	7 305.60	8 350.90	11 101.25	16 463.90	9 505.30
利润总额	206.83	10.14	9.57	780.16	480.37
净利润	206.83	10.14	9.57	710.46	360.17

六、上海跃光建筑有限公司

上海跃光建筑有限公司是跃进有限公司所属上海飘鹰实业发展公司下属企业,成立于2000年7月,公司地址:上海富盛经济开发区,注册资本500万元,经营范围:工业与民用建筑工程施工(三级)服务;塑料门窗、铝合金门窗、建筑材料、装饰材料、五金交电的销售。公司主要从事飘鹰实业发展公司的房地产项目建筑任务,2010年产值7 350.56万元,利润总额588.47万元,净利润441.04万元。

表5-2-8 2006—2010年上海跃光建筑有限公司经营情况表　　　　　　　　　（单位:万元）

年　份	营业收入	利润总额	净利润
2006	4 738.10	43.14	1.64
2007	1 320.40	729.70	695.69
2008	5 132.12	296.20	270.30
2009	1 563.68	205.57	109.02
2010	7 350.56	588.47	441.04

第三章 物业管理

物业管理是光明食品集团房地产业链中的组成部分,企业有益民集团所属轻工置业公司下属上海轻工物业管理有限公司,农房集团所属上海农工商旺都物业管理有限公司、上海农工商华都实业有限公司下属上海华仕物业管理有限公司,跃进有限公司所属上海飘鹰实业发展公司下属上海飘鹰物业管理有限公司等。星联公司则承担开发区内工业类物业管理业务。

第一节 业务类型和主要物业

一、业务类型

光明食品集团物业管理类型主要有写字楼物业管理、居住物业管理、工业和商业物业管理、其他物业管理。

【写字楼物业管理】

写字楼物业管理是光明食品集团所属物业管理企业管理的重要业务。上海轻工物业管理有限公司商办楼管理面积7万多平方米,占物业管理总面积10%左右。上海华仕物业管理有限公司从事上海华都大厦高层甲级写字楼及配套设施的管理,总面积14.5万平方米,还负责中石化上海医药工业设计院办公楼、中石化上海工程有限公司办公楼和上海浦东新区部分镇镇政府办公楼的物业管理。上海飘鹰物业管理有限公司对飘鹰世纪大厦商务楼5万多平方米的物业进行管理。

【居住物业管理】

居住物业是光明食品集团所属物业管理企业主要管理业务。随着房地产业的发展,居住类物业管理范围越来越大。上海轻工物业管理有限公司管辖21个住宅小区物业,分布在上海7个区,管理面积130多万平方米,其中商品房管理面积占50%,售后房管理面积占40%。上海飘鹰物业管理有限公司对飘鹰花苑、飘鹰东方花园等楼盘进行管理,管理面积近18万平方米。上海华仕物业管理有限公司等企业承担商品房物业管理。

【工业和商业物业管理】

工业物业管理企业主要为星联公司,管理标准厂房建筑面积82 392平方米,标准老厂房面积9 219平方米。2010年,星火开发区被评为上海品牌建房优秀园区。

上海长江总公司所属上海集林经济开发有限公司负责管理上海集林经济开发园区。

上海华仕物业管理有限公司负责上海城隍第一购物中心物业管理,上海飘鹰物业管理有限公司负责上海飘鹰实业发展公司自有商业用房的物业管理。

【其他物业管理】

上海华仕物业管理有限公司还承担了上海海通国际汽车物流公司物流堆场、上海海通国际汽车码头有限公司物流堆场等仓储和码头等物业管理,还承担上海市建平中学等物业管理。

二、主要物业

【写字楼物业】

阳光新苑 该商办大楼位于长寿路武宁路交界处,建筑面积7万多平方米,是融商业、办公、住宅为一体的现代化大厦,地下二层为车库,大楼有电梯18台。上海轻工物业管理有限公司2003年通过招标承接管理。2009年,被上海市物业管理行业授予上海市物业管理优秀大厦称号。

华都大厦 由上海农工商华都实业有限公司建造,上海华仕物业管理有限公司管理。大厦位于浦东陆家嘴金融贸易区张扬路838号,是高档涉外写字楼,共有30层,建筑面积5.3万平方米,楼层面积13.2万平方米。大厦有电梯5台,车位150个。

飘鹰世纪大厦 是飘鹰世纪城一期项目,商用办公大楼,由上海飘鹰实业发展公司开发,上海飘鹰物业管理有限公司管理。大厦位于虹口区天宝路578号,共22层,总建筑面积6.5万平方米。地下两层为停车库,地上1—3层为大卖场,5—22层为商用办公房。

中石化上海医药工业设计院办公楼 由上海华仕物业管理有限公司管理,该办公楼位于张扬路768号,总建筑面积3.1万平方米。

中石化上海工程有限公司办公楼 由上海华仕物业管理有限公司管理,该办公楼位于张扬路769号,总建筑面积6万平方米。

新场镇镇政府办公楼 由上海华仕物业管理有限公司管理,该办公楼位于浦东新区工农路8号,总建筑面积1.2万平方米。

三林镇镇政府办公楼 由上海华仕物业管理有限公司管理,该办公楼位于浦东新区凌兆路585号,总建筑面积1万平方米。

康桥镇镇政府办公楼 由上海华仕物业管理有限公司管理,该办公楼位于浦东新区康桥路1031号,总建筑面积2万平方米。

高东镇镇政府办公楼 由上海华仕物业管理有限公司管理,该办公楼位于浦东新区徐海路939号,总建筑面积2万平方米。

航头镇镇政府办公楼 由上海华仕物业管理有限公司管理,该办公楼位于浦东新区航鹤路388号,总建筑面积3万平方米。

【居住物业】

寿祥坊小区 始建于1993年,由市经委工业系统房地产联合总公司开发,上海轻工房地产总公司主建,于1996年竣工。上海轻工物业管理有限公司1994年起介入小区前期物业管理。小区位于徐汇区桂林西街111弄,占地4公顷,总建筑面积9万平方米,有多层住宅19幢,高层3幢,1392套住宅。小区内配套设施齐全,环境舒适优美,有两个花园和儿童乐园,绿化覆盖率达60%。小区实行物业公司、居民委员会与业主委员会"三位一体"管理模式,专业管理、社区管理和自治管理有机结合,获上海市优秀物业管理小区、上海市文明小区、上海市物业管理示范小区等。

花苑村紫竹园小区 始建于1989年,由市经委工业系统房地产联合总公司开发,上海轻工房地产总公司主建,于1991年竣工。上海轻工物业管理有限公司于1990年起进行管理。小区位于徐汇区浦北路948弄,总建筑面积5万平方米,共有多层住宅51个门牌幢,992套住宅。小区内配套设施齐全,环境舒适优美,有中心花园和儿童乐园,获上海市优秀物业管理小区和上海市文明小区。

梅陇十村小区 由市经委工业系统房地产联合总公司开发,上海轻工房地产总公司主建,于1995年全部竣工。上海轻工物业管理有限公司于1995年11月起管理。小区总建筑面积为5万平方米,共有多层住宅59个门牌幢,719套住宅,获上海市优秀物业管理小区。

东海园小区 由上海轻工物业管理有限公司于2006年11月起管理。小区坐落于昌平路428弄、西康路658弄,有11层小高层和28层高层各1幢,面积3万平方米,其中住宅面积2.2万平方米。三期32层高层建筑1幢,面积2.5万平方米。

盛源花园 由上海轻工物业管理有限公司于2010年6月起管理。小区位于闵行区莲花南路,总建筑面积15万平方米,共有业主1 447户。

嘉德坊小区 由上海轻工物业管理有限公司于2004年4月起管理。小区位于嘉定区万镇路1177弄,总建筑面积10万平方米,占地面积63 300平方米,共有多层住宅31个门牌幢,992套住宅。嘉德坊小区是上海市文明小区。

莲花公寓 由上海轻工物业管理有限公司于2006年6月起管理。公寓位于闵行区莲花路325、425弄,总建筑面积15万平方米,公寓86幢。该小区是上海市文明小区、闵行区优秀物业管理小区、闵行区物业管理达标小区。2009年,被上海市物业管理行业协会授予上海市物业管理优秀小区。

丁香公寓 位于华山路800弄,由上海轻工物业管理有限公司于1998年起管理。公寓总建筑面积达6万多平方米,其二期入户率高达98%以上,是上海轻工物业管理有限公司"全方位,高品位,规范化"的管理典范。2007年,被上海市物业管理行业协会授予上海市物业管理优秀住宅小区。

田园别墅 由上海轻工浦东房地产公司开发,1995年竣工,上海轻工物业管理有限公司1998年1月起管理。别墅位于长宁区剑河路888号,总建筑面积3万平方米,有五种风格别墅共101栋,公寓4个门牌幢,被评为上海市优秀管理小区。

飘鹰花苑 由上海飘鹰实业发展公司开发,上海飘鹰物业管理有限公司于2000年起管理。小区位于周家嘴路1063弄,总建筑面积84 100平方米。

飘鹰东方花园 由上海飘鹰实业发展公司开发,上海飘鹰物业管理有限公司于2001年起管理。小区位于曲阳路118弄,总建筑面积95 000平方米。

【工业和商业物业】

上海市星火开发区 由星联公司管理。

上海集林经济开发园区 由长江总公司所属上海集林经济开发有限公司管理。

上海城隍第一购物中心 由上海农工商华都实业有限公司所属上海华仕物业有限公司管理。购物中心位于丽水路88号,总建筑面积为1.3万平方米。

上海飘鹰实业发展公司商业用房 由上海飘鹰物业管理有限公司管理。

【其他物业】

上海海通国际汽车物流公司物流堆场 由上海华仕物业有限公司管理。物流堆场位于海洲路3988号,总面积260 000平方米。

上海海通国际汽车码头有限公司物流堆场 由上海华仕物业有限公司管理。物流堆场位于海洲路3988号,总面积122 800平方米。

上海建平世纪中学 由上海华仕物业有限公司管理。该校位于浦东新区玉兰路356号,总面积35 000平方米。

第二节 企业选介

一、上海轻工物业管理有限公司

上海轻工物业管理有限公司是益民集团所属上海轻工置业有限公司全资子公司,前身是上海轻工浦东房地产物业管理公司,成立于1993年11月,2000年12月改制为上海轻工物业管理有限公司,注册资本100万元,其中:上海轻工大厦置业有限公司出资90万元,占总股本90%;上海轻工实业有限公司出资10万元,占总股本10%。2007年注册资本300万元。公司地址:上海市静安区愚园路627弄14号;经营范围为物业管理,绿化工程及咨询业务,房屋维修,室内装潢,建筑材料,房地产信息咨询等。

公司设有总经理室、办公室、财务部、房管部、人事部、工程部、招标办、电脑部七个部门,职工400余人,其中党员44人,拥有高级职称的2人,初、中级以上职称的60人。公司2010年营业收入1 250.38万元,利润80.29万元。

公司是专业从事商办楼、住宅小区、公寓物业管理的企业,是上海市首批二十家优秀物业管理企业之一,具有二级物业管理资质,通过ISO9001-2000质量体系认证。该物业公司管理21个小区,面积约140万平方米,其中商办楼约占10%,商品房约占50%,售后房占40%,共涉及松江、闵行、浦东新区等7个区的物业。

2006年和2007年上海轻工物业管理有限公司获上海市经委系统物业管理实事立功竞赛优秀集体称号。

表5-3-1 2006—2010年上海轻工物业管理有限公司经营情况表 (单位:万元)

年份	2006	2007	2008	2009	2010
营业收入	721.70	861.10	1 132.72	1 147.24	1 250.38
利润总额	80.08	38.98	40.07	178.26	80.29
净利润	80.08	38.98	40.07	178.26	80.29

二、上海华仕物业管理有限公司

上海华仕物业管理有限公司是农房集团所属上海农工商华都实业有限公司旗下的沪港合资物业管理企业,成立于1994年10月,注册资本36.7万美元,上海农工商华都实业有限公司和香港华都投资有限公司各占50%。经营范围为物业管理和房地产咨询。

华仕物业公司主要承担高级写字楼的物业管理服务,同时开拓商业地产、物流码头、学校、机关办公楼等多种类型的物业管理业态,提供保安、保洁、工程、会务等服务。公司具有国家物业管理二级资质,通过了ISO9001:2008国际质量体系认证。2010年华仕物业公司服务的物业项目建筑面积近100万平方米,2008年获"上海市物业管理行业诚信承诺A级企业"。

华仕物业公司采取多种性质的用工形式。2006年,从业人员450人,其中在岗职工87人、其他从业人员363人。2010年,从业人员207人,其中在岗职工76人、其他从业人员131人。另有劳务派遣员工239人。

华仕物业公司不断增加管理项目,营业收入保持稳健增长。2006年营业收入2 287万元,2007年营业收入2 653万元,2008年营业收入3 009万元,2009年营业收入2 738万元,2010年营业收入2 867万元。

三、上海飘鹰物业管理有限公司

上海飘鹰物业管理有限公司(简称"飘鹰物业公司")是跃进有限公司所属上海飘鹰实业发展公司全资企业,成立于2003年4月,注册资本50万元,其中上海飘鹰房地产开发中心出资40万元,占总股本80%;上海跃光建筑工程有限公司出资10万元,占总股份20%。2009年6月,上海飘鹰房地产开发中心和上海跃光建筑工程有限公司将飘鹰物业公司股权无偿划转给上海飘鹰实业发展公司,飘鹰物业公司成为飘鹰实业公司全资子公司。公司地址为上海市虹口区曲阳路118弄7—9号底层。经营范围为物业管理、房屋租赁、停车场和游泳池管理。公司拥有物业管理三级资质,在编员工150多人。公司设有经理室、办公室、财务部、工程维修部、保安部及各物业小区办事机构。

飘鹰物业公司始终坚持"持续改善管理、提供优质服务、营造人文社区、铸就卓越品牌"的经营宗旨,秉承"至诚服务、业主至上、追求卓越"的服务理念专注于各物业小区的管理。公司注重在发展中不断学习和借鉴先进管理经验,形成完善的管理机制。公司追求人与人、人与环境的协调与圆满,致力于为广大业主和用户创造一个温馨、安全、舒适、和谐的家园,不断获取广大业主和用户的满意度、信赖度和支持度。为社会、为广大业主和用户提供优质的物业管理服务,是公司永恒的追求目标和前进的动力。

飘鹰物业公司为一家综合性的专业化物业管理公司。公司承接的物业管理类型包括各类中高档住宅小区和办公楼宇等,管理总面积约230 000平方米。

四、上海农工商旺都物业管理有限公司

上海农工商旺都物业管理有限公司成立于2005年7月25日,注册资本500万元,股权结构为农房集团持股30%,自然人持股70%,具有国家物业管理一级资质,职工人数107名,物业管理面积400万平方米。2010年销售收入4 190万元,利润总额439万元,净利润335万元。

第六篇

服务业

概　　述

光明食品集团服务业是集团全产业链中的重要一环,拥有出租汽车客运和货运仓储物流业、旅游业、住宿和餐饮业、殡葬业,在为市场服务、为市民服务的过程中产生经济效益和社会效益,也为扩大光明品牌的社会影响力发挥重要作用。

光明食品集团出租汽车客运企业有海博股份所属上海海博出租汽车有限公司,2010年拥有出租汽车9 640辆,此外还提供汽车租赁客运服务。

光明食品集团拥有快捷便利的常温、冷藏、冷冻食品物流配送体系,初步形成区域性、多层次、集散功能较强的物流配送体系。从事物流仓储业的主要企业为海博股份所属上海海博物流(集团)有限公司和农工商投资公司所属上海东亚运输仓储有限公司,仓储形式主要是冷藏库、普通仓库、保税区仓库。2010年上海海博货迪物流有限公司完成购置上牌小型厢式城市物流配送货运出租车290辆。

货运物流企业有海博股份所属上海海博货迪物流有限公司、上海海博物流(集团)有限公司和跃进有限公司、长江总公司、光明乳业、益民集团、烟糖集团、农工商超市集团、星联公司等,2010年拥有载货汽车663辆,完成货运量1 016万吨。

货运代理企业有上海海博国际货物运输代理有限公司、上海海博名威国际物流有限公司、上海海博全盛供应链管理有限公司等企业。海博国际货物运输代理有限公司拥有集装箱卡车20辆。2009年与世界五百强企业美国Expeditors物流企业在浦东合庆普鲁斯物流园区开展物流合作。

旅游业由旅行社业、交通客运业和住宿和餐饮业组成。光明食品集团扬长避短、发挥优势,开辟都市农业观光、购物旅游、亲子采摘度假旅游等。旅游业是光明食品集团发展的新兴产业,旅游景点资源集中在上海南部、杭州湾北岸的农场区域,上海域外旅游主要在安徽省黄山市地区。光明食品集团旅游业形成以上海海湾国家森林公园、上海东黄山旅游度假区为主体的园林景观旅游,以上海都市菜园、上海鲜花港、瑞华果园为主体的农业休闲旅游。从事旅游产业的企业有上海海湾国家森林公园有限公司(上海海湾国家森林公园)、五四公司所属上海都市新天地企业管理有限公司(上海都市菜园)和黄山市东黄山旅游度假区有限公司(上海东黄山旅游度假区)、东海总公司所属上海鲜花港企业发展有限公司(上海鲜花港)、跃进有限公司(瑞华果园)等。

光明食品集团旅游业游客目标市场主要为上海市内及长三角地区,一般以自助旅游为主,旅行社组团为辅。旅游业经营方式呈现多样性、多元性和灵活性,如商旅文相结合的经营方式、实体企业联办经营方式、品牌化主题旅游经营方式、政府与企业联办经营方式。

光明食品集团住宿和餐饮业企业有烟糖集团所属上海瑞泰投资发展有限公司下属上海瑞泰虹桥酒店、上海瑞泰静安酒店;跃进有限公司所属上海飘鹰实业总公司下属上海飘鹰大酒店、上海飘鹰(新港)大酒店;五四公司所属上海健生教育活动中心、上海小木屋会务中心和心族实业总公司下属成都心族酒店、上海市黄山茶林场酒店、大连心族大酒店、都江堰市心族中旅饭店;星联公司所属上海金海岸度假村有限公司;海博股份所属安吉海博山庄等。光明食品集团所属农场型公司的招待所及食堂主要提供企业内部接待服务,有的也对外经营服务。

光明食品集团2010年拥有住宿餐饮业网点56个,总营业面积10.66万平方米,营业收入2.12

亿元,利润总额2 128万元,从业人员736人。餐饮企业经营方式主要是单体经营模式,由企业自主开展经营活动。上海飘鹰大酒店则委托上海东湖集团专业团队进行全程管理。

光明食品集团会务中心主要为五四公司所属上海小木屋会务中心;上海健生教育活动中心是上海市首家由市教委直接投资建立的学生农村社会实践基地;五四公司所属心族实业总公司下属上海市东黄山青年旅舍是华东地区最大青年旅舍,拥有一流的户外教育培训设施,是青少年励志、强体的教育培训基地,已先后承办了全国大学生体协、黄山市体育局等多项文体活动和赛事。

五四公司所属上海滨海古园与东海总公司所属上海汇龙园陵园有限公司是光明食品集团主要的殡葬企业。上海滨海古园于1985年3月经上海市民政局批准成立,专门管理上海市民骨灰安葬业务,是上海市首家一级国营公墓,也是上海地区占地面积最大、发展优势最强的现代陵园之一。

上海汇龙园陵园有限公司成立于2005年6月,由东海总公司和上海市民政局殡葬服务中心共同投资建设,是上海市郊东部规划建设的占地800余亩的现代景观陵园。汇龙园陵园于2006年开始建设300亩一期墓地项目,有建造风格各异的墓穴8万穴。

第一章　出租汽车客运市场和仓储物流业

第一节　出租汽车客运市场

光明食品集团出租汽车客运企业为海博股份所属上海海博出租汽车有限公司。

一、业务类型和经营方式

【出租汽车客运服务】

上海海博出租汽车有限公司以出租汽车客运服务和汽车租赁客运服务为主业,配套服务有96933呼叫中心、汽车修理、车辆检测、汽车销售等相关业务。2006年公司拥有出租汽车5 093辆,2010年为9 640辆,增长近一倍。

表6-1-1　2006—2010年上海海博出租汽车有限公司出租汽车拥有量情况表　（单位：辆）

年　　份	车辆总数	市区车辆数	区域车辆数	外省市车辆数
2006	5 093	4 090	80	440
2007	5 816	4 265	161	790
2008	6 432	4 429	161	1 207
2009	8 905	4 669	1 621	2 000
2010	9 640	5 094	1 731	2 163

表6-1-2　2006—2010年上海海博出租汽车有限公司载客车辆和客位数情况表

年　　份	2006	2007	2008	2009	2010
载客车辆（辆）	4 674	5 217	7 000	7 798	9 374
客位数（个）	34 980	38 713	49 700	57 050	60 593

上海海博出租汽车有限公司在上海市区拥有七个分公司和一个车队,总规模位居上海市出租汽车行业前四位。

第一分公司地址：内江路5号;分公司场地内除营运分公司外,还有修理车间和检测站,是一个集管理和服务的综合办公场所。公司拥有桑塔纳3000型、Vista、途安车型营运出租汽车共806辆。

第二分公司地址：锦秋路58号;分公司场地内除营运分公司外,还有修理车间和检测站,是一个集管理和服务的综合办公场所。公司拥有桑塔纳3000型、Vista、途安车型营运出租汽车共780辆。

第三分公司地址：新浦路379号甲；公司拥有桑塔纳3000型、Vista、途安车型营运出租汽车共511辆。

第四分公司地址：蟠龙路151弄3号；分公司场地内除营运分公司外，还有修理车间和检测站，是一个集管理和服务的综合办公场所。公司拥有桑塔纳3000型、Vista、途安车型营运出租汽车共607辆。

第五分公司地址：康凌路39号；分公司场地内除营运分公司外，还有修理车间和检测站，是一个集管理和服务的综合办公场所。公司拥有桑塔纳3000型、Vista、途安车型营运出租汽车共814辆。

第七分公司地址：双柏路369号；分公司场地内除营运分公司外，还有修理车间和检测站，是一个集管理和服务的综合办公场所。公司拥有桑塔纳3000型、Vista、途安车型营运出租汽车共782辆。

第十分公司地址：汶水路486号；分公司场地内除营运分公司外，还有修理车间和检测线，是一个集管理和服务的综合办公场所。公司拥有桑塔纳3000型、Vista、途安车型营运出租汽车共698辆。

南浦车队地址：徐汇区龙吴路560号；车队拥有营运出租汽车155辆，车型以桑塔纳Vista为主。

上海海博出租汽车有限公司在上海市郊拥有5家出租汽车公司和一个基地。

上海浦东海博汽车服务有限公司地址：南汇工业园区园西路108号；主营业务：区域性汽车客运。拥有SVW7180LED（普桑）406辆。

上海宝山海博汽车服务有限公司地址：宝杨路2058号；主营业务：区域性汽车客运。拥有SVW7180LED（普桑）620辆。

上海青浦海博出租汽车有限公司地址：沪青平公路5770号；主营业务：区域性汽车客运；拥有SVW7180LED（普桑）380辆。

上海奉贤海博出租汽车有限公司地址：奉贤南桥镇运河路898号；主营业务：区域性汽车客运；拥有SVW7180LED（普桑）110辆。

上海松江海博汽车服务有限公司地址：松江区美能达路302号；前身是上海松江巴士汽车服务有限公司。主营业务：区域汽车客运。拥有SVW7180LED（普桑）225辆。从业人员472人，其中管理人员9人。

康桥基地地址：浦东新区康桥工业园区康凌路39号；是公司斥资6370万元自购土地建造的集营运管理、汽车修理、车辆检测、物流运输和教育培训为一体的现代化企业管理基地。占地40亩，建筑面积2.9万平方米，建有汽车修理厂、教学及办公楼、员工宿舍，基地内绿化葱郁，设施俱全。

上海海博出租汽车有限公司积极拓展市外出租汽车客运市场，先后组建成立广西海博出租汽车公司、南京海博出租汽车公司、青岛海博出租汽车有限公司，实现了海博出租的品牌输出、服务输出、管理输出，取得了双赢效果。

广西海博出租汽车有限公司成立于2004年6月，广西壮族自治区人大常委会副主任袁凤兰、广西壮族自治区副主席张文学、南宁市市长林国强等出席发车仪式。公司成立之初拥有出租汽车100辆，通过招标不断增加车辆额度，达到600多辆。2010年公司在广西钦州市组建海博钦州出租汽车公司。2010年底，广西海博出租汽车有限公司共有出租汽车821辆，其中钦州海博有200辆。

南京海博出租汽车有限公司成立于2005年9月,成立初期投运100辆出租汽车,全部采用桑塔纳3000型,一流的车况车貌、规范的操作和文明的服务受到南京市广大乘客的好评,成为南京街头一道亮丽的风景线。公司通过收购兼并,2010年底共有出租汽车380辆。

青岛海博出租汽车有限公司成立于2008年1月,由海博出租汽车有限公司与青岛中苑出租汽车有限公司和青岛大众出租汽车有限公司共同投资组建,拥有40辆出租汽车。青岛市副市长胡绍军等出席签约仪式。2010年通过招标取得出租车辆额度,车辆增至1 140辆,成为青岛市出租汽车客运市场的生力军。

表6-1-3 海博出租汽车公司外省市出租车拥有量情况表 （单位：辆）

年 份	公 司 名 称	成立初期	2010 年末
2004 年 6 月	广西海博出租汽车有限公司	100	621
2005 年 9 月	南京海博出租汽车有限公司	100	380
2008 年 1 月	青岛开发区出租汽车有限公司	40	1 140
2008 年 8 月	青岛客运出租汽车有限公司	1 000	
2009 年 12 月	常州巴士出租汽车有限公司	341	421
2010 年 12 月	广西钦州出租汽车有限公司	200	200

海博出租汽车有限公司承担客运业务的车型以上海大众Vista、途安和桑塔纳3000型为主打车型。出租汽车车身主色为蓝色,下方为银灰色组成的"蓝天白云",镶拼色为标志色。

海博出租汽车有限公司投入营运的车型有组建初期的夏利轿车、红旗牌轿车、上海大众桑塔纳等。随着运营规模的发展壮大,公司不断更新出租汽车车型,满足乘客的不同需求,提升海博出租车的品牌形象。2005年公司投入使用上海大众帕萨特,2006年逐步投入使用上海大众3000型、Vista,2010年上海世博会召开之际,投入使用途安车型。

表6-1-4 2006—2010年海博股份公司出租汽车车型情况表 （单位：辆）

年份 \ 车型	帕萨特	红 旗	2000 型	3000 型	Vista	途安
2006	42	0	1 356	2 692	0	0
2007	48	9	613	3 597	0	0
2008	59	7	39	3 910	309	0
2009	0	8	0	3 132	1 498	0
2010	0	0	0	2 141	2 389	640

海博出租汽车设施设备：顶灯、防劫板、计价器、车载终端。

海博出租汽车顶灯以白色为主色,内装芯片,具有防伪、认证功能,并与所属出租汽车公司GPS终端连接,显示LED灯的状态并对顶灯进行认证。在载客状态下,LED灯不显示任何信息；在空车状态下,LED灯分别显示"待运、电调、停运"三种运营状态。其中"待运、停运"状态由GPS终端设备控制,"电调"状态由调度中心控制。无电调功能的出租汽车顶灯仅显示"待运、停运"两种状态。

防劫板采用的是升鹏防劫板,安装于车辆驾驶座后方。

计价器采用的是强生计价器,位于副驾驶前方,嵌入仪表台中。

车载终端采用的是强生终端、途锐终端,嵌入于仪表台中间位置。

海博出租汽车的主要车型有 Vista 车型、途安车型。

Vista 在性能上注重人性化设计和出租车专用的理念。出租车作为高强度的运营工具,使用一年的强度相当民用车使用六年,所以 Vista 车型底盘和车身进行了多达 25 处的加固处理,并充分预留了安装出租车专用装置的各种线束和接口,防止电路的老化和故障发生。此外,宽大的行李箱空间及设计独特的全新嵌入式出租车专用仪表板,力求从司机驾驶和乘客乘坐两个方面达到舒适和安全。

Vista 出租车专用车质量稳定,在同类车型中故障率低,在不开空调的情况下油耗仅 8 L/100 km 左右;零部件本土化供应体系降低了保养成本,提升了其使用的便利性。

2010 年上海世博会召开之前,公司通过参与政府招投标方式获得 320 辆途安车额度,按规定 1∶1 配置,公司共有 640 辆途安出租汽车。途安世博出租专用车的车顶和车轮均为黄色,顶灯为联体嵌入式,外部车贴背景图案采用了上海世博会的绿色主题色和出租车的黄色标志色,车身印有中国馆、东方明珠和南浦大桥,并醒目地标有 96822 世博出租车服务热线电话,世博会结束后启用海博出租 96933 服务热线电话。内部设计方面,途安世博出租专用车采用灰色内饰,车门、地毯和行李舱地毯等采用 PVC 材料,耐脏且方便清洗。用隔物帘分隔行李舱和乘客舱。车辆后座椅比常规后移了 10 公分,后座靠背角度由 20 度调整为 25 度,在增大后座空间的同时提高了乘客乘坐的舒适性。

公司通过招投标和收购、兼并、合作等形式获得经营权。由公司出资购买车辆、招聘驾驶员。公司按照《中华人民共和国劳动法》《中华人民共和国劳动合同法》和《上海市劳动合同条例》与驾驶员建立劳动用工关系并签订《车辆经营承包合同》。从事出租车承包经营的驾驶员的劳动报酬按照《车辆经营承包合同》中的约定获取,在月营业收入中扣除承包费用、汽油消耗、车辆修理、事故费用等个人应承担的费用后多劳多得,劳动报酬中含基本工资(全市最低工资标准数)和承包经营收入两部分。

【汽车租赁客运服务】

主要由上海海博出租汽车有限公司所属上海海博汽车租赁有限公司(简称"海博租赁")承担,该公司前身为 1993 年成立的上海农工商众望汽车租赁有限公司。

1998 年 1 月上海农工商集团资产重组,公司归属于上海市农工商出租汽车有限公司,更名为上海市农工商汽车租赁有限公司;2004 年 3 月更名为上海海博汽车租赁有限公司。2006 年 5 月实施 ISO9001∶2000 质量管理体系。海博租赁总部办公地租借在浦东新区杨高南路 2000 号 A 座 8 楼。海博租赁下设租赁一部、租赁二部、租赁三部、租赁四部、租赁五部。公司拥有 9 座以下小客车车型:奔驰(Mercedes - Benz S320)、宝马(BMW)、奥迪(Auid A6)、别克(Buick)、凌志(Lexus)、本田雅阁(Honda Accord)、别克商务车(Buick GL8)等高档轿车和奔驰面包车(Mercedes - Benz MB100),还有 11~45 座的大客车:金龙、太湖、考斯特(Luxury Coaster)、申龙等 30 多种型号的营业客车 652 辆。自 2009 年对 101 辆省际客运车辆安装 GPS 跟踪设备,至 2010 年全部安装完毕。

表6-1-5　2006—2010年海博租赁公司客运车辆数表　　　　　　　　　　　　　（单位：辆）

年　　份	客运车辆总数	大客车	小客车
2006	483	354	129
2007	601	483	118
2008	635	524	111
2009	615	519	96
2010	652	555	97

海博租赁为上海市举办的重要会议和大型活动、展会提供车辆服务。在2007年10月上海市举办的"世界特奥会"上，为南汇赛区的世界特奥官员、裁判、残疾人运动员和家属及志愿者提供四个驻扎区的班车服务，87辆各种类型客车接送各国政府官员、教练员、运动员和家属及志愿者24 448人次；2010年在上海世博会期间，公司由50辆全新大巴组成世博车队，为园区武警官兵提供接送服务。在203天的服务中，车队共提供1万班次的用车服务，载客达50万人次。

汽车租赁分市内、省际。市内为上海市学校、100多家企(事)业单位提供班车服务；在每年春运、清明扫墓、踏青旅游期间提供省际包车服务，公司中、高级省际客运车辆占客运车辆总数78.22%。

租赁一部地址：松江区新桥荣乐东路1605号，办公面积90平方米，车辆总数110辆，主要车型为金龙、太湖、申龙大客车。主要业务为松江达丰电脑公司等单位用车、学校通勤车(含省际包车业务)。

租赁二部地址：普陀区金沙江路995号，办公面积60平方米，车辆总数92辆，主要车型为金龙、申龙大客车。主要业务为市内班车、零差业务和省际包车。

租赁三部地址：黄浦区陆家浜路468号48号1906室，办公面积50平方米，车辆总数104辆，主要车型为金龙、申龙大客车。主要业务为市内班车、零差业务和省际包车。

租赁四部地址：浦东新区康桥工业园区康凌路39号，车辆总数108辆，主要车型为金龙、申龙大客车。主要业务为市内班车、零差业务和省际包车。

租赁五部地址：闵行区双柏路369号，车辆总数153辆，主要车型为金龙、申龙大客车，别克商务车等。主要业务为市内班车、零差业务和省际包车。

表6-1-6　2006—2010年海博租赁公司客运经营情况表　　　　　　　　　　　　（单位：万元）

年　　份	2006	2007	2008	2009	2010
营业额	8 804	12 013	14 015.55	12 653.56	15 899.35
利润总额	1 209	1 422.20	952.78	890.42	1 180.96
净利润	1 023.60	1 203.60	701.09	806.25	948.53

【相关业务】

96933海博呼叫中心　2007年海博出租车有限公司投资2 000万元自主建设96933海博呼叫中心，1 200辆安装智能终端的出租车全面投入运营。呼叫中心依托先进的通信、计算机网络，运用卫星定位(GPS)、无线数据传输(GPRS)等支持系统，为海博出租汽车公司与乘客之间构建了一道空中桥梁。2010年海博出租在上海市区运营的5 094辆出租车实现终端装载全覆盖。

呼叫中心配置120门通信专线,设29个调度席位,配置呼叫员51名,实行轮换工作制,每天可接纳数万次的呼叫量,以满足用车高峰、低谷等不同时段业务调度的需求。该中心除了实时调度和预约调度外,还推出了网上订车、短信订车等服务项目。

呼叫中心成立以来,电话叫车业务量不断增长。2007年平均每天承接业务1 600余差次,有供1 000差次,有供率62.5%。2008年平均每天承接业务3 300差次,有供2 500差次,有供率75.8%。2009年平均每天承接业务5 000差次,有供4 000差次,有供率80%。2010年平均每天承接7 200差次,有供6 000差次,有供率83%。

呼叫中心系统在出租车管理上做到车载终端能主叫各所属分公司、呼叫中心;各所属分公司、呼叫中心和投诉中心均能主叫各车载终端。呼叫中心的电子地图能实施多台PC终端访问,便于各分公司实时了解本单位车辆的运营情况并保持实时联系。相关车辆轨迹数据均能通过转换、截屏等方法存放在各单位相关条线的PC机上,便于查询。2010年3月,呼叫中心荣获第三届"上海市五一巾帼集体",2010年8月,呼叫中心双语班组获上海市总工会授予的"'服务世博 奉献世博'上海市工人先锋号"。

上海海博车辆修理有限公司 位于浦东康桥工业区康凌路39号,2007年7月20日由海博出租下属4家修理厂和1家汽销公司整合而成。是上海市汽车维修管理处首批认可的一类资质维修企业与达标单位。修理公司下设:内修部、外修事务部、车辆服务部。

内修部承修7个分公司和1个车队的5 000多辆出租汽车。

外修事务部以对外维修为主,承修各类大巴士及私家车。设有上海申龙特约服务站、一汽锡柴特约服务站、苏州金龙大客车特约服务站。

车辆服务部负责汽车配件的采购、供应和对外销售工作,保证汽配件质量和服务质量;同时做好出租车辆的更新上牌工作。

公司共有员工407人,其中外来员工256人,占全体员工的62.9%。拥有高级技师3人,技师15人,高级工102人,中级工107人,初级工14人,大、中专以上学历的员工占22%。

公司拥有汽车维修专用举升机56台,大、小型车标准烤漆房6台,并拥有各类进口、国产汽车检验维修设备,包含进口发动机检测仪、故障定位仪、四轮定位仪、车架校正仪、悬挂检测仪、锤制动鼓盘切割机、交流发电机、启动机性能测试控制台等大型和高端汽车保全设施。

表6-1-7 2007—2010年上海海博车辆修理有限公司经营情况表 （单位:万元）

年 份	2007	2008	2009	2010
营业收入	17 901.31	16 209.21	17 551.69	37 139.13
净利润	1 917.24	2 136.79	2 152.38	2 427.83

公司被评为光明食品集团2007—2008年度文明单位、技术小组被评为上海市"工人先锋号"、内修部被评为2007—2009年度先进集体。

上海海博出租汽车有限公司机动车辆检测中心地址:闵行区双柏路369号内,检测场地面积约2 000平方米,员工22人,有各类汽车检测仪器设备18台。检测中心成立于2000年5月,接受上海市公安局车辆管理所委托及上海市计量技术研究院对设备计量、资质认定和行业考核,为各类中小型机动车进行安全技术定期检验工作。检测中心承担公司所有机动车辆的检测任务。检测中心严格执行《检测和校准实验室能力的通用要求》(GB/T 15481—2000)、《机动车运行安全技术条件》(GB 7258—2004)和《机动车安全检验项目和方法》(GB 21861—2008)的标准,对所做的检验结果负法律责任。

上海海博广得利汽车销售有限公司成立于1995年1月25日,由上海海博出租有限公司、上海华星(物资)集团有限公司、上海新广得利汽车销售有限公司三方共同出资,注册资本1371万元,出资比例分别为54.67%、10.91%、34.42%。公司地址:宝山区场中路3525号。公司占地总面积4700平方米,拥有1600平方米现代化专业汽车展厅和2400平方米的专业汽车检测维修场地,具有二类汽车修理企业资质。主营:以上汽大众产品为主的整车销售、汽车维修保养和汽车配件销售、汽车装潢、汽车专用品。公司设有服务部、销售部、行政部、市场部、财务部、关爱部等。2010年公司销售1200辆,产值18676.97万元,利润221万元,员工人数84人。

上海海博君亿汽车销售有限公司成立于2007年12月,2008年4月8日正式开业,注册资本1000万元,投资母体为上海海博股份有限公司。公司地址:嘉定区安亭镇安驰路845号,是距离制造厂最近的荣威4S店,面积约3000平方米,有全国唯一一家荣威多媒体数字展厅。公司主营业务是商用车及9座以下乘用车、汽车零配件的销售,二类机动车维修(小型车辆维修)、机动车辆保险代理,荣威品牌汽车销售。自2008年起公司取得上海市政府采购中心公务用车协议供货经销商资格,积极参与上海市机关事务管理局、市政府各部门及各区县政府的公务用车供货服务。2010年公司销售1145辆,产值14377.71万元,利润48.88万元。

上海瑞丰汽车销售有限公司成立于2005年3月,由海博出租汽车有限公司全资投建。上海瑞丰4S店地址:浦东新区新陈路5号。占地面积2069平方米,是经东风雪铁龙授权集整车销售、售后服务、配件供应、信息反馈四位一体的品牌店,为用户提供全方位服务。2010年销售1585辆,产值1399.01万元。

二、企业简介

上海海博出租汽车有限公司(简称"海博出租汽车公司")是上海海博股份有限公司的全资子公司,前身为上海农工商出租汽车有限公司。1990年1月由上海市农场管理局下属出租汽车企业组建上海市农工商出租汽车联合经营公司,归属上海市农垦农工商联合企业总公司,注册资本100万元。1993年3月更名为上海市农工商出租汽车总公司,注册资本1000万元;1997年7月更名为上海市农工商出租汽车联营公司,1998年5月改制为上海市农工商出租汽车有限公司,注册资本10482万元,农工商(集团)总公司持有90%股权。2001年上海市农工商(集团)总公司将持有的上海农工商出租汽车有限公司90%股权与上海东海股份有限公司(后更名为上海海博股份有限公司)相关资产进行置换。2005年9月更名为上海海博出租汽车有限公司,公司地址上海市宜山路829号,注册资本50482万元。2010年营业收入228331万元,利润总额22542万元,净利润18612万元。上海地区员工10959人。

海博出租汽车公司1999年以ISO9002为标准,建立了农工商出租汽车公司的质量管理体系;2004年依照ISO9001:2000质量标准,形成2000版质量管理体系;2010年依照ISO9001:2008质量管理体系标准重新修订了质量管理手册并通过换版审核。公司先后建立了投诉管理系统、车辆管理系统、安全管理系统、驾驶员职业指数考核系统和营运数据处理、分析系统、站点式管理服务系统,2006年荣获上海市企业管理现代化创新成果三等奖,2010年在分公司中试点运用电子标签识别车辆和进出场管理新模式。

海博出租汽车公司圆满完成了世博会、APEC 会议、特奥会、上海华交会、工博会、各类汽车赛等国际国内大型活动的服务保障任务。2009 年 7 月 5 日,迎世博上海出租汽车行业"工人先锋号"发车仪式在海博出租公司广场举行,3 000 辆出租汽车贴上创建"工人先锋号"标志,市委副书记殷一璀出席会议并授旗。2010 年上海世博会期间,世博服务车队获得上海市委、上海市人民政府颁发的"上海世博会优秀工作集体"、"上海市交通保畅先锋"集体、"职工最满意企业"荣誉称号。

表 6-1-8 2006—2010 年海博出租汽车公司经营情况表 （单位:万元）

年　份	2006	2007	2008	2009	2010
营业收入	144 237	168 524	166 468	170 199	228 331
利润总额	20 960	20 978	18 116	21 038	22 542
净利润	18 405	18 118	15 978	17 550	18 612
产　值	26 534.2	80 860	33 538	32 265	37 687.5

表 6-1-9 2006—2010 年海博出租汽车公司收购企业(上海市区)情况表 （单位:辆）

收购年份	被收购公司名称	车辆数
2006	上海胜辰出租	22
	华兴出租公司	29
	华康出租汽车服务公司	25
2007	上海华兰出租	22
	新承出租服务公司	10
	新世纪(周氏集团)	161
	上海绿地出租公司	221
	上海江桥出租	50
	大明车辆设备检查中心车辆	15
	上海古华汽车服务公司	20
	上海海宇贸易公司	20
2008	上海汇华出租公司	70
	上海鹏远公交出租	50
	上海电话出租汽车公司	35
	上海申士出租	25
	红旗出租	102
	上海佳陵出租	20
	上海永事出租公司	35

〔续表〕

收购年份	被收购公司名称	车辆数
2008	上海海信出租	40
	通达出租	62
	上海申昌	32
2009	不夜城旅汽公司	37
	上海锦绣出租	106
	上海三川出租公司	35
	上海东联出租	75
	托管日升	580
	上海红旗出租公司	102
2010	上海交家出租公司	50

2009年海博出租汽车公司收购上海巴士宏通投资发展有限公司的80%股权，其中宝山区620辆、松江区225辆、浦东新区406辆、青浦区380辆出租汽车，公司自有奉贤区110辆出租汽车，至2010年上海郊区公司拥有出租汽车总计1 741辆。

海博出租汽车公司下属企业有：上海海博出租汽车第一营运分公司；上海海博出租汽车第二营运分公司；上海海博出租汽车第三营运分公司；上海海博出租汽车第四营运分公司；上海海博出租汽车第五营运分公司；上海海博出租汽车第七营运分公司；上海海博出租汽车第十营运分公司；上海海博南浦汽车服务有限公司；上海浦东海博汽车服务有限公司；上海宝山海博汽车服务有限公司；上海青浦海博汽车服务有限公司；上海奉贤海博汽车服务有限公司；上海松江海博汽车服务有限公司；常州巴士出租汽车有限公司；广西海博出租汽车有限公司；南京海博出租汽车有限公司；青岛经济技术开发区海博出租汽车有限公司；上海海博汽车租赁有限公司；上海海博车辆修理有限公司；上海海博出租汽车有限公司教育培训中心；上海海博出租汽车有限公司机动车辆检测中心；上海海博出租汽车有限公司呼叫中心；上海海博广得利汽车销售有限公司；上海海博君亿汽车销售有限公司；上海瑞丰汽车销售有限公司；上海海博众艺广告有限公司；安吉海博山庄酒店有限公司。

第二节　驾驶员培训服务

光明食品集团从事驾驶员培训服务的主要企业为上海五四公司所属上海市机动车驾驶员培训中心(简称"市驾驶员培训中心")和上海海博股份有限公司所属上海海博出租汽车有限公司教育培训中心(简称"海博培训中心")。

一、培训项目

市驾驶员培训中心面向全市进行驾驶员培训，是上海全行业近200家企业中培训项目最多、设施最齐全的单位，可以培训A1、A2、B1、B2、C1、C2、F等七种车型的机动车驾驶员。

表 6-1-10 市驾驶员培训中心培训项目情况表

准驾车型	代号	准 驾 的 车 辆
大型客车	A1	大型载客汽车
牵引车	A2	重型、中型全挂、半挂汽车列车
中型客车	B1	中型载客汽车（含核载 10 人以上、19 人以下的城市公共汽车）
大型货车	B2	重型、中型载货汽车；大、重、中型专项作业车、C1 和 M
小型汽车	C1	小型、微型载客汽车以及轻型、微型载货汽车；轻、小、微型专项作业车
小型自动档汽车	C2	小型、微型自动档载客汽车以及轻型、微型自动挡载货汽车
轻便摩托车	F	发动机排量小于等于 50 毫升，最大设计车速小于等于 50 公里/小时的摩托车

海博培训中心主要负责海博出租公司员工培训和驾驶员招聘工作，培训内容为普法教育、班组长轮训、新驾驶员复训、驾驶员晋升星级培训、世博驾驶员专项培训、汽修技术工人培训、管理人员业务知识培训等。

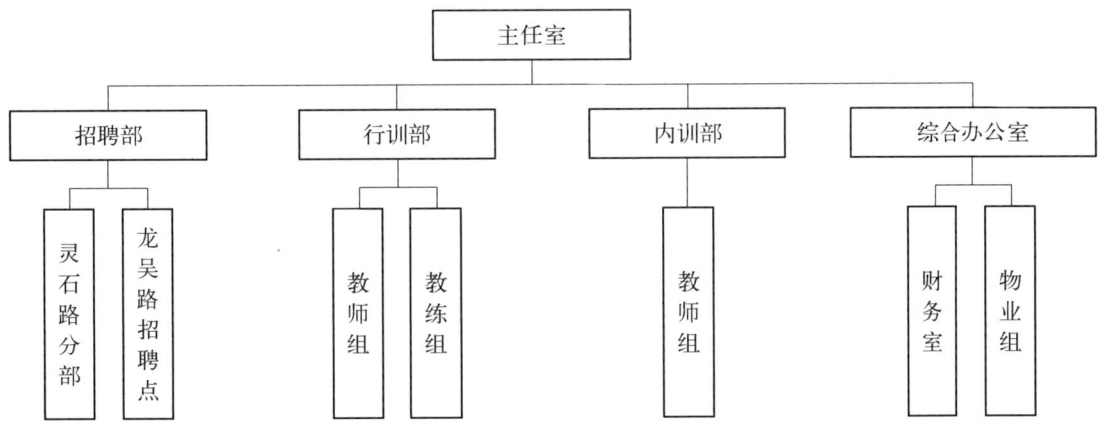

图 6-1-1 2006 年海博出租汽车有限公司教育培训中心组织架构图

海博培训中心 2010 年培训新招聘人员 7 248 人，并对升星级出租汽车驾驶员进行了重点培训。

表 6-1-11 2006—2010 年海博培训中心人员培训情况表 （单位：人）

年份	招聘人数	岗前培训合格人数	行业资格应知培训人数	行业资格应会培训人数	在岗职工专项培训人数	星级驾驶员培训合格人数		
						三星	四星	五星
2006	736	1 549	1 607	1 194	1 373	202	28	—
2007	950	1 950	1 650	1 297	1 590	119	75	27
2008	951	1 979	1 301	1 279	1 700	—	—	—
2009	967	1 770	1 326	1 349	2 300	103	47	18
2010	608	1 314	1 011	1 037	11 521	—	—	—

二、驾驶员培训目标、内容、要求和学时

【机动车驾驶员培训目标】

第一阶段培训目标：掌握道路交通法律、法规及安全驾驶知识；树立良好的驾驶道德和遵章守法的安全意识；了解车辆整体结构；掌握基础操作要领；培养规范操作的安全意识。

第二阶段培训目标：掌握车辆使用的相关规定和知识；熟练掌握车辆的移动方法和实地驾驶的基本要领，准确控制车辆的行驶位置、速度和路线；培养行车礼让的安全意识。

第三阶段培训目标：掌握车辆通行、行驶、停放的相关规定；掌握车辆优先通行的原则；了解行人（尤其儿童）和非机动车的动态特点及险情的预测和分析方法；熟练掌握一般道路驾驶方法，能够根据不同的交通状况安全驾驶；培养预见性的安全驾驶意识。

第四阶段培训目标：了解常见事故的发生规律和预防措施；掌握正确的急救方法；了解各种特殊道路交通环境下的安全行车方法及车辆保险与理赔的相关规定；培养应变能力；能够独立驾驶车辆。

【培训内容、要求和学时】

驾驶员培训内容、要求和学时见表6-1-12～表6-1-15。

表6-1-12 驾驶员培训第一阶段实际操作教学内容、要求和学时情况表

教学项目	教学内容	教学目标	学时安排				
			C1C2	B2	A1B1	A2	F
			6	6	1	1	3
上、下车及驾驶姿势	上车动作；下车动作；驾驶姿势	培养安全正确的上、下车动作及驾驶姿势	2	2	—	—	1
起步前的准备	调整座椅、头枕、后视镜；系、松安全带；检查操纵装置；起动发动机；检查仪表；停熄发动机	严格按照规范步骤做好起步前的准备工作					
操纵装置的规范操作方法	转向盘、变速器操纵杆、驻车制动装置、离合器踏板、制动踏板、加速踏板、照明及信号装置及其他操纵装置的操作方法	熟练掌握操纵装置正确的操作方法	3	3	—	—	1
综合复习及考核	综合复习	掌握本阶段理论知识及基础操作要领，综合运用本阶段所学内容，能够规范操作	1	1	1	1	1

说明：本阶段实际操作采用驾驶模拟器进行教学，采用电脑无纸化考试。

表6-1-13 驾驶员培训第二阶段操作教学内容、要求和学时情况表

教学项目	教学内容	教学目标	学时安排				
			C1C2	B2	A1B1	A2	F
			22	28	18	24	9
行车前检查	外部检视;内部检视;发动机舱检视;轮胎的检查	掌握安全检视的内容、方法和要求,掌握轮胎的更换方法	2	2	1	2	1
汽车列车的连接与分离	牵引车与挂车的连接与分离	掌握牵引车与挂车的连接与分离的操作要领,规范操作动作	—	—	—	1	—
起步、变速、停车、倒车	起步、加速、换挡、减速、停车、倒车	熟练掌握起步、加速、减速行驶和停车、倒车的操作要领	8	12	5	5	4
行驶位置和路线	行驶位置和行驶路线的选择	能够保持正确的行驶位置和行驶路线					
弯道和曲线驾驶	弯道驾驶;曲线驾驶	能够合理地选择行驶位置和速度(档位)通过弯道和曲线					
窄路驾驶	窄路直线驾驶;窄路弯道驾驶	窄路驾驶时能够凭借车感,合理选择路线和车速通过					
坡道驾驶	坡道起步、变速(换挡)、停车	能够正确地选择挡位,平稳起步					
停车入位	定点停车;S形倒车入位;L形倒车入位	能够将车辆停在预定位置;能够选择合理的路线和速度倒车,使车辆倒入指定位置	4	4	4	4	—
	侧方移位;进出车库	掌握车辆的侧方移位、倒入车库要领,培养对车体的空间感觉	6	8	4	6	
平衡训练	低速直行时的平衡训练	掌握摩托车平衡要领,能够平稳驾驶					3
绕桩行驶	绕桩行驶	掌握摩托车曲线行驶及转弯的驾驶技能,正确判断车轮的行驶轨迹	—	—	—	—	
停靠货台	倒车尾靠货台;倒车侧靠货台;前进侧靠货台	熟练掌握停靠货台的方法,准确停靠到位				4	—
停靠站台	倒车侧靠站台;前进侧靠站台	熟练掌握停靠站台的方法,准确停靠到位				2	—
综合驾驶及考核	综合练习	综合运用本阶段所学内容,能够在场内熟练驾驶	2	2	2	2	1

表6-1-14 驾驶员培训第三阶段操作教学内容、要求和学时情况表

教学项目	教学内容	教学目标	学时安排				
			C1C2	B2	A1B1	A2	F
			20	24	20	18	10
场内道路驾驶	场内道路驾驶（包括掉头）	掌握场内道路驾驶各项目的操作方法和要领，能够熟练完成各项目的操作	6	10	6	3	3
跟车行驶、安全距离和变更车道	跟车行驶、速度与安全距离；变更车道	针对道路和交通状况，掌握跟车行驶和变更车道的方法，保持安全距离	10	10	9	9	5
会车、超车、让超车	会车；超车；让超车	掌握会车、超车、让超车的操作规范，安全地进行会车、超车、让超车					
交通信号灯、交通标志和标线	按照交通信号灯、交通标志和标线行驶	及时准确地识别交通信号灯、交通标志和标线，并遵照其规定安全行驶					
通过交叉路口、铁路道口	直行；右转；左转；复杂路口、道口通行	能够针对交叉路口和铁路道口的交通状况，以安全的速度和方法通过					
通过环岛、立交桥	通过环岛、立交桥	掌握让行规定及驶入、驶出方法；掌握常见立交桥通行方法	—	—	—	—	—
车辆停放	临时停车；车辆停放	按照车辆停放的规定，正确地停放机动车	—	—	—	—	—
速度感知	在限速范围内，作高速训练	在不超过速度限制的条件下，体会较高速度的驾驶感受	—	—	—	—	—
预测险情的驾驶	通过学校、人行横道、公共汽车站、弯道及其他视线不清的交通状况下的预见性驾驶训练	能够预测不同交通状况下的险情，按照预见性驾驶的要求，规范驾驶行为	2	2	2	2	1
通过道路障碍和狭窄路段	通过道路障碍和狭窄路段的驾驶方法	提前识别道路障碍，选择安全的行驶路线和速度，正确判断所需空间	—	—	1	1	—
综合驾驶及考核	综合驾驶训练	综合运用本阶段所学内容，能够在一般道路熟练驾驶	2	2	2	3	1

表6-1-15 驾驶员培训第四阶段操作教学内容、要求和学时情况表

教学项目	教学内容	教学目标	学时安排				
			C1C2	B2	A1B1	A2	F
			8	8	16	16	3
设计行驶路线	行驶路线的设计；独立驾驶训练	能够按照自行设计的行驶路线，在一般道路上独立地安全驾驶	2	2	—	—	—

〔续表〕

教学项目	教学内容	教学目标	学时安排				
			C1C2	B2	A1B1	A2	F
			8	8	16	16	3
夜间驾驶	夜间驾驶与灯光的使用	掌握夜间驾驶的特点,正确变换灯光和使用信号装置,能够在夜间安全驾驶	4	4	8	8	2
雨天驾驶	雨天驾驶训练	掌握雨天驾驶的特点,能够在雨天安全驾驶					
恶劣条件下的驾驶	雾天、冰雪路面、泥泞路、翻浆路、高温天气、低温天气、隧道、涉水、大风天气等恶劣条件下的驾驶训练	了解雾天、冰雪路面、泥泞路、翻浆路、高温天气、低温天气、隧道、涉水、大风天气等恶劣条件的特点,掌握正确的驾驶方法					
山区道路驾驶	山区道路驾驶训练	根据山区道路特点,掌握山区道路的驾驶方法					
高速公路模拟驾驶	高速公路模拟驾驶训练	了解高速公路的行车特点和驾驶方法					
车辆维护及常见故障的排除	车辆检查维护的方法;发动机、底盘常见故障	掌握出车前、行车中、收车后车辆检查维护的方法;掌握常见故障的一般排除方法	—	—	4	4	—
综合驾驶及考核	独立驾驶综合训练	按照自行设计的行驶路线,独立驾驶车辆	2	2	4	4	1

说明:本阶段实际操作可采用驾驶模拟器进行教学。

三、企业选介

【上海市机动车驾驶员培训中心】

上海市机动车驾驶员培训中心(简称"市驾驶员培训中心")成立于1985年1月,由上海市农场管理局星火农场、上海友谊汽车服务公司和上海汽车运输代理公司三方投资组建而成。投资方企业体制发生变化后,投资三方分别变更为光明食品集团五四公司、锦江国际集团上海锦江汽车服务有限公司和上海交运集团有限公司教育中心。

市驾驶员培训中心地址:上海市奉贤区海湾镇海兴路518号。经营范围为普通机动车驾驶员培训,道路运输驾驶员从业资格培训,驾驶员报名、咨询,汽车配件批发、零售等。2010年该中心占地面积106亩,建筑面积2.83万平方米,总资产13 793万元,净资产11 813万元。

市驾驶员培训中心通过发展建设,积累了比较雄厚的教学资源,拥有一支经验丰富、服务优异的星级培训师资队伍,截至2010年年底,该中心职工数为173人。

市驾驶员培训中心是上海市一百多家同行中培训项目最齐全的学校,不仅可以培训A1大客车、A2牵引车、B1中客、B2大货车、C1小型客车、C2自排小轿车等车型的驾驶员和轻便摩托车驾驶员,同时还拥有客运、货运汽车驾驶员从业资格培训资质。拥有一流的现代化教学、考试硬件设施,包括办公楼、教学楼、汽车修理厂等经营设施以及学员宿舍、餐厅、浴室等生活设施,还拥有总面积达1.4万平方米的大型停车场和各类车辆276辆。2004年以前,桩考、小路考、大路考全部采用人工考试方式。2004年中心投资建成大、中、小车型共5个考试库位的红外线电子桩考仪;2005年投资建造了包括大型车、小型车的10个考试项目、3条考试线路的电子监控路考仪,均为上海市同行业首家。

培训方法是一车四人制模式:即一辆教练车一个培训周期为两个月,培训人数为4人。同时采用"滚动式"开班模式,即结业一名学员可开班培训一名新学员。2001年4月前,交通法规考试采用笔试方式,之后采用电脑无纸化考试。

市驾驶员培训中心机构比较健全,在上海市区拥有四个培训分部,分设于嘉定、宝山和闵行,招生、报名网络覆盖全上海,年培训能力达1万多人次,被上海市车辆管理所指定为第一训练考试场。

为了优化企业资本结构,充分发挥上海市驾驶员培训中心考场的独特优势,2006年6月,中心以教练场的实物资产与上海荣臣机动车驾驶员培训有限公司共同投资组建成立上海星火机动车驾驶员培训有限公司,该公司注册资本5 653万元,中心占75%股份,荣臣驾校占25%股份。

市驾驶员培训中心建有党支部、工会等组织。通过职工代表大会制度实行企业民主管理。

2010年中心实现营业收入5 764.64万元,净利润2 095.38万元。

中心曾多次获上海市AAA诚信单位、上海市A级驾校、全国文明驾校等多项荣誉称号,成为上海市机动车驾驶员培训行业中集现代化、科学化、基地化为一体的大型综合培训单位,上海市驾驶员培训行业的标杆企业。

表6-1-16 2006—2010年市驾驶员培训中心经营情况表 (单位:万元)

年 份	2006	2007	2008	2009	2010
营业收入	4 300.44	4 459.24	5 709.09	5 424.26	5 764.64
利润总额	778.73	1 394.59	2 325.85	2 281.81	2 371.54
净利润	583.36	1 198.35	1 848.74	2 040.42	2 095.38

【海博培训中心】

海博培训中心前身为上海农工商出租汽车有限公司教育培训中心,成立于1999年12月,2003年更名。原址:上海市杨浦区黄兴路156号,2006年5月迁至上海市浦东新区康凌路39号海博出租公司康桥基地。

主要职责:负责海博出租公司员工培训和驾驶员招聘工作。海博培训中心下设行训部(负责出租车驾驶员从业资格培训)、内训部(负责职工和管理人员继续教育培训)、招聘部及综合办公室,从事教学培训的教师有11人,专职教练员有10人,从事驾驶员招聘工作的有12人。拥有大、中、小型教室6间,配备相应的电化教学设备;拥有近千平方米的教学场地,配备10辆应会培训教练车。截至2010年年底,招聘出租车驾驶员15 000余人,历年来培训驾驶员12 000余人。对在岗职工开展普法教育、班组长轮训、新驾驶员复训、驾驶员晋升星级培训、世博驾驶员专项培训、汽修技术工人培训、管理人员业务知识培训等30 000人次,其中经培训合格的三星、四星、五星级驾驶员约3 000人。

海博培训中心被上海市公安局认定为2000—2006年度杨浦区交通安全辅导站,负责出租车驾驶员安全教育和考核;2001年、2003年两度被评为上海市交通安全教育优秀辅导站;2010年被上海市城市交通考试中心评为上海出租汽车行业职业培训先进单位;2008—2010年连续保持驾驶员从业资格培训考试合格率位居上海行业首位。

第三节 仓储物流业

光明食品集团货运企业主要有海博股份所属上海海博货迪物流有限公司、上海海博物流(集团)有限公司和跃进有限公司、长江总公司、光明乳业、益民集团、烟糖集团、农工商超市集团、星联公司等所属相关物流和销售企业。

光明食品集团拥有快捷便利的常温、冷藏、冷冻食品物流配送体系,初步形成了区域性、多层次、集散功能较强的物流配送体系。物流仓储业主要企业为上海海博股份有限公司所属上海海博物流(集团)有限公司(简称"海博物流集团")和上海市农工商投资公司所属上海东亚运输仓储有限公司(简称"东亚公司")。海博物流集团2008年经过资产重组整体进入光明食品集团旗下的上海海博股份有限公司,下属有上海申宏冷藏储运有限公司、上海海博货迪物流有限公司、上海海博国际货物运输代理有限公司、上海华丰国际集装箱仓储公司、上海海博名威国际物流有限公司、上海海博全盛供应链管理有限公司、上海海义仓储有限公司等企业,形成了货物运输、仓储、货运代理、货物配送等较完善的物流产业链。

表6-1-17　2006—2010年光明食品集团物流货运情况表

年　份	2006	2007	2008	2009	2010
货运量(万吨)	313	485	1 489	966	1 016
货运周转量(万吨公里)	17 674	14 934	25 506	22 336	13 787
货运汽车(辆)	619	618	620	586	663
货运汽车(吨)	5 154	5 350	4 545	4 336	4 370

表6-1-18　2010年光明食品集团所属单位物流货运经营情况表

单　位	货运量(万吨)	货运周转量(万吨公里)	货运汽车	
			(辆)	(吨)
长江总公司	642	3 852	25	351
海博股份	302	5 260	486	3 141
光明乳业	25	671	21	63
益民集团	3	24	11	29
烟糖集团	31	675	13	47
超市集团	13	3 305	107	739
总　计	1 016	13 787	663	4 370

一、业务类型和经营方式

【仓储】

海博物流集团仓储企业主要为上海申宏冷藏储运有限公司(简称"申宏冷藏储运公司"),拥有冷藏库四座及普通仓库一座,其中冷库库容量 40 000 吨,普库库容量 5 500 吨。公司提供冷冻、冷藏商品存储服务,常温商品存储服务,低温加工场地出租及冻品交易市场门面出租等业务,主要客户有:正大国际投资、金锣肉制品集团、河南双汇集团、众品股份、中粮集团、山东六合集团、上海五丰、荷斯坦牧业、南京雨润食品等。上海海博斯班赛物流有限公司在洋山港保税区建有综合仓库基地,海博物流集团所属其他企业也有一定仓储设备和仓储能力。

冷藏库 主要有军工路冷库、腾越路冷库、鹤岗路冷库、安达路仓库。

军工路冷库原为上海市食品进出口公司冷冻三厂,为外贸指定存放仓库,主要为"冷藏+冻品市场"模式,仓库内建有上海申宏冷藏食品交易市场,专营鸡、鸭、猪、牛分割冻品的交易市场,设有批发经营门店 120 个,全库占地面积 30 000 平方米,建筑面积 42 456 平方米,为两座层楼式冷库,低温库容量 17 000 吨,高温库(保鲜库)容量 1 000 吨,曾被称为"远东第一库"。1992 年经改造后成为全国首家实现电脑半自动化管理的大型冷库。两条长 210 米的铁路专用线与主库相连,两座汽车月台可同时停靠 25 辆冷藏车,三班制作业装卸,全天候服务,运输便捷、迅速。

腾越路冷库原为英商蛋厂的班达仓库,1921 年创建,是上海市最早的冷库,采用"冷藏+食品加工企业(场地租赁)"模式。上海市食品进出口公司接管后,1956 年改建,是持有中华人民共和国上海出入境检验检疫局颁发的《中转仓储进口动物产品许可证》《出境植物产品存放注册登记证》《出口食品厂、库登记证》及上海市兽医卫生监督管理所颁发的《动物防疫合格证》的储存进出口商品的专业冷库。该冷库总容量为 4 500 吨,拥有临江(黄浦江)浮式码头一座,储存商品主要以水产品为主。

鹤岗路冷库原为上海市食品进出口公司冷冻五厂,为单一的冷藏模式,不经营冷藏运输和配送业务,全库占地面积 14 975 平方米,冷库建筑面积 5 184 平方米,是从日本引进的 A 型装配式无霜冷库,冷库容量 10 000 吨,是进出口商品储存、中转的重要基地之一。1999 年完成了变温库改造工程,库房温度、湿度能够按照市场和客户的需要进行自由变换,冻结商品贮藏时最低温度可达到零下 25 摄氏度,果蔬等高温商品贮藏时设有自动喷淋加湿装置及防压搁架等设施。该库拥有上海市技监局颁发的《上海市冷冻饮品储存准产证》。鹤岗路冷库处蕴藻浜与黄浦江畔,临江有码头一座,离吴淞海关、上港九区仅 1 公里,离市区仅 3 公里,水陆运输方便,装卸快速便捷,尤其适宜冷库商品配送、集装箱的大规模中转。

安达路仓库为低温五层仓库,位于鹤岗路 301 号,为单一的冷藏模式,不经营冷藏运输和配送业务,仓库总面积 14 040 平方米,容积 55 514 立方米。

普通仓库 有内江路仓库,原为上海市食品进出口公司冷冻二厂,占地 8 076 平方米,经改造后成为仓储量 5 500 吨的普通仓库,拥有 800 平方米装卸跑道,设有防雨天棚。该库兼管龙潭路库、小木桥库,主要储存的商品为进口酒类、食品罐头、奶粉、饮料、干货食品以及冰箱、厨房设备、百货等,每年进出口业务装拆标准集装箱 800 个,初步形成了一个集装箱代理集散地。

保税区仓库 上海海博股份有限公司 2006 年按照物流企业"提速发展"的方针,与加拿大斯班赛国际物流公司合资组建了上海海博斯班赛物流有限公司,并在洋山港保税区购置 170 亩土地,建立国内专业汽车及零部件的国际仓储基地,2007年基本竣工,同年与国内外著名企业建立第三方物流伙伴关系。

【物流运输】

货物运输 海博物流集团货物运输企业主要有上海海博货迪有限公司、上海闸北汽车运输场、上海华丰国际集装箱仓储公司等。

海博物流集团2004初收购沪上个体户营运牌照88张,投入资金约2 700万元,根据"收一奖三"规定,经上海市交通港口管理局批准海博物流拥有264张沪BH货运出租专用牌照额度,并于2004年10月组建成立了上海海博货迪物流有限公司,从事道路货物运输(货运出租)、冷藏保鲜、仓储、货运代理。2010年新增额度30张。至2010年年底已完成购置上牌小型厢式城市物流配送货运出租车290辆。上海海博货迪物流有限公司公司拥有仓库2 000平方米,BH专用牌照的箱式货运车不受市内货运车的通行限制,便捷、通畅,适合城市配送业务。主要业务为三菱电器公司(仓储、配送空调)、苏宁电器(配送家)、嘉里大通公司(配送戴尔电脑、服装、家电)、史泰博公司(仓储、配送办公用品)、日通物流(配送家电、日用品)、中铁快运(配送家电、百货、日用品)、吉尔红酒(配送红酒)等。公司以承包、优惠承包、租车、包车以及管理输出等多种形式拓展市场。

表6-1-19　2006—2010年上海海博货迪物流有限公司车辆情况表　　　　　(单位:辆)

年份	奥铃0.6吨	奥铃0.9吨	依维柯	江铃1.7吨	金杯	福田	全顺	合计
2006	135	97	0	0	0	0	0	242
2007	145	106	0	0	0	0	0	251
2008	146	111	0	0	0	0	0	257
2009	145	110	2	8	0	0	0	265
2010	133	102	20	26	4	4	1	290

上海闸北汽车运输场专业从事运输业务,主要为宝山钢铁集团承担生产物流、社会零担业务、搬场业务等,属于运输承运商。运输场车辆规格齐全,提供及时、便捷、安全及满足客户需求的个性化服务。闸北汽车运输场拥有集装箱卡车4辆、特种车42辆、平板及厢式货车60辆、搬场运输车22辆,注册资本1 000万元,总资产7 207万元。年营业收入约1 500万元,盈利近100万元。

上海华丰国际集装箱仓储公司,地处宝山区联谊路368号,南沿蕴藻浜河,主要从事内河装卸作业、堆场、仓储、运输等业务。

货运代理 海博物流集团货运代理企业主要有上海海博国际货物运输代理有限公司、上海海博名威国际物流有限公司、上海海博全盛供应链管理有限公司等企业。

上海海博国际货物运输代理有限公司主要从事海运定舱,空运定舱,货物通关与报检,货物配送,内装箱,拼箱等业务。公司与各大船务公司保持良好的合作关系。公司拥有集装箱卡车20辆,除从事货物运输代理和集装箱运输外,2009年与美国Expeditors物流企业(简称"EI公司")在浦东合庆普鲁斯物流园区开展的物流合作项目,公司作为EI公司的物流供应商,为EI公司在上海专营国际二线品牌服饰提供仓储、整理、分包装、组配、门店配送等物流服务。公司注册资本500万元,总资产663万元，年营业收入3 700万元，盈利100多万元。

上海海博名威国际物流有限公司是海博物流集团与新加坡名威物流集团有限公司共同组建的物流企业，由海博物流集团控股。主要经营业务为国际货物运输代理及集装箱拼装、拆箱、报关、报检、报验、保险。公司拥有集装箱卡车35辆，租赁经营联谊路华丰码头场地36亩，仓库4 000平方米，占蕰藻浜内河岸线108米，主要从事进口铁、铝矿粉的车船转运、堆存、装卸和日用品、电器、橡胶原料、塑料粒子的货运代理等业务。公司注册资本1 000万元，总资产1 613万元，年营业收入约3 600万元，盈利200万元。

上海海博全盛供应链管理有限公司系海博物流集团控股企业，主要以海博洋山保税仓库为经营基地，从事仓储、物流服务、国际水路、陆路、航空货运代理服务等，主要客户有西门子风电能源、江山制药、欧洲德思伟等企业。

二、企业选介

【上海海博物流（集团）有限公司】

海博物流集团是上海海博股份有限公司下属企业，前身是上海海博物流投资有限公司，成立于2003年4月，由上海东海股份有限公司与上海农工商出租汽车有限公司各投资2 500万元共同组建，注册资本5 000万元。公司地址：上海市南汇区康士路17号18室；经营地址：上海定西路1016号11楼。2006年8月更名为上海海博物流（集团）有限公司。公司2010年产值33 204.3万元，营业收入97 433.29万元，利润总额3 015.32万元，净利润2 000.23万元。

海博物流集团经营范围为物流企业投资及管理，普通货物运输，仓储，货运代理，货物配送，展览展示，道路货物运输（普通货物），道路货物运输（国际集装箱），国际海上运输代理服务，国际公路运输代理服务，国际水上运输代理服务。公司以综合物流产业为基础，为客户提供运输、包装、仓储、加工、配送、信息处理和国际货代为一体的现代物流服务。公司具备国际货代、海关监管车辆运输资质。2010年公司拥有290辆市区货运出租车、22辆市区搬场车、近200辆集卡和各式货运车，拥有内河集装箱仓储码头和洋山保税港保税仓储基地，规模型40 000吨冷库，非保税普通仓库16 000平方米，在建60 000吨低温冷库。

海博物流集团2006年3月与新加坡斯班赛物流有限公司、上海金缙投资管理有限公司在洋山临港保税物流园区内设立中外合作上海海博斯班赛国际物流有限公司，该公司总投资10 250万元人民币，注册资本4 100万元，从事保税区内仓储、物流、国际贸易、转口贸易、保税区企业间的贸易及区内贸易代理业务（2009年9月经光明食品集团批准，海博物流集团持有海博斯班赛国际物流有限公司100%股权上收至上海海博股份有限公司）。2006年7月投资2 500万元设立上海海义仓储有限公司；2006年10月海博物流集团与上海名威投资有限公司及自然人组建上海海博名威国际物流有限公司，注册资本1 000万元，海博物流集团占总股份51%。2008年通过资产重组，上海申宏冷藏储运有限公司进入海博物流集团。2010年6月出资290万元，与上海全盛物流有限公司和自然人合资建立上海海博全盛供应链管理有限公司，海博物流集团占总股份58%，新组建公司主要从事仓储、货运代理业务，海博物流集团从而形成了比较完善的物流产业链。

海博物流集团所属思乐得公司生产不锈钢保温杯系列制品，产品远售欧美、日本、澳大利亚等40多个国家和地区，其"骆驼"牌已成为国际名牌，生产规模、产品质量、出口创汇均在行业前列。

表6-1-20　2006—2010年海博物流集团经营情况表　　　　　　　　　　（单位：万元）

年　　份	2006	2007	2008	2009	2010
营业收入	38 867.07	54 821.84	57 921.48	61 166.81	97 433.29
主营业务收入	38 867.07	54 821.84	57 921.48	61 166.81	97 433.29
利润总额	242.81	1 267.45	2 255.91	2 509.83	3 015.32
净利润	90.28	1 025.47	1 716.13	1 501.48	2 000.23
产　　值	24 483.00	29 329.40	30 028.50	28 795.60	33 204.30

【申宏冷藏储运公司】

申宏冷藏储运公司成立于1998年3月，由原上海益民食品一厂(集团)有限公司所属上海食品进出口公司冷冻一厂、冷冻二厂、冷冻三厂、冷冻五厂、仓储加工整理部、汽车队重组成立，注册资本2 694万元，公司地址：上海市杨浦区周家嘴路4395号。2007年12月，上海市食品进出口公司、上海市食品进出口公司国际货运公司分别持有的申宏冷藏储运公司89.978%和10.022%国有股权协议转让给光明食品集团；光明食品集团将持有申宏冷藏储运公司100%股权置换给上海海博股份有限公司，申宏冷藏储运公司成为上海海博股份有限公司所属上海海博物流(集团)有限公司子公司。2010年公司营业收入5 543万元，利润总额699万元，净利润518.5万元。

申宏冷藏储运公司是上海地区规模最大的低温物流企业之一，现有冷库容量40 000吨，以冻品储存为主，并经营冻品交易市场，年交易冻品60亿元，交易量占上海市冻品交易总量的60%。建设中的西郊冷链项目位于上海市青浦区华新镇，与上海西郊国际农产品交易中心毗邻，建筑总面积125 000平方米，低温冷库容量达60 000吨，带温度控制的食品加工面积20 000平方米，是集大型冷库、低温加工、冷链运输、信息处理等功能为一体的现代冷链物流体系，成为上海低温物流的重要基地。

申宏冷藏储运公司抓住西郊国际农产品交易中心建设的契机，在经营资源和经营方式上与西郊国际互补，在经营业务上与西郊国际错位发展，构筑冷藏储存、冷藏运输、低温加工、配送的冷链物流体系，突破传统经营方式，加快转型。名威公司与华丰码头仓储组合的新经营模式，充分发挥货代、仓储、推场、码头岸线、运输等资源优势。公司积极筹划建设西郊低温物流项目，增强企业可持续发展能力。

表6-1-21　2006—2010年申宏冷藏储运公司经营情况表　　　　　　　　　（单位：万元）

年　　份	2006	2007	2008	2009	2010
营业收入	3 233	4 045	4 168	4 311	5 543
利润总额	27	518	469	602	699
净利润	-13	342	366	452	514

【上海东亚运输仓储有限公司】

上海东亚运输仓储有限公司(简称"东亚公司")是上海市农工商投资公司控股企业。公司于1993年7月组建，注册资本为348.6万美元，其中：上海农工商集团供销总公司出资139.44万美元,占注册资本40%;香港安亚国际货运代理有限公司出资209.16万美元,占注册资本60%。1995年11月投资双方对股权进行调整后,上海农工商集团供销总公司占注册资本51%;香港安亚国际货运代理有限公司占注册资本49%。2000年3月东亚公司增资扩股至500万美元,双方持股比例不变。2007年4月上海农工商集团供销总公司将持有的51%股权转让给上海市农工商投资公司。2009年6月光明食品集团批复同意上海农工商投资公司出让持有东亚公司51%股权及人民币800万元债权,出让总价为3 387.64万元,受让方为长荣物流(上海)有限公司东亚控股(集团)有限公司,2010年9月完成产权交割。东亚公司地址为上海市浦东新区高东镇高翔路805号2幢。

东亚公司是由中华人民共和国外经贸部批准并在上海市登记的国际货代企业。公司经营范围为上海港汽车集装箱运输、集装箱仓储、中转及其他相关的代客服务业务;承办海运进出口货物的国际运输代理业务,报关、报验、保险及相关的短途运输服务和咨询业务。公司拥有一支专业的物流团队,可根据客户需求设计个性化的物流解决方案,并提供物流咨询和信息技术支持,利用国内和国际网络为客户提供个性化、多功能的一站式服务,最大限度地为客户降低物流成本。东亚公司海运部具有国际货代一级资质,报关业务平均每月在5 000票以上。公司在外高桥码头附近和宝山集装箱码头地区拥有17 000平方米的封闭式仓库;拥有国际先进的SCANIA牵引车23台;有独立货物堆场,占地面积近100亩。

东亚公司本着"领先时代潮流,开创现代物流"的企业理念,遵循"服务至上、精益求精、安全快捷、经济优质"的服务宗旨,为中外客户提供优质服务。

表6-1-22 2006—2009年东亚公司经营情况表 （单位：万元）

年 份	2006	2007	2008	2009年1—9月
营业收入	4 677.46	5 194.21	4 783.76	2 939.65
营业利润	26.30	402.47	296.65	-215.88
净利润	2.03	353.02	193.04	-188.72

第二章 旅游业

第一节 住宿和餐饮业

旅游业是光明食品集团第三产业组成部分,其中住宿和餐饮业2010年增加值为9 938万元,比2009年增长33.84%,营业收入占第三产业营业总收入0.3%。企业有上海糖业烟酒(集团)有限公司所属上海瑞泰投资发展有限公司(简称"瑞泰公司")下属上海瑞泰虹桥酒店、上海瑞泰静安酒店,五四公司所属心族实业总公司下属成都心族酒店、上海市黄山茶林场酒店、大连心族大酒店、都江堰心族中旅饭店和五四公司所属上海健生教育活动中心、上海小木屋会务中心,跃进有限公司所属上海飘鹰实业总公司下属上海飘鹰大酒店、上海飘鹰(新港)大酒店,上海浦东星火开发区联合发展有限公司所属上海金海岸度假村有限公司等。光明食品集团下属农场型公司的招待所以企业内部接待服务为主。

表6-2-1 2006—2010年光明食品集团住宿餐饮业经营情况表

年 份	2006	2007	2008	2009	2010
网点(个)	19	22	33	46	56
营业面积(平方米)	93 843	85 845	119 308	107 381	106 625
固定资产原值(万元)	33 480	33 484	33 772	32 274	40 919
营业收入(万元)	10 730	11 954	15 932	17 260	21 239
利润总额(万元)	97	979	—693	1 006	2 128

表6-2-2 2006—2010年光明食品集团住宿餐饮单位和从业人员情况表 (单位:人)

年 份	单位数(个)	从业人员	职 工	在岗职工	离岗职工	其他从业人员
2006	8	472	333	306	27	166
2007	7	522	323	306	17	216
2008	7	789	370	357	13	432
2009	6	810	420	414	7	396
2010	6	736	425	419	6	317

一、业务类型和经营方式

【业务类型】

光明食品集团住宿业主要以星级宾馆(饭店、酒店)为主,也有一般的饭店(招待所)和其他类型

(学生夏令营、军训等)住宿餐饮服务。

星级宾馆(饭店、酒店) 五四公司所属心族实业总公司下属大连心族大酒店是综合性豪华商务型三星级涉外大酒店,集餐饮、客房、康乐、桑拿、商务等为一体。酒店按国际现代造型设计,建筑面积25 000平方米,楼高30层,地下2层,设施配套齐全。成都心族之旅酒店是股份合作制酒店,1998年被评为涉外三星级宾馆,餐饮以川菜为主。上海市黄山茶林场心族之旅酒店和黄山心族之旅酒店有限公司均为三星级饭店,为黄山市旅游区提供住宿餐饮服务。

烟糖集团所属上海瑞泰投资发展有限公司下属瑞泰虹桥酒店和跃进有限公司所属上海飘鹰实业公司下属飘鹰大酒店均为三星级宾馆,有较完善住宿餐饮服务设施和管理制度。

会务中心和培训教育基地 光明食品集团的会务中心有五四公司所属上海小木屋会务中心,主要承接各种会展等业务。教育培训中心有五四公司所属上海健生教育活动中心,是一所学生社会实践综合培训基地。心族实业总公司所属上海市东黄山青年旅社,先后承办了多项文娱体育等赛事活动。

住宿餐饮服务 星联公司所属上海金海岸度假村是以承接会务、商务、培训业务为主,旅游休闲度假业务为辅的企业。

烟糖集团所属上海瑞泰投资发展有限公司下属上海瑞泰静安酒店有限公司和跃进有限公司所属上海飘鹰实业公司下属上海飘鹰(新港)大酒店等都有较完善食宿和餐饮服务设施,能接待大众游客。

光明食品集团所属跃进有限公司、长江总公司、东海总公司和上海农工商投资公司所属练江牧场等企业建有招待所,主要为内部招待服务。

【经营方式】

主要为单体经营模式,由企业自主开展经营活动。上海飘鹰大酒店则委托上海东湖集团专业团队进行全程管理。

二、企业选介

【上海瑞泰投资发展有限公司】

前身是上海瑞泰资产管理有限公司,2001年11月成立,注册资本3 000万元,由上海鹏顺工贸总公司(占总股份51%)、烟糖集团(占总股份49%)共同组建成立。2002年上海鹏顺工贸总公司将持有瑞泰公司41%的股权转让给烟糖集团;将10%的股权转让给上海市友谊食品供应公司。2003年公司注册资本增至5 000万元,其中烟糖集团出资4 500万元(占总股份90%)、上海市友谊食品供应公司出资300万元(占总股份6%)、上海富尔网络销售公司出资200万元(占总股份4%),公司更名为上海瑞泰投资发展有限公司。2006年10月上海市友谊食品供应公司持有瑞泰公司6%的股权划转至烟糖集团。2009年2月注册资本从5 000万元减至500万元,烟糖集团持有100%股权。

瑞泰公司是一家以发展都市型服务产业为核心的实业投资公司。公司下设财审部、资产管理部、人力资源部及综合办公室。下属企业有上海瑞泰虹桥酒店、上海瑞泰静安酒店有限公司、上海君悦物业管理有限公司、上海三鑫世界商贸有限公司等。2010年公司营业收入14 989万元,利润总额2 002万元,净利润1 521万元。

瑞泰公司主要业务为实业投资，物业管理，酒店管理。经过发展，已形成以现代商业物业管理和酒店连锁拓展为主力业态的产业格局。在酒店连锁业上，公司以"集约经营、专业管理、品牌塑造、连锁拓展"的发展理念，打造"瑞泰"酒店品牌，培养专业化酒店管理团队，并形成一套成熟的瑞泰酒店运行管理模式，对瑞泰连锁酒店全面实施集约化、专业化、市场化、规模化的经营管理。

公司所属上海瑞泰虹桥酒店是一家精致型商务酒店，位于上海市长宁区商业繁华的中心地带，2003年9月30日开张营业，可提供274间（套）设施齐全的各类舒适客房，拥有四个小型会议室和多功能宴会厅。2010年主营业收入为4 282万元，利润总额1 098万元。

公司所属上海瑞泰静安酒店是一家四星级酒店，前身是上海京泰大酒店，位于南京路繁华商业街，紧临地铁2号线南京西路站出口。酒店有豪华套房、标准客房、单人客房118间（套），各类服务设施齐全，是商务旅游、度假休闲、聚会娱乐下榻的理想场所。2010年主营业收入2 474万元，利润总额436万元。

上海君悦物业管理有限公司实施以"客户为中心，以质量为核心、长期坚持互惠互利"的经营方针和"客户是生存之本，客户成功是发展之源"的发展理念，2010年主营业收入596万元，利润187万元。

上海三鑫世界商贸有限公司前身为上海食品总汇实业公司，由原商业二局所属烟糖集团、上海市食品（集团）有限公司及上海市蔬菜（集团）有限公司共同组建。1994年更名为三鑫世界商厦。2000年6月烟糖集团受让上海市食品（集团）有限公司、上海市蔬菜（集团）有限公司拥有三鑫公司全部股权，成为烟糖集团全资子公司。公司地处浦东繁华商圈的三鑫世界时尚休闲之都，总建筑面积19 573平方米，依托八佰伴新世纪商城共同筑成浦东最为成熟的商圈。大厦与周边的商城错位经营，定位于融合休闲、娱乐、餐饮、文化摄影于一体的39街时尚生活休闲品牌。2010年主营业务收入2 090万元，利润总额431万元。

表6-2-3　2006—2010年瑞泰公司经营情况表　　　　　　　　（单位：万元）

年　份	2006	2007	2008	2009	2010
营业收入	8 293	9 075	8 860	8 136	14 989
利润总额	1 019	1 156	1 051	1 516	2 002
净利润	951	775	1 218	1 341	1 521

上海瑞泰虹桥酒店　是烟糖集团所属瑞泰公司全资企业，前身是上海仙霞宾馆，1986年1月成立，注册资本1 800万元，2003年4月更名为上海瑞泰虹桥酒店，注册资本840万元。酒店地址为上海市长宁区水城路555号，毗邻上海虹桥开发区，离世贸商城、国际展览中心仅2公里，经延安路高架，10分钟即可达人民广场，且有多条公交线路直达机场、火车站、码头，交通便利。

上海瑞泰虹桥酒店楼高9层，2009年重新装修，拥有豪华套房、标准、单人房等各类客房274间（套）。客房设有中央空调、报警设施和卫星、闭路电视系统。酒店附设多功能厅及大小会议室7个和30余个泊位停车场。2010年上海世博会期间营业收入2 072万元，利润478.12万元，客房出租率为86.02%。

表6-2-4　2006—2010年上海瑞泰虹桥酒店经营情况表　　　　　　　　　　　　　　（单位：万元）

年　份	2006	2007	2008	2009	2010
营业收入	3 521.01	3 792.94	3 518.63	2 885.98	4 282.08
利润总额	446.27	555.97	580.17	402.21	1 098.12
净利润	446.27	555.97	423.86	301.66	823.51

上海瑞泰静安酒店有限公司　是烟糖集团所属瑞泰公司全资企业，前身是上海京泰大酒店有限公司，成立于1998年9月，注册资本100万元，注册地址：上海市静安区泰兴路178号。经营范围为旅馆、餐饮、娱乐服务、商场、商务中心。2003年4月更名为上海瑞泰静安酒店有限公司。

瑞泰静安酒店楼高11层，紧靠南京路繁华商业街，南临吴江路高档休闲步行街和地铁2号线出口，东傍南北高架，西靠上海展览中心，位置优越，交通便利。酒店有各类客房115间（套），设有先进的通信、报警设施和卫星电视系统。附设餐厅和各项娱乐服务设施，配有地下泊车位。2010年上海世博会期间营业收入1 415.25万元，利润361.52万元，客房出租率为96.84%。

表6-2-5　2006—2010年瑞泰静安酒店经营情况表　　　　　　　　　　　　　　　（单位：万元）

年　份	2006	2007	2008	2009	2010
营业收入	1 330.2	2 110.13	2 084.42	1 954.24	2 474.63
利润总额	5.54	360.73	302.41	296.79	436.90
净利润	5.54	360.73	226.81	222.59	327.68

【成都心族宾馆】

成都心族宾馆是五四公司所属心族实业总公司控股企业，成立于1995年2月，宾馆位于成都市武侯区人民南路四段34号，注册资本680万元，是由心族实业总公司、成都军队干部转业培训中心和自然人共同投资组建的股份合作制企业。成都心族宾馆由成都市人事局所属军队干部转业培训中心改建而成，是集客房、餐饮、娱乐、会议为一体的星级宾馆，1996年1月试营业，1998年被四川省旅游局评为涉外三星级饭店。1997年宾馆以参股的形式在都江堰市建设路237号组建都江堰中旅饭店，饭店于2008年5月12日汶川地震震毁后拆除。

成都心族宾馆拥有各类客房190间（套），包括商务标准间、商务单人间、特色中式房以及商务套房，每间客房均配有多路卫星接收系统、中央空调系统、国内国际程控电话及有线无线宽带连接。宾馆内设有川菜为主的中餐厅、印度餐厅以及商务洽谈、休闲聚会的堂吧。设有容纳200人的多功能厅及大小会议室5个、商务中心、美容美发护肤中心、商场、卡萨布兰卡酒吧、健身房、卡拉OK娱乐中心、桑拿中心、棋牌室等。

成都心族宾馆坚持以产品质量取胜的经营策略，贯彻做精品三星的指导思想，自筹资金对宾馆设施进行改造，使心族宾馆的硬件档次在总体上得到较大提升。2006年，经营收入2 010.97万元，利润总额124.65万元；2010年营业收入2 625.8万元，利润总额274.35万元。

在2008年5·12汶川地震时，公司沉着冷静，积极组织灾后自救。其间先后接待了中共中央政治局委员、上海市委书记俞正声等市委、市政府领导及四川省委书记、省长、上海市援建指挥部和委办局的领导,圆满完成了接待任务。

成都心族宾馆为汶川地震灾区募捐 12 000 元。2006 年被成都市武侯区委、成都市武侯区人民政府评为纳税大户。2010 年被成都市残疾人福利基金会评为爱心助残单位。

表 6-2-6　2006—2010 年成都心族宾馆经营情况表　　　　　　（单位：万元）

年份	2006	2007	2008	2009	2010
营业收入	2 010.97	2 115.51	2 252.42	2 455.50	2 625.80
利润总额	124.65	253.65	90.68	156.92	274.35
净利润	121.30	253.44	88.06	154.05	201.27

【上海市黄山茶林场所属酒店】

五四公司所属上海市黄山茶林场拥有上海市黄山茶林场心族之旅酒店、上海市黄山茶林场东黄山国际青年旅舍、黄山心族之旅酒店有限公司三个酒店。其中上海市黄山茶林场心族之旅酒店和东黄山国际青年旅舍位于皖南山区黄山脚下,黄山市黄山区谭家桥镇境内,为国家级 AAAA 级景区——东黄山旅游度假区的组成部分,东近旌德县,西近黟县,北近青阳县,205 国道旁边,距合铜黄高速公路仅 4 公里,邻近旅游胜地黄山风景区。黄山心族之旅酒店有限公司位于黄山市火车站旁边。

黄山心族之旅酒店有限公司成立于 2008 年 3 月 17 日,地址在安徽省黄山市屯溪区北海路 25 号,注册资本 200 万元。经营范围为住宿、餐饮、会议接待、旅游用品销售等。公司拥有客房 90 间,床位 186 张。

上海市黄山茶林场心族之旅酒店前身是上海市黄山茶林场第一招待所,建于 1988 年春,2005 年升级改造。酒店注册资本 150 万元,经营范围为餐饮住宿、土特产品、旅游纪念品、旅游接待服务等,酒店共有低、中、高端客房 72 间,床位 129 张,其中一幢木质别墅楼按四星级标准建造,另配套有小球会馆、网球场、门球场和会所,以接待高端商务游和会议团队为主。2008 年 12 月 21 日被评为三星级饭店。开业以来心族之旅酒店多次圆满完成上海市和安徽省的大型赛事等活动。2010 年 10 月被评为"2009 年度安徽省优秀诚信旅游饭店"。

东黄山国际青年旅舍由黄山茶林场商业大楼改建而成,建筑面积 2 520 平方米,项目总投资 300 万元,2006 年 7 月对外营业,经营范围为住宿、旅游接待服务等。有客房 54 间,床位 246 张,为华东地区最大的青年旅舍之一。旅舍利用东黄山音乐节、夏令营项目等,吸引了来自世界各地的自助游客,其中包括户外运动俱乐部、宠物俱乐部、车友会等会员及青年学生、国内外背包客等。

【上海金海岸度假村有限公司】

上海金海岸度假村有限公司(简称"金海岸度假村")是上海浦东星火开发区联合发展有限公司全资子公司。公司成立于 2006 年 6 月,注册资本 200 万元人民币,其中:星联公司出资 120 万元,占注册资本 60%;上海市无线电监测站工会委员会出资 80 万元,占注册资本 40%。公司地址:上海市星火开发区民乐路 9 号。经营范围为住宿、餐饮、健身、会务、桑拿、卡拉 OK、舞厅、棋牌。2008 年 8 月公司注册资本增至 400 万元,其中星联公司占总股份 80%,上海无线电监测站工会占总股份 20%。2009 年 10 月上海浦东星火开发区联合发展有限公司受让上海无线电监测站工会金海岸度假村20%股份,注册资本由400万元减至320万元。2010年员工总数76人。2008年1月对外试营业。

金海岸度假村以用心服务、科学管理、和谐发展为经营思路,以政府、企事业单位的会务、商务、培训业务为主,旅游休闲度假业务为辅的主营业务架构,努力把度假村打造成奉贤地区具有一定影响力、美誉度,在上海市度假村行业内有较高知名度的企业。

企业以"宾客至上、质量第一"为经营管理理念,秉承"100－1＝0"的服务定律,保持和兑现"服务设施一流、服务质量一流、服务水平一流、服务环境一流"的承诺。

金海岸度假村在2009年8月被中国饭店协会、上海餐饮行业协会授予"餐饮业(六T实务)现场管理示范企业"称号;2009—2010年被上海市旅游局授予"创迎世博服务达标优胜饭店"称号;2010年6月被上海世博会事务协调局、上海市旅游局选定为"中国2010年上海市世博会参展者接待指定酒店";2010年12月被上海市绿化委员会授予"花园单位"称号。

表6-2-7　2008—2010年金海岸度假村经营情况表　　　　　　　　　　(单位:万元)

年　　份	2008	2009	2010
主营业务收入	583.5	802.7	833.4
净利润	－296.6	212.7	5.8

【上海飘鹰大酒店】

上海飘鹰大酒店(简称"飘鹰大酒店")位于上海市虹口区乍浦路71号,是跃进有限公司所属上海飘鹰实业发展公司旗下企业,创建于1993年10月,2005年7月被批准为三星级旅游饭店。飘鹰大酒店是一幢始建于1929年欧式风格的建筑,建筑面积10 000平方米,有各类客房116套,餐饮设施有中餐厅、咖啡厅、酒吧、茶室等,并有商务中心、美发美容室、迪斯科舞厅、卡拉OK厅、棋牌室、按摩室、桑拿浴室、足浴等服务和娱乐设施。

上海飘鹰(新港)大酒店是跃进有限公司所属上海飘鹰实业发展公司旗下企业,创建于2007年,位于上海市虹口区天宝路578号的飘鹰世纪大厦内,经营面积约为6 600平方米。客房设在飘鹰世纪大厦20—22层,有各类标准客房63套,4层为会所(包括桑拿、餐饮),1层为商场,5层为多功能会议厅。两家酒店与上海四川路商业圈邻近。从酒店出发10多分钟的车程可到达外滩万国建筑博览群景区和南京东路商业街。2010年酒店利用上海世博会契机,加强员工培训教育,加大硬件设施建设,酒店服务质量明显提升,经济效益大幅提高。

【大连心族大酒店】

大连心族大酒店是五四公司所属心族实业总公司下属三星级商务酒店,坐落于大连市西岗区长江路586号,建筑面积25 000平方米,楼高30层,地下2层。酒店地处大连市CBD商业购物圈,毗邻市人民政府、青泥洼桥购物中心、火车站。2007年4月重新装修,酒店设有296间客房,包括商务客房、行政客房和豪华套房,其中149间全海景房。

酒店设施齐全,全部配备宽带接口和独立的卫浴间,行政楼层部分房间配备液晶电脑。酒店拥有大型美食中心,2—4楼有10多个豪华贵宾房,有容纳近300人用餐的中餐厅,酒店特邀名厨,为旅客提供各类特色海鲜及各地名菜;顶层是星空西餐厅及设计独特、绿茵环绕的空中酒吧。

【上海小木屋会务中心】

上海小木屋会务中心（简称"小木屋会务中心"）是五四公司下属企业，前身是五四大酒店。2004年由上海农工商集团五四公司出资扩建，2005年11月正式营业，更名为上海小木屋会务中心，经济性质为国有（非公司法人），经营范围为会务接待、展览、住宿、餐饮、休闲、娱乐。注册资本200万元，地址：上海市奉贤区海湾镇五四农场场部。2010年营业收入925.90万元，净利润45.59万元。

小木屋会务中心分为南北两部分，占地面积分别为16.87亩和124.17亩。客房由4栋芬兰进口的原木结构别墅组成，有35间豪华别墅客房和68间标准房；有大、中、小型餐厅包房，可满足不同宾客的餐饮需求，以当地系列农家菜肴为主。拥有5个设施齐全的大小型会议室，配置多媒体、语音系统，并有舞厅、KTV包房、保龄球、斯诺克、棋牌室、乒乓室等。2006—2010年共接待宾客157 510人次，其中2010年待接61 280人次。

表6-2-8　2006—2010年小木屋会务中心床位和接待人次情况表

年　份	2006	2007	2008	2009	2010
床位数（张）	14	14	92	120	120
房间数（间、套）	14	14	53	73	73
接待人次	5 470	10 590	32 530	47 640	61 280

表6-2-9　2006—2010年小木屋会务中心经营情况表　　　　　　（单位：万元）

年　份	2006	2007	2008	2009	2010
营业收入	121.32	372.81	611.13	763.35	925.91
利润总额	-75.97	-161.24	12.04	29.36	45.6
净利润	-75.97	-161.24	12.04	29.36	45.6

【上海健生教育活动中心】

上海健生教育活动中心（简称"健生教育活动中心"）是五四公司参股企业，成立于1997年12月，由上海教育发展有限公司出资67万元，占总股份55.8%，上海农工商集团五四公司出资53万元，占总股份44.2%共同组建。注册资本120万元，地址：上海市奉贤区海湾镇五四农场。主要经营内容为接待学生学农、学军、学工等社会实践活动及游艺活动。健生教育活动中心2010年总资产2 260万元，营业收入685.9万元，净利润23万元；在册职工23人。

健生教育活动中心占地面积400余亩，建筑面积9 700平方米，绿化覆盖率35%。2008年市教委和市财政直接拨款2 000万元完成了"田园课堂"改扩建工程，形成了具有立体式实践区域的活动模式，建有果树园艺实践区、家禽家畜饲养区、农业种植实践区、生活能力实践区、社会考察实践区以及农耕文化展示区等六大实践区域。活动中心成为上海市首家由市教委直接投资建立的学生农村社会实践基地。

健生教育活动中心依据市教委创建示范性实践基地的评价标准，定位为"办成一所设施完备、管理规范、高效运作、队伍优良、服务一流、文化深厚、特色显著，在上海市内有美誉度、在全国有知名度的示范性实践基地。"依托上海农垦博物馆、上海都市菜园、上海海湾国家森林公园、上海滨海古园英烈苑等资源优势,使实践场所与主题教育、劳动实践、军训体验等活动有机结合,凸显了实践基地"以德为先、以农为特"的素质教育特色,使健生教育活动中心成为青少年学生"学有所得的第二课堂、动有所获的理想场所"。

健生教育活动中心先后被市委宣传部、市教委、市科委、市科协列为上海市科普教育基地和上海市中学生军训基地;被徐汇、虹口、奉贤、黄浦、浦东新区等区教育局挂牌为青少年社会实践基地。2007—2010年连续四年获上海市科普教育基地联合会先进集体,并成为上海市科普教育基地联合会理事单位。成为全国青少年活动营地联盟成员单位、华东地区青少年营地联盟成员及上海市校外教育专业协会理事单位。2009—2010年被评为奉贤区劳动关系和谐企业,2008—2010年被评为上海市爱国卫生、健康单位先进。2009年被评为上海市餐饮协会"六T"实务现场管理示范食堂。

表6-2-10 2006—2010年健生教育活动中心经营情况表 （单位:万元）

年　　份	2006	2007	2008	2009	2010
营业收入	464.2	346.9	413.4	573.4	685.9
利润总额	19.3	50.1	2.2	81.4	23.0
净利润	19.3	50.1	2.2	81.4	23.0

第二节　农业观光业

光明食品集团旅游产业是新兴产业,旅游景区资源主要集中在上海南部杭州湾北岸的农场区域,上海域外主要为安徽省黄山市地区。从事旅游产业的企业有上海海湾国家森林公园有限公司、五四公司所属上海都市新天地企业管理有限公司和黄山市东黄山旅游度假区有限公司、东海总公司所属上海鲜花港企业发展有限公司等。随着现代农业的发展和上海崇明国家级生态岛建设的推进,地处崇明岛北部地区的跃进有限公司和长江总公司的旅游产业也有了一定发展。

一、业务类型

光明食品集团旅游业的发展依托于现代农业产业的发展和带动,以农业活动为基础,是农业和旅游相结合的新型交叉型产业,形成了以上海都市菜园、上海鲜花港为主体的都市农业休闲旅游和以上海海湾国家森林公园、上海市东黄山旅游度假区为主体的园林自然景观旅游。

【都市农业休闲旅游】

2007年第二届光明食品节首次推出3条"光明食品健康行"观光线路,金枫酒事馆、都市菜园、崇明生态农业基地迎客,市民实地了解健康食品的生产全过程。2009年10月,跃进有限公司举办"'自然之子'跃进行——万名市民看光明现代农业"旅游观光活动,一个月内接待游客2万人次。2010年10月16日—11月5日,光明食品集团举办了首届"上海崇明·光明丰收节",通过市民现场参观、媒体报道,充分展示上海现代农业示范基地农业规模化、组织化、机械化的崭新形象和"从田头到餐桌"的农业产业链,大大提高了"自然之子"品牌的社会知晓度,展示了现代农业发展成果和崇明地域文化。

光明食品集团现代农业观光有上海都市菜园、上海鲜花港、上海瑞华果园。

上海都市菜园　位于上海市奉贤区海湾镇杭州湾畔,南邻海湾旅游度假区,东邻洋山深水港,西近化工城,北靠浦东铁路,是国内蔬菜种植品种较全的蔬菜主题公园之一,与周边鲜花港、森林公园和奉贤海湾旅游区遥相呼应,形成上海南部由东到西的一条黄金旅游观光线。上海星辉蔬菜有限公司拥有100公顷现代农业园区及2万多亩蔬菜大田,开辟上海市郊农业蔬菜类主题公园的新景点,填补了上海南部生态旅游线的空白。该园是国家AAAA级旅游景区、全国农业旅游示范点、上海市专题性科普场馆、上海市名牌、上海市"爱心助老特色基地"和上海市"十佳爱心助老特色基地"。市委常委、市农委主任徐麟和副市长胡延照等先后视察并给予高度评价。上海都市菜园是一个集观光旅游、会务度假、科普教育、休闲保健于一体的现代农业观光旅游景区。

上海都市菜园建于2007年3月,2008年6月对外开放。整个景区分为三个区域:400多亩主体展示园参观区,拥有农耕博览馆、博雅农园、馨香蔬苑、奇瓜异蔬园、科普中心、四季果园等主体场馆,可以观赏到新奇特优的200多种蔬果植物。300多亩的休闲娱乐场地可放风筝,踢足球,走迷宫。4 000多亩的大型绿色蔬菜采摘园,其中室内场馆面积2万多平方米,可体验种植、采摘、品尝蔬菜的乐趣,了解和学习农耕历史文化、菜文化、现代农业的种植技术、种植模式、农产品加工等相关知识。

2008年,上海都市菜园接待游客157 780人次,2009年接待游客187 950人次,2010年接待游客212 190人次。都市菜园在上海世博会期间投入2 000多万元改造景点,新建建筑面积达1 500多平方米、可容纳500人就餐的餐厅,从国外引进和自主开发了10多个蔬菜新品种,供世博游客观赏。先后接待了印度、土耳其、印度尼西亚、也门、泰国等世博观光团,各省、自治区、直辖市代表团以及世博散客5万多人次,就餐2万多人次。

2008年世界比基尼小姐华东赛区的决赛分会场设在上海都市菜园;2009年上海都市菜园分别举办了"K歌大赛"和以"与健康为伴,与世博同行"为主题的上海都市菜园首届运动会。都市菜园2010年被评为上海市名牌。

上海鲜花港　地处上海市东南隅,东邻东海,西濒杭州湾,南与国际洋山深水港相邻,北与浦东国际航空港接壤。是国家AAAA级旅游景区、全国工农业旅游示范点、全国农垦现代农业示范点、全国农业产业化重点龙头企业、上海市科普教育基地。

上海鲜花港建于2002年,占地面积100公顷,分为自控温室生产区、花卉新品种展示区、教育研发推广区和配套服务区四个部分。在核心区域内建成现代化温室群36公顷,改变了"靠天养花"的局面,各种花卉生长在计算机全自动调控的温室中,花卉所需要的温、光、水、肥可自动调节。花卉新品展示园和科普休闲园48公顷,花卉新品科技研发中心占地3 200平方米,利用太阳能为花卉生长和种苗培育提供绿色能源,成为国内拥有现代化温室总量最大、设施设备最先进的现代化花卉企业之一。

上海鲜花港以郁金香花展为主题的花卉新品展示逐步形成品牌,吸引了大量的专业人员和游客。该展示区占地面积28公顷,园内有各自特色的建筑,正对面是一座30米高的白色人工瀑布,从岩石中喷涌而下。东侧耸立着三座中国木制经典风格的风车,展示出浓浓的田园风情。园内种植320万株郁金香,品种达300多种。郁金香花展期间,2006年接待游客171 557人;2007年接待游客118 838人;2008年119 685人;2009年148 067人;2007年83 341人。

郁金香花卉新品展示园每年3月底开园,在园艺种植技术人员的精心培育下,经过土壤改良和营养基质注入及种植方法调整,花期可延长至一个月。荷花、睡莲等水生植物8万多株,20多个品种。展示区的建成,让花卉企业和花农不出国门就能订购到世界各种花卉新品。鲜花港年生产各类花卉种苗达8000万株,年产鲜切红掌、菊花1000万株,盆花50万盆。

上海鲜花港在新品开发上,通过与国际花卉知名企业合作,研发培育生产凤梨、安祖花、蝴蝶兰等各种名贵花卉;与科研院校"产学研"联盟,研发培育生产多头小菊及荷花、睡莲等水生植物和花卉;在花卉新品展示园内的景点打造上,改造花卉科普馆、建设国际花卉名品展示厅、郁金香女神、郁金香花墙、热带生态园以及绿色休闲餐厅等。所生产的高品质盆花和红掌切花,取得市场定价的话语权,凸显鲜花港强势品牌。

上海鲜花港运用荷花花期调控最新农业科技成果,在世博会期间培育盛开的荷花,成为2010年上海世博会中国馆用花专项赞助商,并成功取得"光明食品集团上海鲜花港"冠名权,圆满完成了在中国馆举行的各类重大活动的花卉盆景布展任务,获世博会主办方的高度评价和中外友人的称赞,被评为上海世博会世博园区服务保障先进集体。上海世博会后,鲜花产品亮相中国台湾首届国际花博会,成为花博会的独特美景,受到了组委会和广大游客的一致好评。上海鲜花港成为现代科技种植农业和观光旅游农业的新亮点,为广大游客提供了春赏郁金香、夏赏荷、秋赏菊的旅游新景点,年接待游客30万人次。农科专家称之为是一个为农民、市民服务的都市型农业经营新模式。

上海瑞华果园 位于崇明岛西北部新海镇辖区,隶属于跃进有限公司。按照崇明连线成片的旅游发展格局,果园东邻东平国家森林公园和前卫村农家乐,西与明珠湖和西沙湿地接壤,北与江苏海门和启东隔江相望,随着长江隧桥和崇启大桥的开通,为瑞华果园的发展提供便捷的交通条件。

上海市瑞华实业公司2008年起对原新海农场果园进行了改造,形成东、西两个园区。东区种植葡萄269.5亩,以巨峰、夏黑、醉金香、巨玫瑰、金手指为主打品种;种植翠冠梨、猕猴桃235亩,以金魁、徐香为主打产品。西区种植锦绣黄桃900亩,以锦绣、锦香、锦园为主打产品;种植油桃95.6亩,以沪油008、018为主打产品。

2009年开始大力实施果树设施高效栽培技术,建成40亩连体大棚种植草莓和150亩蔬菜设施大棚。种植水果总面积1500余亩,并拥有400余亩的林下经济,包括林木、散养家禽等。水产养殖有1800亩的大闸蟹以及4000余亩的四大家鱼、南美白对虾等。核心景观区有趣果亭、思贤亭、瑞桃园、四宜园、紫藤园、摘月台、羡鱼台、水车、知青纪念馆、四季长廊和感恩桥等。先后举办了桃花节、丰收节等季节性旅游活动。

【园林自然景观旅游】

上海海湾国家森林公园 位于上海市奉贤区杭州湾北岸地区,东靠南汇奉贤区界,南邻规划滨海大道,西至新白路港,北到规划B2公路,占地面积约37.8平方公里,是融休闲旅游、科普教育、强身健体、苗木生产为一体的大型人工城市生态林。公园充分利用滨海、森林的资源优势,以生态维护、休闲旅游为主导,兼有体育娱乐,居住和现代农业等功能,建成以林、水相协调,以两片一湖五区为特征的布局结构,形成生态维护区、休闲旅游区、体育健身区、现代农业区和生态居住区五大功能区。2010年4月,上海海湾国家森林公园作为世博观光农园揭牌并开园,成为上海世博会60家"世博观光农园"之一,2010年5月被评为"科普教育基地"。

上海海湾国家森林公园规划面积16 000亩,建成14 000余亩的森林公园,园内植树达400多万株,品种约350种,是在模拟自然、回归自然的基本理念指导下通过人工营造形成的近自然形态的森林,凸显自然的复合混交林群落。公园内密布蜿蜒深邃的河道,还有水域面积达580亩的湖泊——百鸟湖。初步形成了林在水边、水在林中、地势起伏、林相优良的近自然森林。公园内连绵起伏的林木苍绿如海;湖水波光粼粼,林边路边草木繁茂、色彩纷呈,其中有沉水樟、舟山新木姜子、黄檗等18种国家珍稀濒危植物。

上海海湾国家森林公园一期开园面积4 500亩,游乐活动区建成游乐园、森林卡丁车、森林跑马、森林烧烤、野战营等项目;水上活动区充分利用580多亩水面,游船直线行驶长达7公里;文化观赏区集中体现具有中华民族、民间民俗文化特色的博物馆群,先期开馆的有旺家根雕馆、雅兴楼书画馆、昆仑石屋、越窑青瓷馆、四海陶艺馆以及体现海派特色的影蛟盆景苑等;建有为游客服务的用餐、园内交通、通信、停车等配套设施。

上海海湾国家森林公园兼顾游客年龄的阶段性、兴趣的多样性、消费能力的多层性,充分体现娱乐性、刺激性、观赏性,成为春季观花、夏季观树、秋季观果、冬季观叶四季有景的具有民族文化内涵的休闲旅游场所,成为游客心中的"天然大氧吧,绿色新'森'活"。公园以滨海森林为特色,生态维护、休闲旅游为主导,兼有体育娱乐、居住和现代农业等功能为一体的全新概念国家森林公园,成为上海休闲旅游地之一。

上海市东黄山旅游度假区　位于皖南山区黄山脚下,黄山市黄山区谭家桥镇境内。东与旌德县、绩溪县相连,南和歙县、汤口镇接壤,西倚世界级风景名胜——黄山,北与三口镇、新明乡毗邻,是进入黄山的必经之地,被称为黄山的东大门,距城区(甘棠)27公里,距黄山南大门(汤口)18公里,在205国道、103省道和合铜黄高速公路交汇点上,是"黄山—太平湖—九华山"旅游专线途经站点之一。东黄山旅游度假区形成"一轴、两带、五区"的旅游发展格局,2009年被评定为国家AAAA级旅游景区。

上海市东黄山旅游度假区自2005年开发建设以来,坚持高标准、高品位原则,深入挖掘华东地区的知青文化旅游产品,并将其与徽派文化、海派文化紧密结合,形成了较为完善的旅游度假产品体系,实现了生态、社会、经济效益的同步发展。东黄山旅游度假区经过建设,形成了以海派风情小镇为旅游集散中心,由健康休养生态区向休闲度假区、山岭别墅度假区、户外运动度假区三条旅游度假线路发散。东黄山旅游度假区作为黄山东大门的重要景区,与黄山主景区遥遥相望,在自然观赏价值上极具吸引力。东黄山旅游度假区在保护生态、尊重自然的基本理念指导下,严格按照国际度假旅游的要求进行建设,以国际旅游市场为导向、以国内旅游市场为基础,坚持可持续发展原则,建立多层次全方位度假产品体系。黄山茶林场拥有宾馆、旅舍、饭店、酒吧、豪华会议中心和演艺中心、户外拓展基地、高级私人会所、健康休养度假公寓、体检中心等旅游配套设施,设有网球场、门球场、棋牌室、卡拉OK、足浴中心等娱乐设施。度假区内交通便捷,距黄山机场和黄山火车站70公里,周边有上海市创办的疗养院、疗养所五家。黄山旅游度假区初步形成了旅游景点、旅游接待、旅游服务较完善产业链。

二、经营方式

光明食品集团旅游业主要客源目标市场为上海市内及长三角地区游客,一般以自助旅游为主,旅行社组团游为辅。在丰收节等主题旅游活动期间,以农场企业作为旅游景点,由旅行社组织客源,形成连线旅游。上海地区旅游行程一般为一日游。经营方式呈多样性、多元性和灵活性。

【商旅文相结合】

光明食品集团注重商旅文结合,实现商业和旅游业的双赢互动。依托第一食品商店、城隍珠宝和上海鲜花港、都市菜园、海湾森林公园、金枫酒事馆等生态和旅游景点资源,建设商旅文结合的运行机制,促进商旅文资源的整体开发。推进重要时段和节庆假日的大型营销活动,办好每年的光明食品节、上海鲜花港郁金香花展、上海中秋月饼节、城隍珠宝两岸三地玉石珠宝展等活动,发挥购物消费的品牌效应。2010年,光明食品节成为上海标志性的、带有浓郁大都市文化色彩的、以食品为特色的、具有国内国际影响力的经典商业节庆活动,成为上海商业服务业携手世博、融入世博、服务世博的重头戏。

【打造品牌农产品主题】

2009年4月,五四公司以"打破围墙、搭建平台、共享资源"的思路,借助滨海古园每年清明节期间80万人次祭祀踏青人气集聚的优势,组织协调滨海古园、星辉蔬菜、都市菜园、现代农业园区、都市营销、都市新天地等六家企业联手开展"游古园人文、品都市菜园"品牌联展活动。专设"产品宣传服务窗口",开展"绿色农产品展销",组织"都市菜园生态观光游",并集成"星辉蔬菜"、都市菜园、"心心"牌有机果品等的品牌和资源,星辉蔬菜公司的"星辉"蔬菜,现代农业园区的"心心"牌猕猴桃、"植物宝宝",都市营销公司的"特色泡菜",维生种苗公司的"莲花座"盆栽花卉和食品一店、牛奶棚的各式点心等,产品一应俱全,吸引游客。向去滨海古园和庄行"菜花节"踏青的市民发放15 000多张"都市菜园优惠券"。五四公司的产品品牌联展活动在市民中产生一定影响。

【开展品牌化主题旅游】

光明食品集团农业休闲旅游走精品化、主题化和品牌化发展路线,让游客参与体验,具有比较良好的经济社会效应和发展前景。通过精品提供、主题造势,做大产品品牌;加强品牌宣传,扩大产品影响力,形成良性互动。

上海鲜花港每年春天举办郁金香花展,形成品牌效应。鲜花港利用上海千名知名摄影家人才队伍,与上海市摄影家协会联合主办"聚焦上海鲜花港"等摄影大赛活动,每年编辑出版展示上海鲜花港花卉新品成果的精美艺术画册。召开"上海鲜花港旅游资源新闻推介会",通过全国各地报刊、电台、电视台、网站等和境内外媒体与目标消费者进行深度沟通。其间《人民日报》、《农民日报》、《中国花卉报》、《解放日报》、《文汇报》、《新民晚报》、《上海日报》、中央电视台、上海电视台、《香港商报》、《香港文汇报》、《荷兰日报》等30多家境内外媒体,连续刊登(播)上海鲜花港各类文章和大幅彩照及视频近200篇(幅)。

【政府与企业联办】

2010年10月16日—11月5日,上海崇明·光明丰收节在长江总公司举行,副市长胡延照宣布丰收节开幕,市政府副秘书长王伟,市委农办主任、市农委主任孙雷等出席开幕式。丰收节由崇明县人民政府和光明食品集团联办,主要参观、体验景点为长江总公司和跃进有限公司。丰收节期间展现大型联合收割机机械化水稻收割的作业场面,游客现场体验摸鱼捉蟹、林中摘橘、水中采菱;既有汇集崇明地方特色的民间歌舞表演,又有集聚崇明县与光明食品集团农业产业链成果的新鲜农副产品展示展销。

由政府与企业集团携手合作办的丰收节,实现了资源互补,促进崇明生态岛发展。上海崇明·光明丰收节作为上海崇明森林旅游节主题活动之一,崇明县政府先后在东线和西线安排了东平森林公园、前卫村、长兴岛及明珠湖等游览景点,一大批具有崇明地方特色的新鲜优质农副产品走进了上海市民的餐桌。2010上海崇明·光明丰收节共接待游客1.55万人次,"自然之子"大米、崇明土特产、乳鸽等农副产品销售总额突破74万元,"自然之子""瀛丰五斗"等系列农副产品深受市民青睐。丰收节成为上海市集生态农业、观光农业、宝岛风情于一体的旅游新平台。

三、企业选介

【心族实业总公司】

心族实业总公司是五四公司下属企业,前身为上海市农垦农工商联合企业总公司工业产品经理部,创建于1984年,1988年发展为上海市农工商实业总公司,1994年更名为上海心族农工商企业总公司,1996年7月更名为心族实业总公司,注册资本2 000万元,公司地址为上海市浦东新区浦东南路2250号3幢B401室,是上海农工商(集团)总公司直属企业。2003年5月上海市黄山茶林场(又称上海农工商集团黄山总公司)划归心族实业总公司统一管理;2004年9月心族实业总公司划归上海农工商集团五四公司统一管理。2006年6月公司由综合性公司调整为以旅游为主的专业型公司,注册资本变更为5 000万元。2009年11月上海市黄山茶林场持有的黄山市汪满田茶业有限公司50%股权,以国资无偿转让的形式转到心族实业总公司。公司经营范围涉及投资管理,经济信息咨询,兴办经济实体,商业零售和批发。

心族实业总公司利用黄山茶林场茶叶资源,2007年2月和12月先后投资建立年产300吨名优茶清洁化生产线和年产180吨茶多酚生产线,形成覆盖上游原料资源(集约黄山地区茶叶资源),中间生产加工(清洁化茶叶生产流水线、茶叶深加工项目),下游流通渠道(在上海超市的销售优势)的生产流通大格局,不断做大茶叶产业。2008年12月和2010年3月,心族实业总公司先后与安徽省名山县人民政府、浦江县人民政府签订茶叶深加工和资源综合利用合作协议。公司所属纽康天然植物科技有限公司是一家专业从事含茶制品的开发、生产、销售以及天然草本植物及其衍生产品的研发和生产的企业,依托黄山地区丰富的茶叶和天然植物资源,致力于时尚健康固体饮料的开发。

公司抓住2010年上海世博会机遇,以"食茶新概念"和"健康饮食"为经营理念,秉持绿色健康的宗旨在世博园区内开设了一家极具特色的茶主题餐厅,向国内外的世博游客提供无香精、无色素、无防腐剂的天然植物饮品——抹茶拿铁、蜂蜜红茶、低糖乌龙、薄荷绿茶、玫瑰红茶、草本凉茶等,获游客好评。

公司所属企业有:上海农工商集团黄山总公司(又称上海市黄山茶林场)、黄山市东黄山旅游度假区有限公司、大连心族大酒店有限公司、成都心族宾馆、上海光华新世纪电子商务有限公司、上海农工商旅行社有限公司、上海华明高技术(集团)有限公司、黄山市纽康天然植物科技有限公司等。

上海市黄山茶林场是心族实业总公司下属企业,前身是安徽省地方国营黄山林茶场,建于1955年,隶属于安徽省公安厅。1965年10月移交给上海市管理,同年12月建立了上海市黄山茶林场,隶属于上海市农垦局。1968年8月上海市黄山茶林场与上海市黄山林场合并,仍称上海市黄山茶林场。1992年5月对外称"上海市黄山农工商总公司",对内仍称黄山茶林场。1997年1月黄山茶林场归并上海市农工商集团五四公司统一管理,2003年5月划归心族实业总公司统一管理。2004年9月心族实业总公司划归上海市农工商集团五四公司统一管理。2010年黄山茶林场面积5 060亩。

上海市黄山茶林场主要经营业务为茶叶生产和销售、旅游业,并承担茶林场的部分社会管理职能。茶叶是黄山茶林场的主要产业,2006年用在茶叶上的"黄山"牌商标被评为"安徽省著名商标",2006—2007年"黄山牌"黄山毛峰被中国食品发展中心评定为绿色食品A级产品。2006年8月黄山茶林场为充分发挥茶林场"黄山牌"茶叶资源优势,做强做大黄山毛峰茶叶,共同发展黄山茶业,与黄山市歙县汪满田茶场合作注册成立上海市黄山茶林场毛峰茶业有限责任公司。2010年4月在上海世博会园区C片区C10~C14-3-3投资100万元,开设上海市黄山茶林场浦东店,黄山茶林场产品走进世博会。

2006年4月投资300万元将原黄山茶林场商业大楼建筑改建为东黄山国际青年旅舍,制订《上海市黄山茶林场东黄山度假区旅游总体规划》,并获得黄山市人民政府批准。2007年11月心族实业总公司与国际生态安全组织签署《东黄山生态安全建设绿皮书》,以"东黄山国际生态安全区"的示范效应,带动整个黄山市的生态安全建设和新农村建设。

2008年8月,黄山市人民政府与光明食品集团签订《共建国家级东黄山旅游度假区战略合作协议》,确定2006—2010年首期建成谭家桥镇域麻川河29.6平方公里(后调整为31.6平方公里)的国家级东黄山旅游度假区核心产业群,打造成皖南地区最大、泛长三角地区最具特色的国家旅游度假区。黄山茶林场第一招待所改建为上海市黄山茶林场心族之旅酒店,新建东黄山度假区乒乓球馆。同年9月,黄山茶林场被批准为安徽省首批百家服务标准化试点单位,在东黄山旅游度假区开展旅游服务标准化创建工作。

2008年和2009年先后举办光明杯第十四届全国大学生乒乓球锦标赛、安徽省青少年羽毛球赛及黄山汽车场地越野精英挑战赛等大型赛事,并获国家体育总局与中国定向运动协会颁发的特别贡献奖。

2009年1月,东黄山旅游度假区被国家旅游局认定为国家AAAA级景区;2010年5月被国家标准化管理委员会评定为标准化良好行为AAAA级。

上海市黄山茶林场1999年实施政企分设,由黄山茶林场社区管理办公室行使服务、保障、教育等政府社会管理职能。2006年黄山茶林场为更好发挥社区服务功能,加大对街道改建、线路下地、供水排污、居民楼改造、道路改建等基础设施建设,并对派出所、医院、社区活动服务中心、居民文体活动场馆等进行改造,提升社区的整体环境和服务能力。黄山茶林场社区2009年2月被评为安徽省第三届文明社区;2010年12月被评为安徽省绿色社区。

东黄山旅游度假区商标注册号为7540808ZC;商标使用范围为住宿(旅馆、供膳寄宿处)、备办宴席、咖啡馆、自助餐厅、饭店、旅馆预定、酒吧、茶馆、旅游及房屋、椅子、桌子、桌布和玻璃器皿出租;注册人为黄山市东黄山旅游度假区有限公司;注册地址为安徽省黄山市黄山区上海市黄山茶林场内。

【上海都市新天地企业管理有限公司】

上海都市新天地企业管理有限公司(简称"新天地企业管理公司")成立于2007年12月,注册资本500万元,由上海都市农商社有限公司出资275万元(占总股份55%)、上海新天地国际旅行社有限公司出资200万元(占总股份40%)和上海蔚蓝旅游管理服务有限公司出资25万元(占总股份

5%)共同组建。公司地址为上海市奉贤区海湾镇海兴路888号,经营范围为企业管理咨询、会务服务、展览展示服务、蔬菜种植、食用农产品销售、农业观光、旅游咨询等。2010年营业收入424.89万元,利润总额1.32万元。

上海都市菜园,建于2007年3月,位于奉贤区海湾中心镇,面积25公顷,由新天地企业管理公司经营。

表6-2-11　2008—2010年都市新天地企业管理公司经营情况表　　　　　（单位：万元）

年　份	2008	2009	2010
营业收入	365.72	500.80	424.89
利润总额	1.10	0.59	1.32
净利润	0.83	0.37	1.07

【上海海湾国家森林公园有限公司】
(见第一篇第二章第四节)

【上海鲜花港有限公司】
(见第二篇第一章第三节)

第三章 殡 葬 业

光明食品集团殡葬业有五四公司所属上海滨海古园和东海总公司所属上海汇龙园陵园有限公司。上海滨海古园是光明食品集团主要殡葬企业,1985年3月经上海市民政局批准成立,专门管理上海市民骨灰安葬业务,是上海市首家国营公墓。上海汇龙园陵园有限公司位于浦东航空港和洋山深水港之间,毗邻上海鲜花港,是一座具有海派风格,集生态、休闲、文化于一体的现代陵园。

第一节 经 营 规 模

光明食品集团两家陵园占地总面积达120万平方米,是上海地区园区面积较大的公墓。上海滨海古园以江南园林建筑风格建造,注重园林化、艺术化与个性化,成为集我国江南园林风格与田园风光特色为一体的上海最具规模的市一级公墓。

一、上海滨海古园

上海滨海古园成立于1985年3月,由上海市殡葬事业管理处、五四农场及上海市农工商总公司花木经营部联合创建,第一期投资额170万元,各方投资比例为52%、40%、8%,是上海市首家国营园林式公墓,1986年11月开业。

上海滨海古园开园时墓地面积13万余平方米,2010年占地面积近67万平方米,周边的后备殡葬用地数百亩,系上海地区占地面积最大、发展优势最强的现代都市陵园之一,是上海市一级公墓、中国十大典范公墓、全国殡葬改革示范单位。企业通过ISO19001、ISO24001质量体系和环境体系认证。

上海滨海古园由办公服务区、休闲园林区和安葬祭祀区三大功能区组成。办公服务区占地13万余平方米,分为办公大院、业务大厅、商店和园外楼餐厅。休闲园林区占地4.67万平方米,由天鹅湖、观潮阁、望海楼、九龙壁广场、历代名人墨迹碑廊、古迹遗石欣赏区、鹿群雕塑坪、归雕标志、假山飞流、百米休闲廊、曲桥明月亭、茶室品茗、千米神道等组成。安葬祭扫区占地60万余平方米,已售墓穴153 266穴,其中小型墓11 996穴,安息故人近10万穴。其中老墓区约13万平方米,著名电影表演艺术家白杨、蒋君超夫妇以及原上海市副市长杨恺、倪天增、倪鸿福等安葬在老墓区。新墓区近47万平方米,相继开设有丁香苑、英烈苑、文星苑、园丁苑、天使苑、宗教艺术苑、爱心苑、名人之林等,放有3 000多座具个性化的艺术墓、纪念墓。

上海滨海古园投资100万元,在墓区、营业大厅及办公生活区铺设3.6公里的视频光缆设施,装置有20个摄像监控点,可进行360度旋转式全天候扫视监控,并由总控室人员操作切换8台显示屏实行全方位安全状态监管,为古园日常安全,尤其为祭扫高峰期间的安全管理提供技防支持和全方位控制。古园在全国率先试点启用墓区指示识别系统,用3种颜色以及各种图案进行导路。扫墓者走进大门,可根据指示架上的不同图案、文字以及颜色指引轻松找到墓碑。

上海滨海古园以"基本建成具有全国竞争力和品牌影响的殡葬服务企业"为总体目标,确立了

"抢抓机遇,创新管理,打造品牌,稳步发展"的经营思路和"控制土地消耗,稳定经济效益,提高经济质量"的具体工作目标,坚持既定的企业精神和服务宗旨,倡导"提升、细化、专业",营造了一种新型的售后服务管理模式,不断提高公众满意度,努力打造"百年陵园"。

上海滨海古园非常重视人文文化建设。"英烈苑"安放有20多位烈士及以身殉职的英模的墓穴。"滨海人文景观园"占地5万余平方米,其中"名人之林"集中了许多已故名人之墓、衣冠冢及纪念雕像。如张澜、黄炎培、谈家桢、董寅初、钱学森、赵朴初、丁玲、萧军、白杨、赵丹、郑君里、江雨声、欧阳予倩、新凤霞、赵超构、姚慕双等110多位名人。名人文化陈列馆展出了多位名人的生平业绩、遗物及文献。古园以英烈苑、名人文化、墓葬及海葬文化资源为依托,先后建立青少年爱国主义教育基地、民盟上海、致公党上海教育基地。

尊重民俗、开拓创新也是滨海古园的办园特色之一。古园的墓葬文化馆陈列了宋、明、清时期墓志铭及大量的墓葬实物,展现了源远流长的中国古代墓葬文化。在开设传统墓式的同时,古园积极探究与创设具有海派特色的墓型与葬式,先后在墓式多样化、墓型艺术化、墓葬人性化等方面加以改革,一座座小巧玲珑、造型各异、体现个性的艺术墓,构成了浓郁的墓区视觉艺术氛围。古园还精心编制《滨海古园》《墓穴质量》《艺术墓》等宣传册,使来园者能方便地了解个性化墓型的创意与设计的理念。为了更好地指导客户撰写个性化碑文,古园编纂《墓志铭集锦》。

上海滨海古园不断提高服务质量,为逝者及其家属提供人性化服务。古园有专业设计人员数十名,在园区规划、绿地布置、墓型设计、材料加工、施工管理等方面努力提供最优秀的服务。园内设有免费电脑查询、电瓶车免费接送、轮椅免费借用、碑文免费描字、晴雨伞免费借用、骨灰免费寄存、遗像免费电脑修整、免费安葬已故孤寡老人和"三无"特困对象等多项服务业务,力争从服务细节上处处让客户满意。在售后服务方面,滨海古园利用中秋、重阳、教师节、清明、冬至等节日,组织客户代表与有关人士,进行"情系古园"的聚谈活动,倾听客户及相关人员对古园的意见和建议。古园积极开展各种墓葬公益主题活动,促进殡葬移风易俗,倡导祭扫文明新风。

上海滨海古园注重回报社会。多次举办"爱的奉献"慈善捐赠活动,为癌症患者、养老院、孤儿院献上了一份份心意;出资数十万元,联合上海人民滑稽剧团等文艺团体送戏下社区;多次邀请上海市盆景协会、上海市摄影家协会、上海市书画家协会的艺术家来古园创作。2007年9月于兰心大剧院举行"爱心文艺晚会"。2008年4月为已故孤寡老人举行"爱心集体葬礼"。2008年12月举行爱心苑无主骨灰安葬仪式,并将每年的11月19日定为纪念日。2009年8月上海滨海古园成立了"池西坪工作室",满足行业单位对园区规划和景观设计的需求,延伸古园对外服务项目,实现技术输出。

上海滨海古园获得多项荣誉称号。从1997年开始年年保持上海市花园单位称号;2000—2004年先后获得上海市一级公墓、中国十大典范公墓和全国绿化模范单位等称号。古园还获2007—2008年度和2009—2010年度上海市文明单位称号。经济效益不断提高。

表6-3-1 2006—2010年上海滨海古园经营情况表

年份	营业收入（万元）	墓穴销售				利润（万元）
		穴数	户数	平均单价(元/户)	用地面积(平方米)	
2006	8 540.00	4 056	—	23 546.00	—	2 817.00
2007	11 432.92	6 708	3 469	32 957.40	5 121.20	4 601.66

〔续表〕

年份	营业收入（万元）	墓穴销售				利润（万元）
		穴数	户数	平均单价（元/户）	用地面积（平方米）	
2008	11 800.00	5 283	2 669	44 211.00	3 710.00	4 813.00
2009	13 580.00	5 117	1 660	51 065.00	3 477.00	5 323.00
2010	13 693.91	3 735	1 970	63 076.00	2 803.20	5 733.47

二、上海汇龙园陵园有限公司

上海汇龙园陵园有限公司（简称"汇龙园"）由上海市民政局根据城市发展、人口动迁布局新趋势，在上海东部规划建设的一座800余亩的现代景观陵园。公司成立于2005年6月，由东海总公司和上海市民政局殡葬服务中心共同投资建设。2006年1月，经上海市殡葬管理处同意，汇龙园开业。汇龙园位于浦东航空港和洋山深水港之间，毗邻上海鲜花港，是一座具有海派风格，集生态、休闲、文化于一体的现代陵园。

汇龙园总投资1.5亿元。注册资本7 000万元，其中上海农工商集团有限公司出资4 200万元，上海市民政局殡葬服务中心出资2 800万元；公司下设六个部门：业务部、市场部、工程部、宣传策划部、财务部及办公室。

汇龙园经营范围：殡葬墓穴，殡葬用品制造、销售；花卉，日用百货销售；殡葬业务咨询。

2010年3月，汇龙园获上海市价格协会团体会员迎世博诚实守信公正公平企业称号；2010年9月，汇龙园获2010年度资信AAA等级。

表6-3-2　2007—2010年汇龙园经营情况

年　份	营业收入（万元）	墓穴销售（户）	利润（万元）
2007	1 986.7	752	－188.5
2008	2 781.4	1 278	－57.5
2009	3 192.4	1 202	642.3
2010	4 589.5	1 500	1 188.4

第二节　经营特色

上海滨海古园以先进殡葬文化为取向，坚持传承和创新相结合，移风易俗，构建具有上海特色的民俗文化和殡葬文化，进一步做好公墓事业。

一、新型殡葬方式

上海滨海古园推行树葬、草坪葬、花坛葬等新型殡葬方式。花坛葬是节省土地的新形式，4平方米的面积可安葬28个墓穴;墓穴中不再保留骨灰盒,骨灰直接撒进大地,深埋花坛之中;围石而成的花坛呈环形,改变了传统的坐北朝南墓向,墓碑上只镌刻逝者姓名。

2007年4月"爱心苑"正式落成并举行首批骨灰安葬仪式。"爱心苑"占地316平方米,分微型草坪葬和纪念组合树葬两种葬式,是专为已故孤寡老人开辟的公益性慈善墓地,为孤寡老人身后事提供免费或优惠的安息之地。在2008年3月举行的爱心集体葬礼上,免费为10位已故孤老、特困人员提供墓地,并为他们举行集体葬礼。上海滨海古园与奉贤区南桥镇四家养老院签订主题为"关爱孤老、奉献爱心"的共建协议,以实现孤寡老人生有厚养、故有优葬、葬后有祭。2008年12月和2009年4月305位和300位逝者的无主骨灰先后安葬进滨海古园"爱心苑"的"无主骨灰纪念碑"墓穴,逝者的名字刻在无主骨灰墓碑上,这是上海市殡葬服务业在全国范围内首次打破行业惯例,将无主骨灰落葬并举行公祭仪式。

2007年12月上海滨海古园推行花坛葬和音乐集体葬礼,用音乐和鲜花替代鞭炮和焚烧,此举在全国公墓陵园中为首创。自2007年举行首届音乐集体葬礼后,至2010年已举行了5场音乐集体葬礼,有160户家庭报名,送别了180位逝者。2009年11月举行了西洋式"歌声集体葬礼",17户家庭在音乐与鲜花的环抱中,依依眷恋地送别逝去的亲人。已故著名男低音歌唱家温可铮的夫人、上海音乐学院王述教授为之进行了钢琴伴奏,欧美同学会40多位成员伴着琴声歌唱,这是全国首个西洋乐器演奏的"集体葬礼"。2009年12月"许国屏多功能笛子演奏团公益演出实验基地"在上海滨海古园揭牌建立,这是公益演出首次进入墓园,笛子演奏家许国屏表示,在墓园建立演出基地,是一次为丧家服务、移风易俗全新的尝试。演奏团在滨海古园举行了民族专场音乐集体葬礼,为52位逝者送行。

2008年上海滨海古园全面推广节地葬,新推每穴占地0.046平方米的七彩环保葬,全年共设计生产墓穴2960户,其中:小型墓为2736户,占生产总量的92%,微型节地葬300户,占生产总量的10%,有效节约了土地。

2008年12月上海滨海古园在全国率先试行"土地循环利用"新措施,即购墓客户将过世亲人的"墓葬"改为"海葬",凭骨灰撒海证明即可全额退还购墓款,以借助"经济杠杆",推进海葬方式的发展。2010年12月12日上海市"海葬20年纪念活动"在滨海古园海葬苑举行。这种葬式被越来越多的市民接受,每年以10%左右的速度递增。上海滨海古园建有海葬纪念苑,占地3000平方米,由望海楼、纪念碑、纪念墙及小广场组成。望海楼占地500平方米,为层高(三层)16米的江南园林式建筑。

2009年4月推出音乐视频葬,该葬式能在墓碑上播放由音乐、图片制成的人生小电影,使传统的静态墓碑活了起来。该葬式成本较高,是墓葬文化革新的一种尝试。

二、特色祭扫

2007年3月上海滨海古园的"天堂邮局"首次对外"营业"。8个"时空邮箱"分别出现在墓园的大门口和几个主要墓区。邮箱是站立式的,方便扫墓市民投递,邮箱也是透明的,每个过路人都能看到里面的信件。同年12月上海滨海古园"时空在线纪念广场"(网上祭扫)开通。时空在线纪念广场是滨海古园与上海殡葬文化研究所、华夏祭祀网合作建成的全国第一个公墓实体网上祭祀平台,旨在为前来滨海古园祭扫的市民提供一种更现代、更文明、更便捷、更丰富的祭扫方式,也为清明、冬至扫墓分流提供缓解措施。上海滨海古园同时推出悬挂"许愿铃"祭扫新方式,把心声传给远去的亲友;2008年3月推出上海首个"网上代客祭扫"和"网上视频祭扫"。

2008年4月5日,来自上海市各区县及外省市一千余人汇聚奉贤滨海古园,用科学文明的祭奠方式,公祭上海市19 000多名海葬者,为倡导文明和谐"祭文化"开启新思路。集体祭奠是民政部所倡导的"网上祭祀、居家祭祀、社区祭祀"等多种祭祀形式中的又一种绿色环保文明祭祀模式。2008年4月由上海飞思海葬服务部主办、上海滨海古园与上海殡葬文化研究所、华夏祭祀网协办的"时空在线海葬纪念馆"开通。"海葬纪念馆"在网络空间为海葬者安置了"新家",也为海葬者亲友提供了新的祭扫方式。

2009年12月上海滨海古园在九龙壁广场举行冬至"放飞思念,聆听生命回音"大型撞钟祈福活动,引导市民过文明的冬至。

三、特色墓区

【丁香苑】

大型艺术墓区,占地7 500平方米,具有地形起伏、墓道曲折、绿化优美、墓型别致等鲜明特点。

【英烈苑】

1969年7月5日,黄山茶林场四连的11位上海知青,在皖南山区为抢救国家财产而光荣献身。2001年7月5日,11位英烈被重新落葬于新落成的上海滨海古园"英烈苑",该苑成为上海青少年爱国主义教育基地。上海邮政局高龙成烈士同时在上海滨海古园英烈苑落葬。英烈苑安葬有20多位烈士、英模。

【园丁苑】

为教师专辟清净幽雅的墓地,园区设计高雅素洁。

【个性化墓穴】

致力于艺术化小型墓的研发,先后开发盆景苑、银杏苑、玉兰苑区等10个墓区、14种墓型、4 000多穴的小型墓穴,每穴占地面积均在0.6平方米以下,墓碑高度降到0.75米至1.1米之间,并在艺术个性化设计、绿化环境合理配置等方面形成了一区多款式、一款多品种的墓区新格局。

【博爱苑】

经济适用墓穴,2010年由上海市殡葬服务中心统一启动的公益性壁葬群,专门为上海市低保困难群体提供的一种保障性壁葬,每穴价格为2 000元。

【名人之林】

安放着已故名人黄炎培、白杨、郑君里、舒绣文、萧军、赵丹、新凤霞、谈家桢、冰心、吴文藻、摄影家吴其龙先生、男低音歌唱家温可铮、评弹艺术家吴君玉等二十多座青铜塑像。原上海市副市长倪天增和名人萧军、丁玲、金山、舒绣文、新凤霞、欧阳予倩、著名民乐表演艺术家许光毅等骨灰在此安葬。"名人之林"由著名经济学家、哲学家于光远题写。

第七篇

经营管理

概　　述

经营与管理是光明食品集团实现科学发展的两翼。集团具有主业集中度高、行业跨度大、产业链条长、管理内容多的特点。

集团成立后,积极推进商业模式转型。2006年12月,光明食品集团董事会一届三次会议确定2007年集团经济工作的主题是:发展、整合、转型、提升。2008年7月,光明食品集团经济分析会明确集团商业模式的构成要素是:品牌、技术、网络、资源。2009年6月,集团发布《光明食品集团关于商业模式转型工作的指导意见》,明确在三至五年内,通过商业模式转型,将集团建设成为核心业务竞争力突出,产业协同效应显著,资源和网络布局完善的以食品业为主的现代企业集团,力争在全国布局、综合实力等方面居于国内同行业领先地位。

加快产业和企业整合步伐,解决企业经营业务重叠、资源配置分散的问题,逐步形成优势互补、合理分工、各具特色、协调发展的产业分布格局和核心业务、支撑业务、培育业务三大类组合架构。整合的途径是:资产整合、企业整合、资源整合、产业链整合,积极推进食品产业链相关的核心业务整体上市。

为做强做大核心主业,采取内涵有机增长和外延投资并购相结合的方法,不断优化投融资结构。糖业、乳业并购取得重大突破;完成并推进农工商超市118广场、海丰万头生态奶牛基地、西郊国际农产品交易中心、长江农场高效生态现代农业园区、海湾国家森林公园、冠生园工业园、金枫10万吨产能扩建等一批重点建设项目。光明食品集团2010年实际启动投资项目111项,其中70项已全部结束,完成投资74.93亿元。

在核心主业并购中重点把握战略准备、尽职调查、资源整合三个环节,大大加快企业对外并购的步伐。光明食品集团收购上实公司所持光明乳业30.176％股权;烟糖集团利用糖业资源优势,收购并控股云南英茂糖业公司60％股权,收购海南白沙合水蔗糖加工基地;梅林股份公司成功收购重庆今普食品公司51％股权;心族实业公司收购黄山汪满田茶叶公司50％股权;海博股份公司收购巴士宏通60％股权,新增出租车642辆;农房集团通过并购,新增土地储备近千亩;光明乳业收购新西兰新莱特乳业公司,使集团的国际化战略实现新突破。

加大招商引资和外经外贸工作力度,其中上海浦东星火联合发展有限公司和长江总公司所属上海集林经济开发有限公司的招商引资工作成效显著。2010年,集团拥有中外合资合作经营和港澳台合资合作企业29家,分布在集团下属9家子公司。合资合作企业当年营业收入197.43亿元,实现利润21.98亿元,2010年,集团有9家子公司生产的农产品、工业产品出口海外市场,出口商品总额达24.16亿元。

在国内经贸合作上呈现多层次、多内容、多区域、多形式的特点和态势。2008年,集团在全国各省市投资合作项目实现营业收入135亿元;2009年,国内合作项目增至180多个,实际总投资60多亿元,合作区域分布于华东、华北、华中、华南、西北、西南、东北等地区,合作项目主要是乳业、糖业、酒业、食品加工业、商贸连锁业、房地产业、服务业等。集团在外省市的企业(包括农工商超市和可的便利店)共提供就业岗位2.59万个;食品加工企业直接带动周边农户达10万户;集团商贸连锁企业在外省市拥有供应商达800多家,每年上缴外省市的税收达4亿多元,占集团全部上缴税收的

17%左右。

在母子公司管理体制上主要构建"集权有道、分权有序、授权有章、用权有度"的管控模式和体系。集团总部是战略决策中心、资本运营中心、财务监控中心、高管人员运作中心、资源管理责任中心和运营协调中心。集团所属子公司是战略执行、生产经营、利润创造、资源运用的责任中心。

集团按照《中华人民共和国企业国有资产法》《中华人民共和国公司法》,加强企业董事会建设,完善法人治理结构,董事会确立管战略、管资源配置、管财务、管干部、管风险控制的战略管控模式。集团坚持发挥董事会的战略决策作用,企业重大项目、收购兼并、投资融资等具有战略意义的重大事项必须集体研究、集体决策,基本形成"各负其责、协调运转、有效制衡"的公司法人治理结构。

集团把财务管理作为企业管理的重中之重,在改革完善财务管理制度体系、建立财务总监委派制、制定年度财务预算和决算报告、强化资金管理、开拓融资渠道、控制财务风险、提升财务信息化水平等方面建章立制、积极探索、严格管控。2010年,集团实现营业收入632.23亿元,比2009年增长21.44%;实现利润总额32.43亿元,比2009年增长47.22%,归属于母公司的净利润11.99亿元,比2009年增长49.5%,实现两个超过,即:净利润增幅超过利润总额增幅,利润总额增幅超过营业收入增幅。

集团品牌管理的重点是:明确战略定位、落实管理机构、强化制度建设、开展重大活动、注重品牌效应、维护提升品牌。品牌建设的目标是:初步建立有利于集团产业发展,为产品结构和产业结构调整服务的品牌推进机制;逐步构建和完善品牌管理体系,初步形成集团母子品牌良性互动,子品牌战略协同、共同发展的品牌建设新格局。品牌建设的中长期目标是:成为中国优质食品的主要生产商和供应商;中国食品原料的主要生产商和集成供应商;中国食品品牌代理的行业领导者;中国食品物流业的主要领先服务商;中国食品产业首选投资合作企业。2010年集团拥有中国驰名商标:光明(乳制品)、冠生园、大白兔、石库门、和、城隍珠宝;中国名牌产品:大白兔(糖果)、梅林(罐头)、和牌(黄酒)、石库门(上海老酒)。

2010年12月,集团制定《光明食品(集团)有限公司内部审计工作制度》,明确内部审计部门在集团董事会领导下依法行使内部审计职能,并接受董事会审计与风险控制委员会的监督和指导。下属独立核算企业的子公司设置独立的内部审计部门,配备与企业规模及工作量相匹配的专职审计人员。集团建立分级为主、集中为辅、上下联动、统分结合的内部审计管理体制和网络体系,对子公司内部审计机构负责人实行双重领导,各子公司内部审计机构负责人同时作为集团的审计特派员,由集团公司派驻各子公司开展工作。2010年集团系统内部审计人员共完成各项内部审计888件,被采纳意见和建议476条。

集团刚组建成立时的法律事务管理职能主要由集团战略研究室承担;2007年1月,集团进行总部机构调整,专门设置法务部,建立总法律顾问制度,集团所属子公司也设置法律事务机构,配备企业法律顾问。2010年光明食品集团及所属子公司共有法律事务机构17个,专职人员33人,企业法律顾问53人,公司律师21人,合同管理员201人。

集团把食品安全和危机管理作为企业发展战略的重中之重。2007年3月,专门制定了《打造安全放心健康食品产业链行动计划》,明确食品安全管理的定位和工作要求。2007年7月23日,集团成立食品安全领导小组;2007年5月9日,集团制定并印发《光明食品集团危机管理办法(试行)》;2007年7月13日,制定印发《光明食品(集团)有限公司食品安全管理行动计划(2007年—2009年)》;2010年5月13日,制定并印发《光明食品(集团)有限公司危机管理实施细则》,该《细则》对危机管理的重点内容、危机管理组织体系、危机预测预警与防范、危机的应急处理、危机的责任追究与奖励制度等作了详细阐述和规定。

2007—2008年两年内处置4起食品安全危机事件：冠生园所谓"大白兔甲醛事件"，梅林肉类罐头"硝基呋喃事件"，冠生园大白兔奶糖"三聚氰胺事件"，光明奶粉、液态奶"三聚氰胺事件"。

光明食品集团设立集团信访办公室，下属各单位也建立相应的信访工作机构。

第一章 经　　营

第一节　上　市　公　司

光明食品集团旗下拥有上海金枫酒业股份有限公司(前身为上海市第一食品股份有限公司)、上海梅林正广和股份有限公司、光明乳业股份有限公司、上海海博股份有限公司、上海市都市农商社股份有限公司(后吸收合并海通证券更名为海通证券股份有限公司)。

光明食品集团根据突出主业、形成可持续的盈利能力及培育融资功能的原则,对上市公司进行重组,基本完成"5+2"的资产整合工作,即5家上市公司+便利店、房产的整合:光明乳业剥离便利连锁业务,进一步聚焦乳业主营业务;第一食品剥离非酒业业务,更名为金枫酒业,实行"石库门"与"和"酒资产整合,现已成为国内最大的黄酒企业;海博股份非主营业务资产剥离,注入集团系统内的相关资产,进一步聚焦出租汽车和物流业务;梅林股份剥离盈利能力较弱的企业和主业关联度不高的企业,使主业更加突出;都市股份让"壳"重组获得成功,取得多方共赢的结果。

一、上海金枫酒业股份有限公司

上海金枫酒业股份有限公司的前身是上海市第一食品股份有限公司(原名上海市第一食品商店股份有限公司,简称"第一食品股份公司"),是烟糖集团旗下的上市公司。1992年5月,上海市第一食品商店和上海市糖业烟酒公司共同发起改制为股份有限公司;1992年9月,在上海证券交易所上市。所属行业为商业类。公司注册地址:上海市黄浦区南京东路720号。注册资本2 838.65万元,其中国家股968.65万元,法人股1 140万元,个人股730万元。上海市糖业烟酒公司占股本金总额20.08%。2004年11月公司更名为第一食品股份公司。2008年9月,公司更名为上海金枫酒业股份有限公司(证券代码:600616)。2010年12月,公司累计股本总数为4.38亿股,公司注册资本4.38亿元。2006年年末,公司在编员工1 918人;2010年年末,公司在编员工1 169人。

2008年7月,作为上海金枫酒业股份有限公司前身的第一食品股份公司为加快实施做强做大黄酒产业的战略规划,优化公司治理结构,消除同业竞争,实施重大资产重组,将所持有的上海市南浦食品有限公司49%的股权、上海鑫全顺食品有限公司100%的股权、上海第一食品连锁发展有限公司90%的股权、上海徐家汇第一食品商店有限公司49%的股权、上海长宁第一食品商店有限公司5%的股权和公司分支机构第一食品商店、批发分公司及第一食品对外贸易业务相关资产与控股股东上海市糖业烟酒(集团)有限公司拥有的上海冠生园华光酿酒药业有限公司100%的股权进行置换,使上市公司成为专业生产销售黄酒的公司。同年9月,第一食品股份公司更名为上海金枫酒业股份有限公司,股票名称为"金枫酒业"。公司注册地址:上海市浦东新区张杨路579号。

第一食品股份公司实施资产重组后,2006—2010年间股权结构发生变化。

2008年资产重组之前,第一食品股份公司作为商业类上市公司,以食品销售为主,同时经营黄酒和糖的制造和销售。公司下属企业有第一食品连锁发展有限公司、上海金枫酿酒有限公司、上海市南浦食品有限公司和广西上上糖业有限公司等。第一食品股份公司依托追求价值成长的发展理念,确立了以品牌为主导的产业发展模式,各产业在发展过程中形成了品牌、渠道、技术、管理、资源等优势相互作用的核心竞争力体系。

2008年,第一食品股份公司完成重组并更名为上海金枫酒业股份有限公司后,公司以并购为手段,从专注黄酒产业转向多酒种发展并举,加快进入白酒、葡萄酒等新领域,确立了努力打造具有行业领先优势和区域市场优势的酒业上市公司,最终成长为以黄酒产业为核心、相关酒业和产业链延伸产品为支撑、核心优势明显、工艺设备先进、资源配置完善、网络基础扎实、管控体系严密的具有领先优势的酒业集团的发展目标。"石库门"与"和"酒的整合有效增强了企业的核心竞争力,提升了行业影响力。公司坚持"合力成金、平和致远"的企业文化和经营理念,进一步聚焦以黄酒为主业的专业化发展。2010年,公司拥有黄酒产能12万吨,其销售量、利润额、人均创利均名列全国黄酒行业第一,在上海拥有最高的市场份额,并在黄酒的两个主要分销渠道——餐饮和商超渠道取得领先优势。公司研发能力、盈利能力、酿造工艺、技术装备等均位于行业领先水平,其技术中心被认定为上海市黄酒企业技术中心。公司是中国酿酒工业协会副理事长单位,黄酒分会副理事长单位。

2007年完成12项新品开发,其中10个上市销售。石库门酿酒公司先后建立质量管理体系、食品安全管理体系、环境管理体系和职业健康安全管理体系,是全行业唯一一家实现管理体系全覆盖的企业;华光酿酒公司在通过质量体系认证的基础上,又通过了HACCP食品安全保证体系认证。

2008年,上海金枫酒业股份有限公司组建销售分公司,统一实施黄酒的销售运营和市场维护。2010年,公司对下属石库门酿酒有限公司和上海冠生园华光酿酒药业有限公司实施吸收合并,注销华光酿酒药业有限公司,实现生产资源向石库门黄酒生产基地集中。2009年公司在位于上海市金山区枫泾镇工业园区投资建设每年新增10万吨高品质黄酒技术改造配套项目,实现"和"酒产品百分百统一使用基酒的目标。同年10月,公司通过上海世博局的严格审核,正式成为中国2010年上海世博会黄酒行业项目赞助商,获"上海世博会特别贡献铜奖""上海世博会特许产品创新奖"等奖项。

2007年,公司通过国家AAAA级"标准化良好行为企业"验收确认;技术中心经过评审批准2009年金枫酒业公司获得有机黄酒产品认证证书,检测中心获得CNAS国家实验室认可证书。

公司坚持走差异化、高品质发展道路,实施"石库门""和"酒双品牌发展战略,进一步培育和做优做强产品品牌与企业品牌,提升行业影响力;坚持以黄酒产业经营为核心,进一步推进科技、生产、品牌、网络、市场推广"五位一体"的商业模式转型,不断增强核心竞争力;坚持资本经营与产业发展相结合、积极整合各类社会资源,促进黄酒产业持久稳定、又快又好地发展。

公司积极投身公益事业。2008年,公司及员工共向汶川地震灾区捐款220多万元,捐物4 000多件。公司及下属企业定期走访慰问敬老院老人,与武警部队签订军民共建协议,多次向上海市民政局社会福利救灾救济基金、上海市总工会等慈善机构捐助。设立"金枫酒业奖学奖教金",为振兴民族工业储备人才,为振兴我国黄酒业的发展提供技术人才后备。

中国黄酒为世界三大古酒之一,拥有5 000年的悠久历史,为弘扬与发展中国源远流长的黄酒历史文化,2006年9月,金枫酒事馆在石库门酒厂落成,成为上海工业旅游的推荐景点。

公司2006年获上海市首届构建和谐商业杰出贡献企业称号;2007—2008年度获中国食品工业质量效益奖;2008年获中国商业服务业改革开放30周年卓越企业称号;2009年获第四届全国精神文明建设工作先进单位和"上海食品行业领先企业";2007—2008年度获中国食品工业质量效益奖;2010年获"中国酒业仪狄奖"和上海食品行业33强企业称号;2009—2010年度被评为上海市文明单位。

表 7-1-1　2006—2010 年金枫酒业股份公司经营情况表　　　　（单位：万元）

年份	2006	2007	2008	2009	2010
营业收入	510 205.14	569 880.99	465 123.19	94 452.96	98 704.93
利润总额	35 463.97	31 778.09	25 425.83	18 319.96	18 771.44
归属上市公司股东净利润	15 971.13	18 005.40	20 764.08	14 576.79	13 138.88
总资产	282 735.55	324 603.81	120 935.34	113 809.45	139 451.99
所有者权益	84 750.52	93 656.89	90 213.68	97 399.60	110 538.49
每股收益（元）	0.44	0.49	0.47	0.33	0.30

二、上海梅林正广和股份有限公司

上海梅林正广和股份有限公司（简称"上海梅林"）是益民集团旗下的上市公司，前身是上海梅林股份有限公司，于 1997 年 5 月 21 日经上海市人民政府批准设立，由上海梅林正广和（集团）有限公司（简称"梅林集团"）作为独家发起人改组而成。1997 年 6 月 16 日，向社会公开发行人民币普通股 10 000 万股（含公司职工股 1 000 万股），募集资金 3.86 亿元。公司首次注册登记日期为 1997 年 6 月 27 日。公司股票于 1997 年 7 月 4 日在上海证券交易所挂牌交易，股票简称"上海梅林"，股票代码为 600073。公司总股本为 27 000 万股，其中梅林集团持股 17 000 万股，占总股本的 62.96%；社会公众持股 10 000 万股，占总股本的 37.04%。1998 年 12 月，更名为上海梅林正广和股份有限公司。公司英文名称：Shanghai Maling Aquarius Co., Ltd, 英文名称缩写：SMAC。注册地址：上海市浦东新区川桥路 1501 号；办公地址：上海市杨浦区通北路 400 号。

上海梅林于 2005 年 11—12 月完成股权分置改革。截至 2006 年 12 月 31 日股本总额 32 400 万元，其中有限售条件的国有法人持股为 16 440 万元。2007 年公司增加注册资本人民币 3 240 万元，变更后的注册资本为人民币 35 640 万元，股本总额 35 640 万元。2007 年度有限售条件的流通股上市数量为 1 782 万股，剩余有限售条件的流通股数量为 16 302 万股。

2008 年 12 月 23 日，上海梅林有限售条件的流通股上市数量为 1 782 万股，剩余有限售条件的流通股数量为 14 520 万股。

2009 年 12 月 15 日，上海梅林股改方案实施满 48 个月，根据中国证监会的有关规定和公司有关承诺，自该日起全部有限售条件的流通股可以上市流通。

上海梅林所处行业为食品加工业。经营范围包括食品和食品的原辅料、食品机械、资产经营、电子商务、信息采集加工和服务、国内贸易、直营进出口和代理各类商品和技术的进出口等。

上海梅林主要产品为罐头食品、速冻食品等。公司罐头产品包含有肉类（中式及西式）、海鲜类、蔬菜类、调味类、水果类及其他类，约 100 多个品种，在国内外市场的销售额呈逐年上升趋势，使用的商标品牌以"梅林"为主。

2008 年，上海梅林确立"资产整合与融资扩张并举，主营业务与投资收益齐飞，管理增效与科技增效同抓,市场开发与新品开发共进"的经济工作主题,明确产业发展战略的重点是"非肉类罐头和非罐头肉类",使企业成为集养殖、屠宰和罐头生产为一体、拥有行业领先核心产品、高成长性且有良好盈利能力的著名食品加工企业。2010年上海梅林围绕"突出重点加快发展,主动整合服务发展,科技进步推进发展,创新管理健康发展"的经济工作主题,实施两大产业的发展,整合现有资产分布,形成了罐头食品和畜禽屠宰两大产业齐头并进的产业格局。2010年上海梅林总资产21.61亿元,营业收入22.04亿元,利润总额－318.50万元,净利润268.69万元。

2006年10月,上海梅林进行较大规模的资产并购,出资2000万元向湖北冰晶实业投资(集团)有限公司购买湖北梅林正广和实业有限公司20%股权。2007年4月,出资746.2万元向公司控股股东子公司贸基发展有限公司购买上海梅林(捷克)有限公司20%股权;同年6月,出资1346.3万元向上海嘉翔工业开发有限公司购买上海梅林瑞源包装有限公司45%股权;同年9月,出资950万元受让重庆梅林今普食品有限公司40%股权。同时分别出资1130万元、2000万元投资建设上海梅林(捷克)有限公司和上海梅林泰康食品有限公司生产项目。2009年5月,出资60万元收购衢州梅林正广和食品有限公司4.07%股权。2009年,分别对上海梅林(捷克)有限公司增资3992.91万元、对衢州梅林正广和食品有限公司增资440万元。同年还投资647万元与所属子公司上海梅林(荣成)食品有限公司共同参股组建荣成市泓达房地产开发有限公司。2008年,作为重大资产重组项目,上海梅林出资8650万元收购重庆梅林今普食品有限公司51%股权,至2009年1月正式重组实施完毕。

上海梅林注重科技进步,2007年,新产品开发上市有"梅林渔场"速冻海鲜产品等12项;完成MDM原料创新项目;全年申请专利21个;"环保型特种食品制罐技术开发"项目获2007年度上海市科技进步奖三等奖;"转变经营模式,确保行业领先地位"项目获上海市企业管理现代化创新成果三等奖。2007年上海梅林组织行业企业起草制定国家标准《罐头厂卫生规范》。2009年,公司共研发63项新产品,上市新产品有7项;申请专利14项,其中发明专利2项、实用新型专利2项。"杀菌冷却水循环利用"项目通过上海市科委验收并完成项目成果登记。2010年,上海梅林及所属子公司共实施23项科技改造项目,研发新产品63项,上市产品18项,申请专利13项。

梅林牌商标1992—2010年连续被授予上海市著名商标,2000年被评为"中国罐头行业著名品牌"。2002年以来,上海梅林各项主要经济技术指标位列"中国罐头行业十强"榜首。1995—2007年,连续10次被评为上海市名牌产品,2009年,上海梅林再次评为上海名牌产品。梅林牌主要产品曾多次获国家、轻工业部、上海市优秀产品、优秀新产品和优质出口商品等称号。

上海梅林以"成为一家拥有自主知识产权、行业领先的核心产品、高成长且有良好盈利能力和较强国际竞争力的食品制造企业"为愿景,严格遵守"食品安全重于泰山、品牌声誉重于泰山、企业责任重于泰山"的承诺,不断促进企业发展。

2008年5月,汶川地震发生后,地处四川绵阳的子公司"梅林绵阳"受到较大影响,公司主要领导在第一时间赶到现场布置抗震救灾和恢复生产工作,将地震损失减少到最低程度。公司领导和员工发扬中华民族"一方有难,八方支援"的优良传统,积极参加当地抗震救灾工作。

上海梅林积极承担社会责任,向地震灾区人民慷慨解囊捐款、捐物。公司及下属企业共向四川地震灾区捐款捐物261.57万元,其中个人47.17万元,企业214.4万元;调运赈灾食品6.06万箱,价值851.1万元;公司还捐赠20万元,积极参与光明食品集团向四川地震灾区"捐资建校"。

表 7-1-2　2006—2010 年上海梅林经营情况表　　　　　　　　　　　　　　　（单位：万元）

年　　份	2006	2007	2008	2009	2010
营业收入	87 800	114 400	92 000	198 300	220 400
利润总额	539.44	3 872.81	577.73	−13 500	−318.50
净利润	447.50	594.48	490.46	−6 838.25	268.69
总资产	184 300	212 300	215 900	233 900	216 100
股东权益	82 000	86 900	83 400	76 000	75 900
每股收益（元）	0.013	0.017	0.01	−0.19	0.01

2006—2010 年,上海梅林分红送股情况：2007 年公司以 2006 年末公司总股本 32 400 万元为基数,用资本公积、未分配利润向全体股东每 10 股转增 0.5 股、送红股 0.5 股。

三、光明乳业股份有限公司

光明乳业,英文名称：Shanghai Bright Dairy & Food Co., Ltd,前身是上海光明乳业有限公司,1996 年 9 月,由牛奶集团和上实资产共同投资成立的沪港合资企业。注册资本 2 950 万美元,合资双方分别出资 1 475 万美元,各占 50％。1996 年 11 月,注册资本增至 5 900 万美元,由原投资方按原投资比例出资。同时,原港方股东上实资产将其在光明乳业的全部股权(50％)转让给上实食品控股有限公司(简称"上实食品")。2000 年 10 月,上实食品将其持有的 5％、2.5％、2.5％的股权分别转让给大众交通(集团)股份有限公司(简称"大众交通")、上海国有资产经营有限公司(简称"国资公司")和 Danone Asia Pte. Ltd(达能亚洲);牛奶集团将其持有的 5％、2.5％、2.5％的股权分别转让给东方希望集团有限公司(简称"东方希望")、国资公司和达能亚洲。转让后,各股东的出资比例为：牛奶集团和上实食品各占注册资本的 40％,国资公司、大众交通、东方希望和达能亚洲各占注册资本的 5％。2000 年 11 月,公司依法整体变更为上海光明乳业股份有限公司。公司所属行业：食品加工业。公司地址：上海市吴中路 578 号。公司面积为 54 461 平方米。2010 年期末,公司在职员工 2 686 人,离退休职工 540 人。

光明乳业于 2002 年 8 月 14 日向社会公众发行每股面值 1 元人民币普通股 1.5 亿股,并于 2002 年 8 月 28 日在上海证券交易所上市交易。公司股本总计为 65 118.285 万股,其中发起人股份 50 118.285 万股,占股份总额的 76.96％;上市流通股份 15 000 万股,占股份总额 23.04％。股票简称：光明乳业。股票代码：600597。截至 2006 年年底,国有法人持股 25.17％,其他内资持股 3.85％,境外法人持股 45.18％,人民币普通股为 25.8％。2006 年 8 月,公司股东大会通过股权分置改革方案,当年 10 月 10 日实施完毕。2007 年 10 月,达能亚洲向牛奶集团转让 10 424.14 万股,向上实食品转让 10 424.14 万股,共计 20 848.27 万股,占总股本的 20.01％。转让交易分别于 2008 年 6 月和 9 月完成过户登记手续。2008 年 9 月,公司第一大股东牛奶集团通过二级市场买入的方式增持公司 100 万股。2009 年 6 月,公司第二大股东上实食品通过上海证券交易所大宗交易系统及集中交易系统共计减持公司股份 5 209.46 万股。2009 年 7 月,上实食品向光明食品集团转让其持有的公司股份 31 440.43 万股,占股份总额的 30.18％,该转让事宜于 2010 年 2 月 26 日完成股份交割。2010年9月,公司通过定向增发的形式对94位中高层管理人员实施限制性股票激励计划,授予激励对象730.08万股。注册资本由104 189.26万元变更为10 491.94万元。2010年10月18日,公司完成限制性股票登记手续,公司股权激励计划完成。截至2010年年底,国有法人持股50%,其他内资持股0.70%,人民币普通股为49.30%。

光明乳业主要从事牛乳和乳制品的开发、生产和销售,奶牛和公牛的饲养、培育,物流配送,营养保健食品的开发、生产和销售。公司拥有世界一流的乳品研发中心、乳品加工设备以及先进的乳品加工工艺,形成了消毒奶、保鲜奶、酸奶、超高温灭菌奶、奶粉、黄油、干酪、果汁饮料等系列产品。公司贯彻"聚焦乳业、领先新鲜、做强常温、突破奶粉"的战略思想,把"跻身于世界乳业十强"作为企业发展目标。

2006年,国内酸奶市场快速发展,行业竞争也在不断加剧。光明乳业严格贯彻"坚持新鲜战略、聚焦资源,大力促进新鲜酸奶发展,力求产业和地区经营新突破"的工作方针,依托公司在新鲜产品特别是酸奶领域的优势,有效整合资源,使企业发展进入新的阶段。2007年,公司通过聚焦乳业、聚焦资源、聚焦新产品的战略提升公司的核心竞争力;通过管理架构改革提升公司的管理能力;通过聚焦大品牌、运用副品牌和差异化沟通等策略整合产品线,促使经营业绩的持续稳定发展。

2008年9月,"三聚氰胺事件"使乳品行业遭遇前所未有的危机,公司部分产品短期内销量急剧下降。面对严峻态势,公司迅速采取措施,改革奶源管理模式,拒收散奶;加强奶源控制,及时与奶源供应商签订质量承诺书,由供奶牧场承诺交售的生奶不含三聚氰胺,同时派管理人员对牧场实施24小时驻场监管,从饲料到挤奶全过程进行跟踪,并重新确认牧场的牛头数,核准交售数量,对牧场的生鲜牛乳进行严格的三聚氰胺指标抽样普查;大力推进"安心牧场"建设,建立奶牛身份证管理,保证原奶的质量控制。各工厂配置了有效检测三聚氰胺指标并符合国家要求的检测设备和快速检测仪,确保工厂在做好正常原料乳进厂验收的基础上,对每一批进厂原料乳都进行三聚氰胺检测,经检验合格的原料乳方可投入生产。2009年,公司加紧布局二三线城市市场,重点推广常温牛奶和婴幼儿奶粉,使其迅速实现恢复性增长;在新鲜牛奶领域采取逐步扩大优势地区策略,在新鲜酸奶领域满足消费者差异需求,采取做大做强副品牌的策略,继续保持两个主战场的领先地位。公司摆脱2008年"三聚氰胺事件"造成的巨大冲击,恢复主营业务的盈利能力。2010年,公司确立"聚焦乳业,做强新鲜;突破常温,实现百亿"的经营战略,通过管理流程创新、资源优化配置、实施股权激励、资产并购等举措,充分调动管理团队的积极性,挖掘企业增长潜能,形成规模和效益同步增长的可喜态势。公司充分利用上海世博会举办的契机,强化大品牌宣传,突破重点区域和重点品类,扩大经营规模,完善产品质量管理体系,加强供应链管理,确保奶源安全。

2007年,光明乳业将其持有的上海可的便利店公司81%的股权转让给农工商超市集团,转让价格为人民币22 680万元,2007年11月22日完成股权转让。2010年7月9日,光明乳业与新西兰新莱特乳业公司(Synlait Milk Limited)签订股东协议和认购协议,以现金出资方式认购新西兰新莱特乳业公司新增51%股份,出资金额为8 200万新西兰元,折合人民币42 113.42万元,认购2 602.165 8万股新增普通股,2010年11月11日股权交割完成。

2007年,公司成功开发畅优系列酸奶、致优鲜奶、减脂牛奶、舒平奶等多个新产品。畅优系列酸奶是公司自主研发调节肠胃的功能性酸奶,致优鲜奶采用由法国引进的欧美全新低温陶瓷膜过滤工艺,颠覆传统牛奶的高温杀菌方式,进一步巩固公司在鲜奶领域的领先地位。2008年成功开发"小小光明"、红枣牛奶、莫斯利安等产品,其中莫斯利安是国内首款无须冷藏的高端常温酸奶。至2008年公司已上市的产品有114种。芦荟酸奶、益菌奶、光明牌益生菌酸奶、健能牌益生菌酸奶、健能牌舒平牛奶和健能牌贝爱康牛奶等6种产品获得中国卫生部颁发的保健品证书。2009年公司自主研发的新品成功上市37种,新品销售额贡献率超过25%。2010年公司技术中心依托"国家级企业技术中心"和上海的人才优势,成功通过乳业生物技术国家重点实验室的认证。

光明乳业强化精准管理,确保食品安全。2010年公司选择以"AIB1000分"为参考基准,建立并逐步完善千分制考核体系。该考核体系标准内容涵盖乳品质量管理体系、建筑设备等硬件设施、检测工艺、过程控制、员工培训和管理、环境卫生等模块,每年根据实际情况从严修订。公司所有工厂全部通过HACCP(危害分析与关键控制点)体系的再审认证和国家GMP(乳制品良好生产规范)认证,并建立与国际接轨的ISO22000(食品安全管理)体系。2010年4月,公司获评国家商务部研究院诚信认证中心2010中国十大诚信品牌;6月获评2010年全国食品质量消费者放心品牌和全国(行业)顾客满意十大品牌;11月在第八届中国食品安全年会上,获评中国食品安全十强企业、中国食品安全最具社会责任感企业。

光明乳业2007年获上海市科技进步奖二等奖1项,中华农业科技奖三等奖1项,中国乳制品工业协会新产品开发奖一等奖2项、二等奖3项、三等奖1项,上海市优秀发明选拔赛一等奖1项、二等奖2项。获得发明专利3项(2项国内专利,1项国际专利),受理发明专利18项,发表论文30余篇。公司被上海市列入专利示范培育企业。2008年公司获教育部科技进步奖一等奖1项,中国轻工业联合会科学技术发明奖二等奖1项,上海市职工技术创新成果二等奖1项,3项市级成果通过验收,获得国际发明专利1项,新申请发明专利14项,发表论文50余篇。2009年申报"上海市节能技改项目"19项,总投资471.87万元,核准节能量为3 257吨标煤,并获得上海市节能减排技改项目专项奖励。

光明乳业在企业发展的同时,积极承担社会责任。2008年5月12日四川省汶川等地区发生地震的当晚,公司管理层紧急捐赠100万元牛奶产品支援灾区群众,公司员工自发向地震灾区捐款累计达85万元。为进一步帮助灾区人民重建家园,公司向都江堰市捐款100万元,定向援建光明团结小学教学楼。公司在上海地区的314名党员自愿交纳"特殊党费"9.02万元。公司工会第一时间了解四川籍员工家庭受灾情况,及时帮助他们联系亲人,做好心理疏导工作。对在重灾区的63名员工家属,工会爱心基金会及时送去慰问金。华东社区部工会还筹集了"守望相助点燃希望"受灾员工慰问金。公司下属的成都光明乳品有限公司距震中汶川仅90公里,公司工会和党政领导兵分几路赶赴成都进行慰问。2008年初,公司捐赠人民币60万元,用于抗击低温雨雪冰冻灾害,资助受灾地区的生产恢复与灾后重建。2008年教师节,公司践行企业对贫困地区的和社会责任,向中国青少年基金会捐赠50万元;向200所灾区小学赠送快乐体育大礼包;免费培训100位来自灾区的乡村教师,培训活动历时半年之久,爱心足迹遍及四川、陕西、甘肃、宁夏、新疆、青海等地200余所希望小学,在"加油2008"活动中,公司先后两次向中国青少年基金会捐赠10万元和20万元,用于华东地区贫困希望小学购买体育器材。2009年公司与上海市慈善基金会合作,开展"好心做好奶,爱心做好事"爱心牛奶捐赠活动,捐赠价值百万元的爱心牛奶分发到上海市18个区县的400多家敬老院及部分民工子弟小学。2010年年初,公司在"绿色盛会一起来"全年绿色公益活动中,"奶盒回收行动"进入上海40个街道社区、50所中小学,并在450个光明鲜奶屋开展奶盒换牛奶活动,鼓励市民重视环保、废物利用,共回收奶盒120万个,制成1 400张环保椅,其中200多张结实可靠的环保椅捐赠给中小学校使用。公司全力赞助"志愿者绿色接力送活动",向全市18个区县志愿者站点捐赠300辆自行车,还号召7 200余名私家车车主加入接力送活动,为世博志愿者提供搭乘服务。

表7-1-3　2010年光明乳业主要控股企业经营情况表　　　　　　　　　　　　（单位：万元）

子公司名称	业务性质	主要业务	注册资本	资产规模	净利润
上海邀请电子商务有限公司	网上乳品销售	网站开发、经营和服务	3 000	8 429	−3 324
上海乳品四厂有限公司	制造	乳品加工、销售	4 452	28 254	14 986
黑龙江省光明松鹤乳品有限责任公司	制造	乳品加工、销售	21 810	56 321	6 296
光明乳业(德州)有限公司	制造	乳品加工、销售	5 061	29 651	7 320
北京光明健能乳业有限公司	制造	乳品加工、销售	11 959	33 024	−1 545
天津光明梦得乳品有限公司	制造	乳品加工、销售	6 500	25 496	5 866
武汉光明乳品有限公司	制造	乳品加工、销售	2 160	19 277	1 220
上海光明荷斯坦牧业有限公司	牧业	自产、外购鲜奶	10 000	57 490	−1 928
上海奶牛育种中心有限公司	牧业	生产销售公牛、冻精、胚胎	2 857	11 105	2 275
南京光明乳品有限公司	制造	乳品加工、销售	1 500	15 763	1 627
广州光明乳品有限公司	制造	乳品加工、销售	2 000	11 830	−359
上海光明奶酪黄油有限公司	制造	乳品加工、销售	2 000	20 093	1 571
新西兰新莱特乳业公司	制造	乳品加工、销售	5 102万新西兰元	107 720	172

表7-1-4　2006—2010年光明乳业经营情况表　　　　　　　　　　　　（单位：万元）

年　　份	2006	2007	2008	2009	2010
营业收入	744 342.92	820 601.14	735 854.43	794 316.97	957 211.10
利润总额	23 057.95	27 328.58	−31 954.39	18 982.11	24 096.26
净利润	16 058.25	21 288.06	−28 599.44	12 247.01	19 437.56
总资产	398 189.84	416 149.60	403 766.32	412 298.78	597 454.95

四、上海海博股份有限公司

海博股份是光明食品集团旗下的上市公司，前身为上海东海股份有限公司。1993年1月，经上海市经济体制改革办公室和上海市农业委员会批准，由16家国有农垦骨干企业采用定向募集方式组建"上海东海联合企业股份有限公司"，注册资本5 682万元；1993年5月，改名为"上海东海股份有限公司"，注册资本9 682万元。1996年5月23日，经中国证监会批准，向社会公众公开发行人民币普通股3 250万股，其中内部职工股540万股，1996年6月6日，在上海证券交易所正式挂牌上市，公司名称为上海东海股份有限公司，股票简称：东海股份，股票代码：600708。2005年12月，公司完成股权分置改革。2006年12月，公司4 383.90万股有限售条件的流通股上市流通，上市流通日为2006年12月22日。截至2006年12月31日，股本总额为35 690.23万元，其中有限售条件的流通股为13 771.45万元。2007年公司注册资本为46 397.30万元。

2001年，东海股份实施重大资产重组，以所持上海东海蔬菜示范基地100％股权、上海农垦园艺公司100％股权、上海大东海商贸旅游服务公司100％股权及上海中荷花卉有限公司75％股权与上海市农工商(集团)总公司所持有的上海市农工商出租汽车公司90％的股权进行置换。东海股份出资2 593.1万元收购上海农工商集团五四公司持有的上海美优制药有限公司23.1％的股权。东海股份完成一系列资产置换后，主营业务明显集中，形成以出租汽车为代表的都市服务业为主、传统出口创汇行业及制药业为辅的行业相对集中的产业群体。2003年2月，公司更名为上海海博股份有限公司，简称：海博股份，股票代码：600708。公司地址：上海市浦东新区张杨路838号25楼A座，办公地址：上海市徐汇区宜山路829号。公司英文名称Shanghai Haibo Co., Ltd,英文名称缩写SHB。海博股份2007年5月18日实施每10股送3股红股，总股本增至6 397.30万股。2010年5月实施每10股送1股红股，总股本增至51 037.03万股，其中有限售条件股份为363.49万股，占股份总数的0.71％；无限售条件股份为50 673.53万股，占股份总数的99.29％。2010年公司注册资本为51 037万元。

2006年，海博股份总股本为35 690.23万股，光明食品集团持有34.98％股权，长城资产公司持有7.37％股权，其他股东为57.65％。

光明食品(集团)有限公司于2008年9月22日—2009年9月21日，通过二级市场买入方式累计增持海博公司股份348.96万股，占总数的0.75％。至此光明食品集团持有海博股份股票数量为16 601.42万股，占总股本比例为35.78％。2010年8月6日—2010年9月20日，中国长城资产管理公司通过上海证券交易所集中竞价系统累计出售所持该公司无限售条件流通股723.33万股，占总股本的1.42％。

至2010年年底，海博股份总股本为51 037.03万股，光明食品集团持有35.78％股权，长城资产公司持有4.99％股权，其他股东为59.23％。

海博股份公司主营以"海博出租"为主体的都市服务业，以著名品牌为特征的都市工业，以货运起步的现代物流业。经营范围为工业品加工、批发、零售，有色金属加工、经销，农副产品加工、批发、零售，公司下属企业产品经销。公司实施"海博出租提升竞争力、海博物流提速发展、海博投资加强管理"的发展思路。

海博出租加大资源整合力度，形成出租汽车营运基地的集约化、综合化、专业化，先后投资建设占地面积60亩的康桥、双柏基地，基地总建筑面积17 000平方米，均建有分公司办公楼、场地检测站和汽车修理厂。海博出租汽车公司面对成本逐年上升的形势，大力实施收购兼并战略，以规模的拓展增加企业经济效益，大力发展出租汽车相关产业，使汽车租赁、汽车外修、汽车销售和汽配件对外经营规模均有所扩大。

2006年，海博股份新增出租车300多辆，进一步增强了规模和品牌效应；2008年，增加外省市出租车1 200多辆，青岛市区的海博出租汽车当年全部投入营运，公司出租汽车的总营运规模超过6 400辆。2009年，海博出租大力收购市区出租车、区域性出租车，竞拍新增世博专用车经营权。南京海博新增一部分出租车经营权，并兴建集停车场地、修理、检测、办公、休息于一体的出租汽车企业基地；广西海博投资兴建经营用地，进一步增强海博出租的盈利能力与发展空间。2010年，海博出租广西钦州竞标成功，参股的常州巴士出租汽车公司也有所扩容，南京海博、广西海博经营基地建设完毕，并收购了南京汽车修理厂，进一步增强海博出租的盈利能力与发展空间。2010年海博股份新增出租汽车555辆。

海博股份为了进一步向仓储、海陆空国际货代、仓储加工、派送多式联运为一体的现代物流进军,2006年3月组建成立海博物流集团,与加拿大斯班赛国际物流公司合资组建上海海博斯班赛国际物流有限公司,并在洋山港保税区购置170亩土地,建造专业汽车零部件的国际仓储基地。与新加坡名威物流集团有限公司共同组建海博名威国际货代公司,融合陆运、海运、空运和危险品代理、运输为一体。还拥有集码头、仓储、运输为一体的华丰国际集装箱仓储公司码头物流基地。

海博投资公司重点整合资产、产品结构等,提高投资效益,扩大品牌影响力。公司与国内外著名企业建立第三方物流合作伙伴关系,拥有规模达几百辆的货的、货运及海关监管车的物流配送队伍及内河码头资源。2009年,海博物流紧紧抓住西郊国际农产品交易中心建设的契机,积极筹划建设西郊低温物流项目,年内完成海博西郊物流有限公司在青浦华新凤溪经济城注册;确定西郊物流项目的选址,形成初步建设方案,带动海博物流朝着仓储、货代、运输、配送、市场化方向转型。2010年海博物流合资组建上海海博全盛供应链管理有限公司,与上海海博斯班赛国际物流有限公司、上海申宏冷藏储运有限公司、上海海博西郊物流有限公司等为主体,组成新的运营平台,实行一体化经营管理;海博名威公司利用华丰码头平台与货代、仓储、堆场、码头岸线的多资源组合,由货运代理向物流经济实体转型;上海海博货迪物流有限公司大力拓展仓储和配送业务,以承包、优惠承包、租车、包车以及管理输出等多种形式,有效拓展市场;上海海博国际货物运输代理有限公司向第三方物流转型,租赁了浦东普鲁斯物流园区仓库,建立了非保税物流基地,为西班牙MANGO服饰等国际品牌提供配送服务。

海博股份控股的上海思乐得不锈钢制品有限公司根据市场变化积极调整产品结构,推进营销模式转型,建立"思乐得生活馆"专卖店,取得良好的经济效益,被授予2010年上海世博会家用金属制品及塑料制品特许生产制造商。"思乐得"以建立若干个加工基地的做法,集中市场上的产出资源为我所用,辅之以严格的质量、工艺、技术标准化管理,走出了一条成功的经营方式的转型之路。

海博股份不断加大并购和资产重组力度。2007年,光明食品集团通过其子公司益民集团,以现金收购海博股份控股的海博投资公司持有的上海一只鼎食品有限公司55.75%的股权,交易价格为1 014.47万元。海博股份以持有的上海牛奶(集团)有限公司15.5%股权作价32 515.78万元、海博投资公司持有的上海轮胎橡胶(集团)东海轮胎有限公司35%股权作价2 098.19万元、海博投资公司持有的上海东灵精细化工有限公司46.03%股权作价78.24万元,合计34 692.21万元,与光明食品集团持有的海博出租有限公司8%股权作价8 841.84万元、上海益民食品一厂(集团)有限公司下属上海市食品进出口公司和上海市食品进出口国际货运公司所持有的上海申宏冷藏储运有限公司100%产权作价18 680.46万元,合计27 522.31万元进行资产置换。差额7 169.91万元由光明食品集团以现金补足。海博股份本次资产重组进一步突出海博股份主业,加强交通运输和物流业的发展,有利于集中力量打造出租汽车和现代物流的优势品牌,增强企业盈利能力。

2009年9月,海博股份通过竞价方式收购上海城隍投资有限公司持有的上海海博出租汽车有限公司5%股权(受让价为6 113.82万元),从而拥有上海海博出租汽车有限公司100%股权;2009年10月,受让上海市农工商投资公司持有上海巴士宏通投资发展有限公司60%股权(受让价为16 573.34万元)。2009年9月,公司以现金出资6 000万元人民币参与投资上海临港奉贤经济发展有限公司增资扩股事项,增资后上海临港奉贤经济发展有限公司注册资本由20 000万元人民币增至80 000万元人民币,海博股份占7.5%。

海博股份以 为公司司标,标志图形以海博首字母"H"为框架,经变形组合,融入海鸟图形,构成"海博"意象的视觉图形。图形运用蓝色,表达天空和大海,海鸟搏击海浪,体现企业广博和无限的发展空间,以及海博员工在商海勇往直前的拼搏精神,意寓着"海纳百川、博采众长"。公司把"超越自我,永不满足"作为企业精神,把"尊重人,关心人,激励人"作为企业管理方略,"把海博股份建设成为企业业绩稳定优良、企业管理规范有效、企业文化积极向上、企业员工直奔小康的绩优上市公司"作为企业愿景,把"企业品牌是我们共同的利益"作为企业核心价值观。公司创办《海博之光》《每日动态》和网站。

2006年,海博股份出资28万元帮助有困难的职工;与13个居委会开展精神文明共建;资助21位困难学生的学费;组织1 500多位老人免费"上海一日游"。公司把每年3月定为"学雷锋月",每年3月5日开展为出院病人提供免费用车服务活动,近千名驾驶员分赴华山、仁济等10多家医院接送出院病人。在2007年5月第三个星期日"全国助残日"当天,公司开展"帮助困难人士、捐献一片爱心"一日捐活动,共募得捐款19 200多元。公司团委与江苏路街道团工委签订"梦圆2008"爱心协议,持续四年每天为社区癌症患者捐献一元钱,资助他们赴京观看奥运会,并鼓励他们与病魔作斗争。公司青年先锋队志愿者持续开展"孝满天下"活动,先后与多家敬老院结对,放弃休息陪孤老聊天或陪同老人看市政新貌,服务达1 500人次以上。四川汶川大地震后,公司为赶赴震区赈灾的医务人员、解放军及武警指战员,辟出电话专线并到其单位了解情况,接受他们参加高考的子女预约免费用车,免除后顾之忧。出租汽车四分公司连续八年开展"爱心助考"活动,为北新泾街道家庭困难学生提供免费用车送考。公司还与上海曹路镇新星、星火村联合党支部开展结对共建活动。

海博股份2006年和2007年获上海现代服务业百强企业;2007年获上海市模范职工之家称号。

表7-1-5　2010年海博股份主要控股及参股公司经营情况表　　　　　　　　　　　　　(单位:万元)

公 司 名 称	业务性质	主 要 业 务	注册资本	资产规模	净利润
上海海博出租汽车有限公司	运输业	出租汽车、汽车租赁	50 482	221 784	13 742
上海海博物流(集团)有限公司	运输业	物流企业投资及管理	5 000	15 366	528
上海海博货迪物流有限公司	运输业	道路货物运输	1 500	3 463	301
上海海博投资有限公司	投资管理	投资管理	10 918	17 595	35
上海申宏冷藏储运有限公司	仓储业	仓储	2 694	7 470	518.5
上海思乐得不锈钢制品有限公司(含草原不锈钢制品公司)	制造业	不锈钢保温制品	380万美元	12 971	1 429.5

表7-1-6　2006—2010年海博股份经营情况表　　　　　　　　　　　　　　　　　　(单位:万元)

年　　份	2006	2007	2008	2009	2010
营业收入	139 609	168 524	166 468	170 199	228 331
主营业务收入	139 609	164 606	163 299	165 323	225 122
利润总额	20 475	20 978	18 116	21 038	22 542
净利润	15 062	18 118	15 978	17 550	18 612
产　　值	26 534.2	32 361.6	33 869.9	32 265.2	37 687.5

五、上海市都市农商社股份有限公司

上海市都市农商社股份有限公司(简称"都市股份")是光明食品集团的控股子公司,也是集团旗下的上市公司。公司英文名称:Shanghai Urban Agro-Business Co.,Ltd,英文缩写:SUABC。注册地址:上海市浦东新区张扬路838号,办公地址:上海市黄浦区西藏南路765号801室。

都市股份原名为上海市农垦农工商综合商社股份有限公司,于1993年9月改制成立,1994年2月4日在上海证券交易所上市,属于综合类型的股份有限公司。2001年8月,公司实行重组,更名为上海市都市农商社股份有限公司,股票名称"都市股份",股票代码:600837。2006年,公司总股份为35 827.291万股,其中:有限售条件国家持股为24 134.329 1万股,占总股份67.36%;无限售条件股份人民币普通股11 692.961 9万股,占总股份32.64%。光明食品集团持有都市股份24 134.329 1万股,占总股份67.36%,是都市股份的控股股东。

光明食品集团作为都市股份控股股东,根据国资布局战略调整的需要,为改善都市股份的资产质量、提高盈利能力、促进都市股份的可持续发展,集团董事会于2006年12月27日召开一届四次会议,同意都市股份实施资产重组方案,审议并通过关于公司收购都市股份全部资产及负债的议案。2006年12月28日,都市股份与光明食品集团就转让全部资产事宜签署《关于上海市都市农商社股份有限公司之资产转让协议书》;与海通证券股份有限公司签署《上海市都市农商社股份有限公司与海通证券股份有限公司之吸收合并协议书》。同日,都市股份召开第三届二十七次董事会会议,审议通过公司向光明食品集团出售全部资产及负债的议案和以新增股份换股吸收合并海通证券股份有限公司的议案。海通证券在本次合并前的股份总数为873 443.887万股,换为公司股份303 100万股。本次合并完成后,公司股份总数增至338 927.291万股;海通证券的全部资产、负债、权利及义务转移至都市股份。2007年1月23日,都市股份第一次临时股东大会审议表决通过董事会上述议案。2007年1月,国务院国有资产监督管理委员会和上海市国资委先后批复同意《都市股份换股吸收合并海通证券股份有限公司的方案》。本次吸收合并完成后,都市股份的总股本为338 927.291万股,其中有限售条件的流通A股327 234.329 1万股,占总股本的96.55%。2007年6月,都市股份换股吸收合并海通证券股份有限公司方案获得中国证监会核准,海通证券成为自证券市场股权分置改革以来第一家成功实现借壳上市的证券公司。

表7-1-7 2006—2010年都市股份前10位国有股东持股情况表

股东名称	持股数(万股)	持股比例(%)	股权性质
上海上实(集团)有限公司	27 778.499 3	8.20	法人股
光明食品(集团)有限公司	24 134.329 1	7.12	法人股
上海烟草(集团)公司	20 821.028 4	6.14	法人股
上海电气(集团)总公司	19 623.738 1	5.79	国家股
申能(集团)有限公司	16 908.207 1	4.99	法人股
辽宁能源投资(集团)有限责任公司	12 492.617 1	3.69	国家股
上海久事公司	12 145.599 9	3.58	法人股

〔续表〕

股 东 名 称	持股数(万股)	持股比例(%)	股权性质
文汇新民联合报业集团	10 410.514 2	3.07	法人股
上海兰生股份有限公司	10 145.793 6	2.99	法人股
上海东方明珠(集团)股份有限公司	7 981.394 2	2.36	法人股

都市股份是以现代都市农业和生物医药为重要支撑产业,以相关产业投资收益作为利润支撑的上市公司,主要从事蔬菜、瓜果、粮油作物、花卉、草坪、绿化苗木的种植及加工、批发和零售,保健品开发和生产,医药批发和零售及外经委批准的进出口业务等。产品为"星辉"品牌系列蔬菜、花卉、瓜果、苗木、草坪、保健品及左炔诺孕酮硅胶棒。

作为肩负打造现代农业核心产业重任的专业公司,都市股份重点培育和发展生物医药及食品工业两大支撑板块,从整合农业资源、发展设施农业、延伸农业产业链等途径入手,采取切实有效措施提高农业的经济效益和核心竞争力。公司实施"三合一"农业资源整合,做大做强出口创汇蔬菜业;高标准、高质量完成了列入市国资委重点考核项目的农工商100公顷设施蔬菜项目建设任务;延伸蔬菜产业链,引进国外设备加工的"纯V"休闲果蔬脆片成功投放市场并受到消费者的青睐。生物医药业作为公司重要的支撑板块,公司代理的英国著名"新安怡"妇婴用品的市场占有率不断提高。达华药业抓住成本核算和拓展市场两个环节,生产经营保持稳步发展。经过科学论证,都市股份与上海新生源医药生物有限公司合作组建了"上海都市新生源医药有限公司",作为重点产品的"重组人角质细胞生长因子"已进入二期临床试验阶段,2007年进入市场。公司引进具有丰富市场营销经验和实力的销售团队组建都市营销公司,在优化资源配置、提高产品市场占有率方面狠下功夫,组建当年便取得较好的经济效益,为提高都市股份的经济总量奠定基础。

都市股份2006年主营业务收入39 128.38万元,其中农业收入5 311.72万元,医药经营收入14 436.19万元,贸易经营收入12 535.30万元,施工企业收入4 301.42万元;投资收益21 394.73万元。

2006年,都市股份利润总额为19 021.41万元;净利润16 215.77万元。

表7-1-8　2006—2010年都市股份的控股子公司及合营企业情况表　　　　　(单位:万元)

公 司 名 称	经 营 范 围	注册资本	母公司投资额	投资比例(%)
上海市农垦绿化工程公司	综合性园林绿化工程,建材,市政工程,水电设备安装施工	500	500	100
上海农工商工业发展公司	钢材、有色金属、建材、皮革制品、家电、针纺织品	300	300	100
上海大都市资产经营管理有限公司	实业投资、投资管理、资产经营与管理、投资咨询策划、经济信息咨询	10 000	9 000	90
上海星辉蔬菜有限公司	蔬菜,粮油,瓜果,农业技术服务	4 300	3 440	80
上海都市营销管理有限公司	市场营销管理,市场营销策划;销售食品,日用百货等	1 000	800	80

〔续表〕

公 司 名 称	经 营 范 围	注册资本	母公司投资额	投资比例（%）
上海市农工商长征医药有限公司	中药、西药、兽药、药械、参茸、营养保健品	600	465	77.5
上海都市新生源医药有限公司	药品、生物制药、医疗器械领域内的技术开发等	4 400	2 772	63
上海都市生物环保技术有限公司	有机垃圾处理、生物有机肥料开发、开发生产销售等	900	540	60
上海东艺广告有限公司	各类广告设计、制作、发布、代理	102	60	58.82
上海达华药业有限公司	左炔诺孕酮硅胶棒、医用硅橡胶材料的加工、制造	500	255	51
上海德欣食品有限公司	食品贸易；服装、鞋帽、工艺品、文体用品、日用品百货批兼零	50	24	48
上海都市农业有限公司	农、林、蔬菜、瓜果种植加工、种子培育、淡水养殖等	600	244.8	40.8
黑龙江星辉农业发展有限公司	生产加工和销售蔬菜、实用菌、果品、水产品、农业生产技术开发和技术推广等	330	134.64	40.8

第二节　商业模式转型

一、战略定位

　　光明食品集团成立以后，根据企业发展的现状和市场竞争的挑战，十分注重集团商业模式的转型。2006年12月7—8日，召开光明食品集团董事会一届三次会议，讨论集团战略规划纲要草案、研究2007年工作思路、审批审核发展集团核心主业有关投资项目时，确定了2007年集团经济工作的主题是"发展、整合、转型、提升"。第一次明确提出转型的工作要求：一要探索形成适合光明集团食品产业创新特点的企业技术创新体系，切实加大科研研发投入，聚集一批科技创新的领军人物，建成一批具有国内同行领先水平的科技研发中心，形成一批有自主知识产权的核心技术，为提高产业竞争力、业务毛利率和产品附加值提供强大支撑。二要继续推进"实施品牌集聚，重塑品牌体系"的整体品牌战略，发挥母公司主品牌和主要产品、商业服务品牌的协同优势，打造有价值的品牌体系。通过ISO9001国际质量体系、ISO14001环境体系和HACCP食品安全体系三标一体化的管理，建立食品生产加工流通全程质量安全可追溯系统，打响光明食品"安全、放心、健康"的品牌形象。三要通过自建和战略联盟等多种方式，加强客户网络、店铺网络的建设，不断提高网络建设的覆盖面和质量，争取更大的市场销售主动权。四要结合核心业务市场、网络布局战略，进一步制定清晰的资源基地布局规划，采用资本、品牌、网络、管理、契约等灵活多样的手段，加强对上游资源性农产品的控制，提升产业综合竞争优势。

　　2007年12月28—29日，光明食品集团在中国浦东干部学院举行"学习贯彻十七大和市委九届三次全会精神研讨班暨光明食品集团工作会议",会议根据集团各单位一年来的讨论和实践,对2008年"转型"在光明食品集团经济工作中的地位、转型的重点达成共识,2008年继续坚持"发展、整合、转型、提升"的工作主基调,发展是主线,又好又快的发展离不开整合、转型和提升。商业模式的转型是集团2008年工作重中之重,通过商业模式的转型,形成企业的核心能力。2008年商业模式转型的重点是科技、品牌、网络。

2008年7月22日,召开光明食品集团经济分析会,明确了集团商业模式的构成要素和关键词是:品牌、技术、网络、资源。

2009年6月26日,光明食品集团在探索实践、集思广益、上下讨论的基础上,出台《光明食品集团关于商业模式转型工作的指导意见》(简称《指导意见》),明确了商业模式转型工作的四大基本原则:聚焦重点,统筹兼顾;加大投入,价值成长;点面结合,注重实效;完善机制,持之以恒。

二、目标

【转型总目标】

在三至五年内,通过商业模式转型,将集团建设成为核心业务竞争力突出,产业协同效应显著,资源和网络布局完善的以食品业为主的现代企业集团,力争在全国布局、综合实力等方面居于国内同行业领先地位。

集团核心业务的经营业绩增长率、净资产收益率达到国内同行业领先水平,销售收入占集团比重达80%以上,形成3个以上销售额上百亿元的领军企业。

进一步提高集团核心业务的科技投入率、科技成果转化率,形成内外结合、统分结合的科技研发体系,建成2~3个国家级企业技术中心或国家重点实验室。

进一步提高集团核心业务的品牌建设投入率,打造价值定位明确、形象识别清晰、品牌内涵丰富的集团母品牌,形成3~5个销售规模或盈利能力处于国内同行业前三名的产品品牌,形成2~3个市场占有率处于国内同行业领先地位的服务品牌。

形成以市场为导向的产业链联动机制,降低内部交易成本,提高系统效率,提升集团整体竞争力。

控制关键、核心资源,完善国内外网络布局,推动集团向以食品业为主的现代服务业转型。

【转型分目标】

现代农业 围绕高效生态的发展要求,形成一批市场经营能力强、品牌效应凸显、示范带动作用显著的农业产业化龙头企业。

乳业 通过资源整合和创新发展,打造产品安全、定位明晰、科技领先、管理科学的上市公司,尽快实现销售收入超百亿元目标,保持国内乳业第一集团军的行业地位。

糖业 完善提升"五位一体"发展模式,合理配置"资源、网络、物流"等各种要素,以扩大资源控制、提高市场占有率、健全全国网络为着力点,继续保持综合实力全国领先地位。

黄酒业 加快发挥整合效应,发掘"石库门"中国驰名商标、"和"酒中国名牌产品的品牌优势,高附加值黄酒产品比重逐年提升,并逐步扩大市外市场份额,走向国际市场,保持产业竞争力、经济效益全国第一。

连锁商贸业 构筑强大的产业链终端网络平台,建成业态特色鲜明、服务功能完善的国内领先的连锁零售网络,尽快实现销售收入超二百亿元目标。

品牌代理业　"以网络聚品牌、以品牌拓网络",大力引进优秀品牌,加快全国网络布局,提高网络的辐射力、影响力和竞争力,积极开展品牌营销,适度并购、参股相关企业,尽快实现销售收入超百亿元目标,保持国内规模最大的食品批发和品牌代理服务商的行业地位。

其他食品业　重点突破部分食品加工企业毛利率过低的问题,初步形成具有市场竞争力的产品研发和品牌营销体系,体现老字号品牌的时代新特征。

支撑业务　充分调动社会资源推动转型,竞争能力、盈利能力和规范运作水平进一步提高,稳步提升投资回报率。

其他产业　形成一批市场经营能力强、经营机制灵活、成长性良好,在细分市场上具有较强竞争力的企业群体。

三、做法

【建立组织机构】

根据集团《指导意见》要求,成立商业模式转型领导小组,由集团主要领导担任组长,领导小组办公室设在集团产业发展部,负责日常推进、协调、管理工作。

下属各子公司相应成立商业模式转型领导小组和工作小组,负责转型课题研究和转型方案推进实施。

【设计转型制度】

为全面推进光明食品集团商业模式转型工作,保证转型工作扎实、有效,集团进行相关的制度设计。

明确商业模式转型工作的指导思想和四大原则。

明确将转型工作纳入子公司经营者业绩考核体系,与经营者的绩效收入直接挂钩。

集团制定并出台《关于促进产业联动和商业模式转型,扶持企业发展的若干意见(试行)》(简称《若干意见》),对集团转型工作指导意见进行细化,重点是:鼓励企业科技创新,提高科技贡献度;促进企业品牌建设,提升品牌价值;促进集团内部产业联动,发挥集团整体优势。同时对企业转型中取得突出业绩的团队、个人提出了具体的政策措施和奖励办法。

《若干意见》明确规定,对集团所属中小型企业生产的、具有较大市场潜力和较高附加值的新产品(主要是食品与食用农产品),初次进入集团所属通路企业零售终端销售所发生的进场费用,由集团给予50%的一次性补贴。对集团所属通路企业销售集团所属企业生产、加工的食品和食用农产品的销售收入达到一定规模的,当年增长10%以上(含10%)并在过去两年每年均增长10%以上(含10%)的,由集团对该通路企业经营者和有关团队给予一次性奖励5万~30万元。

对企业科技研发机构首次通过国家认定企业技术中心、国家重点实验室、工程研究中心等考核评审的,由集团给予创建团队及领军人物一次性奖励50万~100万元;对已获上述级别认定,经复审考评仍保持原级别认定并连续两次复审考评分达85分以上的,由集团给予有关团队及领军人物一次性奖励20万~50万元。

对企业科技研发机构首次通过上海市(省、部)级认定企业技术中心等考核评审的,由集团给予其创建团队及领军人物一次性奖励20万～50万元;对已获上述级别认定,经复审考评仍保持原级别认定并连续两次复审考评分达85分以上的,由集团给予有关团队及领军人物一次性奖励10万～25万元。

对集团所属企业为第一完成单位、科技成果获得国家级科技奖励的,由集团给予其研发团队及领军人物一次性奖励50万～100万元。

对集团所属企业为第一完成单位、科技成果获得上海市(省、部)级科技奖励二等奖以上(含二等奖)的,由集团给予其研发团队及领军人物一次性奖励20万～50万元。

对集团所属企业为第一完成单位、科技成果获得上海市(省、部)级科技奖励三等奖的,由集团给予其研发团队及领军人物一次性奖励10万～30万元。

对首次获中国名牌产品、中国驰名商标、最具市场竞争力品牌、中国名牌农产品等国家级品牌荣誉称号的,由集团对企业有关团队和经营者给予一次性奖励50万～100万元;对已获上述级别品牌荣誉称号,有效期满后复评通过审核、获同一级别品牌荣誉称号的,由集团对有关团队和企业经营者给予一次性奖励20万～50万元。

对首次获上海名牌、上海市著名商标等上海市(省)级品牌荣誉称号的,由集团对企业有关团队和经营者给予一次性奖励20万～50万元;对已获上述级别品牌荣誉称号的企业,有效期满后复评通过审核、获同一级别品牌荣誉称号的,由集团对企业有关团队和经营者给予一次性奖励10万～25万元。

在2010—2012年《光明食品(集团)有限公司深化商业模式转型行动计划》中,明确提出集团商业模式转型工作要着力提升"五大能力":科技研发与转化能力、品牌策划与塑造能力、渠道渗透与掌控能力、资源控制与集成能力、内部协同与整合能力。落实四大措施:加强组织领导、加大投入力度、完善评价体系、加快团队建设。

【推进转型实践】

光明食品集团按照《指导意见》与《若干意见》的部署要求,通过专题会议、专题调研、培育典型等多种形式积极推进转型实践;各子公司根据产业特点和发展趋势,不断深化商业模式转型,取得了明显的转型成效和成功案例。

2006年12月25—26日,光明食品集团召开贯彻上海市委八届十次全会精神暨2007年度工作思路研讨会,会议提出,光明食品集团要及时转型,创新商业模式,培育核心竞争力。

2007年3月2日,光明食品集团主要领导在2007年度经济工作会上再次强调,集团上下要重视商业模式转型,促进集团可持续发展;要明确盈利模式(业务模式)的转型,重视对资源的控制,提高集团经济运行质量。

2009年1月14日,光明食品集团经济分析会明确了成功商业模式的四大要素:一是客户价值主张;二是盈利过程,包括收益模式,成本结构等;三是关键资源;四是关键流程。会议强调转型是对过去商业模式的一种变革,转型必须突破各种思想阻力和工作阻力。

2009年4月13日,光明食品集团在烟糖集团所属南浦食品集团总部召开商业模式转型研讨会,会议的主题是:加强领导,培育典型,重点突破,推进转型。

为了全面推进商业模式转型工作,光明食品集团领导班子成员分成3个调研组到有关子公司进行专题调研,重点调研3个课题:如何认清形势,理清思路,解决做强做大集团核心主业遇到的瓶颈问题,包括如何加快推进商业模式转型等;如何提高集团经济运行质量,包括如何推进资产整合工作,尽快将管理层级收缩至四级;在面临经济下行的形势下,如何加强企业凝聚力,关注民生,进一步调动干部员工的积极性。

集团领导班子通过专题调研形成四大共识:力争将集团具有相对竞争优势的乳业、酒业、糖业、批发分销业、连锁商贸业以及现代农业等核心业务做强做大,凸显光明食品集团综合集成能力较强的食品产业集团形象;加快主业重大项目建设,推进主业的并购工作;不断探索和推进商业模式转型,以科技、品牌、网络、资源等"四位一体"核心要素为抓手,寻找商业模式转型的突破口;深化集团内部资源整合,发挥协同和集约效应。

通过专题调研,集团上下明确:切实推进核心要素建设,为转型提供动力保障;加强组织领导,为转型提供组织保障;加大投入力度,为转型提供资金保障;加强管理创新,为转型提供机制保障;加强队伍建设,为转型提供人力资源保障。

光明食品集团通过领导带头调研,查找问题,分析原因;集思广益,形成共识,制定对策,集团上下形成了议转型、谋转型、促转型的良好氛围,涌现出爱森肉食品公司、金枫酒业股份、东方先导有限公司、上海都市农商社有限公司等商业模式转型取得突破和成功的典型企业。

爱森肉食品公司 从2002年成立到2008年第一次创业期结束,是爱森公司不断根据市场变化进行商业模式转型的七年。七年来,爱森公司设计、实践了一条最有利于培育企业核心竞争力的商业模式,即:瞄准市场空隙,确立差异化产品定位;坚持种养加销,实现产业化经营方式;倡导健康理念,铸就诚信化"爱森品牌";强化源头控制,健全标准化生产体系;实行优质优价,追求效益化企业目标。公司净利润从2002年亏损589万元,到2008年盈利1 602万元;公司全年现金净流入额从2002年的20万元,上升到2008年的2 606万元。

金枫酒业 在探索实践生产模式、企业盈利模式的过程中,坚持以市场调研、产品研发、原料采购、生产制造、品牌创建和维护、网络建设、宣传推广等为核心,不断提升企业产品的市场覆盖率与核心竞争力。

公司在科技创新,提升竞争力方面主要通过募集资金与自有资金投入,完成金枫酿酒技术改造与产能扩建,成为行业内酿造技术最先进,实现全年酿造且产品合格率达100%的企业,成为全国单体规模最大的黄酒生产基地。

公司在实施生产模式转型,做强企业方面主要是强化招标管理,实现统一采购、统一分配、统一生产。

公司在实施品牌战略方面主要是创立"石库门"黄酒品牌,推动黄酒行业产品由低端向中高端的转型;加强市场调研,重新定位消费者目标群体;改变传统营销模式,加强销售队伍和市场网络建设,做好品牌维护工作。

表7-1-9 2006年全国黄酒行业前五强企业经营情况表

名 称	销售收入		利润总额		人均创利	
	万 元	排 名	万 元	排 名	万 元	排 名
绍兴集团	132 311	1	7 171	2	2.26	2
金枫酒业	54 633	2	19 120	1	18.82	1
绍兴东风	38 518	3	3 236	3	2.26	3

〔续表〕

名　称	销售收入		利润总额		人均创利	
	万　元	排　名	万　元	排　名	万　元	排　名
绍兴塔牌	19 045	4	806	5	2.14	4
嘉善酒厂	18 015	5	820	4	0.05	5
全国黄酒行业	551 754	—	44 969	—	—	—

东方先导糖酒有限公司　作为光明食品集团糖业产业战略的承载者和实施者，把握产业链、价值链规律，将商业模式转型作为关键点，形成"资源＋网络＋物流＋期现货＋电子商务"的"五位一体"商业模式。自2003年组建以来，仅用短短6年时间，销售规模从20余万吨增加到100余万吨，把食糖产品做成覆盖全国市场的糖业产业，实现了行业地位从地方企业向全国龙头企业的转变，成为国内食糖贸易规模最大的糖业企业集团。

公司商业模式转型取得成功的关键是准确把握产业要素，把资源、网络、物流、期现货、电子商务等五大要素连接起来，实现了五项突破，一是突破资源瓶颈，控制上游食糖资源，形成了"资源与网络并举"的产业构架；二是突破地域限制，组建全国东方公司，采取"区域联动"经营策略，形成"大东方"市场网络体系；三是突破经营手段，引入期货交易工具，增强企业套期保值、联动现货、抵御波动等功能；四是突破物流限制，逐步建设三级物流，实现"总部集中订购、全国各地配送"；五是突破管理模式，通过电子信息平台，全国各地公司实现统一采购、财务监管。截至2010年，东方先导在全国设立销售公司达16家，食糖销售规模增长约50%。

上海都市农商社有限公司　2008年，积极探索新的商业模式，从原来单一发展标准化菜场专柜向大力发展商超店转变。2008年拥有商超店62家，一改以往蔬菜销售模式，亮出"都市菜园"品牌，凸显"从田头到餐桌"全过程安全监控的理念，大大提升"都市菜园"在中高端消费者心目中的形象。全年实现营业收入5 600万元，比上年同期翻一番多。以精品和有机食品为依托，大力培育B2C电子商务平台，建立以"都市生活"为理念的网络蔬果直销平台，销售有机蔬菜数十种、精品水果近40种。

四、模　式

2009年1月22日，光明食品集团向市政协作了关于探索实践商业模式转型几种模式的专题汇报，对光明食品集团进行品牌、技术、网络、资源"四位一体"商业模式转型的实践和经验作了初步总结。

【以"科技＋品牌＋资源"为核心、"用全国资源，做全国市场"的乳业转型模式】

2007年年初，中国乳品市场中的常温产品占70%，新鲜产品占30%。光明乳业确立了"聚焦乳业、做强新鲜、突破常温、实现百亿"的发展战略，光明乳业常温产品事业部通过光明乳业在全国26个地区的奶牛基地、乳品加工厂的资源优势，全力实施"用全国资源，做全国市场"的乳业转型模式。首先对全国各销售大区实行扁平化管理，减少中间环节，提高管理效能和效益；其次是分步推广激活终端的做法，加快销售渠道横向增加网点数量、纵向增加单点销量的双向发展，常温产品铺货迅速向乡、镇级渗透,新增了近7万个铺货网点,形成了全国90个城市的市场体系。至2010年,光明乳业常温产品在全国拥有1 200多个经销商、12万多个终端网点。2004年,光明乳业常温产品销售收入为16.1亿元,2009年销售收入29亿元。

【以"创新+品牌+科技"为特点的黄酒业转型模式】

这种开创营养型黄酒之先河,加快中国黄酒产业追赶白酒产业发展步伐的经营模式,既培育了"和"酒、"石库门"等中国黄酒民族品牌,又显著提升了黄酒生产的利润率,其利润总额占到行业销售总利润的50%,使集团黄酒业一跃成为行业的领先者。

【以"资源+网络+物流+期现货+电子商务"为核心内容的"五位一体"糖业转型模式】

集团糖业经营体制从事业部变为专业化大公司,产业覆盖从下游销售转向全产业链经营,市场网络从上海扩展到全国市场,销售规模从20余万吨跃升至100余万吨,行业地位从上海领先发展为全国领先,至2010年占据全国食糖消费市场13%,成为食糖销售领域的全国第一。

【以资本经营与产业经营联动、网络和品牌互动为要素的品牌代理业转型模式】

以南浦食品公司为龙头的集团品牌代理企业先后代理了"雀巢""雅可""恒天然"等百余个国际知名食品品牌,构建起辐射全国5.5万家店铺网络体系和渠道通路,进一步确立了在全国食品品牌代理业名列第一的行业地位。

【以农为本、低成本、多业态的连锁零售发展模式】

截至2010年年底,农工商超市集团连锁店总数已达3 204家,其中超市462家、便利店2 282家,营业收入165.16亿元,利润3.14亿元,位于中国连锁企业前列。集团下属第一食品公司等相关企业在建设网购、特供、专业店等新兴渠道方面取得成效。

第三节　产业和企业整合

为了进一步做响光明品牌、做强光明集团、做大光明食品,真正实行内涵发展,重组后的光明食品集团从产业和企业整合的战略定位、研究制定产业和企业整合的行动计划、实施产业和企业整合的具体行动等全方位推进产业和企业整合。

一、整合目的意义与原则

2006年12月7—8日,光明食品集团召开董事会一届三次会议,会议讨论集团三年发展战略规划纲要草案,研究2007年工作的基本思路,确定2007年经济工作主题,审批、审核加快发展集团核心主业的有关投资项目。会议明确提出:"发展、整合、转型、提升"是光明食品集团2007年经济工作的主题。

2007年3月2日,光明食品集团召开2007年度经济工作会,出席会议的集团党政班子成员、各子公司与总部各部室负责人经过认真学习和热烈讨论,对产业和企业整合的目的意义、整合的原则、整合的思路、整合的重点形成共识,明确:产业和企业整合是集团2007年工作的重中之重。

【整合的目的意义】

整合是体现组建光明食品集团价值,实现做响光明品牌、做强光明集团、做大光明食品目标的关键;整合也是光明食品集团重组后实行内涵发展的重要举措,有利于消除集团内部同业竞争,有利于发挥集团协同效应,有利于降低企业经营成本,有利于提高集团与各子公司的经营绩效。

【整合的原则】

按照突出主业、有利于专业化经营、形成可持续的盈利能力及培育融资功能、提高产业整体竞争力的原则,促进和引导产业积聚发展,解决企业经营业务重叠、资源配置分散的问题,逐步形成优势互补、合理分工、各具特色、协调发展的产业分布格局,形成核心业务、支撑业务和培育业务三大类的业务组合架构,将资源优势转化为产业优势,获得"1+1>2"的整合效应和规模效应。

在整合过程中要做到"三个坚持":坚持逐步把国有资产资源从非主业、非相关业务中退出来,集中资源打造主营业务和核心板块;坚持通过集团内部资源的重组和优化配置,通过集聚、集约,将资产向优秀企业集中,将资源向优秀经营者集中;坚持国有经济控制重要行业和关键领域,加大集团对核心产业的控制力,提高集团对核心企业的控股比例。

【整合的思路】

以市场手段为主,行政手段为辅,同时注重平衡各方面的利益。在整合工作中,坚定决心,明确目标;深入基层,分类指导;有序推进,有情操作;落实责任,考核挂钩。

【整合的重点】

根据突出主业,形成可持续的盈利能力及培育融资功能的原则,对上市公司进行重组,基本完成"5+2"的资产整合工作,即5家上市公司+便利、房产的整合:光明乳业剥离便利连锁,进一步聚焦乳业主营业务;第一食品剥离非酒业业务,更名为金枫酒业,"石库门"与"和"酒资产整合;海博股份非主营业务资产剥离,注入集团系统内的相关资产,进一步聚焦出租汽车和物流业务;梅林股份把盈利能力较弱的企业和与主业关联度不高的企业剥离,使主业更加突出;都市股份进行"壳"重组,力争取得多方共赢的结果;"好的便利"与"可的便利"实行强强联手整合,打造成为国内最大的便利品牌;推进农工商房地产集团的资产证券化工作。

按照"集团公司企业化,两级公司专业化,基层企业多元化"的目标,减少管理层次,收缩管理幅度,逐步退出财务状况较差、规模较小的非主业企业,基层企业从原来的近3 000家收缩到740家左右。

推进集团内部资源的整合,逐步将食品物流业从培育性业务提升为核心业务。加快推进建立集团财务结算中心的运作,加强现金统一管理,降低资金成本,提升资金使用效率。

集团食品产业核心业务集中力量优先发展乳业、酒业、糖业、批发分销业和连锁商贸业等,加大内部上下游产业链整合的力度,推动集团经济健康、持续、稳定发展,积极酝酿推进食品产业链相关的核心业务整体上市工作。

二、整合计划与行动

为推进集团产业和企业整合工作,光明食品集团制订一系列相关的行动计划,从制度设计和工作要求上保证整合工作的程序性、规范性和有效性。

【三年行动计划】

2007年4月2日,按照"发展、整合、转型、提升"的工作主题和要求,《光明食品集团产业整合暨企业整合三年行动计划》(简称《三年行动计划》)经光明食品集团党政联席会议原则通过。《三年行动计划》明确了产业整合暨企业整合的四大原则是:有利原则、发挥优势原则、三结合原则和"三个坚持"原则;明确了整合行动计划按照"产业板块—行业、企业—行动方案"三个层次,制订一级子公司层面产业整合行动计划。围绕核心业务、支撑业务和培育业务,分为四大板块及具体的整合战略构想、整合战略的执行主体、整合战略的执行方式等。

光明食品集团还制定了《上市公司整合与融资行动计划》。上市公司作为光明食品集团旗下的市场直接融资的资本平台、促进实体经济发展的经营平台和产业升级的领军企业,公司整合与再融资是集团实现战略规划目标,打造完整食品产业链,实现三二一产业联动的重要举措。

【退出行动计划】

2007年4月6日,光明食品集团总裁办公会议讨论通过《光明食品集团国资从有所不为领域有序退出行动计划》(简称《退出行动计划》)。

《退出行动计划》按照集团发展战略规划要求,在分析企业现状,明确退出行动的指导思想和退出原则的基础上,提出了2007—2009年目标计划及具体的对策措施。《退出行动计划》对光明食品集团已"关、停、并、歇业"、主营业务中不具培育性和成长性、非主营业务中微利亏损、投资回报率低属纯投资参股的四大类企业提出了合理调整、有序退出的战略计划。

表7-1-10　2010年光明食品集团国资从有所不为企业退出情况表　　　（单位：个）

年份	有所不为企业退出集团系统				合计
	财务合并范围		财务非合并范围		
	销号方式退出数	股权出售方式退出数	销号方式退出数	股权出售方式退出数	
2010	15	10	5	5	35

【调整行动计划】

2009年5月8日,《光明食品集团主业发展与非主业调整2008—2010年行动计划》(简称《行动计划》)经光明食品集团董事会一届十七次会议审核通过并印发集团所属各企业。

《行动计划》明确本次计划期内重点实施的五大战略:业务聚焦战略、转型战略、整合战略、世博战略、人才强企战略。明确2008—2010年集团主业发展目标与思路:主要围绕将乳业、酒业、糖业、批发分销业和连锁商贸业等5块业务培育成销售规模上百亿或净利润达3亿元以上的阶段性目标及发展集团特色业务——都市农业,提出了具体分业的目标与思路;明确了集团非主业资产整合与中小企业调整退出的三年目标与措施。

《行动计划》强调了做强做大集团主业板块的五大原则是:围绕"做响光明品牌、做强光明集团、做大光明食品",通过三二一产业的联动,做强做大集团主业板块的原则;减少层级、收缩幅度,加强集团管控力度,促进集团产业结构不断优化的原则;有序推进、规范操作,确保国有资产保值、增值,防止国有资产流失的原则;切实维护职工合法权益,保障职工合法权益不受侵害的原则;实事求是、因地制宜、一企一策的原则。

《行动计划》提出了主业发展与非主业调整的举措:集团上下结合,制定好三年行动计划及分阶段的工作步骤,并加大绩效考核比重;采取多种方式缩减企业管理层级;严格控制股权投资;建立产业整合与资产重组工作的定期报告制度;继续对集团系统内企业产权情况进行基础调查,努力搭建集团内部企业数据库,实现中小企业改制的动态管理体系。

【减少行业分布过宽计划】

2009年7月9日,集团制订《光明食品集团进一步聚焦主业、减少行业分布过宽行动计划》,指导思想是:结合光明食品集团的实际情况,积极推进集团产业结构调整,进一步突出主业,做强主业,实现集团又好又快发展。在对集团涉及行业进行分类梳理的基础上,加快国资从有所不为行业的退出,重点解决集团国资布局分散,行业分布过宽问题,实现资产、资源向核心业务和龙头企业的集中。

该计划在分析集团行业分布现状的基础上,提出减少行业分布过宽的总体目标和具体目标,减少行业分布过宽的四大总体原则和四大具体措施。

截至2008年12月31日,集团国资合并企业644个,共涉及50个行业大类。

表7-1-11　2008年光明食品集团行业分类情况表

业务板块	所涉行业大类(个)	占行业大类比例(%)	企业数量(个)	占企业总数比例(%)
一、核心业务	12	24	394	61.2
1. 现代农业	5	10	48	7.5
2. 食品制造业	3	6	76	11.8
3. 分销业(含食品和非食品)	4	8	270	41.9
二、支撑业务	18	36	188	29.2
1. 运输物流	9	18	67	10.4
2. 房产物业	9	18	121	18.8
三、非主业	20	40	62	9.6
总　计	50	100	644	100

说明:(1)根据行业分类国家标准,集团涉及大类行业50个。其中与食品相关的核心业务12个,占行业大类24%;支撑业务18个,占行业大类36%;非主业20个,占行业大类40%。

(2)按行业大类划分相对企业数,集团与食品相关的核心业务企业(含非食品分销)394个,占企业总数61.2%;支撑业务企业188个,占企业总数29.2%;非主业企业62个,占企业总数9.6%。

至2010年年底,集团行业大类从50个减少至33个,下降率34%。其中核心业务(现代农业、食品制造业、食品分销业)行业大类11个;支撑业务(运输物流、房产物业)行业大类14个;阶段性保留非主业行业大类8个。

表7-1-12　2010年光明食品集团行业减少后分类情况表　　　　　　　　　　（单位：个）

业务板块	所涉行业大类	行业大类及名称
一、核心业务	11	
1. 现代农业	4	农业(01)、林业(02)、畜牧(03)、农、林、牧渔(05)
2. 食品制造业	3	农副食品加工(13)、食品制造业(14)、饮料制造业(15)
3. 分销业（含食品和非食品）	4	批发业(63)、零售业(65)、商务服务业(74)、专业技术服务(76)
二、支撑业务	14	
1. 运输物流	7	交通运输设备(37)、道路运输(52)、城市公共交通(53)、装卸搬运和其他运输(57)、仓储业(58)、其他服务业(83)、教育(84)
2. 房产物业	7	建筑业(47)、建筑装饰(49)、住宿业(66)、餐饮业(67)、房产(72)、公共设施管理(81)、居民服务(82)
三、非主业	8	印刷(23)、化学制品(26)、医药(27)、金属制品(34)、通用设备制造(35)、专用设备(36)、计算机服务(61)、社会福利(87)
总　　计	33	

【整合行动计划】

2010年9月30日，依据《光明食品集团2010—2012年发展规划》的要求，《光明食品集团2010—2012年内部资产整合行动计划》经集团总裁办公会议原则通过并印发集团所属各企业，明确了资产整合的依据、资产整合目标等。

集团内部资产整合行动计划的总目标　通过行政推动，市场化运作的形式，组织实施集团内部的资产整合，努力将光明食品集团培育成为国内一流、具有国际竞争力的综合型食品产业集团。

行动计划的具体目标　组建光明米业集团，努力提升以米业为主的现代农业板块公司化经营、集约化生产水平，成为光明食品集团核心主业的新亮点和新的经济增长点。

积极推动集团肉食品养殖、加工产业的整合，发挥"梅林""爱森"的品牌优势，充分利用上市公司的资本平台，加快肉食品资产资本化、资本证券化的步伐，努力培育销售上百亿、经营绩效优良、老百姓餐桌首选的品牌食品制造龙头企业。

积极推动集团糖业资产内部整合、外部兼并和国际化战略，加快糖业整体资产在香港H股市场上市步伐，提升"玉棠""英茂"品牌知名度，提高食糖作为国家战略储备商品在市场上的占有率，从10%市场占有率提高到20%以上。

积极推动集团"有所不为"企业的市场化退出步伐，三年内计划退出100个企业，其中合并报表范围吊销企业40个，股权出售30个；非合并报表范围吊销企业15个，股权出售15个。集团系统行业分类数目从50个降至33个。

三、整合措施与成效

光明食品集团以企业退出、产业合并、争取上市、股权转让、产权交易、盘活土地等多种形式，采取"抽楼板"和"关、停、并、转、售"及"升级"等措施，全力进行集团产业整合和企业整合，实现企业管理层级的收缩，取得了明显成效。

【企业退出】

2006年,光明食品集团全年企业转改制完成18个,完成计划的112.5%;"收缩消肿"完成39个(其中注销、吊销38个,转让1个),完成计划的108%;企业为623个,比2005年减少33个。

2007年光明食品集团产业链整合和中小企业"收缩消肿"取得新进展,退出企业54个(改制24个、销号30个);企业转改制完成36个,比计划多完成14个,完成计划的163%;收缩消肿完成33个(其中注销、吊销30个,转让3个),完成计划的117%。

2008年,光明食品集团有所不为企业退出55个,占年度计划128%;完成工商变更登记和注销、吊销、改制23个,占年度计划的135%;重点将梅林股份中盈利能力较弱的企业或与主业关联度不高的企业进行剥离,共涉及梅林股份下属7个企业,涉及资产约1.6亿元,另涉及大股东关联负债约7500万元。

2009年,光明食品集团通过"关、停、并、转、售"等措施,基本实现了将企业管理层级收缩到四级以内的年度目标,涉及企业89个。截至2009年12月底,完成工商变更登记和注销、吊销、改制、有所不为企业退出的共75个,占年度计划的107%;压缩行业数12个,占年度计划的150%。

2010年,办理完成销号、改制、有所不为企业退出计划36个,占年度计划的106%;压缩行业数5个,2009—2010年共压缩行业数17个,集团行业数由50个减少到33个,完成集团行业退出的目标。

【产业合并】

2007年,农工商超市集团拉开"打造中国第一便利连锁企业"的整合序幕,所属的"好德便利"与原属光明乳业股份的"可的便利"强强联手,重组合并,农工商超市旗下的便利店门店数量增加到2500家,进一步凸显便利连锁经营的规模化;光明乳业出售"可的便利"后,公司更加专注于乳业发展。

当年完成烟糖集团收购"和"酒资产的全部工作,"石库门"上海老酒与"和"酒的资产集合在烟糖集团旗下,以上市公司"第一食品"为平台,整合两个黄酒品牌的准备工作正式启动。

2007年,集团为做强海博股份出租汽车和物流业主业,对海博股份进行产业和资产整合,将与其主业关联度不大的资产与集团的相关资产进行置换,共涉及5家企业,涉及资产总额3.47亿元。同时积极推进并完成上海烟糖集团所属新境界食品有限公司与上海农工商投资公司所属农工商配送有限公司的同类企业归并整合。

【争取上市】

2006年10月,根据市国资委的安排,光明食品集团系统5家上市公司完成股改工作。

2007年,光明食品集团制定农房集团资产证券化方案,完成农房集团资产重组和股份制改制的第一阶段工作,即业务重组和股权整合,为2008年实现农房集团的资产证券化做好准备。积极推进都市股份重组工作,经国务院国资委和上海市国资委的批准,由都市股份换股吸收合并海通证券并整体上市;推进都市菜园的产业链集成工作。

2008年,光明食品集团完成农房集团公司股份制改造IPO前期准备工作。2008年1月30日,完成农房集团公司股份制改造必须履行的审计评估工作;2月,获上海市国资评审中心对农房集团评估的核准通知;3月,集团发文同意农房集团改制为股份有限公司,并于3月10日办理工商变更手续,公司更名为"农工商房地产(集团)股份有限公司";3月28日,完成农房集团向社会法人非公开招股工作,发行价格为每股4.71元,发行市盈率(PE)为19倍,共有10家投资者中标,共计认购2.6亿股。根据发行原则,最后有5家公司因提出要进入董事会以及分期付款等原因放弃。最后以28日资金全部到账为准。其中向久事公司等5家投资者发行1.2亿股,募集资金5.6520亿元。5月9日,向市国资委提出关于农房集团国有股权设置以及首次公开发行股票并上市的请示;5月15日,市国资委全票通过农房集团申请公开发行不超过2亿股股票并在上证所上市的议案。完成上海市证监局对农房集团上市辅导工作的验收。6月26日,获市国资委《关于同意农房集团国有股权管理有关问题的批复》,并于6月27日正式向中国证监会书面提出IPO申请。

同年,集团还积极有序地推进金环医疗用品有限公司和申光高强度螺栓有限公司的创业板上市工作,聘请相关的审计、评估、法律、财务顾问等社会中介机构完成全部审计评估工作。

2009年,已报中国证监会近一年的农房集团IPO,由于审批程序发生变化,中国证监会在召开部务会讨论前得到国土资源部对农房集团土地使用情况的认定材料。与此同时,农房集团相关材料已报国土资源部审批。

对金环公司和申光公司的创业板上市做了大量的前期准备工作,两公司积极准备进行股份制改造。待条件成熟,争取创业板上市。

2010年,金环公司创业板上市前引进战略投资者进行增资扩股事宜经在上海联交所挂牌,并公开信息进行公开招募,竞价募集。至2010年11月26日,有2家财务投资者对金环公司增资扩股事项进行举牌,各自认购10%股权,并交纳了保证金。12月20日完成产权交易手续,共募资3000万元。12月22日完成工商变更手续。

【股权转让】

2006年,光明食品集团完成海博股份公司收购华丰集装箱码头公司资产、农工商建设公司收购中建水泥公司15%股权、长江总公司收购德科电子公司美方45%股权等工作,并完成相应的产权交易工作。

2007年,光明食品集团完成益民集团收购烟草集团持有冠生园集团55%股权、烟糖集团收购"和"酒资产、海博股份资产重组、农工商超市收购"可的便利"等转让产权交易工作。

2008年,光明食品集团对海博股份公司进行产业和资产整合,将与其主业关联度不大的资产与集团的相关资产进行置换。涉及5家企业,共涉及资产总额3.47亿元。

通过资产置换的方式,将第一食品与酒业非相关的资产与烟糖集团的酒业资产进行置换,使酒业资产全部进入第一食品,第一食品更名为"金枫酒业"。

2008年12月8日,都市有限公司划转五四公司的方案获集团党政联席会议审议通过,并于12月9日宣布重组整合。此次划转涉及都市有限公司本部及下属111家企业,涉及总资产约3.2亿元,净资产约1.9亿元。

完成冠生园45%股权转让工作。2008年1月25日中信资本在上海联交所以5.1亿元价格中标,收购冠生园集团45%股权。9月取得了商务部的批准。2008年底完成工商变更登记手续,5.1亿收购资金到位。

2010年,光明食品集团收购上实公司所持光明乳业30.176%股权,2010年2月完成股权交割手续。光明食品集团持有光明乳业30.176%股权,牛奶集团持有光明乳业35.27%股权,合计持有65.45%股权。

完成收购文广集团所持益民6.54%的股权事宜,获国资委协议收购的批复,完成产权交易,并完成国资变更和工商变更,益民集团正式成为光明食品集团的全资子公司。

配合农投公司1.7亿元非经营性资产的处置、协调和管理工作。农投公司对1.7亿元资产构成中的股权、产权及在建工程,通过规范改制和产权转让,已完成了股权收购、物业接管和产权处置,取得了在建烂尾项目的产权等,在盘活存量资产的同时提升资产使用效率,通过市场实现价值。在出售和出售过程中的17个资产项目,占应处置资产的68%,约可实现转让收益3.78亿元以上,是1.7亿元资产的2.2倍。

【产权交易】

2006年,光明食品集团共完成产权交易项目20个,资产账面价值1.34亿元,资产评估确认值1.45亿元,实际转让收入1.72亿元。资产评估比账面值增值7.87%;转让收入比评估确认值多收2776.6万元,溢价19.19%,从而保证了国有资产在流动中保值增值。

2007年,完成产权交易项目42个,资产账面价值25.79亿元。

2008年,完成产权交易项目36个,交易金额19.81亿元。

2009年,完成产权交易项目18个,交易金额9.28亿元。

2010年,完成大都市收购光明荷斯坦38个小股东持有20%股权的产权交易并办理工商变更手续。2010年1—11月完成产权交易项目20个,总交易金额为2.64亿元。

【盘活土地】

2009年,光明食品集团做好国有划拨土地"上收"资料上报工作。经各子公司统计上报、集团审核,共涉及土地100幅,使用权总面积203.69万平方米(约合203.69公顷),建筑总面积40.88万平方米,于2009年11月报市国资委重组处进一步审核。

2010年,为加快盘活光明食品集团系统企业存量闲置资产,使国有土地资源得到充分利用,达到国有资产保值增值效应,集团启动"退二进三"工作。集团资产部对集团系统内存量土地状况进行认真梳理,逐一分析。经比对政策、综合分析后,确定向上海市住房保障和房屋管理局住宅建设发展中心上报经济适用房建设用地14幅约858亩。

第四节 项目投资和对外并购

光明食品集团为做强做大核心主业,在发展中采取内涵有机增长和外延投资并购相结合的方法,不断优化投融资结构。糖业、乳业在产业并购方面取得重大突破;完成并推进了农工商超市118广场、海丰万头生态奶牛基地、西郊国际农产品交易中心、长江农场高效生态现代农业园区、海湾国家森林公园、冠生园工业园、金枫10万吨产能扩建等一批重点建设项目。"十一五"期间,集团不断改善融资结构,成功发行40亿短期融资券和40亿中期票据,为实施项目投资和对外并购,加强资金的统一管理运用奠定了重要基础。

一、项目投资

【项目投资情况】

2006年光明食品集团大力发展集团核心业务,适度控制房地产和其他产业投资规模。全年计划投资项目共计 135 个,计划投资金额 54.99 亿元,实际启动项目 112 个,实际完成投资 46.87 亿元,占计划投资 85.23%。

表 7-1-13 2006 年光明食品集团项目投资情况表

行　　业	投资项目(个)		投资资金(亿元)	
	计划项目	启动项目	计划资金	实际投入
现代农业	21	12	3.61	2.63
食品加工业	29	25	4.93	4.92
商贸业	20	17	13.21	7.02
服务业	7	7	5.71	4.37
房地产业	25	23	24.75	25.50
其　他	33	28	2.78	2.43
合　计	135	112	54.99	46.87

2006 年具体投资项目　跃进、长江农场 3 万亩粮田设施基础工程,2006 年开工建设,2007 年 4 月全面完成。

光明乳业荷斯坦金山 6 000 头奶牛场项目,2006 年全面完成并投入试运行,当年迁入 3 200 头奶牛。项目由以色列专家设计方案,从国外引进的挤奶设备及生产管理系统达到国际先进水平。

光明乳业乳品八厂技术改造和设备更新项目于 2006 年 10 月全面投产运行,使光明乳业在酸奶生产技术升级换代和管理方面上了新台阶,赢得出席国际 IDF 会议的各国乳品专家的广泛好评。

作为上海市科技兴农重点项目,上海鲜花港有限公司 5 公顷太阳能温室项目完成建设,100 KVA 太阳能发电装置试运行,2007 年 4 月工程建设全面完成。

农工商超市 118 广场二期工程完成项目投资的 65%,2007 年 10 月全面完成并投入营业。

好德物流中心完成蛋、米仓库建筑工程,累计完成项目总投资的 35%,2007 年全面完成。

小店大整合物流配送中心(南大路)改造工程项目 2006 年累计投资 990 万元,2008 年投入使用。

梅林捷克罐头食品厂项目启动建设,2006 年完成投资 3 000 万元,占总投资的 40%。

海博股份斯班赛洋山港保税区仓库项目 2006 年完成投资 1 亿元,约占投资总额的 50%。

农房集团"幸福小镇"项目投资预算 3.12 亿元,"徐汇新干线"项目投资预算 7 214 万元,"星河世纪城"投资预算 2.25 亿元,2006 年均完成计划投资目标。

2007 年光明食品集团投资项目计划安排 111 个,投资预算安排 48.53 亿元,实际启动实施 124 个,完成投资 69.97 亿元。其中计划内项目启动 106 个,完成投资 54 亿元,完成年度预算的 111.27%;计划外项目 18 个,完成投资 15.97 亿元,占年度实际完成投资总额的 22.73%。

光明食品集团 2007 年主业投资中,六大核心主业投资计划安排 44 项,安排投资预算 19.29 亿元。全年实际启动 49 个,其中 38 个已完成,完成投资 20.32 亿元,占食品主业实际完成投资总额的 87.1%。

表7-1-14 2007年光明食品集团项目投资结构情况表

投资内容	项目(个)	投资资金(亿元)	占实际总投资比例(%)
固定资产投资	55	13.50	57.90
股权投资	13	9.31	39.90
金融投资	1	0.51	2.20
合计	69	23.32	100
上海市项目	49	17.88	76.60
外省市项目	18	5.04	21.60
境外项目	2	0.40	1.80

2007年具体投资项目 光明乳业乳品技术改造和设备更新项目：实际完成投资14 980万元。其中乳品二厂牛奶膜过滤项目于2007年7月完成调试投入生产；乳品八厂扩建四条酸奶罐装机流水线于2007年8月正式投入使用；武汉光明乳业扩建项目于2008年1月投入正常生产。

农工商超市118广场二期、三期项目：完成项目所有设备安装、内外装修，招租商户完成店铺二次装修，2008年1月正式对外营业。

2006年度设施菜田项目：100公顷保护地和5 500亩露地设施项目于2007年7月完成建设并投入生产；都市菜园主题公园按期完成工程建设，于2007年10月开始试营业。

2007年度8.1万亩设施粮田项目：长江农场于2007年上半年完成1.5万亩，其他1.8万亩于2008年4月底前全部完成；跃进农场1.8万亩于2008年5月完成；海丰农场3万亩于2008年完成。

广西上上糖业公司1.5万吨原料蔗技改项目：2006年7月开工建设，2007年3月竣工并投入试运行，2007/2008榨期投入生产。

冠生园食品工业园区一期项目：2007年8月开工建设，累计投资4 983万元，2008年9月项目竣工投产。

光明食品集团2008年投资计划投资项目为96个，安排年度投资预算57.15亿元。实际启动项目95个，其中70个已全部结束，实际完成投资57.82亿元，完成年度预算的101.17%。

2008年年度计划安排主业项目61个，安排预算26.58亿元，实际完成投资26.77亿元，完成年度预算的100.71%，占年度实际完成投资总额的46.3%。

表7-1-15 2008年光明食品集团核心业务投资项目情况表

行业	计划项目(个)	投资预算(亿元)	实际投入(亿元)	预算完成率(%)	主要项目
现代农业	24	6.85	7.23	105.55	海丰万头奶牛基地、所属农场6.6万亩设施粮田建设、设施菜田建设及奶牛场改造等
乳业	4	2.02	2.23	110.40	光明乳业各加工厂的技术改造、设备购置以及奶站、冷链建设等

[续表]

行业	计划项目（个）	投资预算（亿元）	实际投入（亿元）	预算完成率（％）	主要项目
糖业	5	2.02	2.02	176.24	东方先导增资、广西上上酒精废液处理、海南糖厂扩建及食糖期货保证金等
酒业	6	2.64	2.55	96.59	金枫酿酒厂技改、和酒（大开福）热灌装线技术改造等
商贸零售业	7	7.55	7.59	100.53	118广场改扩建、超市门店新开和改造、上海西郊国际建设等
分销代理业	2	0.54	0.51	94.44	烟糖集团对南浦公司的增资和新境界的冷库改造
休闲食品业	7	0.73	0.91	124.66	冠生园集团蜂制品厂迁建、梅林股份对梅林（捷克）部分股权收购等
其他	5	1.14	1.16	101.75	海博物流下属的仓储建设和烟糖集团信息化建设等

表7－1－16　2008年光明食品集团支撑业务和非主业投资项目情况表

行　业	计划项目（个）	投资预算（亿元）	实际投入（亿元）	预算完成率（％）	主　要　项　目
支撑业务	30	30.3	30.72	101.39	—
房地产	—	—	28.28	—	—
出租车项目	—	—	2.44	—	—
非主业	5	0.28	0.33	117.86	新三花薄膜厂的迁建、海博安吉的职工疗休养基地、农投公司的商业用房改建

2008年具体投资项目　长江高效生态现代农业基地建设项目：完成了项目整体规划，其中设施粮田、标准化鱼塘改造等项目已开始实施。

西郊国际农产品交易中心建设项目：蔬菜交易中心基建部分已基本完成。

农工商超市118广场项目：购物中心、118大卖场及办公楼已建成并投入使用，商务楼基本完成建设。

冠生园食品工业园区建设项目：蜂制品公司迁建一期项目按计划完成搬迁工作并投入试生产。

海丰万头奶牛基地项目：主体牛舍及配套设施建设、设备安装已基本完成，奶牛开始陆续进场。

光明乳业长效酸奶生产项目：生产线已安装调试完成并投入试生产，产品于2009年1月正式上市。

海南糖厂改扩建项目：项目建设已完成，于2008/2009榨季投入生产。

表 7-1-17　2008 年光明食品集团项目投资结构情况表

投资内容	项目(个)	投资(亿元)	实际投入(亿元)	占实际总投资比例(%)
固定资产投资	83	47.80	48.61	84.07
股权投资	12	7.97	7.82	13.52
金融投资	1	1.39	1.39	2.41
合计	96	57.16	57.82	100
上海市项目	66	32.47	35.89	62.07
外省市项目	29	24.55	21.80	37.71
境外项目	1	0.13	0.13	0.22

光明食品集团 2009 年计划投资项目 98 个，其中续建项目 39 个，新建项目 59 个，年度投资预算 105.87 亿。年内实际启动项目 94 个，其中年内完成项目 71 个。实际完成投资 121.25 亿，完成年度预算的 114.53%。

表 7-1-18　2009 年光明食品集团核心业务投资项目情况表

行业	投资预算(个)	实际投入(亿元)	预算完成率(%)	与 2008 年相比(%)	占主业实际投资比例(%)
现代农业	6.80	6.18	90.88	−14.52	13.29
乳业	18.22	17.86	98.02	700.90	38.40
糖业	12.32	11.00	89.29	208.99	23.65
酒业	1.42	1.11	78.17	−56.47	2.39
肉业	0.72	0.62	86.11	—	1.33
零售业	4.56	4.65	101.97	−38.74	10
分销代理	2.29	2.16	94.32	323.53	4.64
休闲食品	0.03	0.07	233.33	−92.31	0.15
其他	3.77	2.86	75.86	71.26	6.15

2009 年，光明食品集团主业投资项目为光明乳业技改项目建设、好德物流中心建设、海丰万头奶牛场建设、金枫黄酒酿造一期工程建设及 25 亿元主业并购项目等。2009 年完成了光明乳业 30.18% 股权回购和英茂糖业公司 60% 股权收购，光明食品集团乳业和糖业的投资同比有大幅增长。

表 7-1-19　2009 年光明食品集团支撑业务和非主业投资项目情况表

项目	投资预算(亿元)	实际投入(亿元)	预算完成率(%)	与 2008 年相比(%)	占实际总投资比例(%)
房地产	50.99	69.45	136.20	145.58	92.92
其中土地储备	20.00	39.56	197.80	1 011.24	95.93

〔续表〕

项目	投资预算（亿元）	实际投入（亿元）	预算完成率（%）	与2008年相比（%）	占实际总投资比例（%）
出租车	4.42	4.81	108.82	97.13	6.44
非主业	0.35	0.48	137.14	45.45	0.64
合计	55.76	74.74	134.04	140.71	100

表7-1-20　2009年光明食品集团项目投资结构情况表

内容	投资资金（亿元）	实际投入（亿元）	预算完成率（%）
固定资产投资	73.92	89.69	121.33
股权投资	29.44	29.78	101.15
金融投资	2.50	1.78	71.20
合计	105.87	121.25	114.53
上海市项目	40.89	62.55	152.97
外省市项目	64.56	58.28	90.27
境外项目	0.42	0.42	100

光明食品集团2010年投资计划项目116个，实际启动项目111个，其中70个已全部结束；安排年度投资预算108.94亿元，实际完成投资74.93亿元，完成年度预算的68.78%，剔除主业并购预算，实际完成年度预算92.46%。

2010年计划安排主业项目87个，安排年度投资预算64.07亿元，实际完成投资30.47亿元，完成预算的47.55%，剔除主业并购预算，实际完成率为83.74%。

表7-1-21　2010年光明食品集团核心业务投资项目情况表

行业	投资预算（亿元）	实际投入（亿元）	预算完成率（%）	主要项目
现代农业	10.43	8.77	84.08	农业基础设施建设、农机购置及农业产业化项目等
乳业	7.15	7.79	108.95	光明乳业下属各工厂的技术改造、设备购置以及奶站和冷链建设等项目，以及成功收购新西兰新莱特乳业等
糖业	1.88	1.11	59.04	东方先导和英茂糖业下属各子公司的糖业设备购置、技术改造升级项目等
酒业	1.91	1.90	99.48	金枫10万吨新型黄酒项目等
休闲食品	1.03	0.85	82.41	爱森肉类加工厂一期项目及天阳改扩建项目等
商贸零售业	4.70	4.33	92.13	118广场改扩建、第一食品三林及南桥两个门店、西郊农产品交易中心二期项目等

〔续表〕

行　业	投资预算 (亿元)	实际投入 (亿元)	预算完成率 (%)	主　要　项　目
分销代理业	0.15	0.15	97.20	捷强连锁成立新通海公司等
其他项目	6.83	4.65	68.08	东方先导公司和英茂糖业公司的食糖期货保证金、农场的区域经济项目等

光明食品集团2010年支撑产业投资项目主要是农房集团的商品房开发和海博股份的出租车扩容、更新以及租赁车的购置等项目。支撑产业投资占集团年度实际投资额的57.91%。农房集团2010年度新增土地储备617亩，完成年度计划的102.8%。非食品主业投资主要是烟糖集团参与平安证券、兴业银行、交通银行配股及牛奶集团租赁房屋改造等项目。非主业投资占年度实际投资额的1.76%。

表7-1-22　2010年光明食品集团支撑业务和非主业投资项目情况表

项　目	计划项目 (个)	投资预算 (亿元)	实际投入 (亿元)	预算完成率 (%)
支撑业务	22	43.39	43.12	99.19
出租车和物流	—	3.86	3.48	90.24
房地产	—	39.54	39.64	100.25
非主业	7	1.48	1.34	90.54

表7-1-23　2010年光明食品集团项目投资结构情况表

内　容	投资项目 (个)	实际投入 (亿元)	占实际总投资 (%)
固定资产投资	92	60.43	80.65
股权投资	16	9.82	13.10
金融投资	3	4.68	6.25
合计	111	74.93	100
上海市项目	76	38.15	50.91
外省市项目(含境外)	35	36.78	49.09

【投资管理】

光明食品集团在投资管理中，注重建立健全投资管理体系，抓好年度投资计划、重点建设项目的实施和投资管理的规范操作，加强对重点项目管理的制度建设和跟踪监管服务。为规范企业投资行为，明确投资活动中的事权和职责，加强投资活动的监督管理，集团于2007年5月制订《光明食品(集团)有限公司投资管理制度》；2009年4月制订《光明食品(集团)有限公司投资项目备案实施办法》；2009年12月制订《光明食品(集团)有限公司投资项目后评估实施办法(试行)》；2010年制订《光明食品(集团)有限公司固定资产投资项目建设实施规范》。这些投资管理的规章制度,对加强集团系统投资项目的过程管理,规范投资项目后评估工作,切实控制重大投资风险具有重要的指导性和实际操作性。

投资管理体系和投资活动原则　为使光明食品集团的投资决策科学、正确,集团董事会建立了战略和投资管理委员会,并按照《董事会议事规则》,就董事会、总裁机构以及各子公司的投资权限和决策程序作了明确与规范。在投资管理上,集团总部专门设立投资管理部,从组织架构上为加强集团系统投资管理工作、规范投资活动提供了保证。2010年引进4名投资管理方面的专业人才,进一步充实投资管理队伍,提高投资管理水平。集团按照"集权有道、分权有序、授权有章、用权有度"的原则,以继承、修订、建立等形式着手建立、理顺投资管理体系,明确各级法人、各级管理部门和各职能部门在投资管理工作中的责任与权限,逐步规范投资立项、申报、审核、决策等管理程序,为实现投资活动的规范化、程序化、科学化管理奠定基础。

集团投资活动遵循的原则:一是投资活动符合国家产业政策、集团战略规划、企业主业发展方向和结构调整,服务于主业做强做大。严格控制非主业投资和非生产性固定资产投资,严格限制金融投资。二是注重投资预算管理,提高投资活动计划性。认真编制年度投资计划与预算,严格执行经集团公司批准的年度投资计划(预算)。三是规范投资决策程序,提高项目投资科学性。投资活动严格执行集团公司和企业制定的投资制度与规范,进行充分的可行性研究论证。项目决策实行集体决策制,企业对投资行为承担经济责任。四是加强投资项目管理,有效控制投资风险。投资活动与企业资产规模、筹资能力以及管理能力相适应,加强投资项目的过程管理和后续管理,完善风险防范体系,有效控制投资风险。原则上,集团公司第四层次以下的子企业(含第四层次企业)不得进行产权投资。

项目投资实行审批制和备案制　其中包括固定资产投资、产权投资、金融投资、集团公司董事会、总裁机构认为需要审批的投资项目。

固定资产投资:单项投资总额在2 000万元以上(含2 000万元,以下均为含)的生产经营性固定资产建设项目和非生产经营性固定资产建设项目。

产权投资:单项出资额在1 500万元以上,或追加投资累计出资额超过1 500万元的长期股权投资项目。非货币出资金额以经集团公司审核、上海市国有资产管理委员会备案确认的评估值为基准。

在中国境内投资设立中外合资、合作企业以及在中国境外投资设立企业;涉及以专利技术、专有技术以及中国驰名商标、地方著名商标作价出资的长期股权投资。

企业投资活动实行备案制范围　单项投资总额在2 000万元以下的生产经营性固定资产建设项目。单项出资额1 500万元以下,以及追加投资,累计出资额不超过1 500万元的长期股权投资项目。非货币出资金额以经集团公司审核、上海市国有资产管理委员会备案确认的评估值为基准。集团公司董事会、总裁机构特别授权范围内的投资项目。

投资项目审批程序:企业提出投资意向,编制《项目建议书》,逐级提交集团公司总裁机构审核。子公司由集团公司委派的首席产权代表以书面形式上报。

总裁机构通过总裁办公会议对《项目建议书》进行审核,并以《总裁办公会议纪要》形式明确是否批准立项。对批准立项的,由企业组织进行项目可行性研究、论证。

企业按规范编制《项目可行性报告》,逐级上报集团公司审批。上报材料应附子公司总经理机构或产权代表书面意见。

集团公司对子公司上报的投资项目材料的完整性、项目的方向性及可行性,提出审核意见,报总裁机构审议。

总裁机构通过总裁办公会议对《项目建议书》进行审核,并以《总裁办公会议纪要》形成审核意见。属于总裁审批权限内的项目,由总裁签署审核意见,集团公司以书面形式批复。属于董事会审批权限的项目,由总裁机构向董事会提交议案。

董事会按照议事规则对总裁机构上报的投资项目进行审议并形成书面决议,集团公司以书面形式批复。董事会闭会期间,由董事长在董事会授权范围内对投资项目进行审批。

项目经集团公司批准后,由企业决策机构按照其投资决策制度和程序的规定进行决策,并形成相应的董事会、总裁办公会议或者股东会(股东大会)决议。

产权代表应按照集团公司的审批意见进行表决。若集团公司审批意见在企业董事会上未得到采纳,产权代表应执行企业董事会合法有效的决议,但应将集团公司对项目的审批意见在会议记录或会议决议中予以载明。

投资项目备案程序:集团所属子公司按照其制定的投资决策制度和程序对其或其子企业投资项目进行决策,并形成相应的董事会、总裁办公会议或者股东会(股东大会)决议。

子公司在其董事会、总裁办公会议或者股东会(股东大会)决议生效之日起三十个工作日内,将相关决议、项目可行性报告(包括相关文件和资料)、合同和章程等文本上报集团公司投资管理部备案。

规范集团公司直接投资决策程序 集团公司委派的产权代表、集团公司总部职能部门按照集团发展规划和阶段性发展需要,提出集团公司直接投资项目的意向和建议,并编制《项目建议书》提交总裁机构审核。

总裁机构通过总裁办公会议的形式对《项目建议书》进行审核,并以《总裁办公会议纪要》形式明确是否批准立项。对批准立项的,由总裁机构指定相关机构组织进行项目可行性研究、论证。

项目可行性报告经总裁机构审议通过后,提交集团公司董事会审议。董事会审议前一般应由董事会战略和投资委员会进行预审。董事会按照议事规则对集团公司直接投资项目进行决策,形成书面决议。

项目管理 集团公司审批的投资项目,在集团公司出具审批意见之前,产权代表不得将项目提交企业董事会审议,企业不得签署任何约束性文件。

项目实施过程中,企业建立项目工作组,指定项目负责人,全面负责项目实施的具体事宜,并及时向集团公司报告项目的进展情况。

在投资项目实施过程中,集团公司有关职能部门,根据项目性质、内容及推进的不同阶段,主动协助参与有关工作。

项目资金列入集团公司和企业年度财务预算。项目资金的拨付,须凭项目可行性报告、股东会(股东大会)或董事会决议、集团公司审批意见,经总裁(总经理)和财务总监(财务负责人)联签后,财务部门方可办理。

企业严格按照已批准的项目方案(包括项目进度、质量要求)执行。投资规模、资金使用、投资成本等不得超过预算范围。若情况发生变化,致使项目投资额可能超过批准预算10%以上的,须向原项目审批机构说明原因,经同意并办妥有关补充审批手续后,方可进行追加投资。

投资项目后评估 光明食品集团为进一步完善投资管理工作,提高投资决策水平,2009年开展了投资项目后评估的试点工作,涉及12个投资项目、9个子公司。

后评估工作首先由企业对项目进行自我后评估,后评估工作小组通过与项目负责人交流询证、现场查验相关材料等工作,对各项目的审批、实施全过程的规范程度、生产运营后技术、经济指标与可行性研究报告相关数据的对比情况及项目未来的持续经营能力等方面进行全面评估。在2009年后评估试点工作的基础上,2010年实现了投资项目后评估工作全覆盖,对涉及8个子公司的32个投资项目进行了后评估,投资项目大都达到或超过了预期目标。

项目后评估主要内容:项目实施过程的评估,主要包括对项目立项决策阶段、准备阶段、实施阶段以及竣工验收(或股权交割)阶段等过程性工作作出评估;项目运营状况评估,主要包括对项目的经营管理、市场销售、组织构架、管理控制等作出评估;项目经济效益评估,主要包括对项目的主要技术经济指标、财务效益以及项目对投资主体的企业发展和整体绩效等作出评估;项目环境影响评估,主要包括对环境和社会的影响等作出评估;项目持续性评估,主要包括对影响项目未来运营的内外部因素条件作出分析的基础上,对未来的持续经营情况作出评估;项目决策的规范性和科学性评估,主要包括对项目决策程序是否规范、决策依据是否充分、决策方法是否科学等作出评估。

后评估实施:项目投资主体在项目竣工验收(完成投资)并生产或运营一个完整会计年度后的6个月内完成《项目自我后评估报告》。

典型项目后评估工作,由集团公司投资管理部会同产业发展部、财务部、审计部、法务部、监察部以及子公司相关人员组成典型项目后评估工作小组组织实施,必要时,邀请集团内相关专业技术人员或聘请社会机构参加。

二、对外并购

光明食品集团把核心主业的并购作为战略扩张的主旨,在并购中重点把握战略准备、尽职调查、资源整合三个环节,从而大大加快了企业对外并购的步伐。

烟糖集团利用自身在糖业的资源优势,收购并控股中国英茂糖业有限公司60%股权,成为中国糖业历史上非常经典的并购案例;梅林股份公司成功收购了重庆今普食品公司51%股权;心族实业公司收购了黄山汪满田茶叶公司50%股权;烟糖集团完成了对海南白沙蔗糖加工基地的收购;光明食品集团收购了上实公司所持光明乳业30.176%股权;海博股份公司收购了巴士宏通60%股权,并实施对出租车企业的并购,新增出租车642辆;农房集团通过并购,新增土地储备近千亩;光明乳业收购新西兰新莱特乳业公司,使集团的国际化战略实现了突破。

集团对外并购工作的有效推进,对做大做强光明食品集团、实现"保增长、促发展"的经济目标起到十分重要的作用。同时,通过国际化并购项目的洽谈和推进,使集团对国际化并购的程序和规则更加熟悉,并购工作团队得到了锻炼和提高,经营管理层的国际视野进一步扩展。

【2006—2010年重点并购项目】

烟糖集团收购并控股中国英茂糖业公司60%股权项目 中国英茂糖业有限公司(英文名为China Yinmore Sugar Co., Ltd.,简称"英茂糖业")注册在开曼群岛,经营实体全部在国内。公司在云南省德宏州、西双版纳州和红河州拥有10家糖厂11条生产线,控制了85万亩蔗田基地,2007/2008榨季生产蔗糖44.95万吨,占云南省蔗糖产量的20%,2009年在国内制糖企业排名中位居第9名。经烟糖集团与英茂糖业股东协商,英茂糖业作价13.8亿元,由烟糖集团通过下属的"香港光明"在英属维尔京群岛设立全资子公司——光明糖业集团有限公司(简称"光明糖业"),向高盛公司受让其持有的英茂糖业30%的股权,向英茂糖业管理层在英属维尔京群岛设立的三家公司——联浩集团、华万、智业分别受让持有的英茂糖业17%、7.99%和7.01%的股权,收购总价为人民币8.28亿元。烟糖集团于2009年收购完成后,光明糖业持有英茂糖业60%股权,联浩集团、华万、智业、高盛公司分别持有英茂糖业23%、6%、6%和5%的股权。

光明乳业投资入股新西兰新莱特乳业有限公司项目 新莱特乳业有限公司(Synlait Milk Limited,简称"新莱特乳业")总部位于新西兰坎特伯雷地区,主要从事全脂奶粉、脱脂奶粉及配方奶粉的生产加工。截至2010年7月底,公司总资产1.44亿新西兰元,净资产600万新西兰元。光明乳业股份公司通过在境外注册的两层全资子公司出资8 200万新西兰元,认购新莱特乳业增发的2 600万多股股票(每股3.15新西兰元)。2010年7月9日光明乳业股份公司与Synlait Milk Limited和Synlait Limited签订股东协议和认购协议,2010年11月11日股权交割完成,光明乳业股份公司共持有新莱特乳业51%股份。

光明食品集团以15.5亿元对价受让上实食品所持全部光明乳业股份项目 光明乳业的发起人是光明食品集团的子公司上海牛奶集团和上实控股的全资附属公司上实食品控股有限公司。为了进一步做强做大核心业务,优化国资布局,加快乳业上市公司发展,光明食品集团2009年通过上海市场以15.5亿元收购对价协议受让上实食品有限公司所持光明乳业的全部股份3.14亿股,收购完成后,光明食品集团与子公司牛奶集团合并持有光明乳业6.819亿股股份,占光明乳业总股本的65.448%。光明食品集团本次收购对价为15.5亿元,是集团成立以来金额最大的一次资产并购,也是集团通过资本市场优化国有资产配置、加快核心主业发展、深化国资国企改革的重大举措。

东方先导糖酒有限公司投资海南省白沙合水糖业产业基地项目 东方先导糖酒有限公司根据集团糖业产业三年行动计划的规划和加大糖业资源控制规模的要求,积极实施糖业资源的拓展和布局工作。2008年以现金方式增资海南白沙合水糖业有限公司。该公司净资产评估值为3 227.37万元,东方先导公司出资人民币7 500万元进行增资。增资后的海南白沙合水糖业有限公司注册资本从人民币1 000万元增加到人民币3 333.33万元,其中东方先导糖酒有限公司持股70%,原股东合计持股30%。2009年6月东方先导糖酒有限公司以现金方式收购自然人张映明持有的18%白沙合水糖业有限公司股权和自然人王羽持有的3%白沙合水糖业有限公司股权,收购价格为2 486万元。收购完成后,东方先导糖酒有限公司持有白沙合水糖业有限公司股权由70%增至到91%。

梅林股份有限公司收购重庆市今普食品有限公司51%股权项目 2009年年初,梅林股份有限公司出资8 650万元收购重庆市今普食品有限公司51%股权,此收购项目经公司董事会、股东大会审议通过,并得到中国证监会的核准。收购重庆今普后,梅林股份公司经营规模扩大、主业盈利能力增强,同时拓展和延伸了食品产业链,加速了食品主业的发展。

海博股份收购巴士宏通投资发展公司60%股权项目 为加快上海市区及郊区的出租车业务发展,进一步做强做大主业,2009年,由上海农工商投资公司收购上海巴士宏通投资发展有限公司60%股权。同年由上海农工商投资公司将持有的上海巴士宏通投资发展有限公司60%股权协议转让给海博股份,海博股份即为上海巴士宏通投资发展有限公司的第一控股大股东,上海巴士宏通投资发展有限公司变更名为上海海博宏通投资发展有限公司,用"海博宏通"的字号替代原"巴士宏通"的字号。海博宏通公司拥有常州巴士出租汽车341辆,2010年扩容增加出租汽车80辆,共有出租汽车421辆;拥有区域性出租车宝山海博620辆、松江海博225辆、浦东海博406辆、青浦海博380辆等。

上海市黄山茶林场收购黄山市汪满田茶叶有限公司50%股权项目　2009年,上海市黄山茶林场以现金方式收购黄山市汪满田茶叶有限公司50%的股权,并同比例追加实收资本,共计投资2 500万元,黄山市汪满田茶叶有限公司注册资本变更为5 000万元,实收资本3 012.54万元,上海市黄山茶林场和汪智利(自然人)各持50%股权。

【并购原则和并购方向】

光明食品集团于2010年制订《光明食品(集团)有限公司核心主业并购行动计划(2010—2012)》,确定实施并购应遵循与集团和本企业发展战略相符合的原则;与集团和本企业已有业务或资源协同效应明显的原则;最终的收购价格能够合理反映企业价值的原则;确保尽职调查中揭示的风险处于可控制范围的原则。

并购工作的主要目标:聚焦集团现有核心产业、培育型产业的战略发展目标,利用集团良好的资信等级和上市公司资本平台的投融资功能,构建与集团并购业务相适应的工作体系和业务团队。在国内和国际两个市场,以食品资源的控制保证、市场占有率的快速提升、行业竞争力的显著提高为目的,积极推进并购。

核心业务并购方向:农业重点围绕全国优势区域的基础性资源控制和营销服务体系建立、种源农业扩展提升和农业产业结构调整实施并购;糖业重点围绕糖业资源控制、销售网络和物流体系完善实施并购;乳业重点围绕优质奶源资源和品牌、网络控制、市场占有率提高和产品多元化实施并购;酒业重点围绕扩大黄酒市场区域,寻求机遇进入葡萄酒、白酒领域,建立完善全国性的专业营销体系实施并购;分销代理重点围绕提高全国主要区域的品牌食品分销能力,提升分销运营模式,提高盈利能力实施并购;商贸零售重点围绕零售业态提升和全国范围的市场拓展实施并购。

培育型业务并购方向:肉业、饮料及糖果等休闲食品业重点围绕已有产业做大做强和提高市场占有率实施并购;食品包装、保健品、棕榈油等行业重点围绕产业规模和成长空间大、对集团发展具有重要战略意义的新领域、新产业实施并购。

国际化业务并购目标:围绕集团食品主业并购,抓住机遇,加大国际化并购力度,加快集团国际化战略实施。

【并购工作程序】

为加强对并购工作的指导与管理,规范并购工作相关程序,光明食品集团于2008年8月制订《光明食品(集团)有限公司并购工作指引》。

集团公司对企业并购项目的审批程序,原则上遵照《光明食品(集团)有限公司投资管理制度》相关程序执行。

并购流程:企业围绕既定的并购战略和原则,制定并购目标的选择标准。企业根据目标选择标准,建立并购工作数据库。在双方形成共识的基础上进行初步调查,形成《项目建议书》。

《项目建议书》由子公司以公文形式报集团公司审批。子公司上报的《项目建议书》由集团公司投资管理部归口受理、组织初审,并组织有关部门会审。集团公司投资管理部形成书面初审意见上报集团公司总裁机构审议。

集团公司总裁机构以总裁办公会议形式对《项目建议书》进行审议,并以《总裁办公会议纪要》形式明确是否批准立项。

集团公司总裁机构做出批准立项决定后,企业成立并购小组,并指定并购小组负责人。并购小组是项目并购的操作主体,对企业总经理机构或其授权机构负责。

集团公司的并购项目,原则上由集团公司总裁机构成员担任并购小组负责人,并成立由集团公司相关部门专业人员组成的并购小组。必要时,集团公司抽调企业相关专业人员加入工作小组。

并购金额3 000万元(含)以上的,需聘请专业中介机构担任财务顾问,共同进行尽职调查。涉及上市公司的并购,需聘请具有证券从业资格的中介机构加入并购小组,包括财务顾问和独立财务顾问、评估机构、审计机构、律师等。

并购小组负责对并购目标进行尽职调查,制定具有针对性、全面性的《尽职调查清单》,形成《尽职调查重点关注要点清单》。

并购小组根据《尽职调查清单》《尽职调查重点关注要点清单》,安排进行实地调查核证并形成《尽职调查报告》。《尽职调查报告》进行风险揭示,并分析这些风险的影响程度和可控制性,提出应对措施。

并购小组需及时向集团公司或子公司总裁(经理)机构提交《尽职调查报告》,经集团公司或子公司总裁(经理)机构审核同意后,委托中介机构对并购目标进行财务审计和资产评估。

并购小组按照市国资委、集团公司的有关规定和程序,聘请中介机构对并购目标进行审计与资产评估,并办理资产评估备案(核准)手续。涉及上市公司的并购,应当聘请具有证券从业资格的中介机构对并购目标进行审计与资产评估。并购小组应当对并购目标上一年度以及最近一期财务结果进行审计。

并购小组在完成尽职调查、审计与资产评估的基础上,与并购交易方就并购事宜进行商务谈判,形成《并购方案》,并就并购主要条款草签框架性协议。

并购小组在上述工作的基础上形成《可行性研究报告》,子公司、子企业的并购项目需经子公司总经理机构和首席产权代表审核同意后,由子公司首席产权代表报集团公司审批。

子公司上报的《可行性研究报告》由集团公司投资管理部组织预审,形成预审意见后报集团公司总裁机构审议。集团公司直接投资的并购项目的《可行性研究报告》,由并购小组负责人直接报集团公司总裁机构审议,集团公司总裁机构以总裁办公会议的形式对并购项目进行审议,并以《总裁机构会议纪要》形成审议意见。

集团公司董事会按照议事规则对总裁机构上报的并购项目进行审议并形成书面决议,并由集团公司按照《首席产权代表请示报告管理办法》的规定答复首席产权代表。

集团公司或授权审批机构作出并购决定后,并购小组根据批准的并购方案实施并购程序。企业按照公司章程规定的程序、企业议事规则审议该并购事项。企业与并购交易方签订正式并购合同、"新公司"("新公司"是指完成本次并购事项后的标的公司)章程以及产权交易合同并报送集团公司法务部审核。

并购涉及的产权交易原则上通过产权交易所进行。完成产权交易后,企业应当按照相关程序及时办理国有产权登记和工商登记变更。

并购后评估工作:并购组建的"新公司"在运营一个完整年度后,需对并购项目进行评估。评估报告对照并购项目可行性研究报告以及预期经营目标,对"新公司"业务发展、运营质量、内控管理、盈利能力、协同效应、发展潜力、文化融合以及风险化解等方面作全面评估,并提出下一步有关措施与工作。

集团公司投资管理部根据需要,组织相关部门有选择地对并购项目进行后评估或对企业所做的后评估报告进行复审,必要时聘请外部专业人员共同参与评估。

第五节 对外经贸和国内合作

光明食品集团成立以后,以做大做强集团食品产业、提高集团核心竞争力为目标,加大招商引资和外经外贸工作力度并取得初步成效

一、对外经贸

【与港澳台企业及外国企业合资合作企业】

光明食品集团2006年投资的与港澳台及外国合资合作企业为51个,境外实际投资42 103万美元,利润总额为127 859万元。

表7-1-24 2006年光明食品集团外贸企业基本情况表

单位	单位数（个）	境外实际投资（万美元）	集团实际投资额（万元）	营业收入（万元）	其中境外营业收入（万元）	利润总额（万元）	出口商品总额（万美元）	进口商品总额（万美元）	从业人员期末数（人）
跃进有限公司	2	448	738	23 563	10 440	1 481	49	1 685	114
长江总公司	1	34	198	3 637	350	89	86	—	52
东海总公司	2	139	328	10 356	10 465	932	870	97	526
五四公司	6	1 739	4 008	27 448	8 547	1 124	1 138	534	599
投资公司	5	5 306	50 184	444 236	—	23 996	—	8	3 116
都市农商社	1	153	1 217	1 110	—	−9	—	—	70
海博股份	6	863	8 030	53 269	25 765	1 288	2 703	231	1 553
益民食品	20	32 570	87 630	935 027	88 841	98 337	11 060	7 434	9 870
烟糖公司	4	223	1 624	81 864	—	732	252	72	285
农地产集团	3	512	8 052	4 887	—	−306	—	—	474
星联公司	1	116	957	1 996	—	195	—	—	68
合 计	51	42 103	162 966	1 587 393	144 299	127 859	16 158	10 060	16 272

光明食品集团2007年投资外贸企业46个,境外实际投资37 463万美元,利润总额175 161万元。

表7-1-25 2007年光明食品集团外贸企业基本情况表

单位	单位数（个）	境外实际投资（万美元）	集团实际投资额（万元）	营业收入（万元）	其中境外营业收入（万元）	利润总额（万元）	出口商品总额（万美元）	进口商品总额（万美元）	从业人员期末数（人）
跃进有限公司	1	366	635	40 761	15 974	2 742	3 718	3 587	101
长江总公司	1	34	198	3 461	269	50	42	46	8

〔续表〕

单 位	单位数（个）	境外实际投资（万美元）	集团实际投资额（万元）	营业收入（万元）	其中境外营业收入（万元）	利润总额（万元）	出口商品总额（万美元）	进口商品总额（万美元）	从业人员期末数（人）
东海总公司	2	139	328	12 113	12 113	757	981	1 000	789
五四公司	6	1 739	4 008	31 005	8 154	848	1 321	1 254	542
投资公司	4	5 197	48 220	459 733	—	39 594	603	616	3 106
都市农商社	1	153	1 217	1 070	—	−55	—	—	52
海博股份	6	863	8 030	57 844	32 891	1 214	4 244	3 711	1 420
益民食品	17	28 088	92 330	1 069 665	145 226	128 735	18 976	21 932	9 335
烟糖公司	4	256	3 324	93 332	35 578	366	173	49	296
农地产集团	3	512	8 052	6 072	—	890	6	—	534
星联公司	1	116	957	2 533	—	21	—	—	68
合　计	46	37 463	167 299	1 777 588	250 205	175 161	30 064	32 194	16 251

光明食品集团2008年投资外贸企业38个，境外实际投资36 086万美元，利润总额186 834万元。

表7-1-26　2008年光明食品集团外贸企业基本情况表

单 位	单位数（个）	境外实际投资（万美元）	集团实际投资额（万元）	营业收入（万元）	其中境外营业收入（万元）	利润总额（万元）	出口商品总额（万美元）	进口商品总额（万美元）	从业人员期末数（人）
跃进有限公司	1	366	635	34 830	10 996	2 601	2 445	2 445	109
长江总公司	1	34	198	3 879	358	51	5	—	58
东海总公司	2	139	328	15 122	15 122	423	162	169	706
五四公司	4	1 666	2 813	23 537	4 159	606	203	—	380
都市农商社	1	153	1 217	348	—	−446	—	—	38
投资公司	3	5 023	45 881	527 406	—	23 249	23	23	2 123
益民食品	17	27 681	92 260	1 169 906	125 068	158 383	2 083	2 961	7 509
海博股份	1	114	1 778	27 180	24 328	498	289	113	522
烟糖公司	4	255	3 544	89 042	1 596	724	99	545	280
农地产集团	3	520	7 986	6 250	—	721	2	—	577
星联公司	1	116	957	3 149	—	24	—	—	66
合　计	38	36 086	157 598	190 048	181 628	186 834	5 309	6 256	13 368

光明食品集团2009年投资的外贸企业37个，境外实际投资41 774万美元，利润总额219 870万元。

表7-1-27　2009年光明食品集团外贸企业基本情况表

单　位	单位数（个）	境外实际投资（万美元）	集团实际投资额（万元）	营业收入（万元）	其中境外营业收入（万元）	利润总额（万元）	出口商品总额（万美元）	进口商品总额（万美元）	从业人员期末数（人）
跃进有限公司	1	366	635	35 802	16 743	1 204	894	2 897	97
长江总公司	2	51	219	3 793	373	62	55	—	81
东海总公司	2	139	328	14 514	14 514	769	1 310	804	826
五四公司	5	1 819	2 814	24 646	6 459	1 695	946	1 056	394
投资公司	3	5 023	45 881	635 671	—	28 789	—	—	2 123
益民食品	16	31 296	143 269	1 173 270	89 512	183 118	12 751	11 843	11 940
海博股份	1	114	1 778	23 278	19 874	533	2 910	10	475
烟糖公司	3	2 167	28 540	52 698	1 238	−224	10	55	143
农房集团	3	683	10 558	7 418	—	3 843	—	—	462
星联公司	1	116	957	3 298	—	81	—	—	64
合　计	37	41 774	234 980	1 974 388	148 713	219 870	18 876	16 305	17 605

【筑巢引凤　招商引资】

光明食品集团招商引资企业主要为上海浦东星火联合发展有限公司（又称上海市星火开发区）和长江总公司所属上海集林经济开发有限公司。

星火开发区是1984年由上海市人大、市政府批准筹建的以制造加工业为主的工业园区，当时称上海市星火轻纺工业区，规划面积8.78平方公里。2006年，星火开发区被国家发改委确定为上海国家生物产业基地，被国家商务部、科技部命名为国家科技兴贸创新基地（生物医药）。2006—2010年，开发区共引进项目42个，转让土地69.8万平方米。

上海集林经济开发有限公司是长江总公司所属全资子公司，又称长江经济园区。公司成立于2004年2月，注册资本800万元，其中长江总公司出资480万元占60%，前进总公司出资280万元占35%，东风总公司出资40万元占5%。公司地址：上海市崇明县长江农场长江大街268号，办事处地址：上海市闸北区中山北路831弄4号16楼。公司经营范围为投资管理、企业管理等，是光明食品集团在崇明县从事招商引资的经济小区之一。2010年公司注册企业172个，资产总值7 300万元，税收总额22 000万元，利润总额1 610万元。2006—2010年合计企业681家。公司拥有正式员工17人。

上海集林经济开发有限公司是崇明县政府认定的主要从事招商引资活动的经济小区，享受崇明县专项扶持政策，吸引符合崇明产业发展方向的企业落户崇明，促进崇明经济的发展。公司本着"诚信经营到永远"的经营理念和"国资增值，企业增效，员工增收"的企业使命，坚持"责任集林，激情集林，价值集林"的企业价值观，对园区企业实行"全过程服务""全方位服务"。上海集林经济开发有限公司认真做好长江经济园区的招商工作，设立招商办证部和财务咨询部，为落户企业提供信息资料、政策咨询、投资指南、代办企业登记、税务登记等"一条龙"服务，不断增强招商引资工作的软实力。公司成立以来，每年引进近140家企业落户园区，使长江经济园区规模不断发展壮大。长江经济园区内所注册企业以从事广告、企业咨询管理、建筑设计等为代表的现代服务业企业为主，占总注册数的75%以上。

集林经济开发公司获评2007—2009年度长江总公司先进集体,2009年长江总公司工会示范班组,2010年度光明食品集团工人先锋号。

长江经济园区主要入驻企业有上海辛迪加影视有限公司、上海国经网络科技有限公司等。

上海辛迪加影视有限公司是克顿传媒旗下品牌剧旗舰公司,成立于2008年。辛迪加影视顺应国剧精品化浪潮,秉承自身优势,致力于制作、发行集"美情""美景""美人"于一身的精品影视剧。代表作有《夏家三千金》《娘家的故事》《爱情有点蓝》。

上海国经网络科技有限公司成立于2006年,主要为企业提供企业QQ、营销QQ、搜狗搜索引擎、腾讯企业云、广点通等所需的关键应用软件和技术支持。

表7-1-28　2006—2010年集林经济开发公司注册企业税收情况表

年　份	注册企业(个)	税收总额(万元)
2006	50	3 574
2007	120	6 245
2008	185	9 550
2009	154	12 000
2010	172	22 000

【工农业出口产品金额、数量和品种】

2006—2010年光明食品集团工农业出口产品具体情况见表7-1-29。

表7-1-29　2006—2010年光明食品集团工农业出口产品情况表　　　　（单位：万元）

年　份	出口金额		其　中	
	全部单位	集团财务合并单位	工业产品	农业产品
2006	147 093	64 650	144 747	2 346
2007	250 696	82 877	248 533	2 163
2008	218 121	60 384	216 648	1 473
2009	178 955	66 745	176 867	2 088
2010	241 610	71 707	239 775	1 835

光明食品集团出口商品的主要生产单位为跃进有限公司、长江总公司、东海总公司、五四公司、海丰总公司、都市农商社、海博股份、益民集团和烟糖集团等所属企业。

表7-1-30　2010年光明食品集团出口商品生产单位和数量情况表

生产单位和产品名称		计量单位	数量	生产单位和产品名称		计量单位	数量
跃进有限公司	左炔诺孕酮硅胶棒	万套	32	长江总公司	日用塑料制品	吨	722
	不锈钢冲剪	吨	15 917		锁具	万把	315

〔续表〕

生产单位和产品名称		计量单位	数量	生产单位和产品名称		计量单位	数量
长江总公司	汽车仪器仪表	万只	21	益民食品	罐头	吨	18 934
	滚动轴承	万套	278		米面制品	吨	717
东海总公司	鲜切花种苗	万株	1 459		速冻食品	吨	3 476
	木质家具	万件	27		其他腌渍类食品	吨	6
	橡胶制品	万只	14 921		味精	吨	426
五四总公司	蔬菜	吨	3 979		复合调味品	吨	6
	兽药	吨	462		酒	千升	148
	手术器械	千元	16 231		氨基酸	吨	1 361
	医用材料	千元	1 130		电化铝	卷	34 736
海丰总公司	方便饭	吨	134		塑料薄膜	吨	17 257
	通信及网络用电缆	对千米	40		菜刀剪刀	万把	422
投资公司	不锈钢锅	万口	150		不锈钢制品	吨	420
					房间空气调节器	万台	16
海博股份	不锈钢日用制品	吨	2 568	烟糖公司	豆沙	吨	1 750
					酒	千升	181

【企业选介】

上海市食品进出口公司 上海市食品进出口公司(简称"食品进出口公司")的前身是成立于1954年的中国食品出口公司上海分公司,1961年3月,更名为中国粮油食品进出口公司上海食品分公司,同年4月更名为上海市食品进出口公司。1965年9月,恢复使用中国粮油食品进出口公司上海食品分公司的名称。1988年11月,与北京总公司脱钩,在行政、业务上均属上海市人民政府对外经济贸易委员会领导管理,公司名称再次使用上海市食品进出口公司。1998年12月9日,上海市经委、上海市外经贸委同意上海外经贸投资集团(筹)以公司资产投资上海梅林正广和(集团)有限公司,实行工贸结合,公司成为上海梅林正广和(集团)有限公司的全资子公司。食品进出口公司注册资本4 786万元;注册地址:上海市虹口区四川北路525号;企业性质:全民所有制;2010年职工人数为316人。

2010年,上海食品进出口公司主要经营食品和其他货物及技术的进出口业务。出口商品有家具、服装、纺织丝绸、活鳗、活畜禽、日用杂品、文体用品等,主要销往美国、日本、澳大利亚、英国、中国香港等国家和地区。进口商品有木材、副食品、水产品、食品制成品、有色金属、聚乙烯等,主要来源地是加拿大、巴西、美国、新西兰、阿根廷等国家和地区。

根据国家有关部门的安排,上海市食品进出口公司从1962年起向香港供应"上海中猪",其质量、售价和销量在香港市场享有美誉,成为香港市民餐桌上不可或缺的品牌肉食品。

上海市食品进出口公司从1954年成立至2010年的57年间,累计进出口金额达84.49亿美元(其中出口79.33亿美元,进口5.16亿美元)。2010年进口商品6 053.17万美元,出口商品14 488万美元。

表7－1－31 2010年上海市食品进出口公司出口商品分类情况表　　（单位：万美元）

商品种类	2010年出口	2009年同期	同比增减(%)
家　具	3 268.90	2 818.73	16.00
服　装	1 725.31	1 301.10	32.60
纺织丝绸	1 715.09	1 439.80	19.10
活　鳗	1 011.76	3 053.26	－66.00
日用杂品	879.32	517.93	69.80
文体用品	788.34	612.88	28.60

表7－1－32 2010年上海市食品进出口公司主要进口商品分类情况表　　（单位：万美元）

商品种类	2010年进口	2009年同期	同比增减(%)
木　材	1 800.61	611.97	194.20
副食品	1 431.96	977.31	46.56
食品制成品	1 212.55	718.41	68.80
有色金属	704.10	583.49	20.70
聚乙烯	650.98	402.47	61.70
水产品	79.66	98.12	－18.70

上海市食品进出口公司投资、合作企业主要有上海市食品进出口公司浦东公司、上海市食品进出口公司家禽公司、上海贸基进出口有限公司、上海市食品进出口国际货运公司、上海申富房地产经营公司、上海五丰畜禽食品有限公司、上海申宏冷藏储运有限公司等企业。

表7－1－33 上海市食品进出口公司投资企业情况表

投资企业名称	成立时间	注册资本（万元）	外食公司持股比例(%)	主营业务	备　注
上海市食品进出口公司浦东公司	1992年5月	500	100	进出口贸易	—
上海市食品进出口公司家禽公司	1993年12月	200	100	进出口贸易	—
上海贸基进出口有限公司	1999年1月	500	80	进出口贸易	—
上海市食品进出口国际货运公司	1993年11月	800	100	货运代理	—
上海申富房地产经营公司	1993年7月	540	100	房地产经营管理	—
上海五丰畜禽食品有限公司	1997年6月	6 413	49	活畜禽饲养和出口	—
上海申宏冷藏储运有限公司	1998年3月	2 694	89	冷藏储运	2007年股权置换给海博公司

表7-1-34 2010年上海市食品进出口公司进口商品主要来源地情况表　　（单位：万美元）

国　别	金　额
加拿大	1 079
美　国	786
巴　西	595
新西兰	565
阿根廷	487

表7-1-35 2010年上海市食品进出口公司出口商品主要销往地情况表　　（单位：万美元）

国别/地区	2010年出口	2009年同期	占当年出口总量	同比增减
美　国	4 159.63	3 765.46	28.71	10.50
日　本	3 181.84	4 919.46	21.96	−35.30
澳大利亚	1 167.29	754.84	8.06	54.60
英　国	581.58	334.95	4.01	73.60
德　国	504.58	542.54	3.48	−7.00
中国香港	1 008.86	979.16	6.96	3.00

上海市食品进出口公司拥有"SF""长城""珍宝"等著名品牌。主要商标"SF"（注册号第304642号）是中国粮油食品进出口公司上海市食品分公司于1987年12月，经国家工商行政管理总局商标局核准使用于糖果、南糖、蜂蜜、面包、饼干、糕点等（商品国际分类30类）。1992年后，在服务贸易等方面也作了注册。SF商标已发展成多种食品制造和贸易、服务、加工的组合系列商标，在国内共注册了21个商标，涉及29、30、31、33、40、42类，并在美国、英国、加拿大以及中国香港、澳门等12个国家和地区进行了注册。

2007年度SF商标被上海市对外经济贸易委员会评为上海市出口名牌。2010年公司被上海进出口商会评为上海市出口名牌企业。

上海市食品进出口公司在2005年通过ISO9001：2000认证，有比较完善的内审和运行机制。公司是中国土畜食品进出口商会、纺织商会、轻工商会、上海进出口商会等20多家商会的会员单位。2009年被中国土畜食品进出口商会评为信用等级AAA企业；2010年被中国出入境检验检疫协会评为中国质量诚信企业。

表7-1-36 2006—2010年上海市食品进出口公司企业经营情况表　　（单位：万元）

年　份	2006	2007	2008	2009	2010
营业收入	118 187	146 698	147 907	120 983	149 959
主营业务收入	117 719	146 453	147 470	120 530	148 965
利润总额	437	2 024	1 387	3 174	1 407
净利润	434	1 795	1 302	3 150	1 122

上海市食品进出口公司坚持以"改革为动力,创新为基础,利润为中心,人才为根本"的工作方针;坚持以"一个平台,两项服务,三方得利"为核心内容的经营方针;公司倡导"全方位服务,一揽子服务,系统化服务,菜单式服务"的业务精神;坚持"培训留人、事业留人、奖励留人、制度留人"的人才方针,促进了经济的发展。

上海农工商集团国际贸易有限公司 （简称"国际贸易公司"）是农工商投资公司的下属企业。公司成立于1999年6月,由农工商集团和上海农工商对外贸易公司联合出资组建,分别持有20%和80%股权。公司地址：上海市长宁区定西路1310弄6号2—3层,注册资本1 000万元,是国内合资的经营、代理各类商品及技术的进出口企业。

2001年2月,上海农工商对外贸易公司转让其持有的国际贸易公司的80%股权,其中70%转让给上海农工商集团商业总公司,10%转让给自然人。2004年6月8日,农工商集团将其持有的国际贸易公司20%的股权以及上海农工商商业公司持有的国际贸易公司70%的股权划转至农工商投资公司。2009年11月,农工商投资公司收购8位自然人持有的国际贸易公司5.23%的股权。至此,农工商投资公司共持有国际贸易公司95.23%的股权,自然人持有4.77%股权。

国际贸易公司的出口商品主要是家具类、机械部件类、自行车及零件、纺织品、PC零件、化工建材类等商品;其中家具类是主要贸易商品。出口主要国家和地区为：法国、乌拉圭、新加坡、哥斯达黎加、斯里兰卡、斯洛文尼亚、比利时、吉布提、亚美尼亚、沙特阿拉伯、肯尼亚、厄瓜多尔、尼日利亚、奥地利、葡萄牙、埃及、加纳、荷兰、坦桑尼亚、芬兰、丹麦、南非等。进口的产品主要是木材和仪器设备。在其母公司农工商投资公司确定以畜牧业为核心业务之后,国际贸易公司开始围绕畜牧核心业务的发展,积极开拓苜蓿草的进口并取得较快发展。

表 7-1-37 2006—2010年国际贸易公司进出口贸易情况表 （单位：万美元）

年　份	2006	2007	2008	2009	2010
总　额	4 460	4 297	5 006	4 276	6 914
出　口	3 545	3 105	3 455	2 549	3 953
进　口	915	1 192	1 551	1 727	2 961

表 7-1-38 2006—2010年国际贸易公司出口商品情况表 （单位：万美元）

年　份	2006	2007	2008	2009	2010
出口总额	3 545	3 105	3 455	2 549	3 953
家具类	2 019	1 675	1 952	1 826	3 328
建材类	178	165	177	139	222
自行车及零件	346	272	235	212	208
机械及部件类	325	408	606	94	39
纺织品	189	209	85	27	14
化工品	120	41	5	3	0

〔续表〕

年　份	2006	2007	2008	2009	2010
PC零件	85	102	192	74	61
日杂品	87	40	74	13	60
其他	196	193	129	161	21

表7-1-39　2006—2010年国际贸易公司进口商品情况表　　（单位：万美元）

年　份	进口总额	苜蓿草 进口额	其中鼎牛	木　材	仪器设备	其　他
2006	915	0	0	296	257	362
2007	1 192	9	0	365	355	463
2008	1 551	182	0	211	312	846
2009	1 727	39	68	528	439	441
2010	2 961	871	683	1 264	330	496

表7-1-40　2006—2010年国际贸易公司经营情况表　　（单位：万元）

年　份	2006	2007	2008	2009	2010
主营业务收入	30 749.59	25 998.80	25 351.46	15 763.78	31 586.73
出口销售收入	29 304.51	25 144.92	24 583.34	14 670.50	24 163.80
进口销售收入	1 445.08	853.88	768.12	1 093.28	7 422.93
利润总额	417.95	407.98	201.96	219.48	137.31

二、国内合作

光明食品集团组建后，把融入全国、服务全国、合作发展作为重点工作并取得很大进展和成效。2008年，集团在全国各省市投资合作的项目实现营业收入135亿元；2009年，国内合作项目增加到180多个，实际总投资额60多亿元，合作区域分布于华东、华北、华中、华南、西北、西南、东北等地区，投资合作项目主要是乳业、糖业、酒业、食品加工业、商贸连锁业、服务业、房地产业等。其中农工商超市连锁店和可的便利店在外省市的非独立法人门店近千家，各有关子公司在外地还有10多家在建的投资合作企业。集团在外省市的企业（包括农工商超市和可的便利店）共提供就业岗位2.59万个；食品加工企业直接带动周边农户10万户；集团商贸连锁企业在外省市拥有供应商800多家；每年上缴外省市的税收达4亿多元，占集团全部上缴税收的17％左右。

2009年4月，市委、市政府召开上海市合作交流与对口支援工作会议，中共中央政治局委员、市委书记俞正声，市委副书记、市长韩正，市人大常委会主任刘云耕，市政协主席冯国勤出席会议，光明食品集团获评上海市合作交流与对口支援2007—2008年度先进集体。

【合作交流】

光明食品集团在国内合作交流方面呈现多层次、多内容、多区域、多形式的特点和态势。

2006年9月，光明食品集团与奉贤区建立由双方高层领导组成的联络机制，推进企业与区政府的战略合作。2007年1月，光明食品集团与高盛(亚洲)有限责任公司签订战略合作备忘录；2007年2月与黄山市签订了战略合作框架协议；2007年3月，光明食品集团领导与江苏省大丰市党政代表团共商经贸合作事宜；2007年4月，黑龙江省农垦总局在延安饭店举行北大荒招商项目推介会暨合作项目签约仪式，光明食品集团与黑龙江省农垦总局签订战略合作框架协议；2007年7月，应吉林省人民政府经协办的邀请，光明食品集团代表团出席在吉林省宾馆举办的"2007年，省内外企业家共话振兴东北老工业基地暨项目洽谈对接活动"；2007年8月，光明食品集团与三林万业(上海)企业集团有限公司签订战略合作框架协议，双方在食糖生产基地、奶牛场与乳业、高效生态农业园区和品牌食品双向采购销售等领域携手合作；2007年12月，光明食品集团与武汉市新洲区党政代表团就现代农业、食品加工、旅游观光和房地产开发等方面的合作进行交流洽谈。

2007年7月30日，光明食品集团邀请全国25个省(自治区、市)的驻沪办主任，苏、浙地区14个地级市驻沪办主任和新疆生产建设兵团、北大荒农垦、湖北农垦的有关领导，举办"共商合作、共谋发展恳谈会"，光明食品集团与内蒙古科尔沁牛业股份有限公司、黑龙江北大荒商贸集团、新疆生产建设兵团农六师、武汉市柏泉农场、安徽长风畜禽养殖有限公司、安徽省黄山市政府、北大荒绿色食品配送集团等7家外省市企业签订合作协议。这7个合作项目以食品和农副产品加工为主，具有资源共享、产业延伸、优势互补、技术服务、利益共赢的特点。与内蒙古自治区最大的肉牛屠宰加工企业——科尔沁牛业股份有限公司合作的投资项目，光明食品集团首期投资1亿元，共同打造中国牛肉产业第一品牌；与武汉市柏泉农场合作新建一座占地4000亩的大型现代化生态牧场，饲养规模为6000头奶牛；在与黑龙江北大荒相关农场合作建立1万亩有机红小豆种植基地的基础上，进一步扩大有机红小豆种植面积，并形成红小豆种植、加工、出口一体化产业链；与安徽省黄山市人民政府、安徽农业大学签约，用3—5年时间在黄山地区建立无性系茶树良种培育中心和繁殖基地，并设立茶产业联合研发中心，创建安徽省茶叶创新产业高地。上海爱森肉食品有限公司与安徽长风畜禽养殖有限公司签约，在当地建立并扩大生猪养殖基地，通过驻场技术员、远程与现场技术咨询、对方派员接受培训等方式，提供技术服务和管理支持，切实带动农户致富。光明食品集团与新疆建设兵团农六师签约，利用光明培训学院的师资队伍和培训基地及与上海高校院所建立的职业教育平台，为兵团农六师培训高级经营管理人才。2007年4月，该师先期选派30名副处级以上青年干部来光明食品集团接受培训和挂职锻炼。

在恳谈会上，光明食品集团宣布了加强国内合作、服务全国的十条举措：一、设立对外经济合作交流办公室(与产业发展部合署办公)，建立与各省、自治区直辖市驻沪机构和各地食品企业沟通交流的工作机构与长效机制；二、以光明食品节为平台，共同搭建中国"名特优"食品、有机绿色食品展示销售窗口；三、主动为各省市自治区食品产业结构调整、产业升级、资本整合等提供相关信息和服务；四、积极参加各省市自治区举办的经贸投资招商洽谈会，主动参与各地食品企业战略性调整和改制重组；五、研究探索构建长三角区域食品原料交易平台和食品资源、网络共享合作机制；六、发挥各地食品原料的资源优势，加快光明食品集团在全国的基地布局；七、将集团食品加工基地逐步转移到资源丰富的地区，形成一批具有规模和效益的龙头企业和产业集群基地；八、发挥集团零售分销网络优势和市场信息优势，积极为各地食品走进上海、走向全国提供通路与配送服务；九、发挥在农业种源、标准、设施、服务等方面的优势，为各省(自治区、市)和相关企业提供技术培训、服务支持、管理输出；十、利用与高校院所、科研机构建立的培训平台，向国内合作企业提供农业、食品加工业、商贸流通业等领域的技术、管理培训服务。

2008年3月，上海警备区与光明食品集团举行《主副食品动员保障责任书》签约仪式，明确光明食品集团为上海市战时和应急动员期的主、副食品保障基地主体单位，上海都市农商社有限公司下属"都市菜园"为具体承办单位。2008年8月，光明食品集团与崇明县人民政府举行产业战略合作备忘录签约仪式；同月，光明食品集团组团赴黑龙江省哈尔滨市学习考察黑龙江省农垦总局改革发展情况，洽谈并推进沪黑两地农垦经济合作事宜；同月，光明食品集团与大丰市举行共建大丰市经济技术开发区上海光明食品工业园签约仪式；并与黄山市人民政府举行共建国家级东黄山旅游度假区战略合作协议签约仪式。2008年9月，光明食品集团与百联集团举行全面战略合作框架协议签约仪式；在第三届光明食品节分会场第一食品五角场店前的万达广场，光明食品集团举行了都江堰农副产品销售专柜揭牌暨合作项目签约仪式，集团所属企业和都江堰市等地企业和上海有关区县企业共签署11个合作协议。2008年11月，光明食品集团与安徽省宿州市人民政府签订战略合作框架协议；2008年12月，黑龙江省富锦市党政代表团考察跃进有限公司，双方签订"大力发展优质高效粮食生产"合作意向书。

2009年4月，光明食品集团与崇明县召开产业战略合作回顾总结会，就如何进一步加强双方产业战略合作进行交流；同月，第十三届中国东西部合作与投资贸易洽谈会在陕西西安曲江国际会展中心举行，光明食品集团派出海丰米业公司、万事发实业公司、冠生园食品公司、梅林食品公司、大赢食品公司等8家企业参展，共展出产品12个大类、200多个品种。5月在上海市对外合作交流办的大力支持下，光明食品集团隆重举行上海西郊国际农产品交易中心招商推介活动，全国各省（自治区、市）驻沪办事处负责人出席。7月，光明食品集团与上海铁路局在上海国际会议中心举行战略合作暨项目合作签约仪式，双方本着优势互补、合作共赢、互惠互利、同等优先的原则，以各自下属企业在商业流通、商贸服务、品牌建设、包装印刷、物流服务及配送业务等开展全方位合作。8月，举行光明糖业与英茂糖业战略合作签约仪式，光明食品集团控股英茂糖业60%股权。这是当年全国糖业行业最大规模的战略合作项目。9月，举行光明食品集团和西双版纳州的战略合作协议签约仪式，五四公司和西双版纳州签署了农产品合作共建协议，农工商房地产集团向西双版纳州捐赠300万元助学金。12月西双版纳州与光明食品集团项目合作签约仪式在西双版纳州举行，东海总公司与云南红土生源公司签订合资建立光明食品集团云南石斛科技有限公司协议，农工商房地产集团与景洪市政府签订房产开发合作协议。

2010年3月，光明食品集团与锦江国际集团签订战略合作框架协议；同月，光明食品集团组团考察调研云南西双版纳州投资合作项目，出席在云南西双版纳州勐海县举行的光明食品集团云南石斛生物科技开发有限公司揭牌仪式，东海总公司向勐海县捐赠150万元，援建1所希望小学和10个卫生点。5月安徽省政府与光明食品集团签订农业产业化交流与合作框架协议；11月，光明食品集团领导与新疆生产建设兵团代表团就推进双方经贸合作进行深入交流。

【光明食品节和食品展会】

光明食品集团于2006年8月成立后，每年举办光明食品节，并邀请全国九大垦区的农垦企业和四川都江堰等地方企业参加光明食品节，在第一食品南东店和杨浦店常年设置黑龙江、新疆、海南、安徽和都江堰农产品专柜，为各地农副产品进入上海市场提供销售平台。

2006年9月29日，"2006光明食品节"在南京东路世纪广场举行开幕仪式，首届食品节以"光明全家福、美味总动员"为主要内容,率先在全市食品行业唱响食品产业"安全、放心、健康"主题。10月1日,副市长胡延照来到南京东路第一食品商店现场视察光明牌冷饮、光明乳业、星辉蔬菜、爱森猪肉、五丰上实猪肉、瀛丰五斗有机米、冠生园产品的销售情况,勉励光明食品集团多生产安全放心优质的产品。首届光明食品节闭幕式于10月20日在南京东路世纪广场隆重举行,集团宣布向上海市慈善基金会捐赠100万元建立光明爱心基金。在历时22天的首届光明食品节期间,来自光明食品集团的近40个品牌、22个大类、2 000多种优质农副食品受到广大消费者的欢迎,共实现销售收入393.5万元。第一届光明食品节是光明食品集团成立以后第一个面向社会的重大活动,展示了集团的品牌、实力和社会责任感。

2007年1月,作为城隍珠宝总汇的年度品牌活动——第六届"两岸三地"玉器精品展开幕,市人大常委会副主任任文燕、原市委副书记杨堤、原副市长刘振元及光明食品集团党政领导出席开幕式。同月,在上海市第十二届人民代表大会第五次会议召开期间,光明食品集团产品首次亮相人大会场商品展示区,16家食品企业提供了230种优质精美食品接受人大代表的检验并供选购。市人大常委会副主任、市人大十二届五次会议秘书长周慕尧到光明展位检查布展工作。

同年2月,市委代理书记、市长韩正,副书记刘云耕、副市长胡延照、杨定华在全国农副产品大联展上视察光明食品集团展位,光明食品集团总裁曹树民和党委副书记周海鸣等集团和子公司的党政领导向韩正汇报参展情况。

同年9月,第二届光明食品节开幕式在第一食品杨浦店举行,本届光明食品节主会场设在第一食品南东店和杨浦店,第一食品中环店、梅陇店以及集团所属农工商超市、捷强、好德、可的、光明等零售通路门店为分会场。第二届光明食品节是上海购物节的重要组成部分,同时融合2007特奥会、国庆黄金周、中秋佳节等重大节庆活动,集团上下精心谋划,认真准备,呈现内容丰富、形式多样的特点。光明食品集团旗下30多个品牌、1 350种商品参与活动,其中梅林海产品罐头、大白兔奶糖、致优奶、女士酒等200种食品新产品首次向市场推出。

在第二届光明食品节期间,首次推出3条"光明食品健康行"观光线路,向市民展示金枫酒事馆、都市菜园和崇明生态农业基地,让市民实地了解健康食品的生产全过程。其中首次向市民开放的"蔬菜主题公园"占地面积16万平方米、总投资近1亿元。集团分别在地铁1号线和3号线各启动一辆"光明列车",宣传光明食品品牌。冠生园、光明乳业、光明冷饮、玉棠、石库门、大白兔、第一食品、梅林、华佗、佛手等老字号品牌生产企业,在上海展览中心举办了"老字号"产品博览会。捷强公司50家门店开展光明"中华情"特色商品展销;富尔网络开展"健康产品网上行"活动;可的便利1 200家门店开展"可的新食尚"活动。

第二届光明食品节首次引入黑龙江省北大荒集团近200个品种的有机食品、新疆新天国际15种葡萄酒、新疆阿克苏特色产品、安徽地区30多种绿色食品以及崇明名特优农产品。其间还进行了"中秋圆梦——光明为特奥加油"系列活动,第一食品商店以"中秋圆梦——光明为特奥加油"为主题的橱窗设计,获上海市购物节橱窗设计银奖。举办2007"光明杯"上海市民月饼评选活动,集团提供的3个月饼品牌,"牛奶棚"6个品种、"冠生园"5个品种、"帝姆松"4个品种被评为"名特优月饼"。第一食品所属四个分店在第二届光明食品节期间共实现销售收入2 864万元,其中光明品牌商品实现销售收入361万元。10月10日,第二届光明食品节在南京东路世纪广场闭幕。

2008年1月,市长韩正、市委常委徐麟、副市长胡延照视察了上海市新春农副产品大联展及光明食品集团展位,集团领导向韩正介绍了光明食品集团农副产品的生产销售情况。

3月,由光明食品集团、上海中华老字号协会、杨浦区人民政府、上海市经委等主办的"上海市第三届中华老字号著名企业知名品牌展示周"在第一食品杨浦店万达广场揭幕。

8月,由光明食品集团与上海糖制食品协会联合主办、第一食品连锁公司承办的"2008年上海市中秋月饼节"在第一食品杨浦店万达广场开幕,共有50多个厂商精选400多种单品月饼参加。月饼节聚集了杏花楼、新雅、功德林(净素)、冠生园、洪长兴、牛奶棚、老大房、克莉丝汀、元祖、哈根达斯等众多知名月饼品牌。来自香港的荣华、大班冰皮、奇华月饼首次亮相申城。在同时举行的"迎奥运、创名优,2008光明杯中秋月饼质量评选活动"中,光明食品集团的冠生园、牛奶棚等品牌月饼榜上有名。

9月,金秋农副产品大联展、第三届光明食品节暨四川都江堰市农产品展销专场在上海农展馆隆重开幕,来自四川省、上海市、新疆生产建设兵团的领导出席开幕式。第三届光明食品节走出企业办节的模式,首次与市农委等有关部委联合主办,主会场从第一食品商店移至上海农展馆,并在农业部农垦局的支持下,特别邀请新疆生产建设兵团、黑龙江农垦等九大垦区的100多家农副产品生产企业参展。其中光明食品集团展览面积为2 800平方米,展位100个,参展企业38个,共展出19大类、1 200个产品。光明食品集团与都江堰市政府签署了关于开设农副产品销售专柜等5个项目的合作协议,并在第一食品南京东路店、杨浦店设立两个分会场,常年设立都江堰特色农产品展销专柜。第三届光明食品节主会场零售、批发和贸易合作总金额达520万元。

10月15—19日,第六届中国国际农产品交易会在北京全国农业展览馆举行。作为上海国有涉农龙头企业,光明食品集团旗下的梅林股份、冠生园集团、一只鼎公司、大瀛食品、上海名厨、海丰米业等企业参加了农交会,参展的品种超过千种。14日,农业部主要领导参观了光明食品集团展位;16日,全国政协副主席、中央统战部部长杜青林、全国政协副主席李金华、原农业部部长何康、原农业部副部长范小建及全国各地农垦的领导先后参观了光明食品集团的展位。

2009年1月,市人大常委会主任刘云耕,市委常委、市政法委书记吴志明,市人大常委会副主任周慕尧,副市长胡延照,市政府副秘书长王伟等先后视察新春农副产品大联展光明食品集团展位。

9月,由光明食品集团、市糖制食品协会、黄浦区商委联合主办,上海第一食品公司承办的"光明杯"2009上海月饼节在第一食品南京东路店开幕。来自上海百厂、千店的895种月饼参加全市月饼质量评选,经过专家和企业职工评议,58家企业生产的238种月饼评为2009年上海名特优月饼,光明食品集团的冠生园、牛奶棚月饼榜上有名。在月饼节期间,第一食品商店南东店共展示、展销39个品牌、125种名特优月饼。

9月7—11日,第七届中国国际农产品交易会在吉林长春举行。光明食品集团下属21家企业、15个大类、600多个品牌产品参加交易会。上海市副市长胡延照莅临上海展区视察,并到光明食品集团展位了解光明乳业、酒业、糖业、米业等产业和品牌产品的生产与销售情况。

同月,第四届光明食品节在上海第一食品中环店拉开帷幕,来自黑龙江、云南、新疆、光明食品集团和上海市郊的1 000多种生态食品、绿色食品、有机食品亮相,首次参展的农产品新品达200多个,其中有70种产品先后获评中国驰名商标、中国名牌、中国名牌农产品等。引入农副产品可追溯系统是第四届光明食品节的一大亮点。海丰大米、爱森冷却肉以及来自全国各地的一大批名特优农副产品建立"食品安全信息查询系统",消费者只要在触摸屏上轻轻点击"追溯码查询",触摸屏便可立即显示产品的来源、加工企业、生产日期、检疫检验、流通环节、经营者等信息。

10月,光明食品集团组团参加2009第四届中国(长沙)国际食品博览会。10月8日,全国政协副主席阿不来提·阿不都热西提,九届全国人大常委会副委员长铁木尔·达瓦买提,湖南省委副书记、省长周强等视察了光明食品集团展区,对光明食品集团颇具特色的布展、琳琅满目的品牌食品予以赞扬。

2010年5月,由贵州省农业委员会、烟糖集团主办,上海第一食品连锁发展有限公司、贵阳友谊(集团)股份有限公司、贵州省特需商品供应公司承办的"第一食品贵州食品节"在上海第一食品杨浦店开幕,市政协副主席、民建上海市委主委、世博会执委会副主任周汉民,市农委主任孙雷等出席开幕仪式,并为食品节开幕式剪彩。食品节期间,来自贵州省28家企业的近200种绿色、优质食品类商品和30余种民族工艺品在第一食品南东店、杨浦店集中展销。贵州民族工艺品还在上海世博园区贵州馆展示,为世博盛会增色添彩。烟糖集团与贵州省农业委员会、贵阳友谊(集团)股份有限公司、贵州省特需商品供应公司、贵州省怀仁市茅台镇黔台酒厂等企业签订战略合作协议;第一食品连锁公司与"老干爹""牛来香"等贵州著名食品企业签订合作协议。第一食品连锁公司向贵阳友谊(集团)股份有限公司、贵州特需商品供应公司授牌,两家贵州企业成为第一食品的贵州特色食品集成商。烟糖集团与贵州省食品企业签订经贸合作协议。

9月,由光明食品集团、上海市糖制食品协会主办,第一食品承办的"光明食品杯"2010上海月饼节在第一食品中环店举行开幕式。

同月,作为"上海购物节""旅游节"重要组成部分的2010光明食品节在农工商超市118广场开幕,副市长胡延照宣布光明食品节开幕并剪彩。光明食品集团所属企业和云南、新疆、黑龙江等垦区提供的2 000多种优质健康食品亮相申城,其中有不少食品新品种首次供应上海市场。光明食品集团旗下的农工商超市、第一食品连锁公司首次实现联动展销,3 500家门店成为2010光明食品节销售窗口,商品品种和销售规模均超过历届光明食品节。借助农工商超市在苏、浙、赣、皖等地门店优势,2010光明食品节第一次走出上海,走向华东地区。光明食品集团所属的光明乳业股份公司、冠生园集团公司、梅林股份公司、爱森肉食品公司等企业和石库门、鹤舞稻香、瀛丰五斗、自然之子等品牌的11个大类、600多种食品和南浦、捷强、第一食品、食品进出口公司近400多个代理品牌产品也参加了光明食品节。2010光明食品节还展销云南农垦的咖啡、海南农垦的椰子系列产品、新疆兵团的冬枣、黑龙江农垦的杂粮、都江堰的猕猴桃和泡菜、广西的水产品和畜禽加工食品。来自美国、日本、澳大利亚等国家的特色食品在第一食品连锁店也开设了专柜。

10月,上海崇明·光明丰收节在集团所属长江总公司隆重开幕。副市长胡延照出席开幕式并宣布丰收节开幕;市政府副秘书长王伟,市委农办主任、市农委主任孙雷,光明食品集团监事会主席崔志仁和崇明县委书记彭沉雷共同为长江总公司现代农业农机中心和研发中心揭牌。

12月,在第一食品杨浦店外场隆重举行"2010新疆·喀什食品节"开幕式,市政府副秘书长王伟出席并宣布食品节开幕。本次食品节由光明食品集团主办,农工商超市、第一食品承办,喀什地区行署、上海援疆指挥部为支持单位。光明食品集团充分利用分销及零售渠道优势,帮助喀什地区名优农副产品进入上海以及华东市场,加快喀什地区名优农副产品的产业发展。12月3—15日举行"2010新疆·喀什食品节",在光明食品集团所属农工商超市、第一食品有关门店集中推介、销售喀什地区的优质农副产品,并设立专柜长期销售喀什地区名特优农副产品。光明食品集团决定将喀什地区作为重要的新疆名特优农副产品种植基地、采购基地,在泽普县建立优质红枣基地,并开始研究建立特色林果产品深加工基地的可行性。

【企业选介】

上海轻工业对外经济技术合作有限公司(简称"轻工对外合作公司")是上海益民食品一厂(集团)有限公司控股企业。公司地址:上海市浦东新区张杨路1308号303室。2010年公司产值

953 661万元,营业总收入69 587万元,主营业务收入67 303万元,利润总额16 668万元,净利润12 734万元;在岗员工70人,其中拥有大专以上学历的30人。

公司前身是上海市轻工业局所属上海轻工业机械出口供应公司,1987年4月更名为上海轻工业对外经济技术合作公司;1998年9月划归上海轻工实业总公司,属上海轻工实业总公司的全资子公司,注册资本1 000万元。1998年11月由上海轻工实业有限公司出资5 370万元(占总股本89.5%),上海轻工控股(集团)公司出资630万元(占总股本10.5%),改制为上海轻工业对外经济技术合作有限公司,注册资本6 000万元。2003年9月和2004年10月通过两次追加投资和股权调整,上海轻工实业有限公司占轻工对外合作公司90%股权,上海轻工控股(集团)占轻工对外合作公司10%股权。2010年公司注册资本为人民币7 084.275 0万元,上海益民食品一厂(集团)有限公司占轻工对外合作公司90%股权(上海轻工实业有限公司所持股权全部划归母公司上海益民食品一厂集团有限公司),上海轻工控股(集团)占轻工对外合作公司10%股权。

轻工对外合作公司主要经营业务为对外工程项目、三来一补和利用外资业务,经营机械设备及国内商品批发零售,国际劳务合作,承接对外项目技术咨询、技术服务、仓储和国内其他业务。公司坚持"效益最大化、机制市场化、资产优质化、管理科学化"的经营理念,把追求经济效益作为企业持续发展的根本保证,机制建设作为推动企业发展的基本动力。公司将双立人刀具、大金空调、派克笔等世界品牌成功引入中国,同时将大量上海名牌产品推销到海外,有效推进企业发展。

轻工对外合作公司有4家产品制造企业:上海刀片厂有限公司主要从事剃须系列用品、厨房系列用品的开发、生产和销售;上海新三花薄膜有限公司主要从事塑料薄膜产品的生产和销售;大金空调(上海)有限公司主要从事空调系列产品的研发、生产与销售;上海申永烫金材料有限公司主要从事电化铝包装产品的生产和销售。2010年制造企业共生产塑料薄膜36 602吨,空调800 199台,厨具2 006吨,锅具595吨,刀具597吨。

轻工对外合作公司拥有3家贸易公司和1家驻港企业:上海维莎日用品有限公司、上海东达进出口有限公司和上海顺风国际贸易有限公司主要从事国内外进出口贸易,2010年出口业务总额达38 458万美元。驻港企业为香港南华电化发展有限公司,2010年营业收入达1 756万美元。轻工对外合作公司还拥有金都工业园区和商务办公楼,建筑面积近3万平方米,2010年公司物业租金收入人民币1 003万元。

轻工对外合作公司在经济发展的同时,在军民共建、社企党建联建等方面进行了积极探索和实践。2008年公司本部为奉贤区启民村修建危桥捐款15万元,干部职工为汶川地震灾区群众踊跃捐款。2008年公司获上海市企业管理现代化创新成果二等奖,2010年获光明食品集团文明单位。

表7-1-41　2010年轻工对外合作公司合资合作企业情况表

企业名称	成立时间	所在地	注册资本	持股比例(%)	主营业务	产量贸易额
香港南华电化发展有限公司	1990年8月2日	香港	300万港币	100	贸易	1 756万美元
上海东达进出口有限公司	1992年6月4日	上海	500万元	40	贸易	
上海顺风国际贸易公司	2004年12月21日	上海	500万元	30	贸易	38 458万美元
上海维莎日用品有限公司	1993年9月13日	上海	500万元	81.5	百货	
上海刀片厂有限公司	1997年7月31日	上海	9 236万元	70	刀具	597吨

〔续表〕

企业名称	成立时间	所在地	注册资本	持股比例（%）	主营业务	产量贸易额
上海新三花薄膜有限公司	1997年7月26日	上海	1 334.8万元	60	薄膜	16 271吨
大金空调（上海）有限公司	1995年11月18日	上海	8 260万美元	12.6	空调	800 199台
上海申永烫金材料有限公司	1992年12月24日	上海	9 387万元	20	烫金	—
上海普拉斯克塑料有限公司	2001年3月29日	上海	1 000万欧元	5	薄膜	19 237吨

表7－1－42　2006—2010年轻工对外合作公司经营情况表　　　　（单位：万元）

年　份	2006	2007	2008	2009	2010
营业收入	27 160	32 987	54 269	52 286	69 587
主营业务收入	24 004	29 251	51 869	50 688	67 303
利润总额	17 690	17 829	20 399	14 496	16 668
净利润	15 180	13 661	15 286	11 278	12 734
产　值	503 240	651 243	720 503	729 330	953 661

上海益民食品一厂集团所属冠生园（集团）有限公司、上海正广和饮用水有限公司、上海一只鼎食品有限公司、上海梅林（捷克）有限公司，海博股份所属上海思乐得不锈钢制品有限公司、上海海博斯班赛国际物流有限公司等企业介绍见有关章节。

第二章 管　　理

第一节　母子公司管理体制

光明食品集团公司是由上海市国有资产监督管理委员会、上海大盛资产有限公司、上海国有资产经营有限公司、申能(集团)有限公司、上海国际集团有限公司、上海上实(集团)有限公司、上海久事公司等七方共同出资设立的有限责任公司。

作为一家集团型企业,光明食品集团为了保证实现战略协同,完成战略目标,在母子公司管理体制上主要构建"集权有道、分权有序、授权有章、用权有度"的管控模式和管控体系。

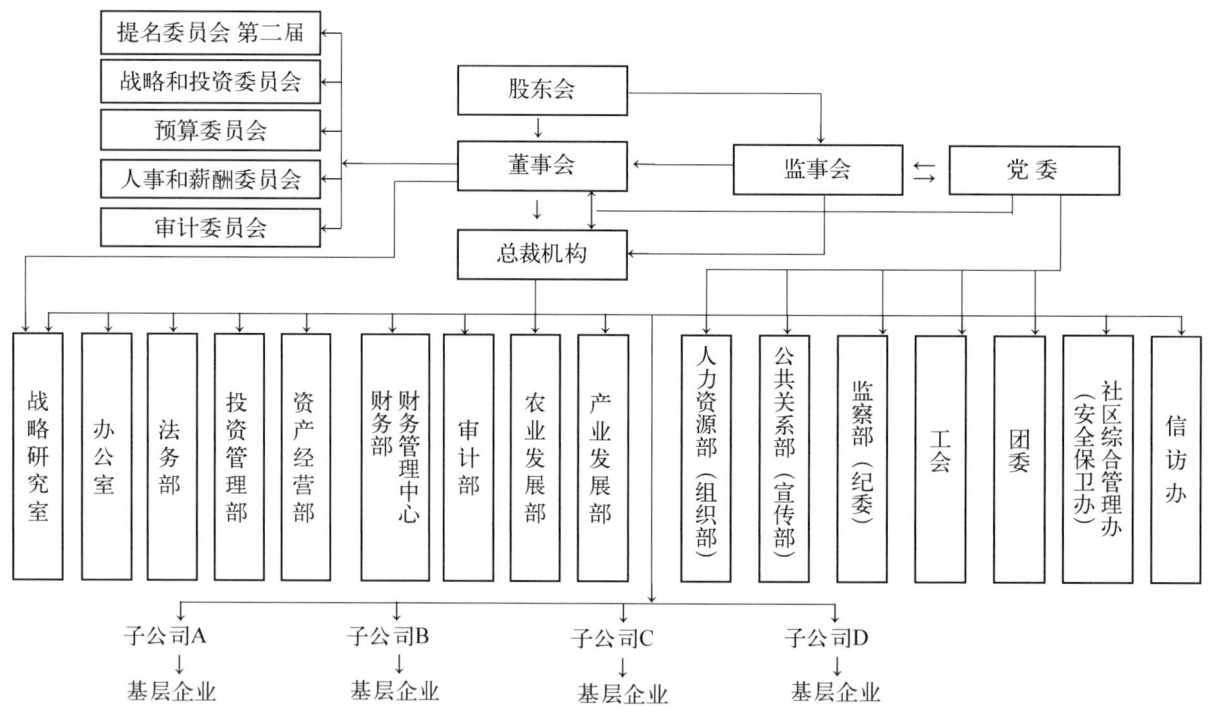

图 7-2-1　光明食品集团总部机构及体制架构图

上述体制架构的基本功能定位为:

集团总部是资本经营主体,是整个光明食品集团的战略决策中心、资本运营中心、财务监控中心、高管人员运作中心、资源管理责任中心和运营协调中心。

集团所属子公司是战略执行的责任中心、生产经营的责任中心、利润创造的责任中心、资源运用的责任中心。

集团本部各职能部门是董事会和总裁的参谋、办事机构,对董事会和总裁负责,按照各自的职责以及董事会和总裁的要求,为集团下属企业提供战略指导、政策指导、业务指导、管理指导等服务,同时对其经营情况实行监管。

光明食品集团母子公司的管理体制在完善法人治理结构的基础上,采取以战略管控型为主的管控模式,重点突出"5个管",即管战略(包括集团公司和子公司两个层面的战略)、管资源配置(包括资源整合、资本进退、重大投资管理等)、管财务(包括资本、资金、预算管理、利润收缴等)、管干部(集团高级经营管理人员的培养、选拔、委派和考核、评价,实行下管一级)、管风险控制(包括审计监控、法务监管等)。

一、战略管控

光明食品集团管控模式定位于战略管控。2007年1月,集团董事会一届五次会议通过《光明食品(集团)有限公司战略规划管理工作制度》,进一步规范和加强集团和所属全资、控股子公司中长期战略规划的编制和管理,增强企业全面、协调、可持续发展。

集团层面的战略规划编制和管理工作由董事长总负责,董事会战略和投资委员会负责组织对公司中长期发展战略的研究并提出建议,董事会负责审议、通过中长期战略规划并报股东会批准,总裁机构负责战略规划的组织实施和日常管理。集团战略研究室为战略规划编制和管理工作的职能部门。

各子公司根据集团战略规划的要求,在集团的指导下制订战略规划。在子公司的战略规划编制和管理工作中,集团公司委派的首席产权代表贯彻出资人意图,监督、报告战略规划的实施、管理情况。

光明食品集团每年进行一次战略规划执行评估,2009年11—12月,董事会采用上下结合的办法,对2007—2009年战略规划实施情况进行初步评估,同时提出需要董事会进一步研究和解决的战略性问题。董事会以战略规划为引导,通过一系列决策,加大对核心业务的投入并督促总裁机构全面落实。

【集团层面战略规划制订和控制】

集团层面战略规划制定程序:规划草案提出(由董事会战略和投资委员会提出战略规划草案)—组织咨询(征求总裁机构、子公司负责人意见或邀请中介机构、专家等有关人士进行咨询、评价)—听取董事会成员的意见—由董事长将战略规划草案报市国资委初审→根据市国资委反馈意见进行修改,形成战略规划送审稿报市国资委—董事会审议通过并报股东会批准—董事长将战略规划报市国资委备案。

集团战略规划由总裁机构通过制订年度经营计划逐步组织实施,并由董事长将下一年度的实施计划于每年年底前报市国资委备案。集团公司董事会对总裁机构年度经营计划的执行情况进行评估与考核,并由董事长向市国资委报告年度战略规划的实施和控制情况。

【子公司层面战略规划制订和控制】

集团所属子公司是本单位战略规划制定、实施和管理的主体,由董事长和总经理共同负责,集团委派的产权代表主要贯彻出资人意图。子公司的战略规划在战略取向上必须与集团公司的战略规划保持一致。

子公司根据集团战略规划的原则、基本设想和总体方案,同时结合公司特点制定企业战略规划。规划要有明确的目标和实施规划的抓手。战略规划决定后,由总经理机构通过制定年度经营计划逐步组织实施。

战略规划是子公司编制年度实施计划和全面预算的基本依据。战略规划及其实施计划的编制和执行情况是集团公司对其派出的产权代表实施考核和奖惩的重要依据,也是子公司董事会对总经理机构实施考核和奖惩的重要依据。

子公司战略规划编制程序:首席产权代表向集团公司提交战略规划草案—集团公司对战略规划草案进行审议和论证,并向首席产权代表反馈书面意见—首席产权代表按照有关程序组织修改、补充战略规划草案,形成战略规划送审稿提交子公司董事会审议—首席产权代表在子公司董事会决策中贯彻集团公司的审核意见—对规划修订后报集团公司备案。

子公司对年度经营计划的执行情况及时进行总结、评估,首席产权代表每年12月上旬向集团公司报告该年度战略规划的实施和控制情况,并提出下一年度的经营计划和全面预算计划。实施结果与战略规划发生重大偏差,首席产权代表必须在报告中说明原因。

集团对子公司战略规划实施情况定期或不定期进行分析,如发现重大偏差,要进行偏差分析并及时向首席产权代表提出纠偏的指导性意见,对战略规划的实施进行监督控制。

二、首席产权代表重大事项请示和报告

光明食品集团依据产权关系对控股子公司的重大决策实行管控,向控股子公司和设董事会的全资子公司派出首席产权代表。2007年1月,集团董事会一届五次会议通过《光明食品(集团)有限公司首席产权代表请示、报告管理办法》,以规范首席产权代表向集团请示、报告的程序,加强对所属企业的管控。

2010年5月,光明食品董事会发布《关于进一步推进产权代表事务管理工作的通知》,对新形势下进一步加强和改进集团产权代表事务管理工作提出新的要求。重点是进一步加强对重大投资并购等经济活动的请示报告和全过程监管,延伸并推进三级基层企业产权代表事务管理,加大有关业务工作的指导与培训力度,指导和督促子公司对基层企业全部建立产权代表事务管理制度,并实行规范化、制度化运作,不断提高管理质量。

光明食品集团2006年共受理各子公司首席产权代表的重大事项请示、报告共60项,2007年受理79项,2008年受理106项,2009年受理52项,2010年受理78项。

【请示要求】

首席产权代表所在控股子公司的股东(大)会、董事会分别是该公司的权力机构和决策机构。为了保证首席产权代表能够根据集团公司的委托,依法履行出资人职责,首席产权代表在所在控股子公司股东(大)会、董事会审议表决重大事项前,必须以个人名义向集团公司书面请示,并遵照集团公司书面指示发表意见,行使表决权。

【请示内容】

决定公司的经营方针、发展战略和规划;审议批准公司的年度财务预算方案、决算方案,以及利润分配方案和弥补亏损方案;决定公司的重大投融资计划和投融资方案,决定投资设立新的子企业,决定公司为下属企业向银行或非金融机构大额度借款[指由控股子公司章程规定属于股东(大)会、董事会权限范围内的借款事项]提供担保,决定公司为其他企业提供各种形式的担保;

对公司的资本结构变化作出决议,包括对公司的增资扩股或减少注册资本作出决议,对股东向其他股东以及股东以外的人转让出资作出决议;对公司合并、分立、变更公司形式、解散和清算、发行公司债券等事项作出决议;对公司投资设立的重要子企业进行资产重组、转让股权、股份制改造的方案作出决议;选举和更换董事,选举和更换由股东代表出任的监事,聘任或解聘公司的总经理、副总经理、财务总监、总会计师等高级管理人员,决定公司总经理及其他高级管理人员的薪酬政策与方案;公司董事会对总经理(机构)的特别授权作出决议;决定对公司章程进行实质性的重大修改;集团明文规定各子公司必须报经集团批准方可实施的其他重大决策事项。

【请示方式】

首席产权代表一般应在召开股东(大)会 15 天前、召开董事会 10 天前以个人名义向集团公司书面请示,由集团产权代表事务管理办公室受理。书面请示按照"一事一议"的原则,对请示事项逐一表明个人拟发表的意见及其理由,并附报股东(大)会或董事会议案等有关资料。

集团公司产权代表事务管理办公室在收到首席产权代表的书面请示后,在征求相关职能部门、分管领导的意见,进行综合分析后提出拟答复意见。对比较复杂、涉及多个部门的请示事项,由相关部门会商后,以会议纪要形式形成拟答复意见,并报总裁审核和董事长核准。集团产权代表事务管理办公室以书面抄告单的形式将集团公司的指示反馈给首席产权代表,首席产权代表在参与股东(大)会、董事会重大事项审议、投票表决时,按集团的指示发表意见、行使表决权。

重大紧急事项特别工作流程:首席产权代表提出请示—产权代表事务管理办公室收文—集团公司总裁、董事长批示—产权代表事务管理办公室将集团公司指示抄告首席产权代表。

【报告的管理】

首席产权代表就重大事项的表决结果向集团公司报告的基本工作流程:公司股东(大)会、董事会决议形成后,首席产权代表责成董事会秘书在 5 天内将该决议复印件报集团公司产权代表事务管理办公室备案。公司股东(大)会或董事会的表决结果与集团公司的指示有较大出入的,首席产权代表应在报送书面决议备案的同时,以个人名义向集团公司书面报告,写清原因和理由。董事长和总裁作出书面批示的,由集团产权代表事务管理办公室以书面抄告单的形式,及时反馈给首席产权代表。决议内容涉及集团有关职能部门所管业务的,产权代表事务管理办公室应以书面抄告单的形式及时告知有关部门。

【产权代表年度述职】

光明食品集团从 2008 年开始试行首席产权代表向集团董事会作年度述职报告的管理办法。

产权代表述职的内容:设立董事会的,报告年度董事会建设基本情况;不设立董事会的,报告"三重一大"集体决策制度建设、执行的基本情况。每位首席产权代表都要报告遵守和执行《光明食品(集团)有限公司首席产权代表请示、报告管理办法》的情况;对实施本单位发展战略规划的情况进行阶段性评估;初步分析本单位年度净资产收益率有关情况;年度的主要工作目标以及健全现代企业制度、加强董事会建设的设想(不设董事会的单位,提出加强"三重一大"集体决策制度建设与执行的设想)。

三、企业规章制度建设

企业规章制度建设和精细管理是光明食品集团加强企业管控的重要组成部分,集团在研究和制订战略规划的同时,组织制订规章制度建设计划。集团整个制度体系由公司章程、公司基本管理制度、公司具体规章和管理办法三个层面所构成。光明食品集团从2006年8月重组成立至2007年年底,共制订各个层面的规章制度80余项。2010年12月,集团基本形成了由100余项制度构成的比较完整的规章制度体系,初步形成以管战略、管资源配置、管财务、管干部、管风险控制为重点的光明食品集团企业管控模式。

第二节 战略管理

光明食品集团按照《中华人民共和国企业国有资产法》和《中华人民共和国公司法》,加强企业董事会建设,完善法人治理结构,推进集团改革发展等各项工作。光明食品集团董事会把战略管控作为主要责任,确立管战略、管资源配置、管财务、管干部、管风险控制的战略管控模式,不断提高董事会战略研究和战略管理的能力。

光明食品集团从研究制定战略规划,到推进实施、组织每年一次的评估以及对所属企业的战略管理,坚持发挥董事会的战略决策作用。企业重大项目、收购兼并、投资融资等具有战略意义的重大事项必须集体研究、集体决策,初步建立针对企业关键问题、关键业务的内控体系,基本形成"各负其责、协调运转、有效制衡"的公司法人治理结构。

一、制定

光明食品集团坚持战略规划制定、战略规划实施、战略执行评估、战略规划修订的动态循环,充分发挥战略规划的引领作用,推动集团经济持续健康发展,成为集团近几年践行科学发展观,转变经济发展方式的基本思路。

自2006年8月光明食品集团新组建以来,先后制定了《光明食品(集团)有限公司国资战略规划(2007—2015年)》(简称《中长期规划》)《2007—2009年三年规划》《光明食品集团主业发展和非主业调整2008—2010年行动计划》《光明食品(集团)有限公司2010—2012年发展规划》和《光明食品(集团)有限公司"十二五"发展规划纲要》等。

【《中长期规划》和《2007—2009年三年规划》】

为了与国家和上海的五年规划期相衔接,光明食品集团中长期规划的"中期"指2007年至2010年,"长期"指2010年至2015年,前后共9年。规划所称的"中长期"也可以表述为"未来5到10年"。

为了与市国资委的管控模式相衔接,光明食品集团"中期"规划重点是2007年到2009年。

指导思想 坚持以邓小平理论和"三个代表"重要思想为指导,全面落实科学发展观,以增强企业核心竞争力带动又好又快发展为主线,以增强国有经济影响力、带动力为己任,把握发展规律,激发创造活力,转变增长方式,创新商业模式,促进内外和谐,用发展的办法和改革的思路解决前进中的问题,不断增强发展的科学性,进一步把光明品牌做响、光明集团做强、光明食品做大。

制定原则　坚持遵循科学发展规律,保持集团整体平稳较快发展;坚持以科技进步为发展动力,提高自主创新能力;坚持转变经济增长方式,提升经营管理能力;坚持围绕上海城市的三二一产业发展方针,在差异化竞争中塑造光明食品集团的独特形象;坚持以人为本,促进企业与员工的和谐发展。

制定过程　光明食品集团于2006年8月下旬开始启动国资战略规划的研究编制工作,2006年8月25日,光明食品集团召开制定战略规划动员会,集团主要领导作动员报告。

光明食品集团成立战略规划领导小组,集团董事长任领导小组组长,集团总裁和集团董事任副组长。同时成立战略规划专门工作小组。由于新组建的光明食品集团涵盖了一二三产业,产业跨度大,在制定战略规划的过程中可以借鉴的成功案例非常有限。集团战略规划的研究编制实行内外结合,上下结合。

在形成战略规划草案后,光明食品集团召开由市委研究室、市政府研究室、市国资委、市经委、市农委等20位外部专家参加的征求意见会,并在不同的范围内召开专题或综合研讨会,广泛听取集团内部各方意见,反复进行论证,在集思广益的基础上,形成《中长期规划》(送审稿)。

2007年2月1日,市国资委主持召开第九次规划投资委员会会议,专题讨论和审核光明食品集团国资战略规划。会议认为光明食品集团的国资规划定位正确,思路清晰,符合国家的产业导向和上海新一轮国资国企改革方向,战略措施有较强的针对性,实现做强做大光明食品集团的目标是可行的。会议要求光明食品集团对规划作进一步修改后,根据国资规划的有关审核程序,报市国资委主任会议审议。

2月26日,副市长胡延照到光明食品集团调研时,对集团战略规划的总体思考和定位表示赞成,并提出优化集团战略、加快发展的指导意见。

3月8日,按照市国资委《上海市国有资产营运机构战略规划管理暂行办法》有关规定,光明食品集团战略规划正式提交市国资委党政领导联席会议审核;同月22日市国资委下达了原则同意的批复意见。

4月3日,按照《光明食品(集团)有限公司章程》的有关规定,集团董事会召开一届六次会议,审议并通过《中长期规划》(送审稿),同意提请股东会审议批准。同日召开临时股东会议,上海市国有资产监督管理委员会、上海大盛资产有限公司、上海国有资产经营有限公司、申能(集团)有限公司、上海国际集团有限公司、上海上实(集团)有限公司、上海久事公司等7个单位派出股东代表出席会议。会议审议批准《中长期规划》,要求集团组织开展规划宣传培训活动,形成共识,凝聚人心,形成合力;以"十项行动计划"为抓手,扎实推进《中长期规划》的实施,根据内外环境的变化,不断优化集团发展战略;从2008年开始,每年向股东会定期报告组织实施《中长期规划》的有关情况。

主要内容　《中长期规划》分为四个部分:第一部分,主要分析光明食品集团的内部环境。第二部分,主要分析光明食品集团的外部环境,并运用SWOT分析工具对光明食品集团的优势、劣势、机会、威胁作了判断。第三部分,阐述光明食品集团的中长期发展战略,提出企业战略愿景:到2015年发展成为国内领先、拥有知名品牌和核心技术、综合集成能力较强、具有国际竞争能力、在全球有一定影响力的食品产业集团。确定集团以食品产业为核心业务,具体包括三大板块:以食品批发、分销、零售为特色的商贸流通业板块;以自主知名品牌集聚为特色的食品制造业板块;以种源、生态、装备和标准农业为核心的现代都市农业板块。在战略目标的实现途径和总体发展思路上,提出了六大战略措施:整合战略、品牌战略、科技创新战略、资本运营战略、人才兴企战略、企业文化战略。第四部分,阐述光明食品集团《2007—2009年三年规划》。三年发展的总体目标是:集团综合集成能力明显提高,食品产业核心业务进一步壮大,以知名品牌领衔的多个食品子行业在细分目标市场的份额进一步提高,集团整体核心竞争力迈上新台阶。到2009年集团主营业务收入预期目标不低于600亿元,其中核心业务收入年均增长率不低于12%;利润总额年均增长率不低于13.3%;国有净资产收益率三年平均值不低于5%;在岗职工年均收入增长率不低于8%。与这些预期目标相匹配,规划还从主要业务的发展、组织结构和管控模式的调整、投资和融资、人力资源开发、科技创新等方面提出了具体措施,并确定集团组织实施10项具体行动计划以推进战略规划的实施。十项行动计划是:产业整合行动计划、核心业务发展行动计划、品牌建设行动计划、科技创新行动计划、企业制度创新行动计划、上市公司整合与融资行动计划、打造安全放心健康食品产业链行动计划、国资从有所不为领域有序退出计划、人力资源开发行动计划、企业文化建设行动计划。

【《光明食品集团主业发展和非主业调整2008—2010年行动计划》】

计划背景 2008年,中国乳制品行业发生的三聚氰胺事件和国际金融危机成为影响光明食品集团经济发展最大的两个事件。三聚氰胺事件使中国乳制品行业受到沉重打击,光明乳业的销售和利润大幅度滑坡。冠生园集团生产的大白兔奶糖因为使用了国内乳品企业提供的含有三聚氰胺的奶粉作原料,影响了奶糖的质量并全部下架处理。这一事件使光明食品集团2008年的利润总额减少8亿元左右。集团内的外向型企业、商贸业企业、房地产企业和食品制造业企业销售下滑,成本上升,绩效下降。2008年集团经济发展呈现前高后低的局面,上半年实现销售收入同比增长15.3%,利润总额增长11.7%;7—10月实现销售收入与上年同期持平,利润同比下降了39%。

面对严峻的经济形势和内外部环境的重大变化,光明食品集团及时调整、制定了《光明食品集团主业发展和非主业调整2008—2010年行动计划》,审时度势把握工作重点,采取"保增长、调结构、抓转型、重民生、转作风"等一系列措施,克服了金融危机的影响和三聚氰胺事件的冲击,顺利完成了2007—2009年度发展战略规划确定的各项目标任务。

益民集团、烟糖集团、光明乳业、农工商超市集团、海博股份、农房集团、农工商投资公司等7家子公司,于2007年根据资产、业务重组后的新情况,滚动修订完善了本公司的战略规划方案。

主要内容 光明食品集团主业发展和非主业调整行动计划为:第一部分,企业基本情况。光明食品集团三大主业板块包括由商贸流通、品牌、食品、都市农业组成的核心业务板块;由房地产开发与经营、出租汽车等组成的支撑业务板块;由电子商务、现代食品物流等组成的培育业务板块。第二部分,企业主业发展的总体战略。在本次计划期内,光明食品集团要把增强集团整体核心竞争力作为战略任务,把打造成为国内一流、具有国际竞争力的食品产业集成商作为基本方向,把加快推进以科技、品牌、网络、资源为重点的商业模式转型作为根本要求,坚持有所为、有所不为的方针,创新体制机制,促进内外和谐,充分调动广大干部员工的积极性、主动性、创造性,进一步把光明品牌做响、光明集团做强、光明食品做大。重点实施五大战略:业务聚焦战略、转型战略、整合战略、世博战略、人才强企战略。

2008—2010年光明食品集团主业发展目标与思路:将乳业、糖业、酒业、批发分销业和连锁商贸业等5大业务培育成销售规模上百亿或净利润达3亿元以上的业务,同时大力发展集团的特色业务——都市农业。计划还提出分业的目标与思路。

乳业：具有较强产业控制力和市场占有率的优势核心企业，跻身全国乳业三甲，实现集团乳业的可持续发展和价值成长。

糖业：将集团糖业骨干企业发展成为具有核心竞争能力、国内经营规模最大的糖业龙头企业。

黄酒业：以成为黄酒行业领导者为目标，以中高档产品为主，引领市场消费，深耕上海市场，稳步拓展华东市场，努力开发全国市场。

品牌代理业：以食品品牌代理为核心，成为具有现代分销服务理念与功能、掌控市场网络与渠道、国内外食品知名品牌最优秀的代理服务商之一。

连锁零售业：建成集聚不同业态、服务功能较强、互补协调发展、以食品经营为特色、具有强大竞争力的国内大型连锁零售网络之一。

都市农业：培育壮大一批优质农产品知名品牌，建好地处上海市的现代农业核心基地，并将外延生产基地拓展到全国，更好地融入全国、服务全国"三农"。

规划还确定了光明食品集团非主业资产整合与中小企业调整退出三年目标与措施。

【《光明食品（集团）有限公司2010—2012年发展规划》和《光明食品（集团）有限公司"十二五"发展规划纲要》】

制定过程　2009年12月7日，光明食品集团召开规划编制工作部署会议，集团党政主要领导和董事会战略与投资委员会成员及集团总部有关部室负责人出席会议。

会议通过《光明食品（集团）有限公司"十二五"发展规划纲要》和《2010—2012年三年规划编制方案》，决定成立光明食品集团"十二五"发展规划及新三年规划研究编制小组；向各子公司下发《开展新三年规划编制、协助集团编制"十二五"规划的通知》，部署相关工作，鼓励广大干部职工积极参与规划研究与讨论，坚持"开门做规划"。

12月30—31日，光明食品集团召开2010年工作思路研讨务虚会，集团主要领导作《光明食品集团2007—2009年战略规划执行情况评估报告》。研讨务虚会达成共识，后三年的战略目标就是要把集团建设成为国内一流、国际上有影响、综合集成能力较强的食品产业集团。国际上对标雀巢，国内对标中粮；要努力"学习中粮，追赶中粮，超越中粮"；到2012年集团营业收入目标为确保800亿元，力争达到900亿元。

2010年5月24日，光明食品集团董事会战略和投资委员会召开会议，审议《集团2010—2012年发展规划》。会议同意战略规划的主要目标和思路，强调要完成2012年"保8争9"目标（即2012年主营业务收入确保800亿元，力争达到900亿元），需要集团上下团结一致、凝聚众心、加大投入、抓好并购，采取各种保障措施，努力实现跨越式发展。会议建议光明食品集团新三年发展战略规划修改后提交集团董事会、股东会审议批准。

5月28日，光明食品集团董事会举行二届四次董事会，审议通过《光明食品（集团）有限公司2010—2012年发展规划》（送审稿），同意提请股东会审议批准。同日，光明食品集团股东会举行第十次会议，批准《光明食品（集团）有限公司2010—2012年发展规划》即日起生效。

6月29日，光明食品集团将《光明食品（集团）有限公司2010—2012年发展规划》上报上海市国资委备案。

主要内容　《光明食品（集团）有限公司2010—2012年发展规划》的主要内容分为四个部分：第一部分是前三年集团规划实施情况的回顾。第二部分是未来三年集团发展面临的形势。第三部分是三年发展规划。2010—2012年，光明食品集团将学习和对标国内外行业龙头企业，大力推进全产业链经营模式,不断强化业务单元专业化发展水平,积极创造协同价值,努力实现跨越式发展,到规划期末将光明食品集团建设成为中国最具市场影响力的食品行业龙头企业集团之一,2012年实现"保8争9"的目标,即:集团合并营业总收入确保800亿元以上、力争达到900亿元,为2015年集团成为国内一流、具有国际竞争力的综合型食品产业集团的战略目标奠定重要基础。

为了有效实现未来三年目标,光明食品集团需要在业务拓展能力、资本运营能力、对标管理能力、市场能力、国际竞争力和人才支撑能力方面实现重要突破,形成相互关联的六大战略支撑:业务聚焦战略、资本运营战略、差异化战略、商业模式转型战略、国际化战略、人才战略。

第四部分是主要保障措施。规划从战略举措、制定和细化八项行动计划、强化内部管控、加强规划宣传贯彻等方面保障规划的实施。

八项行动计划为:核心业务并购行动计划、深化商业模式转型行动计划、深化内部资产整合行动计划、资本经营行动计划、推进集团内部资金集约化管理行动计划、人力资源支撑及薪酬激励体系完善行动计划、全面风险管控体系建设行动计划、企业文化建设行动计划。

二、宣传

为了使光明食品集团发展战略规划的内容深入人心,激发广大干部员工执行规划的积极性、自觉性和创造性,光明食品集团在每次战略规划制定完成之后,在集团系统广泛开展集团发展战略规划宣传月活动。

【《光明食品集团发展战略规划(2007—2009年)》宣传活动】

2007年4月3日,中共光明食品(集团)有限公司委员会、光明食品(集团)有限公司向各子公司发出《关于开展光明食品集团发展战略规划宣传月活动的通知》(简称《通知》)。

《通知》指出,光明食品集团发展战略规划是体现上海市委、市政府组建光明食品集团的要求,适应国资国企改革的新形势,顺应全市国资布局,加快产业结构调整的产物,是集思广益、集体智慧的结晶。通过开展宣传月活动,进一步统一集团系统广大干部员工的思想,切实增强政治意识、全局意识、机遇意识和责任意识;进一步振奋精神,增强信心,凝聚人心,形成合力;进一步明确集团战略目标任务,围绕中心,结合实际,创造性地开展工作;进一步激发和调动集团上下的积极性,为实现光明食品集团的发展战略目标而努力奋斗。

《通知》明确,光明食品集团将4月份定为集团发展战略规划宣传月,集中一段时间对战略规划进行多层次、多途径、多形式的广泛宣传,营造较大宣传声势,形成良好反响。各子公司、各单位把开展光明食品集团发展战略规划宣传月活动作为当前一项重要工作,党政主要领导带头参加学习、讨论和宣讲,确保集团发展战略规划宣传月活动按时间节点和要求有序推进,取得成效。

4月9日,光明食品集团召开发展战略规划宣传培训动员大会。集团党政领导作动员讲话并解读发展战略规划的主要内容,对开展集团发展战略规划宣传月活动作具体部署,对集团核心业务组成及战略展望、科技创新行动计划和品牌建设要点、企业文化建设行动计划、人力资源行动计划进行解读。

在光明食品集团发展战略规划宣传月活动期间,集团党政班子14名成员到18家子公司、社区,向广大干部职工宣讲光明食品集团发展战略规划。烟糖、跃进、长江、东海、海博股份、新海社区等单位班子成员分赴基层企业、居委会,带头宣讲战略规划。有的单位还成立战略规划宣讲团,为基层企业员工进行通俗易懂的宣讲。集团编发《光明食品集团发展战略规划宣传提纲》《光明食品集团发展战略规划宣传手册》;集团和子公司举办学习宣传集团发展战略规划的专题演讲比赛和百题知识竞赛。《光明食品报》和集团网站集中宣传集团发展战略规划的核心内容,报道活动情况。所属子公司纷纷召开动员会、宣讲会,利用企业报刊(含连续性内部资料性出版物)、网站广泛宣传,以画廊、黑板报、横幅标语等形式营造浓厚的氛围。

光明食品集团和各子公司采取各种形式推进宣传月活动,做到上下联动,丰富多彩。子公司召开党委中心组专题学习会,举办党课报告会、各类人员座谈会、宣传成果交流会,组织干部培训和参观集团系统骨干企业。有的子公司开展"光明与我"主题活动,开设"领导干部谈战略"访谈节目,利用BBS论坛开展网上大讨论,在基层党支部之间开展"互帮互助结对共建"活动等。

【《光明食品集团发展战略规划(2010—2012年)》宣传活动】

为实现新三年规划提出的各项目标,光明食品集团广泛开展新三年发展战略规划的宣传动员,以战略规划激发干部职工谋大事、干大事、成大事的激情,以战略规划引领干部职工创新发展、转型发展、跨越发展。

2010年7月16日,光明食品集团召开实施新三年发展战略规划动员大会,集团主要领导带头宣讲集团新三年发展战略规划,集团总裁与部分子公司总经理签订新三年重点目标责任书。集团党委分管领导对抓好新三年发展战略规划宣传月活动提出要求:各级领导高度认识新三年发展战略规划是集团今后三年经济发展的纲领性文件,开展好新三年发展战略规划宣传月活动具有重要意义。各单位精心组织,全面发动,把握重点环节,把领导带头宣讲和广泛发动员工群众结合起来,把大会宣讲和深入调研结合起来,把营造氛围和发扬典型结合起来,动员广大干部员工齐心协力为实现集团新三年发展战略规划而奋斗。

三、评估

光明食品集团组建5年来,把战略管理和战略执行评估作为加强规范董事会建设的一项重要基础工作来抓。在具体的战略管理实践中,集团董事会采取动态系统的管理方法,注重加强对战略执行过程的评估,以此作为衔接战略实施和规划调整的重要环节,不断强化战略的执行效果,提升战略管理水平。

为了切实有效地推进战略规划的实施,光明食品集团董事会建立战略规划制定—战略规划实施—战略规划执行评估—战略规划滚动修订的闭环管理机制,通过定期开展战略规划执行评估和分析,将中长期战略规划与三年规划相衔接,将上一轮次的三年规划与下一轮次的三年规划相衔接。当规划期间的内外部环境发生重大变化时,集团董事会及时进行战略规划执行评估,并根据评估结果作出是否对规划目标、任务和举措等内容进行调整的决定。

光明食品集团在每一轮三年发展战略规划实施即将结束之际,由集团董事会战略和投资委员会组织集团战略研究部门对战略执行情况进行总结评估,并提交董事会审议。集团董事会根据战略评估结果作出相应的结论和决议,以此督促和建议经营管理团队在新一轮规划或下一年度工作计划中作出相应的调整。

【光明食品集团战略规划评估的基本程序】

每年1—2月,由集团战略研究室牵头,会同相关职能部门及主要业务板块对上一年度战略规划执行情况进行系统总结和基本评估,在此基础上形成战略规划执行情况的评估草案。

每年3月初,集团召开董事会战略和投资委员会会议,对战略规划执行情况评估报告草案进行讨论和预审,对评估报告草案的结构、布局、内容等提出修改意见和建议。

每年3月末或4月初,集团召开董事会会议,对战略和投资委员会提交的战略评估报告议案进行审议,最终形成相关结论和决议。

当每一轮战略规划期结束之际,董事会组织对本轮战略执行情况进行总体评估,通常将本轮总体战略评估与本轮第三年战略评估结合起来,其评估结论与建议将成为新一轮战略规划制订的主要依据和重要基础。

【光明食品集团战略规划实施评估报告内容】

对评估目的、原则等事项进行说明。主要包括评估目的、评估原则、评估依据、评估的时点范围和特别说明。

对战略规划执行情况进行评估。一是对主要定量指标完成情况进行评估,分析指标达标或不达标的原因,指出问题所在;二是对战略规划任务、主要业务执行情况进行评估,主要是对照三年规划、年度工作计划和具体业务发展规划,通过定性分析和定量分析将工作重点、工作进度的落实情况逐一分析,检查目标和工作完成情况,分析主要影响因素;三是对战略举措进行评估,审视战略规划支撑是否到位,战略规划举措效果如何,以及改进方向。这一部分是整个战略规划评估的核心所在,重点是查找战略规划执行中的问题和盲点,为进一步深化战略规划实施或战略规划调整提供依据。

评估结论与建议。通过战略规划执行情况分析,重新审视战略规划定位和目标的合理性,对战略规划执行力和执行效果给出基本判断,进一步明确战略规划的发展方向,并对经营管理层的未来工作重点提出相应建议,从而将战略规划评估和年度工作计划紧密结合起来。

四、执行

【第一个三年发展战略规划(2007—2009年)完成情况】

主要定量目标完成情况评估 根据评估,光明食品集团2007、2008两年主营业务收入分别为450亿元、470亿元,完成规划目标的100%,年均增长7.4%,基本达到规划要求,但经济增长存在一定压力;2009年金融危机影响及国内经济回调对集团经济冲击明显,特别是居民基本消费下降对集团权重板块——连锁商贸业带来较大冲击,2009年实现主营业务收入为510亿元,完成规划预期的97.1%。

2007—2009年,光明食品集团实现利润总额分别为27亿元、17亿元和21亿元,分别完成规划任务的108%、100%和102.4%,达到或超额完成了规划任务;实现国有净利润7.4亿元、6.2亿元和8亿元,分别完成规划任务的121.3%、100%和111.1%;实现国有净资产收益率6.25%、4.83%和5.86%,分别完成规划任务的117.7%、100%和110.6%;实现国有资产保值增值率112.36%、105.98%和106.1%,分别完成规划任务的104.8%、100%和100.7%;资产负债率从2007年的63.03%降到2009年的61.68%,债务风险得到较好控制。

表 7-2-1　2006—2009 年集团战略规划目标完成情况表　　　　（单位：亿元）

年　份	主营业务收入			其中核心业务			利润总额			归属于母公司净利润		
	规划	实际	完成率(%)	规划	实际	完成率(%)	规划	实际	完成率(%)	规划	实际	完成率(%)
2006	400	414	103	286	313	110	22	22	100	5.0	5.1	102
2007	450	450	100	326	356	109	25	27	108	5.7	7.4	130
2007 比 2006 增减(%)	13	9	—	14	14	—	14	22	—	14	45	—
2008	470	470	100	357	357	100	17	17	100	6.2	6.2	100
2008 比 2007 增减(%)	4	5	—	10	0	—	−32	−37	—	9	−16	—
2009	525	510	97	400	375	94	20.5	21	102	7.2	8.0	111
2009 比 2008 增减(%)	12	9	—	12	5	—	21	24	—	16	29	—
2009 比 2006 增减(%)	31	23	—	40	20	—	−7	−5	—	44	57	—
三年平均增长率(%)	9.5	7.2	—	11.8	6.3	—	0.7	2.7	—	13.0	19.3	—

重点工作完成情况评估　从重点领域工作完成情况看，在光明食品集团发展战略规划 2007—2009 年和三年行动计划中确定的各项重点工作都实现有序推进。其中核心主业保持平稳较快发展，商业模式转型取得初步成效，资产重组、主业并购和直接融资取得重大突破，人力资源、管控能力、企业文化建设等各项工作不断提升。主要体现在聚焦主业，在打造核心业务龙头企业群方面取得重要进展；内部资产、产业整合取得重大突破，集团主业架构更加清晰、母公司权益上升明显；有效管控功能不断加强，协同支撑优势开始释放；加强资源配置和协调能力，在总部层面实现价值创造；打造具有光明特色的企业文化，构建企业持续发展强大内核。

评估结论　《集团战略规划》实施以来，成效显著，呈现出五个变化：一是经济基础发生变化，可持续发展的后劲进一步增强；二是产业格局发生变化，未来发展空间进一步打开；三是商业模式发生变化，品牌价值进一步彰显；四是管控模式发生变化，发展动力进一步提升；五是团队素质发生变化，发展支撑进一步巩固。但同时存在制约集团发展的瓶颈问题：一是核心主业还不够强大，可扩张性不够；二是商业模式转型任重道远，创新意识、能力不够；三是管控模式还需进一步优化；四是资本运作还需加大力度；五是人力资源瓶颈亟待突破。

【第二个三年发展战略规划(2010 年)完成情况】

2010 年是光明食品集团新三年战略规划的第一年，营业总收入 632.22 亿元，比 2009 年增长 21.4%；营业利润 28.29 亿元，比 2009 年增长 46.9%；利润总额 32.43 亿元，比 2009 年增长 47.2%；净利润 2.47 亿元，比 2009 年增长 61.9%。集团绝大部分企业做到销售利润同步增长。

光明食品集团 2010 年经济运行特点：干部员工精神状态较好，形成了快速发展的格局；核心主业贡献率上升，不同业务差异明显；关注经济运行质量，获利能力明显提升；依托优势业务，拓展增长空间；内部业务合作加强，产业协同有所突破。

光明食品集团 2010 年出现良好工作局面的主要原因是：持久的激情是快速发展的重要动力；战略引领是达成共识、把握正确方向的关键；深化转型是主业规模、绩效同步发展的保证；重组协同是放大资源集约效应的主要手段；改善民生是形成和谐发展格局的重要依托。

光明食品集团 2010 年工作存在的不足：经营毛利率有所下降，商业模式转型任重道远；资产使用效率有所下降，企业的运营能力还有较大的提升空间；上市公司的融资未有突破，加快发展后带来的资产负债率提高的矛盾比较突出；基础管理相对薄弱，构建内控体系刻不容缓；发展需求与人力资源不相匹配，人才工程亟待落实。

五、管理制度

为了规范和加强光明食品集团中长期战略规划的编制和管理工作，增强集团全面、协调、可持续发展的能力，实现国有资产保值增值的目标，根据《中华人民共和国公司法》《中华人民共和国企业国有资产监督管理暂行条例》《上海市国有资产营运机构战略规划管理暂行办法》等有关法律法规和规章，2007 年集团制订《光明食品集团战略规划管理工作制度》。

光明食品集团的战略规划编制和管理工作由集团董事长总负责，董事会战略和投资委员会负责组织对公司中长期发展战略的研究并提出建议，董事会负责审议、通过中长期战略规划并报股东会批准，总裁机构负责战略规划的组织实施和日常管理。集团公司战略研究室为承办战略规划编制和管理工作的职能部门，负责牵头协调有关部门、有关单位，共同对集团战略规划及其实施计划进行研究，拟订规划草案；指导与协调各子公司拟订战略规划；动态监督、评估集团总体战略规划的实施情况；对子公司战略规划进行审核和检查，动态监督、评估子公司战略规划的实施情况等。集团公司有关职能部门为战略规划管理的协办部门。

光明食品集团子公司的战略规划根据集团战略规划的要求，在集团的指导下，由各子公司负责制定。在子公司的战略规划编制和管理工作中，集团公司委派的首席产权代表贯彻出资人意图，监督、报告战略规划的实施、管理情况。

光明食品集团战略规划制定的一般程序是：规划草案的提出—组织咨询—听取董事会成员意见—由董事长将战略规划草案报市国资委初审—根据市国资委反馈的书面修改意见，董事长按前述程序组织修订战略规划草案，形成战略规划送审稿报市国资委—董事会审议通过并报股东会批准—董事长将经董事会审议通过、股东会批准的战略规划报市国资委备案。

光明食品集团战略规划经董事会审议通过、股东会批准后，由总裁机构通过制定年度经营计划逐步组织实施。光明食品集团董事长要将下一年度的实施计划于每年年底前报市国资委备案。集团公司董事会对总裁机构年度经营计划的执行情况要及时进行评估与考核，并由董事长向市国资委报告年度战略规划的实施和控制情况。

为确保光明食品集团战略规划的科学性和可操作性，在对战略规划实施控制的基础上，根据公司内外环境的新变化，对战略规划进行评估、完善、滚动修订，修订的程序与战略规划形成的程序相同。

《光明食品集团战略规划管理工作制度》（简称《战略规划管理工作制度》）明确了所属子公司战略规划制定、实施和管理的主体等内容。

光明食品集团在执行《战略规划管理工作制度》过程中，注重发挥董事会外部董事比重高的优势，充分依靠内外部董事集体智慧进行决策。

第三节　财　务　管　理

光明食品集团重组成立以后，把财务管理作为企业管理的重中之重，同时作为集团发展战略规划中的重点内容。集团在改革完善财务管理制度体系、建立财务总监委派制、制定年度财务预算和决算报告、强化资金管理、开拓融资渠道、控制财务风险、提升财务信息化水平等方面建章立制,积极探索,严格管控,为集团做大做强提供了财务保证。

一、财务管理体制

光明食品集团根据企业特点建立和完善财务管理制度体制,设立集团财务部和财务总监管理办公室(合署办公)。财务总监是集团公司的财务负责人,由集团董事长提名、董事会聘任。2006年7月,经中共上海市委预审,市国资委批复同意,集团董事会确认,曹晓风担任光明食品集团第一任财务总监。

光明食品集团财务部主要职责为:建立健全集团公司内部会计核算和财务管理制度体系;确定和维护集团公司内部财务管理体制及流程体系;负责预决算管理,向集团董事会和各方股东报送季度报表、年度财务会计报告和重大财务会计事项等材料;负责审核子公司及下属重要企业资产重组、处置事项;负责集团公司的资金管理;审核子公司融资事项;拟订和实施财务内部控制管理措施,办理集团公司的融资、担保事务;拟定集团公司税后利润分配方案及弥补亏损方案,审核子公司税后利润分配及弥补亏损事宜;负责集团公司内部不良资产财务核销管理工作,制订集团内部相关管理制度;组织集团公司内部财务监督、考核和评价;向主管部门报送财务会计报表和年度财务预算,申办集团公司国有资本与财务审批事项;按照主管财政机关的规定,行使其他有关财务管理的职责。

光明食品集团公司所属企业财务机构的主要职责为:加强财务基础管理;建立、健全经济核算制度,参与经济预测和决策;做好各项财务预算、控制、核算、分析、考核和监督工作;抓好预算管理、筹资管理、投资管理、资产管理、成本和费用管理;做好收入、利润和利润分配管理工作;参与企业的生产、资产及资本经营,提高经济效益,实现净资产的保值增值;负责重大财务管理事项的具体实施;指导和检查监督所属企业财务机构履行以上职责。

光明食品集团对全资子公司的财务总监实行委派制,对多元投资控股子公司的财务总监实行推荐制。财务总监的人选由子公司和集团财务部门提名或向社会招聘,经集团组织人事部门和财务总监管理办公室考核认可后,由集团财务总监任命或推荐。被委派的财务总监首先对出资人负责,定期向集团财务总监管理办公室上报述职述廉报告,如遇重大事项及时报告;实行与子公司总经理就"三重一大"事项联签制,对子公司重大财务事项的合法性、合理性严格把关。组织、协调、控制、评价和监督子公司的财务活动,承担对出资人财务和企业财务负责的双重义务。各子公司对所属全资、控股企业财务负责人的委派、推荐,强调垂直领导,形成"纵向到底、横向到边"的出资人财务体系和企业财务体系相协调的新格局。

2007年12月,光明食品集团董事会一届十次会议通过《光明食品(集团)有限公司关于财务总监职权的制度》,明确财务总监的主要职责和主要职权。2010年8月,光明食品集团总裁办公会议通过《光明食品(集团)有限公司子公司财务总监管理办法》,明确集团所属子公司财务总监的任职资格、职责和主要职权、任免和任期、薪酬、考核和奖惩等。

二、2006—2010年财务预算和决算

2007年12月,光明食品集团一届十次董事会通过《光明食品(集团)有限公司财务预算和决算

管理制度》,对财务预算和决算管理的基本原则、财务预算和编制、财务预算的执行与控制、财务预算的分析与考核等作出明确规定。

集团财务预算管理主要贯彻全面性原则、平衡性原则、刚性原则和因企制宜原则。编制财务预算坚持效益领先原则,实行总量平衡,进行全面预算管理;坚持积极稳健原则,确保以收定支,加强财务风险控制;坚持权责对等原则,确保切实可行地实施经济战略。集团财务预算编制内容为:集团公司本部期间费用预算;集团本部现金流量预算;集团公司资本预算;集团公司筹资预算;集团公司国资经营预算;汇总集团公司本部和子公司上报的财务预算,合并形成集团公司年度财务预算方案。预算编制按"上下结合,分级编制,逐级汇总"的程序进行。

光明食品集团从2007年起,强化经营业务预算、资本预算、融资预算和国有权益变动预算,增加产权和存量资产处置、重大投资增减变动等一系列新的预算内容。在预算编制和执行中,坚持"三个衔接":一是年度损益预算目标与战略目标相衔接;二是年度资本预算目标尽可能与投资预算相衔接;三是绩效考核与年度预算执行结果相衔接。

【2006年主要经济指标决算情况】

光明食品集团2006年主营业务收入4 132 910万元,主营业务利润为868 013万元,投资收益66 449万元,利润总额217 908万元,净利润51 176万元,资产总额4 748 357万元,净资产收益率为4.69%。

【2007年主要经济指标预算和执行情况】

2007年,光明食品集团预算主营业务收入450亿元,比上年增长11%。其中核心业务收入419亿元,比上年增长13%。

表7-2-2 2007年光明食品集团主要经济指标决算情况表 （单位:万元）

项 目	合并口径				
	2006年决算	2007年预算	2007年决算	完成率(%)	比上年增减(%)
主营业务收入	4 132 910	4 500 000	4 494 673	99.89	8.75
主营业务利润	868 013	956 098	933 230	97.61	7.51
投资收益	66 449	46 846	102 527	218.86	54.29
利润总额	217 908	250 000	259 666	103.87	19.16
净利润	51 176	60 000	61 394	102.32	19.97
短期投资	16 227	7 576	30 656	404.65	88.92
资产总额	4 748 357	5 135 551	5 117 595	99.65	7.78
负债总额	2 978 659	3 261 971	3 289 240	100.84	10.43
资产负债率(%)	62.73	63.52	64.27	101.19	2.46
净资产收益率(%)	4.69	5.24	5.31	101.45	13.39
国有权益	1 115 205	1 175 536	1 195 277	101.68	7.18

2007年,光明食品集团的国资运营、经济运营和财务运营步入良性循环。2006年年末,国有净资产112亿元;2007年年末,净资产120亿元,增加8亿元,比预算118亿元增加2亿元,实现了国有资产的保值增值,国有净资产的收益率为5.3%。经营运营绩效显著,运营质量明显提高,主营业务收入449亿元,比上年增长了8.75%;营业利润24亿元,比上年增长了14%。2007年年末,资产负债率64.27%,比年初增加1.7个百分点;年末货币资金余额93亿元,比年初增加了10亿元,上升12%;经营活动中的现金净流量14亿元,比净利润6亿元高出8亿元,显示集团财务状况较好,规避风险的支付能力较强。

【2008年主要经济指标预算和执行情况】

2008年,由于9月份发生三聚氰胺事件,使集团所属光明乳业股份公司和冠生园(集团)公司的经济发展受到严重影响,主营业务收入比预算减少15亿元左右,利润也大幅度减少。同时由于房地产市场不景气的态势未根本改变,对农房集团产生重大影响;食糖行业出现低价徘徊,糖产业面临一定困难。为此,光明食品集团对2008年的主要经济指标预算进行调整。主营业务收入由500亿元调减为480亿元,下调4%,但仍比2007年的实绩增长6%;利润总额由28亿元调减为20亿元,下调28.6%,比上年减少5亿元;净利润由7.2亿元调减至6.2亿元,下调13.9%,略高于上年实绩,与集团发展战略规划对2008年净利润预期6.5亿元比较接近。此方案经公司董事会一届十五次会议通过并得到股东会的批准。

表7-2-3　2007—2008年光明食品集团主要经济指标决算情况表　　　　（单位:万元）

项　目	合并口径			
	2007年决算	2008年预算	2008年决算	比上年增减(%)
主营业务收入	4 494 673	4 800 000	4 698 404	4.53
主营业务成本	3 516 116	3 747 000	3 698 036	5.17
主营业务毛利	978 557	1 053 000	1 000 368	2.23
销售费用	590 645	615 873	642 881	8.84
管理费用	215 449	240 423	255 199	18.45
财务费用	36 907	64 476	57 071	54.63
投资收益	111 249	58 324	78 926	−29.05
利润总额	269 521	200 000	170 351	−36.79
净利润	188 785	135 000	114 135	−39.54
归属于母公司所有者的净利润	74 062	62 000	62 328	−15.84
资产负债率(%)	63.03	59.85	60.39	−4.19
净资产收益率(%)	6.25	4.72	4.83	−22.78
国有权益	1 253 052	1 362 385	1 328 176	6.00

光明食品集团2008年核心业务为都市农业、食品制造与加工业、食品零售及品牌代理、批发分销业。

表7-2-4 2008年光明食品集团主业经营情况表 （单位：万元）

主业名称	主营业务收入		主营业务毛利		占主营业务毛利总额的比例(%)	
	2008年预算	2008年决算	2008年预算	2008年决算	2008年预算	2008年决算
核心业务	3 610 000	3 573 094	725 000	706 542	100	100
都市农业	110 000	111 703	25 000	24 988	3.45	3.54
食品制造与加工业	1 300 000	1 251 240	350 000	344 498	48.28	48.76
食品零售及品牌代理、批发分销业	2 200 000	2 210 151	350 000	337 056	48.28	47.71

在光明食品集团所属牛奶集团、光明乳业、益民集团、农工商超市、烟糖集团农工商房产、海博股份等公司在集团主业中比重比较大。

表7-2-5 2008年光明食品集团主要企业经营情况表 （单位：万元）

公司名称	所属业务板块	2008年决算				
		总资产	净资产	主营业务收入	利润总额	净利润
牛奶集团	都市农业	427 755	103 413	193 318	10 152	7 332
光明乳业	食品制造与加工	403 766	207 947	719 928	-31 954	-26 756
益民集团	食品制造与加工	749 367	228 698	431 004	9 189	2 125
农工商超市	食品零售及品牌代理、批发分销业	580 935	120 008	1 353 392	63 699	45 126
烟糖集团	食品零售及品牌代理、批发分销业	773 639	297 809	1 249 538	42 287	33 741
农工商房产	支撑	696 454	293 315	364 478	62 519	44 054
海博股份	支撑	258 312	103 667	163 299	18 116	15 978

光明食品集团2008年净利润结构主要为经营性利润和营业外收支净额。

表7-2-6 2008年光明食品集团净利润结构分析情况表 （单位：万元）

序号	项目	2007年决算	2008年预算	2008年决算
1	经营性利润	96 086	72 344	15 423
2	资本市场投资收益	45 914	10 379	7 164
3	"大小非"解禁	—	5 927	—
4	一级市场收益	43 576	4 272	7 046
5	其他资本市场收益	2 338	180	118
6	其他	32 010	28 990	45 716

〔续表〕

序号	项目	2007年决算	2008年预算	2008年决算
7	小计（＝2＋6）	77 924	39 369	52 880
8	营业外收支净额	14 775	23 287	45 830
9	净利润（＝1＋7＋8）	188 785	135 000	114 133

2007年年末，集团国有净资产125.3亿元，2008年年末净资产132.8亿元，增加7.5亿元，当年的保值增值率为106％，国有净资产收益率为4.83％。虽然利润总额比上年下降36.79％，但归属于母公司的净利润却比上年年报审计数增长了1.6％，主要原因是通过资产整合和股权结构调整，使集团公司享有的净利润的贡献度提高。2008年年末，资产负债率为60.39％，比年初下降了2.64个百分点；除少数子公司外，各子公司都完成了年初预算指标。

【2009年主要经济指标预算和执行情况】

2009年，预算安排主营业务收入525亿元，比上年增长11.7％；利润总额20.5亿元，比上年增长20.13％；归属于母公司的净利润7.24亿元，比上年增长16.12％。预算国有净资产收益率超过5.6％，比上年增加0.48个百分点；资产负债率控制在62％以内，比上年增加1.69个百分点。

表7－2－7　2009年光明食品集团主要预算经济指标情况表　　　　　　（单位：万元）

	主要经济指标	2008年决算	2009年预算	增减额	增减率（％）
本级	利润总额	4 404	－22 782	－27 186	－617.30
	净利润	4 404	－22 782	－27 186	－617.30
	资产负债率（％）	39.20	44.41	—	—
合并	营业收入	4 822 230	5 347 800	525 570	10.90
	主营业务收入	4 698 404	5 247 855	549 451	11.69
	主营业务毛利	1 000 368	1 067 217	66 849	6.68
	利润总额	170 351	204 642	34 291	20.13
	净利润	114 135	137 739	23 604	20.68
	母公司净利润	62 328	72 375	10 047	16.12
	净资产收益率（％）	5.85	6.59	0.74	—
	国有净资产收益率（％）	4.83	5.30	0.47	—
	资产负债率（％）	60.39	62.34	1.95	—

表7－2－8　2009年光明食品集团主要财务指标完成情况表　　　　　　（单位：万元）

项目	2009年决算	2009年预算	2008年决算	预算完成率	比上年增减（％）
主营业务收入	5 075 601	5 247 855	4 698 404	96.72	8.03
主营业务成本	3 972 718	4 180 638	3 698 036	95.03	7.43

〔续表〕

项　　目	2009年决算	2009年预算	2008年决算	预算完成率	比上年增减（%）
营业利润	192 632	176 195	101 946	109.33	88.95
其中投资收益	63 844	58 164	78 926	109.77	－19.11
利润总额	220 315	204 642	170 351	107.66	29.33
所得税	67 301	66 903	56 216	100.59	19.72
净利润	153 014	137 739	114 135	111.09	34.06
少数股东损益	72 792	65 364	51 807	111.36	40.51
国有净利润	80 222	72 375	62 328	110.84	28.71
资产总额	6 365 835	5 735 084	5 097 314	111.00	24.89
负债总额	3 983 589	3 575 088	3 078 057	111.43	29.42
净资产	2 382 246	2 159 996	2 019 257	110.29	17.98
少数股东权益	808 866	759 445	691 081	106.51	17.04
国有净资产	1 573 380	1 400 551	1 328 176	112.34	18.46
资产负债率（%）	62.58	62.34	60.39	100.38	2.19
净资产收益率（%）	5.53	5.30	4.83	104.34	0.70
净资产收益率（全部）（%）	6.95	6.59	5.85	105.46	1.10

【2010年主要经济指标预算和执行情况】

光明食品集团2010年预算安排营业收入576.9亿元，比上年增长10.81%；主营业务收入565亿元，比上年增长11.31%；利润总额26.5亿元，比上年增长20.45%；归属于母公司的净利润10.0亿元，比上年增长25%。

表7－2－9　2010年光明食品集团所属子公司主营业务收入预算情况表　　　　（单位：万元）

单　　位	主营业务收入			
	2010年预算	2009年年报	增减额	增减率（%）
跃进有限公司	32 000	29 701	2 299	7.74
长江总公司	155 000	145 300	9 700	6.68
东海总公司	41 000	37 425	3 575	9.55
五四公司	150 000	138 757	11 243	8.10
海丰总公司	50 000	42 331	7 669	18.12
牛奶集团	210 000	188 583	21 417	11.36
光明乳业	900 000	771 830	128 170	16.61
农地产集团	530 000	476 214	53 786	11.29
农工商超市	1 350 000	1 233 410	116 590	9.45

〔续表〕

单 位	主营业务收入			
	2010年预算	2009年年报	增减额	增减率(%)
海博股份	180 000	165 323	14 677	8.88
星联公司	19 887	15 219	4 668	30.67
世纪森林	1 000	285	715	251.43
烟糖集团	1 550 000	1 403 475	146 525	10.44
益民集团	600 000	541 691	58 309	10.76

2010年利润总额安排26.5亿元，比上年的22.03亿元增加4.47亿元，增长20.29%。

表7-2-10　2010年光明食品集团所属子公司利润总额预算情况表　　（单位：万元）

单 位	利润总额		
	2010年预算	2009年年报	增减率(%)
跃进有限公司	11 850	11 849	0.01
长江总公司	7 700	7 626	0.97
东海总公司	6 100	5 247	16.26
五四公司	10 000	9 374	6.68
海丰总公司	3 740	3 211	16.48
牛奶集团	13 000	11 746	10.68
光明乳业	25 000	18 982	31.70
农地产集团	100 000	98 416	1.61
农工商超市	37 000	34 923	5.95
海博股份	20 700	21 038	−1.61
星联公司	7 819	6 030	29.67
世纪森林	−1 050	−1 020	2.94
烟糖集团	55 000	42 043	30.82
益民集团	20 000	4 207	375.40

光明食品集团2010年净利润预算10亿元，比2009年实际净利润8.02亿元增长24.65%。

表7-2-11　2010年光明食品集团所属子公司净利润预算情况表　　（单位：万元）

单 位	归属于母公司的净利润		
	2010年预算	2009年年报	增减率(%)
跃进有限公司	9 442	9 441	0.01
长江总公司	6 100	5 901	3.37

〔续表〕

单 位	归属于母公司的净利润		
	2010年预算	2009年年报	增减率(%)
东海总公司	3 600	3 176	13.35
五四公司	6 500	5 783	12.40
海丰总公司	3 850	3 505	9.84
牛奶集团	8 500	8 552	−0.61
光明乳业	20 000	12 247	63.31
农地产集团	55 000	52 023	5.72
农工商超市	26 700	22 454	18.91
海博股份	16 100	16 075	0.16
星联公司	6 040	4 394	37.46
世纪森林	−1 050	−1 020	2.94
烟糖集团	25 000	18 825	32.80
益民集团	10 000	6 918	44.55

2010年,光明食品集团全年实现营业收入632.23亿元,同比增长21.44%;实现利润总额32.43亿元,同比增长47.22%,归属于母公司的净利润11.99亿元,同比增长49.5%,实现了两个超过,即:净利润增幅超过利润总额增幅,利润总额增幅超过营业收入增幅。

表7－2－12　2010年光明食品集团主要财务指标完成情况表　　　　　　　　(单位:亿元)

项 目	2010年	2009年	增减额	增减率(%)	2010年预算	完成预算(%)
营业总收入	632.23	520.62	111.61	21.44	576.90	109.59
其中主营业务收入	618.50	507.56	110.94	21.86	565.00	109.47
利润总额	32.43	22.03	10.40	47.21	26.50	122.38
净利润	24.77	15.30	9.47	61.90	19.28	128.48
其中归属于母公司的净利润	11.99	8.02	3.97	49.50	10.00	119.90
资产总额	758.12	636.59	121.53	19.09	682.88	111.02
负债总额	482.66	396.79	85.87	21.64	426.03	113.29
所有者权益	275.46	239.80	35.66	14.87	256.85	107.25
其中归属于母公司的所有者权益	181.29	159.01	22.28	14.01	166.69	108.76

表 7-2-13　2010年光明食品集团核心业务经营情况表　　　　　　　（单位：亿元）

项　目	主营业务收入				利润总额			
	2010年	2009年	增减额	增减率（%）	2010年	2009年	增减额	增减率（%）
核心业务合计	496	391	105	26.9	19.9	10.5	9.5	90.6
乳　业	93	77	16	20.5	2.4	1.9	0.5	26.9
糖　业	108	50	58	116.3	6.7	0.1	6.6	大幅增长
酒　业	10	10	0	4.6	1.9	1.9	0.0	2.6
休闲食品	33	29	4	14.3	0.4	−0.8	1.2	扭亏增盈
连锁商贸	159	151	8	5.2	4.5	4.5	0.0	−0.2
品牌代理	72	60	12	19.8	1.4	1.2	0.2	13.2
现代农业	21	14	7	51.1	2.6	1.6	1.0	60.5

三、资金管理

为加强光明食品集团资金业务管理，提高整体信资和资金使用效率，2009年8月，建立集团财务管理中心。该中心是从事集团内部资金集中管理的集团公司分公司，是集团财务管理部门的有机组成部分，主要职能是协助集团公司开展融资和对成员企业的资金实行专业化管理。集团在资金管控中，由"分权为主、集权为辅"，逐步过渡到"集权为主、分权为辅"。

2009年12月，光明食品集团总裁办公会议通过《光明食品（集团）有限公司财务管理中心管理办法》《光明食品（集团）有限公司财务管理中心主要业务流程和事权划分的规定》，对财务管理中心的职能定位、管理模式和岗位设置及账户、资金预算、内部存贷、内部结算、核算、业务流程和事权划分等作出明确规定，并制定加强内部控制和系统安全的具体措施。财务管理中心资金集中管理的原则是：集中管理，分户核算；资金权属不变，资金有偿使用；互惠互利，存贷双赢；保证安全，操作方便。财务中心实行"资金监控＋内部银行"的管理模式，对成员企业实行扁平化管理，成员企业以独立法人为主体与财务管理中心进行业务往来。

2009年3月，光明食品集团抓住国家货币政策适度宽松条件下的低利率时机，发行年利率为2.1%的40亿元一年期短期融资券；12月发行中期票据一期20亿元、年利率为3.99%的三年期中期票据。为集团回购光明乳业25.17%股权、收购云南英茂糖业公司60%股权和巴士宏通公司60%股权等项目提供了资金保障，优化了债务结构，使集团付息负债中的银行借款占比由上2008年95%下降到63%，中短期融资券由5%上升到37%。

2010年，集团开展"小金库"专项治理工作。集团下属658个企业开展自查，参与自查工作的工作人员达1 715人，达到专项治理全覆盖，其中有12户企业存在"小金库"问题，及时纠正处理。针对自查自纠中暴露的问题，有关企业深入分析，查找在制度规范、管理体制、监督机制和操作执行等方面的薄弱环节，健全制度，堵塞漏洞，完善内部监管，增强各级领导干部依法经营、依法理财的自觉性，从源头上防止"小金库"问题的发生。

四、经济运行质量分析

2007年,光明食品集团根据"杜邦分析指标体系",开展以净资产收益率为核心指标的经济运行质量分析、评价工作。

分析指标以净资产收益率为核心指标;分析方法采取定量与定性相结合,以定量为主;分析报告制成图文并茂的PPT;分析对象为总量分析与重点分析相结合。

集团层面以核心业务为重点,子公司以骨干企业、拳头产品为重点,聚焦主业,扬长避短,发挥优势。分析重点以结果分析与形成的要素分析相结合,注重影响结果的价格、实物量、单位产品的成本(包括劳动力成本、原材料成本和其他成本)等要素的变动,以及各项费用、资产、负债、净资产和现金流变动的影响。分析时肯定成绩与揭示问题相结合,揭示差距,分析原因,提出对策,明确责任,落实措施;分析工作时纵向分析、预算分析与行业对标分析相结合,注重企业外部环境的变化分析。分析报告注重概括提炼,有针对性地提出经济运行的主要特点,从而使报告更具参考价值。

运用"杜邦分析指标体系"对经济运行质量分析,更加突出出资人对财务的管理要求,加强对盈利能力、资金管理、适度负债等现代企业管理的全方位思考。分析工作由单位领导亲自抓,财务总监具体抓,相关部门配合抓,把经济运行质量分析作为企业发展的长效机制。

五、财务风险控制

为了防范投资风险、经营风险和财务风险,进一步从制度上规范风险控制,光明食品集团2006—2010年先后制订了《光明食品(集团)有限公司企业重大财务事项定期报告实施办法》《光明食品(集团)有限公司国有资产监督管理办法》《光明食品(集团)有限公司财务风险控制管理办法》《光明食品(集团)有限公司财务管理制度》《光明食品(集团)有限公司贷款担保管理制度》等制度和规定。

根据集团财务风险控制的要求,凡重大的投资、重大的经济合同都列入财务总监联签制的范围;对于不动产抵押、无形资产质押和对外担保,都按照"担保管理"的流程和权限办理,任何人不得越权擅自对外提供担保;对于高风险的证券投资、期货交易,按照核准制的要求办理,并指定具有风险控制资质的专门人士操作,实行盯市制度,未经许可,任何人均不得擅自从事高风险投资;对于带息借款,通过采取控制债务率和筹资的资金成本率设置防火墙;对于资产负债率高于75%的企业借款,原则上不再为其提供担保。向母公司内部借款,按银行挂牌的同档贷款利率适当下浮并支付资金占用费。2010年集团制定《光明食品集团财务风险预警体系建设实施方案》,实行风险预警制度。按照五大类、19项财务指标进行预警和亮灯,低于平均值的亮黄灯或红灯。集团选择营业收入或资产达到集团10%以上的5家子公司(烟糖、益民、农工商超市、农工商房产和光明乳业)进行试点,最终实现全覆盖。对财务风险预警的亮灯结果及时响应并进行风险梳理,在既进行定性分析又逐个进行量化分析的基础上,制定相应的解决方案,确保风险应对措施得到有效落实。

六、财务信息化管理

光明食品集团牢牢把握信息化发展新机遇,在信息技术与管理融合、传统管理转向信息管理、财务管理信息化改革和创新等方面取得新突破,初步形成以资金集中管理为抓手、资金流和信息流一体化的集团型财务管控新模式。

2010年,光明食品集团总部已建立由局域网(内部网)、互联网(外部网)两部分构成的计算机网络,从集团领导到各部门管理人员,全部配备了计算机终端。17家子公司都已建立内部网,并实现互联网接入,接入方式主要是宽带上网。光明食品集团配合上海市国资委财务风险预警体系建设,以国资委现有的信息化平台为基础,每月上报集团月报和重大事项,定期发布财务风险预警信息。集团与金蝶软件公司合作,全面运用金蝶EAS资金管理解决方案,以满足资金集中监控、结算中心、收支两条线、财务公司等多种资金管理需求的模式,支持资金计划、资金结算、投融资、票据、同业往来、利息计算、资金监控分析和银企互联等核心业务的一体化管理,提供集团企业与成员单位的同一资金管理平台,帮助集团企业强化资金的集约化管理。

光明食品集团总部与子公司及基层企业基本实现会计核算电算化。集团总部与子公司及基层企业在财务核算中应用的软件为金蝶K3系统,在合并报表和汇总报表的制作中应用的为久其软件。为了加快推进财务信息化,推动集团和各成员企业由"核算型财务"向"管理型财务"转变,集团与金蝶软件公司合作,创建了金蝶EAS核算一体化项目,集团本部和两个全资子公司及其基层企业上线运行,继而推广到集团所有二级子公司及其基层企业,达到集团旗下所有国有全资、控股企业全覆盖。金蝶EAS核算一体化项目的上线运行,实现了集团内各成员企业会计核算和财务管理工作的规范化、程序化、标准化,这一平台的成功创建成为集团财务数据汇总、透视查询、数据利用分析的基础,大大提高了集团对财务集中管控的能力。

光明食品集团所属子公司按照集团财务部门实现电算化的统一要求,在总账核算、资金管理、现金出纳、往来管理、固定资产管理、对内管理数据等领域应用金蝶K3系统进行管理。有些电算化工作启动较早的子公司采用了其他软件进行管理,如烟糖集团应用用友软件,农工商超市应用BOKE软件,星联公司应用网络版财务用友软件。

七、财务队伍建设

由于财务工作的专业性较强,特别是国家出台许多财经法规,如何加快财务人员的知识更新成为光明食品集团财务队伍建设的迫切任务。集团通过专业培训、专题研讨、学术交流等形式,提升集团和各子公司及基层企业财务人员的专业素质和管理能力。

2006年,光明食品集团组织30多批次集团和子公司两级财务审计人员参加财经法规教育培训,组织3次专题研讨会,举办华东地区农垦财会学术研讨会,组织集团系统财会审计人员参加光明精神大讨论和爱岗敬业专题学习活动。2007年根据逐步实施新的会计准则和内部审计准则的要求,组织相关人员培训学习,参加上海市举办的专题学术交流会,为企业实施新准则作好准备。

2009年,光明食品集团组织27批、2 800人次的财务人员参加财务管理教育培训,组织4次专题研讨会,参加华东地区农垦财会学术研讨会,组织相关人员参加上海市举办的专题学术交流会。

2010年,光明食品集团组织27批、2 700人次的财务人员参加财务管理教育培训;组织4次专题研讨会;参加第二十届华东地区农垦财会学术研讨会。光明食品集团与国家会计学院合作,组织财会人员参加会计职称的培训,其中高级会计师职称考试合格率达45%。集团财务部门还通过年度财务工作会议、专家辅导培训、子公司财务分析现场会等途径,及时通报集团财务工作信息,了解财务管理最新动态,提升财务人员的工作责任心和专业水平。

第四节　审计管理

光明食品集团内部审计部门在集团董事会的领导下依法对所属子公司开展内部审计工作,行使内部审计职能,并接受董事会审计与风险控制委员会的监督和指导。下属独立核算企业的子公司设置独立的内部审计部门,配备与企业规模及工作量相匹配的专职审计人员。

集团建立分级为主、集中为辅,上下联动、统分结合的内部审计管理体制和网络体系,对子公司内部审计机构负责人实行双重领导,各子公司内部审计机构负责人同时作为集团的审计特派员,由集团公司派驻各子公司开展工作。

2010年12月,光明食品集团制订《光明食品(集团)有限公司内部审计工作制度》,对内部审计的组织机构和领导、主要工作和重点内容、内部审计与相关业务部门的协调配合、内部审计人员的基本条件和职业道德、内部审计的工作程序及成果应用等作出了明确规定。

一、机构、人员和职责

2006年8月,光明食品集团设立财务审计部,财务部与审计部合署办公,由一名副经理分管审计工作。审计部职责为:对集团所属企业合并、分立、整合、改制、产权转让或受让等项目进行审计;负责集团公司投资项目的审计;集团公司下属全资或控股子公司高级管理人员的离任审计;对下属企业年度经营成果进行审计并出具审计报告,提交管理建议,提供绩效考核指标认定结果;根据需要,开展专项审计;配合外部审计机构开展有关工作。

2008年12月,光明食品集团撤销财务审计部,新建光明食品集团财务部(财务总监办公室)和审计部,审计部成为集团下属独立部门,接受光明食品集团董事会审计与风险控制委员会的监督和指导。

集团董事会审计和风险控制委员会的职责为:拟订审计政策,根据董事会授权监督公司的管理和运营;监督公司的内部审计制度及其实施,审议公司的年度内部审计计划,听取公司内部审计工作报告;负责内部审计与外部审计之间的沟通;审核公司的财务信息;对年度预算的执行情况进行检查并提出建议;审查公司内控制度,对企业风险管理制度及状况进行定期评估,提出完善风险管理的建议;对重大关联交易进行审计;必要时,就重大事项或非经常性事故进行专题调查,并向董事会提交有关调查报告;审核公司外部审计报告,就审计报告涉及的重大问题提请董事会或董事长决策;董事会授权或交办的其他事宜。审计和风险控制委员会对董事会负责。

2006年,光明食品集团所属企业有独立或相对独立的内部审计机构15个,专职和兼职的内部审计人员83人,其中专职内部审计人员48人。集团本部专职内部审计人员2人。专职审计人员中,高级职称2人、中级职称26人、初级职称20人。集团系统子公司内部审计机构设置有三种形式:一是9个子公司内部审计和财务合署办公;二是2个子公司内部审计和监察合署办公;三是4个子公司内部审计独立办公。2010年集团所属15家经营性子公司均设有内部审计机构,共有专职内部审计人员50人。

2006年,集团系统内审人员共完成各类内部审计464件次,其中财务收支审计55件次、年度经济责任审计99件次、经济效益审计162件次、内部控制评价审计128件次、基本建设和投资情况审计15件次、其他专题专项审计5件次。

2007年,集团系统内审人员共完成各类内部审计802件次,其中财务收支审计184件次、年度经济责任审计和经济效益审计357件次、内部控制评价审计77件次、基本建设和投资情况审计69件次、其他专题专项审计13件次、审计调查27件次。

2008年,集团系统内审人员共完成各类内部审计947件次,其中财务收支审计155件次、年度经济责任审计和经济效益审计418件次、内部控制评价审计11件次、基本建设和投资情况审计71件次、其他专题专项审计247件次、审计调查45件次,查出各类不规范事项32项,被采纳建议和意见544条,增加经济效益742万元。

2009年,集团系统内审人员共完成各类内部审计1 034件次,其中财务收支审计287件次、经济责任审计124件次、经济效益审计143件次、基本建设审计107件次、内部控制评价审计及其他审计313件次,被采纳建议和意见663条,增收节支715万元。

2010年,集团系统内审人员共完成各类内部审计888件次,其中财务收支审计289件次、经济责任审计127件次、经济效益审计138件次、基本建设审计47件次、专项资金审计228件次、内部控制评价审计及其他审计59件次,被采纳建议和意见476条。

二、财务报表审计

光明食品集团系统年度会计报表的审计,由集团推荐、市国资委统一委托会计师事务所进行。在市国资委确定主审事务所的基础上,实行一所为主、多所参与的办法,由主审所牵头组织相关事务所审计。会计报表审计的委托办法为:国有全资和绝对控股子公司(最终出资人为集团),由集团财务审计部推荐,报市国资委统一委托;多元投资子公司由集团推荐,子公司董事会确定;上市公司由企业董事会根据证监会要求聘请会计师事务所,报集团备案;对子公司所属企业的审计,原则上由集团委托的会计师事务所同时审计。

2006年,会计师事务所的审计安排是:立信长江会计事务所负责集团总部、海博股份公司、都市股份公司、超市集团、烟糖集团、第一食品公司、梅林股份公司;上海财瑞会计事务所负责农投公司、牛奶集团、东海总公司、益民集团;沪港金茂会计事务所负责跃进有限公司、星联公司;上海审计事务所负责五四公司、农房集团部分子公司;万隆众天会计事务所负责农房集团部分子公司、世纪森林公司;上海文汇会计事务所负责长江总公司;光华审计事务所负责海丰总公司;沪港德勤会计事务所负责光明乳业;对于涉密、境外等无法实施社会中介机构审计的特殊子企业或单位,由集团内部审计机构对其实施审计并出具审计报告。

财务决算审计的主要内容:对各子公司合并范围内国有及国有控股企业(合并及单户)财务决算报表中的资产负债表、利润及利润分配表、现金流量表、资产减值准备及资产损失情况表、所有者权益(或股东权益)增减变动表以及会计报表附注进行审计,并发表审计意见,出具审计报告;对各子公司期初重大调整事项、非经营性损益、政府补助情况、承诺事项、高风险业务、国有资产保值增值情况、资产损失管理、企业对外借款、审计情况、其他重要事项等进行审计,并出具财务决算专项说明审计报告。

2006年,光明食品集团对合并报表范围的17个子公司(延伸审计涉及所属700多个子公司)进行审计,涉审合并总资产480亿元、负债186.49亿元、少数股东权益40.75亿元、所有者权益90.36亿元;主营业务收入286.41亿元,利润总额14.95亿元,净利润2.55亿元。集团内部审计部门还对集团系统30个事业单位(包括社区、学校、医院及集团直属事业单位)年度报表实施内部审计。

2007年,集团对合并报表范围的17个子公司(延伸审计涉及所属641个子公司)进行审计,涉审合并总资产473.13亿元、负债293.48亿元、少数股东权益67.30亿元、所有者权益112.35亿元;主营业务收入464.6亿元,主营业务成本359.94亿元,利润总额25.96亿元、净利润6.14亿元。

2008年,集团对合并报表范围的15个子公司(包括延伸的628个基层单位)进行审计,涉审合并总资产509.7亿元,负债307.8亿元,所有者权益201.9亿元,其中母公司所有者权益132.8亿元;主营业务收入470亿元,主营业务成本370亿元,利润总额17亿元,净利润6.23亿元。

2009年,集团对合并报表范围的17个子公司(包括延伸的625个基层单位)进行审计,涉审合并总资产636.58亿元,负债398.36亿元,所有者权益238.22亿元,其中母公司所有者权益157.34亿元;主营业务收入507.56亿元,主营业务成本397.27亿元,利润总额22.03亿元,净利润8.02亿元。

2010年,集团对合并报表范围的17个子公司(包括集团本部及延伸的635个基层单位)进行审计,涉审合并总资产758.12亿元,负债482.66亿元,所有者权益275.46亿元,其中母公司所有者权益181.29亿元;主营业务收入618.5亿元,主营业务成本481.85亿元,利润总额32.43亿元,净利润24.77亿元,其中归属母公司的净利润11.99亿元。

光明食品集团针对各单位年报审计相关情况还进行检查回访,督促企业调整相关事项,落实纠错防弊防范风险的具体措施。

三、经济责任审计

光明食品集团对企业领导人员进行经济责任审计,按企业领导人员管理权限和企业产权关系,依据"统一要求、分级负责"的原则组织实施。

集团专门成立企业领导人员任期经济责任审计领导小组并履行下列职责:根据国家有关法律法规,制订有关企业领导人员经济责任审计工作的规章制度;负责对企业领导人员经济责任审计工作的组织和实施;指导监督企业按照国家有关规定开展企业内部经济责任审计工作。企业领导人员任期经济责任审计的主要内容是:被审计企业经营发展情况;贯彻执行国家方针政策、遵守国家法律法规以及市国资委、上级单位有关规定情况;重大经济经营决策情况;财政收支、财务收支、资产管理及资产质量变动情况;内部控制状况;被审计领导人员遵守有关廉政规定情况;企业经营绩效变动情况等。企业领导人员任期经济责任审计的基本工作程序是:根据审计工作计划成立审计项目组;下达审计工作通知;开展审前调查;编制审计方案;组织实施审计;交换审计意见;出具审计报告;下达审计意见或审计决定。

2006年,光明食品集团对下属99个二、三级企业实施了经济责任审计(包括转改制时的经济责任审计)。

2007年,集团对200多个二、三级企业及部分四级企业实施经济责任审计(包括转改制时的经济责任审计和产权变更资产清查)。集团组织实施对农工商房地产集团和跃进有限公司总经理的离任审计,重点是对其经营业绩和工作情况进行审计和评价。

2008年,集团对烟糖集团、海丰总公司、益民集团和光明乳业等4家子公司组织实施离任经济责任审计。除益民集团委托事务所审计外,其余均由集团内部审计人员自行审计。通过对其经营业绩和企业资产负债损益情况进行认真审核,对其工作情况进行客观评价,如实指出了企业存在的问题,提出改善管理、防范风险的建议和整改要求。

2009年，集团对五四公司、新海社区、东平社区、长江总公司等4家单位的领导干部进行离任经济责任审计。各子公司根据本公司特点和需要，开展了经济责任审计、经济效益审计和内部控制分析评价。

2010年，光明食品集团调整、健全由纪检监察、组织人事、内部审计及有关部门负责人组成的经济责任审计领导小组，修改、完善集团经济责任审计管理办法，进一步明确经济责任审计的重点、要求、程序、责任和成果应用。在以离任（调任）审计为主的基础上，重点开展子公司领导任期经济责任审计，完成对光明乳业、长江总公司、东海总公司等单位主要领导的任期经济责任审计；开展对上海海湾国家森林公园有限公司领导的离任经济责任审计。集团下属二级子公司对其所属三级及以下单位领导人员开展任期及离任经济责任审计120多项。

通过开展集团与子公司两个层面的经济责任审计，对资产质量、资产构成作全面分析，为集团组织人事部门做好子公司企业领导人员绩效考核考评工作提供依据，也为集团进行资源整合、资产重组提供信息资料。

四、专项审计

2006年，光明食品集团开展重点项目和专项资金（特别是农业项目）审计和专题调查。根据项目投资和专项资金的拨款，检查项目资金的来源和配套资金的落实情况，评价资金安排的科学性；检查资金的管理情况，评价资金管理的规范性；检查资金的使用情况，评价资金使用的效益性。对都市股份公司蔬菜基地建设、跃进有限公司和长江总公司农田设施建设、黄山茶林场招待所改造、海丰总公司电网改造等专项资金使用情况进行专项审计，对大额资金管理使用情况审计和调查，完成基本建设和投资情况审计15件和其他专项审计5件。

2007年，集团组织设施粮田建设、蔬菜基地建设、农业专项补贴等审计调查和相关项目的资金跟踪调查及项目论证验收工作；组织开展集团系统农业专项资金调查，对近三年国家财政拨款的农业水利、粮食补贴、农机补贴、绿化补贴等专项资金自查分析，对项目资金的来源和配套资金的落实、管理、使用情况检查分析，其中基本建设和投资情况审计69件、其他专题专项审计13件。

2008年，集团对设施粮田建设、蔬菜基地建设、农业专项补贴及相关项目资金等审计调查和跟踪调查，对东海总公司天地和水生花卉项目、跃进有限公司和长江总公司粮田基础设施建设、北横运河二期费用项目和都市农商社菜田设施项目、黄山社区建设项目、大连心族宾馆改造项目等开展专项审计调查。对相关项目资金的来源和配套资金的落实、管理、使用情况检查分析与评价。对跃进有限公司、长江总公司、海丰总公司等企业的种植业经营模式转型进行了专项调查。组织协调对大白兔奶糖项目进行专项审计、育种中心利润分析、冠生园集团1.7亿元资产划转项目等进行审计。

2009年，集团对设施粮田建设、蔬菜基地建设、林业和农业专项补贴、农垦农产品质量追溯体系建设等项目审计调查，对相关项目资金使用情况进行跟踪调查。配合国家审计署对集团系统农业四项资金专项审核，检查集团系统涉农资金的管理使用情况，针对存在的问题，指导企业完善和制定相关制度和措施。根据市农委和财政的要求，集团组织审计部、财务部、产业部组织开展农业专项资金检查。2009年基本建设审计107件、内部控制测评及其他审计313件。

2010年，集团为确保强农惠农专项资金的安全、规范、高效使用，组织审计部、农业发展部、财务部、监察部等部门对农业专项资金实施重点监督、检查。2010年对长江总公司防护林二期项目、标准化水产鱼塘改造、设施粮田建设、蔬菜基地建设、农产品质量追溯体系以及部分相关项目等实施了检查、验收和问题整改工作,涉及资金3亿多元。配合市经委对烟糖集团所属天阳食品和投资公司所属爱森肉食品加工厂等两个中央财政补贴项目检查;根据市委宣传部要求,完成上海益民食品一厂历史展示馆建设、布展工程的资金管理情况审计;对海丰总公司民丰路建设项目、上海海丰米业公司科技兴农项目、黄山茶林场地区环境改造等项目审计。通过专项审计和调查,发现问题和不足,进一步修订和完善相关制度和流程,较好地保证专项资金的安全、规范、高效使用。

五、评估管理

光明食品集团属市国资委授权自行备案单位。按照市国资委的规定:经市政府批准实施的重大经济事项的评估项目,由市国资委负责核准;经市国资委批准的经济行为事项所涉及的资产评估项目,由市国资委负责备案;经光明食品集团及其各级子企业批准的经济行为事项所涉及的资产评估项目,由集团负责办理备案。光明食品集团成立国有资产评估项目领导小组,由集团财务总监担任组长,财务部、资产经营部、投资管理部、产业发展部、法务部、监察部、审计部等部门负责人为领导小组成员。评估领导小组下设评估管理办公室,办公室设在审计部,具体负责评估管理事项。集团所属子公司相应成立国有资产评估管理小组,负责协调、审核本公司相关评估事项,负责向集团公司报送评估及核准(备案)材料。

光明食品集团2009年共完成备案项目35件;2010年审核、备案国有资产评估项目58件,涉及资产收购转让的资产总量达35亿元、净资产6.95亿元,评估净资产达12亿元。

2010年,光明食品集团重新制定《国有资产评估项目管理办法》,对国有资产评估项目的核准与备案、评估管理的组织和职责、评估相关事宜、备案(核准)程序与审核、评估领导小组审议和专家评审等作出了明确规定。

第五节 法务管理

一、机构、人员和职责

2006年8月,光明食品集团组建成立时,法律事务管理职能主要由集团战略研究室承担;2007年1月,集团总部机构调整,专门设置法务部,建立总法律顾问制度。总法律顾问由总裁提名、董事会聘任,对集团董事长和总裁负责。集团所属子公司也设置法律事务机构,配备企业法律顾问。

光明食品集团法务部的职责是:协助集团公司领导正确执行法律法规,对集团公司重大经营决策提出法律意见或建议;参与建立和完善集团公司的规章制度体系;归口管理集团公司的经济合同;审核子公司重大经营合同;负责对子公司法律事务机构的管理和指导;接受法定代表人的委托,代理集团公司参加诉讼和非诉讼活动;管理与商标、专利、商业秘密等知识产权和工商登记方面相关的法律事务;负责外聘律师事务所及律师的选择、联络及协助委托律师办理委托业务;协助相关部门开展法制宣传教育活动。

2006年,光明食品集团构建了法律事务分管领导工作平台、法律事务专职人员工作平台、企业法律顾问平台、公司律师平台、企业合同管理员平台等,有效推进企业法制建设。2006年,集团专职法务人员为31人,具有企业法律顾问和公司律师执业资格的有27人;具有企业法律顾问执业资格的专业人员51人。经市司法局批准,光明食品集团作为上海"公司律师"试点企业之一,16人取得"企业律师"资格。集团二、三级企业拥有247人合同管理员。

2007年,光明食品集团系统有"公司律师"17人(含社会律师1人),企业法律顾问48人(其中10人有企业法律顾问和公司律师执业资格),基层企业合同管理员175人。集团法务系统形成以企业法律顾问、公司律师、合同管理员"三位一体"的法律事务管理运行网络,使集团法律风险防控体系得到组织保障和人员支撑。

2008年,光明食品集团及所属子公司共有法律事务机构15个,企业法律顾问52人、公司律师18人、合同管理员157人。

2009年,光明食品集团及所属子公司共有法律事务机构17个,法务专职人员33人,企业法律顾问53人,公司律师21人,合同管理员193人。

2010年,光明食品集团及所属子公司共有法律事务机构17个,法务专职人员33人,企业法律顾问53名,公司律师21名,合同管理员201名。

2010年3月,上海市企业法律顾问协会召开第二次代表大会,光明食品集团党委书记、董事长当选为上海市企业法律顾问协会会长;集团当选为常务理事单位;光明食品集团下属烟糖集团、农房集团、光明乳业当选为理事单位。

二、普法工作

光明食品集团普法宣传工作在集团党政统一领导下进行。集团成立由党政主要领导担任组长、副组长的普法宣传工作领导小组,领导小组办公室设在党委宣传部,具体推进工作由集团党委宣传部、法务部、监察部等部门实施。2006年,在市国资委开展的"四五"普法先进集体和先进个人评选中,光明乳业法务部被评为市级先进集体,集团总法律顾问童锐志被评为国家级先进个人,农房集团法务部主任张志敏被评为市级先进个人。

2006年,光明食品集团积极探索多种形式的普法宣传,烟糖集团法务部创建了"法务在线"网络平台,集法律文书、法律法规、案例集锦、法律传真等栏目为一体,实现企业法务管理资源共享;东海总公司法律顾问室开设"东海法律顾问网",成为推进工作互动、业务交流和沟通的重要平台,网站建立近7个月,发布各类文章、信息近400篇,点击人数近万人次。

2007年2月,光明食品集团召开"四五"普法工作总结表彰暨"五五"普法工作动员大会,集团党委副书记顾勇作《坚持法制宣传教育同法制实践相结合为实现集团"十一五"发展目标营造法制氛围》报告。报告明确光明食品集团"五五"普法工作以宣传普及国资监管法律、法规以及经济、民商法律为主,重点推进以国家《公司法》《证券法》《食品安全法》《劳动法》为主要内容的法制宣传教育。集团组织超市等8家企业参加"上海市2007年3·15国际消费者权益日系列活动";7月,为投资公司举办《公司法》专题讲座;8月,聘请民法专家以举办集团党委中心学习组报告会的形式专题辅导《物权法》;《光明食品报》开设《光明法苑》专版,进行《物权法》的普法宣传教育。

2008年,光明食品集团党委宣传部、法务部、产业发展部、人力资源部共同组织了"五五普法"及"3·15"消费者权益保护宣传活动,开展相关法律法规的培训学习。《光明食品报》开展"食品安全与产品质量知识竞赛"活动;召开"公司并购中的法律策略与实务专题会议",邀请高级律师作"公司并购中的法律实务"方面的培训;组织集团系统法务与人事干部进行《税法》和《劳动合同法》的专业培训。

2009年,光明食品集团组织相关企业宣传、贯彻《消费者权益保护法》,开展"3·15国际保护消费者系列活动"；组织资产管理和法务条线人员开展《企业国有资产法》学习培训；组织质检与产业管理人员进行《食品安全法》专题培训。

2010年，光明食品集团所属企业开展形式多样的法律培训和案例教育活动，提高企业经营管理人员的法律意识和工作业务能力。海博股份公司运用《小小阴沟盖赔掉8万元》等4个案例故事开展法制宣传教育；长江总公司、海丰总公司、川东农场、上海农场进行国家《公司法》《合同法》的培训；烟糖集团、益民集团编辑本公司发生的各种案例汇编材料，对经营者进行警示教育。

三、规章制度建设

光明食品集团构建"集权有道、分权有序、授权有章、用权有度"的管控模式，建立强有力的管控体系，研究和制定集团战略规划，组织制定了规章制度建设的工作计划。集团的整个制度体系由公司章程、公司基本管理制度、公司具体规章和管理办法三个层面的规章制度所构成。

2006年，根据光明食品集团一届一次董事会决议和总裁提出的"尽快提出建立健全光明食品集团的基本管理制度和具体规章体系的意见"，集团汇总整理了原农工商、益民和烟糖三个集团有效的规章制度133项，其中原农工商集团87项、益民集团16项、烟糖集团30项，拟定了《光明食品集团规章制度建设的框架》。当年审议通过并实施的规章制度有16件，其中《公司章程》1件，基本管理制度15件。集团所属企业完成了对所出资的54个公司《公司章程》的修订工作（上市公司《公司章程》2006年已完成）。

2007年，光明食品集团为推进集团发展战略规划的有效实施，制定《制度体系建设行动计划》。当年制定规章制度70个，其中68个规章制度公布生效。同年8月，将已生效的42项规章制度汇编成《光明食品集团规章制度汇编》第一册，下发至各子公司和总部各部门。同年8月，集团9家公司制所属子公司全部完成《公司章程》修订、制定工作。通过公司章程的制定、修订，完善子公司的法人治理结构，规范出资主体、产权代表及母子公司间的法律与管控关系。

2008年，按照制度体系框架"缺什么补什么"的原则，集团公司进一步完善制度体系建设，先后制定《并购工作指引》《母子品牌联动管理办法》《食品质量安全事故应急管理预案》《专职外部董事管理办法》等7个规章制度。10月完成《光明食品集团规章制度汇编》第二册和下发工作。集团所属子公司围绕集团制度体系建设的框架，结合各自企业（行业）的特点，制定、修订规章制度90个。

2009年，光明食品集团完成15项规章制度制定、修订。股东会审议通过的《公司章程》1项；董事会审议通过《公司基本管理制度》21项；监事会审议通过《公司基本管理制度》3项；党委会审议通过《公司基本管理制度》10项；总裁机构审议通过公司具体规章和管理办法56项。91项规章制度内容涉及集团组织机构运行、企业战略管理、产权代表管理、法律事务管理、财务会计管理、投资管理、产业发展与资产管理、人力资源管理、审计监察管理和办公管理等10个方面。2009年，集团所属子公司共制定、修订各类规章制度136项。

2010年，光明食品集团规章制度制定、修订工作转入立、改、废的常态化管理，集团当年共完成29项规章制度制定、修订工作，其中股东会审议通过的公司章程1项；董事会审议通过的公司基本管理制度11项；监事会审议通过的公司基本管理制度1项；党委会审议通过的公司基本管理制度3项；总裁机构审议通过的公司具体规章和管理办法13项。集团所属子公司共制定、修订各类规章制度77项。光明食品集团通过制定各种规章制度,推进了集团内部管理流程的再造,基本形成了组织架构、管控模式相配套的制度体系。

四、合同管理

光明食品集团把加强合同管理作为依法治企的重要抓手,法律事务专业人员积极参与企业重大经济合同的谈判、起草、审核工作,提升企业经济合同的管理水平。

2006年,光明食品集团层面签订各类合同65份,合同标的金额达20亿元,集团被评为市级"守合同重信用(AA级)企业"。集团所属子公司层面签订各类合同3862份,合同标的23亿元,其中:益民食品一厂集团50份合同、标的8.1亿元;农房集团135份合同、标的6.8亿元;海博股份100份合同、标的2亿元;跃进有限公司16份合同、标的2亿元;烟糖集团53份合同、标的1.6亿元;五四公司30份合同、标的1.1亿元。9个子公司及下属企业被评定为国家级或市级"守合同重信用企业"。

2007年,光明食品集团和所属子公司共审核签订各类经济合同6009份,涉及金额约136亿元。其中集团公司2007年审核签订各类经济合同82份,金额约75亿元;各子公司签订各类经济合同5927份,涉及金额约61亿元。13家企业获"守合同、重信用"称号。

2008年,光明食品集团和所属子公司共审核签订各类经济合同6902份,涉及合同金额约100多亿元。其中,光明食品集团124份、合同金额约36亿元;超市集团3103份,合同内容以商品代销为主;光明乳业股份公司2174份、合同金额约10亿元;海丰总公司558份、合同金额约1.3亿元;金枫酒业有限公司405份、合同金额约4.8亿元;农房集团114份、合同金额约10.6亿元;海博股份公司100份、合同金额约3亿元;益民一厂集团89份、合同金额约14.6亿元;烟糖集团72份、合同金额约9.2亿元;跃进有限公司40份、合同金额约1.3亿元;投资公司21份、合同金额约4亿元。集团系统获"重信用、守合同"称号的企业有36户,信用等级为AAA级企业5户,信用等级为AA级企业3户,信用等级为A级企业28户。

2009年,光明食品集团和所属企业审核签订经济合同7300余份,合同金额约182亿元。其中,集团111份、合同金额98.6亿元;超市集团3000余份,合同内容以商品代销为主;光明乳业股份公司1903份、合同金额11亿元;农房集团73份、合同金额22.6亿元;海博股份公司24份、合同金额4.2亿元;益民一厂集团32份、合同金额11.2亿元;烟糖集团92份、合同金额16亿元;投资公司21份、合同金额4亿元;海丰总公司51份、合同金额1.7亿元;东海总公司62份、合同金额1727万元;跃进有限公司28份,合同金额1933万元。

2010年,随着光明食品集团经济规模的不断扩大,企业经营活动的日趋活跃,集团和所属子公司及基层企业审核签订经济合同达8000余份,比2009年增加700多份,合同涉及金额约173亿元。

五、企业工商年检

2007年,光明食品集团系统参加工商年检的企业总户数为694户,其中665户存续企业获得通过,另有29户企业未参加年检。在通过年检的665户企业中,除集团母公司外,一级企业16户,占2.41%(新增西郊国际一户);二级企业255户,占38.4%;三级企业363户,占54.67%;四级企业28

户,占4.22%;五、六级企业各1户,占0.3%。

2008年,光明食品集团企业总户数为859户,当年已注销企业20户,实际通过工商企业年检处于工商存续状态的企业(含未年检、冰冻、吊销企业)共839户,其中全资及控股企业704户,参股企业135户。

2009年,光明食品集团通过工商年检企业755户,其中,全资企业274户(占36.3%)、控股企业352户(占46.6%)、参股企业129户(占17.1%)。属冰冻状态的壳体企业27户(占3.58%),未参加或未通过工商年检的企业22户,截至2009年年末,被工商行政机关吊销营业执照的企业累计达36户。2009年,企业层级逐步向三、四级集中。

2010年,光明食品集团工商年检统计根据出资关系原则和全面统计的原则进行。集团及下属控股、参股企业工商登记856户,上海农场、川东农场共12户企业,股权隶属原因另作统计。2010年度通过工商年检的企业784户,未及时参加或未通过年检的企业28户,吊销、注销企业42户,以股份转让形式退出的企业2户。截至2010年年底,集团内存续企业总量为848家。

六、知识产权管理

光明食品集团及所属企业重视知识产权的保护,特别是在商标、专利和著作权等知识产权保护与管理方面取得了一定的成效。

2006年年初,光明食品集团办理了原农工商集团"三鸟齐飞"服务商标的续展。2008年对集团内所有的"光明"注册商标(包括驰名和著名商标)进行调研、统计和分析,其中:光明乳业股份公司申请注册商标39件,许可他人使用商标2件;农工商超市集团申请专利16件;益民一厂集团变更24件商标的权利人;烟糖集团变更11件商标的权利人;海博股份公司和东海总公司各申请注册商标2件;星联公司申请注册商标1件。

2007年,光明食品集团组建成立品牌管理工作委员会,职责是根据总裁机构授权,对集团品牌发展战略、品牌建设行动计划、品牌投入预算、品牌建设重点项目等重大事项进行审议或审定,负责集团品牌战略的组织实施,统一领导集团品牌建设、维护、宣传和管理工作。集团组织有关部门就加强商标管理、提供法律服务等进行专题调查研究并起草实施意见。集团所属子公司从维护品牌建设、规范品牌管理、保护品牌权益入手,在制度建立、规范使用、维权打假等方面进行探索实践,为逐步建立集团系统的知识产权保护体系提供了有益经验。

2008年,光明食品集团共提出商标注册申请54件,其中,光明乳业股份公司商标注册申请45件,完成注册商标续展4件,专利申请注册4件。光明乳业股份公司在保护知识产权、企业维权打假方面取得了良好成效,发挥了带头示范作用。

2009年,光明食品集团提出商标注册申请31件、申请专利123件,强化了商标、版权和专利的统一管理。其中,光明乳业股份公司申请注册商标12件、商标异议申请9件、申请专利71件;益民食品一厂集团申请注册商标1件,申请专利43件;长江总公司申请专利9件;星联公司申请注册商标6件。烟糖集团、农房集团、海博股份公司、东海总公司加强商标和专利的管理力度。

2010年,光明食品集团提出商标注册申请129件、申请专利34件。其中,光明乳业股份公司申请注册商标106件、商标异议申请8件、申请专利21件;益民食品一厂集团申请商标注册6件;农房集团申请商标注册5件;海博股份公司申请商标注册5件,申请专利1件;跃进有限公司申请商标注册4件、申请专利3件;长江总公司申请专利9件。

七、重大经济活动管理

光明食品集团实施对重大经济活动的跟踪管理：进行工商变更登记和公司章程、新老股东会、董事会决议等一系列法律文本的起草和修改工作，完成公司名称核准、食品卫生许可证申办、公司股东和股权比例、注册资本和法定代表人变更等法律事务工作。

2007年，光明食品集团组织有关法务专职人员参与益民集团受让烟草集团拥有的冠生园集团55%股权、集团与中信资本的产业基金合作、梅林集团特定债务整体重组，西郊国际农产品交易中心组建、新天国际并购项目等重大经济活动，从法律专业角度提出意见和建议，在实践中探索如何为重大经济活动提供全过程法律服务。集团修订《光明食品(集团)有限公司合同管理办法》，增加重要经济合同定义及管理范围的条款，形成集团重大经济合同的管理控制模式。

2008年，光明食品集团组织协调有关部门围绕"发展、整合、转型、提升"的工作主题和集团发展战略规划目标，为企业重大经济活动提供全过程法律专业服务，全程参与集团40亿元短期融资券发行工作与上市公司(光明乳业)股权激励试点工作，集团与城投公司对关闭清算合资的"海上森林公司"及对合资的"世纪森林公司"进行增资事宜的相关协议条款协调修改工作，集团与临港新区和奉贤区等五家投资人共同投资设立"上海临港物流奉贤园区发展有限公司"的《出资人协议书》的审核等相关法务工作。全程参与集团与大丰市在海丰农场合作建设光明食品工业园会商谈判，起草签订《关于创建大丰经济开发区上海光明食品工业园协议书》，集团与黄山市政府《关于共建国家级东黄山旅游度假区项目协议》的审核和修改工作，梅林股份公司并购重庆今普公司的《股权转让协议》、农房集团与梅林股份公司关于广林物业公司《股权转让协议》等重大合同文本的审核工作。

2009年，光明食品集团组织相关部门参与上海农场、川东农场资产经营管理权及人员社区职能的移交接收工作；完成注册发行40亿元中期票据相关事项；为收购上实公司所持光明乳业30%股份、捷克梅林公司贷款追加提供信用担保商务谈判、集团所属应用技术科技学校整建制移交市卫生局等提供法务服务；对所属9家子公司的12个投资项目进行法务后评估工作。

2010年，光明食品集团和所属企业法务部门先后为梅林股份公司重组项目、农房集团上海北茂置业发展有限公司的股权转让等5个收购项目，牛奶集团收购庆华奶牛场等5个并购项目，星联公司85公顷土地扩区前期工作，光明乳业股份公司并购新西兰新莱特乳业公司等提供法务服务，使集团重大经济活动始终纳入法制轨道。

八、经济纠纷案件管理

做好经济纠纷案件的调处、管理工作，是光明食品集团加强企业事后救济的一项重要工作。通过集团和各子公司的努力，集团各类经济纠纷案件呈下降趋势。

2006年，光明食品集团对涉及历史存案的现状进行了研究、分析和梳理。2006年年末，集团内未结案的被诉案件共计172件，总标的为35 043.79万元。其中，原农工商集团各子公司案件170件、标的34 841.79万元；益民食品一厂集团案件2件、标的202万元。集团内未结案的起诉案件共计74件，总标的12 025.37万元。其中，原农工商各子公司案件66件、标的11 753.9万元；益民食品一厂集团案件7件、标的39.44万元；烟糖集团案件1件、标的232.03万元。2001年前崇明农场与崇明"松外松公司"签订租赁2万多亩农用土地而引发的土地租赁纠纷案，在长江总公司和跃进有限公司法律事务部门的努力下,于2006年收到当地法院的判决书,两家公司所提出的终止合同、收回土地、支付租金和崇明"松外松公司"承担违约金等诉讼请求得到法院支持。农工商投资公司所属金牛房产公司因"剑河路房产"质量而引发的合资合作房地产合同纠纷被诉案,在投资公司法律事务部门和公司律师历时4年的努力下,于2006年收到了法院关于原告败诉、被告反诉请求全部予以支持的判决文书,不仅打赢了官司,也保护了企业的利益和品牌。

2007年,光明食品集团加大对经济纠纷案件的调处、管理力度,集团系统诉讼纠纷的发案率开始呈现平稳下降的趋势,历史遗留案件处于逐步化解、有序处理的可控状态。当年子公司经济纠纷案件存量163件,涉案金额33 676.87万元。其中,存量被诉案件130件,涉案标的29 227.59万元,案件数比上年同期减少42件,下降24.41%,标的减少5 816.2万元,下降16.59%;起诉案件33件,涉案标的4 440.29万元,案件数比上年同期减少41件,下降55.4%,标的减少7 585.08万元,下降63.07%。当年子公司实际新发生诉讼类经济纠纷案件30件,当年结案17件,结案率为56.7%。

截至2008年10月31日,光明食品集团系统经济纠纷案件总计156件,涉案金额37 902.78万元,同比分别下降5.77%和15.11%。其中,存量被诉案件112件,标的30 354.54万元;存量起诉案件44件,标的7 548.25万元。历史遗留案件2006年为167件,2008年为81件;涉案标的2006年为31 555.65万元,2008年为19 758.38万元。当年新发生案件52件,年内结案率65%。

截至2009年10月31日,光明食品集团系统经济纠纷案件总计157件,涉案金额43 028万元。其中,存量被诉案件98件,涉案金额25 462万元;存量起诉案件59件,涉案金额17 566万元。新发生案件共计58件,涉案金额8 756万元,其中被诉案件36件(合同违约纠纷9件、财产侵权纠纷案件4件、知识产权侵权纠纷案件2件、人身损害赔偿案件8件、劳动争议纠纷案件13件),涉案金额560万元;起诉案件22件,涉案金额8 196万元。当年结案39件,涉案金额1 577万元。当年新发生案件中,属于因合同履行瑕疵或履行中存在争议而被诉的7件;因第三人违约或侵权造成我方连带被诉的案件5件;因企业管理不善或未按照法律程序办理相关事项而侵权的3件;因交通事故、工伤、管理责任等人身损害案件8件;其他13件劳动争议纠纷案件则与部分基层企业劳动管理法律意识薄弱,未按照法律规定签订劳动合同有关。

2010年,光明食品集团系统经济纠纷案件总计178件,涉案金额38 495万元,其中被诉案件112件,涉案金额24 381万元;起诉案件66件,涉案金额14 114万元。当年新发生的案件52件,涉案金额1 856万元。通过对集团系统2010年经济纠纷案件统计分析,表明集团历史遗留案件逐步解决,诉讼案件发案率总体上平稳可控,诉讼纠纷案件调处取得一定成果,集团法律事务条线团队利用法律武器维护企业权益的积极性、主动性、有效性有所增强。

第六节 食品安全和危机管理

光明食品集团把食品安全和危机管理作为企业发展战略的重中之重,从战略规划、工作要求、领导体制、制度建设、工作预案等全方位推进食品安全和危机管理。2007年3月,集团制定《光明食品(集团)有限公司发展战略规划(2007—2015年)》,还专门制定了《打造安全放心健康食品产业链行动计划》,明确食品安全管理的定位和工作要求。

食品安全管理定位:民以食为天,食以安为先。食品产业是生命产业,也是道德产业。食品安全关系到和谐社会的构建,更是食品企业生存和发展的关键所在。

集团强化企业食品安全第一责任人的社会诚信和食品安全第一的责任意识;品牌食品企业建

立比较完善的食品安全控制和管理体系,包括良好生产规范(GMP)、危害分析及关键控制点(HACCP)、全面质量管理(TQM)、ISO9001质量认证体系等;借鉴国际食品安全管理的先进经验,建立从原料生产、采购、贮运、加工到成品包装、销售等各环节的食品安全体系,建设完善的食品溯源制度。

一、组织机构和制度建设

【组织机构】

2007年7月23日,光明食品(集团)有限公司食品安全领导小组成立。

组　　长:葛俊杰

副组长:唐沛毅

组　　员:甘兰新　顾鸿新　郭志刚　陈春山　韩新胜

【制度建设】

2007年5月9日,为加强对危机的防范和快速处置,保持集团成员企业的健康运行,光明食品集团制定并印发《光明食品集团危机管理办法(试行)》,共11条。对危机管理的范围、危机管理机构、危机管理工作小组职能、危机处理报告制度、危机的防范、危机处理的总体原则及危机处理的奖惩制度等作了明确规定和阐述。

2007年5月9日,光明食品集团制定并印发《光明食品集团新闻发言人制度(试行)》,共13条。集团新闻发言人是集团公司指定的新闻发布人员,集团的新闻发布严格执行纪律。集团成员企业要制定严格的新闻发言人制度,加强新闻信息的管理。

2007年7月13日,光明食品集团制定印发《光明食品(集团)有限公司食品安全管理行动计划(2007—2009年)》,提出四大任务:一、构筑以企业为主体"从田头到餐桌"全程控制的食品安全管理与控制体系;二、提供消费者放心满意的安全优质的产品和服务;三、建立以企业法定代表人为主体的责任追究机制;四、建立食品安全事故应急机制。明确六大措施:一、加强组织建设,明确食品安全管理责任;二、推进质量安全认证与示范推广,确保提供安全优质的食品和服务;三、制定实施食品安全管理制度,强化食品安全监管工作;四、抓好队伍建设,确保食品安全管理的人力保障;五、建立完善食品安全应急管理网络,强化危机管理;六、加强资金预算管理,确保食品安全管理的资金投入。

2008年11月20日,光明食品集团制定并印发《关于切实加强食品质量安全管理的通知》。集团所属各单位切实做好各项食品质量安全工作:构建体系,加强全覆盖全过程管理控制和应急保障能力;完善制度,加强全覆盖全过程食品质量安全日常监管;加强认证,打造安全放心、优质健康的食品供应链;加大投入,构筑食品质量安全的产品与科技支撑;加快培养,建设高素质的食品质量安全管理队伍。

2009年3月31日,光明食品集团制定并印发《"迎世博"食品安全管理年活动实施方案的通知》。集团各子公司以迎接上海世博会为契机,利用各种载体和途径做好《食品安全法》的全员学习和宣传工作;密切关注和执行卫生部、工业和信息化部、农业部、商务部、工商总局、质检总局、食品药品监督管理总局以及上海市各监管部门及其网站发布的关于贯彻实施《食品安全法》的各项通知,做好企业标准备案、标签标识、认证认可等有关工作;有效推进集团《"迎世博"食品安全管理年活动实施方案》的各项工作,做好"企业自查、整改"特别是对发生食品质量安全事件薄弱环节的查找与整改工作。

2010年5月13日,光明食品集团制定并印发《光明食品(集团)有限公司危机管理实施细则》,分10章、37条,对《实施细则》危机管理目的、危机管理的重点内容、危机管理组织体系、危机的预测预警与防范、危机的应急处理及危机处理的内部外部沟通制度、危机的损失评估及披露制度、危机处理的总结和恢复、危机的责任追究与奖励制度等作了详细而规范的阐述。

在集团食品安全领导小组统一部署下,加强了制度建设,为光明食品集团强化食品安全和危机管理提供了组织、制度和体制保证,也为集团和各子公司及时处置所发生的食品安全危机事件提供了具有实际操作性的预案。

二、食品安全管理

【工作部署】

2008年9月23日,光明食品集团召开食品安全工作紧急会议,传达贯彻农业部关于加强奶站清理整顿和监督管理视频会议精神,做好集团系统奶站清理整顿和监督管理等工作部署。下属11家子公司、22家食品龙头企业的食品安全领导小组和分管领导与部门负责人出席会议。

2008年11月17日,光明食品集团召开食品质量安全专题会议,对光明乳业、冠生园集团遭遇三聚氰胺事件的影响,集团主要领导针对国内发生的三聚氰胺重大食品安全事件作了"举一反三,从严管理,开创食品质量安全工作新局面"主题报告。统一思想,认真总结经验教训,举一反三,进一步强化各级领导的食品安全责任和危机意识,加强集团食品质量安全全过程、全覆盖管控体系和管控能力。

光明食品集团印发《"迎世博"食品安全管理年活动实施方案》,自2009年3月起至2010年12月底在集团范围开展"迎世博"食品安全管理年活动。开展农业投入品生产使用情况的检查活动;无公害农产品、绿色食品、有机产品的检查活动;《食品安全法》等法律法规和规章的宣传贯彻活动;产品质量和食品安全督查监测活动;产品质量和食品安全的持续改进活动。

【食品安全】

2009年8月7日,光明食品集团在上海第一食品商店召开"迎世博"学习贯彻《食品安全法》现场会。集团与安信农保公司签订消费者食品安全保险合作协议、作安全承诺、推出迎世博食品安全"组合拳"等活动。

2010年1月17日,光明食品集团在南京东路世纪广场举行"绿色盛会一起来"主题活动启动仪式,宣读《光明食品集团绿色宣言》,举行食品安全责任承诺仪式。3月4日,光明食品集团继续深化"迎世博"食品安全管理年活动。12月22日,光明食品集团表彰"迎世博"食品安全管理年活动中涌现的上海益民食品一厂(集团)有限公司技术质量管理部等24个先进集体和王文安等49名先进个人。

【疫病防控】

2006—2010年,光明食品集团根据养殖业防疫属地化的要求,在集团三级动物防疫网络的基础上,及时调整和健全各子公司内部防疫网络体系,落实防疫责任制,制定应急预案,采取严格而有力的措施,应对 A 型口蹄疫疫情,保证进入市场的肉食品质量安全,确保集团相关产业平稳发展。

三、危机事件处置

【冠生园所谓"大白兔甲醛事件"】

2007 年 7 月 16 日,冠生园集团国际贸易公司接到菲律宾经销商来电,称菲律宾食品药品局(BFAD)在对中国进口部分食品检验中,发现大白兔奶糖含有甲醛。此消息于当日在菲律宾 GMA 电视新闻网发布,美国、新加坡、中国澳门、中国香港等国家和地区的媒体转载报道,菲律宾超市、香港惠康连锁超市将大白兔奶糖下架,从上海出口的 10 个集装箱大白兔奶糖停运。

上海冠生园食品有限公司迅即对同批次大白兔奶糖实施标准检测,检测结果证明大白兔奶糖不含甲醛。7 月 17 日,冠生园集团在集团门户网站上发表声明,大白兔奶糖在生产过程中绝对不添加防腐剂甲醛(即福尔马林),并公布检测结果,证明大白兔奶糖不含甲醛。同时介绍了有关大白兔奶糖的质量体系认证及历年获奖情况。声明还告知社会公众,菲律宾食品药品机构在产品未得到生产企业确认的情况下,公布检测报告是极不负责任的,上海冠生园食品有限公司保留对菲律宾食品药品机构给"大白兔"品牌造成的损害进行法律诉讼的权利。上海冠生园食品有限公司通过菲律宾经销商向菲律宾食品药品机构索取检测报告和产品实样,菲方未作答复。冠生园集团同时将同批次产品送国际公认的权威检测机构 SGS 检测认定。

2007 年 7 月 19 日上午 10 时,国际公认的权威检测机构 SGS(通标标准技术服务有限公司上海分公司)对大白兔奶糖的检测结果是:未检出甲醛。上午 11 时,冠生园集团公司及时召开中外记者新闻发布会,向海内外数十家媒体发布了这个检测结果。当天下午,各网站、电台、电视和报纸先后刊载(播)SGS 对大白兔奶糖检测结果。香港凤凰卫视和咨询台等媒体也发布了有关大白兔奶糖未检出甲醛的报道。

2007 年 7 月 20 日上午,国务院新闻办举行新闻发布会,国家质检总局局长李长江明确表示:我们经过认真的检查测试,上海冠生园食品总厂出口到菲律宾的大白兔奶糖在生产过程中没有添加甲醛。当天,新加坡、中国香港媒体对大白兔奶糖未检出甲醛的消息进行报道;一度搁置在上海港的 10 个集装箱大白兔奶糖发运启动,其中 7 个集装箱运往新加坡、哥斯达黎加、马来西亚、印度、尼泊尔、美国等 6 个国家;香港有关超市开始重新上架销售大白兔奶糖。

至此,有关大白兔奶糖含甲醛的不实报道引起的风波平息。

【梅林肉类罐头所谓"硝基呋喃事件"】

2007 年 11 月 30 日,新加坡《联合早报》以《中国午餐肉等罐头含"致癌物质"被禁》为题,报道中国生产的梅林牌肉类罐头被新加坡农产品与兽医主管局 AVA 检出含有硝基呋喃代谢物。此后香港几家报纸转该报道载。新加坡当地经销商和超市纷纷致电梅林食品公司外贸部询问详细情况。

2007 年 12 月 3 日,香港食物环境卫生署通报上海梅林食品有限公司生产的低钠午餐肉在香港被检出含有硝基呋喃代谢物。上海出入境检验检疫局对此事高度重视,于 12 月 4 日派出工作组进驻上海梅林食品有限公司进行实地调查,并决定在尚未查明原因前,立即暂停该公司所有午餐肉罐头出口,责成梅林公司立即召回问题产品,对已供港的相关产品进行妥善处理。

2007 年 12 月 5 日,光明食品集团领导进行专题研究,启动危机管理预案,组团赴港与香港食品安全中心进行沟通。在详细了解检测情况后,在港召开新闻发布会,统一向香港媒体发表声明:上海梅林食品有限公司猪肉原料都通过出口卫生注册,出口原料具有出口检验合格证书;内销原料具有非疫区证明、兽医检疫证明、运输车辆消毒证明。生产体系通过 HACCP,ISO9000 质量体系认证,有严格的工艺控制。产品生产过程中没有添加、也不会产生硝基呋喃代谢物。所有出口产品均具有出口检验合格证明。

2007 年 12 月 14 日,上海出入境检验检疫局对上海梅林食品有限公司的生产全过程进行全面排查,包括对公司库存同类其他罐头产品进行抽样检查。共计抽取 40 批次,120 个样品,主要检测氯霉素、孔雀石绿、呋喃唑酮代谢物、呋喃西林代谢物、呋喃它酮代谢物、呋喃妥因代谢物 6 个项目。12 月 19 日,上海出入境检验检疫局宣布 6 个项目的检测结果为全部合格。

另据香港食物环境卫生署提供的信息,此次共有 19 个梅林牌罐头产品被抽样检测,其中由上海梅林食品有限公司生产的梅林牌产品(标签上注有 B2 字样)为 12 个,除上述被通报的一个产品外,其余 11 个上海梅林食品有限公司生产的产品检测结果全部合格。

2007 年 12 月 20 日,《新民晚报》以《上海梅林午餐肉罐头事件调查完毕结果全部合格》为题报道:"……昨天(19 日),上海出入境检验检疫局通报了对此事的调查结果,在该厂抽检的其余 40 批次、120 个样品全部合格。……上海检验检疫局在确认该企业采取切实有效的整改措施后,可尽快恢复产品出口。"

【冠生园大白兔奶糖"三聚氰胺事件"】

2008 年 9 月 21 日,新加坡 AVA 首次宣布上海冠生园公司生产的"大白兔奶糖"被检测出含有三聚氰胺添加剂。

光明食品集团党政领导当即听取冠生园公司的情况报告,成立事件应急领导小组,果断采取一系列应对措施:全面停止大白兔奶糖的对外出口;对海外检出的问题奶糖,参照国家有关部门处理问题奶粉和液态奶的流程,紧急采取下架、召回;鉴于国内的相关检测尚在进行中,从对消费者负责的态度出发,2008 年 9 月 26 日起暂停国内市场销售,各地超市销售的大白兔奶糖全面下架。

2008 年 10 月 4 日,冠生园公司全面启用新的大白兔生产线,在大白兔奶糖安全链上实施三个延伸,一是将生产质量安全体系延伸到原料供应企业,并派员现场督查指导;二是延伸大白兔奶糖原料采购专供渠道和安全奶粉供应基地;三是延伸特殊时期奶糖原料检测的有效方法,对主要原料及成品采取每批检验三聚氰胺的方法。

2008 年 10 月 5 日,冠生园公司数百吨用合格奶粉生产的大白兔奶糖成品等待出厂进入市场。上海市食品安全督查员对其中 8 批成品进行严格检测,结果全部合格。国家权威检测机构出具检测报告:"未检出三聚氰胺"。

2008 年 10 月 16 日,经过检测的大白兔奶糖贴上绿色的合格标签重新上市。首先完成在华联、联华、农工商、世纪联华、华联吉买盛等超市卖场的铺货,并在第一食品南东店开展上市推介活动。新大白兔奶糖在第一食品南东店 4 天销售额达 13.79 万元,大白兔品牌形象重新得到市场和消费者的认可。

2008 年 9 月,经历了三聚氰胺风波,冠生园集团决定,每年的 9 月 26 日定为"食品安全警示日",并在这一天对全体员工集中进行食品安全警示教育。

【光明奶粉、液态奶"三聚氰胺事件"】

2008 年 9 月 16 日,国家质检总局公布了全国婴幼配方奶粉三聚氰胺阶段性专项检查结果,光明食品集团下属光明乳业有2家企业被抽查,其中控股子公司黑龙江省光明松鹤乳品有限公司"优幼"牌婴幼儿配方奶粉未检出三聚氰胺,光明乳业下属联营企业江西光明英雄乳业股份有限公司生产的两批次"英雄"牌婴幼儿配方奶粉检出三聚氰胺。获此消息后,光明食品集团和光明乳业立即启动危机管理预案,责成有关企业严格按照国家有关规定,采取召回、退货、销毁、停产等措施,切实做好善后工作。

2008年9月16日,光明食品集团和光明乳业公司根据国家质检总局公布婴幼配方奶粉专项检查情况,在第一时间召开专题研究会议,冷静处置突发事件,举一反三;颁发《光明食品集团关于加强食品质量安全管理的紧急通知》,要求各有关企业进一步建立、健全食品安全检测体系,从原料收购、生产加工、仓储流通等各个环节加强检测和管理,形成强有力的食品质量安全监控体系。

光明乳业公司采取紧急措施严格控制奶源,在现有的管理基础上与奶源供应商签订质量承诺书,选派管理人员驻场对提供奶源的牧场实施24小时监管,实行从饲料到挤奶全程跟踪,对牧场的生鲜牛乳实施严格的三聚氰胺指标普查,对每批进厂的原料乳都进行三聚氰胺指标检测,经检验合格的原料乳方可投入生产。

2008年9月18日,国家有关部门公布了全国液态奶三聚氰胺专项检查结果。光明乳业被抽查93批次产品,87批次未检出三聚氰胺,6批次检出三聚氰胺,检出值为每公斤0.6毫克～8.6毫克。其中5批次是光明乳业北京工厂生产销售的酸奶产品,1批次是武汉工厂生产销售的酸奶产品。当日,光明乳业公司通过媒体网站发表声明,向购买、饮用上述产品的消费者深表歉意,并愿意承担由此带来的所有责任。光明乳业郑重承诺:被检出三聚氰胺的产品在第一时间全部召回、封存、销毁。对北京及武汉工厂进行全面检查和整改,相关产品的生产线停产整顿。对饮用过上述检出三聚氰胺产品的消费者,按照国家标准予以加倍赔偿,由此造成的疾患由企业负责到底。委托国家和地方相关检测机构对光明乳业生产的全部产品进行全面检测,检测结果及时向社会公布。

遵循国家相关规定,对原料奶等原辅材料进行严格管理,做到原料奶、辅料、产品批批检测,不合格原料奶坚决拒收,不合格产品决不出厂。

为维护广大奶农的利益,继续收购经严格检测合格的原料奶。

光明乳业积极采取双管齐下的管理举措:推行奶牛的集中饲养、规模饲养、科学饲养方式,全面实行奶牛"身份证"管理,拒收散奶;迅速对各乳品加工企业配置三聚氰胺监测仪,严格执行原料奶收购进厂前和产品出厂前两次检测制度。

在光明乳业摆脱了"三聚氰胺事件"造成的巨大冲击,恢复了主营业务盈利能力之后,2008年12月31日发布《光明乳业履行社会责任报告》,进一步确立"诚信为本,品质领先;务实经营,成长发展;品牌创新,时尚领'鲜'"24字公司箴言。光明乳业一方面加紧传统渠道下沉,布局二三线城市,重拳出击常温牛奶和婴幼儿奶粉市场,迅速实现恢复增长;另一方面在新鲜牛奶领域执行逐步扩大优势地区的策略,在新鲜酸奶领域坚持既满足消费者差异需求又做大做强副品牌的策略,继续保持在鲜奶和酸奶两个主战场的领先地位。

第七节 品牌管理

加大品牌管理体系建设力度,提升品牌管理水平,促进母品牌与子品牌的良性互动,推动集团整体品牌价值和竞争力的共同提升,这是光明食品集团重组后形成共识最早、投入精力最大的重要工作。光明食品集团品牌管理的重点是:明确战略定位、落实管理机构、强化制度建设、开展重大活动、注重品牌效应、维护提升品牌。

一、品牌战略定位

光明食品集团成立以后,集团上下围绕光明品牌资源、品牌整合、品牌建设的目标和途径进行全方位调研和讨论。在此基础上,光明食品集团于2007年6月25日首次召开品牌工作会议,会议提出,科技和品牌是光明食品集团健康发展的两个轮子;成功的品牌对光明集团可持续发展至关重要。会议明确了品牌成功的四大要素:一是产品的高品质;二是与众不同,差异化竞争;三是持续的创新,不断满足顾客的需求,使品牌始终和顾客保持关联性;四是丰富品牌的文化内涵。

2008年11月14日,光明食品集团总裁办公会讨论通过《光明食品(集团)有限公司品牌发展战略规划》,对光明食品集团母子品牌不同的战略定位、内涵、愿景等提出了原则意见和具体要求。

【集团母品牌定位】

以集团公司名称和注册商标的文字、图形、颜色以及基于此的衍生和组合,并赋予其丰富内涵,是集团公司的价值象征。

母品牌定位:快乐生活的倡导者、食品产业的集成服务商;集团母品牌作为背景品牌,主要沟通对象为投资合作伙伴、政府、消费者等,为集团所属子品牌提供资源支持和信誉保证。

母品牌内涵:食以民为先。

母品牌口号:阳光心,开心事;光明食品,美好生活;光明食品,健康美味。

母品牌战略愿景:将集团母品牌打造成为具有显著竞争能力和综合优势,在全球有一定影响力的中国食品产业领导者品牌。

【子品牌定位】

产品或服务品牌,主要沟通对象为消费者、商业合作伙伴、媒体等,为集团公司整体品牌价值的提升提供战略支撑。

子品牌核心价值:各子品牌根据企业实际情况提炼各品牌的核心价值,且须与集团母品牌的核心价值相融合。

子品牌战略愿景:打造战略协同、整体提升、共同发展的强势品牌组合。

二、品牌建设近期、中长期目标

【近期目标】

集中力量扶持、培育、保护、发展一批体现集团综合实力和整体竞争力的优势品牌,初步建立有利于推进集团产业发展,为产品结构和产业结构调整服务的品牌推进机制。

营造和优化全方位支持品牌发展的氛围;逐步构建和完善品牌管理体系;初步形成集团母、子品牌良性互动,子品牌间战略协同,整体提升、共同发展的品牌建设格局。

【中长期目标】

打造价值定位明确、形象识别清晰、品牌内涵丰富的集团母品牌,并将其逐步培育成为消费者信赖、投资者青睐、子品牌受益的知名品牌。打造具有显著市场竞争力、占有率与覆盖率的品牌组合。

成为中国优质食品的主要生产商和供应商品牌,为消费者提供安全、健康、放心的食品。

成为中国食品原料的主要生产商和集成供应商品牌,为食品行业发展提供多样化的优质原料。

成为中国食品品牌代理的行业领导者品牌,打造以华东地区为中心,辐射全国的食品分销体系。

成为中国食品物流业的主要领先服务商品牌,在业务区域范围和产品范围内,构建完善的多温带食品物流系统。

成为中国食品产业首选投资合作企业品牌,为推动产业发展提供资源整合、资产升值、资本溢价的战略合作机会。

三、品牌架构

光明食品集团实施以集团公司母品牌为背景的多品牌战略架构。

以集团母品牌为背书的企业品牌体系,集团公司食品主业的企业可申请背书集团母品牌。

多品牌协同发展的产品(服务)品牌体系,形成个性鲜明、互为补充、整体提升的多品牌发展格局,集团公司食品主业产品(服务)品牌可以申请以集团母品牌为背书。

四、品牌建设任务

建立、规范集团母品牌中英文文字形象、识别系统。通过光明食品节、专业展会、慈善公益等营销和推广活动,提升集团母品牌核心价值,打造集团公司良好的品牌形象;打造强势的食品主业品牌组合,增强品牌核心竞争力;建立规范的品牌管理制度,逐步构建和完善集团品牌管理体系。

重点打造优势互补、协同发展的强势品牌组合,提升品牌组合的整体业绩和整体竞争力。根据品牌组合的共同愿景,对品牌资源进行结构优化,逐步推进、完善各子品牌之间的营销协同、生产协同、技术协同、采购协同、基础设施协同,实现品牌资产和价值的递增。

建立规范的品牌战略管控制度,逐步构建和完善集团品牌管理体系。明确集团和企业在品牌建设中的功能定位和职责要求,理顺品牌管理关系。制定集团母品牌和重点子品牌发展战略规划、母子品牌联动、品牌价值评估、品牌维护、品牌危机处理办法等制度,实现集团品牌管理的制度化和规范化。

五、品牌保障措施

【夯实品牌发展基础】

完善集团母品牌和重点子品牌的 CI 规范设计工作,明确品牌的核心识别,并使品牌识别元素执行到营销传播活动中,使每一次营销传播活动都演绎和传达品牌的核心价值、内涵与目标,不断累积品牌资产,提升品牌价值。

【品牌管理架构】

2007 年 6 月 13 日,光明食品集团成立以集团分管副总裁为主任,由集团公司产业发展部、公共关系部、财务审计部、法务部、工会等部门及部分企业负责人组成的集团品牌管理工作委员会。其主要职责是：根据总裁机构授权，对集团品牌发展战略、品牌建设行动计划、品牌投入预算、品牌建设重点项目等重大事项进行审议或审定，负责集团品牌战略的组织实施，统一领导集团品牌建设和管理工作。品牌管理工作委员会办公室设在集团公司产业发展部。

光明食品集团品牌管理工作委员会：

主　任：葛俊杰

副主任：徐永炘　唐沛毅

委　员：顾鸿新　甘兰新　郭志刚　汤志坚　王佳芬　翁懋　汪建华　王永刚　汤玉萍　王德民　闻焱

光明食品集团负责整体品牌战略管控，子公司负责所属子品牌价值管理和业绩提升。各级企业经营者是品牌建设工作的第一责任人，为品牌价值的提升负责。

品牌战略决策机构是光明食品集团品牌管理工作委员会；品牌战略管理机构是光明食品集团品牌管理工作委员会办公室；品牌战略执行机构是各子公司品牌管理部门。

【品牌人才队伍建设】

集团及各子公司加强品牌策划、管理、推广、营销等各类专业人才的培养、选拔、使用和引进，努力打造一支年轻化、市场化、专业化的品牌经营管理团队。完善创新激励机制，为品牌人才营造良好的创新氛围。

【品牌资金投入】

集团及各子公司逐步建立、完善品牌投入专项资金使用机制，推行品牌预算管理制度，按规范程序进行申请、使用和评价。集团品牌预算资金主要用于集团母品牌、重点子品牌的建设，以及对品牌业绩显著提升的企业和个人进行奖励。各子公司每年按销售收入一定比例编制品牌工作预算并报集团备案。

【品牌推进机制】

集团及各子公司建立以市场为导向、以品牌为驱动的工作流程，各公司、各部门、各岗位协同作战，高效推进品牌战略规划的沟通与执行。加强对品牌价值和资产的评估与管理，推行品牌导向的业绩管理，将品牌工作业绩作为企业经营者绩效考核的重要指标。对集团现有品牌资源进行资源重组和优化配置，通过合理、规范、有序的品牌扩张、品牌授权、品牌并购、品牌延伸，优化品牌组合结构，提升整体品牌竞争力。

六、品牌制度建设

光明食品集团根据自身实际推进品牌制度建设，先后制定、出台了一系列有关品牌行动、品牌管理的计划和制度，使集团系统品牌建设有章可循，科学规范。

2007年6月13日，《光明食品集团品牌建设行动计划（2007—2009年）》经集团总裁办公会议审议通过，确立了未来三年品牌建设工作的指导思想、目标任务和主要措施。

2008年11月24日，《光明食品（集团）有限公司品牌发展战略规划》（简称《品牌发展战略规划》)、《母子品牌联动管理办法》等,经集团总裁办公会议审议通过。

《品牌发展战略规划》从品牌发展战略愿景和阶段性目标、指导思想、重点任务、保障措施和战略推进中的可持续性保障五方面进行了阐述。

《母子品牌联动管理办法》明确集团母品牌作为集团公司品牌管理体系的背景品牌,可与集团食品主业各子品牌进行多种形式的联动,以母品牌的影响来促进子品牌的发展,也可以子品牌业绩提升母品牌价值。《母子品牌联动管理办法》制定了10条具体规定,确立了5个基本原则及子品牌申请母品牌背书授权应遵循的4个操作程序。

2010年4月28日,光明食品集团为进一步维护集团母品牌的形象和荣誉,促进母子品牌联动,规范集团母品牌的应用,下发《关于规范应用光明食品集团母品牌的通知》(简称《通知》)。《通知》强调集团所属各级子公司应对应用集团母品牌(包括集团公司名称文字及标识)的情况进行调查,范围包括企业产品包装、公关宣传品、环境布置和广告等,将调查结果形成书面汇报材料。凡需应用集团母品牌的单位,均应向光明食品集团品牌管理工作委员会办公室提出书面申请,申请应注明应用范围和应用形式,并附上应用集团母品牌的设计效果图。经集团品牌管理工作委员会办公室审核同意后按授权规范应用。

2010年9月26日,为进一步推进光明食品集团公司及所属企业品牌建设和发展,光明食品集团制定《关于实施品牌荣誉奖励的通知》。

根据规定,集团所属全资、控股子公司以及相关企业首次获中国驰名商标或中国名牌产品等品牌荣誉认定的,由集团给予一次性奖励100万元;企业首次获中国最具市场竞争力品牌或中国名牌农产品等品牌荣誉认定的,由集团给予一次性奖励80万元;企业首次获上海市著名商标或上海名牌等市(省)级品牌荣誉认定的,由集团给予一次性奖励50万元。企业获得的品牌荣誉复评结果将纳入企业经营者绩效考核体系。

七、品牌建设活动

2006年9月29日,由光明食品集团主办的、以"光明全家福、美味总动员"为内容的首届光明食品节开幕式在南京东路世纪广场隆重开幕,率先在上海市食品行业唱响食品"安全、放心、健康"的主题曲,标志着光明食品集团正式拉开品牌建设的帷幕。

10月20日,由光明乳业承办的第27届世界乳业大会在上海光大会展中心隆重开幕。副市长胡延照致词;国际乳品联合会主席Jim Begg致辞并作"世界乳业的形势"演讲。此次大会成为光明品牌走向全国、走向世界的平台。

2007年6月13日,集团品牌管理工作委员会正式建立。

6月25日,光明食品集团召开品牌工作会议,会议提出要加强领导,强化研究,树立全局意识,加强品牌建设,提升企业整体竞争力。光明乳业、冠生园集团、农房集团、金枫酿酒公司、爱森肉食品公司的负责人在会上作品牌建设经验交流。

2008年4月14日,光明食品集团召开集团母品牌背书专题现场会,向东方先导、金枫酒业、冠生园集团和海丰米业等4家企业颁发集团母品牌背书授权证书,并以"玉棠"品牌为试点,推进母子品牌联动方案,在产品包装上背书集团母品牌。

11月20日,上海市商标协会和上海市著名商标认定委员会在南京东路世纪广场联合主办"2008上海商标展",光明食品集团所属品牌群集体亮相,光明牌、冠生园、梅林、金枫、石库门、和、爱森、海丰、大瀛、正广和、海腾等众多品牌共同参展,向社会展示光明品牌群的良好形象与丰富内涵。

11月24日,光明食品集团举办品牌理念、品牌设计、品牌传播、品牌维护专题培训班,集团党政领导、集团总部职能部门及各子公司有关负责人140余人参加培训。同时还举行仪式,聘请上海著名品牌策划专家邵隆图先生为光明食品集团"首席品牌顾问"。

11月24日,光明食品集团印发经总裁办公会议审议通过的《光明食品(集团)有限公司品牌发展战略规划》。

2009年9月17日,由市商务委员会主办,市食品协会承办的2009上海品牌食品博览会在上海展览中心开幕,光明食品集团所属16家品牌食品企业的60个大类、370余种食品参加博览会。

2010年1月17日,光明食品集团在南京东路世纪广场举行"绿色盛会—起来"主题活动启动仪式,集团领导宣读《光明食品集团绿色宣言》,并向上海世博会志愿者捐赠1 000万元,集团8家食品企业负责人作食品安全承诺宣誓。

3月16日,光明食品集团上海鲜花港与上海世博局举行《中国国家馆用花专项赞助协议》签约仪式,上海世博会事务协调局副局长陈先进,上海鲜花港企业发展有限公司董事长赵才标代表双方签署协议。上海世博会国家馆花卉唯一供应商使光明花卉品牌知名度传播海内外。4月28日,上海海湾国家森林公园世博观光农园正式开园。全国轻工总会会长步正发为"世博观光农园"揭牌。

9月8日,2010上海旅游节"光明食品杯"花车巡游活动暨评比大奖赛新闻发布会在华亭宾馆举行,上海市旅游局局长道书明、光明食品集团副总裁葛俊杰出席。

八、品牌建设成果

2007年,光明食品集团品牌建设取得成效,新增一批"国家级"品牌,其中"和"酒、"石库门"获中国名牌产品,爱森肉食品获中国名牌农产品。

2008年,光明食品集团所属上海新海腾电缆有限公司的图形商标、上海可的便利店有限公司的"可的"商标获"上海市著名商标"认定。上海申光高强度螺栓有限公司的"上城"牌商标、上海刀片厂有限公司的"飞鹰"牌商标、上海跃进医疗器械厂的"恒字"牌商标、光明乳业的"光明"牌商标、上海梅林罐头食品厂有限公司的"梅林B2"牌商标、上海海丰米业有限公司的图形商标、冠生园(集团)有限公司的"大白兔""和"牌商标、上海金枫酿酒有限公司的"石库门"牌商标等8个单位的9件商标获上海市著名商标,三年期满重新认定。

2009年,长江总公司所属上海万事发实业总公司瀛丰五斗牌有机米获中国品牌食品博览会优秀奖。

上海仟果企业管理有限公司获中国商业地产联盟2009长三角最具成长性连锁品牌。

上海海丰米业有限公司海丰品牌包装大米在2009年上海同类产品市场占有率排名第二,获"2009快速消费品畅销金奖"。

2010年2月上海海丰米业有限公司"鹤舞稻香"品牌大米获"第七届中国国际农产品交易会金奖"。

东方先导糖酒有限公司"玉棠"品牌食用糖连续多年在同类产品市场占有率名列前茅,被授予"2000—2010十一年畅销金品大奖"。

截至2010年12月光明食品集团品牌荣誉榜:

中国驰名商标:光明(乳品)、冠生园、大白兔、石库门、和、城隍珠宝。

中国名牌产品:大白兔(糖果)、梅林(罐头)、和牌(黄酒)、石库门(上海老酒)。

中国最具市场竞争力品牌：光明（乳品）。

中国名牌农产品："海丰"大米、"爱森"冷却肉。

中华老字号：冠生园、烟糖集团、第一食品、华佗酿酒、冠生园食品（大白兔）、正广和饮用水、梅林、金枫酒业、光明乳业、天厨调味品、益民食品一厂。

上海市著名商标：光明（乳品）、光明（冷饮）、冠生园、大白兔、梅林、石库门、和酒、金枫、农工商、爱森、海丰、一只鼎、大瀛、生、申丰、正广和、佛手、SDE、思乐得、金环、上城、恒宇、百路达、海腾（图案）、城隍珠宝（图案）、可的、玉棠、好德、美优、农工商房产、瀛丰五斗、华佗、牛朋（牛奶棚）、星辉、火炬（减水剂）、露珠、盾牌、飞鹰、梅林B2。

上海名牌产品：光明（乳品）、光明（冷饮）、大白兔（糖果）、冠生园（蜂蜜）、梅林（罐头）、和酒（黄酒）、金枫（黄酒）、石库门（上海老酒）、玉棠（食糖）、申丰（巧克力）、海丰（大米）、爱森（冷却肉）、大瀛（鸭制品）、一只鼎（黄泥螺、年糕）、正广和（饮用水）、佛手（味精、鸡精）、华佗（补酒）、思乐得（不锈钢制品）、城隍珠宝（黄金、铂金首饰）、海腾（通信安防线缆）、SDE（轿车组合仪表）、上城（高强度螺栓）、星辉（蔬菜）、美优（制药）、百路达（银杏叶胶囊）、瀛丰五斗（大米）、一只鼎（糟醉食品）、都市菜园（蔬菜）、自然之子（大米）、宏盾（防伪材料）。

上海市出口名牌：梅林、SF、思乐得。

上海名牌服务企业：可的（便利）、海博（出租车）、农工商（超市零售）、第一食品（食品零售）、城隍珠宝（黄金饰品零售）、96858（网上购物）、都市菜园（公园）。

上海优秀服务商标：农工商（零售）、农工商房产（不动产代理、管理）。

第八节　信 访 管 理

一、信访机构和工作职责

光明食品集团组建后，设立光明食品集团信访办公室。在集团公司党委、总裁机构的领导及市国资委信访办公室的业务指导下，信访办公室负责统一受理和协调处理集团系统的各类信访事项。集团所属各单位建立相应的信访工作机构，配备专、兼职信访工作人员，负责承办信访事项。

光明食品集团信访办公室主要职责是：负责集团系统职工群众通过来信、来访、来电以及电子邮件等形式反映有关问题的日常接待、协调、处理工作；参与集团公司重大信访事项或群体性突发事件的协调处理工作；承办市委、市政府领导及市有关部门转办、交办的有关信访事项，及时上报处理结果；贯彻落实党和国家关于做好信访工作以及维护社会稳定方面的方针政策，制订和完善集团公司信访工作制度，监督、指导和检查集团系统信访工作，促进集团公司信访工作规范化、制度化；负责信访干部队伍建设，提高信访干部的理论水平和业务水平；负责调查研究、综合汇总职工群众来信来访中反映的"热点""难点"问题以及有关政策性问题，提出意见和化解矛盾的对策；负责牵头协调涉及与集团公司总部职能部（室）有关的重要信访事项的处理工作。

二、信访受理

2006年，光明食品集团共接待职工来访832人次，比2005年下降12%；处理职工群众来信（包括市政府有关部门的转办信）363件，比2005年下降14%；职工群众到集团公司集体上访共24批、

394人次,到市政府集体上访22批、304人次;处理职工联名信47件。

2006年,集团有效化解了几起比较突出的群体性矛盾,其中农场中小学教师为享受事业单位待遇问题的上访,是长期以来政企不分的历史原因造成的。市政府对此问题经过专题调查研究,于2005年年底就具体贯彻国务院9号文件精神作了部署。2006年年初,集团建立专项工作小组,多次召开会议,研究政策,落实资金,分步实施,在国庆节前夕对系统内1 070名符合条件的在职、退休教师的补发款全部落实到位,确保社会稳定。集团领导重视农场职工连续反映住房问题的信访,集团会同五四公司主要领导多次与奉贤区政府沟通,就农场内"散户点"居住区的规划、改造等问题进行磋商。跃进有限公司和长江总公司在认真调查研究,听取职工代表、居民群众意见的基础上,投入较大资金对旧房进行改建,改善职工居住条件,缓解了比较尖锐的职工住房矛盾。同时对300余户农场内自建房的产权进行办证,解决了群众的切身利益问题。2006年上半年化解原红星农场玩具厂14户职工居民为住房问题的集体上访矛盾,消除不稳定因素。

2007年,光明食品集团共接待职工来访1 125人次,比2006年上升35%。其中职工群体性上访41批、894人次,比2006年分别上升77%和174%;处理职工来信592件,比2006年上升63%,其中联名信件56件,比2006年上升22%;职工到市政府集体上访17批、487人次,比2006年分别上升21%和120%。

群体性集体重复上访数量上升的主要原因是,有些矛盾涉及政策的"瓶颈",人员范围广,情况复杂。集团与有关单位积极向市政府有关部门争取政策、资金,成功化解几起群体性矛盾,维护了社会和企业的稳定。原星火农场"星化队"部分成员多次集体上访反映要求享受"镇保"待遇,这是20世纪80年代末上海后方"小三线"职工家属转移形成的历史遗留问题,时间跨度长、人员情况复杂、政策性强,化解矛盾的难度大。在市国资委、市社保局的重视和支持下,经过集团和五四公司的共同努力,妥善地处理了该起比较突出的群体性矛盾。原牛奶集团公司老"送奶员"多次集体上访要求增加养老金问题,集团多次向市社保局争取政策,多方筹集资金,制定方案,在投资公司的认真仔细操作下,于2007年5月妥善处理了这起信访时间长达8年的历史遗留问题。

2008年,光明食品集团共接待职工来访635人次,比2007年下降44%,其中集体上访25批、393人次,比2007年分别下降36%和55%;处理职工来信333件(包括市政府有关领导、部门交办件),比2007年下降44%,其中联名信件26件,联名人1 560人次,比2007年分别下降54%和39%;职工群众到市政府集体上访15批、513人次,比2007年批次下降12%,人次上升5%。年初,集团针对系统内突出的群体性上访矛盾,积极制定化解矛盾的方案,矛盾化解率达到85%以上。跃进有限公司所属飘鹰实业发展公司因房屋订购协议纠纷引发集体上访,涉及浙江省600多个投资人,严重影响上海的社会稳定。在市政府"督解办"和市国资委的牵头协调下,集团积极制定工作方案,建立专门工作小组,先后11次到浙江省进行现场协调,在地方政府的配合下,积极做好投资人的思想稳定工作,使矛盾基本化解。集团下属"泰尔发"房产公司因购房协议纠纷引发与上海地区154个购房人的矛盾,自2007年以来多次到市政府、普陀区政府、光明集团集体上访,其中部分人员到北京集体上访。集团积极会同普陀区政府研究制定化解矛盾的方案,与152人签订相关协议,当年矛盾化解率达到98.7%。

2008年,集团还先后化解了多起集体上访事件,如可的公司因内部整合引发原牛奶集团部分老职工解决劳动关系历史遗留问题的集体上访;部分农场老职工要求解决农场区域内房屋产权证问题的多次集体上访;松江九亭申光乳品厂和上海乳品厂部分下岗人员因劳动关系问题的集体上访;潮芦物业公司和东海水厂部分职工因社区移交等问题的上访;真元乳业公司关停后部分人员为历史上职工入股等问题的集体上访;锦星大酒店因长期亏损关停造成职工分流引发的集体上访;原新疆"上青户"退休教师为享受国务院9号文件有关待遇问题的集体上访等。

2009年,光明食品集团共接待职工来访648人次,其中集体上访22批、363人次;处理职工群众来信180件,其中联名信25件。

在贯彻国务院有关文件过程中,化解原新疆"上青户"曾经从事教育工作的人员群体性上访矛盾;化解了宝山区顾村"东沪园"小区400余户居民因房屋质量问题引起的群体性上访等。

2010年,光明食品集团共接待职工上访801人次,比2009年增加了15%,其中群体性上访30批、505人次;赴市政府上访共711人次,其中群体性上访17批、585人次。收到职工群众来信268件,其中联名信34件,联名人1 235人次;职工群众通过网上来信50件。2010年,重点稳步化解了"上青户"群体性上访矛盾。集团党政主要领导接待"上青户"职工代表,多次召开信访稳定工作专题会议听取汇报,深入基层,认真听取意见,不断细化完善解决方案。通过面对面对话、上门家访、约见、电话联系等形式,做好上访重点对象的思想稳定工作,对确有特殊困难的予以帮扶,确保对该群体的总体稳控。原农场医院退休职工的群体性上访,是因农场行政和社区管理属地化移交过程中所引发的矛盾,涉及面广、政策性强、情况错综复杂。集团及时向市国资委汇报,请求市府信访办牵头协调各区县局共同化解矛盾。集团信访办热情接待、倾听诉求、耐心劝导,引导上访人员通过正规渠道合理反映诉求。长江总公司农场职工因自建住宅产权问题引发的群体性矛盾,上访职工情绪激烈,且部分人员年事已高,集团信访办一方面会同长江总公司有关领导认真做好接待工作,及时劝返,防止出现意外事件而造成局面失控;另一方面对上访人员反复宣传农场住房改革的具体政策,督促责任单位研究制定化解矛盾的方案,积极争取有关政策,最终使矛盾得到有效化解。2010年集团共化解5件群体性上访矛盾,16件个访矛盾。

"上青户"职工——即上海知识青年支边职工。20世纪60年代初,市政府动员上海部分知识青年到新疆生产建设兵团参加支边建设;80年代初,按照《国务院对新疆维吾尔自治区和上海市关于解决新疆垦区上海支边知识青年问题的报告的批复》精神,其中一批符合"单顶"条件(即夫妻双方的一方能顶替父母)的人员,安置到上海市属海丰农场工作;90年代初期,根据市政府部署,又调动到上海市郊崇明、南汇、奉贤、宝山等农场工作。

三、信访处置

光明食品集团信访工作在各级党委、行政的领导下,坚持属地管理、分级负责;谁主管、谁负责;依法、及时、就地解决问题与教育疏导相结合的原则。集团公司所属各单位党政负责人为信访工作第一责任人,分管信访工作的负责人为信访工作直接责任人。

2007年7月,光明食品集团制定《光明食品集团老干部信访工作暂行规定》,明确老干部信访工作在各级党委组织部门领导下,坚持分级负责,归口办理,本单位解决问题的原则。老干部信访工作纳入党委组织部门的重要考核内容,作为"双先"评选的重要依据。2007年12月,集团党委会和总裁办公会通过《光明食品(集团)有限公司信访工作制度》,明确规定信访事项的处理程序及要求、信访工作责任制的实施以及集团各部门信访承办事项的分工。

2007年,光明食品集团党政领导先后四次召开由各单位党委书记参加的稳定工作专题会议,强调从稳定大局出发,落实责任制,积极化解矛盾,管好自己的人,做好自己的事,努力做好稳定工作。经集团协调及有关单位的努力,在春节、全国"两会"、上海市"党代会"、国庆节、特奥会等重要时间节点中,没有发生严重影响社会稳定的事件。

面对职工信访的问题涉及面广、政策性强的特点,集团加强信访工作的协同管理,充分发挥有关业务部门熟悉政策和情况的优势,积极化解信访矛盾。2007年以来,集团先后牵头人力资源部、资产经营部、产业发展部、社区综合管理公室及纪委等部室,对有关信访事项联合接待、调查研究、制定方案,在化解老"送奶员""星化队"历史遗留问题、农场住房、清理私人养猪场、退休教师待遇、社区移交、对历史上党纪政纪处分不满等各类问题中发挥积极作用。

2010年,根据市委、市政府的要求,光明食品集团开展"重大决策社会稳定风险分析和评估机制"工作,并被市国资委列入试点单位。集团修订与完善信访办工作制度,加强信访工作日常管理,规范来信来访的接待、记录、批复、流转等环节,加强信访工作排查、分析、督办、定期例会等制度建设。全年召开集团信访稳定专题会议7次,与集团人力资源部、社区综合管理办公室、工会等部门召开多次内部协调会,加强赴基层实地调研、现场指导的力度,扎实推进相关矛盾及时解决。

在上海世博会举办期间,光明食品集团下发《关于做好世博期间信访稳定工作的意见》,建立健全由党政一把手负责的维稳工作领导小组,世博会期间的值班落实领导责任制、首问责任制和责任追究制,专职部门确保24小时有人受理信访。畅通诉求渠道和信访事项处置流程,严格规范执行信访事项受理、交办、转送、告知、督办、答复等制度,强化接访、信件、电话、电子邮件处理的信息整合工作,提高信访工作效率。

第八篇
队伍建设

概 述

本篇记述职工队伍和职工教育培训、职工薪酬、用工制度改革、离岗人员和退休职工管理;干部管理招聘、任免和交流、考核奖惩机制、后备干部队伍建设、专业人员职称评定、离退休干部管理与服务。

光明食品集团2010年年末从业人员为8.1万人,其中企业单位8.07万人,事业单位454人;第一产业9 341人,第二产业2.13万人,第三产业5.05万人。

集团实行以独立核算企业为单位的工效挂钩办法,结合企业生产经营情况,采用核定浮动比例、增加制约指标等措施,对企业实现工资总额调控管理。企业工资总额增长的主要依据是上海市企业工资增长指导线。2010年集团从业人员劳动报酬总额为28.70亿元。

光明食品集团2010年离岗人员为1.05万人。2007年7月,集团制定《光明食品(集团)有限公司所属公司人员管理中心管理办法》,按照相对集中管理和分散管理相结合的原则,对因为企业关、停、并、转而进入人员管理中心的内退、协保、伤病残等离岗人员实施相对集中管理,子公司按区域在农场和市区下设离岗人员管理分中心或工作站。至2010年11月底,跃进有限公司、长江总公司、五四公司、东海总公司、农工商投资公司等5家子公司人员管理中心共管理离岗人员7 980人。

光明食品集团2010年招聘录用应届大学、大专毕业生365名,这些毕业生成为集团各企业的技术人才、后备干部的培养对象。

光明食品集团第一届董事会设立人事和薪酬委员会;第二届董事会设立提名委员会,主要研究公司高级管理人员的选聘标准、程序和方法,向董事会提出高级管理人员选聘建议。集团人力资源部具体负责集团和子公司高级管理人员的选任、培训、考核和奖惩等工作。

2006年10月,光明食品集团制订《关于加强光明食品集团领导人员后备人选队伍建设的意见》,明确后备干部队伍建设的指导思想、工作原则、工作目标和主要任务。2010年,光明食品集团共有2 101人次参加27个干部培训项目。集团还选送优秀后备人员到产业基地挂职锻炼。根据不同情况,对长期从事经营工作或党群工作的后备人选进行双向轮岗锻炼。

老干部工作是光明食品集团干部工作的重要组成部分。光明食品集团2006年离休干部为364人,平均年龄78.77岁;2010年为301人,平均年龄82.36岁。2006年退休干部为87人,平均年龄67.47岁;2010年124人,平均年龄为66.74岁。

2010年3月15日,光明食品集团召开第九次老干部工作委员会会议,调整充实集团老干部工作委员会领导机构。集团老干部工作部负责日常老干部工作的指导、协调、服务和考核,老干部工作部归口集团党委组织部。集团设立老干部活动室(前身为上海市农场管理局老干部活动室,于1983年创办,1991年3月被上海市老干部活动室和市人事局正式认定)。集团老干部活动室设有歌咏组、稻香诗社、摄影组等10个老干部兴趣组。

2010年集团党政领导在春节、敬老节、高温期间分批慰问老干部68人次;举办情况通报会,向集团享局级离休干部和离退休干部党支部书记通报集团情况,听取意见和建议。

第一章 职工队伍

第一节 从业人员规模和教育培训

一、从业人员行业分布

【从业人员数】

光明食品集团2006年年末从业人员81 208人,其中企业单位80 743人,事业单位465人。

表8-1-1 2006年末光明食品集团从业人员人数和平均人数情况表

项目	单位数(个)	期末人数(人)						平均人数(人)			
		从业人员	全部职工	在岗职工	其他从业人员	用工单位使用的劳务工	直接支付工资的劳务工	从业人员	全部职工	在岗职工	其他从业人员
企业	374	80 743	59 510	41 196	39 547	13 798	8 102	79 885	61 326	41 217	38 668
事业	10	465	295	295	170	122	122	444	293	293	151
合计	384	81 208	59 805	41 491	39 717	13 920	8 224	80 329	61 619	41 510	38 819

光明食品集团2006年从业人员新增33 330人,按企业经济类型分类如表8-1-2所示。

表8-1-2 2006年光明食品集团从业人员人数增加情况表　　　　　　　　　（单位:人）

项　目	增加人数	从农村招收	从城镇招收	录用复员军人	录用毕业生	调入人数	离岗重新上岗	其他
国有	8 553	153	1 899	9	112	324	45	6 011
集体	0	0	0	0	0	0	0	0
股份合作	479	2	4	0	4	0	3	466
联营	138	1	36	0	0	1	2	98
国有联营	138	1	36	0	0	1	2	98
国有独资	12	0	0	0	1	0	0	11
其他有限责任公司	16 881	10	944	2	367	218	27	15 313
股份有限公司	899	3	121	0	9	41	6	719
其他内资	22	0	15	0	0	1	0	6
与港澳台商合资经营	663	13	121	0	20	1	4	504
与港澳台商合作经营	102	0	65	3	16	2	0	16

〔续表〕

项　　目	增加人数	从农村招收	从城镇招收	录用复员军人	录用毕业生	调入人数	离岗重新上岗	其他
港澳台商投资股份有限公司	641	0	123	0	34	59	31	394
中外合资经营	4 607	177	1 213	1	52	10	15	3 139
中外合作经营	333	1	268	0	1	0	1	62

光明食品集团2006年从业人员减少32 486人，按企业经济类型分类如表8-1-3所示。

表8-1-3　2006年光明食品集团从业人员人数减少情况表　　（单位：人）

项　　目	减少人数	离休退休退职	开除辞退	终止解除合同	死　亡	调　出
国有	10 388	389	8	1 854	16	282
集体	121	0	0	32	0	0
股份合作	958	16	0	23	0	0
联营	485	26	1	183	0	2
国有联营	436	26	1	183	0	2
国有独资	7	0	0	5	0	0
其他有限责任公司	14 891	288	3	1 760	6	122
股份有限公司	985	45	2	218	5	55
其他内资	33	0	0	25	0	1
与港澳台商合资经营	411	18	0	66	48	0
与港澳台商合作经营	91	6	0	69	1	4
港澳台商投资股份有限公司	653	47	0	235	1	23
中外合资经营	2 488	63	20	797	133	44
中外合作经营	966	26	0	479	2	368
外商投资股份有限公司	9	1	0	0	0	0

光明食品集团2007年年末从业人员84 890人，其中企业单位84 433人，事业单位457人。

表8-1-4　2007年末光明食品集团从业人员人数和平均人数情况表

项目	单位数（个）	期末人数（人）						平均人数（人）			
		从业人员	全部职工	在岗职工	其他从业人员	用工单位使用的劳务工	直接支付工资的劳务工	从业人员	全部职工	在岗职工	其他从业人员
企业	359	84 433	57 081	41 958	42 475	16 567	11 082	81 342	57 293	40 608	40 734
事业	10	457	274	274	183	134	134	456	283	283	173
合计	369	84 890	57 355	42 232	42 658	16 701	11 216	81 798	57 576	49 891	40 907

光明食品集团 2007 年从业人员新增 36 116 人,按企业经济类型分类如表 8-1-5 所示。

表 8-1-5　2007 年光明食品集团从业人员人数增加情况表　　　　　　（单位:人）

项　　目	增加人数	从农村招收	从城镇招收	录用复员军人	录用毕业生	调入人数	外省市调入	离岗重新上岗	其他
国有	9 140	210	2 076	1	49	135	3	21	6 648
集体	1	0	0	0	0	0	0	1	0
股份合作	579	42	14	0	0	0	0	0	523
联营	53	0	6	0	1	0	0	3	43
国有与集体联营	0	0	0	0	0	0	0	0	0
国有独资	430	3	42	0	8	1	0	2	374
其他有限责任公司	19 925	14	5 119	2	172	589	3	119	13 910
股份有限公司	1 063	0	350	0	40	160	3	60	453
其他内资	20	0	8	0	0	3	0	0	9
与港澳台商合资经营	361	3	52	0	6	0	0	0	300
与港澳台商合作经营	69	0	43	5	0	15	0	0	6
港澳台商投资股份有限公司	153	0	91	0	0	61	0	0	1
中外合资经营	3 931	200	775	0	60	4	0	26	2 866
中外合作经营	390	0	300	0	6	0	0	1	83
外商投资股份有限公司	1	0	0	0	0	0	0	0	1

光明食品集团 2007 年从业人员减少 31 758 人,按企业经济类型分类如表 8-1-6 所示。

表 8-1-6　2007 年光明食品集团从业人员人数减少情况表　　　　　　（单位:人）

项　　目	减少人数	离休退休退职	开除辞退	终止解除合同	死亡	调出	其中调到外省市	在岗职工离岗	其他
国有	8 561	328	20	1 874	8	114	0	152	6 065
集体	18	4	0	0	0	0	0	1	13
股份合作	626	6	0	52	0	50	0	5	513
国有联营	68	7	0	1	0	1	0	4	55
国有与集体联营	7	0	0	0	0	0	0	0	7
国有独资	173	7	0	5	0	1	0	2	158
其他有限责任公司	15 584	394	3	2 784	10	487	0	76	11 830
股份有限公司	1 000	128	3	284	1	100	4	38	446

〔续表〕

项　　目	减少人数	离休退休退职	开除辞退	终止解除合同	死亡	调出	其中调到外省市	在岗职工离岗	其他
其他内资	20	1	0	12	0	0	0	0	7
与港澳台商合资经营	464	26	0	85	1	0	0	9	343
与港澳台商合作经营	121	13	0	66	3	1	0	31	7
港澳台商投资股份有限公司	10	0	0	8	0	2	0	0	0
中外合资经营	4 731	48	4	813	4	731	0	17	3 114
中外合作经营	363	34	0	219	1	0	0	9	100
外商投资股份有限公司	12	0	0	7	0	0	0	0	5

光明食品集团2008年年末从业人员85 022人，其中企业单位84 554人，事业单位468人。

表8-1-7　2008年末光明食品集团从业人员人数和平均人数情况表

项目	单位数（个）	期末人数（人）						平均人数（人）			
		从业人员	全部职工	在岗职工	其他从业人员	用工单位使用的劳务工	直接支付工资的劳务工	从业人员	全部职工	在岗职工	其他从业人员
企业	359	84 554	55 173	42 026	42 528	128 514	20 074	85 985	56 597	42 479	43 506
事业	10	468	291	291	177	137	137	442	270	270	172
合计	369	85 022	55 464	42 317	42 705	128 651	20 211	86 427	56 867	42 749	43 678

光明食品集团2008年从业人员新增34 378人，按企业经济类型分类如表8-1-8所示。

表8-1-8　2008年光明食品集团从业人员人数增加情况表　　　　　　　　　（单位：人）

项　　目	增加人数	从农村招收	从城镇招收	录用复员军人	录用毕业生	调入人数	外省市调入	离岗重新上岗	其他
国有	7 156	190	1 827	0	41	204	0	32	4 862
集体	0	0	0	0	0	0	0	0	0
股份合作	574	0	19	0	0	0	0	0	555
国有联营	102	0	8	0	0	86	0	2	6
国有与集体联营	0	0	0	0	0	0	0	0	0
国有独资	1 248	2	5	0	0	1	0	1	1 239
其他有限责任公司	17 401	391	3 935	3	79	980	2	30	11 983

〔续表〕

项　　目	增加人数	从农村招收	从城镇招收	录用复员军人	录用毕业生	调入人数	外省市调入	离岗重新上岗	其他
股份有限公司	1 051	9	255	0	30	305	0	40	412
其他内资	1	0	0	0	0	0	0	0	1
与港澳台商合资经营	191	3	44	0	1	5	0	6	132
与港澳台商合作经营	49	0	28	0	1	3	0	0	17
港澳台商投资股份有限公司	4 124	0	271	0	0	23	0	0	3 830
中外合资经营	2 075	206	387	1	78	6	0	9	1 388
中外合作经营	404	4	271	0	6	0	0	0	123
外商投资股份有限公司	2	0	0	0	0	0	0	0	2

光明食品集团2008年从业人员减少34 268人,按企业经济类型分类如表8-1-9所示。

表8-1-9　光明食品集团2008年从业人员人数减少情况表　　（单位：人）

项　　目	减少人数	离休退休退职	开除辞退	终止解除合同	死亡	调出	调到外省市	在岗职工离岗	其他
国有	8 303	265	7	1 621	13	491	0	60	5 846
集体	6	5	0	0	0	0	0	1	0
股份合作	859	11	0	23	0	0	0	10	815
国有联营	159	11	0	6	0	4	0	8	130
国有与集体联营	0	0	0	0	0	0	0	0	0
国有独资	362	5	0	15	0	2	0	8	332
其他有限责任公司	17 524	377	3	3 246	8	836	0	73	12 981
股份有限公司	1 665	100	1	759	0	200	0	28	577
其他内资									
与港澳台商合资经营	495	28	0	157	1	63	0	21	225
与港澳台商合作经营	380	32	0	79	1	243	0	7	18
港澳台商投资股份有限公司	858	1	0	125	0	10	0	0	722
中外合资经营	3 286	48	15	607	4	636	0	15	1 961
中外合作经营	353	33	2	245	3	0	0	4	66
外商投资股份有限公司	18	0	0	6	0	1	0	9	2

光明食品集团2009年年末从业人员84 756人,其中企业单位84 302人,事业单位454人。

表8-1-10 2009年末光明食品集团从业人员人数和平均人数情况表

项目	单位数（个）	期末人数（人）						平均人数（人）			
		从业人员	全部职工	在岗职工	其他从业人员	用工单位使用的劳务工	直接支付工资的劳务工	从业人员	全部职工	在岗职工	其他从业人员
企业	322	84 302	54 011	42 050	42 252	32 726	20 042	82 799	54 081	41 532	41 267
事业	9	454	275	275	179	126	124	430	268	268	162
合计	331	84 756	54 286	42 325	42 431	32 852	20 166	83 229	54 349	41 800	41 429

光明食品集团2009年从业人员新增34 071人，按企业经济类型分类如表8-1-11所示。

表8-1-11 光明食品集团2009年从业人员人数增加情况表 （单位：人）

项　目	增加人数	从农村招收	从城镇招收	录用复员军人	录用毕业生	调入人数	外省市调入	离岗重新上岗	其他
国有	7 373	46	1 769	0	71	713	100	25	4 749
集体	0	0	0	0	0	0	0	0	0
股份合作	651	2	13	0	0	80	0	0	556
国有联营	30	1	14	0	0	0	0	5	10
国有独资	30	1	3	0	5	0	0	3	18
其他有限责任公司	20 846	217	3 722	5	203	285	7	21	16 393
股份有限公司	1 108	49	158	1	45	398	2	26	431
其他内资	0	0	0	0	0	0	0	0	0
与港澳台商合资经营	155	1	38	0	1	6	0	0	109
与港澳台商合作经营	85	0	32	0	1	31	0	0	21
港澳台商投资股份有限公司	705	0	16	0	6	15	0	3	665
中外合资经营	2 642	86	238	0	14	1	0	4	2 299
中外合作经营	446	0	350	0	0	0	0	0	96

光明食品集团2009年从业人员减少33 070人，按企业经济类型分类如表8-1-12所示。

表8-1-12 2009年光明食品集团从业人员人数减少情况表 （单位：人）

项　目	减少人数	离休退休退职	开除辞退	终止解除合同	死亡	调出	调到外省市	在岗职工离岗	其他
国有	5 380	175	39	1 366	22	401	0	61	3 316
集体	1	0	0	0	0	0	0	0	1
股份合作	605	18	0	18	0	0	0	0	569

〔续表〕

项　目	减少人数	离休退休退职	开除辞退	终止解除合同	死亡	调出	调到外省市	在岗职工离岗	其他
国有联营	54	8	0	9	0	0	0	6	31
国有与集体联营	18	0	0	0	0	0	0	0	18
国有独资	26	5	0	7	0	1	0	2	11
其他有限责任公司	21 348	393	7	2 909	16	560	0	148	17 315
股份有限公司	834	84	8	200	1	140	2	33	368
其他内资	4	1	0	0	0	0	0	0	3
与港澳台商合资经营	360	23	0	61	0	1	0	5	270
与港澳台商合作经营	100	9	1	47	0	18	0	0	25
港澳台商投资股份有限公司	860	1	0	91	0	19	0	7	742
中外合资经营	2 753	46	0	469	4	304	0	34	1 896
中外合作经营	727	25	0	301	2	289	1	10	100

光明食品集团2010年年末从业人员81 153人,其中企业单位80 699人,事业单位454人。

表8-1-13　2010年末光明食品集团从业人员人数和平均人数情况表

项目	单位数（个）	期末人数（人）				平均人数（人）			
		从业人员	全部职工	在岗职工	其他从业人员	从业人员	全部职工	在岗职工	其他从业人员
企业	309	80 699	53 386	42 847	37 852	78 383	52 701	41 495	36 888
事业	8	454	234	234	220	417	231	231	186
合计	317	81 153	53 620	43 081	38 072	78 800	52 932	41 726	37 074

光明食品集团2010年新增从业人员31 758人,按企业经济类型分类如表8-1-14所示。

表8-1-14　2010年光明食品集团从业人员人数增加情况表　　（单位：人）

项　目	增加人数	从农村招收	从城镇招收	录用复员军人	录用毕业生	调入人数	外省市调入	离岗重新上岗	其他
国有	5 485	685	1 652	0	140	135	32	30	2 843
集体	9	0	0	0	1	0	0	0	8
股份合作	16	0	0	0	0	0	0	0	16
国有联营	19	0	11	0	1	0	0	0	7
国有独资	27	1	0	0	7	0	0	0	19

〔续表〕

项　目	增加人数	从农村招收	从城镇招收	录用复员军人	录用毕业生	调入人数	外省市调入	离岗重新上岗	其他
其他有限责任公司	23 203	287	4 879	5	207	607	10	24	17 194
与港澳台商合资经营	233	8	54	0	2	12	0	0	157
与港澳台商合作经营	42	0	27	0	1	6	0	0	8
中外合资经营	830	93	274	0	6	10	8	0	447
中外合作经营	583	2	457	1	0	0	0	0	123

光明食品集团2010年减少从业人员34 742人，按企业经济类型分类如表8-1-15所示。

表8-1-15　2010年光明食品集团从业人员人数减少情况表　　（单位：人）

项　目	减少人数	离休退休退职	开除辞退	终止解除合同	死亡	调出	调到外省市	在岗职工离岗	其他
国有	6 018	189	25	1 444	12	1 035	0	43	3 270
集体	1	1	0	0	0	0	0	0	0
股份合作	96	1	1	2	0	76	0	0	16
国有联营	24	9	0	4	0	1	0	0	10
国有独资	37	3	0	4	0	0	0	0	30
其他有限责任公司	22 591	508	4	4 101	12	628	10	189	17 149
股份有限公司	861	81	0	219	3	29	0	38	491
其他内资	0	0	0	0	0	0	0	0	0
与港澳台商合资经营	615	28	1	41	0	117	0	2	426
与港澳台商合作经营	53	6	0	30	0	9	0	0	8
中外合资经营	4 125	58	4	236	1	772	0	11	3 043
中外合作经营	321	24	0	250	4	0	0	1	42

【从业人员行业和单位分布】

光明食品集团2006—2010年从业人员按行业分布列表如表8-1-16所示。

表8-1-16　2006—2010年光明食品集团从业人员行业分布情况表　　（单位：人）

项　目	人　员　分　布				
	2006	2007	2008	2009	2010
第一产业	4 644	6 100	4 825	6 893	9 341
农业	2 547	3 148	2 044	3 868	7 515
林业	276	306	201	126	226

〔续表〕

项　　目	人　员　分　布				
	2006	2007	2008	2009	2010
牧业	1 717	2 542	2 509	2 797	3 323
渔业	26	23	15	14	13
农林牧渔业服务业	78	81	56	88	64
第二产业	27 310	25 489	26 601	25 669	21 323
其中：工业	26 582	24 664	25 066	23 987	19 883
制造业	26 484	24 576	24 975	23 879	19 775
电力、煤气及水的生产和供应业	98	88	91	108	108
建筑业	728	825	1 535	1 682	1 440
第三产业	49 254	53 301	53 596	52 194	50 489
交通运输、仓储和邮政业	11 191	12 479	12 792	13 257	13 238
批发和零售业	30 776	33 649	32 692	32 761	31 170
住宿和餐饮业	472	522	789	810	736
房地产业	2 684	2 789	2 738	2 452	2 425
租赁和商务服务业	1 381	1 256	2 093	1 467	1 552
科学研究、技术服务和地质勘查业	339	296	286	300	301
水利、环境和公共设施管理业	106	121	84	85	86
居民服务和其他服务业	936	826	854	405	504
教育	731	717	627	273	32
卫生、社会保障和社会福利业	638	646	641	384	445
合　　计	81 208	84 890	85 022	84 756	81 153

光明食品集团2010年从业人员按单位分布列表如表8-1-17所示。

表8-1-17　2010年光明食品集团从业人员单位分布情况表

项　　目	单位数(个)	期末人数(人)					平均人数(人)				
		从业人员	全部职工	在岗职工	离岗职工	其他从业人员	从业人员	全部职工	在岗职工	离岗职工	其他从业人员
农场	98	12 067	14 551	6 446	8 105	5 621	10 345	14 869	6 324	8 545	4 021
跃进有限公司	20	3 393	3 140	976	2 164	2 417	1 986	3 217	934	2 283	1 052
长江总公司	19	3 608	4 655	1 954	2 701	1 654	3 298	4 786	1 949	2 837	1 349
东海总公司	13	552	1 155	413	142	139	562	1 209	408	801	154
五四公司	36	2 419	3 518	1 614	1 904	805	2 464	3 614	1 597	2 017	867

〔续表〕

项　目	单位数（个）	期末人数(人)					平均人数(人)				
		从业人员	全部职工	在岗职工	离岗职工	其他从业人员	从业人员	全部职工	在岗职工	离岗职工	其他从业人员
海丰总公司	8	861	422	384	38	477	844	413	377	36	467
上海农场	1	761	1 071	710	361	51	744	1 060	689	371	55
川东农场	1	473	590	395	195	78	447	570	370	200	77
事业单位	8	454	234	234	0	220	417	231	231	0	186
投资公司	26	5 131	2 343	1 274	1 069	3 857	4 797	2 348	1 198	1 150	3 599
光明乳业	8	6 515	2 608	2 548	60	3 967	6 307	2 561	2 498	63	3 809
益民食品	65	10 877	7 916	7 153	763	3 724	10 826	7 916	7 074	842	3 752
海博股份	15	12 763	8 972	8 862	110	3 901	12 768	8 510	8 388	122	4 380
烟糖集团	43	5 357	4 721	4 418	303	939	5 310	4 707	4 360	347	950
超市集团	8	24 562	10 643	10 554	89	14 008	25 070	10 183	10 091	92	14 979
农房集团	35	2 656	977	954	23	1 702	2 203	972	947	25	1 256
星联公司	7	283	259	247	12	36	291	263	248	15	43
西郊国际	1	217	177	177	0	40	211	170	170	0	41
都市农商社	1	7	7	7	0	0	7	7	7	0	0
世纪森林	1	107	90	90	0	17	101	84	84	0	17
公司小计	210	68 475	38 713	36 284	2 429	32 191	67 891	37 721	35 065	2 656	32 826
集团总部	1	157	122	117	5	40	147	111	106	5	41
合　计	317	81 153	53 620	43 081	10 539	38 072	78 800	52 932	41 726	11 206	37 074

二、经营管理队伍

光明食品集团2006年经营管理人员5 210人。

表8-1-18　2006年光明食品集团经营管理人员结构情况表　　　　（单位：人）

项　目	合计	学　历					年　龄					
		研究生	大学本科	大学专科	中专	高中及以下	35岁及以下	36岁至40岁	41岁至45岁	46岁至50岁	51岁至54岁	55岁及以上
出资人代表	127	9	34	69	10	5	3	12	18	36	25	33
董事	99	8	25	53	9	4	3	9	12	29	16	30
监事	28	1	9	16	1	1	—	3	6	7	9	3
经营管理人才	4 788	84	909	1 922	637	1 236	1 160	696	839	1 050	594	449

〔续表〕

项 目	合计	学 历					年 龄					
		研究生	大学本科	大学专科	中专	高中及以下	35岁及以下	36岁至40岁	41岁至45岁	46岁至50岁	51岁至54岁	55岁及以上
经理人	369	7	102	189	25	46	23	39	64	89	73	81
部门负责人	1 387	31	304	621	165	266	231	227	253	332	211	133
其他	3 032	46	503	1 112	447	924	906	430	522	629	310	235
党群工作者	295	4	67	154	33	37	41	39	36	57	54	68
党委（党组）负责人	168	3	26	96	18	25	6	18	21	32	38	53
部门负责人	85	—	28	42	10	5	19	16	10	16	13	11
其他	42	1	13	16	5	7	16	5	5	9	3	4
合 计	5 210	97	1 010	2 145	680	1 278	1 204	747	893	1 143	673	550

光明食品集团2007年经营管理人员5 055人。

表8-1-19　2007年光明食品集团经营管理人员结构情况表　　　　　　（单位：人）

项 目	合计	学 历					年 龄					
		研究生	大学本科	大学专科	中专	高中及以下	35岁及以下	36岁至40岁	41岁至45岁	46岁至50岁	51岁至54岁	55岁及以上
出资人代表	131	12	33	72	7	7	1	17	19	23	38	33
董事	100	10	25	53	6	6	1	12	12	19	25	31
监事	31	2	8	19	1	1	0	5	7	4	13	2
经营管理人才	4 614	91	911	1 875	584	1 153	1 149	689	832	913	625	406
经理人	384	10	104	192	29	49	32	35	67	93	96	71
部门负责人	1 317	30	319	567	166	235	204	217	257	278	218	143
其他	2 913	51	488	1 116	389	869	923	437	508	542	311	192
党群工作者	310	4	78	158	32	38	47	42	43	52	66	60
党委（党组）负责人	178	2	35	97	18	26	4	24	27	31	45	47
部门负责人	90	1	22	42	9	6	26	15	10	13	17	9
其他	42	1	11	19	5	6	17	3	6	8	4	4
合 计	5 055	107	1 022	2 105	623	1 198	1 197	748	894	988	729	499

光明食品集团2008年经营管理人员4 999人。

表8-1-20　2008年光明食品集团经营管理人员结构情况表　　　　　　　　　　　　　　　　（单位：人）

项目	合计	学历					年龄					
		研究生	大学本科	大学专科	中专	高中及以下	35岁及以下	36岁至40岁	41岁至45岁	46岁至50岁	51岁至54岁	55岁及以上
出资人代表	111	8	32	60	7	4	1	10	18	19	39	24
董事	87	6	26	47	5	3	1	9	13	15	27	22
监事	24	2	6	13	2	1	0	1	5	4	12	2
经营管理人才	4 588	107	1 018	1 867	586	1 010	1 208	710	769	780	706	415
经理人	403	11	117	191	35	49	25	47	68	75	115	73
部门负责人	1 263	35	328	526	148	226	184	225	237	223	248	146
其他	2 922	61	573	1 150	403	735	999	438	464	482	343	196
党群工作者	300	4	81	155	28	32	33	50	36	50	65	66
党委（党组）负责人	158	3	32	86	21	16	6	15	23	28	44	42
部门负责人	84	1	31	38	6	8	16	16	8	11	18	15
其他	58	0	18	31	1	8	11	19	5	11	3	9
合　计	4 999	119	1 131	2 082	621	1 046	1 242	770	823	849	810	505

光明食品集团2009年经营管理人员4 857人。

表8-1-21　2009年光明食品集团经营管理人员结构情况表　　　　　　　　　　　　　　　　（单位：人）

项目	合计	学历					年龄					
		研究生	大学本科	大学专科	中专	高中及以下	35岁及以下	36岁至40岁	41岁至45岁	46岁至50岁	51岁至54岁	55岁及以上
大型企业	1 862	54	481	725	176	426	595	268	265	307	247	180
董事、监事	19	1	6	12	0	0	1	1	5	2	9	1
经理人	53	1	21	26	3	2	3	7	7	11	15	10
党委（党组）负责人	21	1	7	13	0	0	1	1	3	2	9	5
部门负责人	271	14	106	100	17	34	49	36	39	52	56	39
其他经营管理人员	1 498	37	341	574	156	390	541	223	211	240	158	125
中型企业	720	13	156	293	110	148	143	93	113	167	115	89
出资人代表、企业负责人	49	5	19	22	1	2	0	6	9	9	8	17

〔续表〕

项　目	合计	学　历					年　龄					
		研究生	大学本科	大学专科	中专	高中及以下	35岁及以下	36岁至40岁	41岁至45岁	46岁至50岁	51岁至54岁	55岁及以上
其他经营管理人员	671	8	137	271	109	146	143	87	104	158	107	72
小型企业及其他企业	2 275	61	581	947	278	408	539	288	389	358	398	303
合　计	4 857	128	1 218	1 965	564	982	1 277	649	767	832	760	572

光明食品集团2010年经营管理人员4 905人。

表8－1－22　2010年光明食品集团经营管理人员结构情况表　　（单位：人）

项　目	合计	学　历					年　龄					
		研究生	大学本科	大学专科	中专	高中及以下	35岁及以下	36岁至40岁	41岁至45岁	46岁至50岁	51岁至54岁	55岁及以上
大型企业	1 807	61	468	721	165	392	571	270	271	266	235	194
董事、监事	17	1	6	10	0	0	2	2	0	5	8	0
经理人	49	3	23	20	1	2	0	9	10	8	12	10
党委（党组）负责人	19	1	10	8	0	0	2	1	2	3	7	4
部门负责人	316	16	129	123	18	30	68	44	54	58	55	37
其他经营管理人员	1 406	40	300	560	146	360	499	214	205	192	153	143
中型企业	759	14	185	316	114	130	165	90	112	162	116	114
出资人代表、企业负责人	37	5	13	17	0	2	1	2	6	6	7	15
其他经营管理人员	722	9	172	299	114	128	164	88	106	156	109	99
小型企业及其他企业	2 339	71	650	887	263	468	561	321	389	363	385	320
合　计	4 905	146	1 303	1 924	542	990	1 297	681	772	791	736	628

三、教育培训

加强员工培训，提升员工素质是光明食品集团发展战略中的一项重要工作。2007年12月，光明食品集团总裁办公会议审议通过《光明食品(集团)有限公司教育培训工作管理办法(试行)》,明确集团从业人员的教育培训基地为集团教育培训学院,各子公司及所属企业的教育培训部门作为集团教育培训学院的分支机构。集团教育培训学院承担集团整体教育培训工作的计划、组织、协调和部分培训教育的实施,承担集团党校的职能,进行党建教育培训;作为集团与系统外单位进行长期培训合作的平台。

光明食品集团2006年企业经营管理人员参加各类培训2 716人、4 905人次,其中短期培训2 343人;参加各类专业技术培训1 548人、3 002人次,其中短期培训为1 319人。

表8-1-23　2006—2010年光明食品集团经营管理人员培训情况表　　　　（单位：人）

年份	参加培训人员	内容	培训时间			参加培训总人次	培训类型			培训渠道		
		出国出境培训人员	7天以内	8天至不满1个月	1个月至不满3个月	3个月及以上		工商管理	适应性短期	学历、学位教育	党校	行政学院	其他培训机构
2006	2 716	3	2 343	267	42	64	4 905	477	4 278	150	191	1 893	2 821
2007	2 700	26	2 257	236	93	114	5 076	1 372	3 553	151	313	144	4 619
2008	2 838	7	2 465	129	113	131	5 390	1 345	3 914	131	204	29	5 157
2009	2 720	17	2 502	136	17	65	4 661	1 096	3 399	166	152	59	4 450
2010	3 077	8	2 544	288	131	114	5 008	818	3 780	410	355	172	4 481

光明食品集团2010年企业经营管理人员参加培训3 077人、5 008人次,其中短期培训为2 544人;专业技术人才培训1 455人、2 398人次,其中短期培训为1 195人。

表8-1-24　2006—2010年光明食品集团专业技术人员培训情况表　　　　（单位：人）

年份	参加培训人员	内容	培训时间			参加培训总人次	培训类型		培训渠道	
		出国出境培训人员	12天以内	13天至不满1个月	1个月至不满3个月	3个月及以上		继续教育	学历学位教育	高校、科研机构	其他培训机构
2006	1 548	9	1 319	130	42	57	3 002	2 898	104	185	2 817
2007	1 433	10	1 057	182	93	101	2 410	2 276	134	226	2 184
2008	1 419	0	1 141	178	26	74	2 184	2 110	74	192	1 192
2009	1 782	5	1 489	32	198	63	2 962	2 915	47	95	2 867
2010	1 455	9	1 195	120	82	58	2 398	2 247	151	147	2 251

第二节　用工制度和职工工资

一、工资制度改革和工资管理

光明食品集团及所属企业实行以独立核算企业为单位的工效挂钩办法,结合企业生产经营情况,采用核定浮动比例、增加制约指标等措施,对企业实现工资总额的调控。

从2006年起,上海乳品四厂有限公司、上海光明荷斯坦牧业有限公司、上海光明乳业销售有限公司、上海好德企业发展有限公司、上海颛地置业发展有限公司、上海富程塑料制品有限公司、上海福运置业发展有限公司、上海歆海轴承有限公司、上海农工商经济贸易有限公司、上海农工商华都实业有限公司等企业,按上海市统一规定试行自主决定工资水平办法。

2007年,上海都市营销管理有限公司、上海东基酒业有限公司、上海新隆房地产经营有限公司、上海聚贤房地产开发有限公司、上海光华新世纪电子商务有限公司等企业也试行自主决定工资水平办法。

集团还积极推进企业工资集体协商和自主分配的改革,至2006年年底,集团所属30家企业经市劳动和社会保障局和财政局批准列入改革范围。进一步规范企业职工实行其他工作时间的审核手续,制定内部审批程序,2006年集团共有18家企业经批准实行综合计算和不定时工时制。

光明食品集团对所属国有企业实行工资总额管理。实施企业工资总额管理的原则是:工资增长与经济效益相结合的原则;坚持公平、效率以及按劳分配的原则;实行分级管理的原则;激励与约束相结合的原则;把工资总额管理纳入全面预算管理的原则;履行民主管理程序的原则。除已批准实行自主决定工资水平的企业外,企业工资总额管理的范围为集团所属国有企业及国有控股企业。企业工资总额增长的主要依据是上海市企业工资增长指导线。

按照分级管理的原则,光明食品集团所属子公司负责本单位的工资调整幅度和工资预算的编制、上报工作;负责对下属企业工资分配工作的管理;负责对下属企业工资调整幅度和工资预算进行审核。

从2006年7月1日始,原上海市农场管理局房地产管理事务中心等13个事业单位列入上海市事业单位工作人员分配制度改革的范围,实行岗位绩效工资制度。岗位绩效工资由岗位工资、薪级工资、绩效工资和津贴补贴四部分组成,其中岗位工资和薪级工资为基本工资。事业单位岗位分为专业技术岗位、管理岗位和工勤技能岗位。专业技术岗位设置13个等级,管理岗位设置10个等级,工勤技能岗位分为技术工和普通工岗位,技术工岗位设置5个等级,普通工岗位不分等级。不同等级的岗位对应不同的工资标准。工作人员按所聘岗位执行相应的岗位工资标准。

表8-1-25 2006年光明食品集团列入上海市事业单位收入分配制度改革的事业单位情况表

代　码	经费形式	单　位　名　称
131000000061	自收自支	上海市农场管理局房地产管理事务中心
131000000101	自收自支	上海市农场管理局劳动服务所
131000000948	自收自支	上海市东海老年护理医院
131000001042	自收自支	上海农场系统社区事务服务中心
131000000659	自收自支	上海轻工疗养院
131000000157	差额拨款	上海市应用科技学校
131000000429	差额拨款	上海市农场管理局教育辅导站
131000000644	差额拨款	上海市农场管理局老干部活动室
131000000700	差额拨款	上海电视大学农场管理局分校

〔续表〕

代　码	经费形式	单　位　名　称
131000000678	全额拨款	中共上海市农场管理局委员会党校
131000001019	全额拨款	上海市农场管理局卫生医疗指导所
131000000463	全额拨款	上海轻工老干部活动中心
131000001532	全额拨款	上海市农场管理局农业技术中心

表8-1-26　2006年光明食品集团事业单位职工人数和工资情况表

项　目		单位个数（个）	职工（人）		职工年平均人数（人）	职工年工资总额（千元）			年平均工资（元）
			年末人数	正式职工		合计（千元）	基本工资	津贴、补贴	
类型	1类事业单位	2	34	34	34	1 733	380	1 353	50 970.59
	2类事业单位	4	94	94	93	4 317.41	1 406.10	2 911.31	46 423.76
	3类事业单位	4	167	167	166	7 160.81	1 803.21	5 357.6	43 137.41
合　计		10	295	295	293	13 211.22	3 589.31	9 621.91	45 089.49

在2007年2月7日召开的光明食品集团职工一届一次代表大会上，集团行政和工会首席代表正式签署经过集体民主协商后形成的《光明食品（集团）有限公司集体合同》，并报市劳动和社会保障局备案，集体合同自3月14日生效。光明食品集团首份集体合同确定：集团所属企业建立与企业发展和经济增长同步增长的工资增长机制，在企业经济效益增长和完成企业生产经营目标的前提下，在岗职工平均工资低于上海市在岗职工平均工资水平和低于行业职工工资水平的企业，在岗职工（企业高管除外）年人均工资水平比上年增长5%～7%左右。企业逐步建立工资集体协商制度。企业在岗职工（含常年使用并签订劳务合同的在岗劳务工）最低工资标准按照上海市政府颁布的当年最低工资标准执行，正常经营且有盈利的企业按照高于上海市政府颁布的当年最低工资标准的1%～5%执行。集团在制定发展战略规划时，在明确未来经济发展指标的同时，提出在岗职工收入增长的目标，从机制和制度上确保让企业员工分享光明食品集团重组、改革、发展的成果。

为了规范企业收入分配，加强集团管控，在集团集体合同中明确"企业把一线职工的收入增长纳入对经营者的考核"，并且对农场型公司等原来工资水平较低的子公司经营者进行绩效考核时，专门把职工工资收入增长7%列入考核内容，并与经营者的个人收入挂钩。集团所属二级子公司全部按照"集团所属企业签订的集体合同内容不得违反集团集体合同的原则，标准不得低于集团集体合同的规定"的要求，建立和完善本企业的集体合同。

2008年11月，光明食品集团认真贯彻实施《中华人民共和国劳动合同法》《上海市集体合同条例》，进一步推动工资集体协商工作持续健康发展，组织开展了"上海市工资集体协商工作示范单位"评选活动，并以评选活动为契机，及时总结推广工资集体协商工作的先进经验，以提高本企业工资集体协商工作的实效性。

2010年8月27日，光明食品集团总裁办公会议通过《光明食品（集团）有限公司工资总额预算管理试行办法》，将公司工资总额调控纳入集团管控体系，由集团董事会审核决定工资总额，逐步形成增长适度、差距合理、关系和谐的企业分配新格局。编制工资总额预算的依据为国家收入分配的政策规定、政府调控政策和出资人的管控要求；企业经济效益情况预测及人工成本承受能力；同行业劳动力市场工资指导价位、企业员工平均工资水平；出资人对企业产权代表业绩考核的要求；集团公司集体合同约定的员工收入增长目标等。工资总额预算编制原则为：坚持收入与效益挂钩；处理好企业内部的收入分配关系；人事费用率、从业人员平均人工成本等指标的预算应与企业效益考核预算保持同向增长。集团人力资源部承担工资总额预算的管理控制职能，会同集团公司财务、审计等部门对所属企业工资总额预算编制、备案及执行等进行管理与监督。依据分级管理的原则，集团实行层层预算、逐级汇总的编制模式，按照投资关系，采取先自下而上、再自上而下的方法，组织实施各个层面的年度工资总额预算方案的编制工作。

2010年9月，光明食品集团开展职工收入分配工作专项检查，围绕企业推进规范收入分配工作"三条线、七项机制建设"的情况，重点突出职工收入正常增长机制、工资集体协商机制这两条主线。专项检查的相关情况作为市有关部门和光明食品集团研究制订下一阶段完善国有企业职工收入分配指导意见、进一步规范收入分配工作的重要依据。

二、从业人员劳动报酬

【2006年从业人员劳动报酬情况】

2006年，光明食品集团从业人员劳动报酬总额20.49亿元，比上年增加13 156万元，增长7%。其中全部职工工资总额15.29亿元，比上年增加3 995.9万元，增长3%（在岗职工工资总额14.71亿元，比上年增加5 562.5万元，增长4%）。

2006年，光明食品集团从业人员平均报酬25 509元，比上年24 078元增长6%；全部职工人均收入24 816元，比上年22 213元增长12%（其中专业性公司32 733元，农场型公司和农场社区10 795元，人均收入差距较大的主要原因是集团大部分离岗人员集中在农场型公司）；在岗职工平均报酬35 428元，比上年33 095元增长7%（其中专业性公司36 729元，农场型公司和农场社区为28 390元）；离岗职工平均生活费2 911元，比上年3 055元下降5%（主要原因是内退等发放生活费的离岗人员大量退休及占离岗人员的比重下降，协保人员比重上升）；其他从业人员平均报酬14 903元，比上年13 626元增长9%。

表8-1-27 2006年光明食品集团从业人员（按行业分）劳动报酬情况表

项目	劳动报酬和生活费总额（千元）				平均劳动报酬和生活费（元）				
	从业人员	全部职工	在岗职工工资	其他人员	从业人员	全部职工	在岗职工	离岗职工生活费	其他从业人员
第一产业	104 194	61 864	60 240	43 954	19 991	26 247	29 792	4 848	13 779
农业	51 351	29 608	28 785	22 566	18 287	22 828	25 339	5 112	13 496
林业	7 634	4 895	4 895	2 739	19 278	48 465	48 465	—	9 285
牧业	42 097	24 856	24 055	18 042	22 087	27 679	33 225	4 603	15 264
渔业	778	766	766	12	31 120	31 917	31 917	—	12 000
农林牧渔服务业	2 334	1 739	1 739	595	30 312	47 000	47 000		14 875

〔续表〕

项　目	劳动报酬和生活费总额(千元)				平均劳动报酬和生活费(元)				
	从业人员	全部职工	在岗职工工资	其他人员	从业人员	全部职工	在岗职工	离岗职工生活费	其他从业人员
第二产业	920 208	765 566	738 727	181 481	34 925	27 788	40 956	2 821	21 836
制造业	897 644	755 288	728 703	168 941	35 210	27 727	41 021	2 806	21 855
电力、燃气及水的生产和供应业	3 637	3 321	3 321	316	36 737	39 536	40 500	—	18 588
建筑业	18 927	6 957	6 703	12 224	25 069	30 783	35 094	7 257	21 674
第三产业	1 024 734	701 721	671 650	353 084	21 012	22 128	31 311	2 931	12 925
交通运输、仓储业	160 084	132 133	131 396	28 688	14 712	19 633	19 753	9 449	6 784
批发零售业	613 173	341 140	334 566	278 607	20 122	30 434	33 053	6 048	13 690
住宿餐饮业	10 164	7 705	7 520	2 644	23 528	24 617	26 857	5 606	17 395
房地产业	83 646	63 826	62 875	20 771	32 358	44 201	53 284	3 602	14 784
租赁和商务服务业	79 490	83 070	71 896	7 594	54 670	12 432	67 508	1 989	19 522
科学研究、技术服务业	12 555	14 781	10 720	1 835	36 818	8 505	40 000	2 763	25 137
水利、环境和公共设施管理业	6 588	5 988	5 952	636	54 446	60 485	62 000	12 000	25 440
居民服务和其他服务业	24 920	27 208	21 126	3 794	22 989	10 940	26 049	3 629	13 897
教育	20 170	15 221	15 029	5 141	25 826	26 425	27 128	8 727	22 648
卫生和娱乐业	13 944	10 649	10 570	3 374	22 600	24 537	24 988	7 182	17 392
合　计	2 049 136	1 529 151	1 470 617	578 519	25 509	24 816	35 428	2 911	14 903

表8-1-28　2006年光明食品集团从业人员(按单位分)劳动报酬情况表

项　目	劳动报酬和生活费(千元)				平均劳动报酬和生活费(元)				
	从业人员	全部职工	在岗职工	其他从业人员	从业人员	全部职工	在岗职工	离岗职工	其他从业人员
农场	297 235	245 531	217 606	79 629	23 620	10 795	28 390	1 852	16 188
跃进有限公司	38 358	30 166	25 027	13 331	21 239	5 597	24 064	1 181	17 403
长江总公司	91 718	78 035	66 554	25 164	23 374	9 953	28 285	2 092	16 018
东海总公司	36 135	28 529	24 133	12 002	25 774	12 691	32 134	2 937	18 436
五四公司	88 731	76 167	69 953	18 778	28 106	13 682	35 855	1 718	15 570
海丰总公司	20 407	11 607	11 044	9 363	17 885	18 935	21 826	5 262	14 745
东平社区	12 883	12 328	12 258	625	20 547	20 895	21 208	5 833	12 755

〔续表〕

项　　目	劳动报酬和生活费(千元)				平均劳动报酬和生活费(元)				
	从业人员	全部职工	在岗职工	其他从业人员	从业人员	全部职工	在岗职工	离岗职工	其他从业人员
公司	1 724 892	1 259 449	1 229 025	495 867	25 665	32 733	36 729	6 067	14 694
投资公司	266 152	187 255	178 636	87 516	28 789	28 471	40 370	4 005	18 157
都市农商社	24 677	14 843	14 501	10 176	17 113	30 923	33 336	7 600	10 105
海博股份	187 456	145 203	144 488	42 968	15 531	20 159	20 382	6 272	8 626
益民食品	631 191	523 299	508 966	122 225	37 355	41 654	47 245	8 007	19 958
烟糖公司	241 921	217 180	212 288	29 633	35 010	38 324	43 052	6 647	14 974
超市公司	284 019	102 253	101 332	182 687	15 667	22 503	22 787	9 495	13 352
农房集团	75 761	56 540	56 097	19 664	34 065	48 119	49 512	10 548	18 024
星联公司	11 675	11 324	11 165	510	52 828	49 235	58 455	4 077	17 000
世纪森林	2 040	1 552	1 552	488	29 143	40 842	40 842	—	15 250
事业单位	16 138	13 220	13 220	2 918	36 347	45 119	45 119	—	19 325
集团总部	10 871	10 951	10 766	105	116 892	105 298	119 622	13 214	35 000
合　　计	2 049 136	1 529 151	1 470 617	578 519	25 509	24 816	35 428	2 911	14 903

【2007年从业人员劳动报酬情况】

光明食品集团2007年从业人员劳动报酬总额222 622.2万元，其中全部职工劳动报酬总额158 485万元，在岗职工劳动报酬总额153 577.6万元，其他从业人员劳动报酬总额69 044.6万元。

表8－1－29　2007年光明食品集团从业人员(按行业分)劳动报酬情况表

项　　目	劳动报酬和生活费(千元)				平均劳动报酬和生活费(元)				
	从业人员	全部职工	在岗职工	其他从业人员	从业人员	全部职工	在岗职工	离岗职工	其他从业人员
第一产业	127 930	69 707	68 136	59 794	23 890	29 203	33 882	4 178	17 881
农业	58 383	31 911	31 142	27 241	21 948	25 860	28 311	5 739	17 462
林业	6 719	4 721	4 721	1 998	26 557	50 223	50 763	—	12 488
牧业	58 958	30 117	29 315	29 643	25 228	30 208	38 725	3 342	18 761
渔业	712	697	697	15	29 667	29 042	30 304		15 000
农林牧渔服务业	3 158	2 261	2 261	897	38 988	59 500	59 500	—	20 860
第二产业	951 681	770 770	748 808	202 873	36 314	30 783	43 286	2 837	22 774
制造业	924 224	759 454	737 711	186 513	36 400	30 654	43 229	2 820	22 401
电力、燃气及水的生产和供应业	3 955	3 651	3 651	304	41 632	45 638	45 638	—	20 267

〔续表〕

项　目	劳动报酬和生活费(千元)				平均劳动报酬和生活费(元)				
	从业人员	全部职工	在岗职工	其他从业人员	从业人员	全部职工	在岗职工	离岗职工	其他从业人员
建筑业	23 502	7 665	7 446	16 056	32 596	41 658	48 351	7 300	28 317
第三产业	1 146 611	744 373	718 832	427 779	22 824	24 689	33 309	2 981	14 929
交通运输、仓储业	229 745	170 315	168 500	61 245	19 332	22 039	22 437	8 326	14 002
批发零售业	630 932	329 133	324 565	306 367	20 341	31 478	33 357	6 292	14 392
住宿餐饮业	13 900	9 686	9 594	4 306	26 527	29 175	30 750	4 600	20 311
房地产业	98 258	69 922	69 138	29 120	34 880	50 485	59 550	3 500	17 585
租赁和商务服务业	88 929	87 264	78 264	10 665	67 989	15 530	86 960	1 907	26 140
科学研究、技术服务业	12 428	14 951	11 188	1 240	39 454	9 633	44 397	2 895	19 683
水利、环境和公共设施管理业	6 899	6 349	6 316	583	66 337	66 832	69 407	8 250	44 846
居民服务和其他服务业	25 682	27 842	22 547	3 135	29 828	13 608	31 490	3 981	21 621
教育	22 190	15 986	15 842	6 348	29 274	31 041	32 004	7 200	24 137
卫生和娱乐业	17 648	12 925	12 878	4 770	27 277	30 628	31 106	5 875	20 472
合　计	2 226 222	1 584 850	1 535 776	690 446	27 216	27 526	37 558	2 941	16 878

表8-1-30　2007年光明食品集团从业人员(按单位分)劳动报酬情况表

项　目	劳动报酬和生活费(千元)				平均劳动报酬和生活费(元)				
	从业人员	全部职工	在岗职工	其他从业人员	从业人员	全部职工	在岗职工	离岗职工	其他从业人员
农场	309 101	249 379	227 045	82 056	26 970	12 835	32 777	1 786	18 098
跃进有限公司	41 758	33 749	29 349	12 409	24 250	7 387	30 009	1 225	16 679
长江总公司	92 822	74 176	65 390	27 432	26 258	11 247	31 820	1 935	18 535
东海总公司	34 634	25 539	21 794	12 840	33 174	13 679	37 771	2 903	27 495
五四公司	94 386	79 961	75 042	19 344	32 446	16 504	40 476	1 645	18 336
海丰总公司	20 569	12 569	12 211	8 358	18 091	22 894	25 546	5 042	12 683
新海社区	10 927	10 454	10 368	559	22 030	22 875	23 247	7 818	11 180
东平社区	14 005	12 931	12 891	1 114	22 662	23 597	23 917	4 444	14 101
公司	1 883 505	1 307 296	1 280 810	602 695	26 999	34 617	38 126	6 350	16 663
投资公司	102 830	68 298	61 348	41 482	27 928	21 204	42 019	3 947	18 669

〔续表〕

项　目	劳动报酬和生活费(千元)				平均劳动报酬和生活费(元)				
	从业人员	全部职工	在岗职工	其他从业人员	从业人员	全部职工	在岗职工	离岗职工	其他从业人员
光明乳业	138 428	116 256	115 628	22 800	46 957	48 159	49 141	10 295	38 319
都市农商社	25 322	14 660	14 267	11 055	20 979	31 459	34 132	8 188	14 011
海博股份	254 194	174 680	173 938	80 256	19 691	22 551	22 776	6 807	15 223
益民食品	631 463	505 025	493 446	138 017	37 222	44 049	48 837	8 508	20 116
烟糖公司	230 626	201 649	197 136	33 490	36 394	39 201	43 896	6 911	18 142
超市公司	396 503	151 090	149 902	246 601	17 073	25 228	25 511	10 513	14 215
农房集团	89 404	61 940	61 590	27 814	40 363	57 834	59 392	10 294	23 611
星联公司	12 781	12 160	12 017	764	58 628	57 089	66 027	4 613	21 222
世纪森林	1 954	1 538	1 538	416	33 690	42 722	42 722	—	18 909
事业单位	19 438	15 416	15 416	4 022	42 627	54 473	54 473	—	23 249
集团总部	14 178	12 759	12 505	1 673	120 153	130 194	143 736	23 091	53 968
合　计	2 226 222	1 584 850	1 535 776	690 446	27 216	27 526	37 558	2 941	16 878

【2008年从业人员劳动报酬情况】

光明食品集团2008年从业人员劳动报酬总额256 492.1万元，其中全部职工劳动报酬总额175 801万元，在岗职工劳动报酬总额171 138.3万元，其他从业人员劳动报酬总额85 353.8万元。

表8-1-31　2008年光明食品集团从业人员(按行业分)劳动报酬情况表

项　目	劳动报酬和生活费(千元)				平均劳动报酬和生活费(元)				
	从业人员	全部职工	在岗职工	其他从业人员	从业人员	全部职工	在岗职工	离岗职工	其他从业人员
第一产业	138 703	79 553	78 177	60 526	27 953	32 697	36 227	5 004	21 586
农业	54 264	35 669	34 923	19 341	24 812	27 780	29 646	7 038	19 168
林业	7 784	5 364	5 357	2 427	31 771	53 109	54 111	3 500	16 623
牧业	72 558	35 006	34 413	38 145	29 579	35 324	41 562	3 638	23 474
渔业	817	827	797	20	43 000	37 591	44 278	7 500	20 000
农林牧渔服务业	3 280	2 687	2 687	593	56 552	76 771	76 771	—	25 783
第二产业	1 073 694	809 248	786 352	287 342	39 416	36 021	49 590	3 464	25 243
制造业	1 037 884	796 238	773 598	264 286	39 487	35 876	49 539	3 442	24 774
电力、燃气及水的生产和供应业	4 254	3 954	3 954	300	46 747	49 425	49 425	—	27 273
建筑业	31 556	9 056	8 800	22 756	36 481	47 167	54 658	8 258	32 324

〔续表〕

项目	劳动报酬和生活费(千元)				平均劳动报酬和生活费(元)				
	从业人员	全部职工	在岗职工	其他从业人员	从业人员	全部职工	在岗职工	离岗职工	其他从业人员
第三产业	1 352 524	869 209	846 854	505 670	24 943	27 190	34 238	3 090	17 147
交通运输、仓储业	268 971	191 270	190 150	78 821	20 865	23 666	24 015	6 829	15 850
批发零售业	753 590	416 161	411 843	341 747	22 894	32 059	33 296	7 056	16 632
住宿餐饮业	18 458	11 998	11 947	6 511	23 247	30 452	31 439	3 643	15 727
房地产业	106 536	72 797	71 745	34 791	38 853	56 171	65 223	5 367	21 188
租赁和商务服务业	110 138	90 359	81 960	28 178	46 609	18 068	78 356	2 124	21 396
科学研究、技术服务业	12 240	11 357	11 301	939	43 404	47 718	50 677	3 733	15 915
水利、环境和公共设施管理业	6 789	6 496	6 411	378	73 000	75 512	79 148	16 600	31 500
居民服务和其他服务业	30 795	32 399	25 358	5 437	36 187	11 054	37 019	3 135	32 753
教育	24 503	21 997	21 811	2 692	36 847	39 351	40 541	8 857	21 197
卫生和娱乐业	20 504	14 377	14 328	6 176	32 650	35 943	36 365	8 167	26 393
合计	2 564 921	1 758 010	1 711 383	853 538	29 677	30 914	40 033	3 303	19 542

表8-1-32　2008年光明食品集团从业人员(按单位分)劳动报酬情况表

项目	劳动报酬和生活费(千元)				平均劳动报酬和生活费(元)				
	从业人员	全部职工	在岗职工	其他从业人员	从业人员	全部职工	在岗职工	离岗职工	其他从业人员
农场	342 714	273 162	253 070	89 644	31 742	15 897	37 822	1 915	21 832
跃进有限公司	41 738	35 560	31 382	10 356	26 467	8 998	32 453	1 400	16 977
长江总公司	101 614	79 461	71 584	30 030	30 671	13 851	36 597	2 083	22 130
东海总公司	55 534	33 110	30 438	25 096	33 780	17 482	38 676	2 414	29 284
五四公司	94 026	85 172	80 304	13 722	41 789	20 494	49 971	1 910	21 341
海丰总公司	21 072	12 822	12 477	8 595	21 590	25 903	28 357	6 273	16 035
新海社区	13 210	12 758	12 657	553	28 593	29 128	29 503	11 222	16 758
东平社区	15 520	14 279	14 228	1 292	26 991	27 943	28 174	8 500	18 457
公司	2 185 284	1 454 899	1 428 581	756 703	29 114	37 007	40 016	7 282	19 225
投资公司	122 989	74 150	67 782	55 207	31 239	24 472	44 186	4 257	22 974
光明乳业	213 247	133 789	133 240	80 007	35 370	54 078	54 786	13 071	22 243

〔续表〕

项目	劳动报酬和生活费（千元）				平均劳动报酬和生活费（元）				
	从业人员	全部职工	在岗职工	其他从业人员	从业人员	全部职工	在岗职工	离岗职工	其他从业人员
都市农商社	22 693	16 058	15 658	7 035	25 384	33 246	35 586	9 302	15 496
海博股份	271 181	195 473	194 292	76 889	21 326	24 002	24 375	6 827	16 204
益民食品	656 940	503 121	491 021	165 919	41 335	50 092	55 339	10 333	23 635
烟糖公司	244 050	218 298	214 390	29 660	43 410	45 659	50 314	7 575	21 793
超市公司	524 691	230 932	229 683	295 008	19 457	25 585	25 743	12 010	16 348
农房集团	110 213	66 533	66 100	44 113	41 094	62 122	63 926	11 703	26 768
星联公司	14 383	12 861	12 731	1 652	60 180	61 536	70 337	4 643	28 483
世纪森林	2 488	1 961	1 961	527	45 236	54 472	54 472	—	27 737
西郊国际	2 409	1 723	1 723	686	92 654	107 688	107 688	—	68 600
事业单位	21 093	16 259	16 259	4 834	47 722	60 219	60 219	—	28 105
集团总部	15 830	13 690	13 473	2 357	123 672	136 900	153 102	18 083	58 925
合　计	2 564 921	1 758 010	1 711 383	853 538	29 677	30 914	40 033	3 303	19 542

【2009年从业人员劳动报酬情况】

光明食品集团2009年从业人员劳动报酬总额265 512.8万元，其中全部职工劳动报酬总额183 294.2万元，在岗职工劳动报酬总额179 014.9万元，其他从业人员劳动报酬总额86 497.9万元。

表8-1-33　2009年光明食品集团从业人员(按行业分)劳动报酬情况表

项目	劳动报酬和生活费（千元）				平均劳动报酬和生活费（元）				
	从业人员	全部职工	在岗职工	其他从业人员	从业人员	全部职工	在岗职工	离岗职工	其他从业人员
第一产业	172 457	104 518	102 154	70 303	30 171	31 491	37 433	4 007	23 536
农业	79 484	56 854	55 180	24 304	27 267	25 575	30 896	3 831	21 527
林业	4 798	3 873	3 873	925	52 152	58 682	58 682	—	35 577
牧业	83 728	40 069	39 398	44 330	31 799	40 887	47 467	4 473	24 587
渔业	777	773	754	23	55 500	48 313	58 000	6 333	23 000
农林牧渔服务业	3 670	2 949	2 949	721	59 194	86 735	86 735	—	25 750
第二产业	1 043 569	779 835	758 531	285 038	41 474	38 510	52 414	3 687	26 664
制造业	990 343	765 383	744 283	246 060	41 496	38 292	52 285	3 668	25 549
电力、燃气及水的生产和供应业	4 994	4 424	4 424	570	47 562	53 951	53 951	—	24 783
建筑业	48 232	10 028	9 824	38 408	40 497	55 711	63 381	8 160	37 073

〔续表〕

项　目	劳动报酬和生活费(千元)				平均劳动报酬和生活费(元)				
	从业人员	全部职工	在岗职工	其他从业人员	从业人员	全部职工	在岗职工	离岗职工	其他从业人员
第三产业	1 439 102	948 589	929 464	509 638	27 489	30 818	37 785	3 094	18 364
交通运输仓储业	312 510	215 397	214 468	98 042	24 039	26 387	26 742	6 497	19 687
批发零售业	815 239	482 103	477 994	337 245	24 656	34 666	35 751	7 652	17 124
住宿餐饮业	20 557	13 704	13 691	6 866	25 956	33 424	34 142	1 444	17 560
房地产业	110 530	78 825	77 672	32 850	45 978	71 659	84 061	6 551	22 201
租赁和商务服务业	110 694	96 791	89 905	20 789	68 456	23 007	103 816	2 061	27 682
科学研究、技术服务业	13 633	12 575	12 550	1 083	46 529	52 178	54 565	2 273	17 190
水利、环境和公共设施管理业	6 386	6 143	6 136	250	77 878	80 829	86 423	1 400	22 727
居民和其他服务业	19 325	21 039	15 139	4 186	46 122	9 392	51 145	3 035	34 033
教育	14 305	12 300	12 197	2 108	46 445	48 617	51 248	6 867	30 114
卫生和娱乐业	15 923	9 712	9 712	6 211	42 804	53 071	53 071	—	32 862
合　计	2 655 128	1 832 942	1 790 149	864 979	31 901	33 725	42 827	3 410	20 879

表8-1-34　2009年光明食品集团从业人员(按单位分)劳动报酬情况表

项　目	劳动报酬和生活费(千元)				平均劳动报酬和生活费(元)				
	从业人员	全部职工	在岗职工	其他从业人员	从业人员	全部职工	在岗职工	离岗职工	其他从业人员
农场	371 554	285 996	267 907	103 647	34 650	18 045	41 395	1 929	24 382
跃进有限公司	48 750	37 870	34 003	14 747	31 031	10 870	37 162	1 505	22 480
长江总公司	119 006	91 221	84 681	34 325	34 686	17 482	42 067	2 041	24 207
东海总公司	55 302	32 154	30 162	25 140	37 595	19 208	41 776	2 092	33 565
五四总公司	116 006	100 482	96 062	19 944	42 618	24 460	52 010	1 955	22 793
海丰总公司	21 513	12 917	12 618	8 895	25 044	29 491	31 864	7 119	19 212
上海农场	7 343	7 857	7 231	112	31 515	22 132	31 996	4 853	16 000
川东农场	3 634	3 495	3 150	484	8 335	6 110	8 924	1 575	5 831
公司	2 241 690	1 513 646	1 489 107	752 583	31 206	39 764	42 661	7 756	20 374
投资公司	148 434	81 489	75 132	73 302	31 901	28 433	49 332	4 733	23 419
光明乳业	226 709	142 021	141 481	85 228	37 559	58 110	58 877	13 171	23 459
益民食品	614 988	484 981	473 563	141 425	43 431	52 963	58 349	10 968	23 399

〔续表〕

项　目	劳动报酬和生活费(千元)				平均劳动报酬和生活费(元)				
	从业人员	全部职工	在岗职工	其他从业人员	从业人员	全部职工	在岗职工	离岗职工	其他从业人员
海博股份	306 843	215 488	214 461	92 382	24 684	2 682	27 289	6 541	20 206
烟糖公司	261 613	237 751	234 322	27 291	47 932	50 169	54 468	7 847	23 608
超市公司	537 037	258 498	257 232	279 805	20 396	26 899	27 037	13 188	16 639
农房集团	123 703	73 473	73 044	50 659	50 450	77 585	79 742	13 839	32 981
星联公司	16 254	15 103	15 030	1 224	57 032	59 227	63 418	4 056	25 500
世纪森林	3 448	2 653	2 653	795	51 463	58 956	58 956	—	36 136
西郊国际	5 323	4 056	4 056	1 267	79 448	86 298	86 298	—	63 350
都市农商社	786	786	786	—	131 000	131 000	131 000	—	—
事业单位	21 736	16 256	16 256	5 480	50 549	60 657	60 657	—	33 827
集团总部	16 700	14 391	14 226	2 474	127 481	143 910	154 630	20 625	63 436
合　计	2 655 128	1 832 942	1 790 149	864 979	31 901	33 725	42 827	3 410	20 879

【2010年从业人员劳动报酬情况】

光明食品集团2010年从业人员劳动报酬总额287 044.3万元，其中全部职工劳动报酬总额200 248.1万元，在岗职工劳动报酬总额195 917.8万元，其他从业人员劳动报酬总额91 126.5万元。

表8-1-35　2010年光明食品集团从业人员(按行业分)劳动报酬情况表

项　目	劳动报酬和生活费(千元)				平均劳动报酬和生活费(元)				
	从业人员	全部职工	在岗职工	其他从业人员	从业人员	全部职工	在岗职工	离岗职工	其他从业人员
第一产业	249 913	152 167	147 488	102 425	36 068	36 800	43 328	6 401	29 057
农业	128 743	94 945	90 959	37 784	35 545	31 754	39 105	6 003	29 154
林业	9 103	6 917	6 902	2 201	47 166	49 057	49 655	7 500	40 759
牧业	107 661	47 116	46 455	61 206	35 497	49 028	51 674	10 661	28 681
渔业	843	826	809	34	64 846	55 067	67 417	5 667	34 000
农林牧渔服务业	3 563	2 363	2 363	1 200	52 397	84 393	84 393	—	30 000
第二产业	1 003 927	763 797	750 598	253 329	47 913	55 360	59 144	11 934	30 662
制造业	954 283	747 643	734 701	219 582	48 880	55 266	59 007	12 017	31 049
电力、燃气及水的生产和供应业	5 380	4 697	4 697	683	49 358	55 917	55 917	—	27 320
建筑业	44 264	11 457	11 200	33 064	33 508	61 930	71 795	8 862	28 381
第三产业	1 616 603	1 086 517	1 061 092	555 511	31 749	31 043	41 399	2 714	21 968

〔续表〕

项　目	劳动报酬和生活费(千元)				平均劳动报酬和生活费(元)				
	从业人员	全部职工	在岗职工	其他从业人员	从业人员	全部职工	在岗职工	离岗职工	其他从业人员
交通运输、仓储业	358 182	237 178	236 466	121 716	27 273	28 347	28 638	6 473	24 962
批发零售业	891 191	554 573	550 678	340 513	28 135	37 971	38 934	8 449	19 422
住宿餐饮业	24 059	16 972	16 957	7 102	31 908	39 196	39 805	2 143	21 652
房地产业	142 667	99 243	98 094	44 573	59 469	85 925	98 291	7 318	31 815
租赁和商务服务业	134 959	123 265	109 472	25 487	84 139	15 747	118 476	1 998	37 481
科学研究、技术服务业	14 429	12 837	12 835	1 594	49 078	57 565	59 147	333	20 701
水利、环境和公共设施管理业	6 333	5 849	5 849	484	74 506	80 123	88 621	—	25 474
居民服务和其他服务业	22 997	23 198	17 339	5 658	42 905	11 031	44 920	3 412	37 720
教育	2 011	1 750	1 750	261	59 147	79 545	79 545	—	21 750
卫生和娱乐业	19 775	11 652	11 652	8 123	49 069	61 005	61 005	—	38 316
合　计	2 870 443	2 002 481	1 959 178	911 265	36 427	37 831	46 953	3 864	24 580

表8-1-36　2010年光明食品集团从业人员(按单位分)劳动报酬情况表

项　目	劳动报酬和生活费(千元)				平均劳动报酬和生活费(元)				
	从业人员	全部职工	在岗职工	其他从业人员	从业人员	全部职工	在岗职工	离岗职工	其他从业人员
农场	406 214	315 833	295 289	110 925	39 267	21 241	46 693	2 404	27 586
跃进有限公司	73 461	46 640	41 552	31 909	36 989	14 498	44 488	2 229	30 332
长江总公司	131 483	99 680	93 271	38 212	39 867	20 827	47 856	2 259	28 326
东海总公司	37 555	30 575	28 799	8 756	66 824	25 289	70 586	2 217	56 857
五四公司	100 378	84 647	80 872	19 506	40 738	23 422	50 640	1 872	22 498
海丰总公司	23 761	14 095	13 773	9 988	28 153	34 128	36 533	8 944	21 388
上海农场	26 353	27 271	25 303	1 050	35 421	25 727	36 724	5 305	19 091
川东农场	13 223	12 925	11 719	1 504	29 582	22 675	31 673	6 030	19 532
公司	2 416 172	1 650 956	1 628 312	787 860	35 589	43 768	46 437	8 526	24 001
投资公司	163 295	74 513	67 901	95 394	34 041	31 735	56 679	5 750	26 506
光明乳业	277 256	163 984	163 089	114 167	43 960	64 031	65 288	14 206	29 973
海博股份	358 643	247 463	246 690	111 953	28 089	29 079	29 410	6 336	25 560
益民食品	569 917	476 713	466 883	103 034	52 643	60 221	66 000	11 675	27 461

〔续表〕

项　目	劳动报酬和生活费(千元)				平均劳动报酬和生活费(元)				
	从业人员	全部职工	在岗职工	其他从业人员	从业人员	全部职工	在岗职工	离岗职工	其他从业人员
烟糖公司	299 724	275 583	272 804	26 920	56 445	58 547	62 570	8 009	28 337
超市公司	573 143	290 764	289 439	283 704	22 862	28 554	28 683	14 402	18 940
房地产集团	140 724	91 969	91 609	49 115	63 878	94 618	96 736	14 400	39 104
星联公司	17 587	16 533	16 463	1 124	60 436	62 863	66 383	4 667	26 140
世纪森林	4 997	4 480	4 480	517	49 475	53 333	53 333	—	30 412
西郊国际	10 199	8 267	8 267	1 932	48 336	48 629	48 629	—	47 122
都市农商社	687	687	687	—	98 143	98 143	98 143	—	—
事业单位	22 076	14 939	14 939	7 137	52 940	64 671	64 671		38 371
集团总部	25 981	20 753	20 638	5 343	176 741	186 964	194 698	23 000	130 317
合　计	2 870 443	2 002 481	1 959 178	911 265	36 427	37 831	46 953	3 864	24 580

第三节　离岗人员和退休职工管理

一、离岗人员

【离岗人员基本情况】

光明食品集团2006年离岗人员18 314人，2010年10 539人。其中内退人员668人，协保人员7 054人，伤残人员841人。离岗职工生活费总额3 928万元，比上年同期增长0.29%；离岗职工平均生活费3 864元，比上年同期增长18.76%。

表8-1-37　2006—2010年光明食品集团离岗人员行业分布情况表　　（单位：人）

项　目	2006		2007		2008		2009		2010	
	离岗人员	其中女性	离岗人员	其中女性	离岗人员	其中女性	离岗人员	其中女性	离岗人员	其中女性
第一产业	343	102	310	88	258	72	802	368	716	342
农业	154	36	124	30	96	27	671	341	651	326
林业	0	0	2	1	2	2	0	0	2	0
牧业	189	66	183	57	156	42	128	26	60	15
渔业	0	0	1	0	4	1	3	1	3	1
农林牧渔服务业	0	0	0	0	0	0	0	0	0	0
第二产业	8 502	2 985	6 958	2 097	6 215	1 214	5 414	1 369	1 022	388
其中工业	8 470	2 978	6 930	2 090	6 188	1 210	5 388	1 365	995	385

〔续表〕

项　目	2006		2007		2008		2009		2010	
	离岗人员	其中女性	离岗人员	其中女性	离岗人员	其中女性	离岗人员	其中女性	离岗人员	其中女性
制造业	8 468	2 977	6 930	2 090	6 188	1 210	5 388	1 365	995	385
电力、燃气及水的生产和供应业	2	1	0	0	0	0	0	0	0	0
建筑业	32	7	28	7	27	4	26	4	27	3
第三产业	9 469	3 117	7 855	2 294	6 674	1 560	5 745	1 206	8 801	1 511
交通运输、仓储业	82	25	189	37	150	19	124	14	101	8
批发零售业	1 046	545	645	334	569	268	504	223	428	171
住宿餐饮业	27	20	17	10	13	8	7	3	6	2
房地产业	240	89	200	73	183	48	163	41	148	27
租赁和商务服务业	5 117	1 613	4 314	1 230	3 607	812	3 128	595	6 520	1 063
科学研究和技术服务业	1 397	257	1 215	206	15	0	12	0	5	0
水利环境和公共设施管理业	3	1	6	3	6	2	3	0	7	1
居民服务和其他服务业	1 525	556	1 247	392	2 106	397	1 789	330	1 586	239
教育	22	7	16	6	20	3	15	0	0	0
卫生、保障和社会福利业	10	4	6	3	5	3	0	0	0	0
合　计	18 314	6 204	15 123	4 479	13 147	2 846	11 961	2 943	10 539	2 241

表 8-1-38　2006—2010 年光明食品集团离岗人员按单位分统计情况表　　　　（单位：人）

项　目	2006		2007		2008		2009		2010	
	离岗人员	其中女性	离岗人员	其中女性	离岗人员	其中女性	离岗人员	其中女性	离岗人员	其中女性
农场	13 742	4 165	11 398	3 054	9 667	1 670	9 048	1 943	8 105	1 530
跃进有限公司	3 957	1 237	3 243	896	2 748	639	2 403	492	2 164	389
长江总公司	4 990	1 616	4 156	1 206	3 445	773	2 995	563	2 701	418
东海总公司	1 398	268	1 200	204	1 034	154	871	109	742	69
五四公司	3 282	1 019	2 731	732	2 379	75	2 140	436	1 904	326
海丰总公司	94	13	51	5	49	22	50	19	38	24
上海农场	0	0	0	0	0	0	383	191	361	178
川东农场	0	0	0	0	0	0	206	133	195	126

〔续表〕

项　目	2006 离岗人员	其中女性	2007 离岗人员	其中女性	2008 离岗人员	其中女性	2009 离岗人员	其中女性	2010 离岗人员	其中女性
新海社区	11	6	8	6	7	4	0	0	0	0
东平社区	10	6	9	5	5	3	0	0	0	0
公司	4 560	2 037	3 714	1 423	3 471	1 175	2 908	1 000	2 429	711
都市农商社	45	14	47	12	40	9	0	0	0	0
投资公司	1 987	723	1 603	502	1 418	331	1 240	295	1 069	224
光明乳业	0	0	61	16	49	16	43	16	60	12
海博股份	120	47	85	22	162	28	961	460	110	13
益民集团	1 534	796	1 185	534	1 180	532	133	23	763	313
烟糖公司	688	347	564	241	474	186	395	140	303	94
农工商超市	114	87	109	80	93	62	95	57	89	49
农房集团	34	11	30	9	33	7	25	6	23	4
星联公司	38	12	30	7	22	4	16	3	12	2
集团总部	12	2	11	2	9	1	5	0	5	0
合　计	18 314	6 204	15 123	4 479	13 147	2 846	11 961	2 943	10 539	2 241

光明食品集团2006年离岗人员年平均生活费为2 911元，2010年为3 864元，2006—2010年离岗人员生活费见表8－1－39。

表8－1－39　2006—2010年光明食品集团离岗人员按行业分年平均生活费情况表　　（单位：元）

行　业	2006	2007	2008	2009	2010
第一产业	4 848	4 178	5 004	4 007	6 401
农业	5 112	5 739	7 038	3 831	6 003
林业	—	—	3 500	—	7 500
牧业	4 603	3 342	3 638	4 473	10 661
渔业	—	—	7 500	6 333	5 667
第二产业	2 821	2 837	3 464	3 687	11 934
其中工业	2 805	2 820	3 442	3 668	12 017
制造业	2 806	2 820	3 442	3 668	12 017
建筑业	7 257	7 300	8 258	8 160	8 862
第三产业	2 931	2 981	3 090	3 094	2 714
交通运输、仓储业	9 449	8 326	6 829	6 497	6 473

〔续表〕

行　　业	2006	2007	2008	2009	2010
批发零售业	6 048	6 292	7 056	7 652	8 449
住宿餐饮业	5 606	4 600	3 643	1 444	2 143
房地产业	3 602	3 500	5 367	6 551	7 318
租赁和商务服务业	1 989	1 907	2 124	2 061	1 998
科学研究和技术服务业	2 763	2 895	3 733	2 273	333
水利环境和公共设施管理业	12 000	8 250	16 600	1 400	—
居民服务和其他服务业	3 629	3 981	3 135	3 035	3 412
教育	8 727	7 200	8 857	6 867	
卫生、保障和社会福利业	7 182	5 875	8 167	—	—
合　　计	2 911	2 941	3 303	3 410	3 864

【离岗人员管理】

2007年7月18日和7月27日，光明食品集团党委会和总裁办公会议先后讨论通过《光明食品(集团)有限公司所属公司人员管理中心管理办法》，按照相对集中管理和分散管理结合的原则，对企业离岗人员实施管理。

集团公司所属各子公司根据企业离岗人员的规模和管理现状，建立人员管理中心，对因为企业关、停、并、转而进入人员管理中心的内退、协保、伤病残等离岗人员实施相对集中管理。人员管理中心接受子公司的领导和管理，并接受集团公司人力资源部的业务指导。为方便离岗人员联系，加强离岗人员管理，人员管理中心按区域在农场和市区下设分中心或工作站。

人员管理中心的主要工作职责：为离岗人员提供基本生活保障、落实帮困措施及进行相应管理；向离岗人员提供政策咨询、教育培训、职业介绍、劳务输出等服务；负责做好离岗人员的信访接待工作，化解矛盾，确保稳定。

人员管理中心的工作经费主要由集团所属有关子公司承担，全面实行预算管理。集团把人员管理中心对离岗人员管理工作纳入集团绩效考核体系，并与有关子公司党政主要领导的领导能力评价、薪酬收入挂钩。

人员管理中心建立健全工作网络，实行管理全覆盖，落实工作责任制；建立健全就业帮困、助医帮困、助学帮困、救灾帮困、节日帮困、临时帮困、培训帮困制度。集团对子公司帮困救助稳定工作实行包干责任制。集团和各子公司建立"一日捐"制度，集团所属企业党政工领导和各基层党支部与困难职工结对帮困，优势骨干企业与农场社区结对帮困等并形成长效机制。

【再就业工作】

光明食品集团建立以企业发展带动离岗人员就业机制，形成以市场化运作为特征的对困难群体的保障机制，在集团公司所属优势龙头企业加快产业发展的基础上，形成"产业发展反哺困难群体""在岗职工关爱离岗人员"的互动机制，创造新的就业岗位资源，吸纳集团公司所属企业的离岗人员再就业。积极倡导"先集团内，后集团外"的用工原则，努力梳理、创造更多岗位。坚持"双向选择,择优录用"的原则,在同等条件下优先录用有能力再就业的集团公司所属企业的离岗人员。

光明食品集团以"提供一个岗位,稳定一个家庭"为宗旨,建立完善职工就业援助机制,重点缓解体制转轨遗留的下岗失业人员再就业矛盾,为集团系统离岗人员就业解困。依据市国资委下达的新增就业岗位指标,对集团专业子公司下达新增就业岗位的指导性目标和任务;将新增就业岗位数和下岗人员再就业指标纳入农场型公司主要经营者的年度考核指标。

2006年,光明食品集团新增就业岗位3 988个,其中农工商超市集团、海博股份公司等企业新增就业岗位达千个以上。集团离岗、失业人员实现再就业1 192人,其中离岗失业人员所在子公司下属企业吸纳377人,集团系统公益性劳动组织吸纳16人,集团系统企业吸纳80人,农场地域内非光明食品集团系统企业吸纳200人,非光明食品集团、非农场地域内企业吸纳519人。再就业人员中,协保人员301人,其他离岗人员281人,失业人员610人。集团劳务开发部接待就业求职登记241人,推荐上岗197人。集团所属劳务公司介绍涉外劳务163人。

2006年,集团核发再就业补贴共计138.16万元,累计补贴人数6 908人次。其中累计发放公益性劳动组织岗位补贴59.96万元,累计补贴2 998人次;发放公益性卫生保洁服务社人员岗位补贴15.18万元,累计补贴759人次;发放林业养护岗位补贴52.68万元,累计补贴2 634人次;介绍农场社区低保对象就业并签订一年以上劳动合同,累计补贴金额9.34万元,累计补贴467人次;发放社区居家养老服务社人员岗位补贴1万元,累计补贴50人次。

2006年底,光明食品集团共有20个非正规就业的劳动组织,其中林业养护社6个、公益性劳动组织7个、卫生保洁组织6个、居家养老服务社1个。年末从业人员共616人,其中协保人员310人、农场社区失业人员306人。

2006—2010年,集团坚持不懈地维护职工队伍基本稳定,构建和谐劳动关系,严格控制裁员,千方百计促进离岗人员再就业。在未突破当年上海市国资委下达的职工裁员指标的同时,2007年有233名离岗人员重新上岗,2008年有120名离岗人员重新上岗,2009年有87名离岗人员重新上岗,2010年有54名离岗人员重新上岗。

二、退休职工

【退休职工基本情况】

光明食品集团2006年退休、退职职工925人,2010年退休、退职职工908人;2006年退休人员总数为60 961人,2010年退休人员总数为72 586人。

表8-1-40　2006—2010年光明食品集团退休人员总数情况表　　　　（单位:人）

年　份	退休人员总数	其中男性	女　性
2006	60 961	23 538	37 423
2007	64 167	24 641	39 526
2008	64 939	25 949	38 990
2009	66 395	26 265	40 130
2010	72 586	28 834	43 752

表 8-1-41　2006—2010年光明食品集团退休人员(按单位分)情况表　　　　　(单位:人)

年份	2006	2007	2008	2009	2010
跃进有限公司	43	21	19	26	19
长江总公司	56	37	43	30	30
东海总公司	17	25	28	38	16
五四公司	64	49	71	45	36
海丰总公司	24	35	26	5	16
上海农场	0	0	0	3	16
川东农场	0	0	0	4	10
新海社区	23	22	12	0	0
东平社区	32	28	18	0	0
投资公司	86	63	43	42	53
光明乳业	0	97	90	71	76
都市农商社	21	18	19	0	0
海博股份	75	73	96	92	78
益民食品	193	201	183	167	191
烟糖公司	126	163	83	97	138
超市集团	106	114	132	118	170
农房集团	30	27	31	20	36
星联公司	6	7	7	10	1
都市农商社	0	0	0	1	0
世纪森林	1	0	1	3	1
事业单位	16	15	13	16	19
集团总部	6	1	1	0	2
合　计	925	996	916	788	908

【退休职工管理】

光明食品集团退休职工管理工作由集团工会负责。集团和所属子公司建立退休职工管理委员会(简称"退管会"),具体负责退休职工的管理工作。

2006年,光明食品集团有退休职工60961人,集团所属基层单位退管会11个,基层退管会53个,块组392个。全系统有57530人参保,参保金额575.30万元,得到理赔人数为13620人。有90个基层单位开展了"冬送温暖、夏送清凉"活动,慰问退休职工17578人次,发放慰问金241.50万元。各子公司还开展36场老年健康讲座、报告会等,6005人次参加;组织107次各类文体活动,8248人次参加;接待来信来访2306人次,帮助退休职工解决各种问题。

2007年,光明食品集团有退休职工64167人,集团所属基层单位退管会82个,管理分属139个单位。集团退管会办公室组织开展"双月社区为老服务日"活动95场次,服务项目10个,参加服务人员312人,受益退休职工10 000人。61 618名退休职工参加住院补充医疗保险,参保金额为616.18万元,当年获得理赔人数为15 075人,理赔金额297.43万元。集团有126个单位开展了送温暖、送清凉活动,慰问退休职工14 717人,发放慰问金321.08万元。集团系统有敬老院3家,老年活动室11个,共举办各类报告会11次,受众1 360人。举办各类文体活动53次,参加人数为5 368人。集团和所属企业共接受退休职工信访552人,接待来访1 758人。

2008年,光明食品集团有退休职工64 939人,集团所属基层单位退管会56个,工作人员132人。集团系统开展"双月社区为老服务日"活动60场次,3 000名退休职工接受服务。集团有10个单位建立退休职工帮困基金,基金总额为430万元,当年帮困1 777人,支出金额66.88万元。有62 866名退休职工参加住院补充医疗保险,参保金额691.53万元,获理赔人数为16 648人,理赔金额385.81万元。各子公司领导慰问退休职工9 027人,发放慰问金224.45万元。集团内有老年活动室15个,举办各类报告会26场次,受众2 722人次。举行各类文体活动36次,6 442名退休职工参加。接受2 613名退休职工来信,接待1 853名退休职工来访。

2009年,光明食品集团有退休职工66 395人,集团所属基层单位退管会11个,有81个块,197个组。集团各子公司2009年元旦、春节开展送温暖帮困活动,慰问人数9 034人,其中慰问老劳模181人,发放慰问金258.30万元,帮助有困难的退休人员过好节假日。组织各类报告会、文体活动50次,参加人数3 000余人。各基层退管会处理来信、来访、来电共4 000余件(通)。

2010年,光明食品集团有退休职工72 586人,集团退管会及下属18个子公司在春节前夕开展送温暖活动中,有580名退管会干部参加慰问工作,慰问人数达9 611人,发放慰问金312万余元。在夏送清凉活动中,慰问人数达8 163人,发放慰问金125万余元。集团退管会处理来信来电等34件(通),各子公司退管会处理来信来访3 800余件。

【养老机构】

光明食品集团下属单位有两家养老机构,它们是上海闸北区(现静安区)东风芷江养老院(简称"芷江养老院")和上海市东海老年护理医院是光明食品集团上海长江总公司下属企业。芷江养老院最初是上海市闸北区芷江西路街道与上海农工商集团东风总公司联建联办的养老、安老非营利性企业。养老院坐落于内环高架与南北高架北区交汇点附近的青云路755号,占地3.4亩,建筑面积3 428平方米,绿化面积200余平方米,环境幽雅,闹中取静。2010年养老院有职工7名,护理人员28名,入住老人149名。

芷江养老院是为老人提供住养、生活护理等综合性服务的养老机构,设有双人房、三人房、四人房、小包房等50间,床位150张。室内配有彩电、闭路电视、衣橱、卫生间等设施。院内设有多功能厅、健身房、棋牌室、阅览室等。院内200多平方米的花园是老人亲近自然、休憩健身的最佳场所。芷江养老院按上海市养老机构服务标准的规定,为老人提供一级、专护A级、B级、C级护理。芷江地段医院及宝山地段医院每星期上门为老人看病配药。

芷江养老院2006年被评为爱心助老特色基地,2006—2010年获闸北区文明单位;2007—2010年获上海市平安单位,2009年被授予养老服务放心机构十佳单位,2009—2010年被评为上海市和谐企业,上海市行业协会首批重点项目达标A级示范单位,并被推选为上海市社会福利行业理事单位。

上海市东海老年护理医院。(详见第十篇第二章第二节)

第二章 干部管理

第一节 招聘、任免、交流

一、招聘

2010年12月21日,光明食品集团总部第一届职工代表大会第三次会议审议通过《光明食品集团总部员工手册》(简称《员工手册》),《员工手册》明确规定,集团员工招聘采取公开招聘、择优录用的原则。公司招聘人员的基本条件是:诚信正直,遵纪守法,有团队合作精神,认同公司企业文化,有积极乐观的生活态度,身体健康,品行端正。员工聘用后,根据集团人力资源部的安排,签订劳动(劳务)合同并与用工部门负责人见面,接受工作安排,明确岗位职责。试用期根据劳动合同期限的长短确定,劳动合同期限三个月(含)以上不满一年的,试用期为一个月;劳动合同期限一年(含)以上不满三年的,试用期为二个月;劳动合同期限三年(含)以上的,试用期为六个月。试用期满前一周,新员工写好试用期工作小结,部门负责人根据其试用期工作表现作出考核鉴定并填写《新进员工试用期考察及转正审批表》,报请公司分管领导批准后办理转正事宜。试用期内,公司经考核认定员工不符合录用条件并向员工说明理由后,可以与员工解除劳动合同,不予支付经济补偿金。

光明食品集团2006年共招聘录用应届毕业生616名,其中大学毕业生196名;2010年,招聘录用应届毕业生394名。

表8-2-1 2006—2010年光明食品集团招聘录用应届毕业生情况表 (单位:人)

年 份	2006	2007	2008	2009	2010
跃进有限公司	0	5	0	20	11
长江总公司	5	12	14	10	16
东海总公司	28	2	6	10	7
五四公司	5	24	4	45	31
上海农场	0	0	0	0	69
川东农场	0	0	0	0	29
新海社区	3	2	0	0	0
东平社区	22	7	6	0	0
投资公司	69	48	21	10	44
光明乳业	0	32	22	31	26
都市农商社	3	19	9	41	0
海博股份	22	6	0	1	3

〔续表〕

年　份	2006	2007	2008	2009	2010
益民食品	181	92	102	41	19
烟糖公司	26	14	13	76	47
超市集团	224	51	12	44	54
农房集团	8	27	16	20	19
星联公司	0	1	3	1	2
西郊国际	0	0	0	8	0
世纪森林	0	0	0	0	3
事业单位	19	0	8	27	13
集团总部	1	0	0	2	1
合　计	616	342	236	346	394

光明食品集团重视各类人才队伍建设，通过各种渠道招聘引进人才。2009年，组织基层单位参加上海海洋大学、上海应用技术学院等高等院校招聘会及面向社会应届毕业生大型招聘会。同年2月，集团所属15家单位参加在上海农业展览馆举办的上海市农业系统人才招聘会，提供应聘岗位216个；3月27日集团所属19家单位参加在东华大学体育馆举办的长三角地区高校毕业生专场招聘会，提供应聘岗位221个；11月25日参加松江大学城七校联合招聘会，专门为苏北农场招聘农业科技人才。集团还举办系统内部困难职工子女大学毕业生专场招聘会，8家单位提供13个岗位30多个职数，10余名困难职工子女全部通过面试落实了就业岗位。各单位还自行参加相关区县举办的人才招聘会。

2010年11月，光明食品集团所属子公司参加世博会上海企业联合馆、市国资委与《新闻晨报》联合推出"飞架追梦之桥"招聘活动，为世博志愿者"小白菜"们提供销售代表、电子商务财务经理等岗位254个。2006—2010年，集团系统共录用应届毕业生1934人，还引进各类专业人才881人。

二、任免

光明食品集团第一届董事会设立人事和薪酬委员会，由郭平董事任主任委员，钱福昌董事任副主任委员，周海鸣董事及张大鸣、芮国庆、邵黎明任委员。2010年1月光明食品集团第二届董事会设立提名委员会，由董事长任主任委员，郭平董事任副主任委员，姜鸣董事、钱福昌董事任委员。人事和薪酬委员会、提名委员会是董事会下属的议事机构，对董事会负责。其主要职责是研究公司高级管理人员的选聘标准、程序和方法，向董事会提出高级管理人员选聘建议。高级管理人员是指董事会聘任的总裁、副总裁、财务总监、总法律顾问、总裁助理、董事会秘书以及由总裁提请董事会认定的其他高级管理人员。

提名委员会的职责：根据公司的发展战略，研究公司高级管理人员的选拔、培养、使用的规划；讨论研究公司高级管理人员选聘的相关制度和办法，提出建议；根据公司发展的需要，提出高级管理人员岗位设置的建议，研究公司高级管理人员的选聘标准、程序和方法，对拟选聘高级管理人员提出具体任职条件;委托公司有关职能部门通过内部竞聘、公开招聘或组织推荐等方式,广泛搜寻合格的高级管理人员的人选;经充分酝酿、审核评议后,产生拟任人选,向董事会提出选聘高级管理人员的建议。

集团人力资源部是负责集团和子公司高级管理人员管理的职能部门,包括选任、培训、考核和奖惩等工作。

光明食品集团是市委组织部、市国资委批准开展董事会选聘经理班子人员的市管国有企业试点单位。2009年8月董事会一届二十次会议原则通过,2010年7月正式发布《光明食品(集团)有限公司董事会选聘经理班子人员的试行办法》,确定董事会选聘经理班子人员的基本原则是:坚持党管干部;坚持民主、公开、竞争、择优;坚持重品行、重能力、重实绩、重群众公认;坚持依法选聘。试点阶段集团董事会选聘的经理班子人员,主要包括副总裁、财务总监、总法律顾问、总裁助理等高级管理人员。

【经理班子副职人员任职条件】

资历要求　具有累计10年以上大中型企业工作经历或者企业经营管理业务相关的经历;有集团公司下一层级正职(或相当职务)三年以上任职经历;熟悉相关法律、法规;熟悉集团公司有关业务和运营流程;工作业绩优异。

学历职称要求　一般应具有相关专业本科以上学历,相关专业中高级职称。

能力要求　具有先进的企业管理理念、技术理念、市场理念或生产运营理念等;具备落实企业发展战略及把握企业相关业务发展运行的能力;善于协调、沟通,具有较强的领导能力、人际交往和社会活动能力,有一定的感召力和凝聚力,有较强的判断能力、决策能力、执行能力、计划能力、谈判能力等。

素质要求　具有良好的敬业精神、心理素质和职业道德操守,诚信记录好;责任心、事业心强,进取精神强,干练踏实;身体健康。

法律、法规、集团公司制度等要求的其他条件。

【经理班子其他高级管理人员任职条件】

资历要求　具有累计8年以上企业工作经历或者企业经营管理业务相关的经历;熟悉与本专业相关的业务,具备相应的从业资格;熟悉相关法律、法规;熟悉集团公司有关业务和运营流程;工作业绩优异。

学历职称要求　一般具有相关专业本科以上学历,相关专业中高级职称。

能力要求　具有较强的业务能力,熟悉本人所从事的业务领域;善于人际交往,有较强的协调沟通能力和社会活动能力;研究分析能力、表达能力、判断能力、执行能力、谈判能力强。

素质要求　具有良好的敬业精神、心理素质和职业道德操守,诚信记录好;责任心、事业心强,进取精神强,干练踏实;身体健康。

法律、法规、集团公司制度等要求的其他条件。

【经理班子副职及其他高管人员选聘程序】

职位描述　由董事会提名委员会根据总裁机构合理配置的需要,经听取董事长、党委书记和总裁意见后,研究制定拟选聘职位的岗位职责和任职资格条件,并在一定范围内公开。

确定选聘方式 根据拟选聘的职位要求,由董事会和党委共同研究确定选聘方式。

确定考察人选 根据公开招聘、竞争上岗的测试结果,或有关各方推荐、民主推荐情况,经董事会提名委员会主任委员与董事长、党委书记、总裁酝酿一致后确定考察人选。

组织考察 由董事会提名委员会会同集团公司党委对考察人选进行考察和民主测评,或者通过适当方式对考察人选进行尽职调查。公开选聘经理班子副职成员,对考察人选进行履职和业绩的分析评价。

党委预审 集团公司党委召开会议进行预审,并提出书面预审意见,向董事会提名委员会反馈。

人选提名 根据组织考察或尽职调查情况,以及党委预审意见,由总裁向董事会提名委员会提名。

讨论决定 董事会召开全体会议,董事会提名委员会将提名人选提交董事会讨论表决。董事会全体成员三分之二以上同意的视为董事会通过。

任前公示或公告：董事会讨论决定的拟聘任经理班子人员在集团范围内进行公示或公告,公示期一般为七个工作日。

董事会聘任 由董事会授权董事长以签发聘任书的方式办理经理班子人员的聘任手续,并以公文形式在集团范围内公布。董事会选聘的经理班子人员实行任期制。任期届满,经董事会连聘可以连任。

任职备案 集团公司董事会、党委将董事会选聘人员的选聘情况报市委组织部、市国资委党委备案。

材料归档 董事会选聘的经理班子人员实行契约化管理,经理班子人员任职期间的日常管理由董事会按照对总裁机构的年度绩效考核管理办法等规定执行。董事会选聘的经理人员的薪酬由董事会决定。

经理班子人员任期届满离任者,其职务自然免除,同时实行经理班子人员辞职制度。严格执行法定退休制度。

光明食品集团是市国资委批准的国有企业总法律顾问试点单位。第一届董事会依据董事会建设试点单位选聘经理班子人员和公司章程的有关规定,根据总裁提名,聘任童锐志为光明食品(集团)有限公司总法律顾问,属总裁机构副职人员之外的其他高级管理人员,任职时间与第一届董事任职期限一致。

【高级管理人员任免】

2006年6月,光明食品集团董事会一届三次会议通过《光明食品(集团)有限公司高级管理人员管理办法》,明确集团高级管理人员范围为：集团公司总部职能部室的正副职负责人；集团公司所属子公司产权代表、正副董事长、董事、正副监事会主席,监事和正副总裁(总经理)、财务总监、总法律顾问、总裁(总经理)助理；向参股公司派出的董事、监事；集团子公司党委书记、副书记、委员；纪委书记；集团公司工会主席、副主席；集团公司团委书记；子公司工会主席；直属事业单位行政负责人和农场地区社区管理委员会班子成员；其他由集团公司聘免、委派、推荐或审批的相关人员。子公司的董事会由集团公司董事会按照所占股权比例推荐、委派董事、董事长人选,并依照章程对公司的重大问题行使决策权。子公司监事会机构由集团公司董事会按照所占股权比例向所出资公司推荐、委派监事、监事会主席人选。子公司的总裁(总经理)从集团公司推荐的董事人选中产生。高级管理人员任职资格的决定权,由集团党委行使。

为规范现代企业制度,体现党管干部原则,根据董事会行使职能的要求,确立子公司党组织在公司中的政治核心地位,凡符合条件的子公司董事长兼任党组织书记;总裁(总经理)兼任党组织副书记。

光明食品集团实行财务总监委派制,子公司财务总监由集团公司直接委派、管理。

光明食品集团实行资产人格化管理,做到管人、管资产和管事相结合。集团委派的产权代表承担国有资产保值增值的任务,其中指定一人担任首席产权代表,承担保值增值的主要责任。

表8-2-2　2010年光明食品集团所属子公司首席产权代表担任职务情况表

单　位	首席产权代表	担任职务
烟糖集团	葛俊杰	董事长
益民集团	杨文倡	总　裁
跃进有限公司	项竞文	董事长
五四公司	徐　凡	董事长
农房集团	闻　淼	董事长
投资公司	赵柏礼	董事长
光明乳业	庄国蔚	董事长
海博股份	洪明德	董事长
星联公司	应国强	董　事
西郊国际	曹晓风	董　事
海湾森林	徐　凡	董事长
超市集团	曹晓风	副董事长

光明食品集团高级管理人员任免原则是:党管干部与董事会依法选择经营者以及经营者依法行使用人权相结合原则;任人唯贤、德才兼备原则;群众公认、注重实绩原则;公开、公平、竞争、择优原则;民主集中原则;分层分类管理原则;组织配置与市场配置相结合原则。

集团总部各职能部室和党务部门的正副职负责人,分别由集团总裁机构、集团党委提名,经集团党委对任职资格讨论研究后,由集团总裁机构、集团党委分别任免。

集团公司工会正副主席、集团公司团委书记人选经集团公司党委批准后,按照《中华人民共和国工会法》《中国共产主义青年团章程》等有关规定选举产生。

子公司高级管理人员任免,主要是各子公司的董事长、监事长、总裁(总经理)人选,由集团董事长、总裁提名,集团党委对人选任职资格讨论研究后,由所在子公司董事会、监事会按法定程序聘免。

副董事长、董事、副监事长、监事、副总裁(副总经理)财务总监、总法律顾问等人选,由集团公司组织部门和有关职能部门提出建议,与所在公司协商,经集团公司党委对人选任职资格讨论研究后,由所在公司按法定程序聘免。

子公司按规定程序推荐、酝酿的党组织成员、纪委成员和工会组织负责人候选人人选,需经集团公司党委预审同意。子公司根据党章、党的基层组织选举工作条例选举产生的党组织成员、纪委成员和根据《中华人民共和国工会法》选举产生的工会负责人，需连同选举结果上报集团公司党委批准。集团党委根据需要直接任命子公司党委、纪委正副书记和其他人员。

集团公司直属事业单位行政负责人和农场地区社区管理委员会班子成员的任免，参照子公司高级管理人员的任免办法执行。

其他由集团公司聘免、委派、推荐或审批的相关人员，依据具体情况分别由集团公司有关主体履行任免等相应手续。

选聘任用高级管理人员的主要方法之一是竞争上岗、公开招聘。对提名推荐的高级管理人员拟任免人选，由集团党委组织部（人力资源部）进行考察并征求纪委的意见，集团召开党委会集体讨论高级管理人员的任免方案，并按相关程序办理任免、委派、推荐的有关手续。

【任期期限】

董事长、副董事长和监事会主席的任期与本届董事会、监事会的任期相同，一般为3年。总裁（总经理）、副总裁（副总经理）、财务总监等高级管理人员的任期，由董事会根据公司章程决定，自董事会聘任之日算起，不超过本届董事会任期。不设董事会的公司，总经理、副总经理、财务总监等高级管理人员的任期一般为3年，其他高级管理人员的任期分别由其聘任者决定，一般为3年。高级管理人员任期届满，视业绩和工作需要确定连任或离任，其中党委、纪委、工会、共青团组织负责人的任期届满，进行换届改选。任期届满离任者，其职务自然免除。严格执行法定退休制度，建立领导干部退出机制。

2008年8月，光明食品集团制定《光明食品（集团）有限公司专职外部董事管理办法（试行）》，对专职外部董事的聘任和管理进行明确规定。专职外部董事管理遵循的原则为：公开、平等、竞争、择优；权利、义务和责任相统一，激励和约束相结合。担任专职外部董事的基本条件为：遵规守法，诚信勤勉，有良好的职业信誉；了解任职公司经营管理及主营业务的基本知识，熟悉相关法律、行政法规、规章及规则；具有较强的决策判断能力、风险防范能力、识人用人能力和开拓创新能力；具有较为丰富的企业管理、市场营销、资本运营、科研开发或人力资源管理等专业的工作经验，或具有与履行专职外部董事职责要求相关的法律、经济、金融等某一方面的专长，且履行职责记录良好；一般具有大学本科及以上学历或相关专业的高级职称；身体健康；《公司法》和公司章程规定的其他条件。专职外部董事从集团管辖的高级管理人员或对企业贡献突出、综合素质优秀、健康状况良好的原集团总部部门正职和子公司正职中选拔。

专职外部董事履行以下职责：与集团派出的首席产权代表一起贯彻光明食品公司发展战略，履行董事职责；依法参加任职公司董事会会议，就会议讨论决定事项独立发表意见，并为此承担受托责任；对任职公司的经营管理情况进行调查研究，对任职公司董事会决议及其执行情况进行动态跟踪，及时向集团或任职公司董事会报告；应邀参加任职公司的有关经营活动及财务分析会议、监事会组织的监督检查活动，积极发挥协同作用。实行专职外部董事任期制。专职外部董事每届任期3年，任期届满需要连任的，重新履行聘任手续，但在同一公司连续任职不得超过2届。

专职外部董事任职时，由集团向专职外部董事颁发聘书，与专职外部董事签订合约。专职外部董事有下列情形之一的，由集团解聘：年满63周岁，或因身体状况原因，不适合继续担任专职外部董事的；因工作需要解聘；本人提出辞职申请并被批准的；履行职责过程中对集团或任职公司有不诚信行为的；年度考核及任期评价结果较差的；因董事会决策失误导致公司利益受到重大损失，本人未投反对票的;工作失职的;擅自离职的;《公司法》、公司章程和出资人规定的不适合继续担任专职外部董事的其他情形。

表8-2-3　2010年光明食品集团所属子公司外部董事任职情况表

单　位	姓　名	任　职　单　位
糖酒集团	吴顺宝	益民集团、农房集团
五四公司	吕银华	烟糖集团、农投公司、海博股份
集团投资部	钟尚文	五四公司、海博股份、农投公司
集团财务部	朱继根	农房集团、五四公司、跃进有限公司
集团产业部	唐沛毅	烟糖集团、农工商超市、西郊国际、海湾森林
益民集团	翁　懋	烟糖集团、星联公司、跃进有限公司
海湾森林	沈百康	跃进有限公司、投资公司、海丰工业开发区

表8-2-4　2010年光明食品集团所属子公司外部监事任职情况表

单　位	姓　名	任　职　单　位
海博股份	王春喜	光明乳业、跃进有限公司、投资公司
集团办公室	祁叶萍	烟糖集团、五四公司、海湾森林
投资公司	周慧琴	益民集团、跃进有限公司、星联公司
跃进有限公司	王智勇	投资公司、海丰工业开发区

三、岗位交流

光明食品集团根据工作岗位需要,对管理范围内的高级管理人员实施规范的岗位交流(改聘)。高级管理人员岗位交流原则:优化结构原则,领导班子成员年龄、知识结构及专业结构合理,气质互补;有序适度原则,统筹规划,突出重点,数量适当,有序实施;积极有效原则,积极引导,注重实效,实现人才资源合理配置;服从大局原则,严格组织纪律,坚持个人服从组织、下级服从上级、局部服从全局。

高级管理人员岗位交流范围:集团公司总部与各子公司之间纵向交流;集团公司总部之间、各子公司之间横向交流;行政工作岗位与党务工作岗位之间换岗交流。

第二节　考核奖惩机制

强化绩效管理,完善考核奖惩机制,是光明食品集团加强干部管理的重要手段。集团在2006—2010年先后制订了《光明食品(集团)有限公司对子公司的绩效管理制度(试行)》《光明食品(集团)有限公司高级管理人员管理办法》《光明食品(集团)有限公司子公司高级管理人员薪酬管理办法(试行)》《光明食品(集团)有限公司专职外部董事年度考评办法》《光明食品(集团)有限公司专职外部监事年度考评办法》等一系列干部管理的规章制度,形成了比较完善的考核奖惩机制。

光明食品集团注重发挥绩效评价系统在干部管理中的纲举目张的作用,以契约形式落实子公司经济责任主体,预防经营风险,使绩效责任人按照集团的要求,自觉地争创良好企业业绩、加强企业经营管理、维护企业声誉、塑造企业良好形象。实行经济责任审计和离任审计的控制机制,对经营者当年收入预留风险保证金,确保企业经济效益的真实可靠。全面推进子公司基层企业绩效薪酬契约化管理,落实激励约束机制。

一、对集团总裁绩效考评

光明食品集团董事会对集团总裁实行绩效考核,以契约形式签订绩效管理协议。具体考核项目由净利润、销售收入、净资产收益率、重点投资项目、科技、品牌建设、制度建设、节能降耗、职工收入增长、人才队伍建设、企业消号和改制等内容组成。其薪酬由岗位基薪、完成考核指标得绩效责任加薪、福利薪三方面组成。岗位基薪平均每月发放,绩效责任50%部分在年终绩效考核后兑现;30%部分在审计经济效益后按审计结果兑现;20%部分延期至下一届任期结束经全面审计后,按审计结果兑现。

光明食品集团总裁班子其他成员的绩效考核由总裁负责,副总裁的年薪总额按总裁的80%执行;总师等其他成员按总裁的70%执行;总裁班子的加奖由董事会另行研究决定。

表8-2-5 2008年光明食品集团董事会对集团总裁的绩效考核项目情况表

类别	项目	权重	考核评分标准
主要考核指标	净利润7亿元	25	完成净利润6.65亿~7亿元得25分,未完成6.65亿元,每减少266万元扣1分,25分封顶
	销售收入500亿元	15	完成销售收入475亿~500亿元得15分,未完成475亿元,每减少3.16亿元扣1分,15分封顶
	净资产收益率5.8%	10	实现国有净资产收益率5.8%得10分,未完成5.8%,每减少0.06%扣1分,10分封顶
主要考核指标	重点投资项目建设	15	重大投资项目建设:冠生园食品加工园区蜂制品项目年内实现试生产;海南糖厂改扩建工程在2008/2009榨季前建设完工;完成武汉奶源基地项目;年内完成118广场改扩建项目地下建筑建设施工;年内完成海丰万头奶牛基地基本建设;每少完成一项扣2分,10分封顶 在食品主业的并购有实质性的进展和突破得5分,否则视完成情况酌情扣分,5分封顶
	科技、品牌建设	10	继续贯彻落实集团2007年召开的科技大会、品牌建设工作会议,继续落实签订的各类产学研战略合作协议落实具体合作项目,确保在科技进步和品牌建设方面出一批阶段性成果。完成得5分,否则视完成情况酌情扣分 实现母子品牌联动,母品牌背书试点有实质性的突破,完成得5分,否则视完成情况酌情扣分
主要考核指标	节能降耗	5	实现综合能源消耗总量低于24万吨标煤得2.5分,否则不得分;工业产值能耗下降5%以上得2.5分,否则不得分
	制度建设	5	根据2007年集团制度建设情况,进一步完善集团公司的制度体系,2008年完成制定、修订8项规章制度。完成得5分,否则视完成情况酌情扣分

〔续表〕

类别	项 目	权重	考 核 评 分 标 准
主要考核指标	职工收入增长与人才队伍建设	5	在岗职工人均年收入增长5%～9%,完成得3分,否则不得分。按照人力资源行动计划积极落实人才队伍建设,进一步完善结构,提高素质,同时督促子公司按有关规定提取培训费用,用于职工培训,完成得2分,否则不得分
	企业消号和改制	10	完成企业消号40户共得6分,每少完成7户扣1分,6分封顶;完成中小企业多种形式改制改革15户共得4分,每少完成4户扣1分,4分封顶

二、董事会对子公司责任人绩效考评

2007年1月,召开的光明食品集团一届五次董事会通过《光明食品(集团)有限公司对子公司绩效管理制度(试行)》,对子公司绩效责任人、绩效管理项目、绩效管理程序和工作流程作出了明确规定。集团绩效管理对象主要为委派到子公司任职的董事长(专职产权代表)、集团公司所属子公司总裁(总经理)和党组织书记。绩效管理原则为:契约为本,上下沟通;效率优先,接轨市场;注重结果,规范过程;激励为主,约束配套;原则统一,突出重点。

【绩效考核组织机构】
集团董事会下设人事和薪酬委员会,该委员会是董事会下属的议事机构之一,受董事会或董事长委托,通过人力资源部负责对专职产权代表实施绩效考核;集团公司总裁机构通过人力资源部负责对子公司总裁(总经理)实施绩效考核;集团公司党委通过党委组织部负责对子公司党组织书记实施绩效考核。

集团董事会人事和薪酬委员会在受托负责专职产权代表的绩效考核工作中,主要职能是:负责预审集团公司总裁机构拟订的对子公司绩效责任人的薪酬政策和绩效管理方案,形成审核意见提交董事会审议;对绩效考核结果的客观、公正性进行监督,根据绩效责任人的特殊贡献或重大决策失误造成重大后果等情况,向董事会或董事长提出兑现薪酬、建议奖罚额度和建议处置意见;对连续两年完不成绩效管理目标任务的绩效责任人提出处置建议;预审集团公司总裁机构对本制度提出的修订草案。

【绩效考核项目】
光明食品集团建立了子公司绩效考核的关键业绩指标考核体系即KPI考核体系,主要引入平衡记分卡管理理念,从财务、客户、内部运营、学习和成长四个方面对集团公司战略进行分解,并据此制订子公司绩效责任人的关键业绩指标(KPI)。

KPI考核体系分为三个子体系,即:子公司专职产权代表KPI考核体系、子公司总裁(总经理)KPI考核体系和子公司专职党委书记KPI考核体系。

子公司专职产权代表KPI考核体系 对子公司专职产权代表的考核主要体现在:维护国有股权益、保障国有资产的安全增值、确保子公司在集团战略规划指引下健康发展三个方面。

KPI考核体系基础模块由股东价值指标、战略实施指标、可持续发展指标三部分组成。

表 8-2-6　子公司专职产权代表 KPI 考核体系情况表

项　　目	考　核　内　容
股东价值	体现股东价值的指标列举
	1. 净资产收益率（总资产报酬率）
	2. 资本保值增值率
	3. 每股收益
战略实施	结合行业特点，分解企业战略，体现资源优化配置方向和战略重点的指标列举
	1. 净利润
	2. 主营业务收入增长率（核心业务收入增长率）
	3. 主要产品市场占有率或行业排位
可持续发展	从行业关键成功因素出发，体现企业发展所需要的核心能力的评价指标列举
	1. 创新能力方面的可量化指标
	2. 科研投入方面的可量化指标
	3. 品牌建设方面的可量化指标

子公司总裁（总经理）KPI 考核体系　按照定性和定量相结合原则，根据光明食品集团对子公司的战略定位以及年度工作目标，将子公司总裁（总经理）的关键业绩指标基础模块分为财务指标、企业运营指标、管理内控指标三部分。财务指标是反映公司财务状况的综合指标，由反映财务收益、财务运营效率、财务安全三方面指标构成；企业运营指标是与集团公司战略定位相关的，反映子公司未来一段时间内战略发展方向的指标，主要体现在市场、产品、技术等三个方面；管理内控指标是对子公司总裁（总经理）领导能力的综合评价，主要体现为子公司内部营运管理、人力资源管理、企业文化建设等方面的综合性指标。

表 8-2-7　子公司总裁（总经理）KPI 考核体系情况表

项　　目	考　核　内　容
财务指标	利润总额、净利润
	销售收入
	每股产生经营性活动净现金流
	预算执行偏差率
	净资产收益率
	资产负债率
	应收账款周转率
	重点项目投资回报率
企业运营指标	主要产品市场占有率
	行业标杆比较方面的可量化指标

〔续表〕

项　　目	考　核　内　容
企业运营指标	品牌建设方面的可量化指标
	新产品占销售比率
	企业改制或劣势企业收缩消肿计划执行率
	研究开发费用投入率
	新技术的开发研究成果运用方面的可量化指标
	重点项目推进方面的可量化指标
	体现集团整体战略,具有个别企业产业发展特性的指标
管理内控指标	管理制度建设方面的可量化指标
	管理费用控制方面的可量化指标
	人力资源管理方面的可量化指标
	风险控制方面的可量化指标
	员工人均收入增长率(不含高级经营管理人员)
	企业资质等级

子公司专职党委书记KPI考核体系　根据光明食品集团党委每年年初的工作安排,由集团公司党委各部门确定各条线对子公司党组织书记的年度考核目标,集团公司党委组织部汇总考核项目,形成考核指标体系,基础模块主要体现在思想建设、组织建设、作风建设和群团工作等四个方面。

表8-2-8　子公司专职党委书记KPI考核体系情况表

项　　目	考　核　内　容
思想建设	加强思想政治建设,不断提高干部和职工的政治素质
	围绕党的中心工作和集团公司党委的重点工作,开展宣传教育工作和调查研究
	坚持对企业的思想政治领导,推进精神文明建设和企业文化建设
组织建设	发挥党的政治核心作用,认真贯彻党和国家的各项方针政策,确保企业改革发展稳定大局
	贯彻党要管党、从严治党的方针,坚持党管干部和党管人才的原则,加强企业四好领导班子建设
	加强组织建设和党员队伍建设,积极开展党建创新
作风建设	加强党员领导干部党风廉政教育和廉洁自律制度建设
	在党风廉政建设和反腐败斗争中发挥组织协调作用
	积极查处违纪违法案件,认真做好纪检信访工作
群团工作	加强对工会、共青团等群众组织的领导,协调好各群团组织之间的关系

根据光明食品集团公司战略规划、当年工作目标和各行业的特点,在上述对应的三个KPI指标子体系中,因企制宜选择若干项关键业绩目标并设置相应的权重,组合成"一企一策,一司一案"的考核方案。每年每人的考核指标一般为5～9个。安全事故、食品安全、全额缴交社会保险金、信访稳定和职业道德等事项,纳入年度常规考核项目。

【绩效管理程序】

子公司专职产权代表的绩效管理程序 光明食品集团公司董事长代表集团公司与子公司专职产权代表签订绩效管理协议书,集团公司直接负责对其考核、评价以及年薪和奖金的兑现。

控股子公司总裁(总经理)的绩效管理程序,控股子公司董事会对其总裁(总经理)的绩效管理程序 由光明食品集团提出对子公司总裁(总经理)的绩效管理协议书建议方案,通过产权代表提请控股子公司董事会审议,由控股子公司董事会决策;按照控股子公司董事会决策的意见,由子公司董事长代表董事会与总裁(总经理)签订绩效管理协议,报集团公司人力资源部备案。

光明食品集团人力资源部对子公司总裁(总经理)进行绩效过程管理,定期向控股子公司董事会提供分析评价意见。

光明食品集团人力资源部对子公司总裁(总经理)进行绩效结果考核,控股子公司董事会如设立负责考核的专门委员会的,集团公司人力资源部应与其保持沟通。

光明食品集团控股子公司董事会根据绩效管理协议书和年度考核结果,兑现子公司总裁(总经理)的绩效工资,相应的董事会决议由产权代表负责报集团公司人力资源部备案。

全资子公司总经理的绩效管理程序 光明食品集团总裁代表集团公司与不设董事会的全资子公司总经理签订绩效管理协议书,集团公司直接负责对全资子公司总经理的考核、评价以及年薪和奖金的兑现。

子公司专职党委书记的绩效管理程序 光明食品集团通过集团公司党委与子公司党组织书记签订党建重点工作目标协议书并进行考核,年终由集团公司党委各部门进行条线考核并将考核结果送集团公司党委组织部,按协议并根据考核结果兑现年薪和奖金。

【绩效管理信息系统】

光明食品集团人力资源部建立绩效考核指标信息库,为绩效考核提供基础资料。资料来源:集团公司财务、产业、资产、投资及党群部门等提供的子公司报表、统计资料、考核评价、指标完成情况的分析报告、调查问卷和其他途径获得的资料等。

【绩效管理流程】

集团子公司按照集团公司财务预决算管理制度规定的时间节点,编制年度全面决算草案和下一年度全面预算(业务预算、资本预算、财务预算)草案。

集团子公司上报绩效责任人述职报告和下一年度的工作计划,详尽分析产业动态和经营管理现状;集团人力资源部根据以上信息资料,通过调查研究,提出下一年度考核指标设置的初步意见;集团财务、产业、资产、投资等部门提出相应的指标和计算口径的修改意见。

集团人力资源部在汇总各部门意见的基础上拟订绩效管理协议书草案,按顺序上报集团公司总裁机构、董事会人事和薪酬委员会和董事会审核或审批;正式签订年度绩效考核协议书;集团和子公司董事会结合季度性或半年度的经济运行分析,对绩效责任人履行绩效管理协议的情况提出分析评价意见。

实施期末绩效考核,根据考核结果按协议兑现薪酬或奖惩。

【年末绩效考核】

绩效责任人结合年度工作计划和KPI指标,就履职情况和子公司的经营管理情况向考核者进行述职;集团财务、产业、资产、投资等管理部门向人力资源部提供子公司考核指标完成情况的报告及分析;集团审计部门对子公司绩效责任人完成指标情况进行审计;集团人力资源部对指标完成情况进行评价和综合计分。从事经济管理工作兼任党内工作的,经济工作考核和党务工作考核综合评分的权重为7∶3;从事党务工作兼任行政管理职务的,党务工作考核和经济工作考核综合评分的权重为7∶3;集团人力资源部将年度绩效考核评价初步结果反馈给子公司绩效责任人,进行双向沟通;集团人力资源部撰写子公司绩效管理的年度评价分析报告,此报告与年度绩效考核结果一并按程序提交集团公司总裁机构、董事会人事和薪酬委员会和董事会审核;年末根据绩效考核结果,集团董事会人事和薪酬委员会、总裁机构分别对绩效责任人当年绩效进行评价,作为对绩效责任人实施奖惩、兑现薪酬、岗位使用和个人职业发展的重要依据。

【绩效责任人薪酬】

绩效责任人的薪酬由岗位基薪、绩效责任加薪和特别奖励组成。党群部门工作人员与经营管理人员实行同薪同酬责任考核,同一企业董事长、总裁、党组织书记的岗位基薪标准一致。董事长、总裁在企业中承担着重大经济责任,按照光明食品集团"各相关利益主体之间责权利对等"的原则,集团对子公司董事长(专职产权代表)、总裁(总经理)实行绩效责任加薪,加薪的标准由其承担的经济责任确定,与净利润指标挂钩。

绩效责任人在市场拓展、经营管理、科技创新等方面做出较大贡献,为集团带来较显著经济效益的,由集团公司总裁机构或董事会人事和薪酬委员会提出意见,报董事会或董事长批准后,给予绩效责任人特别奖励。

光明食品集团子公司董事长(专职产权代表)、总裁(总经理)和党组织书记岗位基薪一般折成月薪后按月发放。绩效责任加薪的90%部分年终经绩效考核和经济效益审计后,按审计结果兑现;10%部分延期至一届任期结束并经全面审计后,按审计结果兑现。特别奖励当期兑现。

【上市公司及其他高级人员的绩效管理】

光明食品集团直接或间接控股的上市公司对其高级管理人员确定绩效评价标准和程序以及薪酬分配方案时,在遵循《上市公司治理准则》的前提下,集团公司委派的产权代表根据集团规定的绩效管理原则,在子公司董事会上表达、贯彻集团公司的意图。在按有关规定进行信息披露的同时,将有关文件报集团公司备案。

集团对子公司其他高级管理人员的绩效评价标准和程序以及薪酬分配方案,由子公司按照《光明食品(集团)有限公司子公司高级管理人员薪酬管理办法(试行)》的相关原则制定并实施年度绩效考核,考核结果及薪酬分配方案报集团公司人力资源部备案。

集团对农场社区管委会和集团公司直属事业单位的主要负责人实行重点工作目标责任考核,签订重点工作目标协议书,按照《光明食品(集团)有限公司子公司高级管理人员薪酬管理办法(试行)》确定薪酬,年终按重点目标责任制进行考核,兑现相应的薪酬。

三、对专职外部董事和监事考评

【专职外部董事考评办法】

专职外部董事的考评内容　职业操守、履职能力、勤勉程度、工作实绩、廉洁自律五个方面。

职业操守：职业道德良好，忠实履行义务，诚实守信，自觉维护集团公司利益，维护任职公司及职工的合法权益；遵守国家法律法规、规章制度，遵守公司章程，保守商业秘密。

履职能力：战略决策能力，能够根据形势与市场的变化准确分析判断公司发展方向；风险控制能力，能够根据决策事项及时提出控制风险的意见或者建议；识人用人能力，能够对董事会拟任免的经理层成员的能力水平作出准确判断；开拓创新能力，能够围绕公司改革发展提出新思路、新办法；协调沟通能力，能够就董事会决策事项、公司经营管理重大事项同其他董事或者经理层成员及时沟通、了解情况，善于接受他人好的意见或者建议。

勤勉程度：注重学习，关注国际国内经济形势和同行业企业的改革与发展，积极获取相关专业领域的最新信息，能够利用自己的知识和经验积极为经理层提供咨询服务；投入足够的时间和精力履职，一年内在同一任职公司履行职责时间不少于30个工作日，出席董事会会议的次数不少于董事会会议总数3/4；工作作风深入，注重调查研究，及时了解掌握任职公司发展动态和重大事项进展情况，能够独立发表个人见解，尽职尽责。

工作实绩：按照职责和赋予的权限，对董事会议决事项独立谨慎地发表意见、投票表决，对董事会规范运作发表意见、提出建议；个人表决意见符合集团公司意图和任职公司利益，无重大失误；按照集团公司规定，及时向集团公司报告重大事项，适时以书面形式向集团报告相关意见和建议。

廉洁自律：自我要求严格，遵守廉洁自律有关规定；自觉接受集团公司监督和任职公司职工监督；接受监事会对其履行职责的合法监督和合理建议。

专职外部董事的考评程序　书面报告、个人述职、评议意见、结果反馈、结果使用五个方面。

书面报告：专职外部董事须向集团公司书面报告本人履行职责的详细情况；参加董事会会议的主要情况，本人提出的保留、反对意见及其原因，无法发表意见的障碍；加强任职公司改革发展与董事会建设的意见或建议。

个人述职：由专职外部董事向集团公司进行口头述职，回答集团公司的工作质疑，听取任职公司监事会意见，并回答相关工作质疑。

评议意见：由集团公司有关领导、任职公司董事、任职公司经理层、党委成员、监事会成员等相关人员填写评价意见表，由集团党委组织部进行汇总评分。90分(含)以上为优秀，80分(含)至89分为良好，70分(含)至79分为中等，60分(含)至69分为合格，60分以下为不合格。

结果反馈：考核评价结果由集团党委组织部于20个工作日内向专职外部董事本人反馈，并作为对专职外部董事奖惩、留任、更换的依据。

结果使用：集团公司根据年度考核评价结果对专职外部董事进行适当的奖惩，由集团党委组织部提出奖惩方案，报集团公司董事长同意后实施。

专职外部董事考评否决项　专职外部董事如有下列事项，按工作失职处理，考评时酌情扣分。情节严重者，终止聘任协议，并保留依法追究经济、法律责任的权利。

泄露任职公司商业秘密,损害公司合法权益的;违反任职公司工作程序或办事规则履行职责的;1年内本人在同一任职公司履行职责时间少于30个工作日或出席董事会会议的次数少于董事会会议总数3/4的;对董事会决议违反法律、法规、公司章程规定,或明显损害出资人、任职公司合法权益,本人表决时未投反对票的;履行职责过程中接受不正当利益,或者利用专职外部董事职务谋取私利。

集团公司依照有关规定认定的其他失职行为:专职外部董事不执行集团的规章制度,不接受集团的合理意见和建议,违反集团公司规定或违反职业道德、违纪违法;履行职责过程中对集团公司或任职公司有不诚信行为;年度考核及任期评价结果较差;擅自离职等。

表 8-2-9 光明食品集团对专职外部董事评价情况表

项目	权重	考 核 评 分 标 准	得分
职业操守	5	职业道德良好,忠实履行义务,诚实守信,自觉维护集团公司利益,维护任职公司及职工的合法权益	
	5	遵守国家法律法规、规章制度,遵守公司章程,保守商业秘密	
履职能力	3	战略决策能力,能够根据形势与市场的变化准确分析判断公司发展方向	
	3	风险控制能力,能够根据决策事项及时提出控制风险的意见或者建议	
	3	识人用人能力,能够对董事会拟任免的经理层成员的能力水平作出准确判断	
	3	开拓创新能力,能够围绕公司改革发展提出新思路、新办法	
	3	协调沟通能力,能够就董事会决策事项、公司经营管理重大事项同其他董事或者经理层成员及时沟通、了解情况,善于接受他人好的意见或者建议	
勤勉程度	5	关注国际国内经济形势和同行业企业的改革与发展,积极获取相关专业领域的最新信息,能够利用自己的知识和经验积极为经理层提供咨询服务	
	10	投入足够的时间和精力履职,1年内在同一任职公司履行职责时间不少于30个工作日,出席董事会会议的次数不少于董事会会议总次数3/4	
	5	工作作风深入,注重调查研究,及时了解掌握任职公司发展动态和重大事项进展情况,能够独立发表个人见解,尽职尽责	
工作实绩	20	按照职责和赋予的权限,对董事会议决事项独立谨慎地发表意见、投票表决,对董事会规范运作发表意见、提出建议	
	10	个人表决意见符合集团公司意图和任职公司利益,无重大失误	
	10	按照集团公司规定,及时向集团公司报告重大事项,适时以书面形式向集团报告相关意见和建议	
廉洁自律	5	自我要求严格,遵守廉洁自律有关规定	
	5	自觉接受集团公司监督和任职公司职工监督	
	5	接受监事会对其履行职责的合法监督和合理建议	
综合评分( )		综合评议意见	

说明:个人述职,发放专职外部董事评价意见表,个别谈话,查阅董事会会议记录,听取任职公司监事会主席意见,听取董事间互评、经理层和党委成员评价情况等,综合分析评分,形成考核结果。

责任部门:光明食品(集团)有限公司党委组织部。

【专职外部监事的考评办法】

专职外部监事的考评内容　认真履职、勤勉尽责、积极参与、及时报告及其他工作实绩五个方面。

认真履职：按照有关法规、规章、《公司章程》和出资人要求，在年度内履行专职外部监事职责开展工作的情况；协助监事会主席工作，参与监事会组织的各项监督检查活动等情况；忠实履行义务，遵守国家法律法规、规章制度、公司章程等有关规定，保守商业秘密。自我要求严格，遵守廉洁自律有关规定，自觉接受监督，不断提高履职能力。

勤勉尽责：按照专职外部监事的职责和赋予的权限，通过参与调研、查阅资料等活动，搜集分析企业经营、财务等信息，定期查核企业财务报告、资料的真实性；对任职公司董事、高级管理人员经营管理行为的合法合规性，以及履职的责任心进行监督情况；对企业重大风险、重大问题提出预警和报告的情况；经常或者定期深入基层调研，广泛听取职工群众的意见和建议，发现问题及时向有关部门和机构反映。

积极参与：投入足够的时间和精力履职，工作作风深入，注重调查研究，及时了解掌握任职公司发展动态和重大事项进展情况；一年内在同一任职公司履行职责时间不少于 30 个工作日；按照公司监事会会议规定，在年度内出席监事会、列席董事会和参加其他各类会议的情况，出席监事会、列席董事会会议的次数不得少于监事会、董事会会议总数的 3/4。

及时报告：按照出资人规定，集团公司委派推荐的专职外部监事及时向集团公司报告企业重大事项，适时以书面形式向集团公司报告相关意见和建议；每季度以表格的形式，简明扼要地向集团公司报送企业董事会日常运作、本季度企业财务和经济运行，以及本人履职等基本情况；发现企业经济运行中重大问题，及时向监事会主席报告，或以个人名义独立向集团公司报告（同时抄报监事会主席）的情况。

集团公司认为需要考核及评价的其他内容，重点看工作实绩。

专职外部监事的考评程序　书面报告、个人述职、评议意见、结果反馈、结果使用。

书面报告：专职外部监事须向集团公司书面报告本人履行职责的详细情况。

个人述职：由专职外部监事向集团公司进行口头述职，回答集团公司的工作质疑。听取任职公司监事会意见，并回答相关工作质疑。

评议意见：由集团公司有关领导、任职公司董事、经理层、党委成员、监事会成员等相关人员填写评价意见表，由集团公司党委组织部进行汇总评分。90 分（含）以上为优秀，80 分（含）至 89 分为良好，70 分（含）至 79 分为中等，60 分（含）至 69 分为合格，60 分以下为不合格。

结果反馈：考核评价结果由集团公司党委组织部于 20 个工作日内向专职外部监事本人反馈，并作为对专职外部监事奖惩、留任、更换的依据。

结果使用：集团公司根据年度考核评价结果对专职外部监事进行适当的奖惩，由集团公司党委组织部提出奖惩方案，报集团公司董事长同意后实施。

专职外部监事考评否决项　专职外部监事如有下列事项，考评时酌情扣分。情节严重者，将终止聘任协议，并保留依法追究经济、法律责任的权利。

泄露任职公司商业秘密，损害公司合法权益的；在履行职责中违反任职公司工作程序或办事规则的；一年内本人在同一任职公司履行职责时间少于 30 个工作日，或出席监事会、列席董事会会议的次数，少于监事会、董事会会议总数 3/4 的；对董事会决议违反法律、法规、公司规章规定，或明显损害出资人、任职公司合法权益，本人隐匿不报的；履行职责过程中接受不正当利益，或者利用专职外部监事职务谋取私利的；集团公司依照有关规定认定的其他失职行为。

表 8-2-10　光明食品集团对专职外部监事评价情况表

项目	权重	考核评分标准	得分
认真履职	5	按照有关法规、规章、《公司章程》和出资人要求,在年度内履行专职外部监事职责开展工作的情况	
	5	协助监事会主席工作,参与监事会组织的各项监督检查活动等情况	
	5	忠实履行义务,遵守国家法律法规、规章制度、公司章程等有关规定,保守商业秘密	
	5	自我要求严格,遵守廉洁自律有关规定,自觉接受监督,不断提高履职能力	
勤勉尽责	7	通过参与调研、查阅资料等活动,搜集分析企业经营、财务等信息,定期查核企业财务报告、资料的真实性	
	7	对任职公司董事、高级管理人员经营管理行为的合法合规性,以及履职的责任心进行监督	
	8	对企业重大风险、重大问题提出预警和报告的情况	
	8	经常或者定期深入基层调研,广泛听取职工群众的意见和建议,发现问题及时向有关部门和机构反映	
积极参与	10	工作作风深入,注重调查研究,及时了解掌握任职公司发展动态和重大事项进展情况	
	10	投入足够的时间和精力履职,1 年内在同一任职公司履行职责时间不少于 30 个工作日,出席监事会、列席董事会会议的次数不得少于监事会、董事会会议总次数的 3/4	
及时报告	10	集团公司委派推荐的专职外部监事及时向集团公司报告企业重大事项,适时以书面形式向集团报告相关意见和建议	
	5	每季度以表格的形式,简明扼要地向集团公司报送企业董事会日常运作、本季度企业财务和经济运行,以及本人履职等基本情况	
	5	发现企业经济运行中重大问题,及时向监事会主席报告,或以个人名义独立向集团公司报告(同时抄报监事会主席)的情况	
其他	10	主要看工作实绩	
综合评分( )		综合评议意见	

说明：个人述职,发放专职外部监事评价意见表,个别谈话,查阅董事会、监事会会议记录,听取任职公司监事会主席意见,请集团领导及任职单位评议,综合分析评分,形成考核结果。
责任部门：光明食品(集团)有限公司党委组织部。

四、对集团总部员工考核

光明食品集团对总部员工实行年度考核的办法,员工对一年的工作进行总结(述职报告),并在部门内进行交流。按照一级考核一级的原则,部门副职及副职以下员工由部门正职作出考评意见;部门正职先由所在党支部作出初步考评意见,再由集团分管领导最终审定。考评等级分为"优秀""良好""一般""不合格"四级。

集团对总部员工实行奖惩制度,对做出显著成绩的员工进行奖励,实行精神鼓励和物质奖励相结合。对违反纪律的员工,坚持以思想教育为主,惩罚为辅的原则,视情节给予口头警告、警告、记过、记大过、停发奖金(加薪),直至辞退等处分。

员工在年度考核中连续三年被评为"优秀"等级的,可晋升一个岗位职务工资档次,到封顶线为止;对特别优秀、有重大贡献者,经集团公司党政班子讨论,可破格晋升岗位职务工资档次。当年经考核被评为"不合格"的,从下一个年度1月份起,降低一个岗位职务工资档次;连续两年考核不合格的,将予以辞退。

五、完善绩效管理体系

2009年,光明食品集团绩效管理体系调整了子公司高级管理人员薪酬管理办法,使资产规模、销售规模、利润规模、对可持续发展的投入、行业水平等要素参与分配。更加注重引导子公司提高资产使用效率、经济运营质量,把落实财务预算指标,确保实现销售收入、净利润、产业发展指标列入考核项目;引导下属企业从集团长远利益出发,推进资产整合尽快到位;引导经营运作风险高的企业稳健经营,发展培育性业务,储备潜力资源,盘活存量资产,积极拓展市场,加强科技投入和新品研发,策划企业和品牌形象,规范投资管理,规范项目管理流程,解决历史遗留问题,加强风险控制和危机管理,努力提升集团未来可持续发展和核心竞争力。

2010年,在光明食品集团根据新三年战略规划新要求,进一步完善对下属子公司的薪酬体系,实施了中长期激励办法,鼓励子公司努力实现集团新三年战略提出的力争目标。薪酬体系体现"以业绩增长为导向"的战略思路,在"总薪酬上不封顶""鼓励业绩增长"和"适当提高总体薪酬水平"三个方面进行了尝试。同时完善了总部薪酬考核办法,以提升总部管控力、核心凝聚力。集团结合实际情况,重新完善《光明食品所属子公司领导班子和领导人员综合考核评价办法》,组成8个小组对各子公司领导班子开展任期综合考核工作,使集团系统的绩效考核工作更趋科学化、规范化。

第三节　后备干部队伍建设

一、总体目标和遴选方式

2006年10月,光明食品集团为实施企业发展战略,建设一支素质优良、能力复合、专业精通和数量充足、结构合理、堪当重任的企业领导人员后备人选队伍,制订《关于加强光明食品集团领导人员后备人选队伍建设的意见》,明确后备干部队伍建设的指导思想、工作原则、工作目标和主要任务。

集团后备干部队伍建设的工作原则为:坚持德才兼备,任人唯贤;坚持公平竞争,注重实绩;坚持分类培养,突出重点;坚持备用结合,动态管理。

集团实行企业领导人员后备人选目标管理。根据集团的战略定位、产业类型、股权结构、经营规模等不同情况,进行分层设计和分类要求。注重企业需要导向,以能力潜力为取向,坚持以开放型推荐组成、紧密型管理服务、动态型考核调整的企业领导人员后备人选选拔模式,注重用发展凝聚后备人选,用竞争锤炼后备人选,用实践成就后备人选。

后备干部队伍建设的工作目标为:基本形成具有企业特点的后备人选选拔培训、考核评价、动态管理机制;基本形成"备用结合"的良性循环,使一批"政治上靠得住、工作上有本事、作风上过得硬"的后备人选脱颖而出;基本形成集团系统领导班子"253梯次"结构。

后备干部坚持民主推荐和公开选拔相结合。遴选方式:后备人选的产生一般由组织推荐、群众举荐与个人自荐相结合,采用会议推荐、谈话推荐、个别推荐等多种形式,广泛听取各方面意见。积极探索以素质、能力、业绩为主要依据的竞争择优方式产生后备人选。逐步建立后备人选遴选的素质、能力、业绩评价模型,采用科学评价手段,对后备人选岗位经历、性格倾向、发展潜力、职业需求和实际案例等进行测评分析。

光明食品集团企业领导人员正职后备人选按领导班子职数1:2的比例确定;副职后备人选按领导班子职数1:1的比例确定;集团总部部门负责人按1:1的比例确定。企业领导人员后备人选的年龄:一般以35～45岁左右为主体,30岁左右的要有一定的数量,年龄最大的不超过50岁。后备人选形成合理的专业知识结构,既要有懂党务、经济的复合型人才,又要有比较熟悉经济、法律、科技、管理、金融、外经外贸等方面的专门人才。

2006年,集团党委确定实施"双百计划"。经过考察,选择30名左右可担任子公司的正职后备人选、70名左右可担任子公司的副职后备人选和100名左右年轻的梯次后备人选。

2010年,集团根据新一轮总体战略目标和长远发展需要,确定从2010年至2012年,集团领导人员和各级经营管理干部总量达到1900名左右,其中子公司二级以上的企业领导人员170名左右。按2:1比例确定和培养后备干部。同时引进科研、营销、金融、法律、财会等方面的各类大学毕业生1000人左右作为储备干部,实施千名后备干部培养工程。

各级党委是企业领导人员后备人选队伍建设的责任主体,党委书记是第一责任人,后备干部人选队伍建设列为党委书记年度考核的重要内容之一。组织部门是党委抓后备人选队伍建设的责任部门,主要发挥牵头协调职能,加强调查研究,定期对工作和队伍进行分析。坚持分层分类指导,为各级领导班子结构建设提供坚强的组织基础和人才保证。

二、培养教育

光明食品集团在加强后备干部队伍建设中,把提高思想政治素质、培养德才兼备的优秀后备人选放在首要位置,有计划地组织安排未参加过党校培训的后备人选到各级党校进行轮训,强化理想信念、党的宗旨、群众观念和廉洁自律教育,树立忠诚国资意识。分类制定培训方案,加强岗位能力培训。有计划地选送具有发展潜力的后备人选到国内外高等院校、跨国公司学习,掌握现代企业管理等知识。依托世界知名咨询公司和培训机构,举办高层次的专业知识讲座和组织能力培训,开展拓展性训练。组织后备人选对改革、发展和稳定中的重大问题或集团重点课题进行研讨。组织后备人选参加"上海干部在线学习城"学习,推行后备人选任前培训、岗位培训。

2006年,光明食品集团1人参加了市国资委党委系统第一期青年干部培训班;41名学员参加2006年度"上海干部在线学习城"的学习培训。

2007年,光明食品集团有64人参加上海市4个班次政治理论培训,其中:3名集团领导成员参加市委党校干部进修班学习;1名子公司后备干部参加市国资委党委系统第二期青年干部培训班;40名学员参加2007年度"上海干部在线学习城"学习培训等。集团有43人次参加市有关方面各类专业培训。同时依靠集团自有资源,开办各类培训班11个,463人参加培训。

2008年,光明食品集团完成42个培训项目。依据集团发展战略规划和人力资源行动计划,举办两期中青年干部培训班,在培训模式上作了大胆尝试。采用全封闭培训、模块教学的方式,安排基础理论、能力培育、党性修养、拓展训练四个模块,实现内容创新、形式创新、管理创新。集团领导亲自授课,分别作《光明食品集团中青年干部肩负的光荣使命》《中青年干部的道德修养与心理和谐》《光明食品集团战略实施情况及评估》等报告。集团总裁曹树民向学员们介绍当前集团经济发展状况和正在筹建中的光明培训学院设想和规划;集团党委副书记顾勇与学员座谈交流;集团党委委员、组织部长张大鸣参加学员辩论会和演讲会。各子公司党委从两期中青班培训的74名学员(不包括新海、东平社区)中,提任调整20名学员的工作岗位和职务。

2009年,光明食品集团完成46个培训项目。集团所属12个子公司的75名学员参加第三、第四期中青年干部培训班培训。集团领导亲自授课,党委副书记周海鸣出席结业典礼。中青班的授课内容兼顾基础理论、国际视野、战略思维、党性修养等方面,增加"个人特质分析和优势运用"等课目,学员的政治素养进一步提升,理想信念进一步强化,党性观念进一步加强,战略思维进一步拓宽;野外拓展训练更是锻炼学员的坚强意志和团队精神。培训班得到了各级领导和学员的充分肯定,成为集团广大青年干部纷纷向往的集训点,显现中青班的吸引力和光明集团培训工作的品牌效应。当年有33.7%的中青班学员提任到新岗位担任领导工作。

2010年,光明食品集团完成27个培训项目。4月和12月,分别在五四公司、苏州市举办第五期中青年干部培训班、集团精英培训班,集团所属12个子公司的98名学员参加培训。根据培养中青年干部的总体要求,集团做好中青年后备干部学历提升班的继续教育及职称评审工作。2010年集团系统共有324人参加学历提升继续教育,其中参加本科以上学习有198人。673人参加技术、技能等级的培训考核,其中431人取得中级以上的技术、技能职称。

三、实战锻炼

光明食品集团结合产业示范基地建设,建立一批后备人选挂职锻炼基地,选送优秀后备人选到产业基地挂职锻炼。根据不同情况,把后备人选安排到困难复杂的环境中去锻炼磨砺。对长期从事经营工作或党群工作的后备人选,进行双向轮岗锻炼。根据优化领导班子结构的要求,对素质优良、业绩突出、群众公认的后备人选及时推荐选拔到企业领导岗位上来,在更高层面上承担责任、发挥作用。在后备干部挂职锻炼的过程中,及时考察,不拘一格地把特别优秀的紧缺人才选拔到领导岗位上,使优秀后备人选在实践中锻炼提高,在使用中培养成长。

2009年,光明食品集团公开征聘、充实总部部门负责人。这是一次打破论资排辈的陈规,大胆使用基层优秀人才和年轻干部,促进岗位交流和干部轮岗流动,推进公开、竞争、择优选拔任用干部机制的大胆尝试。集团组织13名优秀中青年干部到集团总部、子公司和基层重点企业进行挂职锻炼,推进企业之间、集团总部与基层企业之间的人才交流,为中青年干部进一步开阔视野,磨炼意志,转变作风,增长才干,提高在企业运营中的组织领导能力创造条件。

2010年,集团根据总部部门的实际情况,以公开招聘的形式充实调整总部管理人员,当年集团总部向社会公开招聘高级管理人员2人,一般管理人员17人,平均年龄33.5岁,其中研究生4人,本科生12人,大专生1人。

四、考核和长效管理

光明食品集团对后备人选队伍每两年进行一次集中调整,实行动态的长效管理。根据后备人选的使用情况和现实表现,每年或不定期补充调整,把在企业改革发展、重大工程建设和人才交流中涌现出来的优秀年轻人才及时吸收到后备人选队伍中来,实现滚动发展,做到在企业重组产业整合的同时,整合后备人选队伍;在制定企业战略规划的同时,调整后备人选队伍;在领导人员考察的同时,优化后备人选队伍。

建立联系机制。集团建立领导人员与后备人选的联系制度,推进主要领导定点、定人联系后备人选,加强与后备人选的交流谈心,给予悉心指导和帮助,加强对后备人选特别是重点对象的跟踪。

建立联络员联系责任制度。党委组织部门做好后备人选经常性了解工作,掌握后备人选在思想、工作、生活方面的情况。

建立后备人选锻炼培养档案,及时、准确掌握了解后备干部人选的信息,为后备干部考核、提拔使用提供依据。

第四节 专业职称评定

一、专业技术人才

【2006年专业技术人员基本情况】

2006年,光明食品集团拥有企业专业技术人员4 706人,主要为工程技术类、农业科技类、经济管理类、财会类。

表8-2-11 2006年光明食品集团企业专业技术人员情况表 (单位:人)

项目		总计	女	中共党员	学历				年龄					
					研究生	本科	专科	中专	高中以下	35岁以下	36~40岁	41~45岁	46~50岁	51~54岁	55岁以上
管理岗位		2 794	873	1 704	53	623	1 409	446	263	455	476	532	599	377	355
其中具有职业资格		400	159	164	9	94	212	58	27	89	65	71	86	56	33
专业技术职务	高级	195	49	145	22	108	64	1	0	9	17	37	43	35	54
	其中正高级	3	0	3	0	2	1	0	0	0	0	1	0	0	2
	中级	1 548	519	860	33	475	887	117	36	263	290	326	256	185	228
	初级	2 767	1 105	1 178	19	357	1 067	886	438	836	463	455	528	270	215
	未聘任职务	196	89	24	3	56	92	45	0	196	0	0	0	0	0
专业类别	工程技术	1 449	416	534	41	409	598	277	124	450	286	266	193	119	135
	农业技术	302	58	138	1	122	95	77	7	150	44	70	18	11	9
	科学研究	6	1	3	1	2	1	1	1	1	2	1	0	2	0

〔续表〕

项　　目		总计	女	中共党员	学　历				年　龄					
					研究生	本科	专科	中专	高中以下	35岁以下	36～40岁	41～45岁	46～50岁	51～54岁	55岁以上
专业类别	卫生技术	226	118	77	0	21	81	111	13	81	30	27	36	24	28
	教学人员	269	150	89	2	65	125	66	11	83	45	60	42	18	21
	经济	923	218	634	21	189	450	127	136	149	120	122	196	174	162
	会计	934	603	271	5	106	456	287	80	327	183	174	170	40	40
	统计	123	81	66	0	7	54	42	20	15	21	30	42	6	9
	翻译	2	0	1	0	1	1	0	0	0	0	0	0	1	1
	档案	24	15	15	0	6	11	4	3	2	6	6	3	2	5
	新闻出版	4	1	4	0	3	1	0	0	0	0	0	3	0	1
	律师	9	2	7	0	5	4	0	0	2	1	0	3	3	0
合　计		4 706	1 762	2 207	77	996	2 110	1 049	474	1 304	770	818	827	490	497

光明食品集团2006年拥有技术等级工6 083人，主要分布在农林牧渔业、交通运输仓储业、制造业、批发和零售业等行业。

表8-2-12　2006年光明食品集团企业技术等级工行业分布情况表　　　　（单位：人）

项　　目	合　计	高级技师和技师	高级工	中级工	初级工
农林牧渔业	707	2	22	272	411
制造业	2 253	132	234	797	1 090
建筑业	31	4	5	10	12
交通运输、仓储和邮政业	377	9	29	109	230
批发和零售业	2 294	60	165	735	1 334
住宿和餐饮业	56	0	0	34	22
房地产业	60	3	2	41	14
租赁和商务服务业	26	0	5	12	9
科学研究、技术服务和地质勘查业	34	1	2	20	11
水利、环境和公共设施管理业	60	0	0	58	2
居民服务和其他服务业	185	5	21	76	83
合　计	6 083	216	485	2 164	3 218

光明食品集团2006年事业单位拥有专业技术人员248人，主要集中在教育卫生系统。

表 8-2-13　2006年光明食品集团事业单位专业技术人员情况表　（单位：人）

项目		总计	女	中共党员	学历				年龄					
					研究生	本科	专科	中专	高中以下	35岁以下	36～40岁	41～45岁	46～50岁	51～54岁	55岁以上
管理岗位		95	32	79	1	32	48	4	10	9	10	9	8	23	36
专业技术职务	高级	28	5	23	2	13	13	0	0	0	1	5	2	8	12
	其中正高级	3	0	2	1	2	0	0	0	0	0	0	0	1	2
	中级	103	38	58	0	40	55	6	2	15	17	14	8	23	26
	初级	94	62	35	0	31	27	26	10	65	3	2	5	11	8
	未聘任专业技术职务	23	13	5	0	23	0	0	0	22	1	0	0	0	0
专业类别	工程技术	11	3	4	0	5	4	2	0	5	1	0	0	0	5
	农业技术	11	1	7	1	2	6	1	1	0	1	1	3	4	2
	卫生技术	97	61	25	0	36	38	22	1	62	9	7	3	10	6
	教学人员	71	27	38	1	53	9	6	2	29	7	10	4	12	9
	经济	23	8	19	0	3	14	0	6	0	1	1	1	7	13
	会计	12	11	6	0	3	8	0	1	6	0	1	2	2	1
	统计	1	0	1	0	0	1	0	0	0	0	0	0	0	1
	翻译	1	0	1	0	0	1	0	0	0	0	0	0	0	1
	档案	1	0	1	0	0	0	1	0	0	0	0	0	0	1
	新闻出版	2	0	1	0	1	1	0	0	0	1	0	0	0	1
	政工	18	7	18	0	3	13	1	1	0	2	1	2	6	7
合计		248	118	121	2	107	95	32	12	102	22	21	15	42	46

【2007年专业技术人员基本情况】

2007年，光明食品集团拥有企业专业技术人员4 497人，主要为工程技术类、经济管理类、财会类和政工类。

表 8-2-14　2007年光明食品集团企业专业技术人员情况表　（单位：人）

项目	总计	女	中共党员	学历					年龄					
				研究生	本科	专科	中专	高中以下	35岁以下	36～40岁	41～45岁	46～50岁	51～54岁	55岁以上
管理岗位	2 548	812	1 665	58	624	1 312	381	173	389	446	521	498	381	313
其中具有职业资格	272	108	124	6	93	126	36	11	73	46	43	59	32	19

〔续表〕

项目		总计	女	中共党员	学历					年龄					
					研究生	本科	专科	中专	高中以下	35岁以下	36~40岁	41~45岁	46~50岁	51~54岁	55岁以上
专业技术职务	高级	197	57	148	25	115	56	1	0	7	22	40	37	39	52
	其中正高级	3	0	3	0	2	1	0	0	0	0	1	0	0	2
	中级	1 517	524	880	40	488	860	98	31	248	317	318	235	197	202
	初级	2 493	993	1 121	16	372	1 016	790	299	717	441	442	420	285	188
	未聘任职务	290	139	43	1	77	105	54	53	220	19	23	19	7	2
专业类别	工程技术	1 367	397	557	46	416	546	255	104	392	285	262	192	112	124
	农业技术	279	56	135	0	122	82	68	7	125	51	71	18	6	8
	科学研究	5	1	2	1	1	1	1	1	0	1	2	0	2	0
	卫生技术	220	117	71	0	17	77	117	9	71	39	30	33	26	21
	教学人员	227	131	71	2	50	116	53	6	66	40	58	37	17	9
	经济	914	221	608	25	211	432	118	128	179	114	104	149	203	165
	会计	936	605	295	4	134	484	241	73	310	188	203	152	53	30
	统计	114	74	62	0	10	49	40	15	16	22	28	29	12	7
	翻译	2	0	1	0	1	1	0	0	0	0	0	0	1	1
	档案	23	15	13	0	6	11	6	0	2	7	7	3	1	3
	新闻出版	1	1	1	0	0	1	0	0	0	0	0	1	0	0
	律师	12	2	8	0	9	3	0	0	3	4	0	2	3	0
	工艺美术	7	0	2	0	0	4	2	1	4	0	0	1	1	1
	政工	390	93	366	4	75	230	42	39	24	48	58	94	91	75
合 计		4 497	1 713	2 192	82	1 052	2 037	943	383	1 192	799	823	711	528	444

光明食品集团2007年拥有企业技术等级工4 230人,主要分布在农林牧渔业、食品及制造业、批发和零售业等行业。

表8-2-15　2007年光明食品集团企业技术等级工行业分布情况表　　（单位：人）

项　　目	合　计	高级技师和技师	高级工	中级工	初级工
农林牧渔业	472	17	30	211	214
制造业	1 802	146	259	736	661
建筑业	14	2	3	2	7
交通运输、仓储和邮政业	231	7	19	71	134
批发和零售业	1 311	98	126	585	502

〔续表〕

项　目	合　计	高级技师和技师	高级工	中级工	初级工
住宿和餐饮业	55	0	2	24	29
房地产业	123	2	4	41	76
租赁和商务服务业	15	0	4	9	2
科学研究、技术服务和地质勘查业	24	1	2	18	3
水利、环境和公共设施管理业	60	0	5	53	2
居民服务和其他服务业	123	5	12	60	46
合　计	4 230	278	466	1 810	1 676

光明食品集团2007年所属事业单位专业技术人员223人，主要集中在教育卫生系统。

表8-2-16　2007年光明食品集团事业单位专业技术人员情况表　　　　（单位：人）

项　目		总计	女	中共党员	学　历				年　龄					
					研究生	本科	专科	中专	高中以下	35岁以下	36～40岁	41～45岁	46～50岁	51～54岁	55岁以上
管理岗位		87	30	71	2	27	45	3	10	8	5	13	5	26	30
专业技术职务	高级	29	6	24	3	13	13	0	0	0	2	5	2	7	13
	其中正高级	3	0	2	1	2	0	0	0	0	0	0	0	0	3
	中级	95	37	51	0	38	50	5	2	14	14	18	5	21	23
	初级	92	58	35	0	32	26	24	10	60	5	1	5	12	9
	未聘任职务	7	4	2	0	7	0	0	0	7	0	0	0	0	0
专业类别	工程技术	7	2	3	0	3	3	1	0	3	0	0	0	0	4
	农业技术	11	1	7	1	2	6	1	1	0	1	1	1	4	4
	卫生技术	88	55	27	0	31	34	22	1	49	12	6	5	9	7
	教学人员	63	22	32	1	45	11	4	2	24	5	12	3	10	9
	经济	22	7	18	0	3	12	0	7	0	1	1	0	8	12
	会计	11	10	4	0	2	9	0	0	5	1	1	1	2	1
	翻译	1	0	1	0	0	1	0	0	0	0	0	0	0	1
	档案	1	0	1	0	0	1	0	0	0	0	0	0	1	0
	新闻出版	1	0	1	0	1	0	0	0	0	0	0	0	0	1
	政工	18	8	18	1	2	13	1	1	0	1	3	2	6	6
合　计		223	105	112	3	90	89	29	12	81	21	24	12	40	45

【2008年专业技术人员基本情况】

光明食品集团2008年拥有企业专业技术人员3 885人，主要分布在工程技术类农业技术类、经济类、财会类等行业。

表 8-2-17　2008 年光明食品集团企业专业技术人员情况表　　　　　　　　　　　　（单位：人）

项　　目		总计	女	中共党员	学　历				年　龄					
					研究生	本科	专科	中专	高中以下	35岁以下	36～40岁	41～45岁	46～50岁	51～54岁	55岁以上
管理岗位		2 531	881	1 686	59	716	1 240	346	170	391	443	524	436	424	313
具有职业资格		289	114	129	8	111	127	32	11	81	55	36	49	37	31
专业技术职务	高级	213	66	163	28	132	51	2	0	4	36	40	40	43	50
	其中正高级	2	0	2	0	1	1	0	0	0	0	0	0	0	1
	中级	1 407	476	801	38	468	731	76	94	248	312	305	177	191	174
	初级	2 036	782	1 033	14	364	842	555	261	490	366	379	330	290	181
	未聘任职务	229	80	42	3	70	75	29	52	149	16	21	26	13	4
专业类别	工程技术	1 304	398	557	55	414	489	229	117	333	268	275	183	130	115
	农业技术	308	46	150	0	116	77	50	65	98	96	72	24	10	8
	科学研究	7	4	1	1	2	2	1	1	2	1	1	1	1	1
	卫生技术	44	20	21	0	4	10	25	5	10	7	7	7	10	3
	教学人员	34	20	16	1	12	18	2	1	13	7	5	6	0	3
	经济	876	217	571	19	210	422	112	113	169	108	113	123	201	163
	会计	815	526	296	3	167	417	175	53	229	171	192	125	72	26
	统计	112	69	68	1	19	42	32	19	17	18	32	25	11	9
	翻译	2	0	1	0	1	1	0	0	0	0	0	0	1	1
	档案	22	15	14	0	7	9	4	2	2	6	7	3	2	2
	新闻出版	1	1	1	0	0	1	0	0	0	0	0	1	0	0
	律师	9	4	6	0	6	3	0	0	4	2	1	1	1	0
	工艺美术	30	0	1	0	0	2	0	1	1	0	0	1	1	0
	政工	348	84	336	4	76	206	31	31	13	46	41	73	97	78
合　计		3 885	1 404	2 039	83	1 034	1 699	662	407	891	730	745	573	537	409

光明食品集团 2008 年拥有技术等级工 7 611 人，主要集中在农林牧渔业、食品及制造业、批发零售业。

表 8-2-18　2008 年光明食品集团企业技术工行业分布情况表　　　　　　　　　　　（单位：人）

项　　目	合　计	高级技师和技师	高级工	中级工	初级工
农林牧渔业	542	19	34	254	235
制造业	1 601	131	294	657	519
建筑业	13	1	3	2	7
交通运输、仓储和邮政业	228	8	29	85	106

〔续表〕

项　　目	合　计	高级技师和技师	高级工	中级工	初级工
批发和零售业	4 906	103	183	1 853	2 767
住宿和餐饮业	74	0	1	20	53
房地产业	63	3	6	32	22
租赁和商务服务业	22	0	4	15	3
科学研究、技术服务和地质勘查业	25	1	3	18	3
水利、环境和公共设施管理业	73	0	16	52	5
居民服务和其他服务业	64	3	6	30	25
合　　计	7 611	269	579	3 018	3 745

光明食品集团2008年所属事业单位专业技术人员195人，主要集中在教育卫生系统。

表8-2-19　2008年光明食品集团事业单位专业技术人员情况表　　　　（单位：人）

项目		总计	女	中共党员	学　历					年　龄					
					研究生	本科	专科	中专	高中以下	35岁以下	36～40岁	41～45岁	46～50岁	51～54岁	55岁以上
管理岗位		83	28	68	2	29	38	5	9	10	5	12	5	24	27
专业技术职务	高级	28	4	24	3	14	11	0	0	0	1	6	1	7	13
	其中正高级	3	0	3	1	2	0	0	0	0	0	0	0	0	3
	中级	87	38	45	0	37	44	5	1	15	17	13	7	18	17
	初级	80	52	30	0	21	27	23	9	46	9	1	2	13	9
专业类别	工程技术	6	2	2	0	3	2	1	0	2	1	0	0	0	3
	农业技术	11	1	7	1	2	6	1	1	0	1	1	1	4	4
	卫生技术	72	47	20	0	21	29	21	1	36	14	4	4	9	5
	教学人员	54	19	29	1	37	13	3	0	19	8	9	4	6	8
	经济人员	19	7	15	0	1	12	0	6	0	1	1	0	7	10
	会计	10	9	4	0	3	7	0	0	4	2	1	0	2	1
	翻译	1	0	1	0	1	0	0	0	0	0	0	0	0	1
	档案	2	1	1	0	0	1	1	0	0	0	0	0	0	2
	政工	20	8	20	1	4	12	1	2	0	0	4	1	8	7
合　计		195	94	99	3	72	82	28	10	61	27	20	10	38	39

【2009年专业技术人员基本情况】

光明食品集团2009年拥有企业专业技术人员3 653人，主要分布在工程技术类、农业技术类、食品及经济类、财会类、政工等专业类别。

表 8-2-20　2009年光明食品集团企业专业技术人员情况表　　　　　　　　　　　　　　（单位：人）

项　目		总计	女	中共党员	学　历				年　龄					
					研究生	本科	专科	中专	高中以下	35岁以下	36～40岁	41～45岁	46～50岁	51～54岁	55岁以上
管理岗位		2 323	794	1 583	73	716	1 145	266	123	349	397	464	417	386	310
具有职业资格		455	193	237	11	159	228	46	11	118	80	69	70	68	50
专业技术职务	高级	227	77	180	30	139	57	1	0	3	35	49	40	55	45
	其中正高级	2	0	2	0	1	1	0	0	0	0	1	0	0	1
	中级	1 399	480	776	50	506	708	53	82	265	315	292	182	167	178
	初级	1 913	730	980	16	376	818	487	216	472	314	348	325	255	199
	未聘任职务	114	59	67	2	84	25	3	0	110	1	0	2	0	1
专业类别	工程技术	1 187	376	530	60	427	465	171	64	312	244	227	186	113	105
	农业技术	331	65	168	3	118	94	53	63	103	89	77	37	13	12
	科学研究	3	0	2	1	0	1	0	1	0	0	1	0	1	1
	卫生技术	30	12	14	0	4	5	17	4	5	3	6	6	7	3
	教学人员	24	10	19	1	11	9	3	0	3	6	4	7	0	4
	经济	835	222	595	25	251	383	94	82	191	91	102	99	185	167
	会计	779	495	280	3	185	409	145	37	195	174	195	121	59	35
	统计	100	59	61	1	16	38	27	18	17	14	29	22	10	8
	翻译	3	1	1	0	3	0	0	0	1	0	0	0	1	1
	档案	21	15	14	0	8	9	4	0	2	4	9	2	2	2
	新闻出版	1	1	1	0	0	1	0	0	0	0	0	0	1	0
	律师	9	4	5	2	3	4	0	0	3	3	1	0	2	0
	工艺美术	3	0	1	0	0	2	0	1	0	0	1	1	0	0
	政工	327	86	312	2	79	188	30	28	18	36	38	68	82	85
合　计		3 653	1 346	2 003	98	1 105	1 608	544	298	850	665	689	549	477	423

二、技术职称评定

2006年11月，经上海市思想政治工作人员高级专业职务任职资格评审委员会评审通过，集团总部朱平取得高级政工师任职资格。

2007年7月，经上海仪电控股（集团）公司政工专业中级职务任职资格评审委员会评审通过，益民集团袁钧，五四公司周萍芳、徐美华、陈明强、祝宝官、孙水林、田月华等7人取得中级政工师任职资格。

经上海市思想政治工作人员高级专业职务任职资格评审委员会2007年11月19日评审通过，集团总部陈春山、夏旭升、桑树德，益民集团李世德，跃进有限公司王智勇，五四公司侯艳君，都市农商社陆爱君，新海社区张建英等8人取得高级政工师任职资格。

2007年12月，经上海市农业系列种植业中级专业技术职务任职资格评审委员会评审，万事发实业总公司汪仕涛、倪桃香，中荷园艺培训中心张平、衣常红，上海鲜花港企业发展公司刘红业、崔娜欣，星辉蔬菜有限公司卢会祥，跃进农业管理总站顾慧萍等8人取得中级农艺师任职资格。

2008年1月，经上海市农业系列高级专业技术职务任职资格评审委员会评审，万事发实业总公司张建汉、孙永斌、蔡明清、张士新，跃进农业管理总站樊卫妹，中荷园艺培训中心沈强等6人取得高级农艺师任职资格。

2008年4月，经上海市会计系列高级专业技术职务任职资格评审委员会评审，农房集团蔡永超，心族实业总公司蔡美丽，上海梅林曹红，上海轻工外经公司陆蓉等4人取得高级会计师任职资格。

2008年7月，经上海仪电控股（集团）公司政工专业中级职务任职资格评审委员会评审，光明食品集团总部沈敏惠，益民集团何介明，跃进有限公司马莉萍、刘庆佩、李海平，长江总公司许双喜，五四公司孟超、蔡广祥，农房集团施海君，海博股份周丽霞，农工商投资公司张承吉，东平社区黄玉英等12人取得中级政工师任职资格。

2008年9月，经集团中小学教师中级职务学科评议组及集团中小学教师职务审核委员会评议与审核，东平社区施金辉，新海社区施俊，海丰社区库改变取得中学一级教师任职资格；胡跃生、郑莉、黎淑华、施燕、陆荷菊、朱峰、杨伟达、黄丽琴、樊玉荣、茅群香（转评）、顾临宇等11人取得小学高级教师任职资格；新海社区邱春娟、陆静芳、施文琴、张玉琴、朱海鹰、陆忠良、杨利民、陈金凤等8人取得小学高级教师任职资格。

2008年11月，经上海市思想政治工作人员高级专业职务任职资格评审委员会评审通过，光明食品集团总部徐永炘、徐嘉敏、周伟，益民集团邱建生，跃进有限公司钱瑞新，五四公司张佳，农房集团朱梅珍，海博股份王春喜，光明食品集团党校龚葆青、张竞天，轻工老干部活动中心戴炳福等11人取得高级政工师任职资格。

2008年12月，经上海市经济系列（工商经济）高级专业技术职务任职资格审定委员会审定，益民集团吴彝勤，第一食品公司佘晓勤、张黎云，上海捷强烟草糖酒（集团）有限公司陈跃，烟糖集团吴杰、蔡军，东方先导糖酒有限公司朱曦，上海聚能食品原料销售有限公司史士忠，光明食品集团总部邵黎明，上海轻工研究所有限公司吴永根，上海市食品进出口公司刘新民、夏海英等12人取得高级经济师任职资格。

2009年11月，经上海市思想政治工作人员高级专业职务任职资格评审委员会评审通过，上海德科电子仪表有限公司李平培，海博股份鲍莺莺，上海冠生园（集团）有限公司王诣羿，上海捷强烟草糖酒（集团）有限公司王伟君，第一食品公司倪卫红等5人取得高级政工师任职资格。

2009年12月，经上海市经济系列（工商经济专业）高级专业技术职务任职资格审定委员会审定通过，上海轻工业对外经济技术合作有限公司龚屹，冠生园（集团）有限公司王诣羿，上海梅林正广和股份有限公司阎磊，上海冠生园天厨调味品有限公司张厉明，冠生园（集团）有限公司曹峥萍，光明食品集团总部邹隆轶等6人取得高级经济师任职资格。

2010年11月18日经上海市思想政治工作人员高级专业职务任职资格评审委员会评审通过，光明食品集团总部陆稚男，海博股份毛成教，捷强连锁有限公司盛凯，梅林正广和股份有限公司范为姝，上海向明轴承有限公司沈咏梅，上海海湾国家森林公园有限公司游一平等6人取得高级政工师任职资格。

第五节 离退休干部管理与服务

光明食品集团设老干部工作委员会，统一研究和决定集团公司系统老干部工作的重大事项。集团老干部工作的执行机构为集团公司老干部工作部，负责日常老干部工作的指导、协调、服务和考核，老干部工作部归口集团党委组织部。

老干部工作的基本任务是：按照中央、市委和市国资党委关于对老干部政治上尊重、思想上关心、生活上照顾的总体要求，落实离休干部的政治待遇；加强离休干部党支部建设，发挥离休干部党支部的作用；落实老干部的生活待遇。

一、基本情况

光明食品集团2006年离休干部364人，平均年龄78.77岁；2010年301人，平均年龄82.36岁。

表8-2-21　2006—2010年光明食品集团离休干部年龄结构情况表　（单位：人）

年份	人数	最大（岁）	最小（岁）	平均（岁）	89岁及以上	85～88岁	84岁	80～83岁	79岁	75～78岁	74岁	70～73岁	已去世
2006	364	94	70	78.77	4	18	9	85	21	153	33	41	331
2007	350	93	71	79.69	9	28	26	105	34	125	13	10	345
2008	324	94	72	80.51	9	46	15	112	34	98	5	5	370
2009	316	95	73	81.50	15	53	21	122	33	67	3	2	389
2010	301	96	74	82.36	18	62	17	134	28	40	2	0	404

表8-2-22　2006—2010年光明食品集团离休干部职级情况表　（单位：人）

年份	人数	享副市级以上	原正副局级	享局级	参局三项待遇	参局单项待遇	正副处级	享处级	一般干部
2006	364	0	7	19	10	79	27	120	102
2007	350	0	7	18	10	74	27	115	99
2008	324	0	7	17	9	65	27	106	93
2009	316	2	5	16	8	61	27	106	91
2010	301	2	5	16	6	57	26	103	86

表8-2-23 2006—2010年光明食品集团离休干部各时期参加革命工作情况表　　（单位：人）

年份	人数	抗战前期	抗战后期	解放战争时期
2006	364	34	76	254
2007	350	29	75	246
2008	324	25	68	231
2009	316	23	64	229
2010	301	22	59	220

表8-2-24 2006—2010年光明食品集团离休干部基本情况表　　（单位：人）

年份	人数	抗战前期	抗战后期	解放战争时期	调离本单位	调进本单位	当年去世	累计去世
2006	364	34	77	253	0	306	14	331
2007	350	37	71	242	1	0	23	345
2008	324	25	68	231	0	0	16	370
2009	316	23	64	229	0	0	15	389
2010	301	22	59	220	0	0	15	404

光明食品集团2006年退休干部87人，平均年龄67.47岁；2010年124人，平均年龄66.74岁。

表8-2-25 2006—2010年光明食品集团退休干部年龄结构、职级情况表　　（单位：人）

年份	人数	最大（岁）	最小（岁）	平均（岁）	80～89岁	70～79岁	60～69岁	59岁以下	正副局级	正处级	副处级	一般干部
2006	87	86	50	67.47	3	40	26	18	4	13	28	30
2007	83	87	51	67.66	7	36	34	18	5	16	31	31
2008	89	88	52	67.45	7	37	40	17	5	19	30	35
2009	100	89	53	67.18	10	35	46	21	5	21	32	42
2010	124	84	54	66.74	11	33	57	23	6	23	32	50

二、管理工作

集团党委坚持每年召开老干部工作委员会会议，确定老干部工作重大事项；每年听取工作部门汇报2～3次，及时解决工作中的难题。按照一级抓一级的办法，考核各子公司党委的老干部工作。考核分为"党建工作考核"和"老干部工作领导责任制考核"，考核分与子公司党委主要领导的业绩和奖金挂钩。

2006年，光明食品集团举办离休干部系列讲座，由集团领导、部门经理、专业人员等不同层面的主讲人向老同志宣讲，使老同志做到"知识常新"。集团老干部工作部、团委联合开展"学农垦精神,扬时代新风"为主题的社会主义荣辱观老少谈活动。与程家桥街道联合举办"欢歌劲舞庆党建"文艺演出,举办"纪念长征胜利70周年,光明灿烂老干部摄影展",与长宁区联合体合作开展桥牌比赛、台球赛等,并组织老同志参加两省一市和长宁区老干部书画摄影展。经过调查研究,制订"集团党委统一领导,集团下属分级管理,各级党委对老干部工作负责"的老干部工作原则,确定集团党委每年向老同志通报情况、走访慰问、召开工作会议、推进社区老干部工作的具体工作办法。大力推进社区老干部工作,满足高龄老同志就近、及时解困的需要。按照"积极探索,找准切入点;积极挂钩,争取更多帮助;积极融入,老同志也为社区作贡献"等做法,分析有关涉及83个街道的本系统的老干部情况,确定工作目标,继续推进程桥2村、新浦居民区、星火农场三个点的社区老干部工作。在程桥2村,与街道联合举办"欢庆建党85周年文艺表演会"。积极参加长宁区老干部活动联合体,让老同志就近学习活动,为其提供方便。为集团老干部活动室更新电线,添置硬件设备,更新汽车,让老同志晚年生活更加丰富。按照市委老干部局要求,组织老干部看经济发展、城乡变迁、社会进步。组织总部与部分子公司老同志参观鲜花港、黄山茶林场、练江牧场、屯溪老街、黄山风景区、东海大桥、洋山深水港等。为集团老干部制作社区—企业联络卡,老同志如遇突发困难,有了应急措施。做好个性化服务,为生病、住院、有特殊困难的老同志提供服务。参加市委老干部局的双先评选工作,组织老干部工作者参加工作研讨班和工作会议,传达、学习市老干部工作会议精神,到青浦区老干部局学习取经,研讨工作中的热点、难点问题。

2007年,光明食品集团根据市有关精神和企业发展情况,提高离休干部生活补贴费,调整集团离休干部特殊医疗补贴,为离休干部报销全年的安康通使用费,扩大离休干部宽带上网补助范围,改善活动室活动设施,让离休干部共享集团经济发展的成果。制定《光明食品集团老干部信访工作暂行规定》,老干部的信访做到件件有着落、事事有结果。坚持"特殊群体,特事特办"的原则,为老干部排忧解难。对年龄大于80岁的、生活不能自理、独居和家庭负担较重的老干部,采取特殊措施给予关心照顾。集团下发《社区老干部信息表》,掌握老干部在社区基本情况,并加强与社区沟通,及时处置其突发困难。充分利用社区工作平台和服务资源,努力为集团老干部创造就近学习活动、就近得到关心照顾、就近发挥作用的条件。同集团对口有关区老干部局,子公司对口街道和居委会,做好老干部工作的沟通联络。继续抓好华阳街道、程桥2村的共同推进社区老干部工作的点,推进社区老干部工作。每季度召开一次老干部工作者例会,作为业务培训、工作交流、经验总结的载体。组织老干部工作者到水产集团学习取经,结合自身实际,逐步探索适应集团实际的队伍建设新路。

2008年,制定《光明食品集团老干部工作管理办法》,明确老干部工作的基本任务、组织领导、领导职责、工作机构和队伍建设等。各级党政主要领导干部亲自向老干部通报情况,上门走访慰问,召开座谈会听取意见。集团领导利用节假日走访慰问老同志35批次,173人次。集团宣传部、团委联手开展"寄情社区再奋蹄"活动,发掘和发扬老同志在居住地发挥作用的经验,17位老同志的事迹在《光明食品报》上作了宣传报道。元宵节期间,集团与程桥街道联合举办"鼠年大吉 普天同庆 联欢活动";七一前夕,开展"庆祝建党87周年专题组织生活会"。集团党校老师为华阳街道和程桥街道的老干部作辅导;与华阳街道联合举办"纪念改革开放30周年交流会",联合编撰《学习十七大体会集锦》等。集团发挥"广阔天地优势"为社区提供参观景点,组织社区居民参观鲜花港、金枫酒事馆等活动。老干部工作部为社区拍摄重要活动,并制成碟片赠送社区。集团老干部工作部被评为"推进社区老干部工作先进集体"。集团召开"企业—社区老干部工作恳谈会",邀请全市有关区县、街道、居委老干部工作者商议为老干部排忧解难的举措。组织老干部工作者开展"讲党性、重品行、做表率"和"践行红色之旅,继承革命传统"活动。通过更新硬件、完善制度、强化管理、提高质量,集团老干部活动室被评为"市达标老干部活动室"。活动室有学习组、稻香诗社等10个兴趣组,丰富老同志的离退休生活。

2009年,光明食品集团组织老干部积极投入科学发展观学习实践活动,举办科学发展观辅导报告,老干部与在职干部共同举行"科学发展献计会",从土地按级使用、发挥品牌效应、开发适销产品、提升管理水平、严防风险发生等方面积极建言献策。组织摄影组学员参观、考察农房集团在浙江上虞开发的"新上海花园",从"商业模式转型"实例,加深理解"科学发展"的含义。组织稻香诗社参观、考察海丰农场和上海农场,体验农场的巨大发展变化。组织老干部学习贯彻中共十七届四中全会精神,采用学文件、听辅导、议重点、谈实际等方法,加深理解全会精神。举办"薪火传承继往开来"大型座谈会。集团组织离退休老同志"庆祝上海解放60周年诗词歌舞吟唱会",用自己特有的方式庆祝上海解放60周年。组织老干部参加"游浦江看世博",领略各展馆的风貌。集团召开专门会议,落实离休干部"一门式"门诊和开设专用病床工作,方便他们能及时就医。为推进老干部在社区安度晚年,集团建立"三为一关爱网",从单位、社区、家庭三方面进一步关爱老干部,并列入当年老干部工作考核内容。对不能出门参加集体活动的老同志采用"五个一"方式(一系列与老干部沟通联系的办法、一套学习资料、一张反映单位改革发展情况的碟片、一本保健常识读本、一盒学习用品),以满足老同志的需求。邀请市委老干部局生活待遇处同志来集团作老干部工作政策讲解和案例分析,开展"工作经验大家谈"专项活动和相关培训辅导。召开集团子公司老干部活动室负责人会议,汇报交流工作。开展建党88周年庆祝活动。集团总部举办"纪念上海解放60周年"老干部诗词吟诵、文艺演唱会,组织参加市委老干部局主办的"上海市老干部纪念上海解放60周年歌咏大会";组织摄影组、诗社分赴练江和黄山及朱家角采风活动;参加长宁区老干部局主办的"纪念上海解放60周年老干部书画摄影展";参加区联合体老干部桥牌、象棋比赛;办好活动室"夕阳红"专栏和走廊摄影图片展;编印《乐在影中》图集和《寄情社区再奋蹄》,分送集团每位老干部,提高老同志活动兴趣。

2010年,集团党政领导在春节、高温期间、敬老节分批走访慰问老干部68人次。举办情况通报会,向集团享局级离休干部和离退休干部党支部书记等通报情况,听取意见和建议。集团完善老干部工作"三个三"的考核办法,考核分值由3分增至5分。世博会试运行期间,集团组织300名老同志先期参观世博会,组织离退休干部参与世博知识竞赛,集团有5个子公司,9支队伍,27位离退休老干部参加了"远大心胸杯世博知识竞赛",在全市200多支参赛队伍中,总部和梅林股份2支队伍进入决赛,总部获得全市第2名。集团老干部工作部和团委联手开展"传薪火、谈世博、送关爱"活动,由老干部工作者和团干部共同上门向老同志宣传世博、接受老同志传统教育、为老同志送上世博纪念品。世博会结束后,开展"延续世博理念,谱写和谐乐章"活动,请为世博会辛勤服务的光明集团的"小白菜"志愿者与老干部交流世博感悟。加强对"三为一关爱网"维护完善,表彰8位老干部的好家属,颁发奖章,赠送纪念品。按照创建学习型工作队伍的要求,采取召开例会、参观学习、专题调研、聆听讲座等形式,提升老干部工作者的工作水平。上半年调研9个子公司退休干部的服务管理工作,并形成调研报告。充分发挥集团老干部活动室的作用,组织老同志参加市老干部局的时事形势报告会。歌咏兴趣组唱革命老歌、自编节目,诗社宣传集团改革发展等,让老同志在活动中受到启迪和教育。组织老同志到海湾森林公园、苏州河观光等活动。

表 8-2-26 2010年光明食品集团离退休干部学习、参观活动情况表

项目	参观学习		学习形式						老干部在家收听有关广播电视次数	送学习资料、传达文件精神人次
	离休干部参观活动		离退休干部理论学习		参加报告会		书记、支委学习培训			
	市内参观学习人次	赴外省市参观学习人次	小组数（个）	参加人数	场次	听讲人次	培训人数	培训人次		
合计	260	3	5	44	24	302	6	7	38	195

三、党组织建设

光明食品集团把离退休干部党支部建设纳入集团党建工作的总体规划，认真做好规划、部署和考核、表彰等各项工作。

【老干部党支部基本情况】

2010年年末，光明食品集团离退休党支部（总支）共22个，其中离休干部党支部18个，离休干部与退休干部联建党支部3个，由集团老干部工作部管理的党支部1个。离退休党支部正副书记共28名，其中离休干部任党支部正副书记22人，80岁以上离休干部任党支部正副书记12人，在职干部任正副书记6人。在离休干部党支部（总支）中，有16个党支部能定期过组织生活。

【党支部建设和工作】

2006年，集团举办离休干部党支部书记和老干部工作者研讨班，向老同志传达市老干部工作会议精神、集团老干部工作要点，学习青浦区老干部局离休党支部建设的经验。年中召开部分党支部书记会议，回顾上半年工作，确定下半年工作任务。各党支部利用每月党组织生活、理论组活动、平时家访等形式向老同志宣传党的方针、政策，宣传集团改革发展的形势。为了解决高龄老干部到单位参加组织生活不方便的困难，选择老干部居住相对较集中的程桥2村试行"在家门口过组织生活"。自5月份开始，每逢党支部过组织生活，集团老干部工作部派人去参加，传达中央、市委重要文件精神，通报集团经济发展情况，沟通相关信息。

2007年，集团按照中央组织部《关于进一步加强和改进离退休干部党支部建设工作的意见》和市委组织部的有关通知精神，举办为期三天的离休干部党支部书记学习班。集团党政领导向离休干部党支部书记宣讲集团发展战略规划，讲解老干部政策和集团党委贯彻落实的举措，组织学习《江泽民文选》，听取关于和谐社会建设的辅导报告。调整离退休党支部的组织设置，实行由离休干部担任党支部书记、在职干部担任党支部书记（副书记或委员）、退休干部担任党支部书记等三种形式。根据离休干部党支部原来分别归口于集团下属三个系统，工作方法、学习安排各不相同，党支部党员人数相差很大，高龄老同志参加组织生活力不从心的具体情况，集团老干部工作部通过召开座谈会，听取老干部建议，对党支部组织设置作了相应调整和平衡，使长宁区程桥2村推行的"在家门口过组织生活"的活动形式得到延续和提升，受到老干部的欢迎。

2008年，光明食品集团根据部分担任离休党支部书记的高龄老同志力不从心的实际情况，确

定由在职同志任党支部书记、副书记、支委委员,或以联络员身份协助开展支部工作。在党支部成员结构上,由离休干部、退休干部和在职同志组成。党支部活动方式采取宽松和趣味型;活动场地由原单位转为就近社区;学习形式由集中学习转为在家自学为主;学习方法由宣读文件转为研讨、知识竞赛等。农工商投资公司离休干部党支部采取"五个一"的组织活动形式,即一份学习资料、一张通报公司情况光碟、一支笔、一本记录簿、一套交流沟通办法,满足了老同志政治生活的需求。

2009年,集团25个离退休干部党支部设置调整结束,所有离退休党支部都由在职同志负责具体工作。在庆祝中华人民共和国成立60周年之际,集团总部离休干部第一党支部被评为上海市先进离退休干部党支部,冠生园集团杨海成、烟糖集团陆耀前被评为上海市离退休干部先进个人。

2010年,根据老同志家庭、身体实际状况,集团改进工作方法,对体弱不能出门的老同志开展"送学习到家门、送信息到耳畔、送关爱到心坎"活动。用PPT形式将集团重要事项、上海市和集团老干部工作、老同志活动等信息制成光碟,送到老同志家中播放,满足了老干部的实际需要。五四公司离休干部第一党支部,长江总公司离退休干部党支部,牛奶集团离退休干部党支部被评为光明食品集团先进离退休干部党支部。集团总部徐承武,冠生园集团赵洪景,牛奶集团高翼华,上海市食品进出口公司吴起龙,五四公司金浩然被评为光明食品集团离退休干部先进个人。

四、老干部工作委员会

【概况】

2007年5月,光明食品集团对老干部工作委员会成员作适当调整充实。老干部工作委员会主任为集团党委书记、董事长,副主任为集团总裁曹树民、集团党委副书记顾勇、集团总部离休一支部书记周兆蟾;委员为集团党委委员、组织部部长张大鸣、集团老干部工作部部长朱家荣、集团办公室副主任朱平、投资公司党委书记周慧琴、长江总公司党委书记杨春花、益民集团党委副书记吴爱平、烟糖集团党委副书记李国忠、冠生园集团总部离休党支部书记杨海成、原烟糖集团副经理离休干部房清茂。

2009年,光明食品集团老干部工作委员会:曹树民、顾勇、周兆蟾、张大鸣、朱家荣、朱平、周慧琴、潘洪、李国忠、吴爱平、杨海成、房清茂。

2010年,光明食品集团老干部工作委员会:曹树民、周海鸣、周兆蟾、马勇健、朱家荣、朱平、李国忠、吴爱平、潘洪、钱瑞新、杨海成、房清茂、陆美华。

【会议】

2007年5月15日,集团召开第六次老干部工作委员会会议,研究部署老干部工作。会议听取集团党委副书记顾勇关于集团老干部工作委员会成员调整情况的通报;听取集团党委委员、组织部长、人力资源部经理张大鸣传达曾庆红在全国老干部双先表彰会上的讲话精神、韩正在上海市老干部工作会议上的讲话精神;讨论并原则同意2007年集团老干部工作要点。会议强调集团所属各单位从2006年起离休干部年生活补贴费达到1.6万元。集团老干部工作部对未纳入"干部就诊"范围的离休干部住干部病房住院费差价情况进行调研,调研情况向集团老干部工作委员会汇报。为离休干部办四件实事:光明食品集团离休干部特殊医疗补贴调整方案,对离休干部的特殊医疗费用,单位补贴部分由原来的33%,提高到50%。已高于50%标准补贴的单位,鼓励继续实施。离休干部住宅安装"安康通"呼叫器,每年补贴120元租费。离休干部担任离休党支部书记或专职副书记,退休干部担任离退休干部党支部书记,每月发放100元津贴。为集团老干部活动室更新、添置桌椅柜和其他设施。

2008年4月1日,集团召开第七次老干部工作委员会会议,认真传达学习全国老干部局长会议和上海市老干部工作会议精神。为老干部办实事:对解放战争时期参加革命工作的离休干部实行住干部病房补贴措施,以住区中心医院干部病房为准,单位补贴三分之二。特殊医疗补贴由单位补贴二分之一,增加到三分之二。发挥老干部活动室在丰富老干部精神文化生活方面的主阵地作用,继续加大对学习组、摄影组、歌舞组、稻香诗社等兴趣组活动经费的扶持力度。

2009年2月10日,集团召开第八次老干部工作委员会会议,认真传达学习全国老干部工作会议和上海市老干部工作会议精神。为老干部办实事,在新中国成立60周年之际,向集团每位离休干部赠送1枚纪念章。向每位老干部赠送《细节决定活百岁》和1面放大镜。各子公司加强老干部活动室的建设,发挥其学习活动主阵地作用。集团扶持烟糖、长江、投资、五四等4家子公司老干部活动室的硬件设施建设。办好集团老干部活动室,在取得市级达标称号的基础上,更新部分设施。

2010年3月15日,集团召开第九次老干部工作委员会会议,听取集团党委副书记周海鸣关于调整集团老干部工作委员会成员的说明;传达学习上海市老干部工作会议精神;回顾总结2009年老干部工作,部署2010年集团老干部工作。为老干部办实事:扶持集团总部及烟糖、长江、五四、牛奶、冠生园等公司老干部活动室建设。更新集团老干部工作部公务车1辆。为集团系统离休干部和市管退休领导干部每人赠送世博会门票2张。请集团系统离休干部和市管退休领导干部品尝集团农副食品。加强对市管退休领导干部和按干部管理权限范围内退休领导干部的管理,明确管理部门,落实专人负责,形成《集团退休领导干部服务管理意见》。老干部工作做到"三个三":"三亲自",领导干部在重要节日亲自走访慰问老干部、亲自召开座谈会听取老干部意见、亲自向老干部通报情况;"三为一关爱网",单位是主导、社区是基础、家庭是依托,共同做好老干部高龄养老工作;"三送到",送学习到家门、送信息到耳边、送精神慰藉到心坎。

五、老干部活动室

【概况】

光明食品集团老干部活动室前身为上海市农场管理局老干部活动室,创办于1983年,1991年3月被上海市老干部活动室和市人事局正式认定。集团老干部工作部部长兼任老干部活动室主任。活动室管理人员编制2名,总部编制2名,共为4名,其中3人具有大专以上学历,从事老干部工作在3年至23年不等。活动室配有驾驶员3名,炊事员1名。2008年10月,集团老干部活动室被评为"上海市老干部达标活动室"。

集团老干部活动室面积392平方米。活动室配有电脑、电视机、音响、照相机、桌球等设施,还添置气血循环机、颈腰椎牵引器等健身设备。活动室开设阅览室、棋牌室、桌球房、多功能服务厅。活动室服务项目有就餐,理发,供应营养鸡蛋,供应黄山茶叶,专供集团系统自产商品,如八宝饭、黄酒、大米、蔬菜等,方便老同志购物。活动室设有学习组、稻香诗社、摄影组、花卉组、棋牌组、垂钓组、射击组、歌咏组、舞蹈组、台球组等10个兴趣组。

老干部活动室经费由集团全额下拨,年初向集团财务报预算,每季度申报拨款报告。

【活动】

集团老干部工作部和老干部活动室实行两块牌子一套班子。2006年,修订完善活动室工作制度,整理、规范各兴趣组的活动记录台账。建立每周一次工作碰头会,统一研究工作部和活动室的近期工作。利用走廊、餐厅展示老同志的摄影、书画作品,既美化环境又展示老同志学习创作的成果。活动室与长宁区华阳街道举办结对仪式,以学习组、歌舞组和稻香诗社为骨干,与华阳街道联手开展学习中共十七大精神交流会、党支部建设交流会和文艺联欢会,加强企业和社区的联谊。主办歌咏组和舞蹈组建组十周年汇报演出,参加全市"军歌嘹亮大合唱",承办"发扬围垦精神,推进光明事业发展大型座谈会"。主办"学习《江泽民文选》、建设和谐社会"的辅导报告。活动室加强对兴趣组的工作指导,每月为老同志提供2~3次免费理发服务。

2009年,老干部活动室重点围绕"三大主题"开展活动。第一个主题是"学习党的十七大精神"知识竞赛。在集团系统内全面开展"学习党的十七大精神"知识竞赛活动,组织集团系统7支队伍参加市活动中心举行的"上海市老干部学习十七大精神"知识竞赛,五四组获"青松奖"(二等奖),总部组获"百花奖"(三等奖)。第二个主题是"与奥运同行"文体健身系列活动。组织参加市活动中心、区联合体举办的象棋、桥牌等比赛活动。参加所在社区、市活动中心举办的老干部趣味运动会;组织"老干部兴趣组项目比赛"活动,有桥牌、麻将、桌球、象棋、扑克牌等。第三个主题是"纪念改革开放三十周年"系列活动。组织召开集团总部离退休人员"纪念改革开放三十周年"歌舞、诗词吟诵会;参加市活动中心举办的"老干部诗词吟诵会",周兆蟾获最佳作品奖,张立挺、陈志明、纪少华获优秀作品奖;举办"纪念改革开放三十周年——'光明灿烂'老干部摄影展",共12块展板、近百幅照片;参加市活动中心主办的"纪念改革开放三十周年——上海市老干部摄影巡回展",陈士新、陆鹤云获优秀作品奖;组织集团总部老干部"改革开放三十周年"知识竞赛活动、与华阳街道联合举办"改革开放三十周年"知识竞赛活动,集团组获一等奖。参加创建上海市"示范""达标"老干部活动中心(室)活动,获"达标"荣誉称号。

2010年,光明食品集团老干部活动室为离休干部党支部、10个兴趣组、所在社区开展活动提供场地。邀请集团党委委员、宣传部部长徐永炘为老同志讲解新三年发展规划,增强老同志为集团发展建言献策的主动性。有50多人组成的歌舞组每周二开展"放歌一天 快乐一周"活动。摄影组出版《乐在影中》作品集,为纪念上海农垦围垦50周年举办摄影展。稻香诗社到长江农场采风,收集创作素材。活动室组织老同志参加全市报告会10次;组织老同志参观海湾森林公园、苏州河等活动。在建党89周年之际,组织老干部参加五四农场和长江农场"回娘家、游农场、看发展"活动。召开老干部工作者季度例会,听取相关专业知识讲座。开展老干部工作政策业务知识和工作征文活动,学习《老干部工作政策业务知识问答》和《老干部工作政策摘编》。参加市委老干部局"老年人的心理特征"和"人际沟通"业务培训。

老干部活动室调整充实兴趣小组,逐步减少射击组、垂钓组的活动,成立了编织组,开办书法培训班,聘请书法老师作定期辅导,并举办学员书法汇报展示。组织老干部积极参加市局活动中心、区联合体等组织的各类活动并取得好成绩。

第九篇
企业文化建设

概　　述

　　2007年4月，集团制定《光明食品集团企业文化建设行动计划》，确定企业文化建设的主要内容为：理念文化、制度文化、行为文化和物质文化。企业文化建设的具体目标为：统一集团企业文化的核心理念，包括企业共同愿景、使命、价值观和企业精神；统一集团的视觉识别系统，制定相应的使用管理规范；推动集团各项管理制度的制定和落实，提高集团的管理水准；统一集团系统干部员工的行为规范；促进集团品牌文化的建设；开展丰富多彩的职工群众文化优育活动；建设集团传承历史、教育职工、面向社会的企业文化教育基地。集团开展形势教育、思想政治工作研究会和企业文化促进会专项活动、精神文明建设、普法教育等，不断提高广大干部员工对光明传统、光明品牌、光明文化、光明愿景的认知度，共同为做大做强光明食品集团努力奋斗。

　　集团于2007年6月和2010年6月召开思想政治工作研究会、企业文化促进会（简称"思研会、企促会"）年会，重新调整思研会、企促会的领导机构和理事会团体、个人成员，积极探索加强和改进新形势下国有企业思想政治工作和企业文化建设的理论实践课题，在加强理论学习，开展思想政治工作研究；开拓创新、探索具有光明特色的企业文化建设新路子等方面取得了成效。集团把上海益民食品一厂历史展示馆、上海农垦博物馆和《光明食品报》、光明食品集团官方网站作为企业文化重要载体，发挥这些文化载体的窗口展示、阵地宣传作用。

　　精神文明建设委员会办公室设在集团党委宣传部。集团所属单位党组织建立不同层级的创建文明单位组织体系，开展文明单位创建评比活动。2010年，集团围绕迎世博和食品安全等，开展文明创建活动；制定《文明单位创建活动实施细则与文明单位考评标准》；对申报上海市和集团级的文明单位进行现场检查；组织集团系统36家上海市文明单位参加市国资委组织的文明创建专题培训；召开文明单位表彰大会，34家企业和单位被评为上海市文明单位，76家企业和单位被评为集团级文明单位。

　　集团于2007年2月调整"五五"法制宣传教育领导小组办公室（简称"法宣办"）设在集团党委宣传部。集团法制宣传教育领导小组每年召开一次专题会议，研究本系统"五五"法制宣传教育工作进展情况，提出指导性意见。各子公司成立相应的法制宣传教育领导小组，并落实专人负责。

　　光明食品集团于2010年11月16日召开纪念上海农垦围垦50周年座谈会，副市长胡延照代表市政府到会讲话，原上海市围垦总指挥部副总指挥、农场管理局局长李守咨，原黄浦区围垦指挥部副指挥、享局级离休干部姜季农等先后发言。集团举办"纪念上海农垦围垦50周年书画摄影作品展"，各子公司也相继开展各种形式的纪念上海农垦围垦50周年活动。

　　光明食品集团积极支持社会公益事业，履行国有企业社会责任。2008年5月12日，四川省汶川地区发生特大地震后，集团广大党员、干部和职工积极投入抗震救灾工作，支援灾区各类食品345吨，捐款捐物3 625万元，其中2 000万元和200万元用于建造四川省都江堰市光明团结小学和绵阳市平武县阔达藏族乡光明博爱小学。

　　从2008年8月开始，光明食品集团和所属各单位把迎接世博、服务世博、奉献世博作为最大的历史机遇和社会公益活动，集团共投入5 000万元开展"绿色盛会一起来"主题营销系列活动。集团在世博会开园之前向上海市志愿者组织捐赠1 000万元。光明食品集团许多企业和个人先后获得上海市"微笑服务大使",上海市"服务世博、奉献世博"立功竞赛优秀集体、个人等各类荣誉称号。

为发展上海慈善公益事业,光明食品集团于 2006 年 10 月 19 日向市慈善基金会捐赠 100 万元,设立上海市慈善基金会光明爱心专项基金,为上海地区患先天性白内障等眼疾的家庭困难的青少年和儿童患者提供免费医疗。

第一章　企业文化理念

光明食品集团是一个横跨三大产业的大型企业集团,内部资源十分丰富,同类企业数量众多,与社会各个方面又有广泛的联系。确立海纳百川的宽阔胸怀,树立融入光明、服务光明、奉献光明的大局观念,建立传承优良传统、坚持与时俱进、体现时代特征和产业特色的企业文化,是实现集团发展战略的重要保证。

第一节　企　业　精　神

光明食品集团于2007年4月制定《光明食品集团企业文化建设行动计划》,确定企业文化建设要紧紧围绕实施集团发展战略、加快建成国内一流的食品产业集团的目标,在继承、弘扬优良传统的基础上,积极吸收借鉴国内外现代管理和企业文化的优秀成果,以和谐共赢为追求,以诚信经营为基石,以学习创新为动力,努力培育和发展与现代企业制度相适应、具有光明食品集团特色的优秀企业文化。光明食品集团企业文化建设的原则是:统一性和多样性相结合的原则,继承性和创新性相结合的原则,企业文化建设和经济建设紧密结合的原则,企业文化建设与思想政治工作、精神文明建设有机结合的原则。

光明食品集团企业文化建设的内容主要有理念文化、制度文化、行为文化和物质文化等四个方面。企业文化建设的具体目标为:统一集团企业文化的核心理念,主要是集团的共同愿景、使命、价值观和企业精神;统一集团的视觉识别系统,制定相应的使用管理规范;推动集团各项管理制度的制定和落实,提高集团的管理水准;统一集团系统干部员工的行为规范;促进集团品牌文化的建设;开展丰富多彩的职工群众文化活动;建设集团传承历史、教育职工、面向社会的企业文化教育基地。

光明食品集团组建之初,充分发挥企业文化在集团组建和整合中的重要作用。在2006年开展的"弘扬光明精神、做响光明品牌、做强光明集团、做大光明食品"大讨论活动中,集中讨论企业文化的精髓——光明精神。集团在制定战略规划的同时,制定了《集团企业文化建设行动计划》,强调光明食品集团企业文化建设的重点是"创业文化、创新文化、业绩文化、包容文化"。

光明食品集团的使命是:坚持"民以食为天,我以民为先"的经营理念,为大众提供安全营养健康美味的食品,为社会提供与食品产业相关的高品质服务,让人们的生活更加美好,实现客户、企业、股东、员工价值的最大化、最优化。光明食品集团使命的宣传主题是"光明食品,美好生活";在推广宣传光明食品集团的自主品牌食品时,采用的副题是"光明食品,健康美味"。

光明食品集团确定的战略定位是:逐步发展成为国内领先、拥有知名品牌和核心技术、综合集成能力较强的食品产业集团。这一定位主要包含三层意思:一、未来的光明食品集团是一个主业突出的产业集团。食品产业对集团规模和利润的贡献度要保持在80%以上。二、未来的光明食品集团是一个拥有知名品牌和核心技术的食品产业集团。三、未来的光明食品集团是一个综合集成能力较强的龙头食品产业集团。"综合集成能力较强"是根据上海城市发展战略提出的逐步形成服务经济为主的产业结构的总体要求,用系统的方式加强综合集成能力的建设,强化"龙头"功能,打通一二三产业链。通过产权、契约或其他协调合作的机制提升对社会资源的配置与整合能力,进一步处理好自身发展和服务他人的关系,进一步处理好"内循环"和"外循环"的关系。光明食品集团强化整体的集成能力,通过一二三产业的融合发展,不仅为客户提供安全、放心、健康、美味的食品产品以及便捷的食品销售服务,还提供食品产业链上的"集成服务",引导集团内外更多的中小食品企业以光明食品集团为龙头,实现集群化、集约化发展。

光明食品集团的战略愿景是:以市场为导向,坚持优先发展食品产业使之成为强大的核心主业,以资源和网络为基础,科技创新和信息化为支撑,坚持品牌经营和产业经营、资本经营相结合,通过对内部资源和社会资源的有效整合,以流通业务为先导、品牌食品制造业务为支柱、食品制造业物流和城市配送物流业务为纽带、都市现代农业为特色、投资性业务为后盾,集中力量培育壮大若干个行业领先的食品科技研发、原料生产、加工制造、内外贸易、专业服务相互支撑的战略供应链及相关产业群,提升光明食品集团的整体竞争力。到2015年,发展成为国内领先的、拥有知名品牌和核心技术、综合集成能力较强、具有国际竞争能力、在全球有一定影响力的食品产业集团。

光明食品集团的企业精神是:"自强不息,开拓创新,凝聚众力,追求卓越。"

第二节 企业文化教育

2007年,光明食品集团集中进行"发展战略规划宣传月"活动,在集团网站和《光明食品报》上开展企业文化大讨论,发表文章40多篇;各子公司通过讨论会、报告会、知识竞赛、演讲比赛等多种形式,广泛深入地宣传教育,使全体干部员工明确集团的发展战略目标、经营理念、价值观、企业精神等企业文化的核心内容,基本达到"家喻户晓、人人皆知"的效果。2007年底向2 000人发放的问卷调查结果显示,干部员工对集团企业文化的各项核心内容的认知度和认同度均达到90%以上。

2008年,集团党委宣传部同纪委、监察室以举办中国古代廉政故事绘画展的形式,推进廉政文化建设。集团主要领导在集团大会上多次带头宣传集团倡导的"创业、创新、业绩、包容"文化,对干部员工进一步增强服务大局、奉献大局的精神,增强敢于创新、勇于突破的精神,增强团结包容、和谐奋进的精神,增强廉洁自律、艰苦创业的精神,起到了较好的宣传引导作用,也为集团实现"3+2"产业企业整合营造了较好的舆论氛围。各企业在资产、人员和财务整合的同时,更加重视文化的整合和融合。集团制定各类制度135多项,形成了完备的管理制度。在制度的引领下,光明食品集团逐步形成干部员工的行为规范。集团宣传部门汇编《光明食品集团企业文化案例》,收集60多个反映集团企业文化核心理念的案例,大力弘扬干部员工的先进文化理念和实践成果。对光明食品集团各子公司的企业文化进行调研,通过多年企业文化建设和"创业、创新、业绩、包容"的文化大讨论,确立了光明核心价值体系,在推进理念、资源、品牌整合,强化集团意识,展示"光明"整体形象方面取得很大进展。以"光明文化"为核心、所属各子公司品牌文化为主要内容的众星捧月式的集团企业文化体系逐步形成。

2010年,光明食品集团制定《2010—2012年发展战略规划》,明确要紧紧围绕集团新三年发展战略规划,认真组织实施以光明价值体系为核心、以光明团队合力为纽带、以光明品牌文化为重点的母子公司文化体系建设,使企业文化力进一步转变为道德力、凝聚力、推动力和核心竞争力。进一步强化全体员工的职业道德、使命感和责任感,牢固树立对标先进、学赶先进的激情和意志,努力形成"想干事、能干事、干成事"的氛围和机制,使全体员工充满激情、勇于创新、万众一心、顽强拼搏,共同为实现集团发展战略规划提出的目标而奋斗。

第二章　企业文化活动

光明食品集团坚持把开展形式多样的企业文化建设活动作为加强职工队伍建设的重要抓手，通过形势教育、思研会和企促会专项活动、精神文明建设、普法教育、纪念上海农垦围垦50周年等，不断提高广大干部员工对光明传统、光明品牌、光明文化、光明愿景的认知度，共同为做大做强光明食品集团努力奋斗。

第一节　形势教育活动

2006—2007年，光明食品集团在干部职工中开展"读懂光明、融入光明、服务光明、奉献光明"形势教育活动。

2006年8月25日，光明食品集团党委召开动员会，决定在全系统各级领导班子和党员中深入开展"弘扬光明精神、做响光明品牌、做强光明集团、做大光明食品"大讨论活动。活动指出，组建光明食品集团是坚持以三个代表重要思想为指导，全面贯彻落实科学发展观，完善国资国企战略布局的重要决策，是进一步发挥上海一二三产业整体优势，做大做响民族品牌，大力发展都市产业的重要举措，是服务全国，服务三农的重要载体，有利于进一步提升上海产业能级、增强城市国际竞争力。通过开展大讨论，进一步统一思想，统一干部群众对组建光明食品集团战略意义的认识，切实增强政治意识，全局意识和责任意识；进一步振奋精神，增强信心，凝聚人心，形成合力；进一步深刻领会和细化"光明精神"，加快融合企业文化，构筑共同的理想和使命；进一步集思广益、群策群力，谋划和制定光明食品集团新的发展战略，从而为实现把光明食品集团打造成为中国食品著名品牌的宏伟目标奠定扎实的思想基础。

2006年10月，光明食品集团党委发出《关于学习党的十六届六中全会精神的通知》。各级党组织和广大党员学习贯彻中共十六届六中全会精神做到五个结合，把学习与制定集团战略规划，整合方案相结合；把学习和加强企业民主管理与保障职工切实利益相结合；把学习决定和建设四好班子与完善三重一大制度相结合；把学习决定和弘扬光明精神与加强企业文化建设相结合；把学习决定和完成今年任务与谋划2007年工作相结合。

2007年8月，光明食品集团党委发出《开展警示教育，推进廉政建设》的通知，组织党员领导干部认真学习胡锦涛6月25日在中纪委第七次全会上的重要讲话精神。党员领导干部和有关岗位管理干部，把警示教育与推动党员领导干部的作风建设相结合；与加强对领导干部遵纪守法教育相结合；与促进企业制度建设相结合；与解决突出问题相结合。

2008年3月7日，集团党委和行政下发《关于开展"科学发展、共建和谐"形势教育宣传月活动的通知》，明确了宣传教育活动的指导思想、主要内容、基本方法及保障措施。集团党政领导以学习贯彻中共十七大精神为主线，结合传达贯彻全国两会精神，介绍国际、国内的形势和宣传市委、市政府对光明食品集团的要求，紧密结合集团的发展战略规划，紧密结合干部员工关心的热点问题，紧密结合集团和本企业2008年经济和党建工作重点，紧密结合"创业、创新、业绩、包容"文化的建设，开展广泛深入的宣传教育。在形势教育过程中把宣讲和座谈结合起来，把调研和互动结合起来,把组织竞赛和普遍教育结合起来,把集团内部企业之间"走出去"考察和"引进来"指导结合起来,把宣传教育和解决实际问题结合起来,做到深入浅出、通俗易懂,员工喜闻乐见,宣传教育实效明显。

3月17日,集团党委举行中心组学习报告会,传达全国两会精神,动员部署光明食品集团"科学发展、共建和谐"形势教育宣传月活动。

4月7日,集团举办形势教育宣传月活动培训班,党委主要领导作动员报告,在形势宣传教育月活动中聚焦发展,增强使命意识和创新意识;聚焦主业,增强危机意识和机遇意识;聚焦整合,增强大局意识和包容意识;聚焦民生,增强责任意识和服务意识。集团向各子公司下发形势教育宣传提纲。

集团各子公司建立形势教育宣传月活动领导小组和工作小组,建立党政班子成员联系制度,培训本单位宣传干部,联系本单位实际,编写形势教育宣讲材料,领导班子成员深入基层进行宣讲。各单位采用宣讲、调研、座谈互动、简报、网站、展板、标语等多种形式,深入进行形势和任务宣传活动。集团网站和《光明食品报》发表了63篇有关形势教育的专题报道。6月25日,集团党委宣传部、组织部、纪委、工会和团委联合举办"集团形势教育演讲、知识竞赛",集团所属各单位和总部共18个代表队参加竞赛。农工商超市集团获主题演讲一等奖,东海总公司获知识竞赛一等奖。

2009年3月19日,光明食品集团党委召开深入学习实践科学发展观活动会,对集团系统学习实践科学发展观活动进行动员部署。各级党组织和广大党员深刻认识开展好学习实践科学发展观活动的重大意义,增强搞好活动的责任感和使命感,正确把握学习实践活动的主要原则和目标任务,紧紧围绕"四个确保"和"争创党建标杆"活动,结合本单位实际,突出实践特色,扎实推动各项工作上台阶、上水平,确保学习实践活动取得实效。充分认识开展深入学习实践科学发展观活动的重大意义,是应对国际金融危机,促进经济平稳较快发展的迫切需要,是进一步推进国资国企改革发展的迫切需要,是以改革创新精神全面推进国有企业党的建设的迫切需要。在工作中,联系实际提高认识,切实提升企业领导人员自觉实践科学发展观的能力和水平,进一步做强做大核心主业;着力解决影响和制约企业科学发展的突出问题和矛盾;建立促进国有企业科学发展的机制,完善法人治理结构,加强内部管理;加强企业党的建设,提高自觉实践科学发展观的能力和水平。

2010年8月,光明食品集团党委在全系统党组织和党员中深入开展以"对标一流,争当先锋,实现跨越发展"为主题的创先争优活动。各级党组织围绕集团的生产经营以及党员的岗位特点,运用各种行之有效的载体和方式,把基层党建带有长期性、阶段性的各项重点工作与创先争优活动有机结合起来,突出重点,注重实效,整体推进各级党组织从自身实际出发,围绕中心工作设计主题,把广大党员吸引到创先争优活动中来,紧紧围绕确定的主题,认真落实各项措施,扎实推进创先争优活动的深入开展。各级党组织结合自身特点,明确先进基层党组织和优秀共产党员的条件,大力推进学习型党组织创建,努力做到"五好",即领导班子好、党员队伍好、工作机制好、工作业绩好、群众反映好。广大党员在集团新三年战略规划实施中发挥先锋模范作用,努力做到五个带头,即带头学习提高、带头争创佳绩、带头服务群众、带头遵纪守法、带头弘扬正气。

第二节 理论思想研究活动

光明食品集团组建成立后,调整了思想政治工作研究会(简称"思研会")、企业文化促进会(简称"企促会")的领导机构和理事会团体、个人成员，2007年6月和2010年6月先后召开思研会、企促会年会。集团和各子公司思研会、企促会围绕集团经济发展中心，贴近基层企业，积极探索加强和改进新形势下国有企业思想政治工作和企业文化建设的理论实践课题。

一、理论学习

集团党委书记、副书记担任思研会、企促会会长和常务副会长；在集团党委宣传部设立思研会、企促会秘书处，负责开展集团系统思想政治工作和企业文化日常工作。

明确思研会、企促会工作的指导思想、定位、作用。指导思想是：紧紧围绕集团经济建设中心，贴近集团各阶段工作实际，贴近干部员工的思想实际，通过多种灵活有效的工作形式，把思研会、企促会的活动内容和集团的中心任务结合起来，把思研会、企促会的具体工作和集团有关职能部门的工作结合起来，把理论研究的系统性和解决问题的操作性结合起来，把思研会、企促会建设成企业党政开展思想政治工作和企业文化建设的参谋和助手，不断提高研究水平和实践能力，为集团思想政治工作和企业文化建设起到积极的促进作用。

2007—2010年，集团思研会、企促会在加强理论学习，开展思想政治工作研究方面做了三项工作，一是以党委中心组学习双月报告会为平台，广泛宣传市委、国资委和集团改革发展的形势、目标、任务和要求。三年共举行党委中心组学习报告会15次；益民、烟糖、农房、长江、跃进、五四等子公司邀请专家学者及有关领导作专场报告和理论辅导。二是以《光明食品报》和《光明网》为载体，交流宣传集团系统思想政治工作新动态、新成果，集团经济发展的新进展、新成效。开展党委中心组学习成果的评比展示，并组织汇编中心组学习成果的材料。三是与集团组织部等合作，开展以党建创新为主题的课题研究与评选工作，内容涉及光明食品集团党的建设、思想政治工作、企业文化建设、文明创建、群团工作、民生与和谐建设、人才培养等。《解放日报》整版刊载集团宣传部、组织部与海丰农场党委合作撰写的海丰农场评选上海国资委党建红旗标杆单位的总结材料。集团思研会、企促会还先后完成市国资委布置的职工思想动态调查、迎世博创文明、建设学习型企业等专题研究和材料撰写任务。

二、文化创新

光明食品集团由原来的农工商集团、益民食品集团和烟糖集团共同组建，三个集团的企业文化各不相同。思研会、企促会与集团党委有关部门及时组织集团系统企业文化建设情况的调研和讨论，对各子公司的企业文化进行分析，组织部分单位进行交流，请专家对光明食品集团的企业文化建设作专题辅导。2008年集团思研会、企促会组织18家子公司撰写企业文化建设的课题论文，形成《光明食品集团企业文化建设论文选编》，进一步为集团和各子公司在思想政治工作、企业文化建设创新方面提供理论与实践的指导和借鉴。

2009年至2010年初，集团组织子公司的思研会、企促会和宣传部门、企业文化建设中心收集体现光明食品集团企业文化内涵的案例，做到理念故事化、故事理念化，并对案例逐个点评，形成《光明食品集团企业文化案例汇编之一》。各子公司也结合本单位特点，开展各具特色的企业文化建设工作和思想政治研究工作，如益民集团开展的读书活动；烟糖集团党委中心组的述学活动；海丰、跃进、长江总公司开展米业文化与品牌建设活动；第一食品公司的茶文化节、长江农场的大瀛玉米节、五四农场的有机葡萄节、上海鲜花港的摄影大赛等,在社会上产生较大的品牌影响力。

三、思想调研

集团思研会、企促会每年都和有关部门联合开展员工干部思想动态调研活动。2007年和2009年各进行了一次2 000人参加的干部员工当前思想动态问卷调查,并形成专题报告,使集团领导全面了解干部员工的真实思想和意见建议。2010年思研会、企促会又多次了解干部员工参观上海世博会后的思想动态,向集团领导和国资委专题汇报。

四、学习交流

思研会、企促会在推进思想政治工作研究和企业文化建设过程中,采用专题讨论、课题"沙龙"、外部考察和内部交流等多种形式,努力做到活动形式多样、内容丰富。先后组织各子公司到蒙牛乳业生产基地参观学习,开阔视野;为基层提供服务、指导,搭建平台,组织30多位宣传和企业文化干部参加中高级企业文化管理师的培训,加强集团对各子公司的指导、通联工作。光明食品集团思研会、企促会经常与国资委系统沟通和交流,积极参加国资委企促会和商业系统思研会的研讨交流。

第三节 文明单位创建工作

2007年6月5日,光明食品集团建立精神文明建设委员会,精神文明建设委员会办公室设在集团党委宣传部(公共关系部),陈春山任主任。2009年4月,集团党委副书记周海鸣任精神文明建设委员会常务副主任,顾勇离任。文明单位创建工作按照党组织隶属关系实施管理,集团所属单位党组织统一组织实施本单位文明单位创建工作,根据自身需要建立不同层级的创建文明单位组织体系,开展文明单位的创建评比活动。

一、创建规划

以党组织为主导,党政班子共同研究决定。创建规划主要包括:年度目标,领导体制,任务要求,实施方案,人员落实,经费保障,考核标准,奖惩办法等内容。党组织书记、国有产权代表是文明单位创建活动的第一责任人,形成党政工团齐抓共管、全员参与、全过程、全覆盖的创建工作机制,并落实具体的创建责任部门和责任人、联系人。

二、申报程序

党委提出创建意向,向董事会、经营班子通报情况,取得共识。经过职代会审议或其他方式通告全体职工,把创建文明单位作为全体员工的共同愿望和奋斗目标。创建单位结合制定创建规划,拟订下一届的重点申报单位,并报集团文明办正式立项。

三、评选方法

1. 预评：在中途检查的基础上进行预评预审，提出光明食品集团文明单位的推荐名单并上报集团文明办。2. 审查：集团文明办审查各单位的推荐名单及相关书面材料，必要时进行实地检查。3. 推荐：在集团文明办审定基础上，确定本系统的文明单位推荐名单，有关单位填报集团《文明单位登记表》，向集团党委、文明委正式推荐上报。4. 公示：所有申评单位必须履行公示程序。

四、评选考核

实行评分制，分为达标基本分和特色加分。基本分反映单位三个文明建设的基本情况；特色加分是对单位或个人获得集团、市级以上奖励以及产生良好社会影响的有关情况予以加分。具体项目的评分值根据单位所处不同的行业、业态和不同的发展时期而有所变化。光明食品集团根据思想政治建设、创建学习型组织、企业文化建设、经济技术指标、健全体制机制规章、构建和谐内外部环境等考核内容，设置考核评分标准。

五、评比结果

根据上海市文明办的要求，由于东平、新海社区地处崇明县区域，从 2006 年第十三届上海市文明单位、文明小区评选申报起，东平、新海社区文明小区评选申报事项由崇明县文明办承接管理，光明食品集团文明办专门赴崇明与县文明办进行工作交接。

2007 年，光明食品集团召开文明单位表彰会议，表彰市级文明单位 31 家和集团级文明单位 71 家，总结经验，部署新一届文明单位创建工作的任务要求。

2008 年，光明食品集团召开文明单位座谈会，就如何推进文明单位创建工作进行交流座谈和务虚；制定《文明单位创建实施细则》和《文明单位创建标准》；对益民集团、五四公司、跃进有限公司、东海总公司、农房集团等 10 家市文明单位进行现场检查、指导，通过现场看、座谈会、查台账等方式，了解文明单位创建进展情况；开展第十四届上海市文明单位和集团文明单位预申报工作，以分组形式对文明单位进行现场检查、测评。

2009 年 2 月，光明食品集团召开文明委会议，会议审议通过第十四届上海市文明单位、集团级文明单位申报名单。5 月集团召开精神文明建设工作会议，表彰第四届全国精神文明建设工作先进单位 1 家、2007—2008 年度第十四届上海市文明单位 34 家和光明食品集团文明单位 47 家，并予颁奖。集团总裁曹树民到会讲话，集团党委副书记周海鸣作工作报告，市国资委党群处副处长、文明办主任郑冬岩参加会议并提出工作要求，集团宣传部副部长、文明办主任陈春山宣读表彰决定，上海刀片厂有限公司、捷强公司、海博出租公司三家文明单位作交流发言。

2010 年，光明食品集团重点围绕迎世博和食品安全等工作重点开展文明创建活动。集团修订文明单位创建活动实施细则与文明单位考评标准，对申报上海市和集团级的文明单位进行现场检查，汇总材料报送集团文明委审议。召开文明单位表彰大会，光明食品集团 36 家企业获上海市文明单位，64 家企业获集团文明单位。开展第十五届文明单位中途检查。组织集团系统 36 家上海市文明单位参加上海市国资委组织的文明创建专题培训。

【2005—2006年度第十三届上海市文明单位】

上海明旺房地产有限公司、上海城隍珠宝购物中心、上海海丰米业有限公司、上海鲜花港企业发展有限公司、上海申光高强度螺栓有限公司、上海诺华动物保健有限公司、上海浦东金环医疗用品有限公司、上海跃进农业管理总站、上海宏盾防伪材料有限公司、上海思乐得不锈钢制品有限公司、上海海博出租汽车有限公司、上海荣臣博士蛙(集团)有限公司、上海德科电子仪表有限公司、光明乳业股份有限公司乳品二厂、光明乳业股份有限公司乳品八厂、农工商超市(集团)有限公司(本部)、上海梅林正广和股份有限公司、上海梅林食品有限公司、上海正广和网上购物有限公司、上海正广和饮用水有限公司、上海冠生园食品有限公司、上海冠生园华光酿酒药业有限公司、上海刀片厂有限公司、上海大金空调有限公司、上海市第一食品股份有限公司、上海捷强烟草糖酒(集团)有限公司(本部)、上海金枫酿酒有限公司、上海吉列有限公司、上海农工商绿化有限公司、上海造币厂、上海印钞厂,共31家单位。

其中,上海造币厂、上海印钞厂为市国资委委托光明食品集团考核、申报单位。

【2005—2006年度第十三届光明食品集团文明单位】

益民集团:上海梅林美达食品有限公司、上海大智三花薄膜有限公司、上海市轻工物业管理有限公司、上海冠生园华佗酿酒有限公司。

烟糖集团:上海市南浦食品有限公司、上海石库门贸易有限公司、广西上上糖业有限公司、东方先导(上海)糖酒有限公司、上海瑞泰虹桥酒店、上海瑞泰静安酒店有限公司。

跃进有限公司:上海瑞华实业公司、上海雅苑物业管理有限公司、上海跃进房地产开发有限公司。

长江总公司:上海中油农工商石油销售有限公司、上海向明轴承有限公司、上海盾牌筛网滤器合作公司、上海大瀛食品有限公司、上海万事发实业总公司、上海长江园艺有限公司、上海金轮锁业有限公司、上海东旺塑料制品厂。

五四公司:上海滨海古园、上海市机动车驾驶员培训中心、上海健身教育活动中心。

东海总公司:上海农工商名厨水产食品有限公司、上海市东海老年护理医院、上海太阳木质建筑装潢制品有限公司。

海丰总公司:上海新海腾电缆有限公司、上海海丰米业有限公司种植事业部、上海市海丰农场社区管理办公室。

光明乳业:光明乳业股份有限公司技术中心。

农房集团:华仕物业管理有限公司、上海民众装饰设计工程有限公司、上海农工商旺都物业管理有限公司、建设发展有限公司机施分公司、上海城乡设计院有限公司、上海东兰经济发展有限公司。

农工商超市集团:上海亿亿佰广场管理有限公司、上海好德便利有限公司、上海伍缘现代杂货有限公司。

海博股份:上海轮胎橡胶(集团)东海轮胎有限公司、上海一只鼎食品有限公司、上海荣臣机动车驾驶员培训有限公司、上海市闸北区汽车运输场。

都市农商社:上海星辉蔬菜有限公司、上海市农工商长征医药有限公司。

星联公司:上海浦东星火开发区排水管理中心、上海星火开发区中法供水有限公司。

投资公司:上海信谊百路达药业有限公司、上海爱森肉食品有限公司、上海牛奶棚食品有限公司、上海鼎旺企业发展有限公司、上海农工商集团国际贸易有限公司、上海牛奶集团香花鲜奶有限公司、上海牛奶集团五四奶牛场有限公司。

新海社区：新海新苑小区、上海市长征农场职工医院、跃进小区、上海市跃进农场职工医院、上海市新海农场职工医院、上海市新海学校、上海运达钻石厂有限公司。

东平社区：上海应用科技学校、上海长江职业技术学校、上海市长江中学、上海市长江东风小学、上海市东风农场职工医院、上海市长江农场职工医院、上海市前哨农场职工子弟学校。

上海电视大学农工商分校。

上海世纪森林开发有限公司。

以上共 71 家单位。

【2008 年第四批全国精神文明建设工作先进单位】

金枫酿酒有限公司。

2009 年 1 月 20 日，中央精神文明建设指导委员会发布《关于表彰第二批全国文明城市（区）、文明村镇、文明单位、精神文明建设先进工作者和第四批全国创建工作先进城市（区）的决定》，予以表彰。

【2007—2008 年度第十四届上海市文明单位】

上海梅林正广和股份有限公司、上海正广和饮用水有限公司、大金空调（上海）有限公司、上海刀片厂有限公司、上海吉列有限公司、上海梅林美达食品有限公司、上海冠生园华佗酿酒有限公司、上海轻工业研究所有限公司、上海捷强烟草糖酒（集团）有限公司、上海金枫酒业股份有限公司、上海第一食品连锁发展有限公司、上海德科电子仪表有限公司、上海万事发实业有限公司、上海东旺塑料制品厂、上海爱森肉食品有限公司、上海滨海古园、上海诺华动物保健有限公司、上海浦东金环医疗用品有限公司、上海农工商绿化有限公司、上海星辉蔬菜有限公司、上海申光高强度螺栓有限公司、上海鲜花港企业发展有限公司、上海市东海老年护理医院、上海宏盾防伪材料有限公司、上海跃进农业管理总站、农工商超市（集团）有限公司（本部）、上海市浦东星火开发区排水管理中心、上海海博出租汽车有限公司、上海思乐得不锈钢制品有限公司、上海城乡建筑设计院有限公司、上海城隍庙第一购物中心有限公司、上海海丰米业有限公司、光明乳业乳品八厂、光明乳业股份有限公司技术中心，共 34 家单位。

【2007—2008 年度第十四届光明食品集团文明单位】

益民集团：上海冠生园食品有限公司、上海轻工业对外经济技术合作有限公司、上海冠生园蜂制品有限公司、上海梅林正广和便利连锁有限公司、上海一只鼎食品有限公司、上海市工业微生物研究所、上海轻工物业管理有限公司。

烟糖集团：南浦食品（集团）有限公司、东方先导糖酒有限公司、上海瑞泰静安酒店有限公司、上海瑞泰虹桥酒店。

长江总公司：上海向明轴承有限公司、上海盾牌筛网滤器合作公司、上海大瀛食品有限公司、上海金轮锁业有限公司、上海中油农工商石油销售有限公司。

五四公司：上海博露草坪有限公司、上海市机动车驾驶员培训中心、上海市农工商长征医药有限公司、上海健生教育活动中心、上海市黄山茶林场。

东海总公司：上海名厨农业发展有限公司、上海太阳木质建筑装潢制品有限公司。

投资公司：上海农工商集团连江总公司、上海牛奶棚食品有限公司、上海农工商集团国际贸易有限公司、上海鼎旺发展有限公司、上海新乳奶牛有限公司新东牧场、上海庆华生态奶牛场、上海金牛木业有限公司跃进奶牛一场。

跃进有限公司：上海雅苑物业管理有限公司、上海达华药业有限公司。

农工商超市集团：上海好德便利有限公司、上海亿亿佰广场管理有限公司、上海伍缘现代杂货有限公司。

海博股份：上海海博车辆修理有限公司。

光明乳业：光明乳业乳品二厂。

农房集团：上海农工商华都实业有限公司、上海泰尔发房地产开发有限公司、上海民众装饰设计工程有限公司、上海农工商建设发展有限公司、上海农工商建设发展有限公司机施分公司、上海农工商旺都物业管理有限公司。

海丰总公司：上海市海丰农场社区、上海新海腾电缆有限公司。

光明食品集团党校（电大）。

上海世纪森林开发有限公司。

以上共47家单位。

【2009—2010年度第十五届上海市文明单位】

上海梅林正广和股份有限公司、上海正广和饮用水有限公司、上海刀片厂有限公司、上海吉列有限公司、上海梅林美达食品有限公司、上海冠生园华佗酿酒有限公司、上海轻工业研究所有限公司、上海冠生园食品有限公司、上海冠生园蜂制品有限公司、上海捷强烟草糖酒（集团）有限公司、上海金枫酒业股份有限公司、上海第一食品连锁发展有限公司、上海宏盾防伪材料有限公司、上海跃进现代农业有限公司、上海德科电子仪表有限公司、上海万事发实业总公司、上海东旺塑料制品厂、上海滨海古园、上海诺华动物保健有限公司、上海浦东金环医疗用品有限公司、上海农工商绿化有限公司、上海星辉蔬菜有限公司、上海申光高强度螺栓有限公司、上海鲜花港企业发展有限公司、上海市东海老年护理医院、上海海丰米业有限公司、光明乳业股份有限公司乳品二厂、光明乳业股份有限公司乳品八厂、光明乳业股份有限公司技术中心、上海城乡建筑设计院有限公司、上海城隍珠宝有限公司、农工商超市（集团）有限公司（本部）、上海海博出租汽车有限公司、上海思乐得不锈钢制品有限公司、上海爱森肉食品有限公司、上海牛奶棚食品有限公司，共36家单位。

【2009—2010年度第十五届光明食品集团文明单位】

益民集团：上海轻工业对外经济技术合作有限公司、上海一只鼎食品有限公司、上海市工业微生物研究所、上海轻工物业管理有限公司、上海正广和网上购物有限公司、上海轻工置业有限公司、上海梅林食品有限公司、上海华东房产物业有限公司。

烟糖集团：东方先导糖酒有限公司、上海瑞泰虹桥酒店、上海瑞泰静安酒店有限公司、南浦食品（集团）有限公司。

长江总公司：上海向明轴承有限公司、上海盾牌筛网滤器合作公司、上海大瀛食品有限公司、上海金轮锁业有限公司、上海中油农工商石油销售有限公司、上海雅苑物业管理有限公司、上海达华药业有限公司、上海集林经济开发有限公司、上海市瑞华实业公司。

五四公司：上海博露草坪有限公司、上海市机动车驾驶员培训中心、上海市农工商长征医药有限公司、上海健生教育活动中心、上海市黄山茶林场。

东海总公司：上海汇龙园陵园有限公司、上海申特机械制造有限公司。

海丰总公司：上海东大滩食品有限公司。

上海农场：上海农场畜牧水产养殖公司、上海农场农业种植业中心、上海农场社区事务受理中心。

川东农场：江苏川东农业发展有限公司、江苏申川种业有限公司、上海市川东农场社区管理委员会。

农房集团：农工商房地产(集团)有限公司(本部)、上海农工商华都实业有限公司、上海泰尔发房地产开发有限公司、上海农工商建设发展有限公司、上海农工商建设发展有限公司机施分公司。

农工商超市集团：上海好德便利有限公司、上海伍缘现代杂货有限公司、上海亿亿佰广场管理有限公司。

海博股份：上海海博车辆修理有限公司、广西海博出租汽车有限公司、南京海博出租汽车有限公司、上海市闸北区汽车运输场。

牛奶集团：上海农工商集团国际贸易有限公司、上海农工商集团练江总公司、上海庆华生态奶牛场、上海金牛牧业有限公司跃进奶牛一场、上海新乳奶牛有限公司新东牧场、上海市奶牛研究所、上海牛奶集团香花鲜奶有限公司、上海光明商业总公司。

星联公司：上海市浦东星火开发区排水管理中心、上海金海岸度假村有限公司、上海星火中法供水有限公司。

上海种业集团有限公司：上海市花卉良种试验场、上海源怡种苗有限公司、上海源怡温室工程有限公司、上海粒粒丰农业科技有限公司。

中共光明食品(集团)有限公司委员会党校。

上海海湾国家森林公园有限公司。

以上共64家单位。

第四节　普法教育

一、"五五"普法领导机构

光明食品集团按照党委和行政齐抓共管的原则，在对"四五"法制宣传教育领导小组成员进行调整的基础上，于2007年2月成立"五五"法制宣传教育领导小组，由集团党委副书记、纪委书记顾勇任组长，集团党委委员、党委宣传部部长徐永炘和集团总法律顾问童锐志任副组长，相关部室主要负责人为领导小组成员。法制宣传教育领导小组下设办公室(简称"法宣办")，设在集团党委宣传部，徐永炘为办公室主任，甘兰新、陈春山为副主任。集团法制宣传教育领导小组每年召开一次专题会议，研究本系统"五五"法制宣传教育工作进展情况，提出指导性意见。集团法宣办不定期对各子公司的法制宣传教育工作进行指导和检查，履行组织、协调、指导和检查的职责。

各子公司成立相应的法制宣传教育领导小组，落实专人负责，设立联络员。各子公司法制宣传教育领导小组定期召开工作会议，制定和实施工作规程，加强落实、督察、检查和汇报。

2007年4月，光明食品集团结合总部处室调整，正式成立法律事务部，作为集团的一个行政部室，统一管理、协调、指导光明集团和子公司等各个层面的法律工作。

二、"五五"普法工作

2006年12月,光明食品集团召开普法领导小组工作会议,对集团"四五"普法工作进行简要回顾,明确"五五"普法工作的任务和要求,特别是对"五五"普法重点推进的法制宣传教育进机关、进乡村、进社区、进学校、进企业、进单位的"法律六进"主题活动作具体部署。集团党委副书记顾勇要求集团层面加强法制宣传教育的力度,通过有效的载体推进普法教育;各基层单位加强相关法律法规的学习,提升干部员工的法律素养,为构建和谐、诚信企业提供良好的法治环境。

2007年2月,光明食品集团召开"四五"普法总结表彰暨"五五"普法动员会。会议对农房集团、光明乳业、海博股份、烟糖集团、梅林正广和等12家"四五"普法先进集体和18名全国、上海市和光明食品集团普法先进工作者进行表彰。会议总结光明食品集团"四五"普法工作的特点是:指导思想明确,法制宣传形式多样,普法长效机制不断健全和完善,普法工作初见成效。

2月,集团制定了《光明食品集团开展法制宣传教育第五个五年规划》。"五五"法制宣传教育的原则是:坚持围绕中心,服务大局;坚持党委和行政齐抓共管的法制宣传教育格局;坚持分类指导和注重实效;坚持法制宣传教育和法治实践相结合。"五五"普法宣传教育的主要内容为:深入学习宣传宪法;以国资监管法律、法规以及经济、民商法律为法制宣传教育工作的重点;根据不同的对象开展法制宣传教育;进一步推进企业法律顾问制度建设,做好企业法律顾问的业务培训;加强对普法宣传干部队伍的培训和建设。

为具体落实"五五"法制宣传教育规划,集团制定了《三年法律行动计划》,各子公司制订了《五五普法计划》。集团宣传部、公关部、法宣办与产业部、法务部等联合召开建设光明品牌联席会议,从创建品牌、宣传品牌和品牌的法律保障、支持和维护等方面进行探讨。利用党委中心组学习报告会平台,加大领导干部法制宣传教育力度,先后举行国家《商标法》《物权法》《劳动合同法》等三场学习报告会。在"3·15"消费者权益日期间,集团法宣办、法务部、产业部组织农工商超市、海博出租汽车公司、光明乳业、益民食品一厂集团、烟糖集团所属捷强超市等8家企业开展"3·15"法律咨询活动,就食品安全、消费者权益、食品知识等方面进行现场法律咨询服务。为了广泛宣传、普及《物权法》,由光明食品集团法务部、《光明食品报》联合开辟《物权法》宣传专版,开设知识辅导、案例分析信箱。2007年8月,集团制定《法律事务管理办法》,规范集团法律事务的基本工作流程、法律事务机构和监督检查、激励约束等。光明食品集团法宣办、监察室还联合承办由上海市纪委主办的"史海清风——中国历代廉政廉洁故事国画展",这是上海市首次用国画形式展示古代勤政故事,向广大干部党员、群众进行法纪宣传教育的展览,营造了建设廉政文化、法制文化的氛围。

2008年3月,光明食品集团召开法务、法宣工作会议,集团党委副书记顾勇就进一步推进和强化"五五"普法宣传提出要求。集团法务部、宣传部、人力资源部共同开展"五五普法"及"3·15"消费者权益保护宣传工作,联合集团相关企业宣传、贯彻《消费者权益保护法》,提升光明食品的形象和美誉度;利用《光明食品报》开展"食品安全与产品质量知识竞赛"活动;召开"公司并购中的法律策略与实务专题会议",举办"公司并购中的法律实务"专题培训;组织集团系统法务与人事干部学习《税法》和《劳动合同法》专业培训。

2009年,光明食品集团继续开展"3·15国际消费者权益日系列活动",联合集团相关企业宣传、贯彻《消费者权益保护法》。组织集团资产管理和法务条线人员参加《企业国有资产法》的培训,了解该法的法律框架、结构、主要内容及实际工作中应重点研究把握的问题。组织集团系统质检与产业管理人员进行《食品安全法》培训,进一步增强从业人员的食品安全意识。

2010年,集团系统各子公司开展形式多样的普法培训和案例教育活动。海博股份有限公司将2009年度发生的事故整理编写成《小小阴沟盖,赔掉8万元》等4个案例,在公司法务工作会议上讲解,大家从中吸取经验教训。烟糖集团、益民集团编辑《在生产经营中发生的案例》,警示干部职工在经营管理过程中,要注重加强管理,防范经营风险。

第五节　纪念上海农垦围垦50周年活动

为了弘扬围垦精神,2010年11月,光明食品集团开展纪念上海农垦围垦50周年系列活动。11月16日,集团召开纪念上海农垦围垦50周年座谈会,副市长胡延照,市国资委、市农委等负责人出席会议。胡延照代表市政府向所有参加过围垦的老领导、老同志致以崇高的敬意。他指出,20世纪60年代围垦创业大军所体现出来的"艰苦奋斗、无私奉献,团结协作、顾全大局,不畏艰难,开拓创新"的农垦精神,激励一代又一代人努力奋斗,克服一个又一个的困难,夺取一个又一个的胜利。希望光明食品集团以纪念上海农垦围垦50周年为契机,回顾历史、总结经验,着眼现实、展望未来、把老一代围垦者开创的事业不断推向前进。原上海市围垦总指挥部副总指挥、农场管理局局长李守咨,原黄浦区围垦指挥部副指挥、享局级离休干部姜季农等先后发言。

为纪念上海农垦围垦50周年,进一步继承、弘扬老围垦精神,光明食品集团举办"纪念上海农垦围垦50周年书画摄影作品展",其中有许多反映当年围垦干部员工战天斗地场景和生活的珍贵老照片,展示光明食品集团改革发展事业和民生工程、环境建设新面貌的摄影书画作品。

光明食品集团所属子公司也相继开展各种形式的纪念上海农垦围垦50周年活动。

第三章　企业文化载体

光明食品集团在企业文化建设过程中,坚持以上海益民食品一厂历史展示馆、上海农垦博物馆和《光明食品报》作为企业文化的重要载体,发挥这些文化载体的窗口展示、阵地宣传作用,在集团系统和社会上产生了一定的积极影响。

第一节　上海益民食品一厂历史展示馆

上海益民食品一厂历史展示馆(简称"益民展示馆")位于上海市虹口区香烟桥路13号原上海益民食品一厂厂址。展示馆占地面积2 904平方米,建筑面积2 320平方米,由厂史展览馆、复原的西班牙式小洋楼、复原的木质冷却水塔等标志性建筑组成。厂史展览馆由原益民食品一厂的职工食堂改建而来,面积1 773平方米。西班牙式小洋楼建造于1937年,1940年竣工,是当时为企业高级外籍职工建造的生活楼。上海解放后,该楼成为上海益民食品一厂办公楼。1985年因企业扩大生产规模的需要而被拆除。2008年3月,根据展示馆的整体设计要求,按原貌相应缩小易地复制,面积为545平方米。木质冷却水塔建造于1940年,是当时工厂生产冰淇淋等产品所需的冷却设备之一,是上海益民食品一厂的标志性建筑之一。1965年因益民食品一厂冷却系统技术升级而被拆除。2008年按原貌缩小易地复制。

益民展示馆不仅详细记载了我国现代食品工业的发展轨迹,还生动展现老一辈革命家在上海解放前夕保家护厂的经历以及发展民族食品工业、支持新中国社会主义建设的光辉业绩。厂史展览馆主要通过"老厂新生迎光明""一心一意谋发展""与时俱进创辉煌""丹心一片铸厂魂"四个篇章,运用声、光、电等现代科技手段,真实、形象、生动地还原了作为中国现代食品工业发祥地之一、"光明"品牌诞生地的上海益民食品一厂的发展历史。

2008年4月,市发改委批准益民展示馆项目基本建设建议书;市委高度重视,为确保实现"一流精品工程"建设要求,提出"加强组织领导、明确责任分工、把握工作方向、配置强有力的建设单位和骨干队伍"的要求。项目于2008年7月开工,2009年4月竣工。经上海市审计局2010年4月6日出具的审计报告,认定益民展示馆基本建设工程投资完成额为2 794.67万元。

2008年7月,由市委宣传部、市委党史研究室、市档案局、市文管委、益民食品集团五家单位组成益民展示馆布展项目招标工作小组,包括项目展览制作公司的评标、项目策划和项目质量的验收。最终深圳联合空间展示(上海)艺术设计有限公司中标,上海建工集团所属第二建筑有限公司总承包,资金来源由市国资委拨入专款1 165万元。益民展示馆"清水外墙还原性修复技术"获2009年全国建筑装饰行业科技创新成果奖,上海市工程建设优秀QC成果一等奖。

2009年7月1日,在建党88周年之际,益民展示馆举行开馆仪式,并正式对外开放,接受单位团体及市民参观。2009年9月,益民展示馆成立第一届管理委员会。2009年12月,益民展示馆被虹口区政府和上海市政府列为"虹口区爱国主义教育基地"和"上海市爱国主义教育基地"。2010年8月,益民展示馆被虹口区青少年学生暑期工作办公室评为2010年虹口区未成年人暑期工作先进集体。

2010年3月19日,江泽民视察益民展示馆,市委副书记、市长韩正,市委常委、市委秘书长丁薛祥陪同视察。视察中,江泽民驻足观看一张张还原真实历史的老照片,一件件记录历史沿革的老物件,并与工作人员合影留念。

1947年,江泽民从上海交通大学毕业后,来到上海益民食品一厂工作。1949年全国解放后,时任上海益民食品一厂党委委员、第一副厂长、工会主席的江泽民面对上海食品供应紧张、外国食品品牌为主的局面,提出"中国人应该有自己的民族品牌"。在他的积极倡导和组织下,设计出全新的食品品牌:光明牌。光明牌取形"火炬",立名"光明",寓意"解放了,天亮了",火炬的56道光芒象征着56个民族大团结。1950年5月"光明牌"棒冰问世,工厂打出"中国人食用中国货"的口号,并用宣传车到南京路上进行广告宣传,激发广大市民的爱国热情。"光明牌"顿时声名鹊起,很快得到老百姓的认同,当年销售量超过洋货"美女"牌棒冰。到20世纪90年代,上海益民食品一厂冷饮产量从50年代的800多吨提高到15 000多吨,全国市场占有率达80%,位居第一。上海益民食品一厂成为全国第一家具有较大生产规模,拥有自主民族品牌的综合性食品工业企业。

第二节　上海农垦博物馆

上海农垦博物馆位于光明食品集团五四公司总部,占地面积4 333.66平方米,展区建筑面积2 000多平方米,博物馆展出实物400多件,照片1 200多幅。

上海农垦博物馆是原上海农工商集团自筹资金,2004年10月建立的行业博物馆。2006年8月,光明食品(集团)有限公司组建成立之后,上海农垦博物馆的主办单位变更为光明食品集团。

上海农垦博物馆于2003年底开始设计,2004年3月8日,开工兴建。本着节约、优质的原则,集团确定了自己设计、自己建造、自己管理的原则。由光明食品集团下属上海城乡设计院设计、农工商建设发展公司施工,五四公司协助建设,2004年8月,完成博物馆的基本建设。博物馆建筑造型俯瞰如一把镰刀,立面设计体现乡土建筑风格与现代设计语言和谐结合的意境,既有旧房改造以保留历史原貌,又有新建筑以展现农工商在新世纪实现新超越,体现了上海农垦的创业、创新特点。在博物馆门口草坪上,设立两座反映围垦人物群像和围垦场景的雕塑。

2003年12月,上海农垦博物馆开始征集展品,经过各子公司的共同努力,特别是许多老围垦、老知青踊跃捐赠许多相关物品,征集照片5 000多幅、实物400多件。许多老围垦把珍藏多年的围垦日记、诗歌、奖章、照片和实物捐献出来。市委组织部、档案局、档案馆、图书馆、文管委、电影集团公司、录像公司、上海油画雕塑院、上海农业展览馆、《解放日报》和《文汇报》资料部、崇明县档案馆以及中国电影资料馆和江苏省档案馆都给予很大的支持和帮助。

上海农垦博物馆分为三个馆,其中围垦馆的文字策划由复旦大学陆建松教授承担,布展由费钦生先生为总设计师的创超展示公司承担,西安超人影视公司和东艺广告公司参与围垦馆的布馆工作。农垦博物馆的主题雕塑由上海油画雕塑院的雕塑家唐世储先生承担,上海海博股份有限公司支持赞助。上海农垦博物馆日常管理工作由五四公司负责。

2004年10月,上海农垦博物馆"围垦岁月"分馆正式开馆。副市长胡延照、市国资委党委副书记马新生、市国资委副主任张成钧、奉贤区区委副书记韦源、静安区人大常委会副主任周梅君、市农委巡视员叶龙海和农工商集团党委书记、董事长王伟等领导出席开幕式;农工商集团总裁曹树民在开幕式上致辞。当年的围垦指挥部副总指挥胡辛人、李守咨和原农垦局、农场局的老领导肖习琛、宋林枫、罗大明、王相道、周兆瞻、张文楷、薛庆武、沈学行出席了开幕式。

2005年10月,上海农垦博物馆"青春年华"分馆正式开馆。集团党委书记、董事长王伟,总裁曹树民及党委、总裁机构成员出席开馆仪式。王伟、曹树民共同为"青春年华"分馆揭牌。上海农垦博物馆"青春年华"分馆设劳动篇、生活篇、情感篇、队伍篇、纪念篇,展示反映知识青年在农场工作与生活的老照片500多张及实物逾百件。

上海农垦博物馆主要记录并展示上海农垦从无到有、从小到大、从弱到强的创业发展历程,弘扬上海农垦"艰苦奋斗,勇于开拓"的创业精神,记录了上海农工商集团和光明食品集团的经济发展轨迹。

上海农垦博物馆第一分馆为"围垦岁月",主要记载"老围垦"围海造田、建场开荒的历史。馆内用大量的历史照片、实物和艺术场景再现了从1954年到2001年上海农垦历次围垦的壮举,以及为上海增加82万亩土地的卓越贡献,讴歌了老围垦"艰苦奋斗,勇于开拓"的农垦精神。第二分馆为"青春年华",主要记载上海国营农场安置知识青年的历史。馆内以丰富的照片、实物、纪录片、灯箱等表现方式展现41万名知识青年在农场劳动、生活、学习的情景,以及在知识青年中涌现的各行各业的人才。第三分馆初建时为"今日农工商",主要记载上海农工商集团经济发展状况。馆内以新颖的表现形式展现上海农工商集团打造国家级农业龙头企业的风采。2006年8月,光明食品集团组建成立后,第三分馆于2007年变更为"今日光明",记载了光明食品集团组建成立及集团产业发展、品牌建设和积极参与社会公益事业的状况。

在上海农垦博物馆建成之际,上海农工商集团成立上海农垦博物馆管理委员会,由集团总裁曹树民任主任、集团党委副书记顾勇、副总裁赵柏礼和集团工会主席徐永炘任副主任,博物馆馆长由徐永炘兼任。馆内设管理人员9名。

2006年6月,上海农垦博物馆在经过两年内部接待参观的基础上,由上海农工商集团正式向上海市文物管理委员会提出设立上海农垦博物馆的申请。2006年7月,上海市文物管理委员会批复同意建立上海农垦专题博物馆,馆名定为上海农垦博物馆。2006年12月,上海农垦博物馆获市民政局颁发的《民办非企业单位登记证书》。业务范围为展览农垦创业过程中的照片和实物等;征集、收藏和整理各类农垦当年的珍贵资料,充实陈列内容和提高展示水平。

上海农垦博物馆的建设得到了各级领导的重视和支持。2004年,中共中央政治局常委、第十届全国人大常委会委员长、党组书记吴邦国为上海农垦博物馆题写馆名。从2004年10月开馆至2010年底,全国人大的领导和上海市的多位领导先后参观了上海农垦博物馆。

2007年12月26日,由上海市纪律检查委员会、上海市监察委员会主办,光明食品集团承办的"史海清风——中国历代廉洁勤政故事绘画作品精选展"在上海农垦博物馆展出。

2010年11月16日,光明食品集团举行纪念上海农垦围垦50周年座谈会,会上播放了上海农垦博物馆提供的拍摄于20世纪60年代的"老围垦"在崇明荒滩围垦的新闻纪录片。

上海农垦博物馆开放后,前来参观的当年"老围垦"、参加农场建设的知识青年和社会各界人士络绎不绝。地处五四公司的上海健生教育中心把上海农垦博物馆作为学生接受传统教育的基地,先后组织了数万名学生前来参观。光明食品集团也把上海农垦博物馆作为员工企业文化的教育基地,各子公司先后组织干部员工前来参观。

第三节 金枫酒事馆

金枫酒事馆由上海金枫酒业股份有限公司投资建设,于2006年9月15日在现代化黄酒生产基地——石库门酒厂正式开馆。金枫酒事馆和黄酒生产流程的展示面积约6 000多平方米。2006年12月,金枫酒事馆被列为上海工业旅游景点。2009年7月,经全国工农业旅游示范点评定委员会评审验收,被列为"全国工业旅游示范点"。

金枫酒事馆作为全国工业旅游示范点和弘扬黄酒文化的黄酒行业博物馆,融合古代酿酒历史和上海文化,突出历史性、专业性、知识性及和谐性。馆内珍藏有关黄酒的许多历史资料和珍贵实物,展示黄酒的发展历史轨迹和酿造过程,散发着浓厚的文化气息。2007年、2009年,市委书记习近平,全国人大常委会副委员长、民建中央主席陈昌智等视察上海金枫酒业股份有限公司和金枫酒事馆。

金枫酒事馆主要有金枫酒事馆标志、上海与酒、时光隧道、灌装车间参观通道、休闲品评、传统黄酒酿造器具六个展区。

第一展区展示了金枫酒事馆标志、古钱币造型石碾、《点石斋画报》等。在酒事馆大门右侧陈列着"日进斗金"的石碾,它是2002年枫泾酒厂在改造时从地下挖掘出来的,意喻金枫酒业蒸蒸日上、财源滚滚。底楼大厅内安装了多媒体演示屏幕,游客可通过观看企业宣传片,了解黄酒历史文化和黄酒的生产过程。

第二展区是"上海与酒"展区,展示清末手工绘制地图、清代末年上海南京路茶楼酒肆图、宋代小酒店、宋代韩瓶及酿酒图等,再现宋代时期上海酒肆"吴越酒家"的场景,通过著名画家韩和平创作的《宋代酿酒图》可以了解古代酿酒流程。

第三展区和第四展区是"时光隧道"、现代化黄酒流水线灌装区,由老上海风情街组成的"时光隧道"是老上海风情与现代化灌装生产车间的过渡。在现代化黄酒灌装流水线参观平台,能够清晰看到一条生产能力为2万瓶/小时和两条生产能力为1万瓶/小时的现代化黄酒灌装流水线的生产过程。在另一侧墙面展现不同时期酿酒的场景及酿酒技术的图片,记录了黄酒酿造技术的发展历程。

第五展区是品酒区、老工艺坊和黄酒产品展示区,陈列着传统黄酒酿造所用的工具,如风车、木耙、甑桶、曲框、七石缸和木榨等。

黄酒产品展示厅陈列了中国南北各大黄酒生产厂家的各种黄酒,通过产品品味和包装对比,显示了黄酒的地域差异和不同风格。

第六展区是中国历代酒具纵览,陈列着从夏商时期以来各朝代造型各异的量器和酒具,显示中华民族悠久的酒文化。

2006年,金枫酒事馆开馆。截至2010年,接待社会各界参观人数达39 810人。

第四节 《光明食品报》

《光明食品报》是光明食品(集团)有限公司主管主办的企业报,国内统一刊号为CN31—0096。该报的前身是上海市农场管理局于1981年10月正式创办的《上海农垦报》。

1995年,上海农场管理局改制为上海农工商(集团)有限公司。经上海市新闻出版局审核并报国家新闻出版总署批复同意,《上海农垦报》更名为《上海农工商报》,主管主办单位变更为上海农工商(集团)有限公司。

2006年8月,上海农工商集团和轻工集团下属光明食品集团、上海烟糖集团组建为新的光明食品(集团)有限公司,《上海农工商报》暂时更名为《光明食品》。

2006年10月,经国家新闻出版总署批准,《上海农工商报》更名为《光明食品报》,主管主办单位由上海农工商(集团)有限公司变更为光明食品(集团)有限公司。2006年3月根据上级管理部门的要求,成立上海农工商报社有限公司,注册资本为人民币10万元。其中上海农工商(集团)有限公司出资85 000元,占85%;集团职工技协出资15 000元,占15%。上海农工商报社有限公司的注册地在上海市天山西路231号。公司法人代表由上海农工商(集团)有限公司党委书记、董事长王伟担任。2007年6月上海农工商报社有限公司更名为光明食品报社有限公司,公司法人代表由光明食品(集团)有限公司党委书记、董事长担任。

《光明食品报》刊期为周报,四开4版,汉语报纸。自主经营广告,自办发行,办报经费由光明食品(集团)有限公司支出。报社的E-mail为gmspb@brightfood.com;网址为www.brightfood.com。报社办公地点为上海市华山路263弄7号。报社总人数为7人。

《光明食品报》的办报宗旨是:贯彻党的路线方针政策,宣传改革开放,服务经济,传递信息,交流经验,沟通光明食品集团企业之间、光明食品集团与社会之间的联系,丰富职工生活,促进光明食品集团两个文明建设。

《光明食品报》有四个版面。第一版"要闻版",主要刊登光明食品集团政治和经济工作中的重要新闻;第二版"综合新闻",主要刊登反映光明食品集团改革开放和党的建设、思想政治工作等情况;第三版"经济版",主要刊登经济新闻、经济信息;第四版"光明大地",主要发表职工文学作品或刊登反映集团科技、教育、文体、卫生等发展情况的文艺副刊。

《光明食品报》的读者对象为光明食品集团系统10万名从业人员、市郊乡镇及全国垦区读者、上海市各委办局及相关部门读者。每期印数为7 500~8 000份,全部免费赠阅。2006—2010年《光明食品报》共出版245期。

1993年8月至2010年11月徐永炘兼任《上海农垦报》《上海农工商报》和《光明食品报》社社长并负责报纸总编工作;2010年11月起《光明食品报》社社长为潘建军。报社从业人员经过培训,统一考核,持有新闻采编岗位从业资格证,由上海市新闻出版局审核并报国家新闻出版总署批准,申领记者证。

第五节　集团官方网站

光明食品(集团)有限公司官方网站是集团公司对外展示形象的窗口,也是公司员工的企业文化教育基地,由集团公共关系部(宣传部)负责管理。网站新闻网于2006年8月28日开通,初期域名是www.bright-foods.com。2007年域名更改为www.brightfood.com。主要栏目有"关于我们""新闻中心""产业介绍""科技兴企""品牌中心""企业文化""投资者关系""人力资源""党群信息""联系我们""参考资讯"等。

"关于我们"栏目主要内容:集团简介;董事长致辞;集团领导班子;集团总部、母子公司构架;集团大事记(光明食品集团成立以来的大事记);公益事业、回报社会。

"新闻中心"栏目主要内容:图片新闻、焦点新闻(集团为主);企业动态(子公司为主);专题新闻;视频新闻、媒体新闻等。

"产业介绍"栏目主要内容:集团主业——食品业(食品基地、食品加工业);其他产业(房地产业、都市服务业、旅游业、都市工业、星火开发区)等。

"科技兴企"栏目主要内容:重大项目、获奖信息、科技成果、科研机构(光明乳业技术中心、冠生园集团技术中心)。

"品牌中心"栏目主要内容：中国驰名商标(中国名牌产品)；上海市著名商标(上海市名牌产品)；其他优质产品称号。

"企业文化"栏目主要内容：理念文化(光明集团愿景、光明集团经营理念、光明集团精神、光明集团的司标(CI系统)，文化资源(上海农垦博物馆、中国乳业博物馆、金枫酿酒公司酒事馆、上海益民食品一厂展示馆)，文化故事(光明品牌故事、农垦艰苦创业故事、烟糖集团艰苦创业故事)，员工天地(先进事迹、文体活动、书画摄影作品)，社区文化。

"投资者关系"栏目主要内容：介绍5家上市公司(梅林、第一食品、都市股份、海博股份、光明乳业)并链接相关网站。

"人力资源"栏目主要内容：人力资源战略概述和人才发展愿景；用人理念、制度和人才发展的综合环境；人才需求情况。

"党群信息"栏目主要内容：党建信息、工会信息、光明青年等。

"联系我们"栏目主要内容：互动平台、投稿信箱等。

"参考资讯"栏目主要内容：食品知识、食品政策、食品标准、食品信息等。

2009年1月，由上海火速网络科技有限公司对集团官方网站进行平台升级技术开发。

2009年1月，光明食品(集团)有限公司网站增加了英文版，主要栏目有："首页""关于我们""产业介绍""品牌中心""企业文化""上市公司""人力资源"等。

据统计，2006年8月28日至2010年12月31日，光明食品(集团)有限公司网站上传信息总计12 992条，其中"新闻中心"11 030条、"企业文化"1 282条、"参考资讯"505条。

第四章　社会公益事业

第一节　援建光明团结小学和博爱小学

2008年5月12日四川省汶川地区发生特大地震,光明食品集团广大党员、干部和职工发扬"一方有难、八方支援"的精神,积极投入抗震救灾工作,总计捐款捐物3 625万元。其中捐款2 000万元和200万元,自行设计和建造四川省都江堰市光明团结小学和绵阳市平武县阔达藏族乡光明博爱小学。

一、决策

2008年5月21日,集团党委副书记顾勇主持召开抗震救灾工作小组会议,商量研究集团支援四川灾区捐资建校工作;5月26—28日,赴四川成都、绵阳等灾区,慰问集团在川企业干部职工,考察商洽集团为灾区捐资建校事宜。

2008年5月28日,光明食品集团领导班子决定,集团携同所属子公司在绵阳市平武县、都江堰市各捐建一所学校。集团和绵阳市平武县商洽捐建学校的具体计划并签署备忘录。

2008年6月18日,光明食品集团根据上海市对口支援都江堰市灾后重建的安排,在与四川省都江堰市市政府、都江堰市教育局进行多次联系与沟通后,向上海市政府办公厅提出《关于在都江堰市援建一所团结小学的请示》,并争取把光明集团的援建计划列入上海市首批援建项目计划。

2008年7月11日,光明食品集团党委副书记顾勇等一行赴四川省都江堰市,与上海市对口支援都江堰市灾后重建指挥部及指挥部下属社会工作组、综合计划组、工程建设组、经济发展组等4个组全面对接,做好援建都江堰市光明团结小学前期各项准备工作。顾勇等一行与都江堰市教育局、规划局有关同志进行沟通,进一步听取团结小学规划设计方案的意见。援建光明团结小学由光明食品集团总承包,工程监理拟由市政府委派有关单位负责。

光明团结小学前身是当地清真寺办的回民学堂,1953年由政府主办,更名为团结小学,象征回汉民族大团结。学校具有悠久的历史、厚重的人文底蕴,在社会、家长中有良好的口碑。2008年"5·12"特大地震使学校校舍严重受损,都江堰市市政府决定易地重建。光明食品集团捐建的光明团结小学新址在都江堰市迎宾大道53号,原李冰中学校址。

二、签约

2008年6月30日—7月4日,光明食品集团领导及总部有关部室负责人,农房集团及上海城乡设计院、农工商建设发展公司、心族实业总公司等单位领导前往四川省成都市、都江堰市、绵阳市、平武县,就光明食品集团捐资援建都江堰市光明团结小学、平武县阔达藏族乡光明博爱小学与当地政府和教育局洽谈签约。

2008年7月2日,集团党委副书记顾勇和绵阳市平武县副县长冯正碧签订捐资200万元新建阔达藏族乡光明博爱小学的协议。该乡90%以上人口为藏族,阔达乡中心小学藏族学生占90%。新建的学校命名为"阔达藏族乡光明博爱小学",学校的设计和建设由平武县政府负责。

2008年7月3日,光明食品集团和都江堰市政府正式签订《捐建都江堰市团结小学协议书》,由光明食品集团捐款2000万元援建都江堰市光明团结小学。该校原有36个班级。根据"必须、适用、适当超前"的原则,由光明食品集团全程负责援建学校的项目设计、施工建设、质量监理、竣工验收,以及学校的相关配套设施等,于2009年7月31日前建成交付。这是上海市对口支援都江堰市首批教育项目之一。集团总裁曹树民和都江堰市市长许兴国在捐建学校协议上签字。

三、设计

2008年7月,农房集团所属城乡设计院接到都江堰市光明团结小学设计任务后,夏德明总经理亲自负责,向全体员工发出征集设计方案倡议书,发动大家集思广益、献计献策;由该院方案室、建筑室设计人员在10多个方案中精选出3个设计方案,提交光明食品集团、都江堰市教育局、团结小学师生代表以及上海市专家组进行讨论和审议。光明团结小学的规划设计力求高起点、高标准、可行性,做到传统与创新结合、科学理念与人文精神结合、建筑风格与城市特色结合,最终选中的设计方案得到了上海援建指挥部和都江堰市各方面的好评。

新建的光明团结小学房屋抗震标准由成都市政府提供,学校抗震标准为8度。新建学校设计按《国家标准》规划设计,适度参照《上海市标准》(超国家标准)。

四、施工

新建光明团结小学由农工商建设发展公司负责建筑施工、质量监理,同时采取招投标的形式选择录用当地建筑施工队伍进行建设。

2008年7月28日,作为上海市首批援建项目之一的光明团结小学项目正式开工,中共上海市委副书记、市长韩正,副市长胡延照出席开工仪式。韩正指示,光明团结小学项目要按照"三个一流"的要求,高质量地抓好工程建设,展示上海形象。上海市政府秘书长姜平、副秘书长范希平,成都市、都江堰市、光明食品集团等领导出席开工仪式,上海市政府副秘书长、对口援建指挥部总指挥沙海林主持开工仪式。

上海市对口支援都江堰市首批援建项目共有13个项目开工。新建都江堰市光明团结小学占地面积约40亩,总建筑面积1.2万平方米,包括3栋教学楼、1栋综合实验楼和1座椭圆形餐厅,还有200米跑道和篮球场,建成后可容纳36个班级、1800名学生就学。

2008年7月中旬,农工商建设发展有限公司进驻都江堰光明团结小学工地。在余震不断、地质复杂、雨季影响、建材紧张的困难面前,农工商建设发展公司干部职工不畏艰难,先后建立工程质量管理网络、安全管理网络、文明施工管理网络;对重要岗位实行双配置,施工现场做到精细管理,建立工地临时党支部,开展劳动竞赛,布置宣传栏;工地设置安全通道,建筑材料堆放整齐、标识明确;工人生活区整洁、舒适。项目经理童子颖常驻工地指挥施工,在上海援建指挥部和上海建筑科学设计院的指导下,严格按照标准设计施工。2009年元旦和春节,许多施工人员放弃休假,加班加点,奋战在工地上。

2008年10月28日,由中国住宅与城乡建设部标准定额司司长王志宏为组长,全国各省、市建筑施工质量与安全专家组成的督察组对集团援建的都江堰光明团结小学施工项目进行现场督察，这是四川省迎接2008年全国建筑工程质量安全检查而推出的都江堰市唯一在建项目。督察组在施工现场看到各类大型机械排列有序、建筑材料堆放整齐、警示标志随处可见，挖出的土方全部用绿网罩住，施工区域干道洁净，工人着工装、戴安全帽作业规范。督察组分专业小组对施工方案、材料配置、质量控制、安全防范、技术资料等作专项检查。经过专家评议，光明团结小学项目顺利通过了全国建筑质量安全大检查，王志宏对光明食品集团所属农工商建设发展公司的施工质量和现场管理给予高度评价。

五、竣工

经过一年的紧张施工，光明团结小学于2009年9月1日新学期开学投入使用。学校建有"光明楼""团结楼""幸福楼"3栋教学楼，有36个教室；建有功能齐备、设施一流的"启蒙楼"行政综合楼；建有两层椭圆形餐厅"知味堂"；建有200米环形塑胶跑道及人工草坪，篮球场、羽毛球场等；还建有特色化的校园文化景观多处。

校园内矗立着一座光明团结小学落成纪念雕塑，雕塑正面是一本打开的书，书心镌刻着光明团结小学撰写的一首藏头诗："光风霁月襟怀，明山秀水家园，情系天下好少年，怀抱摩云志愿。团团此心相眷，结我灌沪情缘，精心笃行意高远，神舟光彩重现。"

雕塑背面的铭文为："光明团结小学落成纪念 汶川地震，举国震惊；一方有难，八方支援。光明食品（集团）有限公司携烟糖集团、农房集团、跃进有限公司、益民集团、农工商超市集团、投资公司、光明乳业、海博股份、星联公司、海丰总公司、长江总公司、东海总公司、五四公司及广大干部员工捐资2 000万元，援建此校，于2009年8月竣工。莘莘学子，攻读无虞；血浓于水，爱心永存。设计单位：光明食品集团上海城乡建筑设计院；施工单位：光明食品集团上海农工商建设发展有限公司"。

都江堰市光明团结小学项目获得一系列奖项：其中设计项目获四川省建设厅2010年度工程勘察设计"四优"三等奖和2010年度上海市优秀工程设计三等奖；建设工程项目，先后被评为四川省成都市文明工地、四川省成都市和上海市优质结构，被上海市评为2009年度"白玉兰"奖、四川省2010年度"天府杯"金奖。2010年年初，光明食品集团授予城乡设计院和农工商建设发展公司"光明食品集团援建都江堰市光明团结小学立功企业"称号。

光明食品集团向平武县阔达藏族乡光明博爱小学灾后重建项目捐资200万元，其余建设资金由国家投入，总投资达700余万元。重建工程由绵阳市华恒建筑勘测设计有限公司地质勘测，四川省内江建筑勘察设计院成都建筑勘察设计所设计，四川万和建设有限公司承建，四川省德阳市青禾工程建设监理有限公司现场监管。新学校于2009年6月29日开工，2010年1月3日竣工，2010年2月正式投入使用。新学校占地10 185平方米，建筑总面积3 127平方米。建有教学综合楼、学生食堂宿舍、教职工宿舍各一栋；拥有现代化的多媒体网络教室、图书室、实验室等；室外体育运动场面积达4 980平方米，是一所全封闭式寄宿制管理的农村完全小学。在校学生247人，在编教职工29人。

六、开学典礼

2009年9月1日，都江堰市光明团结小学举行正式落成暨开学典礼。上海市政协主席冯国勤和四川省政协副主席解洪出席开学典礼并共同为光明团结小学揭牌,冯国勤和上海市慈善基金会副理事长郭开荣、著名电影表演艺术家秦怡为慈善基金会捐款纪念石雕揭幕;冯国勤、解洪、上海市政协副主席钱景林,上海市政府副秘书长、上海援建指挥部总指挥薛潮及市政协秘书长陈海刚、副秘书长管维镛、光明食品集团领导为光明团结小学落成纪念雕塑揭幕。光明食品集团总裁曹树民宣读首届光明奖教奖学基金颁奖决定。都江堰市政协主席高润川和光明团结小学校长王芳先后致辞,对上海人民和光明食品集团的支援帮助表示衷心的感谢。冯国勤等领导视察光明团结小学,高度评价学校的建造质量和设施。

在开学典礼上,光明团结小学的学生们深情演唱了师生共同创作的歌曲《都江堰谢谢你》:"同一个国像同一个家,同一个太阳下,每个家人都需要温暖,需要彼此牵挂。天降的灾难终将过去,收拾曾破碎的家,在你的资助下重建家园,有空回来看看吧。说不尽内心的感激,苦难中你赐予的关怀。都江堰人谢谢你的爱,一定重新站起来。"

第二节　集团系统抗震救灾系列活动

2008年5月,光明食品集团干部员工特别关注四川抗震救灾情况,以实际行动为灾区人民提供力所能及的帮助和支援,各级企业纷纷捐款捐物,干部员工加班加点生产支援灾区的食品。截至2008年5月19日中午,光明食品集团共向四川灾区捐款、捐物价值872万元;经过72小时的紧急生产、调运,集团下属各食品企业支援灾区群众的345吨各类食品,于5月17日、19日分两批通过专列运往四川地震灾区。集团公司捐给上海红十字会100万元、益民大金空调公司捐款100万元、益民食品一厂集团捐款50万元、海博股份有限公司捐款52万元、冠生园集团捐款20万元。集团还向四川灾区捐赠价值187万元物资,其中包括集团公司24.5万元救灾食品,光明乳业100万元牛奶,冠生园集团20万元压缩饼干,梅林股份10万元罐头和饮用水,梅林正广和(绵阳)公司22万元午餐肉罐头,农工商超市7万元压缩饼干,烟糖集团东方先导(重庆)公司10吨白糖等。

2008年5月,集团团委组织广大团员青年参与申城"15集团兄弟联"紧急启动的"撑起爱——救援接力行动,为灾区捐出一顶帐篷,用祝福传递爱与信心"。认购海报在光明食品集团网站展示不到两天,认购帐篷86顶。5月23日22时,首批帐篷运抵四川省绵阳市。

2008年5月,光明食品集团向四川省农业厅农场管理局捐款20万元,并向在特大地震中遭受重大损失的四川省农垦广大干部职工发出慰问信,对四川垦区广大干部职工及家属表示亲切慰问。

2008年6月,集团系统广大党员庄严地向党组织交纳一份"特殊党费",用实际行动向灾区人民献上一份爱心,在抗震救灾工作中发挥先锋模范作用。截至6月2日,集团党委组织部收到"特殊党费"206.4万元。

截至2008年6月27日,光明食品集团共向四川灾区捐款捐物1125.2万元。其中,集团系统干部员工捐款363.79万元;党员交纳特殊党费216.2万元;企业捐款342万元;集团8家商业零售门店参加义卖活动,将一天的营业利润16.25万元全部捐给灾区。根据上海市有关部门统一安排和要求,集团紧急调运食品等物资支援灾区,共调运价值约1000万元、重达380吨的牛奶、饼干、罐头、八宝粥、酱菜等食品运往四川灾区。

2008年9月,第三届光明食品节暨四川都江堰市特色农产品展销专场在上海农展馆隆重开幕,四川省委、上海市政府、新疆生产建设兵团有关领导出席开幕式。展销会主要为遭受地震创伤的都江堰市灾后重建发展经济搭建平台,光明食品集团与都江堰市政府签署关于开设农副产品销售专柜等5个项目的合作协议。光明食品集团在第一食品南东店、杨浦店设立两个分会场并常年设立都江堰市特色农产品展销专柜。

2008年12月,光明食品集团下属上海城隍珠宝总汇与都江堰市教育局签署协议,出资300万元援助都江堰市职业学校新设立"珠宝首饰加工"专业暨玉雕珠宝培训基地,并设立专项创业基金,帮助在地震灾害中致残的学生和其他人员学习玉雕和工艺品设计,提高制作技能,创造就业岗位。珠宝首饰加工培训基地由上海城隍珠宝股份有限公司出资,上海新侨职业技术学院提供师资、教材及教学帮助。都江堰市职业学校新设的"珠宝首饰加工"专业于2009年正式纳入国家计划招生,学制3年,招生人数为两个班级50名学生。

2009年年初,在上海援建指挥部的关心支持下,农工商建设发展公司中标拿下作为都江堰市第二批援建的10所乡镇卫生院的建设工程项目。农工商建设发展公司在坚持质量第一的前提下,狠抓进度、攻坚克难、敢于拼搏,在年底出色完成10所卫生院的建设任务,为改善当地农民医疗条件、提高健康水平做出贡献。

2009年5月,在纪念汶川地震一周年的日子里,作为第四届光明食品节系列活动之一的第一食品商店"端午情浓、家人共享"端午节主题活动在旗下门店缤纷亮相。5月16日,第一食品携手五芳斋公司在杨浦店一楼举行爱心捐赠仪式,共同向光明食品集团援建的光明团结小学全体师生捐赠2 000个粽子,都江堰市光明团结小学副校长周丽专程赶来参加仪式。第一食品和五芳斋公司捐赠的2 000个爱心粽子全部出自五芳斋"江南粽子大王"师傅之手,选用最优质的原料,采用地下180米深井水蒸煮而成;2 000个爱心粽子于当天送到了光明团结小学的师生手中,让灾区同胞在传统佳节感受到了来自上海光明食品集团的温暖。

第三节 迎接世博、服务世博

从2008年8月开始,光明食品集团和所属各单位把"迎接世博、服务世博、奉献世博"作为最大的历史机遇和社会公益活动,集团广大干部职工积极响应上海市委、市政府的号召,全力以赴投身"迎接世博、服务世博、奉献世博"的各项立功竞赛活动,以追求卓越、争创一流的拼搏精神,做好食品供应与安全工作,确保世博会平稳有序运行,展示了光明食品集团的整体形象。

一、迎世博600天行动

光明食品集团全力以赴开展"迎世博600天行动",2008年9月集团建立由总裁曹树民任组长,党委副书记周海鸣、副总裁葛俊杰、党委委员兼宣传部部长徐永炘任副组长的集团迎世博工作领导小组,相关部门负责人为领导小组成员。领导小组办公室设在集团宣传部文明办。集团下属16家子公司相应建立迎世博工作领导小组。

2008年12月10日,光明食品集团召开第一次迎世博工作大会,集团总裁曹树民与益民集团、烟糖集团、农工商超市、光明乳业、海博股份公司总裁签订《迎世博行动责任书》;集团副总裁葛俊杰向集团迎世博青年志愿者授旗。

光明食品集团在广泛讨论、集思广益的基础上制订《迎世博600天行动计划》,并先后两次召开集团系统迎世博动员大会,在明确任务、落实措施的同时,努力营造迎接世博、服务世博的良好氛围。集团各个层面运用各种形式广泛宣传动员,力求世博理念家喻户晓,深入人心。《光明食品报》

和光明网站刊登有关世博的知识介绍,宣传报道集团与各子公司迎世博的动态情况;向各子公司发放1万多份世博宣传海报,编印3 000册《光明员工迎世博讲礼仪》宣传册下发到各子公司;集团文明办、迎世博办对集团有关窗口服务单位进行巡查,专门组织人员先后两次拍摄制作电视片《光明食品集团迎世博巡查实录》,在集团各子公司党委书记会议上播放,引起各级领导的很大触动和反响。集团成立"迎世博义务巡访员"队伍,采用明查与暗访的方法,对集团食品生产、销售企业进行检查,及时反馈情况。这支队伍中有离休老干部、有上海市食品学院老师,有来自生产第一线的劳动模范。通过巡访和反馈,促进了光明食品集团迎世博行动的有效推进。

2009年5月21日,海博股份公司举行"迎世博盛会,展海博风采"海博杯系列活动誓师大会,上海市五一劳动奖章获得者谢友庆代表现场1 000名员工向全公司10 000余名驾驶员发出迎世博"八要八不要"倡议:"要熟悉路况,不要绕道行驶;要合理收费,不要昧心宰客;要方便市民,不要托词拒载;要文明用语,不要牢骚怪话;要衣着整洁,不要肮脏邋遢;要真情待人,不要顶撞乘客;要帮助乘客,不要袖手旁观;要遵守交规,不要违章违纪"。1 000名海博员工当场签下自己的名字,向社会作出庄严承诺。

2009年7月5日,由上海市总工会、市迎世博600天行动窗口服务指挥部、市城市管理指挥部、市文明办、市建交委、市交通港口局主办的迎世博上海出租汽车行业"工人先锋号"发车仪式在海博股份公司广场隆重举行。市委副书记殷一璀向上海市七大出租车品牌授予"工人先锋号"旗帜,市人大常委会副主任、市总工会主席陈豪向上海大众出租汽车有限公司授予"工人先锋号"奖牌,副市长沈骏向七大出租车品牌"工人先锋号"代表授予绶带。出席发车仪式的还有市委副秘书长姚海同、市政府副秘书长尹弘以及光明食品集团副总裁庄国蔚,本次活动各主办单位及市交通运输窗口服务行业相关单位,市出租汽车行业各成员单位领导、先进代表、职工代表和驾驶员代表等400多人。市出租汽车行业协会会长、海博股份总裁汤玉萍代表全行业在仪式上发言;全国交通系统劳动模范、海博出租汽车四分公司驾驶员杨志明带领驾驶员代表宣读迎世博"工人先锋号"誓言。

2009年8月7日,光明食品集团在上海第一食品商店召开"迎世博"学习贯彻《食品安全法》现场会,集团总裁曹树民到会讲话并向专家、顾问颁发食品安全监督聘书,安信农保监事会主席、党委副书记顾勇到会讲话,副总裁葛俊杰部署迎世博食品安全保障的工作任务。安信农保公司与第一食品连锁公司负责人在食品保险合作协议上签字,农工商超市等4家单位交流发言。

2009年12月5日,是第24届国际志愿者日,也是上海地铁7号线开通运营的第一天,全市百万青少年在各级团队组织的动员下集中开展志愿服务活动。光明食品集团作为"上海百万青少年迎世博百日文明行动12·5集中大行动"的全程支持单位,集团负责人接受了市领导颁发的荣誉证书。市委副书记殷一璀,市人大常委会副主任、市总工会主席陈豪在静安寺地铁站亲切慰问参加志愿者活动的海博股份、农投公司的青年员工。

二、"绿色盛会一起来"主题活动

光明食品集团抓住世博机遇,宣传践行世博会倡导的"低碳经济、绿色产业"理念,集团共投入5 000万元开展"绿色盛会一起来"主题营销系列活动。集团与各子公司上下联动,举办各类活动,吸引广大市民积极参与互动,在社会上引起了很大的反响。

2009年12月18日,光明食品集团召开迎世博再动员大会,集团总裁曹树民回顾总结了"迎世博600天行动"进展情况,部署开展以"绿色盛会一起来"为主题的迎世博光明系列品牌策划活动;

集团党委副书记周海鸣宣读聘请迎世博义务巡访员的决定,集团领导向8位迎世博义务巡访员颁发聘书;隆图策划咨询有限公司董事长邵隆图介绍光明食品集团迎世博"绿色盛会一起来"系列活动策划方案;光明乳业、烟糖集团、益民集团、农工商超市、海博股份等5家子公司领导发言;集团工会、团委代表宣读《"绿色盛会一起来"主题活动倡议书》。

2010年1月17日,光明食品集团在南京东路世纪广场隆重举行"绿色盛会一起来"主题活动启动仪式,市政协副主席、上海世博会执委会副主任周汉民出席仪式并和市农委副主任殷欧、市国资委巡视员卢长浩共同启动"绿色盛会一起来"主题活动,上海世博会志愿者部副组长、迎世博600天行动社会动员指挥部办公室主任陈振民接受捐赠并讲话,市交通运输港口管理局总经济师杨长海向海博股份世博车队授旗,团市委副书记、上海世博会志愿者组办公室主任邓小冬向光明食品集团志愿者授旗,集团监事会主席崔志仁代表集团向上海世博会志愿者组织捐赠1 000万元,集团副总裁葛俊杰介绍"绿色盛会一起来"主题活动概况,集团副总裁庄国蔚率集团系统8家食品生产销售企业领导作食品安全承诺。

2010年4月7日,集团以《光明食品报》为载体,开展全系统"迎世博食品安全知识竞赛",进一步提升集团广大干部员工对国家《食品安全法》《农产品质量安全法》《食品安全法实施条例》的知晓度和执行力。

2010年4月8—9日,光明食品集团举办食品防护计划培训班。集团系统从事食品生产、加工、配送、销售的90家企业170人参加培训,为圆满完成世博食品安全工作提供技术保障。

2010年5月16日,作为光明食品集团"绿色盛会一起来"主题活动的组成部分,由市文明办指导,上海市志愿者协会、上海市青年志愿者协会与上海光明乳业共同主办的"迎世博,讲文明,树新风——志愿者绿色接力送"活动启动仪式在东方明珠广场隆重举行。

2010年7月8日,由共青团中央主办、共青团上海市委、上海交通大学和静安区共同承办的世博青年周"绿·低碳世博"主题日活动在静安公园举行,光明食品集团团委筹办的以"绿色盛会一起来"为主题的绿色食品展区成为活动现场人气最旺、最受关注的展区之一,团市委书记潘敏及世博局、静安区领导给予高度评价。

三、服务世博会

上海世博会为光明食品集团带来了产品销售和服务消费的巨大商机,集团各企业抓住商机积极开发相关产品,努力提升服务水平,取得理想成效。集团8家企业取得世博特许生产商资质,开发世博特许产品237种;集团公司所属第一食品、捷强连锁、农工商超市、伍缘、好德、可的、光明便利、冠生园蜂制品专卖店在全市开设世博特许产品零售专柜507个,销售总额达2.4亿元;第一食品、心族公司、城隍珠宝、上茶公司等在世博园区开设6家专卖店;光明乳业、农工商配送、海丰米业、爱森肉食、冠生园、梅林美达、农工商超市119店等企业成为世博会农副产品与休闲食品供应商。

2009年8月18日,上海世博会事务协调局与光明食品集团所属冠生园(集团)有限公司签署协议,冠生园集团正式成为上海世博会糖果行业赞助商,这是上海世博会期间国内糖果行业唯一一家赞助企业。市政府副秘书长、世博局局长洪浩,国资委党委副书记蒋苏平及光明食品集团主要负责人出席签约仪式。

2009年12月22日,上海金枫酒业股份有限公司与上海世博会事务协调局在紫金山大酒店签署协议,金枫酒业成为上海世博会黄酒行业项目赞助商。上海世博局副局长陈先进,光明食品集团总裁曹树民,副总裁、烟糖集团和金枫酒业董事长葛俊杰出席签约仪式。陈先进与葛俊杰分别签约。

2010年1月10日,上海世博会事务协调局中国馆部部长钱之广、中国馆项目部高级设计师居星和中国馆部高级主管一行,专程到上海鲜花港挑选、确定中国馆用花,对上海鲜花港的生产规模、环境和花卉品种、品质给予高度评价。2010年3月16日上午,光明食品集团上海鲜花港与上海世博局举行"中国国家馆用花专项赞助协议"签约仪式。上海世博会事务协调局,光明食品集团负责人出席仪式并致辞。上海世博会事务协调局中国馆部部长钱之广、上海鲜花港企业发展有限公司董事长赵才标代表双方签署协议。

2010年1月20日,上海思乐得不锈钢制品有限公司被授予2010年上海世博会家用金属制品及塑料制品特许生产制造商,生产的不锈钢瓶、杯、壶、锅具及家用塑料器皿成为2010年上海世博会的特许产品。同时以"品质、品位、价值、服务"为宗旨的"思乐得生活馆"也被上海世博会定为上海世博会特许产品专卖店。

2010年4月28日,上海海湾国家森林公园举行世博观光农园揭牌暨正式开园仪式。全国轻工总会会长步正发为"世博观光农园"揭牌,奉贤区区长时光辉讲话;市农委副主任邵林初,市国资委副主任刘燮,市旅游局副局长杨劲松,市绿化和市容管理局副局长蔡友铭,光明食品集团总裁曹树民、监事会主席崔志仁,奉贤区有关委办局和海湾镇镇政府的领导等出席仪式。

2010年5月15日,作为光明食品集团"绿色盛会一起来"系列活动重要组成部分,上海第一食品贵州食品节在第一食品杨浦店开幕,市政协副主席、民建上海市委主委、上海世博会执委会副主任周汉民,市委农办、市农委主任孙雷,市合作交流办巡视员曹整国,贵州省农委主任刘福成,民建贵州省委副主委李汉宇及沪黔两地有关委办局的领导出席开幕仪式,光明食品集团所属烟糖集团与贵州省食品企业签订经贸合作协议,来自"生态贵州"的天然、绿色、有机食品为绿色世博增色添彩。

2010年6月,市工商局副局长徐枫一行来到紧邻世博园区的农工商超市119店检查,119店先后被老城隍庙、沧浪亭、粤胜大酒店等世博园区内的知名餐饮企业选定为食品供应商。每天119店按时、按量向世博园区内餐饮企业提供优质安全食品,受到这些企业的一致好评。农工商超市集团是市政府指定的三家世博食品供应商之一。

2010年10月16日,上海世博会入园人数创下当日百万人次纪录。上海市有关部门紧急启动世博应急预案,市商委要求梅林股份公司以最快的速度组织调运10万罐梅林"真的"八宝粥供应园区。梅林美达公司生产一线员工以最快的速度从全市各个居住地赶往工厂,从下午3点加班至17日凌晨1点,顺利完成10万罐八宝粥的生产任务。当天下午,公司又为世博园区生产供应第二批罐头八宝粥,梅林美达公司共向世博园区提供八宝粥24万罐。

2010年11月,市委农办、市农委主任孙雷发来贺信,祝贺上海鲜花港圆满完成服务世博的任务。光明食品集团党政领导也向上海鲜花港发出贺信,感谢上海鲜花港保证世博会每天都有象征和谐理念的荷花盛开,每天都有代表中国形象的"中国红"凤梨绽放,圆满完成了在中国馆举行的各类重大活动的花卉盆景布置任务,为上海举办"成功、精彩、难忘"的世博会作出了贡献。

四、世博志愿者和世博接待工作

集团以实际行动履行国有企业的社会责任,大力支持世博志愿者工作。

在志愿者服务世博过程中,2010年集团党委组织100余名党员干部及优秀职工参加全市7个轨道站点、20个地铁出入口的世博安保执勤工作。截至2010年11月15日,志愿者在执勤期间累计发现、劝阻携带危险品1 227起,检查可疑包裹218个,协助轨道交通公安执勤民警处置突发事件240起,涌现好人好事7 300多起,得到了市有关方面的高度评价。上海世博会期间,光明食品集团"小白菜"(世博志愿者)受到了中外游客的赞赏。

2010年4月1日,以"倡导企业责任,保障世博平安"为主题的上海首家企业平安志愿者启动仪式于世博会倒计时30天在冠生园集团举行。冠生园集团负责人代表中国东方航空股份有限公司、中国海运(集团)总公司、上海汽车工业(集团)总公司、上海电气(集团)总公司、上海大江(集团)股份有限公司、上海良友集团有限公司、上海锦江国际实业发展有限公司等8家企业向社会发出倡议:上海企业要积极主动参与到平安志愿者队伍中来,形成"工作日保企业,休息日保社区"的"我与世博同行,世博成果共享"的良好局面,保障世博会的平安举办。市综治办副主任、市平安志愿者总队队长乐伟中出席仪式并讲话;市精神文明办副主任朱响应、市食品协会会长葛根庆、市老字号协会秘书长邵玉玲等领导参加启动仪式。

2010年6月3日,市国资委党委领导在光明食品集团党委副书记、工会主席周海鸣的陪同下,来到轨交4号线南浦大桥站,亲切慰问参加世博安保执勤的光明食品集团志愿者。

2010年7月11日,光明食品集团向世博志愿者赠送防暑降温物品仪式在巴士大厦会议厅举行,市委宣传部副部长、市文明办主任、上海世博会志愿者部主任马春雷到会讲话。本次活动由上海世博会志愿者部指导,市文明办、光明食品集团主办,益民食品集团与农工商超市集团共同承办。光明食品集团和益民食品一厂向世博志愿者赠送价值100万元的"光明牌"冷饮,为战高温的世博志愿者送去"清凉",全市近2 000家好德、可的、光明便利店为方便世博志愿者就近领取冷饮提供服务。

2010年8月7日,26名来自光明食品集团所属益民集团、烟糖集团、海博股份、农房集团、跃进有限公司等子公司的世博志愿者在中国馆援助中心、南广场及省(自治区、直辖市)馆开展为期15天的世博志愿者服务,向中外游客传递"光明"青年积极向上、昂扬进取的青春风采。

上海世博会期间,光明食品集团党委开展"我是党员我带头,我是党员我奉献——奉献世博、深化党建"主题活动,各子公司党委通过召开一次专题组织生活会,进行一次网上签名承诺,开展一次奉献世博"金点子"活动,开展一次志愿者活动,为世博做一件好事来体现党员的世博先锋行动。集团系统449个基层党支部、7 475名党员参加"上海基层党建网"网上签名承诺。

上海世博会期间,为了热情接待来参观上海世博会、与光明食品集团有合作关系的地方政府、垦区及企业代表,集团专门成立由集团副总裁牵头负责的世博会接待工作领导小组,集团部门正职领导以及下属子公司正职领导担任领导小组成员,集团办公室、董(监)事会办公室、战略研究室、投资管理部、产业发展部、人力资源部、公关部、社区办、工会、团委等部门共同参与接待工作。领导小组制订详细周到的接待工作计划,采用对口负责的方式,由各子公司配合落实具体对口单位的接待工作,集团相关部室负责协调,做好服务。集团系统共接待农业部、农垦局、新疆、黑龙江、云南、北京等垦区单位共计30批次、1 700人。还承接了市政府以及各部委下派的世博会接待任务。

五、获世博会荣誉

在"迎接世博、服务世博"的过程中,光明食品集团下属企业和个人由于服务热情周到、表现优异,先后获得上海世博会各类荣誉称号。

2010年1月20日,在上海市迎世博600天行动窗口服务指挥部第十六次工作会议暨倒计时100天冲刺动员大会上,光明食品集团总部产业部汤志坚被评为"上海世博外事工作优秀个人"。第一食品连锁发展有限公司员工徐剑萍,农工商超市金山大卖场员工陆丽花被授予上海市"微笑服务大使"称号。

上海鲜花港运用荷花花期调控最新农业科技成果,在世博会期间培育盛开的荷花,成为2010年上海世博会中国馆用花专项赞助商,并成功取得"光明食品集团上海鲜花港"冠名权,圆满完成了在中国馆举行的各类重大活动的花卉盆景布展任务,获世博会主办方的高度评价和中外友人的称赞,被评为上海世博会世博园区服务保障先进集体。上海鲜花港王生泉、郭红华、陈玉岚、顾俊棕等人被评为上海市"服务世博 奉献世博"先进个人,张栋梁获上海市五一劳动奖章。

2009年7月5日,迎世博上海出租汽车行业"工人先锋号"发车仪式在海博股份广场举行,3 000辆出租汽车贴上创建"工人先锋号"标志,市委副书记殷一璀出席会议并授旗。2010年上海世博会期间,世博服务车队获市委、市政府颁发的"上海世博会优秀工作集体"、"上海市交通保畅先锋"集体、"职工最满意企业"荣誉称号。

第四节 光明爱心专项基金会

为发展上海慈善公益事业,帮助上海市困难群体,履行国有企业社会责任,集团设立的上海市慈善基金会光明爱心专项基金,主要为上海地区的患先天性白内障、外伤性白内障、继发性白内障、先天性青光眼、儿童眼外伤、先天性角膜病变、先天性眼部畸形导致视力丧失的家庭困难的青少年和儿童患者提供免费医疗。

光明食品集团制定《上海市慈善基金会光明爱心专项基金管理办法》,成立光明爱心专项基金管理委员会,行使对基金的管理职能。光明食品集团党委副书记、工会主席周海鸣任主任,上海市慈善基金会副会长袁采任副主任。光明爱心专项基金由上海市慈善基金会保管,每年产生的收益归并本金,同时可继续接受原捐赠方的捐赠。

2006年10月20日,在第一届光明食品节闭幕式上,集团党委副书记顾勇代表光明食品集团向上海市慈善基金会正式捐赠100万元设立基金;集团党委副书记周海鸣就光明爱心专项基金的款项和用途作了发言,并向社会广泛征集合适的眼疾复明手术患者;上海市慈善基金会副会长袁采作答谢发言;上海市和平眼科医院负责人代表实施手术的医院发言。

2007年3月9日,上海市和平眼科医院朱莉教授为光明爱心基金资助的第一位青年患者小张做了白内障切除手术。3月10日上午,患者小张重见光明,连连感谢光明食品集团的关心和帮助,感谢和平医院的领导和医生。

2010年10月,光明食品集团向社会承诺:将光明爱心基金使用范围由原来上海地区青少年儿童眼疾患者扩大到上海地区年满70岁的家庭困难、白内障失明的孤寡老人,接受免费医疗的对象扩大至在上海工作和居住的民工及其子女。

第十篇

科技教育卫生

概　　述

光明食品集团积极推进"科技兴企",通过建立组织架构、制定规划、加大投入、引进人才、架设产学研科技平台等举措,集团科技创新和科技管理工作取得新突破,一大批科技成果转化为新产品上市,成为新的经济增长点并获国家级和省部级奖励。集团加强教育卫生工作管理,推进教育卫生事业发展,积极做好农场教育卫生管理职能属地化和移交工作。

光明食品集团成立科技发展委员会,下设专家委员会。2007年3月30日,集团召开第一次科技工作会议,副市长胡延照到会讲话并为"光明食品学院"揭牌。

2007年3月,编制《光明食品(集团)有限公司科技创新行动计划(2007—2009年)》,建立5 000万元科技创新专项基金,主要用于市级以上重大项目的配套、集团重大项目的扶持以及奖励作出重大贡献的团队和个人。2009年9月,集团制定《关于促进产业联动和商业模式转型,扶持企业发展的若干意见(试行)》,从2010年起,集团每年安排不低于1 000万元的预算资金用于促进集团科技创新工作。集团还制定《关于促进科技创新若干意见的实施细则(试行)》,明确科技创新的各项奖励办法。

光明食品集团初步建成一批行业领先、具有国家和省市级资质的科技创新平台。截至2010年年底,集团拥有国家级企业技术中心、乳业生物技术国家重点实验室(筹)、国家乳品加工技术研发分中心和一批省市级企业技术研发中心。由光明食品集团主持的上海市科技兴农技术推广项目——"水稻高产高新技术集成创新示范工程",实现了6万余亩水稻单产超700公斤的目标,创造了上海市大面积水稻种植优质高产的新纪录。

加强与高等院校、科研机构科技合作。集团成为上海海洋大学"上海市第二批研究生联合培养单位";光明乳业技术中心成为市国资委"青年人才培养锻炼示范基地"、上海交通大学博士后工作流动站;冠生园集团与团中央合作建立"YBC·冠生园大学生创业研发中心"。集团和子公司的一批科技带头人相继成为上海海洋大学、上海交通大学、华东理工大学、江南大学、南京农业大学等校的兼职博士生导师或硕士生导师。

光明食品集团及所属企业的一大批科研成果获政府和行业科技进步奖励。光明乳业股份有限公司研发的"功能性益生乳酸菌选育及应用关键技术"获2009年国家科学技术进步奖二等奖;东海总公司所属上海种业(集团)有限公司完成的"工厂化育苗关键技术创新集成及产业化示范与推广"课题项目获2008年市科学技术进步奖一等奖。

2010年,集团拥有工程和农业技术人员1 612人,技师和高级技师424人、初级和高级技工1.71万人。

光明食品集团组建后仍保留上海市农场管理局牌子,成立市农场局社区管理办公室,承担集团系统教育、卫生事业管理职能。

2008年,集团拥有大中专学校2所,教职员工73人,在校学生2 186人;普通中学3所,教职员工90人,在校学生1 256人;幼儿园5所,教职员工52人,在园幼儿397人。其中,成立于1978年的上海电视大学农工商分校开设医科、文科、工科、农科、经济类等20个专业;创建于1985年的上海市应用科技学校是上海市市属全日制中等专业学校,2010年1月整建制划归上海职工医学院管理。

2006年7月,原上海农工商集团和南汇区政府就原朝阳、芦潮港农场行政和社会管理属地化移交工作签订总协议,芦潮港农场中心幼儿园、朝阳农场中心幼儿园划归地方政府管理,整体移交接收工作至2006年9月30日基本完成。

2008年9月,光明食品集团和崇明县人民政府就原跃进、新海、红星、长征、东风、长江、前进、前哨等农场行政和社会管理职能属地化移交工作签订总协议,上海市新海学校、长江中学、长江小学和前哨农场职工子弟学校划归崇明县管理。

2009年7月,光明食品集团与市劳教局签订协议,原上海农场、川东农场承担的教育、公共服务职能向政府有关部门移交。2009年7月上海农场、川东农场、海丰农场与上海市宝山区教育局签订农场学校移交协议,上海农场初级中学、小学及幼儿园,川东农场小学及幼儿园,海丰农场小学及幼儿园正式移交宝山区教育局管理。

集团组建后继续承担一定的卫生管理社会职能。2008年,集团系统拥有医院12所,病床1 037张,职工596人,其中医护人员354人。2009年,实行政企分开后,其卫生管理职能逐步移交地方政府管理。

在市医保部门的协助下,集团于2009年2月完成崇明区域农场医院和医保服务点的移交工作以及农场居民的医保参保登记、缴费、发卡和发册;完成农场医院的结算和结算线路的归并、移交。从12月1日起,上海医保事务管理中心将上海市与大丰市的异地医保报销工作交由光明食品集团医保办承担。

2006年7月,原上海市农工商集团和上海市南汇区人民政府签订协议,芦潮港农场职工医院、朝阳农场职工医院当年移交南汇区人民政府管理。

2008年9月,光明食品集团和崇明县政府签订协议,上海市跃进农场职工医院、新海农场职工医院、红星农场职工医院(已归并)、长征农场职工医院、长江农场职工医院(含前进农场职工医院)、东风农场职工医院、前哨农场职工医院移交崇明县政府管理。

2009年7月,上海市海丰农场与上海市宝山区卫生局签订移交协议,以2009年4月30日为基准日,海丰农场职工医院移交宝山区卫生局管理,改制为海丰社区卫生服务中心。至此,光明食品集团所属农场职工医院全部完成向地方政府移交工作。

第一章 科 技

第一节 科技管理

一、机构

2007年3月,光明食品集团成立以曹树民总裁为主任、葛俊杰副总裁为副主任的科技发展委员会,并由人力资源部、公共关系部、产业发展部、财务审计部、战略研究室、投资管理部、法务部、资产经营部、工会等部门负责人及部分企业负责人为科技发展委员会成员。

集团科技发展委员会是集团科技创新和管理工作的领导、协调机构,其主要职能是:协调开展集团科技创新和管理的规章制度、发展规划、行动计划、经费预算、重点项目、专项资金使用与监管等重大事项的编制及审核等,并在集团总裁机构批准或经授权后组织实施。集团科技发展委员会下设办公室,作为科技发展委员会的工作机构,设在产业发展部,由唐沛毅任主任。

集团科技发展委员会下设专家委员会,由集团系统内外技术类、经济类和管理类的专家组成。专家委员会是对集团核心业务科技创新方向和目标进行科学决策的咨询机构,其主要任务是:为集团相关产业特别是食品产业的发展和科技创新提供科技、市场、政策等方面的趋势性分析和导向性建议等决策咨询信息,为各类科技项目特别是重大科技项目立项、论证、实施、攻关及鉴定验收等

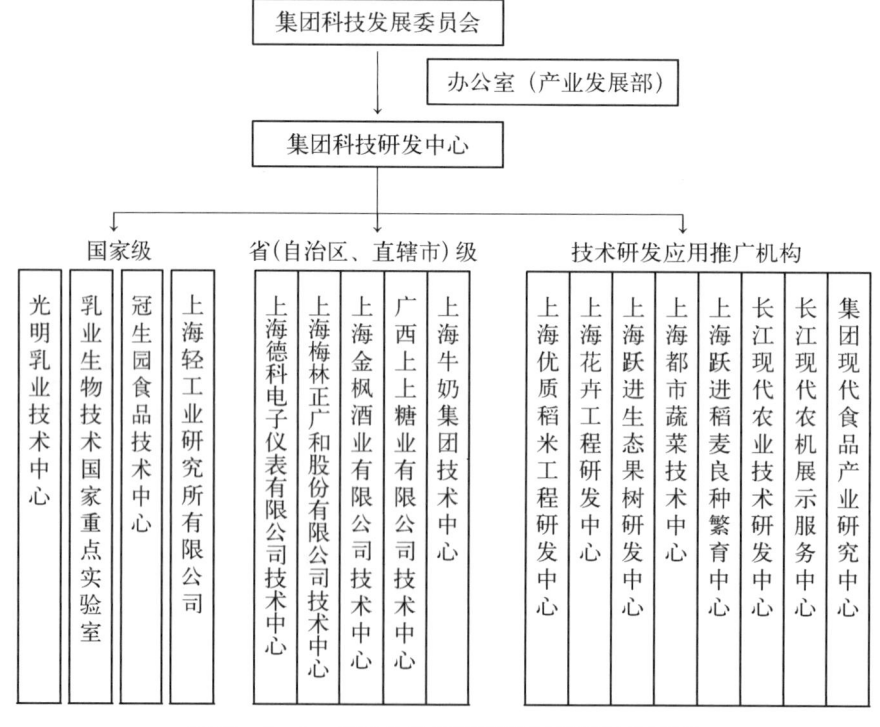

图 10-1-1 光明食品集团科技创新管理体系图

提供相应的技术和政策指导。专家委员会成员的选聘由集团科技发展委员会审议决定,其活动经费纳入年度财务预算。

2010年12月,为加强集团科技创新工作的领导,基于集团科技发展委员会部分成员已经退休或工作岗位发生变化等因素,对科技发展委员会部分成员进行了调整,由曹树民任主任,葛俊杰、曹晓风、张汉强任副主任。

二、活动

【推进科技创新行动】
2007年3月,光明食品集团为实施发展战略规划,推动科技创新工作,增强自主创新能力,促进集团食品产业重点企业、重点品牌、重点产品持续、健康、快速发展,编制《光明食品(集团)有限公司科技创新行动计划(2007—2009年)》。

集团科技创新目标　建立完善以集团科技发展委员会、集团科技研发中心和子公司企业技术中心组成的科技创新与管理体系;核心业务关键技术和产品质量达到国内领先或国际先进水平;培育业务关键技术,达到国内领先或国际先进水平;集团合并销售业务、食品主业业务、重点品牌食品与农产品的科技投入率分别达到0.5%、1%和3%以上;授权发明专利、市级以上科技创新成果、专有技术等自主知识产权成果累计达到20项(次)以上,科技创新成果的产业化率不低于60%,重点产品的新产品年更新率达到20%以上。

集团按行业落实科技创新任务　具体落实在乳制品、黄酒、食糖、糖果等休闲食品、罐头等方便食品、养殖业、米业、花卉蔬菜、信息化应用等9个方面。

乳制品:包括辅助降血脂、降血压、降血糖功能性液态乳制品和发酵乳制品。关键技术:具有特殊功能性的益生菌的筛选、高密度培养及产业化应用技术;有效的功能因子分离纯化、结构鉴定、作用机理的研究;相关产品的活性成分及其快速检测方法等。

黄酒:包括黄酒的规模化、标准化、环保节能化生产;原辅料及发酵菌种特性研究、陈化工艺研究、功能因子研究。关键技术:风味物质检测技术、EC等黄酒微量物质组分的精密分析、定量检测及生产控制技术;清爽型黄酒酿造工艺技术;环保节能及综合利用技术;黄酒酿造过程中各种次级代谢物分析及相应的工业调节和控制等。

食糖:包括甘蔗育种、种植技术现代化,制糖自动化、节能化工艺,综合利用技术,信息管理系统一体化。关键技术:引进、培育、优化高产高糖甘蔗品种;甘蔗种植技术的标准化;制糖工艺的自动化;能源物料综合循环利用;管理和工控系统一体化;物流装卸配送自动化和信息管理一体化;电子商务技术应用等。

糖果等休闲食品:包括特色糖果、功能糖果、无糖糖果以及以蜂蜜为主的各类蜂制品产品。关键技术:微晶化技术在奶糖生产加工中的应用;无糖糖果加工技术工艺的研究;巧克力生产加工中重点工艺技术的研究和改进;中草药功能因子的提取技术和科学配伍技术;中草药有效成分浸提工艺的改进技术;蜂胶提纯工艺技术的分析比较;蜂产品衍生品配方、工艺技术的研究应用;糖果产品新型包装的应用等。

罐头等方便食品:包括各类罐头、软包装调理和保鲜食品。关键技术:开发符合欧美、日本、韩国等市场技术标准的果蔬类产品;MDM在主打产品上的应用研究;DR铁替代现用包装材料的技术研究;EVOH等新型高阻隔食品级包装材料的应用研究;营养强化食品研发及营养成分的配比;

新型食品添加剂的应用及工艺控制等。

养殖业：包括适宜南方地理气候特点的奶牛良种繁育和饲养管理。关键技术：高产奶牛良种繁育体系及奶牛选育选配和DHI（奶牛群改良计划）技术；南方大城市郊区奶牛规范化高产饲养模式；奶牛场环境控制技术和环保效益型奶牛生产模式；生鲜牛奶质量控制等。

米业：包括水稻高产新技术集成示范工程。关键技术：茬口和品种的优化组合；水稻群体质量栽培技术；水稻精准施肥技术；重大病虫草害安全生态治理技术；水稻机械插秧技术；农艺农机配套技术；农业资源循环利用技术等。

花卉、蔬菜：包括种质创新和产业化发展。关键技术：适宜种植区域地理气候条件的花卉、蔬菜新品种引进、筛选和选育与扩繁技术；主导培育扩繁品种的种苗组培技术；温室繁育技术；病虫害监测防治技术；栽培基质和营养液等有效配方与配制技术；功能菜研究与开发；花卉、蔬菜的保鲜加工和综合利用等。

信息化应用：促进信息技术在现代农业、食品制造、食品流通等环节的广泛应用，信息技术运用于生产过程、供应链和管理流程。关键技术：农产品生产和食品加工过程的信息化控制技术；仓储物流信息化技术；管理信息系统技术；数据库及数据仓库技术；异构数据收集和提取技术；业务数据集中分析和报表技术。

集团科技创新措施　逐步完善以市场为导向的科技创新与管理体系；积极推进重大科技创新项目的组织实施；加大科技创新投入；加强科技人才队伍建设；建立健全知识产权管理体系，促进自主知识产权的创造和应用。

2007年，光明食品集团建立5 000万元科技创新专项基金，用于市级以上重大项目的配套、集团重大项目的扶持以及对做出重大贡献的团队和个人予以奖励等。开展"南方大城市郊区牛场环境控制技术及奶牛应激综合防控技术研究与产业化示范""优质奶牛肉牛育种""功能性乳制品的开发""黄酒酿造工艺的开发""上上糖业管理控制一体化""花卉种质创新和产业化发展""罐头食品杀菌冷却水循环利用""水稻高产、高新技术集成示范工程"等科技创新项目。推进与国内外研发机构多渠道、多层次合作，逐步建立和完善产学研合作体系。以集团科技研发中心为平台，与草本科技、丹尼斯克等研发机构深化具体项目的合作。子公司及乳业、黄酒、食糖、糖果、罐头、米业、蔬菜等重点食品和农产品企业，与上海水产大学（现上海海洋大学）、上海农业科学院以及江南大学、上海应用技术学院、上海交通大学农学院、中国发酵工业研究院等国内外研发机构建立或完善合作研发机构、深化项目合作。

【扶持企业商业模式转型】

2009年9月，光明食品集团制定《关于促进产业联动和商业模式转型，扶持企业发展的若干意见（试行）》（简称《若干意见》）。

为加快推进集团产业联动和商业模式转型，鼓励企业科技创新，提高科技贡献度，《若干意见》明确从2010年起，集团每年安排不低于1 000万元的预算资金用于促进集团科技创新工作。集团所属企业根据集团《科技创新行动计划》的目标和要求，在年度财务预算中按照主营业务收入0.5%～3%的比例安排科技创新资金，并酌情逐年增加。

促进企业技术中心建设，提高企业科技创新能力　集团鼓励和支持下属企业特别是核心业务相关重点企业积极创造条件建设发展企业科技研发机构。对企业科技研发机构首次通过国家认定企业技术中心、国家重点实验室、工程研究中心，上海市（省、部）级认定企业技术中心等考核评审的,由集团给予其创建团队及领军人物一次性奖励;对已获上述级别认定,经复审考评仍保持原级别认定并连续两次复审考评分均达85分以上的,由集团给予有关团队及领军人物一次性奖励。

促进企业科技成果转化,提高科技创新贡献度 对集团所属企业为第一完成单位和科技成果获得国家级科技奖励、上海市(省、部)级科技奖励或者因产业和行业特性不能申报国家级或上海市(省、部)级科技奖励,但经集团审核认为其科技成果在创新性和适用性方面符合集团规定的有关条件并对企业发展作出重大贡献的,由集团给予其研发团队及领军人物一次性奖励。

鼓励企业增加科技投入,提高可持续发展能力 集团所属子公司计入年度财务报告的"企业研发费用",经审计认可,按实际发生金额的150%视作该子公司的当期考核利润。

【科技创新项目奖励办法】

2010年7月,为进一步健全和完善科技创新机制,促进经济增长方式转变,光明食品集团制定《关于促进科技创新若干意见的实施细则(试行)》(简称《实施细则》),明确科技创新的各项奖励办法。

对企业技术中心建设的奖励 企业研发机构或技术中心首次通过国家级重点实验室或企业技术中心或工程研究中心考核认定的,集团公司给予一次性奖励100万元;后续通过国家级其他项考核认定的,集团公司给予一次性奖励50万元。

企业研发机构或技术中心通过国家级重点实验室或企业技术中心或工程研究中心考核认定后,连续两次复审考评均达到90分及以上的,集团公司给予一次性奖励50万元;连续两次复审考评达到85分至89分的,集团公司给予一次性奖励20万元。

企业研发机构或技术中心通过省部级重点实验室或企业技术中心或工程研究中心考核认定后,集团公司给予一次性奖励50万元;后续通过省部级其他项考核认定的,集团公司给予一次性奖励20万元。

企业研发机构或技术中心通过省、部级重点实验室、企业技术中心、工程研究中心考核认定后,连续两次复审考评均达到90分及以上的,集团公司给予一次性奖励25万元;连续两次复审考评达到85分至89分的,集团公司给予一次性奖励10万元。

对获政府科技成果的奖励 企业作为第一完成单位取得的科技成果,获得国家级政府科技奖励一等奖、二等奖和三等奖的,集团公司分别给予一次性奖励100万元、75万元和50万元;获得省、部级政府科技奖励一等奖、二等奖和三等奖的,集团公司分别给予一次性奖励50万元、30万元和10万元。

对集团科技成果的奖励 获得集团科技成果一等奖、二等奖和三等奖的企业,集团公司分别给予一次性奖励30万元、20万元和10万元。

对科技项目的支持 集团公司对企业科技创新项目的支持力度,最高为项目预算的20%,金额不超过50万元。

【集团科技大会】

2007年3月30日,光明食品集团召开第一次科技工作会议。会议总结科技创新工作,交流科技创新经验,部署集团2007—2009年科技创新工作。副市长胡延照到会讲话并为"光明食品学院"揭牌。市国资委副主任陈晓宏、市经委副主任傅新华为集团"现代食品产业研究中心"揭牌,市农委副主任严胜雄出席会议。曹树民总裁作《围绕发展战略,加强科技创新,促进集团又好又快发展》主题报告。党委副书记顾勇宣读《关于设立光明食品(集团)有限公司科技发展委员会的决定》。

在集团科技大会上,举行集团科技发展委员会专家委员会首批成员受聘仪式,上海水产大学校长潘迎捷作为专家代表讲话;集团总裁曹树民分别与上海水产大学校长潘迎捷、市农科院院长吴爱忠、丹尼斯克(中国)有限公司总经理李永敬签订《产学研战略合作协议》。

第二节 科研机构与科研队伍

光明食品集团核心主业的各龙头企业注重加强自主创新能力建设,初步建成一批具有国家和省市级资质的科技创新平台。截至 2010 年年底,集团拥有国家级企业技术中心、乳业生物技术国家重点实验室(筹)、国家乳品加工技术研发分中心和一批省市级企业技术研发中心,这些科研机构与平台成为集团新技术、新产品开发的主体,为集团主业发展起到了核心技术、新产品蓄水池的作用。

一、国家级科技创新机构

【光明乳业技术中心】

光明乳业股份有限公司技术中心于 1999 年年底成立,2000 年 2 月,被认定为上海市级企业技术中心;2002 年 12 月,被认定为国家级企业技术中心。2004 年 10 月,获国家发展和改革委员会等四部委颁发的"国家认定企业技术中心成就奖"。技术中心的试验、中试和检测分析设备完善,在全国处于领先水平。技术中心拥有技术研发人员 108 人,其中本科以上学历 90 人、博士 9 人、中级以上职称 86 人。2002 年,经国家人事部正式批准设立博士后工作站,其产业技术、科学研究水平及科研机制达到国家级水平。(详见第三篇第二章第一节"乳业")

【乳业生物技术国家重点实验室】

光明乳业股份有限公司"乳业生物技术国家重点实验室"于 2010 年 1 月经国家科技部批准筹建,建设计划任务书于 2010 年 5 月 21 日通过科技部专家组评审论证,是中国乳业国家重点实验室。实验室以提高企业自主创新能力为宗旨,以解决带动行业发展的前沿技术、共性技术和关键技术为目标,重点开展应用基础研究和技术科学研究,掌握自主知识产权,研究制定国际、国家和行业标准,促进产学研结合,聚焦和培养优秀科研人员,开展高水平科技交流与合作,引领和带动全国乳品行业快速发展。

"乳业生物技术国家重点实验室"从国民经济发展的实际需求出发,立足解决乳制品行业面临的突出难题,先后开展"原料奶及乳制品质量安全控制""新型乳品发酵剂理论与技术""功能性乳制品研究""新型干酪及其副产物综合利用"四个方向的基础研究。实验室成立了由 2 名院士和 9 名教授组成的学术委员会,引进复合型人才并大力培养学科带头人,组建了一支博士成班、硕士成排、学士成连的优秀科研团队。光明乳业公司投入大量资金,为实验室购置一批具有国际先进水平的仪器设备,建立"光明乳业研究院"和精密仪器室、微生物研究室等新研究基地。实验室承担了"863"计划、"973"课题等 16 项国家和省部级重大科研任务,发表学术论文 54 篇,获授权发明专利 7 项,出版乳品专著 1 部,在乳业基础研究和成果创新方面取得成绩。

二、省市级科技创新机构

【上海德科电子仪表有限公司技术中心】

2000年年初,上海德科电子仪表有限公司技术中心建立。2002年3月,被上海市人民政府认定为上海市企业技术中心。2005年10月,被认定为国家级企业实验中心。技术中心通过引进、吸收、转化世界先进汽车电子技术,着力推进二次技术创新,提升企业自身的核心竞争力,初步形成汽车仪表及相关电子产品的自主研发能力,成功地与上海通用、上海大众、沈阳华晨、海南马自达、长安汽车等主机厂同步开发了高技术含量并拥有LAN、CAN、LIN等多项通信协议技术的电子产品,提升了企业自主技术开发能力和与国际先进技术的同步发展。(详见第三篇第三章第四节"汽车仪器仪表和配件")

【上海梅林正广和股份有限公司技术中心】

2000年6月,梅林正广和公司技术中心成立。同年12月,获上海市级技术中心和国家级检测中心认定。技术中心有技术人员125人,其中:研究生以上12人,本科生43人,大专生66人,中专生4人;高级工程师17人,工程师55人。技术中心总建筑面积3 600平方米,拥有适应公司核心技术研究开发的小试及中试实验室;设施齐全的物理、化学、微生物、液相、气相、色谱分析检测室和万级净化无菌室,中心先后完成多个国家级、市级科研项目,获多项实用新型专利和发明专利。(详见第三篇第二章第六节"罐头食品")

【上海金枫酿酒有限公司技术中心】

2003年9月,上海金枫酿酒有限公司技术中心成立。2006年12月,被认定为上海市第十二批市级企业技术中心。技术中心下设微生物研究室、理化分析室、风味研究室、工艺新品研究室、标准及知识产权管理室。共有科研人员40人,其中:研究生6人,大专以上学历27人;高级职称10人,中级职称16人。(详见第三篇第二章第三节"酒业")

【广西上上糖业有限公司技术中心】

2003年广西上上糖业有限公司技术中心成立。2010年10月,被认定为自治区级企业技术中心。技术中心主要负责上上糖业有限公司及本行业核心技术的研究和开发、研究课题的小试和中试、相关技术在公司内部的推广应用等。技术中心设有糖业技术研究室和甘蔗技术研究室,研究课题涉及制糖、机械、食品、化工、计算机、经济作物、有机化学等专业领域。(详见第三篇第二章第二节"糖业")

【上海牛奶集团技术中心】

上海牛奶集团技术中心,前身是上海市奶牛研究所,成立于1980年3月。2010年,牛奶集团通过整合内部资源,在原上海市奶牛研究所的基础上组建成立"上海牛奶(集团)有限公司技术中心",并建立营养与饲料研究中心、繁殖与育种研究中心、疾病控制研究中心、牧场技术服务与指导中心、牧场工艺与设备研究中心、检测中心和1个实验牧场。到2010年,技术中心有科研人员22人,其中有博士、硕士。2007年以来,技术中心共主持、承担科技创新项目12项;与高等院校及企业开展科研合作项目20多项;申请奶牛饲养专利技术16项。(详见第二篇第二章第一节"奶牛")

三、上海市高新技术企业

上海市种业(集团)有限公司(详见第二篇第一章第三节"花卉")
上海冠生园华佗酿酒有限公司(详见第三篇第二章第三节"酒业")
上海冠生园食品有限公司(详见第三篇第二章第五节"休闲食品")
上海冠生园蜂制品有限公司(详见第三篇第二章第五节"休闲食品")
上海冠生园调味品有限公司(详见第三篇第二章第五节"休闲食品")
上海德科电子仪表有限公司(详见第三篇第三章第四节"汽车仪器仪表和配件")
光明乳业股份有限公司(详见第七篇第一章第一节"上市公司")
上海市工业微生物研究所(详见第十篇第一章第二节"科研机构与科研队伍")
上海轻工业研究所有限公司(详见第十篇第一章第二节"科研机构与科研队伍")

四、技术研发应用推广机构

【上海优质稻米工程研发中心】

上海优质稻米工程研发中心于2004年9月在位于江苏省大丰市的上海海丰总公司成立。该中心依托上海农科院的科技优势和海丰总公司良好的生态、资源、装备优势,专业从事优质水稻、功能水稻加工、储藏、保鲜技术的研究与推广。中心通过开展稻米新品系、新组合品比鉴定,引进筛选适合长江三角洲地区种植的优质中粳新品系和功能稻米新品系,加快优质水稻成果产业化,抢占优质大米高新技术的制高点,成为集品种选育、标准化生产、品质鉴定、大米加工、大米储藏、大米销售为一体的国内一流的市级优质米研发中心,促进了长江三角洲地区优质稻米的持续发展。

【上海花卉工程研发中心】

上海花卉工程研发中心于2006年3月在上海鲜花港挂牌成立,成为以上海鲜花港企业发展有限公司为载体,与上海交通大学、南京林业大学、南京农业大学、上海农业信息公司等多家高校和科研单位结成"产、学、研联盟",通过种源创新、二次创新、集成创新,提升上海花卉产业的核心竞争力。上海花卉工程研发中心与比利时德鲁仕凤梨种苗公司、德国菲舍公司等世界知名花卉公司合作,建成年产1800万株凤梨种苗的组培、育苗基地和年产1亿株天竺葵种苗出口基地;共同研发适应国际、国内市场需求的花卉新品种(系),申报共同拥有的植物新品种和其他知识产权,实现引进消化吸收之后的二次创新。

【上海跃进生态果树研发中心】

上海跃进生态果树研发中心于2008年4月由上海农科院作物林果所与光明食品集团跃进有限公司联合创立。研发中心发挥科研机构与企业在科技产业培育、科技成果推广、科技人才培养和科技信息交流等方面的优势,推进"产学研"联动,实现互利共赢。作为"上海跃进生态果树研发中心"成果展示的大型生态观光果园,占地面积1500亩,集种源农业、生态农业、设施农业、旅游观光农业和农业科普教育为一体,为发展上海市郊"生态、高效、特色"农业,调整农业产业结构,带动农业增效、带动农民增收发挥了示范作用。

【上海都市蔬菜技术中心】

上海都市蔬菜技术中心由上海星辉蔬菜有限公司与上海农科院园艺所合作建立,于2007年12月12日挂牌。星辉蔬菜公司在上海市郊拥有3.5万亩蔬菜基地,其中设施菜田200公顷,是上海市最大的蔬菜供应商。企业已初步形成从蔬菜种苗、有机肥生产、蔬菜标准化生产、蔬菜深加工、蔬菜连锁终端销售、休闲观光农业等较完整的现代蔬菜产业链。上海都市蔬菜技术中心成为整合上海有关科技资源,提高企业自主创新能力,支撑现代蔬菜产业发展的平台。

【上海跃进稻麦良种繁育中心】

上海跃进稻麦良种繁育中心由上海市农科院和光明食品集团上海跃进有限公司共同组建,于2008年1月15日挂牌。繁育中心以上海市农科院强有力的人才和技术为支撑,以课题攻关为平台,形成苏浙沪科研单位联盟,重点加强对现有稻麦品种的开发利用,运用新的多样化的选育手段和方法,研发适合上海及周边地区种植的优质功能性水稻和糯小麦种子,形成较大规模的良种繁育基地,形成稻麦良种选育、种植、加工、销售一条龙,为农业的后续发展进行新品种的储备。稻麦良种繁育中心通过稻麦品种的研究和实践,培育一批高素质的农业科技队伍,为提高上海稻麦良种繁育水平提供技术咨询和服务。

【长江现代农业技术研发中心】

长江现代农业技术研发中心项目于2010年8月由上海市农业委员会批复同意建立,项目建设单位为上海万事发实业总公司,建设地点为上海市崇明县前进农场,项目总投资1 468万元,建设内容为建筑工程4 176平方米,绿化工程16 500平方米,实验基地100亩,玻璃温室100平方米,网室1 000平方米,并配置脱粒机、低温储藏箱等相关设备。该项目于2010年12月底建成。

长江现代农业技术研发中心的总体任务是围绕崇明地区现代农业的发展,搞好配套的技术服务、技术引进、技术推广、技术创新、技术交流和技术培训工作,集实验研究、办公、培训服务、学术交流、成果展示为一体,并创造条件建成为高等院校的教学研究协作基地和国内外有关单位合作研究开发基地。该研发中心围绕实现高效生态农业目标,重点开展现代种业、有机农业的研究,现代农机与农艺相结合研究,标准化生态种植技术研究,现代生态循环农业发展研究,农业标准化管理体系研究和现代农业信息化技术研究。

【长江现代农机展示服务中心】

长江现代农机展示服务中心于2009年立项施工,2010年8月建成。长江农机展示服务中心分为现代农机展示区、技术服务与维修区、农机配件供应区、员工教育培训及行政办公区;拥有农机总动力6 035千瓦,其中耕作机械动力4 423千瓦,收获机械动力1 612千瓦。长江现代农机展示服务中心主要为崇明地区提供农机配件和服务。(详见第二篇第三章第一节"农业机械")

五、公共服务平台

【具有"CNAS"资质的国家实验室】

上海德诺产品检测有限公司　成立于2004年8月,前身是上海光明乳业股份有限公司乳品质量测试室。作为第三方独立检测公司,授权有:农业部食品质量监督检验、农业部无公害食品质量监督检测、农业部绿色食品质量监督检测、农业部有机食品质量监督检测、上海市乳品质量监督检验等。公司检测项目涵盖20多个产品大类，680多个产品标准、500多项参数指标。可对乳与乳制品、粮食及其制品、油类作物与食用油、蛋与蛋制品、肉与肉制品、水产、罐头、糕点、糖、酒类、冷饮、饮料、茶、豆与豆制品、蔬菜水果及其制品、食用菌、保健品、酱腌菜、蜂产品、调味品、休闲食品、日化产品等进行全性能检测。

上海德诺产品检测有限公司主要职能有：国家食品药品监督管理局、农业部、质检局等政府职能部门下达的产品监督检测任务；国家农业部绿色、无公害及有机食品的定点检测站；上海市相关职能部门下达的产品检测任务；上海市生鲜牛奶按质论价检测和监控；向社会提供产品检验公正数据；接收各企业委托产品的检测；国家指定的畜牧、乳制品加工和检验职业技能鉴定站（初、中、高级工）；承担（参与）国家标准、行业标准的制修订、验证工作；为企业提供技术开发、咨询、服务与培训。

上海市工业微生物研究所检测中心　是拥有国家计量认证（CMA）、食品检验机构资质认证（CMAF）和国家合格实验室认可（CNAS）资质的从事微生物发酵技术、生物技术、食品技术开发与应用的科研服务机构。1996年通过体制改革，上海市工业微生物研究所成为上海冠生园食品有限公司技术中心（简称"冠生园食品技术中心"）。1998年被上海市政府认定为市级企业技术中心，先后承担市政府下达的多项食品科技攻关项目，成为上海地区食品研究和技术开发的重要科研机构。

上海市工业微生物研究所检测中心设有第三方检测机构，可向各界提供认证认可范围内的检验检测、食品与生物制品开发和生物发酵中试等服务。实验室拥有近百台气、液相色谱仪、气质联用仪、液质联用仪、同位素质谱仪等在内的大中型检测仪器设备。

检测中心作为全国卫生产业企业管理协会抗菌产业分会的指定权威测试机构，长期提供多领域的抗菌防霉的技术服务和技术支持；另设有中国工业微生物菌种保藏管理中心华东站，为大专院校、科研院所、工业企业提供细菌、霉菌、酵母菌和大型真菌等各种微生物菌种。设有装备配套齐全的微生物发酵中试室，拥有20升、1 000升到1万升不同规模的发酵罐和各种过滤、干燥等后处理系统，为生物技术的放大研究提供优良条件。工微所检测中心还拥有符合食品和保健品加工的10万级GMP车间。

全国工业微生物信息中心设在工微所内，编辑出版专业科技期刊《工业微生物》。该刊被《中国科技核心期刊》《中国科学引文数据库来源期刊》、美国《化学文摘》（CA）收录，成为全国生物技术领域主要的学术交流平台。

【具有"CNAS"资质的企业检测中心】

金枫酒业技术检测中心　隶属于上海金枫酿酒有限公司，成立于2003年9月，2006年12月被认定为第十二批上海市级企业技术中心。检测中心人员共40人，其中：22人为常驻人员，从事日常研究工作；18人为检测中心外派人员，主要负责各生产厂的技术管理、科研课题中试、大试统筹管理、技术合作等事宜。检测中心基本功能为生产策划、产品标准制定、工艺流程作业编制、新品研发、科研研究、知识产权保护等六大功能。

检测中心主要设备有电位滴定仪、酒精自动测定仪、气相色谱、液相色谱等。2010年6月检测中心与上海市科学技术委员会就"科研计划项目课题合同"订立"黄酒工程技术研究中心建设"合同。先后进行"黄酒质量安全关键技术标准的研究与制定"、"发酵食品生产用功能微生物的改良和发酵技术"、"重要酒类保真与原产地保护技术研究"（2006BAK02A17-1）、"黄酒节能减排新技术研究"等上海市科委研究项目并通过项目验收。研究成功"改进原料米处理的黄酒生产方法"，实现米浆水的零排放,减少米浆水处理费用。开发"高非糖固形物含量黄酒的生产方法",本方法提高高非糖固形物含量,无须加入麦曲,可提高产品的氨基酸态氮的含量。开发"生物酶酿造黄酒方法",用三种生物酶制剂完全代替麦曲,操作简单,发酵安全,不易染菌,压榨顺畅,出酒率高,产品质量优良。"机械化酒坛自动清洗灌装流水线"于2008年10月获中国食品科学技术学会科技创新奖。

上海奶牛研究所检测中心 拥有饲料检测中心、兽医检测中心及食品检测中心。

饲料检测中心建筑面积1 000平方米,配备气相色谱检测仪、液相检测仪等国内外先进的饲料检测仪器,建立了常规饲料营养成分数据库,取得美国NFTA资质认证和正在申请国内饲料检测实验室资质认证。主要开展饲料营养成分检测、非常规饲料成分检测、饲料的生物学利用效果评估等,全面监控上海牛奶集团的奶牛饲料的质量与安全。

兽医检测中心建筑面积约1 500平方米,主要开展奶牛疫病监测与防治、奶牛乳房炎疫苗研制和奶牛用兽药的药敏实验与效果评估,设有奶牛重大疫病监控实验室、奶牛乳房炎中心实验室和奶牛常用兽药应用与效果评估实验室等。

食品检测中心建筑面积1 000平方米,配备国际先进的乳成分及体细胞分析仪,开展牛奶营养成分和安全检测,食品原料与产品检测。

【相关企业】

上海轻工业研究所有限公司 前身为上海市轻工业研究所,成立于1958年12月,公司占地面积9 057平方米,建筑面积7 065平方米,坐落在宝庆路20号。

上海轻工业研究所有限公司分设日用化学、制笔、塑料加工、造纸、木材制品、金属材料、美工玩具、硅酸盐、食品、钟表等10个研究室,为事业单位编制,核编人员327人。主管单位为上海轻工控股(集团)公司。

2001年4月,上海轻工业研究所有限公司转制为科技型企业,注册资本760.3万元。2004年4月,上海轻工业研究所有限公司进行改制,企业名称为上海市轻工研究所有限公司,注册资本379.2万元,其中上海轻工控股(集团)公司保留45%股权,经营者团体持股55%。2009年8月,轻工研究所有限公司注册资本增至1 610.76万元。在岗在编员工中,35岁以下员工占42%,大专以上学历占80%(其中博士1人,硕士10人,本科52人),中级以上技术职称人员占42%(其中高级职称18人,教授级高工6人)。

上海轻工业研究所有限公司依托信息、新材料、光机电一体化等高新技术,"保护水环境,节约水和涉水资源及能源"成为主要研究方向。公司不但研发、制造和销售国内领先的节水产品,而且整合国内外优势资源,以服务中心的形式为不同行业提供工程和技术服务。公司的优势技术、产品和服务已渗透到汽车、钢铁、电子、制药、建材等工业领域,拥有世博主题馆、宝钢、上海飞机制造厂、上海造币厂、上海光源工程、申通地铁、中石化高桥热电厂等数千家客户,遍布全国所有省、市、自治区,部分高新技术产品直接出口。

2007年,上海轻工业研究所有限公司分析测试中心通过国家实验室认可和计量资质认证,获水检测现代服务业国际法定资质。2009年4月,上海轻工业研究所有限公司自主开发的LR-CW智能化环保型冷却水处理设备获市科委颁发的《上海市重点新产品证书》,并获市科委、市发改委、市财政局颁发的《上海市自主创新产品证书》。2010年上海世博会主题馆采用该设备,在世博会开馆期间运行良好。

上海轻工业研究所有限公司连续多年被评为上海市高新技术企业,多年被市工商行政管理局命名为"守合同,重信用"单位,被上海市合同信用促进会认定为 AAA 信用等级,2002 年获上海市守合同,重信用百家优秀企业,也是国家级"守合同,重信用"单位。2008 年被市经委、国资委、财政局、工商局、知识产权局、版权局认定为"上海市知识产权示范企业""上海市专利工作示范企业"。公司累计申请 188 个专利,其中 99 个为发明专利;注册 27 个商标,其中在中国香港、澳门和美国各注册 1 个。2009 年公司注册的 LIRI 商标被市工商局认定为上海市著名商标。

上海轻工业研究所有限公司注重企业精神和企业文化建设,在"开拓创新的竞争意识,团结互谅的合作精神,严谨诚实的科学态度,准确明快的工作作风"企业精神引领下,突出"以人为本"和"创新、诚信"的理念。自 1993 年以来已连续九届获得上海市文明单位称号。公司员工在四川汶川和青海玉树发生大地震后踊跃捐款、捐物、捐书,献爱心。

上海轻工业研究所有限公司下属企业有:上海轻工业研究所有限公司分析测试中心、上海理日科技发展有限公司、上海理日化工新材料有限公司、上海理日环境工程有限公司、上海理日光电科技有限公司、上海轻研环保科技有限公司等。

表 10-1-1 2006—2010 年上海轻工业研究所有限公司部分专利汇集情况表

专 利 名 称	类 型	专 利 号	申 请 日
自吸式液体灌装机	发明	200610025756.7	2006 年 4 月 17 日
废水 pH 值调节装置	发明	200610147343.6	2006 年 12 月 15 日
臭氧处理冷却循环水系统的自动控制方法	发明	200710041041.5	2007 年 5 月 22 日
在线离子交换回收镀镍废水的控制装置	实用新型	200720074794.1	2007 年 9 月 18 日
吸附与再生分离的镀镍废水回收系统	发明	200710172087.0	2007 年 12 月 11 日
多路串行通信转换器及其应用的集散控制系统	发明	200810042661.5	2008 年 9 月 9 日
自动化扩散渗析工业废酸或废碱回收设备	发明	200810203903.4	2008 年 12 月 3 日
防霉除菌剂组合物	发明	200910049735.2	2009 年 4 月 21 日
节水控制装置	发明	200910052823.8	2009 年 6 月 10 日
铅酸蓄电池废水回用方法	发明	200910196155.6	2009 年 9 月 23 日
用于回收利用不锈钢中性盐电解废液的设备	发明	200910258539.6	2009 年 12 月 9 日
含铝废水用作循环冷却水的方法和设备	发明	201010180549.5	2010 年 5 月 20 日
循环冷却水处理系统的自动开关机装置	发明	201010596047.0	2010 年 12 月 20 日

六、科研队伍

光明食品集团重视人才在科技创新中的主体地位,通过完善的进人、用人机制和推进全员科技创新活动,在科技创新队伍的素质与能力建设上取得可喜进步。

2010 年集团拥有工程和农业技术人员 1 612 人、技师和高级技师 424 人、初级和高级技工 17 062 人。在 1 612 名工程和农业技术人员中,45 岁及以下人员占 68%、本科及以上学历占 41%、中高级技术职称占46%。

在开展科技创新、推进集团主业发展过程中,涌现了一批获得政府和行业嘉奖的科技创新团队、个人。以光明乳业技术中心、梅林股份技术中心、鲜花港生物科技攻关小组等为代表的科技创新团队先后获得了团中央青年文明号、上海市劳模集体、上海市工人先锋号、上海轻工行业巾帼创新示范岗、光明食品集团先进集体等荣誉。在科技创新个人荣誉中,除获得上海市青少年科技创新市长奖、上海市科技创新新人奖等荣誉外,张建汉获得全国农业科技推广先进个人称号,王荫榆获得"上海市领军人才"荣誉称号,王荫榆、王维民等2人获得国务院政府特殊津贴。

光明食品集团所属企业2006年专业技术人员4 706人,2010年专业技术人员3 700人。国有企业专业技术人员的学历、职称、专业、年龄结构情况见表10-1-2～表10-1-5。

表10-1-2 2006—2010年光明食品集团国有企业专业技术人员学历情况表　　（单位：人）

年份	研究生	大学本科	大学专科	中专	高中及以下	合计
2006	77	996	2 110	1 049	474	4 706
2007	82	1 052	2 037	943	383	4 497
2008	83	1 034	1 699	662	407	3 885
2009	98	1 105	1 608	544	298	3 653
2010	118	1 165	1 587	529	301	3 700

表10-1-3 2006—2010年光明食品集团国有企业专业技术人员职称情况表　　（单位：人）

年份	高级	其中正高级	中级	初级	未聘任
2006	195	3	1 548	2 726	196
2007	197	3	1 517	2 493	290
2008	213	2	1 407	2 036	229
2009	227	2	1 399	1 913	114
2010	240	—	1 422	1 953	82

表10-1-4 2006—2010年光明食品集团国有企业技术人员专业情况表　　（单位：人）

年份	2006	2007	2008	2009	2010
工程技术人员	1 449	1 367	1 304	1 187	1 212
农业技术人员	302	279	308	331	400
科学研究人员	6	5	7	3	1
卫生技术人员	226	220	44	30	30
教学人员	269	227	34	24	21
经济人员	923	914	876	835	801
会计人员	934	936	815	779	809

〔续表〕

年　份	2006	2007	2008	2009	2010
统计人员	123	114	112	100	86
翻译人员	2	2	2	3	3
图书档案人员	24	23	22	21	15
新闻出版人员	4	1	1	1	1
律师人员	9	12	9	9	14
艺术美术人员	12	7	3	3	5
体育人员	1	0	0	0	0
政工人员	422	390	348	327	302

表 10-1-5　2006—2010 年光明食品集团国有企业专业技术人员年龄结构情况表　（单位：人）

年份	35 岁及以下	36～40 岁	41～45 岁	46～50 岁	51～54 岁	55 岁及以上	合计
2006	1 304	770	818	827	490	497	4 706
2007	1 192	799	823	711	528	444	4 497
2008	891	730	745	573	537	409	3 885
2009	850	665	689	549	477	423	3 653
2010	847	646	676	594	471	466	3 700

光明食品集团所属事业单位专业技术人员 2006 年为 248 人，2010 年为 95 人。事业单位专业技术人员的学历、职称、专业、年龄结构情况见表 10-1-6～表 10-1-9。

表 10-1-6　2006—2010 年光明食品集团事业单位专业技术人员学历情况表　（单位：人）

年　份	研究生	大学本科	大学专科	中专	高中及以下	合　计
2006	2	107	95	32	12	248
2007	3	90	89	29	12	223
2008	3	72	82	28	10	195
2009	2	65	69	26	6	168
2010	2	31	40	21	1	95

表 10-1-7　2006—2010 年光明食品集团事业单位专业技术人员职称情况表　（单位：人）

年　份	高　级	其中正高级	中　级	初　级	未聘任专业	合　计
2006	28	3	103	94	23	248
2007	29	3	95	92	7	223

〔续表〕

年 份	高 级	其中正高级	中 级	初 级	未聘任专业	合 计
2008	28	3	87	80	0	198
2009	26	3	75	66	1	171
2010	18	3	44	33	0	98

表 10-1-8　2006—2010 年光明食品集团事业单位技术人员专业情况表　　　　（单位：人）

年 份	2006	2007	2008	2009	2010
工程技术人员	11	7	6	6	4
农业技术人员	11	11	11	9	7
卫生技术人员	97	88	72	69	66
教学人员	71	63	54	50	9
经济人员	23	22	19	10	2
会计人员	12	11	10	11	2
统计人员	1	0	0	0	7
翻译人员	1	1	1	1	0
图书档案人员	1	1	2	2	0
新闻出版人员	2	1	0	0	0
政工人员	18	18	20	10	0

表 10-1-9　2006—2010 年光明食品集团事业单位专业技术人员年龄结构情况表　　　（单位：人）

年份	35岁及以下	36～40岁	41～45岁	46～50岁	51～54岁	55岁及以上	合计
2006	102	22	21	15	42	46	248
2007	81	21	24	12	40	45	223
2008	61	27	20	10	38	39	195
2009	53	28	15	13	25	34	168
2010	34	15	9	10	7	20	95

第三节　科 技 合 作

光明食品集团所属企业稳步推进科技合作项目，加大引智引脑力度，建立产学研合作机制，有效促进集团系统科技创新成果产业化水平的提升。

一、机制

2006 年 10 月，由光明乳业股份有限公司承办的第 27 届世界乳业大会在上海光大会展中心隆重开幕。副市长胡延照、IDF中国国家委员会主席潘蓓蕾、联合国粮农组织代表先后致辞;国际乳品联合会主席Jim Begg作"世界乳业的形势"主题发言,中国奶业协会理事长刘成果作"中国奶业的趋势与未来"主题发言,中国乳制品工业协会理事长宋昆冈作"中国乳制品加工的发展与历程"主题发言。这次大会标志着光明食品集团与国际乳品联合会组织建立乳业科技合作机制实现新突破。

2007年1月,光明食品集团与新加坡草本科技公司正式结成战略合作伙伴,以最新的高科技生物产品——含接骨木浓缩萃取物抗流感素为具体合作项目,共同开发生产高附加值天然健康食品。新加坡草本科技公司主要从事专利健康食品配方研发及世界范围的销售,已获得或申请了50多项健康食品国际专利,并与美国、欧洲和新加坡多家著名的研究机构、大学实验室建立合作关系。

2007年3月,光明食品集团聘请集团系统内和上海市高等院校、科研院所的5位专家、博士组成"智囊团",为光明食品集团食品产业发展和科技创新提供科技、市场、政策等方面的趋势性分析和导向性建议,为各类科技创新项目的立项、论证、实施、攻关及鉴定验收进行指导。"光明食品学院"和"现代食品产业研究中心"是一个以食品产业发展、技术创新、人才培养、信息交流为研究内容的产学研合作平台。光明食品集团与上海水产大学、上海市农业科学院、丹尼斯克(中国)有限公司分别签署战略合作协议,在食品产业、水产养殖、数字农业、花卉、食品及农产品保鲜加工、食品添加剂等领域实行全方位的科技合作。

2007年12月,上海鲜花港企业发展有限公司荷兰专家布斯曼获上海市政府颁发的"国际科技合作奖"。

2008年10月,由国际食品科技联盟(IUFoST)、中国食品科学技术学会(CIFST)主办、光明食品集团作为黄金赞助商的"第14届世界食品科技大会"在上海隆重举行,来自74个国家和地区的2 200多名代表出席大会。国家科技部、国家质检总局、上海市政府领导出席开幕式。光明食品集团作为中国食品行业的龙头企业于10月20日晚和大会组委会联合举行盛大宴会,国际食品科技联盟主席戴维·兰拜克,中国食品科学技术学会理事长、第14届世界食品科技大会主席潘蓓蕾及世界食品科技与企业界的代表等近2 000人出席宴会。光明食品集团副总裁葛俊杰在大会论坛上发表了"构筑全过程控制与追溯能力,确保食品质量安全"主题演讲。光明食品集团向与会的世界各国食品界精英们赠送了由光明乳业生产的优+常温奶和冠生园集团生产的特供新版大白兔奶糖礼品。

2009年11月12—13日,市委农办、市农委联合举办的"坚持科技兴农、发展高效生态农业——首届上海农业专家科技论坛"在海丰农场举行。与会专家学者在建设发展上海高效生态农业上形成共识:加强农业科技自主创新,为发展高效生态农业提供技术保障;加快科技成果转化和应用,为发展高效生态农业提供技术支撑;加强人才队伍建设,为发展高效生态农业提供智力支撑。论坛确定种质创新和产业发展关键技术集成与应用;农业资源循环和综合利用技术集成与应用;食用农产品安全与监测技术集成与应用;农业装备产业发展关键技术集成与应用;农业信息技术集成与应用等五项农业科研攻关工作。

光明乳业股份有限公司在主持"十一五"国家科技支撑计划项目子课题"南方大城市郊区牛场环境控制技术及奶牛应激综合防控技术研究与产业化示范"过程中,光明乳业、光明荷斯坦及金牛牧业等企业科技人员参加研究,中国农业大学,中国农科院畜牧所、饲料所,上海交通大学农业与生物学院,江南大学等国内著名高校和科研院所专家教授及科技人员50多人共同参与,体现了良好的科技合作机制。

二、项目

光明食品集团所属企业与国内知名高校、科研单位发挥各自优势,加强科技合作,取得了大量科技创新共享成果。申报实施上百项国家级、上海市级重点科技攻关、技术推广和引进消化吸收再创新项目,项目获得财政资金支持达1亿元以上。

2006—2010年,光明食品集团所属海丰总公司、东海总公司建立上海优质稻米工程研发中心、上海花卉工程研发中心,五四公司、跃进有限公司、长江总公司先后与上海市农科院林果所、上海农科院园艺所星辉蔬菜基地园艺所、作物所等单位和部门合作建立上海跃进生态果树研发中心、上海都市蔬菜技术中心、上海跃进稻麦良种繁育中心、长江现代农业技术研发中心等产学研合作机构。金枫酒业与江南大学生物工程学院合作共建"金枫酒业技术中心"。

光明食品集团与上海海洋大学的产学研合作逐步深化,在推进"上海垦区重点农产品质量安全控制与追溯系统"合作项目中,初步建成"上海垦区质量安全信息和标准化管理系统暨光明食品集团质量安全网",为对外宣传光明食品质量安全形象,对内传输质量安全法律法规和技术标准创立了新的信息平台,也为双方下一步共建科技质量情报中心进行了有益探索。

由中国食品发酵研究院主持、金枫酒业参与合作的"十一五"国家科技支撑计划项目"重要酒类保真与原产地保护技术研究"子课题"17-1B黄酒保真与原产地技术研究",按项目计划进度对公司所有产品进行分类和检测,金枫技术中心建立相应的检测方法并对公司部分原酒和产品进行检测,检测结果表明所检产品都符合食品安全标准,与之前送第三方检测的结果一致。金枫酒业公司与江南大学合作的"十一五"国家科技支撑计划项目的两项子课题研究取得了阶段性成果。

由冠生园集团所属上海市工业微生物研究所承担的国家科技基础条件平台建设项目子课题"上海地区工业微生物资源的标准化整理整合",经过三年组织实施研发,于2008年12月23日,接受专家组审核验收,获"专家组一致同意通过验收"的结论。

由光明食品集团组织系统内多家企业承担的农业部重点项目"农垦农产品质量追溯系统建设项目"进展顺利,其中作为2008年项目建设单位的海丰米业有限公司、爱森肉食品有限公司承担的项目通过农业部农垦局验收,基本实现追溯产品全过程"生产可记录、信息可查询、流向可追踪、责任可追究"的建设目标;作为2009年项目建设单位的星辉蔬菜有限公司、万事发实业公司承担的项目基本完成年度建设目标。

由光明乳业股份有限公司主持的首批上海市科教兴市重大产业科技攻关项目"优质奶牛肉牛育种"在2007年年底按计划完成全部攻关研发任务后,经过一年多的资料汇总和分析总结,于2009年通过上海市发改委委托市工业投资咨询公司组织的后评估。光明乳业建立由奶牛性别选择控制、体细胞克隆、体内/外胚胎生产、数字育种等四大核心技术集成的"SCID"育种新体系及"HERP"信息管理系统。在项目实施期间,共申请发明专利14件;完成国家标准、地方标准和企业标准编制各一项;编写相关专著4部。

上海鲜花港在主持开展上海市科教兴市重大产业科技攻关项目"花卉种质创新和产业化发展关键技术"研究过程中,不仅吸引国外著名花卉技术专家指导合作,还与南京农业大学、南京林业大学、比利时德鲁仕花卉种苗公司等研发合作,于2008年底完成全部攻关研发任务。在百合种质创新和快繁技术研究,优质高抗光周期不敏感型菊花新品种选育,安祖、凤梨DUS标准的制订,香石竹种质创新与培育技术研究,涵盖花卉种苗追溯和花卉种质资源库的信息系统研发与推广等方面取得了科研成果。

梅林股份有限公司在引进吸收国外先进罐头加工技术的同时,与杭州轻工业设计研究院开展合作,签订罐头食品产业技术创新战略联盟协议书,结合工厂实际进行技术再创新,进行罐头食品加工技术改进与加工装备研究,开展罐头杀菌冷却节能减排项目研发并取得成果。

由光明食品集团主持、市农业技术推广服务中心、市农业科学院有关研究所、市农业机械研究所等单位联合参加的上海市科技兴农技术推广项目"水稻高产高新技术集成创新示范工程",经过所有产学研合作方科技人员长达3年的精心组织和共同实施,实现了6万余亩水稻单产超过700公斤的目标,创造上海市大面积水稻种植优质高产的新纪录。

三、人才培养

光明食品集团在加快与国内各高等院校、科研机构科技合作步伐的同时,注重培养产学研人才,为集团核心主业可持续发展构筑人才高地。

经市有关部门批准,光明食品集团2008年成为上海海洋大学"上海市第二批研究生联合培养单位"。继光明乳业技术中心成为市国资委"青年人才培养锻炼示范基地"、上海交通大学博士后工作流动站之后,冠生园集团与团中央合作,建立"YBC·冠生园大学生创业研发中心",推进实施"中国青年创业计划"。集团和子公司的一批科技带头人相继成为上海海洋大学、上海交大、华东理工大学、江南大学、南京农大等大学的兼职博士或硕士生导师,四年来已累计培养毕业硕士研究生23人、博士研究生3人、博士后出站3人。此外受集团以及爱森肉食品有限公司、上海都市生活企业发展有限公司等企业委托,上海海洋大学为光明食品集团和所属企业举办多期科技创新、食品安全培训班,培养壮大集团食品主业产学研人才队伍。

第四节 科技成果

光明食品集团及所属企业聚焦主业,不断加大科技投入,组织实施产品创新、技术创新和技术改造项目,拥有主业关键技术和自主知识产权,有的科研项目获政府和行业科技进步奖。

一、国家级科技成果

2009年,光明食品集团获国家级科技成果奖两项(见表10-1-10)。

表10-1-10 2009年光明食品集团获国家级科技成果奖项目情况表

奖　项	项　目	第一完成单位	获奖年份
中华人民共和国国务院国家科学技术进步奖二等奖	功能性益生乳酸菌选育及应用关键技术	光明乳业股份有限公司	2009
中华人民共和国国务院国家科学技术进步奖二等奖	机械化酒坛自动清洗灌装流水线	上海金枫酒业股份有限公司	2009

【功能性益生乳酸菌选育及应用关键技术】

该项目由江南大学、光明乳业股份有限公司、东北农业大学、内蒙古农业大学、哈尔滨工业大学等单位共同参与完成。

益生菌是国内外食品工业中一个快速增长的领域。"益生乳酸菌高效定向筛选与产业化应用关键技术研究"课题主要利用多学科交叉技术与方法,建立功能性益生菌高效定向筛选模型并获取功能性益生菌菌种,研究解决益生菌产业化的关键技术问题,以期形成中国益生菌产业的核心菌种资源和关键技术体系。

课题组建立国内具有原创性自主知识产权的乳酸菌菌种资源库,填补国内利用现代组学方法系统研究益生乳酸菌的空白,并在国际上首次提供干酪乳杆菌的蛋白质组参考图谱,形成一套系统的益生菌产业化关键应用技术体系,创新性地提出益生菌的分批培养、过滤培养、补料培养的高密度培养模式,提出益生菌抗冷冻干燥的策略,使益生乳酸菌发酵剂产品菌体浓度达到同类产品国际水平。

课题组研发的一系列具有优良功能性质的益生菌及其应用关键技术,在国内发酵乳制品、发酵蔬菜、发酵肉制品、药品和动物饲料等食品生物制造领域具有十分广阔的应用前景。课题相关成果已在光明乳业、内蒙古伊利公司、青岛百益多食品有限公司实现产业化应用,取得显著的经济效益,在技术与产品上引领中国益生菌产业快速发展。该项目研究成果显著增强国内益生菌产业的科技创新能力,打破国外技术与产品的长期垄断,奠定中国益生菌产业健康发展的基础。该课题研究成果还有助于调整相关行业的产品结构,有效改变产品结构同质化严重的倾向,满足消费者日益增强的健康需求,促进国民健康素质的提高。

41名研究生(含10名博士研究生)参与该课题的研究,发表学术论文88篇(SCI/EI收录23篇)。申请发明专利28项,其中9项已授权,包括授权欧洲专利和授权美国专利各1项。课题研究成果获国家科学技术进步奖二等奖1项,教育部科学技术进步奖一等奖1项,省部级成果奖5项。

【机械化酒坛自动清洗灌装流水线】

金枫酒业股份有限公司黄酒酿造与其他黄酒生产企业有所不同,其核心技术是标准化、机械化和工业化。该流水线是国内黄酒行业首条坛装酒自动清洗灌装流水线,生产能力达每小时清洗灌装400~600坛,大幅度降低劳动强度,改善了生产环境。公司在保持黄酒传统特色工艺的基础上,大胆创新,采用新工艺、新技术和新设备,改变传统的物料输送、麦曲制造、净水处理等工艺方法,在生产规模、大容量发酵罐、冷冻法生产、自动化终端控制技术、清洁化环保生产等方面均走在行业前列。

二、部、市级科技成果

2007—2010年,光明食品集获部、市级科技成果奖19项(见表10-1-11)。

表10-1-11 2007—2010年光明食品集团获部、市级科技成果奖项目情况表

获 奖 奖 项	项 目	第一完成单位	获奖年份
教育部科学技术进步奖一等奖	功能性益生乳酸菌的高效筛选及在发酵乳制品中的应用	光明乳业股份有限公司	2008
教育部科学技术进步奖一等奖	机械化酒坛自动清洗灌装流水线	上海金枫酒业股份有限公司	2008

（续表）

获 奖 奖 项	项　　目	第一完成单位	获奖年份
中国商业联合会商业科技进步奖一等奖	辛香料资源新型加工技术与产业化研究	上海星辉蔬菜有限公司	2007
国家科学技术进步奖二等奖	功能性益生乳酸菌的高效筛选及应用关键技术	光明乳业股份有限公司	2009
上海市科技进步奖一等奖	工厂化育苗关键技术创新集成及产业化示范与推广	上海种业(集团)有限公司	2008
上海市科技进步奖一等奖	植物新品种"培忠杉"(东方杉)的研究与开发应用	上海种业(集团)有限公司	2009
上海市技术发明奖二等奖	功能性益生乳酸菌选育及应用关键技术	光明乳业股份有限公司	2009
上海市技术发明奖二等奖	机械化酒坛自动清洗灌装流水线	上海金枫酒业股份有限公司	2009
上海市科技进步奖二等奖	水稻高产高新技术集成创新示范工程	光明食品(集团)有限公司	2010
上海市科技进步奖二等奖	南方大城市郊区优质、高效、生态奶牛养殖技术	光明乳业股份有限公司	2007
上海市科技进步奖二等奖	水蜜桃和葡萄有机栽培技术	上海五四有限公司	2007
上海市科技进步奖三等奖	健能心康活性干酪乳杆菌LC2W菌粉	光明乳业股份有限公司	2008
上海市科技进步奖三等奖	环保型特种食品制罐技术开发	上海梅林正广和股份有限公司	2006
上海市科技进步奖三等奖	出口型抗黑腐病青花菜新品种的选育及示范与推广	上海种业(集团)有限公司	2007
神农中华农业科技奖三等奖	功能性系列乳制品的研究开发	光明乳业股份有限公司	2007
上海市科技进步奖三等奖	蔬菜低温流通技术和安全体系的研发和应用	上海星辉蔬菜有限公司	2007
上海市科技进步奖三等奖	健能心康活性干酪乳杆菌LC2W菌粉	光明乳业股份有限公司	2008
上海市农业委员会万亩高产创建一等奖	2008年水稻高产	上海跃进现代农业有限公司	2008
上海市农业委员会评比一等奖	2010年粮食高产创建优秀示范方	上海跃进现代农业有限公司	2010

【工厂化育苗关键技术创新集成及产业化示范与推广】

该项目由上海交通大学农学院和东海总公司所属上海种业(集团)有限公司共同承担完成,通过产学研联动、多学科联合,在自主研发生产装备、创新集成穴盘苗生产质量关键点控制技术、优质种苗标准化生产、信息化管理技术等方面取得领先,推动了我国工厂化种苗农业发展和技术进步,为工厂化育苗快速发展和企业产能升级奠定了扎实基础。

通过该项目实施和成果应用示范,上海种业(集团)有限公司2005—2007年累计培育园艺种苗6.39亿株,新增产值1.29亿元,新增利税2 480万元,嫁接种苗和花卉种苗出口500万美元,降低生产成本1 098万元。推广自主培育的新品种4个,园艺作物优良品种27个,筛选出机械嫁接专用品种3个。2008年获上海市科技进步奖一等奖。

【植物新品种"培忠杉"(东方杉)的研究与开发应用】

该项目属于生物与医药技术领域林木良种繁育学科。上海种业(集团)有限公司作为项目主要承担单位之一,会同项目主持单位——上海市林业总站等单位共同完成。项目通过不同无性繁育技术的研究,建立了东方杉扦插繁育技术体系,并以幼化技术为突破口,攻克了属间杂交种后代成年树无性繁殖率低的难题,扦插成苗率由原来的不足10%提高到76.3%,苗木数量从原有2 000多株扩繁到现有的230万株,苗木产值6 222.5万元,销售收入500万元,实现利润455万元。该项目在江西、安徽等12个省(市)进行区域试验,示范推广面积达1 698亩。2009年获上海市科技进步奖一等奖。

【水稻高产高新技术集成创新示范工程】

该项目设立项目管理办公室和技术工作组,分为八项专题技术推广应用,建立原跃进、长征和长江农场三个项目实验基地。经2006—2008年三年努力,累计推广面积达13.79万亩,平均亩产达到700公斤以上,增加经济效益4 579.56万元。该项目有两项技术分别达到国内领先和国内先进水平;三个品种获得两项实用技术专利,各项技术成果在域外农场和市郊农业中得到广泛应用和推广,社会效益显著。2010年获上海市科技进步奖二等奖。

【南方大城市郊区优质、高效、生态奶牛养殖技术】

该项目由光明乳业股份有限公司主持,上海牛奶(集团)有限公司等单位参加,是"十一五"国家科技支撑计划课题。课题共进行9项关键技术研究和4项示范基地试验与技术集成,主要研究方向是建立南方大城市郊区优质、高效、生态奶牛养殖技术体系和标准;研究功能性强、类型多样的乳制品,提高南方奶牛养殖和乳制品加工的科技含量,提高南方大城市奶牛养殖企业的经济效益和市场竞争力。课题共取得13项研究成果并通过省部级验收、评估、鉴定,其中7项获国家和部、市级科技成果奖。课题成果不仅具有创新性,同时已形成产业化,已在上海等我国南方大城市郊区奶牛养殖业推广。2007年获上海市科技进步奖二等奖。

【水蜜桃和葡萄有机型栽培技术】

由上海市农业科学院林木果树研究所主持、上海五四有限公司所属农工商现代农业园区开发有限公司协作承担的上海市科技兴农重点攻关项目"水蜜桃和葡萄有机型栽培技术",实现了三大科技创新。一是栽培方式的创新:采用设施栽培结合根域限制栽培技术,大大提高果实质量。二是架式树形创新:早熟葡萄采用拱棚架龙干整形结合超短梢修剪,早熟油桃采用"Y"字树形,光能截流率高,叶幕美观,优质高产,适于观光休闲。三是研究水平创新:首次在南方多雨地区的早熟葡萄、油桃生产中建立有机生产优化技术体系,填补国内在水果生产管理方面的空白。2007年获上海市科技进步奖二等奖。

【环保型特种食品制罐技术开发】

上海梅林正广和股份有限公司于2006年3月完成"环保型特种食品制罐技术开发"项目的研究,每年可提供肉罐头新型涂料150吨,同时为其他罐头食品厂加工50吨,每年企业可减少400万元支出,同时显著提升罐头的环保性能。2007年获上海市科技进步奖三等奖。

【出口型抗黑腐病青花菜新品种的选育及示范与推广】

该项目由上海种业(集团)有限公司主持承担。通过两年的选育与研究,采用自交不亲育种方法选育出申绿二号青花菜新品种,总结并制定出一套完整的栽培技术规范,使青花菜黑腐病发病率低于0.4%。该项目建立新品种栽培示范基地800余亩,平均亩产量达1 000公斤以上,其中85%的产品出口到海外市场。项目从种源上根本解决了国内青花菜生产中长期存在的黑腐病危害问题,提高青花菜的商品率,增强了中国青花菜产品在国际市场的竞争力。

青花菜新品种在浙江、福建、上海、北京、海南、江苏等地两年累计推广1万亩以上,产量增加10%左右,出口率增加5%~10%,每亩平均产值达1 800元,累计实现产值1 800万元。由于该品种种子价格比同类型进口品种低50%~70%,为农民节约种子成本及为国家节约进口种子所需外汇作出了贡献。2007年获上海市科技进步奖三等奖。

【功能性系列乳制品的研究开发】

该项目为光明乳业股份有限公司于2006年承担的上海市重点攻关项目,主要研究牛奶和酸奶益生菌菌种的筛选、分离鉴定、功能验证和产业化及功能型系列乳制品的开发。

益生菌菌株包括抗高血压的干酪乳杆菌、辅助降血脂的植物乳杆菌等;功能性乳制品则覆盖了牛奶、酸奶和奶粉等系列乳制品,既包括具有特定功效且风味独特的芦荟酸奶、益菌奶、舒平牛奶(降血糖)和贝爱康牛奶(初乳牛奶)等健字号产品,也包含正在进行保健品评审的降脂牛奶和营养均衡、接近母乳成分且适合于中国婴儿的第三代婴儿配方奶粉等。该项目研究开发的芦荟酸奶、益菌奶、降糖牛奶、降脂牛奶及第三代婴儿配方奶粉等产品投放市场后取得了明显的经济效益和良好的社会效益。

该项目2007年获得国家发明专利5项,获上海市发明专利二等奖1项;获上海市科技进步奖二等奖2项,三等奖1项;获神农中华农业科技奖三等奖。该项目在研发过程中同时发表相关学术论文50篇、出版专著6部,成为全国乳品行业重要的参考书目和引用文献。

【蔬菜低温流通技术和安全体系的研发和应用】

该项目由上海星辉蔬菜有限公司承担,以蔬菜生产、加工、配送企业为研发主体,集成从产地采购到蔬菜加工、低温储藏、配送、销售等过程中的冷链技术,确立优质蔬菜加工和流通过程中各个环节品质关键控制点及临界现值,建立蔬菜流通过程的标准化、规格化管理体系和完整的安全预防制体系,保证蔬菜在低温流通环节的安全、高品质运行。该项目2007年12月获上海市科技进步奖三等奖。

三、行业科技成果

2006—2010年,光明食品集团获行业科技成果奖2项(见表10-1-12)。

表 10-1-12　2006—2010 年光明食品集团获行业科技成果奖项目情况表

奖　项	项　目	第一完成单位	获奖年份
中国商业联合会科学技术奖、商业科技进步奖一等奖	辛香料资源新型加工技术与产业化研究	上海星辉蔬菜有限公司	2007
中国食品科学技术学会科技创新奖——技术进步奖三等奖	机械化酒坛自动清洗灌装流水线	上海金枫酒业股份有限公司	2008

【辛香料资源新型加工技术与产业化研究】

该项目由上海星辉蔬菜有限公司承担。其研发标准是：选用经过严格检验的新鲜干燥、有良好品质的原料，进货产地稳定；一个品种一个品种进行干燥，每次烘干后进行设备清洗，用吹风去味；挑选粒形好的辛香料进行包装。该项目于 2007 年 12 月获中国商业联合会科学技术奖、商业科技进步奖一等奖。

【机械化酒坛自动清洗灌装流水线】

在第十四届世界食品科技大会上，金枫酒业股份有限公司与浙江象山恒大机械制造有限公司共同研制申报的"机械化酒坛自动清洗灌装流水线"项目获 2008 年中国食品科学技术学会科技进步奖。该项目成功地将传统繁琐的酒坛清洗灌装工序融入自动化流水线中，攻克了行业中长期存在的技术难关，提高了生产效率和机械化程度，降低了生产成本和能耗，实现了黄酒坛酒灌装水平的飞跃。

第二章 教育、卫生

第一节 教 育

经市政府同意,光明食品集团组建后仍保留上海市农场管理局的牌子,建立上海市农场管理局社区管理办公室,承担集团系统教育、卫生方面的管理职能。2006—2008年,集团有中小学、职工学校、幼儿园和中等专业学校等教育机构。2009年随着政企分开,集团的教育、卫生等管理职能划归地方政府管理。

一、基本情况

2008年,光明食品集团拥有大中专学校2所,教职员工73人,在校学生2 185人。

表10-2-1 2006—2008年光明食品集团大中专和职校情况表 （单位：人）

年份	大中专学校					职业学校				
	学校（所）	教职员工		学 生			学校（所）	教职员工		学 生	
		总人数	教师	总数	新生	当年毕业生		总人数	教师	在校生	当年毕业生
2006	2	91	67	2 503	562	722	1	13	9	253	72
2007	2	82	68	2 534	519	851	1	13	9	174	79
2008	2	73	62	2 185	603	869	—	—	—	—	—

表10-2-2 2006—2008年光明食品集团大中专和职校分布情况表 （单位：人）

年份	2006				2007				2008			
	大中专学校		职业学校		大中专学校		职业学校		大中专学校		职业学校	
	教职工	学生	教职工	学生	教职工	学生	教职工	学生	教职工	学生	教职工	学生
东平社区	66	1 066	13	253	59	1 066	13	174	—	—	—	—
电大党校	25	1 437	—	—	23	1 468	—	—	21	1 317	—	—
应用技术学校	—	—	—	—	—	—	—	—	52	868	—	—

2008年光明食品集团拥有普通中学3所,教职员工90人,在校学生1 256人。

表 10-2-3　2006—2008 年光明食品集团普通中学情况表　　　　　　　　　　（单位：人）

年份	学校（所）	教职工员工		在校学生		当年毕业生
		总人数	其中教师	总人数	其中新生	
2006	4	123	98	1 414	458	460
2007	4	116	86	1 309	433	257
2008	3	90	71	1 256	414	217

光明食品集团 2006—2008 年普通中学分布情况如表 10-2-4 所示。

表 10-2-4　2006—2008 年光明食品集团普通中学分布情况表　　　　　　　（单位：人）

年份	2006			2007			2008		
	学校（所）	教职员工	在校学生	学校（所）	教职员工	在校学生	学校（所）	教职员工	在校学生
海丰农场	1	5	24	1	4	9	—	—	—
新海社区	1	41	470	1	38	386	1	33	407
东平社区	2	77	920	2	74	914	2	57	849

2008 年光明食品集团拥有小学 4 所，教职工 170 人，在校学生 1 590 人。

表 10-2-5　2006—2008 年光明食品集团小学情况表　　　　　　　　　　　（单位：人）

年份	学校（所）	教职员工		在校学生		当年毕业生
		总人数	其中教师	总人数	其中新生	
2006	4	196	143	2 014	381	736
2007	4	167	125	1 750	331	436
2008	4	170	123	1 590	334	402

表 10-2-6　2006—2008 年光明食品集团小学分布情况表　　　　　　　　　（单位：人）

年份	2006			2007			2008		
	学校（所）	教职员工	在校学生	学校（所）	教职员工	在校学生	学校（所）	教职员工	在校学生
海丰农场	1	12	66	1	7	33	1	13	33
新海社区	1	74	693	1	62	620	1	63	581
东平社区	2	110	1 255	2	98	1 097	2	94	976

光明食品集团 2008 年拥有幼儿园 5 所，教职员工 52 人，在园幼儿 397 人。

表10-2-7 2006—2008年光明食品集团幼儿园情况表　　　　　　　　　　　　（单位：人）

年份	幼儿园（所）	教职员工		在校学生
		总人数	其中教师	
2006	7	75	43	506
2007	5	55	32	377
2008	5	52	31	397

表10-2-8 2006—2008年光明食品集团幼儿园分布情况表　　　　　　　　　（单位：人）

年份	2006			2007			2008		
	学校（所）	教职员工	在校学生	学校（所）	教职员工	在校学生	学校（所）	教职员工	在校学生
黄山农场	1	5	24	1	4	24	1	3	28
海丰农场	1	7	42	1	7	53	1	7	47
新海社区	1	28	158	1	24	115	1	21	157
东平社区	2	23	175	2	20	185	2	21	165
东海社区	2	12	107	—	—	—	—	—	—

二、所属教育单位属地化

2006年7月，为分离企业承担的社会职能，原上海农工商集团和南汇区人民政府签订《关于朝阳、芦潮港农场行政和社会管理属地化移交工作总协议》。根据总协议安排，芦潮港农场中心幼儿园、朝阳农场中心幼儿园划归地方政府进行管理，整体移交接收工作至2006年9月30日基本完成。2006年10月1日起，农场移交地方的职能、机构及人财物全部纳入南汇区运行。

2008年9月，根据党中央、国务院有关深化社会主义市场经济体制改革的精神，为积极推进国有农场体制改革和减轻农场办社会的负担，理顺郊区行政区划体制，加快农场及周边地区经济和社会协调发展，按照市政府关于崇明县域内市属农场行政管理属地化移交工作专题会议的要求，光明食品集团和崇明县人民政府签订《就关于原跃进、新海、红星、长征、东风、长江、前进、前哨等农场行政和社会管理等职能属地化移交工作总协议》。总协议明确新海学校、长江中学、长江小学、前哨农场职工子弟学校划归崇明县管理。

2009年7月，为贯彻上海市政府"关于调整上海农场、川东农场管理体制工作"及市农委"关于加强上海在苏北三个农场社区管理工作"专题会议的精神，市劳教局与光明食品集团签订《关于上海农场、川东农场移交工作总协议》，原上海农场、川东农场承担的教育、公共服务职能同步向政府有关部门移交。2009年7月15日由上海市上海农场、上海市川东农场、上海市海丰农场与上海市宝山区教育局签订《关于上海在苏北三个农场学校移交协议》，移交的学校为上海农场初级中学、上海农场小学及幼儿园、川东农场小学及幼儿园、海丰农场小学及幼儿园，移交的基准日为2009年4月30日。

三、大中专学校选介

【上海市应用科技学校】

上海市应用科技学校创建于1985年,前身是上海市农场工业学校,是一所市属全日制中等专业学校,属上海市事业单位编制,由上海市农场管理局主管。学校占地面积150亩,建筑面积25 000平方米,绿化面积37 901平方米,为上海市A级学校、上海市百所重点中等专业学校。学校先后获部级教育改革先进单位、全国语言文字先进单位和群众体育先进单位以及上海市文明单位、花园单位荣誉称号。

上海市应用科技学校地处天蓝、水净、土洁、气新的上海绿色生态旅游区崇明岛中部,毗邻东平国家森林公园,环境优雅、交通方便,多条公交路线经过校门口直达上海市区。1998年经上海市教委评估,为A级办学水平。学校配有设施先进的闭路电视、多媒体语音教学系统和计算机教学局域网和校园网络系统;建有计算机、电化等15个专业实验室和装备精良的机械、数控及电气实训基地;拥有400米标准环形运动场及运动健身场所。学校师资力量雄厚,教学经验丰富;2009年主要开设数控技术与应用、机电技术与应用、商务英语、会计、计算机技术及应用等专业,在校生近900名。

学校特别重视学生的实践技能和能力培养,坚持"勤学、守纪、求实、创新"的校训,以"合格加特长"为目标,严格实行一张文凭、多种证书制度,大大增强毕业生的就业竞争力。历届毕业生就业推荐率百分之百,就业率达99.8%,连续多年获得上海市中专生就业指导与推荐工作先进学校称号,学校历届毕业班生参加高考成绩名列全市前茅。

2010年1月,上海市应用科技学校整建制划归上海职工医学院管理。按照市政府专题会议精神,上海市应用科技学校仍保留事业单位编制。

【上海电视大学农工商分校】

上海电视大学农工商分校,前身为上海电视大学农场局分校,成立于1978年。1984年10月,经上海市高等教育局批准,正式成立上海电视大学农场局分校,由原农场局副局长张国荣兼任校长,校址:小木桥路316号,与农场局党校共用校舍。1989年7月,上海市农场管理局决定对两校撤二建一,成立上海市农场管理局党校(电大)。随着上海市农场管理局改制为上海市农工商(集团)总公司,学校更名为上海市农工商(集团)总公司党校(电大)。2003年7月4日,为优化教育资源,农工商(集团)总公司党委决定建立上海电视大学农工商集团分校党委,并将1985年4月成立的上海市应用科技学校归并隶属于上海电视大学农工商分校。

上海电视大学农工商分校先后开设医科、文科、工科、农科、经济类等20个专业,拥有一支稳定的专、兼职教师队伍,95%以上的教师具有高、中级职称。上海电视大学农工商分校是经市政府批准,多门类、多层次教育培养以管理及应用型人才为主的学校。学校创办30多年来,为行业和社会培养了2 000多名大中专毕业生,培训各级各类干部和专业人员70 000多人次。

学校本着"勤奋、务实、敬业、创新"的办学精神,顺应上海都市化社会经济的需求,不断改革创新办学方式,按需施教,突出素质教育和技能教学,受到社会好评。学校设有计算机专用教室、网上阅览室、多功能教室和双向视频教室等,还建立了校园局域网和闭路电视广播系统;学校图书阅览室拥有各类图书资料近50 000册,各类报刊近100种,为营造良好的学习氛围,提高学生综合能力提供了坚实的支撑。学校荣获上海市电视大学"先进办学单位"称号。

第二节 卫 生

光明食品集团组建以后继续承担农场社区的卫生管理社会职能,如医院管理、社区卫生管理、职工医保管理等,由上海市农场管理局社区管理办公室和农场社区管理。2009年实行政企分开后,其卫生管理职能移交地方政府。

一、卫生管理工作

2006年,光明食品集团通过强化医院管理,建立良好的医患关系,不断缓解农场职工看病难、看病贵的矛盾。通过不断完善农场社区公共卫生体系建设,各社区杜绝人患高致病性禽流感、手口足病、非典、乙肝等流行病和群体性食物中毒事件;通过优化医院的各类资源配置和服务功能,逐步向社区卫生服务过渡。

2007年春节和"五一"黄金周期间,为确保社区居民的身体健康,集团所属各社区领导带领公共卫生人员对社区食品安全进行监督检查,防止和杜绝食源性疾病的暴发流行。各社区积极推进新一轮健康社区建设,按照市、区、县的工作布置,积极制订健康社区建设的各项任务、目标和评估指标,开展形式多样的健康咨询和健康促进活动。市爱卫办在东平社区开展"爱国卫生月"社区健康系列活动。针对有些医护人员对企业办医院的认识差异,举办"转换机制,大力推进社区卫生服务中心建设"培训班,开展有社区领导、院长、医护人员参加的"以病人为中心"的精神文明建设和职业道德教育活动,提高医护人员的职业道德素质,努力构建和谐医患关系。

2008年,根据市卫生局开展"医院管理年"活动的精神,光明食品集团结合农场医院实际,在农场医院适度、有序发展的前提下,加强医院制度建设,规范医院管理,使农场医院布局和就诊流程渐趋合理,医院整体环境更加优美,病房管理更加舒适。农场局卫生指导所增强服务意识,积极推进社区公共卫生服务体系和健康社区建设,尤其是在发生三聚氰胺事件期间,加强对食品安全的检查、指导。坚持"预防为主""条块结合、以块为主"的指导思想,指导和协调农场社区的预防保健工作。2008年农场系统未发生暴发性流行性传染病,甲、乙类传染病发病率继续处于历史低位。新海社区代表崇明地区通过上海市一、二级卫生城镇的复验收工作。东平、新海社区还扎实推进居民医疗保险工作,相关部门人员上门动员参保,参保人数为1 141人,缴费金额为466 980元,高于全市平均数。与市医保局协调,将农场系统学校的参保工作纳入农场局医保办管理,原来由区县财政支付的学生参保费用改由市财政支付。2008年完成农场系统11所学校、1 393名学生的医保登记、审核、缴费工作。经市医保事务管理中心批准,在海丰、练江、黄山3家域外农场建立了医保服务点。

根据市医保局的要求,在2009年2月底完成崇明县农场医院和医保服务点的移交工作,同时完成2009年农场居民的医保参保登记、缴费、发卡和发册。共有1 258人参保,缴费2 519 120元。在市医保部门的协助下,完成农场医院的结算和结算线路的归并和移交。为方便域外农场参保人员及时报销医药费,从6月份起,采用单位集中报销程序,下放门诊审核权,参保人员就地报销门诊费用。上海医保事务管理中心将上海市与大丰市的异地医保报销工作交由光明食品集团医保办承担,12月1日正式运行。

集团各社区加强对公共卫生工作的协调和指导,积极开展以"迎奥运,迎世博,讲卫生,建健康之城"为主题的卫生月整治活动。对居民小区、集贸市场、道路、河道进行集中整治,消除一批影响社区居民生活和农场环境的卫生死角,降低虫害密度。

2010年集团医保办人员结构得到优化,为大丰地区农场职工进行卫生、医保服务的质量有新的提高。

二、农场医院

光明食品集团2008年拥有医院12所,病床1 037张,固定职工596人,其中医护人员354人。

表10-2-9 2006—2008年光明食品集团医院基本情况表

年 份	2006			2007			2008		
	医院（所）	病床（张）	医护人员（人）	医院（所）	病床（张）	医护人员（人）	医院（所）	病床（张）	医护人员（人）
黄山茶林场	1	20	7	1	20	8	1	10	8
练江牧场	1	20	9	1	22	8	1	27	6
海丰农场	1	15	21	1	15	16	1	15	17
新海社区	4	160	123	4	140	94	4	140	88
东平社区	3	175	130	3	145	108	3	145	114
东海农场	2	700	237	2	703	244	2	700	121
合计	12	1 090	527	12	1 045	478	12	1 037	354

三、卫生管理职能属地化

2005年,市长韩正、常务副市长冯国勤对推进上海市属农场行政管理属地化工作作出批示,要求有关各方积极推进国有农场体制改革和减轻农场办社会的负担,理顺郊区行政区划体制,加快农场及周边地区经济和社会协调发展。2006年7月,上海市农工商集团和南汇区人民政府就原朝阳、芦潮港农场行政和社会管理属地化移交工作签订总协议。根据总协议安排,芦潮港农场职工医院、朝阳农场职工医院当年移交南汇区人民政府管理。

2008年9月,光明食品集团和崇明县政府就原跃进、新海、红星、长征、东风、长江、前进、前哨等农场行政和社会管理职能属地化及移交工作签订总协议,根据总协议安排,跃进农场职工医院、新海农场职工医院、红星农场职工医院、长征农场职工医院、长江农场职工医院(含前进农场职工医院)、东风农场职工医院、前哨农场职工医院移交崇明县人民政府管理。

2009年7月,上海市海丰农场与宝山区卫生局签订《关于海丰农场职工医院移交协议》,根据协议安排,以2009年4月30日为基准日,上海市海丰农场职工医院移交宝山区卫生局管理,并改制为海丰社区卫生服务中心。至此,光明食品集团所属农场职工医院全部完成向地方政府移交工作。

四、医院选介

【上海市东海老年护理医院】

上海市东海老年护理医院是光明食品集团东海总公司下属事业单位。

2000年7月,市政府专题研究上海市农场系统医院改革问题,决定建立向全社会开放、满足多层次需要的上海市东海老年护理医院。该护理医院设床位400张(其中300张为老年护理床位,100张为医疗床位);医疗费纳入上海市医疗保险。2000年10月市卫生局批复同意核准上海市东海老年护理医院冠名,第二名称为上海市东海农场职工医院。2001年3月上海市机构编制委员会同意上海市东海老年护理医院为事业单位,人员编制为280人;同月,上海市农工商集团原则同意利用位于东海农场的大东海度假村、东海农场职校、东海农场影剧院34 400平方米的场地和房产进行改建,作为上海市东海老年护理医院总院院址;利用原燎原农场医院老年痴呆、精神病床位改建为上海市东海老年护理医院分院,项目资金共计2 200万元,分两期实施。2002年2月,市卫生局批准颁发上海市东海老年护理医院《医疗机构执业许可证》。2002年5月,上海市医疗保险局同意东海老年护理医院为上海市基本医疗保险定点医疗机构,并按一级医疗机构收费标准收费。2002年6月,上海市东海老年护理医院正式竣工开业。

2005年4月,市卫生局《关于变更上海市东海老年护理医院核定床位数的批复》同意该院增设核定床位300张,变更后的床位总数为700张。2010年1月,市卫生局同意东海老年护理医院增设床位500张,设置床位总数为1 200张。2010年2月,市卫生局同意东海老年护理医院参照二级医疗机构收费标准收费。2010年5月,上海市医疗保险办公室同意东海老年护理医院参照二级医院收费与医保结算。

东海老年护理医院参照上海市二级医院标准设计建设,医技人员按照上海市二级医院标准配置,全院有高级职称的医技人员20余人,已成为上海市颇具影响的专业老年护理医院,老年医疗、老年护理、老年康复三大特色为医院赢得良好的社会效益和经济效益。

上海市东海老年护理医院是国有卫生事业单位,上海市医疗保险定点医院。医院设有心血管科、消化科、神经内科、呼吸科、综合内科、康复科、特需科、门诊部、急诊科以及设备完善的医技科室和行政职能科室。作为一所以老年医疗、老年护理、老年康复、临终关怀为一体的综合性医院,东海老年护理医院成为全市第一家实行24小时无家属陪护的医院。医院为住院老人提供全方位的医疗、护理、康复服务,同时还承担社区卫生服务功能,医院的门、急诊等科室为附近的社区居民提供服务。

随着城市老龄化趋势不断显现,医院初期的病床规模已不能满足社会的需求。2003年医院改扩建九、十病区,2004年改扩建十一、十二病区,2005年改扩建十五病区,2009年新增十八病区。医院在2006年至2010年间快速发展,2006年床位710张,2010年增加到1 007张;2006年住院病员688人,2010年住院病员943人。2010年改建了上海最大的老年人康复治疗大厅,占地面积1 000平方米,可容纳100多位病人同时进行康复治疗。医院按照中长期发展规划,努力实现具有"上海特色、国内领先、国际上有影响力"、拥有3 000~5 000张养老床位的新型老年护理医院的发展目标。

东海老年医院专门辟出十六、十七病区为困难老人减免餐费。每年3月鲜花港开园,医院抽调一部分志愿者为住院老人参观鲜花港做好服务工作。在汶川大地震期间,医院员工捐款48 264元。

东海老年护理医院被上海市价格协会评为2005—2006年价格诚信自律先进单位;2008年被评为上海市花园单位;2007—2010年连续两届被评为上海市文明单位;2009年神经内科被评为上海市三八红旗集体。

表10-2-10　2006—2010年上海市东海老年护理医院主要经营情况表　　（单位：万元）

年　　份	2006	2007	2008	2009	2010
总收入	3 045.28	3 610.24	4 383.63	5 929.96	7 737.93
业务收入	3 007.34	3 577.04	4 349.16	5 840.43	7 657.96
事业结余	147.44	71.65	168.34	361.11	352.97

【上海市新海农场职工医院】

上海市新海农场职工医院由原跃进、新海、红星、长征四所农场职工医院归并而成,2008年9月,随着崇明地区农场职工医院政务移交地方管理,建立新海镇社区卫生服务中心。医院总建筑面积4 500平方米。辖区面积达105平方公里,除中心本部外,下设跃进、红星、长征三个分中心,辖区人口约2万多人。

上海市新海农场职工医院坐落于崇明县西北部,是一所综合性的一级甲等医保定点医疗机构。全中心共有在编在岗医护人员56人、非编19人、退休返聘14人。中心设有全科门诊、中医门诊、口腔门诊、计划免疫、妇幼保健、放射、B超、心电、临床检验、中西药房等服务性科室,全年门诊96 564人次,床位使用率达100%。

随着社区卫生服务中心"六位一体"功能的转换,卫生服务中心本着"以人为本"的服务理念,率先在崇明岛尝试医疗联合体的服务模式,由上海新华医院崇明分院的教授每周2天来院专家门诊及带教,卫生中心也组建5个医疗团队,每周二、日赴农场和社区边远地区巡诊,还选派资深医师每月1~2次赴五个居民区进行健康卫生知识讲座,每月组织医疗便民服务活动,全面推行十项便民服务细节,通过志愿者医疗互助活动及医患联系卡、远程电信服务等形式为居民提供健康保障。中心的各项工作得到职工和居民的普遍好评,各项创建取得了丰硕成果,卫生中心党支部被评为崇明县五好基层党组织。连续两届被授予崇明县文明单位。

【上海市长江农场职工医院】

长江农场职工医院坐落于崇明县长江农场,创建于1961年,占地面积1 300平方米,建筑面积5 000平方米,由原东风、东旺、前进农场职工医院归并而成,总资产680万元,是国家认定的非营利性一级甲等医保定点医疗机构。

长江农场职工医院科室设置齐全,有办公室、医务科、行政科、财务科、内科、外科、妇产科、口腔科、五官科、中医科、皮肤科、护理部、防疫科、药剂科、理疗科、老年护理病区等;硬件设施有500毫安X光机、阿洛克B超、血流分析仪、血凝仪、全自动生化仪、牙科治疗椅、牵引床;软件设施有主任医师1人、主治医师11人、主管护师6人、主管药剂师1人、医师10人、药剂师4人、护师13人、医技士9人、会计师2人、助理会计师2人、收费员4人、高级电工1人、中级驾驶员1人等;医院有床位75张;特色医疗服务有妇产科和老年护理病区;医院每月门诊病人4 000人左右。长江农场职工医院还积极开展社区预防、社区保健、社区健康教育等活动,提升农场和社区卫生水平。

【上海市海丰农场职工医院】

上海市海丰农场职工医院位于江苏盐城大丰市,濒临黄海之滨,始建于1973年,院址设于海丰农场元华分场管区。20世纪70年代上海知识青年分配到上海海丰农场,1983年在农场场部建造职工医院,1993年被国家卫生部评定为一级甲等医院,是上海市、大丰市城镇职工医疗保险定点机构。下设新华、元华、隆丰、水产养殖四个卫生所,有医务、管理及后勤人员180余人。

2009年4月30日,上海市海丰农场职工医院移交上海宝山区卫生局管理,改为海丰社区卫生服务中心。2009年11月,正式组建光明社区卫生服务中心,2010年2月,中共宝山区卫生局党委、海丰总公司党委正式宣布撤销苏北农场社区卫生服务中心领导小组、筹建组,成立上海市宝山区光明社区卫生服务中心。

上海市海丰农场职工医院占地面积近20 000平方米,建筑面积5 000余平方米。床位40张,设医务科、内科、外科、妇产科、儿科、针灸科、五官科、防保科、中医科、药剂科、护理部、检验科、放射科、传染病、理疗科、B超室、财务科、后勤科等科室,承担海丰农场30 000多名干部职工基本医疗和公共卫生、计划生育工作,为周边群众提供常见病、多发病诊疗。医院总资产超过500万元,拥有B超、500毫安X光机、康复理疗设备、手术设备、常规检验仪器、牙科诊疗设备、TCD多普勒检查仪、两辆救护车等医疗设施,基本满足农场职工医疗、康复需求,且常年与原上海纺织医院合作,实现专家日常诊疗指导常态化。医院医务人员结构合理、中西医并重,中级职称以上医务人员占10%以上,年诊疗60 000人次以上。医院在农药中毒、流行性出血热等疾病处置方面具有比较成熟的经验。

医院坚持"立足农场、辐射周边、服务农垦"的办院思路,致力于"能力提升、服务为本、赢得认可"的目标,全心全意为农场经济发展和职工居民健康保驾护航。

第十一篇
党群组织

概　　述

2006年8月,市委决定建立中共光明食品(集团)有限公司委员会,归口中共上海市国有资产监督管理委员会委员会。2010年2月8日,中国共产党光明食品(集团)有限公司第一次代表大会选举产生了中共光明食品(集团)有限公司第一届委员会。同时,选举产生了中共光明食品(集团)有限公司第一届纪律检查委员会。至2010年年底,光明食品集团基层党组织为557个,党员为7958人,五年来集团共发展新党员962人。

2008年12月,制定《光明食品集团党委会议事规则》,明确党委议事范围、议题确定、议事方法和议事纪律。

集团党委开展党建系列活动。2006年下发《关于以"学习党章、遵守党章、贯彻党章、维护党章"为主题过一次专题组织生活会的通知》。根据《关于开展"万名书记进党校"培训工作的意见》,集团党委对基层企业党组织书记开展培训,举办3期培训班。2007年集团成立考核组对所属18家单位领导班子和121名领导干部进行考核。制定下发《关于进一步落实先进性教育长效机制工作机制的意见》。命名上海石库门贸易有限公司党支部等28个党支部为"党支部建设示范点",2008年,在上海城乡建筑设计院有限公司、上海东旺塑料制品厂等38家基层党组织中开展"公推直选"试点工作。集团有372个党组织、6895名党员参加"对标一流,争当先锋,实现跨越发展"创先争优活动,共提出合理化建议1939条,开展技术革新项目128项,实现经济效益1123万元。2009年,组织开展"坚持科学发展,推进'四个确保',争创党建标杆"实践活动,推进党支部建设示范点建设。集团党委树立了20个集团层面"党建标杆"单位。"党员先锋工程""党员承诺目标管理""党员责任区""党员先锋岗""党员示范窗口""党员技能比武"等一系列主题实践活动成为党员发挥先锋模范作用的平台。2010年,开展"我是党员我带头,我是党员我奉献——奉献世博、深化党建"主题活动。

集团所属基层党委积极申报党建创新项目,2006年至2010年,各子公司共有222个党建创新课题分别获一、二、三等奖,每年还评选出3至6家子公司为党建创新课题优秀组织奖。

2006年8月,原上海农工商(集团)有限公司工会改名为光明食品(集团)有限公司工会。2008年8月22日光明食品集团工会召开六届四次全委会议,选举并经上海市总工会批复同意,增补16位同志为集团第六届工会委员会委员,增补6位同志为集团第六届工会委员会常委,健全了工会班子。

2010年,集团子公司以上工会组织29个,三级以下企业工会组织220个,涵盖349家企业。专职工会干部64名,兼职工会干部249名。集团职工总数为9.17万人,工会会员8.92万人,入会率为98%。

集团每年召开一次职工代表大会。2007年2月,召开一届一次职工代表大会,听取和审议集团发展战略规划、集团经济工作报告、签订集体合同等。2010年4月召开二届一次职工代表大会,听取和审议集团经济工作报告、集团党风廉政建设情况通报、集团2009年度职工工资增长情况专题报告等。

集团工会对基层工会组织进行普查分析,举办基层工会干部培训班,专题学习《企业工会工作条例》,创办《工会讯息》。

集团工会全面启动千名基层班组长学 EBA 工程,共招收一线班组长和生产骨干 872 名,学员实考合格率达 99% 以上。到基层企业就集体合同的修订和履约、工资集体协商的实施以及职工最低工资标准执行情况进行专项检查;总结推广海博出租汽车公司培养、关心、塑造外来农民工形象的典型经验。2010 年,集团组织职代会代表和党代会代表共同开展厂务公开民主管理工作大检查。2010 年元旦、春节期间,慰问困难职工 1.61 万人次,发放慰问金 781.15 万元。2010 年 10 月,举办以"快乐健身,建功立业新三年"为主题的光明食品集团第二届职工运动会。2010 年,集团工会申报评选"全国劳动模范"1 人,"上海市劳动模范"9 人,"上海市劳模集体"4 个;表彰 120 位集团先进个人、50 个集团先进集体。

2006 年 9 月,经光明食品集团党委同意和共青团上海市委员会批复,原农工商集团团委更名为光明食品集团团委。2009 年 8 月,共青团光明食品(集团)有限公司委员会召开代表大会,选举产生团委新的领导班子。2010 年,光明食品集团有 17 个团委,21 个团总支,151 个团支部;团员总数 3 071 人。

为纪念改革开放 30 周年,集团团委组织开展"青春与改革同行"主题活动,连续四年邀请集团总裁在年度共青团工作会议上作集团经济形势报告。2009 年,上海益民食品一厂历史展示馆开馆之际,集团团委开展青年主题团日活动,引领团员青年进一步了解光明品牌历史,学习老一辈革命家敬业奋斗的精神。集团团委深化团员青年立足岗位、建功立业、创新创效活动,在技术、营销、管理和服务领域形成流程化程序、网格化覆盖、痕迹化管理、常态化推进的工作机制。集团团委与集团组织部共同举办青年经营者论坛和青年农业科技论坛。

2009 年,开展第一届光明食品集团十大优秀青年评比表彰活动。2006—2010 年集团团委年年获上海青工系统先进团组织奖。

集团思想政治工作研究会、企业文化促进会由原上海农工商集团思想政治工作研究会、企业文化促进会更名而来。2007 年,集团召开思研会、企促会暨精神文明建设工作会议。2010 年,集团召开年会,审议通过集团思研会、企促会理事会新的组成人员。集团"两会"围绕集团中心工作,组织开展集团系统企业文化建设情况的调研和讨论,组织部分单位进行专题交流,邀请专家对光明食品集团企业文化建设作专题辅导。2009 年至 2010 年初,集团党委宣传部思研会、企促会与收集企业文化建设案例,形成《光明食品集团企业文化案例汇编之一》,组织 40 多名宣传和企业文化干部参加上海市中高级企业文化管理师专业培训。

第一章　中国共产党组织

第一节　组织建制

一、集团党委会

2006年8月,中共上海市委决定:建立中共光明食品(集团)有限公司委员会,归口中共上海市国有资产监督管理委员会委员会。

王宗南任中共光明食品(集团)有限公司委员会书记;王洪泉任光明食品(集团)有限公司党建督察员;曹树民任中共光明食品(集团)有限公司委员会副书记;顾勇任中共光明食品(集团)有限公司委员会副书记、中共光明食品(集团)有限公司纪律检查委员会书记;周海鸣任中共光明食品(集团)有限公司委员会副书记。中共上海市国有资产监督管理委员会委员会决定:徐永炘、张大鸣任中共光明食品(集团)有限公司委员会委员。

2008年5月,中共上海市委决定,免去王洪泉光明食品(集团)有限公司党建督察员职务。

2009年2月,中共上海市委决定,顾勇任中共上海安信农业保险股份有限公司委员会副书记、中共上海安信农业保险股份有限公司纪律检查委员会书记,免去其中共光明食品(集团)有限公司委员会副书记、中共光明食品(集团)有限公司纪律检查委员会书记职务。同年9月,市委决定张大鸣任中共光明食品(集团)有限公司纪律检查委员会书记。

2010年2月8日,光明食品集团召开中国共产党光明食品(集团)有限公司第一次代表大会,选举产生了中共光明食品(集团)有限公司第一届委员会,马勇健、王宗南、庄国蔚、张大鸣、周海鸣、曹树民、曹晓风等7位同志(按姓氏笔画为序)当选为中共光明食品(集团)有限公司第一届委员会委员。

2010年2月8日,中共光明食品(集团)有限公司第一届委员会召开第一次全体会议,王宗南当选为中共光明食品(集团)有限公司委员会书记,曹树民当选为中共光明食品(集团)有限公司委员会副书记,周海鸣当选为中共光明食品(集团)有限公司委员会副书记。

二、集团党委职能部门

光明食品集团党委职能部门主要是党委组织部、党委宣传部。

【党委组织部】
工作职责　按照党管干部的原则和党委"管导向、管标准、管程序、管资质"的要求,负责集团公司管理权限内干部选任的资格审查和考察,为集团公司党委预审提供考察意见和建议。

指导基层党组织建设和党员管理。

负责系统内的统战工作和出国人员政审。

负责指导、协调系统内的老干部工作,办好集团公司老干部活动室,负责集团公司总部离退休干部的日常管理。

完成集团公司党委交办的其他工作。

部门成员 2006年8月,张大鸣为光明食品集团党委组织部部长、人力资源部经理,余勤生为常务副部长、副经理(按原职级待遇),朱家荣为副部长、副经理兼党委老干部工作部部长;芮国庆、韩新胜为副部长、副经理。2007年1月集团总部机构进行调整,张大鸣任光明食品集团党委组织部部长、人力资源部经理;朱家荣任光明食品集团党委组织部副部长、人力资源部副经理、党委老干部工作部部长(集团部室正职);韩新胜、夏旭升任光明食品集团党委组织部副部长、人力资源部副经理,余勤生任光明食品集团党委组织部、人力资源部调研员;芮国庆任光明食品集团党委组织部、人力资源部副调研员。2009年11月,马勇健任光明食品(集团)有限公司党委组织部部长、人力资源部总经理;张大鸣不再担任光明食品(集团)有限公司党委组织部部长、人力资源部总经理的职务。

【党委宣传部】

工作职责 宣传党的路线、方针、政策,宣传集团公司发展战略、经济目标和阶段性任务,对干部党员进行时事政策教育、普法教育。

负责干部政治理论学习,承担集团公司党委中心组学习秘书的职责。

负责集团公司精神文明创建活动的规划、组织、实施和总结评比。

负责集团对外宣传、媒体沟通、《光明食品报》的编辑、出版发行,企业门户网站管理。

负责集团公司思想政治工作研究会和企业文化促进会的日常工作。

负责上级宣传部门布置的各类学习教育活动的组织落实工作及党报党刊征订工作。

负责上海农垦博物馆管理工作。

完成集团公司党委交办的其他工作。

部门成员 2006年8月,光明食品集团总部机构设置时,党委宣传部与思想政治工作部合署办公,徐永炘为光明食品集团思想政治工作部部长;郭志刚、陈春山、陈斐然为副部长。2007年1月集团总部机构进行调整,原集团思想政治工作部调整为宣传部(公共关系部)、工会、团委,党委宣传部与公共关系部合署办公,徐永炘任光明食品集团党委宣传部部长、公共关系部经理,陈春山任光明食品集团党委宣传部副部长、公共关系部副经理兼集团文明办主任(集团部室正职)。

三、集团所属企(事)业单位党组织

集团共辖17个直属基层党委。
中共上海益民食品一厂(集团)有限公司委员会
中共上海市糖业烟酒(集团)有限公司委员会
中共上海跃进有限公司委员会
中共长江总公司委员会
中共五四有限公司委员会
中共东海总公司委员会
中共海丰总公司委员会
中共光明乳业股份有限公司委员会
中共农工商房地产(集团)股份有限公司委员会
中共农工商超市(集团)有限公司委员会

中共上海海博股份有限公司委员会
中共上海浦东星火开发区联合发展有限公司委员会
中共上海农工商投资公司委员会
中共上海西郊国际农产品交易有限公司委员会
中共光明食品(集团)有限公司委员会党校(电大)委员会
中共上海市上海农场委员会
中共上海市川东农场委员会

第二节　党 的 会 议

一、中国共产党光明食品(集团)有限公司第一次代表大会

【前期准备】

2009年10月10日,光明食品集团党委向上海市国资委党委提交《关于召开中国共产党光明食品(集团)有限公司第一次代表大会的请示》,提出了代表大会的指导思想、大会议程和新一届党委、纪委组成人员名额、候选人名额以及候选人产生与选举办法等。

2009年10月26日,集团党委下发《关于召开中国共产党光明食品(集团)有限公司第一次代表大会的通知》,要求各级党组织充分认识召开集团首次党代会的重要意义,进一步总结光明食品集团组建以来在党的建设方面所取得的主要成果和实践经验;进一步加强基层党的建设,发展和扩大党内民主;进一步增强党组织的凝聚力。

为了确保党代会的胜利召开,集团党委组建了第一次党代会筹备工作领导小组和工作小组。筹备工作领导小组由曹树民、周海鸣、张大鸣、徐永炘等同志组成;工作小组由周海鸣、张大鸣、徐永炘、沈敏惠、吴智荣、陈春山、朱平、夏旭升、郭金盛等9位同志组成,周海鸣同志任组长,工作小组内设立代表资格审查、文件起草和会务准备专门工作小组,负责党代会筹备工作的具体事宜。

【筹备过程】

选举产生光明食品集团第一次党代会代表　集团所属各级党组织在组织动员、明确要求、统一认识的基础上,选举产生出席光明食品集团第一次党代会的正式代表。截至2009年7月底,集团共有党员7 763名。按照集团基层党组织和党员队伍的实际情况,推荐产生161名正式代表,占集团党员总数的2%。其中党员领导干部代表占40%,管理及生产(工作)一线党员、专业技术人员、劳模先进等代表占60%,女党员代表不少于20%,50岁以下的党员代表不少于50%。

光明食品集团第一次党代表大会代表的条件:能模范遵守和贯彻党章,具有共产主义远大理想和中国特色社会主义的坚定信念,体现保持共产党员先进性的要求,努力学习马克思列宁主义、毛泽东思想、邓小平理论和"三个代表"重要思想,认真落实科学发展观;能坚决执行党的路线方针政策,正确理解和认真贯彻中央的指示精神,与党中央保持高度一致,讲政治,顾大局,立场坚定,明辨是非,在关键时刻经得起考验;能带头实践社会主义荣辱观,敬业勤奋,在生产和工作中做出显著成绩,有良好的思想作风、工作作风和生活作风,公道正派,清正廉洁,道德品质好,按照党员标准严格要求自己;能密切联系群众,受到群众拥护,有较强的议事能力,积极并如实反映党员和职工群众的意见和要求,正确行使党员的民主权利,忠实履行代表的职责。

代表候选人由各选举单位组织全体党员酝酿提名,根据多数人的意见确定,通过公示和广泛听取意见,代表候选人数应多于应选人数的20%,按照差额选举原则,召开党代表大会、党代表会议或党员大会选举产生。

代表资格审查,"两委"委员人选　按照《中国共产党章程》《中国共产党基层党组织选举工作暂行条例》《上海市党的基层组织选举工作实施细则》等规定,集团对党代会党员正式代表进行资格审查。

中国共产党光明食品(集团)有限公司第一届委员会设委员7名,提名候选人8名;设书记1名,副书记2名。中国共产党光明食品(集团)有限公司第一届纪律检查委员会设委员5名,提名候选人6名;设书记1名、副书记1名。

第一届党委委员、纪委委员候选人产生办法:由各选举单位组织各党支部、全体党员根据"两委"候选人条件,充分酝酿推荐;以召开座谈会形式广泛听取党外群众意见;组织本次党员代表大会代表在广泛听取党员群众意见的基础上酝酿推荐;召开集团公司党委会,按照党委、纪委候选人推荐情况,讨论确定党委、纪委候选人预备人选,并在集团公司范围内公示;报送国资委党委审查批准。

讨论修改文件　2010年1月26日,集团党委下发《关于组织党代表分组讨论党代会有关文件的通知》,将听取意见后的《党委工作报告(修改稿)》《纪委工作报告(修改稿)》《集团党代会代表任期制实施意见(修改稿)》《集团党委关于党费收缴、使用、管理情况的报告(修改稿)》《集团第一次党代会表决办法(草案)》《集团第一次党代会选举办法(草案)》《集团第一次党代会主席团建议名单(草案)》《集团第一次党代会秘书长、副秘书长建议名单(草案)》等8个文件下发各党代表小组,由各党代表小组组长负责召开党代表小组会议,进一步征求党代表对《党委工作报告(修改稿)》等8个文件的修改意见。

【党代会召开】

中国共产党光明食品(集团)有限公司第一次代表大会于2010年2月8日在上海市国资委党校会场隆重举行。大会首先召开代表预备会议,审议并通过代表资格审查报告、集团公司第一次党代会筹备工作报告、大会主席团成员名单、大会议程、大会表决办法等。集团第一次党代会主席团成员有(按姓氏笔画)马勇健、庄国蔚、杨莲(女)、沈敏惠、张大鸣、张永泉、邵黎明、范本英(女)、周海鸣(女)、赵德华、俞建湘、闻森、袁钢华、徐永炘、曹树民、曹晓风、龚屹(女)、龚广予等。周海鸣为大会秘书长;张大鸣、马勇健为副秘书长。

光明食品集团第一次党代会是在推进集团重组整合、抓住机遇、加快发展的关键时期召开的一次重要会议。大会主题是:高举中国特色社会主义伟大旗帜,深入贯彻党的十七大、十七届四中全会精神和科学发展观,回顾总结集团组建三年以来的工作,部署今后四年党的建设主要任务,动员集团系统各级党组织和广大党员、干部及员工,为实现光明食品集团建设成为国内领先的、拥有知名品牌和核心技术、综合集成能力较强的食品产业集团的宏伟目标而努力奋斗。出席中国共产党光明食品(集团)有限公司第一次代表大会的正式代表应为161名,实到正式代表160名,列席代表34名。

市国资委党委领导在大会上发表讲话。集团党委书记代表集团党委作题为《坚持科学发展,加强党的建设,为实现光明食品集团发展战略目标而奋斗》的工作报告。

大会分11个小组进行讨论,审议集团《党委工作报告》和《纪委工作报告》(书面发言),讨论新一届党委、纪委委员候选人建议名单。大会通过总监票人和监票人名单。在大会监票人的监督下,到会的160名正式代表以无记名投票方式,选出了中国共产党光明食品(集团)有限公司第一届委员会委员7名、中国共产党光明食品(集团)有限公司第一届纪律检查委员会委员5名。

大会审议并通过了《关于集团党委工作报告的决议》《关于集团纪委工作报告的决议》《关于实行党的代表大会代表任期制的决议》《关于党费收缴、使用管理情况的报告》《关于中国共产党光明食品(集团)有限公司第一次代表大会决议》。

二、其他重要会议

【中国共产党光明食品(集团)有限公司代表会议】

光明食品集团党委根据党章和《中共上海市委关于市第九次党代表大会代表选举工作的通知》,决定召开中国共产党光明食品(集团)有限公司代表会议,选举产生集团系统出席上海市第九次党代表大会的代表。

2007年4月26日,中国共产党光明食品(集团)有限公司代表会议在海博股份公司召开,集团党委副书记顾勇作《关于光明食品(集团)有限公司出席市第九次党代表大会代表候选人产生经过的说明》;集团党委委员、宣传部部长徐永忻介绍光明食品集团出席上海市第九次党代表大会代表候选人情况。全体代表按照民主程序选举产生了光明食品(集团)有限公司出席上海市第九次党代表大会的代表,集团党委副书记、总裁曹树民,集团党委副书记、工会主席周海鸣,集团党委委员、组织部部长张大鸣,上海农工商房地产集团总经理闻淼等同志当选。

【党政干部重要会议】

2006年8月18日,光明食品集团召开组建后的第一次所属各单位党政负责干部会议,部署当前工作,传达上海市加强党风廉政建设干部大会及市国资委有关会议精神。会议要求,统一集团系统广大干部职工的思想,承担历史赋予的责任,把握好当前的工作基调,为"弘扬光明精神、做响光明品牌、做强光明集团、做大光明食品"而共同奋斗。

2006年9月25日,光明食品集团党委召开党员负责干部会议,传达全市党员负责干部会议精神,要求全体党员干部坚决拥护中央的决定,把集团党员干部的思想和行动统一到中央决定上来,全力抓好当前经济工作和稳定工作,保证年底的市场供应,努力实现全年经济目标,继续抓好反腐倡廉工作。

2007年3月16日,光明食品集团召开党风廉政建设大会,集团总裁曹树民主持会议并对进一步加强党风廉政建设提出贯彻意见,集团党委副书记、纪委书记顾勇作纪委工作报告;集团党委副书记周海鸣传达中纪委、市委和市国资委党风廉政建设大会精神。会议要求紧紧围绕集团"发展、整合、转型、提升"的主题,开展警示教育,完善制度体系,严肃党纪党规,加强作风建设,切实增强预防腐败能力,为集团经济又好又快发展和整合目标的顺利实现提供有力保证。

2007年4月9日,集团召开"光明食品集团发展战略规划宣传月"培训动员大会,集团领导分别解读发展战略规划的主要内容,对开展战略规划宣传月活动作具体部署。

2007年5月30日,光明食品集团在上海世博会议大酒店召开大会,传达市委书记习近平在市第九次党代会期间参加市国资委系统代表团讨论会上的讲话精神,并对传达学习贯彻市第九次党代会精神提出要求。

2007年10月26日,光明食品集团召开传达贯彻中共十七大精神暨第三季度经济分析会议。

2007年12月28日至29日,集团在中国浦东干部学院举办学习贯彻中共十七大和市委九届三次全会精神研讨班暨光明食品集团工作会议。会议以学习贯彻中共十七大和市委九届三次全会精神为主线,总结光明食品集团2007年各项工作,部署集团2008年各项任务。会议要求集团各级领导和干部员工坚持科学发展观,围绕集团战略规划,继续把握"发展、整合、转型、提升"工作基调,以改革创新的精神,突破瓶颈,开拓奋进,为实现集团战略规划目标而奋斗。

2008年6月17日,集团召开党政负责干部会议,传达中共中央总书记胡锦涛在省市区和中央部门主要负责同志会议上的讲话精神;中共中央政治局委员、市委书记俞正声在全市党政负责干部大会上的讲话精神;国务院总理温家宝在省市区和中央部门主要负责同志会议上的讲话精神。会议就贯彻落实这些会议精神提出具体要求。

2009年2月23日,集团召开党风建设和反腐倡廉工作会议,集团总裁曹树民主持会议,集团党委副书记、纪委书记顾勇作集团加强党风建设和反腐倡廉工作报告。益民集团、投资公司作交流发言。

2009年9月25日,集团召开党政干部会议,传达中共十七届四中全会精神;传达胡锦涛在十七届四中全会第一次全体会议和第二次全体会议上的讲话精神;传达习近平对《中共中央关于加强和改进新形势下党的建设若干重大问题的决定》所作的情况说明。

2010年5月7日,集团召开推进党风建设和反腐倡廉工作会议。集团董事、财务总监曹晓风作审计整改工作情况通报,集团党委委员、纪委书记张大鸣作"实施'两个融入',不断推进反腐倡廉机制创新"工作报告。五四公司、烟糖集团、跃进有限公司交流发言。

2010年10月15日,集团召开干部大会,集团财务总监曹晓风作"审计后加强内部控制工作的回顾以及下阶段工作安排"的报告,集团纪委书记张大鸣宣读市委巡视组给光明食品集团的巡视反馈报告,集团党委委员、组织部部长马勇健宣读关于成立集团财务总监管理办公室以及各子公司财务总监的任命通知。

第三节 党 的 工 作

一、组织工作

【党员队伍】

光明食品集团2010年党员7 958人,其中预备党员181人,女党员2 051人,少数民族党员47人。

表11-1-1 2006—2010年光明食品集团党员队伍基本情况表 （单位：人）

年份	党员总数	其中			在岗党员	其中		
		预备党员	女党员	少数民族		预备党员	女党员	少数民族
2006	10 867	224	2 380	58	7 337	224	1 796	45
2007	10 470	245	2 313	52	6 983	244	1 727	41
2008	7 909	169	1 861	43	6 294	169	1 583	35
2009	7 836	202	1 902	40	6 248	202	1 622	32
2010	7 958	181	2 051	47	6 409	180	1 750	37

光明食品集团2010年35岁以下党员1448人,占党员总数18.2%。其年龄结构分布情况如表11-1-2所示。

表11-1-2　2006—2010年光明食品集团党员队伍年龄结构情况表　　　　（单位:人）

年　份	35岁以下	36～45岁	46～54岁	55～60岁	60岁以上
2006	1 532	2 150	3 227	1 400	2 558
2007	1 412	2 121	3 038	1 728	2 621
2008	1 251	1 798	2 689	1 158	1 011
2009	1 316	1 666	2 519	1 279	1 056
2010	1 448	1 672	2 344	1 384	1 110

光明食品集团党员队伍中,1976年11月至2002年10月入党的占多数。

表11-1-3　2006—2010年光明食品集团党员队伍入党时间情况表　　　　（单位:人）

年份	1937年7月至1945年9月	1945年9月至1949年9月	1949年10月至1966年4月	1966年5月至1976年10月	1976年11月至2002年10月	2002年11月以后
2006	87	186	1 102	2 042	3 197	4 253
2007	73	174	1 056	1 882	5 838	1 447
2008	70	160	321	1 015	4 862	1 479
2009	64	152	306	908	4 652	1 754
2010	57	148	299	827	4 533	2 094

光明食品集团党员队伍中,2010年党员中研究生为201人,大学本科和大学专科为3 828人,大学专科以上学历占党员总数50.6%。

表11-1-4　2006—2010年光明食品集团党员队伍学历情况表　　　　（单位:人）

年　份	研究生	大学本科	大学专科	中　专	高中、技校	初中及以下
2006	120	1 234	2 491	1 332	1 969	3 721
2007	119	1 255	2 459	1 241	1 855	3 541
2008	138	1 177	2 245	894	1 593	1 860
2009	157	1 357	2 224	856	1 497	1 745
2010	201	1 517	2 311	810	1 476	1 643

光明食品集团党委按照《中共中央组织部关于进一步做好新形势下发展党员工作的意见》的精神,认真落实党员发展工作责任制,将党员发展工作列入党支部和党委年度工作考核内容之一。按照"坚持标准,保证质量,改善结构,慎重发展"十六字方针,贯彻《中共中央组织部关于加强在企业、

农村生产一线发展党员工作的意见》,注意培养企业管理骨干、技术骨干及生产、工作一线工人中的优秀分子入党,努力解决关键岗位、艰苦岗位和一些人数较多的班组、营业网点没有党员的问题。同时按照《中共上海市委组织部关于加强"推优",进一步做好在青年中发展党员工作的意见》的精神,根据中共中央组织部关于"28岁以下青年入党,一般应从团员中发展;发展团员入党一般应经过团组织推荐"的规定,集团系统各级党组织坚持将"一线、一流、青年"作为发展党员工作的重点,积极支持和指导共青团组织开展"推优"工作,把党建责任延伸到团组织,进一步扩大了党组织选拔入党对象的覆盖面,使"推优"工作逐步成为党组织发展青年党员的主要渠道,共青团员逐步成为党组织发展青年党员的主要来源。集团党委按照《中共中央组织部关于逐步建立积极分子入党前短期集中培训制度的通知》的精神,坚持每年举办脱产的"入党积极分子培训班",对准备发展入党的积极分子进行专题培训。

表 11-1-5　2006—2010年光明食品集团党员发展情况表　　　　　　　　（单位:人）

年　份	总　数	女	少数民族	35岁及以下	36～59岁
2006	209	92	1	103	106
2007	237	81	0	109	128
2008	161	73	1	69	92
2009	182	80	2	90	92
2010	173	69	2	80	93

【党员主题活动】

2006年,光明食品集团党委下发《关于以"学习党章、遵守党章、贯彻党章、维护党章"为主题过一次专题组织生活会的通知》,各基层党委通过下发文件、召开会议等,落实主题教育活动。各级党组织相继组织党员重温党章,学习党章知识竞赛等活动,并结合开展社会主义荣辱观教育、创建"四好"领导班子、迎接建党85周年、"两优一先"和党员示范岗评选等活动。通过组织党员观看《党员之窗》专辑录像、撰写先进性教育活动"再次回头看"小结、制订和填写党员手册、开设《党旗飘飘》网页等多种学习方式,收到较好的学习效果。

2007年,中共十七大闭幕后,集团党委切实抓好党员学习,集团下属各单位党委按照集团党委的要求和部署,结合本单位的工作实际,加强对学习宣传贯彻落实十七大精神工作的领导,集团系统705个基层党组织、1万余名党员积极投入学习宣传活动,掀起学习贯彻十七大精神的热潮。

2008年,光明食品集团党委组织部根据中组部《关于做好部分党员交纳"特殊党费"用于支援抗震救灾工作的通知》精神,向集团系统全体党员发出"众志成城、奉献爱心"交纳一份"特殊党费"的号召,鼓励党员通过交纳"特殊党费"的方式支援地震灾区。集团系统8 950名党员共交纳特殊党费216.9万元,其中交纳"特殊党费"超过1 000元的党员有792名,占交纳"特殊党费"党员总数的8.85%。

2009年,集团党委组织广大党员和干部学习市委书记俞正声在全市党员干部主题教育讲座中所作的首场报告,举行光明食品集团纪念中国共产党建党88周年暨益民食品一厂历史展示馆开馆仪式,集团和所属党组织的书记或行政主要领导干部以"自觉加强党性修养,争取良好的工作绩效"为主题,为党员上一堂生动务实的党课,在全体党员中组织开展"重温入党誓词"活动。

2010年3—12月,光明食品集团党委开展"我是党员我带头,我是党员我奉献——奉献世博、深化党建"主题活动。当年3月集团党委下发《关于开展"我是党员我带头,我是党员我奉献——奉献世博、深化党建"主题活动的通知》。基层党组织围绕企业中心工作,结合集团开展的"绿色盛会一起来"主题活动,以"迎世博,做攻坚克难的引领者,做建功立业的示范者,做文明先锋的先行者"为主题,组织党员过专题组织生活;响应市国资委系统党建标杆——"红旗党组织"的倡议,结合全市开展的"世博先锋行动",组织党员积极参加网上签名承诺活动;开展奉献世博"金点子"活动,组织党员为成功办世博贡献智慧和力量;开展志愿者活动,由各直属单位党组织以各种形式组织党员走进社区,服务社会,服务世博;在迎世博、办世博期间,全体党员积极投身"岗位行动、家园行动、志愿行动",涌现了一批先进基层党组织和优秀党员。

【2008年上海市国资委党委系统优秀共产党员】

崔伟忠　上海冠生园食品有限公司
张红根　上海梅林正广和(绵阳)有限公司
刘显永　上海冠生园益民食品有限公司
翁跃庭　东方先导糖酒有限公司
王一鹤　上海浦东金环医疗用品有限公司
汪德华　成都心族宾馆
蔡泽中　上海市东海老年护理医院
龚广予　光明乳业股份有限公司技术中心
刘德宽　光明乳业股份有限公司华中地区部
王雪松　上海好德便利有限公司
沈云龙　上海农工商建设发展有限公司
朱彩玉　上海市新海地区社区跃进办事处
张永兴　上海市东平地区社区市容环境卫生管理所

【2008年上海市国资委党委系统优秀党务工作者】

杨春花　长江总公司
周仲庆　上海爱森肉食品有限公司

【2008年上海市"两新"组织优秀共产党员】

金和平　大金空调上海有限公司

【2008年光明食品集团优秀共产党员】

益民集团:王业华　李玉伟　李俊华　赵玉坚　陈晓敏　虞晓芳　黄祖康　王建国
　　　　　任　俊　龚　屹　夏海英　徐文华　陈难生　吴晓红　王维平　华嘉为
　　　　　张　琦　顾俞龙　周　冲　张　斌　陆庆成　周　赜
烟糖集团:陈洪卿　张　辉　袁钢华　王　进　祝　勇　孙燕敏　袁万敏
跃进有限公司:王宴敏　郝立伟
长江总公司:孙永斌　朱伟东　宋国兴　薛　龙　朱金海

五四公司：汤 暐 徐福阁 范德建 顾巧英 钱掌华
东海总公司：王友佳 姚 红
海丰总公司：徐建勇 周理斌 刘 兰
光明乳业股份有限公司：丁复昌 胡强安 吴永林 朱珍宝 周志强
农房集团：郑建国 单政刚 吴英姿
农工商超市：王良伟 刘明远
海博股份：储 今 韩佩康 陈世荣 施启培 朱秀官 陆士斌 刘 涛 徐桂根 徐连俊
都市农商社：张国强
星联公司：冯坚平 李剑峰
投资公司：叶小明 郁 谦 陆昌贵 庄忠明 厉庆强
新海社区：张忠振 黄益章 蔡岳萍
东平社区：叶建国 施 菊 董世清 施彩兰
党校(电大)：袁 引
集团总部：李相忠 全海桥

【2008年光明食品集团优秀党务工作者】
益民集团：季作林 邱建生 陈德仁 严建星 杨志英 屠恒平 傅翌峰 王心宇 杨大谷
烟糖集团：汪向荣 王伟君 何金木 陈凤蔚
跃进有限公司：李建中
长江总公司：尹林根 周新飞 俞建湘
五四公司：游一平 汪晓凤 杨 莲
东海总公司：闵才弟
海丰总公司：张稳高 朱春梅
光明乳业：王 香 谭顺英 徐成勇
农房集团：王宗华
海博股份：谢小林 刘智伟 苏建民 李 敏
都市农商社：高忠民
星联公司：丁 铮
投资公司：王彬礼 丁伟达
新海社区：倪龙章 王维嫣
东平社区：周清涛 沈莉萍 薛 忠

光明食品集团各级党组织重视巩固先进性教育活动的成果，严格履行中央提出的党组织在流动党员管理工作中的主要责任，针对不同岗位党员的情况，探索分类管理的有效办法。对在岗的党员，注重在思想观念、行为准则、制度建设方面加强教育和管理；对企业改制重组、收缩消肿、企业关闭过程中的下岗党员、协保党员和流动党员，注重理顺关系，有针对性地做好教育和管理工作；对在域外工作的党员、外来务工党员，注重加强联系和沟通，教育他们积极发挥党员的带头作用。

【党的组织建设】
光明食品集团党组织设置坚持基层党组织与行政组织"三个一同"：一是党组织设置与行政组

织设立一同筹划,经济组织发展到哪里,党组织就设置在那里,保证党的工作在各基层单位正常开展;二是党建工作与经济工作一同进行,做到同计划、同部署、同检查、同考核;三是坚持党政交叉兼职,一同承担责任,建立和完善有利于党组织参与重大问题决策的领导体制和机制,把党组织的政治核心作用与企业法人治理结构的功能有机结合起来。

表11-1-6　2006—2010年光明食品集团党组织基本情况表　　（单位:个）

年份	党委	党总支部	党支部	企业单位	事业单位	机关	合计
2006	47	69	580	685	9	2	696
2007	44	68	571	666	15	2	683
2008	41	51	481	555	16	2	573
2009	41	51	460	536	14	2	552
2010	41	50	466	454	10	2	557

表11-1-7　2006—2010年光明食品集团党组织换届情况表　　（单位:个）

年份	本年换届期满	本年换届	其中党委	党总支	党支部
2006	19	19	2	5	12
2007	69	63	2	4	57
2008	128	121	4	12	105
2009	243	226	5	17	204
2010	199	186	8	19	159

2008年,在纪念中国共产党成立87周年之际,上海冠生园蜂制品有限公司党支部等41个党组织被评为"光明食品集团先进党组织",同时对获上海市国资委党委命名的先进党组织进行表彰。

【2008年上海市国资委党委系统先进党组织】
海丰总公司党委
上海光明荷斯坦牧业有限公司党总支
上海梅林美达食品有限公司党支部
上海冠生园华光酿酒药业有限公司车间联合党支部
上海宏盾防伪材料有限公司党支部
上海海博出租汽车有限公司第七分公司党支部
上海市浦东星火开发区排水管理中心党支部

【2008年光明食品集团先进党组织】
益民集团:上海冠生园食品有限公司党委、上海冠生园蜂制品有限公司党支部、上海正广和饮用水有限公司第三党支部、上海正广和网上购物有限公司本部党支部、大金空调(上海)有限公司党

总支、上海五丰畜禽食品有限公司党支部、上海轻工物业管理有限公司党支部、上海轻工业研究所有限公司第二党支部

烟糖集团：上海石库门贸易有限公司党支部、东方先导糖酒有限公司科室党支部

跃进有限公司：上海跃进农业管理总站党总支

长江总公司：上海万事发实业总公司党总支、上海德科电子仪表有限公司党总支、长江总公司人员管理中心第三党支部

五四公司：五四公司总部党支部、上海世纪森林开发有限公司党支部、上海滨海古园党支部

东海总公司：上海申光高强度螺栓有限公司党支部、上海鲜花港企业发展有限公司党支部

海丰总公司：海丰总公司种植事业部农机管理总站党支部、海丰总公司养殖分公司党支部

光明乳业：光明乳业股份有限公司乳品二厂党支部、光明乳业股份有限公司技术中心党支部

农房集团：农工商房地产(集团)股份有限公司第一党支部、上海城乡建筑设计院有限公司党总支

农工商超市：农工商超市(集团)有限公司商品事业部党支部、上海好德便利有限公司总部党支部

海博股份：上海海博汽车租赁有限公司党支部、上海思乐得不锈钢制品有限公司党支部

都市农商社：上海都市营销管理有限公司党支部

投资公司：上海爱森肉食品有限公司党总支、上海市农工商投资公司人员管理中心党总支、上海中鑫物业管理有限公司党支部

新海社区：上海市新海地区社区跃进居民区党支部、上海市新海学校党支部

东平社区：上海市东平地区社区东风新村居民区党总支、上海市长江小学党支部、上海市东平地区社区市容环境卫生管理所党支部

中国农垦：上海中垦进出口公司党支部

集团总部：光明食品(集团)有限公司办公室信访办联合党支部、光明食品(集团)有限公司资产经营部党支部

【党组织参与企业重大问题决策】

2006年，光明食品集团党委先后出台《光明食品集团基层党委书记工作例会制度》《光明食品集团书记办公会制度》等，从制度上为党组织参与企业重大问题决策提供了保证。

2007年5月，光明食品集团党委制定《关于国有和国有控股企业党组织发挥政治核心作用、参与企业重大问题决策的制度》(简称《决策制度》)，明确党组织参与重大问题决策必须坚持的原则：坚持依章、依法参与；坚持议大事、谋全局、把方向；坚持民主集中制；坚持从实际出发；坚持国家、股东、职工利益相统一；坚持参与而不干预。《决策制度》对党组织参与企业重大问题决策的内容、参与方式、参与程序、监督检查、组织管理、机构设置、经费支持等作了明确规定。

2008年12月，光明食品集团党委制定《光明食品集团党委会议事规则》(简称《议事规则》)，明确规定党委议事范围为：传达贯彻落实中央、市委和市国资委党委的重要文件、指示决定和重要会议精神；审议发展战略、生产经营方针以及中长期发展规划、投资融资规划、财务预决算和重大项目的审计方案；审议重要改革方案、重大资产重组和资本运作、利益分配方案、企业内部管理机构的设置调整、重要管理制度的制定修改、涉及职工切身利益的重大问题；按照干部管理权限和规定程序，对干部的培养、选拔、调动、任免和奖惩，对重要人事的任免以及需报请上级有关部门审批的人事事

项作出决定或提出建议;研究决定集团党的建设、党建制度、年度工作要点和党建工作主要活动安排,定期分析党组织和党员队伍状况,研究企业精神文明、政治文明、和谐社会建设以及企业文化建设等重大问题;研究落实市委、市国资委党委临时交办的重要事项,讨论集团党委向市委、市国资委党委报告的重要事项;听取上级纪委关于纪检方面的会议精神及要求,研究违纪党员处理意见并报上级纪委审批;定期听取工会、共青团的工作汇报,讨论研究群团组织的重大问题,研究部署老干部工作;讨论推荐、确定集团级以上表彰的先进单位、先进人物,以及党代会代表、人代会代表等人选;需要党委会研究决定的其他重要问题。《议事规则》还对议题确定、议事方法和议事纪律等作出规定。

【党支部建设示范点】

2007年,光明食品集团党委积极开展党支部建设示范点活动并取得成效,在纪念中国共产党成立86周年之际,命名上海石库门贸易有限公司党支部等28个党支部为党支部建设示范点,其中有2个单位党支部被上海市国资委党委评为党支部建设示范点。

2007年光明食品集团党支部建设示范点:上海石库门贸易有限公司党支部、上海梅林美达食品有限公司党支部、上海冠生园华光酿酒药业有限公司车间联合党支部、上海宏盾防伪材料有限公司党支部、上海瑞华实业公司党支部、上海东旺塑料制品厂党支部、上海农工商集团长江总公司人员管理中心第三党支部、上海浦东金环医疗用品有限公司党支部、上海五四助剂总厂党支部、上海鲜花港企业发展有限公司党支部、上海申光高强度螺栓有限公司党支部、上海农工商集团海丰总公司养殖分公司党支部、上海农工商集团海丰总公司农机管理总站党支部、光明乳业股份有限公司技术中心党支部、上海光明荷斯坦牧业有限公司总部党支部、上海明旺房地产有限公司党支部、上海城乡建筑设计院有限公司浦西院党支部、上海好德便利有限公司总部党支部、上海海博出租汽车有限公司第七分公司党支部、上海思乐得不锈钢制品有限公司党支部、上海星辉蔬菜有限公司党支部、上海市浦东星火开发区排水管理中心党支部、上海星火中法供水有限公司党支部、上海市农工商投资公司人员管理中心民鑫党支部、上海新泰杰金属制品有限公司党支部、上海新海地区社区跃进居民委员会党支部、上海东平地区社区东风新村居民区党支部、上海市长江小学党支部。

2008年,光明食品集团党委召开党支部建设示范点座谈会,交流党支部建设示范点的工作经验,形成东旺塑料制品厂党支部等一批示范点创建工作经验,进一步推进集团党支部示范基地命名、基层党建创新和"两优一先"评比工作。

2009年,光明食品集团党委组织开展"坚持科学发展,推进'四个确保',争创党建标杆"实践活动,推进党支部建设示范点建设。集团各级党组织发挥政治优势、组织优势和密切联系群众的优势,努力营造上下一心谋发展、和衷共济渡难关的浓厚氛围,推进光明食品集团平稳较快地发展。集团党委树立了20个集团层面"党建标杆"单位。

【党支部"公推直选"】

2008年,光明食品集团党委按照中共十七大关于积极推进党内民主建设的有关精神和市委组织部《关于开展基层党组织领导班子成员"公推直选"试点工作的实施意见》的要求,以换届选举为契机,在上海城乡建筑设计院有限公司党总支、上海东旺塑料制品厂党支部、上海鲜花港企业发展有限公司党支部等38家基层党组织中开展了"公推直选"试点工作,占当年应换届基层党组织总数的31.4%,在扩大党内民主、保障和实现党员民主权利方面进行了积极的实践和探索。

"公推直选"中的"公推"主要是采取组织推荐、党员推荐、群众推荐和个人自荐相结合的方法，公开推荐基层党组织的委员、书记和副书记候选人。按照"直选"要求，基层党组织通过党员大会直接选举基层党组织的委员、书记和副书记。集团党委在开展"公推直选"工作前，对各子公司组织部门负责人进行专题培训，各子公司党委成立工作小组，制订"公推直选"工作方案，认真分析各单位党建工作、党员队伍和干部队伍的现状，选择党群、干群关系和谐，党组织战斗力强，在群众中有威信的党组织作为试点单位。

2009年上半年，集团继续深化基层党组织"公推直选"试点工作，在形式、内容、方法上积极探索，确立了力争50%的基层党组织采用"公推直选"进行换届选举的目标。"公推直选"作为发展基层民主的大胆探索和有益尝试，体现了基层民主政治发展的根本要求和政治取向，受到了广大党员群众的好评和欢迎。

【完善和健全先进性教育长效机制】

2007年2月，光明食品集团党委为推进中央先进性教育四个长效机制文件的落实，对部分子公司和重点企业开展调研。2007年5月，集团党委开展贯彻落实中央先进性教育四个长效机制文件精神专项检查。在调研和检查的基础上，集团党委于2007年7月制定下发《关于进一步落实先进性教育长效机制工作机制的意见》(简称《意见》)。《意见》提出，在加强基层党支部建设上，坚持基层党组织与企业行政组织的设立共同筹划；党支部委员会要严格按照党章的规定，每两年进行一次换届选举；增加对基层党支部建设的资源投入，整合人、财、物等基层党建工作资源，统筹党支部活动经费；培育基层党支部建设的先进典型，把"党支部建设示范点"成为推动基层党建工作和党支部建设的重要载体；研究和加强域外党支部建设，在领导体制、隶属关系、资源共享等方面有所创新和突破，取得实际效果；注重发挥党员队伍的作用，企业发展整合等重大举措要让党员先知道、先讨论、先行动。《意见》对加强党员经常性学习教育制度建设、建立和健全"双结对"长效机制、加强对流动党员和离岗党员的教育管理、切实落实党建工作责任制等长效机制提出了明确要求。

2009年，按照市委、市国资委党委的部署要求，光明食品集团党委进一步巩固和扩大先进性教育成果，把贯彻落实中央四个保持共产党员先进性长效机制文件同解决基层党组织和党员队伍中存在的突出问题结合起来，认真抓好党员经常性教育，创新学习教育活动方式，通过开展党课教育、党员轮训、党员示范岗、党员网络教育培训等多种形式，不断拓展党员教育培训和党员自主学习的途径。"党员先锋工程""党员承诺目标管理""党员责任区""党员先锋岗""党员示范窗口""党员技能比武"等一系列主题实践活动为党员发挥先锋模范作用搭建了平台。基层党组织严格按照党章要求开展"三会一课"活动，基层党支部"三会一课"正常率达到97.3%，领导干部中心组学习出席率达到98.6%。

在贯彻落实中央四个长效机制文件精神过程中，集团各级党组织积极开展"三服务"活动，即上级党组织为基层党组织服务、基层党组织为党员服务、党的各级组织和党员为职工群众服务。各子公司党组织把先进性教育活动中开展的"双结对"活动常态化，制定《关于建立帮困送温暖长效机制的实施意见》《关于帮困救助实施全覆盖工作制度》《关于建立健全党支部结对帮困工作的制度》等，帮扶结对工作做到"管理网络化、联系经常化、落实制度化"。

根据市委关于建设社会主义新农村的要求，集团党委不断拓展"双结对"工作的外延，企业依托经营业绩较好、党建工作基础扎实等优势，实现村企共建共育、共同发展，帮助经济较薄弱的乡村迅速走上共同致富和共同发展之路。

表 11-1-8　2010年光明食品集团党委所属党组织与镇村结对情况表

结对单位名称	结对区(县)、乡镇、村	签约日期	原结对	新结对	困难村	一般村
上海市瑞华实业公司党支部	崇明县绿华镇绿港村	6月22日		√	√	
上海万事发实业总公司党总支	崇明县港沿镇惠军村	7月22日	√		√	
五四公司党委	奉贤区奉城镇分水墩村	8月27日	√		√	
农房集团党委	金山区亭林镇亭东村	7月1日		√		√
海博股份党委	浦东新区曹路镇新星星火村	7月16日	√		√	

【创建"四好"领导班子】

2007年,集团党委以创建"四好"领导班子为抓手,对集团所属子公司和单位的领导班子和领导干部的政治素质、履职能力、作风形象等进行民主测评,同时对后备干部人选进行民主推荐。下属子公司和单位领导班子撰写工作总结和个人述职报告,在述职的同时进行述学和述廉,自我剖析存在的问题,提出切实可行的整改措施,进一步推动企业"政治素质好、经营业绩好、团结协作好、作风形象好"的"四好"领导班子创建工作。集团成立6个考核组对所属18家单位的领导班子和121名领导干部进行考核,考核结果向班子和个人进行反馈。

2008年,光明食品集团党委对创建"四好"领导班子的指导思想、目标任务、方法步骤等提出了新的要求。集团所属子公司党委通过认真研究分析,对创建工作的原则、目标和阶段任务加以具体化,用定性综合评价与定量指标考核相结合的方式,推进创建活动深入进行。

【"万名书记进党校"培训】

2006年,根据国资委党委《关于开展"万名书记进党校"培训工作的意见》,光明食品集团党委对基层企业党组织书记开展培训,全年共举办了三期培训班。培训班将《中共上海市委办公厅转发〈市委组织部、市国资委党委关于加强和改进国有及国有控股企业党建工作的意见〉的通知》作为培训的重要内容,就《基层党建面临的新形势与新任务》《关于加强和改进国企党建工作的意见》等内容进行讲课辅导。培训班运用专题讲座、辅导报告、案例分析、情景模拟、讨论交流、参观学习等形式,营造形象、直观、互动的教学氛围,激发学员积极思考的内在动力,提高解决问题的能力和实际工作水平。学员学完规定内容并经考试合格,颁发由市国资委党委统一制作的岗位培训证书。

2009年,按照市国资委党委关于开展新一轮"万名书记进党校"培训工作的意见和实施梯度化培训的总体要求,集团组织部和党校采取梯度化培训方式,分别采用特色班、提高班和新任书记班三种模式开展基层党组织书记业务培训。47名来自集团系统内的国资委先进基层党组织、集团及子公司党建示范基地和先进基层党支部的书记参加培训。基层党组织书记特色培训班以"对标一流"和创建标杆党支部为要求,以切实完成"保增长、保民生、保稳定、保世博"为目标,通过上下联动、案例研讨、经验交流、团队活动、小组讨论、案例撰写、"走出去、请进来"的培训方式,对基层党支部书记进行培训。培训班以学员撰写"党支部工作案例"为依据,颁发结业证书,47位学员取得了新一轮"万名书记进党校"结业证书。

【党建创新课题】

光明食品集团所属基层党委积极申报党建创新项目,其内容围绕集团党委的工作重点,结合基层组织建设的实际,涵盖了"四好"班子建设、党员目标管理、先进性长效机制建设、"三重一大"制度落实、"领导干部素质工程"建设等各个方面,课题覆盖面广,直接针对当前最迫切需要解决的理论和实践问题。

表 11-1-9 2006 年光明食品集团党建创新成果贡献奖(金奖)情况表

课 题 名 称	单 位
开展"党员先进性目标管理"的实践与探索	跃进有限公司党委
更新思维方式,创新工作方法,在加强机制建设中提高工会工作的实效性	长江总公司党委
在"结对共建"中探索实现企业党组织资源效用最大化	五四公司党委
加强重大工程项目的监管,确保"双优"工程	东海总公司党委
海丰总公司创建企业"四好"领导班子探索	海丰总公司党委
推进人才队伍建设创新,增强人才工作的系统性、针对性和实效性	光明乳业技术中心党支部
推进人才队伍建设,增强人才工作的系统性、针对性和突破性	农房集团党委
整合资源,构建体系,推动青年志愿服务的和谐发展	农工商超市集团党委
以"全覆盖"为抓手,构建社会主义和谐企业	海博股份党委
增强党组织服务党员、服务群众的功能,东平社区着力推进"五好"党组织建设	东平社区党工委

表 11-1-10 2006 年光明食品集团党建创新成果创新奖(银奖)情况表

课 题 名 称	单 位
建设企业"四好"领导班子的实践与思考	长江总公司党委
在创新工作载体中不断增强党组织服务党员与群众的功能	五四公司党委
逐步推进党务公开机制,探索党务公开实践的方式和途径	
建立有效监督机制,落实权力监督制约	
在建立"两个长效机制"中探索提高党组织的创新能力	
围绕中心、突出重点,扎实推进"四好"班子创建工作	东海总公司党委
创新基层党建,构建和谐海丰	海丰总公司党委
宣传唱响经济发展主旋律——浅谈海丰宣传工作围绕经济、服务经济的做法	
如何在企业中建立健全职工利益的表达机制、维护机制、协调机制	
创党员文明岗,树物业新形象	旺都物业党支部
坚持培训、培养、引进并举,大力加强人才高地建设	都市农商社党委
实施党员责任区初探	星联公司党委
以主题活动为载体,创建爱森文化	爱森党总支
建立健全社区大党建全覆盖的实践与思考	新海社区党工委
切实建立帮困全覆盖工作机制,为打造"平安、诚信、和谐社区"而努力	东平社区党工委
以创"三高"为抓手,不断提升学校党组织的战斗力	党校党总支

表 11-1-11 2006年光明食品集团党建创新成果探索奖(铜奖)情况表

课 题 名 称	单 位
创新党组织工作载体和活动方式,增强党组织服务党员、服务群众的功能	跃进有限公司党委
对投资建设项目实施加强监控的探索与实践	长江总公司党委
在企业经济发展中发挥党员示范岗作用	东旺塑料制品厂党支部
探索党代表常任制和职代会制度有效结合的途径	五四公司党委
关于创建"四好"班子的实践与思考	世纪森林党支部
探索党建带团建,抓好团建促经济	东海总公司党委
新时期海丰党员领导干部党风廉政教育针对性、有效性的探索	海丰总公司党委
上海域外示范型社区创"五好"党组织的探索	
以凝聚力为核心,增强基层团组织活力的实践探索	
企业领导人业绩考核及分配的实践和思考	光明乳业党委
积极探索党的核心作用,以推进完善法人治理结构运作的新途径	明旺房地产党支部
解决实际困难,构建和谐企业	农工商超市集团党委
建设企业"四好"领导班子的探索与实践	海博股份党委
建设企业"四好"领导班子的理论和实践研究	达华药业公司党支部
星联公司党委实行党员代表常任制的探索与思考	星联公司党委
围绕主业目标,创建提升品牌,强化企业的软环境建设	投资公司党委
学习培训从实际出发、结合实际、应用于实际	国际贸易有限公司党支部
建设社区"五好"党组织的理论和实践研究	新海地区社区党工委
以服务群众为重点,以群众满意为准则,努力创建居民区党组织工作的新思路	
不断夯实基层政权的基石,发挥居委会在建设和谐社会中的作用	东平地区社区党工委

跃进有限公司党委、五四公司党委、海丰总公司党委、上海农工商房地产(集团)有限公司党委、上海海博股份有限公司党委、上海市东平地区社区党工委获2006年度光明食品集团基层党建创新工作优秀组织奖。

表 11-1-12 2007年光明食品集团党建创新成果贡献奖(金奖)情况表

课 题 名 称	单 位
注重党建特色,构建和谐益民	益民集团党委
领导班子中心组案例学习研讨模式的探索和实践	烟糖集团党委
"党员目标管理"中建立测评指标体系的实践与思考	跃进有限公司党委
整合资源,凝聚众力,企业维护农民工合法权益的实践与探索	长江总公司党委

〔续表〕

课 题 名 称	单 位
把党员培养成为最优质的人力资源	五四公司党委
使党组织成为离岗党员依靠的家	东海总公司党委
新形势下党建创新工作的探索和研究	海丰总公司党委
党组织进入企业管理体系的理论和实践研究	农房集团党委
如何突破人才培养使用发展的瓶颈	农工商超市党委
康桥基地党建工作联建活动的探索与实践	海博股份党委
加强企业文化建设,促进公司持续发展	星联公司党委
创建"四好"领导班子是"爱森"实现再发展、再创业的保障	投资公司党委
办实事,保平安,得民心,为构建和谐社区提供坚实保障	东平社区党工委
着力"四个创新",开创集团干部培训新局面	党校党总支

表 11-1-13 2007 年光明食品集团党建创新成果创新奖(银奖)情况表

课 题 名 称	单 位
多种模式培养后备干部人才工作的探索与实践	益民集团党委
党员挂牌上岗实践活动课题研讨	烟糖集团党委
开展领导干部素质工程建设,着力提升干部队伍整体水平	跃进有限公司党委
SDE 企业文化的探索和实践	长江总公司党委
构建党员责任网络,共创稳定和谐局面	长江总公司党委
抓制度建设,促招商引资,保干部廉洁	长江总公司党委
建立"协商沟通"机制,发挥党组织在企业发展中的作用	五四公司党委
增强"互补效能"提高企业核心竞争力	五四公司党委
加强"三重一大"制度建设,促进"四好"班子创建活动	五四公司党委
积极推行厂务公开,加强企业民主管理	东海总公司党委
干部考察工作的制度建设和实践探索	海丰总公司党委
融合中的聚合效应——浅谈精神文明和企业文化建设有机结合	海丰总公司党委
多元投资经济主体的廉政建设工作的探索	海丰总公司党委
春芽计划——人才培养探索	光明乳业党委
以租赁论坛为载体,推进党建工作的新实践	投资公司党委
建立健全党建全覆盖和帮困全覆盖工作机制	新海社区党工委
党的先进性建设长效机制规范化的研究探索	新海社区党工委
实行分类管理,确保居民区党组织活动健康开展	东平社区党工委

表 11-1-14　2007 年光明食品集团党建创新成果探索奖(铜奖)情况表

课　题　名　称	单　位
化解矛盾机制的探索与实践	跃进有限公司党委
以建设和谐企业为着力点,初探工会在构建和谐社会中的作用	
以企业文化的推动力提升企业的发展力	长江总公司党委
发挥共产党员先进性,推进创新项目出成效	
充分发挥宣传阵地作用,使企业党的建设和经济建设相得益彰	
发展壮大入党积极分子队伍的新实践	五四公司党委
在企业动拆迁工作中积极发挥行政监察作用	东海总公司党委
上海鲜花港在品牌传播上的成功应用策略	
农业科技人才培养工作存在的问题及其对策研究	海丰总公司党委
新形势下党建带团建工作新机制的探索	
人才后备建设与牧业企业发展的密切联系	光明乳业党委
领军人才队伍、紧缺人才队伍、后备人才队伍的建设的理论和实践探究	
凝聚人心,推动经济,服务品牌——"宣传工作如何服务经济服务品牌"初探	农房集团党委
多种体制企业党员队伍建设和共产党员先进性作用的彰显	海博股份党委
以"都市沙龙"为平台,创新活动载体,推进学习型企业建设	都市农商社党委
用好机制及政策资源培育高技能素质队伍	星联公司党委
用真心、真情、真诚塑造中鑫品牌	投资公司党委
建设"四好"领导班子,推进新泰杰公司管理上新台阶	
加强办事处党组织制度建设的探索	新海社区党工委
巩固健康社区建设成果,提高居民生活质量	东平社区党工委

长江总公司党委、海丰总公司党委、上海市东平地区社区党工委获 2007 年度光明食品集团基层党建创新工作优秀组织奖。

表 11-1-15　2008 年光明食品集团党建创新成果贡献奖(金奖)情况表

课　题　名　称	单　位
扩大党内民主权利,完善党内民主建设	益民集团党委
创建基层党建抓手,推进支部达标创优	烟糖集团党委
"人本"文化创新群众工作的实践与探索	跃进有限公司党委
实行"四位一体"管理模式,加强后备干部队伍建设	长江总公司党委
落实"三重一大"制度,强化权力监督制约	五四公司党委
民主、公开选聘干部的实践与思考	东海总公司党委

〔续表〕

课 题 名 称	单 位
党建带给企业"精、气、神"	光明乳业党委
为党员过"政治生日",提醒党员牢记誓言	海博股份党委
细化三支队伍建设目标,确保爱森二次创业顺利实施	投资公司党委
以创新精神探索中青年干部培训的高效模式	党校党总支

表11-1-16　2008年光明食品集团党建创新成果创新奖(银奖)情况表

课 题 名 称	单 位
探索外聘党员管理新思路	益民集团党委
干部队伍的五项机制创新	烟糖集团党委
"四好"班子示范点创建工作的实践	跃进有限公司党委
企业工会组织在构建"和谐企业"中必须有所作为	跃进有限公司党委
探索党内民主建设,激发基层党建活力,发扬党内民主,以党内和谐,促企业和谐	长江总公司党委
以"三讲一作"为实践载体,推进开园项目科学管理	五四公司党委
扩大党内民主,保障和实现党员民主权利	东海总公司党委
打造高绩效团队的探索与实践	海丰总公司党委
农业科技人才培养模式的实践与思考	海丰总公司党委
我们都有一个家	光明乳业党委
加强人才队伍建设,促进企业经济发展	农房集团党委
加强域外党员管理,探索加强企业党建工作的新方法	农工商超市集团党委
建立新机制,探索新路子,大力加强后备干部队伍建设	海博股份党委
以厂务公开工作为抓手,促进企业和谐发展	都市农商社党委
开展党员责任区活动三年来的探索	星联公司党委

表11-1-17　2008年光明食品集团党建创新成果探索奖(铜奖)情况表

课 题 名 称	单 位
用亲情和责任全力做好老干部工作	益民集团党委
结对共建,共创辉煌	烟糖集团党委
在公司管理体制转变过程中的党建工作探索	长江总公司党委
抓中层干部素质提升,促企业管理再上台阶	长江总公司党委
创建党支部管理新模式,提升基层党建管理水平	五四公司党委
以科学发展观为指导创建学习型组织的行动研究	东海总公司党委
科技人才是花卉产业自主创新资本	东海总公司党委

〔续表〕

课　题　名　称	单　位
党管干部与企业绩效管理有机结合的探索与实践	海丰总公司党委
推进工资协商，构建和谐海丰	
完善培训体系，创新培训模式	光明乳业党委
企业文化建设如何与企业党建工作相互融通	农房集团党委
推进"双结对"工作，增强党组织凝聚力	海博股份党委
在企业提升与发展中发挥店长的核心作用	投资公司党委
创建农场型和谐社区的实践与探索	东平社区党工委
居民区党建品牌（特色）工作的创新和思考	新海社区党工委

烟糖集团党委、长江总公司党委、海博股份党委获2008年度光明食品集团基层党建创新工作优秀组织奖。

表11-1-18　2009年光明食品集团党建创新成果贡献奖（金奖）情况表

课　题　名　称	单　位
用优化服务为世博添彩	益民集团党委
企业文化成为酒业整合融合的助推器	烟糖集团党委
坚持科学发展，创新完善合理化建议长效工作机制	
建立"党员实践基地"的探索与思考	跃进有限公司党委
构建"五型党建"体系　共克金融危机影响	长江总公司党委
机制建设是纪检监察融入国企经营管理的着力点	五四公司党委
丰富企业党建工作内涵　创建劳动关系和谐企业 ——关于促进企业劳动关系和谐的实践与思考	东海总公司党委
找准党员故事与企业文化的"交集"	海丰总公司党委
创新人才培养模式"火箭计划"初见成效	光明乳业党委
新时期党课教育模式的探索与实践	海博股份党委
建设党员先锋工程，带头推进业务转型	农投公司党委
创新培训模式，加快集团人才队伍建设	光明党校党委

表11-1-19　2009年光明食品集团党建创新成果创新奖（银奖）情况表

课　题　名　称	单　位
以人为本抓党建　凝聚众力促发展 ——益民集团党委在特殊时期开展特殊党建	益民集团党委
提升"六个力"以党建促经济 ——合资企业党建工作初探	

〔续表〕

课 题 名 称	单 位
加快人才培育探索 夯实零售发展基础	烟糖集团党委
创新人才队伍建设"带教制"培育方法	
健全离岗党员长效管理沟通机制的探索	跃进有限公司党委
提升控股企业干部素质 服务企业战略发展	长江总公司党委
提升干部能力 推进企业转型 ——长江总公司加强中层干部队伍建设的实践与思考	
五四有限公司加强董事会建设的实践与思考	五四公司党委
发挥党建工作优势 推动企业科学发展 ——党组织在推动企业科学发展中发挥积极作用的实践探索	东海总公司党委
加强人才队伍建设的探索和实践	海丰总公司党委
探索集体协商平衡点,建设和谐企业新格局	光明乳业党委
团的基层组织建设现状和对策研究	农房集团党委
党员作用在体制创新中的彰显	海博股份党委
提升党建主题活动的实践与思考	星火开发区党委
充分发挥党员先锋模范作用,积极应对金融危机	农工商超市集团党委
构建"五位一体"的学习型组织 ——光明食品集团中青年干部培训的实践	光明党校党总支

表11－1－20 2009年光明食品集团党建创新成果探索奖(铜奖)情况表

课 题 名 称	单 位
着力青年人才培养 促进企业持续发展	益民集团党委
发挥党组织优势,构建食品安全管理防火墙	
深化结对、转"危"为"机"、稳定发展	烟糖集团党委
强化企业党风廉政建设与效能监察的有效结合	跃进有限公司党委
突破瓶颈加强人才引进培养使用工作的实践	
提高党员科技团队贡献度 服务长江农业发展现代化	长江总公司党委
学习实践科学发展观,实现公园对外开放目标	五四公司党委
科学发展观指导下的古园人才队伍建设研究	
科技创新 创出勃勃生机 ——上海鲜花港职工经济技术创新展示新成果	东海总公司党委
凝聚合力 共克时艰 ——全球金融危机背景下发挥职工主力军作用的实践与思考	
激活企业特色党建,促进企业科学发展	光明乳业党委

〔续表〕

课 题 名 称	单 位
发挥组工干部表率作用　推进和谐社会建设	农房集团党委
构建和谐劳动关系　保持企业经济可持续发展	
面对危机抓好党建　提高党组织政治核心作用	海博股份党委
以能力建设为核心　推进后备干部培养	
如何切实提高管理人员的整体素质,增强对开发区及公司经济运行的把握和统筹	星火开发区党委
共青团组织参与星联公司青年人力资源开发的机制研究	
以科学发展观为载体,关注民生,进一步加大对离岗职工帮困救助力度,促进企业和谐平稳发展	农投公司党委

烟糖集团党委、益民集团党委、跃进有限公司党委、海丰总公司党委、长江总公司党委获2009年度光明食品集团基层党建创新工作优秀组织奖。

表11-1-21　2010年光明食品集团党建创新成果贡献奖(金奖)情况表

课 题 名 称	单 位
加强新时期企业思研会作用的探索与实践	益民集团党委
探索创建学习型组织的多元化方式	烟糖集团党委
建立长效学习型离岗党员教育管理机制的探索	跃进有限公司党委
依托创先争优活动　深化"五型"党建	长江总公司党委
推进董事会建设,实现管控模式转换	五四公司党委
推进"制度加科技"提升预防腐败效能 ——运用网络信息技术手段加强内部管控的实践	东海总公司党委
"五个坚持"创新国有企业党建新路 ——海丰总公司党委对基层党建工作的探索与实践	海丰总公司党委
持续推进人才工作"火箭计划"助力战略目标实现	光明乳业党委
创新组织生活,提升党组织活力和战斗力	海博股份党委
企业文化建设与物业服务管理的探索	农投公司党委
川东农场转型期干部队伍现状分析及人才建设思考	川东农场党委
创建青年文明楼宇团组织——青春之家	上海农场党委

表11-1-22　2010年光明食品集团党建创新成果创新奖(银奖)情况表

课 题 名 称	单 位
给力思想政治工作,促进发展推进重组	益民集团党委
全方位引进全国人才,多元化培育东方人才	烟糖集团党委

〔续表〕

课 题 名 称	单 位
探索"党支部目标管理",夯实党建工作基础	跃进有限公司党委
以"双管控"机制加强党员先进性建设	长江总公司党委
联系实际、推动实践、注重实干、取得实效,在探索创新中不断提升党委中心组学习的质量	五四公司党委
围绕中心,服务大局,创先争优促发展 ——东海总公司以创先争优活动为载体,扎实推进企业党建工作	东海总公司党委
求真务实抓团建,与时俱进谋发展	海丰总公司党委
以"制度加科技"的创新模式,加强企业党风廉政建设	光明乳业党委
大力开发人才资源,增强企业综合实力	农房集团党委
发挥优势,注重创新,推动企业可持续发展	农工商超市集团党委
以方式创新推动企业党建创新	海博股份党委
"农投发展,我当先锋" ——投资公司创建"党员先锋工程"活动的实践与思考	农投公司党委
党支部在企业文化建设中的作用	川东农场党委
开展学习型党组织建设,着力推进农场转型发展	上海农场党委
转型期的上海农场发挥党管人才的路径探索	
课题导向 分类培训 提升实效	光明党校党委

表 11-1-23 2010年光明食品集团党建创新成果探索奖(铜奖)情况表

课 题 名 称	单 位
敢为人先 奉献世博 ——冠生园集团党委在奉献世博中创先争优	益民集团党委
主动出击为平安,化解危机保稳定	烟糖集团党委
推进特色支部建设,激发基层组织活力	
深化党员实践基地活动 提升基层党建工作水平	跃进有限公司党委
抓好青年后备干部教育培训、挂职轮岗,推进企业人才队伍建设的思考与实践	
以企校联合办学为平台 开创企业人才培养的新途径	长江总公司党委
兑现承诺创先进,立足本职争优秀	五四公司党委
创新人才培养模式,拓宽人才建设渠道 在企业发展构筑人才高地上有新突破	
深化公开添活力 凝聚人心增效益 ——东海总公司深化厂务公开扩大民主管理推进企业快速发展	东海总公司党委
理论创新与基层党建实践	光明乳业党委
坚持制度加科技 共筑反腐新防线	农房集团党委
聚力奉献世博 探索加强团建	

〔续表〕

课 题 名 称	单 位
开展"联建共创"活动的探索与实践	海博股份党委
对人才队伍建设的思考与探索	星火中法供水公司党委
构建学习型企业 促进可持续发展	星火开发区党委
加强人才队伍和提高员工素质目标,打造一支符合奶牛事业发展的基层人才队伍	投资公司党委
党组织在社区网络化管理中的作用	川东农场党委
以制度建设为抓手切实推进西郊国际一级批发市场的建立	西郊国际党委
按建设学习型党组织的要求推进西郊国际农产品批发交易中心建设	

上海农场党委、川东农场党委、海博股份有限公司党委获2010年度光明食品集团基层党建创新工作优秀组织奖。

二、宣传工作

2006年8月,光明食品集团党委制定《光明食品集团党委中心组学习制度》,参加中心组学习的对象为集团党政班子成员、专职董事和监事、集团总部各部室正职负责人以及办公室副主任、思想政治工作部负责宣传工作的副部长等。集团党委书记为党委中心组学习组长,分管党建工作的副书记为副组长。中心组学习会原则上每月一次。每逢单月为集团领导班子中心组学习会,双月为基层党政领导共同参加的党委中心组学习报告会。党委中心组学习会采取自学与集中学相结合的方式。党委中心组学习报告会邀请有关领导、专家学者作专题辅导报告。出席中心组报告会的人员扩大到各子公司党政班子成员和集团部门副职干部。

2007年,光明食品集团党委把学习宣传中共十七大精神作为党建工作重点,集团各级领导到基层联系点开展宣讲活动103人次。集团党委对2 000名干部职工进行思想状况问卷调查,真实了解干部职工的想法和建议。

2008年,光明食品集团参加了上海市和市国资委系统纪念改革开放30周年图片展及大型歌咏会,对上海农垦博物馆"今日光明"分馆重新布展,积极推进上海益民食品一厂历史展示馆的筹建。结合迎世博600天行动,集团加强对窗口单位员工开展培训。推进第14届市文明单位和集团文明单位在线测评与申报考核工作。结合国际国内政治经济形势和重大事件,集团党委多次举行专题报告会。全国"两会"召开以后,集团举办"学习贯彻全国'两会'精神"专题报告;"5·12"四川汶川大地震后,集团邀请《解放日报》《新闻晨报》《新闻晚报》亲赴地震灾区报道抗震救灾的记者举行"众志成城、抗震救灾"专题报告;邀请全国政协常委、上海市政协副主席、世博局副局长周汉民作"2010年上海世博会"专题报告。

2009年,集团和所属子公司开展学习实践科学发展观活动,集团共编发学习实践活动专题简报72期,其中被市国资委录用5篇、摘用12篇,在国资委系统中排名第一。集团网站刊登学习实践活动文章291篇。年底开展对全体员工思想动态的问卷调查。问卷调查实发问卷2 035份,回收1 951份,回收率达96%。

集团和各子公司积极响应市委市政府的号召,深入开展迎世博600天行动,员工培训人数为2.68万人,占应培训人数的83.75%,集团有89个集体和个人获得上海市迎世博窗口服务指挥部授予的各类奖励和荣誉称号。集团宣传部编写了《迎世博文明礼仪》宣传手册,集团工会开展了员工双语培训和相关技能竞赛。

2010年,集团开展了新三年发展战略规划宣传月活动,《光明食品报》先后刊登近50期迎世博、文明观博知识介绍,编印3 000本图文并茂的《光明员工迎世博讲礼仪》宣传册,运用知识竞赛、演讲比赛、歌舞表演、企业内部资料、网站等形式广泛宣传世博会主题与理念,编发了32期世博工作简报。制定《新三年集团企业文化建设行动计划》,为集团新三年发展战略规划的实现提供思想文化保障。编纂《光明食品集团企业文化案例选之一》和《党委中心组学习成果汇编》。集团评选表彰光明食品集团2010年精神文明十佳好人好事。

三、统战工作

光明食品集团统战工作由集团党委领导,党委副书记是统战工作主管领导,党委组织部门负责具体日常工作;各子公司党委建立由党委书记或副书记为主管领导,组织部门具体实施的统战工作网络。

2009年,光明食品集团有统战对象184名,其中党外代表人士5名、党外后备干部1名、集团领导班子中党外干部1名。党外知识分子总数为1 842名,其中担任相当于副局级以上领导职务1名、子公司领导班子中的党外干部5名。集团系统民主党派成员35名,党外各级人大代表3名,其中上海市人大代表2名、区人大代表1名。各级政协委员4名,其中全国政协委员1名,上海市政协常委1名,区政协委员2名,归侨1名。集团少数民族职工98名。

光明食品集团副总裁兼烟糖集团董事长、总经理葛俊杰,是民建中央委员、上海市副主任委员、全国政协委员。2006年8月,光明食品集团组建以后,主要分管集团产业、公共关系等方面的工作。冠生园(集团)有限公司副总经理钟元秋,原民建中央委员、现上海市政协常委、民建上海市黄浦区副主任委员。钟元秋在政协和民建会议上就国企改革、税制改革、食品行业发展、防范金融风险、食品安全问题、中小学生课外教育场地收费等问题提出提案和建议,其中《重视和加强行业协会的作用》的提案,获上海市政协十届一次、二次会议优秀提案奖。

光明食品集团各级党委建立与统战对象中具有较大社会影响和一定代表性的党外人士联系制度。集团党政领导经常与重点统战对象(如市人大代表、政协委员、民主党派重要成员)就企业发展的重大问题进行交流、沟通,认真听取他们的意见建议和要求。各子公司党政领导也主动与统战对象交流、沟通,认真听取他们对企业改革发展和民生工作的意见建议和要求。2008年,集团开展"创新型企业"合理化建议活动,共收到各类建议1 748条,其中统战对象发扬主人翁精神,提出了不少有价值的建议。

光明食品集团各级党组织努力为党外知识分子搭建平台,使他们充分发挥作用,施展才华。上海轻工业研究所有限公司统战对象庞诚在冶矿机械装备、大型机床控制装备、电光源生产装备的研究和开发上颇有建树,在行业相关领域具有较高的知名度,被评为教授级高级工程师,已成为上海轻工业研究所有限公司机械专业学科带头人、轻工所控股的上海理日光电科技有限公司总工程师。庞诚申请专利7项,其中发明专利1项、实用新型专利6项。他负责的LR.RS－VSH双轴绕丝机装备打破已有技术模式,独创出一种具有国内外先进水平的先进绕丝装备,产品年销售额达1 300

余万元。该技术获国家实用新型专利1项和上海市高新技术成果转化项目证书。

光明乳业技术中心是国家级企业技术中心,承担了多项国家和省部级重大科研任务。该中心研发人员中的党外知识分子占35%。党外知识分子张云用两年多时间研发新产品13项、改良新品21项,申请发明专利9项,发表专业论文4篇,同时完成5万余字的专业著作《乳制品生产工艺与配方》中的《液态乳》章节。该书已由化学工业出版社出版。张云获得中国乳制品工艺协会和上海市科技协会颁发的多个奖项。

第四节 党内重要活动

一、党员先进性教育活动

2008年6月,光明食品集团党委集中开展以"抓学习、树形象、作表率"为主题的党员先进性教育活动。2008年4月,集团党委下发了《关于集中开展"抓学习、树形象、作表率"党员先进性教育活动的通知》。教育活动的内容为:认真组织自查长效机制落实情况,建立健全各项党建工作长效机制;加强党员经常性学习教育活动,提高党员的先进性;开展主题实践活动,体现党员的先进性;建立和健全"双结对"长效机制,积极推进党员联系、服务群众工作;开展党建工作满意度测评,不断提高党建工作的质量。

党员先进性教育活动的工作步骤:5月底前,制订策划活动方案,设计活动内容;6月1日至6月20日,重点进行方案实施;6月20日至6月30日,进行活动总结,结合"两优一先"的评比,表彰先进典型。

二、学习实践科学发展观活动

根据《中共上海市委关于在全市党员中开展深入学习实践科学发展观活动的实施意见》和《上海市第二批开展深入学习实践科学发展观活动的实施方案》的安排和部署,光明食品集团于2009年3—8月全面开展深入学习实践科学发展观活动(简称"学习实践活动")。

2009年3月12日,集团党委成立光明食品集团学习实践活动领导小组。党委书记任组长,曹树民、周海鸣任副组长,徐永炘、张大鸣、祁叶萍、沈敏惠为领导小组成员。下设办公室,张大鸣任办公室主任,陈春山、朱平、夏旭升为办公室成员。

2009年3月16日,光明食品集团党委制定《关于开展深入学习实践科学发展观活动的实施方案》(简称《实施方案》),提出正确把握学习实践活动的指导思想、主要原则和目标要求,明确"解放思想观念、解决重点问题、创新体制机制、促进科学发展"为学习实践活动的着力点。学习实践活动以集团和子公司两级领导班子成员以及重点企业党员领导干部为重点,全体党员参加。时间为半年左右,自2009年3月开始,至8月基本结束。整个活动分为三个阶段,3月上旬至4月下旬为学习调研阶段;5月上旬至6月中旬为分析检查阶段;6月下旬至8月中旬为整改落实阶段。实施方案还确定保障学习实践活动有效开展的具体措施。

2009年3月19日,光明食品集团党委召开学习实践活动动员大会,党委书记代表集团党委作动员报告,市国资委学习实践活动第二指导检查组组长崔志仁讲话,集团总裁、学习实践活动领导小组副组长曹树民主持会议并提出要求。

2009年3月下旬,光明食品集团领导班子成员通过学习中央规定的《毛泽东邓小平江泽民论科学发展》《科学发展观重要论述摘编》《深入学习实践科学发展观活动领导干部学习文件选编》等书,组织三次专题辅导学习报告会、进行个人自学等方式,提高对学习实践活动的认识。为找准在贯彻落实科学发展观方面存在的问题和不足,集团领导班子成员拟定了3个调研课题,分3个组深入基层进行调查研究。3个课题为:认清形势,理清思路,如何解决核心主业做强做大的瓶颈问题;如何提高集团经济运行质量,深化企业内部管理,增强抵御经济危机的能力;在经济危机的背景下,如何加强基层党建,关注民生,维护稳定。集团领导带队深入基层开展调查研究,广泛听取意见和建议,形成高质量的调研报告。集团层面组织召开了32次群众座谈会,并通过谈心等方式广泛听取干部群众和基层单位的意见建议,共收集意见和建议356条。在查找问题时,集团各级领导班子成员深入联系点达288人次,召开座谈会152次,征求收集群众意见680条。

2009年4月2日,光明食品集团党委下发《关于在学习实践活动调研阶段加强学习和开展解放思想大讨论的通知》,要求党员干部认真读好《毛泽东邓小平江泽民论科学发展》《科学发展观重要论述摘编》《深入学习实践科学发展观活动领导干部学习文件选编》等三本书,并对党员干部的理论学习提出了要求。同日,集团党委下发了《光明食品集团解放思想大讨论实施意见》(简称《实施意见》)。集团开展解放思想大讨论的主题是"解放思想,引领科学发展"。集团所属各单位围绕本单位的实际,根据梳理出的突出问题,结合领导班子的调研报告,明确讨论议题,确定讨论重点。解放思想大讨论活动时间为4月初至4月底。《实施意见》对开展解放思想大讨论提出了要求。各子公司采取多种形式开展解放思想大讨论,形成企业科学发展的新共识。

2009年4月28日,集团召开"坚持科学发展,增强发展、转型、整合、提升能力——光明食品集团解放思想讨论会"。市国资委学习实践活动第二指导检查组副组长缪国方出席讨论会。光明食品集团副总裁庄国蔚,海博股份公司总裁汤玉萍,益民集团党委书记、总裁杨文倡,海丰总公司党委书记马勇健,烟糖集团副总经理李远志,东海总公司总经理赵才标,跃进有限公司党委副书记钱瑞新,海博出租汽车驾驶员高建国,星联公司总经理张平,爱森肉食品公司党总支书记庞毅薇等10位同志交流发言。

光明食品集团共有571个基层党组织、7 907名党员参加学习实践活动,其中包括各类离岗党员409人。在学习实践活动中,集团注重发挥下属五个人员管理中心的平台作用,做到"两个坚持、两个体现",即坚持针对性,体现可操作性;坚持责任性,体现服务性。各基层党组织有针对性地做到"四个抓":一抓离岗党员参加学习实践活动的日程安排,增加可操作性;二抓党支部领导为离岗党员作表率,做到带头讲、带头写、带头听、带头改;三抓离岗党员的参学率,做到离岗党员人人受教育;四抓学习实践活动的实效性,采取"出题解答"的方式,鼓励离岗党员建言献策。按照"便利、就近、实效"的原则,重新划定离岗党员活动小组,指定活动联系人,做到"八个一":即写一份心得体会、发一份倡议、参加一次座谈会、做一份知识测试题、提一条合理化建议、搞一份调查问卷、谈一次心、走访一户困难离岗党员家庭;在离岗党员中开展"离岗不离队、离岗不忘志、离岗不降标"主题活动,做到离岗党员参加学习实践活动全覆盖、无"盲区"。

在学习实践活动学习调研阶段,集团加大宣传力度,编写《深入学习实践科学发展观知识问答100题》,在《光明食品报》和光明网站上及时报道学习实践活动的动态和信息。各子公司制作编印有关资料,更新图片展板,组织开展知识竞赛,参观警示教育基地。集团学习实践活动办公室和各子公司编发学习实践活动简报,集团层面共编发简报72期,各子公司共编发简报678期,其中被市委组织部学习实践活动简报录用5篇,被市国资委学习实践活动简报录用17篇。

2009年5月4日,集团召开学习实践活动第二阶段工作部署会,传达市委学习实践活动领导小组办公室关于《上海市第二批开展深入学习实践科学发展观活动分析检查阶段工作提示》的通知精神;总结学习实践活动第一阶段的工作,对第二阶段工作提出要求,并作具体部署;对如何开展形势教育宣传活动作出部署。

2009年5月27日,光明食品集团党政班子在学习调研、分析检查的基础上,召开专题民主生活会。集团领导班子成员在会前撰写书面发言材料,成员之间谈心沟通,对突出问题进行梳理,为高质量召开专题民主生活会创造有利的条件。

2009年5月31日,集团领导班子召开分析检查报告撰写讨论会,大家从推进科学发展的高度和当前上海国资国企改革发展的实际出发,敞开思想,实事求是,认真查找个人和班子在贯彻落实科学发展观方面存在的问题和差距,深入剖析产生问题和差距的症结原因,开展批评和自我批评,提出发展思路和整改措施。在此基础上形成光明食品集团领导班子贯彻落实科学发展观分析检查报告。

2009年6月2日,光明食品集团学习实践活动领导小组下发《关于认真撰写领导班子分析检查报告有关要求的通知》,要求分析检查报告要运用学习调研阶段和民主生活会的成果,突出检查分析问题、理清科学发展思路,努力做到"五个写清楚",即:形成的科学发展共识写清楚、存在的突出问题写清楚、主客观原因特别是主观原因写清楚、科学发展的思路写清楚、今后的努力方向写清楚,为下一阶段制定整改落实方案打好基础。集团所属各单位通过分析检查,提出促进科学发展的具体工作措施106条,加强领导班子自身建设的措施42条。

光明食品集团党委对分析检查报告中查摆出来的影响制约科学发展的突出问题进行梳理,按照"四明确一承诺"和"目标化、具体化、责任化"的要求,精心制定整改落实方案,细化科学发展的思路,列出6个方面的47条整改事项及措施。集团党委根据整改方案,集中解决影响和制约科学发展的突出问题、群众反映强烈的突出问题,使"人民群众得实惠"真正落到实处,让职工群众切实感受到学习实践活动带来的新变化、新气象。在集团整改方案中,近期及年内解决的整改事项占68.1%。为了把学习实践活动的好做法、好经验以制度的形式固定下来,形成长效机制,集团在原有规章制度基础上,新制定15项制度,进一步加强集团体制机制建设。

2009年6月19日,集团党委召开学习实践科学发展观活动群众评议会,组织200多位代表对集团领导班子贯彻落实科学发展观分析检查报告进行评议。经汇总统计,对报告总体评价"很好"和"较好"的占98.5%,其中"很好"占72.6%。对各项评议内容的评议结果为:认为对科学发展观认识"深"和"较深"的占99%;认为查找问题"准"和"较准"的占99.5%;认为原因分析"透"和"较透"的占98%;认为发展思路"清"和"较清"的占98.5%;认为工作措施"实"和"较实"的占96%。

2009年8月4日,光明食品集团党委制定《光明食品集团领导班子贯彻落实科学发展观整改落实方案》,明确整改项目为47项,其中全面落实科学发展观,做强做大核心主业7项;加大整合力度,调整优化企业资产结构布局6项;推进商业模式转型,提升企业核心竞争力5项;完善公司法人治理结构,强化企业内部管理10项;加强领导班子自身建设和企业党建工作,切实提高推进科学发展的能力11项;着力保障和改善民生,促进企业和谐稳定8项。

2009年8月24日,光明食品集团召开学习实践活动测评工作和总结大会。集团党委在学习实践活动中,突出"坚持科学发展,增强集团推进商业模式发展、整合、转型、提升的能力"这一实践载体,有针对性地开展学习、调研、分析检查和整改。集团和各子公司围绕企业科学发展上水平这个核心目标,把积极应对国际金融危机、保持企业平稳较快发展作为学习实践活动最大的实践、最重要的实际、最需要取得的实效。截至2009年8月20日,集团各单位在学实活动中已完成整改项目228项,其中保发展108项,保民生55项,保稳定25项,保世博12项,其他类28项。

2009年12月,光明食品集团党委根据市委学习实践活动领导小组办公室《关于做好第二批学习实践活动整改落实后续工作的通知》要求,认真开展自查,进一步巩固和扩大学习实践活动成果。截至2009年12月底,集团下属17家子公司共确立422项整改项目,当年完成落实的整改项目320项,占总整改项目75.8%,其余102项于2010年完成。

三、创先争优活动

光明食品集团党委根据中共中央办公厅转发《中央组织部、中央宣传部〈关于在党的基层党组织和党员中深入开展创先争优活动的意见〉的通知》精神,结合市委、市国资委党委的有关要求,从2010年起在所属党组织和党员中深入开展创先争优活动。

2010年8月11日,光明食品集团党委下发《关于深入开展以"对标一流,争当先锋,实现跨越发展"为主题的创先争优活动的实施意见》,创先争优活动的目的,是在集团各个领域、各个行业、各个层面培育一批工作特色明显、作用发挥明显、形象提升明显、辐射带动明显的党建示范群体;树立一批大局意识优、工作能力强、岗位业绩好的优秀党员标兵,推进党的思想、组织、作风建设。

创先争优活动的载体为"五个结合":与"世博先锋行动"相结合;与探索集团党组织发挥政治核心作用的方式途径相结合;与推动集团新三年战略规划的实施相结合;与创新党组织活动方式,推进基层党建工作相结合;与夯实基础,推进学习型党组织建设,加强党的自身建设相结合。

"对标一流,争当先锋,实现跨越发展"创先争优活动分宣传发动、全面争创、评选表彰三个阶段进行。宣传发动阶段主要抓好制定方案、动员部署、组织学习等工作;全面争创阶段主要抓好各级党组织和党员个人向群众作出承诺、定期开展自查自评、领导点评和检查评议;评选表彰阶段主要把握好推荐、公示和表彰三个环节。

为推进创先争优活动,光明食品集团党委建立创先争优领导小组,党委书记任组长,周海鸣、张大鸣任副组长,马勇健、徐永炘、吴智荣为领导小组成员。创先争优活动领导小组下设办公室,马勇健任主任,工作人员由集团办公室、组织部、宣传部等有关部室同志组成。各级党组织书记为本单位创先争优活动的第一责任人。

2010年11月10日,集团党委召开部分子公司党委书记座谈会,汇报交流本单位开展创先争优活动情况。2010年11月22日,集团党委召开创先争优活动推进会,回顾集团系统开展创先争优工作的主要情况,并部署下一步工作。

光明食品集团共有6 895名党员参加"对标一流,争当先锋,实现跨越发展"创先争优活动,共提出合理化建议1 939条,开展技术革新项目128项,实现经济效益1 123万元。为群众做好事、实事3 987件,完成急、难、险、重任务159件,完成生产销售322亿元,实现利润13.4亿元。

四、纪念建党活动

【纪念建党86周年活动】

2007年6月29日,光明食品集团党委举行纪念建党86周年暨党建成果展示会。大会向28个"党支部建设示范点"授牌。五四公司、华光酿酒公司、海丰总公司种植事业部、爱森肉食品公司、东旺塑料制品厂、石库门贸易公司等6个单位的党组织以电视短片的形式,向与会者展示贯彻科学发展观、建设和谐企业、深化改革、发展经济、开展"四好"领导班子创建活动、发挥党组织政治核心作用等方面所取得的成果。

【纪念建党87周年活动】 2008年6月27日,集团党委隆重举行纪念建党87周年暨先进表彰大会。会议表彰了集团系统41个先进基层党组织、83名优秀共产党员和40名优秀党务工作者,海博出租汽车七分公司、梅林美达有限公司、海丰农机总站、光明荷斯坦牧业公司、光明乳业技术中心、宏盾防伪材料有限公司、跃进农业管理总站等单位的党组织以声像短片的形式,向与会者展示了集团各级党组织和广大党员群众在抗震救灾,实施集团发展战略、深化改革、发展经济,加强基层党建,发挥党组织政治核心作用等方面所取得的成绩。

【纪念建党88周年活动】 2009年7月1日,光明食品集团在益民食品一厂历史展示馆隆重举行纪念中国共产党成立88周年暨上海益民食品一厂历史展示馆开馆仪式。集团党委副书记、工会主席周海鸣介绍益民食品一厂历史展示馆筹建情况。仪式结束后,与会同志参观了益民食品一厂历史展示馆。

【纪念建党89周年活动】 2010年6月28日,光明食品集团召开创先争优交流会,隆重纪念建党89周年。海丰总公司党委等5家先进基层党组织和先进个人分别介绍了围绕经济工作发挥党组织政治核心作用、提升党建工作水平的工作经验,以及服务世博、奉献世博、实施品牌战略推进企业整合、打造和谐工作团队、发挥党建工作合力等方面所取得的成果。

第二章 纪检和监察

党的地方各级纪律检查委员会和基层纪律检查委员会由同级党的委员会代表大会选举产生,在同级党的委员会和上级纪律检查委员会双重领导下进行工作,每届任期和同级党的委员会相同。党的各级纪律检查委员会的主要任务是:维护党的章程和其他党内法规,检查党的路线、方针、政策和决议的执行情况,协助党的委员会加强党风建设和组织协调反腐败工作。

第一节 纪律检查委员会

一、纪委成员和职责

2006年7月26日,经中共上海市委决定,建立中共光明食品(集团)有限公司委员会、中共光明食品(集团)有限公司纪律检查委员会。顾勇任中共光明食品(集团)有限公司委员会副书记、中共光明食品(集团)有限公司纪律检查委员会书记。2006年8月11日光明食品集团党委决定,沈敏惠任光明食品集团纪委副书记;陆稚男、陈彦、王慧莉任光明食品集团纪委委员。

2009年5月13日,市委决定顾勇任中共上海安信农业保险股份有限公司委员会副书记、中共上海安信农业保险股份有限公司纪律检查委员会书记,免去其中共光明食品(集团)有限公司委员会副书记、中共光明食品(集团)有限公司纪律检查委员会书记职务;2009年7月3日市委决定,张大鸣任中共光明食品(集团)有限公司纪律检查委员会书记。

2010年2月8日,光明食品集团召开中国共产党光明食品(集团)有限公司第一次代表大会。大会选举产生了王慧莉、李昌洪、沈敏惠、张大鸣、陆稚男(按姓氏笔画为序)5位同志组成的中共光明食品(集团)有限公司第一届纪律检查委员会。中共光明食品(集团)有限公司第一届纪律检查委员会第一次全体会议选举张大鸣为书记,沈敏惠为副书记。

纪委的主要职责为:开展党的纪律检查工作,协助党委加强党风廉政建设;抓好党性、党风、党纪教育,设立预防体系;查处违纪案件,负责违纪案件的审理;接待、处理纪律检查和党风廉政建设方面的来信来访、举报,接待、处理有关党政组织和党员干部的控告、申诉工作;完成集团公司党委交办的其他工作。

光明食品集团纪委与监察部合署办公。

二、党风廉政建设责任制

2007年1月,光明食品集团制定《光明食品(集团)有限公司关于党风廉政建设责任制的规定》。党风廉政建设责任制的基本原则:坚持从严治党;坚持党政领导齐抓共管,条块结合,以块为主,各部门各司其职;坚持党风廉政建设作为党的建设和企业管理的重要内容与经济工作同计划、同部署、同检查、同总结、同考核;坚持谁主管谁负责,一级抓一级,层层抓落实。党风廉政工作的责任范围:集团党委、行政对集团范围内的党风廉政建设负全面领导责任;集团党委、行政对下属子公司党委(党总支、支部)、行政的党风廉政状况负责;对集团公司总部各部室、群众团体的党风廉政状况负责。子公司党委(党总支、支部)、行政对本单位下属公司党委(党总支、支部)、行政党风廉政状况负责;对本单位科室、群众团体的党风廉政状况负责。集团党委书记、董事长是党风廉政第一责任人,对本公司党政班子成员和科室、群众团体负责人及下属单位党政正职的党风廉政状况负责。副职领导干部对分管的条线、科室及定点联系单位的党政领导班子、领导干部党风廉政状况负责。集团党委负责领导、组织对下一级党政领导班子和领导干部党风廉政建设责任制执行情况的考核;集团纪委(监察室)负责对党风廉政建设责任制执行情况进行监督检查。

2007年11月,光明食品集团制定《光明食品(集团)有限公司反腐倡廉建设五年(2008—2012)行动计划》。确定后三年继续夯实惩治和预防腐败体系的各项基础,着重健全反腐倡廉建设领导体制,形成反腐倡廉制度体系,探索权力运行监控机制;完善反腐倡廉"大宣教"工作格局,突出企业廉洁文化建设;坚决查处违纪违法案件,实施责任追究制度。基本建成体制完善、领导有力;制度健全、执行有力;职责明确、监督有力,具有光明食品集团特点的反腐倡廉建设基本框架。坚持以党委统一领导、法人治理结构齐抓共管、纪委组织协调、部门各负其责、党员群众积极参与的领导体制和工作机制,形成整体合力。在党风廉政建设方面出现重大问题的,严格实行问责制,严肃追究有关领导和责任人的责任。

2007年,光明食品集团围绕完善反腐倡廉的领导体制和工作机制,进一步抓好责任制建设,形成与经营管理责任体系相衔接的党风廉政建设责任落实体系。年初召开集团系统党风廉政建设大会,明确工作重点、任务和责任。修订完善《光明食品集团实行党风廉政建设责任制的规定》和《光明食品集团领导干部党风廉政工作定点联系点》。建立了由集团纪委、人力资源部、财务审计部、资产经营部、办公室、工会等部门参加的党风廉政建设联席会议和集团监事会、纪委定期沟通会制度。按照领导干部"德、能、勤、绩、学、廉"的要求,对集团所属17个子公司的领导班子和170名领导干部进行了一次全面的述职述廉工作考核。

2008年10月,集团纪委根据中纪委十七届二次全会提出的"七个不准"要求和上海市国资委纪委提出的"五项整改意见",结合企业领导人员在廉洁自律方面存在的薄弱环节,制定《关于企业领导人员廉洁自律"七不"规定》,要求企业领导人员不违反《光明食品(集团)有限公司关于加强对"三重一大"实行集体决策制度的意见》和《集团公司内控制度》;不在房屋、仓库、设备、土地等资产租赁、转让过程中暗箱操作,利用职权谋取私利;不介绍亲属、特殊关系人参于本单位及下属单位的工程招投标、原辅材料、大宗物品、服务类产品采购招投标、产权交易等活动;不得以任何名目私设小金库;不在本单位及下属单位购买超出企业规定价格的产品;不违反规定巧立名目擅自发放奖金、增加福利待遇等;不要求下属企业为配偶、子女或特定关系人的工作岗位作特殊照顾。

2008年,光明食品集团开展党风廉政建设责任制的专项检查,调整集团领导干部党风廉政建设工作定点联系单位及部门,把领导工作岗位所应承担的反腐倡廉职责具体化、制度化,具体细化为25个方面工作,分解落实到12个职能部门。向下属企业党政下达党风廉政建设重点工作目标责任书,把落实集团《反腐倡廉建设五年行动计划》、推进惩防体系建设、企业领导人员贯彻执行"三重一大"集体决策制度、廉洁从业规定、"七个不准"等要求纳入责任体系,将责任落实到岗位、落实到人,形成"横向到边、纵向到底"的责任网络。

2009年,集团党委向子公司党委下达党风廉政重点工作责任书,坚持谁主管谁负责,一级抓一级,层层抓落实。组织开展贯彻落实党风廉政责任制的规定情况的专项检查。专项检查采取自查与抽查相结合的办法,寻找存在的不足和薄弱环节,针对问题,分析原因,总结教训,提出切实可行的整改措施。

2010年4月,集团制定《关于光明食品(集团)有限公司进一步从严管理干部的意见》(简称《意见》),通过加强对干部严格要求、严格教育、严格管理、严格监督,不断提升干部的自身形象和整体素质。党委自觉担负起从严管理干部的责任,列入党风廉政建设责任制和干部考核的重要内容和重要议事日程,贯穿到干部管理的全过程。《意见》对从严管理管理确定了具体措施。

2010年4月26日,二届一次职工代表大会听取集团纪委书记张大鸣所作的《关于光明食品集团党风廉政建设情况通报》。

2010年10月,光明食品集团印发《光明食品(集团)有限公司关于执行"三重一大"集体决策制度的办法》,对"三重一大"事项的主要内容及范围、组织实施和基本程序、监督检查等作出规定。集团党委利用党风建设会议、学习报告会、中心组学习会、培训班等形式,加强对党员领导干部的政治责任教育。落实领导人员廉洁从业承诺制度,领导人员以书面形式向组织作廉洁从业承诺;按照年度向组织报告个人兼职、投资入股、国(境)外存款和购置房屋等不动产情况,个人持有因私出国(境)证件和因私出国(境)情况,配偶、子女从业和出国(境)定居及有关情况,以及本人认为应报告的其他事项,在年度领导班子民主生活会上予以明示。

三、纪检队伍建设

2006年,集团组建后,集团纪委深入益民集团和烟糖集团进行调查研究,在较短时间内完成纪检工作对接,为顺利推进纪委的各项工作奠定了基础。集团纪委组织集团系统纪检监察干部学习《胡锦涛总书记在中央纪委第六次全体会议上的讲话》《建立健全教育、制度、监督并重的惩治和预防腐败体系实施纲要》等15个文件。召开纪检监察工作会议,发布纪检工作成果,总结交流纪检工作先进经验。在集团推进资产、资源、产业、企业整合过程中,集团纪委配合有关部门进行有效监管,并总结撰写《充分发挥纪检监察职能作用,为集团改革发展提供保障》一文在市国资委党风廉政建设大会上作为交流材料。

2007年,集团纪委加强企业纪检监察干部的理论学习,开辟《纪委书记谈社保资金案观后感》栏目,共撰写体会文章18篇,其中《警示格言摆上领导案头》《编织六张廉政监督网》等6篇文章作为经验材料上报国资委纪委。组织部分纪委干部参加中央纪委监察部举办的国有企业纪检检察业务培训班。对新上任的纪检干部送一本书、谈一次话,加强纪检监察干部廉洁自律教育。

2009年,集团纪委组织基层纪委书记、纪检监察干部观看警示教育片,召开专题研讨会、学习座谈会等,提高纪检监察干部的理论水平、政策水平与破解难题的能力。

2010年,集团纪委对西郊国际、星联公司、川东农场等子公司的纪检监察组织进行充实调整。集团新组建纪委组织1个,调整纪委人员5名,新提拔纪委书记4名。通过组织落实和队伍建设,提高了纪检监察组织的综合力量。纪委选派16位同志参加市国资委举办的纪检监察业务工作能力等方面的培训,举办2010年纪检监察业务培训班,提高纪检监察干部的理论政策水平和工作业务能力。

四、廉洁从业教育

2006年,光明食品集团认真组织党员干部学习贯彻中共十六届六中全会精神,强化各级领导干部的政治意识、大局意识、责任意识。对企业贯彻执行"三重一大"决策情况进行研究调研,进一步健全"三重一大"决策制度,贯彻落实党风廉政建设责任制。组织党员干部学习《中国共产党章程》《国有企业领导人员廉洁从业暂行规定》《建立健全教育、制度、监督并重的惩治和预防腐败体系实施纲要》《关于实施上海市市管国有企业国有资产重大损失领导责任追究办法》等,掀起"学习党章、遵守党章、贯彻党章、维护党章"的高潮。组织集团系统200名党员领导干部参加《中国纪检监察报》举办的"红船杯"学习贯彻党章知识竞赛活动。

2007年,集团党委组织所属单位纪委书记学习贯彻中共十七大精神。通过学习、交流,进一步明确了纪检监察工作的目标、任务。8月初至9月中旬,集团系统开展党员领导干部警示教育活动。组织党员领导干部认真学习胡锦涛重要讲话;观看反映社保基金案的警示教育片《贪欲之害》等;根据集团典型案例,组织编写《贪欲的代价》《在迷失中沉沦》《没有监督的权力必然导致腐败》《利欲熏心 道德失准 自栽跟斗》等四篇警示教育材料和其他警示教育专题材料,并组织专题讨论。党委下发《关于在集团系统党员领导干部中开展警示教育活动的通知》,明确开展警示教育活动的重要意义、总体要求和具体部署。集团下属各级党组织制定了开展警示教育活动的实施方案,开展了各具特色的教育活动。集团系统参加学习的党员干部为2 200人,其中局级干部13人,处级干部150人;观看警示教育片《贪欲之害》2 200人;参观警示教育基地18批,举办警示教育培训班2期;领导干部上党课18次,组织专题交流讨论36次;建立宣传教育专栏18个;编写《警示教育案例》读本2本,共506份;《光明食品报》等企业报刊开辟了"警示教育"专栏。组织领导干部学习有关加强国资监管的法律法规,学习《国有企业领导人员廉洁从业若干规定》和"四大纪律、八项要求"等廉洁自律规定,结合上海社保基金案和本单位查处的违法违纪典型案件,深刻分析案情,剖析案发原因,提高警示教育的说服力和震撼力。

2008年,集团党委在党员领导干部中开展"讲党性、重品行、作表率"主题教育活动。开展廉洁文化进家庭、进企业、进社区、进党校"四进"活动。举办"史海清风——中国历代廉洁勤政故事绘画作品精选展"。通过向领导干部发放廉政小台历、廉政日志,发送廉政短信、向领导干部家属邮寄春节勤政廉洁慰问信等形式,营造节日期间领导干部廉洁自律的氛围。组织党员领导干部观看由市纪委、市委组织部、市委宣传部联合摄制的警示教育片《贪欲之害》和反映关注民生的电教片《牵挂》。10月中旬,组织部分单位200多位党员领导干部参观由中纪委、监察部、文汇报联合举办的"全国廉政文化大型绘画书法展览"。11月组织集团党政班子成员、总部各部室负责人、集团下属各子公司党政主要领导、纪委书记等近百人,观看了由市纪委宣教室组织的反腐倡廉大型滑稽戏《今朝瞓不着》。组织集团所属单位党政班子成员200多人参加由市纪委组织的"建立健全惩治和预防腐败体系2008—2012年工作规划"知识答题活动。

五、集团党风监督团

2010年7月,光明食品集团建立党风监督团,其成员由生产一线的党代会代表、管理人员代表等组成,党风监督团成员的任期与集团纪委的任期同步。党风监督团成员的权利与职责为:听取集团纪委的工作报告;了解所在单位对集团党委、纪委决议与决定的贯彻执行情况,积极宣传贯彻执行党的各项决议、决定;向集团纪委和所在单位党组织就企业反腐倡廉建设、经济建设、精神文明建设、企业文化建设、党的建设等方面的重大问题提出意见和建议;对集团系统党组织、党员干部作风等情况进行民主监督和评议;收集、掌握所在单位党内外干部群众对党风建设的意见、建议和要求并向纪委反映。

光明食品集团党风监督团成员：

吴晓红	上海梅林正广和股份有限公司
王进利	冠生园食品有限公司
冯小莉	上海捷强烟草糖酒（集团）有限公司
易玉琛	上海第一食品连锁发展有限公司党委办公室主任助理
陈建平	跃进有限公司纪委副书记
张国强	上海达华药业有限公司总经理
俞建湘	上海东旺塑料制品厂董事长、党支部书记
苏学峰	上海集林经济开发有限公司党支部书记
王 东	五四公司纪委专职纪检员
陈林兵	上海都市新天地企业管理有限公司副总经理
胡晓捷	东海总公司人员管理中心副主任
王友佳	上海长江焊接材料厂总经理、党支部书记
陈光荣	川东农场种植业中心副经理
王 香	光明乳业股份有限公司乳品二厂厂长
毛孟梅	农工商房产（集团）有限公司党委宣传部部长
周 勇	上海海博出租汽车有限公司第七分公司经理、党支部书记
王继华	上海浦东星火开发区联合发展有限公司组织员
丁伟达	上海牛奶棚食品有限公司党支部书记、副总经理
何 为	上海市农工商投资公司人力资源部经理
丁松庆	上海西郊国际农产品交易有限公司粮油干货分部经理

六、案件查处

2006年，集团纪委针对违纪违法案件的新特点，特别是领导干部贪污、受贿、侵占国有资产、违反"三重一大"制度有关规定等问题，进一步加强执纪办案工作，严肃查处各类违法违纪案件。集团纪委调查处理了各类违反财经纪律案件，纠正违规资金1500万元。协助市经侦大队对投资公司股票投资情况和长江总公司下属汇德丰公司造成经济损失的情况进行调查。按照市国资委纪委《关于做好2006年案件质量检查工作意见》的文件精神，集团纪委制定并下发了《关于贯彻落实案件质量检查工作的实施意见》，在各单位自查基础上，分三批对2002—2005年办结案件的11家单位案卷质量及纪律处分执行情况进行全面检查，并接受市纪委和市国资委纪委的抽查。同时建立健全集团和各子公司纪检的信访工作责任制和信访工作网络，做到对群众来信来访件件有落实，事事有回音。全年共接受群众有关纪检这方面的来信来访70件（次），信访办结率95%；共立案7件，结案6件，经过执纪办案为企业挽回经济损失16.80万元；受党纪处分5人，其中开除党籍1人，党内严重警告2人。据不完全统计，集团总部副职以上干部上交礼金7万元，美金4 000元，购物券41 800元。

2007年，集团纪委通过办信查案，相继严肃查处了练江牧场乳品七厂、长江总公司所属集林经济开发公司、冠生园（集团）所属冠生园置业发展有限公司、星火开发公司所属物资供销公司、上海食品进出口公司所属上海申富房地产经营公司和国际货运公司等单位相关人员的违纪案件。同时，对群众来信来访反映强烈的问题进行专项调查，对确有问题的干部进行诫勉谈话、组织处理。全年共接受群众关于纪检方面的来信来访116件(次)，信访办结率95%以上。经过执纪办案，共立案6件，受党纪处分5人，其中开除党籍3人，党内严重警告1人，撤销党内职务1人。

2008年，集团纪委重点查处领导人员滥用职权、失职渎职、贪污贿赂、腐化堕落；在产权转让过程中隐匿、侵占、转移国有资产；在投资项目工程建设中以权谋私；在原辅材料、设备、大宗办公用品采购中谋取个人利益和严重损害职工利益；违反组织人事纪律等行为开展纪律检查和党纪政纪处理工作。全年受理群众有关纪检方面的来信来访80件(次)，信访办结率95%。经过执纪办案，共立案3件，党纪处分3人。

2009年，集团纪委查处了一起企业领导干部擅自截留处置公款以及财会人员贪污公款触犯法律的案件，按党纪国法进行严肃处理。全年共受理群众来信来访130件(次)，信访办结率95%。对市委、市政府主要领导批示的2封信访件进行了调查核实。经过执纪办案，共立案4件，受党纪处分4人，其中开除党籍3人，严重警告1人，挽回经济损失102万余元。

2010年，集团纪委接受群众来信来访114件(次)，信访办结率95%。重点查办领导人员贪污受贿、挪用公款、滥用职权、失职渎职、以权谋私等违纪违法案件以及侵害群众利益的问题。在查处案件工作中，建立健全了上下联手、内外协作的办信查案组织协调机制。集团纪委与浦东、静安、崇明检察院联手办案，查处了3起贪污受贿案件。集团纪委根据审计中暴露出的问题，对有关责任单位和责任人采取批评教育、集体诫勉谈话、行政免职处理等责任追究措施。全年共立案15件，结案9件，党纪处分9人。

第二节 监 察

光明食品集团设监察部，与集团纪委合署办公。

监察部主要工作职责：负责对集团各项制度的执行情况进行监察，履行对集团内部控制系统的有效性与执行结果的监督、评价职能；根据需要，开展专项效能监察工作，对违法、违纪情况实施监督检查，提出监察处理建议；对集团公司派往控股子公司和参股企业的首席产权代表及集团公司聘任、委派的全资子公司领导干部遵纪守法情况进行监督、检查、处理等。

一、监察制度

按照体制建设同步设计、政策措施同步实施、突出问题同步治理的要求，集团于2007年1月制定《光明食品(集团)有限公司关于加强对"三重一大"实行集体决策制度的意见》，要求集团系统加强对生产经营管理的重要领域和重点环节的监管制度建设，明确规定对重大投资项目、国资重组产权交易、国企改革民主程序、大宗物资采购、重要干部任免等关键环节的工作加强监督检查。

为确保集团产业、资产整合工作有序推进，2007年12月，制定《关于在集团产业、资产整合中加强监管、严明纪律的通知》，重点从三个方面对集团产业、资产整合工作过程进行监管。

第一，产业、资产整合工作过程中的规范情况。主要是内部决策、转受让行为批准、清产核资、财务审计、资产评估、价格确定、合同签署、产权交易及变更登记等环节的操作是否规范。

第二，产业、资产整合工作过程中管理层受让股权的规范情况。如经营管理者不得参与转让国有产权的决策、财务审计、离任审计、清产核资、资产评估、底价确定等重大事项。

第三,产业、资产整合工作过程中维护企业职工合法权益的情况。如是否建立企业改制方案预报制度、企业重大事项公示制度,以及依法规范和履行企业改制的民主程序、按照有关法律法规和政策处理好改制企业与职工的劳动关系等。

2008年1月2日,集团制定《光明食品(集团)有限公司国有资产安全运作防止损失的规定》,对国有资产的内容与范围、国有企业产权转让程序、处理好国有资产保值增值与切实维护职工合法权益的关系、国有投资行为的基本要求、企业贷款担保必须承担的义务、企业重大事项请示报告、企业合同管理、违反规定造成国资损失的责任追究等作了进一步的明确和要求。

2009年2月,集团制定《光明食品(集团)有限公司企业效能监察实施办法》。企业效能监察工作遵循的原则为:依法依纪监察,实事求是;事前、事中、事后监察与改进工作相结合;监督检查与加强管理、建章立制相结合;教育与惩处相结合。企业效能监察工作的内容为:对集团公司重大改革举措、重要决策、重点工作和重点项目的实施情况等进行监督检查;对集团公司各部门、各单位实施效能监察建设的情况进行监督检查;受理对集团公司各级企业及其从业人员影响企业效能的情形和行为的投诉;检查、调查集团公司各级企业及其从业人员在企业管理活动中影响企业效能的情形和行为;根据检查或调查结果,对集团公司各级企业及其从业人员在企业管理活动中影响企业效能的行为作出处理或者提出改进建议。企业效能监察工作方式为:对企业履行职责、落实工作、作出具体企业行为的情况进行全面检查和专项检查;对具体的企业效能投诉进行调查;对涉嫌违反纪律、应当追究责任的影响企业效能的行为进行调查。

二、固定资产投资和产权交易监管

光明食品集团2006年对重大项目、国企改革、产权交易进行全方位监管。在重点做好都市公司100公顷蔬菜设施建设项目和跃进有限公司3万亩设施粮田建设项目监管的基础上,又选择7个重点投资项目(总投资1.98亿元)作为重点跟踪监管项目。对东海总公司汇龙园陵园建设项目、五四有限公司会议中心大楼建设项目等进行定期检查,确保这些项目工程顺利推进。

2008年,集团监察部跟踪了解集团系统内有影响的三宗千万元以上的产权交易情况,对发现的问题和薄弱环节与有关单位主要领导进行集体谈话,提出整改措施。2008年集团所属9个单位纪委、监察部门选择14个投资项目(总投资19.4816亿元)作为监管重点,集团纪委、监察部参与海丰万头奶牛场建设项目和都市总公司菜田设施项目建设工程监管工作。

2009年,集团把有长远影响的重大建设项目特别是国家财政补贴的一批重大投资建设工程项目、企业国有产权交易项目、上市公司国有股权交易项目、实施整合行动计划项目等作为重点跟踪监察的对象,组织有关部门直接参与海丰防护林项目、长江高效生态现代农业基地建设项目以及跃进有限公司、长江总公司、五四有限公司防护林建设等8个项目(建设资金1.8亿元),进行重点监督检查工作。

2010年,集团对农工商超市118广场改扩建项目等23个工程项目进行监管;组织有关部门对上海申光高强度螺栓有限公司技改项目、上海爱森肉食品有限公司肉类加工厂改扩建项目、上海天阳食品有限公司年产12 000吨食品馅料加工厂(一期)技术改造项目等32个项目开展后评估工作。

三、专项监察检查

光明食品集团监察部2006年对集团领导批示的168个资产运作相关项目执行情况进行专项调查,重点抽查14个文件的贯彻执行情况,并对执行情况进行反馈。对长征社区居民反映长征金旺畜牧场污染问题进行专项检查并形成书面报告;对集团系统贯彻落实"三重一大"制度情况进行专项检查,对取得成效、薄弱环节和如何改进提出意见与建议;对东海社区政务移交工作中有关执行纪律的情况进行监督检查。在集团系统开展产权交易领域商业贿赂专项治理工作,建立治理产权交易领域商业贿赂工作领导小组,对2005年以来所发生的产权交易情况开展调查摸底,查清产权交易的件数与金额,对4个方面的重点内容、3个方面的操作环节、24个小项逐一进行自查自纠。各子公司积极参与土地出让、工程建设、医药购销、集团采购、资源开发和经销领域等商业贿赂专项治理工作,认真接受有关行业、行政主管部门的工作指导,通过建立信息通报、线索移送、案件协查等机制,与各有关部门形成条块结合、上下联动的工作格局和齐抓共管的监督合力。集团当年专项检查共自查自纠涉及国有产权转(受)让项目151宗,转(受)让金额达96190.44万元。

2008年春节前后,集团监事会与监察部联合下发《关于在集团系统开展贯彻执行"三重一大"实行集体决策制度检查的通知》,开展贯彻执行"三重一大"集体决策制度情况专项检查工作。检查工作采取自查和抽查相结合的办法,在各单位进行自查的基础上,抽查五四有限公司、农工商投资公司、都市农商社、长江总公司等4个单位。

集团于2009年开展"小金库"专项治理,建立治理"小金库"工作领导小组。各子公司有关职能部门组织自查,集团组织有关部门对子公司进行重点抽查,查出"小金库"一个,纠正金额500余万元。开展产权交易后国资收回情况的检查,在各单位自查的基础上,集团监察部、资产部、审计部先后对农房集团、益民集团、五四有限公司、跃进有限公司、长江总公司等单位进行抽查。按照光明食品集团《关于实行党风廉政建设责任制的规定》,对在产权转让后国有资产收回工作中存在的问题,限期纠正,落实到位。集团还开展了经营者在下属企业持股的清退工作,研究制定了光明食品集团开展领导人员投资入股清理工作的执行方案。

根据"问题不查清不放过、原因不查清不放过、措施不到位不放过"的原则,2010年,光明食品集团继续深入开展"小金库"治理工作,共自查自纠企业12个,自查发现"小金库"金额为430.63万元,受处理人数5人。在国有企业土地监管情况专项检查中,共涉及15个子公司、625家企业,土地面积2.66亿平方米,金额95.7亿元。

四、企业效能监察

在上级监察部门的指导下,光明食品集团2007年开始组织实施企业效能监察。企业效能监察的主要内容是:对集团重大改革举措、重要决策、重点工作和重点项目的实施情况进行监督检查;对实施效能监察建设的情况进行监督检查;受理企业及其从业人员影响企业效能的情形和行为的投诉;检查、调查企业及其从业人员在企业管理活动中影响企业效能的情形和行为;根据检查或调查结果,对企业及其从业人员影响企业效能的行为作出处理或提出改进建议;其他需要开展企业效能监察的事项。

2007年,集团在重点项目效能监察中参与上海海湾国家森林公园一期开园工程大门门楼等项目的公开招投标工作；对冠生园集团食品工业园区一期项目进展情况进行监管；对都市股份公司100公顷菜田设施项目定期监管，随时了解项目进展情况。选择集团系统11个重点投资项目（总投资8亿多元）列为重点跟踪监管项目；加强对企业原辅材料、设备、大宗物资采购规范操作的监督管理工作。通过加强效能监察，规范了企业操作程序，堵塞了管理工作中的漏洞。

第三章 工会组织

第一节 组织建制和建设

一、组织建制

【集团工会委员会】

2006年8月,光明食品集团组建后,经上海市总工会同意,原上海农工商(集团)有限公司工会更名为光明食品(集团)有限公司工会。

2008年8月22日,光明食品集团工会召开第六届四次全委会议,补选和增选光明食品(集团)有限公司工会委员、经审委员、工会常委、工会主席。经光明食品集团工会第六届四次全委会选举,并经上海市总工会批复同意,王杏芝、车红英等16位同志增补为光明食品(集团)有限公司第六届工会委员会委员;马翼华、陆蓉等2位同志增补为光明食品(集团)有限公司第六届工会经费审查委员会委员;车红英、兴怡、吴爱平、吴晓红、周海鸣、徐静和等6位同志增补为光明食品(集团)有限公司第六届工会委员会常委;周海鸣同志任光明食品(集团)有限公司工会第六届工会委员会主席;徐永炘不再担任上海农工商(集团)有限公司工会委员会委员、常委、主席职务;经光明食品集团工会第六届四次全会选举,周海鸣为光明食品集团董事会职工董事。2007年8月,增补钱瑞新为光明食品(集团)有限公司工会常委。

【工会组织】

至2006年年底,光明食品集团所属子公司以上工会组织为10个,三级及以下企业工会组织为93家。专职工会干部17名,其中女性9名,研究生1名、大学本科生7名、大学专科生8名。兼职工会干部48名。

2007年,光明食品集团所属子公司以上工会组织28个,三级及以下企业工会组织231个。专职工会干部62名,其中女性28名,研究生1名、大学本科生20名、大学专科生37名、高中生及以下学历4名。兼职工会干部229名,其中女性108名。职工总数为86 472人,比2006年减少12 853人(主要原因是劳务用工方式变化、企业转改制以及部分企业的隶属关系转移和正常退休等)。工会会员人数为85 369人,入会率为98.72%。其中农民工入会率为94.66%。

2008年,光明食品集团所属子公司以上工会组织29个,三级及以下企业工会组织221个,比上年减少10个。专职工会干部53名,其中女性30名,研究生1名、大学本科生22名、大学专科生29名、高中生及以下学历1名。兼职工会干部221名,其中女性101名。职工总数为92 943人,比2007年增加6 471人。工会会员人数为91 461人,入会率为98.41%。其中农民工入会率为96%。

2009年,光明食品集团所属子公司以上工会组织25个,三级及以下企业工会组织202个,比上年减少19个。专职工会干部51名,其中女性25名,研究生1名、大学本科生21名、大学专科生28名、高中生及以下学历1名。兼职工会干部253名,其中女性116名。职工总人数为93 670人,比2008年增加727人。工会会员人数为90 578人,入会率为96.7%。其中农民工入会率为85.11%。

2010年,光明食品集团所属子公司以上工会组织29个,三级及以下企业工会组织220个,涵盖企业349个。专职工会干部64名,其中女性33名,研究生3名、大学本科生38名、大学专科生22名、高中生及以下学历1名。兼职工会干部249名,其中女性115名。职工总数为91 676人,比上年减少1 994人,主要原因是农工商超市门店减少和农场型企业退休人员增加。工会会员人数为89 203人,入会率为98%。

二、工会建设

2006年,集团工会向所属各单位工会发出《关于认真学习贯彻党的十六届六中全会精神的通知》,要求各级工会在建设和谐企业、发展和谐劳动关系中主动发挥工会组织的桥梁和纽带作用。工会常委班子成员分别对集团所属子公司和社区、党校的工会工作进行调研,就如何加强新形势下的工会工作、职工关注的热点和难点问题、集团重组后工会工作的衔接对口等工作与基层工会主席进行探讨和交流。召集全体常委对建立集团层面职代会制度、平等协商集体合同机制等问题进行专题研讨。集团工会对基层企事业单位的工会组织进行了普查,对普查结果进行汇总分析,提出相应对策。会同市总工会、静安区总工会就外商投资企业——上海惠氏营养品有限公司组建工会与美国惠氏公司中国区总裁进行磋商。举办了基层工会干部培训班,专题学习《企业工会工作条例》;创办《工会讯息》,为各级工会交流经验、加强沟通搭建信息平台。

2007年,集团工会组织常委班子认真学习和领会中共十七大精神,各级工会组织通过集体学习、班组学习和个人自学、举办辅导讲座、下发学习读本、组织知识竞赛、开展创建"工人先锋号"活动等形式,掀起学习贯彻十七大精神的热潮。集团工会常委班子先后到东旺塑料厂、荣臣集团、第一食品、一只鼎公司等基层企业调查研究,了解职工思想动态和需求,寻找工会工作服务经济的结合点。根据全总和市总要求,集团工会下发《企业工会工作达标考核意见》,要求基层单位工会确保试点单位全部达标。加大工会组建和发展劳务工入会的工作,分解目标,明确职责,为确保全年新增工会会员数奠定了基础。6月下旬,集团工会组织所属各单位工会主席组成三个小组,分别对17个子公司工会工作进行对口检查。集团工会举办工会经审、财务干部业务培训班,邀请市总经审办主任作专题辅导,并进行经审案例剖析。召开纪念"三八"妇女节暨表彰"市三八红旗手"会议,总结部署年度女职工工作。与集团安全办联手开展万名职工"安康杯"劳动保护竞赛活动。按照市总工会要求开展职工队伍状况调查,完成3家抽样单位职工问卷调查、个案访谈和专题分析等各项任务,受到市总工会的好评。依托《工会讯息》,加强工会工作信息沟通。贯彻落实"组织起来,切实维权"的工作方针,全年新增企业工会14个,新发展会员7 950人,其中发展农民工会员3 592人。益民、烟糖、海博、都市四个子公司工会被上海市总工会授予"2007年上海市模范职工之家"称号。集团总部召开了首次工代会和一届一次职代会,建立了集团总部平等协商和集体合同制度。

2008年,集团工会下发了《关于举办学习党的十七大精神班组(职工)知识竞赛的通知》和《学习辅导读本》,各级工会积极参与全市职工学习中共十七大精神知识竞赛,与集团有关部门联合开展集团系统职工学习中共十七大精神暨形势教育知识竞赛活动。"5·12"四川汶川特大地震发生后,集团各级工会组织和广大职工群众心系灾区、情系灾民,仅5月15日一天,集团系统广大职工群众捐款数额就达311.87万余元。在上海市总工会开展的为都江堰"职工书屋"捐书活动中,集团职工捐赠各类书籍25 648册。

2009年,集团工会开展"三创、四比"迎世博竞赛和"迎世博上海女职工在行动建功立业"活动,举办迎世博光明职工"双语"培训班,组织窗口服务行业一线职工开展对标找差距活动,提升服务质量。围绕"与祖国共命运,与世博共奋进,与企业共发展"的主题,广泛征集职工群众爱祖国、迎世博、谋发展的格言和良策。邀请世博局官员为基层工会干部和团员青年作有关世博知识和理念的讲座,帮助大家在了解世博、共享世博中更好地服务世博、奉献世博。举办了"庆祝建国六十周年,共创光明美好未来——集团职工摄影、美术、书法作品展"活动,共收到参赛作品近700件,展出各类作品近200件。先后举办迎世博出租车驾驶员服务规范大赛、女职工职业风采大赛和职工学双语展风采大赛。同时抓好各级工会经费收缴和管理,确保资金使用程序更加科学规范。集团工会被上海市总工会评为"市级工会财务工作先进单位"。

2010年,集团工会全面启动千名基层班组长学EBA工程,春、秋两季共招收一线班组长和生产骨干872名,学员实考合格率达99%以上,受到了上海市总工会和上海电视大学的表彰,集团工会获本年度上海市EBA培训工作优秀组织奖。集团工会到基层企业就集体合同的修订和履约、工资集体协商的实施以及职工最低工资标准执行情况等进行专项检查和调研,深入三级、四级企业实地查阅相关台账资料,了解企情民意。开展集团第八次厂务公开民主管理工作大检查,组织集团职代会代表和党代会代表,分别对金枫酒业和冠生园集团的亮点工程进行巡视检查。配合全国总工会对集团所属企业工会组织建设及发挥作用状况开展调查。开展创建劳动关系和谐企业活动,确立集团所属企业三年创建总目标,推进"职工满意企业"评选工作。东海总公司、光明乳业按民主程序完成工会主席的增补工作;跃进、投资、星联公司工会进行换届选举;川东农场、西郊国际召开首次工代会;上海农场建立工会筹备组。集团工会选送7名新上任的子公司工会主席到上海市工会管理干部学院接受岗位培训。根据中央和市委创先争优活动领导小组及全国总工会、市总工会要求,在工会组织和广大职工中深入开展创先争优活动。《劳动报》以整版的篇幅宣传介绍集团各级工会在引领职工投身发展、突出维权职能方面的经验;着重总结和推广海博出租汽车公司培养、关心、塑造外来农民工形象的典型经验。

第二节 劳动竞赛和先进评选

一、劳动竞赛

2006年,光明食品集团工会以弘扬光明精神"大讨论"活动为载体,向全体职工发出了"争做光明主人,成就光明事业倡议书",号召全体职工立足本职岗位,大力弘扬光明精神,用心传承光明文化,倍加爱护光明品牌,为光明事业献计献策、建功立业。集团工会以开展劳动立功竞赛、群众性合理化建议活动为抓手,发挥职工在企业发展中的积极性和创造性。集团所属各级工会共收到职工合理化建议8 311条,其中1 677条建议已得到实施,取得较好的经济效益和社会效益。

2007年,集团各级工会通过宣传手册、企业内部资料、网络宣传以及班组学习、智力竞赛等形式,宣传落实集团发展战略规划。在职工中开展"当好主力军、建功'十一五'、和谐奔小康"主题竞赛活动。集团工会下发《关于开展职工科技创新活动的意见》,动员各级工会组织职工广泛开展以"小建议、小革新、小改进、小设计、小发明"为主要内容的"五小"群众性科技创新实践活动。当年11月,在静安区文化馆举办了为期3天的职工科技创新成果展,以图文并茂的形式,集中展示了集团职工在投身科技创新、岗位创新活动中所取得的丰硕成果。2006—2007年,集团各级工会组织共收到职工合理化建议10 868件,其中被采纳实施3 035件,技术革新项目249项,技术发明25项,申请专利79项,直接或间接产生经济效益超过亿元。

2007年7月17日,集团工会下发《关于广泛开展创建"工人先锋号"活动的通知》(简称《通知》),将创建活动作为车间、班组、工段建设的重要抓手,围绕"一流工作、一流服务、一流业绩、一流团队"的创建内容,结合各自劳动竞赛主题,制定创建目标,培育、打响"工人先锋号"品牌。《通知》要求各级工会充分认识和把握开展创建"工人先锋号"活动的重要意义、总体要求和目标,明确"工人先锋号"的授予对象和条件。命名集团"工人先锋号",要按照自下而上、逐级推荐、群众认可、严格考核的原则,在充分听取职工意见的基础上推荐申报,由集团工会审核批准。集团工会于2007年10月19日在海博股份有限公司广场举行创建"工人先锋号"启动仪式,市总工会、市国资委和集团领导出席启动仪式;集团工会向全体职工发出积极投身创建"工人先锋号"活动的倡议;向16家所属单位的工会主席授予创建"工人先锋号"活动大旗,并为海博出租汽车贴上创建"工人先锋号"标志。

2008年,集团工会以"当好主力军、建功'十一五'、和谐奔小康"主题竞赛和创建"工人先锋号"活动为载体,在职工中开展建功立业活动。为克服雪灾对市场商品供应造成的影响,集团工会在窗口服务行业开展了以"比服务、比质量、比安全、比诚信"为主要内容的"迎新春创一流"劳动竞赛活动,确保了春节期间商品供货渠道的畅通和商品质量安全无投诉。围绕"当好主力军,争创先锋号——万名职工建功立业"主题活动,各级工会精心组织了形式多样、符合主业发展的劳动立功竞赛和职工"五小"科技创新活动。集团工会与产业部等部门联合召开节能减排工作推进会,通过典型宣传和经验交流,使集团节能减排工作得到了有效推进。实施职工技能登高计划,举办集团维修电工技能竞赛。开展了迎世博600天行动计划——光明职工"三创四比"立功竞赛活动,即创窗口行业一流服务水平,创岗位服务最新风貌,创岗位业务最佳效益与业绩;比服务水平、服务质量,比岗位环境、员工形象,比规范服务、诚信服务,比营运安全、服务安全、食品卫生安全。

2009年,面临国际金融危机,集团工会深入开展"同舟共济保增长,建功立业促发展——我为光明作贡献职工合理化建议"主题竞赛活动,引导职工正确对待经济发展和企业困难时期的利益调整,组织动员职工与企业共渡金融危机难关。各级工会结合"工人先锋号"的创建和"迎世博600天行动计划"的实施,持续推进群众性劳动竞赛、技能登高和合理化建议活动,全年广大职工提出合理化建议6 581条,其中被企业采纳1 998条,实施1 549条,创经济效益6 820万元。当年5月,集团工会组织基层60多名工会干部和科技创新积极分子赴长江总公司德科电子仪表有限公司参观职工合理化建议成果展。集团工会命名德科公司、梅林股份等6家企业为集团"推进科技创新和合理化建议示范基地"。11月集团工会召开了"同舟共济保增长,建功立业促发展——我为光明作贡献"优秀合理化建议总结表彰大会,对6个一等奖项目、12个二等奖项目、15个三等奖项目进行了表彰。

表11-3-1 2009年光明食品集团职工合理化建议获奖项目情况表

	项　　目	获　奖　单　位
一等奖	罐头食品生产过程杀菌冷却水循环利用	上海梅林正广和股份有限公司
	Q-11乳品包装机自主改造	上海乳品二厂
	自制仪表校验压针机设备改造	上海德科电子仪表有限公司

〔续表〕

	项目	获奖单位
一等奖	轻型栽培技术的推广运用	海丰米业基地分公司技术中心
	自制PETG薄膜制造系统	上海宏盾防伪材料有限公司
	方听电阻焊改型	上海梅林食品有限公司
二等奖	鸡精生产工艺改造	上海冠生园调味品有限公司
	金枫基酒应用于和酒中的研发	上海金枫酒业股份有限公司
	米酒酿造工艺新法	上海金枫酒业股份有限公司
	早熟新品系"2034"水稻的选育及推广	上海跃进农业管理总站
	水稻精量条播机及配套高产栽培技术引进推广	上海万事发实业总公司
	热处理感应加热淬火设备国产化技术应用	上海向明轴承有限公司
	化工车间冷媒乙二醇改造	上海诺华动物保健有限公司
	轮胎恒压变温硫化生产工艺节能技术改造	上海东海轮胎有限公司
	燃气锅炉烟道余热回收设备改造	上海乳品八厂
	新型饲料保护剂的研发	上海光明荷斯坦牧业有限公司
	高能耗不锈钢抽真空设备工艺改造	上海思乐得不锈钢制品有限公司
	牛病毒性腹泻病的检测	上海市农工商投资公司
三等奖	400直呼营销平台的建立	上海冠生园蜂制品有限公司
	"骑缝式"酒坛摆放新法	上海金枫酒业股份有限公司
	制糖辅料用量系统控制法	东方先导糖酒有限公司
	锅炉排污管道改造	上海金枫酒业股份有限公司
	中央空调和压缩空气系统节能技术改造	上海德科电子仪表有限公司
	筛网自动定长切断工艺改造	上海盾牌筛网滤器合作公司
	250吨冲床缩杆模改进	上海申光高强度螺栓有限公司
	船窗冲试试验技术革新	上海申特机械制造有限公司
	α化米生产线供水系统改造	上海东领食品有限公司海丰分公司
	打印机墨盒外挂改装法	光明乳业股份有限公司总部
	锅炉供气系统节能改造	上海乳品四厂
	自制建筑脚手架螺栓修复机	上海农工商建设发展有限公司
	自制桑塔纳3000型发动机模拟测试台架	上海海博车辆修理有限公司
	2吨燃煤锅炉烟气脱硫除尘工程	上海思乐得不锈钢制品有限公司
	污水泵节能改造	上海浦东星火开发区排水管理中心

2009年7月5日,由上海市总工会、市迎世博600天行动窗口服务指挥部、市城市管理指挥部、市文明办、市建交委、市交通港口局主办的迎世博上海出租汽车行业"工人先锋号"发车仪式在海博

股份公司广场举行。中共上海市委副书记殷一璀向上海市七大出租车品牌授旗帜,海博出租名列其中。

2009年7月8日,集团工会、集团文明办、集团迎世博办公室等部门联合开展迎世博光明职工"双语风采"比赛,36位选手组成12支参赛队参加比赛。选手们从中英文自我介绍、"迎世博从我做起"个人普通话演讲、世博知识双语问答、才艺展示四个环节进行角逐。烟糖、益民、海丰、东海、海博股份和光明乳业等6支代表队分获前六名。

2010年,集团工会开展了形式多样的群众性建功立业实践活动和技术比武、职业技能大赛和"我为节能减排作贡献"专项劳动竞赛,会同集团有关部门组织职工开展"我为实现战略规划献一计"群众性"金点子"征集活动。迎世博期间,集团工会组织窗口服务单位开展"迎世博强素质,万名员工岗位技能大练兵"活动,引导广大职工树立环保意识,践行公共道德,当好东道主,文明迎世博。

二、先进评选

2007年,集团工会推荐申报东海鲜花港郁金香新品种引种及露地栽培技术应用等7个职工科技创新项目为"上海市职工优秀技术创新成果",推荐申报光明乳业第三代婴儿配方奶粉研制项目参加"第21届上海市优秀发明选拔赛"。集团工会获市总工会颁发的"上海市第二届职工科技节优秀组织奖"。

按照市总工会要求,集团工会于2007年开展劳模评选活动,进行全国五一劳动奖章、市劳动模范、市劳模集体候选人和单位的评选推荐、材料组织以及申报工作,分别召开15场座谈会,直接听取200多位干部职工代表的意见,并将全国五一劳动奖章、市劳模候选人和候选劳模集体张榜公示。上海市第一食品股份有限公司总经理汪建华获2007年全国五一劳动奖章;上海海博股份有限公司总裁汤玉萍等9位同志获2004—2006年度上海市劳动模范;上海石库门贸易有限公司餐饮销售部等4个集体获2004—2006年度上海市劳模集体,并受到了上海市人民政府的表彰。4月27日,光明食品集团召开"宣传劳模先进事迹,弘扬劳模时代精神"座谈会,集团党政领导向全国五一劳动奖章、市劳模及劳模集体代表授奖、赠书并进行座谈。集团通过报纸、网站、讯息、内部资料等载体宣传劳模精神,开展以"光明,我们共同的事业"为主题的劳模事迹巡回演讲活动,先后在市区企业、农场和社区举办了5场巡回演讲报告会,听众达1 200余人。

2007年,集团工会围绕集团发展战略规划的宣传和实施,积极推进以和谐为重点的"建文明班组、创文明岗位、做文明职工"活动。上海冠生园华佗酿酒有限公司市外销售组、上海星辉蔬菜有限公司技术研发中心等11个班组被上海市总工会和市文明办评为"上海市文明班组";上海捷强集团公司卷烟网络管理岗、上海东旺塑料制品厂产品销售岗等5个岗位被上海市总工会和市文明办评为"上海市红旗文明岗"。

2008年,集团工会开展各类先进的申报、评选和表彰工作。经评选,上海鲜花港企业发展有限公司董事长赵才标获2008年全国五一劳动奖章;梅林正广和技术中心总监师敏、农工商超市嘉善店店长葛培德获2008年上海市五一劳动奖章;海博出租汽车公司获2008年上海市五一劳动奖状;海博汽车租赁公司"飞利浦"班组获2007年度上海市工人先锋号。集团工会利用各种载体宣传表彰获得上海市五一巾帼集体和个人的先进事迹;表彰集团"四好一标兵"集体和个人。集团工会还开展"和谐企业"和"职工信赖的好经理(好厂长)"评选活动,"当好主力军,争创先锋号——万名职工建功立业"主题创建活动,集团工会命名表彰了99个先进集体并同时授予光明食品集团"工人先锋号"。

2009年,集团工会继续开展各类先进的申报、评选和表彰工作,海博七分公司驾驶员谢友庆获上海市五一劳动奖章;农工商超市116店综合食品组、第一食品南东店无蔗糖柜获全国工人先锋号;大金空调公司制造一部RXK班组、上海东海老年护理医院神经科、乳品二厂天然气替代燃煤锅炉项目小组等6个集体获上海市工人先锋号;跃进丰北农业大队、五四滨海古园业务营业部、海丰供电所外线班等10个集体获上海市文明班组。光明食品集团于11月25日召开"同舟共济保增长,建功立业促发展——我为光明作贡献"优秀合理化建议表彰大会,梅林正广和股份公司《罐头食品生产过程杀菌冷却水循环利用》等6个优秀合理化建议一等奖项目在会上进行成果发布,集团工会对优秀合理化建议活动开展情况作了总结并宣读表彰决定。

2010年,集团工会申报评选"全国劳动模范"1人,"上海市劳动模范"9人,"上海市劳模集体"4个,他们分别受到国务院和上海市人民政府的表彰。组织召开了劳模座谈会,举办了16场劳模事迹报告会,听众达3 300多人。关心劳模生活和身体健康,首次组织劳模赴三亚进行疗休养。完成对全系统退休全国劳模、市劳模特殊困难情况的调查摸底。全年120位先进个人、50个先进集体受到集团的表彰。在世博会运行期间,集团共有27位个人、4个集体荣获"上海市世博工作先进"称号,受到了市委、市政府的表彰。经过评选总结,集团工会授予海博出租汽车驾驶员佘建强等26名先进个人为"建功世博服务明星",命名表彰了上海鲜花港企业发展有限公司世博花卉运输车队等100个先进集体为光明食品集团"工人先锋号"。

第三节　民主管理和权益维护

一、职工代表大会

【制度】

光明食品集团党委于2006年12月同意并批转集团工会《关于建立光明食品集团职工代表大会制度的请示》,健全职工权益的表达、维护、协调机制,建立和谐稳定的劳动关系,建立有效的企业内部监督和自我约束机制。集团工会作为职工代表大会的日常工作机构,负责集团职工代表大会的筹备组织工作。

集团职工代表大会每届届期为3年,每年召开一次职工代表大会。职工代表大会闭会期间,涉及职工代表大会权限的重要问题,通过集团职工代表大会联席会议进行审议,提出处理意见。集团所属各个国有和国有控股企事业单位相应建立健全职工代表大会或职工大会制度,保障职工行使民主管理权利。

集团职工代表大会的职权是:审议建议权,听取和审议集团长远发展规划、年度工作计划、重大经营管理决策报告,提出意见和建议。审议决定权,审议和通过涉及职工切身利益的集团集体合同文本草案。评议监督权,按中央和市委文件要求,民主评议集团领导干部和领导班子。民主选举权,依法选举职工董事、职工监事和集体协商职工方代表。及法律法规和政策规定赋予职代会的其他职权。

集团职工代表大会的代表主要根据各单位职工人数和国有资产占有份额(比例)计算分配名额,由各单位职代会代表通过民主程序产生。职工代表由集团和所属子公司、重点企业的党政工领导干部及一定数量的管理人员、科技人员、一线职工代表组成。第一届职工代表为200人,其中领导干部比例不超过50%,一线职工代表比例不小于20%,劳动模范、青年职工、女职工和劳务工代表占适当比例。集团职工代表大会代表实行常任制,每届任期3年,可连选连任。

集团职工代表大会设立大会主席团,主席团成员由同届正式代表中的各方人员组成,由集团工会提出建议名单,经职工代表大会预备会确认。

根据集团的实际情况,集团职工代表大会设立民主评议干部、提案处理、平等协商集体合同等三个专门委员会,其主要职责是:进行专题调研;对职代会审议的议案、文件作可行性分析;对职代会决议执行情况进行巡视检查等。

【职工代表大会的召开】

一届一次职工代表大会 2007年2月7日,光明食品集团召开一届一次职工代表大会。

大会的主要议题为:听取《光明食品(集团)有限公司发展战略规划报告》;听取《光明食品(集团)有限公司行政工作报告》;审议和通过《光明食品(集团)有限公司职工代表大会工作规范(草案)》;审议和通过《光明食品(集团)有限公司集体协商办法(草案)》;审议和通过《光明食品(集团)有限公司集体合同(草案)》;签订《光明食品(集团)有限公司集体合同》。上海市总工会副主席杜仁伟出席会议并讲话,党委副书记、工会主席周海鸣主持会议。

大会听取《光明食品(集团)有限公司发展战略规划报告》《光明食品(集团)有限公司行政工作报告》。以举手表决方式分别通过《光明食品(集团)有限公司职工代表大会工作规范》《光明食品(集团)有限公司集体协商办法》和《光明食品(集团)有限公司集体合同》三个文件的决议;行政方、职工方首席代表分别在光明食品集团集体合同文本上签字。集团一届一次职工代表大会通过《光明食品(集团)有限公司一届一次职工代表大会决议》。

集团一届一次职工代表大会还举行光明食品集团帮困基金会爱心募捐仪式,其中集团捐赠100万元,农工商超市集团捐赠50万元,光明乳业、烟糖集团、益民集团等各子公司捐赠3万~8万元不等;与会全体代表、特邀代表慷慨解囊,为集团困难职工献出自己的一份爱心。

一届二次职工代表大会 2008年3月17日,光明食品集团召开一届二次职工代表大会。

大会的主要议题为:听取和审议曹树民总裁所作的《集团行政工作报告》;听取了集团党委委员、人力资源部经理张大鸣所作的《集团职工工资增长情况的报告》;审议和通过《光明食品(集团)有限公司集体合同(修正案)》和《光明食品(集团)有限公司女职工特殊利益专项集体合同(草案)》,行政方和职工方首席代表分别在两个集体合同正式文本上签字。全体与会代表以举手表决方式通过《光明食品集团一届二次职工代表大会决议》。党委副书记、工会主席周海鸣主持会议。

为开好一届二次职工代表大会,2008年1月举行工会与行政集体协商会,就《光明食品集团女职工特殊利益专项集体合同》和《光明食品集团集体合同》补充修改条款等事项进行了商讨。

一届三次职工代表大会 2009年2月27日,光明食品集团召开一届三次职工代表大会。

集团党委副书记、工会主席周海鸣主持大会。职工代表听取和审议曹树民总裁作的《经济工作报告》;听取了集团党委委员、人力资源部总经理张大鸣作的《2008年集团职工工资增长情况的报告》;通报了关于加强企业民主管理,建立集团职工顾问团及职工代表巡视检查制度的意见以及2008年集团基层企业推进工资集体协商制度的情况。

二届一次职工代表大会 2010年4月26日,光明食品集团召开二届一次职工代表大会。

集团党委副书记、工会主席周海鸣主持大会。大会听取、审议集团副总裁庄国蔚代表曹树民总裁所作的《行政工作报告》;听取集团纪委书记张大鸣所作的《关于光明食品集团党风廉政建设情况的通报》;听取集团党委委员、人力资源部总经理马勇健所作的《关于光明食品集团2009年度职工工资增长情况的专题报告》；审议、通过并签订新一轮《光明食品(集团)有限公司集体合同》和《光明食品(集团)有限公司女职工特殊利益专项集体合同》；表决通过《光明食品(集团)有限公司第二届职工代表大会第一次会议决议》。

二、厂务公开

2007年8月16日，光明食品集团党委下发《关于开展厂务公开民主管理工作调研检查的通知》，对集团所属各子公司，新海、东平社区，集团党校及其所属企事业单位进行专题调研检查。集团工会在集团所属企业内开展评选"和谐企业"和"职工信赖的好经理(好厂长)"活动，进一步深化基层企业的民主管理及和谐企业建设。

2008年3月，由集团厂务公开领导小组成员带队，组成六个检查组对各子公司及所属企业进行专项调研和检查。在上海市总工会、上海市国资委共同开展的上海市"职工最满意企(事)业单位"和"职工信赖的经营(管理)者"评选活动中，集团所属宏盾防伪材料有限公司、东旺房地产有限公司等5家企业被授予"2006—2007年度上海市职工最满意企(事)业单位"称号；爱森肉食品有限公司总经理鲁吉明、冠生园食品有限公司厂长崔伟忠等6人被授予"2006—2007年度职工信赖的经营(管理)者"称号。

【2006—2007年度上海市"职工最满意企(事)业单位"】
上海宏盾防伪材料有限公司
上海东旺房地产有限公司
上海海博汽车租赁有限公司
上海爱森肉食品有限公司
上海滨海古园

【2006—2007年度上海市"职工信赖的经营(管理)者"】
刘庆佩　上海宏盾防伪材料有限公司总经理
郑建国　上海东旺房地产有限公司总经理
陈世荣　上海海博汽车租赁有限公司总经理
鲁吉明　上海爱森肉食品有限公司总经理
崔伟忠　上海冠生园食品有限公司党委书记、厂长
董　耀　上海冠生园华光酿酒药业有限公司总经理

2009年，光明食品集团建立职工顾问团、职工代表巡视团制度，将其作为厂务公开民主管理工作的拓展和延伸。在职工顾问团、职工代表巡视团成立大会上，来自集团一线的30位职工代表被集团聘为第一届职工顾问团、职工代表巡视团成员。在"职工满意企业"评选活动中，上海城乡建筑设计院有限公司、星火开发区排水管理中心、上海牛奶棚食品有限公司等14家单位被评为光明食品集团"2007—2008年度职工满意企业"。

【光明食品集团"2007—2008年度职工满意企业"】
上海市浦东星火开发区排水管理中心

上海星辉蔬菜有限公司
上海思乐得不锈钢制品有限公司
上海城乡建筑设计院有限公司
上海鲜花港企业发展有限公司
上海方信包装材料有限公司
上海申光高强度螺栓有限公司
上海盾牌筛网滤器合作公司
上海跃进农业管理总站
上海金枫酒业股份有限公司
上海梅林正广和股份有限公司总部
上海冠生园天厨调味品有限公司
上海市食品进出口公司
上海牛奶棚食品有限公司

2010年,光明食品集团开展第八次厂务公开民主管理工作大检查,组织集团职代会代表和党代会代表,分别对金枫酒业和冠生园集团的亮点工程进行巡视检查。围绕深圳富士康员工跳楼事件的发生,配合全国总工会对集团所属企业工会组织建设及发挥作用状况开展问卷调查。深入开展创建劳动关系和谐企业活动,确立集团所属企业三年创建总目标。集团工会组织召开职工顾问团座谈会,来自基层不同行业和岗位的15位顾问团成员在调查研究的基础上,对集团的战略规划、品牌提升、内部产业链资源共享、人才队伍建设以及员工培训和生活改善等问题提出建议,集团工会就顾问团成员提出的建议和意见,及时会同总部有关部室逐条研究解决方案,并将处理结果向顾问团成员进行反馈。

三、集体合同

2006年10月,集团工会依据《中华人民共和国工会法》《中华人民共和国劳动法》《中华人民共和国公司法》及有关法律法规并结合本系统的实际情况,拟定《职代会工作规范》《集体合同》《集体协商制度试行办法》和《集体协商制度试行办法实施细则》等4个文本的征求意见稿。分别召开集团工会常委会、子公司工会主席会议以及集团部室负责人、子公司(社区)党政领导座谈会,对合同条款逐条逐句地进行讨论,使合同内容不断得到充实和完善。集团工会分别到上海电气、宝钢等集团学习取经;先后到农工商超市集团、光明乳业股份有限公司、海博出租汽车有限公司、星辉蔬菜有限公司、梅林正广和股份有限公司等企业开展调研,通过召开基层工会主席、基层管理人员、劳务工和外来农民工座谈会,面对面听取职工方的意见,使合同条款更加全面、准确、真实地反映职工的诉求。

2007年,集团工会本着共建共享的原则,继续推进平等协商、集体合同和职代会制度建设,分别召开各个层面干部职工座谈会,认真听取各方对集体合同草案的意见,并就职工工资增长、职工健康体检、职工教育培训等内容与集团行政进行了2次集体协商,前后进行了8次修改,于2007年2月7日在光明食品集团一届一次职代会上由行政方与职工方的首席代表正式签约。6月底,集团所属二级以下企业工会参照集团集体合同样本,会同行政相关部门对本单位集体合同内容进行修订,着重就维护好职工的民主政治、劳动保障、经济利益、安全生产以及健康、学习等权益进行了补充和完善,重点明确职工收入和企业效益必须实现同步增长的目标。

2008年,集团工会在注重集体合同履约和完善的同时,加大工资集体协商的推进力度。为确保《中华人民共和国劳动合同法》和集团《集体合同》依法落到实处,集团工会会同人力资源部联合开展学习执行《劳动合同法》、规范企业收入分配专项检查。在检查调研的基础上,集团工会又对《集体合同》中有关加强和建立经营者收入增长与企业一线职工收入增长联动机制等问题新增了补充条款,还就维护女职工特殊利益制定《专项集体合同》,以上2项集体合同经集团一届二次职代会审议通过。集团所属企业工会本着共建共享的原则,也纷纷修订和完善本企业集体合同,制定女职工《专项集体合同》,并通过多种行之有效的形式,加强与行政的沟通和合作,提高一线职工的收入水平,解决和落实涉及职工切身利益的具体问题。集团工会将推进工资集体协商作为重点工作,分别召开常委会、集团工资集体协商工作推进会、举办专题培训班,采取调研检查、协调指导的办法,逐个落实时间节点,使集团二级子公司全部建立了工资集体协商机制,实施率为100%;在持续经营的三级和四级国有和国有控股企业中,工资集体协商的建制率超过80%。集团的集体合同制度建设和工资集体协商的推进力度走在全市工会前列。

2009年,集团工会召开推进工资集体协商工作专题会议,进一步抓落实促规范。9月底,集团国有及国有控股企业全部建立了工资集体协商机制。10月13—15日,中国农林水利工会在沪召开全国农垦系统集体合同制度建设经验交流会,推广光明食品集团在开展平等协商、集体合同和工资集体协商工作中的经验。集团总裁曹树民代表行政作题为《聚焦民生热点,构建和谐企业,确保广大员工共享企业改革发展成果》的报告,益民集团、长江总公司工会在会上介绍经验。

2010年,集团工会就新一轮集体合同和女职工专项集体合同中需补充和完善的条款与集团行政进行平等协商,协商内容包括创建劳动关系和谐企业的达标要求、加强企业民主管理制度的功能建设、提高在岗职工年均工资水平增长幅度、启动一线班组长素质教育工程以及将妇科普查范围扩大到下岗、协保女职工等。在4月举行的光明食品集团二届一次职工代表大会上,签订了集团新一轮集体合同和女职工专项集体合同。10月,集团工会主要领导出席了全总副主席在沪召开的调研汇报会,并代表上海产业工会就光明食品集团工资集体协商开展情况作了专题汇报。工会主席周海鸣带领有关部门负责人分别到基层企业就集体合同的修订和履约、工资集体协商的实施、职工最低工资标准执行情况以及职工收入分配情况等进行专项检查和调研。

四、帮困工作

2006年,光明食品集团帮困送温暖工作坚持"重点放集团、覆盖到基层"的原则,形成"上下联动、分层分类,广开渠道、形式多样,标准明确、机制长效"的格局。元旦、春节、劳动节、国庆节期间,集团各级领导累计慰问走访困难职工20 158人次,累计发放各类慰问金514万元。下发医疗帮困卡240张,就医帮助200人次,总值达1.2万元。集团各级工会对重点帮困助学对象进行摸排、随访,全年共资助困难学生2 388人次,发放助学金138.3万元。集团积极推进为女职工"送健康、送保障"活动,向50名特困女职工赠送一年的牛奶;1 080名下岗、协保女职工参加了妇科普查;2家困难企业的部分女职工享受上海市女职工团体互助医疗特种保障。

2007年,集团系统工会组织在元旦、春节期间共慰问走访困难职工16 290人次,发放各类帮困慰问金390万元,发放医疗帮困卡180张;28 243名干部职工积极参与所在单位的帮困"一日捐"活动,捐赠金额达96.2万元。光明食品集团党政班子成员分8组慰问24名特困职工、特困党员和家庭困难的退休劳模。劳动节和国庆节前夕,集团和所属子公司共慰问困难职工 8 329 人,发放各类慰问金 143 万元。在"金秋助学"活动中,集团共帮助困难学生 2 354 名,发放助学金 127 万元;集团帮困基金会和集团优势企业还出资 7.8 万元认助 39 名困难学生。集团有 18 名困难职工子女得到市级机关党支部的定向结对助学金;上海市社会帮困基金会向集团系统 24 名困难职工、22 名困难职工子女分别发放 4.11 万元和 4.04 万元的大病定向帮困金;上海市慈善基金会也向集团 11 名困难职工子女发放 6.05 万元中华慈善助学金。

2008 年,集团各级工会在重大节日期间发放慰问金 551.2 万元,慰问困难职工 24 607 人次。在春节帮困慰问活动中,集团领导分 7 组走访慰问 14 户困难职工家庭,并送上慰问金和慰问品。向集团 27 名困难家庭的学生发放 5.2 万元帮困助学金。

2009 年,光明食品集团在元旦、春节、五一劳动节和国庆节期间共发放帮困慰问金 953.19 万元,慰问困难职工 16 801 人次。47 名困难职工子女分别获得市级机关党支部和市总工会的定向结对助学金;28 名身患大病的困难职工获得市总工会的定向大病帮困金,全年累计发放帮困金达 10 万元。向 30 名困难家庭的学生发放 5.85 万元的帮困助学金。在"一日捐"活动中,集团系统共有 20 438 人次参加募捐,募集善款计 96 万元。被列入集团帮困对象的 22 名应届大学毕业生全部落实就业单位。

2010 年,光明食品集团在元旦、春节期间慰问困难职工 16 100 人次,发放慰问金 781.15 万元。其间,集团各级领导还分别走访系统内的困难职工、困难党员和困难老劳模。发放"金秋助学"帮困资金 53.62 万元,资助困难职工和困难农民工子女 471 人。

第四节 女职工工作

一、女职工队伍

光明食品集团女职工总数由 2006 年 14 462 人增加到 2010 年 16 429 人。工作在制造业和批发零售业第一线的女职工占总数的 84%。

表 11-3-2 2006—2010 年光明食品集团女职工人数情况表　　　　　　　　　　　　(单位:人)

年　　份	2006	2007	2008	2009	2010
在岗女职工	14 462	15 749	16 045	16 000	16 429
离岗女职工	6 204	4 479	2 846	2 943	2 241

表 11-3-3 2006—2010 年光明食品集团在岗女职工行业分布情况表　　　　　　　　(单位:人)

行　　业	2006	2007	2008	2009	2010
农业	192	225	238	671	708
林业	37	29	18	37	56
牧业	165	219	202	235	212

〔续表〕

行　　业	2006	2007	2008	2009	2010
渔业	5	6	3	3	3
农林牧渔服务业	7	8	7	7	5
制造业	6 318	5 899	5 369	4 574	4 172
水的生产及供应业	22	24	25	24	23
建筑业	25	15	18	20	19
运输仓储业	414	553	468	628	452
批发零售业	5 569	7 162	8 068	8 665	9 635
住宿餐饮业	159	154	165	194	197
房地产业	366	350	314	269	279
租赁和商务服务业	305	291	343	287	325
科技研究及技术服务业	93	86	80	90	84
环境公共设施管理业	22	17	16	11	12
居民服务和其他服务业	233	238	224	133	129
教育	276	244	253	43	4
卫生、社会保障和社会福利业	254	229	234	109	114

表11-3-4　2006—2010年光明食品集团女职工干部及培训情况表　　（单位：人）

年　份	女职工委员会数	女职工干部数		女职工培训	
		专　职	兼　职	期　数	人　次
2006	8	2	11	5	231
2007	28	14	92	24	858
2008	29	15	84	18	890
2009	25	18	95	29	919
2010	28	20	97	20	545

二、女职工活动

2006年，集团女职工委员会开展上海市五一巾帼奖个人、集体先进事迹宣传活动，组织女职工学习《中华人民共和国妇女权益保障法》并进行知识问答。开展社会主义荣辱观宣传教育和百万家庭学礼仪活动，请专业教师讲授"女性风采""心理健康"等讲座。按照全总"组织起来，切实维权"的要求，依托市总工会16840999女职工劳动权益求助热线，开通集团"女职工之友"热线和信箱，切实维护女职工利益。在市总工会女工部的支持下，在为部分困难女职工"送健康、送保障"活动中，为50名特困单亲女职工赠送一年的牛奶；为1080名待岗在家的困难女职工赠送公惠医院妇科检查；

为2家相对困难的企业部分女职工,送上上海市女职工团体互助医疗特种保障。"六一"节期间对困难单亲家庭儿童进行慰问,并开展心连心、绘画、看望残障孤儿和送辞典活动;与学校联手,组织学生参观农场的农业生产、亮点工程、生态建设等。推荐上海市三八红旗手6人、上海市三八红旗集体3个,上海市优秀外来务工女性3人。

2007年,集团工会女职工委员会召开纪念"三八"国际劳动妇女节97周年表彰会,表彰一批集团系统的"上海市三八红旗手""上海市三八红旗集体"和"上海市优秀外来务工女性"等先进个人和集体,并以《光明食品报》和光明食品集团网站为载体,宣传和弘扬女职工先进事迹。参与市总工会举办的"女职工职业风采大赛",组织三支队伍参与"迎盛会、学先进、展技能、促和谐"女职工职业风采展示。在全系统女职工中开展"好妻子、好媳妇、好母亲、好女儿——和谐家庭标兵"的"四好一标兵"推荐评选活动,并通过征文形式,连续2个月在《光明食品报》上刊登"四好一标兵"候选人先进事迹。举办"心理健康和礼仪"讲座,帮助和指导女职工不断提升综合素质。依托市总工会16840999女职工劳动权益求助热线和光明食品集团"女职工之友"热线和信箱,及时了解女职工的热点和难点问题,先后召开三轮座谈会和集团工会常委会讨论商议《光明食品集团女职工特殊利益专项集体合同(草案)》,为企业女职工购买《女职工团体医疗互助保障计划》,为困难女职工和单亲女职工家庭送温暖。

2008年,集团工会女职工委员会在注重集体合同履约和完善的同时,积极推进集团女职工特殊利益专项集体合同的签订,在与集团行政协商一致的基础上,集团一届二次职代会审议通过《光明集团女职工特殊利益专项集体合同》。集团系统80%所属企业签订女职工权益保护专项集体合同。根据市总工会《关于开展保障女职工权益专项检查的通知》精神,对6家基层企业进行重点检查。继续推进为企业女职工购买《女职工团体医疗互助保障计划》的互助保险。组织获上海市五一巾帼奖的集体班组与单亲困难女职工结成帮扶"双结对",为特困女职工特别是单亲女职工家庭送上温暖。

召开纪念"三八"国际劳动妇女节98周年表彰会,表彰一批"上海市五一巾帼奖"、集团"四好一标兵"等先进个人和先进集体。各级女职工委员会开展巾帼建功活动,22个女职工班组和服务团队获得集团工会命名表彰并授予光明食品集团"工人先锋号"称号。9月16日成立光明食品集团女职工代表联谊会,来自光明食品集团各基层单位的42名女职工代表参加会议。

2009年3月,集团工会、女职工委员会举行纪念"三八"国际劳动妇女节成立99周年会议。会议对获全国巾帼文明岗、全国女职工建功立业标兵岗、全国女职工建功立业标兵、上海市三八红旗集体、上海市三八红旗手的代表授予奖牌和荣誉证书。贯彻落实全国总工会、市总工会关于签订《女职工特殊利益专项集体合同》有关精神,对工作推进情况进行督查工作,进一步扩大合同覆盖面。把单亲困难女职工帮困工作纳入集团"帮困送温暖工程",为困难单亲女职工子女送上"六一慰问金",专门设立单亲困难女职工档案,实行动态管理。开展为五一巾帼奖集体与单亲困难女职工子女"双结对"活动。进行"关注健康、享受人生"女职工健康知识讲座,对200多名下岗女职工进行妇科免费检查。组织女职工参与"迎世博、展风采双语演讲大赛"。

2010年,集团工会女职工委员会表彰上海市三八红旗集体和上海市三八红旗手;组织女职工参加EBA班组长培训;参与"十个服务品牌、千个服务明星、百个工人先锋号"创建活动,涌现出一批女性先进个人和集体。组织女职工开展"我为新三年发展规划献一计"合理化建议活动。对《光明集团女职工特殊利益专项集体合同》进行讨论修改,并在二届一次职代会上获得通过。根据市总工会的要求,组织子公司开展"女职工权益专项检查"。为困难女职工家庭送上牛奶票,为困难女职工家庭子女送上世博门票,为100多名困难女职工送上免费妇科检查。组织子公司女职工干部开展"女职工组织如何参与创建劳动关系和谐企业"的研讨会,按照市总工会女职工工作目标管理和《工会女职工委员会工作手册》的推广要求,推行工作管理目标,使女职工工作不断走向规范化、制度化。

第五节 职工文体活动

一、十月歌会大赛

2007年10月26日,"'光明——我们共同的事业'2007十月歌会大赛"在艺海剧院举行,上海市总工会副主席汪兰洁前来观看演出,光明食品集团党政班子成员与总部工作人员一起登台演唱《祝福祖国》和《同一首歌》。大赛由集团工会主办,来自集团所属各单位的15支合唱队参加比赛。在演出的30首合唱曲目中,有一半为员工原创或改编曲目。益民集团、农房集团、烟糖集团等单位分获大赛的一、二、三等奖;农工商超市集团、海博股份、东海总公司、投资公司等单位分获最佳创作奖、最具人气奖、舞台风采奖和优秀演出奖。

二、第一届职工运动会

2008年7月23日,以"快乐健身,光明与奥运同行"为主题的光明食品集团第一届职工运动会在上海大学隆重举行,上海市总工会副主席陈国华及集团领导观摩比赛。来自集团所属各单位的18支体育代表队,以高昂的士气进行了运动员入场式,近1500名男女运动员分别参加了第八套广播体操、乒乓球、羽毛球、游泳、田径等11个项目的比赛。光明食品集团第一届运动会由集团工会主办,部分子公司和社区工会共同承办。

【广播体操比赛】

第一名:烟糖集团;第二名:益民集团;第三名:东平社区;第四名:长江总公司;第五名:东海总公司;第六名:海博股份;第七名:投资公司;第八名:光明乳业。

【乒乓球比赛】

男子团体 第一名:益民集团;第二名:海博股份;第三名:烟糖集团;第四名:农工商超市;第五名:星联公司;第六名:东海总公司;第七名:长江总公司;第八名:东平社区。

女子团体 第一名:益民集团;第二名:长江总公司;第三名:烟糖集团;第四名:星联公司;第五名:东海总公司;第六名:农工商超市;第七名:五四公司;第八名:跃进有限公司。

男子单打 第一名:益民集团闵一烨;第二名:益民集团朱汛;第三名:东平社区范本群。

女子单打 第一名:益民集团陈惠丽;第二名:益民集团俞禅清;第三名:星联公司邱玲。

【拔河比赛】

第一名:长江总公司;第二名:烟糖集团;第三名:农房集团;第四名:益民集团;第五名:东海总公司;第六名:星联公司;第七名:光明乳业;第八名:上海都市农商社有限公司。

【垂钓比赛】

第一名：东平社区　冯惠君（鱼重4.59公斤）；第二名：益民集团　王幸（鱼重1.54公斤）；第三名：长江总公司　张宏达（鱼重1.28公斤）。

【呼拉圈比赛】

第一名：东海总公司　吴艳梅；第二名：益民集团　黄菲；第三名：长江总公司　陈红丽。

【踢毽子比赛】

第一名：烟糖集团　江可桂；第二名：海博股份　吴晚翠；第三名：东海总公司　张哲鑫。

【双人踢毽子比赛】

第一名：东海总公司　张哲鑫、张微微；第二名：五四公司　郁芳、顾春花；第三名：东平社区　秦丽丹、许伟聪。

【桥牌比赛】

第一名：五四公司；第二名：跃进有限公司；第三名：集团总部；第四名：东海总公司；第五名：投资公司；第六名：东平社区；第七名：农房集团；第八名：海博股份。

【田径比赛】

女子100米　第一名：海博股份范晶晶(14″69)；第二名：新海社区刘榴(15″22)；第三名：新海社区沈瑶(15″24)。

女子1 500米　第一名：海丰总公司葛爱娟(6′57″38)；第二名：新海社区郁慧菊(7′05″6)；第三名：新海社区黄爱娣(7′22″01)。

女子4×100米　第一名：海博股份(1′02″97)；第二名：海丰总公司(1′09″42)；第三名：益民集团(1′09″48)。

女子跳远　第一名：新海社区刘榴(3.97米)；第二名：海丰总公司叶长金(3.46米)；第三名：益民集团沈蕾(3.36米)。

男子100米　第一名：海丰总公司任忠(12″14)；第二名：海博股份汤建(12″28)；第三名：东平社区姜志荣(12″53)。

男子1 500米　第一名：益民集团傅坚良(4′57″40)；第二名：海博股份张祥进(5′01″40)；第三名：投资公司张自成(5′04″10)。

男子4×100米　第一名：东平社区(49″35)；第二名：海博股份(50″52)；第三名：海丰总公司(50″85)；第四名：光明乳业(52″99)；第五名：投资公司(53″62)；第六名：长江总公司(54″28)；第七名：烟糖集团(55″52)；第八名：益民集团(55″53)。

男子跳远　第一名：农房集团倪晓俊(5.60米)；第二名：海丰总公司张昌宏(5.58米)；第三名：海博股份汤建(5.54米)。

男子跳高　第一名：海博股份吴伟(1.60米)；第二名：海博股份郑敏泉(1.50米)；第三名：海丰总公司徐罡(1.45米)。

【跳绳比赛(团体)】

第一名:烟糖集团;第二名:东海总公司;第三名:益民集团;第四名:光明乳业;第五名:跃进有限公司;第六名:星联公司;第七名:党校;第八名:海丰总公司。

【跳绳比赛(个人)】

第一名:烟糖集团蒋珍珍;第二名:烟糖集团郑科;第三名:烟糖集团何佳佳。

三、职工摄影、美术、书法作品展

2009年9月23—25日,由光明食品集团工会、党委宣传部联合举办的"庆祝新中国成立六十周年,共创光明美好未来——光明食品集团职工摄影、美术、书法作品展"在长宁区工人文化宫举行。大赛组委会共收到参赛作品近700件,经过主办单位和有关专家认真遴选,近200件各类作品向公众展出。

四、第二届职工运动会

2010年10月,以"快乐健身,建功立业新三年"为主题的光明食品集团第二届职工运动会在上海源深体育馆隆重举行,来自集团所属单位的18支体育代表队在国旗方队的引导下,以高昂的士气进行了运动员入场式。开幕仪式上分别进行了广播操、健美操、腰鼓、太极拳和武术表演。近千名男女运动员分别参加了羽毛球、乒乓球、呼啦圈、桥牌、篮球定点投篮等5个项目的比赛。其中农投公司、海博股份、光明乳业分获羽毛球决赛前三名;东海总公司、益民集团、烟糖集团分获乒乓球决赛前三名;烟糖集团、东海总公司、海博股份分获呼啦圈决赛前三名;上海农场、益民集团分获桥牌决赛南北方位前二名;海博股份、上海农场分获桥牌决赛东西方位前二名;五四公司、长江总公司、集团总部分获定点投篮前三名。

第四章 中国共产主义青年团组织

第一节 组织建制和团员代表大会

一、组织建制

【集团团委】

2006年9月14日,光明食品集团党委同意原农工商集团团委更名为光明食品集团团委,并同意增补团委委员5名、常委2名。同年9月18日,共青团上海市委员会批复同意,共青团上海农工商(集团)有限公司委员会更名为共青团光明食品(集团)有限公司委员会。

2009年8月27—28日,共青团光明食品(集团)有限公司委员会召开第二次代表大会,选举产生光明食品集团团委新的领导班子。马莹、王健、王磊、王赞、朱杨梅、朱瑞欣、杨帆、陈华丽、林伟华、郑超、贲敏、郭乐薇、姜伟、袁丁黎、高萃平、韩洁、戴婉珍等17位同志(按姓氏笔画为序)当选为共青团光明食品(集团)有限公司第二届委员会委员。经共青团光明食品(集团)有限公司第二届委员会第一次全体会议选举,马莹、王健、杨帆、郑超、贲敏、姜伟、袁丁黎、高萃平、韩洁等9位同志(按姓氏笔画为序)当选为共青团光明食品(集团)有限公司第二届委员会常务委员会委员。经共青团光明食品(集团)有限公司第二届委员会常务委员会委员选举,姜伟当选为共青团光明食品(集团)有限公司第二届委员会书记,袁丁黎、杨帆、郑超当选为副书记。2009年9月8日,共青团上海市委批复同意共青团光明食品(集团)有限公司第二次代表大会选举结果。

【共青团组织】

2006年9月18日,因光明食品集团实行重组,根据党团归口管理的原则,经集团党委研究同意,上海市糖业烟酒集团团委组织关系整体划入光明食品集团团委。

2008年10月,因新海社区和东平社区实行属地化管理,建制撤销,新海社区和东平社区团委建制相应撤销。

2010年,光明食品集团团员总数为3 071人,其中女性1 586人,少数民族20人,当年发展新团员20人。

表11-4-1 2006—2010年光明食品集团共青团团员情况表 （单位：人）

年　　份	团员总数	其中女性	少数民族	当年发展团员数
2006	3 071	1 586	102	288
2007	2 998	1 572	12	132
2008	2 388	1 312	4	17
2009	2 817	1 334	6	9
2010	3 071	1 586	20	20

光明食品集团2010年团委17个,团总支21个,团支部151个,团小组36个。

表11-4-2 2006—2010年光明食品集团共青团组织情况表 （单位：个）

年　份	团委数	团总支数	团支部数	团小组数
2006	25	21	142	22
2007	18	18	171	31
2008	16	19	136	28
2009	34	21	132	20
2010	17	21	151	36

光明食品集团2010年兼职团干部为306人,其中党员109人,女性155人,研究生学历12人,大学大专学历252人。

表11-4-3 2006—2010年光明食品集团共青团兼职干部情况表 （单位：人）

年　份	总人数	其中党员数	女性	研究生学历	大学大专学历
2006	384	89	205	2	243
2007	372	125	226	7	215
2008	286	91	115	10	188
2009	297	116	179	8	244
2010	306	109	155	12	252

二、团员代表大会

上海农工商(集团)有限公司团委(后更名为光明食品集团团委)于2004年5月召开第一次代表大会,2009年,五年任期届满。根据《中国共产主义青年团章程》和《中国共产主义青年团基层组织选举规则》的规定,2009年5月,召开共青团光明食品(集团)有限公司第二次代表大会。

【团代会筹备】

2009年3月3日,光明食品集团团委向集团党委提出召开共青团光明食品(集团)有限公司第二次代表大会的请示,内容包括共青团第二次代表大会的主要任务、主要议程、代表名额和构成及分配原则、第二届委员会的组成和领导职数、选举办法和相关准备工作等。2009年3月9日,集团党委同意并批转共青团光明食品(集团)有限公司委员会《关于召开共青团光明食品(集团)有限公司第二次代表大会的请示》,要求所属各单位党委(总支)及有关部门切实加强领导,关心、指导和帮助各级团组织做好团代会的各项准备工作。同日,集团团委向共青团上海市委提出召开第二次团代会的请示。3月10日团市委批复同意召开共青团光明食品(集团)有限公司第二次代表大会,要求按照《团章》等有关规定及有关文件精神,精心组织,认真实施,做好团代会各项筹备工作。

2009年3月25日,光明食品集团团委向集团各单位发出《共青团光明食品(集团)有限公司第二次代表大会代表选举工作通知》。出席共青团光明食品(集团)有限公司第二次代表大会的代表应是有选举权的共青团(包括保留团籍的共产党员)中的优秀分子,代表大会的代表名额为110名,由集团系统的团员代表和团的专、兼职工作者代表构成。其中团的工作者代表不超过代表总数的60%;党员代表不超过代表总数的40%;女代表不少于代表总数的25%;生产和工作一线的代表占代表总数的25%左右;各条战线的先进模范人物和先进集体的代表应有一定的比例;同时兼顾其他类型的代表。代表名额的分配原则:根据各选举单位团员人数;代表应具有广泛性;工作需要。代表由各选举单位召开团员大会或团员代表会议差额选举产生。代表产生的程序为:推荐提名—组织考察—推报代表候选人预备人选—代表选举—正式上报。共青团光明食品(集团)有限公司第二次代表大会召开之前,由共青团光明食品(集团)有限公司第二次代表大会代表资格审查委员会对全体代表进行资格审查。

2009年3月25日,光明食品集团团委向集团各单位团组织发出《关于推荐共青团光明食品(集团)有限公司第二届委员会委员候选人预备人选的通知》(简称《通知》)。共青团光明食品(集团)有限公司第二届委员会拟定为17人。按照候选人名额应多于应选名额10%的规定,委员候选人预备人选共推荐19人。共青团光明食品(集团)有限公司第二届委员会由各方面、各层次团的专、兼职工作者组成。委员候选人预备人选根据干部队伍"四化"方针和德才兼备、结构合理的原则推荐提名。《通知》还就共青团光明食品(集团)有限公司第二届委员会候选人预备人选的推荐原则和条件、候选人预备人选的酝酿推荐程序等作了规定。

2009年8月20日,光明食品集团团委向集团各单位团组织发出召开光明食品集团第二次团代会的正式通知。

【共青团代表大会召开】

2009年8月27日,共青团光明食品(集团)有限公司第二次代表大会在东海总公司中荷园艺培训中心召开,来自集团17家子公司的105名正式代表参加会议。集团党政班子成员特邀出席会议,团市委副书记陈凯、青工部部长陆浩及集团总部部门负责人、各子公司分管领导等应邀出席团代会。

大会总召集人作《关于共青团光明食品(集团)有限公司第二届委员会常务委员会委员候选人建议人选酝酿产生情况的说明》;集团党委组织部领导作《关于共青团光明食品(集团)有限公司第二届委员会书记、副书记候选人建议人选的说明》。

陈凯代表团市委向大会召开表示热烈祝贺。他指出,过去的五年,光明食品集团各级团组织在集团各级党政的领导下,在团的工作方式创新、工作思路创新以及自身建设创新等方面取得了显著的成效,涌现出了一大批先进的典型集体和个人,团市委对光明食品集团过去几年团的工作充分肯定,高度认可。他希望光明食品集团新一届团委班子在集团党政的正确领导下,在广大团干部的共同努力下,在社会各方的支持下,为光明食品集团新一轮的发展,为上海食品行业的发展作出新的、更大的贡献。会上,各位代表听取和审议了陈斐然代表共青团光明食品(集团)有限公司第一届委员会所作的题为《加强价值型团组织建设,凝聚引领青年为推进集团战略奉献青春智慧》的报告。

共青团光明食品(集团)有限公司第二次代表大会和第二届委员会第一次会议分别选举产生了共青团光明食品(集团)有限公司第二届委员会委员、常务委员会委员;常务委员会会议选举产生了共青团光明食品(集团)有限公司第二届委员会书记、副书记。

第二节 团员青年活动和评选先进

一、团员青年活动

【思想教育】

光明食品集团团委组织开展以团干部、青年骨干为主的集团层面的理论学习活动,组织青年学习实践科学发展观,引领青年解放思想,投身科学发展。以纪念改革开放30周年为契机,组织开展"青春与改革同行"主题活动。连续四年邀请集团总裁在年度共青团工作会议上为团干部、常任制团代表作集团经济形势和经济发展思路的报告,使团干部更加准确地谋划和把握共青团和青年工作的着力点。

2006年8月28日,集团团委下发《关于各级团组织积极参与集团"弘扬光明精神、做响光明品牌、做强光明集团、做大光明食品"大讨论的通知》,要求各级团组织采用各种形式开展弘扬光明精神的大讨论活动。

2006年9月,集团团委举办"青春与光明共成长"演讲比赛,来自17家子公司团委的25名选手参加比赛。海丰总公司"光明的我们,我们的光明"获一等奖,同时评选出最佳风采奖、最佳文采奖、青春活力奖、魅力音色奖。

2007年5月,集团团委召开纪念建团85周年暨五四运动88周年大会,纪念大会分为青春寄语、青春风采、青春感怀、青春畅想、青春关爱五个篇章。会上全体与会青年代表向光明集团广大青年发出"永葆感恩之情,永葆青春激情、让青春与光明共成长"的倡议。

2007年10月,集团团委邀请复旦大学顾钰民教授作学习贯彻中共十七大精神专题辅导,来自集团各单位的100多位团干部、青年骨干认真听取报告。

2008年3月,集团召开共青团工作会议,总裁曹树民向团干部介绍2007年集团经济发展情况,重点分析集团2008年经济发展面临的形势,勉励团干部要认准大局、适应发展、认真学习、勤奋工作,为集团发展作出新的贡献。益民、烟糖集团,长江、海丰总公司团委作工作交流。

2008年5月,集团团委召开纪念五四运动89周年暨建团86周年大会,来自基层各行业青年代表、新引进大学生、基层团员青年等80余人参加大会。集团党委副书记顾勇代表集团党政向集团系统15 000名青年致以节日的问候;党委委员、宣传部部长徐永忻介绍集团发展情况;集团团委书记陈斐然作五四致辞;来自基层四个行业的优秀青年作大会交流发言。

2009年5月,集团团委召开纪念五四运动90周年光明青年歌会暨先进表彰会,获"2007—2008年度光明食品集团新长征突击手(队)"的优秀青年和先进集体代表及团员青年代表近100人参加纪念大会。2009年7月,集团团委在上海益民食品一厂历史展示馆开馆之际开展青年主题团日活动,使团员青年进一步了解光明品牌的历史,学习老一辈革命家敬业奋斗的精神。

2010年3月,集团团委召开2010年共青团工作会议,长江总公司、益民集团、烟糖集团团委就"绿色盛会一起来"专题团建活动进行信息发布和交流发言。来自各基层单位的团干部、团员青年代表80余人参加会议。5月,集团团委举行纪念五四运动91周年暨建团88周年主题团日活动,以"传承五四精神、激扬似火青春、放飞光明梦想"为主题,发出致全体光明青年的一封信。集团世博园区注册志愿者及部分优秀团员青年代表参加活动。在海湾国家森林公园开园仪式上,集团31名世博园区注册志愿者佩带绿色领结,进行庄严的迎世博志愿宣誓。

【青年创新创效活动】

集团团委深化青年创新创效活动，引领青年立足岗位建功立业，在技术、营销、管理和服务四个领域发挥青年人的聪明才智，基本形成流程化程序、网格化覆盖、痕迹化管理、常态化推进的工作机制。

集团团委围绕以科技、品牌、网络和资源控制为主要内容的转型重点工作，与集团组织部共同举办四期以"企业创新和青年责任""营销管理""我的品牌视角""商业模式转型，我们来践行"为主题的青年经营者论坛和两期青年农业科技论坛，近300人次参加论坛活动。

2009年8月，为进一步激发青年经营者的创业精神和创业激情，提升青年经营者的能力，集团团委举办《青年经营者论坛——与上海青年创业先锋面对面》主题报告会，由上海市首届十大创业先锋、上海新天地旅游公司董事长、总经理周广和主讲。

2009年11月，由冠生园集团、中国青年创业国际计划（YBC）上海办公室、上海市青少年活动中心共同创建的"YBC·冠生园大学生创业研发中心"启动仪式在冠生园集团举行。原上海市人大常委会副主任、上海中华老字号企业协会名誉会长周慕尧，中国青年创业国际计划专家委员会主席谷丽萍，共青团上海市委书记潘敏，光明食品集团副总裁庄国蔚，静安区副区长陆晓栋，中国青年创业国际计划资产管理委员会主席孙鼎，上海市青少年活动中心党委书记、主任李学军等出席启动仪式。

【社会公益活动】

2009年，集团团委建立志愿者备案制度，备案志愿者214人。联合全市19家集团团委开展"冬日暖阳·红领行动"，倡导不管你是白领、蓝领，只要参加志愿活动就是"红领"的理念，先后2次共80人次青年志愿者参加。

2009年9月，光明食品集团组织海峡两岸少年儿童联谊活动，邀请台湾、都江堰市光明团结小学各10名小学生和光明集团干部职工欢聚一堂，同庆中秋、传递关爱。活动期间，集团团委承担10月2—6日小朋友接待任务，志愿者全程参与。活动内容为组织小朋友参加中秋联欢会、小朋友入住光明家庭一天、海湾森林公园一日游、中秋祈福和播种希望之树等。上海和台湾的媒体对海峡两岸少年儿童联谊活动进行了报道。

2009年9月19日，由沪上15家大型企事业单位共同发起并得到上海市世博志愿者部认可的上海世博会志愿者标识手势征集活动正式启动，光明食品集团团员青年参加了启动仪式。活动历时一个月，光明乳业公司孙贞贞创编了志愿者手势"爱心"。

2009年11月，集团团委下发《关于组织落实"12·5我志愿——上海百万青少年迎世博百日文明行动集中行动"活动的通知》。12月5日集团下属的12家子公司团委组织了1 015名团员青年参与志愿服务，服务内容有：礼让行人、左行右立，传递城市文明；立足本岗、诚信服务、服务导购；爱护环境、从我做起，环境集中整治；深入门店调查缺货率，啄木鸟行动；为参加骨髓采集的志愿者赠送慰问品；关爱老人、心理慰问；健康生活理念宣传、世博知识宣传等。

2009年12月，集团团委下发《关于进一步深化"青春世博行动"的通知》，要求青年人数超过60%的窗口单位开展窗口单位接待礼仪专题培训，积极争创光明食品集团"青年文明号"活动。

2010年7月8日，由共青团中央主办，团市委、上海交通大学和静安区共同承办的世博青年周"绿，低碳世博"主题日活动在静安公园举行。光明食品集团团委筹办的以"绿色盛会一起来"为主题的绿色食品展区成为整个活动现场人气最旺、最受关注的展区之一。团市委书记潘敏及世博局、静安区领导视察了光明食品集团团委展区并给予高度评价。

2010年8月,经过层层筛选及培训考核,来自益民、烟糖、海博、农房及跃进等五家单位的26名世博志愿者成为光荣的"小白菜"。经过为期两天的岗前实训,"小白菜"利用八九月份所有的双休日,在中国馆援助中心、世博会南广场及省区市馆开展为期15天的世博志愿服务。

【举荐培养青年人才】

2009年,光明食品集团团委建立了青年经营者人才库,人数为72人,同时形成团干部人才库和80位基层标杆型优秀青年队伍;2名青年被推荐为第十届上海市青联委员,2名青年被推荐为上海市青年企业家协会会员,2名青年获上海市十大青年经济人物,1名青年获上海市科技创新市长奖,2名青年获上海市新长征突击手,5名青年获"上海市青年岗位能手"称号。涌现全国青年文明号集体1家,上海市新长征突击队1家,上海市共青团号集体11家。开展了第一届光明食品集团十大优秀青年评比表彰活动,集团层面表彰优秀青年团员、青年、团干部133名。按照党建带团建的工作要求,切实做好"推优入党"工作,为党组织发展青年党员把好第一道关。截至2009年,经推优入党的青年达309名。同时帮助11名青年科技、技能人员提升技术等级,组织109位青年参加全市多媒体制作班学习,取得等级证书。

【少先队工作】

2006—2007年,根据"全团带队"的工作要求,集团团委联合集团教卫处完成了优秀少先队员、优秀少先队队长、优秀少先队集体和高中三好学生、优秀学生干部、优秀共青团员(团干部)的评比表彰。

2007年3月20日,集团团委发出《关于评选2006学年度优秀少先队员、优秀少先队队长、优秀少先队集体和高中三好学生、优秀学生干部、优秀共青团员(团干部)的通知》;同年5月,授予新海学校"F10"小队、长江小学五(1)快乐中队等16个少先队组织"上海市农场管理局优秀少先队集体"称号;授予朱佳怡等23名少先队员"上海市农场管理局优秀少先队员"称号;授予吴玉婷等15名少先队员"上海市农场管理局优秀少先队队长"称号;授予长江中学顾慧云"上海市农场管理局三好学生"称号;授予长江中学施海韬"上海市农场管理局优秀学生干部"称号;授予前哨学校沈瑜等4位同学"上海市农场管理局优秀共青团员"称号;授予新海学校张一鸣等3位同学"上海市农场管理局优秀团干部"称号。

2008年5月,授予新海学校四(2)中队"白衣天使"假日小队、长江小学五(1)百花中队等26个少先队组织"2007年度上海市农场管理局优秀少先队集体"称号;授予范逸丰等24名少先队员"上海市农场管理局优秀少先队员"称号;授予邵焕等10名少先队员"上海市农场管理局优秀少先队队长"称号;授予长江中学宋豪"上海市农场管理局三好学生"称号;授予长江中学施霜霜"上海市农场管理局优秀学生干部"称号;授予前哨学校周伶俐等4位同学"上海市农场管理局优秀共青团员"称号;授予新海学校周家豪等2位同学"上海市农场管理局优秀团干部"称号。

2008年10月8日和10日,因新海社区和东平社区建制撤销,新海社区团委和东平社区团委建制相应撤销,少先队工作实行属地化管理。

【团组织自身建设】

2006年12月,集团团委举办光明食品集团重组后的第一次团干部培训班,上海市青年管理干部学院副院长田保传教授作题为《和谐社会和共青团建设》的学习中共十六届六中全会精神主题报告,团市委组织部部长赵国强作团干部能力建设的专题讲座。光明食品集团党委把党建带团建工作纳入对基层党组织的党建目标考核体系,党委召开党团联席会议,规范共青团组织推优入党工作,牵头召开基层团委书记座谈会,团委书记参加同级党委中心组学习。集团团委先后开展"强基础、重品牌、有作为""加强团的基层组织建设年""服务型、价值型团组织建设"活动;开展团支部"一团一品"建设和"争红旗·创特色"工作,参加市级层面先进创建活动,选派团干部参加团市委基层团干部培训短期班的学习,截至2009年,先后有近100名团干部参加了培训。按照团市委网格化团建的工作理念,开展了市国资委系统15个集团团委兄弟联建和静安区域联建,加强与市农委团委的联系。截至2009年年底,共创建电子邮箱268个,短信平台5组86个,实现了对基层团支部书记的信息全覆盖。

二、评选先进

【市级荣誉】

集团团委先后获共青团上海市委员会颁发的2006年度、2007年度、2008年度、2009年度、2010年度上海青工系统先进团组织;第六届(2008年1月)、第七届(2009年1月)上海市共青团工作"首创奖";

2009年2月,光明食品集团团委被授予2008年"上海市五四红旗团委"称号;

2009年3月23日,上海冠生园食品有限公司志愿者服务队获"上海市优秀青年服务集体";

2010年2月,益民集团团委被授予2009年度"上海市五四红旗团委"称号;

2010年12月,集团世博园区志愿者服务队被授予"中国2010年上海世博会志愿者工作优秀团队"称号;

2010年,长江总公司团委被授予"上海市五四红旗团委"称号,上海海丰总公司团委被授予"上海市五四特色团委"称号。

【集团级荣誉】

2007年3月19日,上海农工商房地产集团有限公司团委等29个基层团组织获"2006年度光明食品集团先进团组织"荣誉称号,施海君等28位团干部获"2006年度光明食品集团优秀团干部"称号,都市营销管理有限公司团支部"都市沙龙"等8个项目获"2006年度光明食品集团一团一品优秀项目成果奖",东旺塑料厂团支部"现场管理样板区"等13个项目获"2006年度光明食品集团团委'重点支持项目'"。

2007年4月30日,长江总公司所属万事发种子公司等10个集体获"2006年度光明食品集团共青团号"称号;梅林食品有限公司技术质量部等14个集体获"2006年度光明食品集团新长征突击队"称号;莫蓓红等45名优秀青年获"2006年度光明食品集团新长征突击手"称号。

2008年2月26日,瑞泰虹桥、静安酒店联合团支部等12个基层团组织获"光明食品集团优秀团组织"称号,海丰总公司安丰团支部等18个基层团支部获"光明食品集团特色团支部"称号,孙静等26位青年获"光明食品集团青年创新创效活动积极分子"称号。

2008年,长江总公司团委等4个子公司团委获"光明食品集团五四红旗团委"称号;上海冠生园食品有限公司团支部等6个基层团组织获"光明食品集团五四红旗团组织"称号;上海农工商建设发展有限公司团支部等13个基层团组织获"光明食品集团五四特色团组织"称号；上海金枫酒业股份有限公司销售部分公司市外部等8个集体获"2007—2008年度光明食品集团新长征突击队"称号；彭继荣等32名优秀团员青年获"2007—2008年度光明食品集团新长征突击手"称号。

2009年10月17日，陈斐然、许秀娈、成岗、顾昉、傅为民、郭悦、施海君、徐美华、蔡斌、杨挺峰、孙宏莲等11位同志获"共青团工作荣誉奖"，并同时被授予"光明食品集团新长征突击手"称号。

2009年10月20日，高萃平、黄江华、蔡周洁、高冠明、吕蒙、范裕仁、蒋慧菁、施笛、郑超、袁丁黎获"光明食品集团优秀青年志愿者"称号。

2009年12月28日，第一食品连锁业务部、96858客服中心、城隍珠宝一楼商场、农工商超市118店收银组、海博出租青年先锋队、瑞泰酒店前厅部获光明食品集团首批"青春世博行动——青年文明号"称号。

2010年4月22日，第一食品杨浦店服务台、捷强Joymax 4号店、捷强Joymax 289号店、轻工业研究所世博项目研发和测试服务团队、海博出租96933呼叫中心、宏盾防伪材料有限公司技术研发中心、上海鲜花港旅游接待部、金海岸度假村前厅部、飘鹰新港大酒店总台、新天地企业管理有限公司接待部、华仕物业管理项目会务服务部等11家窗口行业的青年集体获光明食品集团第二批"青春世博行动——青年文明号"称号。

第五章　学　　会

第一节　集团思想政治工作研究会暨企业文化促进会

一、组织沿革

光明食品集团思想政治工作研究会暨企业文化促进会的前身是上海农工商（集团）有限公司思想政治工作研究会和企业文化促进会（简称"思研会、企促会"）。2003年后，因农工商集团改制为多元投资有限公司，并对子公司进行了较大规模的整合归并，思研会、企促会活动自然停止。2005年，农工商集团党委决定恢复思研会、企促会，并经市国资委思想政治工作研究会同意，成为市国资委思想政治工作研究会暨企业文化促进会团体会员。

2005年6月29日，农工商集团召开思想政治工作研究会和企业文化促进会成立大会。会议选出了思研会、企促会理事及理事会领导成员，党委书记王伟当选为思研会、企促会理事长。王伟向大会作工作报告，提出了集团思研会、企促会的工作意见和要求。

集团思研会、企促会是从事企业思想政治工作、企业文化建设理论研究和实践的群众性学术团体，是上海市国有资产监督管理委员会思想政治工作研究会、企业文化促进会的团体会员。接受业务主管单位上海市国有资产监督管理委员会思想政治工作研究会、企业文化促进会的业务指导和监督管理，接受集团党委思想政治工作部的日常行政管理。

集团思研会、企促会的主要任务为：一、继承和发扬政治工作优良传统，深化新时期思想政治工作的理论和实践研究；紧密结合社会主义现代化建设和企业实际，总结、交流、推广加强和改进思想政治工作的经验和做法；努力学习借鉴当今有关社会科学和思想政治工作研究的最新成果，发挥新时期思想政治工作的新优势，探讨思想政治工作的新路子。二、推进企业文化建设，通过推进企业文化的规划与实施、评估与发布，进一步提高企业的核心竞争力，打造企业品牌，树立企业的良好形象；通过推广企业文化理论和实践成果，树立企业文化典型，进一步展示企业文化风貌，提高员工素质，提升企业文化建设的整体水平。三、组织开展思想政治工作、企业文化建设的理论研究、规划实施、经验交流、评估发布、咨询服务和培训辅导等工作。不定期举办思想政治工作和企业文化建设工作讲座；不定期编辑、出版有关思想政治工作、企业文化建设的刊物和文集，以企业报刊和网站为载体，经常报道、交流思想政治工作和企业文化建设工作的动态、经验、典型和成果。四、参加全市思想政治工作研究组织和企业文化建设组织的各项研究活动，加强同国资委系统企业集团的横向联系，学习、借鉴兄弟垦区开展相关工作的先进经验；组织相应思想政治工作和企业文化建设的考察活动。

集团思研会、企促会的业务范围：思想政治工作、企业文化建设的理论研究、规划实施、经验交流、评估发布、咨询服务和培训辅导，编辑研究文集和有关文章，举办各类讲座，组织学习考察。

集团思研会、企促会的团体会员为：子公司、农场、社区和党校思想政治工作、企业文化建设研究组织；集团系统骨干企业思想政治工作研究会、企业文化促进会；有关思想政治工作、企业文化的专业性研究组织；社区精神文明和思想政治工作研究组织。

集团思研会、企促会入会程序：提交入会申请报告；经本会秘书长联席会议讨论通过；发给《接纳通知书》，进行会员登记。

集团思研会、企促会会员权利：协商推选本会的领导成员；参加本会组织的有关研讨交流和考察活动；优先获得本会提供的资料与讲座信息；研究动态和研究成果优先获得推荐、发表和申报评选；对本会工作提出批评和建议。

集团思研会、企促会会员义务：执行本会作出的各项决议；维护本会的合法权益；完成本会委托的工作；按规定交纳会费；向本会提供有关研究信息和研究成果。

集团思研会、企促会的最高权力机构是会员大会。办事机构为秘书处。会长、副会长、秘书长任期3年，可以连选连任。

2005年6月，集团思研会、企促会成立后，16家子公司正式成为上海农工商集团思想政治工作研究会、企业文化促进会的团体会员，并在一届二次理事会上发出了《接纳通知书》。

2006年8月，光明食品集团组建后，即开始筹备集团思想政治工作研究会、企业文化促进会的成立和调整工作。2007年6月召开了集团思研会、企促会年会，表决通过新一届思研会、企促会理事会组成人员名单；调整、改选了两会领导机构新的组成人员。集团党委书记任会长；顾勇任常务副会长；周海鸣、葛俊杰任副会长。理事会成员为徐永炘、张大鸣、童锐志、吴爱平、李国忠、王智勇、杨春花、潘洪、潘建军、张国江、陆耀华、黎志国、王春喜、兴怡、徐凡、周慧琴、吴智荣、任茂功、郑勇、龚葆青、邱新强、邵黎明、陈春山、朱平、郭志刚、陈斐然、陆稚男。陈春山任秘书长；郭金盛、桑树德任副秘书长。同时对集团精神文明建设委员会进行了调整，集团党委书记任主任；曹树民、顾勇（常务）、周海鸣任副主任。委员为葛俊杰、张永泉、徐永炘、张大鸣、唐沛毅、沈敏惠、邱新强、顾鸿新、甘兰新、徐嘉敏、陈春山、郭志刚、陈斐然、朱平。陈春山任精神文明委员会办公室主任。集团思研会、企促会工作办公室设在集团党委宣传部。

二、主要活动

【年会】

2007年6月8日，集团召开思想政治工作研究会、企业文化促进会年会暨精神文明建设工作会议。集团总裁、党委副书记、思研会、企促会副会长、精神文明建设委员会副主任曹树民主持会议并对会议精神的贯彻落实提出了要求；集团党委副书记、思研会、企促会常务副会长、精神文明建设委员会常务副主任顾勇作题为《加强思想政治工作，注重企业文化创新，推进精神文明建设，全力构建光明食品集团和谐企业》的主题报告；集团党委委员、宣传部部长徐永炘宣读《光明食品集团关于表彰文明单位的决定》，集团党委委员、组织部部长张大鸣宣布了集团文明委组成人员名单；大会向上海市文明单位和光明食品集团文明单位代表颁发了命名牌，还审议通过了光明食品集团思研会、企促会理事会成员。益民食品一厂集团党委副书记、总裁翁懋，海博股份公司党委书记王春喜、第一食品股份公司党委书记刘海波交流发言。

2010年6月4日，集团召开2010年思研会、企促会年会。集团党委副书记周海鸣作工作报告。会议审议通过了集团思研会、企促会理事会组成人员；审议通过了增补西郊国际、上海农场、川东农场为集团思研会、企促会团体会员。周海鸣在报告中指出，光明食品集团组建后于2007年6月首次召开了思想政治工作研究会、企业文化促进会年会。在集团党委行政的领导、关心下，在各团体会员单位、各子公司思研会、企促会的支持下,集团思研会、企促会围绕集团经济发展中心,贴近基层企业,积极探索加强和改进新形势下国企思想政治工作和企业文化建设的理论实践课题,取得了一定的成效。一是明确指导思想和工作定位,围绕经济发展中心,加强理论学习与宣传交流,积极开展思想政治工作研究活动;二是贴近实际,开拓创新,积极探索具有光明食品集团特色的企业文化建设新路子;三是积极参与集团组织的群众性大讨论活动,为集团思想政治工作和企业文化建设起到推进作用;四是加强员工思想动态调研,为集团领导决策提供依据,为建设和谐企业献计出力。周海鸣副书记还对今后集团思研会和企促会工作作了部署。

益民食品一厂集团党委书记吴爱平,长江总公司党委书记潘洪,五四公司党委书记、董事长徐凡在年会上就思想政治工作、企业文化建设和党委中心组学习作了交流。各子公司党委书记、副书记,工会、宣传、团委负责人及总部部室负责人出席年会。

【理论学习和成果展示】

集团党委每年都制订党委中心组学习计划,集团和子公司党委组织中心组成员学习贯彻中共十六届六中全会、十七大和十七届三中、四中全会精神和市委全会的精神。在加强党委中心组学习的过程中,集团思研会、企促会开展了党委中心组学习成果的评比展示,组织编撰年度光明食品集团党委中心组学习成果材料,开展学习交流活动。

【企业文化建设】

光明食品集团是于2006年由原来的益民食品集团、农工商集团和烟糖集团组建而成,三个集团都有50多年的历史和丰富的企业文化财富。集团组建以后,思研会、企促会围绕集团的中心工作,和集团党委有关部门紧密结合,组织了集团系统企业文化建设情况的调研和讨论,对各子公司的企业文化进行了分析,部分单位交流发言,还请专家对光明食品集团的企业文化建设作专题辅导。2008年,集团思研会、企促会组织18家子公司撰写企业文化建设论文,形成《光明食品集团企业文化建设论文选编》,给予集团和各子公司在思想政治工作和企业文化建设创新方面的理论与实践的指导和参考。

2009年至2010年初,思研会、企促会还会同集团党委宣传部等处室,组织子公司的思研会、企促会和宣传部门、企业文化建设中心收集体现光明食品集团企业文化内涵的案例,做到理念故事化、故事理念化,逐个加以点评,予以提升,形成了《光明食品集团企业文化案例汇编之一》,对弘扬光明精神,传承光明文化起到了积极作用。(详见第九篇第二章)

【重大群众性讨论活动】

光明食品集团组建之初,为了加快统一认识,加快企业和员工思想的融合,开展了"弘扬光明精神、做响光明品牌、做强光明集团、做大光明食品"的大讨论。思研会、企促会参与讨论活动宣传册的编辑,参与对光明食品集团企业文化核心理念的提炼;根据集团《企业文化建设行动计划》和集团党委关于企业文化重点内容的要求,对集团"业绩文化、创业文化、包容文化、创业文化"的内涵进行了阐述,并组织干部员工进行了讨论,营造干部员工读懂光明、融入光明、服务光明、奉献光明的氛围,形成"说光明话、干光明事、做光明人"的共识。集团的门户网站和《光明食品报》总计发表了160篇关于大讨论的新闻报道和体会文章,编印了大讨论的材料汇编。

2007年年初,光明食品集团的发展战略制定后,集中进行了一个月的战略规划宣传月活动。

集团思研会、企促会积极参与宣传工作,共同设计制作《集团发展战略规划》小册子,突出集团发展战略目标、企业精神、价值观和共同理念的宣传,为集团《发展战略规划》顺利实施营造良好的政治氛围、思想氛围和舆论氛围。

2008—2009年,围绕深入学习实践科学发展观活动、克服国际金融危机的影响、抗震救灾等重大事件和活动,开展了各类宣传和教育工作。

【员工思想动态调研】

光明食品集团组建后,每年集团思研会、企促会和有关部门组织对员工干部的思想动态进行调研。集团组建初,对员工思想动态进行了调研,形成了书面报告,汇总了干部员工对光明食品集团工作的建议,在集团党政班子上作了专题汇报,为集团组建后的工作重点提供了决策的依据。2007年和2009年,各进行了一次约2000人参加的员工干部当前思想动态的问卷调查,并形成专题报告,使集团领导能够更好地了解员工干部的真实思想,了解员工干部的需求和意见建议,促进集团的经济建设和党建工作。2010年,集团思研会、企促会又多次了解了员工干部对参观上海世博会的思想动态,并向集团领导和国资委进行了汇报。

【学习交流活动】

集团思研会、企促会建立以来,采用专题讨论、课题沙龙、外部考察和内部交流等形式,使思研会、企促会活动形式多样、内容丰富。先后组织相关人员到蒙牛集团参观学习,开阔视野;组织了40多名宣传和企业文化干部参加中高级企业文化管理师的培训,加强集团对各子公司思研会、企促会的指导、通联工作,和国资委商业系统思想政治工作研究会和企业文化促进会开展了学习交流。

第二节　上海市会计学会光明食品工作委员会

上海市会计学会光明食品工作委员会前身为1986年10月成立的上海市农垦会计学会,为独立法人一级学会,中国农垦会计学会团体会员。会长沈迪,上海市农场管理局局长王相道为名誉会长。学会设有秘书处、组织组、学术组。1988年,上海市农场管理局党委书记、局长罗大明任名誉会长。

1992年学会体制改革,全市各局和集团公司的会计学会统归上海市会计学会直接领导,上海市农工商会计学会更名为"上海市会计学会农工商工作委员会",为非独立法人。

2006年8月8日,上海农工商(集团)有限公司与上海益民食品一厂(集团)有限公司、上海糖业烟酒(集团)有限公司重组,光明食品(集团)有限公司成立。上海市会计学会农工商工作委员会改名为"上海市会计学会光明食品工作委员会"(简称"市会计学会光明委员会"),光明食品(集团)有限公司财务总监曹晓风担任名誉主任。

市会计学会光明委员会根据企业需要解决的问题,深入到有关公司实地进行调查研究,寻找课题,开展学术研究;为掌握各个时期党的方针政策及经济财务业务知识,开展政治理论学习;开展新企业会计准则以及成本管理、财务预算和企业所得税等方面内容培训;开展咨询服务工作,推进企业财务业务和经济健康发展。

一、学术研究活动

市会计学会光明委员会以开展会计学术研究为重点,包括财务制度改革和实施的研究、加强财务管控工作的研究、做好财务队伍建设的研究及财会人员的培养等。每年会计学术研究主题根据形势需要和企业实际情况有所侧重。

2006年,市会计学会光明委员会结合集团公司企业实际,重点组织三次活动,其中两次专题研讨会,一次论文交流会。5月13日,召开"关于如何当好总会计师(财务总监)做好总会计师工作"的专题研讨会。7月7日,召开论文交流会,参加会议13人,收到论文15篇,其中9篇进行交流。8月8日,召开新《企业会计准则》学习研讨会。

2007年,市会计学会光明委员会围绕进一步做好《企业会计内部控制制度》,着力加强企业会计基础管理和实施新《企业会计准则》准备工作,共举行各种类型的学术研讨会7次。1月18日,召开关于如何实施《企业会计准则》准备工作的研讨会;3月15日,在农工商房地产总公司召开如何实施《企业会计准则》和关于开征土地增值税问题的研讨会;3月23日,召开学习研究实施《企业会计准则》的会议;4月26日,召开了关于进一步做好企业会计内部控制的专题研讨会,会议收到论文11篇;6月14日,召开实施《企业会计准则》的交流研讨会;9月18日,进行《关于执行〈企业会计准则〉若干意见》等三个文件的研讨;10月10日,对修改后的《关于执行〈企业会计准则〉若干意见》等三个文件作研讨;年内,市会计学会光明委员会还开展了有关执行《企业会计准则》的课题研究。

2007年1月18日,市会计学会光明委员会邀请部分工作委员会委员召开座谈会,研究起草了《关于实施新〈企业会计准则〉准备工作的意见》。该课题经过准备工作、调查研究、文件起草(包括修改)3个阶段,开展10项工作,用10个月的时间完成。2007年12月17日,经光明食品集团有限公司董事会一届十次会议通过《关于执行〈企业会计准则〉若干意见》,2008年1月1日起执行。

2008年,市会计学会光明委员会学术研究围绕深入学习中共十七大精神和纪念会计改革开放30周年为重点。着重组织了几个专题研讨会,如对会计改革开放30周年的研讨;对实施新《企业会计准则》中遇到的问题及解决办法的研讨;对农场改变统一汇缴所得税办法采取应对措施的研讨;关于做好净资产收益率考核的研讨;如何提升现职财会主要负责人学历和职称的研讨等。9月17日,市会计学会光明委员会召开了论文交流会。

2009年,市会计学会光明委员会组织了4次研讨活动。主要内容是:上市公司如何贯彻《企业内部控制基本规范》;实施《企业会计准则》一年来碰到的问题及解决办法;财会工作怎样贯彻落实科学发展观;召开论文研讨交流会;组织课题研究。投资公司学组就生物资产核算问题,组织专门小组开展调查研究,总结经验。

2010年,市会计学会光明委员会学术研讨活动以财务合规管理,加强内控工作,全面提升企业管理水平为重点展开,先后举行了5次科普宣教活动。

5月14日,市会计学会光明委员会召开关于"三点"研讨会议,即围绕经营发展中遇到的财务"热点"、执行《企业会计准则》中的"难点"、实施《企业会计内部控制制度》中的"重点";6月18日,召开关于如何发挥高级会计师在企业经营管理中的作用的研讨会;9月9日,召开关于做好企业合规管理的研讨会。

二、理论学习

2006年,市会计学会光明委员会重点抓学习。一是组织学习《江泽民文献》和中共十六届六中全会《关于构建社会主义和谐社会若干重大问题的决定》;二是组织学习新《企业会计准则》。

2008年5月8日和5月16日,市会计学会光明委员会分别召开座谈会,就关于会计改革开放30周年纪念活动作了深入讨论和落实工作。

6月19日,举行了学习中共十七大精神和会计知识答题竞赛。

8月12日,召开纪念会计改革开放30周年学术论文研讨会。

市会计学会光明委员会选送纪念会计改革开放30周年的3篇论文参加2008年10月21—23日召开的华东地区农垦财会学术研讨会进行交流。获上海市会计学会颁发的"纪念改革开放30周年"理论研讨会征文优秀组织奖。

2009年4月,市会计学会光明委员会以《关于转发市社联做好"纪念新中国成立60周年"理论研讨征文工作的通知》精神,发动财会人员开展理论研讨征文工作,重点开展"会计工作如何贯彻落实科学发展观"研讨活动。市会计学会光明委员会向市会计学会选送了21篇文章。

三、人员培训

2006年,市会计学会光明食品工作委员会以新《企业会计准则》、成本管理、财务预算和企业所得税等四个方面内容开展培训,共办29期,培训2 910人次。

2007年,组织财会人员培训新《企业会计准则》和《企业所得税实施细则》,全年共培训2 697人次,其中以《企业会计准则》为内容的培训有1 884人次。

2008年,进行新《企业所得税法》、"经济运行质量分析"和"撰写会计论文"三方面内容的培训。共办30期,参加2 971人次,其中新《企业所得税法》培训27期,2 722人次参加。经济运行质量分析培训2期,199人参加。写作培训班1期,50余人参加。

2009年,举办《企业会计准则》、新《企业所得税法》差异分析25期,2 753人次参加。

2010年,举办新《企业所得税法》实施后的有关税收政策等培训25期,2 782人次参加。

四、咨询服务

2008年,市会计学会光明食品工作委员会深入到有关公司实地进行调查研究,供领导和有关部门决策参考。如农场改变所得税统一汇缴后,遇到要多缴税,增加现金流量问题;农场社区属地化后,尚有遗留事项要处理,仍有经济负担;如何做好新增净资产收益率考核指标工作;怎样解决现职财会主要负责人学历和职称等问题。

2009年,通过座谈、交流、走访的形式,对实施《企业会计准则》的情况进行调研梳理,并向有关领导汇报,做到上通下达。集中反映生物资产核算的规范问题;往来账款的清理问题;会计核算中存在的问题和需进一步规范的问题;企业管理体制与所得税筹划的衔接问题等。

2010年,围绕审计中发现的问题,有针对性地提出建议,通过调研撰写"对企业合规管理的探讨";发动各单位总结内控管理的经验;召开交流会讨论对审计问题的认识和整改措施;召开企业合规管理专题研讨会。

2010年,新发展个人会员13人。

2010年度,编发《动态》21期,其中工作动态6期,学术动态10期,刊发学术论文5期。

五、学术研讨

2006年10月18—20日,华东地区农垦财会学术研讨会召开。该学术研讨会受农垦部财务司委托,由上海农场管理局发起组织。出席会议的有江苏、安徽、江西、山东、浙江、上海以及南京、宁波、厦门等省市农垦财会界代表共52人。农业部农垦局财务处处长张国,市财政局局长助理、市会计学会秘书长胡兰芳,光明食品集团总裁曹树民和财务总监曹晓风出席了研讨会开幕式。

上海市会计学会会长、教授汤云为应邀到会作了关于新《企业会计准则》的学术报告。上海市会计学会给本次研讨会发来了贺信。大会共收到论文35篇,会上发言交流了8篇。

2007年8月27—30日,华东地区农垦财会学术研讨会召开。出席会议的有上海、安徽、江西、浙江、福建、江苏农垦财会界代表35人,农业部农垦局财务处处长孙平、光明食品集团财务总监曹晓风、江苏农垦集团有限公司副总经理孙宝成出席了会议。大会共收到论文22篇,选送论文6篇,会上交流发言8篇,其中上海3篇。

2008年,华东地区农垦财会学术研讨会召开,市会计学会光明委员会选送论文11篇,大会共收到论文30篇,会上交流发言8篇,其中上海3篇。研讨会主要内容有四个方面:一、会计改革和新准则实施;二、财务管理和监管工作;三、财务理论在经营管理中的运用;四、企社分离与税费改革。

2009年10月21—23日,华东地区农垦财会学术研讨会举行。上海参加会议代表7人,选送论文13篇,会上交流发言3篇。沈迪在会上介绍了光明食品集团通过科学发展观学习实践活动,进一步确定了一个发展战略、四个工作重点和六个突破的情况;研讨会对会计工作如何落实科学发展观问题,国营农场如何做好税收筹划问题,如何做好财务管理和监督问题,财务理论如何联系实际问题,农垦企业会计制度与会计电算化问题进行了深入讨论,交流了实际工作中的好经验、好办法。

2010年11月1—3日,华东地区农垦财会学术研讨会召开。上海参加会议代表8人,选送论文13篇,会上交流发言2篇。

第十二篇

人物·荣誉

概 述

本篇收录 2006 年 8 月至 2010 年 12 月底光明食品集团的领导干部和优秀人物。

人物简介,介绍了 2006 年 8 月至 2010 年 12 月期间任光明食品集团正职领导人员,以在集团任职先后排序。

以图表形式记载 2006 年 8 月至 2010 年 12 月期间集团正职领导、全国政协委员、党委成员、总裁班子成员、纪委成员、董事会成员、监事会成员和集团部室正职领导人员名单。

同时,记载 2006—2010 年光明食品集团被评为全国劳动模范、上海市劳动模范集体和个人;全国五一劳动奖章、上海市五一劳动奖状(奖章)获得者;全国工人先锋号和上海市工人先锋号;上海市三八红旗集体(红旗手);上海市新长征突击手等。

第一章 领导干部

2006年7月,光明食品集团董事会、监事会、总裁班子建立。经市政府任命并分别通过董事会和监事会选举产生光明食品集团董事长,王洪泉为监事会主席。经市政府任命和集团董事会聘任,曹树民为总裁。2009年8月,经市政府任命并通过监事会选举,崔志仁为监事会主席。

表12-1-1　光明食品集团正职领导成员

姓　名	职　务	性别	任期时间	备　注
王宗南	党委书记、董事长	男	2006年8月—	中共上海市委市政府任命、董事会选举
王洪泉	党建督察员、监事会主席	男	2006年8月—2008年5月	中共上海市委市政府任命
曹树民	党委副书记、总裁	男	2006年8月—	上海市政府任命、董事会聘任
崔志仁	监事会主席	男	2009年8月—	上海市政府任命、监事会选举

表12-1-2　全国政协委员

姓　名	性别	出生年月	工作单位	政治面貌	当选时间	届　期
葛俊杰	男	1959年10月	光明食品(集团)有限公司	民建中央委员、民建上海市委副主委	2009年	第十一届全国政协委员

表12-1-3　光明食品集团党委会成员

姓　名	职　务	性别	届　次	任期时间	备　注
王宗南	党委书记	男	—	2006年8月—2010年1月	中共上海市委任命
王洪泉	党建督察员	男	—	2006年8月—2008年5月	中共上海市委任命 2008年5月离任
曹树民	党委副书记	男	—	2006年8月—2010年1月	中共上海市委任命
顾　勇	党委副书记	男	—	2006年8月—2009年2月	中共上海市委任命 2009年2月离任
周海鸣	党委副书记	女	—	2006年8月—2010年1月	中共上海市委任命
张大鸣	党委委员	男	—	2006年8月—2010年1月	中共上海市国资委委员会任命
徐永炘	党委委员	男	—	2006年8月—2010年1月	中共上海市国资委委员会任命
王宗南	党委书记	男	第一届党委	2010年2月—	集团党代会选举
曹树民	党委副书记	男	第一届党委	2010年2月—	集团党代会选举

〔续表〕

姓　名	职　务	性别	届　次	任期时间	备　注
周海鸣	党委副书记	女	第一届党委	2010年2月—	集团党代会选举
曹晓风	党委委员	男	第一届党委	2010年2月—	集团党代会选举
庄国蔚	党委委员	男	第一届党委	2010年2月—	集团党代会选举
马勇健	党委委员	男	第一届党委	2010年2月—	集团党代会选举
张大鸣	党委委员	男	第一届党委	2010年2月—	集团党代会选举

表12-1-4　光明食品集团总裁班子成员

姓　名	职　务	性别	任职期限	备　注
曹树民	总裁	男	2006年8月—	市政府任命、董事会聘任
葛俊杰	副总裁	男	2006年8月—	董事会连聘连任
庄国蔚	副总裁	男	2006年8月—	董事会连聘连任
张永泉	副总裁	男	2006年8月—	董事会连聘连任
曹晓风	财务总监	男	2006年8月—	董事会连聘连任
余莉萍	副总裁	女	2010年7月—	董事会聘任
张汉强	总裁助理	男	2010年7月—	董事会聘任
童锐志	总法律顾问	男	2006年8月—2010年7月	董事会连聘连任

表12-1-5　光明食品集团纪委成员

姓　名	职　务	性别	届　次	任职期限	备　注
顾　勇	纪委书记	男		2006年8月—2009年2月	中共上海市委任命 2009年2月离任
沈敏惠	纪委副书记	男		2006年8月—2010年1月	集团党委决定
陆稚男	纪委委员	男		2006年8月—2010年1月	集团党委决定
陈　彦	纪委委员	男		2006年8月—2010年1月	集团党委决定
王慧莉	纪委委员	女		2006年8月—2010年1月	集团党委决定
张大鸣	纪委书记	男		2009年7月—2010年1月	2009年7月任命
张大鸣	纪委书记	男	第一届纪委	2010年2月—	集团党代会选举
沈敏惠	纪委副书记	男	第一届纪委	2010年2月—	集团党代会选举
李昌洪	纪委委员	女	第一届纪委	2010年2月—	集团党代会选举
陆稚男	纪委委员	男	第一届纪委	2010年2月—	集团党代会选举
王慧莉	纪委委员	女	第一届纪委	2010年2月—	集团党代会选举

表12－1－6 光明食品集团董事会成员

姓 名	职 务	性别	所属单位、职务	任职期限	备 注
王宗南	董事长	男	光明食品集团党委书记	2006年8月—2010	股东会选举、第一届
曹树民	董事	男	光明食品集团党委副书记 光明食品集团总裁	2006年8月—	股东会选举、第一届
周海鸣	职工董事	女	光明食品集团党委副书记 工会主席	2006年8月—	工代会选举、第二届
曹晓风	董事	男	光明食品集团财务总监	2006年8月—	股东会选举、第一届
汪正纲	董事	男	上实集团副总经理	2006年8月—	股东会选举、第一届
沈懋松	董事	男	申能集团董事长	2006年8月—	股东会选举、第一届
郑浩坤	董事	男	上海久事公司专职董事	2006年8月—	股东会选举、第一届
郭 平	董事	男	上海国际集团党委副书记	2006年8月—	股东会选举、第一届
钱福昌	董事	男	上海市国资委委派专职董事	2006年8月—2010年1月	股东会选举、第一届
熊亦桦	董事	男	上海大盛资产有限公司总经理	2006年8月—2009年7月	第一届
赵柏礼	董事	男	牛奶集团董事长	2006年8月—2009年12月	股东会选举、第一届、退休
吴顺宝	董事	男	烟糖集团董事长	2006年8月—2008年5月	股东会选举、第一届、退休
邹 晶	董事	男	上海国有资产经营有限公司资产经营部总经理	2006年8月—2009年6月	股东会选举、第一届、董事会辞去
葛俊杰	董事	男	光明食品集团副总裁 烟糖集团董事长、总经理	2008年5月—2009年6月	股东会选举 董事会辞去
朱洪超	董事	男	上海市联合律师事务所主任	2009年6月—	股东会选举
陈信元	董事	男	上海财经大学会计学院院长	2009年6月—	股东会选举
姜 鸣	董事	男	上海国盛集团副总裁	2010年1月—	股东会选举、第二届

表12－1－7 光明食品集团监事会成员

姓 名	职 务	性别	届 期	任职期限	备 注
王洪泉	监事会主席	男	第一届	2006年8月—2008年6月	市政府任命、离任 监事会选举、股东会选举
崔志仁	监事会主席	男	第一届	2009年8月—2010年1月	市政府任命
严明德	监事	男	第一届	2006年8月—2007年9月	股东会选任 退休

〔续表〕

姓 名	职 务	性别	届 期	任职期限	备 注
顾 勇	职工监事	男	第一届	2006年8月23日—2009年2月	职代会选举离任
蔡敬伟	监事	男	第一届	2009年6月—2010年1月	股东会选举
崔志仁	监事会主席	男	第二届	2010年1月—	股东会选举
蔡敬伟	监事	男	第二届	2010年1月—	连任
张大鸣	职工监事	男	第二届	2010年8月—	职代会选举
张永泉	职工监事	男	第二届	2010年8月—	职代会选举

表12-1-8 光明食品集团总部各职能部门正职人员

部 门	姓 名	职 务	任职时间
办公室	祁叶萍	办公室主任	2007年1月—2009年9月
	吴智荣	办公室主任	2009年9月—
战略研究室(董事办)	邵黎明	研究室主任	2007年1月—
法务部	甘兰新	法务部经理	2007年1月
投资管理部	崔智钧	投资管理部经理	2007年1月—2009年12月
	毛洪斌	投资管理部总经理	2010年9月—
资产经营部	应国强	资产经营部经理	2007年1月
财务审计部(财务总监办)	顾鸿新	财务审计部经理	2007年1月—2008年12月
产业发展部	唐沛毅	产业发展部经理	2007年1月—2009年12月
	崔智钧	产业发展部经理	2009年12月—
人力资源部 党委组织部	张大鸣	党委组织部部长人力资源部经理	2007年1月—2009年10月
	朱家荣	人力资源部副经理党委组织部副部长党委老干部工作部部长(部门正职)	2006年8月—2007年1月
	余勤生	党委组织部人力资源部调研员	2007年1月
人力资源部 党委组织部	马勇健	党委组织部人力资源部总经理长	2009年11月
公共关系部 党委宣传部	徐永炘	党委宣传部部长公共关系部经理	2006年8月 2007年1月—2010年11月
	陈春山	公共关系部副经理党委宣传部副部长、集团文明办主任(部门正职)	2006年8月 2007年1月
	潘建军	公共关系部经理党委宣传部部长	2010年11月—

〔续表〕

部　门	姓　名	职　务	任　职　时　间
监察部纪委	沈敏惠	监察部经理纪委副书记	2007年1月
信访办公室	徐嘉敏	信访办公室主任、信访办公室调研员	2007年1月— 2009年1—12月
	周　伟	信访办公室主任	2009年1月—
工会	郭志刚	工会副主席（部门正职）	2007年1月
团委	陈斐然	团委书记兼工会副主席（部门正职）	2007年1月—2010年1月
	姜　伟	团委书记兼工会副主席（部门正职）	2010年1月
财务部（财务总监办）	顾鸿新	财务部总经理 财务部调研员	2008年12月 2010年7月—
审计部	陈　彦	审计部总经理	2008年12月
社区综合管理办公室安全保卫办公室	邱新强	两个部办公室主任 两个部办公室调研员	2009年1月— 2010年7月
	王桂玉	两个部办公室副主任 两个部办公室调研员	2009年1月— 2009年9月—2010年7月
	吴志强	两个部办公室主任	2010年7月—
董（监）事会办公室	朱　平	董（监）事会办公室主任	2010年1月—
财务部	李　林	财务部总经理	2010年7月—
农业发展部	张汉强	农业发展部总经理	2010年9月—
财务总监办公室 集团财务管理中心	曹晓风	办公室主任	2010年9月— 2009年8月—

第二章 先进个人

2006—2010年,光明食品集团有1人被授予全国劳动模范称号,1人获全国女职工建功立业标兵称号,1人获全国优秀共青团员称号,17人获上海市劳动模范称号,5人获上海市五一劳动奖章,1人获上海市五一巾帼奖,19人获上海市三八红旗手称号,5人获上海市新长征突击手称号,6人获创先争优世博先锋行动"五带头"共产党员称号,27人获"服务世博 奉献世博"立功竞赛优秀个人。2名外国专家获多项荣誉。

表12-2-1 全国劳动模范

姓 名	单 位	奖 项	授奖单位	授奖年份
赵才标	上海东海总公司	全国劳动模范	国务院	2010年4月

表12-2-2 全国五一劳动奖章获得者

姓 名	单 位	奖 项	授奖单位	授奖年份
汪建华	上海金枫酿酒有限公司	全国五一劳动奖章	中华全国总工会	2007年4月
赵才标	上海鲜花港企业发展有限公司	全国五一劳动奖章	中华全国总工会	2008年4月

表12-2-3 全国女职工建功立业标兵岗

姓 名	单 位	职务	奖 项	授奖单位	授奖年份
邵 鸿	上海食品进出口公司富达分公司	经理	全国女职工建功立业标兵	中华全国总工会	2009年4月

表12-2-4 全国优秀共青团员

姓 名	单 位	奖 项	授奖单位	授奖年份
王生泉	上海鲜花港企业发展有限公司展示园	全国优秀共青团员	共青团中央	2010年4月

表12-2-5 上海市劳动模范个人

姓 名	单位和职务	奖 项	授奖单位	授奖年份
汤玉萍	上海海博股份有限公司总裁	上海市劳动模范(2004—2006)	上海市人民政府	2007年4月
杨文倡	上海益民食品一厂(集团)有限公司副总经理	上海市劳动模范(2004—2006)	上海市人民政府	2007年4月

〔续表〕

姓　名	单 位 和 职 务	奖　项	授奖单位	授奖年份
王志勇	光明乳业股份有限公司乳品八厂工程技术组长	上海市劳动模范（2004—2006）	上海市人民政府	2007年4月
黄斗兴	上海宏盾防伪材料有限公司总工程师	上海市劳动模范（2004—2006）	上海市人民政府	2007年4月
杨德荣	冠生园（集团）有限公司销售负责人	上海市劳动模范（2004—2006）	上海市人民政府	2007年4月
时玮康	农工商超市（集团）有限公司副总裁	上海市劳动模范（2004—2006）	上海市人民政府	2007年4月
单建国	上海东旺塑料制品厂高级技师	上海市劳动模范（2004—2006）	上海市人民政府	2007年4月
万全林	上海金枫酿酒有限公司（石库门酒厂）副总经理	上海市劳动模范（2004—2006）（2007—2009）	上海市人民政府	2007年4月 2010年4月
倪琳玮	上海市东平地区社区管理委员会（第一居委会）党总支书记	上海市劳动模范（2004—2006）	上海市人民政府	2007年4月
杜忠平	上海梅林食品有限公司空罐车间技师	上海市劳动模范（2007—2009）	上海市人民政府	2010年4月
郭本恒	光明乳业股份有限公司总裁	上海市劳动模范（2007—2009）	上海市人民政府	2010年4月
孙永斌	上海万事发实业总公司技术中心主任	上海市劳动模范（2007—2009）	上海市人民政府	2010年4月
陈志贵	上海星辉蔬菜有限公司技术中心主任	上海市劳动模范（2007—2009）	上海市人民政府	2010年4月
鲁吉明	上海爱森肉食品有限公司总经理	上海市劳动模范（2007—2009）	上海市人民政府	2010年4月
路怡彬	农工商超市（集团）有限公司118店店长	上海市劳动模范（2007—2009）	上海市人民政府	2010年4月
谢友庆	上海海博出租汽车有限公司第七分公司驾驶员	上海市劳动模范（2007—2009）	上海市人民政府	2010年4月
王惠民	上海农工商建设发展有限公司机施分公司经理	上海市劳动模范（2007—2009）	上海市人民政府	2010年4月

表12－2－6　上海市五一劳动奖章获得者

姓　名	单 位 和 职 务	奖　项	授奖单位	授奖年份
师　敏	上海梅林正广和股份有限公司技术总监	上海市五一劳动奖章	上海市总工会	2008年4月
葛培德	农工商超市（集团）有限公司嘉善店店长	上海市五一劳动奖章	上海市总工会	2008年4月

〔续表〕

姓　名	单位和职务	奖　项	授奖单位	授奖年份
谢友庆	上海海博出租汽车有限公司第七分公司驾驶员	上海市五一劳动奖章	上海市总工会	2009年4月
丁建章	上海海博出租汽车有限公司第十分公司驾驶员	上海市五一劳动奖章	上海市总工会	2010年12月
张栋梁	上海鲜花港企业发展有限公司总经理助理	上海市五一劳动奖章	上海市总工会	2010年12月

表12-2-7　上海市五一巾帼奖(个人)获得者

姓　名	单位和职务	奖　项	授奖单位	授奖年份
丁　敏	农工商超市116分店	上海市五一巾帼奖(个人)	上海市总工会	2008年

表12-2-8　上海市三八红旗手

姓　名	单位和职务	奖　项	授奖单位	授奖年份
沈　一	上海万事发实业总公司技术干部	上海市三八红旗手(2005—2006)	上海市妇女联合会、上海市人事局	2007年3月
李慧敏	上海海博出租汽车有限公司党支部书记	上海市三八红旗手(2005—2006)	上海市妇女联合会、上海市人事局	2007年3月
徐　菊	上海石库门贸易有限公司常务副总经理	上海市三八红旗手(2005—2006)	上海市妇女联合会、上海市人事局	2007年3月
纪春莲	上海冠生园调味品有限公司党总支书记	上海市三八红旗手(2005—2006)	上海市妇女联合会、上海市人事局	2007年3月
师　敏	上海梅林正广和股份有限公司技术总监	上海市三八红旗手(2005—2006)	上海市妇女联合会、上海市人事局	2007年3月
范本英	农工商超市(集团)有限公司213店店长	上海市三八红旗手(2005—2006)	上海市妇女联合会、上海市人事局	2007年3月
王雪娟	上海正广和网上购物有限公司常务副总经理	上海市三八红旗手(2007—2008)	上海市妇女联合会、上海市人力资源和社会保障局	2009年3月
王　瑛	光明乳业股份有限公司工会主席	上海市三八红旗手(2007—2008)	上海市妇女联合会、上海市人力资源和社会保障局	2009年3月
孙国英	农工商超市(集团)有限公司亿亿佰广场负责人	上海市三八红旗手(2007—2008)	上海市妇女联合会、上海市人力资源和社会保障局	2009年3月
杨　娟	上海德科电子仪表有限公司办公室主任项目经理	上海市三八红旗手(2007—2008)	上海市妇女联合会、上海市人力资源和社会保障局	2009年3月
杨　莲	上海滨海古园党支部书记	上海市三八红旗手(2007—2008)	上海市妇女联合会、上海市人力资源和社会保障局	2009年3月

〔续表〕

姓　名	单位和职务	奖　　项	授奖单位	授奖年份
陆爱君	上海都市农商社有限公司党委副书记	上海市三八红旗手（2007—2008）	上海市妇女联合会、上海市人力资源和社会保障局	2009年3月
黄海萍	上海海博出租汽车第七分公司五星级驾驶员	上海市三八红旗手（2007—2008）	上海市妇女联合会、上海市人力资源和社会保障局	2009年3月
任　昕	上海市食品进出口公司丰达分公司经理	上海市三八红旗手（2009—2010）	上海市人力资源和社会保障局、上海市妇女联合会、上海市公务员局	2011年3月
汪晓凤	光明食品集团五四有限公司党委委员、党政办公室主任	上海市三八红旗手（2009—2010）	上海市人力资源和社会保障局、上海市妇女联合会、上海市公务员局	2011年3月
朱春梅	光明食品集团上海海丰总公司良种发展中心党支部书记	上海市三八红旗手（2009—2010）	上海市人力资源和社会保障局、上海市妇女联合会、上海市公务员局	2011年3月
杨文婷	上海金枫酒业股份有限公司销售公司餐饮部销售总监	上海市三八红旗手（2009—2010）	上海市人力资源和社会保障局、上海市妇女联合会、上海市公务员局	2011年3月
凌鸿珍	上海好德可的便利有限公司商品事业部副总经理	上海市三八红旗手（2009—2010）	上海市人力资源和社会保障局、上海市妇女联合会、上海市公务员局	2011年3月
周丽霞	上海海博股份有限公司党委委员、工会主席	上海市三八红旗手（2009—2010）	上海市人力资源和社会保障局、上海市妇女联合会、上海市公务员局	2011年3月

表12－2－9　上海市新长征突击手

姓　名	单位和职务	奖　　项	授奖单位	授奖年份
徐　菊	上海石库门贸易有限公司常务副总经理	上海市新长征突击手	上海市人事局、团市委	2007年4月
姜　伟	上海农工商集团东海总公司团委书记	上海市新长征突击手	上海市人事局、团市委	2007年4月
俞剑燊	上海冠生园华光酿酒药业有限公司总工程师	上海市新长征突击手	上海市人事局、团市委	2007年4月
王生泉	上海鲜花港企业发展有限公司展示园副经理	上海市新长征突击手	上海市人事局、团市委	2009年5月
黄　亮	益民集团上海源本食品质量检验有限公司测试部主任	上海市新长征突击手	上海市人事局、团市委	2009年5月

表12-2-10　创先争优世博先锋行动"五带头"共产党员

姓　名	单位和职务	奖　项	授奖单位	授奖年份
汪之浩	上海领鲜物流有限公司上海业务部部长助理	创先争优世博先锋行动"五带头"共产党员	上海市委	2010年10月
张燕颖	上海海博出租汽车有限公司世博车队党支部书记	创先争优世博先锋行动"五带头"共产党员	上海市委	2010年10月
陆益飞	上海万事发实业总公司东风分部204队队长	创先争优世博先锋行动"五带头"共产党员	上海市委	2010年10月
邵汉祥	上海金海岸渡假村有限公司党支部书记	创先争优世博先锋行动"五带头"共产党员	上海市委	2010年10月
夏永岳	上海第一食品连锁发展有限公司总经理办公室档案管理员	创先争优世博先锋行动"五带头"共产党员	上海市委	2010年10月
邱雄明	农工商房地产(集团)股份有限公司投资部科员	创先争优世博先锋行动"五带头"共产党员	上海市委	2010年10月

表12-2-11　"服务世博　奉献世博"立功竞赛优秀个人

姓　名	单位和职务	奖　项	授奖单位	授奖年份
吴彝勤	上海益民食品一厂(集团)有限公司市场运行部总经理	服务世博　优秀个人	上海市委、市政府	2010年8月
储业萍	上海瑞泰静安酒店前厅主管	服务世博　优秀个人	上海市委、市政府	2010年8月
孙　彬	上海第一食品连锁发展有限公司领班	服务世博　优秀个人	上海市委、市政府	2010年8月
王生泉	上海鲜花港企业发展有限公司展示园副经理	服务世博　优秀个人	上海市委、市政府	2010年8月
徐　军	五四有限公司所属心族总公司上海黄山茶林场浦东店(纽康茶主题餐厅世博店)	服务世博　优秀个人	上海市委、市政府	2010年8月
袁加明	上海海博车辆修理有限公司检验员	服务世博　优秀个人	上海市委、市政府	2010年8月
倪惠彪	上海海博出租汽车有限公司世博车队五星级驾驶员	服务世博　优秀个人	上海市委、市政府	2010年8月
刘海佳	上海城隍珠宝有限公司营业员	服务世博　优秀个人	上海市委、市政府	2010年8月
王红坤	光明乳业股份有限公司华东生产部质量经理	服务世博　优秀个人	上海市委、市政府	2010年8月
韦文中	农工商超市(集团)有限公司安保部经理	服务世博　优秀个人	上海市委、市政府	2010年8月
戚宝优	上海海博出租汽车有限公司世博车队三星级驾驶员	服务世博　优秀个人	上海市委、市政府	2010年8月
高培兴	上海海博出租汽车有限公司站点负责人	服务世博　优秀个人	上海市委、市政府	2010年8月
郭红华	上海鲜花港企业发展有限公司副总经理	服务世博　优秀个人	上海市委、市政府	2010年8月

〔续表〕

姓　名	单位和职务	奖　　项	授奖单位	授奖年份
周　冲	上海梅林美达食品有限公司总经理	服务世博　优秀个人	上海市委、市政府	2010年9月
蒋慧菁	上海第一食品连锁发展有限公司	服务世博　优秀个人	上海市委、市政府	2010年9月
葛文伟	农工商配送中心总经理	服务世博　优秀个人	上海市委、市政府	2010年9月
杨学军	上海都市营销有限公司总经理	服务世博　优秀个人	上海市委、市政府	2010年9月
陈玉岚	上海鲜花港企业发展有限公司销售部经理	服务世博　优秀个人	上海市委、市政府	2010年9月
蒋华康	上海海博出租汽车有限公司世博车队车队长	服务世博　优秀个人	上海市委、市政府	2010年9月
束大可	上海海博出租汽车有限公司第十分公司驾驶员	服务世博　优秀个人	上海市委、市政府	2010年9月
徐荣华	光明乳业华东社区部采购经理	服务世博　优秀个人	上海市委、市政府	2010年9月
顾俊杰	上海鲜花港企业发展有限公司副经理	服务世博　优秀个人	上海市委、市政府	2010年9月
孙武寅	上海爱森肉食品有限公司团购部业务员	服务世博　优秀个人	上海市委、市政府	2010年9月
谢　巘	上海海博出租汽车有限公司第七分公司经理助理	服务世博　优秀个人	上海市委、市政府	2010年9月
张建宝	上海海博出租汽车有限公司驾驶员	服务世博　优秀个人	上海市委、市政府	2010年9月
甘　寅	上海海博出租汽车有限公司营运部经理	服务世博　优秀个人	上海市委、市政府	2010年9月
谢　影	上海第一食品杨浦销售有限公司服务台领班	服务世博　优秀个人	上海市委、市政府	2010年9月

表12－2－12　外国专家荣誉奖获得者

姓　名	国　籍	受聘单位	奖　　项	授　奖　者	授奖年份
布斯曼	荷兰	上海鲜花港	国家友谊奖	中共中央政治局委员、国务院副总理张德江	2009年9月
			国际科技合作奖	上海市政府	2007年12月
俞　越	比利时	上海鲜花港	白玉兰荣誉奖	上海市委副书记、市长韩正	2009年9月

第三章 先进集体

2006—2010年，光明食品集团有4个班组被授予全国工人先锋号称号，2个班组获全国巾帼文明岗称号，1个班组获全国青年文明号称号，8家单位获上海市劳动模范集体称号，1个班组获上海市五一劳动奖状，2个班组获上海市五一巾帼奖（集体）称号，8个班组获上海市三八红旗集体称号，9个班组获上海市工人先锋号称号，2个班组获上海市新长征突击队称号，8家单位获全国、上海市五四红旗（特色）团委、团支部称号，5个班组获上海市青年文明号（共青团号）称号，2家单位党组织获创先争优世博先锋行动"五好"基层党组织称号，6个班组获"服务世博 奉献世博"上海市工人先锋号，4个班组获"服务世博 奉献世博"立功竞赛优秀集体。

表12-3-1 上海市劳动模范集体

单 位	奖 项	授奖单位	授奖年份
上海跃进有限公司农业管理总站技术组	上海市劳动模范集体（2004—2006）	上海市人民政府	2007年4月
上海鲜花港企业发展有限公司生物科技创新攻关小组	上海市劳动模范集体（2004—2006）	上海市人民政府	2007年4月
上海德科电子仪表有限公司SGM18项目组	上海市劳动模范集体（2004—2006）	上海市人民政府	2007年4月
上海石库门贸易有限公司餐饮销售部	上海市劳动模范集体（2004—2006）	上海市人民政府	2007年4月
上海鲜花港企业发展有限公司花卉新品科普展示园	上海市劳动模范集体（2007—2009）	上海市人民政府	2010年4月
上海第一食品连锁发展有限公司南东店无蔗糖柜	上海市劳动模范集体（2007—2009）	上海市人民政府	2010年4月
上海海博出租汽车有限公司第六分公司第11班组	上海市劳动模范集体（2007—2009）	上海市人民政府	2010年4月
上海冠生园食品有限公司设备科机修组	上海市劳动模范集体（2007—2009）	上海市人民政府	2010年4月

表12-3-2 全国工人先锋号

单 位	奖 项	授奖单位	授奖年份
海博汽车租赁公司"飞利浦"班组	全国工人先锋号	中华全国总工会	2008年
农工商超市116店综合食品组	全国工人先锋号	中华全国总工会	2009年

〔续表〕

单　　位	奖　项	授奖单位	授奖年份
第一食品南东店无蔗糖柜	全国工人先锋号	中华全国总工会	2009 年
上海鲜花港企业发展有限公司	全国工人先锋号	中华全国总工会	2010 年 12 月

表 12-3-3　全国巾帼文明岗

单　　位	奖　项	授奖单位	授奖年份
上海捷强烟草糖酒(集团)连锁有限公司第一分店	全国巾帼文明岗(2009)	中华全国妇女联合会 中国商业联合会	2009 年 4 月
上海海博出租汽车有限公司第七分公司"巾帼班组"	全国巾帼文明岗(2009)	中华全国妇女联合会 中国商业联合会	2009 年 4 月

表 12-3-4　全国青年文明号

单　　位	奖　项	授奖单位	授奖年份
上海金枫酒业股份有限公司市场部	全国青年文明号	共青团中央	2010 年

表 12-3-5　上海市五一劳动奖状

单　　位	奖　项	授奖单位	授奖年份
上海海博出租汽车有限公司	上海市五一劳动奖状	上海市总工会	2008 年 4 月

表 12-3-6　上海市五一巾帼奖(集体)

单　　位	奖　项	授奖单位	授奖年份
上海市工业微生物研究所测测中心	上海市五一巾帼奖（集体）	上海市总工会	2008 年
上海海博出租汽车有限公司第七分公司巾帼班组	上海市五一巾帼奖（集体）	上海市总工会	2008 年

表 12-3-7　上海市三八红旗集体

单　　位	奖　项	授奖单位	授奖年份
上海捷强烟草糖酒(集团)连锁有限公司第一分店	上海市三八红旗集体（2005—2006）	上海市妇女联合会、上海市人事局	2007 年 3 月
上海正广和网上购物有限公司客户服务部	上海市三八红旗集体（2005—2006）	上海市妇女联合会、上海市人事局	2007 年 3 月
上海东旺房地产有限公司销售部	上海市三八红旗集体（2005—2006）	上海市妇女联合会、上海市人事局	2007 年 3 月

〔续表〕

单　　位	奖　　项	授奖单位	授奖年份
第一食品连锁发展有限公司南东店海上大味道柜组	上海市三八红旗集体（2007—2008）	上海市妇女联合会、上海市人力资源和社会保障局	2009年3月
上海市东海老年护理医院神经内科	上海市三八红旗集体（2007—2008）	上海市妇女联合会、上海市人力资源和社会保障局	2009年3月
上海市食品进出口公司富达分公司	上海市三八红旗集体（2007—2008）	上海市妇女联合会、上海市人力资源和社会保障局	2009年3月
上海鲜花港企业发展有限公司世博花"中国红"种植养护小组	上海市三八红旗集体（2009—2010）	上海市人力资源和社会保障局、上海市妇女联合会、上海市公务员局	2011年3月
上海海博出租汽车有限公司呼叫中心"双语"班组	上海市三八红旗集体（2009—2010）	上海市人力资源和社会保障局、上海市妇女联合会、上海市公务员局	2011年3月

表12-3-8　上海市工人先锋号

单　　位	奖　　项	授奖单位	授奖年份
上海海博股份有限公司海博汽车租赁公司"飞利浦"班组	上海市工人先锋号	上海市总工会	2007年5月
光明乳业股份有限公司技术中心酸奶研发部	上海市工人先锋号	上海市总工会	2008年5月
农工商超市（集团）有限公司莘庄店收银班组	上海市工人先锋号	上海市总工会	2008年5月
上海金枫酿酒有限公司技术中心	上海市工人先锋号	上海市总工会	2008年5月
冠生园（集团）有限公司冠生园销售公司	上海市工人先锋号	上海市总工会	2008年5月
上海海博股份有限公司海博汽车租赁公司"飞利浦"班组	上海市工人先锋号	上海市总工会	2008年5月
上海农工商建设发展有限公司	上海市工人先锋号	上海市总工会	2010年5月
上海捷强烟草糖酒（集团）连锁有限公司第一分店	上海市工人先锋号	上海市总工会	2010年12月
上海海博出租汽车有限公司第五分公司	上海市工人先锋号	上海市总工会	2010年

表12-3-9　上海市新长征突击队

单　　位	奖　　项	授奖单位	授奖年份
上海飞驰物业发展有限公司营销分公司销售部	上海市新长征突击队	上海市人事局、团市委	2007年4月
上海万事发实业总公司种子公司青年突击队	上海市新长征突击队	上海市人事局、团市委	2009年5月

表 12-3-10　全国、上海市五四红旗(特色)团委、团支部

单　位	奖　项	授奖单位	授奖年份
上海爱森肉食品有限公司团支部	全国五四红旗团支部	共青团中央等	2007 年
上海农工商房地产(集团)有限公司团委	上海市五四红旗团委	共青团上海市委员会	2007 年
益民食品一厂(集团)有限公司团委	上海市五四特色团委	共青团上海市委员会	2007 年
都市营销管理有限公司团支部	上海市五四特色团支部	共青团上海市委员会	2007 年
光明食品(集团)团委	上海市五四红旗团委	共青团上海市委员会	2008 年
益民食品一厂(集团)有限公司团委	上海市五四红旗团委	共青团上海市委员会	2010 年
上海长江总公司团委	上海市五四红旗团委	共青团上海市委员会	2010 年
上海海丰总公司团委	上海市五四特色团委	共青团上海市委员会	2010 年

表 12-3-11　上海市青年文明号(共青团号)

单　位	奖　项	授奖机关	获奖年份
上海宏盾防伪材料有限公司生产部	上海市青年文明号(共青团号)	共青团上海市委员会	2007 年 5 月
上海星辉蔬菜有限公司现代农业园区项目部	上海市青年文明号(共青团号)	共青团上海市委员会	2007 年 5 月
上海源本食品质量检验有限公司测试部	上海市青年文明号(共青团号)	共青团上海市委员会	2007 年 5 月
上海鲜花港旅游接待部	上海市青年文明号(共青团号)	共青团上海市委员会	2010 年
上海捷强烟草糖酒(集团)连锁有限公司JOYMAX4 号店	上海市青年文明号(共青团号)	共青团上海市委员会	2010 年

表 12-3-12　创先争优世博先锋行动"五好"基层党组织

单　位	奖　项	授奖单位	授奖年份
中共上海鲜花港企业发展有限公司支部委员会	创先争优世博先锋行动"五好"基层党组织	上海市委	2010 年 10 月
中共冠生园(集团)有限公司委员会	创先争优世博先锋行动"五好"基层党组织	上海市委	2010 年 10 月

表 12-3-13　"服务世博　奉献世博"上海市工人先锋号

单　位	奖　项	授奖单位	授奖年份
上海海博出租汽车有限公司呼叫中心共青团双语班组	"服务世博　奉献世博"上海市工人先锋号	上海市总工会	2010 年 8 月
上海海博汽车租赁有限公司世博服务车队	"服务世博　奉献世博"上海市工人先锋号	上海市总工会	2010 年 8 月

〔续表〕

单　　位	奖　　项	授奖单位	授奖年份
农工商超市118店收银班组	"服务世博　奉献世博"上海市工人先锋号	上海市总工会	2010年8月
上海鲜花港世博中国馆工作小组	"服务世博　奉献世博"上海市工人先锋号	上海市总工会	2010年8月
上海捷强烟草糖酒(集团)连锁有限公司捷强连锁第一分店	"服务世博　奉献世博"上海市工人先锋号	上海市总工会	2010年8月
上海轻工业研究所世博团队	"服务世博　奉献世博"上海市工人先锋号	上海市总工会	2010年8月

表12-3-14　"服务世博　奉献世博"立功竞赛优秀集体

单　　位	奖　　项	授奖单位	授奖年份
上海海博出租汽车有限公司世博车队	"服务世博　奉献世博"立功竞赛优秀集体	上海市委、市政府	2010年8月
上海海博汽车租赁有限公司	"服务世博　奉献世博"立功竞赛优秀集体	上海市委、市政府	2010年8月
上海鲜花港企业发展有限公司世博运行工作组	"服务世博　奉献世博"立功竞赛优秀集体	上海市委、市政府	2010年9月
上海第一食品连锁发展有限公司浦东三店(A片区)	"服务世博　奉献世博"立功竞赛优秀集体	上海市委、市政府	2010年9月

专 记

上海市农场管理局沿革

上海市农场管理局是上海市人民政府管理上海农垦企业的职能部门,建立于1976年6月。与其相关的建立最早的机构是1960年9月建立的上海市围垦总指挥部。1963年3月,上海市委决定撤销上海市围垦总指挥部,成立上海市农垦局,统一领导围垦建立的畜牧场(后改为国营农场),并分批划入部分专业公司和工厂。1966年,"文化大革命"开始,上海市农垦局工作陷于瘫痪,国营农场的隶属关系几经变化。1976年,为加强对农场工作的领导,上海市委、市革委会决定成立上海市农场管理局,同时成立上海市农场管理局党委,统一管理国营农场及所属的公司、工厂。1994年9月,上海市委、市政府决定撤销上海市农场管理局建制,组建上海市农工商(集团)总公司,撤销上海市农场管理局党委,成立上海市农工商(集团)总公司党委。考虑到上海市农场管理局的特殊性,保留市农场管理局的牌子(不任命局长),以作为过渡。市农工商(集团)总公司为企业性的经济实体,不定行政级别,但参照局级单位发给文件和参加有关会议。

2004年,上海市农工商(集团)总公司改制为上海市农工商(集团)有限公司,仍保留上海市农场管理局的牌子,行使部分政府职能。

2006年7月,上海市委、市政府决定对光明食品(集团)有限公司进行重组,将上海轻工控股集团下属光明食品(集团)有限公司增资更名为上海益民一厂食品(集团)有限公司,将上海市农工商集团增资更名为光明食品(集团)有限公司,并同意在重组之后继续保留"上海市农场管理局"的牌子,行使部分政府职能。

一、职责

上海市农场管理局改制为企业集团公司之后,继续保留的政府职能主要是四个方面:

一是应由政府承担的规划和土地的行政管理职能。

二是应由政府承担的教育、卫生的行政管理职能,包括中小学、幼儿园、社区学校、医院管理、爱国卫生、计划生育等。

三是应由政府承担的社区管理职能,包括民政、司法、信访、市容监察、失业登记、居委会、综合治理、社区保安、环卫、绿化、房管、房地产交易受理、市场管理、物业管理、主干道路及桥梁管理、渔政管理、农机监理、社区活动室、交通安全、环保、消防、退休职工等。

四是应由政府承担的公共服务职能,包括供水、供电、供气、农村广播(含电视)、防汛、防台等。

二、机构

从上海农工商集团到光明食品集团,始终保留上海市农场管理局的牌子,其机构主要是三个体系。

一是光明食品集团总部实行一个机构两块牌子的部分职能部门。如上海市农场局社区管理办公室(光明食品集团社区管理办公室),其主要职责是:指导农场社区管理工作,负责与政府有关部门沟通联系,推进农场社区政务移交、属地化的进程;负责农场中小学、幼儿园管理和农场医院、职工医疗保险管理;负责农场社区的民政事务、司法调解等工作;指导、协调社区文化建设、公共卫生、计划生育、综合治理的工作;指导、协调社区公共服务类企业的工作。

光明食品集团的产业发展部负责农场管理局农业技术服务中心的管理与指导。集团人力资源部内设劳动服务所,负责本系统离岗人员的事务管理和再就业工作,管理协议保留劳动关系人员的养老、医疗、失业保险和"协保专户",进行职业介绍,在本系统开展人才交流、择业培训、劳动保障咨询服务,本系统外地劳动力用工服务等。

二是上海市农场管理局下属的事业单位。2006年3月28日,上海市机构编制委员会确定上海市农场管理局事业单位为11个(详见下表)。

表专-1-1　上海市农场管理局下属事业单位情况表　　　　　　　　　　　　　(单位:人)

单 位 名 称	人员编制
上海市农场管理局卫生医疗指导所	13
上海电视大学农场管理局分校	24
上海市农场管理局教育辅导站	8
上海市农场管理局老干部活动室	4
上海市农场管理局劳动服务所	15
上海市东海老年护理医院	280
中共上海市农场管理局委员会党校	30
上海市应用科技学校	100
上海农场系统社区事务服务中心	63
上海市农场管理局房地产管理事务中心	14
上海市农场管理局农业技术中心	40

三是位于集团所属农场地域的社区管理委员会和下属的居委会等。集团所属农场分布在上海市奉贤、南汇、崇明两区一县,以及江苏省和安徽省境内。

在实现政务移交之前,集团实行内部的政企分设和社区整合,建立了海滨社区、新海社区、东平社区、东海社区、芦潮港农场社区和朝阳农场社区,以及地处外省市的海丰农场社区、练江牧场社区和黄山茶林场社区。农场社区的管理体制为:农场局—农场局社区管理办公室(上海农场系统社区事务服务中心)—9个社区(其中市郊农场区域社区6个,外省农场区域社区3个)—25个居委会。农场社区共管辖人口8.4万人,其中常住人口5.5万人,流动人口2.9万人。管辖人口中有:退休人员2.6万人,失业人员9 000人。管辖区域内居民户数30 693户,其中低保户2 704户。

在光明食品集团重新组建成立之前,上海农工商集团(上海农场管理局)已经把海滨社区和东海社区等移交给当地政府。光明食品集团组建成立之后,继续积极推进政务移交工作。

三、政务移交

光明食品(集团)有限公司重组之后,继续按照政企分设的原则,推进政务移交工作。

2006年7月,上海农工商(集团)有限公司和上海市南汇区人民政府就原朝阳、芦潮港农场、东海农场行政和社会管理属地化移交工作签订总协议。整体移交接收工作至2006年9月30日基本完成。2006年10月1日起,移交的职能、机构及其人财物全部纳入南汇区运行。

【崇明县域内农场政务移交】

2008年9月,光明食品集团和崇明县人民政府签署《关于崇明县域内市属农场行政和社会管理等职能属地化移交工作总协议》。光明食品集团为移交方,上海市崇明县人民政府为接受方。双方就原跃进、新海、红星、长征、东风、长江、前进、前哨等农场(统称"市属农场")行政和社会管理等职能属地化移交工作达成协议。

移交坚持政企分开、权利和义务一致、优化资源配置和以人为本、平稳过渡的原则。

光明食品集团将崇明县域内由市属农场承担的行政管理职能、社会管理职能、公共服务职能和社区党群工作移交给崇明县人民政府及其有关部门或社会组织。移交的机构包括文化、教育、卫生、社区管理、社会公共服务和社区党群等机构。具体分为三类:

第一类是承担行政管理职能、社区管理职能和社区党群工作的整建制机构2个:上海新海社区管委会及其分支机构,上海东平社区管委会及其分支机构。

第二类是承担公共事业的单位11个:上海市跃进农场职工医院,上海市新海农场职工医院,上海市红星农场职工医院(已归并),上海市长征农场职工医院,上海市长江农场职工医院(含前进农场职工医院),上海市东风农场职工医院,上海市前哨农场职工医院,上海市新海学校,上海市长江中学,上海市长江小学,上海市前哨农场职工子弟学校。

第三类是承担公益性服务的企业4个:上海长盛物业有限公司(自来水公司),上海东风自来水厂,上海生源物业有限公司,上海峰盛物业有限公司。

移交的人员 分为两类:第一类是以2008年9月25日为基准日,锁定上述移交机构中现有的在册在编工作人员,一次性移交给崇明县人民政府。有关学校、医院在册在编、符合条件的人员按规定转为事业单位编制。

第二类是学校、医院、新海和东平社区本部及分支机构的退休人员,锁定名单,登记造册,随机构按现状一次性移交给崇明县人民政府,人员性质不变。

移交的资产和土地 被列入移交的机构,以2008年9月25日为基准日,锁定其所拥有所有权的实物及相应的资产,于当日移交给崇明县人民政府。2008年10月1日起,市政府补贴给市属农场办社会的费用,由市财政转移支付给崇明县政府。自2008年10月1日起,列入移交范围的机构和人员的经费由崇明县政府负责安排和列支。

已建成区及居住区内,除企业性质的单位拥有权证和正在使用、居民住宅拥有权证和正在使用的外,其余土地使用权全部移交给崇明县政府统筹管理。

光明食品集团向未来的新海镇、东平镇无偿划拨各1 000亩土地作为新建制镇建设预留地。

需移交的区域内现有大堤、道路、桥梁、河道、公路及两侧的绿化或青坎等的用地,按照有关法律法规和现状无偿移交给崇明县政府,并由崇明县政府的有关主管部门实施行政管理。

整体移交接收工作从协议签订之日起开始,次月起移交的职能、机构及其人财物全部纳入崇明县政府运行。

【海丰农场医院的移交】

根据市政府《关于调整上海农场、川东农场管理体制工作》和市农委《关于加强上海在苏北三个农场、社区管理工作》专题会议纪要精神,2009年7月15日,上海市劳教局与光明食品集团签订移交协议,上海农场、川东农场实施"所场分开",由市劳教局将"所场分开"后的上海农场、川东农场移交给光明食品集团管理。

在上海农场和川东农场管理体制调整后,为进一步理顺上海在苏北三个农场社区卫生服务工作,2009年7月15日,海丰农场和宝山区卫生局签订移交协议,将海丰农场职工医院移交给宝山区卫生局管理并改制为社区卫生服务中心。该协议的见证方为上海市卫生局、上海市财政局、上海市宝山区人民政府、光明食品(集团)有限公司。

医院移交的基准日确定为2009年4月30日。

移交的资产:医院资产(不含土地)移交遵循"财随事转"的原则。由海丰农场将医院的资产按现有资产编制移交清册后向宝山区卫生局进行移交。医院的资产及所有者权益在清理债权、债务,将现有债权、债务全部剥离移交原上级主管部门后的现有实物资产,以中介机构审计确认的数据为准,移交给宝山区卫生局。

医院职工的移交遵循"人随事转"的原则。以移交基准日的在编在岗职工人数为依据,按照《关于印发〈上海市社区卫生服务机构设置和编制标准实施意见〉的通知》规定,由海丰农场移交给宝山区卫生局。对其中的卫生专业技术人员应按《执业医师法》《护士条例》及卫生部有关资格审查的规定由卫生行政管理机构予以资格审定。按上海市卫生系统聘用人员规定进行核准,审定合格的卫生技术人员应由宝山区卫生局接收。其他行政管理和工勤人员的移交参照有关规定进行移交。移交中如有不符合卫生行政管理部门接收标准的职工,由海丰农场负责安排其他工作。

医院实际使用的土地(土地权证在海丰农场名下,暂不改变),由海丰农场按使用现状移交宝山区卫生局管理,由宝山区卫生局对该土地及地上房屋等建筑物按需进行管理和使用。

移交工作完成后,医院改制为社区卫生服务中心,负责和承担苏北三个农场社区的基本医疗和公共卫生服务。苏北三个农场协助宝山区卫生局做好日常管理工作。

医院移交工作完成后,由上海市卫生局按标准化社区卫生服务中心建设要求,核定改建经费,该经费由市财政局与光明食品集团承担。今后,该医疗机构所需经费纳入宝山区卫生局预算管理,市财政局按照市属农场行政管理属地化财政补贴原则予以财力保障。

协议签订后,海丰农场与宝山区卫生局共同协作,在30个工作日完成相关清点、核对工作。在验收确认相关资产、土地、人员后,由海丰农场与宝山区卫生局的法定代表人或授权代表人在本协议相关附件上签字确认,即告交接完毕。

四、社区管理

光明食品集团总部设立农场局社区管理办公室,具体指导农场社区管理,负责系统内的民政、综合治理等工作。

【社区救助和帮困工作】

2006年,光明食品集团对重点帮困救助的六类人员做到全覆盖。截至2006年11月底,共发放低保救助金678.9万元,救助人数2770人;发放协保人员生活补助金42.3179万元,发放人数232人;发放粮油帮困卡1035张,帮困补助金50.26万元;发放医疗救助金4.9077万元,救助30人次。春节期间发放临时医疗救助金4万元,救助人数139人。试行"定医院、定疾病种类和处方、定金额"的市民互助医疗帮困,救助739人次,救助金为3.5026万元。各社区积极做好对社区内失业无业家庭节日、助学和患大病重病等特别困难的帮困工作,初步形成局、社区、居委会三级帮困网络,并做到帮困资金的落实到位。全年累计帮困救助2 942人次,帮困金额54.21万元。同时,在高温来临之际,对90名社区内70岁以上的困难老人和患大病重病无保障人员进行了慰问。

2007年1—6月,累计共救助8 707户次,其中职工家庭2 601户次,失无业家庭5 779户次,重残无业人员321户次,孤老6户次;救助16 403人次,其中职工家庭4 560人次,失、无业家庭11 516人次,重残无业人员321人次,孤老6人次。累计发放低保救助金3 640 219元,发放粮油帮困卡6 137张,发放粮油帮困补助金276 165元,发放粮油帮困券7张,发放粮油帮困券补助金630元。困难协保人员补助1 280人次,累计发放协保人员补助金162 970元。1月至6月完成对新海社区、东平社区医疗救助对象的审批,有23人次获得医疗救助,救助总金额为48 000元。2007年元旦春节期间临时医疗救助157人次,发放医疗救助金57 000元。2007年元旦春节期间一次性(节日券)临时救助共1 479户,发放补助金147 900元。2007年春季助学券审核发放503张,回收农场学校252张。积极做好对失、无业家庭节日、助学和患大病、重病等特别困难的帮困工作,全年累计帮困救助1 717人次,帮困金额37.94万元。完成对新海、东平社区252名困难人员"市民帮困互助医疗'一卡通'"的医疗卡和记录册的发放,每人一年有500元的医药费的救助,总救助金额为126 000元。

2008年,为规范市民综合帮扶资金运作,制定《集团市民综合帮扶资金操作办法》,在农场(包括域外农场)和社区已形成低保救助、医疗救助、特殊人群帮困、困难人群个案帮困以及居委会临时小额帮困等多层次、多方面的帮困救助网络,为保障农场和社区困难职工居民的基本生活、维护农场社区的社会稳定奠定物质基础。至11月底,城镇居民低保保障对象为1 306户(2 570人),累计发放低保救助金8 310 861元,发放粮油帮困卡10 411人次,粮油帮困金468 495元,发放粮油帮困券71人次(1 065元);协保人员困难补助为64人,累计发放生活困难补助金182 358元。因物价上涨,1月至11月,共发放低保人员临时生活救助金328 770元,对低保人员参加居民医疗共发放居民医疗补贴金223 705元。对低保、低收入家庭中患慢性病人员进行医疗互助帮困,共发放医疗救助卡265张,总救助金额为132 500万元。

2009年,根据有关政策,重点解决现行政策尚未覆盖或者覆盖后仍有较大困难的农场职工。全年共帮扶困难职工834人,使用帮扶金额130万元,维护了农场地区的政治稳定,解决了弱势群体中的"急、难、愁"困难,体现了集团履行社会责任的良好形象。

2010年是上海农场、川东农场并归光明食品集团后的第一年,在规范操作,应保尽保、按时足额的前提下,完成对域外的上海农场、川东农场的低保家庭、重残无业人员14 401人次发放社会救助金527.889 3万元。向司法老残人员300人次发放生活救助金24.46万元。同时在市民政局救济救灾处的关心支持下,向上海、川东农场的低保家庭发放御寒棉被500条。

【再就业工作】

各社区采取多种措施积极推进就业解困,加大了对就业年龄段困难人员的培训促进就业的力度。根据他们的文化程度和技能,与有关部门联手开办了各类培训班;积极寻找岗位,推荐他们上岗;举办各类再就业大型现场招聘会,为下岗失业人员搭建就业平台。

2006年,各社区共开展各类培训班10期,培训下岗失业人员483人次;推荐上岗574人次,正式录用189人。

2007年,各社区共开展各类培训班5期,培训下岗失业人员244人次;推荐上岗369人次,已上岗111人。

【"一门式"窗口服务和社区创建工作】

2006年,各社区注重规范"一门式"窗口服务,加强文明窗口建设,提高窗口服务质量。在完善"一门式"服务项目的基础上,在政务公开、服务时限、首问接待、礼貌用语、仪表规范等方面提出了明确的要求,制定了《上海市农场管理局社区文明窗口达标创优服务规范》,下发了《上海市农场管理局社区系统星级文明窗口竞赛活动的通知》。

2007年,召开了创建居委会特色工作推进会,总结表彰各社区在精神文明和社区文化创建方面的先进单位和个人。在各社区积极开展"星级文明窗口"创建工作的基础上,经各单位申报、局社区办组织各条线进行考核、审批,评选出农场局第二批17个"星级文明窗口"予以表彰,并统一挂牌。各社区把积极开展创建工作作为精神文明建设的有效载体,2007年评选出局级26户"五好文明家庭"、26户"教育子女好家庭"、16个"文明楼组"、9个"特色楼组"。

2008年,对居委会主任进行了较为系统的培训,提高居委会主任的工作能力和综合素质。按照《上海市和谐示范居委会指导标准》和《上海市和谐示范街道(镇)指导标准》,在农场局开展"和谐社区示范单位"的创建活动。海丰农场居委会创建"上海市示范居委会",新海社区长征农场居委会和东平社区长江农场第二居委会创建"上海市模范居委会",东平社区长江农场第一居委会"创建和谐社区建设示范居委会",通过上海市民政局验收。按照市政府有关加强建设新农村的要求,完成新海农场门球场、篮球场和羽毛球场施工建造工程,完成海丰农场、新海农场、前哨农场等健身点器材的安装工作,完成海丰农场、黄山茶林场公共运动场地建设。全年上海市体育局下拨更新器材84件;新增健身点器材10件,共投资创建资金160万元。东平社区被上海市社会治安综合治理委员会、上海市人事局评为2007年度上海市社会治安综合治理工作先进单位。

2009年,黄山茶林、海丰农场居委会完成换届选举工作,集团组织域外农场社区新一届居委会主任参加了市一级的培训,完成黄山茶林场市一级居委会的验收。练江牧场社区新建了篮球场、网球场和门球场;海丰农场增建了一个网球场;海丰农场和练江牧场居民区新建了4个居民区健身点。上海市体育局合计支持建设资金62万元。

【社区实事工程】

2006年,东平社区在散户点完成安装5个水表。生活小区污水总管的改造,主要交通要道人行道板的改造,小区道路、照明的设施改造及小学、医院内部装修等项目33个。新海社区安装避雷带、落水管、散户点水表,新增健身点和绿地、疏通三个地区污水道等项目20个。两个社区的物业管理公司利用维修基金和物业自筹资金,实施房屋修理、排污改造、管道维修、植绿、补绿、活动中心修缮等工程。海丰农场认真做好电网改造及配套改造工程,更新了地下管网,新建了三幢居民楼,改建了幼儿园、银行邮局、电视台等;黄山茶林场对一条街的4—6号居民楼实施整体改造,铺设了电缆线、人行道;练江牧场新建了篮球场、候车棚、自行车棚,安装了防盗门窗、垃圾筒等,小区的面貌、居民的环境都有所改善。全年各社区完成实事项目75项,累计金额2791.45万元,其中市、局拨款1395.40万元,公司、社区、物业自筹资金1396.05万元。

2007年,东平社区添置自来水厂液氯发生器、加固净水设备、安装深水泵除锰除铁装置,改善居民的饮水质量;完成黄河路闭路电视的维修和瀛都小区的绿地建设;改造前哨地区的垃圾房、垃圾场和轻纺新村的道路;修理小区的道路;改造小区的污水管道等,项目资金总计112.3万元。新海社区完成四个区域的绿化改造和三个地区的道路改造;维修本部办公室和活动室等,还进行房屋修理、排污改造、管道维修、植绿、补绿等工程,项目资金总计35.2万元。海丰农场完成场部西村居民楼的改建;新建标准篮球场、门球场各一个;改造幼儿园的厨房,新购买学生班车等,合计投入资金229.23万元。练江牧场通过"亮化""绿化""美化"工程,更新了住宅和办公区域的路灯;绿化了住宅和办公室的道路;改造社区事务受理中心等,累计投入资金45.6万元。黄山茶林场改造了老年公寓和医院门诊大楼;翻新了居民楼外墙,实施了"平改坡";安装了防盗铁栏、塑钢窗、维修老水渠和水路等,累计投入资金312.5万元。集团、农场和公司、社区、物业运用维修基金完成实事项目40项,累计金额734.83万元。

2008年,推进五四公司配套商品房项目和租赁房项目建设,配合农场制订了职工租赁房的改造计划,以星火31队租赁房作为第一期建设项目,用五个月的时间完成建筑面积6 300平方米、128套租赁房以及小区配套的建设任务,以适应不同人群的需求。积极争取市郊农场开发经济适用住房政策,解决农场低收入职工住房困难问题。新海、东平社区分别建立廉租房办公室,东平社区48户、新海社区26户住房困难户入住廉租房,适当缓解了低收入住房困难家庭的矛盾。东平社区围绕上海市一级卫生镇常态化管理、健康社区建设第二轮行动计划,平安社区开展实事工程建设,完成东风自来水厂净水设施更新改造,维修集贸市场,改造人行道、小区道路、绿化环境等。新海社区完成自行车棚改建,路灯、道路整修,新增绿地,疏通三个地区污水管道等。崇明农场社区完成实事项目近20项,累计投入资金300多万元。

【社区稳定和安保工作】
2006年,认真、积极、平稳地落实《国务院办公厅关于妥善解决国有企业中小学退休教师待遇问题的通知》,成立了集团和学校两级专人测算小组,10月1日之前,579名教师1 106万的企业补充养老金及84名退休教师在职段的补差额105万元全部发放到位。全年各类教师的补发总额为1 843万元。

2010年2月,完成607名退休教师累计补发工作金额1 106 140元。同年5月,完成了在职的、工改要素无疑义的中小学教师落实《事业单位工作人员收入分配制度改革实施办法》的具体测算、汇总、补发工作,补发250人,累计金额859 749.5元。同年6月,完成了第二批中小学教师养老金补缴及具体的测算、汇总、补发工作,补发17人,累计金额28 728元。同时做好各类教师的来信、来访、来电工作,耐心细致做好政策范围外人员的思想工作,保证在职教师队伍和退休教师的思想稳定。

2009年,光明食品集团调整安全保卫工作委员会。结合集团的实际情况,起草了集团安全生产责任书,总裁曹树民与16个直属单位的安全工作第一责任人签订责任书,签约率达100%。督促、指导基层企业认真签订安全生产责任书,确保安全责任落到实处。

认真贯彻市委市府领导的指示精神,按照市国资委世博安保反恐工作的总体部署以及集团领导的要求,集团建立工作机构,制订实施方案,签订责任书。根据"三清四落实"的要求,在集团系统进行重点单位的排摸工作,在市国资委明确的16家重点单位的基础上,共排摸出32家集团辖下重点单位和世博园区周边500米范围内27家单位,各子公司也相应排摸内部的重点单位、重点区域和重点部位,自下而上形成安保反恐的监控网络。

根据《企事业单位内部治安保卫条例》(简称《条例》)以及上海市对《条例》的贯彻意见,在建立完善系统内部保卫工作管理网络的基础上,制定《光明食品集团有限公司内部治安保卫规定》,进一步明确了内部保卫工作的目标任务、工作职责、工作重点,落实集团内部的治安保卫工作。

根据国务院办公厅、市政府办公厅《关于开展安全生产"三项行动"计划的通知》,集团制定《开展安全生产"三项行动"计划实施方案》,提出目标和要求,排查治理的范围、重点和内容,时间安排和节点。召开专题会议落实安全检查和隐患整改工作,2009年集团系统676家单位开展排查治理隐患工作,共排查出各类隐患1652项,已整改1607项,整改率97.2%。开展各种宣传教育活动722次,参与35 926人次,发表安全生产新闻报道96篇。

认真做好元旦、春节、劳动节和"两会"期间的安全保卫工作;做好光明食品节、农垦农产品质量追溯活动等重大活动期间的安全保卫工作,确保活动顺利进行。集团和子公司开展安全培训工作,举办企业负责人和安全管理人员培训班。大丰地区三农场举办安全培训班,共有56名企业负责人和安全管理人员参加培训。

制定《光明食品集团防汛防台应急处置预案》,督促指导各企业制订应急预案和措施,检查落实预警期间的值班工作,确保安全度汛。

2009年,集团开展以"关爱生命,安全发展"为主题的安全生产月活动,各单位采取多种形式,广泛开展国家《安全生产法》《道路交通安全法》《消防法》《上海市安全生产条例》等法律法规的宣传。定期召开安保工作季度例会,分块开展安全大组活动。在集团系统内建立车辆大户单位交通安全例会制度。指导、督促事故发生单位按照"四不放过"的原则,及时调查处理,及时上报。

2010年,光明食品集团组织开展以"平安世博安全生产双百日活动"为重点的世博安保工作。集团下属各企业通过各种方式检查1 230余次,查出各类隐患3 680余条,整改3 600余条。基本完成不发生影响社会稳定和企业安定的重大事故,各类事故的发生率控制在市下达的指标以内的目标。集团系统增强了形成纵向到底、横向到边的安全生产组织体系,各单位的法人代表是单位安全工作的第一责任人的意识。集团系统基本形成一级抓一级、一级对一级负责的安全生产责任体系;上下联动的应急体系。2010年共培训各类安全人员12 900余人,用于安全生产方面的资金投入达到4 500万元左右。

五、社区建设

【上海市新海地区社区】

上海市新海地区社区位于崇明西北区域,所辖范围包括原跃进、新海、红星、长征4个市属国营农场,2004年2月,由新海社区(新海与跃进)与长征社区(长征与红星)合并组建而成。总面积105.04平方公里,有24个居住小区,其中封闭小区12个,半封闭小区6个,完全开放小区6个。大部分建造于20世纪70年代和80年代,社区管理委员会设有办公室、民政科、市政科、政工科、综治科等科室,办公地址在原新海农场俱乐部。2008年7月,经政务移交纳入崇明县属地化管理,2008年8月6日,经上海市人民政府批准,建立崇明县新海镇。

社区管委会根据"社区建设实体化、社区管理网格化、社区党建全覆盖"的要求,在原跃进、新海、红星、长征四个市属国营农场设立办事处、社区居民事务工作站和居委会,形成三位一体的区域化管理格局。2003—2006年,集团和所在企业投入2 000多万元对社区水网进行改造,建立了4个老年活动中心、1个"一门式"社区事务受理中心,设置了8个居民健身点,对道路、灯、绿化、厕所进行整修改造。2006年,投入89万元,实施增设四处健身点、添置部分健身器材、道路硬化、自行车棚改建、植绿补绿、路灯整修及居民住宅楼的避雷带、落水管改造等实事工程。社区与70多个驻地企事业单位签订共建协议书，不断拓展共建领域，丰富共建内容。

社区管委会以新海学校、社区学校、老年活动室、社区阅览社等为主阵地，组织开展"学习型家庭"等系列创建活动，2007年共评出"学习型家庭"39户、"学习型楼组"11个、"学习型班组"10个、"学习型单位"3个。创建局级"星级文明窗口"10个，社区级"星级文明窗口"11个，推荐局级"五好文明家庭"10个、"教育子女优秀家庭"10个、"文明楼组"5个、"特色楼"5个。

社区"一门式"服务平台按照"星级窗口"的要求，积极开展岗位窗口练兵活动，严格执行前台一个窗口受理、后台协同办理的一条龙办事机制，探索以"流转表"及"绿色通道"形式服务居民的运作模式，新海"一门式"服务平台被授予上海市"巾帼文明岗"的荣誉称号。

【上海市东平地区社区】

上海市东平地区社区前身是上海市长江地区社区，由原上海市长江农场、前进农场2个社区组成，2001年4月，经上海市农场管理局批准建立，是农场局内部最早进入政企分设的试点单位之一。2002年12月，长江地区社区经上海市农场管理局批准更名为上海市东平地区社区。2003年6月和2004年12月，原东风农场社区和前哨农场社区先后并入东平地区社区。2005年，上海市应用科技学校划归东平社区管理。东平地区社区坐落在崇明岛北沿中部，与著名的国家级东平森林公园相毗邻。管辖地域面积近130平方公里，总人口数达2.5万人，总户数11 000余户。

东平社区在册员工724人，其中社区本部200人（含本部科室、附属部门、环卫所）、长江医院82人、东风医院44人、前哨医院23人、长江中学55人、长江东风小学98人、前哨学校53人、应用科技学校68人、峰盛物业公司68人、自来水厂32人、东平养老院1人。拥有教育、医务、管理等初、中、高级职称专业人员330余名。

社区所属管理单位（部门）有：1所完全中学、1所中等专业学校、1所初级中学、1所小学、1所职业技术学校（托管）、1所社区学校、3所医院、1所养老院、1个物业公司、1个自来水厂、1个市容环卫所、6个居委会、4个社区事务受理中心、1个房产交易登记受理站、1个土地规划管理所、1个社区保安大队、1个消防队（托管）、1个社区文化活动中心、1个社区公共服务信息网站等。

社区建立居民健身苑2个、新村健身点15个、示范化老年活动中心3个、标准化老年活动室3个和上海市公共运动场1个。

社区内有4个上海市一级卫生镇，2个市级文明小区，10个上海市、崇明县级安全小区，229个文明楼组。

社区先后获"上海市建设健康社区示范街道（镇）""上海市社会治安综合治理先进集体""上海市防范和处理邪教工作教育转化先进单位""上海市边防工作先进集体""上海市爱国卫生先进单位"等市、局、县级先进称号20多项。

社区管委会制定建设"学习型、健康型、生态型"三型社区的工作战略。经市县批准注册建立的社区学校年培训居民职工4 000余人次，形成"社区学校""终身教育街""东平网"为主的三大教育品牌。2005年，东平社区被评为上海市20个建设健康社区示范街道（镇）之一。经过多年建设，绿化覆盖率达到31.3%。

东平社区党工委下属基层党组织（党总支、党支部）63个，其中社区机关科室（办事处）党组织6个、直属单位党组织13个、居民区党组织32个、非公企业党组织11个、流动党员党组织1个。党员总数1 304名，其中在职党员226名、退休党员900名、民营企业党员94名、流动党员84名。

【上海市海丰农场社区】

上海市海丰农场社区成立于1999年8月,位于江苏省大丰市境内,南与大丰东坝头农场相邻,北与三龙镇斗龙闸相接,西起上海农场,东至四卯酉闸,处于黄海之滨。总面积166.7平方公里。常住人口2 341人,外来人口4 000多人。域内有光明米业、奶牛集团、光明工业园、爱森养殖基地以及鼎牛、东海明橱等企业。

海丰社区下设社区管理办公室,三个中心(事务受理中心、文化活动中心、卫生服务中心),居委会,综合治理办公室(市场市容、农场道路桥梁),保安大队及物业管理、公共卫生等部门。海丰农场居委会为上海市模范居委会。以争创平安社区为抓手,网格化管理模式,加强与政府派出部门、驻场企业、当地政府部门的协同管理,成为上海市平安小区。在服务窗口的规范化上,努力使社区事务受理中心、文化活动中心、卫生服务中心、生活服务中心成为农场经济发展、构建稳定和谐的社会环境的坚强保障。

海丰社区充分发挥农场社区职能,注重做好"两个服务"工作:一是服务好驻场企业。作为农场发展的后勤保障单位,海丰社区在做好治安防范管理的基础上,做好场域内水、电、民生工程建设等各项保障工作,为农场和谐稳定、健康发展保驾护航。二是做好服务辖区居民工作。海丰社区积极做好辖区居民服务工作,通过加强居民走访、加强困难人群救助、开展居民自治和形式多样的文体活动等多项措施,保障、改善并丰富居民生活。

【上海市上海农场社区】

上海农场社区位于江苏省大丰市,有6个居委会,总人口近1万人,其中常住人口2 170户,约5 000人(属宝山区公安分局黄海派出所的户籍人口为4 114人),外来人口约2 500人、700多户,其他为劳教、部队人员。常住人口中有1 873户,4 000余人居住在中心区域的上农新村、申河新村和加工厂小区,其余的常住人口分散居住在近100平方公里区域范围内。

上海农场社区交通便利,海益线和陈李线贯穿其中,离大丰市40多里。社区内有上海农场超市、沪惠超市、利民超市等商业网点,购物方便。2008年新建标准化菜市场,并有专门人员负责管理。上农学校提供幼儿园至初中阶段教育。上海市第一劳教所医院为居民提供医疗服务。变电所负责全场的水、电管理服务,设有报修电话,配有抢修车,能做到全场范围内的快速抢修。物业服务部负责全社区的"三保"服务。综治办负责全场的门岗服务、市容监察和综合治理。居委会设有居民活动室,部分居委会配有室外健身器材。

上海农场在2009年9月归并光明食品集团,农场成立社区管理委员会,主持和管理社区的日常工作,形成由社区管理委员会统一领导,各职能部门各负其责的工作机制。

社区管理委员会下设5个职能部门:社区办公室、综治办、核算中心、事务受理中心、物业服务部。5个下属单位为生活服务有限公司、安置所、康老院、变电所、居委会,形成社区管理委员会——社区各部门、单位的二级网络管理运行机制。

上海农场社区紧紧围绕农场发展目标,通过加强社区服务,繁荣社区文化,美化社区环境,构建社区和谐,不断提高社区管理水平。拓宽服务领域,提升服务效能,有针对性地为居民开展服务,将小区内的空巢老人、残疾人、低保家庭等群体列为重点服务对象。加强综合治理,做好矛盾化解工作,建立治安防控体系,形成社区防范网络,消除不安定因素。努力为居民办实事、做好事,发挥居民自我管理作用,保护环境,营造优美舒适的"花园式"小区。

上海农场社区围绕农场新三年发展规划,服从服务于大局,通过加快社区职能的转变,积极向

"花园式"社区迈进,为农场经济发展和效益提高服务,把社区建成"管理优化、设施优等、环境优良、服务优质"的四优和谐社区。

【上海市川东农场社区】

上海市川东农场社区位于江苏省大丰市东南部,北起川东港,南至江苏省新曹农场,西邻大丰市大桥镇,东接大丰市林场。川东农场社区成立于2002年,下设办公室、物业办、综治办、事务受理中心、财务室、供电所、居委会、安置所等9个部门(单位)。辖区面积近40平方公里。建川居委会下有11个楼组,常住居民1912人,其中农场职工731人,外来务工人员1000余人。居委会主要负责协助公安部门维护社区治安,做好外来人口管理工作,调解居民民事纠纷,做好群众来信来访工作,及时反映群众的意见,并组织居民开展各项活动,积极维护居民合法权益。

社区生活服务设施较为全面,能基本满足居民的需求。道路约71.8公里,其中黑色路面7.7公里、水泥路面50公里、砂石路面14.1公里。有1200平方米的农贸市场一个,并有邮局、超市等配套服务设施。社区生活娱乐设施较为集中,有健身点4个、老年活动室2个、工会舞厅一间、数字电影放映点3个,社区医疗服务点1个。

【上海市练江牧场社区】

上海市练江牧场社区地处安徽省黄山市历史文化名城歙县境内,东临练江,西望黄山,距歙县城区5公里。练江社区所辖地域面积近3.35平方公里,总房屋数222间,社区总户数165户,总人口400余人。

练江牧场社区下设5个管理部门和1个外包的绿化卫生维护队。社区工作人员32人,另有3人兼职,本部管理人员2人、财务2人、居委会5人、卫生中心(社区医院)8人、事务受理中心3人、文化活动中心专职3人、综合治理6人、保安6人。练江牧场社区主要职责是从事宣传教育、卫生、居民服务、市政规划、综合治理、环卫绿化、土地管理、民政事务、物业管理、社会救助、居委会工作指导等。

练江牧场社区建立居民健身点5个,社区文化活动中心1个,面积为3813平方米,内设健身、棋牌、视听、排练、信息苑、社区学校、谈心室、老年活动室等。

练江牧场社区2006年被县委、县政府评为第七届文明单位,被评为安徽省文明社区。2007年,被歙县县政府授予"园林式单位"和"平安单位";被黄山市评为市第一届"文明社区"。并分别获得光明食品集团2007—2008年度文明单位和2009—2010年度文明单位。2009年被评为安徽省文明社区。2010年8月,练江牧场社区居委会被上海市民政局批准为"上海市一级居委会"。练江牧场社区确定建设"平安型、健康型、生态型"及"花园式度假社区"为工作目标,经过多年建设,绿化覆盖率已达40%,一个绿化、美化、亮化的花园式度假社区已具雏形。

2010年,练江牧场社区成立了社区党支部,开展党员之家、在职党员、民工、无党派人士进社区等活动,形成了辖区内各单位、党组织和群众共同参与、资源共享、优势互补的社区工作新格局。

【上海市黄山茶林场社区】

上海市黄山茶林场作为一个老的国营农场,拥有50多年的历史。在知青时代,这里曾有着"安徽小上海"的美誉。其前身是安徽的一个劳改农场,建于1955年。1965年初夏,黄山茶林场移交给上海市管理,作为上海社会青年劳动锻炼基地。至1978年年底,全场安置知青达7000余人,连同干部、家属总人口近1万人。1965年12月,建立上海市黄山茶林场,隶属于上海市农垦局,归属上海市农工商集团直接管辖。

2000年,茶林场组建社区,下设居委会、物业办、环卫、联防队等部门,开展各项社区服务工作。

社区常住207户,共307人,居民集中居住在G205国道沿街11栋居民楼内,部分居民在东桥、黄龙、麻川三个散户点。离退休居民总人数191人,其中离休4人,退休187人。社区的管理体制和运行机制相对独立,特别是社区的财务管理以实现专人专户管理,收支基本平衡。

社区对茶林场居民楼电线、卫生间、室内门窗、上下水管道等进行改造,改善居住条件。对茶林场场部一条街的路灯、社区视频监控设施设备和区域内的指示牌等修缮和添置,消除潜在的社区交通隐患。对居民饮用水及水网设施全面进行改造。社区文化活动中心有A楼和B楼两个部分组成,总面积3 000平方米。社区的公共服务和管理用房面积达到7 600余平方米。

多年来,茶林场社区获得安徽省第一届绿色社区、安徽省文明社区等省、市、区的多项荣誉。

六、居民委员会选介

【新海社区跃进居委会】

跃进居委会成立于1999年。由4个封闭式小区、4个散户点组成,是一个以老年居民为主的农场社区。居委会广泛深入开展"四个百家"活动,居委干部主动走访居民家庭,了解掌握居民需求,及时解决居民疾苦,调解群众纠纷。通过系列创建活动,居委会自治建设基础进一步夯实,居民区党支部被评为市国资委系统先进党支部,居委会被评为市模范居委会和市示范居委会。

【新海社区新海居委会】

辖区内有新海一村、白港新村、开沙新村、新海三村、万元新村、新海二村、体北新村、新苑小区、界河新村等居民小区。个体商业网点、派出所、邮局、银行、菜场、公交枢纽等重要便民服务机构(场所)均位于区内,另有水厂、加油站、幼儿园等单位和部门13个。新海居委会是市一级居委会。

【新海社区红星居委会】

辖区内有6个住宅小区(东南新村、毛纺新村、洪联新村、洪中一村、洪中二村、供销新村)和20个老连队生活区。红星居委会是市一级居委会。

【新海社区长征居委会】

长征居委会成立于1999年。辖区内有长乐一村、长乐二村、南坝新村、别墅小区和外围近20个连队生活区。长征居委会是市模范居委会和市示范居委会。

【东平社区桂林新村居委会】

东平社区桂林新村居委会坐落于长江农场场部。辖区内有明华一村、明华二村、桂林新村、振华新村、长晶新村、仪表南村、仪表北村、元件二村、元件四村等9个居民住宅小区,以及一营生活区、刀剪厂生活区、液压件厂生活区等10个外围散户点。常住人口3 800人。

桂林新村居委会以"传递关爱,温暖无限"为服务理念,动员驻区单位、民间组织和党员志愿者、社区志愿者、巾帼志愿者等,拓展"生活护理、家政服务、精神慰藉、日间照料、日常帮扶、健康保健、文化娱乐"等形式多样的社区服务,不断提升社区各类弱势群体的生活质量。

桂林新村居委会2006年通过上海市社区建设模范居委会的验收,2008年通过上海市和谐社区建设示范居委会的验收。

【东平社区长江新村居委会】

辖区内有长江一村、长江二村、商业大楼、服务大楼、供销大楼、工商大楼、综合大楼、基建新村、基建改建楼、东平新村、瀛都小区、集林小区、职校生活区、农修厂生活区等居民住宅小区,以及周边近20个工厂(连队)生活区。常住人口4 350人。

该居委2005年3月创办长江居委"爱心超市",由长江居委进行日常管理,固定志愿者2人、阶段性志愿者7人参加服务。"爱心超市"2010年被评为崇明县志愿者服务品牌项目,主要面向东平社区所辖的6个居委会内的所有贫困人员,参与粮油物品发放、便民服务、爱心义卖、物品互换等服务项目。

2006年,该居委会通过上海市社区建设示范居委会的验收;2008年,通过上海市社区建设模范居委会的验收;2010年,通过上海市和谐社区建设示范居委会的验收。

【东平社区东风新村居委会】

辖区内有东风一至四村、华盛小区、利民、杨南等7个居民住宅小区。常住人口2 643人。

2004年以来,居委会开展"五星助老网"特色服务活动,由居委会、共建单位、退管会、志愿者、家庭等五个方面组成,有生活照料、精神慰藉、安全检修、医疗咨询、特困救助等服务内容,定时定期为老年人服务。

2007年,该居委会通过上海市社区建设示范居委会的验收;2010年,通过上海市社区建设模范居委会的验收。

【东平社区风伟新村居委会】

风伟新村居委会位于崇明东平国家森林公园东首。辖区内有风伟一至四村4个居民住宅区以及东风14队、东风17队、东风18队等8个散户点。常住人口1 243人。

该居委有一支"孙阿姨助老志愿服务队",是以风伟新村退休党员、热心志愿者孙秀芳命名的一支居民群众团队,主要为该居民区内的独居老人提供"一对一"结对帮助服务,形成"每天一次问候,每周一次上门,每月一次服务"的助老志愿者服务模式。

2010年,该居委会通过上海市社区建设示范居委会的验收。

【东平社区前进新村居委会】

前进新村居委会位于前进农场场部,前进大街南段。辖区内有东苑小区、别墅小区、海燕小区、海鸥小区、西苑小区等居民住宅区以及边缘地区散户点组成。常住人口2 100人。

该居委建有"相约16、健康快乐"学习沙龙,每月16日开展健康自我管理小组活动,普及卫生防病知识,提倡科学文明健康的生活方式和行为,培育文明健康新风,营造良好的社会健康环境。该沙龙成为上海市首批重点扶持团队之一。

该居委会于2010年通过上海市社区建设示范居委会的验收。

【东平社区前哨新村居委会】

前哨新村居委会位于崇明岛东部的东旺沙地区。辖区内有前哨一至五村、轻纺新村、东苑新村、东苑二村、东旺花苑、铜棒厂和空压厂生活区等11个居民住宅小区。常住人口2712人。

该居委的特色工作是"前哨红白理事会"。该志愿者队伍由12名退休职工组成,平均年龄67岁。热心于前哨安乐厅的服务工作,对一些独居、孤老的临终关怀、后事料理开展志愿者服务。

2010年,该居委会通过上海市社区建设示范居委会的验收。

【海丰农场社区居委会】

海丰农场社区居委会成立于1999年。辖区内有场部东村、汇丰小区、沁园一村、沁园二村。居民564户,常住居民557户,常住人口1126人。

海丰农场社区居委会坚持以人为本,服务居民,以"三会一评"为工作模式,积极开展居民自治、便民服务、文明建设等各项工作。先后获上海市一级居委会、上海市社区建设示范居委会、上海市社区建设模范居委会、上海市平安单位等多项荣誉称号,并多次被评为海丰农场、集团先进集体。

该居委会不断完善基层民主政权建设,发挥居民自治作用。通过小区橱窗、板报、LED显示屏、横幅等宣传形式,积极营造"社区是我家建设靠大家""大家事情大家说"的居民自治氛围。积极发挥楼组长、治安员、宣传员、调解员、卫生监督员、民情信息员的作用,逐渐形成"服务+群众自治"的网格化管理体系,充分利用各方资源,搭建居民自治平台。居委会建立QQ服务平台、社区微信、"相约星期三"老年茶话会,走进居民区开展"小板凳会议"等,共议社区大事小情。

【上海农场社区居委会】

社区以居委会达标验收为契机,加快居委会职能的转变。2010年完成三级居委会整体达标验收。

【川东农场建川居委会】

建川居委会成立于2002年3月。居委会以居民需求为出发点,以将社区建设成为居民的"幸福港湾"为宗旨,设立"嘎讪胡"功能室,以"邻里守望"为载体引领社区好风尚,培育民主自治品牌。成立了由党员、组长骨干、热心居民组成的雷锋号为老服务队、红色战警巡逻消防队、萤火虫义务宣传队、缤纷黄昏老年志愿者队、心连心送温暖队等5支志愿者队伍。居委会组建了广场舞、腰鼓队、门球等3支文体团队,并组织开展各类活动,为居民提供交流的平台,提升社区的凝聚力。与吴家洼监狱、川东农场学校、武警八支队、东裕公司、东越公司、上海农场生活服务公司等区内企事业单位实现"1+1共建",营造"社区事务共商、社区资源共享、社区家园共建"的良好氛围,打造一流农场社区。

【练江牧场社区居委会】

练江牧场社区居委会组建于2000年,有5个居民小组,总户数165户,总人口400余人,其中离退休职工居民81人,流动人口121人。2006年练江社区被评为省级文明社区;2007年被歙县人民政府授予园林式单位;2009年被评为安徽省第三届文明社区;2010年被评为上海市民政局一级居委会;2007—2010年获光明食品集团文明单位。

居委会以社区资源为依托,社区服务为载体,形成社企共建的整体合力,和社区单位部门携手共建,共享社区资源,先后建立八支志愿者服务队伍。社区的文化娱乐设施日益完善,文体活动形式多样,开展文明创建评比活动、"夕阳红"医疗随访服务活动、献爱心"一日捐"活动、帮困送温暖活动、重阳节敬老等,促进社区文明建设。

【黄山茶林场社区居委会】
黄山茶林场社区居委会有工作人员5名。社区居民由场内职工、外聘人员、离退休职工、家属及部分共建单位员工组成。各类居民组织健全,为上海市示范型居委会。关心帮助弱势群体,积极开展特色助老服务,对独居、孤寡、生活不能自理、行动不便的老人以及80岁以上的老人,有针对性地进行特色服务。社区获得了安徽省、市、区的多项荣誉。

附 录

光明食品(集团)有限公司章程

(2006年7月31日光明食品(集团)有限公司股东会首次会议通过)

第一章 总 则

第一条 目的和效力

为规范光明食品(集团)有限公司(以下简称"公司")的组织和行为,保护公司、股东和债权人的合法权益,根据《中华人民共和国公司法》(以下简称《公司法》)和有关法律、法规的规定,制订本公司章程。

第二条 设立和监管

公司是由上海市国有资产监督管理委员会(以下简称"上海市国资委")、上海大盛资产有限公司、上海国有资产经营有限公司、申能(集团)有限公司、上海国际集团有限公司、上海上实(集团)有限公司、上海久事公司等七方共同出资设立的有限责任公司。

公司依法接受上海市国有资产监管机构的相关规范性文件和制度的约束。

第三条 法人财产权

公司在上海市工商行政管理局注册登记,自企业法人营业执照签发之日起取得法人资格,有独立的法人财产,享有法人财产权。

第四条 公司、股东的有限责任

公司以其全部财产对公司的债务承担责任。股东以其认缴的出资额为限对公司承担责任,并按其在注册资本中实缴的出资比例分享利润。

第五条 从事经营活动的限制

公司从事经营活动,应遵守国家法律、法规及公司章程规定,维护国家利益和社会公共利益,接受政府有关部门监督。

第六条 章程的效力

公司章程自生效之日起,即成为规范公司的组织与行为、公司与股东、股东与股东之间权利义务关系的法律文件,对公司、股东、董事、监事、高级管理人员具有法律约束力。

第二章 名称、住所和经营期限

第七条 注册名称

公司注册名称为:光明食品(集团)有限公司。

公司曾用名称为:1. 上海市农工商(集团)总公司(1995年5月26日至2004年5月17日);2. 上海农工商(集团)有限公司(2004年5月18日至本章程生效后公司名称变更登记获准之日)。

英文名称:BRIGHT FOOD (GROUP) CO., LTD

第八条 住所

住所:上海市华山路263弄7号。

第九条 营业期限

公司的营业期限,自公司设立之日即《企业法人营业执照》签发之日起计算,不约定期限。

第三章 经营宗旨和经营范围

第十条 经营宗旨

公司的经营宗旨：依法经营，恪守信誉，严格管理，重视科技，质量第一，特别注重品牌建设和管理，着重效益，服务社会，回报股东，确保各出资方权益的保值增值和员工增收，并致力于社会的繁荣和进步。

第十一条 经营范围

公司的经营范围：食品销售管理（非实物方式），国有资产的经营与管理，实业投资，农、林、牧、渔、水利及其服务业，国内商业批发零售（除专项规定），货物及技术进出口业务，产权经纪。

上述经营范围以经公司登记机关核准并记载于企业法人营业执照上的经营范围为准。

第四章 注册资本

第十二条 注册资本

公司注册资本为人民币 34.3 亿元。实收资本为人民币 34.3 亿元。

第十三条 注册资本的增、减

公司增加或者减少注册资本，必须召开股东会，经代表四分之三以上表决权的股东通过并作出决议才能生效。公司减少注册资本，还应当自作出决议之日起十日内通知债权人，并于三十日内在报纸上公告。公司变更注册资本应修订公司章程，并依法向原公司登记机关办理变更登记。公司减少后的注册资本不得低于法定的最低要求。

第五章 股东及股权转让

第十四条 股东的名称、出资方式、出资额、出资比例及出资时间

股东的名称、出资方式、出资额、出资比例及出资时间如下：

甲方：上海市国有资产监督管理委员会。以非货币资产作价出资，计人民币 17.3 亿元。占公司股权总数的 50.43%。

乙方：上海大盛资产有限公司。以非货币资产作价出资，计人民币 7 亿元。占公司股权总数的 20.41%。

丙方：上海国有资产经营有限公司。以现金出资，计人民币 2 亿元。占公司股权总数的 5.832%。

丁方：申能（集团）有限公司。以现金出资，计人民币 2 亿元。占公司股权总数的 5.832%。

戊方：上海国际集团有限公司。以现金出资，计人民币 2 亿元。占公司股权总数的 5.832%。

己方：上海上实（集团）有限公司。以现金出资，计人民币 2 亿元。占公司股权总数的 5.832%。

庚方：上海久事公司。以现金出资，计人民币 2 亿元。占公司股权总数的 5.832%。

上述各方股东的出资额已由公司各方股东按照其认缴的数额依法缴纳。其中 25 亿元已于 2004 年 3 月 27 日缴纳，新增的 9.3 亿元于 2006 年 8 月 2 日缴纳。

公司净资产大于各投资方出资额的部分，为全体股东按其出资比例共同享有。

第十五条 出资证明书

公司成立后，应向股东签发出资证明书并备置股东名册。公司的出资证明书，应以人民币标明出资额。

第十六条 股东的权利

公司股东享有如下权利：

委派股东代表参加股东会并按照其出资比例行使表决权；

查阅、复制公司财务会计报告，了解公司经营状况和财务状况；

向股东会提出董事会和监事会成员的推荐人选；

依照其出资比例获得股利和其他形式的利益分配；

依照法律、法规和公司章程的规定转让或质押其所持股权；

优先购买其他股东转让的出资；

优先认缴公司新增资本；

对公司的经营行为进行监督，提出建议或质询；

对法律、行政法规和公司章程规定的公司重大事项，享有知情权；

公司终止或者清算时，依照其出资比例参加公司剩余财产的分配；

根据《公司法》之相关规定对公司、董事、监事、高级管理人员提起诉讼；

股东有权查阅、复制公司章程、股东名册、公司债券存根、股东会会议记录、董事会会议决议、监事会会议决议、财务会计报告，可以要求查阅公司会计账簿；

法律、法规及公司章程所赋予股东的其他权利。

第十七条 股东的义务

公司股东履行以下义务：

遵守公司章程，保守公司商业秘密；

按期足额缴纳所认缴的出资；

以其认缴的出资额为限对公司承担有限责任；

公司依法登记成立后，除法律、法规规定的情形外，股东不得减少出资；

法律、行政法规及公司章程规定应当承担的其他义务。

第十八条 股权的质押

股东将其持有的股权进行质押的，除按照公司章程中关于股权转让的规定处理外，还应当自该事实发生之日起三个工作日内，向公司作出书面报告。股权质押合同自公司将股权出质之事实记载于股东名册之日起生效。

第十九条 股权内部转让

股东之间可以相互转让其全部或者部分股权。

第二十条 股东向外转让和优先购买权

股东向股东以外的人转让其股权时，应当经其他股东过半数同意。股东应就其股权转让事项书面通知其他股东征求同意，其他股东自接到书面通知之日起满三十日未答复的，视为同意转让。其他股东半数以上不同意转让的，不同意的股东应当购买该转让的股权，不购买的，视为同意转让。

经股东同意转让的股权，在同等条件下，其他股东享有优先购买权。两个以上股东主张行使优先购买权的，协商确定各自的购买比例；协商不成的，按照转让时各自的出资比例行使优先购买权。

第二十一条 新增资本的认缴

公司新增资本时，股东有权优先按照实缴的出资比例认缴出资。

第二十二条 股东的变更

股东转让股权后，公司注销原股东的出资证明书，向新股东签发出资证明书，并相应修改公司章程和股东名册中有关股东及其出资额的记载。对公司章程的该项修改不需要再由股东会表决。

第六章 股东会

第二十三条 股东会的职权

股东会由全体股东组成,是公司的权力机构。依法行使下列职权:

决定公司的经营方针和中长期的发展投资计划;

选举和更换非由职工代表担任的董事,决定有关董事的报酬事项;

选举和更换非由职工代表担任的监事,决定有关监事的报酬事项;

审议批准董事会的报告;

审议批准监事会的报告;

审议批准公司的年度财务预算方案、决算方案;

审议批准公司的利润分配方案和弥补亏损的方案;

对公司增加或者减少注册资本作出决议;

对发行公司债券作出决议;

对股东向股东以外的人转让出资作出决议;

对公司合并、分立、变更公司形式,解散和清算等事项作出决议;

决定公司单笔金额超过公司最近一期经审计的净资产百分之十的借贷、担保等重大事项;决定公司担保金额累计超过公司最近一期经审计的净资产百分之五十的任何借贷、担保事项。

修改公司章程。

第二十四条 股东会首次会议的召集和主持

股东会的首次会议由出资最多的股东召集和主持。此后的股东会会议由董事会依法召集,董事长主持。董事长不能履行职务或者不履行职务时,由半数以上董事共同推举一名董事主持。

董事会不能履行或者不履行召集股东会会议职责的,由监事会召集和主持;监事会不召集和主持的,代表十分之一以上表决权的股东可以自行召集和主持。

第二十五条 股东会会议的出席

股东会会议由持有公司四分之三以上表决权的股东出席方可召开。股东法定代表人因故不能亲自出席股东会,可以书面委托代理人参加股东会会议,代理其行使表决权。股东委托代理人应出具委托书,委托书上载明代理人姓名和授权范围。

第二十六条 表决权的行使

股东会会议由股东按照其出资比例行使表决权。

第二十七条 股东会的形式

股东会会议分为定期会议和临时会议。

股东会定期会议每年召开一次,一般应不迟于当年6月30日。股东会定期会议应当于会议召开十五日以前书面通知全体股东,会议通知应列明会议议题、举行时间和地点,并附送与议题相关的文件资料。

代表十分之一以上表决权的股东,三分之一以上董事或者监事会,可以提议召开股东会临时会议。临时股东会会议应当于会议召开5日前通知各股东。

第二十八条 股东的表决及回避

股东会议应对所议事项作出决议,决议应由代表四分之三以上表决权的股东表决通过。

公司股东在行使表决权时,不得作出有损于公司和其他股东合法权益的决定。

股东或者股东控股的其他企业与公司已有的或者计划中的合同、交易、安排存在直接或者间接关联关系时,该关联股东应当回避,不得参与表决,其代表的表决权数不计入有效表决权总数。

股东会应当对所议事项的决定做出书面决议或会议纪要,出席会议的股东代表应当在书面决议或会议纪要上签名。

对本章程第二十三条所列事项股东以书面形式一致表示同意的,可以不召开股东会会议,直接作出决定,并由全体股东在决定文件上签名、盖章。

第七章 董事会

第二十九条 董事会的组成

公司设董事会,对股东会负责。

董事会由 13 名董事组成,非由职工代表担任的董事由股东会选举或更换。

非由职工代表担任的董事职位候选人由各股东推荐。上海市国资委推荐 6 名董事人选,其中包括董事长人选 1 名,其他合适人选 5 名。其余 6 方股东各推荐 1 名董事人选。

设职工董事 1 名,由公司职工代表大会或其他民主方式选举产生。

董事长由董事会在上海市国资委推荐的董事候选人中选举产生。公司在适当的时候可以设立副董事长。

董事任期三年。董事任期届满,可连选连任。董事任期届满以前,股东会不得无故解除其职务。董事任期从股东会决议通过之日起计算,至本届董事会任期届满时为止;除非出现因违反国家法律、法规和公司章程规定或自行提出辞职的情形,股东会不得无故解除其职务。

董事任期届满未及时改选,或者董事在任期内辞职导致董事会成员低于法定人数的,在改选出的董事就任前,原董事仍应当依照法律、行政法规和公司章程的规定,履行董事职务。

第三十条 董事会的职权

董事会对股东会负责,行使下列职权:

负责召集股东会,并向股东会报告工作;

执行股东会的决议;

决定公司的年度经营计划和年度投资计划;

在年度投资计划范围内决定本公司及子公司的投资或购并资产的方案;

制订公司的年度财务预算方案、决算方案;

制订公司的利润分配方案和亏损弥补方案;

制订公司增加或者减少注册资本以及发行公司债券的方案;

拟订公司合并、分立、变更公司形式、解散的方案;

决定全资和控股子公司及直属事业单位的设立、合并、分立、变更、解散、清算以及增加或减少注册资本的方案,决定子公司层面重大的债务重组、资产重组、产权转让和其他方式的资产经营、资产处置事项的方案;

在年度财务预算范围内决定本公司单笔金额不超过公司最近一期经审计的净资产百分之十的借贷、担保等重大融资方案,但依照法律法规规定或本章程其他条款规定应当由股东会进行表决的除外;

聘任和解聘本公司总裁,根据总裁的提名,聘任和解聘副总裁、以及总法律顾问、总裁助理等高级管理人员,决定其报酬和奖惩事项;

根据董事长的提名,决定董事会各专门工作委员会的负责人,聘任或解聘财务总监、董事会秘书;

依据产权关系,决定任免或建议任免所出资企业的企业负责人;对不设董事会的全资子公司和直属事业单位,决定其总经理(或行政负责人)、副总经理的聘任或解聘,并决定其报酬和奖惩事项;对设董事会的全资子公司,决定其董事长、副董事长、董事的聘任或解聘,决定其报酬和奖惩事项,并向其提出总经理、副总经理的任免建议;决定向控股子公司派出的董事、监事人选,决定控股子公司的董事长、副董事长和监事会主席的推荐人选,决定其报酬和奖惩事项,并向其提出总经理、副总经理人选的建议;决定向参股公司派出的董事、监事人选,决定其报酬和奖惩事项;

决定公司内部管理机构的设置;

制定公司的基本管理制度;

与总裁签订经营业绩考核合同,根据经营业绩考核合同对总裁的工作进行检查、考核和评价;

审议批准总裁的工作报告;

拟订公司章程的修改方案;

法律、法规或公司章程规定,以及股东会授予的其他职权。

第三十一条 董事会的融资权限

对于股东会授权和预算范围内的公司任何融资行为,董事会有权决定。

超过授权和预算范围的融资事项应由董事会提交股东会决定。

公司以发行债券或其他具有债券性质的证券方式融资的,不适用本条规定。

第三十二条 董事会的担保权限

董事会有权直接决定公司的以下担保行为:

公司以其资产为自身提供担保;

公司为其全资子公司提供担保;

公司对其控股或参股的公司担保金额不超过公司对被担保人的投资额;

股东会另行授权董事会决定的公司担保。

公司的其他担保行为由股东会决定。其中公司不得为无法持续经营的子公司提供债务担保。

第三十三条 不得越权

董事会应在公司章程及股东会另行授予的职权范围内行事,不得越权。

第三十四条 董事会议事规则、工作制度

董事会应当制定董事会会议议事规则、工作制度等,以确保董事会的工作效率和科学决策。董事会可以制定董事会运作评价体系、评价方法,科学地考评董事会执行股东会决议的效率、效果。

第三十五条 董事会会议的召集和主持

董事会会议由董事长召集和主持,董事长不能履行职务或者不履行职务时,由半数以上董事共同推举一名董事主持。董事会会议应当由三分之二以上的董事出席方可举行。董事会会议应由董事本人出席,董事因故不能出席,可以书面委托其他董事代为出席董事会,委托书中应载明授权范围。

第三十六条 董事会会议的形式

董事会会议分为定期会议和临时会议。

董事会定期会议每年举行两次,上下半年各一次。

董事会临时会议视需要召开,有下列情形之一的,董事长应当在10个工作日内召集董事会临时会议:

遇到紧急情况,发生必须紧急提交董事会审议、决策的事项时;

董事长认为必要时；

三分之一以上的董事联名提议时；

监事会提议时；

总裁提议时。

第三十七条 定期会议通知时限

董事会定期会议应当于会议召开十日以前书面通知全体董事；董事会召开临时会议，可以根据每次会议的实际情况由董事长另定通知方式和通知时限，但通知时限最少不得少于三日。

第三十八条 会议通知和资料提供

会议通知应列明会议议题、举行时间和地点，并提供足够的资料，包括但不限于会议通知中所列的相关背景资料及有助于董事理解公司业务进展的其他信息和数据。

第三十九条 董事会会议的表决、计票和记录

董事会会议实行合议制和记名表决制。董事会作出决议，必须经全体董事的三分之二以上成员通过。表决实行一人一票制。

董事个人或者其任职的其他企业与公司已有的或者计划中的合同、交易、安排存在直接或者间接关联关系时，该关联董事应当回避，不得参与表决，其代表的票数不计入表决票总数。

董事会会议应当有记录，出席会议的董事有权要求在记录上对其在会议上的发言作出说明性的记载。董事会会议记录作为公司档案由董事会秘书保存。根据需要，董事会会议结束后可以形成会议纪要，由董事长签发。

董事会对会议已经通过的决策事项，应形成书面的董事会决议，出席会议的董事应当在董事会决议上签名，并对董事会决议承担责任。董事会决议违反法律、法规、公司章程或股东会决议，致使公司遭受严重损失的，参与决议的董事对公司负赔偿责任，但经证明在表决时曾表明异议并记载于会议记录的，该董事可以免除责任。

第四十条 董事会专门委员会

董事会设立如下专门委员会，作为董事会的决策咨询机构。

战略和投资委员会。其主要职责为：

对公司中长期发展战略规划进行研究并提出建议；

对公司章程规定由总裁拟订、须经董事会批准的重大投资、融资方案、重大资本运作或资产经营项目、以及其他影响公司发展的重大事项的方案进行研究并提出建议；

对以上事项的实施进行检查。

预算委员会。其主要职责为：

对公司年度经营计划的总目标和主要财务指标进行研究并提出建议；

对公司总裁拟订的年度预算方案进行研究，并根据上海市国资委的审核意见对拟同意通过或退回修改提出建议；

对年度预算的执行情况进行检查并提出建议。

审计委员会。其主要职责为：

拟订审计政策，根据董事会授权监督公司的管理和运营；

监督公司的内部审计制度及其实施，审议公司的年度内部审计计划，听取公司内部审计工作报告；

负责内部审计与外部审计之间的沟通；

审核公司的财务信息;

审查公司内控制度,对重大关联交易进行审计;必要时,就重大事项或非经常性事项进行专题调查,并向董事会提交有关调查报告;

审核公司外部审计报告,就审计报告涉及的重大问题提请董事会或董事长决策;

董事会授权或交办的其他事宜。

人事和薪酬委员会。其主要职责为:

研究和拟订公司高级管理人员的选拔、培养、使用的规划;

拟订公司高级管理人员的岗位标准、任职条件,对须提请董事会聘任的高级管理人员进行资格审查并提出建议;

拟订公司高级管理人员的薪酬政策或方案(薪酬政策主要包括但不限于绩效评价标准、程序及主要评价体系,奖励和惩罚的主要方案和制度等);

审查公司高级管理人员的履行职责情况并对其进行年度绩效考评,根据考评结果向董事会提出兑现薪酬或奖惩方案的建议。

上述各专门委员会对董事会负责。

上述各专门委员会的人员组成、工作程序、议事细则由公司董事会另行制定有关的工作制度确定。其中各专门委员会的组成人员不得少于三人,且相关的专门委员会应当于每次董事会定期会议或临时会议召开前,根据董事会的要求召开专门委员会会议,提供相应的咨询意见。各专门委员会的工作制度由董事会会议通过后生效,应向上海市国资委备案。

各专门委员会履行职权时应尽量使其成员达成一致意见;确实难以达成一致意见时,应向董事会提交各项不同意见并作说明。

公司各业务部门有义务为董事会及其下设的各专门委员会提供工作服务。经董事会同意,公司业务部门负责人可参加专门委员会的有关工作。

各专门委员会经董事会授权可聘请中介机构为其提供专业意见,费用由公司承担。

第四十一条 董事长职权

董事长行使下列职权:

主持股东会会议和召集、主持董事会会议;

督促、检查董事会决议的执行情况,并向董事会报告;

签署董事会重要文件和其他应由公司法定代表人签署的文件;

在发生特大自然灾害等不可抗力的紧急情况下,对公司事务行使符合法律规定和公司利益的特别处置权,并在事后及时向董事会报告;

根据需要,可以由董事会以书面决议形式授权董事长在董事会闭会期间,行使董事会的部分职权,诸如项目审批权、存量资产处置审批权、土地使用权转让审批权、融资及担保审批权、任免或者建议任免所出资企业负责人的决定权以及公司内部机构设置微调方案的决定权,具体权限范围由董事会通过的书面决议决定。

法律、法规和公司章程规定的其他职权。

董事长在上述职权或授权的范围内履职,不得越权。

第四十二条 董事会秘书

公司设董事会秘书一人,其主要职责是:

协助董事长准备提交董事会和股东会的议案和文件,联系董事和股东,并根据董事和股东的要

求提供资料,包括相关背景材料及有助于董事和股东理解公司业务进展的其他信息和数据;

按照公司章程规定的程序筹备董事会会议和股东会会议,列席董事会会议和股东会会议,组织会议记录,并根据需要整理成书面决议或会议纪要;列席董事会各专门委员会的工作会议,组织会议记录,并协助专门委员会主任委员整理会议成果;

负责保管公司股东名册,保管董事会和股东会会议文件和记录;

帮助公司的董事、监事、高级管理人员了解法律法规、公司章程对其所设定的责任;

协助公司董事会依法行使职权,提醒董事会作出的决议必须符合法律法规和公司章程的有关规定;

为公司的重大决策提供咨询和建议;

董事会和董事长授予的其他职责。

董事会秘书除应履行上述职责外,还应遵守和履行董事会制定的董事会秘书工作细则中的要求和职责。

第四十三条 董事会办公室

董事会可以根据公司需要设立董事会办公室,协助董事会开展工作,其工作细则由董事会另行制订。

第八章 经营管理机构

第四十四条 总裁

公司设总裁一人,总裁人选从甲方股东推荐的董事人选中产生,或经股东会批准的程序向社会公开招聘产生,由董事会聘任或解聘。根据需要设副总裁和总裁助理。总裁每届任期三年(该任期与同届董事任职期限一致),任期届满,连聘可以连任。

第四十五条 高级管理人员

总裁、副总裁、财务总监、总法律顾问、总裁助理为公司高级管理人员。董事会还有权根据公司需要决定聘任其他高级管理人员。

第四十六条 高级管理人员的要求

高级管理人员应具有与其所担任职务相适应的专业知识和工作经验。董事可以受聘兼任高级管理人员。

第四十七条 高级管理人员的任期

高级管理人员每届任期3年(该任期与同届董事任职期限一致),高级管理人员经连聘可以连任。

第四十八条 总裁的职权

公司总裁对董事会负责,行使下列职权:

主持公司的日常经营管理工作,组织实施董事会决议,组织实施公司年度经营计划、财务预算方案和投资方案,并在董事会授权的范围内决定和实施资金使用和调度计划、费用开支计划;

拟订公司的中长期发展规划和年度经营计划;

拟订公司的年度投资计划和投资方案,包括收购、兼并其他企业的方案;在董事会授权的范围内审核、批准全资和控股子公司的投资方案;

拟订公司的年度财务预算方案、决算方案;

拟订公司的利润分配方案和亏损弥补方案;

拟订全资和控股子公司及直属事业单位的设立、合并、分立、变更、解散、清算以及增加或减少注册资本的方案,拟订子公司层面重大的债务重组、资产重组、产权转让和其他方式的资产经营、资产处置事项的方案;在董事会授权的范围内审核、批准全资和控股子公司上报的盘活存量资产的方案;

拟订盘活本公司及全资子公司的国有土地资源的方案;

拟订公司重大融资方案;在股东会批准的年度财务预算方案内,根据董事会的授权,决定公司本身限额以下的筹资融资方案,以及审核、批准为子公司向金融机构借款提供担保的事项;

拟订公司内部管理机构的设置方案;

拟订公司的基本管理制度,制定公司的具体规章;

在董事会授权范围的额度内,行使资金使用审批权、子公司投资项目设定权,存量资产处置和第三层次企业改制审批权、为子公司借款提供担保的审批权。具体权限范围由董事会通过的书面决议决定。

提请董事会聘任或者解聘副总裁、总法律顾问、总裁助理等高级管理人员;

聘任或者解聘除应由董事会聘任或者解聘以外的公司本部的管理人员和其他员工,并决定其报酬与奖惩;

经董事会授权和批准,决定向全资子公司委派总会计师或财务总监及更换、奖惩及报酬事项;

经董事会授权和批准,决定向控股子公司董事会推荐的财务总监人选;

经董事长授权,签署必须由公司法定代表人签署以外的公司重要文件、重大合同;

提议召开董事会临时会议;

董事会和董事长授予的其他职权。

第四十九条 总裁报告制度

总裁应当根据董事会或监事会的要求,向董事会或监事会报告公司重大合同的签订、执行情况、资金运用情况和盈亏情况。总裁必须保证该报告的真实性。

第五十条 总裁工作细则

总裁应当制订总裁工作细则,报董事会批准后实施。总裁工作细则应主要包括下列内容:

总裁会议召开的条件、程序和参加的人员;

总裁、副总裁及其他高级管理人员各自具体的职责及其分工;

总裁、副总裁及其他高级管理人员在公司资金、资产运用,签署文件、合同方面的权限;

总裁向董事会、监事会报告的制度;

董事会认为必要的其他事项。

第五十一条 总裁的行权限制

公司总裁应当遵守法律、法规和公司章程的规定,履行诚信和勤勉的义务。

公司总裁不得自营或者为他人经营与本公司同类的营业或者从事损害本公司利益的活动。

公司总裁不得将公司资产以其个人名义或者以其他个人名义开立账户存储,不得以公司资产为本公司的股东或其他个人债务提供担保。除公司章程规定或者股东会同意外,公司总裁不得同公司订立合同或者进行交易。

第五十二条 董事会对总裁的授权

董事会可依法将其部分职权以书面方式授予总裁行使,但董事会在作出上述授权时应注意控制风险,并对上述授权及授权范围内发生的具体事项承担最终责任。

董事会给予总裁的授权以董事会通过的书面决议为准。总裁在授权范围内行使职权,不得越权。

第五十三条　副总裁、总裁助理的职权

副总裁、总裁助理协助总裁工作并对总裁负责,其职权由公司管理制度确定。

第五十四条　财务负责人

公司财务负责人为财务总监,主管公司财务会计工作并对董事会负责,其职权由公司管理制度确定,其履行职权时应遵守法律、行政法规和国务院财政部门的规定。

第五十五条　总法律顾问

总法律顾问主管公司法律事务并对总裁负责,其职权由公司管理制度确定。

第五十六条　高级管理人员的考核和奖惩

董事会应对总裁及其他高级管理人员设定工作绩效目标并对其进行考核和奖惩,具体绩效考核和奖惩由董事会决定。

第九章　监　事　会

第五十七条　监事会的组成和监事会主席

公司设监事会,成员为3人,其中2名人选由上海市国资委推荐,包括监事会主席人选1人,监事人选1人,由股东会选举或更换;另1名监事人选为职工代表,由公司职工代表大会或其他民主方式选举产生。监事每届任期三年,任期届满,可连选连任。

监事会设主席一人,由全体监事过半数选举产生。

第五十八条　监事会的职权

监事会依法行使下列职权:

对公司贯彻执行法律、行政法规、规章和上海市国资委规章制度的情况进行监督,及时向股东会和上海市国资委报告;

对公司重大决策、日常经营活动、利润分配和保值增值等情况进行监督,定期向股东会报告实施监督工作的情况;

检查公司财务,查阅企业的财务会计资料以及与企业经营活动有关的其他资料,验证企业财务会计报告的真实性、合法性,必要时可对总裁和有关人员提出质询。对公司经营中涉及数额较大的资金运作、投资、抵押、转让等经济行为和资产运行质量进行重点监督。必要时,有权对公司重大经济事项提出审计建议;需要时,可聘请审计等专业性中介机构给予帮助,由此发生的费用由公司承担;

对董事会成员、总裁及其他高级管理人员执行公司职务时违反法律、法规或公司章程的行为进行监督和记录,并有权向股东会和上海市国资委提出对上述人员任免和奖惩的建议;

当公司董事和总裁及其他高级管理人员执行公司职务时违反法律、法规或公司章程以及损害公司利益时,要求其予以纠正,必要时向上海市国资委报告;

提议召开股东会临时会议;

监事应当列席董事会会议,可以列席公司其他会议;

股东会及其他法律、法规、规范性文件、公司章程授予的其他职权。

公司监事会为切实有效地履行监督职责,可另行制定实施细则。该等实施细则由公司监事会会议通过后生效,对公司、监事会具有约束力。公司应将该等实施细则向上海市国资委备案。

第五十九条　监事会会议的召集和主持

监事会会议由监事会主席召集和主持。监事会每年至少召开两次会议,并根据需要及时召开临时会议。定期会议应当在会议召开十日之前书面通知全体监事。监事会召开临时会议，可以根据每次会议的实际情况由监事会主席另定通知方式和通知时限。

第六十条 不得妨碍行使职权

董事会、总裁及其他高级管理人员应当如实向监事会提供有关情况和资料，不得妨碍监事会行使职权。

第六十一条 监事会主席职权

监事会主席行使下列职权：

召集和主持监事会会议，决定是否召开临时会议；

签署监事会的决议和建议；

检查监事会决议的实施情况，并向监事会报告决议的执行结果；

代表监事会向上海市国资委和股东会报告工作。

第六十二条 监事会会议表决

监事会以会议形式议事。监事会作出决议，必须经全体监事的过半数通过，由监事记名表决，表决实行一人一票制。

第六十三条 监事会会议记录

监事会会议应当有记录，出席会议的监事和记录人，应当在会议记录上签名。出席会议的监事有权要求在记录上对其在会议上的发言作出说明性的记载。

第六十四条 监事的义务

监事有了解公司经营状况的权利，并承担相应的保密义务；监事应当遵守法律、法规和公司章程的规定，履行诚信和勤勉的义务。

第六十五条 不得兼任监事

公司董事和高级管理人员不得兼任监事。

第六十六条 监事会秘书

监事会设秘书一名，其主要职责是协助监事会主席做好监事会的会务、文秘、信息收集、联络协调等工作。

第十章　公司董事、监事和高级管理人员的资格和义务
第一节　任职资格以及忠实勤勉义务

第六十七条 董事、监事、高级管理人员的任职限制

有下列情形之一的，不得担任公司的董事、监事、高级管理人员：

无民事行为能力或者限制民事行为能力；

因贪污、贿赂、侵占财产、挪用财产或者破坏社会主义市场经济秩序，被判处刑罚，执行期满未逾五年，或者因犯罪被剥夺政治权利，执行期满未逾五年；

担任破产清算的公司、企业的董事或者厂长、经理，对该公司、企业的破产负有个人责任的，自该公司、企业破产清算完结之日起未逾三年；

担任因违法被吊销企业法人营业执照、责令关闭的公司、企业的法定代表人，并负有个人责任的，自该公司、企业被吊销企业法人营业执照之日起未逾三年；

个人所负数额较大的债务到期未清偿。

已获得委派或选举的董事、监事或者聘任高级管理人员不符合上述规定的，对其委派、选举或者聘任的决定无效。

董事、监事、高级管理人员在任职期间出现本条第一款所列情形的,股东或公司应当解除其职务。

第六十八条 忠实义务和诚信原则

董事、监事和高级管理人员应当遵守法律、行政法规和公司章程,对公司负有忠实义务,不得利用职权收受贿赂或者其他非法收入,不得侵占或损害公司的财产、利益及对公司有利的商业机会。

董事、监事、高级管理人员在履行职责时,必须遵守诚信原则,不应当置自己于自身的利益与承担的义务可能发生冲突的处境,真诚地以公司最大利益为出发点行事,且应在其职权范围内行使权力,不得越权。

第六十九条 不得从事的行为

董事、监事及高级管理人员不得有以下行为:

挪用公司资金;

将公司资金以其个人名义或者以其他个人名义开立账户存储;

违反公司章程的规定,未经股东或者董事会同意,将公司资金借贷给他人或者以公司财产为他人提供担保;

未经股东会同意,与本公司订立合同或者进行交易;

未经股东会同意,利用职务便利为自己或者他人谋取属于公司的商业机会,自营或者为他人经营与所任职公司同类的业务(经适当程序决定在由公司投资的控股、参股公司任职的除外);

接受他人与公司交易的佣金归己有;

擅自披露,或非以公司利益为目的使用公司秘密;

违反对公司忠实义务的其他行为。

董事、监事及高级管理人员违反前款规定所得的收入应当归公司所有。

第七十条 不得指使他人从事相关行为

董事、监事及高级管理人员,不得指使下列人员或者机构从事公司章程第六十九条所禁止其本身从事的事宜:

一、董事、监事及高级管理人员的配偶或者未成年子女;

二、董事、监事及高级管理人员或者本条前一项所述人员的受托人;

三、董事、监事及高级管理人员或者本条前两项所述人员的合伙人;

四、由董事、监事及高级管理人员在事实上单独控制的公司,或者与本条前三项所提及的人员或者公司其他董事、监事及高级管理人员在事实上共同控制的公司;

五、本条第四项所指被控制的公司的董事、监事及高级管理人员。

董事、监事及高级管理人员违反本条规定,视同其本人违反了第六十九条。

第七十一条 勤勉义务

董事、监事及高级管理人员对公司负有勤勉义务,应当投入足够的时间和精力,独立、谨慎地行使职权,且行使职权时,以一个合理的谨慎的人在相似情形下所应表现的谨慎、勤勉和技能为其所应为的行为。

第二节 法律责任及追究

第七十二条 赔偿责任

董事、监事、高级管理人员执行公司职务时违反法律、行政法规或者公司章程的规定,给公司造成损失的,应当承担赔偿责任。

第七十三条 公司内部处分

当股东发现董事、监事、高级管理人员有第六十八条或第六十九条规定的情形的,无论是否已依据第七十二条的规定处理,其均可以对相关的董事、监事、高级管理人员提出警告、责令其限期停止相关行为或予以改正。

第七十四条 出资人要求诉讼和代表诉讼

董事、高级管理人员有第六十八条或第六十九条规定的情形的,股东可以书面要求监事会向人民法院提起诉讼;监事有第六十八条或第六十九条规定的情形的,股东可以要求董事会向人民法院提起诉讼。

监事会或董事会收到前款规定的股东书面请求后拒绝提起诉讼,或者自收到请求之日起三十日内未提起诉讼,或者情况紧急、不立即提起诉讼将会使公司利益受到难以弥补的损害的,股东有权为了公司的利益以自己的名义直接向人民法院提起诉讼。

他人侵犯公司合法权益,给公司造成损失的,股东可以依照前两款的规定向人民法院提起诉讼。

第七十五条 出资人直接诉讼

董事、监事及高级管理人员违反法律、行政法规或者公司章程的规定,损害股东利益的,股东可以向人民法院提起诉讼。

第七十六条 其他责任

如董事、监事、高级管理人员出现第六十八条或第六十九条规定的情况或从事法律、行政法规及公司章程其他条款所禁止的行为,除按照公司章程的相关规定追究其民事赔偿责任外,股东还有权:

一、在其认为董事、监事、高级管理人员的行为构成犯罪时,提请公安或检察机关进行调查;

二、立即撤销或建议其他机构撤销行为人的董事、监事职务或要求董事会解聘行为人的高级管理人员职务;

三、依照董事、监事、高级管理人员的行政、人事隶属关系对行为人进行相关处分;

四、依照董事、监事、高级管理人员党籍隶属关系,通过中国共产党相关组织对行为人进行党内处分。

第十一章 公司的法定代表人

第七十七条 法定代表人

董事长为公司法定代表人,任期三年,任期届满,可连选连任。

第七十八条 法定代表人职权

法定代表人对外代表公司签订合同等文件、进行民商事活动,参与诉讼和仲裁等程序。

第七十九条 约束和管理

法定代表人对外代表公司的行为受董事会的约束和管理。

第十二章 母公司与子公司的关系

第八十条 子公司的类型

公司依据持有股权的比例,分别确定所投资的单位为公司的全资子公司、控股子公司和参股公司。

第八十一条 公司对下属子公司的职责和权利

公司对下属子公司行使下列职责和权利:

对公司股东统一承担出资方权益保值增值的责任；

根据集团整体发展的要求，优化资源配置，建立和完善母子公司体制，实现集约经营，发挥整体优势，强化企业管理，提高经济效益；

对全资子公司、控股子公司和参股公司享有股东权利，主要是资产受益权、参与重大决策权、选择管理者等权利；

通过与子公司的主要负责人签订业绩合同等方式，落实母公司所有者权益保值增值，子公司经营者廉洁自律、依法经营的责任。

第八十二条 委托或推荐董事、监事

公司按照所持股权比例，向全资子公司、控股子公司和参股公司委派董事、监事或推荐董事、监事的人选，参加这些全资子公司、控股子公司和参股公司的治理，参与其经营决策，保障公司作为股东的正当权益。

第十三章 财务会计制度

第八十三条 财务会计制度的建立

公司依照国家有关法律、法规和国家有关部门的规定，制定财务管理办法和会计制度，并认真组织实施。

第八十四条 财务负责人

公司财务工作由财务总监负责。

第八十五条 财务会计报告、公司审计和聘用律师、会计师事务所

公司在每一会计年度结束时，应制作本年度财务报告和下一年度财务预算报告，报股东会批准。年度财务报告需依法经有相应从业资格的会计师事务所审计。公司应当向聘用的会计师事务所提供真实、完整的会计凭证、会计账簿、财务会计报告及其他会计资料，不得拒绝、隐匿、谎报。

上述会计师事务所的聘用和解聘按照上海市国资委有关规范性文件的规定，由股东会决定。

第八十六条 年度财务报告

年度财务报告包括下列内容：资产负债表；利润表；利润分配表；财务状况变动表（或现金流量表）；会计报表附注；股东或股东会要求的其他报表。

第八十七条 利润的分配

公司税后利润分配方案应报股东会批准。

公司股东会对利润分配方案做出决议后，公司董事会须在股东会召开后两个月内完成股利的派发事项。股利分配采取现金分配方式。

第八十八条 法定公积金的提取

公司分配当年税后利润时，应当提取利润的百分之十列入公司法定公积金。公司法定公积金累计额为公司注册资本的百分之五十以上的，可以不再提取。公司的法定公积金不足以弥补以前年度亏损的，在依照前款规定提取法定公积金之前，应当先用当年利润弥补亏损。

第八十九条 任意公积金的提取

公司从税后利润中提取法定公积金后，经股东会决议可以从税后利润中提取任意公积金。

第九十条 税后利润的分配顺序

公司缴纳所得税后的利润，按下列顺序分配：

弥补以前年度亏损；

提取法定公积金10%；

提取任意公积金；

支付股东股利。

第九十一条 会计年度

会计年度自公历1月1日起至同年12月31日止。

第九十二条 会计账册

公司除法定的会计账册外，不另立会计账册。公司的资产，不得以任何个人名义开立账户存储。

公司财务主管人员应当是《会计法》中认可的会计人员，财务主管负责保管公司的财务章、账册和原始凭证。

第九十三条 内部审计制度

公司实行内部审计制度，配备审计人员，对公司财务收支和经济活动进行内部审计监督。公司内部审计制度和审计人员的职责，应当经董事会批准后实施。审计负责人向董事会负责并报告工作。

第十四章 解散和清算

第九十四条 公司解散的事由

公司因下列原因解散：

一、公司章程规定的营业期限届满或者公司章程规定的其他解散事由出现；

二、股东会决议解散；

三、因公司合并或者分立需要解散；

四、依法被吊销营业执照、责令关闭或者被撤销；

五、人民法院依照《公司法》第一百八十三条的规定予以解散。

第九十五条 清算组的成立

公司因第九十四条第一项、第二项、第四项、第五项规定而解散的，应当在解散事由出现之日起十五日内成立清算组，开始清算。清算组由股东组成。逾期不成立清算组进行清算的，债权人可以申请人民法院指定有关人员组成清算组进行清算。

第九十六条 清偿顺序

经清算组清算，公司财产能够清偿债务的，分别支付清算费用、职工工资、社会保险费用和法定补偿金，缴纳所欠税款，清偿债务。

清算组在清理公司财产、编制资产负债表和财产清单后，发现公司财产不足清偿债务的，应当依法向人民法院申请宣告破产。

第九十七条 清算组的职权

清算组在清算期间行使下列职权：

一、清理公司财产，分别编制资产负债表和财产清单；

二、通知、公告债权人；

三、处理与清算有关的公司未了结的业务；

四、清缴所欠税款以及清算过程中产生的税款；

五、清理债权、债务；

六、处理公司清偿债务后的剩余财产；

七、代表公司参与民事诉讼活动。

第九十八条 债权通知和公告

清算组应当自成立之日起十日内通知债权人，并于六十日内在报纸上公告。债权人应当自接到通知书之日起三十日内，未接到通知书的自公告之日起四十五日内，向清算组申报其债权。

债权人申报债权，应当说明债权的有关事项，并提供证明材料。清算组应当对债权进行登记。

在申报债权期间，清算组不得对债权人进行清偿。

第九十九条 清算方案和清算期间对公司财产分配的限制

清算组在清理公司财产、编制资产负债表和财产清单后，应当制定清算方案，并报股东会或人民法院确认。

公司财产在分别支付清算费用、职工的工资、社会保险费用和法定补偿金，缴纳所欠税款，清偿公司债务后的剩余财产归股东所有，由股东按照实缴的出资比例分配。

清算期间，公司存续，但不得开展与清算无关的经营活动。公司财产在未按前款规定清偿前，不得分配给股东。

第一百条 清算组成员的义务、责任

清算组成员应当忠于职守，依法履行清算义务。

清算组成员不得利用职权收受贿赂或者其他非法收入，不得侵占公司财产。

清算组成员因故意或者重大过失给公司或者债权人造成损失的，应当承担赔偿责任。

第一百零一条 清算报告和公司终止程序

公司清算结束后，清算组应当制作清算报告，报股东会和上海市国资委或人民法院确认，并报送公司登记机关，申请注销公司登记，公告公司终止。

第十五章 劳动人事

第一百零二条 劳动合同制

公司实行全员劳动合同制，根据《中华人民共和国劳动法》与职工建立劳动关系。

第一百零三条 工资制度

公司应依法建立健全劳动工资制度。

第一百零四条 设立工会

公司根据《中华人民共和国工会法》设立工会。

第一百零五条 民主管理

公司研究决定改制以及经营方面的重大问题、制定重要的规章制度及其他与职工切身利益有关的事宜时，应当听取公司工会的意见，并积极通过各种形式听取职工的意见和建议，实行民主管理。

第一百零六条 社会保险的缴纳

公司依法为职工缴纳社会保险。

第十六章 公司章程修改

第一百零七条 公司章程的修改

有下列情形之一的，公司应当修改公司章程：

《公司法》或有关法律、法规修改后，公司章程规定的事项与修改后的法律、法规相抵触；

公司的情况发生变化，与公司章程记载的事项不一致；

股东会决定修改公司章程。

第一百零八条 审批和办理变更登记

股东会决议的公司章程修改事项应经上海市国资委审核;涉及公司登记事项的,依法办理变更登记。

第十七章 附 则

第一百零九条 党团组织的设立和活动

在公司中,根据中国共产党章程、中国共产主义青年团章程的规定,分别设立中国共产党、中国共青团的组织,开展党、团的活动。公司应当为党、团组织的活动提供必要条件。

第一百一十条 用语解释

公司章程中"以上"、"以下"、"超过"的表述均包含本数。

第一百一十一条 公司章程修改的程序

公司章程由全体股东共同订立,2004年5月17日第一次股东会通过,自公司设立之日起生效。公司登记事项以公司登记机关核定的为准,公司章程中涉及公司登记事项变更的可修改公司章程。公司章程送工商行政管理部门备案,修订时同。

2006年7月31日股东会决定对2004年5月17日订立的公司章程进行修订,经全体股东签署后生效。本公司章程生效后,2004年5月17日订立的公司章程由本公司章程替代。

第一百一十二条 规则的制定

公司章程的未尽事宜,公司可以制定有关规则加以规定并执行,但该等规则不得与章程的规定相抵触。

第一百一十三条 公司章程解释权

公司章程解释权属于公司股东会。

第一百一十四条 公司章程文本

公司章程一式十份,全体股东各执一份,公司留存一份,报上海市国资委备案一份,报公司登记机关备案一份。

二〇〇六年七月三十一日

光明食品(集团)有限公司
2007—2009年三年战略规划

(摘要)

一、总体目标

集团综合集成能力明显提高,食品产业核心业务进一步壮大,以知名品牌领衔的多个食品子行业的市场份额在细分目标市场中进一步提高,集团整体核心竞争力迈上新台阶。到2009年,集团主营业务收入达到600亿元,其中食品产业的贡献度不低于75%,净资产收益率不低于10%。

表附-2-1　2007—2009年主要定量指标　　　　　(金额:亿元;增长率:%)

	年　　份	2007	2008	2009	三年平均增长率
1	销售收入	500	550	600	10.1
1-1	其中:核心业务收入	376	421	472	12
2	利润总额	25	28	32	13.3
3	税后利润	18	20.8	23.9	13.4
3-1	母公司净利润	5.7	6.5	7.4	14.0
3-1-1	占%	31.7	31.3	31.0	—
4	总资产	515	546	576	5.9
5	总负债	314	327.6	340	4.0
6	净资产	201	218.4	236	9.0
6-1	母公司权益	117.6	122.8	128.7	4.4
7	资产负债率	60.97	60	59	—
8	净资产收益率	9.38	9.92	10.52	—
9	国有净资产收益率	4.94	5.41	5.88	—
10	国资保值、增值率	105.04	105.53	106.03	—
11	在岗职工人均年收入增长率	8	8	8	8

二、业务发展规划

未来三年,光明食品集团将实行"加快发展核心业务、稳定发展支撑业务、有序发展培育业务"的经营战略。三年内,光明食品集团的每一个产业单元都要尽快完成机构、人员、业务、品牌、内部管理等方面的整合,在明确定位的基础上,形成清晰的行业竞争战略和具体的发展目标,找准行业标杆,寻求符合自身发展的商业模式,在各自行业中力争取得行业领先地位。集团将通过资源优化配置,支持核心业务专业化发展,并通过不断优化业务组合增强光明食品集团整体竞争力。

都市农业板块

土地资源是光明食品集团拥有的核心资源之一,要充分发挥这个比较优势,坚定不移地推进都市农业的发展。要进一步用工业化手段和服务化理念改造传统农业,强化科技兴农的实施力度,不断优化产业结构,培育壮大一批优质农产品知名品牌,实现由农业经营向经营农业的转变;深化推进产业化、标准化、科技化、示范化进程,建好地处上海市的都市型现代农业示范、核心基地,并将外延生产基地拓展到全国各地,更好地融入全国、服务全国"三农"。

业务目标:都市农业板块的未来发展包含两个层面。第一,基础性的生产种植养殖业务,要面向区域性的中高端市场需求,大力发展高附加值的绿色农业产品,形成以"绿色为核心"的业务组合。要以市场为导向,着重建设强大的分销/销售网络,提高品牌营销能力,包括以市政府推进标准化菜场建设为契机,建好以"都市菜园"为代表的农副产品连锁零售终端网络,协同使用集团商贸流通板块的商超零售渠道,并借助分销/零售通路优势,打通完整绿色农业产业链,增强竞争优势,获取高附加值。第二,都市农业板块蕴藏着丰富的旅游资源,包括鲜花港、森林、草坪、绿色农业、设施农业等,要充分依托现有资源优势,培育观光旅游业务,有效挖掘观光农业、旅游农业的价值创造。

市场目标:使"光明"旗下的农副产品及农业类延伸服务,成为上海区域市场最具影响力、竞争力和美誉度的品牌商品与服务,其中,米业要保持上海袋装米市场第一;"爱森"冷却肉要保持在细分市场中位居第一;奶牛饲养业要成为中国乳业养殖的领头羊;"都市菜园"要成为上海标准化菜场中最具竞争力的品牌。

财务目标:力争2009年都市农业板块收入贡献近14亿元,占集团总体收入的2.3%,利润贡献为1.8亿元,占集团总利润的5.6%。

品牌食品板块

市场目标:乳业、糖业、黄酒、糖果及休闲类食品的市场占有份额位居全国同行前列,其中糖业和黄酒保持行业第一,乳业和糖果类休闲食品进入行业前三位。同时打造一批食品行业的领先产品品牌。

财务目标:争取2009年年末,品牌食品板块的收入突破160亿元,占集团总收入的1/3左右;利润达到12亿元,占集团总利润的37.5%。

商贸流通板块

商贸流通板块是集团发展食品产业、打通食品产业链的先导。集团商贸流通业务的两大主要组成部分——零售和分销,应根据各自的定位不同,制订相应的发展目标和发展思路。

战略目标:以现代超商为主力业态,以电子商务、专业连锁作为有力补充,加快食品零售业务的发展,充分发挥零售业务提供稳定现金流保障的优势;充分发挥其为集团农产品和品牌食品提供展示展销平台和市场信息服务平台的作用。以发展国内外著名品牌食品的代理和分销为抓手,做大商贸流通板块的规模;健全和完善集团自主品牌食品国内外的分销网络,提高集团自主品牌食品市场终端的销售率。

市场目标:品牌代理、分销业务主要进行东部沿海分销网络的建设以及国内网络的布局,在成熟的国内网络基础上,打造海外市场的分销网络,努力成为集团品牌食品最主要的分销渠道;零售业务立足上海市场,近期以发展华东市场为主要目标,以全国市场为中长期业务拓展方向,力争成为华东市场的领军企业,稳固全国百强商超连锁前五名的市场地位。

财务目标:争取2009年年末,商贸流通板块的收入突破300亿元,占集团整体收入的半壁江山;利润达到8.6亿元,占集团整体利润的1/4左右。

支撑业务板块

为了支撑食品产业核心业务的发展,光明食品集团要同时经营若干个其他业务板块。在规划的前三年内,这些支撑性业务主要指房地产开发以及商业房地产经营、出租车业务以及一部分拥有知名品牌、效益贡献突出的非食品类工业制造业务和现代服务业业务等。规划的期望值是:到2009年,房地产业的利润总额不低于7亿元,都市服务业的利润总额不低于2.5亿元,都市工业利润总额与非食品业股权投资收益不低于3.5亿元,能为核心业务发展提供利润与现金流等重要支撑。

三、主要业务发展规划预期

表附-2-2 集团乳业三年发展预期目标一览表 （单位:亿元）

年　　份	销售收入	利润总额	净利润
2007	67	2.5	1.9
2008	77	2.9	2.2
2009	88	3.3	2.6

表附-2-3 集团糖业三年发展预期目标一览表 （单位:亿元）

年　　份	销售收入	利润总额	净利润
2007	40	2	1.6
2008	50	2.5	2.0
2009	60	3.0	2.4

表附-2-4 集团酒业三年发展预期目标一览表 （单位:亿元）

年　　份	销售收入	利润总额	净利润
2007	9.8	2.5	1.7
2008	11.8	3.0	2.0
2009	14.1	3.5	2.3

表附-2-5 集团休闲食品业三年发展预期目标一览表 （单位:亿元）

年　　份	销售收入	利润总额	净利润
2007	10.4	1.4	1.0
2008	11.5	1.5	1.1
2009	12.6	1.7	1.3

表附-2-6 集团连锁商贸业三年发展预期目标一览表 （单位：亿元）

年 份	销售收入	利润总额	净利润
2007	206.3	5.8	3.5
2008	227.0	6.8	3.9
2009	250.0	8.0	4.3

表附-2-7 集团品牌代理业三年发展预期目标一览表 （单位：亿元）

年 份	销售收入	利润总额	净利润
2007	40	0.4	0.28
2008	50	0.5	0.35
2009	60	0.6	0.4

光明食品(集团)有限公司
2008—2010年主业发展与非主业调整行动计划

(摘要)

总体战略思路

在本次计划期内,光明食品集团要坚持以邓小平理论和"三个代表"重要思想为指导,深入贯彻落实科学发展观,把增强集团整体核心竞争力作为战略任务,把打造成为国内一流、具有国际竞争力的食品产业集成商作为基本方向,把加快推进以科技、品牌、网络、资源为重点的商业模式转型作为根本要求,坚持有所为、有所不为的方针,创新体制机制,促进内外和谐,充分调动广大干部员工的积极性、主动性、创造性,进一步把光明品牌做响、光明集团做强、光明食品做大。

在本次计划期内,重点实施以下五大战略:业务聚焦战略;转型战略;整合战略;世博战略;人才强企战略。

2008—2010年集团主业发展总体战略

主要围绕将乳业、酒业、糖业、批发分销业和连锁商贸业等5大业务培育成销售规模上百亿元或净利润达3亿元以上的业务的阶段性目标以及集团的特色业务——都市农业,提出以下分业的目标与思路。

乳业

通过资源建设和创新发展,打造产品质量安全、奶源资源丰富、营销方式灵活、品牌影响力大、技术优势突出、治理结构完善,具有较强产业控制力和市场占有率的优势核心企业,跻身全国乳业三甲,实现集团乳业的可持续发展和价值成长。

糖业

集团糖业要继续优化完善集资源、网络、物流、期货与电子商务为一体的产业链经营模式,进一步巩固在商业模式转型上的先发优势;在扩充现有制糖基地产能的同时,适时购并上游资源,进一步完善产品结构;要继续加大贸易分销环节的物流服务能力建设和下游客户资源的扩展,基本完成全国网络布局。到2010年,将集团糖业骨干企业发展成为具有核心竞争能力、国内经营规模最大的糖业龙头企业。

酒业

以创新理念引领市场,开发新品支撑市场,推进整合做强产业,用好平台兼并扩张,推进产业和资本的协调运作,以成为黄酒行业的领导者为目标,以中高档产品为主,引领市场消费,深耕上海市场,稳步拓展华东市场,努力开发全国市场。

品牌代理业

把握品牌代理业发展的历史性机遇,以专业服务构建核心价值,借势借力发展,用市场控资源、用品牌建网络、用网络聚品牌,将集团品牌代理业骨干企业发展成为一个以全国网络、现代物流、专业服务和商品品牌为支持,以食品品牌代理为核心,具有现代分销服务理念与功能、掌控市场网络与渠道、国内外食品知名品牌最优秀的代理服务商之一。

连锁零售业

以集团内外资源的整合为出发点,以大型综合超市、便利店、折扣店、专卖店等为主力业态,强化产加销一体化经营体系,大力发展生鲜食品经营,不断提高商业经营技术和经营管理的标准化程度,建成集聚不同业态、服务功能较强、互补协调发展、以食品经营为特色、具有强大竞争力的国内大型连锁零售网络之一。

都市农业

进一步用工业化手段和服务化理念改造传统农业生产方式,深化推进农业产业化、现代化、标准化进程,强化科技兴农的实施力度,不断优化农业产业结构,培育壮大一批优质农产品知名品牌,建好地处上海市的现代农业核心基地,并将外延生产基地拓展到全国,更好地融入全国、服务全国"三农"。

集团都市农业从未来发展而言将面临三个层面的战略任务:第一,基础性的生产种植养殖业务,要面向区域性的中高端市场需求,大力发展高附加值的有机、绿色或无公害农产品,形成以"绿色为核心"的业务组合,要以市场为导向,着重建设强大的销售网络,提高品牌营销能力。第二,以建设现代化、综合型农产品交易中心为核心,建设农副产品连锁零售终端网络,大力推进农产品新型流通模式形成,打通完整的农业产业链,提高整体竞争力。第三,集团都市农业蕴藏着丰富的旅游资源,包括上海鲜花港、都市菜园、国家级海湾森林公园及设施农业等,将充分发挥现有的资源优势,有效挖掘观光农业、旅游农业的价值创造。

2008—2010年集团整合与非主业调整目标

非主业调整目标为22～61户,对农场区域内符合所在区域产业导向、能提供较多就业岗位或绩效较好的其余33户企业视作农场都市农业的支撑企业,阶段性保持全资或控股地位,符合条件的推进创业板上市或进行股权多元化改制。

对虽属于主业范围但发展前景不佳、绩效差或与集团主业关联度不大的企业进行主动的战略性调整,调整目标为50户左右。

创造条件,对已处于歇业状态的67户企业实施注销或吊销。

原则上到2009年底将集团的管理层次控制到四级以内,有条件的公司在2010年继续收缩到三级以内,逐步在集团内部搭建起"纵向层级较短,股权结构清晰,管理权限分明,经营绩效良好"的公司战略组织架构。

2009年实现退出行业3个、2010年实现退出行业7个(如纺织、服装针织、玩具、餐具制造、通信等)。

光明食品(集团)有限公司 2010—2012 年发展规划

(摘要)

2010—2012 年集团总体发展目标

光明食品集团将学习和对标国内外行业龙头企业(雀巢、中粮),大力推进全产业链经营模式,不断强化业务单元专业化的发展水平,积极创造协同价值,努力实现跨越式发展,到规划期末将光明食品集团建设成为中国最具市场影响力的食品行业龙头企业集团之一,努力实现学习中粮、追赶中粮、接近中粮的战略目标,并为将集团发展成为国内一流、具有国际竞争力的综合型食品产业集团的战略目标奠定重要基础。

到规划期末(2012 年),具有本阶段标志性意义的目标主要是:

——实现"保八争九":集团合并营业总收入确保 800 亿元以上、力争达到 900 亿元;

——巩固领先地位:其中至少 1 项业务实现全球化经营,其他重要核心业务的行业龙头地位进一步巩固;确保实现销售收入上 200 亿元级的业务 1 个(连锁零售业)、力争实现销售收入上 200 亿元级的业务 1 个(糖业),上 100 亿元级的业务 3 个(乳业、品牌代理业、综合食品制造业),酒业利润上 3 亿元;

——开拓新业务领域:培育战略性新业务取得实质性进展,新形成 1 到 2 个具有较大规模(50 亿元级)、可扩张性较强的食品核心业务,为后三年(2013—2015)的发展预埋战略竞争力;

——提升市场价值:积极推进资产证券化,力争将集团资产证券化率从 17.8% 提升到 40% 以上,打造 3 到 4 家市值上百亿的上市公司;

——提升企业软实力:积极推进企业制度和文化建设,使集团倡导的价值理念产生更加强大的凝聚力,激发更加充沛的创新力,使光明食品集团的社会公信度和市场影响力有新的提高,使"光明食品"成为形象鲜明、消费者信赖的知名品牌;

——改革调整目标:行业跨度收缩到 33 个以内;企业管理层级控制在四级以内,有条件的控制在三级以内;

——提高职工收入:坚持企业效益增长和职工收入提高的联动机制,连续三年保持在岗职工人均收入水平与效益同向增长,集团汇总的年均增长幅度不低于 8%,其中利润年均复合增长率超过 15% 的子公司,职工人均收入水平年均增长幅度不低于 10%;利润年均复合增长率超过 20% 的子公司,职工人均收入水平年均增长幅度可以更高一些。

表附-4-1 集团 2010—2012 年整体财务确保目标 (单位:亿元)

年 份	2009	2010	2011	2012	2012 比 2009 增长(%)	三年平均增长(%)
营业总收入	520	577	700	828	59.20	16.80
主营业务收入	507	565	680	808	59.40	16.90

〔续表〕

年　　份	2009	2010	2011	2012	2012比2009增长(%)	三年平均增长(%)
其中：核心业务	391	450	530	628	60.60	17.10
利润总额	22	26.5	32	38	72.70	20
净利润	15	19.3	23	27	80	21.60
其中：归属于母公司的净利润	8	10	13	16	100	26
总资产	636	683	770	875	37.60	11
总负债	398	426	485	560	40.70	12.10
净资产	238	257	285	315	32.40	9.80
其中：归属于母公司的净资产	157	167	179	193	22.90	7.10
净资产收益率(国有)(%)	5.53	6.15	7.50	8.60	3.07	—
资产负债率(%)	62.58	62.40	63	64	—	—
国有资产保值、增值率(%)	106	106.40	107.20	107.80	1.80	—
在岗职工人均收入		集团汇总的年均增长幅度不低于8%				

表附-4-2　集团2010—2012年整体财务力争目标　　　　　　　　　　　　　　　　　（单位：亿元）

年　　份	2009	2010	2011	2012	2012比2009增长(%)	三年平均增长(%)
营业总收入	520	615	768	920	76.90	20.90
主营业务收入	507	600	750	900	77.50	21.10
其中：核心业务	391	467	583	700	79	21.40
利润总额	22	28	35	42	90.90	24
净利润	15	20	25	30	100	27
其中：归属于母公司的净利润	8	11	14	17	112.50	28.50
总资产	636	700	800	920	44.70	13
总负债	398	440	500	590	48.20	14
净资产	238	260	300	330	38.70	11.60
其中：归属于母公司的净资产	157	168	183	200	27.40	8.40
净资产收益率(国有)(%)	5.53	7.70	8	8.80	3.27	—
资产负债率(%)	62.58	<65	<65	<65	—	—
国有资产保值、增值率(%)	106	107	108	109	3	—
在岗职工人均收入		集团汇总的年均增长幅度不低于10%				

表附-4-3 集团2010—2012年销售收入力争目标 （单位：亿元）

年份		2009	2010	2011	2012
乳业		77	100	120	140
酒业（专指黄酒）		10	11	13	15
糖业		50	75	95	120
品牌代理业		60	80	100	125
连锁零售业	农工商超市	123	140	155	175
	第一食品	9	12	17	22
综合食品制造业		54	62	80	100
现代农业		58	67	81	95
商业地产		47	60	80	100
现代物流业		16	20	25	30
合计		504	627	766	922

表附-4-4 集团2010—2012年利润总额力争目标 （单元：亿元）

年份		2009	2010	2011	2012
乳业		1.9	2.6	3.3	3.6
酒业（专指黄酒）		1.8	1.8	2.6	3
糖业		0.1	5.0	5.5	6.0
品牌代理业		1.4	1.6	2	2.5
连锁零售业	农工商超市	3.5	4.0	4.3	5.0
	第一食品	0.7	0.8	1	1.5
综合食品制造业		1	2.5	3.2	3.9
现代农业		4.9	5.4	6.8	7.7
商业地产		9.8	12	16	20
现代物流业		2.1	2.5	2.9	3.5
合计		27.2	38.2	47.6	56.7

主要战略

在本次规划期内，集团将坚持市场导向和创新引领的发展思路，以增强集团整体核心竞争力作为战略任务，以持续打造国内一流、具有国际竞争力的食品产业集成商作为基本方向，进一步聚焦发展重点、细化对标管理，进一步强化资本运作、加快国际化战略，进一步推进商业模式转型、强化市场能力，创新机制，发挥协同，不断把光明品牌做响、光明集团做强、光明食品做大。

为了有效实现三年目标，集团需要在业务拓展能力、资本运营能力、对标管理能力、市场能力、国际竞争力和人才支撑能力方面实现重要突破,形成相互关联的六大战略支撑：业务聚焦战略;资本运营战略;差异化战略;商业模式转型战略;国际化战略;人才战略。

主要保障措施

加大转型力度,努力推动业务发展模式的根本性转变;加大主业投资并购力度,实施主业膨胀;加强资产经营与整合,优化资源布局;拓宽融资渠道,控制财务风险;强化基础管理,规范企业运作;加强创新文化体系建设,缔造企业合力;争取相关政策支持,创造和谐环境。

集团将依据本规划,制订相应的八项行动计划作为工作抓手,使三年发展规划落到实处。这八项行动计划包括：核心业务并购行动计划;深化商业模式转型行动计划;深化内部资产整合行动计划;资本经营行动计划;推进集团内部资金集约化管理行动计划;人力资源支撑及薪酬激励体系完善行动计划;全面风险管控体系建设行动计划;企业文化建设行动计划。

索 引

说明：

一、本索引按表格索引形式制作。

二、索引按表格在正文出现的顺序排列。

三、索引标目后的阿拉伯数字表示该标目所在页码。

表格索引

表2-1-1 2006—2010年光明食品集团主要粮食作物播种面积及产量情况表　96

表2-1-2 2006—2010年光明食品集团各公司粮食产值情况表　96

表2-1-3 2006—2010年光明食品集团有机水稻播种面积和产量情况表　96

表2-1-4 2006—2010年光明食品集团绿肥种植面积统计情况表　96

表2-1-5 2006—2010年长江总公司水稻播种统计情况表　99

表2-1-6 2006—2010年海丰总公司水稻播种统计情况表　100

表2-1-7 2006—2010年跃进农业公司粮食产量统计情况表　107

表2-1-8 2006—2010年跃进农业公司企业经营绩效情况表　108

表2-1-9 2006—2010年万事发公司经营绩效统计情况表　110

表2-1-10 2006—2010年上海海丰米业有限公司基地分公司粮食产量统计情况表　112

表2-1-11 2006—2010年光明食品集团蔬菜种植统计情况表　112

表2-1-12 2010年光明食品集团蔬菜种植面积及上市量情况表　113

表2-1-13 2006—2010年星辉公司蔬菜产量销售情况表　113

表2-1-14 2006—2010年星辉公司蔬菜分类情况表　113

表2-1-15 星辉公司大葱感官指标分级情况表　114

表2-1-16 星辉公司南瓜等级和质量规格情况表　115

表2-1-17 星辉公司冬瓜等级和质量规格情况表　115

表2-1-18 星辉公司毛豆感官指标和产品规格分级情况表　116

表2-1-19 2006—2010年上海星辉蔬菜有限公司蔬菜生产情况表　122

表2-1-20 2006—2010年上海星辉蔬菜有限公司蔬菜生产销售情况表　122

表2-1-21 2006—2010年上海星辉蔬菜有限公司经营情况表　122

表2-1-22 2006—2010年光明食品集团盆栽花面积产量情况表　123

表2-1-23 2006—2010年光明食品集团鲜切花面积产量情况表　123

表2-1-24 2008年上海鲜花港红掌品种情况表　124

表2-1-25 2006—2010年上海鲜花港盆栽凤梨品种情况表　125

表2-1-26 2006—2010年上海鲜花港郁金香花展花卉品种、数量统计情况表　128

表2-1-27 2006—2010年上海鲜花港经营情况表　130

表2-1-28 2007—2010年都市种苗公司销售情况表　132

表2-1-29 2006—2010年光明食品集团林地面积情况表　132

表2-1-30	2010年光明食品集团林地面积分布情况表 133
表2-1-31	2006—2010年光明食品集团防护林面积分布情况表 134
表2-1-32	2006—2010年光明食品集团苗圃面积分布情况表 134
表2-1-33	2006—2010年光明食品集团经济林面积分布情况表 134
表2-1-34	2010年光明食品集团所属单位果树种植面积情况表 135
表2-1-35	2006—2010年光明食品集团水果产量情况表 136
表2-1-36	2010年光明食品集团所属单位水果产量统计情况表 136
表2-1-37	2006—2010年长江园艺公司经营情况表 138
表2-1-38	2006—2010年农工商现代农业园区经营情况表 139
表2-1-39	2006—2010年光明食品集团青饲料亩产情况表 140
表2-1-40	2006—2010年光明食品集团所属单位青饲料种植面积情况表 140
表2-1-41	2006—2010年光明食品集团所属单位青饲料产量情况表 141
表2-1-42	2008—2010年鼎牛饲料公司经营情况表 145
表2-2-1	2006—2010年光明食品集团奶牛生产情况表 146
表2-2-2	2010年光明食品集团奶牛场分布及奶牛情况表 147
表2-2-3	光明食品集团奶牛场标准化改造项目投资情况表 155
表2-2-4	2006—2010年金牛牧业公司经营情况表 158
表2-2-5	2006—2010年金牛牧业公司牧场分布情况表 158
表2-2-6	2006—2010年奶牛育种中心经营情况表 160
表2-2-7	2006—2010年练江总公司经营业绩统计情况表 161
表2-2-8	2006—2010年光明食品集团生猪养殖统计情况表 163
表2-2-9	2006—2010年爱森肉食品公司种猪繁殖情况表 166
表2-2-10	2006—2010年爱森肉食品公司种猪生长情况表 166
表2-2-11	2006—2010年爱森肉食品公司经营情况表 171
表2-2-12	2006—2010年爱森肉食品公司生猪存栏数表 171
表2-2-13	2009—2010年"爱森优选"门店开设情况表 172
表2-2-14	2006—2010年光明食品集团淡水养殖面积、产品、产量情况表 173
表2-2-15	2006—2010年海丰总公司淡水产品养殖情况表 174
表2-2-16	海丰总公司冬春季水产养殖模式情况表 175
表2-2-17	海丰总公司夏秋季水产养殖模式情况表 175
表2-2-18	2006—2010年海丰水产养殖公司经营情况表 177
表2-3-1	2006—2010年光明食品集团各类农机动力情况表 178
表2-3-2	2006—2010年光明食品集团主要农业机械情况表 179
表2-3-3	2010年光明食品集团大中型拖拉机拥有量情况表 180
表2-3-4	2010年光明食品集团机引农具情况表 180
表2-3-5	2010年光明食品集团机械化耕地面积表 180
表2-3-6	2010年光明食品集团种植机械动力情况表 181
表2-3-7	2010年光明食品集团水稻机播机插面积表 181
表2-3-8	2010年光明食品集团收获机械拥有量和机收面积情况表 182
表2-3-9	2010年光明食品集团植保机械和排灌机械数量和动力情况表 182
表2-3-10	2010年荷斯坦公司奶牛主要机械情况表 183
表2-3-11	2010年上海鼎牛饲料有限公司新增农机情况表 184

表2-3-12 2010年光明食品集团其他农业机械情况表 185	表3-1-11 猪肉中段部分规格情况表 227
表2-3-13 2010年海丰总公司农机员工百分制考核项目情况表 186	表3-1-12 猪肉后腿部分规格情况表 227
表2-3-14 2006年海丰总公司水利工程项目情况表 196	表3-1-13 猪爪规格情况表 227
表2-3-15 2007年光明食品集团危桥加固工程情况表 196	表3-1-14 猪肉小排规格情况表 227
表2-3-16 2008年光明食品集团疏浚河道情况表 197	表3-1-15 爱森肉食品公司抽检计划情况表 228
表2-3-17 2008年光明食品集团危桥加固工程项目情况表 198	表3-1-16 生猪供方质量安全抽检情况表 228
表2-3-18 海丰总公司2008年小型农田水利设施（东滩三期）建设项目情况表 199	表3-1-17 2010年爱森肉食品公司所属养殖基地生猪出栏和供应量情况表 229
表2-3-19 2009年光明食品集团河道疏浚情况表 200	表3-1-18 2006—2010年重庆梅林今普食品有限公司产值情况表 231
表2-3-20 2009年光明食品集团危桥加固工程项目情况表 201	表3-1-19 2006—2010年大瀛食品公司主要经济指标完成情况表 234
表2-3-21 2009年海丰总公司枣园中低产田改造水利配套工程项目情况表 202	表3-2-1 2006—2010年光明食品集团乳制品产量情况表 237
表2-3-22 2010年光明食品集团河道疏浚情况表 203	表3-2-2 巴氏杀菌采用的温度与时间组合情况表 237
表2-3-23 2010年光明食品集团危桥加固工程项目市补资金计划情况表 203	表3-2-3 2006年、2010年乳品二厂乳品品种产量情况表 247
表3-1-1 2006—2010年海丰总公司大米加工流程和主要设备一览表 215	表3-2-4 乳品二厂主要产品品种和规格情况表 247
表3-1-2 2010年海丰、长江、跃进三家公司米业生产效益指标情况表 216	表3-2-5 2006—2010年上海光明邀请电子商务有限公司经营绩效情况表 250
表3-1-3 2010年海丰、长江、跃进三家公司大米销售情况表 216	表3-2-6 2006—2010年光明技术中心国家级课题研究项目情况表 251
表3-1-4 2006—2010年海丰米业公司经济指标统计情况表 219	表3-2-7 2006—2010年光明技术中心申请发明专利和发表科技论文情况表 251
表3-1-5 星辉蔬菜公司果蔬深加工生产能力情况表 221	表3-2-8 2006/2007—2010/2011榨季烟糖集团食糖产量统计情况表 253
表3-1-6 星辉蔬菜公司不同果蔬脆片工艺参数情况表 222	表3-2-9 2006/2007—2010/2011榨季烟糖集团榨蔗量统计情况表 253
表3-1-7 星辉蔬菜公司果蔬脆片主要检测指标参数情况表 222	表3-2-10 2006—2010年东方先导公司食糖销售统计情况表 253
表3-1-8 果蔬杀青、漂烫工艺类型情况表 223	表3-2-11 2006/2007—2010/2011榨季上上糖业公司生产情况表 253
表3-1-9 2006—2010年星辉蔬菜公司蔬菜深加工引进国外主要设备一览表 224	表3-2-12 2009/2010—2010/2011榨季白沙合水糖业公司生产情况表 254
表3-1-10 猪肉前腿部分规格情况表 226	表3-2-13 2007/2008—2009/2010榨季东方糖业公司生产情况表 254
	表3-2-14 2008/2009—2010/2011榨季英茂糖业公司生产情况表 254
	表3-2-15 2009/2010榨季德宏糖业公司榨蔗量情况表 254

表3-2-16　2009/2010榨季西双版纳糖业公司榨蔗量情况表　254

表3-2-17　2009—2010年英茂糖业公司白砂糖销售情况表　255

表3-2-18　2007/2008—2010/2011榨季上上糖业公司酒精产量情况表　256

表3-2-19　2006/2007—2010/2011榨季上上糖业公司复合肥产量情况表　256

表3-2-20　上上糖业公司主要生产设备情况表　258

表3-2-21　2006/2007—2010/2011榨季上上糖业公司种甘蔗植户数及蔗量统计情况表　261

表3-2-22　2009/2010—2010/2011榨季元阳糖业公司甘蔗种植面积统计情况表　261

表3-2-23　2009/2010—2010/2011榨季德宏糖业公司甘蔗种植面积统计情况表　261

表3-2-24　2009/2010—2010/2011榨季西双版纳糖业公司甘蔗种植面积统计情况表　262

表3-2-25　2005/2006—2010/2011榨季上上糖业公司甘蔗种植面积统计情况表　262

表3-2-26　2009/2010—2010/2011榨季元阳糖业公司甘蔗种植品种统计情况表　262

表3-2-27　2009/2010—2010/2011榨季德宏糖业公司甘蔗种植品种统计情况表　262

表3-2-28　2009/2010—2010/2011榨季西双版纳糖业公司甘蔗种植品种统计情况表　262

表3-2-29　2006—2010年东方先导公司主要经营业绩情况表　264

表3-2-30　2008/2009—2010/2011榨季英茂糖业公司经济指标情况表　266

表3-2-31　2007/2008—2009/2010榨季海南东方糖业公司产糖情况表　268

表3-2-32　2009—2010年上上糖业公司技术中心科研课题情况表　269

表3-2-33　2009—2010年上上糖业公司技术中心科技项目实施情况表　269

表3-2-34　2006—2010年光明食品集团酒制造业生产经营情况表　272

表3-2-35　2006—2010年光明食品集团酒制造业综合情况表　272

表3-2-36　2006—2010年石库门酿酒公司生产经营情况表　272

表3-2-37　2006—2010年光明食品集团黄酒生产经营情况表　273

表3-2-38　2006—2010年金枫酒业股份公司黄酒主要产品销售情况表　273

表3-2-39　2006、2010年石库门酿酒公司石库门上海老酒产销情况表　274

表3-2-40　2006—2010年华佗酿酒公司产量和销售统计情况表　275

表3-2-41　华佗酿酒有限公司"华佗牌十全酒"产品规格情况表　275

表3-2-42　华佗牌得力劲酒产品规格情况表　276

表3-2-43　楠药酒产品规格及投产时间情况表　276

表3-2-44　2006年和2010年金枫牌黄酒主要产品生产销售情况表　276

表3-2-45　特型黄酒卫生标准情况表　278

表3-2-46　十年陈以下(不含十年陈)和酒理化要求情况表　278

表3-2-47　十年陈以上(包含十年陈)和酒理化要求情况表　278

表3-2-48　传统型黄酒理化要求情况表　279

表3-2-49　清爽型黄酒理化要求情况表　279

表3-2-50　特型黄酒理化要求情况表　280

表3-2-51　2007—2010年金枫酒业公司专利情况表　281

表3-2-52　华佗十全酒主要生产设备情况表　283

表3-2-53　得力劲酒主要生产设备情况表　283

表3-2-54　楠药酒主要生产设备情况表　284

表3-2-55　2006—2010年石库门酿酒公司经营情况表　285

表3-2-56　2006—2009年华光酿酒公司经营情况表　286

表3-2-57　2006—2010年华佗酿酒公司经营情况表　287

表3-2-58　2006—2010年益民一厂冷饮总产量情况表　289

表3-2-59　2008—2010年益民一厂冷饮主要品种产量和销售情况表　289

表3-2-60　2006—2010年上海仟果企业管理有限公司冰淇淋总产量情况表　289

表3-2-61　上海仟果企业管理有限公司主要设备情况表　290

表3-2-62　2006—2010年益民一厂主要经营指标完成情况表　292

表3-2-63　2006—2010年仟果公司经营情况表　293

表3-2-64　2006—2010年上海冠生园天厨调味品有限公司产品产量和销售情况表　294

表3-2-65　2010年公司主要产品品种规格情况表　294

表3-2-66　上海冠生园天厨调味品有限公司味精生产设备情况表　297

表3-2-67　上海冠生园天厨调味品有限公司鸡精调味料生产设备情况表　297

表3-2-68　上海冠生园天厨调味品有限公司素易鲜调味料生产设备情况表　297

表3-2-69　上海冠生园蜂制品有限公司蜂蜜产品规格情况表　300

表3-2-70　蜂皇浆产品分类情况表　302

表3-2-71　蜂胶软胶囊产品分类情况表　302

表3-2-72　蜂蜜果蔬茶产品分类情况表　303

表3-2-73　2006—2010年上海冠生园蜂制品有限公司产量和销售情况表　303

表3-2-74　冠生园牌蜂蜜主要生产设备情况表　304

表3-2-75　冠生园牌蜂皇浆主要生产设备情况表　304

表3-2-76　冠生园牌蜂胶软胶囊主要生产设备情况表　304

表3-2-77　2006—2010年冠生园食品公司糖果产量和销售情况表　307

表3-2-78　冠生园食品公司主要产品规格情况表　308

表3-2-79　2006—2010年冠生园集团主要经济指标情况表　310

表3-2-80　冠生园集团合作合资企业情况表　310

表3-2-81　2006—2010年天厨调味品公司利润情况表　311

表3-2-82　2006—2010年冠生园蜂制品公司主要经济指标情况表　311

表3-2-83　2006—2010年冠生园食品公司经营业绩情况表　311

表3-2-84　2006—2010年上海正广和饮用水有限公司产量、销售情况表　312

表3-2-85　2006—2010年上海正广和汽水有限公司产品销售情况表　312

表3-2-86　上海正广和饮用水有限公司饮用水产品规格情况表　314

表3-2-87　上海正广和饮用水有限公司桶（瓶）装水主要生产设备情况表　314

表3-2-88　上海正广和汽水有限公司碳酸饮料产品主要生产设备情况表　315

表3-2-89　上海正广和汽水有限公司菊花晶产品主要生产设备情况表　315

表3-2-90　上海正广和汽水有限公司咖啡产品主要生产设备情况表　315

表3-2-91　2006—2010年上海正广和饮用水有限公司经营情况表　316

表3-2-92　2006—2010年上海正广和饮用水有限公司所获荣誉情况表　316

表3-2-93　2006—2010年上海正广和汽水有限公司经营情况表　317

表3-2-94　冠生园益民公司月饼产品品种规格情况表　318

表3-2-95　2006—2010年冠生园益民公司压缩饼干品种规格情况表　318

表3-2-96　2007—2010年冠生园益民公司广式月饼产销情况表　319

表3-2-97　2007—2010年冠生园益民公司压缩饼干产销情况表　319

表3-2-98　冠生园益民食品有限公司月饼生产主要设备情况表　319

表3-2-99　冠生园益民食品有限公司压缩饼干生产主要设备情况表　320

表3-2-100　一只鼎食品公司主要产品情况表　321

表3-2-101　2006—2010年一只鼎食品公司产品销售情况表　322

表3-2-102　一只鼎食品公司糟醉类产品主要生产设备情况表　323

表3-2-103　一只鼎食品公司米面制品主要生产设备情况表　323

表3-2-104　一只鼎食品公司腌渍产品主要生产设备情况表　323

表3-2-105　2006—2010年一只鼎食品公司经营情况表　325

表3-2-106　上海梅林正广和股份有限公司各类产品情况表　327

表3-2-107　上海梅林正广和股份有限公司内外销产品情况表　328

表3-2-108　2006—2010年梅林牌午餐肉罐头销售情况表　329

表3-2-109　2006—2010年梅林牌火腿罐头销售情况表　329

表3-2-110　2006—2010年梅林牌八宝饭罐头销售情况表　329

表3-2-111　2006—2010年梅林牌番茄沙司罐头销售情况表　329

表3-2-112　八宝饭罐头感官要求情况表　330

表3-2-113　番茄沙司罐头感官要求情况表　331

表3-2-114　上海梅林食品有限公司主要生产设备情况表　331

表3-2-115　上海梅林正广和(绵阳)有限公司主要生产设备情况表　332

表3-2-116　上海梅林(荣成)食品有限公司主要生产设备情况表　332

表3-2-117　2006—2010年上海梅林食品有限公司经营情况表　333

表3-2-118　2006—2010年上海梅林正广和(绵阳)有限公司经营情况表　334

表3-2-119　2006—2010年上海梅林正广和(绵阳)有限公司罐头产品生产情况表　335

表3-2-120　2006—2010年上海梅林正广和(绵阳)有限公司内外销罐头产品情况表　335

表3-2-121　2006—2010年上海梅林(荣成)食品有限公司经营情况表　336

表3-2-122　2006—2010年上海梅林(荣成)食品有限公司职工人数情况表　336

表3-2-123　2006—2010年梅林正广和股份有限公司技术中心专利情况表　337

表3-2-124　2008—2010年重庆梅林今普食品有限公司经营情况表　338

表3-2-125　大瀛食品公司主要生产设备情况表　339

表3-2-126　2006—2010年上茶公司经营情况表　341

表3-3-1　2006—2010年宏盾防伪材料公司防伪膜主要产品产量情况表　344

表3-3-2　2006—2010年宏盾防伪材料公司第二代身份证防伪膜主要生产指标情况表　344

表3-3-3　2006—2010年宏盾防伪材料公司制定的各类产品标准情况表　345

表3-3-4　2005—2010年宏盾防伪材料公司制定的主要产品工艺规程情况表　345

表3-3-5　宏盾防伪材料公司主要生产设备情况表　346

表3-3-6　宏盾防伪材料公司主要检测设备情况表　347

表3-3-7　东旺塑料制品厂主要生产设备情况表　348

表3-3-8　2006—2010年方信包装材料公司经营情况表　349

表3-3-9　2006—2010年宏盾防伪材料公司经营情况表　350

表3-3-10　2006—2010年东旺塑料制品厂经营情况表　351

表3-3-11　百路达药业公司主要产品情况表　353

表3-3-12　达华药业公司二根型皮埋主要生产设备情况表　354

表3-3-13　达华药业公司二根型皮埋主要检验设备情况表　354

表3-3-14　金环医疗用品公司主要生产产品情况表　355

表3-3-15　2006—2010年金环医疗用品公司各类产品标准情况表　356

表3-3-16　金环医疗用品公司主要生产设备情况表　356

表3-3-17　2006—2010年达华药业公司经营情况表　358

表3-3-18　2006—2010年百路达药业公司经营情况表　359

表3-3-19　2010年申光公司部分产品产量情况表　361

表3-3-20　2006—2010年申光公司销售情况表　362

表3-3-21　申光公司主要产品生产标准情况表　362

表3-3-22　2006—2010年申特公司产品产量情况表　364

表3-3-23　2006—2010年申特公司产品销量情况

表 364

表3-3-24 申特公司生产设备情况表 365

表3-3-25 2006—2010年思乐得公司主要产品产量情况表 366

表3-3-26 思乐得公司主要设备情况表 367

表3-3-27 2006—2010年申光公司主要经济指标完成情况表 370

表3-3-28 2006—2010年申特公司经营情况表 371

表3-3-29 2006—2010年思乐得公司经营情况表 372

表3-3-30 2006—2010年盾牌筛网公司经营情况表 373

表3-3-31 2006—2010年上海德科公司汽车组合仪表产品型号和规格情况表 375

表3-3-32 上海德科公司801-ZP11型汽车组合仪表总成车速表校验情况表 378

表3-3-33 上海德科公司801-ZP11型汽车组合仪表总成转速表校验情况表 378

表3-3-34 上海德科公司801-ZP11型汽车组合仪表总成冷却液校验情况表 378

表3-3-35 上海德科公司801-ZP11型汽车组合仪表总成燃油表校验情况表 379

表3-3-36 上海德科公司801-ZP11型汽车组合电子仪表零部件工艺设备情况表 380

表3-3-37 2006—2010年上海德科公司经营情况表 382

表3-3-38 向明轴承公司主要产品品种和型号情况表 383

表3-3-39 2010年向明轴承公司水泵轴承销售情况表 384

表3-3-40 2006—2010年向明轴承公司经营情况表 385

表4-1-1 2009—2010年光明食品集团商品零售额分类情况表 389

表4-1-2 2010年光明食品集团零售业人工成本及投入产出效益情况表 389

表4-1-3 2006—2010年农工商超市集团网点、营业面积情况表 390

表4-1-4 2010年上海梅林正广和便利连锁有限公司主要销售商品情况表 391

表4-1-5 2006—2010年上海梅林正广和便利连锁有限公司经营情况表 392

表4-1-6 第一食品公司连锁门店情况表 392

表4-1-7 2005—2010年第一食品梅陇店主要商品销售情况表 393

表4-1-8 2007—2010年第一食品杨浦店主要商品销售情况表 394

表4-1-9 2010年第一食品南桥店主要商品销售情况表 396

表4-1-10 2010年第一食品三林店主要商品销售情况表 396

表4-1-11 2010年上海爱森肉食品公司销售网点分布情况表 397

表4-1-12 2009—2010年爱森优选肉食品专卖店基本情况表 398

表4-1-13 2007—2010年城隍珠宝公司主要商品销售比例情况表 399

表4-1-14 2006—2010年上海正广和网上购物有限公司电子商务情况表 400

表4-1-15 2010年上海正广和网上购物有限公司销售商品情况表 400

表4-1-16 正广和网上购物公司合作合资企业情况表 401

表4-1-17 2008—2010年第一食品经营情况表 405

表4-1-18 2004—2010年第一食品投资企业情况表 406

表4-1-19 2006—2010年牛奶棚食品公司经营情况表 408

表4-1-20 2006—2010年城隍珠宝公司经营情况表 409

表4-1-21 2006—2010年城隍珠宝公司投身公益事业情况表 409

表4-1-22 2006—2010年城隍珠宝公司荣誉情况表 410

表4-1-23 2006—2010年都市生活公司经营情况表 411

表4-1-24 2006—2010年上海正广和网上购物有限公司经营情况表 411

表4-1-25 2006—2010年上海市农工商长征医药有限公司经营情况表 412

表4-2-1 2006—2010年光明食品集团批发代理业经营情况表 413

表4-2-2 2010年光明食品集团批发业人工成本及投入产出效益情况表 413

表4-2-3 2009—2010年光明食品集团品牌代理业经营情况表 414

表4-2-4 2006—2010年南浦食品集团经营情况表 418

表4-2-5 2006—2010年上海捷强烟草糖酒(集团)有限公司经营情况表 420

表4-2-6 2006—2010年上海捷强烟草糖酒(集团)连锁有限公司经营情况表 420

表4-2-7 2006—2010年捷强配销中心经营情况表 421

表4-2-8 2006—2010年新境界公司经营情况表 422

表4-2-9 2006—2010年上海中油农工商石油销售有限公司经营情况表 422

表4-2-10 2006—2010年农工商配送公司经营情况表 423

表5-1-1 2006—2010年光明食品集团房地产业经营情况表 427

表5-1-2 2006—2010年光明食品集团固定资产总值和商品房销售面积情况表 427

表5-1-3 2006—2010年光明食品集团房地产企业及从业人员情况表 427

表5-1-4 2006—2010年光明食品集团房地产业人工成本及投入产出情况表 427

表5-1-5 2006—2010年农房集团房地产竣工及销售面积情况表 428

表5-1-6 2006—2010年轻工置业公司经营情况表 434

表5-1-7 2006—2010年华都实业公司经营情况表 435

表5-1-8 2006—2010年上海飘鹰实业发展经营情况表 435

表5-1-9 2006—2010年星火房地产公司经营情况表 436

表5-1-10 2006—2010年上海虹阳投资有限公司经营绩效情况表 437

表5-2-1 2006—2010年光明食品集团建筑业主要经济情况表 439

表5-2-2 2006—2010年光明食品集团建筑业施工情况表 439

表5-2-3 2006—2010年光明食品集团建筑机械情况表 440

表5-2-4 2006—2010年光明食品集团建筑企业及从业人员情况表 440

表5-2-5 2006—2010年上海农工商绿化有限公司经营情况表 444

表5-2-6 2006—2010年农工商建设发展公司经营情况表 444

表5-2-7 2006—2010年中建水泥制品公司经营情况表 445

表5-2-8 2006—2010年上海跃光建筑有限公司经营情况表 446

表5-3-1 2006—2010年上海轻工物业管理有限公司经营情况表 450

表6-1-1 2006—2010年上海海博出租汽车有限公司出租汽车拥有量情况表 456

表6-1-2 2006—2010年上海海博出租汽车有限公司载客车辆和客位数情况表 456

表6-1-3 海博出租汽车公司外省市出租车拥有量情况表 458

表6-1-4 2006—2010年海博股份公司出租汽车车型情况表 458

表6-1-5 2006—2010年海博租赁公司客运车辆数表 460

表6-1-6 2006—2010年海博租赁公司客运经营情况表 460

表6-1-7 2007—2010年上海海博车辆修理有限公司经营情况表 461

表6-1-8 2006—2010年海博出租汽车公司经营情况表 463

表6-1-9 2006—2010年海博出租汽车公司收购企业(上海市区)一览表 463

表6-1-10 市驾驶员培训中心培训项目情况表 465

表6-1-11 2006—2010年海博培训中心人员培训情况表 465

表6-1-12 驾驶员培训第一阶段实际操作教学内容、要求和学时情况表 466

表6-1-13 驾驶员培训第二阶段操作教学内容、要求和学时情况表 467

表6-1-14 驾驶员培训第三阶段操作教学内容、要求和学时情况表 468

表6-1-15 驾驶员培训第四阶段操作教学内容、要求和学时情况表 468

表6-1-16 2006—2010年市驾驶员培训中心经营情况表 470

表6-1-17 2006—2010年光明食品集团物流货运情况表 471

表6-1-18 2010年光明食品集团所属单位物流货运经营情况表 471

表6-1-19 2006—2010年上海海博货迪物流有限公司车辆情况表 473

表6-1-20 2006—2010年海博物流集团经营情况表 475

表6-1-21 2006—2010年申宏冷藏储运公司经营情况表 475

表6-1-22 2006—2009年东亚公司经营情况表 476

表6-2-1 2006—2010年光明食品集团住宿餐饮业经营情况表 477

表6-2-2 2006—2010年光明食品集团住宿餐饮单位和从业人员情况表 477

表6-2-3 2006—2010年瑞泰公司经营情况表 479

表6-2-4 2006—2010年上海瑞泰虹桥酒店经营情况表 480

表6-2-5 2006—2010年瑞泰静安酒店经营情况表 480

表6-2-6 2006—2010年成都心族宾馆经营情况表 481

表6-2-7 2008—2010年金海岸度假村经营情况表 482

表6-2-8 2006—2010年小木屋会务中心床位和接待人次情况表 483

表6-2-9 2006—2010年小木屋会务中心经营情况表 483

表6-2-10 2006—2010年健生教育活动中心经营情况表 484

表6-2-11 2008—2010年都市新天地企业管理公司经营情况表 491

表6-3-1 2006—2010年上海滨海古园经营情况表 493

表6-3-2 2007—2010年汇龙园经营情况 494

表7-1-1 2006—2010年金枫酒业股份公司经营情况表 503

表7-1-2 2006—2010年上海梅林经营情况表 505

表7-1-3 2010年光明乳业主要控股企业经营情况表 508

表7-1-4 2006—2010年光明乳业经营情况表 508

表7-1-5 2010年海博股份主要控股及参股公司经营情况表 511

表7-1-6 2006—2010年海博股份经营情况表 511

表7-1-7 2006—2010年都市股份前10位国有股东持股情况表 512

表7-1-8 2006—2010年都市股份的控股子公司及合营企业情况表 513

表7-1-9 2006年全国黄酒行业前五强企业经营情况表 518

表7-1-10 2010年光明食品集团国资从有所不为企业退出情况表 522

表7-1-11 2008年光明食品集团行业分类情况表 523

表7-1-12 2010年光明食品集团行业减少后分类情况表 524

表7-1-13 2006年光明食品集团项目投资情况表 528

表7-1-14 2007年光明食品集团项目投资结构情况表 529

表7-1-15 2008年光明食品集团核心业务投资项目情况表 529

表7-1-16 2008年光明食品集团支撑业务和非主业投资项目情况表 530

表7-1-17 2008年光明食品集团项目投资结构情况表 531

表7-1-18 2009年光明食品集团核心业务投资项目情况表 531

表7-1-19 2009年光明食品集团支撑业务和非主业投资项目情况表 531

表7-1-20 2009年光明食品集团项目投资结构情况表 532

表7-1-21 2010年光明食品集团核心业务投资项目情况表 532

表7-1-22 2010年光明食品集团支撑业务和非主业

投资项目情况表　533

表7-1-23　2010年光明食品集团项目投资结构情况表　533

表7-1-24　2006年光明食品集团外贸企业基本情况表　540

表7-1-25　2007年光明食品集团外贸企业基本情况表　540

表7-1-26　2008年光明食品集团外贸企业基本情况表　541

表7-1-27　2009年光明食品集团外贸企业基本情况表　542

表7-1-28　2006—2010年集林经济开发公司注册企业税收情况表　543

表7-1-29　2006—2010年光明食品集团工农业出口产品情况表　543

表7-1-30　2010年光明食品集团出口商品生产单位和数量情况表　543

表7-1-31　2010年上海市食品进出口公司出口商品分类情况表　545

表7-1-32　2010年上海市食品进出口公司主要进口商品分类情况表　545

表7-1-33　上海市食品进出口公司投资企业情况表　545

表7-1-34　2010年上海市食品进出口公司进口商品主要来源地情况表　546

表7-1-35　2010年上海市食品进出口公司出口商品主要销往地情况表　546

表7-1-36　2006—2010年上海市食品进出口公司企业经营情况表　546

表7-1-37　2006—2010年国际贸易公司进出口贸易情况表　547

表7-1-38　2006—2010年国际贸易公司出口商品情况表　547

表7-1-39　2006—2010年国际贸易公司进口商品情况表　548

表7-1-40　2006—2010年国际贸易公司经营情况表　548

表7-1-41　2010年轻工对外合作公司合资合作企业情况表　554

表7-1-42　2006—2010年轻工对外合作公司经营情况表　555

表7-2-1　2006—2009年集团战略规划目标完成情况表　567

表7-2-2　2007年光明食品集团主要经济指标决算情况表　570

表7-2-3　2007—2008年光明食品集团主要经济指标决算情况表　571

表7-2-4　2008年光明食品集团主业经营情况表　572

表7-2-5　2008年光明食品集团主要企业经营情况表　572

表7-2-6　2008年光明食品集团净利润结构分析情况表　572

表7-2-7　2009年光明食品集团主要预算经济指标情况表　573

表7-2-8　2009年光明食品集团主要财务指标完成情况表　573

表7-2-9　2010年光明食品集团所属子公司主营业务收入预算情况表　574

表7-2-10　2010年光明食品集团所属子公司利润总额预算情况表　575

表7-2-11　2010年光明食品集团所属子公司净利润预算情况表　575

表7-2-12　2010年光明食品集团主要财务指标完成情况表　576

表7-2-13　2010年光明食品集团核心业务经营情况表　577

表8-1-1　2006年末光明食品集团从业人员人数和平均人数情况表　607

表8-1-2　2006年光明食品集团从业人员人数增加情况表　607

表8-1-3　2006年光明食品集团从业人员人数减少情况表　608

表8-1-4　2007年末光明食品集团从业人员人数和平均人数情况表　608

表8-1-5　2007年光明食品集团从业人员人数增加情况表　609

表8-1-6　2007年光明食品集团从业人员人数减少情况表　609

表8-1-7　2008年末光明食品集团从业人员人数和平均人数情况表　610

表8-1-8　2008年光明食品集团从业人员人数增加情况表　610

表8-1-9　光明食品集团2008年从业人员人数减少

情况表　611

表8-1-10　2009年末光明食品集团从业人员人数和平均人数情况表　612

表8-1-11　光明食品集团2009年从业人员人数增加情况表　612

表8-1-12　2009年光明食品集团从业人员人数减少情况表　612

表8-1-13　2010年末光明食品集团从业人员人数和平均人数情况表　613

表8-1-14　2010年光明食品集团从业人员人数增加情况表　613

表8-1-15　2010年光明食品集团从业人员人数减少情况表　614

表8-1-16　2006—2010年光明食品集团从业人员行业分布情况表　614

表8-1-17　2010年光明食品集团从业人员单位分布情况表　615

表8-1-18　2006年光明食品集团经营管理人员结构情况表　616

表8-1-19　2007年光明食品集团经营管理人员结构情况表　617

表8-1-20　2008年光明食品集团经营管理人员结构情况表　618

表8-1-21　2009年光明食品集团经营管理人员结构情况表　618

表8-1-22　2010年光明食品集团经营管理人员结构情况表　619

表8-1-23　2006—2010年光明食品集团经营管理人员培训情况表　620

表8-1-24　2006—2010年光明食品集团专业技术人员培训情况表　620

表8-1-25　2006年光明食品集团列入上海市事业单位收入分配制度改革的事业单位情况表　621

表8-1-26　2006年光明食品集团事业单位职工人数和工资情况表　622

表8-1-27　2006年光明食品集团从业人员(按行业分)劳动报酬情况表　623

表8-1-28　2006年光明食品集团从业人员(按单位分)劳动报酬情况表　624

表8-1-29　2007年光明食品集团从业人员(按行业分)劳动报酬情况表　625

表8-1-30　2007年光明食品集团从业人员(按单位分)劳动报酬情况表　626

表8-1-31　2008年光明食品集团从业人员(按行业分)劳动报酬情况表　627

表8-1-32　2008年光明食品集团从业人员(按单位分)劳动报酬情况表　628

表8-1-33　2009年光明食品集团从业人员(按行业分)劳动报酬情况表　629

表8-1-34　2009年光明食品集团从业人员(按单位分)劳动报酬情况表　630

表8-1-35　2010年光明食品集团从业人员(按行业分)劳动报酬情况表　631

表8-1-36　2010年光明食品集团从业人员(按单位分)劳动报酬情况表　632

表8-1-37　2006—2010年光明食品集团离岗人员行业分布情况表　633

表8-1-38　2006—2010年光明食品集团离岗人员按单位分统计情况表　634

表8-1-39　2006—2010年光明食品集团离岗人员按行业分年平均生活费情况表　635

表8-1-40　2006—2010年光明食品集团退休人员总数情况表　637

表8-1-41　2006—2010年光明食品集团退休人员(按单位分)情况表　638

表8-2-1　2006—2010年光明食品集团招聘录用应届毕业生情况表　640

表8-2-2　2010年光明食品集团所属子公司首席产权代表担任职务情况表　644

表8-2-3　2010年光明食品集团所属子公司外部董事任职情况表　646

表8-2-4　2010年光明食品集团所属子公司外部监事任职情况表　646

表8-2-5　2008年光明食品集团董事会对集团总裁的绩效考核项目情况表　647

表8-2-6　子公司专职产权代表KPI考核体系情况表　649

表8-2-7　子公司总裁(总经理)KPI考核体系情况表　649

表8-2-8　子公司专职党委书记KPI考核体系情况表　650

表8-2-9　光明食品集团对专职外部董事评价情况表　654

表8-2-10　光明食品集团对专职外部监事评价情况

表　656

表8-2-11　2006年光明食品集团企业专业技术人员情况表　660

表8-2-12　2006年光明食品集团企业技术等级工行业分布情况表　661

表8-2-13　2006年光明食品集团事业单位专业技术人员情况表　662

表8-2-14　2007年光明食品集团企业专业技术人员情况表　662

表8-2-15　2007年光明食品集团企业技术等级工行业分布情况表　663

表8-2-16　2007年光明食品集团事业单位专业技术人员情况表　664

表8-2-17　2008年光明食品集团企业专业技术人员情况表　665

表8-2-18　2008年光明食品集团企业技术工行业分布情况表　665

表8-2-19　2008年光明食品集团事业单位专业技术人员情况表　666

表8-2-20　2009年光明食品集团企业专业技术人员情况表　667

表8-2-21　2006—2010年光明食品集团离休干部年龄结构情况表　669

表8-2-22　2006—2010年光明食品集团离休干部职级情况表　669

表8-2-23　2006—2010年光明食品集团离休干部各时期参加革命工作情况表　670

表8-2-24　2006—2010年光明食品集团离休干部基本情况表　670

表8-2-25　2006—2010年光明食品集团退休干部年龄结构、职级情况表　670

表8-2-26　2010年光明食品集团离退休干部学习、参观活动情况表　673

表10-1-1　2006—2010年上海轻工业研究所有限公司部分专利汇集情况表　722

表10-1-2　2006—2010年光明食品集团国有企业专业技术人员学历情况表　723

表10-1-3　2006—2010年光明食品集团国有企业专业技术人员职称情况表　723

表10-1-4　2006—2010年光明食品集团国有企业技术人员专业情况表　723

表10-1-5　2006—2010年光明食品集团国有企业专业技术人员年龄结构情况表　724

表10-1-6　2006—2010年光明食品集团事业单位专业技术人员学历情况表　724

表10-1-7　2006—2010年光明食品集团事业单位专业技术人员职称情况表　724

表10-1-8　2006—2010年光明食品集团事业单位技术人员专业情况表　725

表10-1-9　2006—2010年光明食品集团事业单位专业技术人员年龄结构情况表　725

表10-1-10　2009年光明食品集团获国家级科技成果奖项目情况表　728

表10-1-11　2007—2010年光明食品集团获部、市级科技成果奖项目情况表　729

表10-1-12　2006—2010年光明食品集团获行业科技成果奖项目情况表　733

表10-2-1　2006—2008年光明食品集团大中专和职校情况表　734

表10-2-2　2006—2008年光明食品集团大中专和职校分布情况表　734

表10-2-3　2006—2008年光明食品集团普通中学情况表　735

表10-2-4　2006—2008年光明食品集团普通中学分布情况表　735

表10-2-5　2006—2008年光明食品集团小学情况表　735

表10-2-6　2006—2008年光明食品集团小学分布情况表　735

表10-2-7　2006—2008年光明食品集团幼儿园情况表　736

表10-2-8　2006—2008年光明食品集团幼儿园分布情况表　736

表10-2-9　2006—2008年光明食品集团医院基本情况表　739

表10-2-10　2006—2010年上海市东海老年护理医院主要经营情况表　741

表11-1-1　2006—2010年光明食品集团党员队伍基本情况表　751

表11-1-2　2006—2010年光明食品集团党员队伍年龄结构情况表　752

表11-1-3　2006—2010年光明食品集团党员队伍入党时间情况表　752

表11-1-4　2006—2010年光明食品集团党员队伍学

历情况表　752
表11-1-5　2006—2010年光明食品集团党员发展情况表　753
表11-1-6　2006—2010年光明食品集团党组织基本情况表　756
表11-1-7　2006—2010年光明食品集团党组织换届情况表　756
表11-1-8　2010年光明食品集团党委所属党组织与镇村结对情况表　760
表11-1-9　2006年光明食品集团党建创新成果贡献奖(金奖)情况表　761
表11-1-10　2006年光明食品集团党建创新成果创新奖(银奖)情况表　761
表11-1-11　2006年光明食品集团党建创新成果探索奖(铜奖)情况表　762
表11-1-12　2007年光明食品集团党建创新成果贡献奖(金奖)情况表　762
表11-1-13　2007年光明食品集团党建创新成果创新奖(银奖)情况表　763
表11-1-14　2007年光明食品集团党建创新成果探索奖(铜奖)情况表　764
表11-1-15　2008年光明食品集团党建创新成果贡献奖(金奖)情况表　764
表11-1-16　2008年光明食品集团党建创新成果创新奖(银奖)情况表　765
表11-1-17　2008年光明食品集团党建创新成果探索奖(铜奖)情况表　765
表11-1-18　2009年光明食品集团党建创新成果贡献奖(金奖)情况表　766
表11-1-19　2009年光明食品集团党建创新成果创新奖(银奖)情况表　766
表11-1-20　2009年光明食品集团党建创新成果探索奖(铜奖)情况表　767
表11-1-21　2010年光明食品集团党建创新成果贡献奖(金奖)情况表　768
表11-1-22　2010年光明食品集团党建创新成果创新奖(银奖)情况表　768
表11-1-23　2010年光明食品集团党建创新成果探索奖(铜奖)情况表　769
表11-3-1　2009年光明食品集团职工合理化建议获奖项目情况表　789
表11-3-2　2006—2010年光明食品集团女职工人数情况表　797
表11-3-3　2006—2010年光明食品集团在岗女职工行业分布情况表　797
表11-3-4　2006—2010年光明食品集团女职工干部及培训情况表　798
表11-4-1　2006—2010年光明食品集团共青团团员情况表　803
表11-4-2　2006—2010年光明食品集团共青团组织情况表　804
表11-4-3　2006—2010年光明食品集团共青团兼职干部情况表　804
表12-1-1　光明食品集团正职领导成员　821
表12-1-2　全国政协委员　821
表12-1-3　光明食品集团党委会成员　821
表12-1-4　光明食品集团总裁班子成员　822
表12-1-5　光明食品集团纪委成员　822
表12-1-6　光明食品集团董事会成员　823
表12-1-7　光明食品集团监事会成员　823
表12-1-8　光明食品集团总部各职能部门正职人员　824
表12-2-1　全国劳动模范　826
表12-2-2　全国五一劳动奖章获得者　826
表12-2-3　全国女职工建功立业标兵岗　826
表12-2-4　全国优秀共青团员　826
表12-2-5　上海市劳动模范个人　826
表12-2-6　上海市五一劳动奖章获得者　827
表12-2-7　上海市五一巾帼奖(个人)获得者　828
表12-2-8　上海市三八红旗手　828
表12-2-9　上海市新长征突击手　829
表12-2-10　创先争优世博先锋行动"五带头"共产党员　830
表12-2-11　"服务世博　奉献世博"立功竞赛优秀个人　830
表12-2-12　外国专家荣誉奖获得者　831
表12-3-1　上海市劳动模范集体　832
表12-3-2　全国工人先锋号　832
表12-3-3　全国巾帼文明岗　833
表12-3-4　全国青年文明号　833
表12-3-5　上海市五一劳动奖状　833
表12-3-6　上海市五一巾帼奖(集体)　833
表12-3-7　上海市三八红旗集体　833
表12-3-8　上海市工人先锋号　834

表12-3-9　上海市新长征突击队　834	表附-2-4　集团酒业三年发展预期目标一览表　877
表12-3-10　全国、上海市五四红旗(特色)团委、团支部　835	表附-2-5　集团休闲食品业三年发展预期目标一览表　877
表12-3-11　上海市青年文明号(共青团号)　835	表附-2-6　集团连锁商贸业三年发展预期目标一览表　878
表12-3-12　创先争优世博先锋行动"五好"基层党组织　835	表附-2-7　集团品牌代理业三年发展预期目标一览表　878
表12-3-13　"服务世博　奉献世博"上海市工人先锋号　835	表附-4-1　集团2010—2012年整体财务确保目标　882
表12-3-14　"服务世博　奉献世博"立功竞赛优秀集体　836	表附-4-2　集团2010—2012年整体财务力争目标　883
表专-1-1　上海市农场管理局下属事业单位情况表　840	表附-4-3　集团2010—2012年销售收入力争目标　884
表附-2-1　2007—2009年主要定量指标　875	表附-4-4　集团2010—2012年利润总额力争目标　884
表附-2-2　集团乳业三年发展预期目标一览表　877	
表附-2-3　集团糖业三年发展预期目标一览表　877	

编 后 记

根据2010年上海市人民政府办公厅下发的《上海市第二轮新编地方志书编纂规划》的通知、上海市地方志编纂委员会《上海市级专志系列编纂实施方案》等文件的要求，光明食品集团在上海市第二轮志书编纂工作中负责编纂《上海市级专志·光明食品(集团)有限公司志》(以下简称《光明食品集团志》)。因光明食品集团是新组建的集团公司，故本志的起止时间为2006年8月光明食品集团成立之日至2010年底，部分记事追溯事物发端。

光明食品集团从2010年11月启动《光明食品集团志》编纂工作，至今已逾10年。先后经历编纂起步、资料收集、文稿撰写、评审修改等阶段。

在编纂起步阶段，集团首先做到组织落实：成立《光明食品集团志》编纂委员会，由集团党政领导担任委员会领导，总部各部室和集团所属各子公司领导共同参加；成立了志书编纂室，落实专职人员、工作经费和办公地点；建立了"横向到边、纵向到底"的覆盖集团所有子公司和集团总部部门的工作网络。其次是制订《光明食品集团志》编纂计划，明确编纂重点内容为：集团溯源和集团组建、农产品生产经营、制造业产品经营、商贸经营、房地产开发和建筑、服务业经营、经营管理、职工队伍、干部管理、企业文化、科技教育卫生、党群组织、人物等。三是制订编纂计划，并五易其稿，拟定《光明食品集团志》篇目，报市地方志办公室批准予以实施。

在资料收集阶段，集团于2011年6月召开编志工作动员会暨编纂业务培训班，根据编志篇目和分工，全面推进《光明食品集团志》的资料收集工作。集团编志办参加上海市地方志办公室举办的专业培训，又在集团系统内开展多次业务培训，并深入基层，对资料收集工作进行具体检查指导，对入志的资料进行查核、考证、整理。集团总部各部门和所属子公司以及三级企业60多个单位、数百人参与资料收集。大家克服档案基础差、资料不齐、工作任务重、行业多、具体工作人员不够稳定等种种困难，保证资料收集工作顺利推进。几年内共收集资料800多万字，并做成约400多万字的电子卡片和资料长编；并在此基础上，整理有关内容的草稿。

2013年3月开始进入文稿撰写阶段，至2015年8月基本形成《光明食品集团志》初稿。在此期间，编志办用"菜单式"的方法再次进行了有针对性的资料收集，并多次深入基层，听取对文稿框架的意见，对文稿相关内容进行补充和完善。同时从2014年10月起，在文稿逐步编纂合成的同时，着手对初稿进行统稿和修改。根据企业的实际情况，对部分篇目进行微调。集团编志办多次与市地方志办公室协调沟通，听取对文稿撰写的意见，既坚持了客观性，真实反映光明食品集团企业发展现状和发展历程，又坚持规范性，保证志书质量，为企业科学决策提供资料基础和智力支持。

为了使志书的记述更完整、更丰满，2015年初，我们将《光明食品集团志》的《大事记》初稿下发至各单位，听取意见并进行修改。从2015年至2019年，我们对《光明食品集团志》初稿和长编进行多次的修改润色。

2020年初，《光明食品集团志》编纂工作进入评审修改阶段。我们按照相关程序进行内部评审，综合各方意见，对文稿进行修改；2020年5月，由市地方志办公室组织相关专家进行市级评议；2020年9月，通过市级审定；2021年1月，通过市地方志办公室验收后正式交付出版。

《光明食品集团志》的编纂出版,得到了集团党政领导的高度重视和有力推进,得到了上海市地方志办公室领导的关心支持和精心指导,得到了集团总部各部门、各子公司及其所属企业的大力支持,特别是资料采编人员和文稿编纂人员为此付出了辛勤努力,使本志书得以顺利出版。在此,谨向关心、支持我们的各级领导表示衷心的感谢,向为本志书作出努力和贡献的同志们表示崇高的敬意。

　　"修志问道,以启未来",通过这段编志经历,我们深切体味和感悟到其中的真谛,收获良多。我们坚持依法修志、实事求是、质量第一、述而不论的原则,力求真实反映光明食品集团组建五年来的发展状况和工作历程。但由于集团行业跨度特别大、部分资料不足和编纂工作人员不够稳定等方面的困难,特别是大多数同志是第一次参加编志工作,经验和业务水平有限,难免有疏漏和差错之处,敬请批评指正。

《光明食品(集团)有限公司志》编辑室
2021 年 3 月

图书在版编目(CIP)数据

上海市级专志.光明食品(集团)有限公司志 / 上海市地方志编纂委员会编 .— 上海 : 上海社会科学院出版社，2021
 ISBN 978-7-5520-3596-4

Ⅰ.①上… Ⅱ.①上… Ⅲ.①上海—地方志②食品企业—概况—上海 Ⅳ.①K295.1②F426.82

中国版本图书馆 CIP 数据核字(2021)第 117833 号

上海市级专志·光明食品(集团)有限公司志

编　　者：上海市地方志编纂委员会
责任编辑：赵秋蕙
封面设计：严克勤
美术设计：周清华
出版发行：上海社会科学院出版社
　　　　　上海顺昌路 622 号　邮编 200025
　　　　　电话总机 021-63315947　销售热线 021-53063735
　　　　　http://www.sassp.cn　E-mail: sassp@sassp.cn
排　　版：南京展望文化发展有限公司
印　　刷：上海中华商务联合印刷有限公司
开　　本：889 毫米×1194 毫米　1/16
印　　张：58
插　　页：19
字　　数：1609 千
版　　次：2021 年 9 月第 1 版　2021 年 9 月第 1 次印刷

ISBN 978-7-5520-3596-4/K·608　　　　定价：650.00 元

版权所有　翻印必究